1차 [필기]

사회조사분석사

2급 | 한권으로 끝내기

끝까지 책임진다! 시대에듀!
QR코드를 통해 도서 출간 이후 발견된 오류나 개정법령, 변경된 시험 정보, 최신기출문제, 도서 업데이트 자료 등이 있는지 확인해 보시고, 시대에듀 합격 스마트 앱을 통해서도 알려 드리고 있으니 구글 플레이나 앱 스토어에서 다운받아 사용하세요. 또한, 파본 도서인 경우에는 구입하신 곳에서 교환해 드립니다.

편집진행 노윤재 · 호은지 | **표지디자인** 김지수 | **본문디자인** 김기화 · 고현준

출간 이후, 23년간 20만 독자의 선택! (시리즈 전체)

사회조사분석사 원조 대표브랜드!

합격을 부르는 전문학습서

선택의 이유 01
시험에 나오는
이론만 선별하였다!
빈출개념과 문제를 분석한
핵심이론

선택의 이유 02
시험에 나오는
문제만 학습한다!
출제경향과 신유형을 반영한
적중예상문제

선택의 이유 03
문제풀이로 마지막까지
실력을 점검한다!
문제은행 기출유형 모의고사,
2024~2025년 기출복원문제

선택의 이유 04
언제 어디서든
빈출핵심을 암기한다!
빨리보는 간단한 키워드,
소책자 빈출공식암기노트

23년간 20만 독자의 선택

사회조사분석사 2급 필기 합격은 **시대에듀**와 함께하세요!

<사회조사분석사> 시리즈 도서를 구매한 독자님께

2024년 기출해설(최근 1회분)

특강을 무료로 드립니다!

무료강의 ▲

---

01 시대에듀(www.sdedu.co.kr) 접속 및 회원가입
02 검색창에서 '사회조사분석사' 검색 → 무료특강 → 신청하기
03 내강의실 → '무료강의'에서 강의 수강

---

01 시대에듀(www.sdedu.co.kr/mobile) 접속 및 회원가입
02 검색창에서 '사회조사분석사' 검색 → 무료특강 → 신청하기
03 마이페이지에서 강의 수강

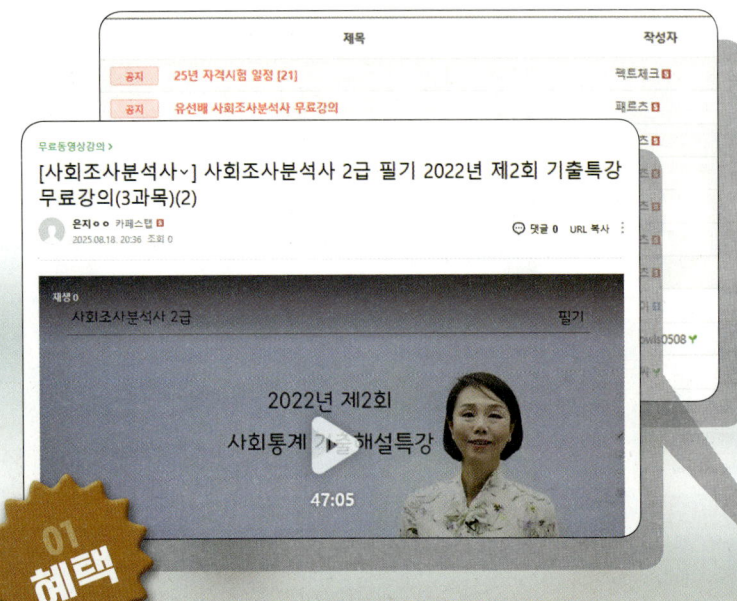

01 혜택
2022~2018년 필기, 실기 무료 동영상 강의 제공

혼자서 학습하는 모든 독자님들을 위해 준비했습니다. 무료 동영상 강의를 통해 시대에듀 특급 강사진의 시험 합격노하우를 가져가세요.

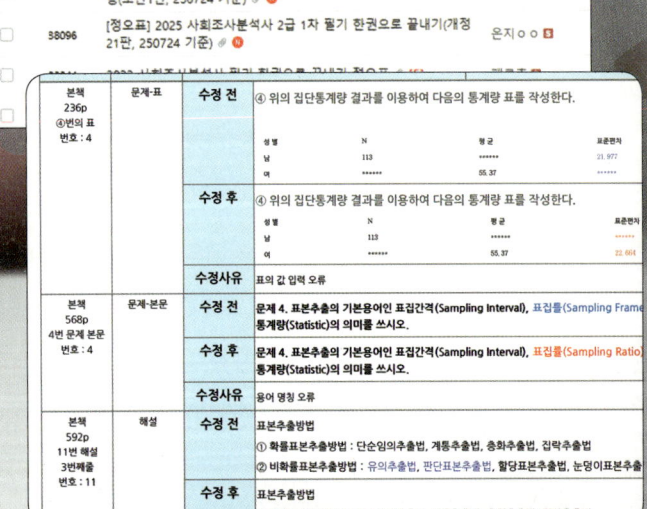

02 혜택
교재 정오표 및 피드백

사회조사분석사 수험연구소에서 출간 전후로 꼼꼼히 검수하여 도서에 관련된 지속적인 피드백을 약속드립니다. 시험에 합격하는 그 날까지 여러분과 함께하겠습니다.

시대에듀 국가전문자격 네이버카페(cafe.naver.com/sdwssd)에서
시험과 관련된 모든 정보를 아낌없이 제공합니다. **지금 바로 접속하세요!**

사회조사분석사 학습의 모든 Q&A

학습하다 모르는 게 있으시다구요?
도서에 관한 모든 문의사항을 올려주세요.

23년 연속 사회조사분석사 수험서분야의 정상을 지켜낸
시대에듀 사회조사분석사 수험연구소에서 시원하게 답변해 드립니다!

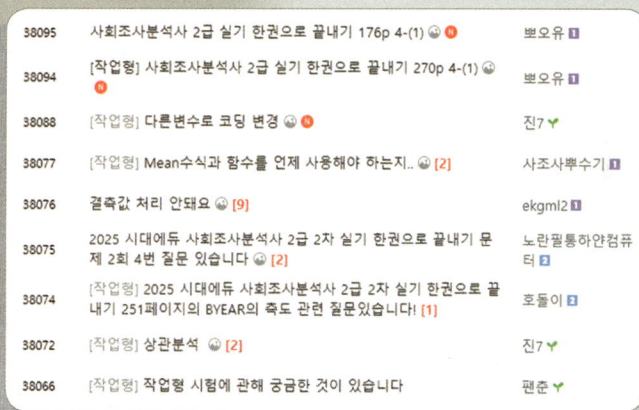

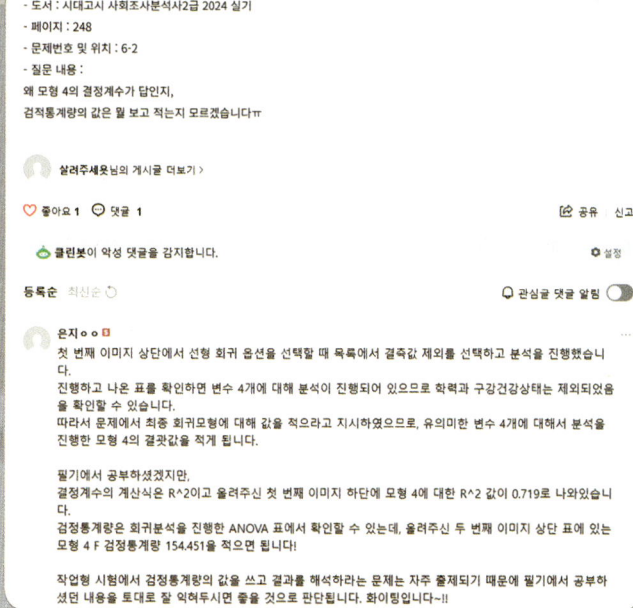

머리말 PREFACE

사회조사분석사는 2000년 국가자격시험(통계청 주관) 제도로 시행된 이후, 4차 산업혁명과 빅데이터의 시대로 접어들며 해마다 응시자 비율이 꾸준히 올라가고 있는 매우 가치가 높은 자격증으로 자리매김해 오고 있습니다. 공무원 시험에서의 높은 가산점, 학점인정 등이 그 증거가 될 수 있습니다.

이처럼 사회조사분석사가 주목받고 있는 것은 '통계의 힘'에 대한 인식의 확산 때문일 것입니다. 사회조사분석사는 일반 기업체를 비롯해 정당이나 지방자치단체 등 크고 작은 각종 단체에서 시장조사 및 여론조사 등에 대한 계획을 수립하고 조사를 수행하며, 그 결과를 분석해 보고서를 작성하는 전문가입니다. 따라서 우리 사회가 더욱 다원화 · 민주화 · 정보화 · 신속화되어 여론(시장)의 흐름이 급변할수록 사회조사분석사에 대한 수요가 증가하게 되는 것은 당연한 일입니다.

그러나 이론의 방대함과 합격안내서로서의 전문교재의 부족으로 인해 수험생은 적절한 수험서를 찾기 어려워 자격시험 준비 자체에 전력을 기울일 수 없기 때문에 겪어야 하는 부담감이 큰 것이 사실입니다. 더군다나 많은 수험생이 '통계'에 부담을 느끼고 학습에 어려움을 겪고 있습니다.

본서와 함께 이러한 문제점을 해결하고 꼼꼼히 학습하셔서 좋은 학습결과를 이루시길 바라는 염원으로 시대에듀는 다음과 같은 점에 주안을 두어 본서를 출간하게 되었습니다.

- **첫 째** 난해한 이론을 되도록 쉽게 기술하려 노력했으며, 기출문제를 기반으로 구성한 핵심이론과 빨리보는 간단한 키워드로 시험에 나오는 중요 이론만 효율적으로 공부할 수 있습니다.
- **둘 째** 출제 가능성이 높은 문제와 기존에 출제된 문제로 구성된 적중예상문제, 문제은행 기출유형 모의고사 3회분으로 가장 시험유형에 적합한 문제만 풀어볼 수 있습니다.
- **셋 째** 각 문제마다 핵심을 짚는 상세한 해설을 수록하여 문제를 풀며 시험 출제 영역의 이론을 정리하고 핵심개념을 숙지할 수 있도록 하였습니다.
- **넷 째** 2024~2025년 기출복원문제를 수록하여 최근 사회조사분석사 필기시험의 핵심을 파악할 수 있도록 했습니다. 혼자서도 무리 없이 학습할 수 있도록 꼼꼼하고 친절한 해설을 수록했습니다.
- **다섯째** 수험생이 가장 어려워하는 '3과목 통계분석과 활용'의 주요 공식만 따로 담은 소책자 '빈출공식암기노트'를 구성하여 언제 어디서든 공식 암기와 빈출문제 풀이를 할 수 있습니다.

끝으로 이 책으로 사회조사분석사 2급 필기시험을 준비하는 모든 수험생들에게 좋은 결과가 있기를 바랍니다.

편저자 씀

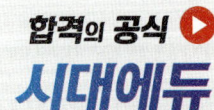
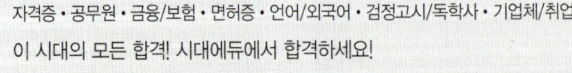
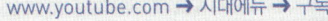

들려오는 합격소식, 쏟아지는 합격수기 REVIEW

zet**님**

빨리보는 간단한 키워드에 중요 개념들이 잘 정리되어 있고, 기출도 많아서 매우 만족스러웠습니다. 특히 출제기준과 시험방식이 바뀌며 2023~2024년 기출문제는 공개되지 않아 어려움이 있었는데, 책에 기출복원문제가 있어 믿고 구매했습니다. 문제들을 풀어보며 최근 출제된 문제를 확인하기도 좋았고, 실제 시험에서도 책과 비슷한 유형의 문제가 많이 출제되었습니다. 덕분에 제가 합격하여 시대에듀 도서로 실기시험까지 준비하고 있습니다!

hero**님**

1차 시험에 합격한 노영웅입니다. 통계지식이 전무해서 걱정을 많이 했는데 이론과 적중예상문제를 차근차근 공부하면서 실력을 쌓았습니다. 고득점을 위한 심화체크와 기출문제를 통해 이론을 바로 복습하는 구성이 참 마음에 들었습니다. 이 책에서 풀어보았던 유형의 문제들이 시험에서 많이 나와서 좋은 점수로 합격할 수 있었습니다. 적중률이 높아서 저처럼 통계를 잘 못하는 사람도 충분히 합격할 수 있다는 것을 보여준 문제집입니다.

navi**님**

시험 2주 전에야 발등에 불 떨어져서 말 그대로 벼락치기를 했습니다. 시대에듀 문제집을 선택한 이유가 기출문제가 다른 출판사에 비해 많다는 점이었는데 많은 문제를 풀어본 것이 학습에 도움이 되었어요. 반복적으로 나오는 유형들 파악하기도 쉬웠구요. 먼저 한번 훑어보고 중요하다고 생각되는 부분만 정리하고 외웠습니다. 문제를 풀어보고선 반복적으로 틀리는 유형은 한 번 더 요약, 정리했어요. 너무 짧은 시간 공부해서 당연히 떨어졌을 줄 알았는데 오늘 확인해보니 합격!! 했다고 하네요!

cheese**님**

수학이랑 담쌓고 지내던 저는 통계분석과 활용 부분이 많이 걱정되었는데 서점에서 이 책을 보고 바로 구매했습니다. 우선 키워드만 모아 놓은 빨간키를 위주로 학습을 우선 시작했고 기출문제를 풀면서 출제경향을 익히니 어느 정도 점수가 나오기 시작하더라구요. 해설을 보면서 빨간키에 코멘트를 덧붙여 저만의 요약노트를 만들어 사용했습니다. 덕분에 필기시험에 거뜬히 합격했어요. 실기 도서도 믿고 구매하려고 합니다.

❖ 시대에듀 사회조사분석사 2급 시리즈와 함께라면 나도 합격수기의 주인공!!!

Q & A QUESTION & ANSWER

사회조사분석사 시험~ 독자들이 가장 궁금해하는 문제들!

출처 : 국가전문자격 시대로~(cafe.naver.com/sdwssd)

국가전문자격 시대로~ 카페에서는 다양한 전문자격증에 관한 정보를 제공합니다. 사회조사분석사 2급 필기시험의 정보 역시 제공하고 있습니다. 현재 사회조사분석사 도서와 강의에 대한 학습 교류뿐만 아니라 시험 정보 공유도 합격생과 수험생들 사이에서 활발하게 이루어지고 있습니다. 이미 많은 단기 합격생의 수기에서 카페에서의 학습 정보 교류의 효과가 나타나고 있답니다. 학습하시면서 교재에서 언급한 부분 외에 궁금하신 점이나 시험에 관해 합격생 및 수험생들과 정보를 공유하고 싶으시다면 카페에 방문하셔서 글을 남겨주세요!

다음은 해당 카페에서 독자들이 가장 궁금해하는 문제들을 담았습니다.

Q 인구센서스는 종단조사인가요, 횡단조사인가요?

인구센서스가 절대적으로 종단이냐 횡단이냐를 확실히 구분하기는 어렵습니다. 문제에서 요구하는 '조건'에 따라 횡단적인지 종단적인지 그 성격이 결정되기 때문이죠. 2021년 제1회 사회조사분석사 시험에서 [통계청에서 실시하는 인구센서스에 해당하는 조사방법은]이라는 문제가 출제되었습니다. 해당 문제의 경우 '통계청에서 실시한' 인구센서스라는 조건이 있습니다. 통계청에서 인구센서스를 실시할 경우 일반적으로 일정 시점에, 넓은 지역을 대상으로, 많은 연구대상에게 실시하죠. 일정 시기에만 실시하는 인구주택총조사를 생각하시면 좋습니다. 종단조사의 하나인 추세조사에서의 인구센서스는 그 성격이 조금 달라요. 이때의 인구센서스는 '변화 관찰 및 미래 예측'이 주요 목적으로 인구주택총조사의 결과를 모아 그 변화를 비교하는 자체가 추세조사에 해당한다고 보시면 됩니다. 인구센서스 조사를 횡단이냐 종단이냐로 단순히 암기하시기보다 문제에서 요구하는 조건을 통해, 해당 조사의 성격을 파악해 구분하시면 정답 확률이 더 높아집니다!

Q 왜 우편조사에서 응답집단의 동질성을 높이면 응답률 및 회수율이 높아지나요?

동질성은 응답집단의 유사한(동일한) 성질을 의미합니다. 응답집단의 동질성이 낮다면 최대한 많은 집단을 포함하기 위해 표본을 많이 추출하게 되고 모집단이 커지게 되겠죠. 결국 표본을 많이 추출하게 되면 전체적인 응답률과 회수율이 낮아질 수밖에 없답니다. 반면 응답집단의 동질성을 높일 경우 굳이 유사한 표본을 많이 추출할 필요가 없으니 모집단도 작아지게 되고, 상대적으로 적은 수의 사람에게 우편조사를 실시하기에 전체적으로 응답률과 회수율 역시 상승하게 된답니다!

Q 비율척도는 절대영점 0 즉, 없음을 나타내는 숫자 0이 포함되는 것이라고 알고 있는데 시간이 왜 비율척도에 포함되는 것인지 궁금해요. 비율척도의 시간에서 0의 의미는 무엇인가요?

비율척도에서 시간은 일반적인 숫자 개념보다는 측정단위를 의미합니다. 예를 들어 달걀 삶는 시간에 따른 노른자의 익힘 정도를 측정한다고 할 때, 달걀 삶는 시간은 비율척도로서 측정단위로 설정됩니다. 달걀 삶는 시간이 0이라면 노른자가 전혀 익지 않은 것을 의미합니다. 따라서 시간은 비율척도에 포함됩니다!

Q 표본을 추출할 때 임의적 추출과 무작위 추출은 같은 개념인가요?

임의로 추출한다는 의미는 조사자의 판단에 의해서 혹은 가중치에 따라 작위적으로 표집을 한다는 의미예요. 그러나 무작위로 표본을 추출한다는 의미는 조사자의 개입 없이, 마치 로또 번호 추첨처럼 표본을 추출한다는 의미입니다!

Q 표본의 크기를 결정하는 요인에 조사목적도 포함이 되나요?

표본의 크기를 결정하는 요인은 매우 다양한데요, 조사목적 역시 결정요인에 해당합니다. 예를 들어 조사목적이 '전국의 사회조사분석사 2급 자격증 보유자의 분포'와 '제주도의 사회조사분석사 2급 자격증 보유자의 분포'로 다르다면, 표본의 크기 역시 각각 '전국의~보유자'와 '제주도의~보유자'로 달라진답니다!

Q 측정항목을 추가할수록 신뢰도가 높아지고 오차가 줄어드는 이유가 궁금해요. 항목을 추가할수록 측정시간이 길어져서 오차가 늘어나지 않을까요?

측정항목이 늘어나면 좀 더 상세하고 정확한 답을 끌어낼 수 있어요. 예를 들어 "좋아하는 음식은 무엇인가요"라는 질문과 "좋아하는 음식은 무엇인가요? 어떤 재료로 만들었나요? 조리 시간은 얼마나 걸리나요?"의 질문을 했을 때, 후자의 대답에서 좀 더 정확한 답을 구할 수 있답니다. 따라서 측정항목을 추가할수록 응답의 신뢰도가 높아지고 오차가 줄어들게 됩니다!

Q 조사결과의 분석방법과 분석기법은 다른 건가요?

용어는 매우 비슷하지만, 표본의 크기를 결정하는 요인이냐 아니냐는 부분에서 차이가 있답니다. 조사결과의 분석방법은 조사 후 그 자료의 결과를 분석하는 과정에서 표본이 대표성을 갖도록 조사결과를 분석하는 방법이에요. 예를 들어 전국의 성인을 대상으로 정당별 선호도를 조사한 결과를 분석할 때, 남성과 여성의 성별에 따른 정당 선호도를 비교할 것인지, 연령별로 정당 선호도를 비교할 것인지 등 그 조사결과의 분석방법에 따라 표본의 크기가 달라지겠죠. 반면 분석기법은 조사결과 자체를 분석하는 방법으로, 조사결과 분석을 T-test로 할지 ANOVA로 할지, 회귀분석으로 할지 등을 정하는 것이랍니다!

Q 단측검정인 양측검정인지 구분하는 기준은 무엇인가요?

단측검정은 대립가설이 '~은 ~보다 크다(작다)' 혹은 귀무가설이 '~이 ~이다'라고 표현돼요. 즉, 단측검정은 대립가설이 부등호로 표시되는 것이죠. 반면, 양측검정의 경우에는 대립가설이 부등호가 아닌 '≠'로 표현이 됩니다. 따라서 양측검정에서의 대립가설은 '~은 (상수)가 아니다'로 표시됩니다. 따라서 양측검정, 단측검정을 구분하실 때는 대립가설(H_1)을 기준으로 판단하시면 된답니다!

Q&A QUESTION & ANSWER

Q 변이계수는 숫자로만 나타내나요?

변이계수는 백분율로 나타내기도 합니다. 실제로 시험장에서 출제된 문제 중 변이계수가 백분율로 변환된 보기가 정답인 경우가 있었답니다. 참고로 동일한 수치의 변이계수가 보기에 동시에 숫자와 백분율로 제시된 경우는 단 한 번도 없었다는 점도 참고해주세요!

Q 가설검정에서 실험 전후 차이 $\overline{D}$를 구할 때 (실험 이전−실험 이후) 순서로 답을 구해도 괜찮을까요?

실험 전후 차이 $\overline{D}$값을 구할 때, (실험 이전−실험 이후)와 (실험 이후−실험 이전) 값은 부호의 차이만 있어요. 원칙은 (실험 이후−실험 이전) 분석이지만, (실험 이전−실험 이후)로 분석하더라도 검정통계량의 부호만 변경되기에 상황에 맞춰서 +/− 값으로 변경할 수 있답니다. 게다가 실제 시험에서도 +/− 부호만 다르게 보기를 제시하는 경우는 없으니 참고하시면 좋겠습니다!

Q 연속된 구간 $[a, b]$에서 확률변수 X의 평균은 어떻게 계산하죠?

해당 문제를 풀기 위해서는 미적분 기본 개념이 필요해요. 다행히 다년간 빈출된 통계분석과 활용 문제들은 아주아주 기초적인 미적분 개념만을 요구하고 있어요. 아래의 미적분 기본 계산 공식을 이해하고 연습하신다면 사회조사분석사 시험에서 출제되는 문제를 충분히 맞힐 수 있답니다!

n차항의 미분 공식

- $\dfrac{d}{dx}\left(\dfrac{1}{n+1}x^{n+1}\right) = x^n$

- $x^4 \xrightarrow{\text{Step1: 지수와 같은 수를 항 앞에 곱한다}} 4x^4 \xrightarrow{\text{Step2: 지수에서 1을 뺀다}} 4x^3$

n차항의 적분 공식

- $\int x^n\, dx = \dfrac{1}{n+1}x^{n+1} + C$

- $x^2 \xrightarrow{\text{Step1: 지수에 1을 더한다}} x^3 \xrightarrow{\text{Step2: 지수와 같은 수를 항 앞에 나눈다}} \dfrac{1}{3}x^3 + C$

$+C$: 적분상수

적분 공식에서 C는 적분상수를 의미하며, 사회조사분석사 시험문제에서는 계산하면서 사라지므로 크게 신경쓰지 않으셔도 된답니다!

Q 확률밀도함수 문제를 풀기 위해 미분·적분 개념과 계산법도 따로 공부해야 할까요?

최근 통계분석과 활용 문제에서 미적분 개념을 이용해 확률밀도함수의 성질을 물어보거나 계산하는 문제들이 종종 출제되고 있어요. 실제로 2021년 사회조사분석사 2급 제3회 필기시험에서는 미적분을 계산하는 신유형이 2문제나 출제되어 많은 비전공자 수험생들을 당황하게 만들었어요. 하지만! 사회조사분석사 2급 필기시험은 평균 60점만 넘기면 합격하는 시험입니다. 단 2문제를 더 풀기 위해 고등수학 책을 다시 학습하는 것보다는, 95%의 적중률을 자랑하는 저희 시대에듀의 〈사회조사분석사 2급 1차 필기 한권으로 끝내기〉 도서를 복습하시는 것이 더 효율적이고 확실한 합격 공부법이라고 자신 있게 말씀드립니다!

Q 표준화 공식을 적용해서 문제를 풀 때, 해설에서 $2P$, 0.5, $2X$ 등으로 왜 다르게 표현되나요?

표준화 공식을 적용하면 0을 기준으로 그래프가 대칭인 정규분포 그래프가 된다는 것을 먼저 인지하셔야 다르게 표현되는 이유를 이해하실 수 있답니다. 0을 기준으로 그래프가 대칭이기에 그래프에서 P($Z<0$)과 P($Z>0$)의 면적이 각각 0.5라는 개념도 도출할 수 있어요. 분포표를 이용한 확률의 계산 방법을 참고하여 그래프를 그려보는 연습을 하시면 더 쉽게 이해가 될 것입니다!

Q 조합의 수 계산 전개 방법을 설명해 주세요.

조합의 수를 계산하는 공식은 $_nC_x = \dfrac{n!}{x!(n-x)!}$ 이에요.

$n! = n \times (n-1) \times (n-2) \times \cdots \times 1$을 숫자로 설명하면 $5! = 5 \times 4 \times 3 \times 2 \times 1$이랍니다.
예를 들어 7개 중에서 중복해서 3개를 선택하는 조합의 수 계산 전개 방식은 다음과 같아요.

$_7C_3 = \dfrac{7!}{3! \times 4!} = \dfrac{7 \times 6 \times 5 \times 4 \times 3 \times 2 \times 1}{(3 \times 2 \times 1)(4 \times 3 \times 2 \times 1)} = \dfrac{7 \times 6 \times 5}{3 \times 2 \times 1} = 35$

$\therefore\ _7C_3 = 35$

조합의 수를 계산하는 공식은 생각보다 자주 출제되기에 공식을 이해하고 암기하시면 시험 문제를 풀 때 도움이 많이 될 것입니다!

시험안내 INFORMATION

○ 사회조사분석사란?
다양한 사회정보의 수집·분석·활용을 담당하는 새로운 직종으로 기업, 정당, 지방자치단체, 중앙정부 등 각종 단체의 시장조사 및 여론조사 등에 대한 계획을 수립하고 조사를 수행하며 그 결과를 분석, 보고서를 작성하는 전문가이다.

○ 시행처
한국산업인력공단(www.q-net.or.kr)

○ 응시자격
제한 없음

○ 공무원(통계직)시험 시 가산점 부여

6·7급	8·9급
3%	5%

○ 시험출제방법

구 분	시험출제방법	문항수	시험시간
1차 필기	객관식 4지 택일형	100문항	2시간 30분
2차 실기	복합형(필답형+작업형)	–	• 필답형 : 2시간 • 작업형 : 2시간 정도

🔴 시험과목(필기)

시험과목	주요항목		
조사방법과 설계(30문항)	• 통계조사계획 • FGI 정성조사	• 표본설계 • 심층인터뷰 정성조사	• 설문설계
조사관리와 자료처리(30문항)	• 자료수집방법 • 측정의 타당성과 신뢰성	• 실사관리 • 자료처리	• 2차 자료 분석
통계분석과 활용(40문항)	• 확률분포	• 기술통계분석	• 회귀분석

🔴 시험일정(2025년 기준)

회 별	필기 원서접수	필기시험	필기시험 합격자 발표	실기 원서접수	실기시험	최종 합격자 발표
제1회	01.13~01.16	02.07~03.04	03.12	03.24~03.27	04.19~05.09	06.13
제2회	04.14~04.17	05.10~05.30	06.11	06.23~06.26	07.19~08.06	09.12
제3회	07.21~07.24	08.09~09.01	09.10	09.22~09.25	11.01~11.21	12.24

※ 시험일정은 반드시 한국산업인력공단 홈페이지(www.q-net.or.kr)를 다시 확인하시기 바랍니다.

🔴 검정현황

연 도	필 기			실 기		
	응시(명)	합격(명)	합격률(%)	응시(명)	합격(명)	합격률(%)
2024	11,114	6,185	55.7	6,494	4,411	67.9
2023	11,310	6,454	57.1	6,596	4,263	64.6
2022	10,999	6,912	62.8	7,867	4,911	62.4
2021	14,315	9,472	66.2	9,334	6,222	66.7
2020	10,589	7,948	75.1	8,595	6,072	70.6
2019	9,635	6,887	71.5	6,921	4,029	58.2
2018	8,629	5,889	68.2	5,907	3,234	54.7

이 책의 구성과 특징 STRUCTURES

반드시 나오는 핵심이론

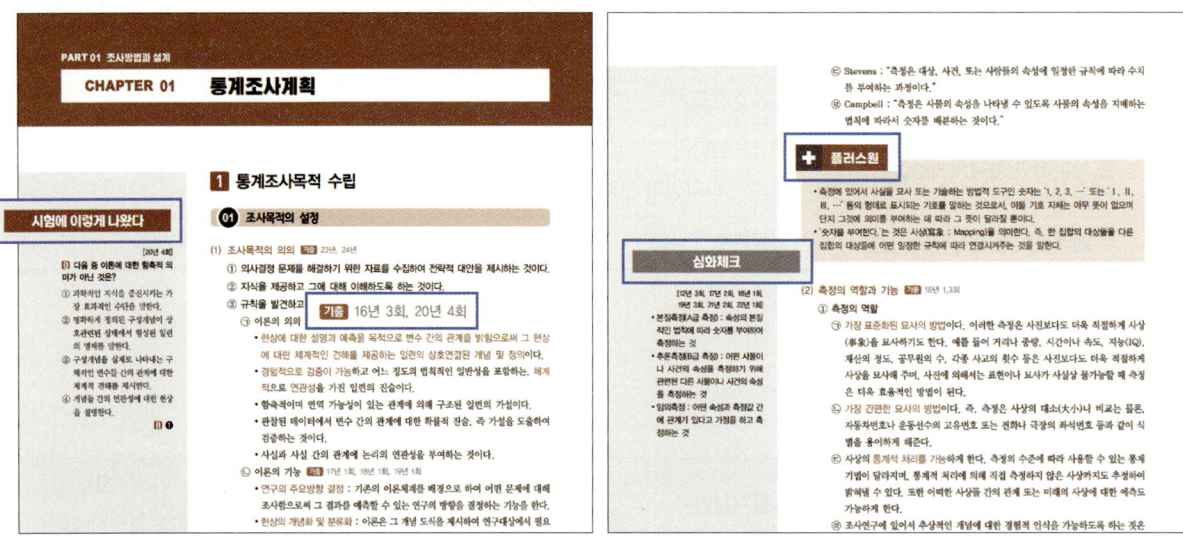

▶ 다년간의 기출문제를 철저히 분석하여 핵심적인 이론만을 수록했습니다. 중요한 개념이 무엇인지 확인할 수 있도록 기출 데이터를 추가하였으며, 합격에 필요한 이론을 빈틈없이 채워줄 '심화체크', 학습의 깊이를 더해줄 '플러스원'으로 이론 공부를 확실하게 마칠 수 있습니다. 실제 시험에서 어떻게 출제되는지 궁금하다면 '시험에 이렇게 나왔다'의 기출문제를 통해 바로 확인하고 학습할 수 있습니다.

이론의 중심을 꿰뚫는 적중예상문제

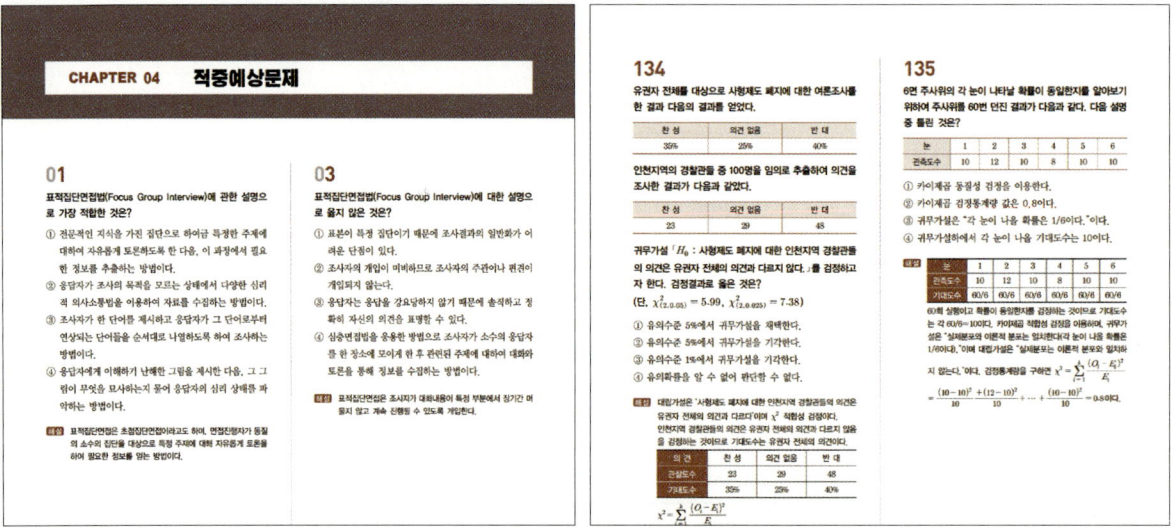

▶ 이론이 끝날 때마다 학습 내용을 바로 점검할 수 있도록 다년간의 기출문제를 선별하여 챕터별 적중예상문제를 구성하였습니다. 해당 이론에서 출제된 기출문제를 풀이하며 실제 시험에서 어떻게 문제를 풀어야 하는지 공략할 수 있습니다. 학습이 정확히 됐는지, 시험에서는 어떻게 나오는지 확인하고 부족한 부분이 있다면 바로 복습해야 합니다.

모의고사 3회분과 2개년 최신기출복원문제 수록

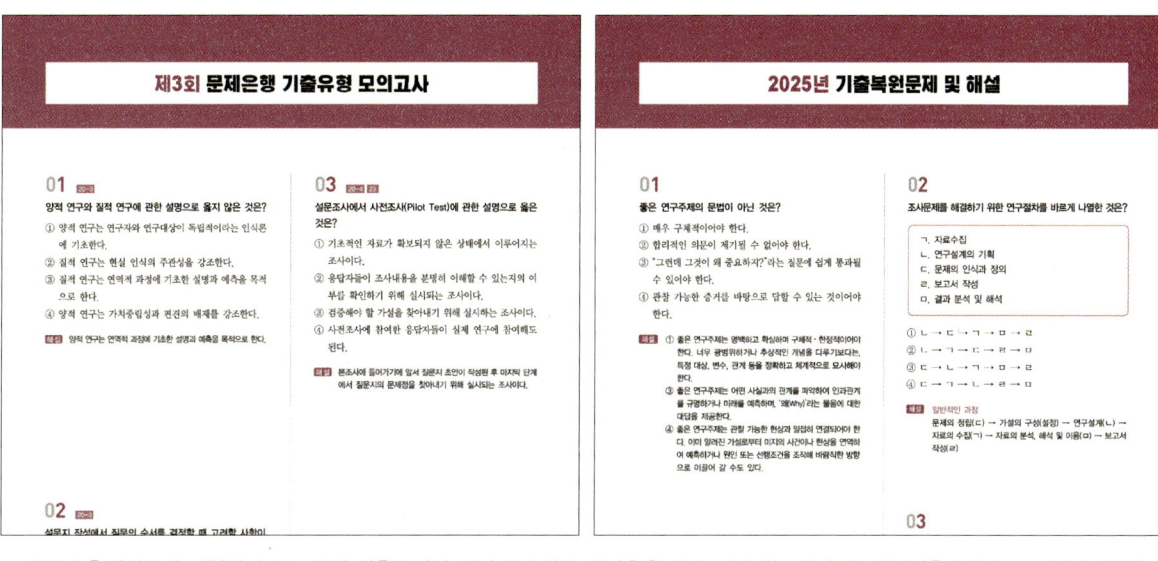

▶ 변경된 출제기준과 시험방식으로 인해 기출문제가 공개되지 않아 어려움을 겪고 계시지는 않나요? 최신기출문제로만 구성된 문제은행 기출유형 모의고사 3회분과 사회조사분석사 수험연구소가 철저히 복원하여 수록한 2개년간의 기출복원문제가 그 어려움을 해결해 줍니다. 문제를 꼼꼼히 풀이하며 2026년 필기시험의 경향을 예측해 보세요.

소책자로 간편하게, 빈출공식암기노트

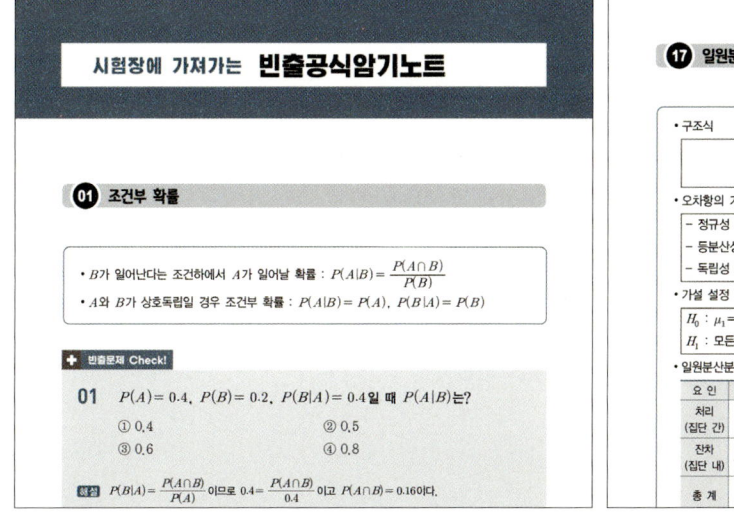
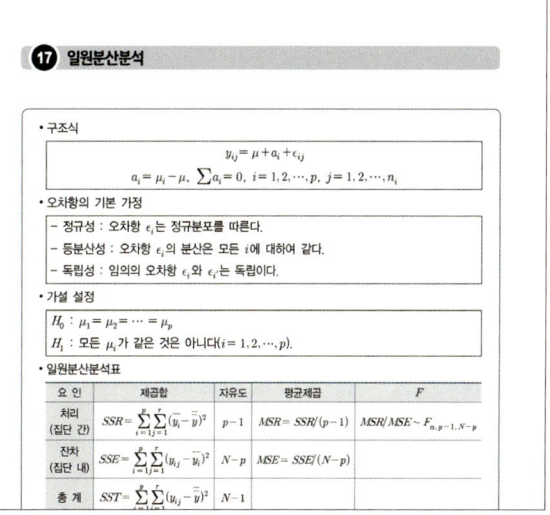

▶ 전공자도 아니고 숫자만 보면 머리가 아픈데, 복잡한 공식까지 암기하여 문제를 풀이하려니 3과목이 합격을 가로막고 있는 것처럼 느껴지시나요? 통계문제가 어려웠던 분들을 위해 주요 공식만 암기할 수 있도록 구성하였습니다. 학습하면서, 이동하면서, 시험장에서, 어디서든 빠르고 간단하게 확인하고 암기하세요.

이 책의 목차 CONTENTS

PART 01 조사방법과 설계

- CHAPTER 01 통계조사계획 ········ 2
- CHAPTER 02 표본설계 ············ 32
- CHAPTER 03 설문설계 ············ 80
- CHAPTER 04 FGI 및 심층인터뷰 정성조사 ········ 120

PART 02 조사관리와 자료처리

- CHAPTER 01 자료수집방법 ········ 152
- CHAPTER 02 실사관리 ············ 198
- CHAPTER 03 2차 자료 분석 ········ 222
- CHAPTER 04 측정의 타당도와 신뢰도 ········ 232
- CHAPTER 05 자료처리 ············ 308

PART 03 통계분석과 활용

- CHAPTER 01 확률분포 ············ 328
- CHAPTER 02 기술통계분석 ········ 368
- CHAPTER 03 회귀분석 ············ 440

PART 04 문제은행 기출유형 모의고사

- 제1회 문제은행 기출유형 모의고사 ········ 470
- 제2회 문제은행 기출유형 모의고사 ········ 494
- 제3회 문제은행 기출유형 모의고사 ········ 520

PART 05 최신기출복원문제

- 2024년 기출복원문제 및 해설 ········ 546
- 2025년 기출복원문제 및 해설 ········ 574

빨·간·키

- 빨리보는 간단한 키워드 ········ 600

부록

- 표준정규분포표
- t-분포표
- 카이제곱(χ^2)분포표
- F-분포표($\alpha=0.01$)
- F-분포표($\alpha=0.05$)
- 참고문헌

조사방법과 설계

CHAPTER 01　통계조사계획
CHAPTER 02　표본설계
CHAPTER 03　설문설계
CHAPTER 04　FGI 및 심층인터뷰 정성조사

PART 01 조사방법과 설계

CHAPTER 01 통계조사계획

1 통계조사목적 수립

01 조사목적의 설정

(1) 조사목적의 의의 [기출] 23년, 24년
① 의사결정 문제를 해결하기 위한 자료를 수집하여 전략적 대안을 제시하는 것이다.
② 지식을 제공하고 그에 대해 이해하도록 하는 것이다.
③ 규칙을 발견하고 일반화하여 이론으로 정립하는 것이다.
  ㉠ 이론의 의의 [기출] 16년 3회, 20년 4회
    • 현상에 대한 설명과 예측을 목적으로 변수 간의 관계를 밝힘으로써 그 현상에 대한 체계적인 견해를 제공하는 일련의 상호연결된 개념 및 정의이다.
    • 경험적으로 검증이 가능하고 어느 정도의 법칙적인 일반성을 포함하는, 체계적으로 연관성을 가진 일련의 진술이다.
    • 함축적이며 연역 가능성이 있는 관계에 의해 구조된 일련의 가설이다.
    • 관찰된 데이터에서 변수 간의 관계에 대한 확률적 진술, 즉 가설을 도출하여 검증하는 것이다.
    • 사실과 사실 간의 관계에 논리의 연관성을 부여하는 것이다.
  ㉡ 이론의 기능 [기출] 17년 1회, 18년 1회, 19년 1회
    • 연구의 주요방향 결정 : 기존의 이론체계를 배경으로 하여 어떤 문제에 대해 조사함으로써 그 결과를 예측할 수 있는 연구의 방향을 결정하는 기능을 한다.
    • 현상의 개념화 및 분류화 : 이론은 그 개념 도식을 제시하여 연구대상에서 필요한 사실의 모든 개념을 쉽게 해주며, 현상을 적절히 분류하고 체계화하여 상호연관 짓도록 하는 데 기초를 제공한다.
    • 요약 : 사실 및 연구대상에 대한 기존 지식을 요약하는 기능을 한다. 즉, 이론은 과학적 지식을 간단명료하게 표현해 주기도 한다.
    • 사실의 예측 및 설명 : 이론은 조사하고 있는 현상을 설명해 주며, 새로운 사실을 예측하도록 해준다.
    • 지식의 확장 : 이론의 구성 당시에는 알려지지 않았던 현상을 예측·설명할 수 있도록 하여 지식과 이해를 넓혀 주며 지식의 근원이 되는 명제, 가설 등의 판단기준이 되기도 한다.
    • 지식의 결함 지적 : 이론은 기존의 사실을 요약하여 일반화한 것이므로, 조사·검증해야 할 부분을 제시해 준다.

시험에 이렇게 나왔다

[20년 4회]

Q 다음 중 이론에 대한 함축적 의미가 아닌 것은?

① 과학적인 지식을 증진시키는 가장 효과적인 수단을 말한다.
② 명확하게 정의된 구성개념이 상호관련된 상태에서 형성된 일련의 명제를 말한다.
③ 구성개념을 실제로 나타내는 구체적인 변수들 간의 관계에 대한 체계적 견해를 제시한다.
④ 개념들 간의 연관성에 대한 현상을 설명한다.

A ①

④ 현상을 분석하고 예측 및 통제하는 것이다.
⑤ 사건이나 상황을 탐색(Exploration)하는 것이다.
⑥ 사건이나 현상을 설명(Explanation)하는 것이다.
⑦ 사건이나 상황을 기술(Description) 또는 서술하는 것이다.
⑧ 사건이나 상황을 객관적으로 평가(Evaluation)하고 가치를 규명하는 것이다.

➕ 플러스원

이론과 관련된 개념
- 명제(Proposition)
  - 실세계에 대한 하나의 진술을 말하는 것으로써, 경험적 근거가 확인된 가설이라고 할 수 있다.
  - 항상 두 개 또는 두 개 이상의 개념을 포함하는 것으로써, 개념 간의 관계에 의해서 실세계를 나타낼 수 있어야 한다.
  - 옳고 그름을 판단할 수 있도록 해주어야 하며, 관찰 가능한 현상에 속하고 있는 것이 무엇인지를 알려줄 수 있어야 한다.
  - 명제가 몇 개 묶여져 있는 것이 바로 이론이다.
- 법칙(Laws)
  - 더 넓고 높은 수준으로 확증을 얻은 명제를 말하며, 종종 이론과 동일시되기도 한다.
  - 진실로 보편적이어야만 하며, 어떤 구체적인 사실들의 집합 가운데서 찾을 수 있는 우연한 패턴이어서는 안 된다.
  - 때때로 '원리'라고도 하며, 무엇이 그렇다고 하는 것에 대한 중요한 진술이라고 할 수 있다.
  - 과학자에 의해 창조되는 것이 아니며, 법칙 자체도 그것만으로는 어떠한 것도 설명해 주지 못한다.

변수(Variable)
- '변이(Variation)'를 포함하며 상호배타적 속성들의 집합을 말한다.
- 연구대상의 경험적 속성을 나타내는 동시에 그 속성에 계량적 수치, 계량적 가치를 부여할 수 있는 개념을 의미한다.
  예 성, 소득, 연령, 고용적 지위 등은 변수에 해당하며, 변호사, 18세, 대학 2학년생 등은 속성에 해당한다.

(2) 조사목적의 구성
① 의사결정 문제를 명확히 정의한다.
② 문제에 대한 해결책으로 고려할 수 있는 가설적인 전략대안을 구상하고, 각 전략대안별로 방향이 맞는지 확인한다.
③ 대안별로 구체적인 실행계획을 도출하기 위해 어떤 자료가 필요한지를 조사문제로 정리한다.
④ 조사문제에 대해 구체적인 조사방법과 조사내용을 결정한다.
⑤ 자료를 수집하고 분석하여 정보와 전략적 대안을 제시한다.

시험에 이렇게 나왔다
[15년 2회]

01 사회과학에서 변수와 속성을 구분할 때 다음 중 변수로만 구성된 것은?

① 성, 소득, 연령
② 남자, 개신교, 학년
③ 건축가, 엔지니어, 변호사
④ 가족소득, 18세, 대학 2학년생

A ❶

심화체크

[23년, 25년]

문제를 해결하기 위한 조사절차
문제의 정립(문헌고찰) → 가설의 구성(설정) → 연구의 설계 → 자료의 수집 → 자료의 분석·해석 및 이용 → 보고서 작성

시험에 이렇게 나왔다

[19년 2회]

Q 가설에 관한 설명으로 틀린 것은?
① 가설은 다른 가설이나 이론과 독립적이어야 한다.
② 두 변수 이상의 변수 간 관련성이나 영향관계에 관한 진술형 문장이다.
③ 연구문제에 관한 구체적이고 검증 가능한 기대이다.
④ 과학적 방법에 의해 사실 혹은 거짓 중의 하나로 판명될 수 있다.

A ①

02 조사의 절차

기출 15년 1,3회, 16년 1,2,3회, 18년 3회, 19년 1,3회, 20년 4회, 21년 1,2회, 22년 1,2회, 23년

(1) 조사문제 결정

① 문제 인식(제기) 및 정의(정립) 기출 17년 1,2회
  ㉠ 연구의 목적 및 주제, 연구의 실제적 중요성과 이론적 의의 등에 대해 명백한 구상을 가지고 이를 논리적으로 정립하는 단계이다.
  ㉡ 문제의 정립을 더욱 명확하게 하기 위해 관련된 문헌을 고찰하고, 해당 분야의 전문가들과 토의해 의견을 참조하거나 예비조사를 실시할 수도 있다.
  ㉢ 설정된 연구문제의 적정성 판단기준 기출 17년 1회, 20년 3,4회, 25년
    • 설정은 두 개 이상의 변수 간의 관계를 서술해야 하며, 실증적 연구를 통해 해결될 수 있도록 작성되어야 한다.
    • 가능한 한 명백하고 확실한 것이어야 한다.
    • 관찰 가능한 현상과 밀접히 연결되어야 한다.
    • 연구문제의 결과는 유동적이며 연구자가 가진 가치관이 연구문제의 질과 정직성을 훼손시켜서는 안 된다.

② 조사목적 설정
  ㉠ 의사결정 문제를 해결하기 위해 수집할 정보와 관련지어 설정되어야 한다.
  ㉡ 조사과정에서 어떤 과업이 수행되어야 할지에 대한 지침이 제공되어야 한다.

(2) 조사 계획 수립

① 가설의 구성(설정)
  ㉠ 가설의 의의 기출 15년 2회, 18년 2회, 19년 2회, 20년 1·2회, 22년 1회, 23년
    • 보통 둘 이상의 변수 또는 현상 간의 관계를 설명하는 검증되지 않은 명제 또는 연구의 문제에 관해 검증할 수 있도록 기술된 잠정적인 응답이다.
    • 보통 독립변수와 종속변수 관계의 조건문 형태의 복문으로 표명된다.
  ㉡ 가설 설정 시 기본조건 기출 15년 2,3회, 18년 3회, 20년 3,4회, 21년 3회
    • 변수를 측정할 수 있는 척도를 고려해야 하며, 나타날 가능성이 있는 오차의 종류 및 정도를 명백히 파악해야 한다.
    • 연구문제를 해결할 수 있어야 한다.
    • 실증적인 확인을 위해 구체적·한정적이어야 하며 현상과 관련성을 가져야 한다.
    • 표현은 간단명료해야 한다.
    • 계량적인 형태를 취하거나 계량화할 수 있어서 통계적 분석이 가능해야 한다.
    • 동일 분야의 다른 가설과 연관성이 있어야 하며, 특정적이어야 한다.

ⓒ 가설의 평가기준

  기출 15년 1,3회, 16년 2회, 17년 1회, 18년 1회, 19년 1,3회, 21년 3회, 22년 1회, 25년

- 경험적 검증 가능성
  - 가설은 실증조사를 통해 옳고 그름을 판단할 수 있어야 한다.
  - 가설을 경험적으로 검증하기 위해서는 가설에 포함된 변수들에 대한 조작적 정의가 이루어져야 하며, 관찰 및 측정이 가능해야 한다.
- 입증의 명백성
  - 입증의 논리적 구조, 용어의 모호함 정도 등 해당 가설이 지시하는 경험적 사실들이 그 가설에 포함된 개념들을 얼마나 명백하게 대표하느냐를 의미한다.
  - 좋은 가설은 가설을 조작하여 작업가설을 구성할 경우 이론적으로 명백하게 입증이 가능하여지도록 해야 한다.
- 가설 자체의 개연성
  - 어떠한 현상의 원인이라든가 관계를 짐작하는 데 있어서 그러한 짐작이 그럴듯한 것으로 느껴져야 한다.
  - 가설은 연구문제의 정답에 대한 잠정적인 추정이므로 개연성이 큰 것이 좋은 가설이다.
  - 동일 분야의 다른 이론과 연관이 있어야 한다.
  - 검증결과를 광범위하게 이용할 수 있어야 한다.
- 가치중립성 및 용이성
  - 연구조사의 결과는 과학적 이론의 수립으로 이어진다는 점에서 연구자의 가치, 편견, 주관적 견해 등을 가설에서 최소화해야 한다.
  - 누구나 쉽게 이용할 수 있도록 간결한 논리로 동의반복적이지 않게 기술되어야 한다.

ⓔ 가설의 종류

- 연구가설(실험적 가설, Research Hypothesis) 기출 17년 1,2회, 22년 2회, 23년
  - 경험적으로 검증 가능하도록 진술한 가설로서 연구문제에 대한 잠정적 대답이다.
  - 때로는 연구가설을 경험적으로 검증할 수 있는 대립가설로 전환하는 작업이 필요하다.
- 귀무가설(영가설, Null Hypothesis) 기출 18년 1,3회, 22년 2회
  - 연구가설과 논리적으로 반대의 입장을 취하는 가설이다.
  - 처음부터 버릴 것을 예상하는 가설로서, 의미 있는 차이나 관계가 없는 경우의 가설에 해당한다.
  - 연구가설은 귀무가설이 직접 채택될 수 없을 때 자동으로 받아들여지는 가설로서 직접 검증할 필요가 없는 반면, 귀무가설은 직접 검증을 거쳐야 하는 가설이다.

시험에 이렇게 나왔다

[19년 3회]

Q 가설의 평가기준으로 옳지 않은 것은?
① 계량화할 수 있어야 한다.
② 동의반복적(Tautological)이어야 한다.
③ 동일 연구분야의 다른 가설이나 이론과 연관이 있어야 한다.
④ 가설검증결과는 가능한 한 광범위하게 적용할 수 있어야 한다.

A ②

심화체크

연구가설
"A는 B보다 ~이다" 또는 "A는 B와 관계(차이)가 있다"라고 기술하는 명제를 말한다.
예 "남녀 간 월 평균소득은 차이가 있다."

심화체크

귀무가설
"A는 B와 관계(차이)가 없다"는 식으로 표현된다.
예 "남녀 간 월 평균소득은 차이가 없을 것이다."

심화체크

대립가설
"~의 관계(차이)가 있을 것이다"는 식으로 표현된다.
예 "소득수준과 복지예산의 증액에 대한 의견 차이 간에는 관계가 있을 것이다."

심화체크

연역법과 귀납법
• 연역법
  예 모든 사람은 죽는다. → A는 사람이다. → 그러므로 A는 죽는다.
• 귀납법
  예 까마귀 1은 검다. → 까마귀 2는 검다. → … → 까마귀 9999는 검다. → 그러므로 모든 까마귀는 검을 것이다.

심화체크

[19년 3회]

연구문제를 정의하는 과정
문제를 목적에 관련시킨다 → 문제의 배경을 검토한다 → 문제의 하위영역, 구성요소, 요인들을 확립한다 → 무엇을 측정할 것인가를 결정한다 → 관련 변수들을 결정한다 → 연구목적과 관련된 하위목적을 설정한다 → 한정된 변수, 목적, 하위목적들에 대한 예비조사를 수행한다

• 대립가설(작업가설, Alternative Hypothesis)
  기출 16년 3회, 18년 2회, 19년 2,3회, 24년
  – 귀무가설에 대립하는 가설로서, 귀무가설이 거짓일 때 채택하기 위해 설정하는 가설이다.
  – 연구자가 주장하고자 하는 가설로서, 종종 연구가설과 동일시된다.

ⓐ 연역법과 귀납법
  기출 16년 3회, 17년 1,2회, 18년 1회, 19년 1,3회, 20년 3회, 21년 1회, 23년, 24년

연역법	귀납법
• 이미 참으로 인정된 보편적 원리를 가지고 현상에 연역시켜 설명하는 방법이다.	• 관찰과 자료의 수집을 통해 개별적인 사실들로부터 일반적인 원리를 끌어내 보편성과 일반성을 가지는 하나의 결론을 내린다.
• 법칙과 이론으로부터 어떤 현상에 대한 설명과 예측을 도출하는 방법이다.	• 사회과학의 이론적 작업에서 어느 정도의 자료만을 가지고도 상당 수준의 일반화나 법칙을 도출할 수 있으므로 경제적·효율적이지만, 아무런 이론적 배경 없이 현상의 속성을 측정하기 위한 변수들을 의미 있게 선택하는 데 있어서 한계를 가질 수밖에 없다.
• 이론적 체계의 일부분에 대한 경험적 검증을 통해 다른 부분을 실제 연구 없이 논리적으로 검증한다는 측면에서 경제적·효율적이지만, 최초의 이론을 형성하는 것이 어렵다는 단점을 지닌다.	
• '가설 설정 → 조작화 → 관찰·경험 → 검증'의 과정을 거치며 가설 검증에 주로 사용된다.	• '주제 선정 → 관찰 → 유형의 발견 → 임시결론(이론)'의 과정을 거치며 탐색적 연구에 주로 사용된다.

+ 플러스원

연역법과 귀납법의 관계 기출 16년 1회, 16년 2회, 18년 3회, 20년 1·2,4회
• 연역법과 귀납법은 서로 대비되는 장단점으로 인해 상호보완적인 관계를 형성한다.
• 연역법은 구체적인 대상이나 현상에 대한 관찰에 일정한 지침을 제공하고, 귀납법은 경험적인 관찰을 통해 기존의 이론을 보충 또는 수정한다.

② 연구의 설계
  ㉠ 개 념
    • 연구문제에 대한 해답을 얻기 위해 연구를 실시하려는 계획이다.
    • 가설에 규정된 변수관계를 오차 없이 분석하기 위해 외부변수의 영향을 효과적으로 통제하려는 방안이다.
  ㉡ 고려사항
    • 연구에 있어서 변수의 종류, 수, 성격 등을 밝히고, 연구와 시간의 관계도 명확히 해야 하며, 변수 간의 관계를 검증하기 위한 통계적 방법도 강구해야 한다.
    • 가설과 연구설계에 따라 일정한 자료가 결정되면 표본추출의 단위, 표본의 종류, 규모를 밝히며, 해당 모집단에 대한 가설의 검증방법과 오차문제도 고려해야 한다.
    • 필요한 자료를 수집하기 위해서는 자료의 유형을 결정해야 하며 일정한 자료수집방법을 강구해야 한다.

(3) 조사 실시

① 자료의 수집
㉠ 본격적인 연구자료를 수집하기 이전에 자료수집을 위해 고안된 자료수집도구 또는 방법에 따라 예비적으로 자료수집을 해야 한다.
㉡ 수집된 자료는 분석에 앞서 용이하게 분석할 수 있도록 일정하게 정리되어야 하며, 계획된 분석방법에 자료가 잘 부합하도록 조정 및 변환되어야 한다.

② 자료의 분석, 해석 및 이용 [기출] 15년 2회, 19년 2회
㉠ 연구에 의해 수집된 자료가 설정된 가설을 어느 정도로 지지하고 있는가를 평가하는 단계이며, 자료를 편집, 정정, 보완하거나 필요에 따라서 삭제한다.
㉡ 분석방법은 연구가설, 연구설계, 변수 간의 관계 및 변수의 수, 자료의 성격 등에 따라 미리 결정되는 것이 보통이다. 전체적인 자료가 정리·조정되면 미리 정해진 분석방법에 의해 처리된다.

(4) 조사보고서 작성

① 연구결과를 연구되고 있는 영역 내의 동일한 현상이나 조건이면 어느 경우에도 적용할 수 있도록 경험적으로 일반화하여 이를 일정한 형식으로 기술하는 것이다.
② 보고서의 작성에서는 분석결과의 해석 및 이론형성, 보고서의 작성 및 발표과정 등이 이루어진다.

03 조사연구의 분석단위

(1) 분석단위의 의의

보다 큰 집단을 기술하거나 추상적인 현상을 설명하기 위해 수집하는 자료의 단위이며, 자료수집 시 표본의 크기를 결정하는 데 사용되는 기본단위이다.

(2) 분석단위의 분류

[기출] 15년 2회, 16년 2,3회, 17년 3회, 18년 2회, 20년 1·2,4회, 21년 1,2회, 22년 1회

① 개인 : 사회과학조사의 가장 일반적인 분석단위로 개개인의 특성을 수집하여 집단과 사회와의 상호작용을 기술할 때 주로 이용된다.
② 집단 : 사회집단을 연구할 경우의 분석단위로서 가족, 학급, 학과 등이 해당한다.
③ 조직·제도 : 제도 자체의 특성 또는 이들 조직을 구성하는 개인이 분석단위가 되며, 기업, 학교 등이 해당한다.
④ 사회적 가공물/생성물 : 인간이 아닌 사회적 가공물/생성물도 분석단위에 포함된다. 여기에는 음악, 노래, 서적 등의 문화적 요소와 함께 결혼, 직업생활, 정치활동 등의 사회적 상호작용 등이 해당한다.
⑤ 지역사회·지방정부·국가 : 행정학 및 정책연구 등에서 지역사회, 지방정부, 국가 등도 분석단위가 된다.

시험에 이렇게 나왔다

[20년 4회]

Q 다음 중 연구주제의 선정요령으로 거리가 먼 것은?
① 연구자가 흥미를 느끼는 주제를 선정한다.
② 철저한 평가를 한 뒤에 선택 여부를 결정한다.
③ 경험이 있거나 사전지식이 있는 주제를 선정한다.
④ 새로운 학문적 기여를 위하여 가급적 연구를 뒷받침해줄 이론적 배경이 없는 주제를 선정한다.

A ④

심화체크

분석단위의 요건
- 적합성 : 연구목적에 적합해야 한다.
- 명료성 : 명확하고 객관적으로 정의되어야 한다.
- 측정 가능성 : 기술적인 분류를 위해 측정이 가능한 것이어야 한다.
- 비교 가능성 : 사실관계의 규명을 위해 비교가 가능해야 한다.

시험에 이렇게 나왔다

[16년 2회]

Q 다음 중 분석단위와 연구내용이 잘못 짝지어진 것은?

① 개인 – 전체 농부 중에서 32%가 여성임에도 불구하고 여성은 전통적으로 농부라기보다 농부의 아내로 인식되었다.
② 개인 – 1970년부터 현재까지 고용주가 게재한 구인광고의 내용과 강조점이 어떻게 변화하였는지 파악하였다.
③ 도시 – 인구가 10만 명 이상인 도시 중 89%는 적어도 종합병원이 2개 이상 있었다.
④ 도시 – 흑인이 많은 도시에서 범죄율이 높은 것으로 나타났다.

A ②

심화체크

[20년 1·2회]

조사설계의 핵심 구성요소
- 조사대상(누구를 대상으로 하는가)
- 조사항목(무엇을 조사할 것인가)
- 조사방법(어떤 방법으로 조사할 것인가)

심화체크

[20년 1·2회]

두 변수 간의 상호관계는 제3의 변수에 의해 설명되면 안 되며, 경험적으로 상관관계가 있어야 한다. 두 변수 간에 상관이 발견된다고 해서 인과관계가 성립하는 것은 아니다.

---

(3) 분석단위에 관한 오류

① **생태학적 오류** 기출 15년 3회, 18년 1,2,3회, 19년 1회, 21년 1회

분석단위를 집단에 두고 얻은 연구의 결과를 개인에게 동일하게 적용함으로써 발생하는 오류이다.

예 한 학급의 성적이 전반적으로 낮을 때, 그 학급의 어느 학생에 대해서도 성적이 좋지 못할 것이라 단정하는 경우

② **개인주의적 오류** 기출 15년 1회, 16년 1회, 17년 2회, 20년 1·2회, 21년 3회, 24년, 25년

분석단위를 개인에 두고 얻은 연구의 결과를 집단에 동일하게 적용함으로써 발생하는 오류이다.

예 어느 학생의 성적이 매우 우수할 때, 그 학생이 속한 학급의 성적이 좋을 것이라 단정하는 경우

③ **환원주의적 오류** 기출 15년 2회, 20년 4회

넓은 범위의 인간의 사회적 행위를 이해하는 데 필요한 변수 또는 개념의 종류를 지나치게 한정시킴으로써 발생하는 오류이다.

예 인류문화에 대한 광범위한 연구에 있어서 사회학자의 경우 사회학적 변수에, 경제학자의 경우 경제학적 변수에 대해서만 고려하는 경우

04 조사연구의 설계

(1) 조사설계의 이해

① **조사설계의 개념** 기출 16년 3회

㉠ 가설을 평가하기 위한 구조, 계획 및 전략이라고 할 수 있다. 여기서 계획은 조사에 대한 전반적인 프로그램으로서, 조사자가 가설의 구성 및 조작에서부터 최종적인 자료의 분석에 이르기까지 무엇을 해야 할 것인가에 대한 윤곽을 말한다.

㉡ 조사문제의 선정에 있어서 조사대상 및 항목 그리고 가설의 요건, 기능, 종류, 평가기준 등을 이해해야 한다.

㉢ 조사방법과 자료에 대한 접근가능성, 시간, 공간, 비용 등의 문제에 대해 고려해야 한다.

② **인과관계의 확인**

기출 15년 1,2회, 16년 3회, 17년 1,2,3회, 18년 1,2,3회, 21년 2,3회, 22년 1회, 24년

㉠ 시간적 선후관계 : 원인이 되는 사건이나 현상이 시간적으로 결과보다 먼저 발생해야 한다.

㉡ 동시변화성(공변성)의 원칙 : 원인이 되는 현상이 변화하면, 결과적인 현상도 항상 같이 변화해야 한다.

㉢ 비허위적 관계 : 외부의 영향력을 배제한 상태에서 순수하게 두 변수만의 관계를 볼 수 있어야 한다.

2 조사내용 및 방법 결정

01 조사내용의 결정

(1) 조사내용 측정
① 측정의 개념 : 어떤 일정한 규칙에 따라서 대상이나 사건에 수치를 부여하는 것이다.
② 척도
  ㉠ 개념 : 측정에 필요한 일정한 규칙으로, 자료가 수집될 때 관찰된 현상에 부여하는 일련의 기호나 숫자의 체계를 의미하며 척도에 따라 분석방법이 바뀌고, 분석결과에 의미를 부여하는 방법이 달라질 수 있다.
  ㉡ 유형

척도	내용	분석방법
명목척도	측정대상을 분류하기 위해 정보를 주는 것으로, 가장 낮은 수준의 측정이다. 예 성별, 인종, 종교, 직업, 전화·우편번호 등	이항분포 검정, χ^2검정
서열척도	명목척도의 특성을 가지면서 측정대상들의 특성을 상대적 서열로 나타낸 것이다. 예 학급석차, 키순서, 인기순서 등	분산분석
등간척도	서열을 정할 수 있을 뿐만 아니라 분류된 범주 간의 간격까지도 측정할 수 있는 척도이다. 예 지능, 온도, 시험점수 등	분산분석, 회귀분석 등
비율척도	• 척도를 나타내는 수가 등간일 뿐만 아니라 의미 있는 절대영점을 가지고 있는 경우에 이용되는 척도로, 비율성도 가지고 있다. • 절대영점이 있어 몇 배 크고 작은지를 정할 수 있으며, 사칙연산이 가능하다. 예 연령, 몸무게, 키, 수입, 출생률/사망률/이혼율, 가족 수 등	모든 분석방법

(2) 조사내용 결정 절차
① 문제의 원인 파악 : 문제에 대한 원인은 다양할 수 있으므로 가능한 모든 원인을 찾아 문제를 해결하도록 한다.
② 세부(조사)목적의 구체화 : 다양한 각도에서 원인을 규명할 수 있도록 세부목적을 구체적으로 제시하여 제시된 세부목적을 모두 달성하면 전체적인 조사목적이 달성될 수 있도록 한다.
③ 조사내용의 구체화 : 조사목적에 맞는 자료를 수집할 수 있는 조사내용을 구체적으로 제시하며 이때 설문지를 작성할 계획이라면 어떤 질문이 들어가야 할지 구체적으로 검토하여야 한다.
④ 조사내용 및 분석방법 결정 : 조사내용을 어떻게 측정하고, 정량화시킬 것인지를 결정하고, 그에 따른 분석방법을 정한다.

02 조사방법의 종류 및 특징

(1) 조사목적에 의한 분류

① 탐색적 연구 기출 15년 2,3회, 17년 1,2회, 18년 1,2회, 19년 1,3회, 20년 3회, 23년
  ㉠ 조사설계를 확정하기 이전 연구문제의 발견, 변수 규명, 가설 도출 등을 위해 예비적으로 실시하는 것이다.
  ㉡ 보통 연구문제에 대한 사전지식이 부족할 때 개념을 보다 분명히 하기 위해 실시한다.
  ㉢ 정확한 조사연구 및 가설 설계를 위한 명제 정립을 목적으로 한다.
  ㉣ 조사설계를 확정하기 이전 타당도를 검증하기 위해 실시한다.
  ㉤ 연구의 우선순위를 정하고 문제의 중요부분에 대한 실태를 파악하기 위해 실시한다.
  ㉥ 융통성 있게 운영될 수 있으며 수정이 가능하다.
  ㉦ 문헌연구, 경험자연구, 사례연구 등이 해당된다.

② 기술적 연구 기출 15년 1,3회, 16년 1,2회, 17년 1,3회, 19년 2,3회, 21년 3회, 23년, 24년
  ㉠ 어떤 현상에 대한 탐구와 명백화, 즉 현상을 정확하게 기술하는 것을 주목적으로 한다.
  ㉡ 어떠한 사건이나 현상의 크기, 비율, 수준 등에 대한 단순 통계적인 자료를 수집하여 문제에 대한 답을 구한다.
  ㉢ 특히 발생빈도와 비율을 파악할 때 실시하며, 관련 상황의 특성파악, 변수 간의 상관관계 및 상황변화에 대한 각 변수 간의 반응을 파악한다.
  ㉣ 보통 기술적 연구는 탐색적 연구에 의해 얻어진 지식과 자료를 토대로 전개된다.
  ㉤ 탐색적 연구와 달리 연구문제 및 가설을 설정한 후 실시되므로 계획적이고 체계적으로 이루어진다.
  ㉥ 연구집단에 대한 정확한 정보가 필요할 때 주로 활용된다.
  ㉦ 물가조사, 국제조사 등의 사회적 문제에 대해 정확한 실태 파악을 하여 정책적 대안을 마련하기 위한 목적에서 실시한다.
  ㉧ 대표적으로 횡단적 연구와 종단적 연구로 분류된다.

③ 설명적 연구 기출 15년 1회, 16년 1회, 19년 2회, 20년 1·2회, 21년 1,2,3회, 22년 1회, 23년
  ㉠ 어떤 사실과의 관계를 파악하여 인과관계를 규명하거나 미래를 예측하는 조사이다.
  ㉡ '진단적 조사', '인과적 조사', '예측적 조사', '가설검증적 조사'라고도 한다.
  ㉢ 가설은 설명적 연구에 있어서 필수적이다.
  ㉣ '왜(Why)'에 대한 대답을 제공하는 조사이다.
  ㉤ 현상에 대한 단순한 기술이 아닌 인과론적 설명을 전개한다는 점에서 기술적 조사와 다르다.
  ㉥ 사회적 문제의 발생 원인을 밝히고, 이를 해결하기 위한 정책대안을 마련하기 위해 널리 활용된다.
  ㉦ 변수가 둘 또는 그 이상이 되는 경우가 많다.

심화체크

탐색적 연구의 예
여기서 무슨 일이 일어나고 있는가, 뚜렷한 주제는 무엇인가, 패턴과 범주는 무엇인가 등

심화체크

기술적 연구의 예
대도시 인구의 연령별 분포는 어떠한가, 아동복지법 개정에 찬성하는 사람의 비율은 얼마인가, 어느 도시의 도로확충이 가장 시급한가 등

시험에 이렇게 나왔다

[15년 1회]
Q 기술적 조사와 설명적 조사에 관한 설명으로 틀린 것은?
① 기술적 조사는 물가조사와 국세조사 등 어떤 현상에 대한 탐구와 명백화가 주목적이다.
② 설명적 조사는 두 변수 간의 시간적 선행성과는 무관하게 진행되는 경우가 많다.
③ 기술적 조사는 관련 상황의 특성파악, 변수 간에 상관관계 파악 및 상황변화에 대한 각 변수 간의 반응을 예측할 수 있다.
④ 설명적 조사연구를 수행하기 위해서는 변수의 수가 둘 또는 그 이상이 되는 경우가 많다.

A ❷

➕ **플러스원**

문헌연구
- 해당 연구와 관련된 분야에 대한 각종 문헌을 연구하는 것이다.
- 문제를 규명하고 가설을 정립하기 위한 가장 신속한 방법으로써, 연구의 초점을 명확히 하고 연구에 대한 최신 연구경향 등의 포괄적 지식을 얻기 위한 목적으로 시행된다.
- 연구논문집이나 학술지 등의 2차 자료를 이용하는 방법을 포함한다.

경험자연구(전문가조사)
- 조사대상에 대해 통찰력이 있는 경험자 또는 전문가를 대상으로 조사하는 것이다.
- 문헌조사에 대한 보완적 방법으로써, 특히 초보연구자에게 효과적이다.
- 문제에 대한 명확한 이해와 함께 다양한 변수들 간의 관계에 대해 의견을 참조함으로써, 문제해결에 대한 조언을 구하고 새로운 아이디어를 구상한다.

특례분석(소수사례분석)
- 사례조사의 일종으로서, 문제의 설정이 빈약하거나 가설 구성을 위한 연구가 부족한 경우에 실시하는 것이다.
- 실제 일어난 사건의 기록에 의한 '실제사례'와 함께, 시뮬레이션에 의해 고안된 '가상의 사례'를 토대로 한다.
- 문제의 규명과 관련하여 변수들의 관계를 명확히 해주는 반면, 그 결과는 단순히 시사적인 의미만을 나타낼 뿐이다.

(2) 용도 및 응용수준에 의한 분류 기출 16년 2회, 20년 1·2회

순수연구	• '기초연구'라고도 하며, 사회적 현상에 대한 지식 자체만을 순수하게 획득하려는 연구이다. • 사회문제를 해결하는 데 있어서 직접적인 효과를 주지는 못하며, 단지 조사자의 지적 호기심을 충족시키는 데 목적이 있다. • 문제에 대해 일반적으로 적용할 수 있는 기본적인 이론이나 법칙 등을 탐구하는 것으로, 현장 응용도가 낮다.
응용연구	• 조사결과를 특수한 사회적 문제에 대한 해결과 개선을 위해 응용하여 사용하려는 연구이다. • 조직의 행정과 정책수립 및 정책대안 마련을 위해 지식과 자료를 효과적으로 이용하고자 한다. • 현장응용도가 높으며, 산업분야에서는 '개발적 연구' 또는 '생산연구'라고도 한다.
평가연구	• 사회정책이나 프로그램 등의 효과성을 평가하기 위해 실시하는 연구이다. • 지식의 습득이나 이론의 형성을 목적으로 하지 않는다. • 사회정책이나 프로그램의 지속 유무를 판단하며, 예산 및 인원의 증감 여부를 결정한다.

시험에 이렇게 나왔다

[16년 2회, 20년 1·2회]

01 연구유형에 관한 설명으로 틀린 것은?

① 순수연구 : 이론을 구성하거나 경험적 자료를 토대로 이론을 검증한다.
② 평가연구 : 응용연구의 특수형태로 진행 중인 프로그램이 의도한 효과를 가져왔는가를 평가한다.
③ 탐색적 연구 : 선행연구가 빈약하여 조사연구를 통해 연구해야 할 속성을 개념화한다.
④ 기술적 연구 : 축적된 자료를 토대로 특정된 사실관계를 파악하여 미래를 예측한다.

A ④

(3) 대상의 범위에 의한 분류

① 전수조사
- ⑤ 연구대상이라고 생각되는 모든 부분을 전부 조사하는 것을 의미한다.
- ⑥ 연구대상의 범위 내에 있는 모든 요소를 조사하는 것이 아닌 문제가 되고 있는 측면만 전부 조사하는 것이다.
- ⑥ 모집단이 비교적 작은 경우 추정의 정도를 높이기 위해 또는 다면적으로 조사결과를 이용하기 위해 활용한다.
- ② 경제성과 신속성이 떨어진다.
  - 예 국세조사, 인구조사 등

② 표본조사 기출 16년 3회, 20년 3회
- ⑤ 다양한 표본추출방법에 따라 조사대상 전체 중 일부분을 선출하여 그 전체를 추정하는 조사이다.
- ⑥ 조사대상 전체를 '모집단'이라 하며, 선출된 부분을 '표본'이라 한다.
- ⑥ 표본조사의 경우 대표성의 문제, 즉 전체를 대표하는 부분의 추출을 어떠한 방식으로 할 것인지가 관건이다.
- ② 시간과 비용이 적게 든다는 점에서 경제성이 있으나, 표본추출의 오류가 연구결과에 영향을 미친다.

(4) 기타 연구·조사의 유형

① 서베이조사(설문조사) 기출 17년 1회, 20년 3,4회, 23년, 24년
- ⑤ 기술적 연구의 일종으로서, 모집단을 대상으로 추출된 표본에 대해 설문지와 같은 표준화된 조사도구를 사용하여 직접 질문함으로써 필요한 자료를 수집하는 방법이다.
- ⑥ 서베이조사가 사회과학적 성질을 가지는 것은 사회과학적 사실, 의견, 태도로 분류될 수 있는 변수의 성질에서 잘 나타나고 있다.
- ⑥ 전수조사가 아닌 표본조사에 해당하며, 실험이 아닌 질문지나 면접조사표를 이용하는 방법이다.
- ② 엄격한 표본추출절차, 조사·연구의 전체적인 설계 및 실시, 조사문제의 개념 정의 및 특정화, 자료의 분석방법 등을 통해 사회과학의 방법론에 많은 기여를 했다.
- ⑩ 편의상 정보를 얻는 방법에 따라 면접조사, 우편조사, 집합조사, 전화조사, 통제관찰 등이 서베이조사에 해당한다.
  - 예 지역사회욕구조사, 갤럽여론조사 등
- ⑪ 일반적으로 현장조사보다 타당도가 비교적 낮지만 신뢰도는 높다.

시험에 이렇게 나왔다
[20년 4회]

Q 전수조사 대신 표본조사를 하는 이유와 가장 거리가 먼 것은?
① 경비를 절감하기 위해
② 전수조사에 비해 조사과정을 보다 잘 통제할 수 있어서
③ 표본오류를 줄이기 위해
④ 광범위한 주제에 걸쳐서 연구하기 위해

A ③

심화체크
[23년]

전수조사와 표본조사
전수조사는 표본오차는 없으나 비표본오차가 크므로 표본조사에 비해 정확성이 떨어진다. 반면 표본조사는 표본오차가 있으나 비표본오차가 전수조사에 비해 작다. 따라서 경우에 따라 전수조사가 더 정확할 수도 있고, 표본조사가 더 정확할 수도 있다.

시험에 이렇게 나왔다
[20년 3회]

Q 정당 공천에 앞서 당선 가능성이 높은 후보를 알아보고자 할 때 가장 적합한 조사 방법은?
① 단일사례관찰조사
② 델파이조사
③ 표본집단설문조사
④ 초점집단면접조사

A ③

ⓐ 서베이조사의 장단점

장점	• 풍부한 자료를 얻을 수 있다. • 서베이조사에 의해 수집된 자료는 비교적 정확성이 높다. • 자료의 범위가 넓다.
단점	• 서베이조사에 의해 획득된 정보는 피상적이다. • 실질적인 문제로서 실태조사는 시간과 비용이 많이 든다. • 면접법에 의한 서베이조사는 응답자를 일시적으로 자신의 사회적 맥락에서 끌어냄으로써 연구의 결과를 무의미하게 할 수도 있다. • 고도의 조사지식과 기술을 요구한다.

② **사례조사** 기출 17년 1,2,3회, 20년 3,4회, 25년

㉠ 특정 사례를 조사하여 문제를 종합적으로 파악하고, 그에 대한 실증적인 분석을 실행하는 조사이다.
㉡ 소수 조사대상이 시간의 경과에 따라 어떠한 특징적 변화 양상을 보이는지 면밀히 연구하는 종단적 연구방법에 해당한다.
㉢ 조사대상의 특징적 변화와 영향요인들 간의 인과관계를 파악하는 데 유효하며, 소수의 사례를 심층적으로 다룸으로써 연구대상에 대한 종합적인 분석이 가능하다.
㉣ 기존 문서의 분석이나 관찰 등과 같은 방법으로 자료를 수집하며, 사례는 개인, 프로그램, 의사결정, 조직, 사건 등이 될 수 있다.
㉤ 탐색적 목적을 위해 유용하게 사용할 수 있다.
㉥ 특정 개인이나 집단, 상황에 대한 특성 묘사에서부터 어떤 사건의 발생빈도와 다른 사건과의 관련 정도 등을 포괄적으로 기술한다.
㉦ 조사의 범위를 한 지역 또는 특정 대상에 국한시켜 연구하고자 하는 현상의 대표성을 유지시킨 채 결과를 도출하는 방법이다.
㉧ 사례조사의 장단점 기출 20년 1·2회

장점	• 비교적 소수의 대상에 대한 상황의 자연적 발전이나 생활사를 연구하는 데 유용하다. • 사회현상에서 인간의 욕구·관심·동기 등 가치적 측면의 파악이 가능하다. • 조사대상의 독특한 성질을 취급할 수 있으므로 구체적이고 상세하게 연구하는 데 유용하다. • 관련 변수를 모를 경우 일반 가설을 도출하거나 가설의 신뢰도를 높이는 등의 탐색적 작업으로 사용할 수 있다. • 통계조사의 보완적 자료를 제공한다.
단점	• 관찰할 변수에 대한 조사의 폭과 깊이가 불분명하므로 분석영역의 명확한 설정이 어렵다. • 대표성이 불분명하고 조사결과의 일반화 가능성이 작다. • 변수에 대한 관찰이 이루어지지 않으므로 비교가 불가능하고, 반복적 연구가 어려워 자료의 신뢰성을 확보하기 어렵다. • 조사자의 가치·주관 등이 개입되기 쉬우므로 조사방법의 과학성이 부족하다. • 타당한 사례의 설정이 어렵다.

시험에 이렇게 나왔다

[20년 1·2회]
01 다음 중 사례조사의 장점이 아닌 것은?
① 사회현상의 가치적 측면의 파악이 가능하다.
② 개별적 상황의 특수성을 명확히 파악하는 것이 가능하다.
③ 반복적 연구가 가능하여 비교하는 것이 가능하다.
④ 탐색적 연구방법으로 사용이 가능하다.

🅐 ❸

+ 플러스원

서베이조사와 사례조사

서베이조사	• 표준화된 조사도구를 사용하여 직접 질문한다. • 표본조사에 해당한다. • 기술적 연구의 일종이다. • 고도의 조사지식과 기술을 요구한다. • 표본추출절차를 거치므로 사례조사에 비해 대표성이 있다.
사례조사	• 기존 문서의 분석이나 관찰 등과 같은 방법으로 자료를 수집한다. • 특정한 사례에 대해 집중적으로 연구한다. • 탐색적 연구에 적합하다. • 대표성이 불분명하다.

③ 현지조사

㉠ 연구문제를 설정하거나 가설을 형성하기 위해 현장에 나가서 직접 자료를 수집하는 조사이다. 영향요인에 대해 실험조작을 가하지 않으며, 상황을 있는 그대로 조사한다.

㉡ 현지조사의 장단점

장 점	• 현실생활에 가장 가까운 연구조사로서 실험연구에서와 같은 인위적인 조작이 배제된다. • 범죄, 편견, 사회적 태도, 불평등, 권위주의 등 인간을 대상으로 하는 문제를 다루기에 용이하다. • 실제 현지상황에서는 변수의 분산이 크다. • 새로운 사실에 대한 지도적 성격을 갖는다.
단 점	• 실험적 연구에 비해 변수 간의 관계진술이 약하다. • 문제가 복잡할수록 많은 변수가 내포되어 혼란을 가져올 수 있다. • 실제적인 문제로서 실현가능성, 비용, 표본추출, 시간 등의 문제를 가진다. • 그 변수의 계측에 정밀성을 기할 수 없다. • 조사자의 개인적인 성향에 따라 조사결과가 달라질 수 있다.

④ 실험조사(실험법)

㉠ 독립변수의 효과를 측정하거나, 독립변수가 종속변수에 영향을 미치는 인과관계에 대한 가설을 검증하는 조사방법이다. 조사자는 외생적인 요인들에 대해 의도적으로 통제하고 인위적으로 관찰조건을 조성한다.

㉡ 현지실험, 실험실실험 등이 실험조사에 해당한다. **기출** 16년 1회

현지실험	• 어떤 가설을 검증하기 위해 연구자가 현실적인 사회상황 속에서 독립변수를 조작하는 논리적인 목적을 가진 조사이다. • 일상생활과 똑같은 복잡한 사회적 영향·과정·변화 등을 연구하는 데 적절하다. • 실험상황을 엄격하게 통제하기 어려우므로 독립변수의 효과가 흐려질 수 있으며, 정밀도가 실험실실험에 비해 낮다. • 실험실실험에 비해 외적 타당도가 높다.

시험에 이렇게 나왔다

[16년 1회]

Q 실험실 내 실험방법과 비교하여 현지실험방법이 가지는 장점은?

① 내적 타당성
② 외적 타당성
③ 개념타당성
④ 신뢰성

A ❷

실험실실험	• 조사문제에 직접적으로 관련되지 않은 모든 외부 독립변수의 분산을 최소화하는 실험방법이다. • 조사상황의 엄격한 통제하에서 연구대상에 대한 무작위추출이 가능하며, 하나 이상의 독립변수의 조작이 용이하다. • 실험에 필요한 제반조작이 용이하고 그 조작력이 강하므로 실험이 정밀할 뿐만 아니라 반복적 실험이 가능하다. • 조사상황이 인위적이며, 결과에 대한 부정확한 해석이 이루어지기도 한다. • 내적 타당도를 갖는다고 해도 외적 타당도가 결여되는 경우가 있다.

⑤ 미시조사 및 거시조사
  ㉠ 미시조사는 개인이나 개별적인 개체를 분석단위로 하는 조사이다.
  ㉡ 거시조사는 큰 지역이나 집합체를 분석단위로 하는 조사이다.

⑥ 내용분석법 기출 16년 2회, 20년 4회, 23년
  ㉠ 의의 및 특징 기출 15년 2회, 17년 2,3회, 18년 2,3회, 19년 1회

의 의	특 징
• 여러 가지 문서화된 매체들을 중심으로 연구대상에 필요한 자료들을 수집하는 방법이다. • 커뮤니케이션의 현재적 내용을 객관적·체계적·수량적으로 기술하는 연구방법이다. • 어떠한 자료로부터 그 문맥에 관한 묘사를 할 수 있고, 타당한 준거를 만들어내는 연구방법이다. • 서적, 신문, 문서 등의 기록된 정보의 내용을 조사하기 위해 고안된 체계적인 절차이다. 예 대북정책에 대한 한국사회의 인식변화를 알아보고자 과거 10년간 한국의 주요 일간지기사를 분석하고자 한다.	• 문헌연구의 일종으로 비개입적 연구이다. • 메시지를 그 분석대상으로 한다. • 양적 분석방법뿐만 아니라 질적 분석방법도 사용하며, 질적인 자료를 양적인 자료로 바꾼다. • 범주 설정에 있어서는 포괄성과 상호배타성을 확보해야 한다. • 자료가 방대한 경우 내용분석법에서도 모집단 내에서 표본을 추출하여 분석할 수 있다. • 코딩을 위해서는 개념화 및 조작화가 잘 이루어져야 한다. • 인간의 모든 형태의 의사소통기록물을 활용할 수 있다.

  ㉡ 부호화

의 의
• 내용분석은 본질적으로 부호화 작업이다. • 글이나 말에 의한 의사소통은 일정한 개념틀에 따라 부호화되거나 분류된다.

현재적 내용 (Manifest Content)	의사소통에 있어서 눈에 보이는 표면적인 내용을 부호화하는 일은 표준화된 설문지를 사용하는 것과 흡사하다. 예 어떤 소설이 얼마나 선정적인가를 결정하기 위해서는 해당 소설 속에 나오는 '키스나 포옹'과 같은 선정적인 단어의 수를 세어보면 된다.
잠재적 내용 (Latent Content)	의사소통에 있어서 숨어있는 내용을 부호화시킬 수도 있다. 예 소설 전체 또는 단락 및 페이지의 표본을 읽은 다음, 그 소설이 얼마나 성애적인가를 평가할 수 있다.

03 조사방법의 결정

(1) 조사방법 결정 시 고려사항

① 조사의 목적과 방법

㉠ 정성조사 : 조사의 주제에 근거하여 목적에 관한 정보를 가장 많이 가지고 있다고 판단되는 특정 대상자들을 사전조사를 통해서 모집하여, 그들의 수요 등과 관련된 정보를 심층적으로 파악하고 결과를 도출하는 조사방법을 의미한다.

조사의 목적	조사방법
탐색적인 경우	면접조사, 관찰조사

㉡ 계량조사

조사의 목적	조사방법
계량적인 지표가 필요하거나 정성조사를 통해 도출한 가설적인 전략 대안에 관한 확인이 필요한 경우	서베이를 활용하는 인터넷조사

② 조사예산과 조사에 드는 기간

㉠ 대인 면접방식의 서베이

조사예산
• 조사대상자의 특성, 표본의 규모, 조사의 난이도 등을 고려하여 결정된다. • 전국 조사를 진행하는 경우 대도시에서 약 1,000명의 소비자를 대상으로 조사가 이루어지며 조사비용은 약 4,000~6,000만 원이 든다. • 자료를 분석할 수 있는 역량이 있으면 설문지를 작성한 후 조사회사에 자료수집과 처리를 포함한 실사 부분에 대한 조사만을 의뢰하면, 전국에서 1,000명을 대상으로 하는 경우 대인 면접방식의 경우 약 3,000만 원이 소요된다.

조사에 드는 기간
• 조사문제 협의, 설문지 작성, 자료수집과 분석에 걸리는 시간은 약 2~3개월이 소요되고 이중 자료를 수집하고 처리하는 실사 기간에 약 한 달 정도가 소요된다. • 부서 간 협의나 예산계획 수립 등의 사전준비 작업을 포함하면 수개월이 소요된다.

㉡ 인터넷조사

조사예산
• 대인 면접조사 대비 약 절반 이하의 예산으로 조사가 가능하다. • 자료를 분석할 수 있는 역량이 있으면 500~1,000만 원 수준에서 조사를 진행할 수 있다.

조사에 드는 기간
전체 조사기간은 약 1~1.5개월 정도이며 실사에 드는 기간은 약 2주 정도이다.

③ 조사의 난이도와 조사 역량

㉠ 조사 전문가가 있거나 조사의 내용이 어렵지 않은 경우 : 사내에서 담당자들이 직접 조사를 진행하고 조사담당자는 조사방법에 대한 전문지식을 갖고 있어야 하며, 심리학이나 소비자행동에 대한 기본 지식과 소비자의 잠재의식을 도출할 수 있는 면접기법과 조사결과에 대한 분석기법 경험이 있어야 한다.

㉡ 전문가들에 대한 심층면접 또는 전국적으로 서베이를 해야 하는 경우에는 외부 조사회사의 도움을 받아야 한다.

(2) 조사방법의 결정 절차

① 조사문제와 조사환경 검토

㉠ 의사결정의 시급성(조사기간)
- 발생한 문제에 대해 얼마나 신속하게 의사결정이 이루어져야 하는가의 문제로, 언제까지 조사결과와 대안이 나와야 하는지를 확인하여야 한다.
- 시급한 의사결정이 필요한 경우 내부적으로 2차 자료 검토와 Sensitivity 패널조사 등의 정성적인 조사를 진행한 후 의사결정을 내리게 한다.

㉡ 의사결정 내용의 중요도 : 중요도에 따라 조사예산과 시간을 결정한다.

㉢ 조사예산 : 현안 문제 해결을 위해 어느 정도의 예산을 지출할 수 있을지를 확인하여야 한다.

② 사내외 2차 자료를 이용한 조사

㉠ 사내에 축적된 자료를 검토하여야 하며 특히 과거 유사한 사례가 발생한 경우 어떻게 대응이 이루어졌는지를 보여주는 자료를 찾아 검토하여야 한다.

㉡ 다른 기업들이 유사한 상황에서 어떻게 대응했는지를 보여주는 사례를 찾기 위해 마케팅 분야의 전문서적이나, 국내외 경영경제 관련 신문사, 연구소 등의 DB를 검색하여 유사한 사례를 검토하여야 한다.

예 매경이나 한경의 기사 DB에 대한 검색, 삼성경제연구소나 LG 경제연구원 등의 연구소에서 제공하는 자료 활용, 통계청이나 다양한 정부 기관들에서 제공하는 자료를 수시로 검색, 경쟁사의 홈페이지 방문, BusinessWeek.com 등에 관한 검색

③ 현장 중심의 정성조사

㉠ 제품구매가 이루어지는 유통 현장이나 소비자들의 제품사용현장에 대한 정성조사를 진행한다.

㉡ 일정한 사례를 한 후 고객의 집을 방문하여 제품을 실제로 어떻게 사용하는지를 보면서 새로운 대안을 도출하기도 한다.

④ 외부 전문조사기관을 활용한 조사

㉠ 조사회사를 통하여 조사가 이루어지는 경우 큰 비용과 시간이 소요되므로 먼저 사내에서 조사의 목적이 무엇인지, 어떤 자료를 수집할 것인지, 조사를 통해 확인하려는 전략대안이 무엇인지를 명확히 하여야 한다.

㉡ 산업에 대한 전반적 지식과 문제를 이해하고 체계적으로 조사를 진행하여 대안을 찾아줄 수 있는 조사회사를 선정하여 본격적인 조사를 진행하게 된다.

심화체크

Sensitivity 패널조사
기업 등에서 자체적으로 소규모의 소비자패널을 구축하고, 인터넷으로 간단한 설문조사를 진행하는 조사시스템을 구축하여 활용하는 조사이다.

CHAPTER 01 적중예상문제

01

이론으로부터 가설을 설정하고 가설의 내용을 경험적 자료에 기반하여 가설의 채택 여부를 결정하는 방법은?

① 연역적 방법
② 귀납적 방법
③ 조작적 방법
④ 탐색적 방법

해설 연역적 방법
이미 참으로 인정된 보편적 원리를 가지고 현상에 연역시켜 설명하는 방법이다. 법칙과 이론으로부터 어떤 현상에 대한 설명과 예측을 도출하는 방법으로 이해할 수 있으며, '가설 설정 → 조작화 → 관찰·경험 → 검증'의 과정을 거친다.

02

다음 중 연구의 논리체계에 관한 설명으로 틀린 것은?

① 사회과학 이론과 연구는 연역과 귀납의 방법을 통해 연결된다.
② 연역은 이론으로부터 기대 또는 가설을 이끌어내는 것이다.
③ 귀납은 구체적인 관찰로부터 일반화로 나아가는 것이다.
④ 귀납적 논리의 고전적인 예는 "모든 사람은 죽는다. 소크라테스는 사람이다. 따라서 소크라테스는 죽는다."이다.

해설 귀납적 논리의 예는 "까마귀 1은 검다. → 까마귀 2는 검다. → … → 까마귀 9999는 검다. → 그러므로 모든 까마귀는 검을 것이다"이다.

03

연구문제의 가치를 판단하는 학문적 기준으로 가장 거리가 먼 것은?

① 독창성을 가지고 있어야 한다.
② 경험적 검증가능성이 있어야 한다.
③ 이론적인 의의를 가지고 있어야 한다.
④ 사회적 쟁점에 대처할 수 있어야 한다.

해설 연구가 사회적 쟁점에 대처하고 사회적 공익에 기여하는지, 사회현상을 개선하는 데 도움이 되는지를 판단하는 것은 연구문제의 가치를 판단하는 실천적 기준에 해당한다.

04

이론으로부터 가설을 설정하고 가설의 내용을 현실세계에서 관찰한 다음, 관찰에서 얻은 자료가 어느 정도 가설에 부합되는가를 판단하여 가설의 채택 여부를 결정짓는 방법은?

① 귀납적(Induction) 방법
② 연역적(Deduction) 방법
③ 관찰(Observation) 방법
④ 재조사법(Test-retest Method)

해설 연역적 방법
이미 참으로 인정된 보편적 원리를 가지고 현상에 연역시켜 설명하는 방법이다. 법칙과 이론으로부터 어떤 현상에 대한 설명과 예측을 도출하는 방법으로 이해할 수 있으며, '가설 설정 → 조작화 → 관찰·경험 → 검증'의 과정을 거친다.

정답 01 ① 02 ④ 03 ④ 04 ②

05

연구문제의 특징과 가장 거리가 먼 것은?

① 연구문제는 경험적으로 검증이 가능해야 한다.
② 연구문제는 질문형식으로 분명하고 명확하게 진술되어야 한다.
③ 연구문제는 사실 혹은 거짓 중의 하나로 판명될 수 있다.
④ 연구자가 가진 가치나 가치관이 연구문제의 질과 정직성을 훼손시켜서는 안 된다.

해설 과학적 연구문제의 결과는 수정될 수 있다. 즉, 사실로 판명되었다 하더라도 언젠가는 거짓이 될 수 있으며, 현재 거짓으로 판명되었다 할지라도 미래엔 참이 될 수도 있다.

06

개별적인 사실들로부터 일반적인 원리를 끌어내는 방법은?

① 추론법　　② 연역법
③ 귀납법　　④ 연상법

해설
① 직관이 아닌 판단, 추리 따위를 거듭함으로써 대상을 이해하는 방법이다.
② 이미 참으로 인정된 보편적 원리를 가지고 현상에 연역시켜 설명하는 방법이다.
④ 어떤 대상과 관련된 다른 대상을 떠올리는 방법이다.

07

연역법과 귀납법에 관한 설명으로 옳은 것은?

① 귀납법과 연역법은 상호보완적으로 사용될 수 없다.
② 연역법은 일정한 가설을 설정하기 이전에 필요한 자료를 수집하고 여기서 가설을 구성하는 방법이다.
③ 귀납법은 현실의 경험세계에서 출발하고 연역법은 가설이나 명제의 세계에서 출발한다.
④ 연역법은 이론을 형성하기 위한 방법이며 귀납법은 일정한 가설을 먼저 설정한 후 이에 필요한 자료를 구하는 방법이다.

해설
① 연역법과 귀납법은 서로 대비되는 장단점으로 인해 상호보완적인 관계를 형성한다.
②·④ 연역법은 '가설 설정 → 조작화 → 관찰·경험 → 검증'의 과정을 거치는 주로 가설 검증을 위한 방법이다. 귀납법은 관찰을 통해 결론에 이르는 방법이다.

08

사회조사에서 자료를 편집, 정정, 보완하거나 필요에 따라서 삭제하여야 할 필요성이 생겨나는 단계는?

① 문제설정단계(Problem Statement Stage)
② 자료수집단계(Data Collection Stage)
③ 자료분석단계(Data Analysis Stage)
④ 예비검사단계(Pilot Test Stage)

해설 자료분석단계는 연구에 의해 수집된 자료가 설정된 가설을 어느 정도로 지지하고 있는가를 평가하는 단계로, 자료를 편집, 정정, 보완하거나 필요에 따라서 삭제한다.

09

다음은 어떤 조사연구 결과의 일부분이다. 여기에 사용된 분석의 단위는?

> 여성에 비해 남성들이 인터넷을 더 많이 이용하고 있다. 지난 분기에 비해 청소년과 주부 이용자 수가 급격하게 증가하였다.

① 개 인　　② 집 단
③ 조 직　　④ 사회적 구성물

해설 분석단위란 자료수집 시 표본의 크기를 결정하는 데 사용되는 기본 단위이다. 해당 문제에서 표본은 남성과 여성, 청소년과 주부이므로 분석단위는 개인이다.

정답 05 ③　06 ③　07 ③　08 ③　09 ①

10

연구의 단위(Unit)를 혼동하여 집합 단위의 자료를 바탕으로 개인의 특성을 추리할 때 저지를 수 있는 오류는?

① 집단주의 오류
② 생태주의 오류
③ 개인주의 오류
④ 환원주의 오류

해설 생태주의 오류는 분석단위를 집단에 두고 얻은 연구의 결과를 개인에게 동일하게 적용함으로써 발생하는 오류이다. 즉, 집합 단위의 자료를 바탕으로 개인의 특성을 추리할 때 저지를 수 있는 오류이다.

11

가설의 평가기준과 가장 거리가 먼 것은?

① 실제 자료를 통하여 진위가 입증될 수 있어야 한다.
② 동일 분야의 다른 이론과 연관성이 없어야 한다.
③ 검증결과를 광범위하게 이용할 수 있어야 한다.
④ 간단명료하게 표현되어야 하고 논리적으로 간결해야 한다.

해설 가설은 동일 분야의 다른 가설과 연관성이 있어야 한다.

12

좋은 가설의 평가기준으로 옳지 않은 것은?

① 가설의 표현은 간단명료해야 한다.
② 가설은 경험적으로 검증할 수 있어야 한다.
③ 계량화 가능성은 가설의 평가기준이 될 수 없다.
④ 가설은 동의반복이어서는 안 된다.

해설 **가설의 평가기준**
- 경험적 검증가능성
- 간결성
- 계량화 가능성
- 입증의 명백성
- 가설 자체의 개연성
- 가치중립성

13

좋은 가설이 되기 위한 요건과 가장 거리가 먼 것은?

① 검증 가능해야 한다.
② 입증된 결과는 일반화가 가능해야 한다.
③ 사용된 변수는 계량화가 가능해야 한다.
④ 추상적이며 되도록 긴 문장으로 표현을 해야 한다.

해설 가설은 실증적인 확인을 위해 구체적이어야 하며, 간결하게 표현되는 것이 좋다.

간결성
- 간단명료하게 표현되어야 한다.
- 동의어가 반복적이지 않아야 한다.
- 누구나 쉽게 이용할 수 있도록 필요한 용어만 사용해야 한다.
- 표현뿐만 아니라 실질적으로 간결한 논리로 이루어져야 한다.
- 두 개 정도의 변수들 간의 관계를 간단한 논리로 설명할 수 있다면 좋은 가설이다.

14

다음 중 좋은 가설이 아닌 것은?

① 부모의 학력이 높을수록 자녀의 학력도 높아진다.
② 자녀학업을 위한 가족분리는 바람직하지 않다.
③ 고객만족도가 높을수록 기업의 재무적 성과가 더 높아진다.
④ 리더십형태에 따라 직원의 직무만족도가 달라진다.

해설 좋은 가설은 일반적으로 명료성, 가치중립성, 검증가능성, 일반화 가능성 등을 만족해야 한다. '자녀학업을 위한 가족분리는 바람직하지 않다.'는 결과의 일반화 가능성이 낮고 다양한 변수가 개입되어 결과가 변동될 가능성이 높다. 또한, 조사자에 따라 가설을 설정하는 연구자의 주관적 편견 또는 가치관이 개입될 수 있으므로 좋은 가설이 아니다.

15

조사연구에 대한 설명과 가장 거리가 먼 것은?

① 가설은 설명적 연구에 있어서 필수적이다.
② 기존에 정보가 별로 없는 주제에 대해서는 탐색적 조사를 활용한다.
③ 탐색적 연구의 결과로 명확한 결론을 내리는 것이 일반적이다.
④ 연구집단에 대한 정확한 정보가 필요할 때에는 기술적 연구가 주로 활용된다.

해설 탐색적 연구는 조사설계를 확정하기 이전 연구문제의 발견, 변수 규명, 가설도출 등을 위해 예비적으로 실시하는 것으로 명확한 결론을 내리기 위한 연구가 아니다.

16

기술적(Descriptive) 조사에 대한 설명으로 틀린 것은?

① 현상에 대한 탐구와 명료화를 주목적으로 한다.
② 계획, 모니터링, 평가에 필요한 자료를 산출하기 위하여 자주 사용된다.
③ 사회현상이 야기된 원인과 결과를 밝혀 정확히 기술하는 것이다.
④ 행정실무자와 정책분석가들에게 가장 기본적인 조사도구이다.

해설 어떤 사실과의 관계를 파악하여 인과관계를 규명하거나 미래를 예측하는 조사는 설명적 조사이다. 기술적 조사는 어떤 현상에 대한 탐구와 명백화, 즉 현상을 정확하게 기술하는 것을 주목적으로 한다.

17

기술적(Descriptive) 연구의 목적으로 가장 적합한 것은?

① 가설의 검증
② 이론의 확인
③ 인과관계의 규명
④ 현상에 대한 정확한 설명

해설 기술적 연구는 어떤 현상에 대한 탐구와 명백화, 즉 현상을 정확하게 기술하는 것을 주목적으로 한다.

18

연구의 목적과 사례의 연결이 잘못된 것은?

① 기술(Description) - 유권자들의 대선후보 지지율 조사
② 설명(Explanation) - 시민들이 왜 담배값 인상에 반대하는지 파악하고자 하는 연구
③ 평가(Evaluation) - 현재의 공공의료정책이 1인당 국민 의료비를 증가시켰는지에 대한 연구
④ 탐색(Exploration) - 단일사례설계를 통하여 운동이 체중 감소에 미치는 효과를 검증하는 연구

해설 조사연구 목적 중 탐색은 정확한 조사연구 및 가설 설계를 위한 명제 정립을 목적으로 하여 조사설계를 확정하기 이전 타당도를 검증하기 위해 실시하는 것이다. ④는 단일사례설계를 통하여 운동이 체중 감소에 미치는 효과의 검증을 목적으로 설정하여 조사설계를 이미 확정한 것으로 탐색적 연구의 사례로 적합하지 않다.

19

실제 연구가 가능한 주제가 되기 위한 조건과 가장 거리가 먼 것은?

① 기존의 이론 체계와 반드시 관련이 있어야 한다.
② 연구현상이 실증적으로 검증 가능해야 한다.
③ 연구문제가 관찰 가능한 현상과 밀접히 연결되어야 한다.
④ 연구대상이 되는 현상에 대한 명확한 규정이 존재해야 한다.

해설 연구문제는 기존의 이론 체계와 관련이 있으면 연구 수행이 용이하지만 반드시 관련이 있어야 하는 것은 아니다.

설정된 연구문제의 적정성 판단 기준
- 두 개 이상의 변수들 간의 관계를 서술해야 하며, 실증적 연구를 통해 해결될 수 있도록 작성되어야 한다.
- 가능한 한 명백하고 확실한 것이어야 한다.
- 관찰 가능한 현상과 밀접히 연결되어야 한다.

20

조사문제를 해결하기 위한 연구절차를 바르게 나열한 것은?

> ㄱ. 자료수집
> ㄴ. 연구설계의 기획
> ㄷ. 문제의 인식과 정의
> ㄹ. 보고서 작성
> ㅁ. 결과분석 및 해석

① ㄴ → ㄷ → ㄱ → ㅁ → ㄹ
② ㄴ → ㄱ → ㄷ → ㄹ → ㅁ
③ ㄷ → ㄴ → ㄱ → ㅁ → ㄹ
④ ㄷ → ㄱ → ㄴ → ㄹ → ㅁ

해설 과학적 조사의 일반적인 과정
문제의 정립(ㄷ) → 가설의 구성(설정) → 연구설계(ㄴ) → 자료의 수집(ㄱ) → 자료의 분석, 해석 및 이용(ㅁ) → 보고서 작성(ㄹ)

21

생태학적 오류(Ecological Fallacy)의 예로 적합한 것은?

① 빈곤의 원인을 개인적인 습성과 태도의 요인으로만 설명하려는 것
② 장애인 시설의 건립은 찬성하지만 자기 거주지역에 건립되는 것을 반대하는 것
③ 인간의 태도와 행위는 언제나 차이가 있다는 가정에서 비롯되는 오류
④ 외국인 근로자의 비율이 높은 지역에서 범죄율이 높다는 조사결과로 외국인 근로자의 범죄증가를 논의하는 것

해설 생태학적 오류는 분석단위를 집단에 두고 얻은 연구의 결과를 개인에게 동일하게 적용함으로써 발생하는 오류이다. ④는 외국인 근로자의 비율이 높은 지역(집단)에서의 범죄율 증가가 외국인 근로자(개인)로 인한 증가라고 생각하는 오류를 범하는 것이므로 생태학적 오류의 예로 적합하다.

22

경험적 연구의 조사설계에서 고려되어야 할 핵심적인 구성요소를 모두 고른 것은?

> ㄱ. 조사대상(누구를 대상으로 하는가)
> ㄴ. 조사항목(무엇을 조사할 것인가)
> ㄷ. 조사방법(어떤 방법으로 조사할 것인가)

① ㄱ, ㄴ
② ㄱ, ㄴ, ㄷ
③ ㄱ, ㄷ
④ ㄴ, ㄷ

해설 조사설계는 가설을 평가하기 위한 구조, 계획 및 전략이라고 할 수 있다. 여기서 계획은 조사에 대한 전반적인 시행방침 또는 프로그램으로서, 조사자가 가설의 구성 및 그의 조작에서부터 최종적인 자료의 분석에 이르기까지 무엇을 해야 할 것인가에 대한 윤곽을 말한다. 조사문제의 선정에 있어서 조사대상 및 항목 그리고 가설의 요건, 기능, 종류, 평가기준 등을 이해해야 하며, 조사방법과 자료에 대한 접근가능성, 시간, 공간, 비용 등의 문제에 대해 고려해야 한다.

23

집합 단위의 자료를 바탕으로 개인의 특성을 추리할 때에 저지를 수 있는 오류는?

① 알파 오류(α-Fallacy)
② 베타 오류(β-Fallacy)
③ 생태학적 오류(Ecological Fallacy)
④ 개인주의적 오류(Individualistic Fallacy)

해설 생태학적 오류는 분석단위를 집단에 두고 얻은 연구의 결과를 개인에게 동일하게 적용함으로써 발생하는 오류이며, 개인주의적 오류는 분석단위를 개인에 두고 얻은 연구결과를 집단에게 동일하게 적용함으로써 발생하는 오류이다.

24

개인의 특성에서 집단이나 사회의 성격을 규명하거나 추론하고자 할 때 발생할 수 있는 오류는?

① 원자 오류(Atomistic Fallacy)
② 개인주의적 오류(Individualistic Fallacy)
③ 생태학적 오류(Ecological Fallacy)
④ 종단적 오류(Longitudinal Fallacy)

해설 분석단위를 개인에 두고 얻은 연구의 결과를 집단에 동일하게 적용함으로써 발생하는 오류를 개인주의적 오류라고 한다.

25

다음 중 분석단위와 관련된 잠재적 오류와 가장 거리가 먼 것은?

① 동어반복의 오류   ② 생태학적 오류
③ 개인주의적 오류   ④ 환원주의적 오류

해설 분석단위와 관련된 오류로는 생태학적 오류, 개인주의적 오류, 환원주의적 오류가 있다.

26

개인적 분석단위에서 이루어진 조사결과를 집단적 수준의 분석단위로 해석할 때 나타날 수 있는 오류는?

① 생태학적 오류   ② 분석오류
③ 집단주의적 오류   ④ 개인주의적 오류

해설 분석단위를 개인에 두고 얻은 연구의 결과를 집단에 동일하게 적용함으로써 발생하는 오류는 개인주의적 오류이고, 생태학적 오류는 분석단위를 집단에 두고 얻은 연구의 결과를 개인에게 동일하게 적용함으로써 발생하는 오류이다.

27

인과관계에 대한 설명으로 틀린 것은?

① 원인으로 추정되는 변수와 결과로 추정되는 변수가 동시에 존재하며, 상호연관성을 가지고 변화해야 한다.
② 원인과 결과를 추정하기 위해서는 원인이 결과보다 시간적으로 우선하여야 한다.
③ 사회과학에 있어서 인과관계는 미시 매개체 수준을 전제로 하고 있다.
④ 사회현상을 연구하는 것은 개방시스템을 전제하므로 인과관계에 대하여 결과를 발생시키는 원인이 여러 가지 있을 수 있다.

해설 사회과학에 있어서 인과관계는 미시 매개체 수준을 전제로 하고 있지 않으며, 사회 전체나 특정 현상 등 거시적 수준에서도 나타날 수 있다.

28

다음 중 조사대상의 두 변수들 사이에 인과관계가 성립되기 위한 조건이 아닌 것은?

① 원인의 변수가 결과의 변수에 선행하여야 한다.
② 두 변수 간의 상호관계는 제3의 변수에 의해 설명되면 안 된다.
③ 때로는 원인변수를 제거해도 결과변수가 존재할 수 있다.
④ 두 변수는 상호연관성을 가져야 한다.

해설 인과관계란 원인이 되는 사건이나 현상이 시간적으로 결과보다 먼저 발생해야 하며, 원인이 되는 현상이 변화하면 결과적인 현상도 항상 같이 변화해야 한다는 것이다. 또한, 외부의 영향력을 배제한 상태에서 순수하게 두 변수만의 관계를 볼 수 있어야 한다. 따라서 원인변수가 제거되면 결과변수는 존재할 수 없다.

정답 24 ② 25 ① 26 ④ 27 ③ 28 ③

29

인과관계의 성립조건에 관한 설명으로 옳은 것을 모두 고른 것은?

> ㄱ. 원인변수와 결과변수는 함께 변화해야 한다.
> ㄴ. 원인변수와 결과변수는 순차적으로 발생되어야 한다.
> ㄷ. 가설이 검증되어야 한다.
> ㄹ. 표본조사를 이용할 수 있어야 한다.
> ㅁ. 외생변수의 영향을 통제하여야 한다.

① ㄱ, ㄴ, ㅁ
② ㄱ, ㄷ, ㄹ
③ ㄴ, ㄷ, ㄹ
④ ㄷ, ㄹ, ㅁ

해설 인과관계의 성립조건
- 동시변화성의 원칙(ㄱ)
- 시간적 선후관계(ㄴ)
- 비허위적 관계(ㅁ)

30

두 변수들 사이에 인과관계가 존재하기 위해 필요한 조건과 가장 거리가 먼 것은?

① 원인은 시간적으로 결과를 선행한다.
② 두 변수는 경험적으로 서로 상호 관련되어 있다.
③ 두 변수의 값은 각각 다른 변수의 값에 의하여 결정된다.
④ 두 변수의 상관관계는 제3의 변수에 의해 만들어진 것이 아니다.

해설 인과관계의 확인
- 시간적 선후관계 : 원인이 되는 사건이나 현상이 시간적으로 결과보다 먼저 발생해야 한다.
- 동시변화성(공변성)의 원칙 : 원인이 되는 현상이 변화하면, 결과적인 현상도 항상 같이 변화해야 한다.
- 비허위적 관계 : 외부의 영향력을 배제한 상태에서 순수하게 두 변수만의 관계를 확인할 수 있어야 한다.

31

인과관계의 일반적인 성립조건과 가장 거리가 먼 것은?

① 시간적 선행성(Temporal Precedence)
② 공변관계(Covariation)
③ 비허위적 관계(Lack of Spuriousness)
④ 연속변수(Continuous Variable)

해설 인과관계의 일반적인 성립조건
- 시간적 선후관계 : 원인이 되는 사건이나 현상이 시간적으로 결과보다 먼저 발생해야 한다.
- 동시변화성의 원칙(공변관계) : 원인이 되는 현상이 변화하면, 결과적인 현상도 항상 같이 변화해야 한다.
- 비허위적 관계 : 외부의 영향력을 배제한 상태에서 순수하게 두 변수만의 관계를 볼 수 있어야 한다.

32

사회과학연구에서 인과관계를 규명하는 내용에 관한 설명으로 틀린 것은?

① 두 변수 사이에 시간적 순서가 존재해야 한다.
② 두 변수 간에는 정(+) 혹은 부(−)적 관계가 존재할 수도 있다.
③ 두 변수 간에는 상관관계가 존재해야 한다.
④ 두 변수 간에 상관이 발견되면 인과관계도 성립된다.

해설 두 변수 간의 인과관계가 성립되기 위해서는 원인변수가 결과변수에 선행하여야 하며, 경험적인 상호연관성을 가져야 한다. 두 변수 간의 상호관계는 제3의 변수에 의해 설명되면 안 되며 두 변수 간에 상관이 발견된다고 해서 인과관계가 성립하는 것은 아니다.

33

다음 중 가설이 갖추어야 할 요건이 아닌 것은?

① 가설은 이론적으로 검증할 수 있어야 한다.
② 가설은 계량적인 형태를 취하거나 계량화할 수 있어야 한다.
③ 가설의 표현은 간단명료해야 한다.
④ 가설은 동일 분야의 다른 가설과 연관을 가져서는 안 된다.

해설 가설은 두 개 이상의 구성개념 또는 변수 간의 관계를 검정 가능한 형태로 서술한 문장으로써 과학적 조사에 의하여 검정이 가능한 사실이다. 가설은 동일 분야의 다른 가설과 연관성이 있어야 한다.

34

가설설정 시 유의해야 할 사항으로 틀린 것은?

① 가설은 경험적으로 검증할 수 있어야 한다.
② 연구문제를 해결할 수 있어야 한다.
③ 동의반복적(Tautological)이어야 한다.
④ 검증결과는 가능한 한 광범위하게 적용될 수 있어야 한다.

해설 가설은 표현이 간단명료하고 특정적이어야 하며 동의어가 반복적이지 않아야 한다.

35

다음 중 가설에 관한 설명으로 틀린 것은?

① 둘 이상의 변수들 간의 관계를 진술한다.
② 검증을 위해 마련된 것이다.
③ 가설은 진실 여부가 확인된 명제이다.
④ 가설설정을 위하여 조작화가 필요하다.

해설 가설은 잠정적인 설명으로, 연구자에 의해 하나의 가설이 제시될 당시만 해도 그 가설의 진위에 대해 확신할 수 없는 것이 보통이다.

36

가설의 특성과 가장 거리가 먼 것은?

① 문제를 해결해 줄 수 있어야 한다.
② 매개변수가 있어야 한다.
③ 검증될 수 있어야 한다.
④ 변수로 구성되며, 그들 간의 관계를 나타내고 있어야 한다.

해설 가설은 두 개 이상의 구성개념 또는 변수 간의 관계를 검정 가능한 형태로 서술한 문장으로써 과학적 조사에 의하여 검정이 가능한 사실이다. 또한 일반적으로 독립변수와 종속변수 관계의 형태로 표현되며, 매개변수가 꼭 필요하지는 않다.

37

다음 중 연구가설의 기능과 가장 거리가 먼 것은?

① 경험적 검증의 절차를 시사해 준다.
② 문제해결에 필요한 관찰 및 실험의 적정성을 판단하게 한다.
③ 현상들의 잠재적 의미를 찾아내고 현상에 질서를 부여할 수 있다.
④ 다양한 연구문제를 동시에 해결하기 위해 많은 종류의 변수들을 채택하게 되므로, 복잡한 변수들의 관계를 표시한다.

해설 연구가설은 "A는 B보다 ~이다" 또는 "A는 B와 관계(차이)가 있다"는 식으로 표현된다. 기본적으로 가설은 복잡하지 않고 간단명료하게 표현되어야 한다.

38

다음 중 작업가설로 가장 적합한 것은?

① 한국사회는 양극화되고 있다.
② 대학생들은 독서를 많이 해야 한다.
③ 경제성장은 사회혼란을 심화시킬 수 있다.
④ 소득수준이 높아질수록 생활에 대한 만족도는 높아진다.

해설 작업가설은 일반적으로 두 변수 사이의 관계를 표현한다. '소득수준이 높아질수록 생활에 대한 만족도는 높아진다'는 내용은 소득수준과 생활에 대한 만족도의 관계, 차이 등을 표현하고 있으므로 작업가설로 적합하다.

작업가설(대립가설, Alternative Hypothesis)
- 영가설에 대립되는 가설로서, 영가설이 거짓일 때 채택하기 위해 설정하는 가설이다.
- 연구자가 주장하고자 하는 가설로서, 종종 연구가설과 동일시된다.
- "~의 관계(차이)가 있을 것이다"라고 기술하는 명제를 말한다.

39

일반적인 조사의 절차로 가장 적합한 것은?

① 자료의 수집 → 문제의 제기 → 조사설계 → 자료분석, 해석 및 이용 → 보고서 작성
② 문제의 제기 → 자료의 수집 → 조사설계 → 자료분석, 해석 및 이용 → 보고서 작성
③ 자료의 수집 → 조사설계 → 문제의 제기 → 자료분석, 해석 및 이용 → 보고서 작성
④ 문제의 제기 → 조사설계 → 자료의 수집 → 자료분석, 해석 및 이용 → 보고서 작성

해설 일반적인 조사의 절차
문제의 정립(문제의 제기) → 가설의 구성 → 연구의 설계(조사설계) → 자료의 수집 → 자료의 분석, 해석 및 이용 → 보고서 작성

40

일반적인 연구과정의 단계를 바르게 나열한 것은?

> ㄱ. 문제의 정립
> ㄴ. 자료의 수집 및 분석
> ㄷ. 연구의 설계
> ㄹ. 가설의 설정
> ㅁ. 보고서 작성

① ㄱ → ㄴ → ㄷ → ㄹ → ㅁ
② ㄱ → ㄹ → ㄷ → ㄴ → ㅁ
③ ㄷ → ㄱ → ㄹ → ㅁ → ㄴ
④ ㄷ → ㄹ → ㄱ → ㄴ → ㅁ

해설 조사방법의 일반적인 과정
문제의 정립(ㄱ) → 가설의 구성(ㄹ) → 연구의 설계(ㄷ) → 자료의 수집(ㄴ) → 자료의 분석, 해석 및 이용(ㄴ) → 보고서 작성(ㅁ)

41

다음에서 설명하고 있는 것은?

> 하나의 사실과 다른 사실과의 관계를 잠정적으로 나타내는 것으로 이를 검증함으로써 특정 현상에 대한 설명을 가능케 해주어 연구자가 제기한 문제의 해답을 내리게 되는 것이다.

① 관 찰
② 연구문제
③ 인과관계
④ 가 설

해설 가설은 두 개 이상의 구성개념 또는 변수 간의 관계를 검정 가능한 형태로 서술한 문장으로서 과학적 조사에 의하여 검정이 가능한 사실이다. 즉, 하나의 사실과 다른 사실과의 관계를 잠정적으로 나타내는 것으로 이를 검증함으로써 특정 현상에 대한 설명을 가능케 해주어 연구자가 제기한 문제의 해답을 내린다.

42

다음 중 가설로 가장 적합한 것은?

① 사람은 남자이거나 여자이다.
② 철수는 지금 서울에 있으면서 부산에 있다.
③ 방범대원의 수를 늘리면 도난사고가 줄어든다.
④ 부유한 사람들은 많이 배운 사람들이다.

해설 가설은 두 개 이상의 구성개념 또는 변수 간의 관계를 검정 가능한 형태로 서술한 문장으로서 과학적 조사에 의하여 검정이 가능한 사실이며, 독립변수와 종속변수의 관계의 형태로 표명된다. 검정할 수 있으며 원인과 결과로 표현된 ③이 가장 적합한 가설이다.

43

이론에 관한 설명으로 틀린 것은?

① 이론은 수정되지 않는다.
② 사실을 논리적으로 설명한다.
③ 개념 간의 관계를 보여준다.
④ 일반화된 규칙성을 포함한다.

해설 이론은 현상에 대한 설명과 예측을 목적으로 변수 간의 관계를 밝힘으로써 그 현상에 대한 체계적인 견해를 제공하는 일련의 상호연결된 개념 및 정의 또는 명제이며, 수정이 가능하다.

44

이론의 기능을 모두 고른 것은?

> ㄱ. 연구주제 선정 시 아이디어 제공
> ㄴ. 새로운 이론 개발 시 도움
> ㄷ. 가설설정에 도움
> ㄹ. 연구 전반에 대한 지침 제공

① ㄴ, ㄷ
② ㄱ, ㄴ, ㄹ
③ ㄱ, ㄷ, ㄹ
④ ㄱ, ㄴ, ㄷ, ㄹ

해설 이론의 기능
- 연구의 주요방향 결정 : 연구의 방향을 결정하는 기능
- 현상의 개념화 및 분류화 : 현상을 적절히 분류·체계화하여 상호 연관 짓도록 하는 데 기초를 제공
- 요약 : 지식을 간단명료하게 표현
- 사실의 예측 및 설명 : 조사하고 있는 현상을 설명, 새로운 사실 예측
- 지식의 확장 : 지식의 근원이 되는 명제, 가설 등의 판단기준
- 지식의 결함지적 : 조사·검증해야 하는 부분을 제시

45

사례연구에 관한 설명으로 틀린 것은?

① 사례연구는 질적 조사방법으로 양적인 방법을 사용하여 수집한 증거는 이용하지 않는다.
② 사례연구에서는 기존 문서의 분석이나 관찰 등과 같은 방법으로 자료를 수집한다.
③ 사례는 개인, 프로그램, 의사결정, 조직, 사건 등이 될 수 있다.
④ 사례연구는 한 특정한 사례에 대해 집중적으로 연구하는 것이다.

해설 사례연구는 특정 사례를 조사하여 문제를 종합적으로 파악하고, 그에 대한 실증적인 분석을 실행하는 조사이다. 단일사례연구는 일반화할 수 없기 때문에 질적 조사방법을, 복수사례연구는 일반화가 가능하므로 양적 조사방법을 사용한다.

46

다음 중 사례조사에 관한 설명으로 옳은 것은?

① 본조사를 실행하기 앞서 먼저 시행한다.
② 조사의 범위를 한 지역 또는 한 번의 현상에 국한시켜 연구하고자 하는 현상의 대표성을 유지시킨 채 결과를 도출하는 방법이다.
③ 일정 지역 또는 작은 샘플을 추출하여 대표성을 유지시킨 채 사전에 진행하는 것이다.
④ 조사의 타당도, 신뢰도를 측정해 보는 방법이다.

해설 사례조사는 특정 사례를 조사하여 문제를 종합적으로 파악하고, 그에 대한 실증적인 분석을 실행하는 조사하는 것으로, 소수 조사대상이 시간의 경과에 따라 어떠한 특징적 변화 양상을 보이는지 면밀히 연구하는 종단적 연구방법에 해당한다. 조사대상의 특징적 변화와 영향요인들 간의 인과관계를 파악하는 데 유효하며, 소수의 사례를 심층적으로 다룸으로써 연구대상에 대한 종합적인 분석이 가능하다.

47

다음 사례에서 가장 적합한 연구방법은?

> 교수법의 차이가 아동의 문장독해능력에 어떤 영향을 미치는가를 알아보기 위해 초등학교 아동 50명을 대상으로 연구를 하려고 한다.

① 참여관찰법
② 내용분석법
③ 실험법
④ 조사연구법

해설 ③ 실험법 : 과학적 방법의 요체인 통제된 연구의 정신에 가장 충실하고자 하는 연구방법으로서, 엄격히 통제된 상황에서 두 변수 사이의 인과관계를 검증하는 것이다.
① 참여관찰법 : 관찰자가 관찰대상 집단 내부로 침투하여 구성원의 하나가 되어 그들과 함께 생활하거나 활동하면서 관찰하는 것이다.
② 내용분석법 : 여러 가지 문서화된 매체들을 중심으로 연구대상에 필요한 자료들을 수집하는 방법이다.
④ 조사연구법 : 합리적·과학적인 절차와 논리적인 원칙에 의하여 기존의 지식을 기각 또는 강화하거나 새로운 지식을 만들어내려는 탐구활동으로서, 연구자가 풀고자 하는 문제에 대한 해답을 찾기 위해 자료를 수집·분석하여 그 결과를 얻는 과정이다.

48

다음 사례에 가장 적합한 연구방법은?

> 폭력적 비디오 시청이 아동의 폭력성에 미치는 영향을 알아보기 위하여 아동들을 무선적으로 두 집단으로 나누어 한 집단에게는 폭력적인 장면이 주로 포함된 비디오를 보여주고 다른 집단에게는 서정적인 장면이 주로 포함된 비디오를 보여준 후, 일주일 동안 두 집단의 아동들이 폭력적인 행동을 얼마나 하는지를 관찰하였다.

① 설문조사법
② 실험법
③ 사례연구법
④ 내용연구법

해설 실험법은 엄격히 통제된 상황에서 두 변수 사이의 인과관계를 검증하는 것이다. 조사자는 외생적 요인들에 대해 의도적으로 통제하고 인위적으로 관찰조건을 조성한다. 해당 사례에서는 폭력적인 장면이 주로 포함된 비디오를 보여주는 실험집단, 서정적인 장면을 주로 보여주는 통제집단에 대하여, 독립변수인 폭력적 비디오를 인위적으로 조작하고 종속변수인 아동의 폭력성을 관찰하였으므로 실험법을 사용하여 관찰을 진행한 사례이다.

49

사회조사의 유형에 관한 설명으로 옳은 것을 모두 고른 것은?

> ㄱ. 탐색, 기술, 설명적 조사는 조사의 목적에 따른 구분이다.
> ㄴ. 패널조사와 동년배집단(Cohort)조사는 동일 대상인에 대한 반복측정을 원칙으로 한다.
> ㄷ. 2차 자료 분석연구는 비관여적 연구방법에 해당한다.
> ㄹ. 탐색적 조사의 경우에도 명확한 연구가설과 구체적 조사계획이 사전에 수립되어야 한다.

① ㄱ, ㄴ, ㄷ
② ㄱ, ㄷ
③ ㄴ, ㄹ
④ ㄹ

해설 ㄴ. 동년배집단조사(코호트조사)는 일정 기간 동안 어떤 한정된 부분 모집단의 변화를 연구하는 것이다. 일정 조건에 해당하는 사람들이 가지는 특성들에 대해 두 번 이상의 다른 시기에 걸쳐서 비교·연구하는 방법으로서, 모집단으로부터 매번 다른 표본을 추출한다.
ㄹ. 탐색적 조사는 조사설계를 확정하기 이전 연구문제의 발견, 변수규명, 가설도출 등을 위해 실시하는 예비적으로 실시하는 것으로 명확한 결론을 내리기 위한 조사가 아니다. 따라서 명확한 연구가설과 구체적 조사계획이 사전에 수립될 필요는 없다.

50

다음에 해당하는 연구유형은?

[연구목적]
현상에 대한 이해/중요한 변수를 확인하고 발견/미래 연구를 위한 가설 도출
[연구질문]
여기서 무슨 일이 일어나고 있습니까?/뚜렷한 주제, 패턴, 범주는 무엇입니까?

① 탐색적 연구
② 기술적 연구
③ 종단적 연구
④ 설명적 연구

해설 ② 기술적 연구 : 어떤 현상에 대한 탐구와 명백화, 즉 현상을 정확하게 기술하는 것을 주목적으로 한다.
③ 종단적 연구 : 하나의 연구대상을 일정 기간 동안 관찰하여 그 대상의 변화를 파악한다.
④ 설명적 연구 : 어떤 사실과의 관계를 파악하여 인과관계를 규명하거나 미래를 예측한다.

51

다음 중 탐색적 조사(Exploratory Research)에 관한 설명으로 옳은 것은?

① 어떤 현상을 정확하게 기술하는 것을 주목적으로 하는 연구이다.
② 시간의 흐름에 따라 일반적인 대상집단의 변화를 관찰하는 조사이다.
③ 동일한 표본을 대상으로 일정한 시간간격을 두고 반복적으로 측정하는 조사이다.
④ 연구문제의 발견, 변수의 규명, 가설의 도출을 위해서 실시하는 조사로서 예비적 조사로 실시한다.

해설 탐색적 조사는 조사설계를 확정하기 이전에 연구문제의 발견, 변수규명, 가설도출 등을 위해 예비적으로 실시하는 것이다. 보통 연구문제에 대한 사전지식이 부족할 때 개념을 보다 분명히 하기 위해 실시한다.

52

다음과 같은 목적에 적합한 조사의 종류는?

- 연구문제의 도출 및 연구가치 추정
- 보다 정교한 문제와 기회의 파악
- 연구주제와 관련된 변수들 사이의 관계에 대한 통찰력 제고
- 여러 가지 문제와 기회 사이의 중요도에 따른 우선순위 파악
- 조사를 시행하기 위한 절차 또는 행위의 구체화

① 탐색조사
② 기술조사
③ 종단조사
④ 인과조사

해설 탐색조사
조사설계를 확정하기 이전 연구문제의 발견, 변수규명, 가설도출 등을 위해 예비적으로 실시하는 것이다. 보통 연구문제에 대한 사전지식이 부족할 때 개념을 보다 분명히 하기 위해 실시한다. 정확한 조사연구 및 가설설계를 위한 명제정립을 목적으로 하며, 연구의 우선순위를 정하고 문제의 중요 부분에 대한 실태를 파악할 수 있다.

정답 ▶ 50 ① 51 ④ 52 ①

53

각종 학술 연구지, 상업 잡지, 통계 자료집 등과 경영학, 사회학, 심리학, 인류학을 포괄하는 다양한 분야에서 출판되는 자료를 이용하는 조사방법은?

① 현지조사 ② 패널조사
③ 실 험   ④ 문헌조사

해설
④ 문헌조사 : 해당 연구와 관련된 분야에 대한 각종 문헌을 연구하는 것이다. 문제를 규명하고 가설을 정립하기 위한 가장 신속한 방법으로서, 연구의 초점을 명확히 하고 연구에 대한 최신 연구경향 등의 포괄적 지식을 얻기 위한 목적으로 시행된다.
① 현지조사 : 연구문제를 설정하거나 가설을 형성하기 위해 현장에 나가서 직접 자료를 수집하는 조사이다.
② 패널조사 : 특정 응답자 집단을 정해 놓고 그들로부터 상당히 긴 시간 동안 지속적으로 연구자가 필요로 하는 정보를 획득하는 방법이다.
③ 실험 : 독립변수의 효과를 측정하거나, 독립변수가 종속변수에 영향을 미치는 인과관계에 대한 가설을 검증하는 조사방법이다. 외생적 요인들에 대해 의도적으로 통제하고 인위적으로 관찰조건을 조성한다.

54

표본조사와 전수조사에 대한 설명으로 틀린 것은?

① 표본조사 과정에서 발생하는 비표본오류 때문에 표본조사는 전수조사보다 부정확하다.
② 전수조사는 표본조사보다 많은 비용과 시간을 필요로 한다.
③ 표본조사는 현실적으로 전수조사가 필요 없거나 불가능할 때 이용한다.
④ 모집단이 작은 경우 추정의 정도를 높이는 데 전수조사가 훨씬 정밀하다.

해설
전수조사는 경제성과 신속성이 떨어지며, 표본오류는 없으나 비표본오류가 크다. 표본조사는 표본오류가 있으나 비표본오류가 전수조사에 비해 작다. 따라서 경우에 따라 전수조사가 더 정확할 수도 있고 표본조사가 더 정확할 수도 있다.

55

사례조사연구의 목적으로 가장 적합한 것은?

① 명제나 가설의 검증
② 연구대상에 대한 기술과 탐구
③ 분석단위의 파악
④ 연구결과에 대한 일반화

해설
사례조사연구는 특정 사례를 조사하여 문제를 종합적으로 파악하고, 그에 대한 실증적인 분석을 실행하는 조사이다. 탐색적 목적을 위해 유용하게 사용할 수 있다.

56

서베이조사와 비교한 사례연구에 대한 설명으로 틀린 것은?

① 연구대상을 질적으로 파악하고 기술한다.
② 소수 대상의 여러 가지 복합적 요인에 대한 복합적 관찰을 한다.
③ 연구대상 집단의 공통분모적 성질인 대표성을 추구한다.
④ 연구대상의 내면적·동태적 양상을 수직적으로 파고드는 조사이다.

해설
사례연구는 소수 조사대상이 시간의 경과에 따라 어떠한 특징적 변화 양상을 보이는지 면밀히 연구한다. 기존 문서의 분석이나 관찰 등과 같은 방법으로 자료를 수집하며, 대표성이 불분명하고 조사결과의 일반화 가능성이 낮다. 반면 서베이조사는 모집단을 대상으로 추출된 표본에 대해 설문지와 같은 표준화된 조사도구를 사용하여 직접 질문으로써 필요한 자료를 수집하는 방법으로, 서베이조사에 의해 수집된 자료는 비교적 정확성이 높다.

57

조사방법의 일반적인 과정을 바르게 나열한 것은?

> ㄱ. 조사설계
> ㄴ. 자료수집
> ㄷ. 연구주제의 선정
> ㄹ. 연구보고서 작성
> ㅁ. 자료분석 및 해석
> ㅂ. 가설의 구성 및 조작화

① ㄱ → ㄴ → ㄷ → ㅁ → ㅂ → ㄹ
② ㄱ → ㅁ → ㄷ → ㄴ → ㅂ → ㄹ
③ ㄷ → ㅂ → ㄱ → ㄴ → ㅁ → ㄹ
④ ㄷ → ㄱ → ㅂ → ㄴ → ㅁ → ㄹ

해설 조사방법의 일반적인 과정
문제의 정립(ㄷ) → 가설의 구성(ㅂ) → 연구의 설계(ㄱ) → 자료의 수집(ㄴ) → 자료의 분석, 해석 및 이용(ㅁ) → 보고서 작성(ㄹ)

58

다음 상황에서 제대로 된 인과관계 추리를 위해 특히 고려되어야 할 인과관계 요소는?

> 60대 이상의 노인 가운데 무릎이 쑤신다고 하는 분들의 비율이 상승할수록 비가 올 확률이 높아진다.

① 공변성
② 시간적 우선성
③ 외생변수의 통제
④ 외부사건의 통제

해설 인과관계의 요소에는 시간적 선후관계, 동시변화성의 원칙, 비허위적 관계가 있다. 이 중 비허위적 관계란 외부의 영향력을 배제한 상태에서 순수하게 두 변수만의 관계를 볼 수 있어야 한다는 것으로, 외생변수를 통제하여 독립변수와 종속변수 사이의 관계를 확인해야 한다는 것이다. 지문에서는 60대 이상의 노인 가운데 무릎이 쑤신다고 하는 분들의 비율이 상승하는 것과 비가 올 확률 간의 관계를 확인하기 위해 외생변수를 통제하는 것이 특히 고려되어야 한다.

59

다음 중 작업가설(Working Hypothesis)로 적합하지 않은 것은?

① 교육수준이 높을수록 소득이 높을 것이다.
② 21세기 후반에 이르면 서구문명은 몰락하게 될 것이다.
③ 계층 간 소득격차가 클수록 사회갈등이 심화될 것이다.
④ 출산율은 도시보다 농촌에서 더 높을 것이다.

해설 작업가설은 연구자가 주장하고자 하는 가설로서, 종종 연구가설과 동일시된다. 가설은 기본적으로 연구자가 경험적으로 검증할 수 있는 진술이어야 한다. 또한 작업가설은 두 개 이상의 변수나 개념들 간의 관계 등에 대한 진술이어야 한다. ②는 서구문명만을 변수로 설정하고 있으므로 작업가설로 적합하지 않다.

60

다음 설명에 해당하는 가설의 종류는?

> • 수집된 자료에서 나타난 차이나 관계가 진정한 것이 아니라 우연의 법칙으로 생긴 것으로 진술한다.
> • 변수들 간에 관계가 없다거나 혹은 집단들 간에 차이가 없다는 식으로 서술한다.

① 대안가설
② 귀무가설
③ 통계적 가설
④ 설명적 가설

해설 ① 대안가설 : 대립가설이라고 하며, 귀무가설에 대립되는 가설로서, 귀무가설이 거짓일 때 채택하기 위해 설정하는 가설이다.
③ 통계적 가설 : 어떤 특징에 대해 둘 이상의 집단 간의 차이나 한 집단 내 또는 몇 집단 간의 관계, 표본 또는 모집단 특징의 점추정 등을 묘사하기 위해 설정하는 것이다. 표본에 의한 모집단의 확률분포를 예상하는 진술로서, 주로 표본의 평균비교를 통해 이루어진다.
④ 설명적 가설 : 사실과 사실 간의 관계를 설명해주는 가설을 말한다. 여기서 설명이란 어떤 사물에 관련되는 기존 지식체계 또는 그것으로부터의 연역(귀납)에 의해 그 사물의 필연성이나 인과관계 등을 제시하는 것이다.

CHAPTER 02 표본설계

1 조사대상 선정

01 모집단의 정의 및 분석

(1) 모집단(Population)의 개념 기출 15년 1회, 16년 3회, 17년 1회, 18년 2회, 24년, 25년

① 정 의
  ㉠ 모집단은 특성을 알고자 하는 모든 조사단위를 모아놓은 집단으로, 표본조사를 통해 특성을 파악하고자 하는 대상이 된다.
  ㉡ 모든 요소의 총체로서 조사자가 표본을 통해 발견한 사실들을 토대로 하여 일반화하는 궁극적인 대상이다.
  ㉢ 표본추출에 있어서 모집단을 정의할 때는 표본단위, 조사의 내용, 조사의 범위, 시간 등에 대해 명확하고도 한정적으로 규정해야 한다.

② 종 류
  ㉠ 목표 모집단 : 통계조사의 목적에 따른 모든 조사대상을 포함하는 전체집단을 의미하며, 구체적 대상이 불명확한 경우는 개념적이고 이론적인 집단을 의미한다.
  ㉡ 조사 모집단 : 목표 모집단의 대상 중 현실적인 제약사항으로 조사가 불가능한 대상을 제외한 후 실제 조사가 가능한 모집단으로 실제 표본추출의 대상이 되는 모집단을 의미하며, 목표 모집단과 조사 모집단은 동일할 수 있다.

(2) 모집단 분석
① 목표 모집단과 조사 모집단의 포함하는 대상의 정도 비교
② 조사 모집단으로 조사한 결과가 목표 모집단으로 해석하여도 무리가 없는지 검토

시험에 이렇게 나왔다

[15년 1회, 18년 2회, 24년]

Q 모든 요소의 총체로서 조사자가 표본을 통해 발견한 사실들을 토대로 하여 일반화하는 궁극적인 대상을 지칭하는 것은?

① 표본추출단위
② 표본추출분포
③ 표본추출프레임
④ 모집단

A ④

02 표본추출의 주요개념과 조사대상 결정

(1) 표본추출의 주요개념

기출 15년 1,3회, 17년 1,3회, 18년 3회, 19년 1,2회, 20년 1·2,3회, 21년 1,2,3회, 22년 1,2회, 25년

① 요소(Element)
- 정보 수집의 기본이 되며, 분석의 기본이 되는 단위(Unit)를 말한다.
- 대체로 실태조사에서 요소는 일반인들 또는 특정한 유형의 사람들이 된다. 그러나 때로는 가족, 사회적 클럽, 기업 등과 같은 단위들도 실태조사의 요소가 되기도 한다.

② 표본추출단위(Sampling Unit)
- 표본추출의 각 단계에 있어서 표본으로 선정되는 요소 또는 요소의 집합으로, 자료가 수집되는 대상의 단위이다.
- 단순-단계 표본(1단계 표본추출)에서 표본추출단위는 요소와 동일하지만 다단계 표본추출에서는 상이한 표본추출단위의 수준이 적용될 수 있다.
  [예] 서울시민의 정치 참여도를 조사하기 위해 먼저 동을 선정하고 가구에서 가장(家長)을 표본으로 선정하는 경우, '동', '가구', '가장'이 각각 표본추출단위가 된다. 다만, 이 경우 '가장'만이 요소에 해당한다.

③ 표본추출틀(Sampling Frame)
- 표본추출 시 필요한 모집단의 구성요소와 표본추출단계별로 표본추출단위가 수록된 목록을 말한다.
  [예] 학생명부로부터 학생들의 단순표본이 추출되었을 경우, 이 학생명부가 표집틀에 해당한다.
- 모집단과 표집틀이 일치하지 않아 발생하는 오차를 표집틀오차라고 한다.
- 표집틀과 모집단이 일치할 때 가장 이상적이다.

④ 표본추출틀 구성의 평가요소 **기출** 16년 2회, 17년 1회, 18년 3회, 20년 4회, 22년 2회
  ㉠ 포괄성(Comprehensiveness) : 표집틀이 연구하고자 하는 전체 모집단 중 얼마나 많은 부분을 포함하고 있는가 하는 문제이다.
  ㉡ 추출확률(Probability of Selection) : 모집단에서 개별요소가 추출될 수 있는 확률이 동일한가를 알아보고, 동일하지 않은 경우 이를 조정할 수 있어야 한다.
  ㉢ 효율성(Efficiency) : 조사자가 원하는 대상만을 표본추출틀에 포함하여야 한다.

⑤ 표집분포(Sampling Distribution) : 동일한 크기의 표본을 반복해서 추출했을 때 각 표본의 통계량(평균값)의 확률분포로, 통계적 추론과 관련한 이론적 분포이다.

⑥ 표집간격(Sampling Interval) : 모집단으로부터 표본을 추출할 때 추출되는 표본 사이의 간격을 말한다.

$$\text{표집간격} = \frac{\text{모집단의 크기}}{\text{표본의 크기}} \times 100\% = \frac{N}{n} \times 100\%$$

심화체크

분석단위는 자료수집 시 표본의 크기를 결정하는 데 사용되는 기본단위이고, 관찰단위는 직접적인 조사대상으로, 분석단위와 관찰단위가 항상 일치하는 것은 아니다.

> **시험에 이렇게 나왔다**
>
> [20년 3회]
>
> **Q** 표집과 관련된 용어에 대한 설명으로 틀린 것은?
>
> ① 모수는 표본에서 어떤 변수가 가지고 있는 특성을 요약한 통계치이다.
> ② 표집률은 모집단에서 개별요소가 선택될 비율이다.
> ③ 표집간격은 모집단으로부터 표본을 추출할 때 추출되는 요소와 요소 간의 간격을 의미한다.
> ④ 관찰단위는 직접적인 조사대상을 의미한다.
>
> **A** ①

⑦ 표집률(Sampling Ratio) : 모집단에서 개별요소가 선택될 비율을 말한다.

$$표집률 = \frac{표본의\ 크기}{모집단의\ 크기} \times 100\% = \frac{n}{N} \times 100\%$$

⑧ 모수(Parameter) **기출** 19년 2회
- 모집단의 어떤 특성을 지칭하는 개념을 변수로 환원하여 측정한다고 할 때, 그 변수의 값을 모집단의 구성요소들에서 추출하여 요약·묘사한 값을 말한다.
- 한 변수의 성격이 모집단에서 어떻게 나타나는지를 가리키는 것이다.
  예 측정하려는 변수가 소득수준인 경우, 표본에서 구한 통계치인 평균 소득수준에 대응해서 전체 모집단에서 기대되는 평균 소득수준이 모수이다.
- 실태조사의 목적은 표본추출을 통해 얻어진 표본을 관찰한 것을 기반으로 하여 모집단의 특성, 즉 모수를 추정하는 것이다(통계량을 근거로 추정한다).

⑨ 통계량(통계치, Statistics)
- 표본에서 얻은 변수의 값을 요약하고 묘사한 것이다.
- 모집단의 모수는 대부분 통계량을 가지고 측정한다. 그러나 모집단을 완벽하게 반영하는 표본명단을 찾기는 거의 불가능하다.
- 표본명단이 연구대상 모집단과 일치하면 할수록 보다 더 선호된다.
- 연구자는 선택한 표본명단을 연구대상 모집단과 비교하여 관련이 없는 개체가 포함되어 있는지, 중요한 개체들이 빠져있는지 세심하게 검토해야 한다.

⑩ 계층(Strata) : 모집단을 구성하는 특성을 상호배타적으로 구분해 놓은 부분집합을 말한다.

⑪ 편의(Bias)
- 본래 실제의 상태와 다르게 나타나는 평균적 차이를 의미한다.
- 표본에 따라 추리하는 모집단의 추정치가 모수의 실제 값과 계통적으로 차이가 나도록 만드는 오차를 말한다.

(2) 조사대상 결정
① 표본추출틀의 분포를 분석하여 모집단의 특성을 확인한다.
  ㉠ 표본추출틀은 모집단을 현실에 맞도록 구축한 것이기 때문에 표본추출틀의 분포를 알아야 모집단의 특성을 반영한 조사대상을 결정할 수 있다.
  ㉡ 일반적으로 분류기준으로 사용할 수 있는 기준을 근거로 표본추출틀을 분석한다.
  ㉢ 두 개 이상의 기준을 결합하여 연관성이 발생했을 경우, 두 개 이상의 기준을 고려하여 조사대상을 결정하여야 한다.
  ㉣ 표본추출틀의 분포 분석 시 특이사항이 발생하면 모집단의 특성이 원래 그러한 것인지, 아니면 표본추출틀을 잘못 구축한 것인지 확인하여야 한다.
② 표본추출방법, 표본수, 층화변수(층을 구분하는 변수) 등을 고려한 후 추출한다.

2 표본추출방법 결정

01 표본추출방법

(1) 표본추출의 의의와 특징 기출 15년 2,3회, 19년 2회

① 전체인 모집단(Population)에서 부분인 표본(Sample)을 선택(Selection)하는 행위 또는 활동이다.
② 표본을 선택하는 과정을 표본추출 또는 표집(標集)이라고 하며, 표본추출과정을 통해 조사대상을 선정한다.
③ 표본을 추출할 때는 모집단을 분명하게 정의하는 것이 중요하며, 모집단과 변수의 특성이 유사한 분포를 갖도록 추출되어야 한다.
④ 모집단을 정확하게 알기 위해서는 이를 전부 다 조사하는 것이 좋지만, 현실적으로 이들을 일일이 조사할 만큼 시간과 예산이 충분하지 못하다.
⑤ 핵심쟁점은 표본의 특성이 전체 대상의 특성을 대표할 수 있는지, 즉 표본의 대표성이다.
⑥ 연구자는 전체 집단의 일부에서 얻어진 표본자료를 통해 표본의 특성을 이해하고, 여기에 여러 가지 통계 이론과 방법을 동원하여 모집단의 특성을 추론하게 된다(통계적 추론).
⑦ 일부 표본을 대상으로 자료를 수집하는 경우에도, 수집된 자료의 처리결과는 모집단을 대상으로 일반화할 수 있어야 한다.
⑧ 일반적으로 표본이 모집단을 잘 대표하기 위해서는 가능한 한 확률표본추출을 하는 것이 바람직하다.
⑨ 표본추출과정에서 표본추출오차는 무조건 발생한다.

+ 플러스원

표본추출의 대표성 기출 16년 1회, 18년 3회
- 대표성의 문제란 표본이 모집단을 대표하여 일반화가 가능한 것인가의 문제이다.
- 표본의 통계적 특성이 모집단의 통계적 특성에 어느 정도 근접하느냐의 문제이다.
- 표본이 모집단이 지닌 다양한 성격을 고루 반영하느냐의 문제이다.
- 표본추출에는 우연성이 적을수록 대표성이 확보된다.
- 표본은 모집단과 변수의 특성이 유사한 분포를 갖도록 추출되어야 한다.
- 조사에 있어 어떤 것이 중요한 가설인가에 따라 대표성이 달라진다.

시험에 이렇게 나왔다

[15년 3회]

Q 표본에 대한 설명으로 옳은 것은?
① 표본은 오차가 없다.
② 표본은 대표성을 가져야 한다.
③ 표본은 표집단에서 추출해야 한다.
④ 표본은 확률표집에 의해서만 추출해야 한다.

A ❷

심화체크
표본의 크기가 커지면 대표성이 높아지지만 비용과 시간이 많이 들며 비표본오차가 증가한다. 따라서 표본이 크다고 반드시 좋은 것은 아니다.

심화체크
전수조사는 연구대상이라고 생각되는 모든 부분을 전부 조사하기 때문에 경제성과 신속성이 떨어지고 조사과정에서 비표본오차가 발생할 가능성이 높다. 표본조사는 표본오차가 발생하지만 비표본오차의 감소와 조사대상의 오염방지를 통해 전수조사보다 더 정확한 자료를 얻을 수 있다.

시험에 이렇게 나왔다
[19년 2회]
Q 다음 중 확률표집에 해당하는 것은?
① 할당표집
② 판단표집
③ 편의표집
④ 단순무작위표집

A ④

---

(2) 표본추출의 목적 기출 15년 3회, 20년 3회
① 표본추출의 주된 목적은 표본으로부터 획득한 표본의 특성인 통계(Sample Statistic)를 사용하여 모집단의 특성을 추론하는 데 있다.
② 표본추출을 통해 선택된 모집단과 매우 유사한 표본을 분석하여 모집단에 관한 자료를 추론함으로써, 모집단 전체를 연구할 경우 예상되는 막대한 시간과 비용의 소모를 절감할 수 있다.
③ 표본이 모집단을 얼마나 잘 대표하고 있느냐 하는 대표성도 중요하지만, 이에 못지않게 어느 정도 크기의 표본을 선정하는 것이 적은 비용으로도 일정한 정확성을 가질 수 있도록 해주는가 하는 적절성의 문제도 중요하다.

(3) 표본추출의 장단점 기출 17년 2회, 18년 2회, 20년 4회, 21년 1회
① 장 점
㉠ 모집단 전체를 연구할 경우 예상되는 막대한 시간과 비용의 소모를 절감할 수 있으며, 자료수집, 집계 및 분석과정을 신속하게 처리할 수 있다.
㉡ 모집단 전체 조사가 불가능한 경우에 적용할 수 있다.
㉢ 비표본오차의 감소와 조사대상의 오염방지를 통해 전수조사보다 더 정확한 자료를 얻을 수 있고, 전수조사보다 더 많은 조사항목을 포함할 수 있으므로 다방면의 정보획득이 가능하다.

② 단 점
㉠ 표본의 대표성 문제가 제기되는 경우 일반화의 가능성이 낮다.
㉡ 모집단의 크기가 작은 경우 표집 자체가 무의미하다.
㉢ 표본추출오차가 발생하며, 정확한 전문지식이 필요하다.
㉣ 표본설계가 복잡한 경우 시간과 비용의 낭비를 가져온다.
㉤ 특정 성질의 조사대상을 찾을 때 좋지 않다.

(4) 표본추출방법
① 확률표본추출 : 확률이론에 기반하여 추출하는 방법
㉠ 의의 및 특징 기출 15년 1,3회, 16년 2회, 19년 1회, 20년 3회, 21년 2회
• 무작위적인 방법을 통해 표본을 추출하는 방법으로서 모집단의 각 표집단위가 모두 추출의 기회를 가지고 있으며, 각 표집단위가 추출될 확률을 정확히 알고 있는 가운데 표집을 하는 방법이다.
• 무작위선택은 확률표본추출 과정의 핵심으로서 선택을 할 때마다 독립적으로 모집단의 각 요소가 표본으로 선택될 기회(확률)가 동등하도록 보장한다.
• 표집오차의 추정이 가능하며, 표본의 대표성이 있다.
  [예] 모양이 완전한 동전이나 주사위를 사용하는 경우 등이 무작위선택에 의한 확률표본추출방법에 해당한다.
㉡ 종류 : 단순무작위표본추출, 계통표본추출, 층화표본추출, 집락표본추출, 연속표본추출 등

② **비확률표본추출** : 조사자의 주관적 판단이나 편의에 따라 추출하는 방법
  ㉠ 의의 및 특징
    • 실제 표본추출을 함에 있어서 모든 조사연구 대상에 대한 표본추출이 무작위적인 확률표본추출로써 가능한 것은 아니기에 무작위추출이 아닌 다른 선택 방법들에 의해 표본을 선택하는 방법을 말한다.
    • 모집단의 명백한 추정을 위한 확률적인 통계처리가 불가능하여 모집단의 전체적인 성격을 일반화할 수 없다고 해도 모집단의 중요한 성격을 어느 정도 파악할 수 있도록 하며, 중요한 정보를 제공하기도 한다.
  ㉡ 종류 : 편의(임의, 우연)표본추출, 할당표본추출, 유의(판단)표본추출, 배합표본추출, 누적(눈덩이)표본추출 등
  ㉢ 사용 이유 [기출] 15년 1회, 18년 2회, 20년 1·2회
    • 표본추출이 용이하고, 경제적이므로 시간적·금전적으로 자원이용에 제약이 큰 경우 활용된다.
    • 조사의 성격상 표본을 의도적으로 구성하는 것이 유효하다고 판단될 경우나, 역사적 사건과 같이 확률표본추출이 불가능한 경우 활용된다.
    • 조사자가 민속학이나 참여관찰과 같이 더 큰 모집단에 대한 일반화에 거의 관심을 기울이지 않는 경우 활용된다.
  ㉣ 장단점 [기출] 15년 1회, 21년 3회

장 점	• 표본의 규모가 매우 작은 경우 유리하다. • 조사의 초기 단계에 문제에 대한 개략적인 정보가 필요한 경우 유익하다. • 과거의 사건들에 관해 연구하거나 또는 현재의 경우라도 조사의 대상이 매우 비협조적인 경우 유익하다. • 적절한 표본추출방법이 없을 경우 유익하다. • 확률표본추출방법에 비해 시간과 비용을 절감할 수 있다.
단 점	• 단위 선택 시 조사자의 편견을 통제하지 못한다. • 변화의 유형을 확률표본이론에 의해 예측할 수 없으므로, 표본추출오류를 산출할 수 없을 뿐만 아니라, 표본의 정확성을 추정할 수 없다. • 표본의 대표성을 확보하기 어렵다. • 조사결과를 일반화하기 어렵다.

+ 플러스원

확률표본추출방법과 비확률표본추출방법의 비교

[기출] 15년 2회, 16년 3회, 17년 2회, 18년 1,3회, 19년 2회, 21년 2회, 22년 1,2회

확률표본추출방법	비확률표본추출방법
• 연구대상이 표본으로 추출될 확률이 알려져 있음 • 표집틀 존재 • 무작위적 표본추출, 대표성 있음 • 모수추정에 편의(Bias) 없음 • 표본분석 결과의 일반화 가능 • 표본오차의 추정 가능 • 시간과 비용이 많이 듦	• 연구대상이 표본으로 추출될 확률이 알려져 있지 않음 • 표집틀 부족 • 인위적 표본추출, 대표성 확보 어려움 • 모수추정에 편의(Bias) 있음 • 표본분석 결과의 일반화 제약 • 표본오차의 추정 불가능 • 시간과 비용이 적게 듦

시험에 이렇게 나왔다

[20년 3회]

Q 확률표집방법에 해당하지 않는 것은?

① 체계적 표집
② 군집표집
③ 할당표집
④ 층화표집

A ③

심화체크

[매 회 출제]

확률표본추출과 비확률표본추출의 구분

• 확률표본추출 : 단순무작위표본추출, 계통적 표본추출, 층화표본추출, 집락표본추출, 연속표본추출 등
• 비확률표본추출 : 편의(임의, 우연)표본추출, 할당표본추출, 유의(판단)표본추출, 배합표본추출, 누적(눈덩이)표본추출 등

시험에 이렇게 나왔다

[15년 1회, 18년 2회]

Q 사회조사에서 비확률표본추출이 많이 사용되는 이유는?

① 표본추출오차가 적게 나타난다.
② 모집단에 대한 추정이 용이하다.
③ 표본설계가 용이하고 시간과 비용을 절약할 수 있다.
④ 모집단 본래의 특성과 차이가 나지 않는 결과를 얻을 수 있다.

A ③

02 확률표본추출방법의 유형

(1) 단순무작위표본추출

기출 15년 1,3회, 16년 3회, 17년 1회, 19년 2,3회, 20년 3회, 21년 1회, 22년 1회

① 단순무작위표본추출의 의의
  ㉠ 가장 기본적인 확률표본추출방법으로서, 모집단을 구성하는 각 요인 또는 구성원에 대해 동등한 선택의 기회를 부여하는 과정으로 이루어진다.
  ㉡ 의식적인 조작이 전혀 없이 표본을 추출함으로써 어떤 요소의 추출이 계속되는 다른 요소의 추출 기회에 아무런 영향을 미치지 않는다.
  ㉢ 모집단에 대한 정확한 정의와 완전한 목록의 구비를 전제조건으로 한다.

② 표본추출방법
  ㉠ 모집단과 표집틀을 작성한다.
  ㉡ 각 구성요소에 고유번호를 부여한다.
  ㉢ 표본의 크기를 결정한다.
  ㉣ 무작위로 규정된 표본의 수만큼 표본추출단위를 선정한다. 이때 난수표, 추첨법, 컴퓨터를 이용한 난수의 추출방법 등을 사용할 수 있다.

③ 표본추출 시 유의사항
  ㉠ 표본추출 도중 전체 모집단에 변화가 있어서는 안 된다.
  ㉡ 표본의 선정방법이 변동되어서는 안 된다.
  ㉢ 일단 추출된 요소(표본추출단위)를 마음대로 변경해서는 안 된다.
  ㉣ 모집단을 형성하는 각 표출단위는 서로 독립되어야 한다.

④ 단순무작위표본추출의 장단점

장 점	• 모집단의 모든 요소가 동일하고 독립적인 추출 기회를 가지므로 추출된 표본이 모집단을 잘 대표한다. • 모집단에 대한 사전지식을 필요로 하지 않는다. • 표본오차의 계산이 용이하며, 일반적으로 표본추출방법들 간의 표집효과를 계산할 때 준거가 된다. • 다른 표본추출방법에서와 같이 모집단의 모수나 특성을 잘못 분류함으로써 나타나는 오차를 줄일 수 있다. • 확률표본추출방법 중 가장 적용하기 용이하며, 다른 확률표본추출방법과 결합하여 사용할 수도 있다.
단 점	• 조사자가 모집단에 대해 가지고 있는 지식을 충분히 활용할 수 없다. • 모집단에서 그 수가 적은 요소는 표본으로 추출될 보장이 없으며, 그로 인해 비교적 표본의 규모가 커야 한다는 문제점이 있다. • 표집틀의 작성이 어렵다.

시험에 이렇게 나왔다

[16년 3회]

Q 모집단의 전체 구성요소를 파악한 다음 개별요소에 대하여 일련번호를 부여하고, 난수표를 이용하여 필요한 수의 표본을 추출하는 방법은?

① 단순무작위표집
② 체계적 표집
③ 층화표집
④ 군집표집

A ①

심화체크

동일한 크기의 표본일 경우 층화표본추출보다 표본오차가 크다.

(2) 계통표본추출(체계적 표본추출)

기출 15년 2회, 16년 1,2,3회, 17년 1,2,3회, 18년 2,3회, 19년 1,2회, 20년 1·2회, 21년 1회, 22년 1,2회, 24년, 25년

① 계통표본추출의 의의
 ㉠ 모집단 목록에서 구성요소에 대해 일정한 순서에 따라 매 K번째 요소를 추출하는 방법이다.
 ㉡ 모집단의 총수에 대해 요구되는 표본수를 나눔으로써 표집간격(Sampling Interval ; K)을 구하고, 첫 번째 요소를 무작위로 선정하여 최초의 표본으로 삼은 후 일정한 표집간격에 의해 표본을 추출한다.
 ㉢ 예를 들어 100명의 학생 중 10명을 뽑는다고 할 경우, 매 10번째의 학생을 뽑는 계통표본추출을 실시한다. 만약 최초의 표본이 3번째 학생으로 무작위선정 되었다면, '13', '23', '33', '43', … 등이 각각 추출될 것이다. 이때 각 요소 간의 거리에 해당하는 '10'이 표집간격이며, '1/10'이 표집비(표집률)가 된다.
 ㉣ 선거예측조사 시 출구조사에서 주로 사용한다.

② 표본추출방법
 ㉠ 표집간격(N/n)을 결정한다. 예를 들어 모집단이 '1,000'이고 추출하고자 하는 표본이 '50'인 경우 간격은 '1,000/50=20'이 된다.
 ㉡ 무작위표본추출에 의해 첫 번째 표본을 선정한다.
 ㉢ 첫 번째 표본을 추출한 후 나머지 표본들을 앞서 결정된 동일한 간격(20)으로 추출한다. 예를 들어 '17'이 최초의 표본으로 추출된 경우, 나머지 표본들은 '37', '57', '77', …, '997'이 될 것이다.

③ 표본추출 시 유의사항
 ㉠ 인위적인 편견의 개입가능성을 줄이기 위해, 최초의 사례는 반드시 무작위로 선정해야 한다.
 ㉡ 목록표상의 각 요소의 배열은 일정한 체계 없이 무작위로 이루어져야 한다.

④ 계통표본추출의 장단점

장 점	• 난수표를 사용하는 단순무작위표본추출에 비해 시간이 덜 소비된다. • 비전문가라도 쉽게 이해할 수 있으며, 수행이 용이하다. • 보통 모집단 전체에 걸쳐 보다 공평하게 표본이 추출되므로, 모집단을 보다 잘 대표할 가능성이 있다.
단 점	• 모집단의 배열이 일정한 주기성과 특정 경향성을 보일 경우 편견이 개입되어 대표성이 문제된다. • 모집단의 구성배열에 지나치게 몰두하는 경우 오차의 개입가능성이 커진다. • 모집단을 구성하고 있는 구성단위들에 대한 지식이 필요하다.

시험에 이렇게 나왔다

[16년 1회, 19년 1회]

Q 서울지역의 전화번호부를 이용하여 최초의 101번째 사례를 임의로 결정한 후 계속 201, 301, 401번째의 순서로 뽑는 표집방법은?

① 층화표집
② 집락표집
③ 계통표집
④ 편의표집

A ❸

시험에 이렇게 나왔다

[15년 2회]

Q 표집을 위한 명단 배열에 일정한 주기성이 있는 경우 편중된 표본을 추출할 위험이 있는 표집방법은?

① 집락표집
② 판단표집
③ 층화표집
④ 계통표집

A ❹

(3) 층화표본추출

기출 15년 1,2,3회, 16년 1회, 17년 1,2,3회, 18년 2회, 19년 1회, 20년 4회, 21년 1,3회, 22년 2회, 23년

① 층화표본추출의 의의
  ㉠ 모집단을 보다 동질적인 몇 개의 층(Strata)으로 나눈 후, 이러한 각 층으로부터 단순무작위표본추출을 하는 방법이다.
  ㉡ 집단 내 동질적, 집단 간 이질적인 특성을 보인다.
  ㉢ 모집단의 모수를 추정하는 데 있어서 일정한 정확성을 보다 적은 비용으로 확보할 수 있다는 데 그 의의가 있다. 이는 동질적인 모집단일수록 이질적인 모집단보다 표본오차가 적다는 논리에 근거한다.
  ㉣ 전체 모집단에서 표본을 선정하기보다 이미 알고 있는 지식을 이용하여 모집단을 동질적인 부분집합으로 나누고 이들 각각으로부터 적정한 수의 요소를 무작위 선정하게 된다.
  ㉤ 예를 들어 대학생에 관한 연구에서 학년별로 몇 명씩 표본을 선정함으로써, 학년이라는 변수에서 생기는 표본오차는 없앨 수 있는 것이다.

② 표본추출방법
  ㉠ 모집단을 관련변수들의 카테고리에 근거하여 두 개 이상의 상호배타적인 계층으로 분리한다. 예를 들어 '성별'이라는 변수의 카테고리에 근거하여 '남'과 '여'라는 두 개의 배타적인 카테고리 또는 계층으로 구분한다.
  ㉡ 각 계층으로부터 단순무작위표본을 추출한다. 이 경우 각 계층으로부터 추출되는 표본의 수는 모집단 속의 각 변수들의 구성비에 따른다. 예를 들어 모집단 속의 남성·여성의 구성비가 각각 55%와 45%인 경우, 표본 가운데 남자는 55%, 여자는 45%가 되도록 무작위로 표본을 추출한다.
  ㉢ 각 계층으로부터 추출된 표본을 결합하여 통합된 층화표본을 작성한다. 즉, 앞의 2단계에서 무작위로 선출된 55%의 남자표본과 45%의 여자표본들을 결합하여 100%의 통합표본을 만든다.

③ 표본추출 시 유의사항
  ㉠ 층화기준이나 변수는 분석대상이 되는 변수 또는 그것과 밀접한 관계를 가지는 것이어야 한다. 가령 학년별로 대학생의 독서량을 조사하는 경우 학년이 층화기준으로 적합하며, 성별이나 연령은 적합하지 않다.
  ㉡ 층화기준을 사용함으로써 층 안에서는 내적으로 동질성이 확보되고, 각층 간의 차이는 되도록 큰 것이 좋다.
  ㉢ 층화기준이 많은 경우 층의 분류 자체도 어려울 뿐만 아니라 일정한 정확성을 확보하기 위해 소요되는 표본의 수까지 늘려야 하므로 곤란하다.
  ㉣ 층화에 사용되는 기준에 대한 자료가 정확하고 이용이 가능해야 한다. 아무리 어떠한 기준이나 변수가 그 조사에 중요한 관계를 맺고 있더라도, 모집단의 각 구성단계가 그러한 기준의 어디에 속하는지 명확하지 않다면 층화할 수 없다.

시험에 이렇게 나왔다

[16년 1회]

Q 어느 대학교 학생들의 환경보호에 대한 여론을 조사하기 위해 그 대학 내 학생 정원 가운데 각 학년별 학생 수를 고려하여 학년별 표본 크기를 우선 정하고 표본추출을 행하였다면 이는 무슨 방법에 의한 것인가?

① 집락표본추출
② 계통표본추출
③ 단순무작위표본추출
④ 층화표본추출

A ④

시험에 이렇게 나왔다

[19년 2회]

Q 층화표집(Stratified Random Sampling)에 대한 설명으로 틀린 것은?

① 중요한 집단을 빼지 않고 표본에 포함시킬 수 있다.
② 동질적 대상은 표본의 수를 줄이더라도 정확도를 제고할 수 있다.
③ 단순무작위표본추출보다 시간, 노력, 경비를 절약할 수 있다.
④ 층화 시 모집단에 대한 지식이 없어도 된다.

A ④

④ 층화표본추출의 종류

ⓐ 비례층화표본추출 기출 20년 4회
- 모집단에서 각 층이 정하는 비례에 따라 크기를 할당하여 추출하는 방법이다.
- 모집단을 정당하게 대표하는 표본을 잡을 수 있으며, 모집단의 특성을 용이하게 파악할 수 있다.
- 층이 다수인 경우 비례적인 추출이 어려우며, 각층 간의 비교도 어렵다.

ⓑ 비비례층화표본추출(가중표본추출, 불비례층화표본추출)
기출 16년 1회, 20년 4회, 21년 3회
- 각층에서 층의 크기와는 상관없이 같은 수의 표본을 추출하는 방법이다.
- 층화된 하위집단의 규모와 관계없이 동일하거나 의도적으로 각층에 상이한 비율을 주어 표본의 수를 조정하고자 하는 표집방법이다.
- 모집단의 특성보다는 각층이 대표하는 부분집단의 특성을 보고자 할 때 많이 사용된다.
- 모집단을 구성하는 어떤 특성을 갖는 요수의 수는 적지만, 분석에 있어서 그 특성이 중요한 의미를 지닐 경우 표본의 유효성을 높이고자 할 때 주로 이용한다.

ⓒ 최적분할 비비례층화표본추출방법
- 비비례층화표본추출방법의 변형이라고 할 수 있다.
- 층화표본의 크기를 각 층에 할당함에 있어서 통계량의 표준오차가 최소가 되도록 하는 방법이다.
- 보다 동질적인 층에서는 비교적 적은 수의 표본을 선정하는 반면, 다소 이질적인 층에서는 보다 많은 표본을 선정함으로써 결과적으로 가장 적은 표본크기로 정확성을 유지할 수 있다.
- 사전에 적절한 층화기준 또는 변수에 대한 충분한 지식을 가지고 있어야만 한다.
- 어떤 변수에 대해 동질적인 층과 이질적인 층을 명확히 구분한다는 것이 현실적으로 어렵다는 점에서 거의 불가능한 방법이라 할 수 있다.

⑤ 층화표본추출의 장단점

장점	• 모집단을 형성하고 있는 모든 구성분자를 골고루 포함시킬 수 있다. • 모집단의 구분 기준이 모집단의 특수 속성과 일치하므로 대표성을 보장한다. • 동질적 대상은 표본의 수를 줄이더라도 대표성을 높일 수 있다. • 층화가 잘 이루어지면 단순무작위표본추출보다 적은 표본으로 대표성을 확보할 수 있으며, 단순무작위표본추출 또는 계통적 표본추출보다 불필요한 자료의 분산을 축소하므로 시간, 노력, 경비를 절약할 수 있다. • 모집단의 각 층화집단의 특수성을 알 수 있으며 또한 비교할 수도 있다.
단점	• 모집단의 각 층에 대한 정확한 정보를 필요로 한다. • 층화 시 모집단에 대한 지식이 요구되며 무엇에 초점을 두어 층화하는가 하는 문제가 제기된다. • 층화 시 근거가 되는 명부가 필요하다. 층화목록이 없는 경우 그것을 만들어내는 데 많은 시간과 비용이 요구된다. • 비비례층화표본추출에서 모집단의 대표치를 구하기 위해 특별한 통계적 조작이 요구되는 등 상대적으로 매우 복잡하다.

시험에 이렇게 나왔다

[20년 4회]

Q A대학 경상학부의 학생들을 대상으로 학과 만족도를 조사하려고 한다. 남학생이 800명, 여학생 200명일 때 층화를 성별에 따라 남자 80%, 여자 20%가 되게 표집하는 방법은?

① 비례층화표집
② 단순무작위표집
③ 할당표집
④ 집락표집

A ❶

시험에 이렇게 나왔다

[20년 4회]

Q 다음 중 비비례층화표집이 가장 적합한 경우는?

① 미국시민권자의 민족적 특성을 비교하고 싶을 때
② 유권자 지지율 조사 시 모집단의 주거형태별 구성비율을 정확히 반영하고 싶을 때
③ 연구자의 편의에 따라 표본을 추출하고 싶을 때
④ 대규모 조사에서 최종표집단위와는 다른 군집별로 1차 표집하고 싶을 때

A ❶

(4) 집락표본추출(군집표본추출)

기출 15년 1,2,3회, 16년 1,3회, 17년 3회, 18년 1,2회, 19년 3회, 20년 3,4회, 21년 1,2회, 22년 1회, 25년

① 집락표본추출의 의의
　㉠ 모집단 목록에서 구성요소에 대해 여러 가지 이질적인 구성요소를 포함하는 여러 개의 집락 또는 집단으로 구분한 후, 집락을 표집단위로 하여 무작위로 몇 개의 집락을 표본으로 추출한 다음, 표본으로 추출된 집락에 대해 그 구성요소를 전수조사하는 방법이다.
　㉡ 각 집락이 모집단의 구성요소를 대표할 수 있는 이질적인 요소로 구성되며 집락과 집락들 사이에 차이가 미비한 경우에 적용된다.
　㉢ 이러한 집락표본추출은 집락 내 이질적, 집락 간 동질적인 특성을 보이며, 내부적으로 이질적인 군집을 추출하는 것이 유리하다.
　㉣ 집락은 학교나 공장 등과 같은 것이 될 수 있으나, 일반적으로 지역이 집락으로 취급된다. 이 경우 매 면접단위당 비용을 절약하기 위해 광범위한 지역 전체에서 표본추출을 하기보다는 몇 개의 지역(집락사례)을 추출하여 해당 지역 내에서만 표본을 선정하게 된다.
　　[예] 백화점 지점(집단)별로 고객 구성에 큰 차이가 없다면, 어느 한 지점을 선택하여 그 지점의 고객을 대상으로 조사하는 방법이 있다.

② 표본추출방법
　㉠ 집락수준의 수를 결정한다.
　㉡ 각 집락수준으로부터 결정된 수만큼 무작위적으로 선택한다.
　㉢ 최종적인 표본추출단위는 집단이다.

③ 집락표본추출의 장단점

장점	• 모집단 속의 개별적 표본이 아닌 집락을 먼저 추출한 후 규모가 작아진 집락으로부터 개별적 표본을 추출하게 되므로 시간과 비용이 훨씬 적게 든다. • 전체 모집단의 목록표를 작성하지 않아도 된다. 즉, 최종집락으로부터 개인들을 추출하므로 최종집락의 목록만 있으면 된다. • 선정된 각 집락은 다른 조사의 표본으로도 사용될 수 있다. • 각 집락의 성격은 물론 모집단의 성격을 파악할 수 있다. • 표본표집을 좀 더 용이하게 하기 위해 단순무작위표본추출법 대신 적용하기 편리하다.
단점	• 집락이 동질적이면 오차의 개입가능성이 높고, 표본추출오류를 측정하기 어렵다. • 단순무작위표본추출보다 특정집단(집락)을 과대 또는 과소 표현할 위험이 더 많다. • 모집단의 각 구성분자는 각각의 단일집락에만 속하도록 배려해야 한다. 그렇지 못할 경우 구성분자의 중복적 귀속상태 또는 결여를 초래한다. • 군집을 세분화하면 세분화 과정에서 오차가 발생할 가능성이 커진다. • 동일한 크기의 표본일 경우, 단순무작위표본추출이나 층화표본추출보다 표본오차가 크다.

심화체크

[18년 1회, 18년 3회]

집락표본추출법은 각 집락이 모집단의 축소판일 경우 추정 효율이 높다.

시험에 이렇게 나왔다

[19년 3회]

0 군집표본추출법(Cluster Sampling)에 관한 설명으로 옳지 않은 것은?
① 소집단을 이용하여 표본을 추출하는 방식이다.
② 전체 모집단의 목록이 없는 경우에 매우 유용하다.
③ 단순무작위표본추출법에 비해서 시간과 비용 면에서 효율적이다.
④ 군집 단계의 수가 많을수록 표본오차(Sampling Error)가 작아지게 된다.

🅰 ❹

심화체크

[16년 3회, 17년 2회, 17년 3회, 18년 1회, 21년 2회, 23년]

표본의 크기가 같다면 표본오차의 크기는 '층화표본추출<단순무작위표본추출<집락표본추출'이다.

➕ 플러스원

다단계집락추출(Multistage Cluster Sampling)
- 다단계집락추출은 집락표본추출의 변형으로서, 2단계 이상의 표본추출작업을 거쳐 최종적인 조사단위를 선정하는 방법이다.
- 대표성을 높이기 위한 방법 중 하나로 층화표집을 병행한다.
- 전국 또는 광활한 지역을 대상으로 하는 대규모조사에서 주로 사용되며, 표본의 대표성을 늘리기 위해서는 최초의 집락수를 크게 하는 것이 좋다.
  - 예) 우리나라 국민의 주거상황에 관한 조사에서, 먼저 '시·도'를 무작위로 추출하고, 추출된 '시·도'에서 '군'과 '구'를, 나아가 '읍·면·동'을 선정한 다음, 여기에 비치된 주민등록부를 목록표로 활용하여 표본을 무작위로 선정한다.

(5) 연속표본추출

① **연속표본추출의 의의** : 표본추출 중 그 자료의 정확성을 검토하여 이미 추출된 자료만으로도 모집단의 성격을 충분히 대표하고 있다고 확신하는 경우, 표본추출을 중지한 채 추출된 것만으로 충족하는 방법이다.

② **연속표본추출의 장단점**

장 점	• 모집단의 성격 파악을 용이하게 한다. • 불필요한 자료의 수집을 방지할 수 있다.
단 점	• 매우 적은 표본으로 모집단을 대표할 수 있으며, 관찰사례의 수를 용이하게 확대할 수 있는 경우에 한해 사용 가능하다. • 표본추출이 잘못되는 경우 또는 충분한 무작위가 이루어지지 않은 경우 오차 개재의 위험성이 높다.

03 비확률표본추출방법의 유형

(1) 할당표본추출

기출 15년 2회, 16년 1,3회, 17년 1,2회, 18년 1회, 19년 3회, 20년 1·2회, 24년

① **할당표본추출의 의의**

㉠ 모집단을 일정한 카테고리로 나눈 다음, 이들 카테고리에서 정해진 요소를 작위적으로 추출하는 방법이다.

㉡ 추출된 표본이 연구자의 모집단에 대한 사전지식을 기초로 하여 모집단의 특성을 나타내는 하위 집단별로 표본수를 할당한 다음 표본을 작위적으로 추출한다.

㉢ 예를 들어 연령·성별·교육 정도·소득·직업 등의 기준을 이용하여 몇몇 카테고리로 분류한 다음, 모집단의 특성을 나타낼 수 있도록 특성에 비례하여 각 카테고리를 대표하는 요소수를 할당하고, 할당된 사례수를 작위적으로 추출한다.

㉣ 각 범주에 할당된 응답자의 비율이 정확해야 하고, 모집단의 구성 비율은 최신의 것이어야 한다.

㉤ 선거와 관련된 조사나 일반적인 여론조사에서 많이 활용되고 있다.

심화체크

비교적 정확한 표본프레임의 입수가 가능하다면 비확률표집방법보다는 확률표집방법을 이용하는 것이 바람직하다.

시험에 이렇게 나왔다

[19년 3회, 22년 1회]

Q 인구통계학적, 경제적, 사회·문화·자연 요인 등의 분류기준에 따라 전체 표본을 여러 집단으로 구분하고 집단별로 필요한 대상을 사전에 정해진 크기만큼 추출하는 표본추출방법은?

① 할당표본추출법
② 편의표본추출법
③ 층화표본추출법
④ 단순무작위표본추출법

A ①

시험에 이렇게 나왔다

[16년 3회]

Q 할당표집에 관한 설명으로 틀린 것은?

① 모집단이 갖는 특성의 비율에 맞추어 표본을 추출하는 방법이다.
② 선거와 관련된 조사나 일반적인 여론조사에서 많이 활용되고 있다.
③ 명확한 표본프레임이 없어도 사용할 수 있다.
④ 표본추출과정에서 조사자의 편견이 개입될 수 있는 여지가 없다.

A ④

심화체크

할당표본추출과 층화표본추출의 차이점

- 모집단을 일정한 기준에 따라 분류한다는 점에서 유사하나, 할당표본추출은 작위적 표본추출임에 반해 층화표본추출은 무작위적 표본추출에 해당한다.
- 층화표본추출은 층화의 기준설정에 있어서 주로 연구초점으로 된 변수를 그 기준으로 삼는 반면, 할당표본추출은 연구변수와 관계가 깊은 것들을 그 기준으로 삼는다.

시험에 이렇게 나왔다

[16년 2회, 20년 3회]

Q 앞으로 10년간 우리나라의 경제 상황에 대한 예측을 하기 위해 경제학 교수 100명에게 설문조사를 실시하였다. 이 조사에서 사용된 표본추출방법은?

① 할당표본추출
② 판단표본추출
③ 편의표본추출
④ 눈덩이표본추출

A ②

➕ 플러스원

할당범주 구하기

기출 15년 1회, 16년 2회, 17년 2회, 18년 1회, 19년 1,2,3회, 20년 1·2회

전국 단위 여론조사를 하기 위해 16개 시도와 20대 때부터 60대 이상까지의 5개 연령층, 그리고 연령층에 따른 성별로 할당표집을 할 때 표본추출을 위한 할당범주는 몇 개인가?

→ 16(시도)×5(연령층)×2(성별)=160

② 할당표본추출의 장단점 기출 21년 1회

장 점	• 비확률표본추출방법 중에서 가장 정교한 방법으로서 사회과학조사에 널리 사용된다. • 같은 크기의 무작위표본추출보다 적은 비용으로 표본을 추출할 수 있다. • 표본추출이 쉽고 빠르다. • 모집단을 구성하고 있는 각 계층을 골고루 적절히 대표하도록 함으로써 모집단의 대표성이 비교적 높다.
단 점	• 모집단의 분류에 있어서 조사자의 편견이 개입될 수 있는 가능성이 높다. • 무작위성을 보장하는 수단이 없어 결과의 일반화에 문제가 있다. • 분류방법이나 분류에 영향을 미치는 관련변수에 대한 지식의 부족 또는 분류의 작위성으로 인해 분류오차가 개입할 가능성이 높다. • 모집단에 대한 지식이 부족하여 이론적으로 의미가 있는 관련 변수를 통제하기가 곤란하다.

(2) 유의표본추출(판단표본추출)

기출 15년 3회, 16년 2회, 19년 2,3회, 20년 1·2회

① 유의표본추출의 의의

㉠ 조사자가 그 조사의 성격상 요구하고 있는 사항을 충족시킬 수 있도록 적절한 판단과 전략을 세워, 그에 따라 모집단을 대표하는 사례를 표본추출하는 방법이다.
㉡ 연구자가 연구목적의 달성에 도움이 되는 구성요소를 의도적으로 추출한다는 점에 목적표본추출 또는 판단표본추출이라고도 한다.
㉢ 연구자의 주관적 판단의 기준에 의거하므로 주관적 판단의 타당성 여부가 표집의 질을 결정한다.
㉣ 건전한 판단과 적절한 전략에 따라 표본을 선정하는 경우 확률표본추출방법에 의한 표본과 비교할 수 있을 정도의 정보를 획득할 수 있다.
㉤ 본조사보다는 예비조사, 시험조사 등에 탐색적 조사에 주로 사용된다.

② 유의표본추출의 장단점

장 점	• 표본추출에 있어서 비용이 적게 들고 편리하다. • 모집단에 대한 일정한 지식이 있는 경우 표본추출의 정확도가 높다. • 할당표본추출보다 조사목적을 충족시키는 요소를 정밀하게 고려할 수 있다. • 조사설계와 관련이 있는 요소는 명확히 표본으로 선정할 수 있다.
단 점	• 표본의 대표성을 확신할 방법이 없다. • 표본오차의 산정이 곤란하다.

(3) 편의표본추출(임의표본추출)

기출 15년 1회, 16년 2회, 17년 1회, 20년 1·2,4회, 21년 2회

① 편의표본추출의 의의
  ㉠ 정해진 크기의 표본을 선정할 때까지 조사자가 모집단의 일정 단위 또는 사례를 표집하며, 일정한 표집의 크기가 결정되면 그 표집을 중지하는 방법이다.
  ㉡ 모집단에 대한 정보가 없고 구성요소 간의 차이가 별로 없다고 판단될 때, 표본 선정의 편리성에 기준을 두고 임의로 표본을 선정하는 방법이다.
  ㉢ 편의표집으로 수집된 자료라 할지라도 유용한 정보를 제공할 수 있다.
  ㉣ 결과의 일반화나 오차 등에 대해 관심이 없으며, 단지 시간, 편의성, 경제성을 염두에 둔다.
  ㉤ 기술적 조사나 설명적 조사에서 활용하기에는 부적절하며, 아이디어나 가설을 추출하기 위한 탐색적 조사연구나 설문지의 사전조사에 주로 활용된다.

② 편의표본추출의 장단점

장 점	• 연구자가 쉽게 이용 가능한 대상을 표본으로 선택할 수 있다. • 시간과 비용을 절약할 수 있다.
단 점	• 연구자의 편견이 개입될 소지가 있다. • 표본의 편중이 발생하여 표본의 대표성이 떨어지며, 일반화 가능성도 낮아진다.

> **심화체크**
> 편의표본추출(임의표본추출)을 우연표본추출(Accidental Sampling)이라고도 한다.

(4) 누적표본추출(눈덩이표본추출)

기출 15년 3회, 16년 1,2,3회, 18년 2,3회, 19년 1,2회, 21년 2,3회, 22년 1회, 23년

① 누적표본추출의 의의
  ㉠ 처음에 소수의 인원을 표본으로 추출하여 그들을 조사한 다음, 그 소수인원을 조사원으로 활용하여 그 조사원의 주위 사람들을 조사하는 방식이다.
  ㉡ 첫 단계에서 연구자가 임의로 선정한 제한된 표본에 해당하는 사람으로부터 추천을 받아 다른 표본을 선정하는 과정을 되풀이하여 마치 눈덩이를 굴리듯이 표본을 누적한다.
  ㉢ 연구자가 특수한 모집단의 구성원을 전부 파악하고 있지 못한 경우 또는 비밀을 확인하려는 경우 제한적으로 활용된다.
  ㉣ 전문가들의 의견조사에 유용하며, 소규모 사회조직의 연구에 적합하다.
  ㉤ 일반화의 가능성이 낮고 계량화가 곤란하므로 질적 조사에 적합하다.

② 누적표본추출의 장단점

장 점	• 응답자의 신분이 비교적 노출되지 않은 상태로 조사가 가능하므로, 응답자의 사생활을 보호할 수 있다. • 알고 있는 사람을 대상으로 조사하므로 비용 절감과 시간 절약을 기대할 수 있으며, 비교적 정확한 자료를 얻을 수 있다. • 연결망을 가진 사람들의 특성을 파악할 때 적절한 방법이다.
단 점	• 최초의 표본을 추출하는 것이 쉽지 않다. • 표본의 대표성을 확보하기 어렵다. • 피조사자를 조사원으로 활용한다는 점도 쉽지 않다.

> **시험에 이렇게 나왔다**
> [16년 1회, 19년 1회]
> **Q** 도박중독자의 심리적 상태를 파악하기 위해 처음 알게 된 도박중독자로부터 다른 대상을 소개받고, 다시 소개받은 대상으로부터 제3의 대상자를 소개받는 절차로 이루어지는 표본추출방법은?
> ① 유의표집
> ② 집락표집
> ③ 눈덩이표집
> ④ 비비례적층화표집
>
> **A** ❸

심화체크

[21년 1회]

일반적인 표본추출과정
모집단의 확정 → 표집프레임의 선정/결정 → 표본추출방법 결정 → 표본크기 결정 → 표본추출 실행

시험에 이렇게 나왔다

[16년 3회, 19년 3회]

Q 다음 중 표본추출과정에서 가장 먼저 해야 할 것은?

① 모집단의 확정
② 표본크기의 결정
③ 표집프레임의 선정
④ 표본추출방법의 결정

A ①

04 표본추출절차 수립

기출 15년 2회, 16년 2,3회, 17년 2회, 18년 1,2,3회, 19년 3회, 20년 1·2회, 21년 1회, 24년

(1) 모집단의 확정

① 연구결과의 일반화를 위한 대상을 확정하는 것으로서, 모집단은 조사대상이 되는 집단을 의미한다.
② 연구목적에 부합하는 자료를 얻으려면 명확하고 정밀한 모집단의 규정이 요구된다.
③ 모집단을 확정하기 위해서는 연구대상, 표본단위, 연구범위, 기간 등을 명확히 한정해야 한다.

➕ **플러스원**

모집단 확정의 예시

직장여성의 임금과 출산율의 상관관계에 대한 연구	
연구대상	25세 이상 45세 이하의 여성
표본단위	가임 기혼 직장여성
연구범위	서울시
기 간	2025년 1월 1일 ~ 2025년 1월 31일

(2) 표집틀 선정

① 모집단 내에 포함된 조사대상자들의 명단이 수록된 목록을 말한다.
② 모집단이 확정된 경우 표본을 추출하게 될 표집틀을 선정해야 한다.
③ 모집단의 구성요소를 모두 포함하는 반면 각각의 요소가 이중으로 포함되지 않는 것이 좋다.

(3) 표집방법 결정

① 표집틀이 선정되면 모집단의 대표성을 확보할 수 있는 표집방법을 결정한다.
② 표집방법에는 크게 확률표본추출방법과 비확률표본추출방법이 있다.

(4) 표집크기 결정

① 표집방법이 결정되면 표본의 크기 또는 표집크기를 결정한다.
② 모집단의 성격, 시간 및 비용, 조사원의 능력 등은 물론, 표본오차를 나타내는 정확도와 신뢰도를 고려하여 표본의 크기를 결정한다.

(5) 표본추출

① 결정된 표집방법을 통해 본격적으로 표본을 추출한다.
② 추출방식에 따라 난수표 등을 이용할 수 있으며, 결과의 일반화 가능성을 항상 염두에 두어야 한다.

05 표본추출오차와 비표본추출오차의 개념

기출 16년 3회, 17년 2회, 18년 1회, 19년 3회, 20년 1·2,4회, 24년, 25년

(1) 표본(추출)오차

① 개 념
  ㉠ 모집단 전체를 조사하지 않고 표본인 일부만을 조사하기 때문에 발생하는 오차이다.
  ㉡ 추정값과 모집단의 실제 참값과의 차이를 표본(추출)오차 또는 허용오차라고 한다.

② 표본오차를 줄이는 방법
  ㉠ 모집단의 특성에 적합한 조사방법을 선택한다.
  ㉡ 표본의 크기가 증가하면 표본의 대표성이 커지므로 표본오차는 감소한다.
  ㉢ 모든 조사대상이 표본으로 추출될 동등한 기회를 가질 때 표본오차는 감소한다.
  ㉣ 이질적인 모집단보다는 동질적인 모집단의 경우 표본오차가 줄어든다.

(2) 비표본(추출)오차

① 개 념
  ㉠ 자료수집과정에서 발생하는 오차를 말하는 것으로서, 일반적으로 측정상의 오차를 의미한다.
  ㉡ 표본조사와 전수조사에서 모두 발생할 수 있다.

② 종 류
  ㉠ 무응답오차 : 응답을 거부하는 경우에 오차 발생
  ㉡ 응답오차
    • 조사자오차 : 조사자 표본선정 오류, 조사원의 미숙한 진행이나 데이터 오류 분석, 자료의 입력 및 처리 과정에서의 오류 등
    • 응답자오차 : 응답자의 실수나 무성의한 답변 및 거짓말

③ 비표본오차를 줄이는 방법
  ㉠ 재조사 계획을 세워 무응답자 중 일부를 다시 접촉하여 응답을 받아내면 무응답에 의한 비표본오차를 많이 줄일 수 있다.
  ㉡ 응답자에게 보상과 특혜를 주어 응답자들이 더욱 적극적으로 참여하도록 한다.
  ㉢ 조사원 교육을 철저히 하고, 조사를 잘 할 경우에 인센티브를 부여하여 조사에 적극적으로 임하도록 한다.
  ㉣ 자료점검을 하여 자료입력 및 처리 과정에서 생기는 오류를 막도록 한다.
  ㉤ 설문지가 조사에서 응답자와 조사자의 커뮤니케이션 도구이기 때문에 설문지를 잘 설계하는 것 또한 비표본오차를 줄이는 데 매우 중요하다.

시험에 이렇게 나왔다

[16년 2회]

Q 표본추출과 관계없이 자료를 수집하는 과정에서 발생하는 오차는?
① 표본틀오차
② 비표본오차
③ 표준오차
④ 확률적인 오차

A ❷

> **시험에 이렇게 나왔다**
>
> [20년 4회]
>
> **Q** 표집오차에 대한 설명으로 옳지 않은 것은?
>
> ① 표집오차는 통계량과 모집단의 모수 간 오차이다.
> ② 표집오차는 표본추출과정에서 발생하는 오차이다.
> ③ 표본의 크기가 크면 표집오차는 감소한다.
> ④ 비확률표집 오차를 줄이면 표집오차도 줄어든다.
>
> **A** ④

> **플러스원**
>
> **불포함 오류** 기출 19년 1회, 21년 3회, 25년
>
> 표본조사 시 표본체계가 완전하지 않아 발생하는 오류로 표본추출방법이 모호하거나 실제 사용하기 어려운 경우이다. 이러한 오류는 직접 발견하기 어려워 통제가 어렵고, 발생하였다 하더라도 확증을 얻기 어렵기 때문에 오류를 줄이려면, 타 조사결과와 비교 또는 전문가 경험에 의존해야 한다.

(3) 전체오차

① 표본추출오차와 비표본추출오차로 구성된다.
② 전체오차가 클 경우 표본의 대표성에 문제가 발생한다.
③ 전체오차를 극소화하기 위해서는 표본추출오차와 비표본추출오차를 동시에 극소화해야 한다.

(4) 표본추출오차와 비표본추출오차의 관계

① 표본추출오차와 비표본추출오차는 상호독립적이며, 전체오차는 표본추출오차와 비표본추출오차의 독립적인 기능에 의해 결정된다.
② 표본추출오차나 비표본추출오차 가운데 어느 것 하나라도 지나치게 클 경우 전체오차는 커진다.

3 표본크기 결정

01 표본의 크기 결정

(1) 표본의 크기의 의의 기출 15년 2회, 16년 3회, 18년 3회, 20년 3회, 21년 3회

① 표본의 크기는 모집단으로부터 표본추출단위의 수를 몇 개로 하는 것이 적절한가에 대한 문제와 연관된다.
② 추출되는 표본은 단 한 개의 표본추출단위로 구성될 수도 있고, 모집단에서 한 개의 표본추출단위만을 제외한 전 표본추출단위로 구성될 수도 있다.
③ 표본의 크기를 정하는 데 있어서 중요한 것은 비용을 적게 들이고도 표준통계량으로 모수를 정확하게 알아내는 데 있다.
④ 표본크기가 커질수록 모수와 통계치의 유사성이 커진다. 하지만 표본의 크기가 커지면 대표성이 높아지는 대신 비용과 시간이 많이 든다. 따라서 표본이 크다고 무조건 좋은 것은 아니다.

(2) 표본의 크기 결정 방법 기출 16년 2회, 17년 2회, 18년 2회

$$\frac{Z^2 \sigma^2}{e^2} \left(\text{또는 } \frac{Z^2 S^2}{e^2} \right)$$

단, e는 정확도 또는 최대허용오차, Z는 신뢰수준에 따른 표준정규분포의 값, σ는 모표준편차, S는 표본표준편차이다.

(3) 표본크기의 결정에 영향을 미치는 요소들

기출 15년 1회, 16년 1회, 17년 1회, 19년 1,3회, 20년 1·2,3,4회, 22년 1회

① 가용할 자원 : 연구조사에 필요한 자원은 시간, 비용, 인적 자원 등을 들 수 있다.
② 이론과 조사설계
　㉠ 표본 선정 시 잘 구성된 이론과 조사설계방법을 개발·활용하는 경우 작은 크기의 표본으로도 유효한 결과를 도출할 수 있다.
　㉡ 모집단을 적절히 대표하지 못하는 대규모의 표본보다는 편의(Bias)가 없는 소규모의 표본을 갖는 편이 더욱 바람직하다.
③ 모집단의 변이성
　㉠ 모집단 구성요소들이 일정한 특징에 대해 상호 간에 차이점을 지니고 있는 정도를 의미한다.
　㉡ 일반적으로 모집단 구성요소들의 변이성이 높으면 높을수록 표본의 규모가 커야 모집단을 적절하게 추정할 수 있다.
④ 조사목적
⑤ 집단별 통계치의 필요성
⑥ 카테고리의 다양성 기출 15년 2회, 17년 3회, 20년 4회
　㉠ 표본의 크기는 각 변수의 카테고리가 얼마나 다양한가에 따라 다르게 결정되어야 한다.

시험에 이렇게 나왔다

[20년 1·2회]

01 표본크기에 관한 설명으로 옳은 것은?

① 변수의 수가 증가할수록 표본크기는 커야 한다.
② 모집단의 이질성이 클수록 표본크기는 작아야 한다.
③ 소요되는 비용과 시간은 표본크기에 영향을 미치지 않는다.
④ 분석변수의 범주의 수는 표본크기를 결정하는 요인이 아니다.

A ❶

심화체크

표본의 크기와 오차의 제곱근은 반비례 관계이다.

심화체크

표본크기의 결정에 영향을 미치는 외적 요인에는 모집단의 변이성, 가용할 자원, 조사자의 능력, 카테고리의 다양성 등이 있으며 내적 요인에는 신뢰도, 정밀도 등이 있다.

ⓒ 변수의 카테고리가 다양하면 다양할수록 표본의 크기는 커야 한다.
　　ⓒ 예를 들어, 종교와 계급이라는 2개의 변수에서 각 변수에 4개의 범주를 두고 (4종류의 종교 및 4종류의 계급) 표를 만들 때 각 칸마다 10가지 사례가 있다면 표본크기는 4×4×10=160이다.
⑦ **위험성** : 표본을 근거로 한 추정치의 정확성에 대한 조사의 불확실의 정도를 나타낸다. 이는 추정치가 조사에서 요구된 정확성의 수준에 어느 정도 벗어났는가를 의미하는 것이다.

02 표본오차의 크기 결정

(1) 표본오차에 영향을 미치는 요인 [기출] 25년
① **표본의 크기** : 표본크기가 클수록 모집단을 더 잘 대표하므로 표본오류가 줄어든다.
② **모집단의 특성** : 모집단이 이질적일수록, 즉 구성원들의 특성이 다양할수록 표본오류가 커질 수 있다.
③ **표집방법** : 확률적 표집방법은 표본오류를 통제하기 용이하지만, 비확률적 표집방법을 사용할 경우 표본오류가 커질 수 있다.
④ **조사비용** : 조사비용 문제로 표본의 크기를 충분히 확보하지 못하면 표본오류가 커질 수 있다.
⑤ **조사설계 및 질문지 작성** : 조사설계나 질문지 작성 과정에서 발생하는 오류는 비표본추출오차를 발생시킬 수 있으며, 이는 결과적으로 표본오류에도 영향을 미칠 수 있다.
⑥ **조사자의 편견** : 조사자의 주관적인 판단이나 편견은 표본추출이나 자료분석 과정에서 오차를 만들 수 있다.

(2) 표본오차(표집오차, Sampling Error) 계산
① 표본오차의 개념
　　ⓒ 표집에 의한 모수치의 측정값이 모수치와 **다른 정도**를 의미한다.
　　ⓒ 표본의 대표성으로부터의 이탈 정도를 나타낸다.
② 확률추출방법에 따른 모평균을 추정할 때의 표본오차의 계산
　　ⓒ 단순확률표본추출방법(계통표본추출방법) : $e = z_{\frac{\alpha}{2}} \sqrt{\frac{s^2}{n}\left(1 - \frac{n}{N}\right)}$

　　ⓒ 층화표본추출방법 : $e = z_{\frac{\alpha}{2}} \sqrt{\frac{1}{N^2}\sum_{i=1}^{L} N_i^2 \left(1 - \frac{n_i}{N_i}\right)\left(\frac{s_i^2}{n_i}\right)}$

　　ⓒ 집락표본추출방법 : $e = z_{\frac{\alpha}{2}} \sqrt{\left(\frac{N-n}{Nn\overline{M}^2}\right)s^2}$

CHAPTER 02 적중예상문제

01

표집틀(Sampling Frame)과 모집단 간의 관계로 가장 이상적인 경우는?

① 표집틀과 모집단이 일치할 때
② 표집틀이 모집단 내에 포함될 때
③ 모집단이 표집틀 내에 포함될 때
④ 모집단과 표집틀의 일부분만이 일치할 때

> **해설** 모집단은 조사대상이 되는 집단을 의미하며, 표집틀은 모집단 내에 포함된 조사대상자들의 명단이 수록된 목록을 말한다. 따라서 표집틀과 모집단이 일치하는 경우가 가장 이상적인 관계라고 할 수 있다.

02

A항공사에서 자사의 마일리지 사용자 중 최근 1년 동안 10만 마일 이상 사용자들을 모집단으로 하면서 자사 마일리지 카드 소지자 명단을 표본프레임으로 사용하여 전체에서 표본추출을 할 때의 표본프레임오류는?

① 표본프레임이 모집단 내에 포함되는 경우
② 모집단이 표본프레임 내에 포함되는 경우
③ 모집단과 표본프레임의 일부분만이 일치하는 경우
④ 모집단과 표본프레임이 전혀 일치하지 않는 경우

> **해설** 표본프레임(표집틀)오류란 모집단과 표본추출프레임이 일치하지 않아 발생하는 오류이다. 해당 표본추출의 표본프레임오류는 모집단(최근 1년 동안 10만 마일 이상 사용자)이 표본프레임(마일리지 카드 소지자)보다 작으므로 모집단이 표본프레임 내에 포함되는 경우이다.

03

표본추출에 관한 설명으로 옳지 않은 것은?

① 전수조사에 비해 표본조사는 비용과 시간이 절약된다.
② 표본은 모집단을 대표하기에는 일정한 오차를 가지고 있다.
③ 표본조사에 비해 전수조사는 비표본오차가 발생할 가능성이 낮다.
④ 표본추출은 모집단으로부터 조사대상을 선정하는 과정이다.

> **해설** 전수조사는 연구대상이라고 생각되는 모든 부분을 전부 조사하기 때문에 경제성과 신속성이 떨어져 조사과정에서 비표본오차가 발생할 가능성이 높다. 표본조사는 표본오차가 발생하지만 비표본오차의 감소와 조사대상의 오염방지를 통해 전수조사보다 더 정확한 자료를 얻을 수 있다.

04

다음 중 대규모 모집단의 특성을 기술하기에 유용한 방법은?

① 참여관찰(Participant Observation)
② 표본조사(Sample Survey)
③ 유사실험(Quasi-experiment)
④ 내용분석(Contents Analysis)

> **해설** 다양한 표본추출방법에 따라 조사대상 전체 중 일부분을 선출하여 그 전체를 추정하는 조사이다. 대표성을 만족하는 표본을 추출한다면 대규모 모집단의 특성을 효율적으로 추정할 수 있다.

정답 ▶ 01 ① 02 ② 03 ③ 04 ②

05

표본추출에 관한 설명으로 옳은 것은?

① 분석단위와 관찰단위는 항상 일치한다.
② 표본추출요소는 자료가 수집되는 대상의 단위이다.
③ 통계치는 모집단의 특정 변수가 갖고 있는 특성을 요약한 값이다.
④ 표본추출단위는 표본이 실제 추출되는 연구대상 목록이다.

해설 ① 분석단위는 자료수집 시 표본의 크기를 결정하는 데 사용되는 기본 단위이고, 관찰단위는 직접적인 조사대상이다. 분석단위와 관찰단위가 항상 일치하는 것은 아니다.
③ 통계치는 표본에서 얻은 변수의 값을 요약하고 묘사한 것이다.
④ 표본추출단위는 표본추출의 각 단계에 있어서 표본으로 선정되는 요소 또는 요소의 집합을 말한다.

06

표본추출의 대표성에 관한 설명으로 틀린 것은?

① 대표성의 문제란 표본이 모집단을 대표하여 일반화가 가능한 것인가의 문제이다.
② 표본추출에는 우연성이 많아야 대표성이 확보된다.
③ 표본은 모집단과 변수의 특성이 유사한 분포를 갖도록 추출되어야 한다.
④ 조사에 있어 어떤 것이 중요한 가설인가에 따라 대표성이 달라진다.

해설 표본의 특성이 전체 대상의 특성을 대표할 수 있는지, 즉 표본의 대표성이 중요하다. 따라서 모집단을 대표할 수 있도록 상황에 맞는 표본추출법을 선택해야 한다. 우연에 의한 표본추출 시 대표성에 문제가 발생할 수 있다.

07

총 학생 수가 2,000명인 학교에서 800명을 표집할 때의 표집률은?

① 25% ② 40%
③ 80% ④ 100%

해설 표집률은 모집단에서 개별요소가 선택될 비율이다.

$$\frac{표본의\ 크기}{모집단의\ 크기} \times 100$$
$$= \frac{n}{N} \times 100\% = \frac{800}{2000} \times 100\%$$
$$= 0.4 \times 100\%$$
$$\therefore\ 40\%$$

08

다음 중 표집틀(Sampling Frame)을 평가하는 주요 요소와 가장 거리가 먼 것은?

① 포괄성 ② 추출확률
③ 효율성 ④ 안정성

해설 표집틀 구성의 평가요소
• 포괄성 : 연구하고자 하는 전체 모집단 중 얼마나 많은 부분을 포함하고 있는가
• 추출확률 : 모집단에서 개별 요소가 추출될 수 있는 확률이 동일한가
• 효율성 : 조사자가 원하는 대상만을 표집틀 속에 포함하는가

09

통계적 추리와 관련된 분포 중 이론상으로만 존재하는 것은?

① 표본분포 ② 모집단분포
③ 표집분포 ④ 표집틀분포

해설 표집분포(Sampling Distribution)
동일한 크기의 표본을 반복해서 추출했을 때 각 표본의 통계량의 확률분포로, 통계적 추론과 관련한 이론적 분포이다.

10

다음 중 표집틀(Sampling Frame)이 모집단(Population)보다 큰 경우는?

① 한국대학교 학생을 학생등록부를 이용해서 표집하는 경우
② 한국대학교 학생을 교문 앞에서 임의로 표집하는 경우
③ 한국대학교 학생을 서울지역 휴대폰 가입자 명부를 이용해서 표집하는 경우
④ 한국대학교 체육과 학생을 한국대학교 학생등록부를 이용해서 표집하는 경우

> **해설** ④ 표집틀(한국대학교 학생등록부)이 모집단(한국대학교 체육과 학생)보다 크다.
> ① 표집틀(한국대학교의 학생등록부)과 모집단(한국대학교 학생)이 같다.
> ② 표집틀(교문 앞에서 임의로 선정한 사람)이 모집단(한국대학교 학생)보다 클 수도 있고, 모집단(한국대학교 학생)이 표집틀에 포함되지 않을 수도 있다.
> ③ 표집틀(서울지역 휴대폰 가입자)과 모집단(한국대학교 학생)은 전혀 다른 집단일 수도 있다.

11

표본추출률 또는 표집비율(Sampling Fraction)이란?

① 실험집단의 크기에 대한 통제집단의 크기
② 모집단의 크기에 대한 표본집단의 크기
③ 두 개 표본집단 간의 동질성을 비교한 것
④ 현지실험과 현지조사의 차이를 비교한 것

> **해설** 표집비율은 모집단 크기에 대한 표본집단의 크기, 즉 모집단에서 개별요소가 선택될 비율이다.
> $\frac{\text{표본의 크기}}{\text{모집단의 크기}} \times 100\% = \frac{n}{N} \times 100\%$를 이용해 구할 수 있다.

12

전수조사와 비교한 표본조사의 장점으로 틀린 것은?

① 시간과 비용을 절약할 수 있다.
② 단시간 내에 많은 정보를 얻을 수 있다.
③ 표본오류가 줄어든다.
④ 조사과정을 보다 잘 통제할 수 있어서 정확한 자료를 얻을 수 있다.

> **해설** 표본조사를 실시하면 표본오류가 무조건 발생하여, 전수조사에서는 표본오류가 일어나지 않는다.

13

표본추출에 관한 용어의 설명으로 틀린 것은?

① 모집단은 모든 연구대상 혹은 분석단위들이 모인 집합이다.
② 표본은 모집단에서 일정 부분 추출된 요소들의 집합이다.
③ 모수(Parameter)는 모집단의 특성치로써, 통계치를 근거로 추정한다.
④ 통계치는 모수로부터 계산되는 표본값이다.

> **해설** 통계치는 표본에서 얻은 변수의 값을 요약하고 묘사한 것이다.

정답 10 ④ 11 ② 12 ③ 13 ④

14

표본추출을 위한 모집단의 구성요소나 표본추출단위가 수록된 목록은?

① 요소(Element)
② 표집틀(Sampling Frame)
③ 분석단위(Unit of Analysis)
④ 표본추출분포(Sampling Distribution)

해설 ① 정보수집의 기본이 되며, 분석의 기본이 되는 단위이다.
③ 자료수집 시 표본의 크기를 결정하는 데 사용되는 기본 단위이다.
④ 동일한 크기의 표본을 반복해서 추출했을 때 각 표본의 통계량의 확률분포이다.

15

표본크기와 표집오차에 관한 옳은 설명을 모두 고른 것은?

> ㄱ. 자료수집방법은 표본크기와 관련이 있다.
> ㄴ. 표본크기가 커질수록 모수와 통계치의 유사성이 커진다.
> ㄷ. 표집오차가 커질수록 표본이 모집단을 대표하는 정확성이 낮아진다.
> ㄹ. 동일한 표집오차를 가정한다면, 분석변수가 적어질수록 표본크기는 커져야 한다.

① ㄱ, ㄴ, ㄷ
② ㄱ, ㄷ
③ ㄴ, ㄹ
④ ㄱ, ㄴ, ㄷ, ㄹ

해설 ㄹ. 분석변수가 적어지면 표본의 크기는 작아진다.

16

표본추출에서 가장 중요한 요인은?

① 대표성과 경제성
② 대표성과 신속성
③ 대표성과 적절성
④ 정확성과 경제성

해설 조사결과가 모집단을 얼마나 잘 대표하고 있는지를 의미하는 대표성(Representativeness)도 중요하지만, 이에 못지않게 어느 정도 크기의 표본을 선정하는 것이 일정한 정확성을 적은 비용으로도 가질 수 있도록 해주는지를 의미하는 적절성(Adequacy)의 문제도 중요하다.

17

다음 사례에 해당하는 표본프레임 오류는?

> A보험사에 가입한 고객을 대상으로 만족도 조사를 실시하였다. 조사대상 표본은 A보험사에 최근 1년 동안 가입한 고객 명단으로부터 추출하였다.

① 모집단과 표본프레임이 동일한 경우
② 모집단이 표본프레임에 포함되는 경우
③ 표본프레임이 모집단 내에 포함되는 경우
④ 모집단과 표본프레임이 전혀 일치하지 않는 경우

해설 해당 표본추출의 표본프레임 오류는 표본프레임(A보험사에 최근 1년 동안 가입한 고객 명단)이 모집단(A보험사에 가입한 고객) 내에 포함되는 경우에 해당한다.

18

동일한 크기의 표본을 반복해서 추출했을 때 각 표본의 평균값이 어떻게 분포하는지를 보여주는 것은?

① 표집분포
② 평균분포
③ 모집단분포
④ 표집틀분포

해설 표집분포(Sampling Distribution)란 동일한 크기의 표본을 반복해서 추출했을 때 각 표본의 통계량의 확률분포이다.

19

표집과 관련된 용어에 대한 설명으로 틀린 것은?

① 모집단이란 우리가 규명하고자 하는 집단의 총체이다.
② 표집단위란 표집과정의 각 단계에서의 표집대상을 지칭한다.
③ 관찰단위란 직접적인 조사대상을 의미한다.
④ 표집간격이란 표본을 추출할 때 추출되는 표집단위와 단위 간의 간격을 의미한다.

> **해설** 표집간격이란 모집단으로부터 표본을 추출할 때 추출되는 표본 사이의 간격을 의미한다. 모집단의 전체 항목 수를 표본의 크기로 나누어 구할 수 있다.
>
> **참고** 표집단위와 단위 간의 간격이 표본 사이의 간격과 같은 의미인 것으로 혼동할 수 있으나, 표본추출단위는 표본추출방법에 따라 달라지기 때문에 표본 간의 간격과 표집단위 간의 간격은 같지 않다.

20

표집(Sampling)의 대표성에 대한 의미와 가장 거리가 먼 것은?

① 표본을 이용한 분석결과가 일반화될 수 있는가의 문제
② 표본자료가 계량통계분석기법을 적용하기에 적합한가의 문제
③ 표본의 통계적 특성이 모집단의 통계적 특성에 어느 정도 근접하느냐의 문제
④ 표본이 모집단이 지닌 다양한 성격을 고루 반영하느냐의 문제

> **해설** 표본추출의 핵심쟁점은 표본의 특성이 전체 대상의 특성을 대표할 수 있는지, 즉 표본의 대표성이다. ②는 대표성의 의미와 거리가 멀다.

21

전수조사 대신 표본조사를 하는 이유와 가장 거리가 먼 것은?

① 경비를 절감하기 위해
② 전수조사에 비해 조사과정을 보다 잘 통제할 수 있어서
③ 표본오류를 줄이기 위해
④ 광범위한 주제에 걸쳐서 연구하기 위해

> **해설** 표본조사는 비표본오류를 줄이기 위해 실시하며, 전수조사에서는 표본오류가 일어나지 않기 때문에 표본오류를 줄이기 위해서는 전수조사를 해야 한다.

22

표본조사와 전수조사의 관계에 대한 설명으로 틀린 것은?

① 표본조사의 전제가 되는 가정은 표본이 모집단을 적절히 대표한다는 것이다.
② 모수는 표본으로부터 얻어지는 양이고 통계량이란 모집단의 특성을 나타내는 양이다.
③ 통계적인 모수추정이란 모수와 통계량을 연결하기 위한 절차이다.
④ 가설검정이란 가설의 기각 여부를 결정하는 것이다.

> **해설** 모수란 모집단의 어떤 특성을 지칭하는 개념을 변수로 환원하여 측정한다고 할 때, 그 변수의 값을 모집단의 구성요소들에서 추출하여 요약·묘사한 값이고, 통계량이란 표본에서 얻은 변수의 값을 요약하고 묘사한 것이다.

정답 19 ④ 20 ② 21 ③ 22 ②

23

표본추출(Sampling)에 대한 설명으로 틀린 것은?

① 표본추출이란 모집단에서 표본을 선택하는 행위를 말한다.
② 표본을 추출할 때는 모집단을 분명하게 정의하는 것이 중요하다.
③ 일반적으로 표본이 모집단을 잘 대표하기 위해서는 가능한 한 확률표본추출을 하는 것이 바람직하다.
④ 확률표본추출을 할 경우 표본오차는 없으나 비표본오차는 발생할 수 있다.

> **해설** 표본추출과정에서 표본추출오차는 무조건 발생한다.

24

표본추출법(Sampling Method)에 대한 설명과 가장 거리가 먼 것은?

① 표본추출은 모집단에 대한 정보를 파악하는 데 목적이 있다.
② 표본의 크기는 클수록 좋다.
③ 표본추출은 시간과 비용을 절약하기 위한 것이다.
④ 표본은 모집단을 대표할 수 있도록 대표성이 중요하다.

> **해설** 표본의 크기가 커지면 대표성이 높아지지만 비용과 시간이 많이 들며 비표본오차가 증가한다. 따라서 표본이 크다고 반드시 좋은 것은 아니다.

25

모집단 전체의 특성치를 요약한 수치를 뜻하는 용어는?

① 평균(Mean)
② 모수(Parameter)
③ 통계치(Statistics)
④ 표집틀(Sampling Frame)

> **해설** ② 모수 : 모집단의 특성치로써, 통계치를 근거로 추정한다.
> ① 평균 : 어떠한 집단의 적절한 특징을 나타낸 값을 의미한다.
> ③ 통계치 : 표본에서 얻은 변수의 값을 요약하고 묘사한 것이다.
> ④ 표집틀 : 표본추출을 위한 모집단의 구성요소나 표본추출단위가 수록된 목록이다.

26

일반적인 표본추출과정을 바르게 나열한 것은?

① 표본크기 결정 → 모집단 확정 → 표본틀 결정 → 표본추출방법 결정 → 표본추출
② 모집단 확정 → 표본크기 결정 → 표본틀 결정 → 표본추출방법 결정 → 표본추출
③ 모집단 확정 → 표본틀 결정 → 표본추출방법 결정 → 표본크기 결정 → 표본추출
④ 표본틀 결정 → 모집단 확정 → 표본크기 결정 → 표본추출방법 결정 → 표본추출

> **해설** 일반적인 표본추출과정
> 모집단 확정 → 표본틀 결정 → 표본추출방법 결정 → 표본크기 결정 → 표본추출

23 ④ 24 ② 25 ② 26 ③

27
선거예측조사에서 출구조사를 할 경우, 주로 사용되는 표집방법은?

① 할당표집(Quota Sampling)
② 체계적 표집(Systematic Sampling)
③ 군집표집(Cluster Sampling)
④ 층화표집(Stratified Random Sampling)

해설 선거예측조사에서 출구조사 시 주로 사용하는 표집방법은 체계적 표집이다.

28
일반적으로 표본추출과정에서 가장 마지막에 이루어지는 것은?

① 표본프레임의 결정
② 표본추출방법의 결정
③ 모집단의 확정
④ 표본크기의 결정

해설 일반적인 표본추출과정
모집단의 확정 → 표본프레임의 결정 → 표본추출방법의 결정 → 표본크기의 결정 → 표본추출

29
다음 중 표본추출과정에서 가장 먼저 해야 할 것은?

① 모집단의 확정
② 표본크기의 결정
③ 표집프레임의 선정
④ 표본추출방법의 결정

해설 일반적인 표본추출과정
모집단의 확정 → 표본프레임의 결정 → 표본추출방법의 결정 → 표본크기의 결정 → 표본추출

30
표본의 크기에 관한 설명으로 틀린 것은?

① 표본의 크기는 전체적인 조사목적, 비용 등을 감안하여 결정한다.
② 부분집단별 분석이 필요한 경우에는 표본의 수를 작게 하는 대신 무응답을 줄이려고 노력한다.
③ 일반적으로 표본의 크기가 증가할수록 표본오차의 크기는 감소한다.
④ 비확률표본추출법의 경우 표본의 크기와 표본오차와는 무관하다.

해설 변수의 카테고리가 다양하면 다양할수록 표본의 크기는 커야 한다. 또한, 무응답을 줄일 경우 비표본추출오차가 줄어들므로 무응답의 여부는 표본의 크기와 관련이 없다.

31
전수조사와 비교한 표본조사의 특징에 관한 설명으로 옳은 것은?

① 시간과 노력이 많이 든다.
② 비표본오차를 줄일 수 있다.
③ 항상 정확한 자료를 수집할 수 있다.
④ 조사기간 동안에 발생하는 변화를 반영하지 못한다.

해설 ① 전수조사를 할 경우에 예상되는 막대한 시간과 비용의 소모를 절감할 수 있다.
③ 표본오차가 발생하기 때문에 항상 정확한 자료를 수집할 수는 없다.
④ 전수조사보다 시간이 적게 소요되며, 더 많은 조사항목을 포함할 수 있으므로 다방면의 정보획득이 가능하다.

32

다음 중 확률표집에 해당하는 것은?

① 편의표집(Convenience Sampling)
② 판단표집(Judgement Sampling)
③ 층화표집(Stratified Random Sampling)
④ 눈덩이표집(Snowball Sampling)

해설 표본추출
- 확률표본추출 : 단순무작위표본추출, 계통표본추출, 층화표본추출, 집락표본추출, 연속표본추출 등
- 비확률표본추출 : 편의(임의)표본추출, 할당표본추출, 유의(판단)표본추출, 배합표본추출, 누적표본추출 등

33

1,000명으로 구성된 모집단에서 100명을 뽑아 연구를 하고자 할 때 첫 번째 사람은 무작위로 추출하고 그다음부터는 목록에서 매 10번째 사람을 뽑아 표본을 구성한 것은 어떤 표본추출방법에 해당하는가?

① 단순무작위표본추출(Simple Random Sampling)
② 체계적 표본추출(Systematic Sampling)
③ 층화표본추출(Stratified Sampling)
④ 편의표본추출(Convenience Sampling)

해설 ① 단순무작위표본추출 : 가장 기본적인 확률표본추출방법으로서, 모집단을 구성하는 각 요인 또는 구성원에 대해 동등한 선택의 기회를 부여하는 과정으로 이루어지는 확률표본추출방법이다.
③ 층화표본추출 : 모집단을 보다 동질적인 몇 개의 층으로 나눈 후, 이러한 각 층으로부터 단순무작위표본추출을 하는 확률표본추출방법이다.
④ 편의표본추출 : 정해진 크기의 표본을 선정할 때까지 조사자가 모집단의 일정 단위 또는 사례를 표집하며, 일정한 표집의 크기가 결정되면 그 표집을 중지하는 비확률표본추출방법이다.

34

집락표본추출(Cluster Sampling)에 관한 설명으로 틀린 것은?

① 확률표본추출(Probability Sampling)의 하나로써 표본오차의 크기를 계산할 수 있다.
② 완전한 표본틀(Sampling Frame)이 없는 경우에도 사용 가능하며, 비교적 비용이 적게 든다는 장점이 있기 때문에 전국 규모의 조사에 많이 사용된다.
③ 집락 내에서는 동질성이 크고 집락 간에는 이질성이 크도록 집락을 설정하면, 표본오차(Sampling Error)와 조사비용을 동시에 줄일 수 있다.
④ 조사자의 필요에 따라서는 집락을 2개 이상의 단계에서 설정할 수도 있다.

해설 집락(군집)표본추출은 각 집락이 모집단의 구성요소를 대표할 수 있는 요소로 구성되며 집락들 사이에 차이가 미비한 경우에 적용된다. 이러한 집락표본추출은 집락 내 이질적, 집락 간 동질적인 특성을 보이며, 내부적으로 이질적인 군집을 추출하는 것이 유리하다.

35

다음은 어떤 표본추출법에 해당하는가?

> 모집단의 크기가 10만 명이고 표본의 크기가 1,000명일 때, 최초 1번에서 100번 사이에서 무작위로 한 사람을 고르고, 그다음부터는 100의 표집간격으로 추출하였다.

① 단순무작위(Simple Random)표본추출
② 계통(Systematic)표본추출
③ 층화(Stratified)표본추출
④ 집락(Cluster)표본추출

해설 계통표본추출법은 모집단의 총수에 대해 요구되는 표본수를 나눔으로써 표집간격(Sampling Interval ; K)을 구하고, 첫 번째 요소를 무작위로 선정하여 최초의 표본으로 삼은 후 일정한 표집간격에 의해 표본을 추출한다.

36

층화(Stratified)표본추출법에 관한 설명으로 틀린 것은?

① 모집단을 일정 기준에 따라 서로 상이한 집단들로 재구성한다.
② 동질적인 집단에서의 표집오차가 이질적인 집단에서의 오차보다 작다는 데 논리적인 근거를 둔다.
③ 비례층화추출법과 불비례층화추출법으로 구분할 수 있다.
④ 집단 간에 이질성이 존재하는 경우 무작위표본추출보다 정확하게 모집단을 대표하지 못하는 단점이 있다.

해설 층화표본추출법은 모집단을 보다 동질적인 몇 개의 층으로 나눈 후, 이러한 각 층으로부터 단순무작위표본추출을 하는 방법으로 집단 내 동질적, 집단 간 이질적인 특성을 보인다. 집단 간 이질적인 경우, 보다 많은 표본을 선정함으로써 결과적으로 가장 적은 표본크기로 정확성을 유지할 수 있다.

37

층화표집(Stratified Random Sampling)에 대한 설명으로 틀린 것은?

① 층화 시 모집단에 대한 지식이 필요하다.
② 층화한 모든 부분 집단에서 표본을 추출한다.
③ 층화한 부분 집단 간은 동질적이고, 부분 집단 내에서는 이질적이다.
④ 추정값의 표본오차를 감소시켜 표본의 대표성을 높이기 위해 사용되는 방법이다.

해설 층화한 부분 집단 내에는 동질적이며, 집단 간에는 이질적이다.

38

비확률표본추출방법과 비교한 확률표본추출방법에 관한 설명으로 틀린 것은?

① 무작위적 표본추출을 한다.
② 표본분석 결과의 일반화에 제약이 있다.
③ 비용과 시간이 많이 든다.
④ 표본오차 추정이 가능하다.

해설 확률표본추출방법은 무작위적 표본추출을 하며, 표본오차의 추정이 가능하고 표본분석 결과의 일반화가 가능하다는 장점이 있다. 하지만 비확률표본추출방법에 비해 시간과 비용이 많이 든다는 단점이 있다.

39

층화표본추출방법에 관한 설명으로 틀린 것은?

① 모집단을 특정한 기준에 따라 서로 상이한 소집단으로 나누고 이들 각각의 소집단들로부터 빈도에 따라 적절한 일정수의 표본을 무작위로 추출하는 방법이다.
② 무작위로 표본을 추출할 때보다 표본의 대표성을 높일 수 있는 방법이다.
③ 확률표본추출방법 중 가장 많은 시간·비용 및 노력을 절약할 수 있다.
④ 모집단을 일정한 분류기준에 따라 소집단들로 분류한 후 각 소집단별로 표본을 추출한다는 점에서 할당표본추출방법과 유사하다.

해설 층화표본추출방법은 모집단을 보다 동질적인 몇 개의 층으로 나눈 후, 이러한 각 층으로부터 단순무작위표본추출을 하는 방법이다. 전체 모집단에서 표본을 선정하기보다 이미 알고 있는 지식을 이용하여 모집단을 동질적인 부분집합으로 나누고 이들 각각으로부터 적정한 수의 요소를 선정하게 된다. 따라서 모집단에 대한 지식이 없으면 소요되는 시간·비용이 클 수 있다.

40

다음 중 확률표본추출방법(Probability Sampling)에 해당하는 것은?

① 단순무작위표본추출(Simple Random Sampling)
② 유의표본추출(Purposive Sampling)
③ 눈덩이표본추출(Snowball Sampling)
④ 할당표본추출(Quota Sampling)

해설 **표본추출**
- 확률표본추출 : 단순무작위표본추출, 계통표본추출, 층화표본추출, 집락표본추출, 연속표본추출 등
- 비확률표본추출 : 편의(임의)표본추출, 할당표본추출, 유의(판단)표본추출, 배합표본추출, 누적(눈덩이)표본추출 등

41

다음 괄호 안에 들어갈 알맞은 것은?

> 체계적 표집(계통적 표집)을 이용하여 5,000명으로 구성된 모집단으로부터 100명의 표본을 구하기 위해서는 먼저 1과 (A) 사이에서 무작위로 한 명의 표본을 선정한 후 첫 번째 선정된 표본으로부터 모든 (B)번째 표본을 선정한다.

① A : 50 | B : 50
② A : 10 | B : 50
③ A : 100 | B : 50
④ A : 100 | B : 100

해설 체계적 표집방법은 모집단의 총수에 대해 요구되는 표본수를 나눔으로써 표집간격(Sampling Interval ; K)을 구하고, 첫 번째 요소를 무작위로 선정하여 최초의 표본으로 삼은 후 일정한 표집간격에 의해 표본을 추출한다. 표집간격은 모집단 항목의 수/표본크기이므로 5,000/100=50이다. 따라서 50을 간격으로 표본을 추출하므로 첫 번째 표본은 1과 50 사이에서 선정해야 한다.

42

다단계집락표집에 대한 설명으로 틀린 것은?

① 최초의 집락수가 많으면 그 이후의 집락수는 작아진다.
② 표본의 대표성을 높이기 위해서는 최초의 집락수를 작게 하는 것이 좋다.
③ 다단계집락표집을 할 때 층화표집을 병행하는 것은 표본의 대표성을 높이기 위한 한 방법이다.
④ 규모비례확률표집(PPS)은 다단계집락표집에 속한다.

해설 다단계집락표집은 전국 또는 광활한 지역을 대상으로 하는 대규모조사에서 주로 사용되며, 표본의 대표성을 늘리기 위해서는 최초의 집락수를 크게 하는 것이 좋다.

43

확률표집에 관한 설명으로 옳은 것은?

① 표본이 모집단에 대해 갖는 대표성을 추정하기 어렵다.
② 모집단이 무한하게 클 경우에 적용할 수 있는 표집방법이다.
③ 표본의 추출확률을 알 수 있다.
④ 모집단 전체에 대한 구체적 자료가 없는 경우 사용된다.

해설 확률표집은 모집단의 각 표집단위가 모두 추출의 기회를 가지고 있으며, 각 표집단위가 추출될 확률을 정확히 알고 있는 가운데 표집을 하는 방법이다.

44

확률표본추출방법만으로 짝지어진 것은?

① 집락표집, 계통표집, 편의표집, 할당표집
② 층화표집, 집락표집, 눈덩이표집, 할당표집
③ 단순무작위표집, 계통표집, 유의표집, 할당표집
④ 단순무작위표집, 계통표집, 층화표집, 집락표집

해설 표본추출
- 확률표본추출 : 단순무작위표본추출, 계통표본추출, 층화표본추출, 집락표본추출, 연속표본추출 등
- 비확률표본추출 : 편의(임의)표본추출, 할당표본추출, 유의(판단)표본추출, 배합표본추출, 누적(눈덩이)표본추출 등

45

다음 괄호에 알맞은 것은?

> 군집표집(Cluster Sampling)에서 표집된 군집들은 가능한 군집 간에는 (A)이고, 군집 속에 포함된 표본요소 간에는 (B)이여야 한다.

① A - 동질적 | B - 동질적
② A - 동질적 | B - 이질적
③ A - 이질적 | B - 동질적
④ A - 이질적 | B - 이질적

해설 군집표집은 모집단 목록에서 구성요소에 대해 여러 가지 이질적인 구성요소를 포함하는 여러 개의 집락 또는 집단으로 구분한 후, 집락을 표집단위로 하여 무작위로 몇 개의 집락을 표본으로 추출한 다음, 표본으로 추출된 집락에 대해 그 구성요소를 전수조사하는 방법이다. 집락 내 이질적, 집락 간 동질적인 특성을 보인다.

46

단순무작위표집법으로 표집할 때, 표본크기를 50에서 100으로 늘렸다. 이때 나타나는 효과와 가장 관련이 깊은 것은?

① 아무런 효과가 없다.
② 추정치의 분산이 줄어든다.
③ 모집단의 평균값이 커진다.
④ 표본평균과 표본최빈값이 일치한다.

해설 단순무작위표집에서 표본의 크기가 클수록 정확도는 높아지게 된다. 즉, 표본의 크기가 커질수록 모수의 참값에 더욱 근접하는 추정량을 얻을 수 있다. 그러므로 추정치의 분산이 줄어들게 된다.

47

다음 중 집락표집과 층화표집의 특징으로 옳은 것은?

① 집락표집과 층화표집 모두 내부적으로 동질적이다.
② 집락표집은 내부적으로 동질적이다.
③ 층화표집은 내부적으로 이질적이다.
④ 집락표집은 내부적으로 이질적이다.

해설 층화표집은 집단 내 동질적, 집단 간 이질적이며, 집락표집은 집락 내 이질적, 집락 간 동질적이다.

48

다음 중 표본의 대표성이 가장 큰 표본추출방법은?

① 편의표본추출법
② 판단표본추출법
③ 군집표본추출법
④ 할당표본추출법

해설 ③은 확률표본추출방법, ①·②·④는 비확률표본추출방법에 해당한다. 확률표본추출방법은 표본의 대표성이 있으며, 비확률표본추출은 인위적 표본추출로 대표성 확보에 어려움이 있다.

정답 44 ④ 45 ② 46 ② 47 ④ 48 ③

49

표본추출방법에 대한 설명 중 틀린 것은?

① 단순무작위표집을 하기 위해서는 모집단에 대한 명부를 표집틀로 가지고 있어야 한다.
② 모집단에 대한 명부가 일정한 주기성을 가지고 있을 때 이 주기성 때문에 편중된 표집을 할 위험이 있는 표집방법은 층화표집이다.
③ 층화표집은 단순무작위추출에서 얻어진 표본보다 모집단을 더 잘 대표하기도 한다.
④ 유의표집은 연구자가 주관적으로 판단하여, 모집단을 가장 잘 대표한다고 생각되는 사례들을 표본으로 선정한다.

해설 모집단 목록에서 구성요소에 대해 일정한 순서에 따라 매 K번째 요소를 추출하는 방법은 계통적 표집으로 모집단의 배열이 일정한 주기성과 특정 경향성을 보일 경우 편견이 개입되어 대표성이 문제된다.

50

층화표본추출에 대한 설명으로 틀린 것은?

① 확률표본추출방법이다.
② 표본층 간은 동질적이고 표본층 내에서는 이질적이다.
③ 층화한 모든 부분집단에서 표본을 추출한다.
④ 모집단의 각 층에 대한 정확한 정보가 필요하다.

해설 층화표본추출법은 모집단을 보다 동질적인 몇 개의 층으로 나눈 후, 이러한 각 층으로부터 단순무작위표본추출을 하는 확률표본추출방법으로 이미 알고 있는 지식을 이용하여 모집단을 동질적인 부분집합으로 나누고 이들 각각으로부터 적정한 수의 요소를 무작위선정하게 된다. 집단 내 동질적, 집단 간 이질적인 특성을 보인다.

51

층화표집(Stratified Sampling)의 장점과 가장 거리가 먼 것은?

① 층화된 부분집단의 특성을 알아 이들을 비교할 수 있다.
② 모집단의 목록이나 명부가 필요하지 않다.
③ 동질적인 대상은 표본의 수를 줄이더라도 대표성을 높일 수 있다.
④ 무작위추출보다 시간과 경비를 절약할 수 있다.

해설 층화표집법은 모집단의 층별에 대한 정확한 정보를 필요로 한다. 따라서 층화 시 근거가 되는 명부가 필요하며, 층화목록이 없는 경우 그것을 만들어내는 데 많은 시간과 비용이 요구된다.

52

단순무작위표집에 대한 설명으로 틀린 것은?

① 표본이 모집단으로부터 추출된다.
② 모든 요소가 동등한 확률을 가지고 추출된다.
③ 구성요소가 바로 표집단위가 되는 것은 아니다.
④ 표본확보의 보편적인 방법은 난수표를 사용하는 것이다.

해설 단순무작위표집은 모집단을 구성하는 각 요인 또는 구성원에 대해 동등한 선택의 기회를 부여하는 과정으로 이루어진다. 따라서 구성요소가 바로 표집단위가 된다.

53

다음 중 단순무작위표집을 통하여 자료를 수집하기 어려운 조사는?

① 신용카드 이용자의 불편사항
② 조세제도 개혁에 대한 중산층의 찬반 태도
③ 새 입시제도에 대한 고등학생의 찬반 태도
④ 국가기술자격 시험문제에 대한 시험응시자의 만족도

해설 단순무작위표집은 모집단에 대한 정확한 정의와 완전한 목록의 구비를 전제조건으로 한다. 중산층은 정확히 정의할 수 없어 모집단의 구성이 어려우므로 단순무작위표집이 어렵다.

정답 49 ② 50 ② 51 ② 52 ③ 53 ②

54

확률표본추출법에 해당하지 않는 것은?

① 계통표집(Systematic Sampling)
② 집락표집(Cluster Sampling)
③ 할당표집(Quota Sampling)
④ 층화표집(Stratified Sampling)

해설 표본추출
- 확률표본추출 : 단순무작위표본추출, 계통표본추출, 층화표본추출, 집락표본추출, 연속표본추출 등
- 비확률표본추출 : 편의(임의)표본추출, 할당표본추출, 유의(판단)표본추출, 배합표본추출, 누적표본추출 등

55

체계적 표집(Systematic Sampling)에 대한 옳은 설명을 모두 고른 것은?

> ㄱ. 체계적 오차의 개입 가능성이 있다.
> ㄴ. 모집단에서 무작위표집 이후 K번째마다 표본을 추출한다.
> ㄷ. 추출간격이 되는 K는 모집단의 크기를 표본의 크기로 나눈 값이다.
> ㄹ. 모집단의 배열이 주기성을 보일 때는 중대한 오류를 범할 수 있다.

① ㄱ, ㄴ
② ㄱ, ㄴ, ㄷ
③ ㄷ, ㄹ
④ ㄱ, ㄴ, ㄷ, ㄹ

해설 체계적 표집(Systematic Sampling)
계통적 표집이라고도 하며, 모집단 목록에서 구성요소에 대해 일정한 순서에 따라 매 K번째 요소를 추출하는 방법(ㄴ)이다. 모집단의 총수(모집단의 크기)에 대해 요구되는 표본수(표본의 크기)를 나눔으로써(ㄷ) 추출간격(표집간격)을 구한다. 보통 모집단 전체에 걸쳐 보다 공평하게 표본이 추출되므로, 모집단을 보다 잘 대표할 가능성이 있다. 하지만 모집단의 배열이 일정한 주기성과 특정 경향성을 보일 경우 체계적 오차의 개입 가능성이 있으며(ㄱ), 대표성이 문제되는 등 중대한 오류를 범할 수 있다(ㄹ).

56

대학생을 대상으로 여론조사를 할 때, 모집단 학생들의 학년별 구성을 가장 잘 반영할 수 있는 표집방법은?

① 계통표집(Systematic Sampling)
② 층화표집(Stratified Random Sampling)
③ 단순무작위표집(Simple Random Sampling)
④ 눈덩이표집(Snowball Sampling)

해설 학년별 구성을 반영해야 하므로 모집단 학생들을 학년별로 층을 구성해야 한다. 층으로 나누어 표본을 추출하는 표집방법은 층화표집이다.

57

다음에서 사용한 표집방법은?

> 580개 초등학교 모집단에서 5개 학교를 임의표집하였다. 선택된 학교마다 2개씩의 학급을 임의선택하고, 또 선택된 학급마다 5명씩의 학생들을 임의선택하여 학생들이 학원에 다니는지 조사하였다.

① 단순무작위표집
② 층화표집
③ 군집표집
④ 할당표집

해설 모집단 목록에서 구성요소에 대해 여러 가지 이질적인 구성요소를 포함하는 여러 개의 집락 또는 집단으로 구분한 후, 집락을 표집단위로 하여 무작위로 몇 개의 집락을 표본으로 추출한 다음, 표본으로 추출된 집락에 대해 그 구성요소를 전수조사하는 방법을 군집표본추출 혹은 집락표본추출이라 한다.

참고 해당 문제에서는 집락수준의 수를 580개 초등학교 → 5개 학교 → 2개씩의 학급으로 결정하고 결정된 수 5명만큼을 무작위적으로 선택하기 때문에 최종표본으로 추출된 총 50명의 새로운 집락에 대해 그 구성요소인 학생 모두를 전수조사하여 학원 수강 여부 조사를 진행한다.

정답 54 ③ 55 ④ 56 ② 57 ③

58

모집단에 대한 정보를 담은 명부를 표집틀로 해서 일정한 순서에 따라 표본을 추출하는 표집방법은?

① 단순무작위표집(Simple Random Sampling)
② 체계적 표집(Systematic Sampling)
③ 유의표집(Purposive Sampling)
④ 층화표집(Stratified Random Sampling)

해설 체계적 표집은 모집단의 총수에 대해 요구되는 표본수를 나눔으로써 표집간격(Sampling Interval ; K)을 구하고, 첫 번째 요소를 무작위로 선정하여 최초의 표본으로 삼은 후 일정한 표집간격에 의해 표본을 추출한다.

59

다음 중 표본의 크기가 같다고 했을 때 표집오차가 가장 작은 표집방법은?

① 층화표집(Stratified Random Sampling)
② 단순무작위표집(Simple Random Sampling)
③ 군집표집(Cluster Sampling)
④ 체계적 표집(Systematic Sampling)

해설 표본의 크기가 같다면 표집오차의 크기는 '층화표집<단순무작위표집<집락표집'이다. 체계적 표집은 모집단의 크기와 요구되는 표본수에 따라 표본추출간격이 달라지고, 일정한 패턴이 있을 경우 신뢰할 수 없기 때문에 표집오차를 알 수 없다.

60

A대학에서 학생들을 대상으로 사회조사를 할 때, 전체 학생들의 전공별 분포와 표본에 추출된 학생들의 전공별 분포가 일치하도록 표본추출을 하고 싶을 때 가장 적합한 방법은?

① 층화표집(Stratified Random Sampling)
② 체계적 표집(Systematic Sampling)
③ 군집표집(Cluster Sampling)
④ 유의표집(Purposive Sampling)

해설 층화표집은 모집단을 동질적인 부분집합으로 나누고 이들 각각으로부터 적정한 수의 요소를 무작위선정하게 된다. 따라서 전체 학생들의 전공별 분포로 집합을 나누고 그 집합에서 표본을 추출하면 전체 학생들의 전공별 분포와 표본에 추출된 학생들의 전공별 분포가 일치하도록 표본을 추출할 수 있다.

61

층화무작위표본추출법과 군집표본추출법에 대한 설명으로 틀린 것은?

① 확률표본추출법이다.
② 모집단의 모든 요소가 추출될 확률이 동일하다.
③ 표본추출의 단위가 모집단의 요소이다.
④ 군집표본추출법은 층화무작위표본추출법과는 달리 가급적이면 군집을 이질적인 요소로 구성한다.

해설 군집표본추출법은 모집단 목록에서 구성요소에 대해 여러 가지 이질적인 구성요소를 포함하는 여러 개의 집락 또는 집단으로 구분한 후 집락을 표집단위로 하여 무작위로 몇 개의 집락을 표본으로 추출한다. 따라서 표본추출의 단위는 그룹(집단)이다.

62

어떤 공정으로부터 제품이 생산되어 나오는 경우 일정 시간 간격마다 하나의 표본을 뽑는다거나, 수입품 검사에 있어서 선창이나 창고에서 표본을 뽑게 되면 내부나 밑에서 표본이 뽑혀지는 것이 어렵기 때문에 운송 중에 일정 시간마다 표본을 뽑는다고 하였을 때, 이에 해당되는 표본추출방법은?

① 편의표본추출(Convenience Sampling)
② 계통표본추출(Systematic Sampling)
③ 층화표본추출(Stratified Sampling)
④ 눈덩이표본추출(Snowball Sampling)

해설 첫 번째 요소를 무작위로 선정하여 최초의 표본으로 삼은 후 일정한 표집간격에 의해 표본을 추출하는 계통표본추출방법이다.

63

군집표집(Cluster Sampling)에 대한 설명으로 틀린 것은?

① 군집이 동질적이면 오차의 가능성이 낮다.
② 전체모집단의 목록표를 작성하지 않아도 된다.
③ 단순무작위표집에 비해 시간과 비용을 절약할 수 있다.
④ 특정 집단의 특성을 과대 혹은 과소하게 나타낼 위험이 있다.

해설 군집표집은 집락 내 이질적, 집락 간 동질적인 특성을 보이며, 내부적으로 이질적인 군집을 추출하는 것이 오차의 가능성이 낮아 유리하다.

64

다음 중 군집표집의 추정 효율이 가장 높은 경우는?

① 집락 간 평균이 서로 다른 경우
② 각 집락이 모집단의 축소판일 경우
③ 각 집락 내 관측값들이 비슷할 경우
④ 각 집락마다 집락들의 특성이 서로 다른 경우

해설 군집표집은 모집단 목록에서 구성요소에 대해 여러 가지 이질적인 구성요소를 포함하는 여러 개의 집락 또는 집단으로 구분한 후, 집락을 표집단위로 하여 무작위로 몇 개의 집락을 표본으로 추출한 다음, 표본으로 추출된 집락에 대해 그 구성요소를 전수조사하는 방법이다. 따라서 추출된 집락이 모집단의 축소판일 경우 추정 효율이 높다.

65

체계적 표집에서 집단의 크기가 100만 명이고 표본의 크기가 1,000명일 때, 다음 중 가장 적합한 표집방법은?

① 먼저 단순무작위로 1,000명을 뽑아 그중에서 편중된 표본은 제거하고, 그것을 대체하는 표본을 다시 뽑는다.
② 최초의 사람을 무작위로 선정한 후 매 1,000번째 사람을 고른다.
③ 모집단이 너무 크기 때문에 100만 명을 1,000개의 집단으로 나누어야 한다.
④ 모집단을 1,000개의 하위집단으로 나누고, 그 하위집단에서 1명씩 고르면 된다.

해설 체계적 표집은 모집단의 총수에 대해 요구되는 표본수를 나눔으로써 표집간격(Sampling Interval : K)을 구하고, 첫 번째 요소를 무작위로 선정하여 최초의 표본으로 삼은 후 일정한 표집간격에 의해 표본을 추출한다. 집단의 크기가 100만 명(1,000,000명), 표본의 크기가 1,000명이므로 표집간격은 1,000,000/1,000=1,000이다. 따라서 최초의 사람을 무작위로 선정한 후 매 1,000번째 사람을 고른다.

66

단순무작위표본추출에 따른 표본평균의 분포가 갖는 특성이 아닌 것은?

① 표본평균의 분포는 모집단 평균을 중심으로 대칭형이다.
② 표본평균 분포의 평균은 모집단의 평균과 같은 것은 아니다.
③ 큰 표본을 사용할수록 표본평균의 분포는 모집단 평균 근처에 집중적으로 나타난다.
④ 표본평균의 분포는 모집단 평균 근처가 가장 밀집되어 있고 평균에서 떨어질수록 적어진다.

해설 표본평균 분포의 평균은 모집단의 평균이다.

67

확률표본추출방법만으로 짝지어진 것은?

> ㄱ. 군집표집(Cluster Sampling)
> ㄴ. 체계적 표집(Systematic Sampling)
> ㄷ. 편의표집(Convenience Sampling)
> ㄹ. 할당표집(Quota Sampling)
> ㅁ. 층화표집(Stratified Random Sampling)
> ㅂ. 눈덩이표집(Snowball Sampling)
> ㅅ. 단순무작위표집(Simple Random Sampling)

① ㄱ, ㄴ, ㄷ, ㄹ
② ㄱ, ㄹ, ㅁ, ㅂ
③ ㄴ, ㄹ, ㅂ, ㅅ
④ ㄱ, ㄴ, ㅁ, ㅅ

해설 표본추출
- 확률표본추출 : 단순무작위표본추출, 계통(체계적)표본추출, 층화표본추출, 집락(군집)표본추출, 연속표본추출 등
- 비확률표본추출 : 편의(임의)표본추출, 할당표본추출, 유의(판단)표본추출, 배합표본추출, 누적(눈덩이)표본추출 등

68

다음 표본추출방법 중 성격이 다른 하나는?

① 편의표본추출법
② 할당표본추출법
③ 의도적 표본추출법
④ 단순무작위표본추출법

해설 표본추출
- 확률표본추출 : 단순무작위표본추출, 계통표본추출, 층화표본추출, 집락표본추출, 연속표본추출 등
- 비확률표본추출 : 편의표본추출, 할당표본추출, 유의(판단, 의도적)표본추출, 배합표본추출, 누적표본추출 등

69

표집방법에 관한 설명으로 옳은 것은?

① 계통표집(Systematic Sampling)에서는 표집요소들이 주기적 형태를 띠는 것이 바람직하다.
② 군집표집(Cluster Sampling)은 내부적으로 이질적인 군집을 추출하는 것이 유리하다.
③ 일반적으로 군집표집은 층화표집보다 더욱 정확한 추정을 할 수 있다.
④ 층화표집(Stratified Sampling)은 모집단을 내부적으로 이질적인 계층으로 층화하여 표본을 추출함으로써 표본오차를 감소시킨다.

해설
① 계통표집은 모집단 목록에서 구성요소에 대해 일정한 순서에 따라 매 K번째 요소를 추출하는 방법이다. 배열에 일정한 주기성과 특정 경향성을 보일 경우 편견이 개입되어 대표성이 문제된다.
③ 표본의 크기가 같다면 표본오차의 크기는 '층화표집<군집표집'이다. 따라서 층화표집이 군집표집보다 더욱 정확한 추정을 할 수 있다.
④ 모집단을 보다 동질적인 몇 개의 층으로 나눈 후, 이러한 각 층으로부터 단순무작위표본추출을 하는 방법이다. 집단 내 동질적, 집단 간 이질적인 특성을 보인다.

70

단순무작위표본추출법에 대한 설명으로 옳은 것은?

① 모집단의 평균에 가까운 요소가 평균에 멀리 떨어진 요소보다 표본으로 추출될 확률이 더 크다.
② 비확률표집방법이다.
③ 난수표 또는 할당표를 이용할 수 있다.
④ 표본이 모집단의 전체에서 추출된다.

해설
① 모집단의 모든 요소가 동일하고 독립적인 추출기회를 가진다.
② 가장 기본적인 확률표본추출방법이다.
③ 난수표, 추첨법, 컴퓨터를 이용한 난수의 추출방법 등을 사용한다.

정답 67 ④ 68 ④ 69 ② 70 ④

71

일반적으로 표본추출방법들 간의 표집효과를 계산할 때 준거가 되는 표본추출방법은?

① 군집표집
② 계통표집
③ 층화표집
④ 단순무작위표집

해설 단순무작위표집은 다른 표집법에 비해 표본오차의 계산이 용이하며, 일반적으로 표본추출방법들 간의 표집효과를 계산할 때 준거가 된다.

72

모집단이 서로 상이한 특성으로 이루어져 있을 경우에 모집단을 유사한 특성으로 묶은 여러 부분집단에서 단순무작위추출법에 의하여 표본을 추출하는 방법은?

① 할당표본추출법
② 편의표본추출법
③ 층화표본추출법
④ 군집표본추출법

해설 ① 할당표본추출법 : 모집단을 일정한 카테고리로 나눈 다음, 이들 카테고리에서 정해진 요소수를 작위적으로 추출하는 비확률표본추출법이다.
② 편의표본추출법 : 정해진 크기의 표본을 선정할 때까지 조사자가 모집단의 일정단위 또는 사례를 표집하며, 일정한 표집의 크기가 결정되면 그 표집을 중지하는 비확률표본추출법이다. 표본선정의 편리성에 기준을 두고 임의로 표본을 선정한다.
④ 군집표본추출법 : 집락표본추출법이라고도 한다. 모집단 목록에서 구성요소에 대해 여러 가지 이질적인 구성요소를 포함하는 여러 개의 집락 또는 집단으로 구분한 후, 집락을 표집단위로 하여 무작위로 몇 개의 집락을 표본으로 추출한 다음, 표본으로 추출된 집락에 대해 그 구성요소를 전수조사하는 확률표본추출법이다.

73

단순무작위표집(Simple Random Sampling)에 대한 설명으로 틀린 것은?

① 연구자의 사전지식을 바탕으로 표본집단을 선정한다.
② 모집단의 모든 조사단위에 표본으로 뽑힐 기회를 동등하게 부여한다.
③ 모집단의 구성요소를 정확히 파악하여 명부를 작성하여야 한다.
④ 이 방법은 시행하기가 어렵다는 단점이 있다.

해설 단순무작위표집은 가장 기본적인 확률표본추출방법으로서, 의식적인 조작이 전혀 없이 모집단을 구성하는 각 요인 또는 구성원에 대해 동등한 선택의 기회를 부여하는 과정으로 이루어진다.

74

서울지역의 전화번호부를 이용하여 최초의 101번째 사례를 임의로 결정한 후 계속 201, 301, 401번째의 순서로 뽑는 표집방법은?

① 층화표집(Stratified Random Sampling)
② 단순무작위표집(Simple Random Sampling)
③ 계통표집(Systematic Sampling)
④ 편의표집(Convenience Sampling)

해설 ① 모집단을 보다 동질적인 몇 개의 층으로 나눈 후, 이러한 각 층으로부터 단순무작위표집을 하는 확률표본추출방법이다.
② 가장 기본적인 확률표본추출방법으로 의식적인 조작 없이 표본을 추출함으로써 어떤 요소의 추출이 계속되는 다른 요소의 추출 기회에 아무런 영향을 미치지 않는 확률표본추출방법이다.
④ 임의표집이라고도 하며 모집단에 대한 정보가 없는 경우에 사용한다. 시간, 편의성, 경제성 등을 염두에 두고 정해진 크기의 표본을 선정할 때까지 조사자가 모집단의 일정 단위 또는 사례를 표집하는 비확률표본추출방법이다.

75

모집단을 여러 가지 이질적인 구성요소를 포함하는 여러 개의 집단으로 구분한 다음, 이를 표집단위로 표집하는 방법은?

① 단순무작위표집
② 층화표집
③ 집락표집
④ 계통표집

해설 집락표집은 각 집락이 모집단의 구성요소를 대표할 수 있는 이질적인 요소로 구성되며 집락과 집락들 사이에 차이가 미비한 경우에 적용된다. 집락 내 이질적, 집락 간 동질적인 특성이 있다.

76

확률표집에 대한 설명으로 틀린 것은?

① 확률표집의 기본이 되는 것은 단순무작위표집이다.
② 확률표집에서는 모집단의 모든 요소가 뽑힐 확률이 '0'이 아닌 확률을 가진다는 것을 전제한다.
③ 확률표집은 항상 불완전한 것이어서 표본으로부터 모집단의 특성을 추론하는 데 제약이 있기 마련이다.
④ 확률표집의 종류로 할당표집이 있다.

해설 확률표집은 모집단의 각 표집단위가 모두 추출의 기회를 가지고 있으며, 각 표집단위가 추출될 확률을 정확히 알고 있는 가운데 표집을 하는 방법이다. 확률표집은 단순무작위표집을 기본으로 하며 표본으로부터 모집단의 특성을 추론하는 데 제약이 있다. 할당표집은 비확률표집법 중 하나로 표본오차의 추정이 불가능하다.

77

다음에서 설명하고 있는 표본추출방법은?

> 남학생 300명, 여학생 200명이 재학 중인 어떤 고등학교에서 남녀학생들의 컴퓨터 사용정도와 그 요인들을 살펴보기 위해 설문조사를 실시하고자 한다. 연구자는 이미 남녀학생 간의 컴퓨터 사용 정도에 차이가 큰 것을 알고 전체 학생을 남녀학생별로 나눈 후 각 집단에서 남학생 100명, 여학생 100명을 단순무작위로 추출하였다.

① 할당(Quota)표집
② 집락(Cluster)표집
③ 층화(Stratified)표집
④ 의도적(Purposive)표집

해설 층화표집은 모집단을 보다 동질적인 몇 개의 층으로 나눈 후(전체 학생을 남녀학생별로 나눈 후), 이러한 각 층으로부터 단순무작위표본추출(각 집단에서 남학생 100명, 여학생 100명을 단순무작위로 추출)을 하는 방법이다.

78

집락표본추출법에 관한 설명으로 틀린 것은?

① 집락표본추출법에서는 일차적인 표집단위(Primary Sampling Unit)를 개인이 아닌 집락(Cluster)으로 주로 구한다.
② 집락표본추출법에서는 집락은 가급적이면 동질적인 요소로 구성되는 게 바람직하다.
③ 집락표본추출은 단일단계 집락표본추출법과 다단계 집락표본추출법이 있다.
④ 집락표본추출법은 때에 따라서는 단순무작위추출법보다 훨씬 더 경제적이고, 신빙성도 뒤떨어지지 않는다.

해설 집락표본추출은 집락 내 이질적, 집락 간 동질적인 특성을 보이며, 내부적으로 이질적인 군집을 추출하는 것이 유리하다.

79

다음 상황에 가장 적절한 표집방법은?

> 국내에 거주하는 탈북자는 약 900명에 이른다고 가정할 때 이들 탈북자와 일반시민을 각기 200명씩 확률표집하여 통일에 대한 태도를 비교하려고 한다.

① 가중표집
② 층화표집
③ 집락표집
④ 단순무작위표집

해설 탈북자보다 일반시민의 수가 더 많음에도 각 200명씩 확률표집했으므로 가중표집이다.

비비례층화표본추출(가중표본추출)
- 각 층에서 각 층의 크기와는 상관없이 같은 수의 표본을 추출하는 방법이다.
- 층화된 하위집단의 규모와 관계없이 동일하거나 의도적으로 각 층에 상이한 비율을 주어 표본의 수를 조정하고자 하는 표집방법이다.

80

다음 사례와 같이 조사대상자들로부터 정보를 얻어 조사대상자를 구하는 표집방법은?

> 한 연구자가 마약사용과 같은 사회적 일탈행위를 연구하기 위해 알고 있는 마약사용자 한 사람을 조사하고, 이 사람을 통해 다른 마약사용자들을 알게 되어 조사를 실시하고, 또 이들을 통해 알게 된 또 다른 마약사용자들에 대한 조사를 실시하였다.

① 눈덩이표집(Snowball Sampling)
② 판단표집(Judgement Sampling)
③ 할당표집(Quota Sampling)
④ 편의표집(Convenience Sampling)

해설 눈덩이표집은 처음에 소수의 인원을 표본으로 추출하여 그들을 조사한 다음, 그 소수인원을 조사원으로 활용하여 그 조사원의 주위 사람들을 조사하는 방식이다. 연구자가 특수한 모집단의 구성원을 전부 파악하고 있지 못한 경우 또는 비밀을 확인하려는 경우 제한적으로 활용된다.

81

연구자가 확률표본을 사용할 것인지, 비확률표본을 사용할 것인지를 결정할 때 고려요인이 아닌 것은?

① 연구목적
② 비용 대 가치
③ 모집단의 수
④ 허용되는 오차의 크기

해설 연구자가 표집방법을 결정할 때 고려하는 요인에는 연구목적, 비용 대 가치, 허용되는 오차의 크기 등이 있으며 모집단의 수는 표본의 대표성을 결정하는 요인이다.

참고 비확률표본추출법은 무작위추출이 아닌 다른 선택방법들에 의해 표본을 선택하는 방법을 말한다. 실제 표본추출을 함에 있어서 모든 조사연구 대상에 대한 표본추출이 무작위적인 확률표본추출로써 가능한 것은 아니기 때문에 다음과 같은 이유로 비확률표본추출법이 사용된다.
- 표본추출이 용이하고 경제적이므로 시간적 · 금전적으로 자원 이용에 제약이 큰 경우 사용된다.
- 조사의 성격상 표본을 의도적으로 구성하는 것이 유효하다고 판단될 경우 사용된다. 이는 검증하고자 하는 가설의 구성에 유용한 정보를 얻기 위해, 또는 모집단을 최대한으로 대표하도록 하기 위해 극단적인 사례도 알아보고 비교해 보는 것이다.
- 역사적 사건과 같이 확률표본추출이 불가능한 경우 사용된다.
- 조사자가 민속학이나 참여관찰과 같이 보다 큰 모집단에 대한 일반화에 거의 관심을 기울이지 않는 경우 사용된다.
- 표본오차의 추정이 불가능하지만 허용되는 오차의 크기에 따라 사용된다.

82

4년제 대학에 다니는 대학생의 정치의식을 조사하기 위해 학년(Grade)과 성(Sex)에 따라 할당표집을 할 때 표본추출을 위한 할당범주는 몇 개인가?

① 2개
② 4개
③ 8개
④ 16개

해설 할당범주=학년(1, 2, 3, 4)×성별(남, 녀)=4×2=8

83

특정 지역 전체인구의 1/4은 A구역에, 3/4은 B구역에 분포되어 있고, A, B 두 구역의 인구가 다 같이 60%가 고졸자이고 40%가 대졸자라고 가정하자. 이들 A, B 두 구역의 할당표본표집의 크기를 1,000명으로 제한한다면, A구역의 고졸자와 대졸자는 각 몇 명씩 조사해야 하는가?

① 고졸 100명, 대졸 150명
② 고졸 150명, 대졸 100명
③ 고졸 450명, 대졸 300명
④ 고졸 300명, 대졸 450명

해설 할당표본표집은 기준을 이용하여 몇몇 카테고리로 분류한 다음, 모집단의 특성을 나타낼 수 있도록 특성에 비례하여 각 카테고리를 대표하는 요소수를 할당하고, 할당된 사례수를 작위적으로 추출한다. A, B 두 구역의 인구가 다 같이 60%가 고졸자이고 40%가 대졸자이므로 표집의 크기 1,000명은 60%는 고졸자, 40%는 대졸자로 구성되어야 한다. 즉, 할당표본 중 고졸자는 600명, 대졸자는 400명이라고 할 수 있다. 또한, 전체인구의 1/4은 A구역에, 3/4은 B구역에 분포되어 있으므로 고졸자 600명과 대졸자 400명 중 1/4은 A구역에서 추출되어야 한다.
∴ A구역의 고졸자 : 600×1/4=150명
　A구역의 대졸자 : 400×1/4=100명

84

눈덩이표본추출(Snowball Sampling)에 관한 설명으로 틀린 것은?

① 사회적 연결망을 이용한 표본추출방법이다.
② 모집단의 구성비율을 이용해서 표본추출하는 방법이다.
③ 희귀한 사건이나 현상에 대해 조사할 때 주로 사용한다.
④ 확률적 표본추출방법이 아니므로 통계적 추론을 할 수 없다.

해설 눈덩이표본추출은 처음에 소수의 인원을 표본으로 추출하여 그들을 조사한 다음, 그 소수인원을 조사원으로 활용하여 그 조사원의 주위 사람들을 조사하는 비확률표본추출방법이다. 연구자가 특수한 모집단의 구성원을 전부 파악하고 있지 못한 경우 또는 비밀을 확인하려는 경우 제한적으로 활용되며 비확률표본추출이기 때문에 통계적 추론을 할 수 없다.

85

표본의 하위집단 분포를 의도적으로 정하여 표본을 임의로 추출하는 방법은?

① 편의표본추출법(Convenience Sampling)
② 군집표본추출법(Cluster Sampling)
③ 눈덩이표본추출(Snowball Sampling)
④ 할당표본추출(Quota Sampling)

해설 ① 편의표본추출법 : 정해진 크기의 표본을 선정할 때까지 조사자가 모집단의 일정단위 또는 사례를 표집하며, 일정한 표집의 크기가 결정되면 그 표집을 중지하는 비확률표본추출방법이다.
② 군집표본추출법 : 모집단 목록에서 구성요소에 대해 여러 가지 이질적인 구성요소를 포함하는 여러 개의 집락 또는 집단으로 구분한 후, 집락을 표집단위로 하여 무작위로 몇 개의 집락을 표본으로 추출한 다음, 표본으로 추출된 집락에 대해 그 구성요소를 전수조사하는 확률표본추출방법이다.
③ 눈덩이표본추출 : 처음에 소수의 인원을 표본으로 추출하여 그들을 조사한 다음, 그 소수인원을 조사원으로 활용하여 그 조사원의 주위 사람들을 조사하는 비확률표본추출방법이다.

86

모집단을 동질적인 특성을 가진 몇 개의 집단으로 구분하고 각 집단별로 표본을 추출하는 방법을 모두 짝지은 것은?

ㄱ. 층화표본추출법　　ㄴ. 계통표본추출법
ㄷ. 할당표본추출법　　ㄹ. 판단표본추출법

① ㄱ, ㄴ
② ㄱ, ㄷ
③ ㄴ, ㄹ
④ ㄱ, ㄴ, ㄷ

해설 ㄱ. 층화표본추출법 : 모집단을 보다 동질적인 몇 개의 층으로 나눈 후, 이러한 각 층으로부터 단순무작위표본추출을 하는 확률표본추출방법이다.
ㄷ. 할당표본추출법 : 모집단을 일정한 카테고리로 나눈 다음, 이들 카테고리에서 정해진 요소수를 작위적으로 추출하는 비확률표본추출방법이다.
ㄴ. 계통표본추출법 : 모집단 목록에서 구성요소에 대해 일정한 순서에 따라 매 K번째 요소를 추출하는 확률표본추출방법이다.
ㄹ. 판단표본추출법 : 조사자가 그 조사의 성격상 요구하고 있는 사항을 충족시킬 수 있도록 적절한 판단과 전략을 세워, 그에 따라 모집단을 대표하는 사례를 추출하는 비확률표본추출방법이다.

87

다음 중 모집단의 모든 표집단위가 표본에 선정될 수 있는 확률을 명확히 규정할 수 없고, 각 표집단위의 추출확률 또한 동일하지 않은 표집방법은?

① 단순무작위표집(Simple Random Sampling)
② 할당표집(Quota Sampling)
③ 체계적 표집(Systematic Sampling)
④ 층화표집(Stratified Sampling)

해설 ②는 비확률표집방법으로, 비확률표집방법은 연구대상이 표본으로 추출될 확률이 알려져 있지 않으며, 인위적으로 표본을 추출한다. ①·③·④는 확률표집방법에 해당한다.

88

다음 중 1,500명의 표본을 대상으로 국민들의 소비성향 조사를 하려할 때 최소의 비용으로 표집오차를 가장 효과적으로 감소시킬 수 있는 방법은?

① 표본수를 10배로 증가시킨다.
② 모집단의 동질성 확보를 위한 연구를 한다.
③ 조사요원을 증원하고 이들에 대한 훈련을 철저히 한다.
④ 전 국민을 대상으로 철저한 단순무작위표집을 실행한다.

해설 표본이 클수록 이질적인 모집단보다는 동질적인 모집단인 경우에 표본추출오차가 줄어든다. 따라서, 최소한의 비용으로 표집오차를 감소시키기 위해서는 표본을 늘리거나 조사요원을 교육하는 것보다는 모집단의 동질성을 확보하는 것이 더 효과적이다.

89

확률표본추출법과 비확률표본추출법에 대한 설명으로 틀린 것은?

① 확률표본추출법은 연구대상이 표본으로 추출될 확률이 알려져 있으며, 비확률표본추출법은 표본으로 추출될 확률이 알려져 있지 않은 경우의 추출법이다.
② 확률표본추출법은 표본분석결과의 일반화가 가능하고 비확률표본추출법은 일반화가 제약된다.
③ 확률표본추출법은 표본오차의 추정이 불가능하고, 비확률표본추출법은 표본오차의 추정이 가능하다.
④ 일반적으로 확률표본추출법은 시간과 비용이 많이 들고, 비확률표본추출법은 시간과 비용이 적게 든다.

해설 비확률표본추출법은 표본오차의 추정이 불가능하고, 확률표본추출법은 표본오차의 추정이 가능하다.

90

표집오차(Sampling Error)에 대한 일반적인 설명으로 틀린 것은?

① 표본의 크기가 클수록 표집오차는 작아진다.
② 표본의 분산이 작을수록 표집오차는 작아진다.
③ 표본의 크기가 같을 경우 할당표집에서보다 층화표집에서 표집오차가 더 크다.
④ 표본의 크기가 같을 경우 단순무작위표집에서보다 집락표집에서 표집오차가 더 크다.

해설
• 표본의 크기가 같다면 표본오차의 크기는 '층화표본추출<단순무작위표본추출<집락표본추출'이다. 일반적으로 표집오차는 표본의 크기가 클수록 작아진다.
• 할당표집은 표집오차를 추정하는 것이 불가능하다.

정답 ▶ 87 ② 88 ② 89 ③ 90 ③

91

다음에 사용된 표집방법은?

> A지역에 위치한 도서관을 이용하는 남녀 청소년의 비율이 6:4임을 감안하여, 어느 하루를 정하여 그곳을 방문한 청소년들을 대상으로 남학생 60명, 여학생 40명을 선착순으로 설문조사를 실시하였다.

① 단순무작위(Simple Random)표집
② 체계적(Systematic)표집
③ 층화(Stratified)표집
④ 할당(Quota)표집

해설 할당표집은 모집단을 일정한 카테고리(A지역에 위치한 도서관을 이용하는 남녀 청소년)로 나눈 다음, 이들 카테고리에서 정해진 요소수(남학생 60명, 여학생 40명)를 작위적(선착순)으로 추출하는 비확률추출방법이다.

92

다음 사례의 표본추출방법은?

> 외국인 불법체류 근로자의 취업실태를 조사하려는 경우, 모집단을 찾을 수 없어 일상적인 표집절차로는 조사수행이 어려웠다. 그래서 첫 단계에서는 종교단체를 통해 소수의 응답자를 찾아 면접하고, 다음 단계에서는 첫 번째 응답자의 소개로 면접조사하였으며, 계속 다음 단계의 면접자를 소개받는 방식으로 표본수를 충족시켰다.

① 할당표집
② 군집표집
③ 편의표집
④ 눈덩이표집

해설 눈덩이표집은 연구자가 특수한 모집단의 구성원을 전부 파악하고 있지 못한 경우 또는 비밀을 확인하려는 경우 제한적으로 활용된다.

93

단순무작위표본추출에 대한 설명으로 옳지 않은 것은?

① 난수표를 이용하는 표본추출방법이다.
② 모집단을 가장 잘 대표하는 표본추출방법이다.
③ 모집단의 모든 조사단위에 표본으로 뽑힐 기회를 동등하게 부여한다.
④ 모집단의 구성요소를 정확히 파악하여 명부를 작성하여야 한다.

해설 단순무작위표본추출은 모집단의 모든 요소가 동일하고 독립적인 추출기회를 가지므로 추출된 표본이 모집단을 잘 대표하지만 층화표본추출의 경우 층화가 잘 이루어지면 단순무작위표본추출보다 적은 표본으로도 대표성을 확보할 수 있다.

94

표본오차(Sampling Error)에 관한 설명으로 옳은 것은?

① 표본의 크기가 커지면 늘어난다.
② 모집단과 표본의 차이에 의해 발생하는 오류를 말한다.
③ 조사연구의 모든 과정에서 확산되어 발생한다.
④ 조사원의 훈련부족으로 인해 각기 다른 성격의 자료가 수집되는 경우 발생한다.

해설 표본오차는 표본추출과정에서 발생하는 오차를 말한다. 즉, 표본 추출된 표본을 대상으로 한 조사결과와 모집단을 직접적으로 연구했을 경우에 얻을 수 있는 가정적인 결과와의 차이에 해당한다.

95

연구자가 알고 있는 사람들로부터 소개받는 방법으로 면접 대상자를 확보하는 표집방법은?

① 눈덩이표집 ② 유의표집
③ 층화표집   ④ 할당표집

해설 ② 유의표집 : 조사자가 그 조사의 성격상 요구하고 있는 사항을 충족시킬 수 있도록 적절한 판단과 전략을 세워, 그에 따라 모집단을 대표하는 사례를 표본추출하는 비확률표집방법이다.
③ 층화표집 : 모집단을 보다 동질적인 몇 개의 층으로 나눈 후, 이러한 각 층으로부터 단순무작위표본추출을 하는 확률표집 방법이다.
④ 할당표집 : 모집단을 일정한 카테고리로 나눈 다음, 이들 카테고리에서 정해진 요소수를 작위적으로 추출하는 비확률표집방법이다.

96

다음 중 비확률표집이 아닌 것은?

① 편의표집   ② 유의표집
③ 할당표집   ④ 층화표집

해설 확률표집과 비확률표집
- 확률표집 : 단순무작위표집, 계통표집, 층화표집, 집락표집, 연속표집 등
- 비확률표집 : 편의(임의)표집, 할당표집, 유의(판단)표집, 배합표집, 누적표집 등

97

조사대상자가 표본으로 선정될 확률이 동일하지 않은 표집 방법은?

① 층화표집   ② 집락표집
③ 유의표집   ④ 단순무작위표집

해설 ①·②·④는 확률표본추출에 해당한다. 확률표본추출과정의 핵심으로서 무작위선택은 선택을 할 때마다 독립적으로 모집단의 각 요소가 표본으로 선택될 기회(확률)가 동등하도록 보장한다.

98

판단표집(Purposive Sampling)에 대한 설명으로 가장 거리가 먼 것은?

① 목적표집이라고도 한다.
② 연구자의 주관적인 판단에 의한 표집이다.
③ 계량적인 연구보다는 질적인 조사연구에 더욱 적절하다.
④ 연구자가 모집단과 그 구성요소에 대한 풍부한 사전지식을 갖고 있어야 한다.

해설 판단표집은 연구자, 전문가의 판단으로 조사의 목적과 의도에 맞는 대상을 표본으로 선정하는 방법으로 유의표집법, 의도적 표집법이라고도 한다. 연구자가 연구문제와 모집단에 대한 지식이 충분히 많을 경우 유용하게 쓰일 수 있다. 일반적으로 판단표집은 개량적인 연구보다는 심층적인 이해를 얻기 위한 질적 연구에 사용되지만, 특정 조건을 충족하는 소수의 사례를 심층적으로 분석하는 등의 매우 제한적인 상황의 개량적 연구에 일부 사용될 수 있다.

정답 95 ① 96 ④ 97 ③ 98 ③

99

청소년의 흡연실태를 조사하기 위해 5명의 흡연 청소년을 면접한 후, 이들로부터 알고 있는 흡연 청소년을 각기 5명씩 소개받고, 소개받은 이들로부터 다시 각각 5명씩 소개받아 모두 155명을 면접조사하는 표집방법은?

① 편의표집
② 유의표집
③ 눈덩이표집
④ 할당표집

해설 첫 단계에서 연구자가 임의로 선정한 제한된 표본에 해당하는 사람으로부터 추천을 받아 다른 표본을 선정하는 과정을 되풀이하여 마치 눈덩이를 굴리듯이 표본을 누적하는 눈덩이표집에 해당한다. 연결망을 가진 사람들의 특성을 파악할 때 적절한 방법이다.

100

특정 변수를 중심으로 모집단을 일정한 범주로 나눈 다음 모집단의 특성이 적절히 반영되도록 정해진 요소수를 작위적으로 추출하는 방법은?

① 유의표본추출방법(Purposive Sampling)
② 편의표본추출방법(Convenience Sampling)
③ 집락표본추출방법(Cluster Sampling)
④ 할당표본추출방법(Quota Sampling)

해설
① 유의표본추출방법 : 조사자가 그 조사의 성격상 요구하고 있는 사항을 충족시킬 수 있도록 적절한 판단과 전략을 세워, 그에 따라 모집단을 대표하는 사례를 표본추출하는 비확률표본추출방법이다.
② 편의표본추출방법 : 정해진 크기의 표본을 선정할 때까지 조사자가 모집단의 일정 단위 또는 사례를 표집하며, 일정한 표집의 크기가 결정되면 그 표집을 중지하는 비확률표본추출방법이다.
③ 집락표본추출방법 : 모집단 목록에서 구성요소에 대해 여러 가지 이질적인 구성요소를 포함하는 여러 개의 집락 또는 집단으로 구분한 후, 집락을 표집단위로 하여 무작위로 몇 개의 집락을 표본으로 추출한 다음, 표본으로 추출된 집락에 대해 그 구성요소를 전수조사하는 확률표본추출방법이다.

101

표집오차를 줄이기 위한 방법과 가장 거리가 먼 것은?

① 가능한 한 표본으로 추출될 동등한 기회를 부여한다.
② 가능한 한 표본크기를 크게 한다.
③ 조사자의 주관적 해석을 삼간다.
④ 동질적인 모집단은 이질적 모집단보다 오차를 줄일 수 있다.

해설 표집오차는 표본추출된 표본을 대상으로 한 조사결과와 모집단을 직접적으로 연구했을 경우에 얻을 수 있는 가정적인 결과와의 차이에 해당한다. 반면 비표집오차는 표본추출 이외의 과정에서 발생하는 오차를 말하는 것으로써, 일반적으로 측정상의 오차를 의미한다. 조사자의 주관적 해석을 삼가는 것은 비표집오차를 줄이기 위한 방법에 해당한다.

102

오후 2시부터 4시 사이 서울 강남역을 지나는 행인들 중 접근이 쉬운 사람을 대상으로 신제품에 대한 의견을 물어보는 경우 이에 해당하는 표본추출방법은?

① 판단표집(Judgement Sampling)
② 편의표집(Convenience Sampling)
③ 층화표집(Stratified Random Sampling)
④ 군집표집(Cluster Sampling)

해설 편의표집은 모집단에 대한 정보가 없고 구성요소 간의 차이가 별로 없다고 판단될 때, 표본선정의 편리성에 기준을 두고 임의로 표본을 선정하는 방법이다. 따라서 문제에서 제시한 표집은 편의표집에 해당한다.

103

표본추출방법에 관한 설명으로 틀린 것은?

① 확률표본추출방법은 통계치로부터 모수치를 추정할 수 있다.
② 확률표본추출방법은 모집단의 구성요소가 표본으로 추출될 확률을 알 수 있다.
③ 비확률표본추출방법은 표본추출오차를 구하기 쉽다.
④ 비확률표본추출방법은 모집단의 구성요소가 표본으로 선정될 확률이 동일하지 않다.

해설 확률표본추출방법은 표본오차의 추정이 가능하나, 비확률표본추출방법은 표본오차의 추정이 불가능하다.

104

할당표집(Quota Sampling)의 문제점과 가장 거리가 먼 것은?

① 조사자들이 조사하기 쉬운 사례들을 선택하는 경향이 있다.
② 조사과정에서 조사자의 편견이 개입될 여지가 충분히 있다.
③ 확률표집이 아니기 때문에 특정 할당표집의 정확성을 평가하는 것은 어렵다.
④ 확률표집에 비해서 시간과 경비가 많이 드는 편이다.

해설 할당표집은 비확률표집에 속하며, 비확률표집은 확률표집에 비해 시간과 경비가 적게 든다는 장점이 있다.

할당표집의 단점
- 모집단의 분류에 있어서 조사자의 편견이 개입될 수 있는 가능성이 높다.
- 무작위성을 보장하는 수단의 결여로 인해 결과의 일반화에 문제가 있다.
- 분류방법이나 분류에 영향을 미치는 관련변수에 대한 지식의 부족 또는 분류의 작위성으로 인해 분류오차가 개입할 가능성이 높다.
- 모집단에 대한 지식이 부족하여 이론적으로 의미가 있는 관련변수를 통제하기가 곤란하다.

105

다음 중 비확률표본추출방법(Non-probability Sampling)에 해당하지 않는 것은?

① 불비례층화표본추출법(Disproportionate Stratified Sampling)
② 편의표본추출법(Convenience Sampling)
③ 할당표본추출법(Quota Sampling)
④ 판단표본추출법(Judgement Sampling)

해설 불비례층화표본추출법은 층화표본추출법 중 하나로 확률표본추출방법에 해당한다.

106

비확률표본추출방법에 해당하는 것은?

① 할당표집(Quota Sampling)
② 층화표집(Stratified Random Sampling)
③ 군집표집(Cluster Sampling)
④ 단순무작위표집(Simple Random Sampling)

해설 표본추출
- 확률표본추출 : 단순무작위표본추출, 계통표본추출, 층화표본추출, 집락표본추출, 연속표본추출 등
- 비확률표본추출 : 편의(임의)표본추출, 할당표본추출, 유의(판단)표본추출, 배합표본추출, 누적표본추출 등

107

비확률표본추출법과 비교한 확률표본추출방법의 특징을 모두 고른 것은?

> ㄱ. 연구대상이 표본으로 추출될 확률이 알려져 있음
> ㄴ. 표본오차 추정 불가능
> ㄷ. 모수 추정에 조사자의 주관성 배제
> ㄹ. 인위적 표본추출

① ㄱ
② ㄱ, ㄷ
③ ㄴ, ㄹ
④ ㄴ, ㄷ, ㄹ

해설 ㄴ. 확률표본추출방법은 표본오차의 추정이 가능하다.
ㄹ. 확률표본추출방법은 무작위적 표본추출을 한다.

108

표집오차(Sampling Error)에 대한 설명으로 틀린 것은?

① 표본의 분산이 작을수록 표집오차는 작아진다.
② 표본의 크기가 클수록 표집오차는 작아진다.
③ 표집오차란 통계량들이 모수 주위에 분산되어 있는 정도를 말한다.
④ 집락표집에서는 표본의 크기가 같을 때 단순무작위표집에서보다 표집오차가 작아진다.

해설 표본의 크기가 같을 때 표본오차의 크기
층화표본추출<단순무작위표본추출<집락표본추출

109

우연표집(Accidental Sampling)에 관한 설명으로 옳은 것은?

① 모집단의 일련의 하위집단들을 층화시킨 다음 각 하위집단에서 적절하게 표집하는 방법
② 모집단의 전체구성요소들을 파악한 후 개별요소들을 난수표로 만들어 표본을 추출하는 방법
③ 표집대상이 되는 소수의 응답자를 찾아 면접을 하고 이들이 소개한 다른 사람들도 면접하는 방법
④ 손쉽게 이용 가능한 대상만을 선택하여 표집하는 방법

해설 우연표집은 임의표집(편의표집)이라고도 한다. 정해진 크기의 표본을 선정할 때까지 조사자가 모집단의 일정단위 또는 사례를 표집하며, 일정한 표집의 크기가 결정되면 그 표집을 중지하는 방법이다. 모집단에 대한 정보가 없고 구성요소 간의 차이가 별로 없다고 판단될 때, 표본선정의 편리성에 기준을 두고 임의로 표본을 선정한다.

110

전국 단위 여론조사를 하기 위해 16개 시도와 20대부터 60대 이상까지의 5개 연령층, 그리고 연령층에 따른 성별로 할당표집을 할 때 표본추출을 위한 할당범주는 몇 개인가?

① 10개
② 32개
③ 80개
④ 160개

해설 할당범주=시도(16개)×연령층(20대, 30대, 40대, 50대, 60대)
×성별(남, 녀)
=16×5×2=160

111

확률표집방법(Probability Sampling Method)과 비확률표집방법(Non-probability Sampling Method)에 관한 설명으로 틀린 것은?

① 확률표집방법은 구성원들의 명단이 기재된 표본틀(Sample Frame)이 있다.
② 확률표집방법은 조사대상이 뽑힐 확률을 미리 알아서 표본의 모집단 대표성을 산출할 수 있다.
③ 비교적 정확한 표본프레임의 입수가 가능하다면 확률표집방법보다는 비확률표집방법을 이용하는 것이 바람직하다.
④ 비확률표집방법은 조사결과에 포함될 수 있는 오류에 대한 정확한 정보를 얻기 어렵다.

> 해설 비교적 정확한 표본프레임이 있다면 표본의 대표성이 있고 일반화가 가능한 확률표집방법을 이용하는 것이 바람직하다.

112

무작위표집과 비교한 할당표집(Quota Sampling)의 장점이 아닌 것은?

① 비용이 적게 든다.
② 표본오차가 적을 가능성이 높다.
③ 신속한 결과를 원할 때 사용 가능하다.
④ 각 집단을 적절히 대표하게 하는 층화의 효과가 있다.

> 해설 할당표집은 비확률표본추출방법이기 때문에 확률표본추출방법인 무작위표집에 비해 표본오차가 일어날 가능성이 높다.

113

우리나라 고등학생 집단을 학년과 성별, 계열별(인문계, 자연계, 예체능계)로 구분하여 할당표본추출을 할 경우 총 몇 개의 범주로 구분되는가?

① 6개
② 12개
③ 18개
④ 24개

> 해설 할당범주=학년(1, 2, 3)×성별(남, 녀)×계열별(인문계, 자연계, 예체능계)
> =3×2×3=18

114

눈덩이표본추출(Snowball Sampling)에 관한 옳은 설명을 모두 고른 것은?

> ㄱ. 모집단을 파악하기 곤란한 대상의 표본추출에 적합하다.
> ㄴ. 표본의 대표성을 확보하기 어렵다.
> ㄷ. 연결망을 가진 사람들의 특성을 파악할 때 적절한 방법이다.

① ㄱ, ㄴ
② ㄴ, ㄷ
③ ㄱ, ㄷ
④ ㄱ, ㄴ, ㄷ

> 해설 눈덩이표본추출은 처음에 소수의 인원을 표본으로 추출하여 그들을 조사한 다음, 그 소수인원을 조사원으로 활용하여 그 조사원의 주위 사람들을 조사하는 방법이다. 연결망을 가진 사람들의 특성을 파악할 때 적절하며, 연구자가 특수한 모집단의 구성원을 전부 파악하고 있지 못한 경우 또는 비밀을 확인하려는 경우 제한적으로 활용할 수 있다. 비확률표본추출방법에 해당하기 때문에 표본의 대표성을 확보하기는 어렵다.

115

표본의 크기에 관한 설명으로 틀린 것은?

① 모집단의 동질성이 높으면 표본의 크기는 작아진다.
② 독립변수의 카테고리가 세분화될수록 표본의 크기는 커진다.
③ 사용하고자 하는 변수의 수가 많을수록 표본수가 커져야 한다.
④ 표본의 크기가 같을 경우 단순무작위표본추출방법보다 층화표본추출방법을 사용하면 표본오차가 커진다.

해설 표본의 크기가 같을 때 표본오차의 크기
층화표본추출<단순무작위표본추출<집락표본추출

116

표본의 크기를 결정하는 데 고려해야 하는 요인과 가장 거리가 먼 것은?

① 신뢰도
② 표본추출방법
③ 모집단의 동질성
④ 수집된 자료가 분석되는 범주의 수

해설 표본추출방법이 결정된 후 표본의 크기를 결정한다. 따라서 표본추출방법은 표본의 크기를 결정하는 데 고려해야 할 요인으로 가장 거리가 멀다.

117

표본크기에 관한 설명으로 옳은 것은?

① 변수의 수가 증가할수록 표본크기는 커야 한다.
② 모집단의 이질성이 클수록 표본크기는 작아야 한다.
③ 소요되는 비용과 시간은 표본크기에 영향을 미치지 않는다.
④ 분석변수의 범주의 수는 표본크기를 결정하는 요인이 아니다.

해설 ② 모집단의 이질성이 클수록 표본의 크기는 커야 한다.
③ 비용·시간 등은 표본의 크기에 영향을 미치는 외적 요인에 해당한다.
④ 표본의 크기는 각 변수의 카테고리(범주)가 얼마나 다양한가에 따라 다르게 결정되어야 한다. 변수의 카테고리가 다양하면 다양할수록 표본의 크기는 커야 한다.

118

표본의 크기를 결정하는 요소와 가장 거리가 먼 것은?

① 모집단의 동질성
② 조사비용의 한도
③ 연구자의 수
④ 조사가설의 내용

해설 모집단의 동질성(또는 변이성), 조사비용(가용할 자원), 조사가설의 내용(이론) 등은 표본의 크기에 영향을 미치는 요소들이다. 인적 자원 역시 표본의 크기를 결정하는 요소지만 연구자의 수가 인적 자원을 뜻한다고 볼 수는 없다.

115 ④ 116 ② 117 ① 118 ③ 정답

119

표본의 크기 결정을 위한 고려사항과 가장 거리가 먼 것은?

① 오차의 한계
② 신뢰수준
③ 모집단의 표준편차
④ 타당도

해설 표본의 크기 결정 방법
$$\frac{Z^2\sigma^2}{e^2} \left(\text{또는 } \frac{Z^2 S^2}{e^2}\right)$$
단, e는 정확도 또는 최대허용오차, Z는 신뢰수준에 따른 표준 정규분포의 값, σ는 모표준편차, S는 표본표준편차이다.

120

표본크기의 결정에 관한 설명으로 틀린 것은?

① 표본의 크기는 작을수록 좋다.
② 조사결과의 분석방법에 따라 달라진다.
③ 조사연구에서 수집될 자료의 양은 표본의 크기에 의해 결정된다.
④ 조사연구에 포함된 변수가 많으면 표본의 크기는 늘어나야 한다.

해설 표본의 크기가 커지면 대표성이 높아지기 때문에 표본의 크기는 작은 것보다 큰 것이 좋다. 하지만 표본의 크기가 커지면 대표성은 높아지지만 비용과 시간이 많이 들며 비표본오차가 증가한다. 따라서 표본이 크다고 반드시 좋은 것은 아니다.

121

종교와 계급이라는 2개의 변수와 각 변수에는 4개의 범주를 두고(4종류의 종교 및 4종류의 계급) 표를 만들 때 칸들이 만들어진다. 각 칸마다 10가지 사례가 있다면 표본크기는?

① 8
② 16
③ 80
④ 160

해설

종교＼계급	계급 1	계급 2	계급 3	계급 4
종교 1				
종교 2				
종교 3				
종교 4				

모든 칸은 4(4종류의 종교)×4(4종류의 계급)=16개이며, 각 칸 안에 10가지 사례가 있으므로 표본의 크기는 16×10=160이다.

122

다음 중 불포함 오류에 관한 설명으로 옳은 것은?

① 표본조사를 할 때 표본체계가 완전하게 되지 않아서 발생하는 오류이다.
② 표본추출과정에서 선정된 표본 중 일부가 연결되지 않거나 응답을 거부했을 때 생기는 오류이다.
③ 면접이나 관찰과정에서 응답자나 조사자 자체의 특성에서 생기는 오류와 양자 간의 상호관계에서 생기는 오류이다.
④ 정확한 응답이나 행동을 한 결과를 조사자가 잘못 기록하거나 기록된 설문지나 면접지가 분석을 위하여 처리되는 과정에서 틀려지는 오류이다.

해설 불포함 오류는 표본조사 시 표본체계가 완전하지 않아 발생하는 오류로 표본추출방법이 모호하거나 실제 사용하기 어려운 경우이다. 이러한 오류는 직접 발견하기 어려워 통제가 어렵고, 발생하였다 하더라도 확증을 얻기 어렵기 때문에 오류를 줄이려면 타 조사결과와 비교 또는 전문가 경험에 의존해야 한다.

정답 119 ④ 120 ① 121 ④ 122 ①

PART 01 조사방법과 설계

CHAPTER 03 설문설계

1 분석설계

01 설명적/기술적 조사설계의 개념과 유형

(1) 실험적 조사설계의 이해

① 실험적 조사설계의 의의 [기출] 19년 2회, 20년 3회, 21년 3회
  ㉠ 실험은 과학적 방법의 요체인 통제된 연구의 정신에 가장 충실하고자 하는 연구방법으로써, 엄격히 통제된 상황에서 두 변수 사이의 인과관계를 검증하는 것이다.
  ㉡ 실험적 조사설계는 인과관계에 대한 가설을 검증하기 위해 변수를 조작·통제하여, 그 조작의 효과를 관찰하기 위한 방법을 말한다.
  ㉢ 연구가설의 진위 여부를 확인하는 구조화된 절차이다.
  ㉣ 실험의 내적 타당도를 확보하기 위한 노력이다.
  ㉤ 실험의 검증력을 극대화하고자 하는 시도이다.
    [예] 무료급식 서비스를 제공받은 노숙자의 변화를 분석하고자 할 때

② 실험적 조사설계의 특징 [기출] 15년 2회, 16년 2회
  ㉠ 실험설계는 기본적으로 실험집단과 통제집단 및 자극의 3가지 요소로 이루어진다. 즉, 인과관계를 추리하기 위해 실험집단과 통제집단으로 나누고 실험집단에 자극을 가하여 나타난 결과를 통제집단과 비교하는 방식이다.
  ㉡ 독립변수와 종속변수를 설정해 인과관계를 규명한다.
  ㉢ 사전검사를 통해 타당성을 높이고, 실험집단과 통제집단에 종속변수에 대한 사후검사를 실시한다.
  ㉣ 실험설계가 중요한 이유는 종속변수에 영향을 미치는 독립변수가 너무 많고 측정 불가능하거나 측정이 어려운 개념이 많으며, 검증이 불가능한 경우가 많기 때문이다.
  ㉤ 점차 다변화되고 복잡해진 사회현상을 설명하기 위해 좀 더 정교한 연구방법이 요구되고 있으며, 그에 따라 사회과학의 연구에서도 점차 실험의 비중이 높아지고 있다.

③ 실험적 조사설계의 구성요소 [기출] 15년 3회, 17년 2,3회, 19년 1,3회
  ㉠ 외생변수의 통제 : 독립변수 외에 종속변수에 영향을 미칠 수 있는 변수의 영향을 제거한다.

시험에 이렇게 나왔다

[20년 3회]

Q 다음 중 실험설계의 특징이 아닌 것은?
① 실험의 검증력을 극대화시키고자 하는 시도이다.
② 연구가설의 진위여부를 확인하는 구조화된 절차이다.
③ 실험의 내적 타당도를 확보하기 위한 노력이다.
④ 조작적 상황을 최대한 배제하고 자연적 상황을 유지해야 하는 표준화된 절차이다.

A ④

시험에 이렇게 나왔다

[15년 2회]

Q 실험의 기본적 요소와 가장 거리가 먼 것은?
① 독립변수와 종속변수의 설정
② 실험집단과 통제집단의 구분
③ 사전검사와 사후검사의 실시
④ 사후적 통제의 실시

A ④

ⓒ 무작위할당
- 내적 타당도를 확보하기 위해 기본적으로 실험집단과 통제집단의 동질성이 요구된다. 따라서 가설을 타당하게 검증하기 위해 무작위할당하여 실험의 타당도를 저해하는 요인을 예방 또는 제거한다.
- 실험처치 전에 실험집단과 통제집단의 상태를 동질하게 하기 위한 것이다.
- 제3의 변수의 간섭을 통제하기 위한 방법이다.

ⓒ 독립변수의 조작
- 인과성과 시간적 선행성을 입증하기 위해 독립변수의 조작이 필요하다.
- 인과성의 개념 속에는 "만약 X가 Y의 원인이라면, X의 변화를 유도할 때 Y의 변화가 뒤따른다."는 뜻을 함축하고 있다.
- 독립변수를 의도적으로 특정 시기에 실행시켜 종속변수의 변화를 관찰하거나, 일부 집단에만 독립변수를 도입하여 다른 집단과 종속변수의 차이를 관찰한다.

+ 플러스원

외생변수를 통제하는 방법 기출 17년 2,3회, 19년 1회, 20년 4회, 22년 2회
- 제 거
  외생변수로 적용할 수 있는 요인이 실험상황에 개입되지 않도록 하는 방법이다.
- 상 쇄
  외생변수가 작용하는 강도가 동일하지 않은 상황일 때 서로 다른 실험을 실시함으로써 외생변수의 영향을 제거하는 것이다.
- 무작위
  - 어느 하나의 대상이 실험집단이나 통제집단에 할당될 동일한 기회의 조건을 가진 상태로 두 집단 중 하나에 배정하도록 한다는 것이다.
  - 조사대상에 양 집단에서 뽑힐 동일한 확률을 부여함으로써 변수를 통제하는 것이다.
  - 조사자의 주관, 선입관, 판단이 개입되어서는 안 된다.
- 짝짓기(균형화, Matching)
  - 실험집단과 통제집단을 동일하게 하기 위해 주요 변수들을 미리 알아내어 실험집단과 통제집단에서 그것들의 분포가 똑같이 나타나도록 하는 것이다.
  - 서로 적합하다고 간주되는 모든 특성·요인·조건·변수 등에서 정확하게 서로 똑같은 대상들을 둘씩 골라 하나는 실험집단에, 다른 하나는 통제집단에 배정함으로써 두 집단의 동질성을 확보한다.

④ 실험설계의 기본절차
ⓐ 대상선정 : 연구대상을 선정한다.
ⓑ 실험환경선정 : 실험실, 실험도구 등의 다양한 실험환경을 선정한다.
ⓒ 무작위표집 : 연구대상을 무작위로 표본추출한다.
ⓓ 무작위할당 : 추출된 표본을 무작위로 실험집단과 통제집단에 배치한다.
ⓔ 사전검사 : 실험집단과 통제집단에 종속변수에 대한 사전검사를 실시한다.
ⓕ 실험조치 : 통제집단은 그대로 놓아둔 채 실험집단에 대해 실험조치를 실시한다.
ⓖ 사후검사 : 실험집단과 통제집단에 종속변수에 대한 사후검사를 실시한다.
ⓗ 비교 및 검증 : 사전·사후검사의 결과변수 간 의미 있는 변화를 비교·검토한다.

시험에 이렇게 나왔다

[15년 3회]

Q 실험설계에서 무작위화를 사용하는 이유와 가장 거리가 먼 것은?

① 가설을 타당하게 검증하기 위해 필요한 장치이다.
② 실험처치 전에 실험집단과 통제집단의 상태를 동질하게 하기 위한 것이다.
③ 종속변수의 체계적 변이를 극대화시키기 위한 방법이다.
④ 실험에 간섭하는 외생변수를 통제하기 위한 방법이다.

A ❸

시험에 이렇게 나왔다

[20년 4회]

Q 다음에 해당하는 외생변수의 통제방법은?

하나의 실험집단에 두 개 이상의 실험변수가 가해질 때 사용하는 방법이다. 예를 들어 두 가지 정책 대안의 제시 순서나 조사지역에 따라 선호도에 차이가 발생한다고 판단된다면, 제시 순서를 달리하거나 지역을 바꿔 재실험하는 경우가 해당한다.

① 제 거
② 상 쇄
③ 균형화
④ 무작위화

A ❷

(2) 실험적 조사설계의 유형

① 순수실험설계(진실험설계) 기출 16년 1회, 18년 2회, 21년 1,2회, 23년

㉠ 실험집단과 통제집단에 대한 무작위할당, 독립변수의 조작, 외생변수의 통제 등 실험적 조건을 갖춘 설계유형이다.

㉡ 내적 타당도를 저해하는 요인들을 최대한 통제한 설계유형이다.

㉢ 상업적 연구보다 학문적 연구에서 주로 활용된다.

㉣ 통제집단 사전사후검사설계, 통제집단 사후검사설계, 솔로몬 4집단설계, 요인설계 등이 있다.

기출 15년 3회, 16년 2,3회, 18년 1,3회, 19년 1,3회, 20년 1·2,3,4회, 21년 3회, 23년

통제집단 사전사후 검사설계 (통제집단 전후비교설계)	• 무작위할당으로 실험집단과 통제집단을 구분한 후 실험집단에 대해서는 독립변수 조작을 가하고, 통제집단에 대해서는 아무런 조작을 가하지 않은 채 두 집단 간의 차이를 전후로 비교하는 방법이다. 개입 전 종속변수의 측정을 위해 사전검사를 실시한다. • 실험집단과 통제집단의 동질성을 확보할 수 있으며, 외생변수를 통제할 수 있다. • 검사요인을 통제하기 어렵고 외부변수의 작용이 개입될 여지가 많다. • 내적 타당도는 높으나, 외적 타당도가 낮다.
통제집단 사후검사설계 (통제집단 후비교설계)	• 통제집단 전후비교설계의 단점을 보완하기 위해 실험대상자를 무작위로 할당한 후 사전검사 없이 실험집단에 대해서는 조작을 가하고 통제집단에 대해서는 아무런 조작을 가하지 않은 채 그 결과를 서로 비교하는 방법이다. • 사전검사의 영향을 제거할 수 있으며, 통제집단 전후비교설계에 비해 간단하고 비용이 적게 소요된다. • 종속변수의 측정결과를 단지 독립변수의 조작에 의한 결과라고 단정할 수 없다. • 사전검사를 하지 않으므로 실험집단과 통제집단의 동질성을 확신할 수 없다.
솔로몬 4집단설계	• 연구대상을 4개의 집단으로 무작위할당한 것으로, 통제집단 전후비교설계와 통제집단 후비교설계를 혼합해 놓은 방법이며 모든 외생변수의 통제가 가능하다. • 사전검사를 한 2개의 집단 중 하나와 사전검사를 하지 않은 2개의 집단 중 하나를 실험조치하여 실험집단으로 하며, 나머지 2개의 집단에 대해서는 실험조치를 하지 않은 채 통제집단으로 한다. • 검사와 개입의 상호작용 효과를 도출할 수 있다. • 실험집단과 통제집단의 선정과 관리가 어렵고 비경제적이다.
요인설계	• 실험집단에 둘 이상의 프로그램을 실시하여 독립변수가 복수인 경우 적용하는 방법이다. • 실험집단과 통제집단을 설정한 후 개별 독립변수와 종속변수, 복수의 독립변수와 종속변수의 인과관계를 검증한다. • 둘 이상의 독립변수가 상호작용에 의해 종속변수에 미치는 영향을 파악할 수 있다. • 독립변수가 많은 경우 시간 및 비용의 측면에서 비경제적이다.

시험에 이렇게 나왔다

[16년 1회, 21년 1회]

Q 순수실험설계의 특징이 아닌 것은?

① 비동일 통제집단의 설정
② 실험집단과 통제집단에 대한 무작위할당
③ 독립변수의 조작
④ 외생변수의 통제

A ❶

시험에 이렇게 나왔다

[20년 3회]

Q 다음 중 외생변수의 통제가 가장 용이한 실험설계는?

① 비동일 통제집단 사전사후측정설계
② 단일집단 사전사후측정설계
③ 집단비교설계
④ 통제집단 사전사후측정설계

A ❹

심화체크

솔로몬 4집단설계
가장 이상적인 설계유형으로서, 사전검사의 영향을 제거하여 내적 타당도를 높일 수 있는 동시에, 사전검사와 실험처치의 상호작용의 영향을 배제하여 외적 타당도를 높일 수 있다.

② **유사실험설계(준실험설계)** 기출 17년 2회, 18년 1회, 20년 4회, 24년
   ㉠ 실험설계의 기본요소 중 한두 가지가 결여된 설계유형이다.
   ㉡ 무작위할당 등에 의해 실험집단과 통제집단을 동등하게 할 수 없는 경우, 무작위할당 대신 실험집단과 유사한 비교집단을 구성한다.
   ㉢ 순수실험설계에 비해 내적 타당도가 낮지만, 현실적으로 실험설계에 있어서 인위적인 통제가 어렵다는 점을 감안할 때 실제 연구에서 더 많이 적용된다.
   ㉣ 비동일 통제집단설계, 단순시계열설계, 복수시계열설계, 회귀불연속설계 등이 있다. 기출 18년 3회

비동일 통제집단 (비교집단)설계	• 통제집단 전후비교설계와 유사하지만 무작위할당에 의해 실험집단과 통제집단이 선택되지 않는다는 점이 다르다. • 임의적인 방법으로 양 집단을 선정하고 사전·사후검사를 실시하여 종속변수의 변화를 비교하는 것이다. • 임의적 할당에 의한 선택의 편의가 발생할 수 있으며, 실험집단의 결과가 통제집단으로 모방되는 것을 차단하기 어렵다는 단점을 지닌다.
단순시계열설계	• 실험조치를 하기 이전 또는 이후에 일정한 기간 동안 정기적으로 수차례 결과변수에 대한 측정을 하여 실험조치의 효과를 추정하는 방법이다. • 실험조치 이전 또는 이후의 기간 동안 관찰값에 영향을 미치는 사건의 유무를 확인하여야 한다. • 통제집단을 사용하지 않으므로 중대한 변화가 과연 실험조치에 의한 것인지 또는 역사요인이나 회귀요인에 의한 것인지 확신할 수 없다.
복수시계열설계	• 내적 타당도의 문제점을 개선하기 위해 단순시계열설계에 하나 또는 그 이상의 통제집단을 추가한 것으로서, '통제시계열설계(Control-series Design)'라고도 한다. • 비슷한 특성을 지닌 두 집단을 선택하여 실험집단에 대해서는 실험조치 이전과 이후에 대해 여러 번 관찰하는 반면 통제집단에 대해서는 실험조치를 하지 않은 채 실험집단의 측정시기에 따라 변화상태를 지속적으로 비교한다. • 단순시계열설계에 비해 내적 타당도를 높일 수 있으나, 실험집단과 통제집단의 구분이 무작위할당에 의한 것이 아니므로 이질적일 수 있다.
회귀불연속설계	• 대상을 실험집단과 통제집단으로 배정한 후 이들 집단에 대해 회귀분석을 함으로써 그로 인해 나타나는 불연속의 정도를 실험조치의 효과로 간주하는 방법이다. • 특히 정책평가에서 유용하게 사용되는 방법으로서, 정책조치를 한 집단과 하지 않은 집단에 대한 정책행위의 결과 추정치를 계산하여 이를 비교하는 방법이다. • 실험집단과 통제집단의 동시발생으로 인해 역사요인 및 성장요인에 대한 통제가 가능하나 도구요인 및 실험대상 탈락의 문제로 인해 내적 타당도가 저하될 수 있다.

시험에 이렇게 나왔다

[17년 2회, 20년 4회]

Q 실험설계를 사전실험설계, 순수실험설계, 유사실험설계, 사후실험설계로 구분할 때 유사실험설계에 해당하는 것은?

① 단일집단 사후측정설계
② 집단비교설계
③ 솔로몬 4집단설계
④ 비동일 통제집단설계

A ④

심화체크

실험설계의 정확성
순수실험설계(통제집단 전후비교설계, 통제집단 후비교설계, 솔로몬 4집단설계, 요인설계) → 유사실험설계(비교집단설계, 단순시계열설계, 복수시계열설계, 회귀불연속설계) → 전실험설계(단일사례연구, 단일집단 전후비교설계, 고정집단 비교설계)

시험에 이렇게 나왔다

[16년 3회]

Q 단일사례실험연구(단일사례연구)에 관한 설명으로 옳은 것은?

① 외적 타당도가 높다.
② 실험적 처치를 필요로 하지 않는다.
③ 개입의 효과를 관찰하는 것이 주요 목적이다.
④ 외생변수를 쉽게 통제할 수 있다.

A ③

시험에 이렇게 나왔다

[20년 1·2회]

Q 사후실험설계의 특징에 관한 설명으로 틀린 것은?

① 가설의 실제적 가치 및 현실성을 높일 수 있다.
② 분석 및 해석에 있어 편파적이거나 근시안적 관점에서 벗어날 수 있다.
③ 순수실험설계에 비하여 변수들 간의 인과관계를 명확히 밝힐 수 있다.
④ 조사의 과정 및 결과가 객관적이며 조사를 위해 투입되는 시간 및 비용을 줄일 수 있다.

A ③

③ 전실험설계(원시실험설계)

㉠ 무작위할당에 의해 연구대상을 나누지 않고, 비교집단 간의 동질성이 없으며, 독립변수의 조작에 따른 변화의 관찰이 제한된 경우에 실시하는 설계유형이다.
㉡ 인과적 추론이 어려운 설계로서, 내적·외적 타당도를 거의 통제하지 못한다.
㉢ 단일사례연구, 단일집단 사전사후검사설계, 정태적 집단비교설계 등이 있다.

기출 16년 3회, 17년 3회, 18년 2,3회, 24년

단일사례연구 (1회 사례연구)	• 단일사례 또는 단일집단에 실험집단과 통제집단을 구분하지 않고 실험조치를 한 후 종속변수의 특성에 대한 검토를 토대로 결과를 평가하는 방법으로 개입의 효과를 관찰하는 것이 주요 목적이다. • 탐색적 목적을 위해 유용하게 사용할 수 있다. • 비교 관찰이나 가설검증을 위한 충분한 근거가 없으며, 외생변수의 통제도 어렵다.
단일집단 사전사후검사설계 (단일집단 전후비교설계)	• 실험집단에 대해 사전검사를 한 다음 독립변수를 도입하며, 이후 사후검사를 하여 인과관계를 추정하는 방법이다. • 실험조치의 전후에 걸친 일정 기간의 측정상 차이를 실험에 의한 영향으로 확신하기 어렵다. • 역사요인, 성숙요인 등의 외생변수를 통제할 수 없다.
정태적 집단비교설계 (고정집단 비교설계)	• 실험집단과 통제집단을 임의적으로 선정한 후 실험집단에는 실험조치를 가하는 반면 통제집단에는 이를 가하지 않은 상태로 그 결과를 비교하는 방법이다. • 통제집단 후비교설계에서 무작위할당을 제외한 형태이다. • 무작위할당에 의한 동등화가 이루어지지 않으므로 선택의 편의가 발생하며, 두 집단 간의 교류를 통제하지 못하므로 모방효과가 발생한다.

④ 사후실험설계 **기출** 16년 2회, 20년 1·2회

㉠ 독립변수를 조작할 수 없거나 연구대상을 조건에 따라 설계하기 어려운 경우에 사용된다.
㉡ 독립변수를 조작할 수 없는 상태 또는 이미 노출된 상태에서 변수들 간의 관계를 검증하는 방법이다.
㉢ 독립변수에 대한 통제가 윤리적으로 바람직하지 않을 때 사용될 수 있다.
㉣ 실제 상황에서 검증하기 때문에 일반적인 실험설계에 비해서 현실성이 높은 결과를 얻을 수 있다.

빈출공식암기노트

01 조건부 확률

02 순열과 조합

03 기댓값과 분산의 성질

04 이항분포

05 포아송분포

06 정규분포와 표준정규분포

07 표본평균의 분포

08 t-분포, F-분포, 카이제곱(χ^2)분포

09 중심극한정리

10 체비셰프 부등식

11 모평균의 추정 및 검정

12 대응표본 모평균의 추정 및 검정

13 모비율의 추정 및 검정

14 모분산의 추정 및 검정

15 왜도와 피어슨 대칭도

16 카이제곱 검정

17 일원분산분석

18 상관계수

19 단순회귀분석과 다중회귀분석

시험장에 가져가는 빈출공식암기노트

01 조건부 확률

- B가 일어난다는 조건하에서 A가 일어날 확률 : $P(A|B) = \dfrac{P(A \cap B)}{P(B)}$
- A와 B가 상호독립일 경우 조건부 확률 : $P(A|B) = P(A)$, $P(B|A) = P(B)$

빈출문제 Check!

01 $P(A) = 0.4$, $P(B) = 0.2$, $P(B|A) = 0.4$일 때 $P(A|B)$는?

① 0.4 ② 0.5
③ 0.6 ④ 0.8

해설 $P(B|A) = \dfrac{P(A \cap B)}{P(A)}$ 이므로 $0.4 = \dfrac{P(A \cap B)}{0.4}$ 이고 $P(A \cap B) = 0.16$이다.

∴ $P(A|B) = \dfrac{P(A \cap B)}{P(B)} = \dfrac{0.16}{0.2} = 0.8$

02 시험을 친 학생 중 국어합격자는 50%, 영어합격자는 60%이며 두 과목 모두 합격한 학생은 15%라고 한다. 이때 임의로 한 학생을 뽑았을 때, 이 학생이 국어에 합격한 학생이라면 영어에도 합격했을 확률은?

① 10% ② 20%
③ 30% ④ 40%

해설 조건부 확률을 이용한다. 국어시험에 합격한 사건을 A, 영어시험에 합격한 사건을 B라 하자.
그러면 $P(B|A) = \dfrac{P(A \cap B)}{P(A)} = \dfrac{0.15}{0.5} = 0.3$이다.

정답 01 ④ 02 ③

02 순열과 조합

- 순열 : $_nP_x = n(n-1)(n-2) \cdots (n-x+1) = \dfrac{n!}{(n-x)!}$ (단, $n \geq x \geq 0$)
- 조합 : $_nC_x = \dfrac{n(n-1)(n-2) \cdots (n-x+1)}{x!} = \dfrac{n!}{x!(n-x)!} = \dbinom{n}{r}$ (단, $n \geq x \geq 0$)
- 중복조합 : $_mH_k = {}_{m+k-1}C_k$

빈출문제 Check!

01 10개의 전구가 들어 있는 상자가 있다. 그중 2개의 부적합품이 포함되어 있다. 이 상자에서 전구 4개를 비복원으로 추출하여 검사할 때, 부적합품이 1개 포함될 확률은?

① 0.076　　　　　　② 0.25
③ 0.53　　　　　　　④ 0.8

해설 10개의 전구 중 임의로 4개를 비복원추출할 확률은 $_{10}C_4$이다.
4개 중 1개가 부적합품일 확률은 정상품 8개 중 3개를 비복원추출하고, 부적합품 2개 중 1개를 추출할 확률이므로 $_8C_3 \times {}_2C_1$이다.
따라서 $\dfrac{_8C_3 \times {}_2C_1}{_{10}C_4} \fallingdotseq 0.53333$ 이다.

02 똑같은 크기의 사과 10개를 다섯 명의 어린이에게 나누어주는 방법의 수는? (단, $\dbinom{n}{r}$은 n개 중에서 r개를 선택하는 조합의 수이다)

① $\dbinom{14}{5}$　　　　　　② $\dbinom{15}{5}$
③ $\dbinom{14}{10}$　　　　　④ $\dbinom{15}{10}$

해설 $_5H_{10} = {}_{5+10-1}C_{10} = {}_{14}C_{10} = \dbinom{14}{10}$

정답 01 ③　02 ③

03 기댓값과 분산의 성질

- $E(aX+b) = aE(X)+b$
- $E(X \pm Y) = E(X) \pm E(Y)$
- $E(XY) = E(X)E(Y)$, X, Y는 독립
- $Var(aX+b) = a^2 Var(X)$
- $Var(X \pm Y) = Var(X) + Var(Y) \pm 2Cov(X,Y)$, $Cov(X,Y)$는 X와 Y가 독립일 경우 0

➕ 빈출문제 Check!

01 확률변수 X의 평균은 10, 분산은 5이다. $Y = 5 + 2X$의 평균과 분산은?

① 20, 15 ② 20, 20
③ 25, 15 ④ 25, 20

[해설] $E(Y) = E(5+2X) = 2E(X)+5 = 2 \times 10 + 5 = 25$
$Var(Y) = Var(5+2X) = 2^2 Var(X) = 4 \times 5 = 20$

02 주머니 안에 6개의 공이 들어 있다. 그중 1개에는 1, 2개에는 2, 3개에는 3이라고 쓰여 있다. 주머니에서 공 하나를 무작위로 꺼내 나타난 숫자를 확률변수 X라 하고, 다른 확률변수 Y를 $3 \times X + 5$라 할 때, 다음 중 틀린 것은?

① $E(X) = \dfrac{7}{3}$ ② $Var(X) = \dfrac{5}{9}$
③ $E(Y) = 12$ ④ $Var(Y) = \dfrac{15}{9}$

[해설] 공 6개 중 한 개는 1, 두 개는 2, 세 개는 3이 쓰여 있으므로 숫자 1, 2, 3이 나올 확률은 다음과 같다.

숫 자	1	2	3
확 률	1/6	2/6	3/6

따라서 $E(X) = \left(1 \times \dfrac{1}{6}\right) + \left(2 \times \dfrac{2}{6}\right) + \left(3 \times \dfrac{3}{6}\right) = \dfrac{14}{6}$,
$E(X^2) = \left(1^2 \times \dfrac{1}{6}\right) + \left(2^2 \times \dfrac{2}{6}\right) + \left(3^2 \times \dfrac{3}{6}\right) = 6$이므로
$Var(X) = E(X^2) - E(X)^2 = \dfrac{5}{9}$이다.
∴ $E(Y) = E(3X+5) = 3E(X)+5 = 12$
$Var(Y) = Var(3X+5) = 3^2 Var(X) = 5$

[정답] 01 ④ 02 ④

04 이항분포

- $f(x) = {}_nC_x p^x q^{n-x}$, $x = 0, 1, \cdots, n$, $q = 1-p$
- $E(X) = np$
- $Var(X) = npq = np(1-p)$

빈출문제 Check!

01 어느 농구선수의 자유투 성공률이 80%라고 알려져 있다. 이 선수가 자유투를 25회 던진다면 몇 회 정도 성공할 것으로 기대되는가?

① 10 ② 15
③ 16 ④ 20

해설 자유투 성공률이 80%이고, 자유투를 각각 독립적으로 25회 반복하므로 확률변수 X를 자유투를 성공한 횟수라고 할 때 X는 이항분포 $B(25, 0.8)$를 따른다.
따라서 이항분포의 기댓값은 $E(X) = 25 \times 0.8 = 20$이다.

02 자동차 부품을 생산하는 회사에서 품질을 관리하기 위하여 생산된 제품 가운데 100개를 추출하여 조사하였다. 그중 부적합품수를 X라 할 때, X의 기댓값이 5이면, X의 분산은?

① 0.05 ② 0.475
③ 4.75 ④ 9.5

해설 각각의 시행이 독립이라 가정하면 X는 이항분포를 따른다.
$n = 100$이고 기댓값은 $E(X) = np = 100p = 5$이므로 $p = \dfrac{1}{20}$이다.
따라서 분산은 $Var(X) = np(1-p) = 100 \times \dfrac{1}{20} \times \dfrac{19}{20} = 4.75$이다.

정답 01 ④ 02 ③

05 포아송분포

- $f(x) = \dfrac{e^{-\lambda}\lambda^x}{x!}$, $x = 0, 1, 2, \cdots$, $e = 2.71818\cdots = \lim\limits_{n \to \infty}\left(1 + \dfrac{1}{n}\right)^n$
  λ : 단위시간, 단위면적 또는 단위공간 내에서 발생하는 사건의 평균값
- $E(X) = \lambda$
- $Var(X) = \lambda$

➕ 빈출문제 Check!

01 10m당 평균 1개의 흠집이 나타나는 전선이 있다. 이 전선 10m를 구입하였을 때, 발견되는 흠집 수의 확률분포는?

① 이항분포 ② 초기하분포
③ 기하분포 ④ 포아송분포

해설 단위시간당 또는 단위면적당 일어나는 사건에 대한 분포는 포아송분포이다.

02 홈쇼핑 콜센터에서 30분마다 전화를 통해 주문이 성사되는 건수는 $\lambda = 6.7$인 포아송분포를 따른다고 할 때의 설명으로 틀린 것은?

① 확률변수 X는 주문이 성사되는 주문건수를 말한다.
② X의 확률함수는 $\dfrac{e^{-6.7}(6.7)^x}{x!}$이다.
③ 1시간 동안의 주문건수 평균은 13.4이다.
④ 분산 $\lambda^2 = 6.7^2$이다.

해설 ④ 포아송분포의 분산은 λ와 같다. 따라서 분산은 6.7이다.
① 포아송분포는 단위시간당 또는 단위공간당 사건발생 횟수에 적용되는 분포이다. 즉, X는 주문이 성사되는 주문건수이다.
② 포아송 확률변수 X의 확률함수는 $f(x) = \dfrac{e^{-\lambda}\lambda^x}{x!}$ 이다(λ는 단위시간당 발생횟수의 평균). 따라서 문제의 확률함수는 $\dfrac{e^{-6.7}(6.7)^x}{x!}$ 이다.
③ 1시간 동안 주문건수 평균은 $6.7 \times 2 = 13.4$이다.

정답 01 ④ 02 ④

06 정규분포와 표준정규분포

- 평균이 μ, 표준편차가 σ인 확률변수 X의 정규분포 : $X \sim N(\mu, \sigma^2)$
- 평균이 0, 표준편차가 1인 확률변수 Z의 표준정규분포 : $Z \sim N(0, 1)$
- 표준화 공식 : $Z = \dfrac{X-\mu}{\sigma}$ (X : 확률변수, μ : 평균, σ : 표준편차)

빈출문제 Check!

01 컴퓨터 제조회사에서 보증기간을 정하려고 한다. 컴퓨터 수명은 평균 3년, 표준편차 9개월인 정규분포를 따른다고 한다. 보증기간 이전에 고장이 나면 무상수리를 해주어야 한다. 이 회사는 출하 제품 가운데 5% 이내에서만 무상수리가 되기를 원한다. 보증기간을 몇 개월로 정하면 되겠는가? (단, $P(Z > 1.645) = 0.05$)

① 17 ② 19
③ 21 ④ 23

해설 $\mu = 36$, $\sigma = 9$이고 표준화 공식 $Z = \dfrac{X-\mu}{\sigma}$을 이용하면 다음과 같다.

출하 제품 가운데 5% 이내에서만 무상수리가 되기를 원하므로 주어진 조건을 이용하면 다음과 같다.

$P(Z < -1.645) = 0.05$, $P\left(\dfrac{X-36}{9} < -1.645\right) = P(X < 21.195)$

따라서 21개월로 정하면 된다.

02 확률변수 X가 정규분포 $N(\mu, \sigma^2)$을 따를 때, $u = \dfrac{X-\mu}{\sigma}$는 어떤 분포를 따르는가?

① $u \sim N(0, 1)$
② $u \sim N(1, 1)$
③ $u \sim N(\mu, 1)$
④ $u \sim N(\mu, \sigma^2)$

해설 표준정규분포를 따르는 확률변수는 $u \sim N(0, 1)$이다.

정답 01 ③ 02 ①

07 표본평균의 분포

- 정규모집단 $N(\mu, \sigma^2)$에서 크기 n인 표본의 표본평균 $\overline{X}$는 정규분포 $N\left(\mu, \dfrac{\sigma^2}{n}\right)$을 따른다.
- 표본평균 $\overline{X}$를 표준화시킨 표준화 확률변수 $Z = \dfrac{\overline{X} - \mu}{\sigma/\sqrt{n}}$는 표준정규분포 $N(0, 1)$을 따른다.

빈출문제 Check!

01 $X_1, X_2, \cdots, X_n$이 정규분포 $N(\mu, \sigma^2)$에서 얻은 확률표본일 때의 설명으로 맞는 것은?

① $\dfrac{\overline{X} - \mu}{\sigma/\sqrt{n}}$는 $N(0, 1)$에 따른다.

② $\dfrac{\overline{X} - \mu}{\sigma/\sqrt{n}}$는 $N(\mu, 1)$에 따른다.

③ $\dfrac{\overline{X} - \mu}{\sigma/\sqrt{n}}$는 $N(1, \sigma^2)$에 따른다.

④ $\dfrac{\overline{X} - \mu}{\sigma/\sqrt{n}}$는 $N(0, \sigma^2)$에 따른다.

해설 표준정규분포 $N(0, 1)$에 따른다.

02 모평균이 10, 모분산이 9인 정규모집단으로부터 추출한 크기 36인 표본의 표본평균은 어떤 분포를 따르는가?

① $N\left(10, \dfrac{1}{2}\right)$
② $N\left(10, \dfrac{1}{4}\right)$
③ $N\left(10, \dfrac{1}{9}\right)$
④ $N\left(10, \dfrac{3}{2}\right)$

해설 모집단의 분포가 정규분포 $N(\mu, \sigma^2)$을 따를 때, 표본평균의 분포는 정규분포 $N\left(\mu, \dfrac{\sigma^2}{n}\right)$을 따른다. 따라서 문제에서 추출한 표본은 정규분포 $N\left(10, \dfrac{3^2}{36}\right) = N\left(10, \dfrac{1}{4}\right)$을 따른다.

정답 01 ① 02 ②

08 t-분포, F-분포, 카이제곱(χ^2)분포

- t-분포
  - 확률변수 X가 자유도 n인 t-분포를 따를 때, $X \sim t_{(n)}$이라고 한다.
  - 평균은 0이다.
  - 모평균, 모평균의 차, 회귀계수의 추정 및 검정 등에 사용된다.
- F-분포
  - 확률변수 X가 자유도 (m,n)인 F-분포를 따를 때, $X \sim F_{(m,n)}$이라고 한다.
  - 두 개의 분산을 비교, 추론하는 데 사용되므로 두 집단의 분산의 동일성 검정에 사용된다.
- 카이제곱(χ^2)분포
  - 확률변수 X가 자유도 n인 카이제곱분포를 따를 때, $X \sim \chi^2_{(n)}$이라고 한다.
  - 자유도가 n인 카이제곱분포의 평균은 n이고, 분산은 $2n$이다.
  - 두 범주형 변수간의 독립성, 적합도 검정을 하는 데에 사용된다.

빈출문제 Check!

01 두 집단의 분산의 동일성 검정에 사용되는 검정통계량의 분포는?

① t-분포 ② 기하분포
③ χ^2-분포 ④ F-분포

해설 F-분포는 두 개의 분산을 비교, 추론하는 데 사용되는 것으로 두 집단의 분산의 동일성 검정에 사용된다.

02 표준정규분포를 따르는 확률변수의 제곱은 어떤 분포를 따르는가?

① 정규분포 ② t-분포
③ F-분포 ④ 카이제곱분포

해설 표준정규분포를 따르는 확률변수 $Z \sim N(0,1)$의 제곱인 Z^2은 자유도가 1인 카이제곱(χ^2)분포를 따른다.

정답 01 ④ 02 ④

09 중심극한정리

표본의 크기가 $n \geq 30$이면 대(大)표본으로 간주하여 모집단의 분포와 관계없이 표본평균 $\overline{X}$의 분포는 기댓값이 모평균 μ이고, 분산이 $\dfrac{\sigma^2}{n}$인 정규분포에 근사한다.

$$\overline{X} \sim N\left(\mu, \dfrac{\sigma^2}{n}\right), n \to \infty < N$$

➕ 빈출문제 Check!

01 중심극한정리(Central Limit Theorem)는 어느 분포에 관한 것인가?
① 모집단
② 표본
③ 모집단의 평균
④ 표본의 평균

해설 중심극한정리는 모집단의 분포와는 관계없으며, 표본의 크기가 30 이상일 때의 표본평균의 분포에만 관심이 있다.

02 다음은 무엇에 관한 설명인가?

> 평균이 μ이고, 분산이 σ^2인 임의의 모집단으로부터 추출한 크기 n인 랜덤표본의 표본평균 $\overline{X}$의 확률분포는 n이 충분히 크면 근사적으로 정규분포 $N\left(\mu, \dfrac{\sigma^2}{n}\right)$을 따른다.

① 이항분포
② 정규분포
③ 표본분포
④ 중심극한정리

해설
① 이항분포 : 확률실험에서 나타날 수 있는 기본결과가 두 가지뿐일 경우가 있다. 확률실험을 몇 번 실행하여 어떤 한 가지 결과가 나오는 수를 변수값으로 부여할 때 이 변수를 이항확률변수라 한다.
② 정규분포 : 대표적인 연속확률분포로서 가장 많이 사용되는 분포이다.
③ 표본분포 : 모집단으로부터 채택된 일정한 크기의 표본들을 대상으로 분석한 결과 나타난 통계량들의 분포를 표본분포라 한다.

정답 01 ④ 02 ④

10 체비셰프 부등식

확률변수 X가 $E(X) = \mu$, $Var(X) = \sigma^2$를 따를 때 다음 부등식이 성립한다. 확률변수의 값이 평균으로부터 표준편차의 일정 상수배 이상 떨어진 확률의 상한값 또는 하한값을 제시해 준다.

$$P(|X-\mu| \leq k\sigma) \geq 1 - \frac{1}{k^2}$$

➕ 빈출문제 Check!

01 어느 고등학교 1학년생 280명에 대한 국어성적의 평균이 82점, 표준편차가 8점이었다. 66점부터 98점 사이에 포함된 학생들은 몇 명 이상인가?

① 211명   ② 230명
③ 240명   ④ 220명

해설 66점부터 98점 사이에 포함된 학생의 수를 X라고 하자. $\mu = 82$, $\sigma = 8$이므로
$P(|X-\mu| \leq k\sigma) = P(-8k \leq X - 82 \leq 8k) = P(-8k+82 \leq X \leq 8k+82) \geq 1 - \frac{1}{k^2}$이다.
$-8k+82 = 66$, $8k+82 = 98$이므로 $k = 2$이다.
$P(66 \leq X \leq 98) \geq 1 - \frac{1}{2^2} = \frac{3}{4}$, $280 \times \frac{3}{4} = 210$이므로 211명 이상이다.

02 어느 공장에서 일주일 동안 생산되는 제품의 수 X는 평균이 50, 분산이 15인 확률분포를 따른다. 이 공장의 일주일 동안의 생산량이 45개에서 55개 사이일 확률의 하한을 구하면?

① $\frac{1}{5}$ ② $\frac{2}{5}$
③ $\frac{3}{5}$ ④ $\frac{4}{5}$

해설 체비셰프 부등식은 하한을 제시해 준다. $\mu = 50$, $\sigma = \sqrt{15}$ 이므로
$P(|X-\mu| \leq k\sigma) = P(|X-50| \leq k\sqrt{15}) = P(-k\sqrt{15} \leq X - 50 \leq k\sqrt{15}) \geq 1 - \frac{1}{k^2}$이다.
$-k\sqrt{15} + 50 = 45$, $k\sqrt{15} + 50 = 55$이므로 $k = \frac{5}{\sqrt{15}}$이다.
$P(45 \leq X \leq 55) \geq 1 - \frac{1}{k^2} = 1 - \frac{1}{\left(\frac{5}{\sqrt{15}}\right)^2} = \frac{2}{5}$이므로 하한은 $\frac{2}{5}$이다.

정답 01 ① 02 ②

11 모평균의 추정 및 검정

- 모평균 μ의 불편추정량은 $\overline{X}$이다.
- 모평균의 $100(1-\alpha)\%$ 신뢰구간

모분산을 알고 있을 경우	$\overline{X} - Z_{\alpha/2}\dfrac{\sigma}{\sqrt{n}} \leq \mu \leq \overline{X} + Z_{\alpha/2}\dfrac{\sigma}{\sqrt{n}}$
모분산을 모르는 대표본($n \geq 30$)일 경우	$\overline{X} - Z_{\alpha/2}\dfrac{S}{\sqrt{n}} \leq \mu \leq \overline{X} + Z_{\alpha/2}\dfrac{S}{\sqrt{n}}$
모분산을 모르는 소표본($n < 30$)일 경우	$\overline{X} - t_{\alpha/2,\,n-1}\dfrac{S}{\sqrt{n}} \leq \mu \leq \overline{X} + t_{\alpha/2,\,n-1}\dfrac{S}{\sqrt{n}}$

- 모평균 차이의 $100(1-\alpha)\%$ 신뢰구간

모분산을 알고 있을 경우	$(\overline{X_1} - \overline{X_2}) - Z_{\alpha/2}\sqrt{\dfrac{\sigma_1^{\,2}}{n_1} + \dfrac{\sigma_2^{\,2}}{n_2}} \leq \mu_1 - \mu_2$ $\leq (\overline{X_1} - \overline{X_2}) + Z_{\alpha/2}\sqrt{\dfrac{\sigma_1^{\,2}}{n_1} + \dfrac{\sigma_2^{\,2}}{n_2}}$
모분산을 모르는 대표본($n \geq 30$)일 경우	$(\overline{X_1} - \overline{X_2}) - Z_{\alpha/2}\sqrt{\dfrac{S_1^{\,2}}{n_1} + \dfrac{S_2^{\,2}}{n_2}} \leq \mu_1 - \mu_2$ $\leq (\overline{X_1} - \overline{X_2}) + Z_{\alpha/2}\sqrt{\dfrac{S_1^{\,2}}{n_1} + \dfrac{S_2^{\,2}}{n_2}}$
모분산을 모르는 소표본($n < 30$)일 경우	$(\overline{X_1} - \overline{X_2}) - t_{\alpha/2,\,n_1+n_2-2}\,S_p\sqrt{\dfrac{1}{n_1} + \dfrac{1}{n_2}} \leq \mu_1 - \mu_2$ $(\overline{X_1} - \overline{X_2}) + t_{\alpha/2,\,n_1+n_2-2}\,S_p\sqrt{\dfrac{1}{n_1} + \dfrac{1}{n_2}}$

- 모평균의 검정통계량

모분산을 알고 있을 경우	모분산을 모르는 대표본($n \geq 30$)일 경우	모분산을 모르는 소표본($n < 30$)일 경우
$Z = \dfrac{\overline{X} - \mu_0}{\sigma/\sqrt{n}}$	$Z = \dfrac{\overline{X} - \mu_0}{S/\sqrt{n}}$	$t = \dfrac{\overline{X} - \mu_0}{S/\sqrt{n}} \sim t_{n-1}$

- 모평균 차이의 검정통계량

모분산을 알고 있을 경우	모분산을 모르는 대표본($n \geq 30$)일 경우	모분산을 모르는 소표본($n < 30$)일 경우
$Z = \dfrac{(\overline{X_1} - \overline{X_2})}{\sqrt{\dfrac{\sigma_1^{\,2}}{n_1} + \dfrac{\sigma_2^{\,2}}{n_2}}}$	$Z = \dfrac{(\overline{X_1} - \overline{X_2})}{\sqrt{\dfrac{S_1^{\,2}}{n_1} + \dfrac{S_2^{\,2}}{n_2}}}$	$t = \dfrac{(\overline{X_1} - \overline{X_2})}{S_p\sqrt{\dfrac{1}{n_1} + \dfrac{1}{n_2}}} \sim t_{n_1+n_2-2}$

빈출문제 Check!

01 모분산 $\sigma^2 = 16$인 정규모집단에서 표본의 크기가 25인 확률표본을 추출한 결과 표본평균 10을 얻었다. 모평균에 대한 90% 신뢰구간을 구하면? (단, 표준정규분포를 따르는 확률변수 Z에 대해 $P(Z<1.28)=0.90$, $P(Z<1.645)=0.95$, $P(Z<1.96)=0.975$이다)

① $(8.43, 11.57)$
② $(8.68, 11.32)$
③ $(8.98, 11.02)$
④ $(9.18, 10.82)$

[해설] 모분산을 알고 있을 경우 모평균의 $100(1-\alpha)\%$ 신뢰구간을 구하는 공식은 다음과 같다.

$$\overline{X} - Z_{\alpha/2}\frac{\sigma}{\sqrt{n}} \leq \mu \leq \overline{X} + Z_{\alpha/2}\frac{\sigma}{\sqrt{n}}$$

90% 신뢰구간이므로 $\alpha = 0.1$, $Z_{\alpha/2} = Z_{0.05} = 1.645$, $\overline{X} = 10$, $\sigma^2 = 16$이므로 $\sigma = 4$, $n = 25$이다.

공식에 대입하면 $10 - 1.645\frac{4}{\sqrt{25}} \leq \mu \leq 10 + 1.645\frac{4}{\sqrt{25}}$이다.

$\therefore 8.684 \leq \mu \leq 11.316$

02 다음은 경영학과, 컴퓨터정보학과에서 15점 만점인 중간고사 결과이다. 두 학과 평균의 차이에 대한 95% 신뢰구간은?

구 분	경영학과	컴퓨터정보학과
표본크기	36	49
표본평균	9.26	9.41
표준편차	0.75	0.86

① $-0.15 \pm 1.96\sqrt{\dfrac{0.75^2}{36} + \dfrac{0.86^2}{49}}$

② $-0.15 \pm 1.645\sqrt{\dfrac{0.75^2}{36} + \dfrac{0.86^2}{49}}$

③ $-0.15 \pm 1.96\sqrt{\dfrac{0.75^2}{35} + \dfrac{0.86^2}{48}}$

④ $-0.15 \pm 1.645\sqrt{\dfrac{0.75^2}{35} + \dfrac{0.86^2}{48}}$

[해설] $\overline{X_1} = 9.26$, $\overline{X_2} = 9.41$, $\sigma_1^2 = 0.75^2$, $\sigma_2^2 = 0.86^2$, $n_1 = 36$, $n_2 = 49$이다.
95%에 대한 신뢰구간이므로 $\alpha = 0.05$, $Z_{\alpha/2} = 1.96$이다.

$\therefore (9.26 - 9.41) - 1.96\sqrt{\dfrac{0.75^2}{36} + \dfrac{0.86^2}{49}} \leq \mu_1 - \mu_2 \leq (9.26 - 9.41) + 1.96\sqrt{\dfrac{0.75^2}{36} + \dfrac{0.86^2}{49}}$

[정답] 01 ② 02 ①

12 대응표본 모평균의 추정 및 검정

- 대응표본인 경우 모평균 차이의 $100(1-\alpha)\%$ 신뢰구간

대표본($n \geq 30$)일 경우	$\overline{D} - Z_{\alpha/2}\dfrac{S_D}{\sqrt{n}} \leq \mu_1 - \mu_2 \leq \overline{D} + Z_{\alpha/2}\dfrac{S_D}{\sqrt{n}}$
소표본($n < 30$)일 경우	$\overline{D} - t_{\alpha/2,\,n-1}\dfrac{S_D}{\sqrt{n}} \leq \mu_1 - \mu_2 \leq \overline{D} + t_{\alpha/2,\,n-1}\dfrac{S_D}{\sqrt{n}}$

- 대응표본인 경우 모평균 차이의 검정통계량

$$t = \frac{\overline{D}}{S_D/\sqrt{n}} \sim t_{n-1}$$

- 대응표본 $t-$검정과 독립표본 $t-$검정
  - 대응표본 $t-$검정은 조사대상의 개체가 같고 반드시 짝을 이루는 경우에 실시한다.
  - 독립표본 $t-$검정은 조사대상의 개체가 다르고 반드시 짝을 이룰 필요가 없는 경우에 실시한다.

빈출문제 Check!

01 다음 자료는 새로 개발한 학습방법에 의해 일정 기간 교육을 실시하기 전후에 시험을 통해 얻은 자료이다. 학습효과가 있는지에 대한 가설검정에 관한 설명으로 틀린 것은? (단, $\overline{D} = \dfrac{1}{5}\sum_{i=1}^{5} D_i = 18$, $S_D = \sqrt{\dfrac{\sum_{i=1}^{5}(D_i - \overline{D})^2}{4}} = 17.899$ 이다)

학생	학습 전	학습 후	차이(D)
1	50	90	40
2	40	40	0
3	50	50	0
4	70	100	30
5	30	50	20

① 가설의 형태는 $H_0 : \mu_D = 0$ vs $H_1 : \mu_D > 0$이다. 단, μ_D는 학습 전후 차이의 평균이다.
② 가설검정에는 자유도가 4인 $t-$분포가 이용된다.
③ 검정통계량 값은 2.25이다.
④ 조사한 학생의 수가 늘어날수록 귀무가설을 채택할 가능성이 많아진다.

해설 ④ 표본의 크기와 귀무가설 기각/채택 여부는 관련이 없다.
① 귀무가설(H_0) : 학습 전후 성적에 차이가 없다($H_0 : \mu_D = 0$),
대립가설(H_1) : 학습 전후 성적에 차이가 있다($H_1 : \mu_D > 0$)
②·③ $n = 5$이고 문제에서 주어진 $\overline{D} = 18$, $S_D = 17.889$를 이용하면 대응표본인 경우 가설검정은 자유도 $5-1 = 4$인 t-분포를 이용하며 검정통계량은 $t = \dfrac{18}{17.899/\sqrt{5}} \fallingdotseq 2.25$이다.

02 어떤 처리 전후의 효과를 분석하기 위한 대응비교에서 자료의 구조가 다음과 같다.

쌍	처리 전	처리 후	차 이
1	X_1	Y_1	$D_1 = X_1 - Y_1$
2	X_2	Y_2	$D_2 = X_2 - Y_2$
⋮	⋮	⋮	⋮
n	X_n	Y_n	$D_n = X_n - Y_n$

일반적인 몇 가지 조건을 가정할 때 처리 이전과 이후의 평균에 차이가 없다는 귀무가설을 검정하기 위한 검정통계량 $T = \dfrac{\overline{D}}{S_D/\sqrt{n}}$ 은 t-분포를 따른다. 이때 자유도는? (단, $\overline{D} = \dfrac{1}{n}\sum\limits_{i=1}^{n} D_i$, $S_D^{\,2} = \dfrac{\sum\limits_{i=1}^{n}(D_i - \overline{D})^2}{n-1}$ 이다)

① $n-1$
② n
③ $2(n-1)$
④ $2n$

해설 대응표본인 경우 두 집단 간의 차이에 대한 검정통계량은 자유도가 $n-1$인 t-분포를 이용한다. 따라서 자유도는 $n-1$이다.

정답 01 ④ 02 ①

13 모비율의 추정 및 검정

- 모비율 p의 불편추정량은 $\hat{p}$이다.
- 모비율의 $100(1-\alpha)\%$ 신뢰구간

$$\hat{p} - Z_{\alpha/2}\sqrt{\frac{\hat{p}(1-\hat{p})}{n}} \leq p \leq \hat{p} + Z_{\alpha/2}\sqrt{\frac{\hat{p}(1-\hat{p})}{n}}$$

- 두 모비율 차이의 $100(1-\alpha)\%$ 신뢰구간

$$\hat{p_1} - \hat{p_2} - Z_{\alpha/2}\sqrt{\frac{\hat{p_1}(1-\hat{p_1})}{n_1} + \frac{\hat{p_2}(1-\hat{p_2})}{n_2}} \leq p_1 - p_2$$
$$\leq \hat{p_1} - \hat{p_2} + Z_{\alpha/2}\sqrt{\frac{\hat{p_1}(1-\hat{p_1})}{n_1} + \frac{\hat{p_2}(1-\hat{p_2})}{n_2}}$$

- 모비율의 검정통계량

$$Z = \frac{\hat{p} - p_0}{\sqrt{p_0(1-p_0)/n}}$$

- 두 모비율 차이의 검정통계량

$$Z = \frac{\hat{p_1} - \hat{p_2}}{\sqrt{\hat{p}(1-\hat{p})\left(\frac{1}{n_1} + \frac{1}{n_2}\right)}}, \ \hat{p}는 \ 합동표본비율 \ \frac{x_1 + x_2}{n_1 + n_2}$$

빈출문제 Check!

01 이라크 파병에 대한 여론조사를 실시했다. 100명을 무작위로 추출하여 조사한 결과 56명이 파병에 대해 찬성했다. 이 자료로부터 파병을 찬성하는 사람이 전 국민의 과반수 이상이 되는지를 유의수준 5%에서 통계적 가설검정을 실시했다. 다음 중 옳은 것은? (단, $P(|Z|>1.64)=0.10$, $P(|Z|>1.96)=0.05$, $P(|Z|>2.58)=0.01$)

① 찬성률이 전 국민의 과반수 이상이라고 할 수 있다.
② 찬성률이 전 국민의 과반수 이상이라고 할 수 없다.
③ 표본의 수가 부족해서 결론을 얻을 수 없다.
④ 표본의 과반수 이상이 찬성했으므로 찬성률이 전 국민의 과반수 이상이라고 할 수 있다.

해설 귀무가설(H_0) : $p=0.5$, 대립가설(H_1) : $p>0.5$

$\hat{p}=0.56$, $p_0=0.5$, $n=100$이므로 $Z=\dfrac{0.56-0.5}{\sqrt{0.5\times 0.5/100}}=1.2$

단측검정이고 유의수준 5%에서 $Z_\alpha = Z_{0.05} = 1.64$이다. 따라서 검정통계량이 임계치보다 작으므로 귀무가설을 기각할 수 없으므로 한국인의 찬성률이 과반수 이상이라고 결론을 내릴 수 없다.

02 어느 정당에서는 새로운 정책에 대한 찬성과 반대를 남녀별로 조사하여 다음의 결과를 얻었다.

구 분	남 자	여 자	합 계
표본수	250	200	450
찬성자 수	110	104	214

남녀별 찬성률에 차이가 있다고 볼 수 있는가에 대하여 검정할 때 검정통계량을 구하는 식은?

① $Z = \dfrac{\dfrac{110}{250} - \dfrac{104}{200}}{\sqrt{\dfrac{214}{450}\left(1 - \dfrac{214}{450}\right)\left(\dfrac{1}{250} - \dfrac{1}{200}\right)}}$

② $Z = \dfrac{\dfrac{110}{250} - \dfrac{104}{200}}{\sqrt{\dfrac{214}{450}\left(1 - \dfrac{214}{450}\right)\left(\dfrac{1}{250} + \dfrac{1}{200}\right)}}$

③ $Z = \dfrac{\dfrac{110}{250} + \dfrac{104}{200}}{\sqrt{\dfrac{214}{450}\left(1 - \dfrac{214}{450}\right)\left(\dfrac{1}{250} + \dfrac{1}{200}\right)}}$

④ $Z = \dfrac{\dfrac{110}{250} + \dfrac{104}{200}}{\sqrt{\dfrac{214}{450}\left(1 - \dfrac{214}{450}\right)\left(\dfrac{1}{250} - \dfrac{1}{200}\right)}}$

해설 $\hat{p} = \dfrac{110 + 104}{250 + 200} = \dfrac{214}{450}$, $n_1 = 250$, $n_2 = 200$, $\hat{p_1} = \dfrac{110}{250}$, $\hat{p_2} = \dfrac{104}{200}$

∴ $Z = \dfrac{\dfrac{110}{250} - \dfrac{104}{200}}{\sqrt{\dfrac{214}{450}\left(1 - \dfrac{214}{450}\right)\left(\dfrac{1}{250} + \dfrac{1}{200}\right)}}$

정답 01 ② 02 ②

14 모분산의 추정 및 검정

- 모분산 σ^2의 불편추정량은 S^2이다.
- 모분산의 $100(1-\alpha)\%$ 신뢰구간

$$\frac{(n-1)S^2}{\chi^2_{\alpha/2,\,n-1}} \leq \sigma^2 \leq \frac{(n-1)S^2}{\chi^2_{1-\alpha/2,\,n-1}}$$

- 모분산의 검정통계량

$$\chi^2 = \frac{(n-1)S^2}{\sigma_0^{\,2}} \sim \chi^2_{n-1}$$

- 모분산 $\sigma_1^{\,2} = \sigma_2^{\,2}$의 검정통계량

$$F = \frac{S_1^{\,2}/\sigma_1^{\,2}}{S_2^{\,2}/\sigma_2^{\,2}} \;(H_0 : \sigma_1^{\,2} = \sigma_2^{\,2},\; H_1 : \sigma_1^{\,2} > \sigma_2^{\,2} \text{ 또는 } H_1 : \sigma_1^{\,2} \neq \sigma_2^{\,2}\text{인 경우})$$

$$F = \frac{S_2^{\,2}/\sigma_2^{\,2}}{S_1^{\,2}/\sigma_1^{\,2}} \;(H_0 : \sigma_1^{\,2} = \sigma_2^{\,2},\; H_1 : \sigma_1^{\,2} < \sigma_2^{\,2}\text{인 경우})$$

➕ 빈출문제 Check!

01 단일 모집단의 모분산의 검정에 사용되는 분포는?

① 정규분포　　　　　　② F-분포
③ 이항분포　　　　　　④ χ^2-분포

해설 모분산 σ^2에 대한 검정통계량은 $\chi^2 = \dfrac{(n-1)S^2}{\sigma_0^{\,2}}$ 이다.

02 두 개의 정규모집단으로부터 추출한 독립인 확률표본에 기초하여 모분산에 대한 가설 $H_0 : \sigma_1^{\,2} = \sigma_2^{\,2}$ vs $H_1 : \sigma_1^2 > \sigma_2^2$을 검정하고자 한다. 검정방법으로 맞는 것은?

① F-검정　　　　　　② t-검정
③ χ^2-검정　　　　　　④ z-검정

해설 모분산 $\sigma_1^{\,2} = \sigma_2^{\,2}$에 대한 가설검정은 F-통계량을 이용한다.

정답 01 ④　02 ①

15 왜도와 피어슨 대칭도

- 왜 도

왜도 = 0	왜도 > 0	왜도 < 0

- 피어슨 대칭도(S_k)

$$S_k \simeq \frac{\overline{X} - M_o}{S} \simeq \frac{3(\overline{X} - M_e)}{S}, \quad -1 < S_k < 1$$

- 0이면 대칭분포를 이룬다($M_o = \overline{X}$).
- 0보다 크면 왼쪽으로 기울어진 분포이다($M_o < \overline{X}$).
- 0보다 작으면 오른쪽으로 기울어진 분포이다($M_o > \overline{X}$).

빈출문제 Check!

01 비대칭도(Skewness)에 관한 설명으로 틀린 것은?

① 비대칭도의 값이 1이면 좌우대칭형인 분포를 나타낸다.
② 비대칭도의 부호는 관측값 분포의 긴 쪽 꼬리방향을 나타낸다.
③ 비대칭도는 대칭성 혹은 비대칭성을 나타내는 측도이다.
④ 비대칭도의 값이 음수이면 자료의 분포형태가 왼쪽으로 꼬리를 길게 늘어뜨린 모양을 나타낸다.

해설 좌우대칭형인 분포는 왜도가 0이다.

02 피어슨의 대칭도를 대표치들 간의 관계식으로 바르게 나타낸 것은? (단, $\overline{X}$: 산술평균, M_e : 중위수, M_o : 최빈수)

① $\overline{X} - M_o = 3(M_e - \overline{X})$
② $M_o - \overline{X} = 3(M_o - M_e)$
③ $\overline{X} - M_o = 3(\overline{X} - M_e)$
④ $M_o - \overline{X} = 3(M_e - M_o)$

해설 $S_k \simeq \frac{\overline{X} - M_o}{S} \simeq \frac{3(\overline{X} - M_e)}{S}$ 이므로 $\overline{X} - M_o = 3(\overline{X} - M_e)$이다.

정답 01 ① 02 ③

16 카이제곱 검정

- 독립성 검정과 동일성 검정
  - 가설 설정

독립성 검정	H_0 : 두 변수는 서로 연관성이 없다(서로 독립이다). H_1 : 두 변수는 서로 연관성이 있다(서로 독립이 아니다).
동일성 검정	H_0 : 각 범주 $j = 1, 2, \cdots, c$에 대해서 $P_{1j} = P_{2j} = \cdots = P_{rj}$ H_1 : 귀무가설은 사실이 아니다.

  - 기대도수

    $$\widehat{E}_{ij} = \frac{O_{i.} \times O_{.j}}{n}$$

  - 검정통계량

    $$\chi^2 = \sum_{i=1}^{r} \sum_{j=1}^{c} \frac{(O_{ij} - \widehat{E}_{ij})^2}{\widehat{E}_{ij}} \sim \chi^2_{(r-1)(c-1)}, \text{ 자유도는 } (r-1) \times (c-1)$$

- 적합성 검정
  - 가설 설정

    H_0 : 실제적 분포와 이론적 분포는 일치한다.
    H_1 : 실제적 분포는 이론적 분포와 일치하지 않는다.

  - 기대도수

    $$E_i = n\pi_i$$

  - 검정통계량

    $$\chi^2 = \sum_{i=1}^{k} \frac{(O_i - E_i)^2}{E_i} \sim \chi^2_{(k-1)}, \text{ 자유도는 } k-1$$

➕ 빈출문제 Check!

01 3×4 분할표 자료에 대한 독립성 검정을 위한 카이제곱 통계량의 자유도는?

① 12　　　　　　　　　② 10
③ 8　　　　　　　　　　④ 6

해설 r행 c열 분할표에서 카이제곱 통계량의 자유도는 $(r-1) \times (c-1)$이다. 따라서 $(3-1) \times (4-1) = 6$이다.

02 6면 주사위의 각 눈이 나타날 확률이 동일한지를 알아보기 위하여 주사위를 60번 던진 결과가 다음과 같다. 다음 설명 중 틀린 것은?

눈	1	2	3	4	5	6
관측도수	10	12	10	8	10	10

① 카이제곱 동일성 검정을 이용한다.
② 카이제곱 검정통계량 값은 0.8이다.
③ 귀무가설은 "각 눈이 나올 확률은 1/6이다."이다.
④ 귀무가설하에서 각 눈이 나올 기대도수는 10이다.

해설

눈	1	2	3	4	5	6
관측도수	10	12	10	8	10	10
기대도수	60/6	60/6	60/6	60/6	60/6	60/6

60회 실행이고 확률이 동일한지를 검정하는 것이므로 기대도수는 각 60/6 = 10이다.
카이제곱 적합성 검정을 이용하며, 귀무가설은 "실제분포와 이론적 분포는 일치한다(각 눈이 나올 확률은 1/6이다)."이고 대립가설은 "실제분포는 이론적 분포와 일치하지 않는다."이다.

$$\therefore \chi^2 = \sum_{i=1}^{k} \frac{(O_i - E_i)^2}{E_i}$$

$$= \frac{(10-10)^2}{10} + \frac{(12-10)^2}{10} + \frac{(10-10)^2}{10} + \frac{(8-10)^2}{10} + \frac{(10-10)^2}{10} + \frac{(10-10)^2}{10} = 0.8$$

03 다음은 어느 공장의 요일에 따른 직원들의 지각 횟수이다. 지각 횟수가 요일별로 동일한 비율인지 알아보기 위해 카이제곱(χ^2)검정을 실시할 경우, 이 자료에서 χ^2값은?

요일	월	화	수	목	금	계
지각횟수	65	43	48	41	73	270

① 14.96　　　　　② 16.96
③ 18.96　　　　　④ 20.96

해설 요일별로 동일한 비율인지 알아보기 위해 가설검정을 진행하므로 $\pi_i = \frac{1}{5}$이다.

기대도수는 $E_i = n\pi_i = 270 \times \frac{1}{5} = 54$이다.

$$\therefore \chi^2 = \sum_{i=1}^{5} \frac{(O_i - E_i)^2}{E_i} = \frac{(65-54)^2 + (43-54)^2 + (48-54)^2 + (41-54)^2 + (73-54)^2}{54}$$

$$\fallingdotseq 14.96$$

정답 01 ④　02 ①　03 ①

17 일원분산분석

- 구조식

$$y_{ij} = \mu + a_i + \epsilon_{ij}$$
$$a_i = \mu_i - \mu, \quad \sum a_i = 0, \quad i = 1, 2, \cdots, p, \quad j = 1, 2, \cdots, n_i$$

- 오차항의 기본 가정
  - 정규성 : 오차항 ϵ_i는 정규분포를 따른다.
  - 등분산성 : 오차항 ϵ_i의 분산은 모든 i에 대하여 같다.
  - 독립성 : 임의의 오차항 ϵ_i와 $\epsilon_{i'}$는 독립이다.

- 가설 설정

  H_0 : $\mu_1 = \mu_2 = \cdots = \mu_p$
  H_1 : 모든 μ_i가 같은 것은 아니다($i = 1, 2, \cdots, p$).

- 일원분산분석표

요 인	제곱합	자유도	평균제곱	F
처리 (집단 간)	$SSR = \sum_{i=1}^{p}\sum_{j=1}^{r}(\overline{y_i} - \overline{\overline{y}})^2$	$p-1$	$MSR = SSR/(p-1)$	$MSR/MSE \sim F_{\alpha, p-1, N-p}$
잔차 (집단 내)	$SSE = \sum_{i=1}^{p}\sum_{j=1}^{r}(y_{ij} - \overline{y_i})^2$	$N-p$	$MSE = SSE/(N-p)$	
총 계	$SST = \sum_{i=1}^{p}\sum_{j=1}^{r}(y_{ij} - \overline{\overline{y}})^2$	$N-1$		

➕ 빈출문제 Check!

01 일원배치모형을 $x_{ij} = \mu + a_i + \epsilon_{ij}$ $(i = 1, 2, \cdots, k; j = 1, 2, \cdots, n)$로 나타낼 때, 분산분석표를 이용하여 검정하려는 귀무가설 H_0는? (단, i는 처리, j는 반복을 나타내는 첨자이며, 오차항 $\epsilon_{ij} \sim N(0, \sigma^2)$이고 서로 독립적이며 $\overline{x} = \frac{1}{n}\sum_{j=1}^{n} x_{ij}$)

① H_0 : $\overline{x_1} = \overline{x_2} = \cdots = \overline{x_k}$
② H_0 : $a_1 = a_2 = \cdots = a_k = 0$
③ H_0 : 적어도 한 a_i는 0이 아니다.
④ H_0 : 오차항 ϵ_{ij}들은 서로 독립이다.

해설 일원배치 분산분석에서 귀무가설은 H_0 : $\mu_1 = \mu_2 = \cdots = \mu_k$이다.
즉, 일원배치모형 $x_{ij} = \mu + a_i + \epsilon_{ij}$, $a_i = \mu_i - \mu$에서 $\mu_1 = \mu_2 = \cdots = \mu_k$이면 $a_i = 0(i = 1, 2, \cdots, k)$이므로 H_0 : $a_1 = a_2 = \cdots = a_k = 0$이다.

02 다음 분산분석표의 각 (　) 안에 들어갈 값으로 옳은 것은?

요인	자유도	제곱합	평균제곱	F값	유의확률
인자	1	199.34	199.34	(C)	0.099
잔차	6	315.54	(B)		
계	(A)	514.88			

① A : 7, B : 1893.24, C : 9.50
② A : 7, B : 1893.24, C : 2.58
③ A : 7, B : 52.59, C : 3.79
④ A : 7, B : 52.59, C : 2.58

해설 $A = 1+6 = 7$, $B = \dfrac{315.54}{6} = 52.59$, $C = \dfrac{199.34}{B} = \dfrac{199.34}{52.59} ≒ 3.79$

03 다음 분산분석표에 관한 설명으로 틀린 것은?

변동	제곱합(SS)	자유도(df)	F
급간(Between)	10.95	1	
급내(Within)	73	10	
합계(Total)			

① F 통계량의 값은 0.15이다.
② 두 개의 집단의 평균을 비교하는 경우이다.
③ 관찰치의 총 개수는 12개이다.
④ F 통계량이 임계값보다 작으면 각 집단의 평균이 같다는 귀무가설을 기각하지 않는다.

해설

변동	제곱합	자유도	평균제곱	F
급 간	10.95	1	10.95/1 = 10.95	10.95/7.3 = 1.5
급 내	73	10	73/10 = 7.3	
합 계	10.95 + 73 = 83.95	$N-1 = 11$		

① F 통계량의 값은 1.5이다.
② 일반적으로 두 집단의 평균차이가 통계적으로 유의한가를 검정하는 분석방법으로 t – 검정을 사용하지만, 경우에 따라 분산분석방법을 사용할 수도 있다.
③ $N-1 = (p-1)+(N-p) = 1+10 = 11$이므로 $N = 12$(관찰치의 총 개수)이다.
④ F 통계량이 임계값보다 작으면 귀무가설을 기각할 수 없다.

정답 01 ② 02 ③ 03 ①

18 상관계수

- 상관계수 공식

$$r = \frac{\sum(X_i - \overline{X})(Y_i - \overline{Y})}{\sqrt{\sum(X_i - \overline{X})^2}\sqrt{\sum(Y_i - \overline{Y})^2}}, \quad -1 \leq r \leq 1$$

- 상관계수의 특징
  - $Corr(X, Y) = Corr(aX+b, cY+d)$ (단, $ac > 0$)
  - $Corr(X, Y) = -Corr(aX+b, cY+d)$ (단, $ac < 0$)
- 상관계수의 유의성 검정
  - 가설 설정

    H_0 : 두 변수 간에 상관관계가 없다.
    H_1 : 두 변수 간에 상관관계가 있다.

  - 검정통계량

    $$t = r\frac{\sqrt{n-2}}{\sqrt{1-r^2}} \sim t_{(n-2)}$$

빈출문제 Check!

01 상관계수의 범위에 관한 설명으로 맞는 것은?

① 상관계수의 범위는 0에서 1이다.
② 상관계수의 범위는 1에서 2이다.
③ 상관계수의 범위는 -1에서 0이다.
④ 상관계수의 범위는 -1에서 1이다.

해설 상관계수는 -1에서 1 사이의 값을 갖는다.

02 확률변수 X와 Y의 상관계수는 0.92이다. $U = \frac{1}{2}X + 5$, $V = \frac{3}{2}Y + 1$이라 할 때, 두 확률변수 U와 V의 상관계수는?

① 0.69   ② -0.69
③ 0.92   ④ -0.92

해설 $Corr(U, V) = Corr\left(\frac{1}{2}X + 5, \frac{3}{2}Y + 1\right) = Corr(X, Y) = 0.92$

정답 01 ④ 02 ③

19 단순회귀분석과 다중회귀분석

- 단순회귀모형

$$y_i = \alpha + \beta x_i + \epsilon_i \,(i=1,2,\cdots,n),\ \epsilon_i \sim N(0,\sigma^2)$$

- 회귀선

$$\hat{y_i} = a + bx_i,\ a, b, \hat{y_i}\ :\ \alpha, \beta, y_i \text{의 추정값}$$

- 다중회귀모형

$$y_i = \beta_0 + \beta_1 x_{1i} + \beta_2 x_{2i} + \cdots + \beta_k x_{ki} + \epsilon_i \,(i=1,2,\cdots,n),\ \epsilon_i \sim iid\ N(0,\sigma^2)$$

- 다중회귀모형의 행렬과 추정

$$Y = Xb + \epsilon,\ b = (\beta_0, \beta_1, \cdots, \beta_k)'$$
$$\Rightarrow \hat{b} = (X'X)^{-1}X'y,\ Var(b) = (X'X)^{-1}\sigma^2$$

- 잔차(e_i)의 기본 가정

$$\sum e_i = 0 \qquad \sum x_i e_i = 0 \qquad \sum \hat{y_i} e_i = 0 \qquad \sum y_i = \sum \hat{y_i}$$

- 최소제곱법

$$b = \frac{S_{xy}}{S_{xx}} = \frac{\sum(x_i - \overline{x})(y_i - \overline{y})}{\sum(x_i - \overline{x})^2} = \frac{\sum x_i y_i - n\overline{x}\,\overline{y}}{\sum x_i^2 - n\overline{x}^2},\ a = \overline{y} - b\overline{x}$$

- 단순회귀모형의 적합도 검정 분산분석표

요인	제곱합(SS)	자유도(df)	평균제곱(MS)	F
회귀	$SSR = \sum_{i=1}^{n}(\hat{y_i} - \overline{y})^2$	1	$MSR = \dfrac{SSR}{1}$	$\dfrac{MSR}{MSE} \sim F_{(\alpha,1,n-2)}$
잔차	$SSE = \sum_{i=1}^{n}(y_i - \hat{y_i})^2$	$n-2$	$MSE = \dfrac{SSE}{(n-2)}$	
전체	$SST = \sum_{i=1}^{n}(y_i - \overline{y})^2$	$n-1$		

- 다중회귀모형의 적합도 검정 분산분석표

요인	제곱합(SS)	자유도(df)	평균제곱(MS)	F
회귀	$SSR = \sum_{i=1}^{n}(\hat{y_i} - \overline{y})^2$	k	$MSR = \dfrac{SSR}{k}$	$\dfrac{MSR}{MSE} \sim F_{(\alpha,k,n-k-1)}$
잔차	$SSE = \sum_{i=1}^{n}(y_i - \hat{y_i})^2$	$n-k-1$	$MSE = \dfrac{SSE}{(n-k-1)}$	
전체	$SST = \sum_{i=1}^{n}(y_i - \overline{y})^2$	$n-1$		

- 결정계수

$$R^2 = \frac{SSR}{SST} = 1 - \frac{SSE}{SST}, \quad R^2 = r^2 = \left(\frac{S_{XY}}{S_X S_Y}\right)^2, \quad 0 \leq R^2 \leq 1$$

- 회귀모형의 유의성 검정
  - 가설 설정

    H_0 : 회귀모형은 유의하지 않다.
    H_1 : 회귀모형은 유의하다.

  - 검정통계량

단순회귀분석	$F = \dfrac{MSR}{MSE} \sim F_{(\alpha, 1, n-2)}$
다중회귀분석	$F = \dfrac{MSR}{MSE} \sim F_{(\alpha, k, n-k-1)}$

- 회귀계수의 유의성 검정
  - 가설 설정

    H_0 : 회귀계수 β는 유의하지 않다.
    H_1 : 회귀계수 β는 유의하다.

  - 검정통계량

단순회귀분석	$t = \dfrac{b - \beta}{\sqrt{MSE/S_{xx}}} \sim t_{(n-2)}$
다중회귀분석	$t = \dfrac{b_i - \beta_i}{\sqrt{MSE/S_{xx}}} \sim t_{(n-k-1)}$

➕ 빈출문제 Check!

01 단순회귀모형 $Y_i = \alpha + \beta x_i + \epsilon_i$, $i = 1, 2, \cdots, n$의 가정하에 자료를 분석하기로 하였다. 각각의 독립변수 x_i에서 반응변수 Y_i를 관측하여 정리한 결과가 다음과 같을 때, 회귀계수 α, β의 최소제곱추정값을 순서대로 나열한 것은?

$$\overline{x} = \frac{1}{n}\sum_{i=1}^{n} x_i = 50 \qquad \sum_{i=1}^{n}(x_i - \overline{x})^2 = 2000$$

$$\overline{y} = \frac{1}{n}\sum_{i=1}^{n} y_i = 100 \qquad \sum_{i=1}^{n}(y_i - \overline{y})^2 = 3000$$

$$\sum_{i=1}^{n}(x_i - \overline{x})(y_i - \overline{y}) = -3500$$

① 187.5, -1.75 ② 190.5, -2.75
③ 200.5, -1.75 ④ 187.5, -2.75

해설 $b = \dfrac{S_{xy}}{S_{xx}} = \dfrac{\sum_{i=1}^{n}(x_i-\overline{x})(y_i-\overline{y})}{\sum_{i=1}^{n}(x_i-\overline{x})^2} = \dfrac{-3500}{2000} = -1.75$

$a = \dfrac{1}{n}\sum_{i=1}^{n} y_i - b\dfrac{1}{n}\sum_{i=1}^{n} x_i = 100 - (-1.75)50 = 187.5$

02 단순선형회귀모형 $y = \beta_0 + \beta_1 + e$ 에서 오차항 e 의 분포가 평균이 0이고, 분산이 σ^2인 정규분포를 따른다고 가정하였다. 22개의 자료들로부터 회귀식을 추정하고 나서 잔차제곱합(SSE)을 구하였더니 그 값이 4,000이었다. 이때 분산 σ^2의 불편추정량은?

① 100
② 150
③ 200
④ 250

해설 단순회귀모형에서 오차항의 분산 σ^2의 불편추정량은 $MSE = \dfrac{SSE}{n-2} = \dfrac{\sum_{i=1}^{n}(y_i - \hat{y_i})^2}{n-2}$ 이다.

분산 σ^2의 불편추정량은 $\dfrac{4000}{20} = 200$이다.

03 단순회귀분석을 수행한 결과, 보기와 같은 결과를 얻었다. 결정계수 R^2 값과 기울기에 대한 가설 $H_0 : \beta_1 = 0$에 대한 유의수준 5%의 검정결과로 옳은 것은?

(단, $\alpha = 0.05$, $t_{(0.025,\, 3)} = 3.182$, $\sum_{i=1}^{5}(x_i - \overline{x})^2 = 329.2$)

> $\hat{y} = 5.766 + 0.722x$, $\overline{x} = 118/5 = 23.6$
> 총제곱합(SST) = 192.8, 잔차제곱합(SSE) = 21.312

① $R^2 = 0.889$, 기울기를 0이라 할 수 없다.
② $R^2 = 0.551$, 기울기를 0이라 할 수 없다.
③ $R^2 = 0.889$, 기울기를 0이라 할 수 있다.
④ $R^2 = 0.551$, 기울기를 0이라 할 수 있다.

해설 $R^2 = 1 - \dfrac{SSE}{SST} = 1 - \dfrac{21.312}{192.8} \fallingdotseq 0.889$

$t = \dfrac{b - \beta_1}{\sqrt{\dfrac{SSE/(n-2)}{S_{xx}}}} = \dfrac{0.722 - 0}{\sqrt{\dfrac{21.312/(5-2)}{\sum_{i=1}^{5}(x_i - \overline{x})^2}}} = \dfrac{0.722}{\sqrt{\dfrac{21.312/(5-2)}{329.2}}} \fallingdotseq 4.91 > 3.182$

04 단순회귀모형 $Y_i = \alpha + \beta x_i + \epsilon_i (i=1, 2, \cdots, n)$을 적합하여 다음을 얻었다.

$$\sum_{i=1}^{n}(y_i - \hat{y_i})^2 = 200, \ \sum_{i=1}^{n}(\hat{y_i} - \overline{y})^2 = 300$$

이때 결정계수 r^2을 구하면? (단, $\hat{y_i}$는 i번째 추정값을 나타낸다)

① 0.4
② 0.5
③ 0.6
④ 0.7

해설 $SST = SSR + SSE$이므로, $SST = \sum_{i=1}^{n}(y_i - \overline{y})^2 = SSR + SSE = 500$이다.

$\therefore r^2 = \dfrac{SSR}{SST} = \dfrac{300}{500} = 0.6$

05 표본의 수가 n이고 독립변수의 수가 k인 중회귀모형의 분산분석표에서 잔차제곱합 SSE의 자유도는?

① k
② $k+1$
③ $n-1$
④ $n-k-1$

해설 중회귀분석에서 회귀제곱합의 자유도는 k, 잔차제곱합의 자유도는 $n-k-1$, 전체제곱합의 자유도는 $k+(n-k-1) = n-1$이다.

06 독립변수가 $2(=k)$개인 중회귀모형 $y_j = \beta_0 + \beta_1 x_{1j} + \beta_2 x_{2j} + \epsilon_j,\ j=1, \cdots, n$의 유의성 검정에 대한 내용으로 틀린 것은?

① $H_0 : \beta_1 = \beta_2 = 0$
② $H_1 :$ 회귀계수 β_1, β_2 중 적어도 하나는 0이 아니다.
③ $\dfrac{MSE}{MSR} > F_{(k, n-k-1, \alpha)}$이면 H_0를 기각한다.
④ 유의확률 p가 유의수준 α보다 작으면 H_0을 기각한다.

해설 $F = \dfrac{MSR}{MSE} > F_{(k, n-k-1, 1-\alpha)}$이면 귀무가설($H_0$)을 기각한다.

정답 01 ① 02 ③ 03 ① 04 ③ 05 ④ 06 ③

02 횡단적/종단적 조사설계의 개념과 유형

(1) 횡단적/종단적 연구의 이해 기출 16년 1회, 20년 1·2회, 21년 3회, 23년

① **횡단적 연구(Cross-sectional Study)** 기출 15년 1,2회, 16년 3회, 19년 3회

㉠ 특정 시점에서 다른 특성을 가지고 있는 집단들 사이의 차이를 측정하는 기술적 조사방법이다. 대부분의 사회과학 조사연구가 여기에 해당한다.
㉡ 수집된 자료의 일정 시점에서의 한 집단 또는 사례들의 특징을 나타내며, 정태적인 성격을 지닌다.
㉢ 연구대상이 지리적으로 넓게 분포되어 있고 연구대상의 수가 많으며, 많은 변수에 대한 자료를 수집해야 할 필요성이 큰 경우에 유효하다.
㉣ 비용이 적고 왜곡될 가능성이 낮으며, 조사대상자에 대한 사생활 침해의 우려가 낮다는 장점이 있다.
㉤ 언론기관의 여론조사나 인구·주택센서스 같은 현황조사를 위한 설계, 어떤 변수와 다른 변수와의 관련성을 파악하기 위한 상관적 연구설계 등이 해당한다.

현황조사 (Status Survey)	• 어떤 사건과 관련된 상태나 상황을 정확하게 파악하여 기술하는 것을 주목적으로 한다. • 개인이나 조직에 질문지·면접을 통해 수집하는 서베이나 각종 통계연감에서 자료를 수집하는 2차 자료 연구를 통해 하기도 한다. • 현황조사에 대한 인식부족으로 특정 현상에 대한 기술 및 해석의 결과를 접한 사람들이 이를 연구자의 의견표명으로 오인하는 문제가 발생할 수 있다.
상관적 연구 (Relational Study)	• 어떤 변수와 다른 변수와의 관련성을 파악하기 위한 연구이다. • 둘 또는 그 이상의 변수들 간의 관계·연관성을 상관계수의 계산을 통해 확인한다. • 연구자가 독립변수의 발생을 통제·조작할 수 없으며, 변수 간의 인과관계를 확증적으로 증명할 수 없다.

② **종단적 연구(Longitudinal Study)**

기출 15년 1,3회, 16년 3회, 17년 3회, 19년 2,3회, 21년 1회, 22년 1회

㉠ 하나의 연구대상을 일정 기간 동안 관찰하여 그 대상의 변화를 파악하는 데 초점을 둔 기술적 조사방법이다.
㉡ 둘 이상의 시점에서 동일한 분석단위를 연구하는 것으로서, 어떤 연구대상의 동태적 변화·발전과정의 계속적 연구에 적합하다.
㉢ 추세조사, 코호트조사, 패널조사 등이 해당한다.

• **추세조사(Trend Study)** 기출 19년 3회
 - 동일한 전체 모집단 내의 변화를 여러 시기에 걸쳐 표본을 추출하여 계속 연구하는 것이다.
 - 어떤 광범위한 연구대상의 특정 속성을 여러 시기를 두고 관찰·비교하는 것으로서, 인구센서스, 물가경향조사, 선거기간의 여론조사 등을 예로 들 수 있다.

시험에 이렇게 나왔다

[19년 3회]

Q 횡단조사에 관한 설명으로 옳은 것은?

① 정해진 연구대상의 특정 변수값을 여러 시점에 걸쳐 연구한다.
② 패널조사에 비하여 인과관계를 더 분명하게 밝힐 수 있다.
③ 여러 연구대상들을 정해진 한 시점에서 조사, 분석하는 방법이다.
④ 집단으로 구성된 패널에 대하여 여러 시점에 걸쳐 조사한다.

A ③

시험에 이렇게 나왔다

[20년 4회]

Q 연구에서 관찰은 단 한 번에 이루어지기도 하며 경우에 따라서는 상당기간 동안 이루어지기도 한다. 다음 중 시간적 범위가 다른 것은?

① 추이연구
② 패널연구
③ 코호트연구
④ 횡단연구

A ④

> **심화체크**
>
> **패널조사의 단점**
> - 패널의 대표성 확보의 어려움
> - 패널관리의 어려움
> - 정보의 유연성이 적음
> - 부정확한 자료의 제공

- 추세연장기법을 통해 과거·현재의 역사적 자료를 토대로 미래의 사회적 변화를 투사한다.
- 질적 방법을 적용하여 브레인스토밍, 델파이기법, 정책델파이기법으로 미래를 예측한다.

• **코호트조사[동년배(= 동질성 집단)연구, Cohort Study]**
  기출 15년 2회, 16년 1,2회, 18년 1,2,3회, 20년 4회, 21년 1,3회, 22년 1회, 23년, 24년, 25년
  - 동기생·동시경험집단 연구에 해당한다.
  - 일정 기간 동안 어떤 한정된 부분 하위모집단의 변화를 관찰연구하는 것으로, 특정 경험을 같이 하는 사람들이 가지는 특성들에 대해 두 번 이상의 다른 시기에 걸쳐서 비교·연구하는 방법이다.
  예 특수목적 고등학교에 입학한 학생들을 대상으로 2012년에서 2017년까지 자존감 변화를 연구하기 위해 전체집단으로부터 매년 다른 표본을 추출하는 경우

• **패널조사(Panel Study)**
  기출 15년 1회, 16년 3회, 17년 1,2회, 18년 1회, 19년 1,2,3회, 20년 1·2회, 22년 2회, 24년, 25년
  - 동일집단 반복연구에 해당한다.
  - '패널(Panel)'이라 불리는 특정 응답자 집단을 정해 놓고 그들로부터 상당히 긴 시간 동안 지속적으로 연구자가 필요로 하는 정보를 획득하는 방법이다.
  - 시계열적 자료의 획득이 어려운 서베이, 리서치의 단점을 보완하기 위해 개발되었다.
  예 공공기관의 행정서비스 만족도를 알아보기 위해 동일한 시민들을 표본으로 6개월 단위로 10년간 조사하는 경우

③ **횡단적 연구와 종단적 연구의 비교** 기출 17년 1회, 20년 1·2회

횡단적 연구	종단적 연구
• 표본조사이다. • 모집단을 대표할 수 있는 자료를 제공한다. • 측정이 한 번 이루어진다. • 정태적이다. • 일정 시점의 특정 표본이 가지고 있는 특성을 파악한다. • 조사대상의 특성에 따라 집단을 분류하여 비교·분석하므로 표본의 크기가 클수록 좋다.	• 현장조사이다. • 조사마다 새롭게 표집된 표본에 관한 자료를 제공한다. • 측정이 반복적으로 이루어진다. • 동태적이다. • 일정 기간 변화하는 상황에 대한 조사를 한다. • 유형에 따라 서로 다른 시점에서 동일 대상자를 추적해 조사해야 하므로 표본의 크기가 작을수록 좋다.

03 양적/질적 연구의 의미와 목적

(1) 양적/질적 연구의 이해

① 양적 연구 `기출` 18년 2회
  ㉠ 연구하고자 하는 대상의 속성을 가능한 한 양적으로 표현하며, 이들의 관계를 통계분석을 통해 밝히는 연구이다.
  ㉡ 질문지, 구조화된 면접을 사용하여 표본으로부터 수집된 정보를 토대로 모집단으로의 일반화를 추구한다.
  ㉢ 실험(실험설계와 준실험설계 등)과 서베이(횡단면적설계와 시계열설계 등) 등이 속한다.

② 질적 연구
  `기출` 15년 1회, 16년 2,3회, 18년 1,2회, 19년 1,2,3회, 20년 4회, 21년 2,3회, 22년 2회, 24년
  ㉠ 주관적·해석적 사회과학의 연구방법으로서, 현상학적 사회학, 상징적 상호작용론, 민속방법론 등을 배경으로 한다.
  ㉡ 수집되는 자료는 일상생활 속의 행위자들의 말, 글, 몸짓, 관찰 가능한 행동, 흔적, 상호작용의 상황과 환경적 요인들이다.
  ㉢ 조사에 필요한 절차나 단계를 엄격하게 결정하지 않으며, 조사 초기에 설정한 분석틀이 중간에 변경될 수 있다.
  ㉣ 사례기술적 이해를 추구하며 결과보다는 주로 절차에 관심을 둔다.
  ㉤ 대상에 대한 접근의 특색은 대상을 이해할 목적으로 자료에 근접하여 경험적 세계에 대한 직접적 지식을 몸소 얻고자 하는 것이다.
  ㉥ 신뢰도에 있어서 문제가 있을 수 있다.
  ㉦ 근거이론연구, 현지연구, 민속방법론, 불개입·무반응법, 다원적 방법론, 관찰조사 등이 속한다.

+ 플러스원

근거이론연구 `기출` 18년 3회
특정 집단이나 특정한 사회현상에 대해 알려진 사실이 거의 없거나 기존 집단이나 현상에 대해 새로운 이해를 얻기 위해서 실제 분야를 탐색하는 연구방법이다. 현상에 속한 자료를 체계적으로 수집하고 분석해 이론을 도출하며, 다른 연구방법론을 통해서 포착하기 어려운 개인 및 조직의 사회적·심리적·구조적 현상을 파악하는 데 유용하다.

시험에 이렇게 나왔다

[18년 2회]
Q 질적 방법으로 수집된 자료에 관한 설명으로 틀린 것은?

① 정보의 심층적 의미를 파악할 수 있다.
② 유용한 정보의 유실을 줄일 수 있다.
③ 현장중심의 사고를 할 수 있다.
④ 자료의 표준화를 도모하기 쉽다.

A ④

시험에 이렇게 나왔다

[20년 3회]

Q 양적 연구와 질적 연구에 관한 설명으로 옳지 않은 것은?

① 양적 연구는 연구자와 연구대상이 독립적이라는 인식론에 기초한다.
② 질적 연구는 현실 인식의 주관성을 강조한다.
③ 질적 연구는 연역적 과정에 기초한 설명과 예측을 목적으로 한다.
④ 양적 연구는 가치중립성과 편견의 배제를 강조한다.

A ③

시험에 이렇게 나왔다

[22년 2회]

Q 실증주의에 관한 설명으로 틀린 것은?

① 관찰결과의 일반화 가능성을 강조한다.
② 과학과 비과학을 철저히 구분하려 한다.
③ 인간 행위를 예측할 수 있는 확률적 법칙을 강조한다.
④ 인간 행위의 사회적 의미를 행위자의 입장에서 이해하려 한다.

A ④

③ 양적 연구와 질적 연구의 비교

기출 16년 2,3회, 17년 1,2회, 18년 3회, 19년 3회, 20년 3회, 21년 3회

양적 연구	질적 연구
• 사회현상의 사실이나 원인들을 탐구하는 논리 실증주의적 입장을 취한다.	• 행위자의 준거의 틀에 입각하여 인간의 행태를 이해하려는 현상학적 입장을 취한다.
• 강제된 측정과 통제된 측정을 이용한다.	• 자연주의적·비통제적 관찰을 이용한다.
• 객관적이다.	• 주관적·해석적이다.
• 확증적·축소주의적·추론적·연역적이다.	• 탐색적·확장주의적·서술적·귀납적이다.
• 확인지향적·결과지향적이다.	• 발견지향적·과정지향적이다.
• 신뢰성 있고 반복 가능한 자료의 특징을 가진다.	• 타당성 있고 실질적이며, 풍부한 깊이가 있는 자료의 특징을 가진다.
• 일반화할 수 있다(복수사례연구).	• 일반화할 수 없다(단일사례연구).
• 특정적이다.	• 총체론적이다.
• 안정적 현상을 가정한다.	• 동태적 현상을 가정한다.
• 대규모 분석에 유리하다.	• 소규모 분석에 유리하다.

+ 플러스원

실증주의적 패러다임 **기출** 19년 1회, 22년 1,2회

- 인간행동의 일반적 형태를 예측하거나 일반적 법칙을 확률적 법칙에 근거하여 발견하고, 이를 확인하기 위해 논리적 유추와 경험적 관찰을 활용하여 연구하는 방법이다.
- 이론 → 가설 → 관찰 → 일반화를 반복함으로써, 사회현상에 대한 과학적 접근을 가능케 한다.
- 연구자와 연구대상을 분리하고 가치중립성을 확보함으로써 사회적 실재를 파악할 수 있다고 본다.
- 현상의 원인을 객관적으로 측정하며, 개념의 조작화 및 일반화를 전개하는 것이 중시된다.

해석주의적 패러다임

- 현상의 원인을 과학적·객관적으로 측정하는 것이 아닌 개인의 다양한 경험과 사회적 행위의 주관적 의미에 대한 해석과 이해를 통해 설명하고자 한다.
- 인간 행위의 동기나 의도를 문화적인 코드 또는 사회의 복잡한 규범들의 맥락 속에서 파악하고자 하며, 신뢰성과 일반화보다는 타당성을 강조한다.
- 비조작적, 불개입적, 질적인 방법을 선호하며, 인간행동에 대한 특수한 이유를 설명하여 감정이입적 이해를 얻고자 한다.

④ 혼합연구방법(Mixed Method) **기출** 19년 2회

㉠ 질적 접근방법과 양적 접근방법의 장점을 혼합하는 접근방법으로 다양한 패러다임을 수용할 수 있어야 한다.
㉡ 이러한 방식은 추구되는 다양한 목적을 만족시켜 줄 수 있을 뿐만 아니라, 각 방법에 의해 얻은 결론의 의미를 더욱 분명하게 알 수 있도록 해준다.
㉢ 질적 연구와 양적 연구의 비중이 상이하고 상반된 연구결과가 나올 수 있다.

2 개별 설문항목 작성

01 설문지와 설문항목

(1) 설문지의 이해
① 조사자가 조사하고자 하는 내용이나 통계자료 등을 얻기 위하여 관련된 질문들을 체계적으로 작성한 질문지이다.
② 조사목적에 맞는 정보를 질문항목으로 구성하여 필요한 정보를 얻어낼 수 있도록 작성된 것이다.
③ 조사자와 응답자를 연결하는 도구이며, 조사자가 직접 질문을 읽어주고 답하는 방식과 스스로 응답할 수 있도록 일정 수의 질문항목으로 구성하는 방식이 있다.

(2) 설문지의 구성요소 `기출` 24년, 25년
① **조사자에 관한 사항** : 조사기관을 소개하는 문구나 연구목적, 표집방법, 비밀보장에 관한 사항 등이 포함되어야 한다.
② **응답자의 협조요청 문구** : 응답자가 설문지에 원활히 응답할 수 있도록 조사의 중요성을 강조하는 문구나 응답을 완료했을 시의 혜택을 언급하여야 한다.
③ **식별자료** : 설문사항에 대한 식별정보나 면접원의 정보가 기재되어 있어야 한다.
④ **지시사항** : 설문에 대한 응답요령을 기재하여 응답에 어려움이 없도록 해야 한다.
⑤ **질문** : 필요한 정보를 획득하기 위한 문항을 논리적으로 필요한 순서에 맞추어 구성해야 한다.
⑥ **응답자의 분류를 위한 자료** : 응답자의 사생활을 침해하지 않는 범위 내에서 인구통계학적 특성을 적도록 하여 독립변수로 사용하고 응답에 대한 정보를 분류할 수 있도록 해야 한다.

(3) 설문지 작성 절차 `기출` 15년 1회, 16년 3회, 18년 2회, 20년 1·2회, 21년 2회, 23년

필요한 정보의 결정 → 자료수집방법의 결정 → 개별항목내용의 결정 → 질문형태의 결정 → 개별항목의 (표현)결정 → 질문순서의 결정 → 질문지의 초안 완성 → 질문지의 사전조사 → 질문지의 완성

심화체크 [25년]

질문지 표지에 포함되어야 할 내용
- 조사자나 조사기관에 대한 신분
- 조사의 목적
- 조사의 중요성
- 응답내용과 응답자의 신분의 비밀 보장에 관한 내용 등

심화체크

응답자의 개인정보를 작성할 때에는 내용이 비밀로 보장됨을 강조하며, 강제적이지 않은 범위 내에서 작성하도록 하여야 한다.

02 개별 질문항목과 응답항목의 작성

(1) 개별 질문항목 작성 시 고려사항

기출 18년 2회, 20년 4회, 21년 1,2회, 22년 1회, 24년, 25년

① 질문은 쉽고 간단명료하게 작성한다.
　㉠ 애매모호한 개념으로 다양하게 해석할 수 있는 용어는 피하고, 응답자들이 이해하지 못하는 전문적인 용어는 가능한 한 피해야 한다.
　㉡ 질문은 길어지면 응답자가 읽지 않을 가능성이 크고 핵심이 흐려져 잘못된 응답을 받게 되므로 간결하고 의미전달이 확실하도록 작성하여야 한다.

② 질문은 명시적이면서 직접적으로 작성한다.
　㉠ 질문이 복잡하고 추상적이면 여러 가지 의미로 응답자들에게 받아들여질 수 있다.
　㉡ 질문이 직접적이지 않으면 암시적일 수 있어 응답자가 의미를 파악하지 못하게 되는 경우가 발생한다.

③ 이중질문 작성은 배제한다.
　응답자들이 하나의 질문에는 동의하고 다른 하나에는 동의하지 않는 경우에는 응답의 혼선이 생길 수 있으므로 하나의 질문은 하나의 내용으로 구성하도록 한다.

④ 민감한 사항은 간접적으로 질문한다.
　응답 자체가 사회적으로 민감한 정치, 종교, 윤리 등의 질문이나 개인적으로 민감한 도박, 학대, 구타, 세금 등에 대한 질문은 일반적으로 응답하기 꺼리므로, 제3자의 입장에서 응답할 수 있도록 질문을 하여 응답자의 생각을 받을 수 있도록 구성한다.

⑤ 특정한 답변을 유도하는 형식의 질문은 배제한다.
　반드시 필요한 것이 아니라면 가정하는 질문은 넣지 않아야 하고, 꼭 필요하다면 객관적으로 받아들여질 수 있도록 작성되었는지 살펴보아야 한다.

⑥ 질문 내용은 구체적이어야 하지만 너무 자세한 응답 요구는 배제한다.
　자세한 응답을 요구할 경우 응답을 회피하는 경향을 보이기 때문에 너무 자세한 응답을 요구하는 질문은 피하고 상식적인 선에서 적절하게 응답을 구한다.

(2) 응답항목 작성 시 고려사항

① 질문에 맞는 응답항목을 작성한다.

개방형 질문	폐쇄형 질문
• 응답자가 직접 자기의 생각, 감정, 동기, 행동을 자유롭게 표현하는 질문방법으로, 응답자의 의견을 존중하는 느낌을 주는 방식이다. • 새로운 아이디어나 의견을 파악하는 탐색적 조사에서 효과적이다. • 등간(구간)척도와 비율척도의 경우에 사용한다.	• 응답자가 주어진 보기 항목 중의 하나 또는 그 이상을 선택하게 하는 질문 방식이다. • 명목(명명)척도와 서열(순서)척도일 경우 사용한다. • 등간(구간)척도 중 리커트 척도처럼 서열(순서)척도의 형태를 띠지만 각 보기 항목 간의 간격이 동일하다는 가정이 성립되는 경우 폐쇄형으로 항목을 구성할 수 있는 경우도 있다.

② 응답 유형 방식에 따라 다양한 질문형태로 작성한다.

　㉠ 양자택일형 질문
　　• 응답이 가능한 경우가 '예'와 '아니요'처럼 두 가지 중의 하나를 선택하는 방식으로 응답하기 쉽고 간편한 방식이다.
　　• '모름', '해당 사항 없음' 등의 항목을 추가하여 응답을 확장할 수 있다.

　㉡ 복수 응답 질문

분류	내용
다항 선택 질문	하나의 질문에 대해서 여러 개의 항목을 선택하여 응답하도록 하는 질문으로 각 항목 간에 순서는 없고 단지 하나의 범주의 의미만 부여한다.
서열식 질문	모든 가능한 응답을 나열하고 응답자에게 중요도, 선호도 등으로 순서를 선택하도록 하는 질문 방식이다.

③ 분석모형을 고려하여 범주형과 척도형을 구분하여 항목을 작성한다(폐쇄형 질문에서 고려되는 질문).

　㉠ 범주형 질문
　　• 명목(명명)척도와 서열(순서)척도의 경우에 사용한다.
　　• 응답하기 용이하고 부담이 없으며, 결과를 직관적으로 이해하기 쉽다.
　　• 결과를 분석할 때 단순집계나 교차분석 외의 다양한 분석을 하기 어렵다.

　㉡ 척도형 질문
　　• 등간(구간)척도의 경우에 사용하여 정량적인 응답을 받을 수 있고, 다양한 분석기법을 적용하여 다양한 정보를 얻을 수 있다.
　　• 척도의 형태로는 기준을 정할 수 있는 가운데 값이 존재하기 때문에 3점, 5점, 7점, 9점, 11점 척도 등의 홀수를 많이 이용한다.

03 질문항목과 응답항목 간의 일관성 검토

(1) 질문항목과 응답항목 간의 일관성 검토 절차 [기출] 24년

① 측정오류의 원인을 분석하여 제거한다.

확률오차 발생 원인	측정오차 발생 원인
• 설문 조사대상자 오류 • 설문지상의 오타 및 문구의 모호한 내용 • 설문 문항의 배열이 앞의 문항에 일부 영향을 받게 되어 있는 경우 • 응답자들이 잘못된 곳에 표기 또는 면접원이 응답자의 응답을 잘못 기입 • 면접원의 잘못된 설명	• 조사목적과 설문지의 내용의 방향이 틀릴 때 • 설문지의 내용이 조사목적의 내용을 일부 빠뜨렸을 때 • 질문항목의 조사를 잘못 기입하여 설문내용이 전혀 다르게 해석될 때 • 질문의 수가 너무 작아 측정하고자 하는 내용을 모두 포함하지 못했을 경우

② 타당성을 평가하여 설문지의 내용이 조사목적에 맞도록 측정되게 작성되었는지 판단한다.
③ 신뢰도를 평가하여 설문지의 내용이 일관성이 있게 작성되었는지 판단한다.
④ 추상적이거나 하나의 주제와 관련하여 여러 개의 문항으로 측정하고자 하는 경우는 신뢰도는 내적 일관성 분석을, 타당성은 요인분석을 하여 구성타당도를 측정하여 평가한다.

(2) 자료의 편집

① 편집의 의의
  ㉠ 수집된 자료들을 검토하고 정정하며, 경우에 따라 미리 **정해진 원칙에 따라 사전 코딩**(Precoding)을 하는 것이다.
  ㉡ 자료처리의 제1단계로서 수집된 자료를 점검하여 **오기, 누락, 흘려 쓴 것 등을** 시정한다.

② 편집의 목적
  ㉠ 연구에서 사용된 개념이 정확하고 일관성 있게 사용되었는가를 검토한다.
  ㉡ 조사에서 발생한 체계적 오차와 불일치의 원인을 찾아낸다.
  ㉢ 코더(Coder)를 위해 자료가 분명하고 일관성이 있으며 간단하도록 정리한다.

③ 편집의 조건
  ㉠ 완전성 : 조사자는 조사대상과 연관된 것은 전부 포함하되 결격사유에 해당하는 것은 제외되도록 절차를 수립한다.
  ㉡ 일관성 : 수치계산이 정확한가 또는 어느 질문의 응답과 다른 질문의 응답이 이론적으로 일치하는가(이론적 일관성), 어떤 개념이 모든 응답자에게 동일한 의미로 받아들여지고 있는가(개념적 일관성), 조사원에 대한 지도 관리를 일관성 있게 하고 있는가(관리적 일관성) 등을 근거로 자료를 편집해야 한다.
  ㉢ 명확성 : 자료는 분명하고 알기 쉬우며 명확해야 한다.

심화체크

자료의 명확성을 확보하기 위한 노력
[22년 1회]
- 지정한 조사대상에 관한 질문지가 확보되었는지를 검토한다.
- 질문지 중에 누락된 항목의 유무를 색출한다.
- 기입이 불완전한 조사항목을 검출해낸다.
- 해독하기 어려운 문자를 정정한다.
- 문답 기입법을 통일한다.
- 계산착오를 검출한다.
- 오기를 검출한다.
- 조사원의 부정기입을 검출한다.
- 계산치를 기입한다.
- 추정회답을 기입한다.

④ 자료의 편집과정에서 주의해야 할 사항 기출 15년 3회
  ㉠ 전체자료에 대하여 일관성을 유지하면서 수행되어야 한다.
  ㉡ 개방형 응답항목은 코딩 과정에서 다양한 응답이 분류될 수 있도록 사전에 처리해야 한다.
  ㉢ 완결되지 않은 응답은 응답자와 다시 접촉하여 완결하거나 그렇지 않으면 결측자료(Missing Data)로 처리한다.

(3) 자료의 보완
  ① 보완의 의의
    ㉠ 자료의 수집이 끝난 후 여러 가지 사정으로 완벽한 수집을 못했을 경우 : 누락되거나 미수된 자료는 삭제 또는 보완되어야 한다.
    ㉡ 미수집 부분을 삭제하는 경우 : 사례의 수가 분석하기에 충분하다면 삭제해도 무방하며, 한두 개의 변수가 50% 이상 미수집 자료라도 해당 변수를 삭제하는 것이 좋다.
    ㉢ 미수집 자료를 보완하는 경우 : 미수 부분을 삭제하는 것보다 적극적인 방법이지만, 보완되는 자료에서 상당한 정도의 오차가 발생할 수도 있음을 인식해야 한다.
  ② 보완의 방법
    ㉠ 평균치삽입법(Inserting Means Approach)
      • 변수의 평균치를 계산하여 누락된 사례의 변수값으로 사용하는 방법이다.
      • 전 사례에 걸쳐서 오차가 무작위로 분포되어 있고, 50% 이상 미수집 자료가 있는 사례를 이미 삭제한 경우에 활용한다.
      • 사례나 변수에 대한 사전지식이 충분하지 못한 경우에도 사용할 수 있다.
    ㉡ 보삽법(Interpolation Method)
      • 급격한 변동을 수반하지 않는 시계열 자료의 경우 전후 시점의 자료의 평균치를 이용하는 방법이다.
      • 수년 동안에 걸친 자료를 수집할 때 어느 한두 해의 자료를 수집할 수 없는 경우, 당해 연도의 보유한 자료만을 가지고 평균치를 계산하는 '직선보삽법(Straight-line Interpolation)'으로 추정이 가능하다.
    ㉢ 평가치추정법(Estimating Values Approach)
      가장 세련된 방법으로서, 평균치를 사용하기보다는 작은 오차만을 감수하면서 원래의 값을 추정해가는 방법이다.

시험에 이렇게 나왔다

[15년 3회]

Q 수집된 자료의 편집과정에서 주의해야 할 사항과 가장 거리가 먼 것은?

① 자료의 편집과정은 전체자료에 대하여 일관성을 유지하면서 수행되어야 한다.
② 코드북의 내용에는 문자로 입력된 변수들은 포함되어서는 안 된다.
③ 개방형 응답항목은 코딩 과정에서 다양한 응답이 분류될 수 있도록 사전에 처리해야 한다.
④ 완결되지 않은 응답은 응답자와 다시 접촉하여 완결하거나 그렇지 않으면 결측자료로 처리한다.

A ❷

3 설문지 작성

01 설문 항목의 구조화

(1) 조사항목 나열하기 기출 23년
① 정보목록을 작성하여 조사목적 범위 내에서 정보목록별로 구체적으로 알고 싶은 모든 항목을 나열한다.
② 각 질문에 대한 응답은 어떤 척도로 할지, 모든 응답자에게 질문을 할지, 조건에 맞는 조사대상자들만 응답을 받을지나 질문별로 조건이 있다면 조건 등을 표시한다.

(2) 설문지 구조화
① 질문항목 간의 관계를 고려하여 배열한다.
　㉠ 전체의 배열방식과 소주제별 배열방식을 모두 고려하여 결정한다.
　㉡ 같은 주제의 질문을 모아서 배열할 경우 응답자들의 집중도 높은 응답을 받을 수 있기 때문에 비슷한 내용 또는 같은 소주제별로 하나의 그룹으로 묶도록 한다.
　㉢ 유사한 질문들을 하나의 질문으로 통합할 것인지, 소주제별로 하나의 질문으로 묶어 질문을 할지, 소주제별로 여러 그룹의 질문으로 구성할지 등을 결정한다.
　㉣ 앞의 질문이 연상작용을 일으켜 다음 질문에 영향을 끼치는 경우에는 질문 간의 간격을 두어 배열하여야 한다.
② 질문배열 유형을 고려한다.

깔대기식 배열	• 질문들이 앞의 질문과 관련된 경우에 일반적이고 범위가 큰 질문을 먼저하고, 특정적이고 구체적인 질문을 뒤쪽으로 배열하는 방식이다. • 조사목적이 자세한 정보를 얻고자 하는 경우나, 예상하지 않은 질문을 얻고자 하는 경우에 적절한 방법이다.
역깔대기식 배열	• 세부적인 문항부터 먼저 질문하고 일반적이고 광범위한 질문을 뒤로 배열하는 방법이다. • 역깔대기식 방법을 사용하는 것이 적당한 경우 　- 응답자에게 질문의 주제가 별 관심이 없는 경우 　- 응답자가 경험이 없어 구체적인 사항을 먼저 인지해야 답을 할 수 있는 경우 　- 오래되어 잘 기억이 나지 않는 경우 　- 전체적인 답을 할 경우 구체적인 답에 영향을 끼치는 경우 예 만족도 조사 : 전체적인 만족도를 먼저 묻게 되면 세부적인 만족도의 질문에 응답 결과가 영향을 미치기 때문에 역깔대기식으로 배열한다.

③ 설문지의 길이를 조절한다.
　㉠ 일대일 면접 : 설문조사의 길이는 가능한 한 5장 이내에 30분 전후
　㉡ 전화조사 : 5~10분
　㉢ 자기기입식 설문 : 15분 전후

④ 도입부에 쉽고 흥미 있는 질문을 배열한다.
　㉠ 어려운 질문이 처음에 나오면 어려운 조사로 인지하여 거절하는 경우도 발생할 것이며, 응답하더라도 거부감이 발생하여 무응답이 많이 발생하게 된다.
　㉡ 응답자가 일반적인 질문을 통해 설문의 의도를 파악하게 되고 면접자와 대화를 나누면서 친밀감과 신뢰를 쌓게 되는 단초 역할을 한다.
　㉢ 일반적인 몇 개의 설문을 통해 설문의 주제와 관련된 지식을 활성화해서 이어지는 설문에 더 편하게 응답하게 한다.
⑤ 후반부에 민감한 질문을 배열한다.
　가능하다면 민감한 질문은 신뢰가 쌓인 후에 응답할 수 있도록 설문지 후반부에 두는 것이 좋다.
⑥ 끝에 인구통계학적 배경의 질문을 배열한다.
　자료분류를 위해서 하는 인구통계학적 질문은 개인의 경우 성별, 연령, 교육수준, 소득수준, 직업 등 민감한 질문을 포함하는 경우가 많기 때문에 설문지 끝에 배열하거나 조사목적 또는 관련된 분석에 사용할 이유가 없으면 질문을 만들지 않도록 한다.

02 설문지 작성

(1) 질문 작성의 준비 기출 18년 1회, 19년 2회

① 질문 작성의 단계에 이르기 전에 문제의 명백한 규정은 물론, 관계 문헌 및 자료조사, 연구문제에 대한 기본전제 및 가설 설정, 실태조사를 위한 표본결정이 완료되어 있어야 한다.
② 연구의 범위와 차원이 결정됨으로써 질문지에 포함될 질문의 내용, 질문의 수 등을 결정할 수 있는 준거가 마련된다.
③ 질문 작성을 위한 준거가 충분히 구비되지 못한 경우 직접관찰 또는 면접을 통한 예비조사를 하는 것이 필요하다.
④ 예비조사를 통해 실태를 보다 정확히 파악함으로써, 가설의 수정, 새로운 질문의 내용 및 범위 등 중요한 결과를 얻을 수 있다.

심화체크

설문지 작성 시 필요적 기재사항
- 질문지를 식별하는 란
　조사연월일/조사지구/응답자의 성명/조사자의 성명/조사시기 등
- 응답자의 사회·경제적 배경을 기입하는 항목
　응답자의 연령/응답자의 직업/출신지/교육정도/생활정도/성별 등

(2) 설문지 작성 시 유의사항 기출 18년 2회, 20년 4회, 21년 1,2회, 22년 1회

① 질문문항들의 배열 및 순서상 유의사항

기출 15년 1,3회, 16년 1회, 17년 1,2회, 18년 1,2,3회, 19년 3회, 20년 3회

㉠ 민감한 질문이나 개방형 질문은 가급적 질문지의 후반부에 배열한다(교육수준, 소득 등).
㉡ 지속적인 기억이 필요한 질문들은 질문지의 전반부에 배열한다.
㉢ 시작하는 질문은 쉽게 응답할 수 있고 흥미를 유발할 수 있는 문항으로 배열한다.
㉣ 질문문항들을 논리적 순서에 의거하여 배열한다.
㉤ 응답의 신뢰도를 묻는 질문문항들은 분리시켜야 한다.
㉥ 동일한 척도항목들은 모아서 배열한다.
㉦ 질문문항들을 길이와 유형에 따라 변화 있게 배열한다.
㉧ 여과질문을 적절하게 배열하여 사용한다.
㉨ 질문 배열에 있어서 질문들을 일정하게 연결되도록 한다든가 또는 혼동되도록 이질적인 질문들을 전후로 배열하는 것이 좋다. 그리하여 응답자의 주의를 각 질문마다 달리 갖도록 한다.
㉩ 질문지 내의 질문들을 그 성격에 따라 깔때기 형태로 배열한다. 그리하여 처음에는 가장 일반적이고 포괄적인 질문을 놓고, 그 다음에는 보다 특수한 질문을 놓으며, 나중에는 가장 세부적이고 특수한 질문을 놓는다.
㉪ 응답자가 응답함에 있어서 피로를 느끼지 않도록 해야 한다. 이를 위해 질문지의 처음에는 응답자가 흥미와 자신감을 가질 수 있도록 단순한 것으로부터 시작하며, 응답자가 곤혹스러워 할 질문들의 경우 분산한다거나 아예 분석에서 제외할 필요도 있다.
㉫ 앞의 질문이 다음 질문에 연상작용을 일으키는(이전효과) 질문은 서로 떨어뜨려 놓는다.
㉬ 응답자의 인적사항에 대한 질문은 가능한 한 나중에 한다.

시험에 이렇게 나왔다
[20년 3회]

Q 설문지 작성에서 질문의 순서를 결정할 때 고려할 사항이 아닌 것은?

① 시작하는 질문은 쉽고 흥미를 유발할 수 있어야 한다.
② 인적사항이나 사생활에 대한 질문은 가급적 처음에 묻는다.
③ 일반적인 내용을 먼저 묻고, 다음에 구체적인 것을 묻도록 한다.
④ 연상작용을 일으키는 문항들은 간격을 멀리 떨어뜨려 놓는다.

A ②

시험에 이렇게 나왔다
[18년 1회]

Q 질문지 설계 시 고려할 사항과 가장 거리가 먼 것은?

① 지시문의 내용
② 자료수집방법
③ 질문의 유형
④ 표본추출방법

A ④

심화체크

질문의 오염
질문지상 질문의 순서를 일정한 방향으로 배열함으로써 응답자가 응답을 하는 데 있어서 어떠한 영향을 받을 수 있으며, 이러한 상태를 가리켜 '질문의 오염'이라고 한다.

② 질문의 용어와 내용에 관한 유의사항

기출 15년 1,2회, 16년 1,2,3회, 17년 1,2,3회, 18년 1,2,3회, 19년 2회, 20년 3회, 22년 1,2회

㉠ 질문에 사용되는 용어는 간결성·구체성·신축성·명확성·중립성의 요건을 갖추고 각 카테고리 간 용어의 양이 어느 정도 균형이 이루어져야 한다. 즉, 응답자들의 특성에 따라 적절한 용어를 선택해야 한다.

㉡ 애매모호한 용어의 사용에 유의한다. 이는 애매모호한 개념을 지님으로써 다양하게 해석될 가능성이 있는 용어들의 사용을 회피해야 한다는 것이다.

㉢ 어렵고 불필요한 전문용어의 사용을 삼가도록 한다.

㉣ 유사응답세트를 변화 있게 구성한다. 여기서 유사응답세트란 세트에 포함된 질문들이 내용에 상관없이 일정한 방향으로 응답하는 경향을 보이는 일련의 질문들을 말한다.

㉤ 유도질문의 사용에 유의한다. 여기서 유도질문이란 응답자에게 조사자가 특정한 응답을 기대하는 것처럼 보이도록 질문하는 경우를 말한다.

㉥ 위협적 질문의 사용에 유의한다. 여기서 위협적 질문이란 응답자가 당황하여 응답이 매우 어렵게 되는 주제에 관한 질문을 말한다. 이와 같은 위협적 질문에 대해 응답자들은 사실대로의 응답을 회피하거나 거짓응답을 할 수도 있다. 위협적인 질문을 처리할 때는 우회적으로 표현하는 것이 좋다.

㉦ 이중질문을 지양한다. 여기서 이중질문이란 하나의 질문문항 속에 두 개 이상의 질문이 내포된 경우를 말한다.

㉧ 규범적 응답 억제에 유의한다. 도덕적 규범이나 사회적 규범이 내재되어 있는 문항은 응답자의 솔직한 반응을 끌어내기가 어렵다.

㉨ 지방이나 계층 등에 따라 의미가 다른 용어는 삼간다.

㉩ 연구자의 주관이 개입되어 특정 응답을 유도하거나 암시하는 질문은 하지 않는다.

④ 질문의 수에 관한 유의사항

㉠ 질문지 내에 포함되는 전체 질문의 수는 적절해야 한다.

㉡ 지나치게 많은 질문은 응답자의 피로를 유발하여 피상적인 응답이 도출되는 반면, 지나치게 적은 질문은 연구결과의 타당성을 저해한다.

㉢ 보통 여론조사를 위한 질문지 내 질문의 수는 대략 30문항 정도이다.

㉣ 질문지 내의 질문의 수는 연구의 목적과 그에 따른 질문지의 성격에 의거한다.

㉤ 측정대상의 한 변수에 관련된 질문의 수는 질문지 내의 전체 질문의 수에 따라 결정되며, 보통 3~4문항 정도이다.

시험에 이렇게 나왔다

[20년 3회]

Q 다음 중 질문지 작성 시 요구되는 원칙이 아닌 것은?
① 규범성
② 간결성
③ 명확성
④ 가치중립성

A ①

심화체크

[15년 1회, 21년 2회]

- 열린 질문: 질문받은 사람이 자유롭게 자신의 관점에서 생각하고 말할 수 있는 질문
- 유도질문: 원하는 자료를 효과적으로 유도하기 위해서 질문지의 질문문항에서 단어 하나로 어떤 응답항목에 대해 응답비율을 높이거나 낮추려는 조사자의 의도가 개입된 질문
- 탐사질문: 구체적이고 명확한 답을 얻기 위해 질문
- 여과질문: 한 질문을 하고 난 후 다음 질문이 필요한지의 여부를 판별할 수 있도록 일련의 관련 질문들을 배열하는 질문방식

03 설문지 점검 및 보완

(1) 예비조사(Pilot Test)

① 예비조사의 의의
  ㉠ 조사연구 문제의 요소를 정확하게 알지 못하는 때에 핵심적인 요점과 요소가 무엇인가를 명백히 하기 위해서 실시되는 탐색적 성격의 조사를 말한다.
  ㉡ 사회조사의 형태를 목적에 따라 기초조사, 기술적 조사, 입증적 조사로 분류할 때, 예비조사는 일정한 조사 문제에 대한 관계정보를 다각적·전문적으로 획득하기 위한 준비과정으로서의 기초조사에 속한다고 할 수 있다.
  ㉢ 탐색적 조사는 조사·연구문제에 대해 사전지식이 결여된 경우 문제영역을 결정하기 위한 조사인 반면, 예비조사는 문제영역은 결정되었으나 조사문제의 핵심적인 사항을 찾아내기 위한 조사에 해당한다.

② 예비조사의 목적
  ㉠ 연구문제의 특정화
  ㉡ 가설의 명확화
  ㉢ 조사표 작성을 위한 기초자료 제공

③ 예비조사의 방법
  ㉠ 조사대상 선정 시 무작위적으로 선정하기보다는 대표성 있는 대상을 유의적으로 골고루 선택한다.
  ㉡ 대상으로부터 자료를 수집할 때는 획일적으로 수집하는 것보다 조사목적과 조사대상의 특성에 따라 조사의 폭과 깊이를 조정하여 수집한다.
  ㉢ 조사원에게 재량권을 부여하여 신축성을 높인다.
  ㉣ 예비조사는 결과의 객관적 처리 못지않게 전체적인 종합판단도 중요하며, 조사 후에도 전문가와 상의하는 것도 좋은 방법이다.
  ㉤ 개방형 질문형식을 사용하는 것이 적합하다.

(2) 사전조사(사전검사, Pre-test)

① 사전조사의 의의 기출 15년 3회, 16년 1회, 22년 1,2회, 23년
  ㉠ 본조사에 들어가기에 앞서 질문지 초안이 작성된 후 마지막 단계에서 질문지의 문제점이나 응답자들이 조사내용을 분명히 이해할 수 있는지의 여부를 찾아내기 위한 작업으로 본조사에서 실시하는 것과 똑같은 절차와 방법으로 질문지가 잘 구성되어 있는지를 시험해 보는 것이다.
  ㉡ 모집단과 대체로 유사하다고 판단되는 소규모 표본을 대상으로 질문문항들의 타당성을 검사하는 과정이다.
  ㉢ 확률추출과정을 거치지 않는다. 이는 사전조사 자체가 단지 질문지의 개략적인 검사에 해당하며, 사전조사의 결과에 대한 일반화를 목적으로 하지 않기 때문이다.
  ㉣ 대상은 모집단과 마찬가지로 이질적인 집단이어야 한다.

시험에 이렇게 나왔다

[20년 1·2회]

Q 다음 중 특정 연구에 대한 사전지식이 부족할 때 예비조사(Pilot Test)에서 사용하기 가장 적합한 질문유형은?

① 개방형 질문
② 폐쇄형 질문
③ 가치중립적 질문
④ 유도성 질문

A ①

시험에 이렇게 나왔다

[15년 3회]

Q 사전검사(Pre-test)의 목적과 가장 거리가 먼 것은?

① 설문지의 확정
② 실제조사관리의 사전점검
③ 사후조사결과와 비교
④ 조사업무량의 조정

A ③

② **사전조사의 목적** 기출 15년 3회, 17년 2회, 18년 1,3회, 19년 1회, 24년, 25년
   ㉠ 질문어구의 시정 및 보완
   - 응답의 내용이 일관성 있는가를 검토한다.
   - 조건부 대답이 많을 경우 그 질문은 적절하다고 할 수 없다.
   - 응답이 어느 한쪽으로 치우치게 나타나지는 않는지 살펴본다.
   - '모른다' 또는 무응답이 많은 경우 질문에 문제가 있음을 의미한다.
   - '기타'에 대한 응답이 많은 경우 그 원인을 파악하며, 응답지의 예를 적절하게 조정한다.
   - 응답에 대한 거절률이 5% 이상인 경우 또는 응답자가 익명을 요구하는 사례가 많은 경우, 적절한 질문이 이루어진 것으로 보기 어렵다.
   - 질문의 순서가 바뀌었을 때 응답에 실질적인 변화가 일어나는 경우 질문의 구성이 잘못된 것이므로 재검토해야 한다.
   - 결과로 얻어지는 정보는 질문문항들의 보완을 위해 사용된다.
   ㉡ 본조사 집행에 필요한 자료수집
   - 면접시간
   - 응답자의 장소 및 분위기
   - 질문지상의 각 질문항목에 소요되는 단위시간
   - 응답자의 이동률
   - 기타 조사상의 애로점 및 이를 타개하는 방법 등
   - 현지 관서와의 관계

＋ 플러스윈

구 분	예비조사	사전조사
시간성	연구의 초기단계에서 연구문제와 관련하여 수행한다.	설문지 작성 후 설문지의 타당성을 높이기 위해 수행한다.
목 적	조사문제를 규명하며, 가설을 명확화한다.	질문지 작성의 타당성 및 신뢰성 등을 검증한다.
형식성	비조직적인 조사로 질문지 등 자료수집도구의 초안 이전에 실현된다.	조직적인 검사로서 자료수집 도구의 초안이 이루어진 후 그 타당성 및 신뢰성을 검증한다.

시험에 이렇게 나왔다

[15년 3회]

Q 질문지 초안이 작성된 후 마지막 단계에서 질문지의 문제점을 찾아내기 위한 작업은?

① 전수조사
② 사전검사
③ 표본조사
④ 사후검사

A ②

시험에 이렇게 나왔다

[19년 1회]

Q 설문지 작성과정 중 사전검사(Pre-test)를 실시하는 이유와 가장 거리가 먼 것은?

① 연구하려는 문제의 핵심적인 요소가 무엇인지 확인한다.
② 응답이 한쪽으로 치우치지 않는지 확인한다.
③ 질문 순서가 바뀌었을 때 응답에 실질적 변화가 일어나는지 확인한다.
④ 무응답, 기타응답이 많은 경우를 확인한다.

A ①

04 설문지의 완성

(1) 표지편지 및 안내문

① 표지편지 및 안내문의 의의
  ㉠ 질문문항들의 작성이 완료되고 배열이 결정된 경우, 질문지 작성의 마지막 작업 과정으로서 안내문이나 표지편지를 작성한다.
  ㉡ 표지편지 또는 안내문은 응답자에게 조사의 당위성을 설명하고, 이들에게 협조를 구함으로써 응답률을 제고시키는 역할을 하는 글이다.
  ㉢ 표지편지 또는 안내문은 짧으면서도 설득력이 있어야 효과적이다.
  ㉣ 질문지와 별도로 우송되기도 하지만 보통 질문지와 함께 우송된다.

② 표지편지 및 안내문 작성 시 유의사항 [기출] 15년 2회, 17년 3회
  ㉠ 조사자나 연구의 후원기관에 대한 신분을 밝혀야 한다.
  ㉡ 조사의 목적, 조사의 중요성에 대해 설명해야 한다.
  ㉢ 응답자가 질문문항들에 대해 왜 응답을 해야 하는지 설명해야 한다. 또한, 응답자 개인이 모집단 전체에 대한 소수표본의 하나임을 알려주며, 본인이 추출되지 않은 수많은 사람들의 견해를 대표한다는 점을 인식시킨다.
  ㉣ 응답내용과 응답자의 신분에 대해 엄격한 비밀보장이 이루어짐을 확신시켜야 한다.
  ㉤ 표지편지의 경우 응답자들의 개별적 주소와 함께 '응답자 귀하'라고 서두에 시작하며, 편지의 말미에 조사자가 친히 서명하여 동봉한 반개별적 편지는 공식적 편지보다 훨씬 더 응답률을 제고할 가능성이 있다.

> **심화체크**
> **표지편지에 포함되는 내용**
> • 연구제목
> • 인사말
> • 조사대상 및 조사내용
> • 조사목적
> • 비밀 보장 및 익명성 보장
> • 협조요청
> • 작성 시 유의사항
> • 마무리 인사말 및 응답에 대한 감사 문구
> • 조사기관 제시

➕ **플러스원**

설문지 회수율을 높이는 방법 [기출] 23년
• 조사에 관한 사전예고를 한다.
• 반송용 봉투를 동봉하여 조사대상자의 편의를 도모한다.
• 인사장을 동봉하여 조사의 협력을 구하고 조사표의 기입 요령을 알기 쉽게 전달한다.
• 물질적 보상 등을 통해 질문 응답에 대한 동기부여를 한다.
• 독촉편지를 보내는 등의 후속 조치를 한다.
• 겉표지에 설문내용의 중요성을 부각하고 설문하는 단체에 대해 언급하여 신뢰감을 준다.
• 개인 신상에 민감한 질문들을 가능한 한 하지 않도록 한다.
• 질문지를 가급적 간단명료화 한다.

(2) 인 쇄

① 사전조사가 끝나고 모든 것이 순조롭다고 확인되면 질문지를 인쇄한다.
② 일반적으로 설문지 인쇄 오류, 설문지의 유실 및 소실, 보관용 설문지, 설문과정에서의 응답오류 등을 고려해 목표 인쇄량의 1.2배 정도 인쇄한다.

③ 인쇄된 질문지가 응답자에게 호감을 주고 중요한 것이라는 인식이 들도록 표지, 용지, 활자, 크기, 공간 등 여러 면을 고려해야 한다.
④ 질문지를 인쇄할 때 응답자와 조사기관의 익명성 여부에 유의한다. 특히 태도조사의 경우 대부분 무기명이 보통이지만, 무기명으로 조사가 이루어지는 경우 응답자의 조사에 임하는 태도가 덜 진지해지므로 기명으로 하는 것이 좋다.
⑤ 응답자에게 부담을 주지 않는 한 조사기관을 솔직히 밝히는 것이 유리하다. 다만, 세무서나 경찰정보기관 등이 조사의 주체임을 드러내는 것은 응답자의 부담을 가중한다.

➕ 플러스원

질문지 설계의 윤리성(Sudman & Bradburn)

사생활 침해금지 (프라이버시권)	• 아주 예외적인 경우를 제외하고는 개인의 행동, 태도, 견해 그리고 신념 등이 대중에게 노출되지 않고 지켜지는 권한을 의미한다. • 조사자는 질문지를 통한 연구조사 시 개인의 사생활을 침해하지 않도록 유의해야 한다.
사전적 승인	• 조사대상은 조사될 질문의 내용과 조사의 용도에 대해 사전에 충분한 정보를 제공받아야 한다는 것을 의미한다. • 응답자는 질문에 대한 자신들의 응답내용이 어떠한 방향으로 유효성을 가지느냐에 따라 보다 적극적인 태도를 나타내 보일 수 있다.
신뢰성	• 신뢰성이란 곧 비밀성을 의미한다. • 대화내용에 대한 신뢰성은 명시적 또는 묵시적으로 나타날 수 있다. • 질문조사에서 신뢰성을 명시적으로 표방하는 이유는 비밀을 지키지 않을 경우에 발생할 수 있는 조사내용상의 유사성을 극복하려는 것이다.

(3) 자료처리 준비

① 질문지가 완성되고 나면 인쇄와 함께 조사지침서를 준비한다.
  • 조사자가 직접 질문을 수행해야 하는 경우 조사자가 따라야 하는 질문요령 및 지시사항을 지침으로 작성하여 배포한다. 조사자가 원활하게 조사할 수 있도록 질문문항에 대한 설명, 주의사항, 복잡한 용어에 대한 정의 및 해설 등을 포함한다.
  • 조사자 없이 응답자가 직접 응답하는 자기기입식 설문지의 경우 응답자가 스스로 내용에 대해 이해하고 응답할 수 있도록 응답지침을 작성한다.
② 질문이 진행되면 완료된 후 자료처리를 진행하기 위해 코딩 틀을 마련한다.
  • 설문지 각 문항에 대한 부호화 방안을 정의한다.
  • 개방형 질문이 질문지에 포함되어 있는 경우, 다양한 응답이 있을 수 있기 때문에 개별 응답에 대한 코딩 부호 등을 미리 문서화한다.
  • 각 설문지에 일련번호를 부여하며, 일반적으로 하나의 문항은 하나의 변수명을 부여한다.
  • 다중선택 문항의 경우 최대 선택 문항 수만큼 코딩 변수를 지정한다.

심화체크

빈 질문지이거나 절반 이상 응답이 누락된 질문지인 경우, 설문 응답자가 부적격 조사대상자로 확인된 경우, 응답 내용의 일관성·신뢰성이 현저히 훼손된 경우, 그밖에 조사결과에 영향을 줄 수 있는 중대한 오류가 발생했을 경우에는 설문지를 폐기하고 분석에서 제외하여야 한다.

CHAPTER 03 적중예상문제

01

사후시험 통제집단 설계(Posttest-only Control Group Design)의 장점과 단점을 바르게 짝지은 것은?

① 테스트효과(Testing Effect)의 제거 – 실험집단과 통제집단의 동질성 확인 불가
② 모방효과(Imitation Effect)의 제거 – 외적타당성의 하락
③ 플라시보효과(Placebo Effect)의 제거 – 조사반응성 통제 불가
④ 성숙효과(Maturation Effect)의 제거 – 측정수단 변화의 통제 불가

해설 사후시험 통제집단 설계는 실험대상자를 무작위로 할당한 후 사전검사 없이 실험집단에 대해서는 조작을 가하고 통제집단에 대해서는 아무런 조작을 가하지 않은 채 그 결과를 서로 비교하는 방법이다. 따라서 테스트효과를 제거할 수 있으나, 사전검사를 하지 않으므로 실험집단과 통제집단의 동질성을 확신할 수 없다.

02

실험설계를 사전실험설계, 순수실험설계, 유사실험설계, 사후실험설계로 구분할 때 유사실험설계에 해당하는 것은?

① 단일집단 사후측정설계
② 집단비교설계
③ 솔로몬 4집단설계
④ 비동일 통제집단설계

해설 유사실험설계는 실험설계의 기본요소에 해당하는 무작위할당, 독립변수의 조작, 통제집단, 사전·사후검사 중 한두 가지가 결여된 설계유형으로 비동일 통제집단설계, 단순시계열설계, 복수시계열설계, 회귀불연속설계 등이 있다.

03

다음 사례에서 사용한 조사설계는?

> 저소득층의 중학생들을 대상으로 무작위로 실험집단과 통제집단에 각각 50명씩 할당하여 실험집단에는 한 달 간 48시간의 학습프로그램 개입을 실시하였고, 통제집단은 아무런 개입 없이 사후조사만 실시하였다.

① 통제집단 사전–사후검사설계(Pretest-posttest Control Group Design)
② 통제집단 사후검사설계(Posttest-only Control Group Design)
③ 단일집단 사전–사후검사설계(One-group Pretest-posttest Design)
④ 정태집단 비교설계(Static Group Comparison Design)

해설 사전검사가 없으므로 통제집단 사후검사설계이다. 통제집단 사후검사설계는 실험대상자를 무작위로 할당한 후 사전검사 없이 실험집단에 대해서는 조작을 가하고 통제집단에 대해서는 아무런 조작을 가하지 않은 채 그 결과를 서로 비교하는 방법이다.

04

일반적으로 질적 연구(Qualitative Research)를 위해 많이 이용하는 방법은?

① 관찰조사
② 전화조사
③ 질문지조사
④ 실험조사

해설 질적 연구방법에서 수집되는 자료는 일상생활 속의 행위자들의 말, 글, 몸짓, 관찰 가능한 행동, 흔적, 상호작용의 상황과 환경적 요인들이다.

05

실험설계에 대한 설명으로 틀린 것은?

① 통제집단 사후검사설계는 무작위할당으로 통제집단과 실험집단을 나누고 실험집단에만 개입을 한다.
② 정태적(Static) 집단비교설계는 실험집단과 개입이 주어지지 않은 집단을 사후에 구분해서 종속변수의 값을 비교한다.
③ 비동일 통제집단설계는 임의적으로 나눈 실험집단과 통제집단 간의 교류를 통제한다.
④ 복수시계열설계는 실험집단과 통제집단에 대해 개입 전과 개입 후 여러 차례 종속변수를 측정한다.

해설 비동일 통제집단설계는 통제집단 전후비교설계와 유사하지만 무작위할당에 의해 실험집단과 통제집단이 선택되지 않는다는 점이 다르다. 임의적인 방법으로 양 집단을 선정하고 사전·사후검사를 실시하여 종속변수의 변화를 비교한다. 따라서 이 설계는 임의적 할당에 의한 선택의 편의가 발생할 수 있으며, 실험집단의 결과가 통제집단으로 모방되는 것을 차단하기 어렵다는 단점을 지닌다. 즉, 실험집단과 통제집단 간의 교류를 통제하지 못한다.

06

질적 연구에 대한 설명으로 틀린 것은?

① 자료처리를 위해 컴퓨터 프로그램을 사용하지 않는다.
② 사례기술적 이해를 추구한다.
③ 신뢰도에 있어서 문제가 있을 수 있다.
④ 초점그룹면접도 질적 연구에 해당한다.

해설 질적 연구에서 수집되는 자료는 일상생활 속의 행위자들의 말, 글, 몸짓, 관찰 가능한 행동, 흔적, 상호작용의 상황과 환경적 요인들이다. 자료를 처리하기 위해 컴퓨터 프로그램을 사용할 수 있고 사례기술적 이해를 추구하며, 결과보다는 주로 절차에 관심을 둔다. 신뢰도에 있어서 문제가 있을 수 있다는 단점이 있다.

07

다음 설명에 가장 적합한 연구방법은?

> 이 질적 연구는 11명의 여성들이 아동기의 성 학대 피해 경험을 극복하고 대처해 나가는 과정을 조사한 것이다. 포커스 그룹에 대한 10주간의 심층면접을 통하여 160개가 넘는 개인적인 전략들이 코딩되고 분석되어 1) 극복과 대처전략을 만들어내는 인과조건, 2) 그런 인과조건들로부터 발생한 현상, 3) 전략을 만들어내는 데 영향을 주는 맥락, 4) 중재조건들, 5) 그 전략의 결과들을 설명하기 위한 이론적 모델이 개발되었다.

① 현상학적 연구
② 근거이론 연구
③ 민속지학적 연구
④ 내용분석 연구

해설 ② 근거이론 연구 : 현상에 속한 자료를 체계적으로 수집하고 분석해 이론을 도출하는 방법이다. 해당 질적 연구에서는 연구참여자들의 경험을 담은 10주간의 심층면접 자료를 분석하여 인과 조건, 현상, 맥락, 중재조건들, 결과 등 다양한 요소를 확인하고, 그 과정에서 나타나는 전략들과 관련된 이론을 개발하였으므로 근거이론 연구의 핵심 과정과 일치한다.
① 현상학적 연구 : 살아있는 경험을 지향하며 그 경험의 의미를 포함하여 현상의 본질을 밝혀 기술하는 것을 목적으로 한다.
③ 민속지학적 연구 : 현지 조사에 바탕을 둔, 여러 민족의 사회조직이나 생활양식의 기술을 목적으로 하는 연구의 한 방법이다.
④ 내용분석 연구 : 여러 가지 문서화된 매체들을 중심으로 연구대상에 필요한 자료들을 수집하는 방법으로, 사례연구와 개방형 질문지 분석의 특성을 동시에 보이는 분석방법이다. 문헌연구의 일종으로 메시지를 그 분석대상으로 하며 메시지의 현재적인 내용뿐만 아니라 잠재적인 내용도 분석대상으로 한다.

08

특정 시점에서 다른 특성을 지닌 집단들 사이의 차이를 측정하는 조사방법은?

① 패널조사
② 추세조사
③ 코호트조사
④ 서베이조사

해설 횡단적 조사는 특정 시점에서 집단 간의 차이를 연구하는 방법으로 특정 시점에서 다른 특성을 가지고 있는 집단들 사이의 차이를 측정하는 기술적 조사방법이다. 패널조사, 추세조사, 코호트조사는 종단적 조사이며, 서베이조사는 횡단적 조사에 속한다.

정답 ▶ 05 ③ 06 ① 07 ② 08 ④

09

다음은 어떤 형태의 연구에 해당하는가?

> A기관에서는 3년마다 범죄의 피해를 측정하기 위해서 규모비례 집락표집을 이용하여 범죄피해 조사를 시행하고 있다.

① 회상(Recall)연구
② 패널(Panel)연구
③ 추세(Trend)연구
④ 코호트(Cohort)연구

해설 추세연구는 일정 기간 동안 동일한 전체 모집단 내의 변화를 연구하는 것이다. 3년마다 동일한 방법으로 범죄피해 조사를 시행하는 것은 시간에 따른 모집단 내의 변화를 파악하는 데 목적이 있으므로 추세연구에 해당한다.

10

다음에서 설명하고 있는 연구방법은?

> 소위 386 세대라고 일컬어지는 사회집단이 가진 정치의식이 1990년 이후 5년 단위로 어떠한 변화를 보이고 있는지에 대해 종단분석을 실시했다.

① 추세연구
② 패널연구
③ 현장연구
④ 코호트연구

해설
① 추세연구 : 동일한 전체 모집단 내의 변화를 여러 시기에 걸쳐 표본을 추출하여 계속적으로 연구하는 것이다.
② 패널연구 : '패널(Panel)'이라 불리는 특정 응답자 집단을 정해 놓고 그들로부터 상당히 긴 시간 동안 지속적으로 연구자가 필요로 하는 정보를 획득하는 방법이다.
③ 현장연구 : 어떤 가설을 검증하기 위해 연구자가 현실적인 사회상황 속에서 독립변수를 조작하는 논리적인 목적을 가진 조사를 의미한다.

11

다음 중 실험의 특징과 가장 거리가 먼 것은?

① 독립변수를 의도적으로 조작할 수 있다.
② 피실험자를 각 집단에 무작위로 배정할 수 있다.
③ 주로 현상에 대한 단순한 기술보다는 설명을 목적으로 한다.
④ 탐색적인 접근을 할 때 잘 사용되는 방법이다.

해설 실험은 과학적 방법의 요체인 통제된 연구의 정신에 가장 충실하고자 하는 연구방법으로서, 엄격히 통제된 상황에서 두 변수 사이의 인과관계를 검증하는 것이다. 탐색적 연구는 조사설계를 확정하기 이전 연구문제의 발견, 변수 규명, 가설 도출 등을 위해 예비적으로 실시하는 것으로, 실험은 이러한 탐색적 연구보다는 가설 검증 및 인과관계 규명에 더 적합하다.

12

양적 조사와 질적 조사의 사례로 틀린 것은?

① 질적 조사 – 사례연구의 기록을 분석하여 핵심적 개념을 추출한다.
② 양적 조사 – 단일사례조사로 청소년들의 흡연횟수를 3개월 동안 주기적으로 기록한다.
③ 질적 조사 – 노숙인과 함께 2주간 생활하면서 참여관찰한다.
④ 양적 조사 – 초점집단면접을 통해 문제해결방안을 도출한다.

해설 초점집단면접은 전문적인 지식을 가진 면접 진행자가 동질의 소수의 집단을 대상으로 특정 주제에 대해 자유롭게 토론을 하여 필요한 정보를 얻는 방법으로 질적 조사의 사례에 해당한다.

13

양적 연구와 질적 연구에 관한 설명으로 틀린 것은?

① 양적 연구는 연구대상의 관계를 통계적으로 분석을 통하여 밝히는 연구이다.
② 질적 연구는 강제적 측정과 통제된 측정을 이용하는 방법이다.
③ 질적 연구는 주관적·해석적 연구방법이다.
④ 양적 연구는 확인 지향적 또는 확증적 연구방법이다.

해설 질적 연구는 주관적·해석적 사회과학의 연구방법으로서, 수집되는 자료는 일상생활 속의 행위자들의 말, 글, 몸짓, 관찰 가능한 행동, 흔적, 상호작용의 상황과 환경적 요인들이다. 조사에 필요한 절차나 단계를 엄격하게 결정하지 않으며, 조사 초기에 설정한 분석틀이 중간에 변경될 수 있다.

14

질적 조사방법과 양적 조사방법의 차이점에 관한 설명으로 틀린 것은?

① 양적 방법은 관찰자로부터 독립된 객관적 현상이 존재한다고 보는 데 비하여 질적 방법은 그렇지 않다.
② 양적 방법은 현상의 결과적 측면에 주력한다면 질적 방법은 현상의 과정적 측면을 이해하려 주력한다.
③ 양적 방법은 조사절차가 유연하고 객관적이지만 질적 방법은 그렇지 못하다.
④ 양적 방법은 일반화(Generalization)를 위해 노력하지만 질적 방법은 그렇지 않다.

해설 양적 조사방법에 비해 질적 조사방법은 연구절차가 상대적으로 융통성이 있다.

15

양적 연구와 질적 연구를 통합한 혼합연구방법(Mixed Method)에 관한 설명으로 틀린 것은?

① 질적 연구결과에서 양적 연구가 시작될 수 없다.
② 주제에 따라 두 가지 연구방법의 비중은 상이할 수 있다.
③ 다양한 패러다임을 수용할 수 있어야 한다.
④ 질적 연구결과와 양적 연구결과는 상반될 수 있다.

해설 혼합연구방법은 다양한 패러다임을 수용할 수 있어야 함을 전제로 한다. 다만, 질적 연구와 양적 연구를 수행함에 있어 방법적 비중이 상이하고 상반된 연구결과가 나올 수 있다.

16

시간의 변화에 따른 특정 하위모집단의 변화를 관찰하는 조사유형은?

① 횡단조사   ② 추세조사
③ 패널조사   ④ 코호트조사

해설 코호트조사는 일정 기간 안에 어떤 한정된 부분 모집단의 변화를 조사하는 것으로서, 특정 경험을 같이 하는 사람들이 가지는 특성들에 대해 두 번 이상의 다른 시기에 걸쳐서 비교·조사하는 방법이다.

17

다음 4가지 연구 가운데 시간적 범위가 다른 것은?

① 추이연구(Trend Studies)
② 동류집단연구(Cohort Studies)
③ 패널연구(Panel Studies)
④ 횡단적 연구(Cross-sectional Studies)

해설 추이연구, 동류집단연구, 패널연구는 종단적 연구방법으로, 하나의 연구대상을 일정 기간 동안 관찰하여 그 대상의 변화를 파악하는 데 초점을 둔다. 횡단적 연구는 특정 시점에서 집단 간의 차이를 연구하는 방법으로 특정 시점에서 다른 특성을 가지고 있는 집단들 사이의 차이를 측정한다.

정답 13 ② 14 ③ 15 ① 16 ④ 17 ④

18

횡단연구(Cross-sectional Study)에 관한 설명으로 틀린 것은?

① 추세연구는 횡단연구의 일종이다.
② 인구센서스 조사는 횡단연구의 대표적인 예이다.
③ 어느 한 시점에서 어떤 현상을 주의 깊게 연구하는 방법이다.
④ 횡단연구로 인과적 관계를 규명하려는 가설검증이 가능하다.

해설 추세연구는 종단연구의 일종이다.

참고 인구센서스를 절대적으로 종단연구인지 횡단연구인지 확실히 구분하기는 어렵다. 문제에서 요구하는 '조건'에 따라 횡단적인지 종단적인지 그 성격이 결정된다. 해당 문제의 경우 '통계청에서 실시한' 인구센서스라는 조건에서 그 성격이 횡단적임을 알 수 있다. 통계청에서 인구센서스를 실시할 경우 일반적으로 일정 시점에, 넓은 지역을 대상으로, 많은 연구대상에게 실시하는데, 일정 시기에만 실시하는 인구주택총조사를 예로 들 수 있다. 종단조사의 하나인 추세조사에서의 인구센서스는 '변화관찰 및 미래예측'이 주요 목적이다. 인구주택총조사의 결과를 모아 그 변화를 비교하는 자체가 추세조사로서의 인구센서스에 해당한다.

19

횡단연구와 종단연구에 관한 설명으로 틀린 것은?

① 횡단연구는 한 시험에서 이루어진 관찰을 통해 얻은 자료를 바탕으로 하는 연구이다.
② 종단연구는 일정 기간에 여러 번의 관찰을 통해 얻은 자료를 이용하는 연구이다.
③ 횡단연구는 동태적이며, 종단연구는 정태적인 성격이다.
④ 종단연구에는 코호트연구, 패널연구, 추세연구 등이 있다.

해설 종단적 연구는 하나의 연구대상을 일정 기간 동안 관찰하여 그 대상의 변화를 파악하는 데 초점을 둔 동태적인 기술적 조사방법이다. 반면, 횡단연구는 특정 시점에서 집단 간의 차이를 연구하는 방법으로 특정 시점에서 다른 특성을 가지고 있는 집단들 사이의 차이를 측정하는 정태적인 기술적 조사방법이다.

20

다음 중 종단적 연구가 아닌 것은?

① 시계열연구(Time Series Study)
② 동질성 집단연구(Cohort Study)
③ 패널연구(Panel Study)
④ 단면연구(Cross-sectional Study)

해설 ④ 단면연구 : 횡단적 연구라고도 하며, 일정 시점을 기준으로 모든 관련 변수에 대한 자료를 수집해 연구하는 기술적 조사방법이다.
① 시계열연구 : 실험조치를 하기 이전 또는 이후에 일정 기간 동안 정기적으로 수차례 결과변수에 대한 측정을 하여 실험조치의 효과를 추정하는 연구방법이다.
② 동질성 집단연구 : 일정 기간 동안 어떤 한정된 부분 하위모집단의 변화를 연구하는 것으로서, 특정 경험을 같이 하는 사람들이 가지는 특성들에 대해 두 번 이상 다른 시기에 걸쳐서 비교·연구하는 방법이다.
③ 패널연구 : '패널(Panel)'이라 불리는 특정 응답자 집단을 정해 놓고 그들로부터 상당히 긴 시간 동안 지속적으로 연구자가 필요로 하는 정보를 획득하는 연구방법이다.

21

특정한 시기에 태어났거나 동일 시점에 특정 사건을 경험한 사람들을 대상으로 이들이 시간이 지남에 따라 어떻게 변화하는지를 조사하는 방법은?

① 사례조사
② 패널조사
③ 코호트조사
④ 전문가의견조사

해설 코호트조사는 일정 기간 동안 어떤 한정된 부분 모집단의 변화를 연구하는 것으로서, 특정 경험을 같이 하는 사람들이 가지는 특성들에 대해 두 번 이상의 다른 시기에 걸쳐서 비교·연구하는 방법이다.

22

코호트연구(Cohort Study)의 의미로 가장 적합한 것은?

① 시점조사를 통하여 여러 변수의 차이를 분석할 때 적용하는 연구
② 다양한 특성을 지니는 인구 집단 속에서 특정 사건이 시간에 따라 발생시키는 변화를 조사하는 연구
③ 동일한 특성을 가진 집단이 시간이 경과함에 따라 어떻게 변화하는지를 조사하는 연구
④ 본조사(Main Study) 이전에 특정사건의 빈도를 미리 예측하는 연구

> **해설** 코호트연구는 일정 기간 동안 어떤 한정된 부분 모집단의 변화를 연구하는 것으로서, 특정 경험을 같이 하는 사람들이 가지는 특성들에 대해 두 번 이상의 다른 시기에 걸쳐서 비교·연구하는 방법이다.

23

실험설계의 인과관계 분석을 위협하는 요소와 가장 거리가 먼 것은?

① 검사효과
② 사후검사
③ 실험대상의 탈락
④ 성숙 또는 시간의 경과

> **해설** 사후검사는 실험집단과 통제집단의 종속변수에 대한 검사를 실시하는 것으로 실험설계의 기본절차 중 하나이다.
>
> **실험설계의 기본절차**
> 대상선정 → 실험환경선정 → 무작위표집 → 무작위할당 → 사전검사 → 실험조치 → 사후검사 → 비교 및 검증

24

경험적 연구방법에서 실험에 관한 설명으로 틀린 것은?

① 실험집단은 실험의 대상이 되는 집단이다.
② 분석집단이란 모든 다른 조건은 실험집단과 동일하나 실험자극을 주지 않는 집단이다.
③ 사전검사란 실험자극을 주기 이전에 실험대상의 상태를 측정하는 것을 말한다.
④ 실험의 방법은 자연과학에서 주로 사용되지만, 심리학이나 교육학 등 사회과학에서도 사용된다.

> **해설** 모든 다른 조건은 실험집단과 동일하나 실험자극을 주지 않는 집단을 통제집단이라고 한다. 실험은 인과관계를 추리하기 위해 실험집단과 통제집단으로 나누고 실험집단에 자극을 가하여 나타난 결과를 통제집단과 비교하는 방식이다.

25

순수실험설계에 관한 설명으로 옳은 것은?

① 통제집단 사전사후설계의 경우 주시험효과를 제거하기 어렵다.
② 순수실험설계는 학문적 연구보다 상업적 연구에서 주로 활용된다.
③ 통제집단 사후실험설계는 결과변수 값을 두 번 측정한다.
④ 솔로몬 4집단설계는 통제집단 사전사후설계와 통제집단 사후실험설계의 결합형태이다.

> **해설** ① 주시험효과는 내적 타당도의 저해요인 중 하나이다. 순수실험설계는 내적 타당도를 저해하는 요인들을 최대한 통제한 설계유형이다.
> ② 상업적 조사는 외생변수의 통제가 어렵기 때문에 학문적 조사에서 주로 순수실험설계가 활용된다.
> ③ 통제집단 사후실험설계는 사전검사 없이 실험집단에 대해서는 조작을 가하고 통제집단에 대해서는 아무런 조작을 가하지 않은 채 그 결과를 서로 비교하는 방법으로 결과변수 값을 한 번 측정한다.

정답 22 ③ 23 ② 24 ② 25 ④

26
순수실험설계와 유사실험설계를 구분하는 기준은?

① 독립변수의 설정
② 비교집단의 설정
③ 종속변수의 설정
④ 실험대상 선정의 무작위화

해설 순수실험설계의 가장 큰 특징은 실험대상을 선정할 때, 무작위화를 거치는 것이다. 또한, 독립변수의 조작, 측정의 시기 및 측정대상에 대한 통제 등이 연구자의 의도에 따라 가능한 실험설계로서 외생변수의 영향을 효율적으로 제거할 수 있는 설계방법이다. 유사실험설계는 독립변수의 조작에 있어서 실험조작에 대한 시기, 대상, 그리고 집단의 무작위적인 선택에 있어서 충분한 통제가 가능하지 않은 경우 적절하게 사용할 수 있으며, 비동일 통제집단의 설정은 유사실험설계의 특징 중 하나이다.

27
통제집단 사전사후측정실험설계(Pretest-posttest Control Group Design)의 핵심적 특징을 모두 짝지은 것은?

ㄱ. 통제집단의 설정
ㄴ. 내적 타당도 저해요인의 통제
ㄷ. 실험집단과 통제집단의 동등화
ㄹ. 표준화 척도의 활용

① ㄱ, ㄴ
② ㄷ, ㄹ
③ ㄱ, ㄴ, ㄷ
④ ㄱ, ㄴ, ㄷ, ㄹ

해설 통제집단 사전사후측정실험설계는 무작위할당으로 실험집단과 통제집단을 구분한 후 실험집단에 대해서는 독립변수 조작을 가하고, 통제집단에 대해서는 아무런 조작을 가하지 않은 채 두 집단 간의 차이를 전후로 비교하는 방법으로 개입 전 종속변수의 측정을 위해 사전검사를 실시한다. 또한, 두 집단의 동질성을 확보할 수 있으며, 외생변수를 통제할 수 있다. 그러나 검사요인을 통제할 수 없으며, 외부변수의 작용이 개입될 여지가 많고, 내적 타당도는 높으나, 외적 타당도가 낮다.

28
다음은 어떤 설계방식에 해당하는가?

> 수학과외의 효과를 측정하기 위하여 유사한 특징을 가진 두 집단을 구성하고 두 집단을 각각 수학시험을 보게 하였다. 이후 한 집단에는 과외를 시키고, 다른 집단은 그대로 둔 다음, 다시 수학시험을 보게 하였다.

① 집단비교설계(Static-group Comparison)
② 솔로몬 4집단설계(Solomon Four-group Design)
③ 통제집단 사후측정설계(Posttest-only Control Group Design)
④ 통제집단 사전사후측정설계(Pretest-posttest Control Group Design)

해설 유사한 특징을 가진 두 집단을 구성하고 두 집단을 각각 수학시험을 보게 하였으므로 무작위할당한 실험집단과 통제집단을 구분한 것을 알 수 있다. 조작을 가하기 전 수학시험을 보고, 한 집단에만 조작을 가한 후 수학시험을 보게 했으므로 통제집단 사전사후측정설계에 해당한다.

29
질적 연구에 관한 설명과 가장 거리가 먼 것은?

① 질적 연구에서는 어떤 현상에 대해 깊은 이해를 하고 주관적인 의미를 찾고자 한다.
② 질적 연구는 개별 사례 과정과 결과의 의미, 사회적 맥락을 규명하고자 한다.
③ 질적 연구는 양적 연구에 비해 대상자를 정확히 이해할 수 있는 더 나은 연구방법이다.
④ 연구주제에 따라서는 질적 연구와 양적 연구를 동시에 진행할 수 있다.

해설 질적 연구와 양적 연구 둘 중에 어느 것이 더 나은 연구방법이라고 말할 수는 없다.

30

다음은 무엇에 관한 설명인가?

> • 실험집단에 대하여 사전조사를 실시한다.
> • 실험집단에 대하여 실험자극을 부여한 다음 종속변수를 측정한다.
> • 통제집단은 구성하지 않는다.

① 단일집단 사후측정설계(One Group Posttest-only Design)
② 집단비교설계(Static-group Comparison)
③ 솔로몬 4집단설계(Solomon Four-group Design)
④ 단일집단 사전사후측정설계(One-group Pretest-posttest Design)

해설 단일집단 사전사후측정설계
• 조사대상에 대해 사전검사를 한 다음 독립변수를 도입하며, 이후 사후검사를 하여 인과관계를 추정하는 방법이다.
• 실험조치의 전후에 걸친 일정 기간의 측정상 차이를 실험에 의한 영향으로 확신하기 어렵다.
• 역사요인, 성숙요인 등의 외생변수를 통제할 수 없다.

31

사후실험설계(Ex-post Facto Experiment)에 관한 설명으로 틀린 것은?

① 독립변수를 조작할 수 없는 상태 또는 이미 노출된 상태에서 변수들 간의 관계를 검증하는 방법이다.
② 독립변수에 대한 통제가 윤리적으로 바람직하지 않을 때 사용될 수 있다.
③ 일반적인 실험설계보다 종속변수에 영향을 줄 수 있는 변수의 통제가 용이하다.
④ 실제 상황에서 검증하기 때문에 일반적인 실험설계에 비해서 현실성이 높은 결과를 얻을 수 있다.

해설 사후실험설계는 독립변수를 조작할 수 없거나 연구대상을 조건에 따라 설계하기 어려운 경우에 사용한다. 따라서 종속변수에 영향을 줄 수 있는 변수의 통제가 용이하지 않다.

32

사후실험설계(Ex-post Facto Research Design)의 특징으로 틀린 것은?

① 가설의 실제적 가치 및 현실성을 높일 수 있다.
② 순수실험설계에 비하여 변수들 간의 인과관계를 명확히 밝힐 수 있다.
③ 분석 및 해석에 있어 편파적이거나 근시안적 관점에서 벗어날 수 있다.
④ 조사의 과정 및 결과가 객관적이며 조사를 위해 투입되는 시간 및 비용을 줄일 수 있다.

해설 순수실험설계는 실험대상의 무작위화, 실험변수의 조작, 외생변수의 통제 등 실험적 조건을 갖춘 설계유형이며 사후실험설계는 독립변수를 조작할 수 없거나 연구대상을 조건에 따라 설계하기 어려운 경우에 사용한다. 따라서 순수실험설계가 사후실험설계보다 변수들 간의 인과관계를 명확히 밝힐 수 있다.

33

질적 연구에 관한 설명으로 틀린 것은?

① 정보의 출처나 자료수집방법을 다양하게 한다.
② 개방형 질문을 통해 심층적인 정보를 얻어낸다.
③ 조사 초기에 설정한 분석틀을 도중에 변경해서는 안 된다.
④ 연구과정에서 자료를 분석해 가면서 자료를 범주화한다.

해설 질적 연구는 조사에 필요한 절차나 단계를 엄격하게 결정하지 않으며, 조사 초기에 설정한 분석틀이 중간에 변경될 수 있다.

34

2017년 특정한 3개 고등학교(A, B, C)의 졸업생들을 모집단으로 하여 향후 10년간 매년 일정 시점에 표본을 추출하여 조사를 한다면 어떤 조사에 해당하는가?

① 횡단조사
② 서베이 리서치
③ 코호트조사
④ 사례조사

해설 매년 일정 시점에 졸업생들을 추출하여 10년간 조사하는 것은 특정 경험을 같이 하는 사람들의 특성에 대해 두 번 이상의 다른 시기에 걸쳐 비교·연구하는 것이므로 코호트조사에 해당한다.

35

종단연구와 비교한 횡단연구의 장점과 가장 거리가 먼 것은?

① 일반적으로 비용이 적게 든다.
② 엄밀한 인과관계의 검증에 유리하다.
③ 검사효과로 인해 왜곡될 가능성이 낮다.
④ 조사대상자에 대한 사생활침해의 우려가 낮다.

해설 횡단연구와 종단연구는 모두 기술적 조사방법이다. 기술적 조사방법은 어떤 현상에 대한 탐구와 명백화를 주목적으로 하며, 어떠한 사건이나 현상의 크기, 비율, 수준 등에 대한 단순 통계적인 자료를 수집하여 문제에 대한 답을 구한다. 따라서 인과관계의 검증에 유리한 방법은 아니다.

36

동일한 대상에게 동일한 현상에 대해 서로 다른 시점에 걸쳐 지속적으로 반복측정하는 조사방법은?

① 패널(Panel)조사
② 인서트(Insert)조사
③ 콜인(Call In)조사
④ 출구조사(Exit Poll)

해설 패널조사는 '패널(Panel)'이라 불리는 특정 응답자 집단을 정해 놓고 그들로부터 상당히 긴 시간 동안 지속적으로 연구자가 필요로 하는 정보를 획득하는 방법이다.

37

패널조사에 관한 설명으로 틀린 것은?

① 특정 조사대상자들을 선정해 놓고 반복적으로 실시하는 조사방식을 의미한다.
② 종단적 조사의 성격을 지닌다.
③ 반복적인 조사 과정에서 성숙효과, 시험효과가 나타날 수 있다.
④ 패널 운영 시 자연 탈락된 패널구성원은 조사결과에 크게 영향을 미치지 않는다.

해설 패널조사는 패널을 관리하는 것이 어려우며, 탈락된 패널구성원은 조사결과에 영향을 미친다.

38

패널조사의 단점에 대한 설명으로 틀린 것은?

① 원 조사대상이 이사를 하거나 사망하여 패널소멸이 일어날 경우 연구결과가 왜곡될 수 있다.
② 반복되는 조사를 통하여 응답자가 조사의 의도를 파악하여 연구결과가 왜곡될 수 있다.
③ 장기간의 조사과정으로 조사자와 친밀해져서 부정확한 자료를 제공할 수 있다.
④ 다른 조사방법에 비해 변화를 감지할 수 있는 가능성이 비교적 낮다.

해설 패널조사는 동일 대상을 지속적으로 조사하기 때문에 변화를 민감하게 감지할 수 있다는 장점이 있다. 반대로 패널 구성원이 추후 연구에 대한 기여를 거부하거나 자연 탈락하는 등 조사결과에 크게 영향을 미칠 수 있으며 반복적인 조사 과정에서 성숙효과, 시험효과가 나타날 수 있다는 단점이 있다.

39

다음 중 패널(Panel)조사의 특징과 가장 거리가 먼 것은?

① 패널조사는 초기 연구비용이 비교적 많이 드는 연구방법이다.
② 패널조사는 조사대상자로부터 추가적인 자료를 얻기가 비교적 쉽다.
③ 패널조사는 조사대상자의 태도 및 행동변화에 대한 정확한 분석이 가능하다.
④ 패널조사는 최초 패널을 다소 잘못 구성하더라도 장기간에 걸쳐 수정이 가능하다는 장점이 있다.

해설 패널조사는 특정 응답자 집단을 장기간에 걸쳐 연구하므로 패널을 수정할 수 없으며, 패널관리가 어렵다는 단점을 가지고 있다.

40

다음에 해당하는 연구 형태는?

> 특수목적 고등학교에 입학한 학생들을 대상으로 2016년에서 2020년까지 자존감 변화를 연구하기 위해 모집단으로부터 매년 다른 표본을 추출하였다.

① 패널연구
② 횡단적 연구
③ 동질성 집단연구
④ 경향성 연구

해설 일정 기간 동안(2012년에서 2017년) 어떤 한정된 부분 모집단(특수목적 고등학교에 입학한 학생)의 변화를 연구하는 것으로, 특정 경험을 같이 하는 사람들이 가지는 특성들에 대해 두 번 이상의 다른 시기에 걸쳐서 비교·연구하는 동질성 집단(코호트)연구에 해당한다.

41

양적 연구와 비교한 질적 연구에 대한 설명으로 틀린 것은?

① 성과나 결과보다 주로 절차에 관심을 둔다.
② 관찰행위 자체가 연구대상에 영향을 준다고 본다.
③ 조사에 필요한 절차나 단계를 엄격하게 결정하지 않는다.
④ 도출되는 연구결과는 잠정적이라기보다 결정적이라는 특성을 갖는다.

해설 질적 연구의 결과는 상호작용의 상황과 환경적 요인들에 따라 다르게 해석될 수 있는 잠정적인 성격을 갖는다. 반대로 양적 연구는 통계적 분석을 통해 일반화 가능한 결론을 도출하므로 결정적인 성격을 갖는다.

42

양적 연구와 비교한 질적 연구의 특징에 해당하지 않는 것은?

① 비공식적인 언어를 사용한다.
② 주관적 동기의 이해와 의미해석을 하는 현상학적·해석학적 입장이다.
③ 비통제적 관찰, 심층적·비구조적 면접을 실시한다.
④ 자료분석에 소요되는 시간이 짧아 소규모 분석에 유리하다.

해설 질적 연구는 타당성이 있는 실질적이고 풍부한 깊이 있는 자료를 사용하므로 자료분석에 소요되는 시간이 길기 때문에 소규모 분석에 유리하다. 반대로 양적 연구는 신뢰성 있는 반복 가능한 자료를 사용하기 때문에 대규모 분석에 유리하다.

43

횡단조사(Cross-sectional Study)에 관한 설명으로 옳은 것은?

① 정해진 연구대상의 특정 변수값을 여러 시점에 걸쳐 연구한다.
② 패널조사에 비하여 인과관계를 더 분명하게 밝힐 수 있다.
③ 여러 연구 대상들을 정해진 한 시점에서 조사, 분석하는 방법이다.
④ 집단으로 구성된 패널에 대하여 여러 시점에 걸쳐 조사한다.

해설 ③ 횡단연구는 일정 시점을 기준으로 모든 관련 변수에 대한 자료를 수집하고 연구하는 기술적 조사방법이다.
① 하나의 연구대상을 일정 기간 동안 관찰하여 그 대상의 변화를 파악하는 연구는 종단연구에 해당한다.
② 횡단연구는 기술적 조사로 인과관계 규명에는 적합하지 않으며, 여러 시점에 걸쳐 연구하는 패널연구보다 인과관계를 밝히기 어렵다고 볼 수 있다.
④ '패널(Panel)'이라 불리는 특정 응답자 집단을 정해 놓고 여러 시점에 걸쳐 연구하는 것은 패널연구에 해당한다.

정답 40 ③ 41 ④ 42 ④ 43 ③

44

횡단적 조사와 종단적 조사에 관한 설명으로 틀린 것은?

① 횡단적 조사는 한 시험에서 이루어진 관찰을 통해 얻은 자료를 바탕으로 하는 조사이다.
② 종단적 조사는 일정 기간에 여러 번의 관찰을 통해 얻은 자료를 이용하는 조사이다.
③ 횡단적 조사는 동태적이며, 종단적 조사는 정태적인 성격이다.
④ 종단적 조사에는 코호트조사, 패널조사, 추세조사 등이 있다.

해설 횡단적 조사는 정태적이며, 종단적 조사는 동태적인 성격이다.

45

다음 중 실험설계가 가장 적합한 상황은?

① 지역사회의 최우선 현안문제가 무엇인지 알기 위해 서베이하고자 할 때
② 국제결혼의 이혼률을 파악하고자 할 때
③ 지역아동센터의 접근성을 분석하고자 할 때
④ 무료급식 서비스를 제공받은 노숙자의 변화를 분석하고자 할 때

해설 실험은 과학적 방법의 요체인 통제된 연구의 정신에 가장 충실하고자 하는 연구방법으로서, 엄격히 통제된 상황에서 두 변수 사이의 인과관계를 검증하는 것이다. 무료급식 서비스로 인한 노숙자의 변화를 분석하는 것은 인과관계에 대한 검증을 하는 것이므로 ④가 실험설계에 가장 적합한 상황이다.

46

실험설계를 위하여 충족되어야 하는 조건과 가장 거리가 먼 것은?

① 독립변수의 조작
② 인과관계의 일반화
③ 외생변수의 통제
④ 실험대상의 무작위화

해설 실험설계의 기본 요소
- 외생변수의 통제 : 독립변수와 종속변수 이외의 종속변수에 영향을 미칠 수 있는 변수의 영향을 제거한다.
- 실험대상의 무작위화 : 실험처치 전에 실험집단과 통제집단의 상태를 동질하게 하기 위해 무작위할당한다.
- 독립변수의 조작 : 인과성과 시간적 선행성을 입증하기 위해 독립변수를 조작한다.

47

다음 질문문항의 주된 문제점에 해당하는 것은?

> 여러 백화점 중에서 귀가가 특정 백화점만을 고집하여 간다고 한다면 그 주된 이유는 무엇입니까?

① 단어들의 뜻이 명확하지 않다.
② 하나의 항목에 두 가지의 질문 내용이 포함되어 있다.
③ 지나치게 자세한 응답을 요구하고 있다.
④ 임의로 응답자들에 대한 가정을 두고 있다.

해설 특정 백화점만을 고집하여 간다는 가정을 두고 있다.

44 ③ 45 ④ 46 ② 47 ④

48

개별적인 질문이 결정된 이후 응답자에게 제시하는 질문순서에 관한 설명으로 틀린 것은?

① 특수한 것을 먼저 묻고 그다음에 일반적인 것을 질문하도록 하는 것이 좋다.
② 연상작용이 가능한 질문들의 간격은 멀리 떨어뜨리는 것이 좋다.
③ 사생활에 관한 질문과 같이 민감한 질문은 가급적 뒤로 배치하는 것이 좋다.
④ 질문은 논리적인 순서에 따라 자연스럽게 배치하는 것이 좋다.

해설 질문지 내의 질문들을 그 성격에 따라 깔때기 형태로 배열하는 것이 좋다. 처음에는 가장 일반적이고 포괄적인 질문을 놓고, 그 다음에는 특수한 질문을 놓으며, 나중에는 가장 세부적이고 보다 특수한 질문을 놓는다.

49

질문지 작성 시 개별질문 내용을 결정할 때 고려해야 할 사항과 가장 거리가 먼 것은?

① 그 질문이 반드시 필요한가?
② 하나의 질문으로 충분한가?
③ 응답자가 응답할 수 있는 질문인가?
④ 조사자가 응답의 결과를 예측할 수 있는가?

해설 개별질문 내용을 결정할 때 고려해야 할 대표적인 사항
- 그 질문이 반드시 필요한가?
- 질문이 명료하고 가능한 한 구체적인가?
- 응답자가 응답할 수 있는 질문인가?
- 각 질문이 이중적 응답을 요구하고 있지 않는가?
- 질문들이 편견적이거나 어떤 방향으로 반응을 유도하지는 않는가?
- 응답이 응답형태에 의해 영향을 받고 있지는 않는가?

50

설문지 작성 시 질문 순서에 관한 설명으로 틀린 것은?

① 흥미나 관심을 끌 수 있는 질문부터 배치한다.
② 다른 문항에 영향을 미칠 수 있는 질문은 뒤쪽에 배치한다.
③ 포괄적 질문부터 실시하고 세부적인 질문은 나중에 배치한다.
④ 인구통계적 변수나 개인적 질문(성별, 학력 등)은 맨 앞에 배치한다.

해설 민감한 질문이나 개방형 질문은 가급적 질문지의 후반부에 배열하는 것이 좋다.

51

질문지의 개별항목을 완성할 때 주의사항으로 옳은 것은?

① 다양한 정보의 획득을 위해 한 질문에 2가지 이상의 요소가 포함되는 것이 바람직하다.
② 질문의 용어는 응답자 모두가 이해할 수 있도록 이해력이 낮은 사람의 수준에 맞춰야 한다.
③ 질문내용에 응답자에 대한 가정을 제시하여 응답편의를 제공하는 것이 바람직하다.
④ 질문지의 용이한 작성을 위해 일정한 방향을 유도하는 문항을 가지는 것이 필요하다.

해설 ① 한 문항 안에 두 개 이상의 질문이 내포되어서는 안 된다.
③·④ 질문들에 편견이 있거나 어떤 방향으로 유도하면 안 된다.

52

다음 중 질문 문항의 배열에 관한 설명으로 틀린 것은?

① 시작하는 질문은 응답자의 흥미를 유발하는 것으로 쉽게 대답할 수 있는 것으로 한다.
② 개인의 사생활과 같이 민감한 질문은 가급적 뒤로 돌린다.
③ 특수한 것을 먼저 묻고, 일반적인 것을 그다음에 질문한다.
④ 논리적인 순서에 따라 배열함으로써 응답자 자신도 조사의 의미를 찾을 수 있도록 한다.

해설 처음에는 가장 일반적이고 포괄적인 질문을 놓고, 그다음에는 보다 특수한 질문을 놓으며, 나중에는 가장 세부적이고 특수한 질문을 놓는다.

53

일반적인 질문지 작성원칙과 가장 거리가 먼 것은?

① 질문은 의미가 명확하고 간결해야 한다.
② 한 질문에 한 가지 내용만 포함되도록 한다.
③ 응답지의 각 항목은 상호배타적이어야 한다.
④ 과학적이며 학문적인 용어를 선택해서 사용해야 한다.

해설 어렵고 불필요한 전문용어의 사용을 삼가도록 한다.

일반적인 질문지 작성원칙
- 명료하고 구체적인 질문
- 질문의 필수성
- 응답자가 응답 가능한 질문
- 상호배타적인 질문 항목
- 질문의 가치중립성

54

다음 중 결측자료(Missing Data)의 처리방법으로 가장 적합한 것은?

① 유사사례를 추출하여 그 사례에 기재된 내용을 대체하여 사용한다.
② 결측된 변수의 평균값을 대체하여 사용한다.
③ 난수표에서 번호를 추출하여 그 점수를 대체하여 사용한다.
④ 결측자료가 50% 이상이 되더라도 원래 소집된 사례 수는 유지해야 하기 때문에 그대로 사용한다.

해설 미수집 부분은 삭제하거나 보완하는 것이 좋으며, 사례나 변수에 대한 사전지식이 충분하지 못한 경우에는 변수의 평균치를 계산하여 누락된 사례의 변수값으로 사용하는 평균치삽입법이 활용된다. 그 외에 전후 시점의 자료의 평균치를 이용하는 보삽법과 작은 오차만을 감수하면서 원래의 값을 추정해가는 평가치추정법이 있다.

55

다음 중 설문지의 질문으로 가장 적합한 것은?

① "미친 사람에 대한 당신의 반응은 어떻습니까?"
② "당신 아버지의 수입은 얼마입니까?"
③ "어묵과 붕어빵을 파는 노점상들 간에는 경쟁이 치열합니까?"
④ "당신의 국적은 어디입니까?"

해설 ① 미친 사람에 대한 개념이 명확하지 않다.
② 수입이 연봉을 뜻하는지, 월급을 뜻하는지 등에 대한 기준이 명확하지 않다.
③ 어묵과 붕어빵을 모두 파는 노점상들 간의 경쟁인지 어묵을 파는 노점상과 붕어빵을 파는 노점상 간의 경쟁인지 명확하지 않다.

56

성(Sex)전환에 대한 일반 국민의 의식을 조사하는 설문지를 작성할 때 가장 주의해야 할 사항은?

① 규범적 응답의 억제
② 복잡한 질문의 회피
③ 평이한 언어의 사용
④ 즉시적 응답 유도

해설 민감한 문항은 응답자의 솔직한 반응을 이끌어 내기 어려우므로 규범적 응답을 억제하는 것에 주의해야 한다.

57

"최근 텔레비전 프로그램에 등장하고 있는 폭력적 장면과 선정적 장면에 대해서 어떻게 생각하십니까"라는 질문은 주로 어떤 오류를 범하고 있는가?

① 부적절한 언어의 사용
② 비윤리적 질문
③ 전문용어의 사용
④ 이중적 질문

해설 폭력적 장면과 선정적 장면 두 가지에 대해 묻고 있으므로 이중적 질문을 사용하는 오류를 범했다.

58

다음 중 질문지 작성의 원칙이 아닌 것은?

① 명확성
② 부연설명
③ 가치중립성
④ 규범적 응답의 억제

해설 질문지 작성 시 질문에 사용되는 용어는 간결성·구체성·신축성·명확성·중립성의 요건을 갖추어야 하며, 규범적 응답 억제에 유의해야 한다.

59

질문문항의 배열에 관한 설명으로 옳은 것은?

① 특수한 것을 먼저 묻고 일반적인 것은 나중에 질문한다.
② 개인의 사생활에 대한 것이나 민감한 내용은 먼저 묻는다.
③ 시작하는 질문은 흥미를 유발하는 것으로 쉽게 응답할 수 있는 것으로 한다.
④ 비슷한 형태로 질문을 계속하여 응답에 정형이 생기게 한다.

해설 ① 일반적인 것을 먼저 묻고 특수한 것은 나중에 질문한다.
② 사생활이나 민감한 내용은 가급적 나중에 묻는다.
④ 질문문항들을 길이와 유형에 따라 변화 있게 배열한다.

60

질문지 작성 시 유의사항으로 틀린 것은?

① 가능한 한 명확하고 쉬운 단어를 사용한다.
② 폐쇄형 질문에서는 가능한 응답을 모두 제시해야 한다.
③ 하나의 문항에 두 가지 이상의 내용을 물어봐야 한다.
④ 연구자 임의로 응답자에 대한 가정을 해서는 안 된다.

해설 하나의 질문문항 속에 두 가지 이상의 질문이 내포되어 있지 않도록 한다.

61
다음 기업조사 설문의 응답 항목이 가지고 있는 문제점은?

> 귀사는 기업이윤의 몇 퍼센트를 재투자하십니까?
> ① 0%
> ② 1~10%
> ③ 11~40%
> ④ 41~50%
> ⑤ 100% 이상

① 간결성　　② 명확성
③ 포괄성　　④ 상호배제성

해설 51~99%를 포함할 수 없기 때문에 포괄성을 만족하지 않는다.

62
질문지를 작성할 때의 질문의 순서에 관한 설명으로 틀린 것은?

① 첫 번째 질문은 가능한 한 쉽게 응답할 수 있고 흥미를 유발할 수 있는 것이 좋다.
② 응답자의 연령이나 소득과 같이 개인적인 질문은 뒷부분에서 하는 것이 좋다.
③ 산업에 관련된 질문 시 특정 품목에 대한 문항에서 산업 전체에 관련된 문항으로 배열하는 것이 좋다.
④ 질문 간에 연상작용을 일으켜 다음 응답에 영향을 미칠 경우에는 이러한 질문들 사이의 간격을 멀리 떨어뜨리는 것이 좋다.

해설 처음에는 전체적인 질문을 배열하고, 그다음에는 보다 세부적이고 특수한 질문을 배열하는 것이 좋다.

63
질문지 작성원칙으로 틀린 것은?

① 질문은 간결하게 한다.
② 질문은 명확하게 한다.
③ 응답자의 수준에 맞는 언어를 사용한다.
④ 질문은 가치판단적이어야 한다.

해설 질문은 중립성의 요건을 갖추어야 한다.

64
질문지 작성 원칙과 가장 거리가 먼 것은?

① 질문은 짧을수록 좋고 부연설명이나 단어의 중복 사용은 피해야 한다.
② 질문은 그 자체로서 의미가 명확히 전달될 수 있도록 구성하고 모호한 질문은 피해야 한다.
③ 연구자의 가치관이나 의견이 반영된 문장을 사용한다.
④ 복합적인 질문은 피하고, 두 개 이상의 질문을 하나로 묶지 말아야 한다.

해설 연구자의 주관이 개입되어 특정 응답을 유도하거나 암시하는 질문은 하지 않는다.

65
응답자들이 일반적으로 응답을 꺼리는 위협적인 질문을 처리하는 방법과 가장 거리가 먼 것은?

① 질문배열의 순서를 조정한다.
② 질문을 솔직하게 표현한다.
③ 솔직한 응답의 필요성을 강조한다.
④ 비밀과 익명성의 보장을 강조한다.

해설 위협적인 질문을 처리할 때는 우회적으로 표현하는 것이 좋다.

정답　61 ③　62 ③　63 ④　64 ③　65 ②

66
다음 질문항목의 문제점으로 가장 적합한 것은?

```
귀하의 고향은 어디입니까?
서울특별시 (   )      부산광역시 (   )
대구광역시 (   )      인천광역시 (   )
광주광역시 (   )      대전광역시 (   )
울산광역시 (   )      경기도 (   )
충청남도 (   )        충청북도 (   )
경상남도 (   )        경상북도 (   )
전라남도 (   )        전라북도 (   )
강원도 (   )          제주도 (   )
외 국 (   )           기 타 (   )
```

① 간결성
② 명확성
③ 상호배제성
④ 포괄성

해설 고향은 사람마다 의미가 다를 수 있다. 따라서 문제의 질문은 명확성을 만족하지 않는다.

67
설문지에 사용하는 용어 선택 시 고려해야 할 사항을 모두 고른 것은?

```
ㄱ. 쉽게 알아들을 수 있는 말을 써야 한다.
ㄴ. 용어의 모호성을 피해야 한다.
ㄷ. 지방이나 계층 등에 따라 의미가 다른 용어는 삼간다.
```

① ㄱ, ㄴ
② ㄱ, ㄷ
③ ㄴ, ㄷ
④ ㄱ, ㄴ, ㄷ

해설
ㄱ. 어렵고 불필요한 전문용어의 사용을 삼가도록 한다.
ㄴ. 애매모호한 개념을 지님으로써 다양하게 해석될 가능성이 있는 용어들의 사용을 피해야 한다.
ㄷ. 지방이나 계층마다 의미가 다른 용어에 의해 질문이 다르게 해석될 수 있으므로 사용을 삼가도록 한다.

68
설문지 내에서 개별질문들을 배치할 때 고려할 사항으로 틀린 것은?

① 응답자의 인적사항에 대한 질문은 설문지의 표지에 둔다.
② 응답자가 심각하게 고려하여 응답해야 하는 질문은 뒤쪽에 둔다.
③ 앞의 질문이 다음 질문에 연상작용을 일으키는 질문은 서로 떨어뜨려 놓는다.
④ 응답자가 쉽게 응답할 수 있는 질문은 앞부분에 둔다.

해설 인적사항과 같은 민감한 질문은 설문지 맨 뒤쪽에 두어 응답자가 부담을 덜 느끼게 해야 된다.

69
다음 중 질문지의 개별문항으로 가장 적합한 것은?

① 당신의 월수입은 얼마나 됩니까?
② 당신은 올해 X-ray 검진을 받은 적이 있습니까?
③ 당신은 극장에 가끔 가십니까 아니면 규칙적으로 가십니까?
④ 당신은 당신 회사의 구내식당에 대해 만족합니까 아니면 불만입니까?

해설 얼마나 되느냐를 묻는 ①의 질문보다는 '있다/없다'로 명확히 대답이 가능한 ②가 더 좋은 질문이다. ③은 가끔에 대한 기준이 사람마다 다르며, ④에서는 만족 정도가 보통인 경우를 제외하였으므로 적합하지 않다.

정답 66 ② 67 ④ 68 ① 69 ②

70

질문지 문항배열에 대한 고려사항으로 적합하지 않은 것은?

① 시작하는 질문은 쉽게 응답할 수 있고 흥미를 유발할 수 있어야 한다.
② 앞의 질문이 다음 질문에 연상작용을 일으켜 응답에 영향을 미칠 수 있다면 질문들 사이의 간격을 멀리 떨어뜨린다.
③ 응답자의 인적사항에 대한 질문은 가능한 한 나중에 한다.
④ 질문이 담고 있는 내용의 범위가 좁은 것에서부터 점차 넓어지도록 배열한다.

해설 일반적인 질문을 먼저 배열하고, 세부적이고 특수한 질문을 나중에 배열하는 것이 좋다.

71

질문지 작성 시 고려해야 할 사항을 모두 고른 것은?

> ㄱ. 불필요한 전문용어의 사용을 삼가도록 한다.
> ㄴ. 응답항목들은 서로 명확하게 구분되어야 한다.
> ㄷ. 하나의 질문으로 두 가지 내용을 동시에 질문해서는 안 된다.
> ㄹ. 조사자가 원하는 대답을 유도하는 질문을 해서는 안 된다.

① ㄱ, ㄴ
② ㄱ, ㄴ, ㄷ
③ ㄱ, ㄴ, ㄹ
④ ㄱ, ㄴ, ㄷ, ㄹ

해설 그 밖의 질문지 작성 시 고려해야 할 사항은 다음과 같다.
- 연구자의 주관이 개입되어 특정 응답을 유도하거나 암시하는 질문은 하지 않는다.
- 위협적인 질문을 처리할 때는 우회적으로 표현하는 것이 좋다.
- 애매모호한 용어의 사용에 유의한다.
- 응답자들의 특성에 따라 적절한 용어를 선택해야 한다.

72

질문지에 사용되는 질문이나 진술을 작성하는 원칙과 가장 거리가 먼 것은?

① 항목들이 명확해야 한다.
② 질문항목들은 되도록 짧아야 한다.
③ 부정어가 포함된 질문을 반드시 포함한다.
④ 편견에 치우친 항목과 용어를 지양한다.

해설 부정어를 반드시 포함할 필요는 없다.

73

다음 중 설문지 사전검사(Pre-test)의 주된 목적은?

① 응답자의 분포를 확인한다.
② 질문들이 갖고 있는 문제들을 파악한다.
③ 본조사의 결과와 비교할 수 있는 자료를 얻는다.
④ 조사원들을 훈련한다.

해설 사전검사는 본조사에 들어가기에 앞서 질문지 초안이 작성된 후 마지막 단계에서 질문지의 문제점을 찾아내기 위한 작업으로 본조사에서 실시하는 것과 똑같은 절차와 방법으로 질문지가 잘 구성되어 있는지를 시험해 보는 것이다.

74

설문지 작성과정 중 사전검사(Pre-test)를 실시하는 이유와 가장 거리가 먼 것은?

① 연구하려는 문제의 핵심적인 요소가 무엇인지 확인한다.
② 응답이 한쪽으로 치우치지 않는지 확인한다.
③ 질문순서가 바뀌었을 때 응답에 실질적 변화가 일어나는지 확인한다.
④ 무응답, 기타응답이 많은 경우를 확인한다.

해설 사전검사는 본조사에 들어가기에 앞서 질문지 초안이 작성된 후 마지막 단계에서 질문지의 문제점을 찾아내기 위한 작업이다. 연구하려는 문제의 핵심적인 요소가 무엇인지 확인하기 위해 실시하는 것은 예비조사이다.

75

복잡한 현상에 대한 응답유형을 알아보기 위해 탐색적 예비조사(Pilot Study)에 적합한 질문형식은?

① 개방형 질문
② 폐쇄형 질문
③ 부호화 질문
④ 범주형 질문

해설 예비조사는 조사연구 문제의 요소를 정확하게 알지 못하는 때에 핵심적인 요점과 요소가 무엇인가를 명백히 하기 위해서 실시되는 탐색적 성격의 조사를 말한다. 자료를 수집할 때는 획일적으로 수집하는 것보다 조사목적과 조사대상의 특성에 따라 조사의 폭과 깊이·넓이를 조정하여 수집하는 것이 좋으므로 개방형 질문형식이 적합하다.

76

질문지 초안 완성 후 실시하는 사전검사에 관한 설명으로 옳은 것은?

① 사전검사는 가설을 보다 명확히 하기 위한 조사이다.
② 사전검사는 본조사의 조사방법과 같아야 한다.
③ 사전검사 결과는 본조사에 포함시켜 분석하여야 한다.
④ 사전검사 표본수는 본조사와 비슷해야 한다.

해설 ① 사전검사는 질문지의 문제점을 찾아내기 위한 작업이다.
③ 사전검사는 질문지의 개략적인 검사에 해당하며, 사전조사의 결과에 대한 일반화를 목적으로 하지 않는다.
④ 사전검사는 모집단과 대체로 유사하다고 판단되는 소규모 표본을 대상으로 실시한다.

77

다음 중 특정 연구에 대한 사전 지식이 부족할 때 예비조사(Pilot Test)에서 사용하기 가장 적합한 질문유형은?

① 개방형 질문
② 폐쇄형 질문
③ 가치중립적 질문
④ 유도성 질문

해설 예비조사는 일정한 조사 문제에 대한 관계정보를 다각적·전문적으로 획득하기 위한 준비과정으로서의 기초조사에 속한다고 할 수 있다. 즉, 조사연구 문제의 요소를 정확하게 알지 못하는 때에 핵심적인 요점과 요소가 무엇인가를 명백히 하기 위해서 실시되는 탐색적 성격의 조사를 말한다. 개방형 질문은 응답자들이 질문에 대해 자유롭게 응답하도록 되어 있는 것으로서, 조사자가 표본에 대한 정보를 가지고 있지 않을 때, 또는 예비조사나 탐색적 조사 등 문제의 핵심을 알고자 할 때 사용된다.

78

사전검사(Pre-test)에 대한 설명으로 틀린 것은?

① 본조사에서 사용하고자 하는 방법과 동일하게 한다.
② 응답대상자는 반드시 대표성을 가져야 한다.
③ 질문들이 갖는 문제점을 찾아내어 명료하게 수정하기 위한 목적으로 행한다.
④ 반드시 많은 수의 응답자를 상대로 실시할 필요는 없다.

해설 사전검사는 모집단과 대체로 유사하다고 판단되는 소규모 표본을 대상으로 질문문항들의 타당성을 검사하는 과정으로 반드시 대표성을 가질 필요는 없다.

정답 75 ① 76 ② 77 ① 78 ②

PART 01 조사방법과 설계

CHAPTER 04 FGI 및 심층인터뷰 정성조사

1 FGI 정성조사의 이해

01 정성조사를 위한 면접조사의 종류

(1) FGI(Focus Group Interview, 표적집단면접, 초점집단면접, 집단심층면접, 좌담회)

기출 15년 2회, 16년 1,2,3회, 17년 2,3회, 18년 3회, 19년 2,3회, 20년 4회, 22년 1,2회, 23년, 24년, 25년

① 개 념
  ㉠ 소비자 심리에 대한 지식과 면접경험을 갖춘 전문적인 진행자가 대략 8명 전후의 성, 연령, 직업 등에서 유사한 특성을 보이는 동질적인 소수 응답자와 특정 주제에 관해 자유롭게 토론을 진행하여 필요한 정보를 얻는 질적 조사방법이다.
  ㉡ 참가자들의 동기, 태도, 가치관과 욕구 등에 대해 심층적으로 탐색하고 이해하여 내용타당도를 높이는 것이 목적이므로, 참가자들은 응답을 강요당하지 않기 때문에 솔직한 자신의 의견을 표명할 수 있다.
  ㉢ 특정 집단의 결과이므로 일반화가 어렵고 자유로운 형식으로 여러 명이 토론하다 보니 개인 면접보다 통제하기 어렵다.
  ㉣ 조사비용은 일반적인 소비자를 대상으로 하는 경우 약 500~600만 원 정도가 소요된다.
  ㉤ 조사기간은 조사 착수 후 조사계획 협의, 조사대상자 선발, 조사 진행, 보고서 작성까지 약 3주가 소요된다.

② 장 점
  ㉠ 인터뷰 대상자의 자연스러운 대화 과정에서 FGI 정성조사의 목적과 관련된 유용하고 심층적인 정보수집이 가능하다.
  ㉡ 설문조사에서 예상하지 못한 새로운 의견이나 아이디어 도출에 유용하다.
  ㉢ 즉각적인 추가질문이 가능하고 참석자 반응에 따라 질문을 보완하거나 수정할 수 있다.
  ㉣ 복잡한 문제를 총체적으로 파악하고 분석해 나갈 수 있다.
  ㉤ 참석 대상자를 통해 현재 시점에서의 집단에서 실제 사용하는 단어나 표현방법 등을 수집할 수 있다.
  ㉥ 일반적으로 비용이 적게 든다고 볼 수 있으나 규모의 경우에 따라 유동적이다.

시험에 이렇게 나왔다

[16년 2회]

Q 초점집단(Focus Group)조사와 델파이조사에 관한 설명으로 옳은 것은?

① 초점집단조사에서는 익명 집단의 상호작용을 통해 도출된 자료를 분석한다.
② 초점집단조사는 내용타당도를 높이는 목적으로 사용될 수 있다.
③ 델파이조사는 비구조화 방식으로 정보의 흐름을 제어한다.
④ 델파이조사는 대면(Face to Face) 집단의 상호작용을 통해 도출된 자료를 분석한다.

A ②

  ⓢ 신속성 : FGI는 보통 참여자를 섭외하고 조사를 하는 데 일주일이나 열흘 이내면 가능하며, 집단심층면접 도중 또는 끝나자마자 바로 자료를 활용해 문제에 관한 신속한 해답을 구할 수도 있다.
  ⓞ 시너지 효과 : 특정 공통점이 있는 구성원의 그룹으로 구성하였기 때문에 인터뷰 대상자가 동질성을 느끼고 좀 더 편안하게 의견을 표명할 수 있게 되고, 다른 사람의 의견 발표에 자극을 받아 자신 또한 적극적으로 참여할 수 있는 분위기가 자연스럽게 조성될 수 있다.
 ③ 단 점
  ㉠ 조사대상자가 설문지법에 비해서 소수이므로, 대표성이 부족하여 일반화하기 어렵다.
  ㉡ 조사의 결과를 일반적으로 통계화하기가 쉽지 않다.
  ㉢ 조사과정이 온전히 조사진행자(모더레이터)의 능력에 좌우될 수 있기 때문에 그 결과물에 관해 불완전하며, 수집된 자료는 주관적으로 분석되고 해석될 수 있다.
  ㉣ 표적집단면접의 경우 집단 전체를 대상으로 하므로 개인의 특성에 맞는 질문을 하거나 각 개인의 반응에 관해 집중해서 적절한 대응과 추가질문을 하기는 어렵다.
  ㉤ 대상자 선정이나 집단소집에 어려움이 있다.

(2) IDI(In-Depth Interview, 심층면접법)
 ① 전문면접원이 조사대상자를 1대1로 면접하여 깊은 수준의 질문을 통해 응답자의 심리를 파악하는 조사방법이다.
 ② 어떤 주제에 관해 응답자 생각이나 느낌을 자유롭게 이야기하게 함으로써 응답자의 내면 깊숙이 자리 잡은 욕구·태도·감정 등을 발견하는 조사이다.
 ③ 면접자는 미리 준비한 면접지침서에 따라 진행하지만 면접자의 편의에 따라 질문의 순서와 내용을 다소 조정할 수 있어 심도 있는 질문이 가능하다.
 ④ 면접자의 면접능력에 크게 의존하므로 숙련된 면접능력과 분석능력이 요구된다.
 ⑤ 설문지 설계를 위한 탐색 조사, 구매동기 조사, 상품계획, 광고 아이디어 등에 이용된다.

(3) FGD(Focus Group Discussion, 표적집단 심층좌담)
 ① 참석자 간 토의를 중심으로 하고 상호작용을 통한 태도의 변화를 파악한다.
 ② 지금까지 시장에 존재하지 않은 새롭고 혁신적인 제품이나 서비스의 콘셉트를 개발할 경우에 활용된다.

심화체크

온라인 FGI
- 개념 : 최근에는 온라인에서 실시되는 온라인 포커스 그룹 인터뷰도 인터넷의 활발한 성장에 따라 이용되고 있는데, 비용효과 면에서 일반적인 대면 포커스 그룹을 대신할 만하며, 일반적으로 특별하게 정해진 시간 동안(대개 1시간에서 1시간 30분), 대화방처럼 별도로 마련된 인터넷 공간에 소수의 그룹 참여자가 참가하여 진행된다.
- 장점 : 장소의 제한이 없고, 비용이 절감되며, 신속한 자료수집이 가능하고, 익명성으로 인한 솔직한 의견 개진이 가능하다.
- 단점 : 참가 적격자의 구분이 힘들고, 컴퓨터 이용자만 가능하며, 표정이나 신체언어 등의 관찰이 불가하고, 제품을 만져보거나 하는 등의 경험이 불가하며, 토론 몰입도가 떨어지고 시너지가 낮다.

온라인 HUT(online Home Using Test)
제품 택배 발송 → 제품 사용 → 온라인상에서 제품 평가

크리에이티브 워크숍
지금까지 시장에 존재하지 않은 새롭고 혁신적인 제품이나 서비스의 개념을 개발할 경우에 활용되는 기법으로 특히나 아이디어의 발상과 확산 그리고 수렴의 과정을 통하여 새로운 개념을 개발하는 정성기법의 하나이다.

(4) 델파이(Delphi)법

① 기존 자료의 부족으로 참고할 만한 자료가 없거나 미래의 불확실한 상황을 예측하고자 할 경우 도입하여 집단의 의견들을 조정·통합하거나 개선하기 위한 방법이다.

② 익명 집단의 상호작용을 통해 도출된 자료를 분석하며, 조사표를 이용해 구조화된 방식으로 정보의 흐름을 제어한다.

③ 집단사고 현상에 의해서 본래 의도했던 집단의 합리적인 예측 능력을 활용하지 못하는 패널합의법의 단점을 제거한 효과적인 집단예측 기법의 정성적 조사방법이며, 탐색적 조사에 적합하고 장기적 수요 또는 판매 예측에 사용되기도 한다.

④ 전문가·관리자들로부터 우편으로 의견이나 정보를 수집하여 그 결과를 분석한 후 그것을 다시 응답자들에게 보내어 의견을 묻는 식으로 만족스러운 결과를 얻을 때까지 계속하는 방법이다.

02 FGI 설계

(1) 설계 목적

① 조사목적에 맞게 효율적·효과적으로 빠짐없이 설계를 진행하고, 조사 실행 전에 의뢰자와 진행자 상호 간의 생각에 관한 합의를 이루는 데 있다.

② 분석과 결론의 지침을 위한 것으로 어떤 정보를 어떻게 모을 것인가와 이를 어떻게 결론으로 끌어낼 것인지에 관한 전체적인 계획서를 작성하는 데 있다.

(2) 질문지와 진행 지침서의 개요

① **질문지의 개요** : FGI 설계를 수행하면서 FGI에서 다루어야 할 주제를 빠짐없이 다루기 위하여 자세한 질문 형태로 작성한 문서를 의미한다.

② **진행 지침서의 개요** : FGI 설계를 수행하면서 FGI 진행자, 인터뷰 대상자, 시간 배분, 인터뷰 환경, FGI 진행자의 역할, FGI 진행 과정 등을 기술한 문서를 의미한다.

(3) FGI 가이드라인(Guide Line, Script)

① 개 요

㉠ FGI 진행을 위한 질문을 정리한 것으로 FGI 질문 내용은 기본적으로 태도(정서, 인지, 행동) 반응이며, 가치 체계에 관계된다.

㉡ 질문은 의견과 그 이유에 관한 개방형 질문을 사용하지만, 평가를 요구하기도 한다.

㉢ 실제로 물어보는 질문이 문장으로 정형화되어 있지는 않으며, 질문 순서도 분위기나 이전에 나눈 대화의 맥락에 따라 뒤바뀔 수 있다.

② 구 성
  ㉠ 도입부
    • 참석자의 소개를 받고 이 모임의 주제나 대상을 이야기한다.
    • 조사진행자와 참석자 사이의 라포형성을 돕는다.
    • 참석자 자신의 이야기가 중요하며, 옳고 그름이 없다는 것을 상기시켜 준다.
    • 도입부는 5분 내외로 시간을 할당한다.
  ㉡ 본론부
    • 본론부의 가이드라인은 10개~15개 정도의 주제를 다룬다.
    • 참석자 한 사람에 하나의 주제에 관하여 약 30초를 배정하면 40분~60분 정도의 시간이 소요된다.
    • 조사주제는 독립적으로 취급될 수 있다.
    • 각 주제에 관하여 참석자에게 질문하는 과정은 우선, 평소의 관심, 흥미 정도나 유발 내용을 묻고 개인적인 이유나 계기를 말하도록 한다.
    • 개인의 태도나 가치가 반영되어 있으면 그러한 것이 어떤 경험에 근거하는지, 고객 세분 집단의 공통적인 특성은 아닌지를 파악해야 한다.
  ㉢ 결말부
    • 관찰실에서 모니터하던 관찰자로부터 보충할 질문을 피드백 받아 다시 질문한다.
    • 간단한 설문조사를 병용하여, 참석자의 소비자 집단 특성을 통계분석하기도 한다.
③ 설계의 필요성
  ㉠ 의뢰자의 요청에 따른 제품 또는 브랜드 포지셔닝, 이미지 강점과 약점을 파악하고 소비자 커뮤니케이션 메시지 도출 시 필요하다.
  ㉡ 불특정 혹은 특정 그룹의 다수를 통해서 구매 과정이나 구입 고려요소를 파악하거나 브레인스토밍 또는 아이디어 도출 시 필요하다.
④ 설계 시 고려사항 [기출] 24년
  ㉠ 조사의 목적 및 배경이 고려되어야 한다.
  ㉡ 조사의 주제(테마)가 고려되어야 한다.
  ㉢ 조사대상자의 속성과 그룹의 수가 고려되어야 한다.
  ㉣ 조사문제의 가설 설정, 조사의 핵심요점이 나열되어야 한다.
⑤ 설계 세부사항
  ㉠ 가이드라인은 진행자와 조사의뢰 측이 공동으로 설계, 작성하는 것이 바람직하며 공동으로 조사에서 다루어야 할 주제나 문제의 양, 자세한 토의 내용을 결정해야 한다.
  ㉡ 최대한의 정보를 얻어낼 수 있도록 충분한 주제를 포함하도록 하되 너무 많은 내용과 주제는 조사대상자를 피곤하게 할 수 있고, 흥미를 떨어트릴 수 있는 점에 유의한다.
  ㉢ 분위기는 최대한 자연스럽게 흘러가도록 진행 순서를 수립하도록 하며, 다소 위협적인 질문은 친밀감이 충분히 형성된 다음에 하는 것이 좋다.

시험에 이렇게 나왔다

[19년 3회, 23년]

Q 표적집단면접법(Focus Group Interview)에 대한 설명으로 옳지 않은 것은?

① 표본이 특정 집단이기 때문에 조사 결과의 일반화가 어려운 단점이 있다.
② 조사자의 개입이 미비하므로 조사자의 주관이나 편견이 개입되지 않는다.
③ 응답자는 응답을 강요당하지 않기 때문에 솔직하고 정확히 자신의 의견을 표명할 수 있다.
④ 심층면접법을 응용한 방법으로 조사자가 소수의 응답자를 한 장소에 모이게 한 후 관련된 주제에 대하여 대화와 토론을 통해 정보를 수집하는 방법이다.

A ❷

⑥ 가이드라인 작성 시 주의해야 하는 점 기출 25년
  ㉠ 조사목적 파악 후 주요 주제를 정하여 주제별 세부질문을 주제별 중요도에 따라 작성한다.
  ㉡ 주제별로 중요도에 따라 적절하게 시간을 배분하고 배분시간에 맞도록 적당한 양의 질문을 구성한다.
  ㉢ 분명한 조사목적과 3~4가지의 핵심적인 이슈를 가지고 가이드라인을 작성한다.
  ㉣ 참석자가 응답할 수 있는 질문인지를 예상해 보면서 실제 질문하는 형식으로 작성한다.
    • 질문은 참석자의 수준을 고려하여 쉽고 구체적으로 작성하는 것이 원칙이지만, 그룹 특성에 따라서는 전문 용어를 사용해도 된다.
    • 실제 본인이 그 질문을 받았을 때 어떤 대답을 할 수 있는지를 생각하며 작성하도록 한다.
  ㉤ 조사목적과 관련하여 기대하는 응답 요소나 가설 관련 요소는 미리 가이드라인에 명시하여 참석자들에게서 자발적으로 언급되지 않을 경우 모더레이터가 추가적으로 연결질문(Probing)할 수 있도록 질문지를 구성한다.
  ㉥ FGI에 사용되는 도구(콘셉트 등)를 가능한 한 가이드라인에 포함한다.
  ㉦ 가능한 한 정량적인 접근·질문이나 평가지 작성은 피한다.
  ㉧ 모더레이터에 관한 진행방법 관련 지시문을 구체화한다.
  ㉨ 가이드라인 작성에 필요한 사전정보가 없을 때는 사전조사를 실시한다.

(4) FGI 정성조사 설계 단계
  ① 조사 설계
    ㉠ 단계별 프레임워크를 항목별로 구성한다.
      • 조사목적 확인 : 구체적으로 기술하며, 조사대상자는 모두 본 조사목적에 관해 숙지하고 동의하도록 조치한다.
      • 문제의 파악과 가설 정립
      • 조사방법 및 비용과 기간을 결정하고 조사대상자의 특성, 그룹 수를 결정하는 조사디자인 수립
      • 조사내용을 항목별로 분류하여 기술
      • 결과물을 통해서 가설 검증이 가능하도록 설계
      • 모더레이터를 결정하여 접촉
    ㉡ 조사주제에 맞는 FGI 실시를 위한 설문·질문 및 가이드라인을 개발한다.
      • 설계지(질문지, 가이드라인) 작성
        − 조사목적, 조사주제, 조사의 개요, 조사대상자(그룹), 조사 시간, 조사 가이드라인, 질문지의 구성 방법 및 내용 등을 내부적으로 협의하여 결정
        − 기존 수행된 결과물이 있으면 관련 조사 설문문항을 참조로 설문지 및 질문지 개발 → 조사 의뢰자에게 검토 요청하여 일부 문항을 수정·보완 → 최종 검토 후 설문지 및 질문지 확정

심화체크

FGI 조사 질문지 작성 시 고려사항
• 핵심질문을 5~10개 내외로 고른 후 세부 질문으로 가지치기를 하여 만들어보도록 한다.
• 꼭 질문해야 하는 것, 상황에 따라 질문해야 하는 것, 질문하면 좋지만, 시간에 따라 질문 안 해도 되는 것 등의 우선순위 파악이 필요하다.

- 인터뷰 진행 지침 수립 : 미리 질문 리스트를 작성하고 우선순위를 정하여 전체적인 인터뷰 흐름을 준비한다.

② 조사목적에 따라 FGI 정성조사 주제 선정 후 주제별 세부 질문 작성
  ㉠ 간단명료한 단어와 이해하기 쉬운 문장으로 구성한다.
  ㉡ 질문지를 작성할 때 유도하는 질문이 적절히 제시되는지를 세심하게 확인한다.
  ㉢ 조사자가 임의로 응답자에 대해 가정을 하지 않도록 질문지를 구성한다.

③ 주제와 질문, 주제별 시간 배분 등을 구체적으로 계획
  ㉠ 그룹 인터뷰 대상자의 속성이 어떠한지, 조사대상 인원은 얼마나 구성할지를 결정한다(리쿠르팅).
    • 리쿠르팅 전문 Assistant Supervisor가 참석자 자격을 참석자 소개자들에게 알려 자격 조건에 맞는 적합한 대상자를 추천받은 후 선정 질문지를 완성하여 FGI 참석자를 선정한다.
      - 모집 대상자의 확보를 위해 기존의 네트워크 및 DB, 인터넷, 전화번호부, 학원 또는 직접 면접을 통한 신규홍보 및 광고 안내를 한다.
      - 8명을 하나의 그룹으로 구성하는 것이 일반적이나, 60분~90분 정도의 시간에 충분히 이야기를 들을 수 없는 경우에는 6명을 하나의 그룹으로 묶어 FGI를 진행하기도 한다.
    • 리쿠르팅 실행 시 고려 사항
      - 연령 차이가 10세가 넘으면 동일 그룹에 포함하지 않는다.
      - 남녀는 특수한 목적을 제외하곤 동일 그룹에 넣지 않는다.
      - 사회적 계층이 분명히 다를 경우는 동일 그룹에 넣지 않는다.
      - 서로 아는 사람들은 동일 그룹에 넣지 않는다.
      - 거주지와 연령은 치우치지 않도록 분산한다.
      - 소개받을 경우는 1명만 소개받는 것을 원칙으로 한다.
      - 선정 질문표를 작성하여 사용하는 것이 좋다.
    • 모집 대상자를 위한 기본적인 준수 지침에 관한 안내를 한다.
    • 조사대상자를 탐색하고 의뢰할 때 조사대상자가 확실하게 식별이 가능하도록 한다.
    • 조사대상자는 전체적으로 충분한 인원수가 확보되도록 하며 섭외가 확실하게 가능한 사람으로 모집한다.
      - 성별, 연령별, 직업 등 특정 조건이 선정된 FGI 주제에 유사하거나 적합한 대상자들로 구성한다.
      - 보편적으로 그룹 인터뷰 대상 한 그룹은 8명 내외로 구성하고 주제에 따라서 최소 6명, 최대 10명까지로 기준을 정한다.
      - 조사주제에 따라서 하나의 그룹 또는 복수의 몇 그룹으로 운영하여 구성한다.
      - 조사주제 및 진행상황에 따라서 크게 2개의 그룹으로 나눠서 그룹 인터뷰 장소를 달리하여 계획한다.

심화체크

- 그룹 인터뷰 대상자의 조건이 불일치할 경우 특정 주제에 관한 논의를 진행하기 어렵다.
- 하나의 그룹당 10명 이상의 인원 편성은 깊이 있는 논의가 어려울 수 있음에 유의한다.
- 동종업계 관련자나 최근 같은 혹은 유사한 주제에 관한 FGI 경험자는 토론을 주도하는 경향이 있으니 제외하도록 조치한다.

- 그룹 인터뷰 실시 당시에 발생할 수 있는 상황에 대비하여야 한다.
- 모집된 조사 대상자에게 조사 일시 및 장소, 준비물이나 사전과제가 있다면 확실히 상기시켜 인터뷰 조사 당일 진행에 관한 간단한 개요까지 통지하여 사전 준비를 마친다.
- FGI 진행 전날이나 당일에도 반드시 참석 여부 체크 : 불참인원을 대비하여 대체할 여분의 인력을 준비하여 놓는 것도 필요하다.

ⓒ 인터뷰를 진행할 시간과 장소를 정한다.
- 인터뷰 대상자가 심리적으로 안정감을 느낄 수 있는 장소에서 집단 인터뷰를 하며, 토론에 필요한 칠판이나 조사대상 시제품, 필기구, 설문지 및 질문지, 음성녹화 및 영상촬영장비, 빔프로젝터 등을 포함하는 목록을 파악한다.
- 해당 그룹 인터뷰 장면을 조사 의뢰자가 볼 수도 있기 때문에 마이크나 녹화장치 확인도 필요하다.

ⓒ 조사주제에 맞게 적합한 질문 내용과 통제 시간을 기록하고 이에 맞춰 진행한다.

④ FGI 정성조사 주제에 부합하는 기획서, 체크리스트 작성

⑤ FGI 조사대상을 고려하여 진행지침 수립
  ㉠ 조사대상을 선정하기 위한 기준을 만든다.
  ㉡ 그룹 인터뷰 질문지를 작성하고 우선순위를 정하여 전체적인 인터뷰 흐름을 구성한다.
  ㉢ 그룹 인터뷰 내용을 진행 중에 기록한다.
    - 인터뷰에서 말한 내용을 진행자는 임의로 해석하지 말고 그대로 받아 적는다.
    - 조사대상자의 행동 및 주변 환경을 함께 관찰하고 함께 기록한다.
    - 기록이 어려울 때는 녹음기나 비디오 촬영기기 등의 도구를 활용하고 중요한 키워드 중심으로 적어본다.
  ㉣ 그룹 인터뷰 당일에 조사된 내용을 공유하고 정리한다.

⑥ 조사진행자 사전교육 : 조사진행자의 선정은 조사기관에서 개별 심층인터뷰 주제에 적합한 조사대상자를 선정한 이후에 혹은 선정 전에 상황에 따라서 선정작업과 사전교육이 이루어진다.

> **플러스원**
>
> **오리엔테이션(Orientation)**
> 새로운 작업, 교육훈련, 강습회, 설명회 등을 개시하면서 기본적인 개념의 전달, 사고방식, 진행방식, 작업방식, 운영방법에 관하여 표적집단을 대상으로 하여 설명하는 것을 의미한다.

03 FGI 실시

(1) FGI 정성조사에서의 조사 진행자(모더레이터, 조사 진행자, 사회자)

① FGI 모더레이터(Moderator, 정성조사 진행자)의 개념 : 중재자 혹은 토론 프로그램의 사회자를 일컫는 말이며, FGI나 심층인터뷰를 진행하는 역할을 한다.

② FGI 모더레이터의 요건
  ㉠ 인문학 및 마케팅 전공자의 경력이 모더레이터의 역할에 많은 도움이 되며, 적합한 주제를 발견하고 주제와 관련된 조사방법, 통계분석 등 배경지식을 갖추어 전문영역으로 구축하는 등 경력 관리가 필요하다.
  ㉡ 질문을 이해하기 쉽도록 명확하게 하며, 참여자를 정확하게 이해하여 내면 깊숙이 있는 생각을 끌어낼 수 있는 질문을 제기하고, 대화 내용이 특정 부분에서 장기간 머물지 않고 계속 진행될 수 있도록 순발력 있게 유도하는 능력이 요구된다.
  ㉢ 답변에 관해 적절히 반응하여 추가 질문을 할 수 있어야 한다.
  ㉣ 친화적, 열정적, 정중한 태도 등을 갖추어야 한다.

③ FGI 모더레이터의 업무 [기출 24년]
  ㉠ 조사목적에 맞게 질문지 개발
  ㉡ 인터뷰 진행 시 여러 인터뷰 대상자의 발언을 통합하여 토론을 조정해 나갈 수 있도록 메모하며 이견조율 및 통제
  ㉢ 결과물의 내용 분석
  ㉣ 클라이언트에게 소비자의 심층적 생각을 알려주기 위한 보고서 작성

④ FGI 모더레이터가 견지해야 할 수행 태도
  ㉠ 경청하고 주의 깊게 관찰하는 태도
  ㉡ 인터뷰 대상자의 적극적 참여를 독려하는 태도
  ㉢ 시나리오를 준수하고 유연하게 대처하는 자세 유지
  ㉣ 인터뷰 기술 [기출 23년]
    • 눈 마주치기
    • 맞장구치기
    • 라포 형성(경계심 허물기)
    • 구체적으로 파고들기
    • 상대방 말 언급하기(다시 확인하기)
  ㉤ 질문 기술
    • 광범위한 질문에서 자세한 질문으로 진행한다.
    • 논의를 이끄는 질문을 한다.
    • 추후 연계하여 질문을 한다.
    • 어떻게 이야기되는가에 주의한다.
    • 구술자의 진술이 틀렸다 해도 반박하지 않는다.

시험에 이렇게 나왔다

[17년 2회]

Q 진행자(Moderator)가 동질의 소수 응답자 집단을 대상으로 특정한 주제에 대하여 자유롭게 토론하는 가운데 필요한 정보를 수집하는 방법은?

① 문헌 연구
② 전문가 의견조사
③ 표적집단면접법
④ 사례연구

A ③

> **플러스윈**
>
> **라포(Rapport)**
> - 신뢰와 친근감으로 이루어진 인간관계로 상호협조를 이끈다.
> - 첫인상으로 시작하기도 하고, 부단한 의사소통 및 설득을 통해서 만들어지기도 하며, 상호 교환성을 바탕으로 '서로에게 서비스를 교환하는 방식'이 되기도 하고, 단순히 서로 느낌이 좋아서 형성되기도 한다.
> - 라포를 형성하기 위해서는 타인의 감정, 사고, 경험을 이해할 수 있는 공감대 형성을 위하여 노력하여야 한다.

(2) FGI 정성조사 실행 단계(진행 절차)

① 장소 결정
  ㉠ 그룹 인터뷰 대상자가 심리적으로 안정감을 느낄 수 있는 장소에서 인터뷰하도록 한다.
  ㉡ 인터뷰 장소를 결정하고 해당 장소를 외부로 잡았다면 인터뷰 당일 확실히 장소 이용이 가능한지, 인터뷰를 할 수 있는 환경으로 적합한지를 점검해야 한다.
  ㉢ 필수 요소

공간 시설 및 기기	관찰자와 모더레이터 간의 커뮤니케이션 도구, 비디오 녹화기, 음성 녹음기, TV, 일방향 거울(One-way Mirror), 모니터, 녹화카메라, 음료 혹은 다과, 노트북 등의 기본 장비 등을 준비한다.
관찰자	모더레이터의 진행 시 매끄럽지 못하거나 추가적인 사항에 관한 질문 등의 대처방안을 제시해 주는 사람 또는 클라이언트(어떻게 진행되는지 궁금해서 찾아오는 클라이언트)를 의미한다.

② 사전 통보
  ㉠ 좌담회 전날 또는 당일에 좌담회 참석시간을 지키도록 하여 지각하면 참석이 불가능함을 통보하며 휴대폰을 꺼놓지 않도록 요청한다.
  ㉡ 좌담회 당일 연락 없이 불참하지 않도록 당부한다.
  ㉢ 개인 신분을 증명할 수 있는 것을 참석 시 준비하도록 요청하여 현장에서 개별적으로 대조하여 확인하도록 한다.
  ㉣ 조사 의뢰인은 면접 과정을 참관하다가 알고 싶은 사항이 있으면 쪽지를 통해 모더레이터에게 추가로 질문하도록 요청하거나, FGI 도중에는 흐름을 끊어버리고 현장을 혼란스럽게 만들 수 있으므로 하지 않도록 조치하고 마지막에 한 번에 질문을 시도하도록 사전에 협의한다.
③ 문서 작성 : 주최 측은 현장에서 인터뷰 대상자를 상대로 개인정보 수집·이용 동의서와 보안각서와 같은 기본적인 문서를 작성하도록 요청한다.

④ 소개 단계
  ㉠ 조사대상자가 모이면 그룹 인터뷰에 들어가기에 앞서 참석자의 **인구통계 속성**과 제품의 구매·사용 등에 관한 기본 정보를 수집하여 집단 면접을 진행할 때 참고자료로 활용하며, 조사대상자가 많을 경우 질적 조사를 보완하기 위한 양적 자료로 활용한다.
  ㉡ FGI 조사 주제에 관한 **개요**를 설명하고 본격적으로 실시하기 전에 참석자의 이해 여부를 질의하고 파악하여 진행 중간에 발생할 수 있는 진행의 방해요소를 최대한으로 줄이도록 한다.
  ㉢ 도입 인터뷰 및 테마 인터뷰를 실시하여 본격적인 인터뷰 실시 이전에 조사대상자와의 관계, 즉 친밀한 관계(라포)를 형성하여 조사대상자의 긴장과 부담을 해소해 주도록 한다.
  ㉣ 시작부터 조사진행자 혹은 관련 조사자가 나서서 본조사에 관해 규정짓는 발언을 하거나 전문적이거나 위협적인 질문을 하는 행동은 하지 않도록 한다.
  ㉤ 조사자가 자신을 소개하면 참가자도 스스럼없이 의견 교환을 할 수 있도록 유도한다.
  ㉥ 조사자는 간략한 주의사항에 관해 설명하도록 한다.
    • 상호 간 잡담을 금지시킨다.
    • 인터뷰 대상자 자신의 입장을 명확히 표명하도록 주지시킨다.
    • 사회자와 직접 토의하는 게 아니고 참석자 간의 의사소통이라는 점을 명심시킨다.
    • 참석자 상호 간 유익한 시간을 보낼 수 있도록 적극적으로 참여하도록 한다.

⑤ 분위기 조성 단계
  ㉠ 참석자가 긴장을 풀고 자유롭게 본인의 의견을 제시할 수 있도록 가벼운 대화로 분위기 조성 후 준비된 주제와 질문지, 응답지, 샘플 등의 자료를 활용하여 시작한다.
  ㉡ 참석한 사람에게 말할 기회를 갖게 주어 자신의 의견을 표현하게 해야 한다.
  ㉢ 조사자는 반드시 참석한 사람들이 존중받는다는 느낌이 들도록 해야 한다.

⑥ 본 주제 관련 토의 단계
  ㉠ 사전에 필요한 **시청각 자료**를 미리 준비해 두도록 한다.
  ㉡ 참석자들은 참석자들끼리 진행하는 것으로 알고 있어야 더 자연스러운 얘기들이 나올 수 있으므로 관찰자와 참석자 간의 안 보이는 유리면이 위치한 방에서 집단 심층면접이 이루어지고, 반대편 보이는 방에서는 조사관련자(마케터, 광고주 등)가 참석해 대화내용을 청취한다.
  ㉢ 매우 구체적이고, 서술적인 문제부터 시작하여 제품, 이미지, 태도 등 다소 추상적이고 생각을 요하는 문제 순서로 진행하도록 유도한다.
  ㉣ 응답자의 말을 적합한 도구로 **기록**해 광고주에게 제공하거나 프레젠테이션 때 참고용으로 활용하기도 한다.
    • 너무 기록에만 집중하지 않도록 한다.
    • 응답자가 거슬리지 않는 위치에 카메라를 두어야 하는 등의 주의가 필요하다.

ⓜ 모더레이터는 조사 면접을 위한 일반적인 지침을 숙지하고 수행한다. 기출 19년 3회
- 차림새와 태도 : 깨끗한 복장을 착용하고 응답자가 이질감을 느끼지 않도록 해야 하며, 명랑하게 대한다.
- 질문지 숙지 : 단어와 문장을 실수 없이 더듬지 않도록 한다.
- 면접대상자의 응답을 얻기 위한 질의 및 고려사항
  - 응답자의 응답이 완전하지 않거나 불명확할 때에는 다시 한번 질문하도록 하는데, 이때 비지시적으로 응답자들의 체면을 손상하지 않는 범위 안에서 정확한 답을 얻도록 한다.
  - 인터뷰 진행 지침에 따라서 다양한 각도로 유도질문하되, 새로운 문제가 발생하거나 검토해야 할 사항이 생기면 추가 질문을 실시하고, 불필요한 질문은 본조사에서 제외한다.
  - 특정 참가자의 의견이 심하게 많으면 이를 자제시키고, 소극적 참가자는 적극적으로 이야기할 수 있도록 조율한다.
  - 참석자들의 표정도 살펴보아야 하며 그때그때 인터뷰 대상자의 침묵이나 반응도 살펴본다.
  - 토의가 조사주제에서 이탈되지 않게 항상 유의하지만 주제에 빗나가는 산만한 대화내용이라 하더라도 이러한 것들이 모두 필요 없다고 단정하지는 않는다.
  - 인터뷰 대상자 중에서 주도적인 응답자라고 모두 유용한 의미를 지니지는 않는다라는 것을 고려한다.
  - 참석자의 신뢰를 잃는 언행은 절대적으로 피하며, 현장에서의 조정과 통제의 업무역할에 충실히 한다.

⑦ 마무리 단계
  ㉠ 마무리 단계까지 나온 이야기들을 한 번 요약해서 참석자들의 반응과 태도를 본다.
  ㉡ 본인과 다른 의견이 나왔다면 자신의 입장을 확실하게 밝히는 기회를 부여하도록 한다.
  ㉢ 집단심층면접이 끝나면 보통 사회자와 반투명 유리 뒤에 있던 참관자들이 함께 모여 조사결과를 논의하고 잠정적 결론을 도출한다.
  ㉣ 조사결과는 하나의 그룹에서 도출되는 것으로 결론을 단정하지 말고 복수의 그룹을 통해서 나오는 결과를 교차한다.
  ㉤ 다음 심층면접에서 추가로 확인해야 할 사항이나 수정과 보완해야 할 질문내용에 관해서도 논의하며 사회자는 회의결과를 다음 심층면접의 가이드라인에 반영한다.
  ㉥ 심층면접이 끝나면, 녹음된 내용을 타이핑해서 분석하고, 이에 기초해 조사보고서 작업을 실시한다.

04 FGI 자료분석

(1) FGI 자료분석의 개요
① 자료분석 담당자가 견지해야 할 기본적인 수행태도
　㉠ FGI 자료를 풍부하게 해석하려는 자세를 견지한다.
　㉡ FGI 결과 해석의 논리적 비약이 없는지 세밀하게 확인하는 자세를 갖는다.
　㉢ FGI 자료의 신뢰성 및 타당성을 확보하기 위한 노력을 유지한다.

② FGI 자료의 신뢰성 및 타당성 평가
　㉠ FGI를 통해서 도출한 결과에 관한 신뢰성 및 타당성을 확보하기 위하여 다른 조사자와의 교차비교, 전문가 검토 등을 추가적으로 수행한다.
　㉡ 신뢰성 : FGI 자료는 심층적이라 해도 측정은 매우 사적이므로 충분한 신뢰성을 확보하기 어렵다.
　㉢ 타당성 : 일반적으로 양적 자료에 비해 더 높은 타당도를 갖는 것으로 여겨진다.

③ FGI의 산출물
　㉠ FGI 계획서 : FGI 착수 시 전반적인 계획 문서
　㉡ FGI 참석자 스크리너 : 참가자 섭외 시 가이드 문서 및 주의사항
　㉢ FGI 시나리오 : FGI 진행 시 모더레이터의 가이드 문서
　㉣ 기밀 유지 서약서 : 보안상의 문제를 예방하기 위한 문서
　㉤ FGI 녹취록 : FGI 진행 시 전체적인 녹취 내용(향후 보고서 작성 시 참고)
　㉥ FGI 보고서 : FGI의 결과보고서

(2) FGI 자료분석 과정 [기출] 25년
① FGI 조사 실시 후 해당 자료처리
　㉠ 면접응답지, 녹음파일 혹은 동영상 녹화록을 반복하여 청취 혹은 자료(결과)를 구체적으로 일정한 표본화된 틀에 의하여 정리한다.
　㉡ 자료처리 단계에서 진행되어야 할 주요 활동
　　• 수집된 자료의 신뢰도를 검토한다.
　　• 수집된 응답 자료의 편집과 코딩을 수행한다.
　　• 자료 분석을 위한 준비작업을 수행한다.
　　• 자료의 통계적 처리를 한다.
　　• 연구결과에 관하여 분석하고 해석한다.

② FGI 조사결과를 구체적으로 정리
  ㉠ 인터뷰가 끝난 직후에 중요한 내용을 해당 팀 혹은 그룹별로 메모하여 정리한다.
  ㉡ 인터뷰 대상자별로 녹음·사진 파일을 정리한다.
  ㉢ 종이질문지 혹은 설문지 답변내용을 엑셀에 있는 그대로 입력한다.
  ㉣ 구글 폼, 웹 설문 등으로 응답받은 결과를 엑셀로 변화하여 정리하고 분석한다.
③ 목적에 부합하는 정보를 분류하고 결과 분석을 자세히 실시
  ㉠ 분석 시에는 결과 내용에 관해 범주화 기준을 설정하고 문제의 수준에 따라 분류하여 **구조화된 문제를 도출**한다.
  ㉡ 조사결과도 조사자가 주관적 판단이나 입장 또는 형편에 맞추어 임의로 해석하지 않도록 하며 집단심층면접의 결과를 양적으로 일반화하지 않도록 유의해야 한다.
  ㉢ **소수의 극단적인 의견이라도 무시하지 않고 존중**하는 자세를 갖고 인터뷰의 결과를 분석한다.
  ㉣ FGI 결과 분석 시 주의사항
    • 분석은 조사 의뢰자(고객)와 협의 때부터 시작, 그룹 인터뷰 대상자의 인구통계적 특성이나 기타 배경 이해 후, 심층 인터뷰 진행 중, 정보 청취 중 수시로 실시하며 조사목적을 중심으로 한다.
    • FGI 진행, 정보 청취 및 참관 시 그룹별 중요포인트 체크리스트 및 향후 인용어구를 작성하고 그룹 인터뷰가 끝나고 바로 메모하는 습관을 갖는다.
    • 참석자가 말한 것과 실제로 의미하는 것의 차이를 심층분석하는 노력을 기울인다.
    • 소수의 의견도 존중하여 다양한 정보를 제공하는 노력을 기울인다.
④ 결과 자료를 자세한 정보 단위로 정리하고 처리
  ㉠ 조사 목표에 부합되는 자료를 수집한 후 조사자는 우선 그러한 자료를 편집과 기호화를 통하여 요약표로 정리한다.
  ㉡ 관찰치에 관한 요약표를 작성하고 나면 조사자는 그것을 개략적으로 검토함으로써 자세한 분석 방법을 결정한다.
  ㉢ 자료분석은 조사문제의 정의 단계에서 인식된 정보 욕구에 부합되는 정보를 산출한다.
  ㉣ 추출되어 정리된 정보를 FGI 실시 목적에 맞춰 분류한다.

⑤ FGI 자료의 질적 자료분석
  ㉠ 설문응답지, 녹음파일 혹은 동영상 녹화록을 반복하여 청취·시청을 통해서 그 결과를 분석한다.
  ㉡ FGI 자료의 질적 해석의 한계성
    • FGI는 조사대상자 수가 적고 편의에 따라 조사대상자를 선정하기 때문에 조사결과를 전체 모집단으로 일반화하기 어렵다는 질적 조사로서 본질적인 한계성을 지닌다.
    • 조사결과도 표준화된 설문지를 사용하지 않아 정확한 분석이 어렵다.
  ㉢ FGI 자료의 질적 해석 결론의 오류 가능성
    • 여러 가지 상반된 다양한 의견이 등장하기 때문에 조사결과를 해석하고 결론을 내리기가 힘들다.
    • 집단의 상호작용이 잘못된 방향으로 나타날 수 있다.
⑥ FGI 조사자료의 분석결과 해석
  ㉠ 조사결과는 하나의 그룹에서 도출되는 것으로 결론을 단정하지 말고 복수의 그룹을 통해서 나오는 결과를 교차하여 분석하고 해석하여 최종적으로 정리한다.
  ㉡ 수집된 자료를 적합한 통계적 기법에 따라 분석하고 나면 조사자는 분석결과로부터 조사목적에 활용할 수 있는 시사점을 도출한다.
  ㉢ 분석결과로부터 적절한 시사점을 포착하여 전략적인 방안으로 통합하기 위하여 기술 통계적 분석 방법을 활용한다.
⑦ 분석된 정보와 자료를 통해서 유의미한 결과 도출
  ㉠ 전문 모니터가 녹음된 내용을 그룹별로 자세하게 분석한다.
  ㉡ 결과 분석보고서 및 제안을 도출한다.

2 심층인터뷰 정성조사의 이해

01 심층인터뷰의 개념

기출 19년 1회, 20년 1·2,4회, 21년 1회, 23년, 24년, 25년

(1) 심층인터뷰의 의미 및 특징
① 1명의 응답자와 1대1 면접을 통해 응답자의 심리를 조사하는 방법이다.
② 조사대상자가 전문가인 경우 여러 명을 한 장소로 모이게 하는 게 어렵기 때문에 조사원들이 전문가를 한 명씩 직접 찾아가 심층면접조사를 진행한다.
③ 어떤 주제에 대해 응답자의 생각, 느낌 등을 자유롭게 이야기하게 하여 응답자의 욕구, 태도 등을 파악하는 면접조사이다.
④ 질문의 순서와 내용은 조사자가 조정할 수 있어 좀 더 자유롭고 심도 있는 질문을 할 수 있으며, 조사자가 필요하다고 생각되면 반복질문을 통해 타당도 높은 자료를 수집할 수 있다.
⑤ 대개 기업에서 그동안 파악한 전문가의 목록을 제공하며 조사회사에서는 이들과 연락하여 약속을 잡고 조사를 진행하며 조사비용은 100명의 전문가를 조사하는 경우 난이도에 따라 2,000~3,000만 원 정도의 예산이 소요된다.

(2) 심층인터뷰의 장단점 기출 25년
① 심층인터뷰의 장점
  ㉠ 조사대상자의 심층적인 자료 수집이 쉽다.
  ㉡ 본조사를 보완하는 보충자료의 수집이 쉽다.
  ㉢ 조사내용의 융통성과 유연성이 있을 수 있다.
  ㉣ 개별 심층면접은 1대1 면접을 통해 이루어지므로 응답자 한 명에 집중할 수 있고, 응답에 관해 구체적 답변이나 추가로 다양한 질문을 요청할 수 있다.
  ㉤ 표적집단면접은 다른 참가자의 영향을 완전히 배제하기 어렵지만 심층면접은 집단적 영향을 배제함으로써 개인 차원의 고유한 의견을 청취할 수 있다.
② 심층인터뷰의 단점
  ㉠ 조사자의 편견이 개입되어 자료의 객관성이 문제될 수 있다.
  ㉡ 면접 자체가 표준화되어 있지 않고, 면접지침이 있다 하더라도 개개인의 특성에 맞추어 서로 다른 질문을 받게 되므로 설문지법 등에 비해 상대적으로 자료를 분석하고 해석하기가 곤란하다.
  ㉢ 조사 시점이 조사대상자가 바쁜 일정 중에서 틈을 내어 이루어지기 때문에 설문지법 등에 비해 상대적으로 자료를 수집하는 데 많은 시간이 소모된다.
  ㉣ 고도의 전문성을 가진 면접 진행자가 필요하다.
  ㉤ 집단의 상호작용에 의한 새로운 의견이나 아이디어 발상이 불가능하다.
  ㉥ 응답 내용이 방대하고 통일성이 없어 조사결과의 분석과 보고서 작성도 매우 힘들다.

02 심층인터뷰 설계

(1) 심층인터뷰 조사 설계 영역
① 심층면접은 문제의 확인, 가설의 설정, 전략적 대안의 발견 등을 위해 양적 조사에 앞선 탐색 조사에 주로 활용된다.
② 아이디어 수집이 주된 목적이면 단독으로도 실시할 수 있다.
③ 집단심층면접(표적집단면접)으로 모집이 어려운 특수 계층의 사람을 대상으로 심층적인 의견을 구해야 할 때 일반적으로 사용된다.

(2) 심층인터뷰 가이드라인 설계 시 고려사항
① 조사의 목적 및 배경이 고려되어야 한다.
② 조사의 주제(테마)가 고려되어야 한다.
③ 조사대상자의 속성과 직위, 신분 등의 사회적 위치가 고려되어야 한다.
④ 조사문제의 가설설정, 조사의 핵심요점이 나열되어야 한다.

(3) 심층인터뷰 가이드라인 설계 세부사항
① 가이드라인은 담당 사회자와 조사 의뢰 측이 공동으로 설계, 작성하는 것이 바람직함 : 공동으로 조사에서 다루어야 할 주제나 문제의 양, 구체적인 토의 내용을 결정해야 한다.
② 최대한의 정보를 얻어낼 수 있도록 충분한 주제를 포함함 : 너무 많은 내용과 주제는 조사대상자를 피곤하게 할 수 있고, 흥미를 떨어트릴 수 있다.
③ 분위기는 최대한 자연스럽게 흘러가도록 진행 순서를 수립함 : 다소 위협적인 질문은 친밀감이 충분히 형성된 다음에 하는 것이 좋다.

(4) 심층인터뷰 설계 단계
① 조사기획
  ㉠ 조사목적을 확인하고 문제의 파악과 가설을 정립한다.
  ㉡ 심층인터뷰 대상자, 설문방법, 시간, 비용, 장소 등 개략적인 사용자 리서치 기획안(서)을 설계하고 작성한다.
② 가이드라인 및 내용 설계
  ㉠ 조사설계 단계별 프레임워크를 항목별로 구성한다.
    • 조사목적을 구체적으로 기술하여 조사대상자가 조사목적에 관해 숙지하고 동의하도록 조치한다.
    • 조사내용을 항목별로 분류하여 기술한다.
    • 조사설계 시의 문제를 파악한다.
    • 조사설계를 통한 목적을 달성할 수 있도록 그 결과물을 통해서 가설이 검증되도록 한다.

ⓒ 조사주제에 맞는 심층인터뷰 실시를 위한 설문·질문 및 가이드라인을 개발한다.
- 심층면접 문항 설계 추진 방향을 설정한다.
  - 기존에 수행된 결과물이 있으면 관련 조사 설문문항을 참조하여 신규로 혹은 수정·보완하여 설문지 및 질문지를 개발한다.
  - 일반조사 및 심층면접 가이드라인 초안 작성 후 조사 의뢰자에게 검토를 요청하여 일부 문항을 수정·보완하여 최종 검토 후 설문지 및 질문지를 확정한다.
- 심층인터뷰 정성조사 질문지 구성을 파악하고 숙지한다.
  조사의 개요, 조사 시간, 조사 가이드라인, 질문지의 구성방법 및 내용 등을 내부적으로 협의하여 결정한다.
- 심층면접 가이드라인의 경우 일부 전문가를 사전 인터뷰한 결과를 반영하고 추가로 보완하여 작성한다.

ⓒ 심층인터뷰가 진행되기 전에 그 상황을 예상하면서 다뤄야 할 주제와 질문, 주제별 시간 배분 등을 구체적으로 계획한다.
- 심층인터뷰 대상자의 속성이 어떠한지, 조사 대상인원은 조사 주제와 전문성 여부에 따라서 몇 명으로 구성할지를 결정한다.
- 인터뷰를 진행할 시간과 장소를 정하고 조사주제에 맞게 적합한 질문 내용과 통제 시간을 기록해두고 이에 맞춰 진행한다.

(5) 심층인터뷰 설계 질문지 구성

① **자유 응답형(개방형 질문)** 기출 25년
　　㉠ 면접법을 위해 개발된 것으로, 동기가 부족하면 무응답의 확률이 높기 때문에 자유 응답을 요구하는 질문은 강한 동기를 필요로 한다.
　　㉡ 조사의 목적 및 진행 내용, 대상 등에 따라 어떠한 질문지 문항을 사용할 것인가를 고려해야 한다.

② **질문방법에 관한 고려사항**
　　㉠ 인구통계학적 질문(나이, 성별, 직업 등), 기타 질문 및 미묘한 설문은 맨 뒤로 빼놓는 것이 좋다.
　　㉡ 간단한 것에서 복잡한 것으로 설문 순서를 진행하고, 일관성을 갖도록 하여 응답자가 혼란을 일으키지 않도록 만들어야 한다.
　　㉢ 보기가 주어진 범주형 질문을 한다면, 어떻게 범주화할 것인가와 개방형 질문은 어떻게 처리할 것인가 등을 결정한다.

03 심층인터뷰 실시

기출 24년, 25년

(1) 심층인터뷰 실시 단계

① **리쿠르팅 실행** : 리쿠르팅 전문 Assistant Supervisor가 인터뷰 대상자 자격을 전문 Recruiter에게 알려 자격조건에 맞는 적합한 대상자를 추천받은 후 선정 질문지를 완성하여 심층면접 대상자를 선정한다.

② 조사대상자와 전화 등을 통해 접촉해서 면접 요청

③ 심층인터뷰 실시 전에 선정된 혹은 섭외된 인터뷰 대상자에게 사전에 기본적인 참석 안내사항 통보
  ㉠ 같은 혹은 유사한 주제의 인터뷰를 조사 수행기간 내에 참여하지 않도록 요청한다.
  ㉡ 전문가 대상 방문인터뷰의 경우 편의를 고려하여 유동적으로 일정을 조율하나 인터뷰 참석시간을 엄수하도록 요청한다.
  ㉢ 인터뷰 참석 예정자에게 전날 또는 당일에 확인전화를 하며 휴대폰을 꺼놓지 않도록 요청하고, 인터뷰 당일 연락 없이 불참하지 않도록 당부한다.
  ㉣ 개인 신분을 증명할 수 있는 것을 참석 시 준비하도록 요청하며 전문가 대상 방문 인터뷰의 경우에는 기존에 이미 인적정보가 확인된 경우에 불편함을 초래하지 않도록 이러한 과정을 생략하도록 한다.

④ 요청을 허락하면 조사대상자가 정해 준 시간과 장소로 가서 보통 2인 1조(면접원과 보조원)가 되어 면접 실시
  ㉠ 인터뷰 전 사전작업
    • 보통 면접 실시에 앞서 질문 내용을 사전에 피면접자에게 전달해 준비하도록 한다.
    • 녹음기 및 비디오 촬영기기 등의 작동이 잘 되는지, 전원의 상태는 충분한지 등을 점검하여 혹여나 발생할 수 있는 비상상황에 대비한다.
    • 심층인터뷰 현장에서 인터뷰 대상자를 상대로 신분증과 대조하여 신분확인을 하며 개인정보 수집·이용 동의서와 보안각서를 작성하도록 한다.
  ㉡ 심층인터뷰가 진행되는 동안 인터뷰 대상자로부터 의미 있는 정보를 수집한다.
  ㉢ 심층인터뷰 도중 발생할 수 있는 예기치 못한 상황에 적절하게 대응한다.
    • 조사대상자의 응답내용이 피상적이거나 불충분하다고 판단되면 추가질문을 통해 깊이 있고 충분한 응답내용이 도출될 수 있도록 이끌어야 한다.
    • 보조원은 옆에서 녹음기 혹은 비디오 촬영기기를 준비해서 대화내용을 녹음하는 등의 역할을 수행한다.

⑤ 심층면접이 끝난 후 사후 업무처리
  ㉠ 면접은 보통 1시간 내외로 이루어지며, 면접이 끝나면 감사의 말과 함께 선물 또는 면접 수당을 전달한다.
  ㉡ 심층면접이 끝나면 녹음된 내용을 정리하여 타이핑한다.

⑥ 기록된 자료를 기초로 조사결과를 해석하고 분석해서 보고서 작업 마무리

심화체크

비디오 촬영이나 녹음 전에는 사전에 조사 대상자에게 미리 양해를 구하거나 대상자 모집 시에 사전에 공지하도록 한다.

심화체크

[20년 3회]
조사자는 조사 의뢰자의 사업 정보 및 조사결과에 관한 정보를 비밀로 한다. 단, 조사 의뢰자가 그 정보의 배포를 명시적으로 승인하였을 경우 또는 조사윤리위원회가 본 강령의 위반 여부를 판단하기 위하여 공식적으로 자료를 요구하는 경우는 예외로 한다(한국조사연구학회 조사윤리강령 제5조 제1호).

시험에 이렇게 나왔다

[15년 1회]

Q 사회조사의 실시과정에서 지켜져야 할 윤리적 기준과 가장 거리가 먼 것은?

① 연구자의 가치중립
② 연구대상자의 사전동의
③ 연구대상자의 비밀보장
④ 연구대상자의 복지보장

A ④

---

(2) 조사자가 견지해야 할 기본적인 수행 태도 **기출** 15년 1회, 18년 2,3회, 20년 3,4회, 23년

① 심층인터뷰에 적합한 대상의 인터뷰 동의를 얻고자 하는 태도를 견지한다.
② 심층인터뷰에 적절한 환경을 구축하려는 태도를 견지한다.
③ 심층인터뷰 대상자의 적극적 참여를 유도하는 자세를 견지한다.
④ 심층인터뷰 대상에 관한 연구윤리를 준수하려는 자세를 견지한다.
  ㉠ 조사자의 가치중립
  ㉡ 연구 내용상의 윤리문제 : 연구대상은 사회적 통념이 허용하는 범위 내의 것이어야 하며, 인간생활에 해를 주기보다는 이익을 주는 것이어야 한다.
  ㉢ 연구 과정상의 윤리문제
   • 타당한 결과를 얻어내기 위해 연구대상으로서의 인간을 조작해야 하는 경우 조사자는 어떠한 태도를 취해야 하는지, 연구활동 중 습득한 사실들에 대해 어느 정도의 수준에서 비밀을 보장해야 하는지 의문을 가진다.
   • 연구의 필요에 의해 인간에 대한 조작이 불가피한 경우에는 우선 이를 통해 발생하는 위험보다 연구결과로부터의 잠재적 이익이 커야 연구활동이 용인된다.
  ㉣ 연구 결과상의 윤리문제 : 개인의 프라이버시를 어떻게 보장할 것인지, 연구결과를 타목적에 사용할 수 있는지, 연구결과에 대한 책임이나 이익은 어떻게 분배해야 하는지 의문을 가진다.

04 심층인터뷰 자료분석

(1) 자료 처리 절차

① 수집된 자료의 신뢰도 검토
② 수집된 응답 자료의 편집과 코딩 수행 : 조사 목표에 부합되는 수집된 자료를 편집과 기호화를 통하여 요약표로 정리
③ 자료 분석을 위한 준비작업 수행
  ㉠ 자료 부호화 및 자료 입력
  ㉡ 검증조사
  ㉢ 구체적인 분석 방법 결정
④ 자료의 통계적 처리 및 분석
  ㉠ 조사문제의 정의 단계에서 인식된 정보 욕구에 부합되는 정보 산출
  ㉡ 결과내용에 관해 범주화 기준을 설정하고 문제의 수준에 따라 분류하여 구조화된 문제 도출
  ㉢ 관리적 제안 작성 및 제시

⑤ 연구결과에 관한 정리 및 해석
  ㉠ 추출되어 정리된 정보를 개별 심층인터뷰 실시 목적에 맞춰 분류하고 시사점을 도출한다.
  ㉡ 인터뷰가 끝난 직후에 중요한 내용을 해당 팀 혹은 그룹별로 메모하여 정리한다.
  ㉢ 인터뷰 대상자별로 녹음·사진 파일을 정리한다.
  ㉣ 조사결과는 하나의 그룹에서 도출되는 것으로 결론을 단정하지 말고 복수의 그룹을 통해서 나오는 결과를 교차하여 분석하고 해석하여 최종적으로 정리한다.
  ㉤ 종이 질문지 혹은 설문지 답변 내용을 스프레드시트에 있는 그대로 입력한다.
  ㉥ 구글 폼, 웹 설문으로 응답받은 결과를 스프레드시트로 변환하여 정리 분석한다
  ㉦ 개인의 극단적인 의견이라도 무시하지 않고 존중하는 자세를 갖고 인터뷰 결과를 분석한다.
  ㉧ 조사결과도 조사자가 주관적 판단이나 입장 또는 형편에 맞추어 임의로 해석하지 않도록 유의해야 한다.
  ㉨ 심층인터뷰 결과 분석 시 주의사항
    • 분석은 조사 의뢰자(고객)와 협의 때부터 시작, 심층인터뷰 진행 중, 정보 청취 중 실시한다.
    • 심층인터뷰 진행 시나 참관 시, 개인별 중요포인트 체크리스트를 작성하고 향후 인용어구를 메모한다.
    • 정보 청취 시나 심층인터뷰 끝나고 바로 메모하는 습관을 갖는다.
    • 조사목적 중심의 분석을 한다.
    • 개별 인터뷰 대상자의 인구통계적 특성이나 기타 배경 등을 이해 후 분석한다.
    • 인터뷰 대상자가 말한 것과 실제로 의미하는 것의 차이를 심층분석하려 노력한다.
    • 소수의 의견도 존중하여 다양한 정보를 제공하려 노력한다.

(2) 자료 분석 시 조사자가 견지해야 할 기본적인 수행태도
① 심층인터뷰 자료를 풍부하게 해석하려는 자세를 견지한다.
② 심층인터뷰 결과 해석의 논리적 비약이 없는지 세밀하게 확인하는 자세를 갖는다.
③ 심층인터뷰 자료의 신뢰성 및 타당성을 확보하기 위한 노력을 유지한다.

CHAPTER 04 적중예상문제

01

표적집단면접법(Focus Group Interview)에 관한 설명으로 가장 적합한 것은?

① 전문적인 지식을 가진 집단으로 하여금 특정한 주제에 대하여 자유롭게 토론하도록 한 다음, 이 과정에서 필요한 정보를 추출하는 방법이다.
② 응답자가 조사의 목적을 모르는 상태에서 다양한 심리적 의사소통법을 이용하여 자료를 수집하는 방법이다.
③ 조사자가 한 단어를 제시하고 응답자가 그 단어로부터 연상되는 단어들을 순서대로 나열하도록 하여 조사하는 방법이다.
④ 응답자에게 이해하기 난해한 그림을 제시한 다음, 그 그림이 무엇을 묘사하는지 물어 응답자의 심리 상태를 파악하는 방법이다.

해설 표적집단면접은 초점집단면접이라고도 하며, 면접진행자가 동질의 소수의 집단을 대상으로 특정 주제에 대해 자유롭게 토론을 하여 필요한 정보를 얻는 방법이다.

02

지역, 계층, 성 등으로 구분하여 소수로 각 범주별 조사대상을 뽑아 특정 주제를 중심으로 대상자의 의견을 수집하는 방법은?

① 현지조사법   ② 비지시적 면접
③ 표적집단면접법   ④ 델파이 서베이

해설 표적집단면접법(FGI)에서는 성별, 연령별, 직업 등 특정 조건이 선정된 주제에 유사하거나 적합한 대상자들로 구성된다.

03

표적집단면접법(Focus Group Interview)에 대한 설명으로 옳지 않은 것은?

① 표본이 특정 집단이기 때문에 조사결과의 일반화가 어려운 단점이 있다.
② 조사자의 개입이 미비하므로 조사자의 주관이나 편견이 개입되지 않는다.
③ 응답자는 응답을 강요당하지 않기 때문에 솔직하고 정확히 자신의 의견을 표명할 수 있다.
④ 심층면접법을 응용한 방법으로 조사자가 소수의 응답자를 한 장소에 모이게 한 후 관련된 주제에 대하여 대화와 토론을 통해 정보를 수집하는 방법이다.

해설 표적집단면접은 조사자가 대화내용이 특정 부분에서 장기간 머물지 않고 계속 진행될 수 있도록 개입한다.

04

소수의 집단을 대상으로 특정 주제에 대하여 자유롭게 토론하여 필요한 정보를 얻는 방법은?

① 집단조사법   ② 표적집단면접법
③ 대인면접법   ④ 사례조사법

해설 표적집단면접법에서는 6~10명 전후의 성, 연령, 직업 등에서 유사한 특성을 보이는 동질적인 소수 응답자를 대상으로 특정 주제에 관해 자유롭게 토론을 진행하여 필요한 정보를 얻는다.

정답 01 ① 02 ③ 03 ② 04 ②

05

다음 중 표적집단면접과 양적 조사에 관한 설명으로 옳은 것은?

① 표적집단면접은 전문적인 지식을 가진 집단으로 하여금 특정한 주제에 대하여 자유롭게 토론하도록 한 다음, 토론 과정을 분석하여 필요한 정보를 추출하는 방법이다.
② 표적집단면접은 응답자가 조사의 목적을 모르는 상태에서 다양한 심리적 의사소통법을 이용하여 자료를 수집하는 방법이다.
③ 양적 조사는 조사자가 한 단어를 제시하고 응답자가 그 단어로부터 연상되는 단어들을 순서대로 나열하도록 하여 조사하는 방법이다.
④ 표적집단면접은 응답자에게 이해하기 난해한 그림을 제시한 다음, 그 그림이 무엇을 묘사하는지 물어 응답자의 심리 상태를 파악하는 방법이고 양적 조사는 연구하고자 하는 대상의 속성을 통계분석을 통해 밝히는 방법이다.

해설 표적집단면접(Focus Group Interview)은 소비자 심리에 대한 지식과 면접경험을 갖춘 전문적인 진행자가 대략 8명 전후의 성, 연령, 직업 등에서 유사한 특성을 보이는 동질적인 소수 응답자와 특정 주제에 관해 자유롭게 토론을 진행하여 필요한 정보를 얻는 방법이다.

06

조사자가 소수의 응답자 집단이 특정 주제에 대하여 토론하게 한 다음 필요한 정보를 알아내는 자료수집방법은?

① 현지조사법(Field Survey)
② 비지시적 면접(Nondirective Interview)
③ 표적집단면접(Focus Group Interview)
④ 델파이 서베이(Delphi Survey)

해설 FGI(Focus Group Interview, 표적집단면접, 초점집단면접, 집단심층면접, 좌담회)는 조사자가 대략 8명 전후의 동질적인 소수 응답자와 특정 주제에 관해 자유롭게 토론을 진행하여 필요한 정보를 얻는 방법이다.

07

초점집단면접(Focus Group Interview)에 관한 설명으로 틀린 것은?

① 자료의 통계적 분석이 어렵다.
② 높은 유연성과 타당도를 가진다.
③ 개인면접보다 통제하기가 수월하다.
④ 실제상황에 대한 구체적인 정보를 얻을 수 있다.

해설 초점집단면접은 자유로운 형식으로 여러 명이 토론하다 보니 개인면접보다 통제하기 어렵다.

08

질적 현장연구 중 초점집단연구의 특성과 가장 거리가 먼 것은?

① 빠른 결과를 보여준다.
② 높은 타당도를 가진다.
③ 개인면접에 비해 연구대상을 통제하기 수월하다.
④ 사회환경에서 일어나는 실제의 생활을 포착하는 사회지향적 연구방법이다.

해설 초점집단연구는 높은 타당도를 가지지만 진행자의 수완이 조사 결과에 많은 영향을 끼치며, 특정 집단의 결과이므로 일반화가 어렵고 개인면접보다 통제하기 어렵다는 단점이 있다.

09

양적 조사와 질적 조사의 사례로 틀린 것은?

① 질적 조사 – 사례연구의 기록을 분석하여 핵심적 개념을 추출함
② 양적 조사 – 단일사례조사로 청소년들의 흡연 횟수를 3개월 동안 주기적으로 기록함
③ 질적 조사 – 노숙인과 함께 2주간 생활하면서 참여 관찰함
④ 양적 조사 – 초점집단면접을 통해 문제해결방안을 도출함

해설 초점집단면접은 양적 조사로 확보하기 어려운 질적 정보를 수집하는 데 활용되는 질적 조사이다.

10

초점집단(Focus Group)조사에 관한 설명으로 맞는 것은?

① 조사결과가 체계적이기 때문에 결과의 분석과 해석이 용이하다.
② 초점집단조사는 내용타당도를 높이는 목적으로 사용될 수 있다.
③ 초점집단조사의 자료수집과정에서는 연구자의 주관적 개입이 불가능하다.
④ 초점집단조사에서는 익명 집단의 상호작용을 통해 도출된 자료를 분석한다.

해설 ① 초점집단조사는 조사결과가 비체계적이므로 분석과 해석의 한계점이 존재한다.
③ 초점집단조사는 연구자의 주관적 개입 가능성이 높은 방법이다.
④ 델파이조사에 관한 내용이다.

11

다음 (   ) 안에 알맞은 것은?

> (   )는 집단구성원 간의 활발한 토의와 상호작용을 강조하는데, 그 과정에서 어떤 논의가 드러나고 진전되는지 파악하는 것이 중요한 자료가 된다. 조사자가 제공한 주제에 근거해서 참가자 간의 의사표현활동이 수행되고, 연구자는 대부분의 과정에서 질문자라기보다는 조정자 또는 관찰자에 가깝다.
> (   )는 자료수집시간을 단축하고 시행하기 용이한 측면도 있지만, 참여자 수가 제한적인 것으로 인한 일반화의 제한성, 집단소집의 어려움 등이 단점으로 지적된다.

① 델파이조사
② 초점집단조사
③ 사례연구조사
④ 집단실험설계

해설 **초점집단조사의 단점**
- 조사대상자가 표준 설문지법에 비해서 소수이므로 대표성이 부족하여 일반화에 제한적이다.
- 진행자의 능력에 따라 조사결과에 영향을 줄 수 있다.
- 집단소집의 어려움이 있다.

12

FGI 정성조사의 장점은?

① 사전에 작성된 구조화된 질문지를 활용한다.
② 표준화를 통해 응답자 간 응답의 차이를 최소화할 수 있다.
③ 응답의 객관성을 확보하는 데 유리하다.
④ 즉각적인 추가질문이 가능하고 참석자 반응에 따라 질문을 보완하거나 수정할 수 있다.

해설 FGI 정성조사는 전문적인 진행자가 동질적인 소수 응답자와 특정 주제에 관해 자유롭게 토론을 진행하여 필요한 정보를 얻는 질적 조사방법이다. 조사 진행 중 새로운 문제가 발생하거나 검토해야 할 사항이 생기면 추가 질문을 실시할 수 있으며, 복잡한 문제를 총체적으로 파악하고 분석해 나갈 수 있다. 그러나 특정 집단의 결과이므로 다양한 의견이 있을 수 있으며, 대표성이 부족하여 일반화 및 객관화가 어렵다는 단점이 있다.

13

FGI 조사 기법으로 올바르지 않은 것은?

① 설레발치는 참여자를 제지한다.
② 모든 안건에 대하여 자세하고 완벽하게 다룬다.
③ 한두 사람이 의견을 주도하지 못하도록 한다.
④ 피면접자들을 통제한다.

해설 FGI 조사를 실시하기 이전에 작성한 가이드라인이 너무 길다면, 토의 내용의 우선순위를 정하여 조사를 진행해야 한다. 또한, 가이드라인 작성 시 분명한 조사목적과 3~4가지의 핵심적인 이슈를 가지고 작성하여, 실제 조사 진행 시 해당 질문에 대해 광범위한 질문에서 자세한 질문으로 진행한다.

14

초점집단(Focus Group)의 구성원을 정할 때 사용되는 표본추출방법은?

① 단순무작위표본추출
② 체계적 표본추출
③ 의도적 표본추출
④ 군집(집락)표본추출

해설 초점집단조사의 구성원을 정할 때는 비확률표본추출방법을 사용한다. 단순무작위표본추출, 체계적 표본추출, 군집(집락)표본추출은 확률표본추출방법에 해당한다.

15

대통령후보에 대한 사전조사에서 응답자들이 대통령후보로 흑인이나 여성을 꺼리는 경향이 있다는 결과가 나왔다. 실제조사에서 응답자들의 솔직한 응답을 얻기 위한 수정방법은 무엇인가?

① 조사방법을 웹 서베이에서 1대1 대면면접으로 변경한다.
② 해당 문항을 질문지의 앞쪽에 배치한다.
③ 폐쇄형 질문에서 개방형 질문으로 변경한다.
④ 조사방법을 1대1 대면면접에서 자기기입식 대면면접으로 변경한다.

해설 자기기입식 대면면접은 응답 시 다른 사람의 개입이나 방해가 없는 상황에서 응답할 수 있기 때문에 개인의 민감한 문제를 다루는 데 유리하다는 장점이 있다.

16

FGI 정성조사에서의 모더레이터(Moderator)의 역할에 대한 설명으로 적절하지 않은 것은?

① 조사대상자가 가이드라인(진행지침)에 있는 모든 질문에 응답하도록 독려한다.
② 다양한 응답자의 이견을 조율하고, 조화로운 합의를 이루며, 보고서 작성에 책임을 진다.
③ 조사대상자의 응답이 완전하지 않거나 불명확할 때 반박하거나 캐묻지 않고 자연스럽게 다른 질문으로 넘긴다.
④ 조사대상자들이 편안한 느낌이 들게 하여 토의를 부드럽고 활발하게 이끈다.

해설 FGI 정성조사의 진행자는 응답자의 응답이 완전하지 않거나 불명확할 때 다시 한번 질문하는데, 이때 응답자들의 체면을 손상하지 않는 범위 안에서 정확한 답을 얻어야 한다.

17

진행자(Moderator)가 동질의 소수 응답자 집단을 대상으로 특정한 주제에 대하여 자유롭게 토론하는 가운데 필요한 정보를 수집하는 방법은?

① 문헌연구
② 전문가 의견조사
③ 표적집단면접법
④ 사례연구

해설 Moderator
표적집단면접법이나 개별 인터뷰를 진행하는 역할을 하는 중재자 혹은 토론 프로그램의 사회자를 일컫는 말이며, 조사 대상자와의 직접 대면으로 이루어지는 정성적 조사를 하게 되므로, 이들을 '정성조사 진행자'라고 부르기도 한다.

18

FGI 정성조사에서 진행자가 가져야 할 요건으로 틀린 것은?

① 주제에 빗나가는 대화 내용도 주의 깊게 관찰한다.
② 가이드라인에 있는 모든 질문에 응답하도록 유도한다.
③ 모호한 답변 시 자연스럽게 다른 질문으로 넘긴다.
④ 의견조율 및 시간분배를 잘 대처하여 진행한다.

> **해설** 진행자는 응답자의 모호한 답변 시 자세한 설명을 요구하고 다른 각도로 질문하여 응답을 유도해야 한다.

19

FGI 진행조정자의 자격으로 해야 할 행동이 아닌 것은?

① 맞장구치기
② 눈 마주치기
③ 상대방 말 언급하지 않기
④ 구체적으로 파고들기

> **해설** 진행조정자의 인터뷰 기술
> - 눈 마주치기
> - 맞장구치기
> - 라포 형성(경계심 허물기)
> - 구체적으로 파고들기
> - 상대방 말 언급하기(다시 확인하기)

20

FGI 정성조사 가이드라인 설계 시 고려되어야 하는 내용으로 옳은 것은?

① 윤리지침
② 연구조사목적 및 배경
③ 보조도구
④ 부호화 지침

> **해설** FGI 가이드라인 설계 시 고려사항
> - 조사목적 및 배경
> - 조사의 주제(테마)
> - 조사대상자의 속성과 그룹의 수
> - 조사문제의 가설 설정
> - 조사의 핵심요점 나열

21

FGI 정성조사 자료분석의 단계에 해당하지 않는 것은?

① 자료해설
② 구조화
③ 분류화
④ 부호화

> **해설** 부호화는 품질관리가 완료된 설문지 자료를 처리하는 FGI 정성조사 자료처리의 단계에 해당한다.

22

FGI 질적 자료 해석에 대한 내용으로 옳지 않은 것은?

① 면접대상자가 전문가일 경우 전문화된 정보 수집이 가능하다.
② 자유로운 의견교환 및 독창적인 아이디어 도출이 가능하다.
③ 조사진행자의 역량이 부족하면 신뢰성에 문제가 생길 수 있다.
④ 집단구성원의 자유로운 토론으로부터 다양한 조사결과가 도출되어 결과의 분석과 해석이 쉽다.

> **해설** FGI는 집단구성원의 자유로운 토론으로부터 다양한 조사결과가 도출되어 결과의 분석과 해석이 어렵다.

정답 18 ③ 19 ③ 20 ② 21 ④ 22 ④

23

다음은 질적 자료의 해석에서 무엇에 관한 설명인가?

> 이것을 하는 동안 자료는 분산된 부분으로 쪼개지고, 면밀히 검토되며, 유사점들과 상이점들이 비교된다.

① 선택적 코딩(Selective Coding)
② 축 코딩(Axial Coding)
③ 결측값 코딩(Missing Value Coding)
④ 개방형 코딩(Open-ended Coding)

해설 ④ 개방형 코딩은 데이터를 세분화하고 개별적인 의미 단위로 식별하는 과정으로, 데이터를 조각내어 꼼꼼히 검사한 후, 유사성과 차이점을 찾아 비교하는 작업이다.
① 선택적 코딩은 주요 주제와 패턴을 특정화하고 이를 바탕으로 이론을 발전시키는 과정으로, 중심 범주를 발견하여 완성된 이론을 형성하는 작업이다.
② 축 코딩은 이미 식별된 카테고리들 사이의 관계를 파악하고 연결시키는 과정으로 데이터의 구조화 및 이해를 돕는 단계이다.
③ 결측값 코딩은 누락된 응답에 대하여 임의의 숫자를 부여하여 사용자 결측값으로 정의하여 코딩하는 과정이다.

24

최근 마케팅 조사나 선거 관련 조사에서 특정 주제에 대한 심층적 질적 자료를 얻기 위한 하나의 기법으로 초점집단토론(Focus Group Discussion)이 흔히 사용된다. 다음 중 초점집단토론의 기법을 구성하는 필수적인 요소가 아닌 것은?

① 토론 참석자
② 기록 수단(녹음기 또는 캠코더)
③ 사회자
④ 이해관계가 없는 청중

해설 초점집단토론에서는 사회자가 토론 참석자와 자유로운 토론을 진행할 때 가이드라인에 따라 진행 토의 내용을 전문 보조원이 기록 수단을 사용하여 녹음하고 속기한다.

25

다음은 어떤 조사방법에 관한 설명인가?

> 전문가들에게 의견을 수집·분석하고, 그 결과를 다시 전문가들에게 보내어 만족스러운 결과를 얻을 때까지 반복적으로 의견을 물어보는 방법으로써 주로 불확실한 사항에 대하여 전문가들의 합의를 얻고자 할 때 적용한다.

① 심층면접법 ② 표적집단조사
③ 사회지표 분석 ④ 델파이기법

해설 델파이(Delphi)기법은 전문가·관리자들로부터 우편으로 의견이나 정보를 수집하여 그 결과를 분석한 후 그것을 다시 응답자들에게 보내어 의견을 묻는 식으로 만족스러운 결과를 얻을 때까지 계속하는 방법이다.

26

초점집단(Focus Group)조사와 델파이조사에 관한 설명으로 옳은 것은?

① 초점집단조사에서는 익명 집단의 상호작용을 통해 도출된 자료를 분석한다.
② 초점집단조사는 내용타당도를 높이는 목적으로 사용될 수 있다.
③ 델파이조사는 비구조화 방식으로 정보의 흐름을 제어한다.
④ 델파이조사는 대면(Face to Face) 집단의 상호작용을 통해 도출된 자료를 분석한다.

해설 ① 델파이조사에 대한 설명이다.
③ 델파이조사는 전문가·관리자들로부터 우편으로 의견이나 정보를 수집하여 그 결과를 분석한 후 그것을 다시 응답자들에게 보내어 의견을 묻는 식으로 만족스러운 결과를 얻을 때까지 계속하는 방법이며, 조사내용이 정해진 구조화 방식이다.
④ 초점집단조사에 대한 설명이다.

정답 23 ④ 24 ④ 25 ④ 26 ②

27

심층면접법(Depth Interview)에 관한 설명으로 틀린 것은?

① 질문의 순서와 내용은 조사자가 조정할 수 있어 좀 더 자유롭고 심도 깊은 질문을 할 수 있다.
② 조사자의 면접능력과 분석능력에 따라 조사결과의 신뢰도가 달라진다.
③ 초점집단면접과 비교하여 자유롭게 개인적인 의견을 교환할 수 없다.
④ 조사자가 필요하다고 생각되면 반복 질문을 통해 타당도가 높은 자료를 수집한다.

해설 초점집단면접은 전문지식을 가진 면접진행자가 소수 집단을 대상으로 특정 주제에 대해 자유롭게 토론하여 필요한 정보를 얻는 방법으로 심층면접법 역시 자유롭게 개인적인 의견 교환이 가능하다.

심층면접법(Depth Interview)
- 1명의 응답자와 1대1 면접을 통해 응답자의 심리를 조사하는 방법이다.
- 어떤 주제에 대해 응답자의 생각, 느낌 등을 자유롭게 이야기하게 하여 응답자의 욕구, 태도 등을 파악하는 면접조사이다.
- 면접자는 면접지침서에 따라 진행하며 면접자의 편의에 따라 질문의 순서와 내용을 다소 조정할 수 있어 심도 있는 질문이 가능하다.
- 면접자의 면접능력에 크게 의존하는 조사방법으로 숙련된 면접능력과 분석능력이 요구된다.
- 인터뷰 도중에 응답에 대해 평가적인 코멘트를 한다면 면접자의 의도가 응답에 영향을 줄 수 있으므로 삼가야 한다.

28

심층면접 시 중요하게 고려해야 할 사항으로 틀린 것은?

① 피면접자와 친밀한 관계(Rapport)를 형성해야 한다.
② 비밀보장, 안전성 등 피면접자가 편안한 분위기를 느낄 수 있도록 해야 한다.
③ 피면접자의 대답을 주의 깊게 경청하여야 하며 이전의 응답과 연결해 생각하는 습관을 가져야 한다.
④ 피면접자가 대답하는 도중에 응답 내용에 대한 평가적인 코멘트를 자주 해 주는 것이 좋다.

해설 심층면접법
- 1명의 응답자와 1대1 면접을 통해 응답자의 심리를 조사하는 방법이다.
- 면접자의 면접능력에 크게 의존하는 조사방법으로, 도중에 응답에 대해 평가적인 코멘트를 한다면 면접자의 의도가 응답에 영향을 줄 수 있으므로 삼가야 한다.

29

면접원을 활용하는 조사 중 상이한 특성의 면접원에 의해 발생하는 편향(Bias)이 가장 클 것으로 추정되는 조사는?

① 전화인터뷰조사
② 심층인터뷰조사
③ 구조화된 질문지를 사용하는 인터뷰조사
④ 집단면접조사

해설 편향이란 연구결과에 영향을 줄 수 있는 편견을 의미한다. 심층인터뷰조사는 1명의 응답자와 1대1 면접을 통해 응답자의 심리를 조사하는 방법으로서, 면접원이 지침서에 따라 인터뷰를 진행하면서 편의에 따라 질문의 순서와 내용을 다소 조정할 수 있어 심도 있는 질문이 가능하다. 따라서 면접원의 면접능력에 크게 의존하는 조사방법으로 면접원에 의해 발생하는 편향(연구결과에 영향을 줄 수 있는 편견)이 크다.

30

심층면접법(In-Depth Interview)에 대한 설명으로 틀린 것은?

① 대체로 대규모 조사연구에 적합하다.
② 같은 표본 규모의 전화조사에 비해 대체로 비용이 많이 든다.
③ 면접자는 응답자와 친숙한 분위기를 형성하도록 해야 한다.
④ 면접자 개인별 차이에서 오는 영향이나 오류를 통제하기 어렵다.

해설 심층면접법은 1명의 응답자와 1대1 면접을 통해 응답자의 심리를 조사하는 방법이다.

31

심층인터뷰 정성조사로 거리가 가장 먼 조사유형은?

① 표준화 면접(Standardized Interview)
② 자연적 면접(Naturalistic Interview)
③ 자전적 면접(Autobiographical Interview)
④ 비구조화 면접(Unstructured Interview)

해설 심층인터뷰(In-Depth Interview)는 면접자가 질문에 대한 전체적인 틀은 가지고 있지만 구체적인 질문 내용이나 순서는 사전에 정한 바가 없는 면접자와 응답자 간의 상호작용적인 대화이다. 주로 비구조화 면접을 가리키며, 반구조화(Semi-structured) 면접이 포함되기도 한다. 자연적(Naturalistic) 면접, 집중(Intensive) 면접, 자전적(Autobiographical) 면접, 서사(Narrative) 면접도 심층인터뷰에 속한다.

32

심층면접 대상자 면접 시 고려사항이 아닌 것은?

① 피면접자와의 심층면접이 끝나면 정확한 해석을 위해 녹음된 내용을 정리하여 타이핑한다.
② 피면접자와 친밀한 관계(Rapport)를 형성한다.
③ 피면접자의 대답을 주의 깊게 경청하여야 하며 이전의 응답과 연결시켜 생각하는 습관을 가져야 한다.
④ 응답 내용의 신뢰성 및 타당성을 확보하기 위하여 피면접자의 승인 없이도 면접 내용을 녹음할 수 있다.

해설 비디오 촬영이나 녹음 전에는 사전에 조사대상자에게 미리 양해를 구하거나 대상자 모집 시 사전에 공지하도록 한다.

33

지하철에서의 대학생의 성추행피해에 대한 연구를 위해 심층면접을 이용하기로 하였다. 가장 먼저 할 질문으로 예상되는 것은?

① 지하철에서 성추행 피해를 당하는 것이 얼마나 두렵습니까?
② 통학할 때 이용하는 교통수단은 무엇입니까?
③ 지하철에서 성추행 피해를 당한 적이 있습니까?
④ 주로 몇 시 경에 지하철을 이용하시나요?

해설 심층면접의 시작에는 개방형 질문을 사용해야 한다. 응답자가 편안한 분위기에서 자기 생각과 경험을 자유롭게 말할 수 있는 질문으로 면접을 시작해야 하므로, 피해 경험에 대한 구체적인 상황을 떠올릴 수 있도록 유도하는 질문을 해야 한다.

34

다음에 해당하는 심층인터뷰 질문기법은?

> 질병이나 아픈 것에 대한 표현을 알고 싶습니다. 당신이 생각하고 있는 모든 질병을 말씀해 주시겠습니까?

① 분류학적 질문
② 자유연상 질문
③ 탐구 질문
④ 네트워크 질문

해설 자유연상 질문은 특정한 한 가지 주제에 대하여 가지고 있는 생각과 경험을 많이 제시할 수 있게 하는 개방형 질문 방법으로, 응답자가 알고 있는 것을 말할 수 있도록 자유연상의 방법을 통하여 면담할 수 있다.

정답 31 ① 32 ④ 33 ③ 34 ②

35

직장 내 괴롭힘에 대하여 심층면접을 진행하고자 한다. 다음 중 심층면접의 면접자로 옳지 않은 것은?

① 기간제근로자
② 건설현장 근로자
③ 대학생
④ 단시간근로자

해설 심층면접은 1명의 응답자와 1대1 면접을 통해 어떤 주제에 대한 심리적 특성이나 경험을 자유롭고 심도 있게 질문하는 방법이다. 대학생은 직장 내 괴롭힘과 관련 없는 면접자이므로 면접대상자로 옳지 않다.

36

심층인터뷰 정성조사를 진행하기 위한 장소에 접근하기 위해 허가를 받아야 하는 사람은?

① 게이트키퍼
② 면접자
③ 응답자
④ 허가자

해설 심층인터뷰 실시 전에 선정된 응답자에게 조사 장소 접근을 위해 개인 신분을 증명할 수 있는 것을 참석 시 준비하도록 요청하며, 전문가 대상 방문 인터뷰의 경우에는 기존에 이미 인적정보가 확인된 경우에 불편함을 초래하지 않도록 이러한 과정을 생략하도록 한다. 또한, 심층인터뷰 현장에서 인터뷰 대상자를 상대로 신분증과 대조하여 신분을 확인하며 개인정보 수집·이용 동의서와 보안각서를 작성하도록 한다.

37

정확한 응답을 유도하거나 응답이 지엽적으로 흐르는 것을 막기 위해 추가질문을 행하는 것은?

① 캐어묻기(Probing)
② 맞장구쳐주기(Reinforcement)
③ 라포(Rapport)
④ 단계적 이행(Transition)

해설 **프로빙(Probing)**
- 면접 과정에서 응답자의 대답이 불충분하거나 정확하지 못할 때 행하는 탐색 질문을 뜻하는 것으로서 충분하고 정확한 대답을 캐내는 과정이다.
- 일종의 폐쇄식 질문에 답을 하고 이에 관련된 의문을 탐색하는 보조방법이다.
- 답변의 정확도를 판단하는 방법으로 활용되기도 한다.
- 정확한 답을 얻기 위해 방향을 지시하는 기법이다.
- 응답을 원하는 태도나 표정을 한쪽으로 유도를 해선 안 되며 필요 이상의 지나친 질문은 삼가야 한다.

38

사회조사의 윤리적 원칙으로 옳지 않은 것은?

① 윤리적 원칙은 연구결과의 보고에도 적용된다.
② 고지된 동의는 조사자를 보호하기 위해 활용될 수 있다.
③ 연구 참여에 따른 위험과 더불어 혜택도 고지되어야 한다.
④ 조사대상자의 익명성은 조사 결과를 읽는 사람에게만 해당된다.

해설 사회조사의 윤리적 원칙은 조사 주제를 선정하는 첫 단계부터 결과를 분석하고 평가하는 마지막 단계까지 모든 과정에서 지켜져야 한다. 대표적으로, 사전에 정보를 알리고 조사자의 동의를 얻어야 한다. 연구자는 대상자에게 연구를 참여하는 동안 개인에게 생길 수 있는 득과 실을 모두 사전에 알려야 한다. 또, 연구자는 대상자의 익명성을 보장해야 하며, 사회조사자료를 보는 사람이 해당 자료가 누구의 응답인지 연구자조차 몰라야 한다. 그리고 연구자는 비밀 보장의 의무를 지켜야 한다. 자료를 보관하고 보고서를 작성하는 과정에서 개인의 신분이 드러나지 않도록 보호해야 한다. 그러나 대상자가 학대받는 경우 연구자는 조사자를 보호하기 위해 사실을 알릴 수 있다. 마지막으로 연구자는 조사 결과를 빠짐없이 보고해야 한다.

39

면접원이 자유 응답식 질문에 대한 응답을 기록할 때 지켜야 할 원칙과 가장 거리가 먼 것은?

① 면접조사를 진행한 이후 최종응답을 기록한다.
② 응답자가 사용한 어휘를 원래 그대로 기록한다.
③ 질문과 관련된 모든 것을 기록에 포함한다.
④ 같은 응답이 반복되더라도 가감 없이 있는 그대로 기록한다.

해설 면접의 내용 및 결과를 정확하게 기록하는 것이 무엇보다 중요하므로, 응답자의 응답을 면접하는 도중에 즉시 기입하여 두는 것이 바람직하다.

40

질적 연구에 관한 설명과 가장 거리가 먼 것은 무엇인가?

① 연구절차에 유연성이 있다.
② 연구 도구로서 연구자가 가진 자질이 중요하다.
③ 연구자의 주관성이 개입될 수 있다.
④ 개방형 질문과 구조화 면접으로 심층정보를 얻는다.

해설 표준화된(구조화) 면접
- 사전에 준비된 질문지에 정해진 내용과 순서에 따라 면접하는 방법이다.
- 조사자들 간의 일관성 유지가 가능하다.
- 신뢰도가 높고, 면접결과의 비교 가능성이 높다
- 구조화된 것 이외의 새로운 것의 발견 가능성이 작다.

41

응답자의 대답이 불충분하거나 모호할 때 추가 질문을 통해 정확한 대답을 끌어내는 면접조사상의 기술은?

① 심층면접(IDI ; In-Depth Interview)
② 라포(Rapport)
③ 투사법(Projective Method)
④ 프로빙(Probing)

해설 프로빙은 면접 과정에서 응답자의 대답이 불충분하거나 정확하지 못할 때 행하는 탐색질문을 뜻하는 것으로서, 충분하고 정확한 대답을 캐내는 과정이다.

42

다음 중 조사대상에 대한 사전정보가 거의 없는 상태에서 탐색적인 연구를 위해 이용될 수 있는 가장 유용한 자료수집방법은?

① 우편조사
② 전화면접조사
③ 구조화된 대면적 면접조사
④ 델파이조사

해설 델파이조사는 기존 자료 부족으로 참고할 만한 자료가 없거나 미래의 불확실한 상황을 예측하고자 할 경우 도입하여 집단의 의견들을 조정·통합하거나 개선시키기 위한 방법이다.

43

면접조사에서 면접원의 역할수행 시 주의사항과 가장 거리가 먼 것은?

① 면접자의 복장은 깨끗하고 응답자가 이질감을 느끼지 않도록 해야 한다.
② 개방형 질문의 경우 응답자의 응답을 요약하거나 재해석하여 기록한다.
③ 설문지를 충분히 숙달하도록 하여 설문 안내를 매끄럽게 하도록 한다.
④ 특정 질문에 대한 심층 규명은 중립적이어야 한다.

해설 면접원은 응답자의 응답을 주관적 판단이나 입장 또는 형편에 맞추어 임의로 해석하거나 요약하지 않도록 해야 한다.

정답 ▶ 39 ① 40 ④ 41 ④ 42 ④ 43 ②

아이들이 답이 있는 질문을 하기 시작하면 그들이 성장하고 있음을 알 수 있다.

-존 J. 플롬프-

조사관리와 자료처리

CHAPTER 01 자료수집방법
CHAPTER 02 실사관리
CHAPTER 03 2차 자료 분석
CHAPTER 04 측정의 타당도와 신뢰도
CHAPTER 05 자료처리

CHAPTER 01 자료수집방법

1 자료의 종류와 수집방법의 분류

01 자료

(1) 자료의 의의
① 보고서에 직접적 또는 간접적으로 이용되는 일체의 정보를 일컫는다.
② 연구자는 연구문제를 해결하고 조사목적을 달성하기 위해 분석에 필요한 자료를 수집해야 한다.

(2) 자료의 종류
① 1차 자료 기출 17년 1회, 19년 2회
㉠ 의 의
- 연구자가 현재 수행 중인 조사연구의 목적을 달성하기 위해 직접 수집하는 자료를 말한다.
- 1차 자료를 수집하는 경우 연구자는 사전준비를 철저히 해야 한다. 즉, 조사설계를 통해 표본추출방법 및 자료수집대상을 정하고, 측정해야 할 개념과 척도를 구성한 다음 면접, 질문지, 관찰 등 자료수집방법을 결정해야 한다.
㉡ 수집방법 및 선택기준
- 의사소통에 의한 방법으로 설문지, 면접법 등이 있으며, 관찰방법으로도 수집이 가능하다.
- 조사자가 주어진 의사결정 문제를 해결하기 위해 사전에 작성된 적절한 조사설계를 통해 수집한 자료이므로, 조사목적에 적합한 정확도, 타당도, 신뢰도 등을 평가할 수 있으며, 수집된 자료를 의사결정에 필요한 시기에 적절히 이용할 수 있다.

심화체크

1차 자료의 수집에는 비용, 인력, 시간이 많이 소요되므로 연구를 시작하게 되면 우선 필요한 2차 자료를 수집한다. 이때 2차 자료가 부족할 경우 연구와 직접 관련된 1차 자료를 수집하게 된다.

심화체크

1차 자료는 연구자가 현재 수행 중인 조사연구의 목적을 달성하기 위해 직접 수집하는 자료를 말한다. 따라서 1차 자료를 얻은 후 굳이 2차 자료를 확인할 필요는 없다.

② 2차 자료

기출 15년 1,3회, 16년 3회, 18년 2,3회, 19년 3회, 20년 4회, 21년 1,3회, 23년

㉠ 의 의
- 개인, 집단, 조직, 기관 등에 의해 이미 만들어진 방대한 자료를 말한다.
- 연구목적을 위해 사용될 수 있는 기존의 모든 자료를 의미한다.
- 현재의 과학적 목적과는 다른 목적을 위해 독창적으로 수집된 정보이다.

㉡ 특 징
- 자료 생산자가 그들의 필요에 의해 생산한 기성자료이다.
- 연구자가 자료의 수집 및 분류과정을 통제할 수 없다.
- 자료수집과정에서 시간적·공간적 제약을 받지 않는다.
- 조사목적의 적합성, 자료의 정확성, 일치성 등을 기준으로 평가될 수 있다.

㉢ 장단점
- 장 점
  - 1차 자료의 수집에 따른 시간·노력·비용을 절감할 수 있다.
  - 계속적인 자료수집이 가능하다.
- 단 점
  - 연구의 분석단위나 조작적 정의가 다른 경우 사용이 곤란하다.
  - 신뢰도와 타당도가 낮다.

➕ **플러스원**

3차 자료
- 동일한 연구문제에 대해 방대하게 축적된 경험적 연구논문들을 기반으로 하여 그 논문들을 대상으로 분석(예 메타분석)하는 연구를 종합연구라 한다.
- 종합연구를 수행하기 위한 기초자료를 말한다.
- 최근에는 동일한 분야 또는 동일한 주제에 관한 경험적 연구문헌의 양이 크게 증가하는 추세이므로 종합적 연구의 필요성이 증가하고 있다.

시험에 이렇게 나왔다

[15년 3회]

Q 2차 자료의 특징이 아닌 것은?

① 상대적으로 수집에 드는 시간과 비용이 적게 든다.
② 현재의 연구와 직접적인 연관이 있어 분석결과를 바로 사용할 수 있다.
③ 자료의 적합성을 평가하여 연구에 활용해야 한다.
④ POS데이터, 상업용자료, 연구간행물 등이 2차 자료에 해당한다.

A ②

02 자료수집방법

(1) 자료수집방법의 분류

① 자료를 수집하는 방법에는 질문지법, 면접법, 관찰법, 문헌조사법 등이 있다.

방법	특징
질문지법	• 미리 준비된 질문지를 배포하고 응답하게 하여 필요한 데이터를 수집하는 방법이다. • 질문지를 구성할 때는 조사목적에 맞추어 질문항목이 통합된 형태와 적합한 구조를 이루어야 하며, 타당하고 신뢰할 만한 측정기준을 제시해야 한다.
면접법	• 면접자와 피면접자가 1대1로 대면하여 이루어진다. • 면접자가 질문했을 때 피면접자의 반응을 살펴 분석한다.
관찰법	• 조사 또는 관심대상의 행동, 상황을 관찰하고 기록하는 방법이다. • 인간의 감각기관에 의해 행동, 상황의 현상이 인식된다.
문헌조사법	• 필요한 데이터를 기존 문헌이나 통계자료 등에서 수집하는 방법이다. • 기존 조사들을 통해 분석된 내용을 검토 및 활용할 수 있다. • 이론과 경험적 결과에 관한 데이터를 얻을 때 주로 사용한다.
기타 (매체에 따른 분류)	• 전화조사법 : 전화로 이슈에 관한 상대방의 의견을 물어보는 방법이다. • 우편조사법 : 설문문항이 담긴 종이를 우편으로 보내어 응답을 수신받는 방법이다. • 인터넷조사법 : 인터넷을 통해 불특정 다수의 의견을 빠르게 얻는 방법이다.

② 1차 자료를 수집하는 방법에는 질문지법, 면접법, 관찰법 등이 있으며, 2차 자료를 수집하는 방법에는 문헌조사법, 내용분석법 등이 있다.

(2) 자료수집방법 선택의 기준 기출 21년 3회, 22년 1회

① 조사상황에 따라 탄력 있고 신속하게 질문방법, 절차, 순서, 내용을 바꿀 수 있어야 한다.
② 면접조사의 경우 시각적인 효과 및 응답자의 문제 이해 정도를 확인할 수 있으므로 보다 복잡한 정보를 수집할 수 있다.
③ 질문 작성에 필요한 시간 및 노력을 감안하여 응답자가 흥미를 느끼고 응답을 계속할 수 있도록 질문의 양이 적절해야 한다.
④ 개인적 비밀, 말하기 곤란한 것들은 우편조사에 의한 방법이 좋다. 면접원의 태도나 응답자와의 관계에 영향을 받지 않으며, 시간적인 여유를 가지고 설문을 작성할 수 있기 때문이다.
⑤ 전국적인 규모라면 우편조사가 빠르지만, 일반적으로 전화조사, 면접조사(집단조사), 우편조사의 순으로 볼 수 있다.
⑥ 조사지역의 넓이, 소요시간 및 필요로 하는 응답률이 문제가 되지만, 일반적으로 면접조사(집단조사)가 전화조사나 우편조사보다 비용이 많이 든다.

심화체크

면접법은 목적에 따라 자료수집을 위한 조사면접법과 진단 또는 치료를 위한 상담면접으로 나눌 수 있으며, 구조화된 정도에 따라 선정한 질문으로 진행되는 구조화된 면접과 응답자의 반응에 따라 자유롭게 진행되는 비구조화된 면접으로 분류할 수 있다.

심화체크

그 이외의 조사방법
• 배포조사 : 조사원이 조사표를 배부하여 응답자가 기입한 다음 회수하는 방법
• 문헌조사 : 각종 참고문헌 및 이전에 행해진 연구결과로부터 자료를 수집하는 방법
• 예비조사 : 실제조사와 관련된 문제에 대하여 사전정보나 지식이 없을 경우 본조사를 실현하기 위한 예비적 수단으로 행하는 조사

심화체크

[16년 2회]

비반응성 자료수집방법
• 관찰과 측정방법이 실험대상의 반응에 큰 영향을 미치지 않는 것이다.
• 간접관찰, 문헌조사 등이 있다.
• 연구대상자의 반응성에서 야기되는 오류를 피하기 위한 것이다.
예 일기, 편지 등 사적인 문서수집

2 질문지법의 이해

01 질문지법

(1) 질문지의 의의
   ① 조사자가 조사문제에 대한 해답을 구할 수 있도록 형성된 하나의 조사도구이다.
   ② 응답자가 스스로 응답할 수 있도록 고안된 일정수의 질문항목이다.

(2) 질문지법의 특징
   ① 일련의 상호연관된 질문들로 구성되어 있으며, 해당 질문들은 논리적으로 연결되어 있다.
   ② 응답자의 기록 등에 의한 외연적 표현에 의존한다.
   ③ 질문문항에는 조직적·폐쇄적인 것과 비조직적·개방적인 것이 있다.
   ④ 질문지를 작성할 때에는 조사결과 얻어진 자료를 분석할 수 있는 기법, 필요한 정보의 종류와 측정방법, 분석내용 및 분석방법까지 모두 고려해야 한다.
   ⑤ 사회과학영역에서 서베이조사 등에 많이 사용된다.

(3) 질문지법의 장단점 기출 21년 2회
   ① 장 점
      ㉠ 현장연구원이 필요 없다.
      ㉡ 응답자의 편의에 따라 대답을 완성할 수 있다.
      ㉢ 익명성이 보장되어 응답자가 안심하고 응답할 수 있다.
      ㉣ 표준화된 언어 구성으로 모든 응답자에게 동일하게 적용된다.
      ㉤ 조사자의 편견이 배제될 수 있다.
      ㉥ 보다 넓은 범위에서 쉽게 응답자에게 접근할 수 있다.
      ㉦ 시간과 비용이 절약된다.
   ② 단 점
      ㉠ 질문의 요지를 설명할 수 있는 융통성이 낮다.
      ㉡ 질문에 대한 무응답률이 높으며, 질문지의 회수율이 매우 낮다.
      ㉢ 비언어적 행위나 특성을 기록할 수 없다.
      ㉣ 관심도가 낮은 질문의 내용에는 기록하지 않을 가능성이 있다.
      ㉤ 복합적인 질문지 형식을 사용할 수 없다.
      ㉥ 질문지에 대한 통제를 제대로 할 수 없다.
      ㉦ 우편조사 등에서 응답해야 할 사람이 응답했는지가 의문시될 수 있다.
      ㉧ 질문지를 통한 응답자들의 응답에 대한 신뢰성 문제가 부단히 제기되고 있다.
         예 교육수준이나 월수입 등

> **심화체크**
> [15년 3회]
> **질문의 종류**
> • 사실 발견을 위한 질문
> • 정보 확인을 위한 질문
> • 자각을 위한 질문
> • 의견 및 태도측정·평가를 위한 질문

02 질문지법의 구성

(1) 질문어구 구성 및 질문형식에 따른 분류

① 직접질문
  ㉠ 사실에 관한 응답자의 태도나 의견 등을 **직접적으로 질문하는 것**을 말한다.
  ㉡ 어떠한 상황이나 내용에 대한 정보를 입수하기 위해 가장 간편하게 사용할 수 있는 방법이지만, 응답자를 당황하게 하거나 응답자의 불충분한 기억으로 인해 효과적이지 못한 경우가 있다.

② 간접질문 기출 20년 1·2회
  ㉠ 응답자가 사회규범, 집단 또는 인간관계로 인한 압력, 체면 등의 여러 가지 이유로 **진실한 응답을 회피하거나 거절할 경우 또는 거짓말하게 될 가능성이 있는 경우** 보다 정확한 응답을 얻기 위해 사용된다.
  ㉡ 문맥상의 질문이 실제 조사자가 파악하려는 내용과 상이하며, 응답자가 조사자의 직접적인 의도를 파악하지 못할 때 사용한다.
  ㉢ 간접질문의 유형으로는 투사법, 정보검사법, 단어연상법, 오류선택법, 토의완성법 등이 있다.

  - 투사법 기출 15년 2,3회, 16년 2회, 18년 3회, 19년 2회, 20년 4회
    직접 조사하기 힘들거나 질문에 타당한 응답이 나올 가능성이 적을 때, 어떤 자극상태를 만들어 그에 대한 응답자의 **반응을 우회적으로 얻어 의도나 의향을 파악**하는 방법이다. 피험자의 정직한 반응을 유도할 수 있고 정확한 성격의 진단이 가능하다.
  - 정보검사법 : 어떤 주제에 대해 개인이 가지고 있는 정보의 양과 종류가 그 개인의 태도를 결정한다고 보고, 그 개인이 가지고 있는 정보의 양과 종류를 파악하여 응답자의 태도를 찾아내는 방법이다.
  - 단어연상법(단어나열법) : 어떤 문제에 대해 찬성과 반대를 표시하는 단어라든가 그림 또는 문장을 다수 수집하여 놓고 체크하도록 하는 방법이다. 각각의 항목에 할당된 일정한 점수를 합산하여 응답자의 태도를 파악한다.
  - 오류선택법 : 어떤 질문에 대한 틀린 답을 여러 개 제시해 놓은 후 그것을 선택하도록 함으로써 응답자의 태도를 파악한다.
  - 토의완성법 : 응답자에게 미완성된 문장 등을 제시해 놓은 후 그것을 빠른 속도로 완성하도록 하는 방법으로서, 태도나 의견조사에 많이 이용된다.

시험에 이렇게 나왔다

[20년 3회]

Q 질문지의 형식 중 간접질문의 종류가 아닌 것은?

① 투사법
② 오류선택법
③ 컨틴전시법
④ 토의완성법

A ❸

시험에 이렇게 나왔다

[19년 2회]

Q 다음 설명에 해당하는 자료수집 방법은?

> 응답자가 직접 말할 수 없거나 말하고 싶지 않은 대상/행동을 보다 잘 이해하기 위해, 직접적인 질문을 하는 대신 가상의 상황으로 응답자를 자극하여 진실한 응답을 이끌어 내는 방법이다.

① 투사법
② 정보검사법
③ 오진선택법
④ 표적집단면접법

A ❶

심화체크

간접질문의 유의사항
- 신뢰도·타당도의 불확실성을 염두에 두고 각별한 주의를 기울인다.
- 조사자의 응답을 해석하기 위한 객관적인 방법을 마련한다.
- 조사표 작성상의 유의사항, 특히 언어구성이나 순서 결정 시 유의사항을 최대한 지켜야 한다.
- 특별한 심리적 저항 없이 직접질문이 가능한 경우 굳이 사용할 필요가 없다.

(2) 질문의 내용에 따른 분류
① **사실질문** : 응답자의 학력 및 경력, 사회적 배경, 생활 및 가정환경, 습관 등과 같은 객관적 사실들에 관한 지식이나 정보를 얻어낼 수 있도록 고안된 질문이다.
② **견해 또는 태도질문** : 태도는 특정한 주제에 대한 응답자의 선입견과 아이디어, 두려움 그리고 확신 등에 대한 총체적인 취향인 데 반해, 견해는 이러한 태도에 대한 언어적 표현이라고 볼 수 있다. 질문의 구성은 사실에 관한 질문의 구성보다 더 어려우며, 질문의 문항은 용어의 사용, 강조, 문장의 순서 등에 의해 매우 민감한 변화를 보인다.

(3) 질문문항의 구조 및 질문형식에 따른 분류
① **개방형 질문**

기출 15년 2,3회, 17년 1,2,3회, 18년 1,2회, 19년 3회, 20년 1·2,3회, 22년 2회

> 예 당신이 선호하는 과일은 무엇입니까?
> ( )

㉠ 응답자들이 질문에 대해 자유롭게 응답하도록 되어 있는 것으로서 '자유응답 질문'이라고도 한다.
㉡ 조사자가 표본에 대한 정보를 가지고 있지 않을 때, 또는 예비조사나 탐색적 조사 등 문제의 핵심을 알고자 할 때 사용된다.
㉢ 응답자들의 지식수준이 높아 면접자의 도움 없이 독자적으로 응답할 수 있는 경우 적합하다.
㉣ 응답자에 대한 사전지식의 부족으로 응답을 예측할 수 없는 경우 적합하다.
㉤ 깊이 있는 내용을 다루고자 하는 경우 적합하다.
㉥ 대규모의 조사보다는 규모가 작은, 즉 조사단위의 수가 적은 조사에 더 적합하다.
㉦ 개방형 질문의 장단점은 다음과 같다.

장점	• 응답자가 제한을 받지 않고 융통성 있게 대답할 수 있으므로, 새로운 사실을 발견할 수 있는 가능성이 크다. 따라서 탐색적으로 사용가능하다. • 어떤 경우 조사되고 있는 특정 집단의 행태에 대한 통찰력을 얻는 데 도움이 된다. • 응답자의 의견이나 태도 및 동기 등에 대해 보다 정확한 파악이 가능하며, 진지한 조사결과를 도출할 수 있다. • 응답범주의 수적 제한을 받지 않는다. • 응답자에게 자기표현의 기회를 줌으로써 응답자의 의견을 존중하는 느낌을 준다.
단점	• 응답을 분류하거나 코딩하는 데 어려움이 있으며, 통계적 분석이 용이하지 않다. • 응답자가 유사한 응답을 했어도 그 속에 내포하는 의미나 중요성이 다를 수 있다. • 응답의 해석에 편견이 개입될 소지가 많으며, 같은 자료라도 분석자에 따라 다른 결과가 나타날 수 있다. • 응답자들에게 심적 부담을 주기 쉽다. 응답자들이 질문에 대해 즉각적으로 생각나지 않는 경우 불성실하게 응답하거나 응답 자체를 하지 않을 수 있다. • 응답자의 표현능력에 크게 좌우된다. • 소스(Source)가 다를 경우 개방형 질문 사이에 편의(Bias)가 발생한다. • 폐쇄형 질문보다 시간이 많이 소요되며, 응답률이 상대적으로 낮다.

시험에 이렇게 나왔다

[18년 1회]

Q 개방형 질문의 특징에 관한 설명으로 틀린 것은?

① 응답자들의 모든 가능한 의견을 얻어낼 수 있다.
② 탐색조사를 하려는 경우 특히 유용하게 이용될 수 있다.
③ 응답내용의 분류가 어려워 자료의 많은 부분이 분석에서 제외되기도 한다.
④ 질문에 대해 중립적인 입장을 가진 사람만을 대상으로 조사하더라도 극단적인 결론이 얻어진다.

A ❹

시험에 이렇게 나왔다

[20년 3회]

Q 다음 중 개방형 질문의 특징이 아닌 것은?

① 자료처리를 위한 코딩이 쉬운 장점을 갖는다.
② 예기치 않은 응답을 발견할 수 있다.
③ 자세하고 풍부한 응답내용을 얻을 수 있다.
④ 탐색조사에서 특히 유용한 질문의 형태이다.

A ❶

시험에 이렇게 나왔다

[1급]

Q 질문항목의 작성 시 사용되는 개방형 질문과 폐쇄형 질문에 대한 설명과 가장 거리가 먼 것은?

① 개방형 질문은 폐쇄형 질문에 비해 심층적이고 질적인 조사에 더 적합하다.
② 폐쇄형 질문을 사용하면 코딩작업이 용이하다.
③ 개방형 질문은 응답에 통일성을 부여하는 장점을 가진다.
④ 폐쇄형 질문의 응답범주는 상호배제적이어야 하고 응답범주들은 모든 경우를 다 포괄해야 한다.

A ③

시험에 이렇게 나왔다

[16년 3회]

Q 폐쇄형 질문의 응답범주들이 갖추어야 할 조건과 가장 거리가 먼 것은?

① 응답범주 간의 상호배타성
② 응답범주의 사회규범성
③ 응답범주들의 포괄성
④ 응답범주의 명료성

A ②

---

② 폐쇄형 질문 [기출] 17년 1,2회, 18년 2회, 22년 2회

예) 당신이 현재 사용하고 있는 통신사는 어디입니까? ( )
1. KT 2. SKT 3. LGT

㉠ 일정한 수의 선택지(질문 또는 진술)로 응답의 내용이 한정되어 있어서, 응답자가 어느 하나를 선택하도록 하는 질문을 말한다.
㉡ 표적표본이 질문의 주제에 대해 알고 있는 경우, 또는 조사대상이 된 표본집단이 어떠한 응답을 할 것인지 예상할 수 있는 경우 유용하게 사용된다.
㉢ 폐쇄형 질문의 장단점은 다음과 같다.

장점	• 응답의 처리 및 채점, 코딩이 간편하다. • 응답자들이 응답을 길게 쓸 필요가 없으므로 간편하며, 민감한 질문에도 비교적 용이하게 응답할 수 있다. • 측정 및 분석에 통일성을 기할 수 있으므로 신뢰도를 높일 수 있다. • 개방형 질문보다 시간이 적게 소요되며, 응답률이 상대적으로 높다.
단점	• 조사자가 적절한 응답지들을 제시하기 어렵다. • 응답자의 의견을 충분히 반영할 수 없다. • 응답자 자신의 생각과 다른 어느 하나를 선택하도록 함으로써 편의가 발생할 수 있다. • 응답항목의 배열에 따라 응답이 달라지며, 주요 항목이 누락되는 경우 치명적 오류가 발생할 수 있다. • 개별 응답자들의 특색 있는 응답내용을 보다 생생하게 기록해 낼 수가 없다.

㉣ 양자택일형 질문, 선다형 질문, 체크리스트형 질문 등이 속한다.

+ 플러스원

폐쇄형 질문의 응답항목(응답범주)
[기출] 15년 2,3회, 16년 2,3회, 17년 1,3회, 18년 3회, 20년 3회, 23년
• 분류되는 사례나 단위가 망라(포괄)적이어서 하나도 남김없이 각 응답항목에 귀속되도록 해야 한다.
• 분류되는 응답항목은 상호배타적이어서 각 사례는 한 번만 분류되어야 한다.
• 가능하면 같은 종류의 다른 조사결과를 비교할 수 있도록 동일한 단위를 사용하도록 해야 한다.
• 간결성을 띠어야 한다.

③ 양자택일형 질문

예) 당신은 자동차를 소유하고 있습니까? ( )
1. 예 2. 아니요

㉠ 두 가지의 선택지를 제시하고, 그중 어느 하나를 선택하도록 하는 방법이다.
㉡ 예를 들어 '예/아니요', '한다/안 한다', '동의한다/반대한다' 등이 해당한다.
㉢ 상반되는 두 가지 안만을 제시해주기 보다는 일종의 대체안으로서 '모르겠다'는 항목을 추가하여 응답자들에게 선택의 여지를 조금 넓혀주기도 한다.

ⓔ 응답자의 교육수준, 주제의 성격, 자기가 의도하는 분석과 해석의 종류 등을 고려하여 질문의 형태를 결정해야 한다.

ⓜ 양자택일형 질문의 장단점은 다음과 같다.

장점	• 신속하게 면접할 수 있으며 응답을 처리하기가 쉽다. • 편집과 집계작업이 간단하다. • 조사자에 의한 영향을 배제할 수 있다. • 응답자가 대답하기가 쉽다.
단점	• 두 개의 극단적인 대체안이 제시되므로 중도의 의견을 반영하기 어렵다. • 응답의 범위를 제한함으로써 보다 더 중요한 정보를 잃을 가능성이 있다.

④ 다지선다형 질문

> [예] 당신이 배우자를 선택할 때 가장 중요하게 고려하는 것은 무엇입니까? ( )
> 1. 직 업   2. 학 력
> 3. 외 모   4. 성 격
> 5. 가정환경   6. 기 타 ( )

㉠ 하나의 질문에 대해 몇 개의 항목을 미리 정하여 답변하도록 하는 방법이다.

㉡ 응답 카테고리가 너무 많은 경우 응답자에게 혼란을 줄 수 있으며, 보통 3~5개 정도가 적당하다.

㉢ 질문 작성 시 다음의 사항을 주의해야 한다.
- 선택 항목은 가능한 한 논리적이어야 하며, 내용을 총망라해야 한다.
- 선택 항목은 상호배타적으로 중복되지 않아야 하며, 표현은 구체적이어야 한다.
- 기준이 여러 개가 되어서는 안 되며, 하나의 기준을 제시해야 한다.
- 연구목적에 적합한 응답을 정확하고 쉽게 얻을 수 있도록 해야 한다.

⑤ 서열식 질문 [기출] 25년

> [예] 승진에 가장 많은 영향을 준다고 생각하는 요인들에 순위를 정하여 빈칸에 1~4까지 순서대로 적어주세요.
> ( ) 인간관계   ( ) 인사고과
> ( ) 학 력   ( ) 인 맥

㉠ 폐쇄형 질문에 해당하는 유형으로서 어떠한 문제에 대해 가능한 한 모든 대답을 열거해 놓은 후 응답자로 하여금 중요도, 선호도 등으로 순서를 선택하도록 하는 방법이다.

㉡ 사회과학 분야에서 정확한 수치를 제시할 수 없는 경우 서열을 정함으로써 최소한 상대적인 서열에 관한 정보를 알 수 있다.

㉢ 응답항목이 너무 많은 경우 응답자가 판단하기 어려우므로 10개 항목 이내로 한정하는 것이 바람직하다.

심화체크

서열식 질문이라도 응답내용의 서열 간 거리에 대해서는 알 수 없다.

심화체크

선다형 질문이 대체로 문장형식을 띠며 3~5개 정도의 항목으로 구성되는 반면, 체크리스트형 질문은 주로 단어를 제시하며 응답항목도 더 많은 편이다.

⑥ 체크리스트형 질문

> [예] 차기 대선후보 선택 시 가장 중요한 요인은 무엇이라고 생각합니까? 해당 항목의 □에 ∨표를 해주십시오.
> □ 소속정당　　　□ 도덕성
> □ 학 력　　　　□ 병 역
> □ 혈연관계　　　□ 출신지
> □ 행정능력경험　□ 공약실천여부
> □ 기 타 (　　)

㉠ 선다형 질문의 일종으로서, 응답자의 의견 및 태도를 묻거나 객관적인 사실의 존재를 기록하는 데에 적합한 방법이다.
㉡ 어떤 문제에 대해 자유반응형식으로 반응자가 반응했던 내용을 탐색한 것을 기초로 하여 목록을 제작한다.
㉢ 응답자가 체크한 사항들을 수량화하여 비교적 간편하게 통계적인 결과를 얻을 수 있다.
㉣ 하나의 관심문제나 행동영역에 있어서 충분한 문항을 제작하여 실시해야 효과적이다.

⑦ 평정식 질문

> [예] 학생들의 학교 체육시간에 대한 흥미도는 어느 수준입니까?
> (　) 전혀 관심이나 흥미를 보이지 않는다.
> (　) 소극적으로 참여한다.
> (　) 자신이 선호하는 프로그램(축구, 농구 등)에 한해 흥미를 가진다.
> (　) 자신의 체력 증진 및 학우들과의 친밀한 관계를 위해 자발적으로 참여한다.
> (　) 가장 좋아하는 수업으로서 적극적으로 참여한다.

㉠ 어떠한 질문에 대한 대답의 강도(Intensity)를 요구하는 질문이다.
㉡ 어떤 질문에 대한 대답의 항목 자체의 종류가 다른 것이 아니라 한 종류의 강도가 다른 대답을 나열하여 응답자의 의견을 표시하도록 하는 것이다.

⑧ 어의차형 질문

㉠ 사물이나 개념에 대한 평가자의 반응을 평가한다는 점에서 평가질문의 한 변형이라고 볼 수 있다.

심화체크

[24년]

다양한 질문유형
- **수반형 질문**: 질문의 항목에 부수적인 질문이 따라 붙는 형태이며, 각 응답값에 따라 불필요한 질문에 대한 응답을 배제하도록 한다.
- **복수응답 유발성 질문**: 하나의 질문으로 두 가지 이상의 내용을 질문하는 형태로, 측정도구 개발 시 가급적 삼가는 것이 바람직하다.
- **유도성 질문**: 질문에 미리 도덕적인 가치판단을 깔아놓음으로써 은연중에 답을 원하는 방향으로 유도하는 질문이다.
- **행렬식 질문**: 일련의 동일한 응답범주를 가지는 질문항목을 묶어서 하나의 질문세트를 만든 것으로 평정식 질문의 응용형태이다.

ⓒ 어떤 대상이 개인에게 주는 주관적인 의미를 측정할 수 있도록 하며, 하나의 개념을 여러 가지 의미의 차원에서 평가하도록 한다.
ⓒ 서로 반대되는 형용사를 양극에 두고 5~7개 단계의 응답 카테고리를 제시하여 측정한다.

+ 플러스원

매트릭스 질문
- 응답 카테고리가 동일한 여러 개의 평가질문들을 체계적으로 묶어 하나의 질문세트를 만든 것이다.
- 질문에 대한 설명이 동일하고 응답 카테고리 또한 동일하므로 지면을 매우 경제적으로 활용할 수 있다.
- 응답자의 신속한 응답이 가능하며, 상이한 질문문항들에 대한 응답의 비교가 매우 용이하다.
- 동일한 응답 카테고리로 구성되었다는 선입관으로 인해 응답자가 질문의 내용을 상세히 검토하지 않은 채 모든 질문문항에 대해 유사하게 응답하려는 경향이 나타날 수 있다.

03 질문지법의 적용 방법

(1) 자기기입식 조사법 [기출] 20년 1·2,4회, 21년 2회, 25년
① 가정이나 직장에 질문지를 전달하고 응답자로 하여금 직접 기입하게 한 다음 나중에 질문지를 회수하는 방법이다.
② 응답 시 다른 사람의 개입이나 방해가 없는 상황에서 응답할 수 있기 때문에 개인의 민감한 문제를 다루는 데 면접조사보다 유리하다.
③ 설문의 응답률이 낮다는 단점이 있다.

(2) 전화조사법 [기출] 16년 2회, 18년 1,3회
① 전화조사법의 의의
  ㉠ 추출된 조사대상자에게 전화를 걸어 질문문항들을 읽어준 후 응답자가 전화상으로 답변한 것을 조사자가 기록함으로써 자료를 수집하는 방법이다.
  ㉡ 대부분의 질문지법에서는 응답자가 직접적으로 응답을 작성하지만 전화조사에서만은 조사자가 응답자를 대신하여 응답을 기록한다.
  ㉢ 신속한 정보를 얻을 수 있어 여론조사의 한 방법으로 많이 이용되고 있다.
② 전화조사의 적용
  ㉠ 주제의 문제
    - 조사원이 전화를 할 때 응답자가 바쁘다든가 응답할 마음의 준비가 되어 있지 않을 가능성이 많다.
    - 조사내용은 복잡하지 않아야 하며, 가급적 '예/아니요' 식으로 간단히 대답할 수 있는 것이어야 좋다.

시험에 이렇게 나왔다
[16년 3회]
Q 다음 중 빠른 시간 안에 개략적인 여론을 확인하는 데 가장 적합한 조사방법은?
① 면접조사 ② 우편조사
③ 집단조사 ④ 전화조사

A ④

시험에 이렇게 나왔다
[16년 1회, 19년 1회]
Q 다음 중 전화조사가 가장 적합한 경우는?
① 어떤 시점에 순간적으로 무엇을 하며, 무슨 생각을 하는가를 알아내기 위한 조사법
② 자세하고 심층적인 정보를 얻기 위한 조사
③ 저렴한 가격으로 면접자 편의(Bias)를 줄일 수 있으며 대답하는 요령도 동시에 자세히 알려줄 수 있는 조사
④ 넓은 범위의 지리적인 영역을 조사대상지역으로 하여 비교적 복잡한 정보를 얻으면서, 경비를 절약할 수 있는 조사

A ①

심화체크

전화조사법은 과거에는 낮은 전화보급률로 인해 표본추출의 편견가능성 문제가 제기되기도 하였으나, 요즘은 전화보급의 보편화, 전화조사의 편리성 및 경제성 등의 이유로 사회과학 분야에서 매우 합당한 자료수집방법의 하나로 인정받고 있다.

시험에 이렇게 나왔다

[15년 1회, 20년 4회]

Q 전화조사의 장점과 가장 거리가 먼 것은?
① 비용을 줄일 수 있다.
② 높은 응답률을 보장할 수 있다.
③ 응답자 추출, 질문, 응답 등이 자동 처리될 수 있다.
④ 복잡한 문제들에 대한 의견을 파악하기 용이하다.

A ④

ⓒ 전화조사법을 사용하는 경우
기출 15년 2회, 16년 1,3회, 17년 1,3회, 19년 1회
- 빠른 시간 안에 개략적인 여론을 확인할 때
- 다른 방법으로 접근하기 어려울 때
- 다른 방법으로 조사한 사람을 다시 추적하면서 행할 때
- 면접할 사람에 대한 소재확인이나 사전약속을 할 때
- 질문지 우송 시 미리 연락하고, 작성된 질문지를 보내달라고 부탁할 때
- 면접의 효과를 측정할 때
- 질문의 내용이 단순할 때
- 질문의 내용에 쉽게 응답할 수 있을 때
- 어떤 시점에 순간적으로 무엇을 하며, 무슨 생각을 하는가를 알아내야 할 때

③ 전화조사법의 장단점 **기출** 15년 1,3회, 18년 2회, 19년 3회, 20년 4회, 21년 2회
  ㉠ 장 점
  - 적은 비용으로 단시간에 조사할 수 있어 비용과 신속성 측면에서 매우 경제적이다.
  - 전화번호부를 이용하여 비교적 쉽고 정확하게 표본을 추출할 수 있다.
  - 직접 면접이 어려운 사람의 경우에 유리하며, 응답률이 높다.
  - 조사자는 응답자의 외모나 차림새 등의 편견을 용이하게 통제할 수 있다.
  - 컴퓨터에 의한 완전자동화를 통해 효율성과 통일성을 극대화할 수 있다.
  - 현지조사가 불필요하며, 무작위 번호다이얼링 등을 통해 쉽게 표본을 추출할 수 있다.

  ㉡ 단 점
  - 전화번호부의 부정확성 및 미등재 전화번호의 존재가 문제시된다.
  - 대인면접에 비해 소요시간이 짧으며, 분량이 제한되므로 많은 조사내용에 관한 자료를 수집하기 어렵다.
  - 모집단이 불완전하며, 응답자가 선정된 표본인지를 확인하기 어렵다.
  - 응답자의 주변상황이나 표정, 태도를 확인할 수 없으며, 보조도구를 사용하기가 곤란하다.
  - 응답자가 특정한 주제에 대해 응답을 회피하기도 하며, 무성의하게 대답하기도 한다.
  - 전화상으로 질문을 주고받는 도중 응답자가 끝까지 참지 못하고 전화를 끊는 경우가 있다.
  - 표본의 대표성에 문제가 발생할 수 있다.

(3) 우편조사법

① **우편조사법의 의의** [기출] 18년 2회
  ㉠ 질문지를 추출된 조사대상자에게 우송하여 응답자로 하여금 스스로 응답하게 한 다음, 응답자가 질문지를 다시 조사자에게 우송하도록 하여 자료를 수집하는 방법이다.
  ㉡ 면접법이나 전화조사법과 달리 면접자나 질문하는 사람이 없으므로, 응답자가 질문내용에 대해 이해하지 못하는 경우 정확한 응답을 얻기 어렵다.
  ㉢ 조사설계, 질문지의 작성, 자료수집활동에 있어서 세심한 주의를 필요로 한다.

② **응답률 및 회수율을 높이는 방법(영향을 미치는 요소)**
  [기출] 15년 2,3회, 16년 2회, 17년 3회, 19년 1,3회, 21년 1회, 25년
  ㉠ 조사에 대한 사전예고를 한다.
  ㉡ 연구목적과 응답의 중요성을 인식시킨다.
  ㉢ 이타적 동기에 호소하는 등의 유인책을 사용한다.
  ㉣ 질문지를 보낸 다음 엽서, 전화, 면접 등을 통해 지속적으로 노력한다.
  ㉤ 응답자의 이름을 밝히지 않거나 비밀로 한다고 언급한다.
  ㉥ 겉표지에 설문내용의 중요성, 응답내용에 대한 비밀보장 등의 메시지를 표현한다.
  ㉦ 반송주소가 기재되고 반송우표가 부착된 반송봉투를 첨부한다.
  ㉧ 질문지를 가급적 간단명료화한다.
  ㉨ 질문지 종이의 질과 문항의 간격 등의 인쇄술, 종이의 색깔, 표지설명의 길이와 유형 등 매력적인 형식을 사용하고 가독성이 높은 서체로 완성한다.
  ㉩ 상품권 등의 인센티브를 제공한다.
  ㉪ 독촉장을 보내거나 질문지를 추가적으로 우송한다.
  ㉫ 응답률이 높은 특정 집단을 인식함으로써 모집단과 표본추출방법에 대해 보다 세심하게 검토한다.
  ㉬ 연구주관기관과 지원단체의 성격을 밝힌다.
  ㉭ 응답집단의 동질성을 높인다.

③ **우편조사법의 장단점** [기출] 15년 1회, 16년 1회, 17년 2회, 18년 1,3회, 20년 3회, 21년 1,2회
  ㉠ 장점
    • 최소의 경비와 노력으로 광범위한 지역과 대상을 표본으로 삼을 수 있다.
    • 면접조사에서 쉽게 접근할 수 없는 다양한 대상을 포함시킬 수 있다.
    • 조사자는 응답자의 외모나 차림새 등의 편견을 용이하게 통제할 수 있다.
    • 응답자가 충분한 시간적 여유를 가지고 응답할 수 있도록 한다.
    • 응답자의 익명성이 보장되고 사려 깊은 응답이 가능하다.
    • 지리적으로 멀리 떨어져 있을 경우 조사비용을 줄일 수 있다.
    • 조사자의 특성에 따른 영향이 적다.

심화체크

우편조사법은 정치지도자나 대기업 경영자 등 조사대상자의 명단은 구할 수 있으나 그들을 직접 만나기는 매우 어려운 경우 적합하다.

시험에 이렇게 나왔다
[19년 3회]
Q 우편조사의 응답률에 영향을 미치는 주요 요인과 가장 거리가 먼 것은?
① 응답에 대한 동기부여
② 응답자의 지역적 범위
③ 질문지의 양식이나 우송방법
④ 연구주관기관과 지원단체의 성격
A ❷

시험에 이렇게 나왔다
[15년 1회, 21년 2회]
Q 우편조사를 실시하는 이유와 가장 거리가 먼 것은?
① 지리적으로 멀리 떨어져 있을 경우 조사비용을 줄일 수 있다.
② 쉽게 접근할 수 없는 대상을 조사할 수 있다.
③ 응답자에게 익명성에 대한 확신을 줄 수 있다.
④ 조사를 신속하게 완료할 수 있다.
A ❹

ⓒ 단 점
- 최대의 문제점은 낮은 회수율이다.
- 응답내용이 모호한 경우 응답자에 대한 해명의 기회가 없다.
- 질문문항에 대해 단순성이 요구된다.
- 우편대상주소록을 작성하고 발송 후 회수하는 데 시간 및 노력이 요구된다.
- 오기나 불기 등이 발생할 수 있다.
- 융통성이 부족하며, 직접적인 답변 외의 비언어적인 정보를 수집하기 어렵다.
- 무자격자의 응답에 대해 통제가 어렵다.
- 주위환경과 응답시기에 대해 통제가 어렵다.

(4) 집단조사법

① 집단조사법의 의의
　ⓐ '집합조사법'이라고도 하며, 조사대상자를 개인적으로 접촉할 수 없는 경우 집단적·집합적으로 조사하는 방법이다.
　ⓑ 추출된 조사대상자들을 한자리에 모아놓은 후 질문지를 일제히 배부하고, 응답자 자신에게 직접 기입하도록 하여 회수하는 방법이다.
　ⓒ 응답자들이 모이면 먼저 조사의 취지를 설명하고 협조와 양해를 구하고 나서 질문지에 자세한 응답요령이 있음을 지적하며, 각자가 그 지시대로 응답을 기입하도록 당부한다.

② 집단조사법의 장단점 기출 15년 1,2회, 16년 1,3회, 17년 3회, 18년 1회, 22년 2회, 23년
　ⓐ 장 점
- 조사목적에 부합하는 응답자들이 집합되어 있는 경우 조사를 쉽고 빠르게 진행할 수 있다.
- 조사조건을 표본화하여 응답조건이 동등해진다.
- 응답자들과 동시에 직접 대화할 기회가 있으므로 누락을 줄이고, 질문에 대한 오류를 줄일 수 있다.
- 면접방식과 자기기입의 방식을 조합하여 실시할 수 있다.

　ⓑ 단 점
- 조사대상을 한 장소에 집합시키는 것이 어려우며, 출석자에게 일당이나 교통비를 주어야 할 경우 비용이 발생할 수 있다.
- 응답자의 개인별 차이를 무시함으로써 조사 자체의 타당도가 낮아지기 쉽다.
- 집단상황이 응답을 왜곡시킬 가능성이 있다.
- 질문지를 잘못 기입하는 경우 오기를 시정하기 어렵다.
- 조사대상자 집단이 확률표본추출에 의해 추출되지 않고 판단표본추출에 의해 추출된 것이므로, 응답자집단이 모집단을 적절하게 대표할 수 없다.
- 조사대상자의 수준이 동일하다고 가정하는 오류를 범할 수 있다.

심화체크

집단조사법은 주로 기존의 조직체를 대상으로 하여 그 구성원들에게서 자료를 얻고자 하는 것이므로 해당 조직체의 적절한 협력을 구하는 것이 급선무이다.

심화체크
[19년 3회]

동조효과
응답자가 옆 사람이나 다른 사람의 영향을 받을 가능성을 의미한다.

시험에 이렇게 나왔다
[15년 1회]

Q 집단조사법에 관한 설명과 가장 거리가 먼 것은?
① 조사가 간편하여 시간과 비용을 절약할 수 있다.
② 조사조건을 표본화하여 응답조건이 동등해진다.
③ 응답자의 통제가 용이하여 타인의 영향을 배제할 수 있다.
④ 응답자들을 동시에 직접 대화할 기회가 있어 질문에 대한 오해를 줄일 수 있다.

A ③

➕ **플러스원**

배포조사법
- 질문지를 배포하여 응답자가 기입하고 나중에 회수하는 방법이다.
- 응답자가 기입할 때 조사자가 그곳에 있지 않는 것이 보통이다.
- 질문지의 회수율이 높고, 재방문의 횟수가 적어진다.
- 비용이 적게 들고, 응답자에게 생각할 시간적 여유를 준다.
- 글자를 아는 사람에게만 적용이 가능하며, 질문지가 잘못 기입되어도 시정하기가 어렵다.
- 응답자 본인의 의견이 기입되었는지 제3자의 영향을 받았는지 알 수 없다.

(5) 온라인조사 [기출] 16년 2회, 17년 1회, 18년 1회

① 온라인조사의 의의 [기출] 19년 2회
   ㉠ 인터넷조사와 유사한 개념으로서, 통신망상에서 이루어지는 여러 형태의 온라인 조사방법이다.
   ㉡ 전자우편조사(E-mail Survey), 웹조사(HTML Form Survey) 및 다운로드조사(Downloadable Survey) 등이 포함된다.

② 온라인조사의 유형
   ㉠ 회원조사(Member Survey)
      - 사전에 확보된 가입자 데이터베이스(DB)를 표본추출틀로 사용하여 회원들에게 전자우편으로 조사에 참여해줄 것을 공지한 후 응답하도록 하는 방법이다.
      - 질문의 형식은 일반적으로 웹문서를 이용한다.
      - 회원에 대한 데이터베이스가 준비되어 있지 않은 경우 조사가 쉽지 않으며, 응답자의 대표성에 대한 논란의 여지를 가지고 있다.
   ㉡ 방문자조사(Visitor Survey)
      - 온라인상에 특정 사이트를 개설하고 설문지를 게시하여 온라인이나 신문의 광고를 통해 방문자들을 모집한 다음 이들로 하여금 자발적으로 참여하도록 하는 방법이다.
      - 관심이 높거나 반대의사가 뚜렷한 집단이 일방적으로 응답에 참여할 경우 신뢰성이 있는 자료를 얻기 어렵다.
   ㉢ 전자우편조사(E-mail Survey)
      - E-mail 주소록의 대상자들에게 전자우편의 형태로 송신한 후에 응답자가 응답한 내용을 수신하는 형식의 자료수집방법이다.
      - 사용이 편리하지만 E-mail 주소록을 확보하기가 어려울 뿐만 아니라 조사대상자를 일반적으로 선정할 수 없는 단점이 있다.

시험에 이렇게 나왔다

[19년 2회]

Q 온라인조사방법에 해당하지 않는 것은?

① 전자우편조사(E-mail Survey)
② 웹조사(HTML Form Survey)
③ 데이터베이스조사
   (Database Survey)
④ 다운로드조사
   (Downloadable Survey)

A ③

시험에 이렇게 나왔다

[20년 3회]

Q 온라인조사의 특징과 관계가 없는 내용은?

① 응답자에 대한 접근이 용이하다.
② 응답자의 익명성이 보장되기 어렵다.
③ 현장조사에 비해서 경비를 절감할 수 있다.
④ 표본의 대표성 확보가 용이하다.

A ④

시험에 이렇게 나왔다

[16년 2회]

Q 인터넷조사에 관한 설명으로 틀린 것은?

① 인터넷 사용가능자에 한해서만 조사된다.
② 인터넷 표본의 모집단을 규정하기 힘들다.
③ 본인 확인이 불가능한 경우 중복 조사될 수 있다.
④ 표본수의 증감에 따른 조사비용의 증감이 크다.

A ④

> **심화체크**
> 온라인조사는 표본의 대표성을 확보하기 어렵고, 특정 연령층이나 성별에 따른 편중된 응답이 도출될 위험성이 있다.

ㄹ. 전자설문조사(Electronic Survey)
- 회원조사와 방문조사의 중간 유형으로서, 가입자 데이터베이스에 있는 사람을 조사대상으로 한다는 점에서 회원조사의 형태와 유사하지만, 설문지를 게시하여 응답자를 모집한다는 점에서 방문조사와 흡사하다.
- 특정 온라인 서비스 가입자 데이터베이스를 이용하므로, 일반적인 모집단의 특성을 갖는 것으로 생각할 수 있다.

③ 온라인조사법의 장단점
[기출] 16년 2회, 17년 2,3회, 19년 2,3회, 20년 1·2,3회, 23년, 24년

ㄱ. 장점
- 시간 및 공간상의 제약이 다른 방법에 비해 상대적으로 적다.
- 조사가 신속히 이루어지며, 쌍방향 소통이 가능하다.
- 조사비용이 적게 들며, 조사대상자가 많은 경우에도 추가비용이 들지 않는다.
- 멀티미디어 자료의 활용 등 다양한 형태의 조사가 가능하다.
- 구조화된 설문지 작성이 용이하다.
- 특수계층의 응답자에게도 적용 가능하다. 즉, 응답자의 범위가 넓다.
- 이메일 등을 통해 추가질문을 할 수 있다.

ㄴ. 단점
- 컴퓨터와 인터넷을 사용할 수 있는 사람만을 대상으로 하므로 표본의 대표성 문제가 제기될 수 있다.
- 컴퓨터 시스템을 사용하므로 고정비용이 발생한다.
- 응답자의 프라이버시 보호와 통신상의 예절 등에 각별한 주의를 필요로 한다.
- 응답자에 대한 통제가 쉽지 않으며, 응답률과 회수율이 낮게 나타날 수 있다.
- 본인 확인이 불가능한 경우 중복조사될 수 있다.
- 온라인 표본의 모집단을 규정하기 힘들다.

➕ 플러스원

콜인조사(Call In Poll) [기출] 25년
- 방송사나 신문사가 특정한 사건이나 정책 등에 대한 사람들의 의견을 얻기 위한 목적으로 이용되는 조사방법이다.
- 프로그램의 시청자 혹은 청취자를 대상으로 즉각적인 의견을 전화를 통해 얻을 수 있다.
- 적은 비용으로 단시간에 응답을 조사할 수 있어 비용과 신속성 측면에서 매우 경제적인 방법이다.
- 프로그램을 시청하거나 청취하는 사람들을 대상으로 표본을 선정하기 때문에 표본의 대표성이 떨어진다
- 표본의 소규모 선정이 불가피하다.
- 진행자의 진행능력에 따라 응답이 변화할 수 있다.
- 소요시간이 짧고 분량이 제한되기 때문에 많거나 복잡한 조사내용에 관한 자료를 수집하기 어렵다.
- 전화상으로 질문을 주고받는 도중 응답자가 끝까지 참지 못하고 전화를 끊을 수 있어 심층적 면접은 불가능하다.

3 관찰법의 이해

01 관찰법

(1) 관찰법의 의의
① 인간의 감각기관을 이용하여 사물대상이나 현상을 인식하는 기본적인 방법이다.
② 피관찰자의 행동이나 태도를 관찰함으로써 자료를 수집하는 귀납적 방법에 해당한다.

(2) 관찰법의 특징 [기출] 17년 1회, 18년 2회
① 연구대상의 행태가 발생하는 자연적인 맥락을 포착할 수 있다.
② 참여자의 사회적 관계에 영향을 미치는 의미 있는 사건을 포착할 수 있다.
③ 피관찰자의 세계관, 철학 및 전망 등에서 무엇이 현실을 구성하는지 알 수 있다.
④ 한 연구에서 얻은 자료를 다른 연구에서 얻은 자료와 비교·대조함으로써 사회생활의 규칙성과 재발가능성을 확인할 수 있다.
⑤ 체계적으로 기획·기록되어야 하며, 타당도 및 신뢰도의 검증이 가능해야 한다.
⑥ 복잡한 사회적 맥락이나 상호작용을 연구하는 데 적절하다.
⑦ 피관찰자가 느끼지 못하는 행위까지 조사할 수 있다.

(3) 관찰의 종류
① **참여관찰** [기출] 15년 1회, 16년 1회, 17년 2회, 19년 3회, 21년 1회, 22년 2회, 25년
　㉠ 관찰자가 관찰대상 집단 내부로 침투하여 구성원의 하나가 되어 그들과 함께 생활하거나 활동하면서 관찰하는 것이다.
　㉡ 피관찰자와 깊이 있는 접촉을 유지할 수 있으며, 대상 집단이 숨기고자 하는 행위에 대해서도 자연스럽게 관찰할 수 있다.
　㉢ 동조현상으로 인해 객관성을 잃거나 관찰자의 주관적인 가치가 개입됨으로써 관찰 결과를 변질시킬 수 있다.
　㉣ 수집한 자료의 표준화가 어렵다.
　㉤ 집단 상황에 익숙해지면 관찰대상을 놓칠 수 있다.
　㉥ 자연스러운 상태에서 현상을 파악할 수 있기 때문에 미묘한 어감차이, 시간상의 변화 등 심층의 차원을 이해할 수 있다.
　㉦ 대규모 모집단에 대한 기술이 어렵다.

시험에 이렇게 나왔다

[19년 3회]
Q 다음의 특성을 가진 연구방법은?

- 자연스러운 상태에서 현상을 파악할 수 있기 때문에 미묘한 어감차이, 시간상의 변화 등 심층의 차원을 이해할 수 있다.
- 때때로 객관적인 판단을 그르칠 수 있으며 대규모 모집단에 대한 기술이 어렵다.

① 참여관찰　② 유사실험
③ 내용분석　④ 우편조사

A ❶

시험에 이렇게 나왔다

[15년 1회]
Q 참여관찰의 단점과 가장 거리가 먼 것은?

① 객관성을 잃기 쉽다.
② 수집한 자료의 표준화가 어렵다.
③ 자연스러운 상태를 관찰하기 어렵다.
④ 집단 상황에 익숙해지면 관찰대상을 놓칠 수 있다.

A ❸

② 비참여관찰 기출 16년 3회, 24년
  ㉠ 관찰한다는 사실과 관찰내용을 대상 집단에게 밝히고 시행하는 방법이다.
  ㉡ 비조직구성원이 객관적인 입장에서 전체를 정확하게 관찰할 수 있다.
  ㉢ 관찰당한다는 사실이 관찰대상자들의 행위의 자연성을 해칠 수 있다.

③ 준참여관찰
  ㉠ 관찰대상 집단에 부분적으로 참여하는 방법이다. 즉, 관찰대상의 생활 전부에 참여하는 것이 아닌 생활의 일부에만 참여하는 관찰방법이다.
  ㉡ 이 방법에서는 보통 피관찰자들이 관찰을 받고 있다는 사실을 알고 있다. 그러나 관찰자의 노출이 자연성을 해칠 우려가 있을 경우 관찰자를 관찰대상에게 노출시키지 않음으로써 관찰 대상으로 하여금 관찰되고 있음을 숨길 수 있다(비참여관찰의 단점 극복).
  ㉢ 연구대상을 자연스러운 상태에서 관찰하면서도 특정 집단에 들어가 직접적으로 특정 활동을 하는 등 관찰자의 윤리적 문제를 야기하지 않는다(참여관찰의 단점 극복).

플러스원

참여자와 관찰자
기출 15년 1회, 16년 2회, 17년 1회, 18년 1,2회, 19년 2회, 20년 1·2,3,4회, 21년 2,3회, 23년, 24년
- 완전참여자 : 연구자의 신분을 공개하지 않고 연구대상자들의 활동에 참여한다. 참여관찰의 유형 중 가장 객관성을 유지하기 어려우며 윤리적 및 과학적 문제가 발생할 수 있다.
- 완전관찰자 : 연구자의 신분을 공개하지 않으며, 연구대상자들의 활동에는 전혀 참여하지 않고 관찰만 하는 방법이다.
- 참여자적 관찰자 : 연구자의 신분을 밝히고 연구대상자들의 활동공간에 들어가 심층적으로 관찰하는 방법이다. 참여보다 관찰이 주를 이룬다.
- 관찰자적 참여자 : 연구자의 신분을 밝히고 연구대상자들의 활동공간에 자연스럽게 참여한다. 관찰보다 참여가 주를 이룬다.

심화체크

준참여관찰은 참여관찰과 비참여관찰의 장단점의 중간에 속한다고 볼 수 있으므로, 연구대상을 충분히 이해할 수 있는 심도 있는 자료를 수집하는 데에는 한계가 있다.

시험에 이렇게 나왔다

[15년 1회]
01 다음 참여관찰 유형 중 가장 객관성을 유지하기 어려운 것은?
① 완전한 참여자
② 관찰자로서의 참여자
③ 참여자로서의 관찰자
④ 완전한 관찰자

A ①

(4) 관찰에서 발생하는 오류의 근거

① 지각과정상의 오류
  ㉠ 관찰대상에 대한 통제에도 불구하고, 각각의 관찰자가 지각하는 현상 자체의 강도 및 질적 양상에는 차이가 나타난다.
  ㉡ 지각과정상의 오류의 주요 내용
    • 관찰자마다 다른 감각을 소유하고 있다.
    • 관찰자의 상상이 지각에 작용한다.
    • 관찰대상이 많은 경우 오히려 관찰자가 압도된다.
    • 이질적이고 혼합된 관찰대상의 경우 복잡한 현상 자체가 관찰을 방해한다.
  ㉢ 감소방법   기출 16년 2회, 19년 1회
    • 객관적 관찰도구를 사용한다.
    • 혼란을 초래하는 영향을 통제한다.
    • 관찰기간을 짧게 잡는다.
    • 보다 큰 단위를 관찰한다.
    • 가능한 한 관찰단위를 명세화한다.
    • 훈련을 통해 관찰기술을 향상시킨다.
    • 복수의 관찰자가 관찰한다.

② 인식과정상의 오류
  ㉠ 관찰자들이 사실을 인식하는 데 있어서 준거틀의 차이에 의해 오류가 발생한다.
  ㉡ 인식과정상의 오류의 주요 내용
    • 관찰자의 과거 경험이 현상을 다르게 해석한다.
    • 관찰자마다 지적 능력이 제각기 다르다.
    • 관찰자의 인식과 추리가 제각기 독특하다.
  ㉢ 감소방법
    • 이론적 개념을 명확히 밝히고 연구에 필요한 개념을 경험적으로 정의한다.
    • 개념 간의 관계를 한정하여 사고의 규칙성을 부여한다.
    • 관찰부터 기록되는 시간을 짧게 잡아 그 사이의 장애를 제거한다.
    • 관찰자 자신의 고유한 사고방식을 자기훈련을 통해 밝힘으로써 인식과정상 개입될 주관을 배제하는 관찰자의 지적 자기인식이 필요하다.
    • 관찰과 더불어 면접법, 질문법 등 다른 자료수집방법을 병행한다.

시험에 이렇게 나왔다

[19년 1회]

Q 관찰을 통한 자료수집 시 지각과정에서 나타나는 오류를 감소하기 위한 방안과 가장 거리가 먼 것은?

① 보다 큰 단위의 관찰을 한다.
② 객관적인 관찰 도구를 사용한다.
③ 관찰기간을 될 수 있는 한 길게 잡는다.
④ 가능한 한 관찰단위를 명세화해야 한다.

A ❸

심화체크

관찰의 신뢰도를 높이는 방법
• 훈련을 통한 기술의 향상
• 유용한 도구의 사용(녹음기, 카메라 등)
• 복수의 관찰자에 의한 평가

관찰의 타당도를 높이는 방법
• 해석 시 관찰자의 추리를 최소화하는 방법 모색
• 다른 자료수집방법의 병행

02 관찰법의 유형

(1) 관찰법의 분류

기출 15년 3회, 16년 1,3회, 17년 3회, 18년 1회, 19년 1,3회, 20년 4회, 21년 1,2회, 22년 1,2회, 25년

① 관찰이 일어나는 상황이 인공적인지 여부에 따라 자연적/인위적 관찰로 나누어진다.
② 관찰시기가 행동발생과 일치하는지 여부에 따라 직접/간접 관찰로 나누어진다.
③ 피관찰자가 관찰사실을 알고 있는지 여부에 따라 공개적/비공개적 관찰로 나누어진다.
④ 관찰주체 또는 도구가 무엇인지에 따라 인간의 직접적/기계를 이용한 관찰로 나누어진다.
  ㉠ 오디미터(Audimeter) : TV 시청률을 조사하기 위한 자동장치로 TV 시청 시간과 채널을 조사한다.
  ㉡ 사이코갈바노미터(Psychogalvanometer) : 응답자의 생체변화를 측정하는 정신 전류계로서, 심리적 변동에 의한 피부 전기의 변화 등을 측정한다.
  ㉢ 퓨필로미터(Pupilometer) : 어떠한 자극을 보여주고 피관찰자의 눈동자 크기를 측정하는 것으로, 동공의 크기 변화를 통해 응답자의 반응을 측정한다.
  ㉣ 모션 픽처 카메라(Motion Picture Camera) : 영화 제작자들이 원하는 장면의 모양과 느낌을 포착하기 위해 카메라 설정을 조정할 수 있는 카메라를 뜻한다.
⑤ 관찰조건이 표준화되어 있는지 여부에 따라 통제(체계적)/비통제(비체계적)관찰로 나누어진다.
  ㉠ 통제관찰(체계적 관찰)
    • 사전에 계획된 절차에 따라 관찰조건을 표준화하는 것으로서, 질문지나 조사표 등을 사용하는 비참여관찰에 주로 사용된다.
    • 관찰내용은 조사목적에 부합하도록 기획된 카테고리를 토대로 관찰하며, 관찰기록은 관찰표를 이용하여 부호로 기록한다.
  ㉡ 비통제관찰(비체계적 관찰)
    • 관찰조건을 표준화하지 않은 것으로서, 조사목적에 부합하는 자료이면 다양하게 관찰하는 방법이다.
    • 관찰내용은 통제가 없음으로써 방대해질 수 있으며, 주로 탐색적 조사에 많이 사용된다.
    • 관찰대상자의 인적사항, 배경, 목적, 동기를 비롯하여, 관찰대상의 행위, 그 행위의 시간 및 빈도 등을 고려해야 한다.

시험에 이렇게 나왔다

[19년 3회]

Q 관찰기법 분류에 관한 설명으로 옳지 않은 것은?

① 응답자에게 자신이 관찰된다는 사실을 알려주고 관찰하는 것은 공개적 관찰이다.
② 관찰할 내용이 미리 명확히 결정되어, 준비된 표준양식에 관찰 사실을 기록하는 것은 체계적 관찰이다.
③ 청소년의 인터넷 이용실태를 조사하기 위해 PC방을 방문하여 이용 상황을 옆에서 직접 지켜본다면 직접관찰이다.
④ 컴퓨터브랜드 선호도 조사를 위해 판매매장과 비슷한 상황을 만들어 표본으로 선발된 소비자로 하여금 제품을 선택하게 하여 행동을 관찰한다면 자연적 관찰이다.

A ④

시험에 이렇게 나왔다

[16년 1회]

Q 관찰시기와 행동발생의 일치여부를 기준으로 관찰방법을 분류한 것은?

① 자연적 관찰과 인위적 관찰
② 공개적 관찰과 비공개적 관찰
③ 체계적 관찰과 비체계적 관찰
④ 직접 관찰과 간접 관찰

A ④

03 관찰법의 장단점

기출 17년 3회, 18년 3회, 20년 3회, 21년 3회

(1) 장 점
① 현재의 상태를 가장 생생하게 기록할 수 있어 즉각적 자료수집이 가능하다.
② 응답과정에서 발생하는 오차를 감소할 수 있다.
③ 언어와 문자의 제약 때문에 측정하기 어려운 사실이나 비언어적 자료로도 조사가 가능하다.
④ 연구대상의 무의식적인 행동이나 인식하지 못한 문제도 관찰이 가능하다.
⑤ 대상자가 표현능력은 있더라도 조사에 비협조적이거나 면접을 거부할 경우 효과적이다.
예 유아, 동물 등

(2) 단 점
① 대상자의 내면적인 특성이나 사적 문제, 과거 사실에 대한 자료는 수집할 수 없다.
② 대상자가 관찰을 당하고 있다는 사실을 알고 있을 경우 평소에 하던 행동과는 다른 행동양식을 보일 수 있다.
③ 조사대상의 변화양상을 포착할 수 없으므로 결과를 일반화하는 데 제약이 있다.
④ 관찰자가 선택적으로 관찰하게 되는 경우가 있다.
⑤ 관찰자의 제한적 감각능력 또는 시간·공간 등의 한계로 인해 대상의 모든 면을 관찰하는 것이 불가능하다.
⑥ 행위를 현장에서 포착해야 하므로 행위가 발생할 때까지 기다려야 한다.
⑦ 시간과 비용, 노력이 많이 소요된다.

➕ 플러스원

관찰법 시행 시 유의사항
- 관찰대상을 명확히 해야 한다.
- 체계적이고 과학적인 방법으로 관찰해야 한다.
- 관찰 당시의 상황을 기록하는 것이 필요하다.
- 관찰자는 객관적인 태도를 유지해야 한다.
- 관찰상황 전체에서 관찰자가 관찰대상에게 영향을 미치지 않도록 해야 한다.
- 관찰의 대상이나 장면 선정이 어느 정도 전체를 대표할 수 있어야 한다.

시험에 이렇게 나왔다

[1급]

Q 관찰법에 대한 설명으로 틀린 것은?
① 응답자가 응답하고자 하는 마음의 상태에 의해 조사결과가 좌우되지 않는다.
② 행동으로 나타나는 것을 관찰하므로 응답과정에서 생길 수 있는 오류가 많이 늘어나게 된다.
③ 응답자가 자신의 느낌이나 태도를 정확히 모르고 있는 경우에도 조사가 가능하다.
④ 응답자가 정확히 인식하고 있지 못한 문제와 같은 경우에는 관찰법을 사용하는 것이 효과적이다.

A ②

4 면접법의 이해

01 면접법

(1) 면접법의 의의 기출 16년 2회, 18년 1,3회

① 조사자(면접자)가 연구문제에 대한 적절한 해답을 구하기 위해 마련한 질문에 대해 응답자와 직접 대면한 상태에서 질문하는 상호 간의 직접적인 역할상황이다.
② 조사목적에 따른 특정화된 내용을 토대로 대화가 이루어지는 시스템이다.

(2) 면접법의 장단점

기출 15년 1,2,3회, 16년 3회, 18년 1,2,3회, 19년 1,2회, 20년 1·2,3회, 21년 1회, 22년 1,2회, 24년, 25년

① 장 점
  ㉠ 다양한 조사내용을 비교적 장기간에 걸쳐서 상세하게 조사할 수 있다.
  ㉡ 면접자가 자료를 직접 기입하므로 응답률이 매우 높다.
  ㉢ 질문의 내용을 응답자가 잘 이해하지 못하는 경우 면접자가 설명할 수 있으며, 응답자의 내용이 분명하지 않은 경우에도 면접자가 응답의 내용을 점검할 수 있으므로 응답의 오류를 줄일 수 있다.
  ㉣ 질문지에 포함된 내용 외에도 연구에 필요한 기타 관련 정보들을 수집할 수 있다.
  ㉤ 오기나 불기를 예방할 수 있으며, 비언어적 행위를 직접 관찰할 수 있다.
  ㉥ 적절한 질문을 현장에서 결정할 수 있는 융통성이 있다.
  ㉦ 면접환경을 표준화할 수 있고, 면접 시에 복잡한 질문지를 사용할 수 있다.
  ㉧ 면접일자, 시간, 장소 등을 기록할 수 있다.

② 단 점
  ㉠ 비용과 시간이 많이 소요되며, 면접자에 의한 편의(Bias)가 발생할 수 있다.
  ㉡ 방문시각을 항상 고려해야 하며, 방문계획시간을 엄수해야 한다.
  ㉢ 면접자와 응답자 사이에 친숙한 분위기가 형성되지 않거나 상호 이해가 부족한 경우 조사 외적인 요인들로부터 오류가 개입될 가능성이 있다.
  ㉣ 응답자가 기록한 사실에 대해 확인할 시간을 줄 수 없다.
  ㉤ 응답자의 익명성이 결여되어 정확한 내용을 도출하기 어렵다.
  ㉥ 가구소득, 가정폭력, 성적 경향 등 민감한 사안의 조사 시 정확한 결과를 도출하기 힘들고, 특수층의 사람에 대해 면접이 곤란한 경우가 있다.
  ㉦ 여러 명의 면접원을 고용하여 조사할 때는 이들을 조정·통제하는 것이 요구된다.
  ㉧ 면접자와 응답자가 직접 대면하여 조사하는 방식이므로 면접자의 주관이 개입될 가능성이 매우 높다.
  ㉨ 시청각 자료를 활용하여 그룹 내 상호작용을 관찰하고 분석할 수 있으나, 응답자에 대한 보상 및 조사진행자 섭외, 시청각 자료 촬영 및 편집 등에 많은 비용이 소요된다.

시험에 이렇게 나왔다

[20년 4회]

Q 자기기입식 설문조사에 비해 면접 설문조사가 갖는 장점이 아닌 것은?

① 답변의 맥락을 이해할 수 있다.
② 무응답 항목을 최소화한다.
③ 조사대상 1인당 비용이 저렴하다.
④ 개방형 질문에 유리하다.

A ③

시험에 이렇게 나왔다

[15년 1회, 18년 1회]

Q 면접조사에 관한 설명과 가장 거리가 먼 것은?

① 면접 시 조사자는 질문뿐만 아니라 관찰도 할 수 있다.
② 같은 조건하에서 우편설문에 비하여 높은 응답률을 얻을 수 있다.
③ 여러 명의 면접원을 고용하여 조사할 때는 이들을 조정하고 통제하는 것이 요구된다.
④ 가구소득, 가정폭력, 성적 경향 등 민감한 사안의 조사 시 잘 활용된다.

A ④

심화체크

면접법은 같은 조건하에서 우편설문에 비하여 높은 응답률을 얻을 수 있다.

02 면접의 종류

(1) 표준화 면접·비표준화 면접·반표준화 면접

① 표준화 면접(구조화된 면접) `기출` 16년 1회, 17년 2회, 18년 3회, 19년 1회, 25년
   ㉠ 면접자가 면접조사표를 만들어서 상황에 구애됨이 없이 모든 응답자에게 동일한 질문순서와 동일한 질문내용에 따라 수행하는 방법이다.
   ㉡ 정확하고 체계적인 자료를 얻고자 할 때 적합하다.
   ㉢ 비표준화된 면접에 비해 응답결과에 있어서 상대적으로 신뢰도가 높지만 타당도는 낮다.
   ㉣ 반복적인 면접이 가능하며, 면접결과의 계량화가 용이하다.
   ㉤ 면접의 신축성·유연성이 낮으며, 깊이 있는 측정을 도모할 수 없다.
   ㉥ 면접원의 자율성이 낮다.

② 비표준화 면접(비구조화된 면접) `기출` 15년 3회, 16년 2회, 17년 1회, 19년 1회, 22년 2회
   ㉠ 면접자가 면접조사표의 질문내용, 형식, 순서를 미리 정하지 않은 채 면접상황에 따라 자유롭게 응답자와 상호작용을 통해 자료를 수집하는 방법이다.
   ㉡ 표준화된 면접에 비해 응답결과에 있어서 상대적으로 타당도가 높지만 신뢰도는 낮다.
   ㉢ 표준화 면접에서 필요한 변수를 찾아내는 데 유용한 자료를 제공한다.
   ㉣ 면접의 신축성·유연성이 높으며, 심층적인 질문이 가능하다.
   ㉤ 반복적인 면접이 불가능하며, 면접결과에 대한 비교가 어렵다.
   ㉥ 부호화가 어렵다. 즉, 면접결과자료의 수량화 및 통계처리가 어렵다.

③ 반표준화 면접(반구조화된 면접) `기출` 20년 4회
   ㉠ 일정한 수의 중요한 질문을 표준화하고 그 외의 질문은 비표준화하는 방법이다.
   ㉡ 면접자가 면접지침에 따라 응답자에게 상황에 적합한 변형 질문을 제시할 수 있다.
   ㉢ 사실과 가설을 확인할 수 있을 뿐만 아니라 새로운 사실이나 가설을 발견할 수도 있다.
   ㉣ 초점집단면접법, 임상면접법 등이 있다.

시험에 이렇게 나왔다

[16년 1회]

Q 다음 중 표준화 면접의 사용이 가장 적합한 경우는?

① 새로운 사실을 발견하고자 할 때
② 정확하고 체계적인 자료를 얻고자 할 때
③ 피면접자로 하여금 자유연상을 하게 할 때
④ 보다 융통성 있는 면접분위기를 유도하고자 할 때

A ②

시험에 이렇게 나왔다

[19년 1회]

Q 비표준화 면접에 비해, 표준화 면접의 장점이 아닌 것은?

① 새로운 사실, 아이디어의 발견가능성이 높다.
② 면접결과의 계량화가 용이하다.
③ 반복적 연구가 가능하다.
④ 신뢰도가 높다.

A ①

심화체크

표준화/비표준화 면접의 비교

표준화 면접	• 동일한 질문순서와 질문내용에 따라 수행 • 체계적, 계량화 용이 • 신축성·유연성이 낮음 • 심층적 질문이 어려움
비표준화 면접	• 면접상황에 따라 자유롭게 수행 • 비체계적, 통계처리 어려움 • 신축성·유연성이 높음 • 심층적 질문이 가능

(2) 주요 특별면접방법

① 반복적 면접(패널면접)
  ㉠ 일정한 시간을 두고 동일한 질문을 반복하거나, 면접조사 기간에 동일한 응답자를 대상으로 반복적으로 면접하는 방법이다.
  ㉡ 주로 일정 기간을 통해 응답자들의 태도 및 의견의 변화 상태를 연구하는 데 적용된다.
  ㉢ 면접의 반복에 따른 결과의 왜곡(검사효과)이 우려되며, 응답자의 추적에 따른 추가적인 비용이 소요된다.

② 집중면접(Focused Interview) 기출 18년 2회, 21년 2회
  ㉠ 응답자들에게 그대로 질문을 하는 것보다는 응답자들이 자신들에게 영향을 미치는 요소 및 자극이 어떤 것이며, 그것들이 어떠한 결과를 가져오게 되는가를 스스로 밝히도록 응답자를 도와주는 방법이다.
  ㉡ 응답자로 하여금 경험한 일정 현상의 영향에 대해 집중적으로 면접하는 방법이다.
  ㉢ 응답자들의 본래 상황을 충분히 이해하고 그에 따라 일정한 가설을 만든 후 응답자들의 경험에 입각하여 그 가설에 대한 유의성을 검증하도록 한다.

③ 비지시면접
  ㉠ 면접자가 어떤 지정된 방법 및 절차에 의해 응답자를 면접하는 것이 아니고, 응답자로 하여금 어떠한 응답을 하든지 간에 공포감 없이 자유롭게 응답할 수 있는 분위기를 마련해준 다음 면접을 하는 방법이다.
  ㉡ 비표준화 면접방법을 사용하며, 응답자의 응답에 대한 면접자의 영향을 최소화한다.

03 면접의 과정

(1) 면접을 위한 준비작업 `기출` 16년 1회, 17년 1회, 19년 2회, 21년 1회

① **친밀감 및 유대감 고취** : 면접자는 우선 응답자에게 접근하여 친밀감과 유대감을 가질 수 있도록 라포(Rapport)를 형성해야 한다.

② **공포감 및 불안감 배제** : 면접자는 응답자가 면접에 대해 공포감이나 불안감을 가지지 않도록 주의를 기울여야 한다.

③ **일정한 소개과정** : 면접자는 일정한 소개과정을 통해 신분을 소개하고 면접의 목적을 밝히는 등의 과정을 거쳐야 한다.

④ **연구의 중요성 인식** : 면접자는 응답자들이 면접할 내용, 즉 연구의 중요성을 인식하도록 하여 성의 있는 응답을 이끌어낼 수 있도록 해야 한다.

⑤ **동기 부여** : 응답자의 여러 상황에 따라 응답이 왜곡될 수 있으므로 면접에 참여하고자 하는 동기를 부여하는 것이 중요하다.
   ⊙ 긍정적 요인 : 지적호기심을 갖도록 하는 것, 자기표현 욕구를 충족시키는 것, 상호작용의 즐거움과 유무형의 혜택을 기대하도록 만드는 것 등
   ⊙ 부정적 요인 : 면접과정에 대한 두려움, 면접원에 대한 의심과 적대감, 사생활에 대한 방어본능, 긴 면접시간, 응답내용에서 느끼는 곤혹스러움과 패배감 등

⑥ **적절한 상황 도출** : 면접자는 응답자가 바쁘거나 부재상태인 경우 상황에 맞추어 면접시간에 대한 약속을 하며, 응답자가 면접을 거절하는 경우 상황에 따라 다시 면접의 내용을 친절하고도 구체적으로 설명하여 다시 면접에 응할 수 있도록 해야 한다.

(2) 면접자 교육 `기출` 17년 3회, 18년 3회

① 면접지침을 작성하여 면접원에게 배포한다.
② 면접자는 질문지를 숙지하고 있어야 한다.
③ 면접자에 대한 사전교육은 면접자에 의한 편향(Bias)을 줄일 수 있다.
④ 면접기간 동안에도 면접자에 대한 철저한 통제가 이루어져야 한다.
⑤ 면접 시 발생할 수 있는 예외적인 상황에 대해 교육과정에서 언급해줌으로써 조사원이 이상 상황 발생 시 대처할 수 있도록 하는 것이 바람직하다.
⑥ 면접조사 시 면접자의 자질에 큰 영향을 받으므로 전문지식과 숙련성을 갖춰야 한다.
⑦ 응답자의 협력을 얻는 기술을 익혀야 한다.
⑧ 면접진행에 필요한 기술로서 라포(Rapport)를 유지하고 면접내용을 이탈할 때에는 신속히 방향을 전환시키고 응답을 신중히 경청한다.
⑨ 가능한 한 자신의 주관을 배제한 채 응답자의 응답내용 그대로를 기록한다.

심화체크
[16년 3회, 19년 3회]
라포(Rapport)
면접에서 면접자와 응답자의 상호신뢰관계를 말한다.

시험에 이렇게 나왔다
[16년 3회, 19년 3회]
Q 면접조사의 원활한 자료수집을 위해 조사자가 응답자와 인간적인 친밀관계를 형성하는 것은?
① 라 포   ② 사회화
③ 조작화   ④ 개념화
A ①

심화체크
편향(편의, Bias)
연구결과에 영향을 줄 수 있는 편견을 말한다.

시험에 이렇게 나왔다
[18년 3회]
Q 면접을 시행하는 면접원의 평가기준과 가장 거리가 먼 것은?
① 응답 성공률
② 면접 소요시간
③ 라포(Rapport) 형성 능력
④ 무응답 문항의 편집 능력
A ④

+ 플러스원

프로빙(Probing) 기술

기출 15년 2회, 17년 2회, 18년 3회, 20년 3회, 21년 3회, 22년 1회, 23년, 24년

- 면접과정에서 응답자의 대답이 불충분하거나 정확하지 못할 때 행하는 탐색질문을 뜻하는 것으로서, 충분하고 정확한 대답을 캐내는 과정이다.
- 일종의 폐쇄식 질문에 답을 하고 이에 관련된 의문을 탐색하는 보조방법이다.
- 답변의 정확도를 판단하는 방법으로 활용되기도 한다.
- 정확한 답을 얻기 위해 방향을 지시하는 기법이다.
- 응답을 원하는 태도나 표정을 한쪽으로 유도를 해선 안 되며 필요 이상의 지나친 질문은 삼가야 한다.
- 대표적인 기술로는 '무언의 캐묻기', '드러내놓고 권장하기', '더 자세한 해명 요구', '명료화하기', '반복' 등이 있다.

(3) 면접의 실시

① **일반적인 원칙** 기출 15년 1회, 17년 1회, 18년 1회, 21년 2,3회, 22년 1회
 ㉠ 면접자는 성실하고 진지한 태도를 갖추며, 여유 있게 면접에 임해야 한다.
 ㉡ 응답자가 이질감을 느끼지 않도록 복장이나 언어사용에 유의하여야 한다.
 ㉢ 응답자의 응답에 주의를 기울이며, 응답에 성급한 찬성이나 반대의 태도를 보여서는 안 된다.
 ㉣ 표준화 질문인 경우 조사표의 내용 및 그 순서에 따라 면접을 해야 한다.
 ㉤ 응답자에게 응답에 필요한 일정한 시간을 주는 것이 좋으며, 응답자들이 질문을 제대로 이해하지 못하는 경우 부연설명을 해주는 것이 좋다.
 ㉥ 응답자의 응답이 필요 이상으로 길어지거나 다른 방향으로 이탈하는 경우 면접의 분위기를 해치지 않는 범위에서 적절히 조절하는 것이 필요하다.
 ㉦ 문항은 하나도 빠짐없이 물어야 한다.
 ㉧ '모른다'는 대답이 나올 경우 진실로 모르는 것인지 혹은 다른 이유가 있는 것인지 주의 깊게 파악하여 대처해야 한다.

② **면접의 기록** 기출 18년 2회, 20년 3회
 ㉠ 면접의 내용 및 결과를 정확하게 기록하는 것이 무엇보다 중요하다.
 ㉡ 면접결과의 오차를 줄이기 위해 가능한 한 면접의 상황이나 면접자와 응답자의 상호작용을 충분히 고려하여 기록해야 한다.
 ㉢ 가능한 한 자신의 주관을 배제한 채 응답자의 응답내용 그대로를 기록하는 것이 바람직하다.
 ㉣ 면접결과의 기록을 위해 녹음기 등을 사용할 수 있으며, 이 경우 면접상황에 대한 구체적인 묘사를 담는 것도 고려한다.
 ㉤ 응답자의 응답을 면접하는 도중에 즉시 기입하여 두는 것이 바람직하다.
 ㉥ 질문의 목적과 연관된 것에 대해서는 사소한 것이라도 빼놓지 않고 기록해야 한다.
 ㉦ 면접에 대한 보다 완전한 결과를 제시하기 위해 면접이 끝난 다음 즉시 보다 자세하고 정확한 보고서를 작성하여 제출하는 것이 좋다.

시험에 이렇게 나왔다

[20년 3회]

Q 면접조사 시 유의해야 할 사항으로 틀린 것은?

① 응답의 내용은 조사자가 해석하여 요약·정리해 둔다.
② 응답자와 친숙한 분위기(Rapport)를 형성한다.
③ 조사자는 응답자가 이질감을 느끼지 않도록 복장이나 언어사용에 유의한다.
④ 조사자는 조사에 임하기 전에 스스로 질문내용에 대해 숙지한다.

A ①

심화체크

탐색질문
응답이 '예', '아니요' 등으로 지나치게 간단하여 내용이 불확실하거나 부정확한 경우, 그 응답을 탐색해보는 질문이다. 탐색질문은 비표준화 질문에 있어서 'Why' 질문과 비슷한 성격을 가지며, 면접자는 이를 통해 보다 정확한 응답을 얻을 수 있다.

(4) 면접의 종결

① 면접이 끝나면 면접자는 응답자에게 친절하고 정중하게 감사의 인사를 전해야 한다.
② 면접자는 응답자의 응답이 조사에 크게 기여했음을 밝힐 필요가 있다.
③ 응답자가 면접에 대해 과도한 관심과 흥미를 가진 경우 면접의 종결이 어려울 수 있다.
④ 면접자는 응답자와 상호 긍정적인 감정을 유지하도록 하며, 친밀감을 가진 채 헤어져야 한다.

➕ 플러스원

면접 시 오류의 근거 [기출] 24년

- 면접자에게서 기인한 오류
  - 면접자의 외모 : 면접자의 성별이나 연령이 응답자의 응답에 상당한 차이를 가져온다.
  - 면접자의 태도 : 면접자의 적극적이고 긍정적인 태도 또는 소극적이고 부정적인 태도에 따라 응답자의 응답에 상당한 차이를 가져온다.
  - 면접자의 언어표현 : 특히 비표준화 면접에서 자유응답식 문답의 경우 언어표현의 정확성에 따라 응답자의 응답에 상당한 차이를 가져온다.
- 면접진행상의 오류
  - 질문방식 : 질문순서나 질문어구에 의해 응답에 상당한 차이가 나타난다.
  - 기록내용 : 면접기록이 응답자의 진정한 의도를 제대로 반영하고 있는가에 따라 응답에 상당한 차이가 나타난다.
  - 기록상황 : 응답자의 정확한 응답에도 불구하고 기억에 의한 기록이나 요약 과정상의 부적절한 편견의 개입으로 응답에 상당한 차이가 나타난다.
- 응답자에 의한 오류
  - 1차 정보효과 : 비슷한 응답항목이 지나치게 많아 어떤 질문이건 첫 번째 응답항목을 선택하는 위험성이 있는 효과이다.
  - 응답순서효과 : 응답자에게 둘 이상의 질문을 할 때 어떤 질문을 먼저 했느냐에 따라 생길 수 있는 반응에서의 효과이다.
  - 동조효과 : 다른 사람들의 일반적인 생각에 따라 개인의 태도나 행동이 변화되어 그에 맞춰 응답하게 되는 효과이다.
  - 최근정보효과 : 최근에 듣거나 제공받은 정보에 더 큰 비중을 두는 효과이다.
  - 위신향상효과 : 자신의 사회적 지위나 위신을 한층 더 높이기 위해 사실과는 다른 내용을 응답하는 효과이다.
  - 체면치례효과 : 유행이나 시대에 뒤떨어진다는 소리를 듣지 않기 위해서 그릇된 답변을 하게 되는 효과이다.

CHAPTER 01 적중예상문제

01

다음 질문항목의 문제점에 대한 설명으로 옳은 것은?

> 귀하께서 현금서비스 받으신 돈을 주로 어떤 용도로 사용하십니까? ( )
> ① 생활비   ② 교육비
> ③ 의료비   ④ 신용카드 대금
> ⑤ 부채청산   ⑥ 기 타

① 가능한 응답을 모두 제시해 주어야 한다.
② 응답항목들 간의 내용이 중복되어서는 안 된다.
③ 하나의 항목으로 2가지 내용의 질문을 해서는 안 된다.
④ 대답을 유도하는 질문을 해서는 안 된다.

해설 질문의 응답항목을 구성할 때에는 응답항목들 간의 내용이 중복되어서는 안 되며, 상호배타적이어야 한다. 신용카드 대금과 부채청산은 내용이 중복된다.

02

설문에 응한 응답자들을 가구당 소득에 따라 100만 원 이하, 100~200만 원, 200~300만 원, 300만 원 이상 등 네 개의 집단으로 구분하였다면 어떤 문제가 발생하는가?

① 순환성   ② 포괄성
③ 신뢰성   ④ 상호배타성

해설 측정항목의 각 범주들은 상호배타적이어야 하며, 응답범주들이 응답 가능한 상황을 다 포함하고 논리적 연관성을 가지고 있어야 한다. '100만 원 이하, 100~200만 원, 200~300만 원, 300만 원 이상'은 100만 원, 200만 원, 300만 원이 겹치므로 상호배타적이지 않다.

03

폐쇄형 질문의 응답범주 작성 원칙으로 맞는 것은?

① 범주의 수는 많을수록 좋다.
② 관련된 현상 중 가장 중요한 것만 범주로 제시한다.
③ 제시된 범주들 사이에 약간의 중복은 있어도 무방하다.
④ 제시된 응답범주는 가능한 응답내용을 모두 포함해야 한다.

해설 **폐쇄형 질문의 응답범주(응답항목)**
- 분류되는 사례나 단위가 망라적이어서 하나도 남김없이 각 응답항목에 귀속되도록 해야 한다.
- 분류되는 응답항목은 상호배타적이어서 각 사례는 한 번만 분류되어야 한다.
- 가능하면 같은 종류의 다른 조사결과를 비교할 수 있도록 동일한 단위를 사용하도록 해야 한다.
- 간결성을 띠어야 한다.

04

개방형 질문의 특징에 관한 설명으로 틀린 것은?

① 응답자들의 모든 가능한 의견을 얻어낼 수 있다.
② 탐색조사를 하려는 경우 특히 유용하게 이용될 수 있다.
③ 응답내용의 분류가 어려워 자료의 많은 부분이 분석에서 제외되기도 한다.
④ 질문에 대해 중립적인 입장을 가진 사람만을 대상으로 조사하더라도 극단적인 결론이 얻어진다.

해설 극단적이란 것은 어느 한쪽으로 대답이 몰리는 것을 의미한다. 개방형 질문은 응답자들이 질문에 대해 자유롭게 응답하는 방법이기 때문에 중립적인 입장을 가진 사람만을 대상으로 조사하면 극단적인 결론이 얻어지지 않을 것이다.

05

다음에 제시된 설문지 질문유형의 특징이 아닌 것은?

> 귀하가 이번 대통령 선거에서 특정 후보를 선택하는 이유를 자유롭게 작성해 주시기 바랍니다.
> (   )

① 탐색적인 연구에 적합하다.
② 질문내용에 대한 연구자의 사전지식을 많이 필요로 하지 않는다.
③ 응답자에게 창의적인 자기표현의 기회를 줄 수 있다.
④ 응답자의 어문능력에 관계없이 이용이 가능하다.

해설 제시된 설문지는 개방형 질문을 사용한 유형으로, 개방형 질문은 응답자들이 질문에 대하여 자유롭게 응답하도록 되어 있다. 따라서 응답자의 어문능력이 필요하다.

06

다음 중 폐쇄형 질문의 단점과 가장 거리가 먼 것은?

① 응답이 끝난 후 코딩이나 편집 등의 번거로운 절차를 거쳐야 한다.
② 응답자들이 말하고자 하는 내용을 보다 구체적으로 도출해 낼 수가 없다.
③ 개별 응답자들의 특색 있는 응답내용을 보다 생생하게 기록해 낼 수가 없다.
④ 각각 다른 내용의 응답이라도 미리 제시된 응답 항목이 한 가지로 제한되어 있는 경우 동일한 응답으로 잘못 처리될 위험성이 있다.

해설 폐쇄형 질문은 일정한 선택지로 응답의 내용이 한정되어 있어 응답의 처리 및 채점, 코딩이 간편하다는 장점이 있다. 응답 후 코딩이나 편집 등의 번거로운 절차를 거쳐야 하는 것은 응답자들이 질문에 대해 자유롭게 응답하는 개방형 질문의 단점에 해당한다.

07

설문지 작성에서 폐쇄형 질문과 비교한 개방형 질문에 관한 설명으로 틀린 것은?

① 개방형 질문은 자료처리가 더 용이하다.
② 개방형 질문은 예비조사 시에 더 유용하다.
③ 개방형 질문을 통해 생각하지 못한 의견을 더 얻을 수 있다.
④ 개방형 질문은 무응답과 불성실한 응답이 나올 가능성이 더 많다.

해설 폐쇄형 질문은 응답의 처리 및 채점, 코딩이 간편하다는 장점이 있는 반면, 개방형 질문은 응답을 분류하거나 코딩하는 데 어려움이 있으며, 통계적 분석이 용이하지 않다는 단점이 있다.

08

인간의 무의식 속에 내재되어 있는 동기, 가치, 태도 등을 알아내기 위하여 모호한 자극을 응답자에게 제시하여 반응을 알아보는 자료수집방법은?

① 관찰법(Observational Method)
② 면접법(Depth Interview)
③ 투사법(Projective Technique)
④ 내용분석법(Content Analysis)

해설 투사법은 직접 조사하기 힘들거나 질문에 타당한 응답이 나올 가능성이 적을 때, 어떤 자극상태를 만들어 그에 대한 응답자의 반응을 우회적으로 얻어 의도나 의향을 파악하는 방법이다.

정답 05 ④ 06 ① 07 ① 08 ③

09

다음 질문문항이 가지고 있는 가장 큰 문제점은?

> 본인의 월 평균소득을 선택해 주십시오.
> ㄱ. 100만 원 이상~200만 원 미만
> ㄴ. 200만 원 이상~300만 원 미만
> ㄷ. 300만 원 이상~400만 원 미만
> ㄹ. 400만 원 이상~500만 원 미만

① 응답범주들의 의미가 불분명하다.
② 응답범주들의 간격이 일정하지 않다.
③ 응답범주들 간의 관계가 상호배타적이지 않다.
④ 응답 가능한 상황들을 모두 포함하고 있지 않다.

해설 질문문항으로 분류되는 사례나 단위는 망라적이어서 하나도 남김없이 각 응답항목에 귀속되도록 해야 한다. 문제에서는 100만 원 미만과 500만 원 이상에 대한 문항이 없으므로 응답 가능한 상황들을 모두 포함하고 있지 않다.

10

다음 질문 문항의 문제점은?

> 지난 3년 동안 귀댁의 가계지출 중 식생활비와 문화생활비는 각각 얼마였습니까?
> 〈식생활비〉　　　　〈문화생활비〉
> 주식비 (　)원　　신문·잡지 구독비 (　)원
> 부식비 (　)원　　전문 서적비 (　)원
> 외식비 (　)원　　영화·연극비 (　)원
> 기타 (　)원　　　기타 (　)원

① 대답을 유도하는 질문을 하였다.
② 연구자가 임의로 응답자에 대한 가정을 하였다.
③ 응답자에게 지나치게 자세한 응답을 요구했다.
④ 응답자가 정확한 대답을 모르는 경우에는 중간값을 선택하는 경향을 간과했다.

해설 금전 문제 등 민감한 질문들은 자세한 응답을 요구하기보다는 폐쇄형 질문을 활용하는 것이 좋다.

11

다음 질문의 응답항목으로 가장 적합한 것은?

> 당신의 연령은 만으로 몇 세입니까?

① 1) 30 미만, 2) 30~40, 3) 40~50, 4) 50 이상
② 1) 30 이하, 2) 30~40, 3) 40~50, 4) 50 이상
③ 1) 30 미만, 2) 30~39, 3) 40~49, 4) 50 이상
④ 1) 30 이하, 2) 30~39, 3) 40~49, 4) 50 이상

해설 분류되는 응답항목은 상호배타적이어서 각 사례는 한 번만 분류되어야 한다.

12

폐쇄형 질문과 비교한 개방형 질문에 대한 설명으로 틀린 것은?

① 자료처리에 많은 시간과 노력이 든다.
② 사생활과 관련되거나 민감한 질문일수록 적합하다.
③ 연구자가 알지 못했던 정보나 문제점을 발견하는 데 유용하다.
④ 응답자에게 자기표현의 기회를 줌으로써 응답자의 의견을 존중하는 느낌을 준다.

해설 폐쇄형 질문은 응답자들이 응답을 길게 쓸 필요가 없으므로 간편하며, 민감한 질문에도 비교적 용이하게 응답할 수 있다. 반면, 개방형 질문은 응답자들에게 심적 부담을 주기 쉬우므로 민감한 질문에는 적합하지 않다.

13

다음 중 개방형 질문(Open-ended Questions)을 이용하기에 적합하지 못한 경우는?

① 응답자들의 지식수준이 높아 면접자의 도움 없이 독자적으로 응답할 수 있는 경우
② 응답자에 대한 사전지식의 부족으로 응답을 예측할 수 없는 경우
③ 특정 행동에 대한 동기조성과 같은 깊이 있는 내용을 다루고자 하는 경우
④ 숙련된 전문 면접자보다 자원봉사자에 의존하여 면접을 실시하는 경우

해설 개방형 질문은 응답이 응답자의 표현능력에 따라 다르고 폐쇄형 질문에 비해 시간이 많이 소요되므로 자원봉사자보다 전문 면접자가 실시하는 것이 좋다.

14

개방형 질문의 장점으로 옳은 것은?

① 통계분석이 용이하다.
② 수량화하기 쉽다.
③ 탐색적으로 사용할 수 있다.
④ 무응답이나 거절의 빈도를 줄일 수 있다.

해설 ①·② 개방형 질문에서는 응답의 해석에 편견이 개입될 소지가 많으며, 같은 자료라도 분석자에 따라 다른 결과가 나타날 수 있다. 따라서 통계분석이 용이하지 않으며 수량화하기 어렵다.
④ 개방형 질문은 응답자들에게 심적 부담을 주기 쉽다. 응답자들이 질문에 대해 즉각적으로 생각나지 않는 경우 불성실하게 응답하거나 응답 자체를 하지 않을 수 있다.

15

다음은 어떤 질문방식에 해당하는가?

> 올해 생활수준은 작년에 비하여 얼마나 개선되었다고 생각하십니까?
> 1. 아주 개선되었다.
> 2. 조금 개선되었다.
> 3. 변함없다.
> 4. 조금 나빠졌다.
> 5. 아주 나빠졌다.

① 이분형 질문(Dichotomous Questions)
② 평정형 질문(Rating Questions)
③ 서열형 질문(Ranking Questions)
④ 해당자 질문(Contingency Questions)

해설 어떠한 질문에 대한 대답의 강도(Intensity)를 요구하는 질문이므로 평정형 질문에 해당한다.

16

개방형 질문의 특성과 가장 거리가 먼 것은?

① 응답자료 집계 및 분석이 매우 편리하다.
② 응답을 통해 새로운 정보를 얻을 수 있다.
③ 응답자들에게 심적 부담을 주기 쉽다.
④ 상대적으로 응답 거부율이 높다.

해설 개방형 질문은 응답자들이 질문에 대해 자유롭게 응답하기 때문에 응답을 분류하거나 코딩하는 데 어려움이 있으며, 통계적 분석이 용이하지 않다.

17

다음 중 개방형 질문의 장점이 아닌 것은?

① 응답 가능한 모든 응답의 범주를 모를 때 적합하다.
② 응답자가 어떻게 응답하는가를 탐색적으로 살펴보고자 할 때 적합하다.
③ 개인의 사생활이나 소득수준과 같이 밝히기를 꺼리는 민감한 주제에 보다 적합하다.
④ 몇 개의 범주로 압축시킬 수 없을 정도로 쟁점이 복합적일 때 적합하다.

해설 민감한 주제에 대해서는 응답자들이 응답을 길게 쓸 필요가 없이 간단하게 응답할 수 있는 폐쇄형 질문이 적합하다.

18

폐쇄형 질문에서 응답범주와 관련된 설명으로 옳은 것은?

① 가능한 한 모든 응답을 제시해 주어야 한다.
② 정확한 의미전달을 위해 범주의 내용을 일부 중복해야 한다.
③ 응답범주를 설정할 단계에서는 분석기법을 고려하지 않는 것이 좋다.
④ 중립적인 의견을 표시할 수 있는 범주를 반드시 포함시켜야 한다.

해설 ② 분류되는 응답항목은 상호배타적이어서 각 사례는 한 번만 분류되어야 한다.
③ 질문지를 작성할 때에는 조사결과 얻어진 자료를 분석할 수 있는 기법, 필요한 정보의 종류와 측정방법, 분석내용 및 분석방법까지 모두 고려해야 한다.
④ 척도에 따라 반드시 포함하지 않아도 된다.

19

폐쇄형 질문의 장점과 가장 거리가 먼 것은?

① 대답이 표준화되어 비교가 가능하다.
② 질문의 의미가 명확하게 전달된다.
③ 쟁점이 복합적일 때에도 이용 가능하다.
④ 분석이 용이하여 시간과 경비를 절약할 수 있다.

해설 폐쇄형 질문은 조사대상이 된 표본집단이 어떠한 응답을 할 것인지 예상할 수 있는 경우 유용하게 사용된다. 개별 응답자들의 특색 있는 응답내용을 보다 생생하게 기록해 낼 수 없기 때문에 쟁점이 복잡할 때는 적합하지 않다.

20

다음 질문문항과 가장 관련이 없는 것은?

> 당신의 종교는 무엇입니까?
> A. 불교   B. 개신교   C. 가톨릭   D. 기타

① 폐쇄형 질문
② 선다형 질문
③ 사실질문
④ 평가질문

해설 종교를 묻는 것으로 평가를 목적으로 하는 질문이 아니다.

21

개방형 질문의 장점으로 옳은 것은?

① 질문에 대한 응답이 표준화되어 있어 비교가 용이하다.
② 부호화와 분석이 용이하여 시간과 경비가 절약된다.
③ 응답범주의 수적 제한을 받지 않는다.
④ 고르기만 하면 되기 때문에 쉽게 응답할 수 있다.

해설 개방형 질문이란 응답자가 질문에 대해 자유롭게 응답하도록 하는 것으로 연구자들이 응답의 범위를 아는 데 도움이 되어 탐색적 조사연구나 의사결정의 초기단계에서 유용하게 사용된다. 사전 지식이 부족할 때 사용하기 편하고 세세한 응답으로 새로운 정보를 획득할 수 있으며 응답범주가 너무 많을 때 유용하다는 장점을 가지고 있다.

정답 17 ③ 18 ① 19 ③ 20 ④ 21 ③

22

다음 질문항목의 문제점에 해당하는 것은?

> 귀하는 주택구입 자금을 어떻게 마련하였습니까?
> 1. 빚을 내었다.
> 2. 은행에서 융자를 받았다.
> 3. 가족으로부터 얻었다.
> 4. 저축한 돈을 사용하였다.
> 5. 퇴직금을 사용하였다.
> 6. 기타(구체적으로 :   )

① 간결성   ② 명확성
③ 상호배타성   ④ 포괄성

해설 "빚을 내었다."와 "은행에서 융자를 받았다."는 중복이 되는 내용이다. 따라서 문항의 상호배타성에 위반된다.

23

다음 자료수집방법 중 조사자가 미완성의 문장을 제시하면 응답자가 이 문장을 완성시키는 방법은?

① 투사법   ② 면접법
③ 관찰법   ④ 내용분석법

해설 투사법은 직접 조사하기 힘들거나 질문에 타당한 응답이 나올 가능성이 적을 때, 어떤 자극상태를 만들어 그에 대한 응답자의 반응을 우회적으로 얻어 의도나 의향을 파악하는 방법이다. 피험자의 정직한 반응을 유도할 수 있고 정확한 성격의 진단이 가능하다. 응답자의 내면에 있는 신념이나 태도 등을 단어연상법, 문장완성법, 그림묘사법, 만화완성법 등과 같은 다양한 심리적인 동기 유발방법을 이용하여 조사한다.

24

질문지법에 관한 내용으로 옳지 않은 것은?

① 1차 자료수집방법에 해당한다.
② 간결하고 명료한 문장을 사용해야 한다.
③ 추상적인 개념에 대해 조작적 정의가 필요하다.
④ 응답자가 조사의 목적을 모르는 상태일 때 사용해야 결과에 신뢰성이 높다.

해설 응답자에게 조사의 목적을 알려주어 응답에 대한 동기부여를 상승시켜 응답의 신뢰성을 높이는 것이 바람직하다.

25

전화조사의 장점과 가장 거리가 먼 것은?

① 신뢰도가 높다.
② 조사가 간단하고 신속하다.
③ 조사하기 어려운 사람에게 쉽게 접근할 수 있다.
④ 무작위 표본추출이 가능하다.

해설 전화조사법은 전화번호만 알고 있으면 신속하게 조사를 실시할 수 있으며 무작위 표본추출이 가능하고 직접 면접이 어려운 사람의 경우 유리한 조사방법이다.

26

전화조사를 사용해야 할 때와 가장 거리가 먼 것은?

① 질문의 내용이 단순할 때
② 질문의 내용에 쉽게 응답할 수 있을 때
③ 응답해야 할 문항이 많을 때
④ 면접조사의 보조수단으로 사용할 때

해설 전화조사는 질문문항들을 읽어준 후 응답자가 전화상으로 답변한 것을 조사자가 기록함으로써 자료를 수집하는 방법이므로 응답해야 할 문항이 많을 때는 적합하지 않다. 또한, 조사내용은 복잡하지 않아야 하며, 가급적 '예/아니요' 식으로 간단히 대답할 수 있는 것이어야 좋다.

정답 22 ③ 23 ① 24 ④ 25 ① 26 ③

27

다음 중 우편조사의 특성과 가장 거리가 먼 것은?

① 면접자로 인한 편향이 적다.
② 넓은 지역을 조사할 수 있다.
③ 모호한 응답에 대해 확인할 수 없다.
④ 조사대상이 아닌 사람의 응답을 통제하기 용이하다.

> 해설 우편조사는 우편으로 질문지를 우송하여 조사대상자 스스로 답변하여 다시 조사자에게 우송하는 방식으로 조사자가 조사대상자 및 무자격자의 응답에 대한 통제가 어렵다.

28

우편조사에 관한 설명으로 틀린 것은?

① 접근하기 편리하고 광범위한 지역에 걸쳐 조사가 가능하다.
② 회수율이 낮으므로 서면 또는 전화로 협조를 구하는 것이 좋다.
③ 응답대상자 자신이 직접 응답했는지에 대한 통제가 어렵다.
④ 응답자의 익명성을 보장하기 어렵다.

> 해설 우편조사법은 다른 조사방법에 비해 익명성이 보장된다는 장점이 있다.

29

우편조사와 비교했을 때 면접조사가 가지는 장점이 아닌 것은?

① 응답자에게 익명성에 대한 확신을 부여할 수 있다.
② 응답률이 높다.
③ 보다 신뢰성 있는 대답을 얻을 수 있다.
④ 응답자와 그 주변의 상황들을 직접 관찰할 수 있다.

> 해설 우편조사는 응답자가 조사지를 다시 발송할 때 주소를 기재하지 않는 등의 방법으로 익명성을 높일 수 있다. 반면 면접조사는 조사자와 응답자를 직접 조사하는 방법이므로 응답자의 익명성이 보장되지 않는다.

30

다음 중 우편조사의 회수율을 높이기 위한 방법과 가장 거리가 먼 것은?

① 질문지 발송 후 추가서신을 발송한다.
② 질문지를 발송할 때 기념품을 같이 발송한다.
③ 연구 주체와 조사기관을 명확히 제시한다.
④ 반송용 봉투에 우표는 물론 응답자의 주소와 성명을 기재해 둔다.

> 해설 봉투에 응답자의 주소와 성명을 기재해두면 익명성이 보장되지 않기 때문에 회수율을 높이기 어렵다.

31

우편조사의 응답률을 높이는 방법과 가장 거리가 먼 것은?

① 응답 독촉은 단 한 번 정중하게 한다.
② 공신력 있는 기관을 연구 후원자로 밝힌다.
③ 응답에 대한 적절한 보상(선물, 현금 등)을 한다.
④ 우표를 직접 붙인 회수용 봉투를 우편 설문지와 함께 응답자에게 발송한다.

> 해설 우편조사의 응답률을 높이는 방법
> - 조사에 대한 사전예고 실시
> - 연구목적과 응답의 중요성을 인식시킴
> - 이타적 동기에 호소하는 등의 유인책 사용
> - 질문지를 보낸 다음 엽서, 전화, 면접 등을 통한 지속적인 노력 전개
> - 응답내용 및 응답자의 이름에 대한 비밀보장
> - 겉표지에 설문내용의 중요성, 응답 내용에 대한 비밀보장 등의 메시지 표현
> - 반송주소 기재 및 반송우표가 부착된 반송봉투를 첨부
> - 간단명료한 질문지 내용
> - 질문지 종이의 질과 문항의 간격 등의 인쇄술, 종이의 색깔, 표지설명의 길이와 유형 등 매력적인 형식 사용 및 가독성이 높은 서체
> - 상품권 등의 인센티브 제공
> - 독촉장을 보내거나 질문지를 추가적으로 우송
> - 응답률이 높은 특정 집단을 인식함으로써 모집단과 표본추출 방법을 세심하게 검토
> - 연구주관기관과 지원단체의 성격을 밝힘
> - 응답집단의 동질성을 높임

32

다음 중 우편조사의 특징과 가장 거리가 먼 것은?

① 최소의 경비와 노력으로 광범위한 지역과 대상을 표본으로 삼을 수 있다.
② 다른 조사에 비해 응답률이 높다.
③ 면접조사에 비해 응답자에게 익명성에 대한 확신을 부여할 수 있다.
④ 조사자의 개인차에서 오는 영향을 배제시킬 수 있다.

해설 우편조사의 최대의 문제점은 낮은 회수율이다.

33

우편조사의 응답률에 영향을 미치는 요인에 대한 설명으로 틀린 것은?

① 대상자의 범위가 극히 제한된 동질집단의 경우 회수율이 낮다.
② 질문지의 양식이나 우송방법에 따라 다를 수 있다.
③ 응답에 대한 동기부여가 중요하다.
④ 연구주관기관과 지원단체의 성격이 중요하다.

해설 응답집단의 동질성을 높이는 것은 응답률을 높이기 위한 방법 중 하나이다.

34

다음 중 정치지도자나 대기업경영자 등 조사대상자의 명단은 구할 수 있으나 그들을 직접 만나기는 매우 어려운 경우에 가장 적합한 자료수집방법은?

① 면접조사   ② 집단조사
③ 전화조사   ④ 우편조사

해설 편지는 어느 곳에든지, 수취인이 누구이든 상관하지 않고 배달된다. 그러므로 어떤 지역이라도 조사대상이 되고 직업, 인종, 국적, 계층에 관계없이 응답자로 선정할 수 있다. 따라서 명단은 구할 수 있으나 그들을 직접 만나기는 매우 어려운 경우 적합하다.

35

서베이(Survey)에서 우편설문법과 비교한 대인면접법의 특성으로 틀린 것은?

① 비언어적 행위의 관찰이 가능하다.
② 대리응답의 가능성이 낮다.
③ 질문과정에서의 유연성이 높다.
④ 응답환경을 구조화하기 어렵다.

해설 대인면접법은 조사자와 응답자가 직접 대면하므로 모든 응답자에게 비슷한 응답환경 제공이 가능하다(즉, 응답환경의 구조화가 쉽다). 반면 우편설문법은 응답자가 우편을 받고 응답을 하게되는 주변 환경이 응답자마다 다르다(즉, 응답환경의 구조화가 어렵다).

36

일반적으로 실행되는 면접조사, 전화조사, 우편조사를 비교한 설명으로 틀린 것은?

① 익명성을 보장하려면 면접조사보다는 우편조사를 실시한다.
② 복잡한 질문을 다루는 데는 면접조사가 가장 적합하다.
③ 조사자의 영향을 가장 적게 받는 것은 전화조사이다.
④ 3가지 방법 모두 개방형 질문을 활용할 수 있다.

해설 조사자의 영향을 가장 적게 받는 것은 조사자와 직접 대면하거나 대화하지 않는 우편조사이다.

37

우편조사를 실시할 때 설문지의 회수율을 높이기 위해 사용되는 방법으로 틀린 것은?

① 설문지를 발송하기 전에 응답자와 우편이나 전화를 통해 사전에 접촉을 한다.
② 표지에 조사를 실시하는 기관에 관한 정보를 포함하지 않는다.
③ 반송용 봉투와 우표를 사용한다.
④ 빠른우편을 사용한다.

해설 연구주관기관과 지원단체의 성격을 밝혀 신뢰감을 주는 것이 좋다.

정답 32 ② 33 ① 34 ④ 35 ④ 36 ③ 37 ②

38

다음 자료수집방법 중 조사자의 특성에 따른 영향이 가장 적은 것은?

① 면접조사
② 전화조사
③ 우편조사
④ 집단조사

해설 우편조사는 질문지를 추출된 조사대상자에게 우송하여 응답자로 하여금 스스로 응답하게 한 다음, 응답자가 질문지를 다시 조사자에게 우송하도록 하여 자료를 수집하기 때문에 다른 조사방법과 달리 조사자와 응답자가 대면하지 않는다. 따라서 조사자의 영향을 가장 적게 받는다.

39

우편조사, 전화조사, 대면면접조사에 관한 비교설명으로 옳은 것은?

① 우편조사의 응답률이 가장 높다.
② 우편조사와 전화조사는 자기기입식 자료수집 방법이다.
③ 대면면접조사에서는 추가질문하기가 가장 어렵다.
④ 어린이나 노인에게는 대면면접조사가 가장 적절하다.

해설 ① 조사자와 응답자와 직접 대면하는 대면면접조사가 응답률이 가장 높다.
② 전화조사는 전화상으로 답변한 내용을 조사자가 기록한다.
③ 우편조사는 정해진 질문지를 응답자에게 보내 응답자가 작성하여 다시 조사자에게 우송하기 때문에 추가질문이 가장 어렵다.

40

다음 중 우편조사를 위한 질문지의 조사안내문에 포함해야 할 내용과 가장 거리가 먼 것은?

① 연구자(또는 조사자)의 연락처
② 실시기관
③ 응답에 대한 비밀유지
④ 표본의 규모와 응답자의 범위

해설 표지편지 및 안내문에 연구주관기관과 지원단체의 성격, 연구의 목적 및 응답의 필요성, 응답내용에 대한 비밀보장 등의 메시지를 포함하면 응답률을 높일 수 있다. 표본의 규모와 응답자의 범위는 반드시 포함하지 않아도 된다.

41

다음 중 집단조사에 대한 설명으로 틀린 것은?

① 비용과 시간을 절약하고 동일성을 확보할 수 있다.
② 주위의 응답자들과 의논할 수 있어 왜곡된 응답을 줄일 수 있다.
③ 학교나 기업체, 군대 등의 조직체 구성원을 조사할 때 유용하다.
④ 조사대상에 따라서는 집단을 대상으로 한 면접방식과 자기기입방식을 조합하여 실시하기도 한다.

해설 조사대상자가 옆 사람이나 다른 사람의 영향을 받을 가능성(집단상황이 응답을 왜곡시킬 가능성)이 있다.

42

다음 중 집단조사의 단점과 가장 거리가 먼 것은?

① 피조사자를 한 장소에 모으는 것이 쉽지 않은 경우가 있다.
② 집단상황이 응답을 왜곡시킬 가능성이 있다.
③ 피조사자의 수준이 동일하다고 가정하는 오류를 범할 수 있다.
④ 응답의 누락이 많다.

해설 집단조사는 응답자들과 동시에 직접 대화할 기회가 있으므로 누락을 줄이고, 질문에 대한 오류를 줄일 수 있다.

43

집단조사의 장점과 가장 거리가 먼 것은?

① 비용과 시간을 절약할 수 있다.
② 질문문항에 대한 오해를 줄일 수 있다.
③ 면접방식과 자기기입의 방식을 조합하여 실시할 수 있다.
④ 중립적인 응답의 가능성을 높일 수 있고, 집단을 위해 바람직하다고 생각되는 응답을 할 수 있다.

해설 집단조사법은 추출된 조사대상자들을 한자리에 모아놓은 후 집단적·집합적으로 조사하는 방법으로, 집단상황이 응답을 왜곡시킬 가능성이 있다는 단점이 있다.

44

집단조사를 실시할 때 일반적으로 유의해야 할 사항과 가장 거리가 먼 것은?

① 응답자들에 대한 통제가 용이하다.
② 조사기관으로부터 협력을 얻어야 한다.
③ 집단상황이 응답을 왜곡시킬 가능성이 있다.
④ 집단조사를 승인해 준 당국에 의해 조사결과가 이용될 것이라고 인식될 가능성이 있다.

해설 ① 집단조사법은 조사대상을 한 장소에 집합시키는 것이 어려우며, 출석자에게 일당이나 교통비를 주어야 할 경우 비용이 발생할 수 있다.
② 주로 기존의 조직체를 대상으로 하여 그 구성원들에게서 자료를 얻고자 하는 것이므로 해당 조직체의 적절한 협력을 구하는 것이 급선무이다.
③ 동조효과, 즉 응답자가 옆 사람이나 다른 사람의 영향을 받을 가능성이 있다.
④ 응답자들이 모이면 먼저 조사의 취지를 설명하고 협조와 양해를 구해야 한다.

45

어떤 대학의 학생생활지도연구소에서는 해마다 신입생에 대한 인성검사를 실시하고 있다. 이 경우 시간과 비용면에서 효율적으로 조사를 하는 데 가장 적합하다고 생각되는 조사양식은?

① 대면적인 면접조사
② 자기기입식 집단설문조사
③ 우편조사
④ 개별적으로 접근되는 질문지조사

해설 집단조사법은 조사대상자들을 한자리에 모아놓은 후 질문지를 일제히 배부하고, 응답자 자신에게 직접 기입하도록 하여 회수하는 방법이다. 자기기입식 방법은 응답자로 하여금 직접 기입하게 한 다음 나중에 질문지를 회수하는 방법으로 응답 시 다른 사람의 개입이나 방해가 없는 상황에서 응답할 수 있기 때문에 인성검사에서 정직한 답변을 이끌어내는 데 유리할 것이다.

46

집단조사의 특성에 대한 설명으로 틀린 것은?

① 자기기입식 조사의 일종이다.
② 집단상황이 응답을 왜곡시킬 수 있다.
③ 시간과 비용이 적게 든다.
④ 응답상황에 대한 통제가 용이하다.

해설 집단조사법은 추출된 조사대상자들을 한자리에 모아놓은 후 질문지를 일제히 배부하고, 응답자 자신에게 직접 기입하도록 하여 회수하는 방법이다. 시간과 비용을 아낄 수 있고, 응답자들과 동시에 직접 대화할 기회가 있으므로 응답의 누락을 줄이고, 질문에 대한 오류를 줄일 수 있다. 하지만 집단이기 때문에 응답상황에 대한 통제가 용이하지 않을 수 있다.

47

전자서베이(On-line or Electronic Survey)에 관한 설명으로 옳은 것은?

① 모집단의 특성에 관계없이 표본추출이 자유롭다.
② 현재로서는 설문발송과 회수에 비용이 거의 들지 않는다.
③ 전자메일을 통한 추적독촉이 쉽지 않다는 단점이 있다.
④ 설문결과를 데이터로 처리하여 입력하기 힘들다는 문제가 있다.

해설 ① 컴퓨터와 인터넷을 사용할 수 있는 사람만을 대상으로 하므로 표본의 대표성 문제가 제기될 수 있다.
③ 전자메일을 통한 추가질문이나 독촉을 할 수 있다.
④ 구조화된 설문지 작성이 용이하여 데이터로 처리하기 좋다.

48

다음 중 온라인(On-line) 조사의 장점과 가장 거리가 먼 것은?

① 시각적 자료를 활용할 수 있다.
② 민감한 주제를 다룰 수 있다.
③ 응답자가 광범위하여 표본의 대표성을 확보할 수 있다.
④ 조사비용을 절감할 수 있다.

> **해설** 컴퓨터와 인터넷을 사용할 수 있는 사람만을 대상으로 하므로 표본의 대표성을 확보하기 어렵고, 특정 연령층이나 성별에 따른 편중된 응답이 도출될 위험성이 있다.

49

온라인조사방법에 해당하지 않는 것은?

① 전자우편조사(E-mail Survey)
② 웹조사(HTML Form Survey)
③ 데이터베이스조사(Database Survey)
④ 다운로드조사(Downloadable Survey)

> **해설** 온라인조사는 인터넷조사나 PC통신망 조사를 총망라하는 것으로서, 전자우편조사(E-mail Survey), 웹조사(HTML Form Survey) 및 다운로드조사(Downloadable Survey) 등이 포함된다.

50

On-line 조사에 대한 설명으로 틀린 것은?

① 표본의 대표성이 아주 높은 편이다.
② 복수응답의 가능성을 배제할 수 없다.
③ 컴퓨터 통신망상에서 이루어지는 형태의 사회조사이다.
④ 면접조사, 우편조사, 전화조사 등의 전통적인 방법에 비해 짧은 시일 내에 비교적 저렴한 비용으로 실시할 수 있다.

> **해설** 컴퓨터와 인터넷을 사용할 수 있는 사람만을 대상으로 하므로 표본의 대표성 문제가 제기될 수 있다.

51

온라인 사회조사에 대한 설명으로 틀린 것은?

① 응답 여부를 확인할 수 있고 늦어질 경우 독촉메일과 같은 후속조치를 할 수 있다.
② 응답자의 신분을 확인할 방법이 제한되어 있어 응답자 적격성 문제가 발생할 수 있다.
③ 온라인 사회조사에는 전자우편조사, 전자설문조사 등이 포함된다.
④ 표본 편중의 문제를 쉽게 해결할 수 있다.

> **해설** 온라인조사는 응답자 스스로 답변하는 조사로써 응답자가 모든 내용을 이해할 수 있어야 하고 응답자 간에도 이해 수준에 차이가 없도록 설문지가 구성되어야 한다. 그렇지 않으면 표본의 대표성 문제에서 표본 편중이 문제가 될 수 있다.

52

이메일을 활용한 온라인조사의 장점과 가장 거리가 먼 것은?

① 신속성
② 저렴한 비용
③ 면접원 편향 통제
④ 조사 모집단 규정의 명확성

> **해설** 이메일을 활용한 온라인조사는 사용이 편리하지만 주소록을 확보하기가 어려울 뿐만 아니라 조사대상자를 일반적으로 선정할 수 없는 단점이 있다.

53

인터넷 서베이조사에 관한 설명으로 틀린 것은?

① 실시간 리포팅이 가능하다.
② 개인화된 질문과 자료 제공이 용이하다.
③ 설문응답과 동시에 코딩이 가능하다.
④ 응답자의 지리적 위치에 따라 비용이 발생한다.

> **해설** 통신망상에서 이루어지기 때문에 지리적 위치에 따라 비용이 발생하지 않는다.

54

온라인조사에 대한 설명과 가장 거리가 먼 것은?

① 방문자조사나 특정 웹사이트를 우연히 찾은 사람을 대상으로 한 조사의 경우 표본의 대표성을 확보하기 용이하다.
② 전통적인 현장조사에 비해 짧은 기간에 적은 비용으로 조사를 실시할 수 있다.
③ 표본의 대표성을 확보하기 어렵고, 특정 연령층이나 성별에 따른 편중된 응답이 도출될 위험성이 있다.
④ 한 사람이 여러 차례 응답할 가능성을 차단해야 한다.

해설 관심이 높거나 반대의사가 뚜렷한 집단이 일방적으로 응답에 참여할 경우 신뢰성이 있는 자료를 얻기 어렵다.

55

자신의 신분을 밝히지 않은 채 자연스럽게 일어나는 사회적 과정에 참여하는 관찰자의 역할은?

① 완전참여자
② 완전관찰자
③ 참여자적 관찰자
④ 관찰자적 참여자

해설 완전참여자는 연구자의 신분을 공개하지 않고 연구대상자들의 활동에 참여한다. 참여관찰의 유형 중 가장 객관성을 유지하기 어려우며 윤리적 및 과학적 문제가 발생할 수 있다.

56

관찰을 통한 자료수집 시 지각과정에서 나타나는 오류를 감소하기 위한 방안으로 틀린 것은?

① 객관적인 관찰 도구를 사용한다.
② 보다 큰 단위의 관찰을 한다.
③ 가능한 한 관찰단위를 명세화해야 한다.
④ 관찰기간을 될 수 있는 한 길게 잡는다.

해설 관찰부터 기록되는 시간을 짧게 잡아 그 사이의 장애를 제거한다.

57

참여관찰(Participant Observation)에 대한 설명으로 틀린 것은?

① 연구 설계 및 착수가 용이하다.
② 연구의 설계과정에서 융통성이 높다.
③ 직접 참여해서 현상을 관찰·기술하는 방법이다.
④ 양적 자료이기 때문에 대규모 모집단에 대한 기술이 쉽다.

해설 참여관찰법은 관찰자가 관찰대상 집단 내부로 침투하여 구성원의 하나가 되어 그들과 함께 생활하거나 활동하면서 관찰하는 질적 연구방법이다. 관찰자가 직접 참여하므로 대규모 모집단에 대한 기술이 어렵다.

58

관찰시기와 행동발생시기의 일치여부를 기준으로 관찰기법을 분류한 것은?

① 직접(Direct)/간접(Indirect) 관찰
② 자연적(Natural Setting)/인위적(Contrived Setting) 관찰
③ 체계적(Structured)/비체계적(Unstructured) 관찰
④ 공개적(Undisguised)/비공개적(Disguised) 관찰

해설
② 관찰이 일어나는 상황이 인공적인지 여부에 따라 자연적/인위적 관찰로 나누어진다.
③ 관찰조건이 표준화되어 있는지 여부에 따라 체계적(통제)/비체계적(비통제) 관찰로 나누어진다.
④ 피관찰자가 관찰사실을 알고 있는지 여부에 따라 공개적/비공개적 관찰로 나누어진다.

정답 54 ① 55 ① 56 ④ 57 ④ 58 ①

59

관찰법(Observation Method)의 분류기준에 관한 설명으로 틀린 것은?

① 관찰이 일어나는 상황이 인공적인지 여부에 따라 자연적/인위적 관찰로 나누어진다.
② 관찰시기가 행동발생과 일치하는가 여부에 따라 체계적/비체계적 관찰로 나누어진다.
③ 피관찰자가 관찰사실을 알고 있는가 여부에 따라 공개적/비공개적 관찰로 나누어진다.
④ 관찰주체 또는 도구가 무엇인가에 따라 인간의 직접적/기계를 이용한 관찰로 나누어진다.

해설 관찰조건이 표준화되어 있는지 여부에 따라 체계적(통제)/비체계적(비통제) 관찰로 나누어진다.

60

다음의 특성을 가진 연구방법은?

- 자연스러운 상태에서 현상을 파악할 수 있기 때문에 미묘한 어감차이, 시간상의 변화 등 심층의 차원을 이해할 수 있다.
- 때때로 객관적인 판단을 그르칠 수 있으며 대규모 모집단에 대한 기술이 어렵다.

① 참여관찰(Participant Observation)
② 의사실험(Quasi-experiment)
③ 내용분석(Contents Analysis)
④ 우편조사(Mail Survey)

해설 관찰자가 관찰대상 집단 내부로 침투하여 구성원의 하나가 되어 그들과 함께 생활하거나 활동하면서 관찰하는 참여관찰 연구방법에 대한 내용이다.

61

관찰의 세부 유형에 관한 설명으로 틀린 것은?

① 관찰이 일어나는 상황이 실제상황인지 연구자가 만들어 놓은 인위적인 상황인지를 기준으로 자연적 관찰과 인위적 관찰로 구분한다.
② 피관찰자가 자신의 행동이 관찰된다는 사실을 알고 있는지 모르고 있는지를 기준으로 공개적 관찰과 비공개적 관찰로 구분한다.
③ 표준관찰기록양식의 사전 결정 등 체계의 정도에 따라 체계적 관찰과 비체계적 관찰로 구분한다.
④ 관찰에 사용하는 도구에 따라 직접 관찰과 간접 관찰로 구분한다.

해설 관찰시기가 행동발생과 일치하는가 여부에 따라 직접/간접 관찰로 나누어지며, 관찰주체 또는 도구가 무엇인가에 따라 인간의 직접적/기계를 이용한 관찰로 나누어진다.

62

다음 중 관찰의 단점과 가장 거리가 먼 것은?

① 피관찰자가 관찰 사실을 아는 경우 조사반응성으로 인한 왜곡이 있을 수 있다.
② 표현능력이 부족한 대상에게 적용이 어렵다.
③ 연구대상의 특성상 관찰할 수 없는 문제가 있다.
④ 자료처리가 어렵다.

해설 관찰은 피관찰자의 행동이나 태도를 관찰함으로써 자료를 수집하는 방법이다. 따라서 표현능력이 부족한 대상이나 대상자가 표현능력은 있더라도 조사에 비협조적이거나 면접을 거부할 경우 효과적이다.

63
관찰자료수집의 장점에 해당하지 않는 것은?

① 관찰자의 주관성 개입방지
② 즉각적 자료수집 가능
③ 비언어적 자료수집 가능
④ 종단분석 가능

해설 관찰을 통해 직접 자료를 수집하며, 선택적으로 관찰하게 되는 경우가 있다. 따라서 관찰자의 주관이 개입될 가능성이 크다.

64
다음 중 관찰방법의 특징이 아닌 것은?

① 연구대상의 행태에서 발생하는 사회적 맥락까지 포착할 수 있다.
② 사회적 관계에 영향을 미치는 사건을 이해하도록 해준다.
③ 객관적 사실에 치중하여 피관찰자의 철학, 세계관은 배제한다.
④ 다른 연구와의 비교는 규칙성을 확인시켜 준다.

해설 관찰방법은 인간의 감각기관을 이용하여 사물대상이나 현상을 인식하는 기본적인 방법으로, 피관찰자의 행동이나 태도를 관찰함으로써 자료를 수집하는 귀납적 방법에 해당한다. 피관찰자의 세계관, 철학 및 전망 등에서 무엇이 현실을 구성하는지 알 수 있으며, 동조현상으로 인해 객관성을 잃거나 관찰자의 주관적인 가치가 개입됨으로써 관찰결과를 변질시킬 수 있다.

65
관찰조사방법의 장점이 아닌 것은?

① 비언어적 자료를 수집하는 데 효과적이다.
② 장기적인 연구조사를 할 수 있다.
③ 환경변수를 완벽하게 통제할 수 있다.
④ 자연적인 연구 환경이 확보되기 쉽다.

해설 관찰조사방법은 통제 없이 연구대상의 행태가 발생하는 자연적인 맥락을 포착할 수 있다. 또한, 환경변수는 완벽하게 통제할 수 없을뿐더러 통제하게 되면 자연스러운 상태에서 현상을 파악하는 데에 어려움을 겪을 수 있다.

66
관찰자의 유형에 관한 설명으로 틀린 것은?

① 완전참여자는 윤리적 및 과학적 문제가 발생할 수 있다.
② 연구자가 완전참여자일 때는 연구대상에 영향을 미치지 않는다.
③ 완전관찰자의 관찰은 피상적이고 일시적이 될 수 있다.
④ 완전관찰자는 완전참여자보다 연구대상을 충분히 이해할 수 있는 가능성이 낮다.

해설 참여관찰은 관찰자가 관찰대상 집단 내부로 침투하여 구성원의 하나가 되어 그들과 함께 생활하거나 활동하면서 관찰하는 것이다. 연구자가 완전참여자일 때는 연구자의 신분을 공개하지 않기 때문에 피관찰자와 깊이 있는 접촉을 유지할 수 있어 연구대상에 영향을 미칠 수 있다.

67
관찰기법 분류에 관한 설명으로 틀린 것은?

① 컴퓨터브랜드 선호도 조사를 위해 판매 매장과 비슷한 상황을 만들어 표본으로 선발된 소비자로 하여금 제품을 선택하게 하여 행동을 관찰한다면 자연적 관찰이다.
② 응답자에게 자신이 관찰된다는 사실을 알려주고 관찰하는 것은 공개적 관찰이다.
③ 관찰할 내용이 미리 명확히 결정되어, 준비된 표준양식에 관찰 사실을 기록하는 것은 체계적 관찰이다.
④ 청소년의 인터넷 이용실태를 조사하기 위해 PC방을 방문하여 이용 상황을 옆에서 직접 지켜본다면 직접 관찰이다.

해설 관찰이 일어나는 상황이 인공적인지 여부에 따라 자연적/인위적 관찰로 나누어진다. ①은 인위적 관찰에 해당한다.

68

관찰법의 장점과 가장 거리가 먼 것은?

① 조사에 비협조적이거나 면접을 거부할 경우에 효과적이다.
② 조사자가 현장에서 즉시 포착할 수 있다.
③ 관찰결과에 대하여 객관성이 확보된다.
④ 행위나 감정을 언어로 표현하기 못하는 유아나 동물이 조사대상인 경우 유용하다.

해설 관찰법은 지각과정상의 오류와 인식과정상의 오류가 발생할 수 있다. 지각과정상의 오류란 조사대상에 대한 통제에도 불구하고, 각각의 조사자가 지각하는 현상 자체의 강도 및 질적 양상에는 차이가 나타나는 것을 의미하며, 인식과정상의 오류란 조사자들이 사실을 인식하는 데 있어서 준거틀의 차이에 의해 오류가 발생하는 것을 의미한다. 따라서 객관성 확보는 관찰법의 장점에 해당하지 않는다.

69

다음 중 관찰자에게 필요한 사항으로 거리가 먼 것은?

① 관찰자는 인내심이 있어야 한다.
② 관찰자는 연구하는 집단에 참여해서는 안 된다.
③ 주관성을 배제하고 객관성을 유지해야 한다.
④ 관찰자는 집단에 동화되지 않아야 한다.

해설 관찰의 종류 중 참여관찰은 관찰자가 관찰대상 집단 내부로 침투하여 구성원의 하나가 되어 그들과 함께 생활하거나 활동하면서 관찰하는 것으로 피관찰자와 깊이 있는 접촉을 유지할 수 있으며, 대상 집단이 숨기고자 하는 행위에 대해서도 자연스럽게 관찰할 수 있다.

참여자와 관찰자
- 완전참여자 : 연구자의 신분을 공개하지 않고 연구대상자들의 활동에 참여한다. 참여관찰의 유형 중 가장 객관성을 유지하기 어려우며 윤리적 및 과학적 문제가 발생할 수 있다.
- 완전관찰자 : 연구자의 신분을 공개하지 않으며, 연구대상자들의 활동에는 전혀 참여하지 않고 관찰만 하는 방법이다.
- 참여자적 관찰자 : 연구자의 신분을 밝히고 연구대상자들의 활동공간에 들어가 심층적으로 관찰하는 방법이다. 참여보다 관찰이 주를 이룬다.
- 관찰자적 참여자 : 연구자의 신분을 밝히고 연구대상자들의 활동공간에 자연스럽게 참여한다. 관찰보다 참여가 주를 이룬다.

70

자료수집방법 중 관찰에 관한 설명으로 틀린 것은?

① 복잡한 사회적 맥락이나 상호작용을 연구하는 데 적절한 방법이다.
② 피조사자가 느끼지 못하는 행위까지 조사할 수 있다.
③ 양적 연구와 질적 연구에 모두 활용될 수 있다.
④ 의사소통능력이 없는 대상에게는 활용될 수 없다.

해설 관찰은 행위, 감정을 언어로 표현하지 못하는, 즉 의사소통능력이 없는 유아나 동물과 같은 대상에게 활용할 수 있다는 장점이 있다.

71

다음 중 표준화 면접의 장점과 가장 거리가 먼 것은?

① 신뢰도가 높다.
② 타당도가 높다.
③ 면접결과의 수치화가 용이하다.
④ 정보의 비교가 용이하다.

해설 면접자가 면접조사표를 만들어서 상황에 구애됨이 없이 모든 응답자에게 동일한 질문순서와 동일한 질문내용에 따라 수행하는 방법으로, 비표준화된 면접에 비해 응답결과에 있어서 상대적으로 신뢰도가 높지만 타당도는 낮다.

72

다음 중 면접의 바람직한 요령과 가장 거리가 먼 것은?

① 되도록 면접은 간략히 한다.
② 면접 시에 제3자가 개입하지 못하도록 한다.
③ 면접대상자에게 신분을 알리기 위해 신분증을 제시한다.
④ 면접자는 면접표의 정리된 순서에 구애받지 않고 자유롭게 하는 것이 좋다.

해설 면접조사표를 만들어 상황에 구애 없이 모든 응답자에게 동일한 질문순서와 동일한 질문내용에 따라 수행하는 것이 바람직하다.

73

다음 중 면접원의 자율성이 가장 적은 면접 유형은?

① 초점집단면접　② 심층면접
③ 구조화 면접　④ 임상면접

해설 구조화 면접은 면접자가 면접조사표를 만들어서 그 순서와 내용에 따라 수행하기 때문에 면접원의 자율성이 적다.

74

비구조화(비표준화) 면접에 관한 옳은 설명을 모두 고른 것은?

> ㄱ. 부호화가 어렵다.
> ㄴ. 심층적인 질문이 가능하다.
> ㄷ. 미개척 분야의 개발에 적합하다.
> ㄹ. 면접자의 편의(Bias)가 개입될 가능성이 적다.

① ㄱ, ㄴ　② ㄷ, ㄹ
③ ㄱ, ㄴ, ㄷ　④ ㄴ, ㄷ, ㄹ

해설 비구조화 면접은 면접자가 면접조사표의 질문내용, 형식, 순서를 미리 정하지 않은 채 면접상황에 따라 자유롭게 응답자와 상호작용을 통해 자료를 수집하는 방법이다. 따라서 면접자의 편의가 개입될 가능성이 높다.

75

다음 중 표준화 면접의 사용이 가장 적합한 것은?

① 새로운 사실을 발견하고자 할 때
② 정확하고 체계적인 자료를 얻고자 할 때
③ 피면접자로 하여금 자유연상을 하게 할 때
④ 보다 융통성 있는 면접분위기를 유도하고자 할 때

해설 표준화 면접은 면접자가 면접조사표를 만들어서 상황에 구애됨이 없이 모든 응답자에게 동일한 질문순서와 동일한 질문내용에 따라 수행하는 방법이다. 그러므로 비표준화 면접에 비해 정확하고 체계적인 자료를 얻을 수 있다.

76

면접조사 시 비교적 인지수준이 낮은 응답자들이 면접자의 생각이나 지시를 비판 없이 수용하여 응답하게 될 가능성이 높은 것은 어떤 효과 때문인가?

① 1차 정보효과　② 응답순서효과
③ 동조효과　④ 최근정보효과

해설 ③ 동조효과 : 어떤 집단의 압력에 의해 개인의 태도와 행동을 변화시키는 효과이다.
① 1차 정보효과 : 비슷한 응답항목이 지나치게 많아 어떤 질문이건 첫 번째 응답항목을 선택하는 위험성이 있는 효과이다.
② 응답순서효과 : 응답자에게 둘 이상의 질문을 할 때 어떤 질문을 먼저 했느냐에 따라 생길 수 있는 반응에서의 효과이다.
④ 최근정보효과 : 최근에 듣거나 제공받은 정보에 더 큰 비중을 두는 효과이다.

77

응답자에게 면접조사에 참여하고자 하는 동기를 부여하는 요인과 가장 거리가 먼 것은?

① 면접자를 돕고 싶은 이타적 충동
② 물질적 보상과 같은 혜택에 대한 기대
③ 사생활 침해에 대한 오인과 자기방어 욕구
④ 자신의 의견이나 식견을 표현하고 싶은 욕망

해설 면접조사에서는 면접원뿐만 아니라 응답자의 동기부여도 중요하다. 응답자의 여러 상황에 따라 응답이 왜곡될 수 있으므로, 질문이 민감하거나 프라이버시에 관한 것이면 협조가 어려울 수 있다. 응답자의 긍정적 동기부여 요인으로는 지적 호기심을 갖도록 하는 것이나, 자기표현 욕구, 상호작용의 즐거움, 유무형의 혜택을 기대하도록 만드는 것 등을 들 수 있다. 부정적 요인으로는 면접과정에 대한 두려움, 면접원에 대한 의심과 적대감, 사생활에 대한 방어본능, 긴 면접시간, 응답내용에서 느끼는 곤혹스러움과 패배감 등이 있다.

정답 ▶ 73 ③　74 ③　75 ②　76 ③　77 ③

78
다음 중 조사자의 주관이 개입될 가능성이 가장 높은 자료수집방법은?

① 면접조사
② 온라인조사
③ 우편조사
④ 전화조사

해설 면접조사는 조사자가 연구문제에 대한 적절한 해답을 구하기 위해 마련한 질문에 대해 응답자와 직접 대면한 상태에서 질문하기 때문에 조사자의 주관이 개입될 가능성이 다른 자료수집방법에 비해 높다.

79
응답자의 대답이 불충분하거나 모호할 때 추가질문을 통해 정확한 대답을 이끌어내는 면접조사상의 기술은?

① 심층면접(In-Depth Interview)
② 라포(Rapport)
③ 투사법(Projective Method)
④ 프로빙(Probing)

해설
① 심층면접 : 1명의 응답자와 1대1 면접을 통해 응답자의 심리를 조사하는 방법이다.
② 라포 : 면접에서 면접자와 응답자의 상호신뢰관계를 말한다.
③ 투사법 : 직접 조사하기 힘들거나 질문에 타당한 응답이 나올 가능성이 작을 때 어떤 자극상태를 만들어 그에 대한 응답자의 반응을 우회적으로 얻어 의도나 의향을 파악하는 방법이다.

80
면접법의 장점으로 틀린 것은?

① 관찰을 병행할 수 있다.
② 신축성 있게 자료를 얻을 수 있다.
③ 질문순서, 정보의 흐름을 통제할 수 있다.
④ 익명성이 높아 솔직한 의견을 들을 수 있다.

해설 응답자를 대면한 상태에서 질문하여 조사하는 방법으로 응답자의 익명성이 결여되어 정확한 내용을 도출하기 어려우며 특수층의 사람에 대해 면접이 곤란한 경우가 발생하는 등의 단점이 있다.

81
면접조사에서 조사자가 준수해야 할 일반적인 원칙으로 틀린 것은?

① 질문지를 숙지하고 있어야 한다.
② 응답자와 친숙한 분위기를 형성하여야 한다.
③ 개방형 질문의 경우에는 응답내용을 해석하고 요약하여 기록하여야 한다.
④ 면접자는 응답자가 이질감을 느끼지 않도록 복장이나 언어사용에 유의하여야 한다.

해설 면접자는 가능한 한 자신의 주관을 배제한 채 응답자의 응답내용 그대로를 기록해야 한다.

82
면접조사에서 면접과정의 관리에 대한 설명으로 옳은 것은?

① 면접지침을 작성하여 응답자들에게 배포한다.
② 면접원에 대한 사전교육은 면접원에 의한 편향(Bias)을 크게 할 수 있다.
③ 면접기간 동안에도 면접원에 대한 철저한 통제가 이루어져야 한다.
④ 면접원 교육과정에서 예외적인 상황은 언급하지 않도록 주의한다.

해설
① 면접지침을 작성하여 면접원에게 배포한다.
② 면접자에 대한 사전교육은 면접자에 의한 편향(Bias)을 줄일 수 있다.
④ 면접 시 발생할 수 있는 예외적인 상황에 대해 교육과정에서 언급해줌으로써 조사원이 이상 상황 발생 시 대처할 수 있도록 하는 것이 바람직하다.

83

면접조사의 장점과 가장 거리가 먼 것은?

① 우편조사보다 응답률이 높다.
② 신뢰성 있는 대답을 얻을 수 있다.
③ 응답자와 그 주변의 상황들을 직접 관찰할 수 있다.
④ 면접자의 개인별 차이에서 오는 영향이나 오류를 피할 수 있다.

해설 면접조사는 면접자에 의한 편의(Bias)가 발생할 수 있다. 따라서 이를 줄이기 위해 면접자에 대한 사전교육이 필요하다.

84

자기기입식 설문조사에 비해 면접 설문조사가 갖는 장점이 아닌 것은?

① 답변의 맥락을 이해할 수 있다.
② 무응답 항목을 최소화한다.
③ 조사대상 1인당 비용이 저렴하다.
④ 개방형 질문에 유리하다.

해설 자기기입식 설문조사는 응답자로 하여금 질문지에 직접 기입하게 하는 조사방법인 반면, 면접 설문조사는 조사원이 표본으로 선정된 응답자를 상대로 직접 대면하여 조사하는 방법이다. 조사원이 응답자와 직접 대면해야 하므로, 일반적으로 조사비용과 시간이 많이 소요된다.

85

자기기입식 설문조사와 비교한 면접 설문조사의 장점으로 옳은 것은?

① 자료입력이 편리하다.
② 응답의 결측치를 최소화한다.
③ 조사대상 1인당 비용이 저렴하다.
④ 폐쇄형 질문에 유리하다.

해설 면접 설문조사는 조사자가 응답자를 직접 조사하는 방법이므로 응답의 결측치를 최소화할 수 있다. 반면 자기기입식 설문조사는 질문지를 전달한 후 응답자가 직접 질문지에 응답을 기입하고 나중에 질문지를 회수하므로 응답의 결측치가 높아질 수 있다.

86

프로빙(Probing)에 대한 설명으로 틀린 것은?

① 정확한 답을 얻기 위해 방향을 지시하는 기법이다.
② 답변의 정확도를 판단하는 방법으로 활용되기도 한다.
③ 개방형 질문에 대한 답을 비교하는 절차로서 활용된다.
④ 일종의 폐쇄식 질문에 답을 하고 이에 관련된 의문을 탐색하는 보조방법이다.

해설 프로빙(Probing) 기술
- 면접과정에서 응답자의 대답이 불충분하거나 정확하지 못할 때 행하는 탐색질문을 뜻하는 것으로서 충분하고 정확한 대답을 캐내는 과정이다.
- 일종의 폐쇄식 질문에 답을 하고 이에 관련된 의문을 탐색하는 보조방법이다.
- 답변의 정확도를 판단하는 방법으로 활용되기도 한다.
- 정확한 답을 얻기 위해 방향을 지시하는 기법이다.
- 응답을 원하는 태도나 표정을 한쪽으로 유도를 해선 안 되며 필요 이상의 지나친 질문은 삼가야 한다.
- 대표적인 기술로는 '무언의 캐묻기', '드러내놓고 권장하기', '더 자세한 해명 요구', '명료화하기', '반복' 등이 있다.

87

대인면접조사의 특성으로 옳은 것은?

① 연구문제에 대한 사전지식이 부족할수록 구조화된 대인면접조사방법을 사용하는 것이 좋다.
② 대인면접조사는 우편설문조사에 비해 질문과정의 유연성이 상대적으로 높다.
③ 대인면접조사는 우편설문조사에 비해 환경차이에 의한 설문응답의 무작위적 오류를 증가시킨다.
④ 대인면접조사는 우편설문조사에 비해 응답률이 낮다.

해설 ① 구조화된 면접조사방법은 상황에 구애됨이 없이 모든 응답자에게 동일한 질문순서와 동일한 질문내용에 따라 수행하는 방법으로, 면접의 신축성·유연성이 낮다. 따라서 연구문제에 대한 사전지식이 부족할 경우 면접상황에 따라 자유롭게 응답자와 상호작용을 통해 자료를 수집하는 비구조화된 면접조사방법이 적합하다.
③·④ 대인면접조사는 조사자와 응답자가 직접 대면하기 때문에 응답의 무작위적 오류를 면접자가 통제할 수 있으며 응답률도 높다. 하지만 우편설문조사는 응답자가 질문지를 받아 직접 기입하기 때문에 설문응답의 무작위적 오류가 증가할 수 있고, 응답률이 낮을 가능성이 높다.

정답 ▶ 83 ④ 84 ③ 85 ② 86 ③ 87 ②

88

면접원이 자유응답식 질문에 대한 응답을 기록할 때 지켜야 할 원칙과 가장 거리가 먼 것은?

① 면접조사를 진행한 이후 최종응답을 기록한다.
② 응답자가 사용한 어휘를 원래 그대로 기록한다.
③ 질문과 관련된 모든 것을 기록에 포함시킨다.
④ 같은 응답이 반복되더라도 가감 없이 있는 그대로 기록한다.

> **해설** 면접의 내용 및 결과를 정확하게 기록하는 것이 무엇보다 중요하므로, 응답자의 응답을 면접하는 도중에 즉시 기입하여 두는 것이 바람직하다.

89

일반적으로 가장 높은 응답률을 확보할 수 있는 조사방법은?

① 우편설문법
② 전화설문법
③ 직접면접법
④ 전자서베이

> **해설** 직접면접법은 면접자와 응답자가 직접 대면하기 때문에 질문의 내용을 응답자가 잘 이해하지 못하는 경우 면접자가 설명해 줄 수 있다. 응답자의 응답내용이 분명하지 않은 경우에도 면접자가 내용을 점검할 수 있으므로 응답의 오류를 줄일 수 있으며, 높은 응답률을 확보할 수 있다.

90

응답자의 잘못으로 생길 수 있는 편의(Bias)와 가장 거리가 먼 것은?

① 예의를 찾는 데서 오는 편의
② 고의적 오도로 인한 편의
③ 사회적으로 바람직한 대답을 하려는 데서 오는 편의
④ 질문방식에서 오는 편의

> **해설** 질문방식은 응답자가 결정하는 사항이 아니다.

91

면접조사에 관한 설명과 가장 거리가 먼 것은?

① 면접 시 조사자는 질문뿐만 아니라 관찰도 할 수 있다.
② 같은 조건하에서 우편설문에 비하여 높은 응답률을 얻을 수 있다.
③ 여러 명의 면접원을 고용하여 조사할 때는 이들을 조정하고 통제하는 것이 요구된다.
④ 가구소득, 가정폭력, 성적 경향 등 민감한 사안의 조사 시 잘 활용된다.

> **해설** 면접조사는 조사자(면접자)가 연구문제에 대한 적절한 해답을 구하기 위해 마련한 질문에 대해 응답자와 직접 대면한 상태에서 질문하는 상호 간의 직접적인 역할상황이다. 따라서 민감한 사안의 조사에는 적합하지 않다.

92

면접조사에 대한 설명과 가장 거리가 먼 것은?

① 우편조사에 비해서 응답률이 높다.
② 무응답 문항을 줄일 수 있다.
③ 면접자에 의한 편의(Bias)가 발생할 수 있다.
④ 전화조사에 비해 조사자에 대한 감독이 용이하다.

> **해설** 면접조사의 경우 조사자와 조사대상자가 독립된 공간에서 실시되는 경우가 많으므로 조사자에 대한 감독이 용이하지 않을 수 있다.

93

질문지를 이용한 자료수집방법의 결정 시 조사 속도가 빠르고 일반적으로 비용이 적게 드는 장점이 있으나 질문의 내용이 어렵고 시간이 길어질수록 응답률이 떨어지는 단점을 가진 자료수집방법은?

① 전화조사
② 면접조사
③ 집합조사
④ 우편조사

해설 전화조사법은 전화를 걸어 질문문항들을 읽어준 후 응답자가 전화상으로 답변한 것을 조사자가 기록함으로써 자료를 수집하는 방법으로 질문의 내용이 어렵고 길면 응답률이 떨어지는 단점이 있다. 하지만 신속한 정보를 얻을 수 있어 여론조사의 한 방법으로 많이 이용되고 있으며, 적은 비용으로 단시간에 조사할 수 있어 비용과 신속성 측면에서 매우 경제적이다.

94

자료수집방법에 대한 비교설명으로 옳은 것은?

① 온라인조사는 우편조사에 비해서 비용이 많이 소요된다.
② 전화조사는 면접조사에 비해서 시간이 많이 소요된다.
③ 온라인조사는 다른 조사에 비해 시각보조자료의 활용이 곤란하다.
④ 면접조사는 다른 조사에 비해 라포(Rapport)의 형성이 용이하다.

해설 ① 우편조사는 면접조사 등에 비해 비용이 적게 소모되는 것이 장점이지만 상대적으로 온라인조사가 조사비용이 더 적게 소요된다.
② 전화조사는 적은 비용으로 단시간에 조사할 수 있어 비용과 신속성 측면에서 매우 경제적인 것이 장점이다. 반면 면접조사는 비용과 시간이 많이 소요된다는 단점이 있다.
③ 온라인조사는 온라인 화면을 통해 시각보조자료의 활용이 가능하다.

95

면접조사와 비교하여 전화조사의 장점이 아닌 것은?

① 면접자의 영향을 통제할 수 있다.
② 표본오차의 통제에 유용하다.
③ 조사에 소요되는 시간이 짧다.
④ 비용이 적게 든다.

해설 표본오차란 표본추출과정에서 발생하는 오차를 말한다. 전화조사는 전화번호부의 부정확성 및 미등재 전화번호의 존재가 문제시되기 때문에 면접조사에 비해 표본오차의 통제가 어렵다.

96

광범위한 개인의 감정이나 생활경험을 알아보고자 할 경우 많이 활용하는 조사방법은?

① 집중면접(Focused Interview)
② 임상면접(Clinical Interview)
③ 비지시적 면접(Nondirective Interview)
④ 구조식 면접(Structured Interview)

해설 ① 집중면접 : 응답자들에게 그대로 질문을 하는 것보다는 응답자들이 자신들에게 영향을 미치는 요소 및 자극이 어떤 것이며, 그것들이 어떠한 결과를 가져오게 되는가를 스스로 밝히도록 응답자를 도와주는 방법이다.
③ 비지시적 면접 : 면접자가 어떤 지정된 방법 및 절차에 의해 응답자를 면접하는 것이 아니고, 응답자로 하여금 어떠한 응답을 하든지 간에 공포감 없이 자유롭게 응답할 수 있는 분위기를 마련해 준 다음 면접을 하는 방법이다.
④ 구조식 면접 : 면접자가 면접조사표를 만들어서 상황에 구애됨이 없이 모든 응답자에게 동일한 질문순서와 동일한 질문내용에 따라 수행하는 방법이다.

정답 93 ① 94 ④ 95 ② 96 ②

CHAPTER 02 실사관리

1 실사준비

01 조사방법별 조사원 선발

(1) 조사원

① 정의 및 역할
  ㉠ 실제 조사현장에서 응답자와 면담, 전화, 인터넷, 우편 등을 통해 조사를 담당하고 조사표 내용검토와 자료를 입력하는 일을 수행하는 사람을 말한다.
  ㉡ 기본적인 표본틀의 구성, 응답자와의 접촉, 질의응답, 응답의 기록까지 전 과정에 걸쳐 단계별로 조사원의 역할을 담당한다.

② 구 분

공공기관 인력 (통계청)	현장조사 직원	현장조사를 수행하는 통계청 소속 공무원 및 현장조사를 위하여 통계청에서 채용한 사람을 말한다. 예 무기계약 근로자, 기간제 근로자, 도급 조사원 등
	통계 조사원	각종 현장조사, 조사내용 검토 및 자료입력 등을 수행하기 위하여 채용된 사람을 말한다. 예 정해진 기간 동안 근로계약을 체결한 기간제 근로자
민간기관 인력 (민간 조사기관)		• 면접조사원과 전화조사원으로 구성되어 있다. • 대부분 임시직으로 인터넷, 생활정보지 등을 통해 수시로 모집 운영된다. • 면접관리용 데이터베이스를 구축하여 활용하기도 한다.

(2) 단계별 조사원의 역할 기출 24년, 25년

① 조사 전 단계 : 조사지역 내에서 명부를 작성하고, 조사대상 가구에서 응답표본을 선정하는 작업에 도움을 준다.
② 조사대상자 접촉단계 : 조사대상이 되는 표본을 접촉하여 조사에 참여하도록 협조를 이끌어내는 작업을 수행한다.
③ 조사 수행 단계
  ㉠ 조사대상자가 조사에 성실히 응하도록 동기를 부여한다.
  ㉡ 질문을 응답자에게 읽어주고 필요에 따라 명백하게 하거나 설명한다.
  ㉢ 응답이 애매하거나 명확하지 않을 경우 자세히 캐어묻기를 한다.
  ㉣ 응답자를 대신하여 응답자가 불러주는 내용을 설문지에 기입하기도 한다.
  ㉤ 응답이 곤란한 질문에 대해서는 솔직한 답변을 이끌어낼 수 있도록 응답자를 설득한다.

심화체크

조사원 모집공고는 자체 홈페이지, 신문광고, 아르바이트 모집 인터넷 사이트, 대학교 게시판, 지방자치단체나 지역행정기관에서 운영하는 인력소개 서비스 등 다양한 경로를 활용하며, 조사원들이 보고 기간 내에 응모할 수 있도록 충분한 시간을 두고 공고해야 한다.

심화체크

현장경험이 많은 조사원은 표본 중에 조사의 목적과 맞지 않은 주소나 폐업 및 전업한 주소가 포함된 경우 등 표본추출틀을 갱신할 수 있는 정보를 제공한다.

④ 조사 후 단계 : 응답에 대한 검수뿐만 아니라 응답자, 응답자의 가구, 지역 등을 관찰한 결과를 기록한다.

(3) 조사방법별 조사원 선발기준 기출 25년

① 조사원의 공통 선발기준
  ㉠ 우수한 업무수행과 보안사항 및 지침을 잘 준수하는 사람이어야 한다.
  ㉡ 조사업무에 대한 협력의 열의가 있고, 조사원으로서 업무의 중요성을 인식하여 바르게 업무를 수행하려는 자세가 있는 사람이어야 한다.
  ㉢ 조사방법 등 조사절차를 정확하고 바르게 이해하여 이를 실행할 수 있는 사람이어야 한다.
  ㉣ 시간적으로 여유가 있고, 신뢰감과 자신감, 친근감을 얻을 수 있는 사람이어야 한다.

② 면접조사원의 선발기준
  ㉠ 유사조사 경력 3년 이상 되어야 한다.
  ㉡ 응답자가 응답하는 데 방해되지 않을 정도의 모습과 성격이어야 한다.
  ㉢ 두발, 의복, 표정, 냄새 등 너무 튀거나 거부감을 주는 요소가 없어야 한다.
  ㉣ 긴 시간 동안 응답자를 찾아다닐 수 있을 정도로 건강해야 한다.
  ㉤ 조사 인근거주자를 우선적으로 고려하며 시간을 자유롭게 활용할 수 있고 필요에 따라 출장을 다닐 수 있어야 한다.

③ 전화조사원의 선발기준
  ㉠ 면접조사원보다는 외형적인 신체조건의 제약이 적으며 전화를 받고 응답을 기입하는 데 특별한 어려움이 없어야 한다.
  ㉡ 명확한 발음과 상냥한 언어, 의사전달 능력을 보유한 사람이어야 한다.

④ 인터넷(전자)조사원의 선발기준
  ㉠ 인터넷조사 경력 1년 이상으로 관련 자격증을 보유(예 인터넷검색사, 정보검색사, 컴퓨터 활용능력 등)하여야 한다.
  ㉡ 정확성과 집중력, 인내력 등의 능력을 보유한 사람이어야 한다.

⑤ 우편조사원의 선발기준 : 유사조사 경력이 1년 이상 되어야 한다.

> **심화체크**
>
> **조사원의 공통 자격요건**
> - 또렷하고 정확한 말투
> - 청량한 목소리
> - 조사지역의 방언을 알아듣고 구사할 수 있는 사람
> - 조사내용과 관련된 주제에 대해서 고집스럽게 자기주장을 내세우지 않는 사람
> - 상냥한 성격에 다양한 사람들을 대하는 것을 꺼리지 않는 사람
> - 깨끗한 필체

➕ **플러스원**

조사원 관리 기출 24년
- 조사기획자는 매일 일과 후 현장 상황을 보고 받아 그날의 진행상황을 파악하고, 대규모 조사인 경우는 조사관리자를 통해 전반적인 조사 진행상황을 파악한다.
  - 하루 일과 후 보고체계 유지
  - 조사진행률 파악 및 출퇴근 관리
  - 문제점 및 애로사항 수집 및 처리
  - 조사원 서약받기
- 조사기간 동안 조사원과 언제 어디서나 연락이 가능해야 한다. 개인전화는 물론 만일의 사태를 대비하여 자택전화나 가까운 지인 등의 연락처도 알고 있는 것이 좋다.
- 조사원의 이름, 성별, 연령, 휴대전화번호, 자택전화번호, 이메일, 자택번지, 통장번호 등을 받아두도록 한다.

02 조사원의 유형별 직무 교육

(1) 조사원 교육 기출 23년

① 정의 : 조사원이 수행해야 할 조사에서 요구하는 목표를 달성할 능력과 자세를 갖추도록 교육하는 것을 말한다.

② 목표 : 조사원 업무의 전문적인 성격을 잘 이해시키고 이를 더욱 발전시킴으로써 조사원으로서의 역할과 중요성을 깊이 인식하여 정체성을 확립하기 위함이다.

③ 필요성
  ㉠ 조사원들이 현장조사에 대한 이해력 증대 및 커뮤니케이션 능력을 향상시켜 응답대상자 설득에 긍정적인 태도를 가지기 위한 것이다.
  ㉡ 응답자의 응답거부를 가볍게 받아들여서는 안 된다는 것을 인지하기 위한 것이다.
  ㉢ 조사원의 동기를 부여하고 사명감을 높이는 등 윤리적 자질을 향상하기 위한 것이다.

> **플러스원**
>
> **조사원 교육의 종류**
> - 조사의 개요 및 배경지식에 대한 일반교육
> - 응답자의 협조와 동의를 얻는 일
> - 조사원칙에 따라 정확하고 타당한 응답을 얻는 일
> - 대답이 불분명하고 취지에 맞지 않을 때는 캐어물어서 적절한 답을 얻는 일
> - 조사표 및 기타 용지를 제대로 기록하는 일
> - 조사관리자와 긴밀하게 연락하는 일 등

(2) 조사원 일반교육

① 조사와 조사과정에 관한 내용
  ㉠ 대상자와 만났을 때 조사의 목적, 용도 등을 설명하면 대상자의 신뢰를 얻어 협조를 얻기 쉽다.
  ㉡ 조사원이 관심이 없던 분야라도 그 쓰임새를 알면 스스로 조사에 흥미를 갖고 헌신할 수 있도록 유도할 수 있다.
  ㉢ 조사원 스스로 조사의 중요성과 가치를 깨닫게 된다.
  ㉣ 전문가로서의 자질을 갖추고 전문가와 같은 집단에 속한다는 자부심과 조사를 잘 해낸다는 사실 자체에서 얻는 만족감을 통해 긍정적인 동기부여를 제공할 수 있다.
  ㉤ 조사과정에 나타날 수 있는 부정적인 영향을 미치는 요인들을 확인할 수 있다.

심화체크

조사과정에서 발생하는 문제를 조사원 스스로가 해결하도록 유도하는 것은 바람직하지 않다. 조사원 교육은 현장에서 발생할 수 있는 예외적인 상황에 대해 교육과정에서 언급하여 조사과정에서 발생하는 문제를 조사원이 대처할 수 있도록 교육해야 한다.

② 조사원의 역할 및 책임 [기출] 24년
  ㉠ 조사품질에 대한 조사원의 책임을 설명한다.
    • 정책수립에 가장 기본이 되는 통계를 작성하는 것에 대한 열의와 자부심, 그리고 책임감을 심어주는 것이 조사원 교육 중에 가장 중요하다.
    • 조사원은 조사의 품질관리를 위하여 조사기간 중에는 조사업무에만 전념해야 하고, 조사요령교육을 받은 사람이 조사해야 한다.
    • 현장조사를 하지 않고 기존자료를 이용하는 탁상조사를 해서는 안 된다.
  ㉡ 조사관리자의 지시에 따를 것을 강조한다.
    • 조사원들은 조사관리자의 지시에 대한 의문이나 의견이 있다면 그것을 적절한 절차를 통해 조사관리자에게 전달하며 단독적인 행동은 하지 않는다.
    • 조사관리자에게 매일 진행상황을 보고하고, 완성된 조사표의 내용을 확인받아야 한다.
    • 조사관리자의 지시에 조사원들이 따르지 않는다면 제대로 역할수행을 할 수 없게 되어 조사 조직이 와해될 수 있다.
    • 조사관리자와의 의사소통 방식은 조사마다 다를 수 있으며, 의사소통 절차를 마련하여 그 절차에 따라 의견을 제시할 수 있도록 교육한다.
  ㉢ 검증원의 존재를 인식한다.
    • 조사원들이 검증절차에 대해 설명해주고 검증원들과 한 자리에서 대면하여 교육을 받도록 한다.
    • 조사원과 검증원의 인력이 겹치지 않도록 하되, 인원이 모자랄 경우 조사지도원을 검증 작업에 참여시킨다.
  ㉣ 불량응답, 거짓응답 등에 대한 처리과정을 인식한다.
    • 단순한 무응답이 아닌, 조사원이 충분히 캐어묻지 않았거나, 질문에 대한 타당한 응답이 아니거나, 의도적으로 응답을 조작하여 기록하였다면 그에 맞는 적절한 조치를 취해야 한다.
    • 고의적인 응답조작이 아니라면 재교육을 통해 캐어묻기로 충분한, 그리고 타당한 응답을 받아내도록 할 수 있다.
    • 불성실한 응답이 조사원의 기술이나 자각부족이 아닌 게으름 때문이라면, 그 조사원은 해고하고 다른 사람으로 교체하는 것이 낫다.
    • 조사원이 고의적으로 응답을 조작했다면 조사품질을 보장할 수 없으므로 즉각 해고해야 한다.
  ㉤ 개인정보의 비밀보장을 강조한다.
  ㉥ 지침 등 서약서의 항목을 잊지 않도록 설명한다.
    • 교육자료뿐만 아니라 서약서 양식을 통해서도 조사원에게 숙지시키도록 한다.
    • 교육받은 사실로 끝나는 것이 아니라, 그것을 충분히 숙지하고 따를 각오가 되어 있으며, 교육내용을 어겼을 때에는 그에 따른 책임도 지겠다는 서약을 받도록 한다.
    • 조사는 조사원의 양심에 기대어 이루어지는 작업이기 때문에, 그에 대한 책임을 지겠다는 확인이 필요하다.

시험에 이렇게 나왔다

[12년 1회]

Q 조사원 교육 및 관리에 대한 설명으로 틀린 것은?
① 조사원 교육은 연구자나 실사감독관이 한다.
② 교육은 별도의 자료나 매뉴얼을 작성하여 실시한다.
③ 조사원이 조사목적, 설문내용 및 조사진행 과정 등을 숙지하도록 한다.
④ 조사과정에서 발생하는 문제는 조사원 스스로가 해결하도록 유도한다.

A ❹

심화체크

개인정보의 비밀보장은 모든 통계조사의 협조율 제고뿐만 아니라 솔직한 응답을 유도함으로써 조사결과의 신뢰도 향상에 결정적 역할을 하게 된다.

심화체크

서약서의 종류
• 조사내용을 외부에 발설하지 않겠다는 비밀서약
• 조사관리자의 교육과 지시를 그대로 따르겠다는 동의서약
• 조사관리자의 교육을 따르지 않았을 때의 불이익을 충분히 인지하고 거기에 따르겠다는 동의서약

(3) 조사원의 자세 교육 기출 24년

① 전문가다운(Professional) 모습
㉠ 단정한 복장과 조사에 필요한 도구를 잘 정돈한다.
㉡ 신분을 밝히는 조사원 명찰을 항상 착용한다.
㉢ 조사원 명찰을 착용한 상태로 개인적인 업무를 보지 않는다.
㉣ 조사 자체에 관한 설명, 통계법에 대한 안내 등 응답자가 궁금해 할 만한 정보를 막힘없이 전달한다.
㉤ 조사표의 질문을 모두 숙지하여 부드럽게 조사를 진행한다.
㉥ 질문할 때 각 질문에 대한 충분한 설명으로 응답자가 응답하는 데 어려움이 없도록 배려한다.
㉦ 응답자가 보는 곳에서 응답을 기입할 때 깨끗한 글씨로 기입하고 필요에 따라 메모 등을 기록한다.
㉧ CAPI, PDA 등 전자 보조기기를 능숙하게 다룬다.
㉨ 응답자의 말에 충분히 귀를 기울이고 그것을 조사에 반영하기 위해 최선을 다한다.
㉩ 조사를 마치고 인사하기 전에 빠진 항목이 없는지 처음부터 차분하게 검토한다.

② 전문가다운 모습의 효과
㉠ 조사의 신뢰도에 대한 믿음을 주어 응답자로부터 더 충실한 응답을 받을 수 있다.
㉡ 명찰을 착용하여 신분을 드러냄으로써 조사원의 안전에 도움이 된다.
㉢ 표본대상을 찾아가거나 이웃에게 대상자에 대한 정보를 물어볼 때 협조를 구하기가 수월하다.

(4) 조사표류 교육 기출 25년

① 조사표 내용 설명
㉠ 조사표의 모양, 짜임, 구성 등 각 항목에 대해 설명한다.
㉡ 필요시 보조자료(조사지침서)를 사용하여 조사표에 있는 용어를 설명한다.
㉢ 질문부터 응답보기까지, 조사표에 사용된 모든 단어가 가지는 의미와 범위를 자세하게 설명해 준다.
㉣ 조사관리자, 조사원, 응답자는 질문 및 용어를 같은 의미로 이해할 수 있도록 조사원은 응답자가 조사의 목적을 잘 이해하도록 중간자 역할을 해야 한다.

② 조사표에 있는 그대로 조사하기
㉠ 표준화 조사의 경우 조사원 자의로 질문순서나 어구를 변경하는 것은 좋지 않다. 그렇다고 조사표에 있는 질문을 단순히 읽어 가는 형식으로 조사하는 것도 좋지 않다.
㉡ 반표준화 조사의 경우 조사지침에 따라 조사를 하고 비표준화 조사의 경우에도 조사주제나 목적이 설정되었을 때에는 조사지침이 마련되어 있을 수 있으며 이런 경우에는 조사지침에 따라 조사하면서 상황에 따라 적절히 변경할 수 있다.

심화체크

전문가다운 모습 가운데 가장 중요한 것은 조사에 대한 '열성'이다. 통계의 유용함을 믿고 응답자를 비롯한 국민 모두를 위하는 일을 하고 있다는 것에 대한 자부심을 보여야 한다.

심화체크

조사표류
조사표, 예비조사표, 지침서, 별도의 응답 기록지, 비밀보호용 조사표 봉투, 조사표 포장박스 등

심화체크

조사지침서
조사원으로서의 업무내용이나 조사표 기입방법 등을 설명한 책자를 말한다.

③ 조사표 숙지할 시간 주기
　㉠ 조사관리자와 함께 하는 교육시간 외에도 스스로 시간을 내어 내용을 익히도록 한다.
　㉡ 내용을 제대로 익히지 않은 조사원은 현장에 나가지 않는 것을 원칙으로 하는 것이 좋다.
④ 조사원끼리 역할놀이로 익히기
　㉠ 현장에서 일어날 수 있는 여러 가지 상황과 사람을 접해 볼 수 있도록 역할놀이를 할 때 응답자 역할을 하는 조사원은 자기의 경험에 비추어서 응답하는 것이 좋다.
　㉡ 역할놀이를 하고 나서 조금이라도 의심나는 부분이 있다면 그 자리에서 해결하고 넘어가도록 한다.
⑤ 교육 평가하기
　㉠ 준비된 교육과정을 마쳤으면 조사표의 내용을 제대로 숙지했는지 평가지 등을 이용하여 교육효과를 파악하도록 한다.
　㉡ 평가결과가 좋지 않다면 재교육을 실시한다.

심화체크

역할놀이
가상의 문제를 상황을 주고, 주어진 상황 속의 인물의 역할을 수행함으로써 구체적인 문제 상황을 실제로 겪지 않고서도 그 상황을 경험하고 이해할 수 있다.

＋ 플러스원

조사지침서에 들어갈 내용
- 조사목적 등 조사의 전반적인 개요
- 업무흐름도 및 조사일정
- 조사원 유의사항
- 조사표 용어설명, 작성요령, 내용검토 요령
- 질문요령 및 질문 시 유의사항
- 집계표, 가구명부, 표본 조사구, 조사표
- 조사원의 임무 : 업무일정, 작성서식 종류, 실지 조사방법, 조사표 심사방법, 조사표류의 정리와 제출방법 등
- 조사사항의 해설 및 조사표 작성방법
- 조사본부 및 비상연락처
- 기타 참고사항

(5) 현장 직무요령 교육
① 응답자 찾아가기
　㉠ 조사지역의 지도를 찾기
　㉡ 공공기관에서 지역에 대한 정보를 얻기
　㉢ 지역단체 및 주민대표의 협조 구하기
　㉣ 사전에 약속하거나 응답자의 시간을 고려하기

② 응답자의 협조 구하기
　㉠ 응답자에게 조사원 자신을 소개한다.
　　• 조사원은 자신의 신분을 소개하여 조사원에 대한 응답자의 의심을 풀어줄 수 있다.
　　• 조사의 목적, 필요성, 용도 등을 설명한다. 단, 이러한 설명이 후에 나올 질문에 대한 어떤 암시를 주어서는 안 된다.
　　• 응답자의 선출방식을 설명한다. 다만, 면접은 무기명으로 하며 개인적인 문제는 절대로 공개되지 않는다는 것을 강조할 필요가 있다.
　㉡ 응답자의 조사에 대한 이해 증진을 위해 조사에 대해 설명한다.
　　• 응답자가 조사를 거절하는 것은 대개 조사 자체에 대한 이해 부족에서 온다. 즉, 자기의 개인적인 사정이나 의견이 공개되는 거나 자신의 이해와 관련된 기관에서 조사를 하는 것이 아닌가 의심하기 때문이다.
　　• 응답자가 거절할 경우 조사원은 불쾌한 태도를 보여서는 안 되며 침착하고 친절한 태도로 다시 한번 조사의 목적, 방법, 결과처리 등을 설명하는 것이 좋다.
　　• 설명하여도 거절할 경우 조사를 강요하지 않는 것이 좋다.
　㉢ 응답자가 조사에 대해서 가지고 있는 심리적 장애를 극복하기 위해 조사원은 질문이 쉽고 재미있다는 것, 조사 질문에 대한 답은 좋고 나쁜 것이 없다는 것, 비밀이 보장된다는 것 등을 말하여 응답자의 자유로운 반응을 얻도록 해야 한다.
　㉣ 응답자가 바쁘다고 하는 경우 조사를 피하기 위한 구실인지를 파악하여, 실제로 응답자가 바쁘다고 판단되면 조사가 가능한 시간을 약속해 놓는 것이 좋다.

③ 부재 시 대처 방법
　㉠ 조사마다 예산이나 조사일정 등에 따라 응답자 부재 시 대처요령이 달라진다.
　㉡ 응답자가 부재중이라면 주변인에게 전화번호를 구하여 방문시간대와 다른 시간대에 연락을 시도해본다.
　㉢ 전화연락을 할 수 없거나 연락이 닿지 않을 때는, 방문시간대를 달리해서 재방문을 시도한다.
　㉣ 조사원은 조사명과 본인의 이름, 연락처 등을 적어 다음에 전화연락이나 재방문을 했을 때 응답자가 예상을 하고 대비할 수 있도록 편지나 쪽지를 남긴다.
　㉤ 응답자가 외출하고 없을 경우에는 다른 가족이나 이웃에게 좋은 인상을 주도록 하여 차후 조사를 허락받는 데 도움이 되게 하여야 한다.

④ 응답 기입방법
　㉠ 조사지침서를 참고하여 일정한 기준으로 환산하여 단위에 맞게 표기한다.
　㉡ 메모사항과 최종응답을 구분하여 응답란에 정확하게 기재한다.
　㉢ 응답자의 표현을 최대한 살리되, 질문에 대한 타당한 응답을 기입한다.
　㉣ 사전에 응답자의 양해를 구하여 녹음한다.
　㉤ 조사표를 회수할 때 항목 내용의 누락과 착오가 없는지를 확인하고, 특히 대리 작성하는 사례가 없는지 확인한다.

심화체크

응답자가 조사에 대해서 가지는 심리적 장애로는 조사목적 자체에 대한 의심, 질문에 대답을 못하여 창피를 당하지 않을까 하는 염려, 조사를 당하고 있다는 생각 등이 있다.

심화체크

설문지 기입을 누가 하느냐에 따라 응답자가 스스로 기입하는 자계식, 조사원이 기입하는 방법인 타계식으로 나눌 수 있다. 면접조사방법은 보통 타계식에 의한 것이며, 배포조사방법, 우편조사방법은 자계식에 의한다.

(6) 조사원의 안전 교육

① **사전에 조사지역의 상황 파악** : 사전에 담당지역을 면밀히 살펴본 후 조사지역의 범위 및 지형, 가옥의 배치, 기르는 개의 유무, 교통량 등을 직접 확인한다.

② **당일의 예정 알리기** : 무리가 없도록 예정을 세우고 방문 장소나 예정을 조사관리자 및 가족에게 알리도록 한다. 도중에 예정변경 시에도 수시로 조사관리자에게 알리도록 한다.

③ **조사활동에 적합한 복장** : 조사활동에 편리하고 적합한 것으로 화려한 복장이나 과다한 화장은 피하고 정당 등의 특정 배지를 하고 조사에 참여하는 것은 불필요한 오해를 불러일으킬 우려가 있으므로 피한다.

④ **이동 시 주의** : 이동 시 위험물을 항상 조심하고 우천 시나 야간의 경우는 미끄러지거나 사고를 당하지 않도록 주의한다.

⑤ **심야나 아침 일찍 조사하는 것은 가급적이면 피하기** : 부득이하게 저녁에 조사를 해야 한다면 사람의 통행이 적은 어두운 길은 피하고 2명이 동행하도록 한다.

> **심화체크**
> 조사원은 조사를 원활하고 정확하게 그리고 사고 없이 수행하기 위해서는 조사의 취지, 내용을 충분히 숙지한 후 정해진 매뉴얼에 따라 실시해야 한다.

03 조사원의 유형별 직무범위와 역할

(1) 조사원의 직무

조사 전 단계	• 현장조사를 하기 위하여 조사교육훈련에 참가한다. • 조사지역 내 명부(조사대상자)를 작성한다. • 조사대상 가구의 응답표본을 선정한다. • 불명확한 주소지를 제거하고 정보를 갱신한다.
조사대상자 접촉단계(면접)	• 조사대상자와 연락(접촉시도)하여 조사 참여와 협조를 설득한다. • 조사적격자를 선별한다. • 추가적인 탐색 질문을 한다.
조사 수행 단계	• 대상자가 조사에 성실히 응하도록 동기를 부여한다. • 응답자에게 질문을 읽어주거나 질문을 명백하게 하고 설명한다. • 응답이 애매하거나 불명확한 경우 추가적인 질문으로 자세히 물어본다. • 응답자를 대신해서 응답내용을 설문지에 기재한다. • 응답하기 곤란한 질문은 솔직한 답변을 위해 응답자를 설득한다.
조사 후 단계	응답에 대한 검수, 응답자, 응답자의 가구, 지역을 관찰한 결과 기록, 응답된 모든 내용의 객관적인 기술, 그 이외에 응답자의 외모, 살림살이, 가족관계, 이웃 등 직접 관측한 내용을 기록한다.

> **심화체크**
> **명부 작성의 목적**
> • 각 가구나 사업체의 누락 중복을 방지하고 조사표의 배포 또는 면접조사를 하기 위한 것이다.
> • 수집된 조사표를 가구 번호순이나 사업체 번호순으로 정리하기 위한 것이다.
> • 표본조사의 경우 조사구 내의 가구 또는 사업체를 재추출하는 추출명부 역할을 위한 것이다.

(2) 조사 참여인력 기출 25년

① 프로젝트 연구원
   ㉠ 조사를 전체적으로 기획, 설계하고 조사표를 만들며, 수집된 자료를 분석하여 그 결과물을 만드는 데 핵심적인 역할을 담당한다.
   ㉡ 조사와 관련된 조사원에게 조사의 목적과 내용을 교육시키며 조사목적에 적합한 자료가 수집될 수 있도록 모든 인력들을 연계하여 통제하고 관리한다.

② 조사지도원
   ㉠ 자료수집과정을 총괄하는 사람으로 이들은 실질적 현장조사의 조사원 및 자료를 책임지고 관리한다.
   ㉡ 조사에 따라서는 자료를 수집할 조사원을 선발하여 교육하며, 조사에 필요한 모든 준비작업을 수행하고, 회수된 질문지를 검토하고, 자료처리를 할 수 있는 작업까지 책임지고 수행한다.
   ㉢ 자료수집과정에 필요한 모든 관리업무를 수행하며, 회수된 질문지는 현장에서 여러 기준을 적용해서 검토하고, 이러한 검토과정에서 일차적으로 검토기준에 맞지 않는 질문지는 추가 면접을 실시하게 하거나 너무 응답내용이 충실치 않은 경우 폐기하는 일을 담당한다.

③ 검증원
   ㉠ 자료수집과정에서 조사원들이 표준적인 진행 절차에 따라 정확히 자료를 수집하였는가를 검증하는 작업을 하는 사람을 말한다.
   ㉡ 검증원은 실사 감독관의 지시에 따라 회수된 자료의 일부를 랜덤하게 뽑아서 응답자 선정과정의 적합성 및 표준적인 진행절차에 따른 면접여부 등을 검증하게 된다.

④ 부호기입원 : 전문조사기관에서는 전문적인 코더(부호기입원)가 조사목적에 맞게 적절히 범주화하고 이를 숫자나 부호로 변환하는 작업을 담당한다.

⑤ 입력원(Puncher) : 수집된 조사표의 내용을 전산처리가 가능하도록 숫자나 부호의 형태로 컴퓨터에 입력시키는 작업을 담당한다.

⑥ 조사원(Enumerator)
   ㉠ 조사과정에서 조사원이 자료를 수집하는 핵심적인 역할을 담당하게 된다.
   ㉡ 조사원은 표준적인 조사 진행 절차에 따라 응답대상자를 선정하고, 응답자에게 조사표 내용을 질문하여 그에 대한 응답을 기록한다.

심화체크

조사과정의 목표는 바로 정확한 자료수집이며, 이 목표의 달성 여부는 바로 조사원의 정확한 역할수행에 달려있기 때문에 조사원이야말로 전체 조사과정의 핵심이라고 할 수 있다.

> **플러스원**
>
> **조사원 수 추정 절차**
>
> 조사의 규모에 따라 조사원의 수는 달라진다. 조사원이 너무 많으면 조사에 통일성이 없어지고 한 조사원당 수행해야 할 업무량이 적으면 곤란하다. 조사원이 너무 적으면 너무 많은 업무량에 조사의 질이 떨어지게 되고 조사일정을 지키기 어려워진다. 실제 업무를 수행하는 데 필요한 수를 최대한 정확하게 추정하여 고용하는 것이 중요하다.
>
> 사원 수를 추정할 때는 다음과 같은 절차를 따르도록 한다.
> - 일일 업무량 추산 : 한 조사원이 하루에 완료 가능한 부수 추산하기
> - 조사 가능한 기간 계산 : 조사기간 중 조사 가능한 날짜 추산하기
> - 조사 마무리 작업시간 계산하기 : 검증조사 및 오류체크 할 시간 감안하기
> - 예비조사원 확보 : 전체 조사원의 5~10% 정도 추가로 모집하기

(3) 조사원의 역할 배정

① 조사원의 숙련도에 따라 배치
  ㉠ 조를 구성할 때 조사지도원 역할을 할 수 있는 능숙한 조사원을 한 명 포함해야 한다.
  ㉡ 조사지도원을 맡은 조사원은 현장에서 일어난 모든 일을 빠짐없이 조사관리자에게 보고할 책임이 있으며, 조사관리자의 지시를 조원들에게 전달하여 그대로 시행이 되도록 해야 한다.
  ㉢ 응급상황 등에서 미처 보고하지 못한 사항이라도 사후에 즉시 보고하여 그다음 일에 대한 지시를 받도록 한다.

② 조사원의 친밀도에 따라서 배치
  ㉠ 조사원을 함께 신청한 친한 사이의 경우 서로 다른 조에 배치하거나 다른 사람들과 조를 이루는 것이 바람직하다.
  ㉡ 효율적으로 조사를 수행하기 위해서는 사이가 좋지 않은 조사원을 같이 붙여놓는 것보다는 어느 정도 유대관계가 있는 조사원들이 같은 조가 되는 것이 바람직하다.

심화체크

능숙한 조사원은 교육에서 배운 내용을 몸에 익혀 실수 없이 조사를 잘 수행하며, 조사관리자의 지시를 빠짐없이 숙지하고 예상치 못한 상황에서도 당황하지 않고 차분하게 대처할 수 있는 사람을 가리킨다.

2 실사진행 관리

01 실사진행 시 점검사항

(1) 조사원 관리 및 점검

① 보고체계
  ㉠ 현장을 제대로 관리하기 위해 매일 현장의 현황을 보고받아 진행상황을 파악한다.
  ㉡ 대규모 조사의 경우 조사지도원이나 중간관리자로부터 현장의 보고를 받도록 한다.

② 보고내용
  ㉠ 목표 조사량, 실제 조사량과 조사의 개선점을 생각하여 보고한다.
  ㉡ 표본현황(완료, 부재, 거부, 예약사항 등) 파악은 조사의 원활한 진행뿐만 아니라 품질보장에도 중요하다.
  ㉢ 현장의 문제점 및 특이사항 등을 있는 그대로 보고한다.
  ㉣ 조사용품의 현황, 조사원의 출퇴근 상황 등을 보고한다.
  ㉤ 보고를 통해 조사원 스스로 제대로 관리하고 있는지 확인할 수 있다.

③ 점검 및 검증
  ㉠ 조사 진행상황을 파악하고 조사를 마친 설문지에 누락된 항목은 없는지, 알아볼 수 없는 글씨는 없는지, 응답 내용의 논리적 오류가 없는지 등을 살펴본다.
  ㉡ 조사원별로 상이한 응답패턴이 발생하는지 살펴본다.
  ㉢ 응답내용에 오류나 문제가 있을 때는 조사원을 통해 응답자에게 재확인을 요청한다.
  ㉣ 설문지 점검 후 적격 조사대상자 여부 및 조사내용의 신뢰도 확인 등의 품질관리를 실시한다.

④ 조사일정 관리
  ㉠ 조사원의 보고를 바탕으로 조사의 속도를 파악한다.
  ㉡ 예상보다 수월하게 이루어지고 있다면 조사원들의 조사방법에 문제가 없는지 살펴본다.
  ㉢ 예상보다 늦어지고 있다면 조사원들의 조사방법을 살펴보고, 필요에 따라 추가 조사원을 현장에 투입한다.

심화체크

조사용품류
조사원증(케이스 및 줄 포함), 조사원 가방, 조사표 책받침, 문서파일, 필기구 세트(적·청·흑 볼펜, 샤프심, 자, 지우개 등), 인사장(공문 등), 임명장, 서약서, 출근부, 스티커 및 메모지, 조사원 연락처, 홍보물(포스터 등), 조사협력에 대한 답례품 등

심화체크

실사 진행사항 점검
- 조사용품 배부
- 조사원 관리
- 현장 검증
- 조사일정 점검

(2) 설문지 점검 기출 24년

① 지침서와 교육내용을 제대로 지키고 있는지 확인
  ㉠ 조사를 시작하여 조사원이 현장에 나가본 후, 모든 조사원들을 불러들여 함께 조사과정을 짚어보며 점검하는 것이 반드시 필요하다.
  ㉡ 점검은 현장에서 조사하는 모습부터 수거해 온 설문지 결과까지 하나도 빠짐없이 살펴봐야 한다.
  ㉢ 예기치 못한 문제가 있거나, 설문지의 문제나 기타 기술적인 문제는 없는지 짚고 넘어가야 하며, 충분한 대비를 하지 못한 조사원들이 있다면 그 문제들을 꼼꼼하게 살펴서 해결해야 한다.
  ㉣ 지시사항을 고의적인 속임수를 쓰는 등 말썽이 있는 조사원은 문제가 발견되는 즉시 해고하고 예비로 확보해 놓은 조사원을 투입하는 것이 좋다.

② 조사초기에 집중적으로 점검
  ㉠ 점검은 조사기간 전반에 걸쳐 계속해야 하는 작업이지만, 특히 조사기간 초기에 집중적으로 해야만 각종 오류가 발생할 가능성이 낮아진다.
  ㉡ 조사 중에 일어날 수 있는 오류발생 가능성을 줄이기 위해서는, 조사를 시작한 첫날의 설문지를 하나도 빠짐없이 모두 점검하고 현장에서 발생할 수 있는 오류 등에 대한 재교육을 실시하는 것도 좋은 방법이다.

③ 누락 항목이나 글씨를 알아볼 수 없는 항목 확인
  ㉠ 설문지가 들어오는 즉시 설문지 점검에 들어가 조사원이 누락한 항목이나 글씨를 알아볼 수 없는 항목이 없는지 확인한다.
  ㉡ 확인된 실수들은 당일 혹은 다음날 바로 보충하도록 한다. 시간이 지날수록 설문지는 쌓여가고 특정 응답자에 대한 조사원의 기억이 희미해지기 때문에 빨리 처리하도록 한다.

④ 조사원별로 응답패턴이 발생하는지 확인 : 유독 한 조사원만 특정 응답이 자주 나온다거나, 다른 조사원과는 다른 응답패턴이 관찰되면 조사원을 불러 조사하는 방법을 확인하고 재교육을 실시해야 한다.

⑤ 점검과정에서 지적된 사항들 보충
  ㉠ 조사지도원이나 관리자, 점검원 등이 점검과정을 통해 지적된 사항들을 조사원이 보충하는 작업은 조사원의 기억력에 의존하지 않고, 응답자와 접촉한 후 재질문을 통해 보충하거나 결측 처리를 하도록 한다.
  ㉡ 조사를 실시하는 자리에서 올바르게 적지 못했다면, 시간이 지나고 다른 조사를 실시하면서 해당 응답에 대한 기억이 왜곡되었을 가능성이 매우 크다.
  ㉢ 응답자도 이와 마찬가지로 자신의 응답을 기억하지 못할 경우가 많기 때문에 질문의 성격과 비용 등을 고려하여 더 나은 방법을 선택한다.

심화체크

조사가 완료된 설문지는 수시로 회수하여 점검함으로써 실사기간의 단축 및 조사초기에 자료수집과정을 점검하여 문제가 발생할 경우 이를 신속하게 대처할 수 있다.

⑥ 현장에서 느끼는 조사원 고충을 수합하여 재교육
  ㉠ 조사원들이 현장에 투입된 후에는 조사항목이나 특정 응답자, 특정 상황에서 부딪히는 애로 사항들이 매우 구체적이게 된다.
  ㉡ 효율적인 조사진행을 위해서는 이 문제들을 수합하여 다른 조사원들도 참고할 수 있도록 수시로 전화나 문자, 이메일, 가능한 경우에는 직접 만나서 재교육 자료로 배포하고 숙지하도록 하는 것이 좋다.

02 점검 결과에 따른 필요조치

(1) 조치 방법

① 현장 검증
  ㉠ 자료수집이 완료된 설문지는 1차적으로 조사원이 **현장에서 검증**을 실시한다.
  ㉡ 주로 설문상의 기입오류 및 논리적 오류 유무를 점검한다.
  ㉢ 설문 완료 직후에 실시하여 오류 발견 시 현장에서 응답자에게 바로 재확인할 수 있다.

② 재조사(표본 대체)
  ㉠ 설문 응답자가 **부적격 조사대상자**로 확인된 경우, 응답내용의 **일관성·신뢰도**가 현저히 훼손된 경우, 그밖에 조사결과에 영향을 줄 수 있는 중대한 오류가 발생하였을 경우에 해당 **설문을 폐기하고 재조사를 실시**해야 한다.
  ㉡ 재조사의 실시 여부는 실사관리자가 전체적인 응답내용의 신뢰도를 판단하여 실시한다.
  ㉢ 재조사를 실시할 경우에는 설문폐기로 인해 부족하게 된 표본집단과 동일한 특성을 지닌 조사대상자를 컨택하여 진행해야 한다.

(2) 실사 진행상의 문제별 대응 방안

① **조사용품 관련 문제**: 표본 수의 10~20% 정도의 여분의 용품을 준비해 수량 부족 문제가 발생 시 바로 대처할 수 있다.

② **조사원 관련 문제**
  ㉠ 조사진행 방법을 준수하지 않는 경우: 해당 조사원에 대한 재교육을 실시하여, 조사진행 방법을 다시 한번 숙지를 시키고, 이후에도 동일한 문제가 발생할 경우에는 다른 조사원으로 대체하는 등의 조치를 할 수 있다.
  ㉡ 조사 진행률이 더딘 경우: 전체적인 조사일정에 차질을 줄 수 있기 때문에, 추가 조사원의 투입 또는 다른 조사원으로의 대체 등을 고민하여 조치할 수 있다.

심화체크

재조사를 진행할 때는 폐기된 설문지의 응답자와 동일한 표본특성을 지닌 조사대상자를 컨택하여 진행되어야 하며, 부적격 대상자로 확인되어 설문이 폐기된 경우에는 그로 인해 부족하게 된 표본집단과 동일한 특성을 지닌 조사대상자를 컨택하여 진행해야 한다.

심화체크

조사용품은 부적격 조사대상자의 발생 및 조사용품의 훼손, 분실, 재조사 실시 등의 이유로 수량이 부족한 경우가 발생할 수 있다.

③ 현장 검증 결과 오류 발견 시
　㉠ 설문지상의 오류가 발견되는 경우 : 조사원 및 응답자 재확인을 통해 해당 오류 사항에 대한 재확인을 실시한다.
　㉡ 오류내용의 재확인이 불가능하거나 중대한 오류가 발생하였을 경우 : 해당 설문을 폐기하고 재조사를 실시할 수 있도록 조치한다.
④ 조사 일정상의 문제 발생 시
　㉠ 계획일정에 비해 더딘 경우 : 추가조사원을 투입하여 조사일정에 차질이 없도록 조치한다.
　㉡ 추가조사원 투입 등 적절한 조치를 실시하였는데도 실사진행이 더딘 경우에는 조사대상자의 컨택이 어렵다는 것을 의미하기 때문에 전체적인 조사일정을 조사의뢰처와 협의하여 조정할 수 있도록 한다.
⑤ 조사 관련 컴플레인 발생
　㉠ 설문지에는 실사진행 주체 및 담당자 정보를 기재하여, 응답자가 조사와 관련하여 궁금한 점이나 컴플레인이 발생하였을 경우 해당 담당자에게 연락을 취할 수 있도록 해야 한다.
　㉡ 조사와 관련하여 발생하는 컴플레인은 실사담당자가 그 원인을 파악하여 적절히 대응해야 한다.

(3) 설문지상의 문제 발생 시 대응 방안 기출 24년, 25년

① 설문지상 기입오류 및 논리적 오류가 발생한 경우
　㉠ 조사원 및 응답자를 컨택하여 해당 오류내용에 대한 재확인을 실시한다.
　㉡ 재확인 결과 오류내용이 확인되는 경우에는 해당 내용을 설문결과에 수정하여 반영한다.
　㉢ 오류내용의 재확인이 불가능한 경우에는 무응답과 같이 **단순 기입오류는 '무응답' 처리를 실시**하고, 논리적 오류가 많이 발생한 경우에는 해당 설문을 폐기하고 재조사를 실시한다.
② 부적격 조사대상자로 확인되거나 응답 내용의 신뢰도가 의심되는 경우
　㉠ 해당 설문을 폐기하고 재조사를 실시한다.
　㉡ 재조사는 폐기된 설문의 표본특성과 동일한 조건의 조사대상자를 컨택하여 진행해야 하며, 실사관리자는 재조사 일정을 감안하여 전체적인 실사일정을 배분해야 한다.
③ 조사원별로 응답패턴이 발생하는 경우
　㉠ 해당 조사원 및 응답자를 컨택하여 응답패턴에 대한 신뢰도 검증을 실시한다.
　㉡ 검증 결과 신뢰도에 문제가 있을 경우에는 해당 설문을 폐기하고 재조사를 실시한다.

심화체크

조사원별로 응답패턴이 발생한 경우는 설문 내용상의 특정 응답이 자주 나온다거나, 다른 조사원과는 다른 응답이 관찰된 경우를 말한다.

3 실사품질 관리

01 실사품질 관리의 이해

(1) 의미와 역할
① 실사 과정에서 수집된 정보의 논리적 모순이 없는지, 적합한 방법으로 실사가 진행되었는지 등을 확인하는 것을 의미한다.
② 정확한 정보 수집이 이루어지지 않는다면 조사결과의 신뢰도는 떨어질 수밖에 없으므로 실사품질을 관리하는 단계는 정확한 조사결과 도출에 있어서 중요하다.

(2) 면접조사의 실사품질 관리 단계

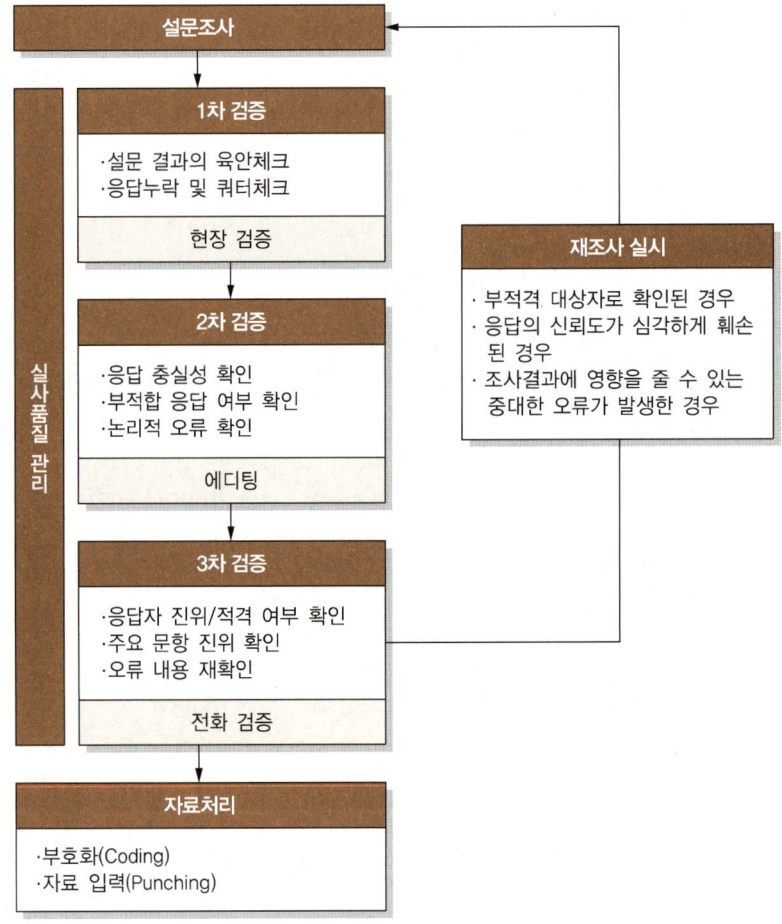

심화체크
실사품질 관리는 조사방법에 따라 진행 단계에 다소 차이가 있다.

① **1차 검증(현장 검증)**
　㉠ 설문조사 완료 후 회수된 설문지는 1차적으로 조사를 직접 진행한 조사원이 현장 검증을 실시한다.
　㉡ 현장 검증에서는 설문결과를 육안으로 확인하여 응답의 누락이 없는지, 조사원에게 할당된 설문 대상자의 쿼터(Quota)가 맞는지 등을 확인한 후 이상이 없을 경우 실사관리자에게 설문지를 전달한다.
　㉢ 오류가 발생하였을 경우에는 오류내용을 확인하여 수정작업을 실시한다.
　㉣ 오류내용의 재확인이 불가능하거나 중대한 오류가 발생하였을 경우, 해당 설문지를 폐기하고 재조사를 실시한다.

② **2차 검증(에디팅)**
　㉠ 실사관리자는 조사원으로부터 회수된 설문지에 대해 응답 충실성, 부적합 응답 여부, 논리적 오류 체크 등을 확인하는 에디팅(Editing) 작업을 실시한다.
　㉡ 오류가 확인되었을 경우에는 조사원 및 응답자에게 오류내용을 확인하여 설문결과를 수정한다.
　㉢ 수정 불가능한 중대한 오류가 발생하였을 경우에는 해당 설문지를 폐기하고 재조사를 실시한다.

③ **3차 검증(전화 검증)**
　㉠ 2차 검증이 완료되면 실사담당자는 응답자의 진위 확인 및 적격대상자 확인, 주요 문항의 진위 여부 확인, 오류내용에 대한 재확인 등을 위해 전화 검증을 실시한다.
　㉡ 오류가 확인되었을 경우에는 확인된 내용을 설문 결과에 수정하여 반영한다.
　㉢ 응답자의 진위가 불분명하거나 부적격 대상자로 확인될 경우, 응답내용의 신뢰도가 심각하게 훼손된 경우, 그밖에 조사결과에 중대한 영향을 줄 수 있는 오류가 발견된 경우에는 해당 설문을 폐기하고 재조사를 실시한다.

02 실사품질 관리 방법

(1) 정합성 점검
  ① 정합성 점검 사항
    ㉠ 정합성 검정은 설문 응답내용의 논리적 오류를 점검하는 것을 말한다.
    ㉡ 설문 응답내용에 기입 오류가 있는지, 논리적 모순이 없는지 등을 확인한다.
    ㉢ 조사원이 현장에서 1차적으로 확인하며, 2차적으로 실사 관리자가 내부에서 확인한다.
    ㉣ 대부분 실사품질 관리 단계 중 1차 검증(현장 검증) 및 2차 검증(에디팅)에 해당된다.
    ㉤ 확인결과 오류가 확인되었을 경우 추후 3차 검증(전화 검증) 시 확인을 위해 별도로 표기를 해둔다.
  ② 수집된 자료 정합성 점검
    ㉠ 응답기입 오류 확인
      • 누락된 응답이 있는지 확인한다.

      > 예 다음 중 귀하께서 가장 선호하시는 통신사를 하나만 선택해 주십시오.
      >   ① A통신사   ② B통신사   ③ C통신사   ④ 기타(   )
      > → 응답내용이 누락된 경우로, 추후 재확인을 위해 별도로 표기를 해둔다.

      • 응답내용이 불분명하거나 확인이 불가능한 경우인지 확인한다.

      > 예 다음 중 귀하께서 가장 선호하시는 통신사를 하나만 선택해 주십시오.
      >   ① A통신사   ② B통신사 ✔ ③ C통신사   ④ 기타(   )
      > → 2번과 3번 보기 사이에 응답을 기재하여 정확한 응답내용 확인이 불가능한 경우로, 추후 재확인을 위해 별도로 표기를 해둔다.

      • 응답방법을 준수하여 응답하였는지 확인한다.

      > 예 다음 중 귀하께서 가장 선호하시는 통신사를 하나만 선택해 주십시오.
      >   ⊘ A통신사   ② B통신사   ⊘ C통신사   ④ 기타(   )
      > → 1개의 보기를 선택해야 하는데 1번과 3번 보기를 복수로 선택한 경우로, 추후 재확인을 위해 별도로 표기를 해둔다.

      • 응답내용이 불성실한지 확인한다.

      > 예 다음 중 귀하께서 가장 선호하시는 통신사를 하나만 선택해 주십시오.
      >   ① A통신사   ② B통신사   ③ C통신사   ⊘ 기타(   )
      > → 4번 기타를 선택하고 세부 내용을 기재하지 않은 경우로, 추후 재확인을 위해 별도로 표기를 해둔다.

ⓒ 응답내용의 Cross Check
- 유사 설문문항 간의 응답확인을 통한 논리성을 확인한다.

> [예] 1. 귀하의 연령은 만 나이로 어떻게 되시나요? (만 40세)
> 2. 귀하의 직업은 어떻게 되시나요?
>   ☑ 고등학생　② 대학생　③ 직장인　④ 기타( )
> → 연령이 만 40세이면서 직업이 고등학생인 경우는 일반적이거나 상식적인 응답이 아니므로, 추후 재확인을 위해 별도로 표기를 해둔다.

> [예] 1. 귀하의 직업은 어떻게 되시나요?
>   ☑ 고등학생　② 대학생　③ 직장인　④ 기타( )
> 2. 귀하께서는 휴대폰을 어떤 용도로 가장 많이 사용하시나요?
>   ☑ 업무적 연락　② 가족 간의 연락
>   ③ 친구·지인 간의 연락　④ 기타( )
> → 직업이 고등학생이며, 휴대폰의 사용 용도가 업무적인 연락인 경우는 일반적이거나 상식적인 응답이 아니므로, 추후 재확인을 위해 별도로 표기를 해둔다.

- 유사설문 문항 간의 응답확인을 통한 일관성·신뢰도를 확인한다.

> [예] 1. 다음 중 귀하께서 가장 선호하시는 통신사를 하나만 선택해 주십시오.
>   ☑ A통신사　② B통신사　③ C통신사　④ 기타( )
> 2. 다음 중 귀하께서 가장 비 선호하시는 통신사를 하나만 선택해 주십시오.
>   ☑ A통신사　② B통신사　③ C통신사　④ 기타( )
> → 선호하는 통신사가 1번이면서, 비선호하는 통신사도 1번이라고 응답하고 있어, 응답의 신뢰도가 의심되므로, 추후 재확인을 위해 별도로 표기를 해둔다.

(2) 신뢰성 점검
① 신뢰도 점검은 실사가 적합한 방법으로 진행되었는지 점검하는 것을 말한다.
② 대부분 실사품질 관리 단계 중 3차 검증(전화 검증)에 해당한다.
③ 실사관리자가 설문을 작성한 응답자에게 연락하여 다음의 내용을 확인한다.
　ⓐ 응답자의 진위 여부 및 적격한 대상자 여부
　ⓑ 조사원이 적합한 방법으로 조사를 진행하였는지 여부
　ⓒ 응답내용의 진위 여부 등
④ 검증결과 수정이 가능한 오류일 경우 응답자에게 해당 오류내용을 재확인하여 설문결과를 반영하여 수정한다.
⑤ 검증결과, 설문결과에 영향을 줄 수 있는 중대한 오류일 경우 해당 설문을 폐기하고 재조사한다.

심화체크

실사가 적합한 방법으로 진행되었는지 확인할 내용
- 조사원이 실사 진행단계를 준수하여 설문을 진행하였는지 확인
- 조사원이 설문을 처음부터 끝까지 성실히 설명하였는지 확인
- 조사원이 문항 설명 시 특정 응답을 유도하거나 회피하였는지 확인

CHAPTER 02 적중예상문제

01
조사원 교육의 필요성에 대한 설명으로 틀린 것은?

① 조사원으로서의 역할과 중요성을 깊이 인식하여 정체성을 확립시킨다.
② 조사과정에서 발생하는 문제는 조사원 스스로가 해결하도록 유도한다.
③ 응답자의 응답거부를 가볍게 받아들여서는 안 된다는 것을 인지시킨다.
④ 조사원의 동기를 부여하고 사명감을 높이는 등 윤리적 자질을 함양한다.

> 해설 조사원이 이상 상황에 대처할 수 있도록 사전에 교육해야 한다. 교육을 통해 조사과정에 나타날 수 있는 부정적인 영향을 미치는 요인들을 확인할 수 있다.

02
조사원 교육 및 관리에 대한 설명으로 틀린 것은?

① 조사원 교육은 연구자나 실사감독관이 한다.
② 교육은 별도의 자료나 매뉴얼을 작성하여 실시한다.
③ 조사원이 조사목적, 설문내용 및 조사진행 과정 등을 숙지하도록 한다.
④ 조사과정에서 발생하는 문제는 조사원 스스로가 해결하도록 유도한다.

> 해설 조사과정은 조사원의 자질에 큰 영향을 받으므로 전문지식과 숙련성을 갖춰야 하며 응답자의 협력을 얻는 기술을 익혀야 한다. 따라서 조사원에 대한 사전교육은 조사원에 의한 편향을 줄일 수 있는 방법이며, 면접 시 발생할 수 있는 예외적인 상황에 대해 교육과정에서 언급해 줌으로써 조사원이 이상 상황 발생 시 대처할 수 있도록 하는 것이 바람직하다.

03
조사원(Enumerator)의 역할과 응답자와의 관계에서 지켜야 할 자세로 옳지 않은 것은?

① 단정한 복장과 전문가다운 모습을 유지해야 한다.
② 조사원은 응답자에게 참여를 유도하고 응답을 이끌어내야 한다.
③ 응답자의 말에 귀를 기울이고 그것을 조사에 반영하기 위해 최선을 다한다.
④ 표준적인 진행절차에 따라 대상자를 선정하고 준비된 설문내용에 대한 응답을 기록한다.

> 해설 조사원은 조사에 참여하도록 협조를 이끌어내는 작업을 수행하지만, 응답은 응답자 스스로 결정하도록 해야 한다.

04
면접조사원 선발기준과 가장 거리가 먼 것은?

① 인터넷조사원은 보안사항 및 지침을 잘 준수해야 한다.
② 면접조사원은 조사 인근거주자를 우선적으로 고려해야 한다.
③ 전화조사원은 외형적인 신체조건의 제약이 면접조사원보다 많다.
④ 우편조사원은 조사방법 등 조사절차를 이해하여 충실히 실행해야 한다.

> 해설 전화조사원은 면접조사원보다 외형적인 신체조건의 제약이 적으며 전화를 받고 응답을 기입하는 데 특별한 어려움이 없어야 한다. 또한, 명확한 발음과 상냥한 언어, 의사전달 능력을 보유한 사람이어야 한다.

정답 01 ② 02 ④ 03 ② 04 ③

05

다음 중 조사 참여 인력에 관한 설명으로 옳지 않은 것은?

① 검증원 – 표준적인 진행절차에 따라 정확히 자료를 수집하였는가를 검증한다.
② 조사원 – 조사과정에서 자료를 수집하는 핵심적인 역할을 담당한다.
③ 조사지도원 – 조사를 전체적으로 기획, 설계하고 수집된 자료를 분석하여 그 결과물을 만든다.
④ 입력원 – 전산처리가 가능하도록 숫자나 부호의 형태로 컴퓨터에 입력시키는 작업을 담당한다.

해설 조사지도원은 자료수집과정을 총괄하는 사람으로 이들은 실질적 현장조사의 조사원 및 자료를 책임지고 관리한다. 프로젝트 연구원이 조사를 전체적으로 기획, 설계하고 조사표를 만들며, 수집된 자료를 분석하여 그 결과물을 만드는 데 핵심적인 역할을 수행한다.

06

조사원 교육의 필요성에 대한 설명으로 틀린 것은?

① 응답자의 응답거부를 가볍게 받아들여서는 안 된다는 것을 인지시킨다.
② 현장조사에 대한 이해력 증대 및 커뮤니케이션 능력을 향상시킨다.
③ 조사원으로서의 정체성 확립과 동기부여를 향상시킨다.
④ 조사과정에서 발생하는 문제는 조사원 스스로가 해결하도록 유도한다.

해설 조사과정은 조사원의 자질에 큰 영향을 받으므로 전문지식과 숙련성을 갖춰야 하며 응답자의 협력을 얻는 기술을 익혀야 한다. 따라서 조사원에 대한 사전교육은 조사원에 의한 편향을 줄일 수 있는 방법이며, 면접 시 발생할 수 있는 예외적인 상황에 대해 교육과정에서 언급해 줌으로써 조사원이 이상 상황 발생 시 대처할 수 있도록 하는 것이 바람직하다.

07

조사원이 교육 훈련에 참가하고 조사 지역 내 명부 작성 직무를 수행하는 단계는?

① 조사 전 단계
② 조사대상자 접촉 단계
③ 조사 수행 단계
④ 조사 후 단계

해설 조사원은 조사 전 단계에서 교육 훈련에 참가하며 조사지역 내에서 명부를 작성하고, 조사대상 가구에서 응답표본을 선정하는 작업에 도움을 준다.

08

조사원의 전문가다운 모습으로 틀린 것은?

① 신분을 밝히는 조사원 명찰을 항상 착용하며, 명찰을 착용한 상태로 개인적인 업무를 보지 않는다.
② 조사표의 질문을 모두 숙지하여 부드럽게 조사를 진행한다.
③ CAPI, PDA 등 전자 보조기기를 능숙하게 다룬다.
④ 조사를 마치고 인사한 후 빠진 항목이 없는지 처음부터 차분하게 검토한다.

해설 조사원은 조사를 마치고 인사하기 전 빠진 항목이 없는지 처음부터 차분하게 검토해야 하며, 빠진 항목이 있을지라도 질문에 대한 충분한 설명으로 응답자가 응답하는 데 어려움이 없도록 배려해야 한다.

정답 05 ③ 06 ④ 07 ① 08 ④

09

면접조사에서 조사원 관리 방법으로 옳은 것은?

① 교육 자료의 지시사항을 충분히 숙지하지 못한 조사원은 바로 해고하고 미리 확보해 놓은 다른 조사원을 투입한다.
② 조사원의 이름, 성별, 연령, 휴대전화번호, 자택전화번호, 이메일, 주소, 통장번호 등을 받아둔다.
③ 조사원은 하루 일과를 기록하여 일주일 단위로 현장의 현황을 보고해야 한다.
④ 조사기간 동안 조사원은 개인 용무가 있어 연락이 불가능하더라도 큰 문제는 없다.

해설 ① 단지 지시사항을 충분히 숙지하지 못했기 때문에 발생한 문제가 아닌 고의적인 속임수를 쓰는 등 말썽이 있는 조사원은 바로 해고하고 예비로 확보해 놓은 다른 조사원을 투입하는 것이 좋다.
③ 조사원은 하루 일과를 마치면 보고하는 체계를 유지한다.
④ 조사기간 동안 조사원은 언제 어디서나 연락이 가능해야 한다. 도중에 생기는 다양한 긴급 상황을 대비하여 개인 휴대전화는 물론 자택전화나 가까운 지인 등의 연락처도 알고 있는 것이 좋다.

10

조사원(Enumerator)의 역할과 응답자와의 관계에서 지켜야 할 자세로 옳지 않은 것은?

① 표준적인 진행절차에 따라 대상자를 선정하고 준비된 설문내용에 대한 응답을 기록한다.
② 조사원은 응답자에게 참여를 유도하고 응답을 이끌어내야 한다.
③ 단정한 복장과 전문가다운 모습을 유지해야 한다.
④ 응답자가 응답하는 데 어려움이 없도록 편안한 분위기를 조성해야 한다.

해설 조사원은 응답자에게 참여를 강요하지 않고 스스로 결정하도록 해야 한다.

11

조사대상자를 보호하기 위한 방법으로 틀린 것은?

① 조사대상자가 허용하는 경우에도 대상자의 익명성을 보장해 주어야 한다.
② 조사대상자가 자유의사로 조사를 거절하거나 도중에 중단할 수 있는 권리를 존중해야 한다.
③ 조사대상자에게 응답을 강요하지 않고, 그들을 기만하는 행위를 하지 않으며, 그들을 모욕하여 수치심을 유발하는 수단과 방법을 사용하지 않아야 한다.
④ 조사자는 연구를 가장해서 판매나 정치적 선거운동과 같은 다른 행위를 하거나 자신들의 연구를 거짓으로 기술해서는 안 된다.

해설 조사자는 조사대상자의 사생활을 존중하고 익명성을 보장해 주어야 한다. 단, 조사대상자가 허용하는 경우 대상자의 이름을 사용하거나 밝힐 수 있다.

12

조사방법별 조사원 선발에 대한 설명으로 옳은 것은?

① 우편조사의 경우 오랜 시간 응답자를 찾아 다녀야 하므로 체력이 좋은 사람을 선발한다.
② 면접조사의 경우 유사조사 경력이 3년 이상 된 사람을 선발한다.
③ 전화조사의 경우 용모가 단정해야 하며 너무 튀거나 거부감을 주는 요소가 없는 사람을 선발한다.
④ 인터넷조사의 경우 시간이 자유롭고 필요에 따라 출장을 다닐 수 있는 사람을 선발한다.

해설 ② 면접조사의 경우 면접자에 의한 응답자의 편의가 발생할 수 있으므로 유사조사 경력이 3년 이상 된 사람을 선발하여야 한다.
① 면접조사원은 긴 시간 동안 응답자를 찾아다닐 수 있을 정도로 건강해야 한다.
③ 면접조사원은 응답자와 직접 마주하므로 두발, 의복, 표정, 냄새 등 너무 튀거나 거부감을 주는 요소가 없어야 한다.
④ 면접조사원은 조사 인근거주자를 우선적으로 고려하며 시간을 자유롭게 활용할 수 있고, 필요에 따라 출장을 다닐 수 있어야 한다.

13

다음 중 면접원의 준수사항과 거리가 먼 것은?

① 단정한 용모와 행동을 취한다.
② 질문을 문자 그대로 전달한다.
③ 응답내용을 정확하게 기록한다.
④ 응답이 불충분하더라도 부가질문은 자제한다.

해설 면접원은 조사 수행 단계에서 대상자가 조사에 성실히 응하도록 동기를 부여하며, 응답이 애매하거나 불명확한 경우 추가적인 질문으로 자세히 응답할 수 있도록 캐물어야 한다.

14

일반적으로 자료수집 현장에서 수행하는 일이 아닌 것은?

① 슈퍼바이저가 완성된 조사표 심사
② 기본적인 정보의 상호일치성 점검
③ 조사원에 대한 슈퍼바이저의 면접지도
④ 이전의 통계표를 이용한 조사내용의 확인

해설 현장에서 이루어지는 조사내용의 확인으로는 1차 검증(현장 검증)을 진행한다. 설문조사 완료 후 회수된 설문지는 1차적으로 조사를 직접 진행한 조사원이 현장 검증을 실시한다. 현장 검증에서는 설문결과를 육안으로 확인하여 응답의 누락이 없는지, 조사원에게 할당된 설문대상자의 쿼터(Quota)가 맞는지 등을 확인한 후 이상이 없을 경우 실사관리자에게 설문지를 전달한다. 이전의 통계표를 이용한 조사내용의 확인은 이루어지지 않는다.

15

실사진행상의 문제 발생 시 대응 방안으로 옳지 않은 것은?

① 조사용품은 표본 수의 10~20% 정도의 여분을 준비한다.
② 조사원이 조사진행 방법을 준수하지 않으면 바로 다른 조사원으로 대체한다.
③ 계획일정에 비해 더딘 경우 추가조사원을 투입하여 일정 차질 없도록 한다.
④ 조사관련 컴플레인은 실사담당자가 그 원인을 파악하여 적절히 대응해야 한다.

해설 조사원이 조사진행 방법을 준수하지 않는다면 해당 조사원에 재교육을 실시하여, 조사진행 방법을 다시 한번 숙지를 시키고, 이후에도 동일한 문제가 발생할 경우에는 다른 조사원으로 대체하는 등의 조치를 할 수 있다.

16

실사품질 관리의 단계를 순서대로 잘 배열한 것은?

① 설문조사 → 현장 검증 → 전화 검증 → 에디팅 → 부호화
② 설문조사 → 현장 검증 → 에디팅 → 전화 검증 → 부호화
③ 설문조사 → 에디팅 → 현장 검증 → 전화 검증 → 부호화
④ 설문조사 → 전화 검증 → 현장 검증 → 에디팅 → 부호화

해설 일반적으로 실사품질 관리는 설문조사 완료 후 회수된 설문지를 1차 검증(현장 검증), 2차 검증(에디팅), 3차 검증(전화 검증)의 단계를 따르며, 자료처리에서는 부호화, 자료입력 등이 이루어진다.

정답 13 ④ 14 ④ 15 ② 16 ②

17

실사품질 관리단계에 관한 설명으로 틀린 것은?

① 1차 검증 - 설문 결과를 육안으로 확인하여 응답이 누락이 없는지 확인하는 단계이다.
② 2차 검증 - 회수된 설문지에 대해 응답 충실성, 부적합 응답 여부, 논리적 오류체크 등을 수행하는 단계이다.
③ 3차 검증 - 실사담당자는 응답자의 진위확인 및 적격대상자 확인, 주요문항의 진위 여부 확인, 오류내용에 대한 재확인 등을 위해 전화 검증을 실시한다.
④ 3차 검증 - 실사품질 관리단계 중 정합성 점검에 해당한다.

> 해설 실사품질 관리 단계 중 정합성 점검은 1차 검증 및 2차 검증, 신뢰도 점검은 3차 검증에 해당한다.

18

수집된 자료의 정합성 점검으로 가장 적합한 것은?

> 다음 중 귀하께서 가장 선호하시는 통신사를 하나만 선택해 주십시오.
> 1. A통신사   2. B통신사 ✔ 3. C통신사   4. 기타( )

① 응답이 누락된 경우로 해당 설문을 폐기하고 재조사한다.
② 응답이 누락된 경우로 추후 재확인을 위해 별도로 표기해둔다.
③ 응답내용 확인이 불가능한 경우로 해당 설문을 폐기하고 재조사한다.
④ 응답내용 확인이 불가능한 경우로 추후 재확인을 위해 별도로 표기해 둔다.

> 해설 응답기입의 오류로 2번과 3번 보기 사이에 응답을 기재하여 정확한 응답내용 확인이 불가능하므로 추후 재확인을 위해 별도로 표기를 해둔다.

19

실사품질 관리단계 중 신뢰도 점검에 관한 설명으로 틀린 것은?

① 신뢰도 점검은 대부분 실사품질 관리단계 중 3차 검증(전화 검증)에 해당한다.
② 실사가 적합한 방법으로 진행되었는지 점검하는 것이다.
③ 조사원이 현장에서 직접 응답자에게 응답내용의 진위 여부 등을 확인한다.
④ 설문 결과에 영향을 주는 중대한 오류일 경우에는 해당 설문을 폐기하고 재조사한다.

> 해설 신뢰도 점검은 전화 검증에 해당하며, 실사관리자가 응답자에게 연락하여 응답내용의 진위 여부 등을 확인한다.

20

설문항목의 구조화를 위해 설문지 검토를 받아야 할 대상으로 거리가 가장 먼 것은?

① 실사 진행자   ② 전산 처리자
③ 담당 연구자   ④ 편집 담당자

> 해설 ② 전산 처리자는 데이터 수집 및 처리 과정에서의 오류를 예방하는 데 필요한 피드백을 제공할 수 있으며, 설문항목의 구조화가 데이터 분석의 효율성과 결과의 정확성에 미치는 영향을 고려하여 설문지 검토에 참여해야 한다.
> ③ 담당 연구자는 연구의 전반적인 목적, 내용, 설문지 구성 등에 대한 책임을 지며 설문지 검토 과정에서 중요한 역할을 한다.
> ④ 편집 담당자는 설문 문항의 구성, 순서, 디자인 등을 검토하여 설문지를 보다 직관적이고 사용하기 쉽게 만들며, 설문 응답 과정에서 혼란을 줄이고 효율성을 높이는 역할을 한다.

교육은 우리 자신의 무지를 점차 발견해 가는 과정이다.

– 윌 듀란트 –

CHAPTER 03 2차 자료 분석

1 2차 자료의 종류와 유형

01 2차 자료의 종류

(1) 내부 자료

① 내부 자료의 의미
   ㉠ 조사하려는 자료가 기관이나 기업 또는 해당 조직의 내부에서 작성되거나 보유하고 있는 자료를 말한다.
   ㉡ 업무를 통해서 발생하는 여러 가지 보고서, 계획서, 분석서 등의 다양한 형태로 존재한다.

② 내부 자료의 특징 : 내부 자료를 이용할 때는 비용이 거의 소요되지 않으며 상대적으로 쉽게 수집할 수 있으며 다른 외부의 자료에 비교하여 신뢰도가 높다.

(2) 외부 자료

① 외부 자료의 의미 : 자료가 기관이나 기업 또는 해당 조직의 외부에서 작성되거나 보유하고 있는 자료로 공공기관의 각종 보고서, 전문기관의 연구 결과물 등을 말한다.

② 외부 자료의 특징
   ㉠ 정부기관이나 공공기관의 자료는 비용이 무료이거나 저렴한 편으로 공신력에 의한 자료의 신뢰도가 높다.
   ㉡ 개인이나 기업 등의 사적인 기관의 자료는 다양한 자료를 찾아볼 수 있으나 상황에 따라 비용이 많이 들 수 있으며, 자료수집의 목적과 범위가 다를 수 있다.

02 2차 자료의 유형

(1) 2차 내부 자료 유형

① 재무제표
   ㉠ 기업이나 기관의 경영에 관한 재무 상태를 파악하고 이해하기 위해 작성된 문서이다.
   ㉡ 재무상태, 손익계산, 현금흐름, 자본변동 등을 알 수 있다.

> **심화체크**
>
> 2차 자료는 조사자가 조사목적에 맞게 만들어낸 자료가 아닌 기존에 개인 또는 기업, 연구기관, 공공기관 등이 보유하고 있는 각종 통계자료와 간행물 등을 모두 포함한다.

② 영업보고서
　㉠ 기업의 영업수행에 관한 중간사항이나 결과를 이해하기 위해 작성된 보고서이다.
　㉡ 일정기간에 관한 영업의 상황을 관련부서나 이해관계자에게 공유하기 위해 작성한 자료이다.
　㉢ 영업목표 대비 실적, 달성율, 세부전략, 문제점 및 향후전략 등을 파악할 수 있다.
③ 내부 기술보고서
　㉠ 기업이나 기관에서 관련된 현재 또는 미래기술 개발에 관해 조사하고 분석한 보고서이다.
　㉡ 기술 또는 제품이나 서비스 등에 관한 기술상황, 분석내용, 프로젝트 현황, 경쟁사 비교, 기술분류 등을 파악할 수 있다.
④ 내부 마케팅 전략 자료
　㉠ 기업에서 개발하거나 판매 중인 제품이나 서비스에 관해 가격, 홍보, 촉진, 유통 등의 전략에 관해 작성된 자료이다.
　㉡ 시장과 소비자의 현황, 시장의 문제점과 애로사항, 경쟁사의 전략 분석, 자사의 마케팅 전략 등을 파악할 수 있다.
⑤ 내부 고객 자료
　㉠ 내부적인 관련부서 등의 현황이나 상황, 프로세스와 업무절차, 단계별 세부업무 역할과 현황 등에 관해 작성된 자료이다.
　㉡ 부서별 역할과 책임, 협력체계와 방법, 문제발생 시 대응방안, 요청사항 등을 파악할 수 있다.

> **심화체크**
> 내부 자료의 유형은 일반적으로 재무제표나 영업보고서, 내부 기술보고서, 내부 마케팅 전략 자료, 내부 고객 정보 등이 있다.

(2) 2차 외부 자료 유형
① 간행물
　㉠ 정부·일반기관에서 일정한 시점의 간격을 두고 지속해서 출판되거나 발행되는 자료이다.
　㉡ 연속간행물의 경우는 같은 제목이나 이름으로 일정 간격에 따라 연속적으로 출판되거나 발행된다.
　㉢ 관련분야의 연속성을 파악하거나 이해하는 데 유용하다.
② 통계자료
　㉠ 수집된 데이터와 자료를 통계적인 분석방법을 이용하여 도출되는 자료이다.
　㉡ 경영상의 다양한 수치, 기술적인 지표와 현황, 사회현상 분석 등을 이해하는 데 유용하다.
③ 전문서적
　㉠ 관련분야의 전문적인 지식이나 정보를 체계적으로 작성하여 만든 자료이다.
　㉡ 전문교재, 관련분야의 학술자료, 논문 등의 형태가 있으며 전문적인 정보를 이해하는 데 유용하다.

> **심화체크**
> 외부 자료의 유형은 일반적으로 정부기관의 간행물, 정부기관이나 기업 등의 통계자료, 전문서적, 보도자료, 전문기관 보고서, 상업적 목적의 자료 등이 있다.

④ 보도자료
  ㉠ 관련상황이나 현황 등의 정보를 알리거나 공유하려는 자료이다.
  ㉡ 신문이나 방송, 잡지 등의 형태가 있으며 관련된 현황 등을 파악하는 데 유용하다.
⑤ 전문기관 보고서
  ㉠ 경영 전문기관, 기술 전문기관, 마케팅 전문조사기관, 학회나 협회 등에서 발행하는 자료이다.
  ㉡ 경영, 기술, 마케팅, 학술 등의 전문적인 기관에서 만든 관련된 전문적인 정보를 이해하는 데 유용하다.
  ㉢ 다양한 전문기관의 보고서를 취합하고 조사목적에 따라 세부적인 자료를 지속해서 수집하는 것이 필요하다.

2 2차 자료의 이해

01 2차 자료의 특성

기출 25년

(1) 2차 자료의 의미 및 특징
  ① 2차 자료의 의미 : 현재의 조사목적에 도움을 줄 수 있는 자료로서, 1차 자료를 제외한 기존의 모든 자료를 말하며, 기존의 정부간행물이나 기업에서 수집한 자료, 학술지에 발표된 논문 등도 포함된다.
  ② 2차 자료의 특징
    ㉠ 일반적으로 얻기 쉽고 수집비용이 1차 자료에 비하여 저렴하다.
    ㉡ 내부 자료의 경우에는 자료를 어느 정도 체계적으로 분류하고 관리하여 왔는가에 따라 쉽게 구할 수 있고, 사내자료라도 도저히 구할 수 없는 경우도 있다.
    ㉢ 외부 자료의 경우에는 그 자료를 발견하거나 보유하고 있는 곳에서 구할 수 있다. 2차 자료는 비교적 어렵지 않게 구할 수 있다.
    ㉣ 자료수집목적이 조사목적과 일치하지 않고, 측정단위나 조작적 정의 등이 다르기 때문에 그 사용에 주의를 요한다.

(2) 2차 자료의 장단점
  ① 2차 자료의 장점
    ㉠ 1차 자료의 수집에 따른 시간·노력·비용을 절감할 수 있다.
    ㉡ 계속적인 자료수집이 가능하다.
  ② 2차 자료의 단점
    ㉠ 연구의 분석단위나 조작적 정의가 다른 경우 사용이 곤란하다.
    ㉡ 신뢰도와 타당도가 낮다.

02 2차 자료의 수집방법

(1) 문헌연구 기출 24년

① 문헌연구의 의미
  ㉠ 이미 발표된 연구의 결과나 역사적 문서를 수집하여 연구자가 연구하려고 하는 문제를 분석하는 것을 말한다.
  ㉡ 연구 전체가 문헌연구일 때도 있지만 다른 연구 형태의 보조법으로 쓰이기도 한다.
  ㉢ 연구논문집이나 학술지 등의 2차 자료를 이용하는 방법을 포함한다.

② 문헌연구의 장단점
  ㉠ 장 점
    • 시간과 공간의 제약이 없으며, 시간과 비용을 절약할 수 있다.
    • 기존연구의 동향을 알 수 있다.
  ㉡ 단 점
    • 연구자의 주관적 판단이 개입될 우려가 있다.
    • 문헌의 신뢰도에 문제가 있을 때 연구가 손상된다.
    • 실험을 하지 않기 때문에 평면적이고 서술적인 연구가 되기 쉽다.

> **심화체크**
> 문헌은 문자로 기록된 것만을 의미하는 것이 아니며, 라디오나 텔레비전의 테이프, 노래, 비디오 등도 포함한다.

(2) 내용분석법 기출 16년 2회, 20년 4회, 23년, 24년

① 내용분석법의 의의 기출 17년 2,3회
  ㉠ 여러 가지 문서화된 매체들을 중심으로 연구대상에 필요한 자료들을 수집하는 방법이다.
  ㉡ 커뮤니케이션의 현재적 내용을 객관적·체계적·수량적으로 기술하는 연구방법이다.
  ㉢ 어떠한 자료로부터 그 문맥에 대한 묘사를 할 수 있고, 타당한 준거를 만들어내는 연구방법이다.
  ㉣ 객관적이고 계량적인 방법에 의해 측정·분석하는 기술에 해당한다.
  ㉤ 서적, 신문, 문서 등의 기록된 정보의 내용을 조사하기 위해 고안된 체계적인 절차이다.
    예 대북정책에 대한 한국사회의 인식변화를 알아보고자 과거 10년간 한국의 주요 일간지 기사를 분석하고자 한다.

② 내용분석법의 특징 기출 15년 2회, 18년 2,3회, 19년 1회
  ㉠ 문헌연구의 일종으로 비개입적 연구이다.
  ㉡ 메시지를 그 분석대상으로 한다.
  ㉢ 양적 분석방법뿐만 아니라 질적 분석방법도 사용하며, 질적인 자료를 양적인 자료로 바꾼다.
  ㉣ 범주 설정에 있어서는 포괄성과 상호배타성을 확보해야 한다.

> **심화체크**
> 내용분석법은 사례연구와 개방형 질문지 분석의 특성을 동시에 보인다.

> **심화체크**
> 메시지의 표면적인 내용뿐만 아니라 잠재적인 내용도 분석대상으로 한다.

시험에 이렇게 나왔다

[15년 2회]

01 내용분석에 관한 설명으로 틀린 것은?

① 비개입적 연구이다.
② 표본추출은 하지 않는다.
③ 코딩을 위해서는 개념화 및 조작화가 잘 이루어져야 한다.
④ 책을 내용분석할 때 분석단위는 페이지, 단락, 줄 등이 가능하다.

답 ②

심화체크

[19년 1회]

사회조사에서 내용분석을 실시하기에 적합한 경우

- 자료 원천에 대한 접근이 어렵고, 자료가 문헌인 경우
- 실증적 자료에 대한 보완적 연구가 필요할 경우
- 무엇을 자료로 삼을 것인가 검토하는 경우
- 연구대상자의 언어·문제 등을 분석할 경우
- 분석자료가 방대할 때 실제 분석자료를 일일이 수집하기 어려운 경우
- 정책, 매스미디어 내용의 경향이나 변천 등이 필요한 경우

ⓜ 자료가 방대한 경우 내용분석법에서도 모집단 내에서 표본을 추출하여 분석할 수 있다.
ⓗ 코딩을 위해서는 개념화 및 조작화가 잘 이루어져야 한다.
ⓢ 인간의 모든 형태의 의사소통기록물을 활용할 수 있다.

③ **내용분석법의 절차** : 연구문제와 가설의 설정 → 내용분석자료의 표본추출 → 분석 카테고리의 설정 → 분석단위의 결정 → 집계체계의 선정 및 실제의 내용분석작업 → 연구보고서의 작성

④ **내용분석법의 장단점** 기출 18년 1회, 20년 3회

㉠ 장 점
- 가치, 요망, 태도, 창의성, 인간성 또는 권위주의 등 다양한 심리적 변수를 효과적으로 측정할 수 있다.
- 관찰 등의 측정방법으로는 불가능한 가치문제에 대한 연구가 가능하다.
- 여타의 관찰 또는 측정방법에 대한 타당성 여부를 조사하기 위해 사용될 수 있다.
- 여타의 연구방법과 병용이 가능하다. 즉, 실험적 연구의 결과 또는 개방형 질문의 응답내용 등에 대한 내용분석이 가능하다.
- 다른 조사에 비해 실패 시 위험부담이 적다(안정성의 문제).
- 비용과 시간 등이 절약된다.
- 안정성·융통성이 있고 장기간에 걸친 과정의 연구가 가능(자료의 수정·반복 가능)하다.
- 비관여적이므로 연구자가 연구대상에 영향을 미치지 않고 조사 자체에 대한 반응이 없다.
- 일정 기간 동안 진행되는 과정에 대한 분석이 용이하다.
- 연구 진행 중에 연구계획의 부분적인 수정이 가능하다.

㉡ 단 점
- 분류 범주의 타당도 확보가 곤란하다.
- 자료분석에 있어서 신뢰도가 흔히 문제시된다.
- 자료의 입수가 제한되어 있는 경우가 적지 않다.

CHAPTER 03 적중예상문제

01

설문조사를 직접 실시하지 않고, 2차 자료를 사용할 때의 장점이 아닌 것은?

① 1차 자료에 비해 신뢰도와 타당성이 보장된다.
② 설문조사를 시행하는 것보다 시간이 적게 든다.
③ 설문조사를 시행하는 것보다 비용이 적게 든다.
④ 누가 설문조사를 시행했느냐에 따라 최고 수준의 전문가들이 한 작업의 혜택을 받을 수 있다.

> 해설 2차 자료는 개인, 집단, 조직, 기관 등에 의해 이미 만들어진 방대한 자료로, 연구목적을 위해 사용될 수 있는 기존의 모든 자료를 의미한다. 연구자가 자료의 수집 및 분류과정을 통제할 수 없으며 연구의 분석단위나 조작적 정의가 다른 경우 사용이 곤란하고 신뢰도와 타당도가 낮다는 단점이 있다.

02

2차 문헌자료를 활용할 때 주의해야 할 사항이 아닌 것은?

① 샘플링의 편향성(Bias)
② 반응성(Reactivity) 문제
③ 자료 간 일관성 부재
④ 불완전한 정보의 한계

> 해설 반응성이란 실험대상자 스스로 실험의 대상이 되고 있음을 인식할 때 나타나는 의식적 반응이 연구의 결과에 영향을 미치는 것이다. 2차 문헌자료는 이미 만들어진 자료이므로 이를 활용할 때는 반응성의 문제는 나타나지 않는다.

03

2차 자료의 이용에 관한 설명으로 틀린 것은?

① 2차 자료의 이점은 시간과 비용을 절약할 수 있다는 점이다.
② 2차 자료는 조사목적의 적합성, 자료의 정확성, 일치성 등을 기준으로 평가될 수 있다.
③ 조사목적을 달성하기 위해서는 2차 자료가 반드시 필요하다.
④ 2차 자료는 경우에 따라 당면한 조사문제를 평가할 수도 있다.

> 해설 2차 자료는 연구목적을 위해 사용될 수 있는 기존의 모든 자료를 의미한다. 현재의 과학적 목적과는 다른 목적을 위해 독창적으로 수집된 정보로 조사목적을 달성하기 위해 반드시 필요한 것은 아니다.

04

다음 중 2차 자료(Secondary Data)가 아닌 것은?

① 연구소에서 수집한 패널자료
② 인터넷을 통해 설문조사를 실시한 자료
③ 정부가 발행한 통계연보에서 수집한 자료
④ 은행 등의 기관에서 발행된 것을 수집한 자료

> 해설 2차 자료는 이미 만들어진 방대한 자료를 말한다. 인터넷을 통해 설문조사를 실시한 자료는 직접 수집한 1차 자료에 해당한다.

정답 01 ① 02 ② 03 ③ 04 ②

05

다음 중 2차 자료가 아닌 것은?

① 각종 통계자료
② 연구자가 직접 응답자에게 질문해서 얻은 자료
③ 조사기관의 정기, 비정기 간행물
④ 기업에서 수집한 자료

해설 2차 자료는 이미 만들어진 방대한 자료로, 연구자가 직접 응답자에게 질문해서 얻은 자료는 1차 자료이다.

06

다음 중 2차 자료를 이용하는 조사방법은?

① 현지조사 ② 패널조사
③ 실 험   ④ 문헌조사

해설 2차 자료는 연구목적을 위해 사용될 수 있는 기존의 모든 자료를 의미한다. 문헌조사는 관련된 분야에 대한 각종 문헌을 조사하는 것이므로 2차 자료를 이용하는 조사방법이다.

07

2차 자료 분석의 특징과 가장 거리가 먼 것은?

① 자료의 결측값을 추적할 수 있다.
② 자료를 직접 수집하지 않아도 된다.
③ 기존 데이터를 수정·편집해 분석할 수 있다.
④ 비교적 적은 비용으로 대규모사례 분석이 가능하다.

해설 2차 자료는 연구목적을 위해 사용될 수 있는 기존의 모든 자료로 이미 만들어진 방대한 자료이다. 1차 자료의 수집에는 비용, 인력, 시간이 많이 소요되므로 연구를 시작하게 되면 우선 필요한 2차 자료를 수집한다. 직접 수집하지 않아도 되며 기존 데이터를 수정하고 편집하여 분석할 수 있으나, 자료의 결측값은 추적하기 어렵다.

08

2차 자료(Secondary Data)에 대한 설명으로 옳은 것은?

① 1차 자료에 비해 비용과 시간을 절약할 수 있다.
② 현재 연구 중인 조사목적에 따른 정확도, 신뢰도, 타당도를 평가할 수 있다.
③ 1차 자료에 비해 조사목적에 적합한 정보를 의사결정이 필요한 시기에 적절히 이용하기 쉽다.
④ 조사자가 현재 수행 중인 연구의 목적을 달성하기 위해 적절한 조사설계를 통하여 직접 수집한 자료이다.

해설 ②·④ 2차 자료는 이미 만들어진 방대한 자료를 말한다. 목적에 맞게 수집한 자료가 아니라 이미 만들어진 자료를 활용하기 때문에 신뢰도와 타당도가 높지 않다.
③ 2차 자료는 정보의 양이 부족하거나 연구의 분석단위나 조작적 정의가 다른 경우 사용이 곤란하기 때문에 필요한 시기에 적절히 이용하기 힘들다.

09

조사자가 필요로 하는 자료를 1차 자료와 2차 자료로 구분할 때 1차 자료에 대한 설명으로 틀린 것은?

① 현재 수행 중인 의사결정 문제를 해결하기 위해 직접 수집한 자료이다.
② 조사목적에 적합한 정보를 필요한 시기에 제공한다.
③ 1차 자료를 얻은 후 조사목적과 일치하는 2차 자료의 존재 및 사용가능성을 확인하는 것이 경제적이다.
④ 자료 수집에 인력과 시간, 비용이 많이 소요된다.

해설 1차 자료는 연구자가 현재 수행 중인 조사연구의 목적을 달성하기 위해 직접 수집하는 자료를 말한다. 따라서 1차 자료를 얻은 후 굳이 2차 자료를 확인할 필요는 없다.

10

2차 자료(Secondary Data) 사용에 관한 설명으로 틀린 것은?

① 자료수집에 걸리는 시간과 노력을 줄일 수 있다.
② 2차 자료는 가설의 검증을 위해서는 사용할 수 없다.
③ 다른 방법에 의해 수집된 자료를 보충하고 타당성을 검토하기 위해 사용한다.
④ 연구자가 원하는 개념을 마음대로 측정할 수 없으므로 척도의 타당도가 문제될 수 있다.

해설 2차 자료는 신뢰도와 타당도가 낮다는 단점이 있지만 가설의 검증을 위해 사용할 수 있다.

11

문헌고찰에 관한 설명으로 틀린 것은?

① 문헌고찰은 연구의 과정에서 매우 중요한 위치를 차지한다.
② 문헌고찰은 가능한 한 연구 초기에 해야 한다.
③ 문헌고찰을 통해 해당 연구주제에 대한 과거 관련 연구들의 결과를 학습할 수 있다.
④ 문헌고찰을 통해 기존 연구문제와 관련된 새로운 아이디어를 얻기는 어렵다.

해설 문헌고찰을 통한 분석방법 또한 과학적 방법이므로 새로운 아이디어를 얻고 가설을 설정하고 이를 논리적으로 설명할 수 있다.

12

내용분석에 관한 설명과 가장 거리가 먼 것은?

① 분석대상에 영향을 미치지 않는다.
② 필요한 경우 재분석이 가능하다.
③ 양적 내용을 질적 자료로 전환한다.
④ 다양한 기록자료 유형을 분석할 수 있다.

해설 내용분석법은 커뮤니케이션의 현재적 내용을 객관적·체계적·수량적으로 기술하는 연구방법이다. 내용분석법에서는 양적 분석방법뿐만 아니라 질적 분석방법도 사용하며, 질적인 정보를 양적인 정보로 바꾼다.

13

내용분석 코딩 과정에서 현재적 내용(Manifest Content)이 아닌 것은?

① 키 스
② 선정성
③ 포 옹
④ 반지 교환

해설 내용분석에는 본질적으로 코딩(Coding)이 필요하다. 코딩은 원자료를 표준화된 형태로 전환시키는 과정이다. 현재적 내용(Manifest Content)은 겉으로 드러난 가시적 내용을 말하는데 이것을 코딩하는 것은 마치 표준화된 설문을 사용하는 것과 마찬가지다. 잠재적 내용(Latent Content)은 겉으로 드러나지 않고 숨겨져 있는 내용을 말하므로, 선정성은 잠재적 내용에 해당한다.

14

다음 중 내용분석에 관한 설명으로 틀린 것은?

① 분석대상에 영향을 미친다.
② 시간과 비용 측면에서의 경제성이 있다.
③ 일정 기간 동안 진행되는 과정에 대한 분석이 용이하다.
④ 연구 진행 중에 연구계획의 부분적인 수정이 가능하다.

해설 내용분석은 여러 가지 문서화된 매체들을 중심으로 연구대상에 필요한 자료들을 수집하는 방법이다. 문헌연구의 일종으로 비개입적 연구이다. 따라서 분석대상에 영향을 미치지 않는다.

정답 10 ② 11 ④ 12 ③ 13 ② 14 ①

15

다음과 같은 조사방법의 특징으로 옳은 것은?

> 대북정책에 대한 한국사회의 인식변화를 알아보고자 과거 10년간 한국의 주요 일간지 기사를 분석하고자 한다.

① 표본추출(Sampling)이 불가능하다.
② 인간의 모든 형태의 의사소통기록물을 활용할 수 있다.
③ 사전조사가 필요하지 않아 경제적이다.
④ 수량적 분석이 불가능하다.

해설 대북정책에 대한 한국사회의 인식변화를 알아보고자 과거 10년간 한국의 주요 일간지 기사를 분석하는 것은 내용분석법을 이용하는 것이다. 내용분석법에서는 자료가 방대한 경우 모집단 내에서 표본을 추출하여 분석할 수 있고 인간의 모든 형태의 의사소통 기록물을 활용할 수 있다. 또한 양적 분석방법뿐만 아니라 질적 분석방법도 사용하며, 사전조사를 통하여 연구에 필요한 자료들을 수집해야 한다.

16

2000년부터 2012년까지 주요 일간신문에 나타난 기사를 분석하여 대북정책 경향을 파악하는 연구를 하였다. 여기서 사용한 연구방법에 관한 설명으로 틀린 것은?

① 조사반응성을 일으키지 않는다.
② 다양한 기록자료 유형을 분석대상으로 할 수 있다.
③ 연구에 오류가 있을 때 재시행이 용이하지 않다.
④ 대상자에 대한 직접 조사가 어려울 때 사용한다.

해설 문제에서 사용된 연구방법은 내용분석법이다. 내용분석법에서는 대상자에 대한 직접 조사가 어려울 때 서적, 신문, 문서 등의 기록된 정보의 내용을 통해 조사할 수 있으며, 안정성·융통성이 있고 장기간에 걸친 과정의 연구가 가능(자료의 수정·반복 가능)하다. 조사반응성이란 실험대상자 스스로 실험의 대상이 되고 있음을 인식할 때 나타나는 의식적 반응이 연구의 결과에 영향을 미치는 것이므로 내용분석법에서는 조사반응성을 일으키지 않는다.

17

내용분석에 관한 설명으로 틀린 것은?

① 일정한 기간 동안 진행되는 지속적 과정에 대한 분석이 용이하다.
② 분석대상에 영향을 미치지 않는 점에서 비개입적 조사방법이다.
③ 잠재적 내용을 분석대상으로 할 경우 객관성이 확보되는 장점이 있다.
④ 양적 분석뿐만 아니라 질적 분석방법도 사용한다.

해설 내용분석은 메시지의 현재적인 내용뿐만 아니라 잠재적인 내용도 분석대상으로 한다. 이 경우에는 관찰 등의 측정방법으로는 분석이 불가능하므로 객관성이 확보될 수 없다.

18

사회조사에서 내용분석을 실시하기에 적합한 경우를 모두 고른 것은?

> ㄱ. 자료 원천에 대한 접근이 어렵고, 자료가 문헌인 경우
> ㄴ. 실증적 자료에 대한 보완적 연구가 필요할 경우, 무엇을 자료로 삼을 것인가 검토하는 경우
> ㄷ. 연구대상자의 언어·문체 등을 분석할 경우
> ㄹ. 분석자료가 방대할 때 실제 분석자료를 일일이 수집하기 어려운 경우
> ㅁ. 정책, 매스미디어 내용의 경향이나 변천 등이 필요한 경우

① ㄱ, ㄷ, ㄹ
② ㄱ, ㄴ, ㅁ
③ ㄴ, ㄷ, ㄹ, ㅁ
④ ㄱ, ㄴ, ㄷ, ㄹ, ㅁ

해설 내용분석법은 여러 가지 문서화된 매체들을 중심으로 연구대상에 필요한 자료들을 수집하는 방법으로 ㄱ~ㅁ 모두 내용분석을 실시하기에 적합한 경우이다.

19

다음과 같은 특징을 지닌 연구방법은?

> - 질적인 정보를 양적인 정보로 바꾼다.
> - 예를 들어 최근 유행하는 드라마에서 주로 다루는 주제가 무엇인지 알아낸다.
> - 메시지를 연구대상으로 할 수도 있다.

① 투사법
② 내용분석법
③ 질적 연구법
④ 사회성 측정법

해설
① 투사법 : 직접 조사하기 힘들거나 질문에 타당한 응답이 나올 가능성이 적을 때 어떤 자극상태를 만들어 그에 대한 응답자의 반응을 우회적으로 얻어 의도나 의향을 파악하는 방법이다.
③ 질적 연구법 : 주관적·해석적 사회과학의 연구방법으로서, 현상학적 사회학, 상징적 상호작용론, 민속방법론 등을 배경으로 한다.
④ 사회성 측정법 : 소시오메트리(Sociometry)라고도 하며, 소집단 내의 구성원들 사이에서 집단 내의 선택, 커뮤니케이션 및 상호작용의 패턴에 관한 자료를 수집하여 집단 자체의 역동적 구조나 상태를 알아보는 방법이다.

20

내용분석에 적합한 주제가 아닌 것은?

① 유명작가의 문체 분석
② 알코올이 운전행동에 미치는 영향 분석
③ 한국전래동화에서 다루었던 주제 분석
④ 1960년대 영국과 독일의 사회풍자 대중가요 가사 분석

해설 내용분석은 여러 가지 문서화된 매체들을 중심으로 연구대상에 필요한 자료들을 수집하는 방법으로, 사례연구와 개방형 질문지 분석의 특성을 동시에 보이는 분석방법이다. 유명작가의 작품과 한국전래동화, 1960년대 영국과 독일의 사회풍자 대중가요는 기록된 정보나 자료를 수집하여 분석할 수 있으나 알코올이 운전행동에 미치는 영향은 객관적이고 계량적인 방법에 의하여 분석할 수 없으므로 내용분석에 적합한 주제가 아니다.

21

다음의 사례에서 활용한 연구방법은?

> 웰스(Ida B. Wells)는 1891년에 미국 남부지방의 흑인들이 집단폭행을 당한 이유가 백인여성을 겁탈했기 때문이라는 당시 사람들의 믿음이 사실인지를 확인할 목적으로 이전 10년간 보도된 728건의 집단폭행 관련 기사들을 검토하였다. 그 결과, 보도 사례들 가운데 단지 1/3의 경우에만 강간으로 정식기소가 이루어졌으며 나머지 대부분의 사례들은 흑인들이 분수를 모르고 건방지게 행동한 것이 죄라면 죄였던 것으로 확인되었다.

① 투사법
② 내용분석법
③ 질적 연구법
④ 사회성측정법

해설
② 내용분석법은 서적, 신문, 문서 등의 기록된 정보의 내용을 중심으로 연구대상에 필요한 자료들을 수집하는 방법이다. 문제에서는 10년간 보도된 728건의 집단폭행 관련 기사들을 검토하였으므로 기록된 정보의 내용을 토대로 조사를 실시하는 내용분석법을 활용하였다.
① 직접 조사하기 힘들거나 질문에 타당한 응답이 나올 가능성이 적을 때, 어떤 자극 상태를 만들어 그에 대한 응답자의 반응을 우회적으로 얻어 의도나 의향을 파악하는 방법이다.
③ 주관적·해석적 사회과학의 연구방법으로서 현상학적 사회학, 상징적 상호작용론, 민속방법론 등을 배경으로 한다.
④ 소시오메트리(Sociometry)라고도 하며, 소집단 내의 구성원들 사이에서 집단 내의 선택, 커뮤니케이션 및 상호작용의 패턴에 관한 자료를 수집하여 집단 자체의 역동적 구조나 상태를 알아보는 방법이다.

22

비반응적(Nonreactive) 자료수집방법으로 가장 적합한 것은?

① 참여적 관찰을 하는 것
② 일기, 편지 등 사적인 문서를 수집하는 것
③ 조사대상자를 심층면접하는 것
④ 자기기입식 설문조사를 하는 것

해설 비반응적 자료수집방법은 관찰과 측정방법이 실험대상의 반응에 큰 영향을 미치지 않는 것을 말하며 연구대상자의 반응성에서 야기되는 오류를 피하기 위한 것이다. 한편 반응성의 문제를 해결하기 위한 방법으로 기존 문헌이나 기록들을 분석하거나 간접적인 관찰을 시도하는 것 등이 있다.

CHAPTER 04 측정의 타당도와 신뢰도

PART 02 조사관리와 자료처리

1 개념과 측정

01 변수의 개념 및 종류

(1) 변수의 개념 기출 15년 1회
① 두 가지 또는 그 이상의 값으로 경험적으로 분류할 수 있는 개념이다.
② 연구대상의 경험적 속성을 나타내는 동시에 그 속성에 계량적 수치, 계량적 가치를 부여할 수 있는 개념을 의미한다. 즉, 사상(事象)에 대한 계량적 수치, 계량적 가치가 부여된 속성 또는 상징이라고 할 수 있다.
③ 일정 범위 안에서 여러 가지 값으로 변화할 수 있는 것으로, 값이 특정되지 않아 임의의 값을 가진다.

(2) 변수의 종류
① 각 변수 간의 기능적 관계를 중심으로 한 분류
  ㉠ 독립변수(원인적 변수, 가설적 변수) 기출 19년 3회, 20년 1·2회, 23년
    • 일정하게 가정된 원인을 가져다 주는 기능을 하는 변수이다.
    • 실험연구에서 독립변수는 연구자에 의해 조작되는 변수를 의미하며, 사회조사연구에서는 연구자의 논리적 선행조건의 개념으로 파악된다.
  ㉡ 종속변수(결과적 변수) 기출 16년 3회, 17년 2회, 19년 3회, 20년 1·2회, 23년
    • 독립변수의 원인을 받아 일정하게 가정된 원인의 결과를 나타내는 기능을 하는 변수이다.
    • 실험연구에서 종속변수는 독립변수의 변이 또는 변화에 따라 자연히 변하는 것으로서 결과적인 예측변수라고 할 수 있다.
    • 하나 이상의 독립변수에 의해 영향을 받는다.
  ㉢ 외생변수 기출 21년 2회
    • 독립변수와 종속변수 간에 상관관계가 있는 것처럼 보이지만 실제로는 두 변수가 우연히 어떤 변수와 연결됨으로써 마치 인과적 관계가 있는 것처럼 보이도록 하는 모든 변수이다.
    • 독립변수와 종속변수 간의 관계는 가식적인 것으로서, 외생변수를 통제하는 경우 가식적인 관계는 사라진다.
    • 실험변수가 아니면서 결과변수에 영향을 주는 일종의 독립변수로서, 최대한으로 그 영향이 제거되거나 상쇄될 수 있도록 해야 한다.

시험에 이렇게 나왔다

[20년 3회]
① 실험에서 인과관계를 추론하기 위해서 서로 다른 값을 갖도록 처치를 하는 변수는?
① 외적변수 ② 종속변수
③ 매개변수 ④ 독립변수

답 ④

② 매개변수 [기출] 15년 1회, 17년 2,3회, 20년 1·2회
- 독립변수와 종속변수 간에 직접적인 관련이 없으나 제3의 변수가 두 변수의 중간에서 매개자 역할을 하여 두 변수 간에 간접적인 관계를 맺도록 하는 변수이다.
- 독립변수의 결과인 동시에 종속변수의 원인이 된다.

⑩ 선행변수
- 인과관계에서 독립변수에 앞서면서 독립변수에 유효한 영향력을 행사하는 제3의 변수이다.
- 선행변수를 통제해도 독립변수와 종속변수 사이의 관계는 사라지지 않지만, 독립변수를 통제하는 경우 선행변수와 종속변수 사이의 관계는 약화되거나 사라진다.

⑪ 억압변수(억제변수) [기출] 17년 2회, 19년 2회
- 두 개의 변수 간에 상관관계가 있으나 그와 같은 관계가 없는 것처럼 보이게 하거나 약화시키는 제3의 변수이다.
- 두 개의 변수에 대해 각각 긍정적·부정적으로 상관되어 변수 간의 관계를 억압함으로써 '가식적 영 관계(Spurious Zero Relationship)'를 형성한다.

⑫ 허위변수(외적 변수, 외재적 변수) : 두 개의 변수 간에 상관관계가 없으나 관계가 있는 것처럼 보이게 하는 제3의 변수이다.

⑬ 왜곡변수
- 두 변수 간의 관계를 어떤 식으로든 왜곡시키는 제3의 변수이다.
- 특히 두 개의 변수 간의 관계를 정반대의 관계로 나타나게 한다.

⑭ 조절변수 [기출] 15년 1회, 16년 2회, 17년 3회, 20년 1·2회
- 독립변수와 종속변수 사이의 관계에서 영향을 미칠 것으로 여겨지는 제3의 변수이다.
- 독립변수가 종속변수에 미치는 영향을 강화해 주거나 약화해 주는 변수이다.

⑮ 통제변수
- 독립변수와 종속변수 간의 관계를 명확히 파악하기 위해 그 관계에 영향을 미칠 수 있는 제3의 변수를 통제하는 변수이며, 외재적 변수의 일종으로 그 영향을 검토하지 않기로 한 변수이다.
- 실험과정에서 한 변수에 대해 통제한다는 것은 그 통제변수의 각 수준을 따로 취해 독립변수와 종속변수의 본래 관계가 통제변수의 각 수준에서 어떻게 변하는지를 살펴본다는 것을 의미한다.

② 변수가 갖는 속성의 정도를 중심으로 한 분류
㉠ 이산변수(불연속변수)
- 성별, 종교, 학력 등과 같이 변수가 갖는 전체적 성격의 종류에 따라 별개의 카테고리로 구별되는 변수이다.
- 척도상 명목척도, 서열척도로 측정되는 변수로서, 값과 값 사이가 서로 분리되어 있어 그 사이의 값이 아무런 의미를 가지지 않는다.

심화체크

[16년 1회, 22년 1회, 24년]

제3의 변수(검정요인)
연구자는 검정요인을 통해 변수 간의 관계인 인과성을 과학적으로 규명하고 확인한다. 즉, 검정요인은 두 변수 간의 관계를 보다 정확하고 명료하게 이해할 수 있도록 밝혀주는 역할을 한다.

심화체크

두 변수 간의 관계를 파악할 수 있도록 돕는 검정변수로는 매개변수, 구성변수, 선행변수가 대표적이다.

시험에 이렇게 나왔다

[17년 3회, 20년 1·2회]

Q 다음 ( )에 알맞은 변수를 순서대로 나열한 것은?

( )는 독립변수의 결과인 동시에 종속변수의 원인이 되는 변수로 두 변수의 관계를 중간에서 설명해 주는 것이고, ( )는 독립변수가 종속변수에 미치는 영향을 강화해 주거나 약화해주는 변수를 의미한다.

① 조절변수 – 억제변수
② 매개변수 – 구성변수
③ 매개변수 – 조절변수
④ 조절변수 – 매개변수

A ③

심화체크

변수의 속성
- 경험적 현실의 전제 : 우리의 감각기관을 통해 지각될 수 있는 현상을 전제한다.
- 현상의 속성 지시 : 개념은 현실의 일반적·전체적 속성을, 변수는 현상의 특수한 속성을 지시한다.
- 계량화 : 현상 속성의 강도에 따라 계량화가 가능해야 한다.
- 속성의 연속성 : 단일연속선상에 배열할 수 있으며, 그 속성에 따라 가중치를 임의로 세분할 수 있다.

심화체크

[16년 1회, 18년 2회, 20년 3회]

질적 변수와 양적 변수
- 질적(정성적) 변수 : 속성의 값을 나타내는 수치의 크기가 의미 없는 변수(명목, 서열)
- 양적(정량적) 변수 : 측정한 속성값을 연산이 가능한 의미 있는 수치로 나타낼 수 있는 변수(등간, 비율)
- 질적 변수를 양적 변수로 변환할 수 없다.

ⓒ 연속변수
- 소득, 연령, 산업재해율 등과 같이 변수가 갖는 속성의 양적 정도에 따라 연속체를 기준으로 구별되는 변수이다.
- 등간척도와 비율척도로 측정되는 변수로서, 값과 값 사이가 서로 연결되어 있어 그 사이의 값이 의미를 가진다.

ⓒ 더미변수
- 대학교육의 유무, 산재보험의 가입여부 등과 같이 질적 변수를 수치로 변환한 것이다.
- 0 또는 1의 어느 한쪽 값을 취하며, 지시변수 또는 가변수라고도 한다.

ⓔ 이분변수 **기출** 15년 2회
- 특정한 속성의 유무에 따라 분류된다. 즉, 변수의 특성이 두 개의 성질로 나누어지는 질적 변수이다.
- 질적 변수를 다변량분석에 포함시키기 위하여 변환할 때 사용한다.
- 여자와 남자로 구분되는 성별 등을 예로 들 수 있다.

ⓜ 잠재변수 **기출** 17년 2회, 20년 3회
- 지능, 태도, 직무만족도 등 구성개념이 직접적으로 관찰되거나 측정이 되지 않는 변수이다.
- 사회과학적으로 잠재변수 자체로는 전체 통계량을 측정하기에 불가능하기 때문에 관찰변수(측정변수)에 의해서 간접적으로 통계 측정을 수행한다.

ⓗ 관찰변수
- 직접적으로 관찰되는 측정변수로써 잠재변수에 대한 조작적 정의이다.
- 잠재변수는 요인으로 불리기도 하며, 요인은 개념적으로 최소한 2개 이상의 관찰변수를 설명해야 한다.

02 개념적 정의

(1) 개념의 의의 **기출** 15년 1회, 18년 2회, 20년 1·2회, 22년 2회, 24년

① 연구에서 연구문제를 정확하게 서술하려면 그 문제에 포함된 개념과 변수들에 대한 구체적인 정의들이 이루어져야 한다. 개념은 일정하게 관찰된 현상을 대표할 수 있는 추상적 용어로 표현한 것을 말한다.

② 현상을 설정, 예측하기 위한 명제나 이론의 전개에 있어서 그 밑바탕을 이루는 역할을 하는 추상적 표현이다.

③ 어떤 현상이나 사상을 체계적으로 인지하고, 이를 다른 사람에게 정확하게 전달하기 위해서 필요하다.

(2) 개념의 기능

① 감각에 의해 감지될 수 있는 것은 물론 직접 감지될 수 없는 추상적인 현상에 대해서도 이해할 수 있는 방법을 제시해 준다.

② 언어 또는 기호로 표시될 수 있으므로 지식의 축적 및 팽창을 가능하게 한다.
③ 과학적 개념들의 논리적인 상관성은 과학의 체계적 구조를 가능하게 한다.
④ 실제 연구에 있어서 포함되는 주요 개념은 그 연구의 출발점과 앞으로의 연구방향을 제시해 준다.
⑤ 조작화를 통해 연구문제에 대한 범위는 물론, 그 연구에 대한 주요 변수를 제시해 줌으로써 기본 연구대상을 가시적이고 측정가능하게 한다.
⑥ 연역적 결과를 가져온다. 어떤 이론을 구성하고 있는 여러 개념 간의 관계는 과거의 사실에 대한 체계적인 이해를 가능하게 할 뿐만 아니라, 미래에 대한 예측도 가능하게 해준다.

심화체크
개념의 조건
- 명확성과 한정성 : 명확하고 한정적으로 그 특징을 나타내야 한다.
- 통일성 : 일정한 현상을 나타내는 한 누구에게나 통일적으로 사용되어야 한다.
- 범위의 고려 : 그것이 나타내는 범위를 적절히 정할 수 있어야 한다.
- 체계적 의미 : 이론과 명제에서 분리되어 취급되어서는 안 된다.

(3) 개념의 전달 기출 19년 3회, 22년 1회, 25년
① 과학적 사실의 객관성 원칙에 따라 관찰대상이 되는 사실은 건전한 관찰자에게 똑같이 나타나야 한다.
② 과학적 사실의 객관성 확보는 관찰조건 및 용어의 표준화와 연관된다.
③ 과학적 연구에서 용어의 사용은 모든 사람에게 공통적인 개념으로서 똑같이 이해될 수 있는 것이어야 한다.
④ '정의(Definition)'는 개념의 정확성과 명확성을 기하기 위한 것으로서, 현상의 정확한 개념화 또는 재개념화를 위해 적용된다.
⑤ 개념의 구체화 과정 : 개념 → 개념적 정의(개념화) → 조작적 정의(조작화) → 현실세계(변수의 측정)

심화체크
개념화는 경험적인 사실에 대해서 그것을 눈으로 볼 수 없거나, 느낄 수 없는 만족, 사랑 등과 같은 현상에 대하여 인지하고 이해를 촉진하는 역할을 한다. 과학적인 개념을 통해서 개념화 이전에는 결코 지각할 수 없었던 것을 사물에 대한 일정한 질서와 규칙을 갖고서 그 사물에 대해 인식하게 된다.

(4) 개념적 정의(개념화, 사전적 정의)
기출 15년 3회, 16년 1,3회, 18년 3회, 19년 1,3회, 20년 3회, 21년 1,2회
① 연구대상이 되는 사람 또는 사물의 행태 및 속성과 다양한 사회적 현상들을 개념적으로 정의하는 것이다.
② 개념의 의미가 분명해지지 않을 경우 개념에 대한 관찰이 가능하지 않으므로, 개념을 명확하게 하는 것이 측정과정의 첫 단계 작업이다.
③ 조사자는 이 단계에서 개념에 대한 정의를 명확히 해야 하고, 개념에 대한 통일된 정의가 존재하지 않을 경우 조사자 자신이 이를 새롭게 정의해야 한다.
④ 하나의 개념을 정의하기 위해 다른 개념을 사용함으로써 그 자체로 추상적·일반적·주관적인 양상을 보인다.
⑤ 적극적 혹은 긍정적인 표현을 써야 한다.
⑥ 정의하려는 대상이 무엇이든 그것만의 특유한 요소나 성질을 적시해야 하며, 뜻이 분명해서 누구나 알아들을 수 있는 의미를 공유하는 용어를 써야 한다. 만약 조사자가 초보자인 경우 백과사전 등에서 정의된 바와 같이 기존의 정의를 사용할 수도 있다.
⑦ 개념적 정의와 조작적 정의가 반드시 일치하는 것은 아니다.

시험에 이렇게 나왔다
[1급]
다음 사례는 조사연구의 어떤 과정을 표현하고 있는가?

한 연구자가 스트레스가 불안감에 미치는 영향에 대한 조사연구를 수행 중이다. 먼저 이 연구자는 다양한 사회이론들이 불안감을 어떻게 정의하고 있는지를 검토한 후, 자신의 연구에서 불안감이 의미하는 바가 무엇인지 정확하게 명시한다.

① 개념화 ② 조작화
③ 타당성 검사 ④ 일반화

A ❶

+ 플러스원

개념 기출 16년 3회, 17년 1회, 19년 2회, 21년 1회, 23년
- 이론의 핵심적 구성요소이다.
- 특정 대상의 속성을 나타낸다.
- 실제 연구에서 연구방향을 제시해 준다.
- 연역적 결과를 가져다준다.
- 조사연구에 있어 연구의 출발점을 가르쳐 준다.
- 언어나 기호로 나타내어 지식의 축적과 확장을 가능하게 해준다.

개념의 구성요소 기출 17년 2회, 20년 1·2회
개념이란 일정하게 관찰된 사실들에 대한 추상적 표현을 말하며 관찰된 현상의 특정한 측면을 설명하는 추상적인 관념을 용어 또는 기호로 표현한 것이다. 개념은 일반적으로 합의된 내용을 반영하고 있으므로 정의를 명확히 해야 하며, 개념에 대한 통일된 정의가 존재하지 않을 경우에는 이를 새롭게 정의할 수 있다.

03 조작적 정의

(1) 조작적 정의(조작화)의 의미

기출 15년 1,2,3회, 16년 1,2,3회, 17년 1,2,3회, 18년 1,3회, 19년 1,3회, 20년 1·2,3,4회, 21년 1,3회, 22년 1,2회

① 측정과정의 마지막 단계로서 조작화 단계는 분석의 단위를 카테고리별로 분류하는 과정을 의미한다.
② 추상적인 개념들을 경험적·실증적으로 측정이 가능하도록 구체화하는 것이다.
③ 될 수 있는 한 실행 가능하고 관찰 가능한 조작을 좀 더 명확하게 표현한 용어로 구성된 것이며, 확인이 가능한 정의에 불과하다.
④ 한 개념이 여러 조작적 정의를 가질 수 있다.
⑤ 조작적 정의의 최종 산물은 수량화이다.

(2) 조작적 정의의 특징

① 측정의 타당성(Validity)과 관련이 있다. 조작적 정의가 제대로 이루어지지 않으면 타당성이 낮아진다.
② 연구자는 조작적 정의를 통해 변수를 측정·조작할 수 있는 방법을 규정할 수 있다.
③ 현실세계와 개념적 정의를 연결하는 다리의 역할을 하며, 개념적 정의에 최대한으로 일치하도록 정의해야 한다.
④ 적절한 조작적 정의는 정확한 측정의 전제조건이다.
⑤ 동일한 개념을 측정하기 위한 조작적 정의 사이에는 측정의 일관성을 유지해야 한다.

시험에 이렇게 나왔다

[20년 1·2회]

Q 조작적 정의의 예시로 적절하지 않은 것은?
① 빈곤 – 물질적인 결핍 상태
② 소득 – 월 (   )만 원
③ 서비스만족도 – 재이용 의사 유무
④ 신앙심 – 종교행사 참여 횟수

A ①

⑥ 조작적 정의가 연구마다 다를 경우 연구결과가 달라질 수 있다.
⑦ 측정을 위한 조작적 정의는 변수의 측정방법을 제시해야 한다.
⑧ 실험적·조작적 정의는 실험변수의 조작방법을 규정해야 한다.

＋ 플러스원

재개념화(Reconceptualization)가 필요한 이유 기출 18년 2회
- 주된 개념에 대한 정리·분석을 통해 개념을 보다 명백히 재규정하는 것을 말한다. 사회조사에서 사용되는 개념은 일상생활에서 통상적으로 사용되는 상투어와는 그 의미가 다를 수 있기 때문이다.
- 개념의 한정성을 높여 관찰 및 측정을 가능하게 하며, 주된 개념적 요소를 알 수 있도록 해준다.
- 자기 개념에 대한 보편성·일반성의 정도를 이해하도록 하며, 개념의 정밀성·명백성의 확보로 조사의 객관적인 신뢰성을 높여준다.
- 한 가지 개념이라도 두 가지 또는 그 이상의 다양한 의미를 가지고 있을 가능성이 많으므로, 이들 각기 다른 의미 중에서 어떤 특정의 의미를 조사연구대상으로 삼을 것인가를 밝히기 위해 필요하다.

2 변수의 측정

01 측정의 개념

(1) 측정의 의의

기출 15년 2,3회, 16년 3회, 17년 1회, 18년 1,3회, 19년 1,2회, 20년 1·2,4회, 21년 1,3회, 22년 2회, 24년, 25년

① 추상적·이론적 세계를 경험적 세계와 연결시키는 수단이다. 즉, 이론을 구성하고 있는 개념이나 변수들을 현실세계에서 관찰이 가능한 자료와 연결시키는 과정이다.
② 이론적인 명제에서 도출된 가설들을 경험적으로 검증하기 위해서는 그 안에 포함된 개념들이 적절한 방법을 통해 경험적으로 변환되어야 하는데, 이를 위한 작업이 측정의 문제이다.
③ 넓은 의미에서는 어떤 사실을 묘사 또는 기술하는 방법의 하나라고 할 수 있지만, 일반적으로는 묘사대상이 되는 사상(事象)에 수치를 부여한다는 의미로 사용된다. 따라서 측정은 일정한 규칙에 따라 사물 또는 사건에 대해 숫자를 부여하는 것이라고 할 수 있다.
④ 측정에 대한 학자들의 정의
   ㉠ Stern : "측정은 특정 법칙에 따라 사건이나 사물에 숫자를 배분하는 것이다."
   ㉡ Kerlinger : "측정은 일정한 기준에 따라 대상 또는 사건에 수치를 부여하는 과정이다."

시험에 이렇게 나왔다

[15년 2회]

Q 특정한 구성개념이나 잠재변수의 값을 측정하기 위해 측정할 내용이나 측정방법을 구체적으로 정확하게 표현하고 의미를 부여하는 것은?
① 구성적 정의
② 조작적 정의
③ 개념화
④ 패러다임

A ②

시험에 이렇게 나왔다

[18년 1회]

Q 측정에 관한 설명으로 틀린 것은?
① 관념적 세계와 경험적 세계 간의 교량역할을 한다.
② 통계분석에 활용할 수 있는 정보를 제공해준다.
③ 측정수준에 관계없이 통계기법의 적용은 동일하다.
④ 측정대상이 지니고 있는 속성에 수치나 기호를 부여하는 것이다.

A ③

ⓒ Stevens : "측정은 대상, 사건, 또는 사람들의 속성에 일정한 규칙에 따라 수치를 부여하는 과정이다."
ⓓ Campbell : "측정은 사물의 속성을 나타낼 수 있도록 사물의 속성을 지배하는 법칙에 따라서 숫자를 배분하는 것이다."

> **플러스원**
>
> **숫자와 규칙**
> - 측정에 있어서 사실을 묘사 또는 기술하는 방법적 도구인 숫자는 '1, 2, 3, …' 또는 'Ⅰ, Ⅱ, Ⅲ, …' 등의 형태로 표시되는 기호를 말하는 것으로서, 이들 기호 자체는 아무 뜻이 없으며 단지 그것에 의미를 부여하는 데 따라 그 뜻이 달라질 뿐이다.
> - '숫자를 부여한다.'는 것은 사상(寫象 ; Mapping)을 의미한다. 즉, 한 집합의 대상들을 다른 집합의 대상들에 어떤 일정한 규칙에 따라 연결시켜주는 것을 말한다.

(2) 측정의 역할과 기능 [기출] 18년 1,3회

① 측정의 역할

ⓐ **가장 표준화된 묘사의 방법**이다. 이러한 측정은 사진보다도 더욱 적절하게 사상(事象)을 묘사하기도 한다. 예를 들어 거리나 중량, 시간이나 속도, 지능(IQ), 재산의 정도, 공무원의 수, 각종 사고의 횟수 등은 사진보다도 더욱 적절하게 사상을 묘사해 주며, 사진에 의해서는 표현이나 묘사가 사실상 불가능할 때 측정은 더욱 효율적인 방법이 된다.

ⓑ **가장 간편한 묘사의 방법**이다. 즉, 측정은 사상의 대소(大小)나 비교는 물론, 자동차번호나 운동선수의 고유번호 또는 전화나 극장의 좌석번호 등과 같이 식별을 용이하게 해준다.

ⓒ 사상의 **통계적 처리를 가능**하게 한다. 측정의 수준에 따라 사용할 수 있는 통계기법이 달라지며, 통계적 처리에 의해 직접 측정하지 않은 사상까지도 추정하여 밝혀낼 수 있다. 또한 어떠한 사상들 간의 관계 또는 미래의 사상에 대한 예측도 가능하게 한다.

ⓓ 조사연구에 있어서 추상적인 개념에 대한 경험적 인식을 가능하도록 하는 것은 물론, 조사문제에 해답을 제공하고 **가설에 대해 경험적인 검증이 이루어지도록** 한다.

② 측정의 기능

ⓐ 추상적인 개념과 경험적인 현실세계를 일치·조화시킨다.
ⓑ 관찰대상이나 현상에 대한 객관화·표준화를 통해 과학적인 관찰과 표준화된 측정을 가능하도록 함으로써, 주관적·추상적인 판단에서 야기되는 오류를 극복할 수 있도록 한다.
ⓒ 관찰대상이나 현상은 물론 어떤 추상적인 개념에 대해서도 다양한 변수들을 통해 일정한 분류와 기술을 가능하도록 함으로써, **통계적 분석을 활용**할 수 있도록 한다.
ⓓ 연구결과의 반복을 통해 결과에 대한 확인 및 반증을 가능하도록 하며, 해당 연구결과를 정확하고 효율적으로 전달할 수 있도록 한다.

심화체크

[12년 3회, 17년 2회, 18년 1회, 19년 3회, 21년 2회, 22년 1회]

- 본질측정(A급 측정) : 속성의 본질적인 법칙에 따라 숫자를 부여하여 측정하는 것
- 추론측정(B급 측정) : 어떤 사물이나 사건의 속성을 측정하기 위해 관련된 다른 사물이나 사건의 속성을 측정하는 것
- 임의측정 : 어떤 속성과 측정값 간에 관계가 있다고 가정을 하고 측정하는 것

02 측정의 수준과 척도

(1) 명목수준의 측정 기출 23년, 25년

① 명목수준 측정의 의의
  ㉠ 가장 낮은 수준의 측정으로서 대상 자체 또는 그 특징에 대해 명목상의 이름을 부여하는 것이다.
  ㉡ 측정대상을 유사성과 상이성에 따라 구분하고, 구분된 각 집단 또는 카테고리에 숫자나 부호 또는 명칭을 부여하는 것이다.

② 명목수준 측정의 특징
  ㉠ 측정대상에 숫자를 부여하는 행위도 포함하며, 이 경우 부여된 숫자는 양적인 것이라기보다는 질적인 것이다.
  ㉡ 측정대상에 부여된 숫자는 조사자가 자료를 수집하고 분석하는 데 편리하도록 하기 위한 명칭이나 부호로서의 의미만을 지닐 뿐이다. 예를 들어 남자는 '1'로 여자는 '2'로 표현하기로 할 때, '2'라는 숫자는 여자를 나타내는 기호에 불과하다.
  ㉢ 동일한 집단 내의 구성요소는 상호 동등하게 간주되는 반면, 상이한 집단의 구성요소는 차별되게 간주된다.
  ㉣ 명목수준의 측정을 할 수 있는 변수들은 성(Gender), 인종, 종교적 선호, 정당적 선호 등을 들 수 있다. 예를 들어 종교적 선호에 따라 분석단위 대상을 기독교, 불교, 이슬람교, 유태교 등으로 구분하고 명칭을 부여할 수 있으며, 인종에 따라 분석단위 대상을 백인종, 흑인종, 황인종 등으로 구분할 수 있다.
  ㉤ 측정의 숫자적 속성의 기본은 한 카테고리 내의 모든 대상이 서로 동등하다는 데에 있다. 따라서 다른 카테고리의 속성과는 같지 않다는 점이다. 여기서 동등성이란 반사성, 대칭성, 이행성을 말한다.
  ㉥ 반사성이란 한 카테고리 내의 모든 대상은 스스로와 같다는 의미이다. 그러므로 같은 카테고리의 모든 대상은 서로 대칭적 관계를 이루며(A=B라면 B=A이다), 해당 카테고리의 모든 대상은 이행적 관계(A=B이고 B=C이면, A=C이다)에 있다는 것이다.
  ㉦ 사용할 수 있는 통계기법으로는 최빈수, 도수, 상관계수 등이 있다.

③ 측정의 조건 또는 속성

실증적 원칙의 유지	• 일정한 실증적 원칙을 유지해야 한다. • 유사한 분석의 단위들은 동일한 카테고리에 할당하고, 상이한 분석의 단위들은 상이한 카테고리에 할당할 수 있어야 한다.
완전성(총망라성)의 유지	질문에 대한 카테고리들이 충분히 많아서 개인이나 사건과 같은 분석단위들을 하나도 빠짐없이 카테고리들 가운데 어느 하나에 할당하는 것이 가능해야 한다는 것이다.
상호배타성의 유지	• 변수들의 카테고리는 분석의 단위가 이중적으로 할당되지 않도록 상호배타성을 유지해야 한다. • 개인이나 사물과 같은 분석단위가 하나 이상의 카테고리에 할당되지 않도록 카테고리를 배열해야 한다는 것이다.

시험에 이렇게 나왔다

[1급]

Q 다음과 같이 복지관 이용 동기를 측정하였다면 이는 어떤 수준의 측정인가?

복지관을 이용하시는 주된 이유가 무엇입니까?
1) 꼭 필요한 도움을 받기 위하여
2) 여가시간을 활용하기 위하여
3) 주변의 권유 때문에
4) 친구나 아는 사람들을 만나기 위해서
5) 지역사회에 관심이 많고 참여하고 싶어서
6) 유용한 정보를 얻을 수 있어서
7) 기 타 ( )

① 명 목   ② 서 열
③ 등 간   ④ 비 율

A ①

심화체크

[17년 2회]
연속적 변수든 불연속적 변수든 간에 이 변수들을 측정하기 위해서는 반드시 완전성(총망라성, 포괄성), 상호배타성의 두 가지를 고려해야 한다.

(2) 서열수준의 측정 [기출] 16년 3회, 17년 1회, 18년 2회, 23년, 25년

① 서열수준 측정의 의의
- ㉠ 측정대상의 특징 및 속성에 따라 일정한 범주로 분류하여, 이들에 대해 상대적인 순서·서열상의 관계를 나타내는 것이다.
- ㉡ 명목수준의 측정에서처럼 측정대상인 사물이나 현상을 분류하고 명칭을 부여할 뿐만 아니라, 나아가 순서 또는 서열까지 부여한다.

② 서열수준 측정의 특징
- ㉠ '1<2', '2<3', '1<3'과 같이 순서 또는 서열을 부여할 수 있다. 그러나 이러한 숫자가 거리나 간격의 의미를 지니지는 않는다.
- ㉡ 명목수준의 측정의 경우와 마찬가지로 '가감'과 같은 수학적 조작이 가능하지 않다.
- ㉢ 명목수준의 측정에서는 불가능한 집단 간 또는 카테고리 간의 비교가 서열수준의 측정에서는 가능하게 된다. 예를 들어 한 집단이 다른 집단보다 '더 우수하다', '더 바람직하다' 등으로 비교하거나, 하나의 대상(집단)에 대해서도 '가장 좋아한다/좋아한다/보통이다/싫어한다/매우 싫어한다' 등으로 서열화하여 비교적인 판단을 할 수 있다.
- ㉣ 명목수준의 측정으로 가능한 사물이나 현상에 대해 약간의 수정을 가함으로써 서열수준의 측정이 가능해진다. 예를 들어 색상의 카테고리는 '흰색', '빨강', '파랑', '검정' 등 단순히 명목수준의 측정에 속한다. 그러나 이와 같은 색상의 종류를 밝음의 순서에 따라 '가장 밝은 색부터 가장 어두운 색'의 순서로 재배치함으로써 서열수준 측정의 카테고리가 형성된다.

③ 측정의 조건 또는 속성
- ㉠ 서열수준의 측정은 명목수준의 측정 조건 또는 속성인 완전성(총망라성)과 상호배타성 이외에 이행성과 비대칭성의 두 가지 조건 또는 속성들을 더 요구한다.
- ㉡ 이행성 : 'A>B'이고 'B>C'인 경우 'A>C'란 것을 말한다.
- ㉢ 비대칭성 : 'A>B'이고 'B>C'인 경우 'C는 결코 A보다 클 수 없다'는 것을 말한다.

(3) 등간수준의 측정 [기출] 15년 1회, 16년 3회, 20년 1·2회, 21년 3회, 22년 1,2회

① 등간수준 측정의 의의
- ㉠ 측정대상을 특징 및 속성에 따라 서열화하는 것은 물론 서열 간의 간격이 일정하도록 연속선상에 수치를 부여하는 것이다.
- ㉡ 측정의 대상인 사물이나 현상을 분류하고 서열을 정하며, 나아가 이들 분류된 부분(카테고리) 간의 간격(거리)까지도 측정한다.

② 등간수준 측정의 특징
- ㉠ 등간수준의 측정을 가능하도록 하기 위해서는 조사자가 변수를 배타적으로 분류하고 낮은 부분에서 높은 부분으로 서열을 정할 수 있을 뿐만 아니라 부분과 부분 간의 간격(거리)의 차이를 측정할 수 있는 자료를 가져야 한다.
- ㉡ 변수 간 카테고리 사이의 거리 또는 가치가 동일할 경우 등간수준의 측정이 가능해진다.

시험에 이렇게 나왔다

[18년 3회]

Q 온도계의 눈금을 나타내는 수치의 측정 수준은?

① 명목측정
② 서열측정
③ 비율측정
④ 등간측정

A ④

ⓒ 예를 들어 등간수준의 측정이 가능한 대표적인 척도로는 IQ점수와 온도를 들 수 있다. 먼저 IQ 테스트에서 얻어지는 점수 가운데서 '100'과 '110' 사이의 거리는 '120'과 '130' 사이의 거리와 같다. 그리고 온도상 5℃와 10℃ 사이의 거리는 15℃와 20℃ 사이의 거리와 같다는 측정이 가능하다. 이러한 등간적 척도로서 온도의 경우 10℃는 5℃보다 더 덥다는 것을 말할 수 있을 뿐만 아니라 5℃만큼 더 덥다는 측정까지 가능하다.

ⓓ 가감(+, −)과 같은 수학적 조작이 가능한 양적 자료를 상대로 한다. 그러나 등간수준의 측정의 경우 승제(×, ÷)는 가능하지 않다. 다시 말해 10℃가 5℃보다 2배 더 덥다고 하는 표현은 가능하지 않다.

ⓔ 등간적 척도에서 승제가 가능하지 않은 이유는 이 척도가 진정한 그리고 절대적인 '0'을 가지지 않고 오직 임의적인 '0'만을 가지고 있기 때문이다. 다시 말해 이 척도가 가지고 있는 '0'은 '아무 것도 없는'의 상태가 아니라 '0만큼 있는'을 의미한다.

ⓕ 등간수준의 측정을 위해 개발된 대표적인 척도로는 서스톤(Thurstone)에 의해 고안된 유사등간척도 또는 등현등간척도(Equal-appearing Interval Scale)가 있다.

③ 측정의 조건 또는 속성

ⓐ 등간수준의 측정은 명목수준의 측정과 서열수준의 측정의 조건 또는 속성인 완전성(총망라성), 상호배타성, 이행성 그리고 비대칭성 이외에 추가적으로 부가성을 지닌다.

ⓑ 부가성이란 실제로 덧셈이나 뺄셈을 할 수 있는 것을 말한다. 예를 들어 두 점 A와 B 사이의 간격 또는 거리에 두 점 B와 C 사이의 거리를 더한 것은 두 점 B와 C 사이의 거리에 두 점 C와 D 사이의 거리를 더한 것과 같으며, 이는 다음과 같은 공식으로 표시할 수 있다.

(A−B)+(B−C)=(B−C)+(C−D)

(4) 비율수준의 측정 기출 16년 2,3회, 17년 1회, 18년 1회, 19년 1회, 21년 2,3회, 23년, 25년

① 비율수준 측정의 의의(비례수준의 측정)

ⓐ 측정대상의 특징 및 속성에 절대적인 0을 가지고 있다.

ⓑ 명목수준의 측정에서처럼 사물이나 현상을 분류하고, 서열수준의 측정에서처럼 서열을 정할 수 있을 뿐만 아니라, 등간수준의 측정에서처럼 이들 분류된 부분(카테고리) 간의 간격(거리)까지 측정할 수 있다.

② 비율수준 측정의 특징

ⓐ 앞선 측정들 가운데 가장 세련된 측정수준으로서, 절대적인 '0'에 의한 측정이라는 점에서 다른 측정들과 구분된다.

ⓑ 비례수준의 측정에서 처음으로 "10은 5의 두 배가 된다."와 같이 배수의 개념이 성립된다.

시험에 이렇게 나왔다

[15년 1회]

Q 섭씨로 온도를 측정할 때 다음 설명 중 옳은 것은?

① 0℃는 온도가 없다는 것을 의미한다.
② 10℃와 20℃의 차이는 30℃와 40℃의 차이와 같다.
③ 40℃는 20℃보다 두 배 뜨겁다.
④ 100℃는 100%로 뜨겁다는 것을 의미한다.

A ❷

심화체크

절대영점은 '0'의 수치가 절대적인 의미를 가지는 것을 의미한다.

시험에 이렇게 나왔다

[15년 1회]

Q 속성이 전혀 존재하지 않는 상태인 영점(0)이 존재하는 척도는?

① 서열척도
② 비율척도
③ 명목척도
④ 등간척도

A ❷

심화체크

명목측정<서열측정<등간측정<비율측정의 순으로 자료가 담고 있는 정보의 양이 많으며, 보다 정밀한 분석방법이 적용될 수 있다.

시험에 이렇게 나왔다

[19년 1회]
① 다음 중 가장 다양한 통계기법을 적용할 수 있는 측정수준은?
① 명목측정
② 서열측정
③ 비율측정
④ 등간측정

A ③

ⓒ 사회과학에서는 등간수준의 측정이 가능한 자료보다는 비례수준의 측정이 가능한 자료들이 더 많다.
ⓔ 예를 들어 공식적 교육이나 소득에 대한 측정은 비례수준의 측정에 해당한다. 교육의 경우 '0'이 의미하는 바는 공식적인 교육을 전혀 받지 않은 상태를 의미하며, 소득의 경우 '0'이 의미하는 바는 소득이 전혀 없음을 의미한다. 이와 같이 절대적 '0'의 측정을 통해 A는 18년의 교육을 받았고 B는 9년의 교육을 받았을 경우, "A는 B보다 2배의 교육을 더 받았다."고 말할 수 있다. 또한 갑이 200만 원의 월수입을 올리고 을이 100만 원의 월수입을 올릴 경우, "갑은 을보다 2배의 소득을 올리고 있다."라고 말할 수 있다.
ⓜ 개인보다 사회적 집단이 분석의 단위가 되는 사회학의 경우 비례수준의 측정을 위한 비율적 척도가 더 많이 사용된다. 이들 사회적 집단의 구성에 대해 백분율로 분류한 집단의 특성을 파악할 수 있으므로, 백분율은 비율척도로서 사회적 집단을 분석할 수 있는 강력한 도구가 된다.
ⓑ 유형으로는 교육수준, 소득수준, 백분율 이외에도 연령, 가족구성원의 수 등을 들 수 있다.

③ 측정의 조건 또는 속성
ⓐ 명목수준 측정의 조건 또는 속성인 완전성(총망라성)과 상호배타성, 서열수준 측정의 속성인 이행성과 비대칭성, 등간수준 측정의 속성인 부가성을 지녔을 뿐만 아니라, 이외에도 절대적 '0'을 지닌다.
ⓑ 사물이나 현상을 분류하고 명칭을 부여하며, 서열을 정하고, 가감 및 승제와 같은 수학적 조작까지 가능하므로 가장 고차원적인 측정이라고 할 수 있다.

➕ 플러스원

측정의 4가지 수준과 예

기출 15년 1,2,3회, 16년 2,3회, 17년 1회, 18년 3회, 19년 1,2,3회, 21년 3회
- 명목측정 : 성별, 인종, 직업분류, 지역, 야구선수의 등번호, 주민등록번호 등
- 서열측정 : 후보자 선호, 사회계층, 교육수준, 석차(등수) 등
- 등간측정 : 온도, IQ지수 등
- 비율측정 : 체중, 키, 근무년수, 졸업생 수, 소득, GNP, 출산율, 시험 원점수 등

측정의 4가지 수준에서 얻어질 수 있는 정보들의 비교

구 분	절대영점	수 학	통 계
명 목	×	=	최빈값
서 열	×	=, <, >	최빈값, 중앙값, 범위
등 간	×	=, <, >, +, −	최빈값, 중앙값, 범위, 산술평균
비 율	○	=, <, >, +, −, ×, ÷	최빈값, 중앙값, 범위, 산술·기하·조화평균, 변동계수, 표준편차 등

3 측정도구와 척도의 구성

01 측정도구 및 척도의 의미

기출 15년 1,2회, 16년 1회, 17년 3회, 21년 2회

(1) 척도의 의의 기출 18년 3회
① 일종의 측정도구로서 일정한 규칙에 따라 측정대상에 적용할 수 있도록 만들어진 일련의 체계화된 기호 또는 숫자를 의미한다.
② 일정한 규칙에 입각하여 연속체상에 표시된 숫자나 기호의 배열에 해당한다.
③ 동일한 변수의 속성들 가운데서 그 강도의 차이를 이용하여 구별되는 응답유형을 밝혀낸다.

(2) 척도의 특징 기출 17년 1회, 20년 3회, 21년 1회
① 연속성은 척도의 중요한 속성이며, 이것은 실제로 측정대상의 속성과 1대1 대응의 관계를 맺으면서 대상의 속성을 양적 표현으로 전환한다.
② 계량화를 위한 도구이므로 측정된 대상이 자료로서 믿을 만하고 타당성이 있으며, 단순하고 유용한 것이 되도록 하기 위해 정확한 측정계가 되어야 한다.
③ 척도에 의해 측정하는 것은 특정 대상의 속성을 객관화하여 그 본질을 보다 명백하게 파악하며, 측정대상들 간의 일정한 관계 또는 그 대상 간의 비교를 정확하게 할 수 있도록 하기 위해서이다.
④ 척도의 표시는 반드시 숫자일 필요는 없다.
⑤ 척도로 측정대상을 숫자화한다는 것은 어느 정도 비약적인 성격을 갖는 측정상의 추상화 과정을 의미한다.
⑥ 측정의 본질적인 제약이 있는 한 척도의 가용성은 근본적으로 한계가 있다.
⑦ 척도를 구성하는 방법은 측정하려는 변수의 구조적 성격에 따라 결정된다.
⑧ 척도점수는 지수점수보다 더 많은 정보를 전달한다.

(3) 척도의 필요성 기출 18년 2회, 19년 1회
① 하나의 문항이나 지표로는 제대로 측정하기 어려운 복합적인 개념들을 측정할 수 있도록 한다.
② 여러 개의 지표(또는 문항)를 하나의 점수로 나타냄으로써 자료의 복잡성을 덜어준다.
③ 하나의 척도는 단일차원성을 전제로 구성하는데, 복수의 측정지표를 사용하여 단일차원성 여부를 분석할 수 있다.
④ 복수의 지표로 구성된 척도를 사용하게 되면 단일문항(지표)을 사용하는 경우보다 측정의 오류를 줄일 수 있으며, 측정의 타당도와 신뢰도를 높일 수 있다.
⑤ 척도에 의한 양적인 측정치를 제공하여 통계적인 활용을 쉽게 한다.

시험에 이렇게 나왔다

[15년 1회]

Q 척도에 관한 설명으로 틀린 것은?
① 척도는 계량화를 위한 측정도구이다.
② 척도의 표시는 반드시 숫자여야 한다.
③ 연속성은 척도의 중요한 속성이다.
④ 척도의 종류에는 명목척도, 서열척도, 등간척도, 비율척도가 있다.

A ❷

(4) 척도의 조건
① 신뢰성 : 상황적 변수에도 불구하고 동일한 측정이 이루어져야 한다.
② 타당성 : 대상을 적절하게 대표할 수 있어야 한다.
③ 유용성 : 실제적인 활용이 가능하도록 유용해야 한다.
④ 단순성 : 계산과 이해가 용이하도록 단순해야 한다.

＋ 플러스원

척도구성방법 기출 18년 2회, 19년 1회, 20년 4회, 22년 1회

비교척도구성	비비교척도구성
• 쌍대비교법 • 순위법 • 고정총합법 • 비율분할법	• 단일평정법 • 연속평정법 • 항목평정법

(5) 척도화(Scaling)
① 측정대상을 측정하기 위한 척도의 수립과정을 말한다.
② 기존의 동일 측정대상 또는 동일 조사목적에 대한 표준화된 척도가 없는 한 조사자는 그 대상 및 목적에 맞는 척도를 만들어야 한다.
③ 새로 척도를 만드는 경우 측정을 위한 4가지의 기본적인 척도 유형이 우선 근본적인 준거기준이 된다.
④ 척도화를 위해서는 측정대상에 대한 충분한 지식은 물론 척도화의 이론 및 기술, 그 절차에 대한 상당한 지식과 경험이 있어야 한다.
⑤ 척도화의 과정에서 오차의 개입은 불가피하므로 각별한 주의가 요구된다.

(6) 척도의 종류
① 명목척도

기출 15년 1,3회, 16년 2회, 17년 3회, 18년 2회, 20년 1·2,3회, 21년 1회, 22년 2회, 23년, 25년

㉠ 의 의
측정대상 특성의 존재 여부 또는 몇 개의 상호배타적인 범주로의 구분을 위해 수치를 부여하는 일종의 범주형 측정이다.

> 예 당신의 성별은?
> ① 남 성   ② 여 성

㉡ 특 징
• 성격을 전혀 달리하는 범주에 대한 표시일 뿐 양적 의미를 갖지 않으므로, 각 범주는 양적으로 크거나 작다든가, 많거나 적다든가 하는 정도와 밀도 등을 구별해주지 못하며, 등가인지(A=B) 아닌지(A≠B)를 단지 숫자나 기호로 대신 지칭해 주는 것에 불과하다.

심화체크
[16년 2회, 22년 1회]
비율분할법
응답자에게 한 속성의 보유 정도를 기준으로 다른 속성의 보유 정도를 판단하도록 하는 척도법이다. 주로 응답자들이 자극에 대해 명확한 판단을 할 수 있는 경우에 사용한다.

시험에 이렇게 나왔다
[17년 3회]
Q 주민등록번호, 도서분류번호, 자동차번호 등과 같은 수치는 어떤 수준의 척도를 의미하는가?
① 명목척도
② 서열척도
③ 등간척도
④ 비율척도

A ①

심화체크
[19년 2회]
명목척도의 구성을 위한 측정범주
포괄성, 배타성, 논리적 연관성 등

- 예를 들어 남녀의 성별을 구별하기 위해, 기·미혼의 혼인상태를 구별하기 위해, 또는 자녀의 유무를 구별하기 위해 '1'과 '2'의 숫자를 대신 부여한다.
- 척도의 유형 중 가장 기본이 되는 것으로서, 측정대상 구성 간의 관계를 정밀하게 파악하기보다는 기본적인 관계를 밝히는 역할을 할 뿐이다.
- 가장 약점이 많은 척도로서, 통계분석에 있어서 상당한 제약을 받는다.
- 산출할 수 있는 통계치로는 최빈값(Mode)이 있다.
- 명목척도를 통해 분석될 수 있는 통계기법은 비모수통계로 제한되며, 대표적으로 빈도의 차이를 검증하는 교차분석(카이제곱분석) 등이 있다.

② 서열척도 기출 15년 1회, 17년 3회, 18년 1회, 20년 1·2회, 21년 1,2회

  ㉠ 의 의

  측정대상의 분류는 물론 대상의 특수성 또는 속성에 따라 각 측정대상들의 등급순위를 결정하는 척도이다.

  > 예 배우자의 최종학력은?
  > ① 초등학교 졸업   ② 중학교 졸업
  > ③ 고등학교 졸업   ④ 대학교 졸업
  > ⑤ 대학원 이상

  ㉡ 특 징
  - 단지 상대적 등급순위만을 결정할 뿐 각 등급 간의 차이는 문제로 삼지 않는다.
  - 각각의 대상이 다른 것과 비교하여 '더 크다/더 작다', '더 높다/더 낮다' 등의 문제와 연관되며, 그 각각의 상대적 지위의 순위만을 구분한다.
  - 'If[(A>B)And(B>C)], Then(A>C)'라든가 'A>B>C>…>N'이 가능한 경우 성립된다. 여기서 특히 A가 B보다 더 많고 B는 C보다 얼마나 더 많은지 등 차이의 문제는 고려하지 않는다.
  - 등급 간의 간격 또는 차이는 동일하지 않을 수 있다.
  - 측정대상의 순위를 결정함에 있어서 그 기준을 단일기준, 즉 일차원에 입각한 기준으로 하는 것이 바람직하다. 만약 대상의 속성이 다차원으로 되어 있는 경우 다기준에 의하며, 이때 그 차원의 융합 및 다기준의 통합을 통해 순위를 결정해야 한다.
  - 필요에 따라 그 등급으로 나누어진 대상에 숫자를 부여하여 대표하도록 할 수 있다. 만일 측정대상들이 'A>B>C>…>N'이라고 하면 'A-1>B-2>C-3>…>N-K'라는 숫자를 주어 대표하게 할 수 있다.
  - 산출할 수 있는 통계치로는 중앙값(Median)이 있다.
  - 서열척도를 통해 분석될 수 있는 통계기법은 대부분 비모수통계가 적용되며, 대표적으로 교차분석(카이제곱분석)을 포함하여, 순위상관관계분석, 연속성검증 등이 있다.

> **심화체크**
>
> 명목척도와 마찬가지로 서열척도에서 부여된 숫자들도 그 순위를 가리키는 것일 뿐이며, 어떤 다른 의미를 가지는 것은 아니다.

심화체크

등간척도가 그 본질에 있어서 동일한 거리를 요구하고 있는 이상, 대상의 속성이 동일한 거리의 차를 가지지 않는다면 이론상으로 적용하기 어렵다.

③ 등간척도 〔기출〕 15년 1회, 17년 3회, 20년 4회, 21년 1회, 25년

㉠ 의의 : 명목척도와 서열척도의 특성을 포함하여 크기의 정도를 제시하는 척도이다.

> [예] 당신의 평균학점은?
> ① A(100~90)   ② B(89~80)
> ③ C(79~70)   ④ D(69~60)
> ⑤ F(59~0)

㉡ 특 징
- 측정대상의 특수한 속성에 따라 대상의 '크다/작다'의 구분뿐만 아니라 그 간격에 있어서의 동일함을 의미하는 동일성의 척도이다.
- '+, −'의 산술이 가능하다.
- 명목척도, 서열척도의 특수성을 포함하는 동시에 측정대상의 속성에 있어서 동일한 수학상의 거리, 즉 차이를 나타내는 특수성을 갖는다.
- 산출할 수 있는 통계치로는 최빈값, 중앙값, 산술평균을 비롯하여 표준편차(Standard Deviation)가 있다.
- 등간척도를 통해 분석될 수 있는 통계기법은 모수통계가 적용되며, 대표적으로 t-검증, 분산분석(F검증), 상관관계분석 등이 있다.

④ 비율척도(비례척도)

〔기출〕 15년 1회, 16년 1회, 17년 2,3회, 19년 3회, 20년 1·2,4회, 21년 1회, 24년

㉠ 의 의 : 등간척도가 지니는 성격에 더하여 절대 '0'의 값(절대영점)을 가짐으로써 비율의 성격을 지니는 척도이다.

> [예] 당신의 월수입은?
> ① 100만 원 미만
> ② 100만 원 이상 200만 원 미만
> ③ 200만 원 이상 300만 원 미만
> ④ 300만 원 이상

시험에 이렇게 나왔다

[19년 3회]

Q 다음 중 비율척도로 측정하기 어려운 것은?

① 각 나라의 국방예산
② 각 나라의 평균기온
③ 각 나라의 일인당 평균소득
④ 각 나라의 일인당 교육년수

A ❷

㉡ 특 징
- 가장 높은 수준의 측정척도로서, 명목·서열·등간척도의 특수성을 포함하는 동시에 절대영점을 가지며, 가장 많은 정보를 포함한다(명목척도＜서열척도＜등간척도＜비율척도 순으로 정보를 많이 포함).
- 섭씨온도나 화씨온도가 등간척도의 예에 해당한다면, 분자 움직임이 없는 상태를 '0K'로 나타내는 켈빈온도는 비율척도의 예에 해당한다. 이외에도 중량·시간·거리·각도 등도 비율척도의 예로 들 수 있다.
- '×, ÷'로 표시될 수 있는 비례의 조작이 가능하며, 나아가 고도의 통계분석 또한 가능하다.
- 모든 통계치의 산출이 가능하며, 기하평균 및 조화평균도 유효하다.
- 모든 모수통계기법이 적용된다.

02 척도의 구성

(1) 평정척도

① 의의
  ㉠ 측정대상의 연속성을 전제로 일정한 등급방식에 의해 평가함으로써 대상의 속성을 구별하기 위한 척도이다.
  ㉡ 적용이 용이하여 실제로 널리 사용되는 척도로서, 교사가 학생들의 시험결과를 'A, B, C, D, F' 등으로 평가하는 것을 예로 들 수 있다.
  ㉢ 비교대상이 되는 개인의 행동이나 사건에 대해 동일한 참조체계를 가지고 평가할 수 있도록 한다.

② 제작 또는 선택 시 유의사항 기출 17년 2회
  ㉠ 평정하려고 하는 구체적인 행동은 그 척도를 사용하는 모든 평정자에게 같은 의미를 전달해야 한다.
  ㉡ 모든 관찰자가 쉽게 관찰할 수 없는 특성은 배제하여야 한다.
  ㉢ 평정될 각 요인의 정도나 수준이 명백해야 하며, 사람마다 다르게 해석할 수 있는 용어는 피하는 것이 좋다.
  ㉣ 찬반의 응답범주 수가 균형을 이루어야 한다.
  ㉤ 측정의 각 범주들은 상호배타적이고, 응답범주들이 응답 가능한 상황을 다 포함하고 있어야 하며, 응답범주들이 논리적 연관성을 가지고 있어야 한다.

③ 장단점
  ㉠ 장점
   • 작성하기 쉬우며, 평가하기가 용이하다.
   • 다양한 대상과 범위의 행동특성 관찰에 적용할 수 있다.
   • 다른 관찰법의 보조도구로서 유용하게 사용될 수 있다.
   • 관찰을 하면서 바로 적지 않고 관찰자가 편리한 시간에 기록할 수 있다.
   • 체크리스트와 달리 행동의 질도 평가할 수 있다.
   • 관찰 자료를 수량화할 수 있어 개체 간 비교를 가능하게 해준다.
   • 평정척도를 반복하여 사용함으로써 시간의 흐름에 따라 생기는 행동변화에 대한 정보를 얻을 수 있다.
  ㉡ 단점
   • 관찰자가 나타내고자 하는 것을 정확하게 객관적으로 모두 포함된 항목을 개발하는 것이 쉽지 않다.
   • 각 행동이 관찰되는 상황에 대한 설명 없이 단지 행동의 수준만을 기록하게 되어 행동에 대한 원인이나 전후 사정을 설명하지 못한다.
   • 관찰자의 평정능력이나 편견에 의해 결과가 다를 수 있으므로 관찰자의 평정에 대한 숙달과 날카롭고 공정한 태도가 요구된다.

시험에 이렇게 나왔다

[1급]

Q 학생들의 성적을 'A, B, C, D'나 '수, 우, 미, 양, 가'와 같이 몇 개의 단계로 구분해서 평가하는 척도는?

① 평정척도
② 서스톤 척도
③ 거트만 척도
④ 보가더스 척도

A ①

심화체크

평정척도의 3요소
평가자(Judges), 평가대상(Subject), 연속성(Continuum)

심화체크

서스톤 척도는 리커트 척도를 구성하는 문항들의 간격이 동일하지 않다는 문제점을 보완하기 위한 것으로서, 중요성이 있는 항목에 가중치를 부여한다.

시험에 이렇게 나왔다

[19년 3회]

Q 다음 ( )에 알맞은 것은?

> 서스톤(Thurstone) 척도는 어떤 사실에 대하여 가장 우호적인 태도와 가장 비우호적인 태도를 나타내는 양극단을 구분하여 수치를 부여하는 척도이며, 측정의 수준으로 볼 때 ( )에 해당한다.

① 명목척도 ② 서열척도
③ 등간척도 ④ 비율척도

A ❸

---

(2) 서스톤 척도(등현등간척도) 기출 18년 3회, 21년 2회, 23년

① 의 의

기출 15년 3회, 16년 1회, 17년 1회, 18년 1회, 19년 1,2,3회, 20년 4회, 22년 2회, 24년

㉠ 유사등간척도(Equal-appearing-interval Scale)라고도 한다.
㉡ 등간척도의 일종으로서, 어떤 사실에 대해 가장 긍정적인 태도와 가장 부정적인 태도를 나타내는 태도의 양극단을 등간적으로 구분하여 여기에 수치를 부여함으로써 척도를 구성하는 방법이다.
㉢ 가능한 한 많은 진술들을 수집하여 평가자(Judges)로 하여금 척도에 포함될 문항들이 척도상의 어느 위치에 속할 것인지를 판단하도록 한 다음, 각 문항에 대한 전문 평가자들의 의견 일치도가 높은 항목들을 조사자가 골라서 척도를 구성한다.
㉣ 등간의 성격을 갖는 척도를 구성하기 위한 사전평가가 필요하다.

② 장단점

㉠ 장 점
- 척도에 포함되는 질문문항들을 정리하여 가능한 한 간격을 같도록 한다는 점에서 일반적인 서열적 척도보다 한 수준 높은 등간적 척도수준을 유지한다.
- 평가자들에 의해 많은 질문문항들 가운데 측정 변수와 보다 직접적으로 연관된 문항들이 선정됨으로써 문항의 선정이 비교적 정확하다.

㉡ 단 점
- 평가를 위한 문항의 수가 많고 동원되는 평가자들이 다수이므로 척도 구성에 있어서 많은 시간과 인원이 소요된다. 보통 척도의 최초 제작에 대략 300명가량의 평가자를 동원한다.
- 평가자들로 하여금 항목에 대한 태도가 아닌 질문문항들에 대한 우호성의 정도를 결정하는 것이므로, 항목에 따라 구체성이 결여된 경우도 있다.
- 개인의 척도점수는 그의 응답에 대한 중위값이므로 다양한 응답형태를 지닌 개인들이 유사한 점수를 얻을 수 있으며, 그로 인해 개인의 척도점수를 해석 또는 구별하기가 쉽지 않다.
- 몇 가지 통계적 가정에 근거하고 있으며 그 방법이 매우 복잡하므로, 최근에는 널리 사용되고 있지 않다.

(3) 리커트 척도(총화평정척도) 기출 17년 1회, 22년 1회

① 의 의 기출 15년 3회, 17년 3회, 20년 3회, 21년 3회, 23년, 25년

㉠ 거트만(Guttman)의 누적척도, 서스톤(Thurstone)의 서스톤 척도와 같이 주로 **인간의 태도를 측정하는 태도척도**이다.
㉡ 각 문항별 응답범주가 상호대칭되는 명백한 서열척도의 일종으로서, 척도의 신뢰도와 타당도를 높이기 위해 일련의 수 개 문항들을 하나의 척도로 사용하는 **다문항척도**이다.
㉢ 한 묶음의 태도문항들로 구성되어 있으며, 이들 문항은 거의 **동일한 태도가치를 갖는다고 인정**된다. 이들 각 문항에 대해 응답자는 찬성 또는 반대로 나타나는 데 있어서 선택적인 정도의 차를 표시하게 된다.
㉣ **전체 문항의 총점 또는 평균을 가지고 태도를 측정**한다.
㉤ 다른 모든 태도척도와 마찬가지로 리커트 척도의 목적 또한 각 대상이 측정하려는 일정 척도에 대해 연속체상에서 어떠한 위치를 차지하느냐 하는 것을 밝혀보는 것이다.
㉥ 일반적으로 **예비적 문항의 선정** 단계를 거쳐서 최종의 척도를 구성하는 **이중단계**를 거친다.
㉦ **요인분석을 통해 각 문항들이 하나의 요인으로 묶이는가를 확인함으로써 단일차원성을 검증**할 수 있다.

② 작성절차 기출 20년 3회

㉠ 응답자와 질문문항의 선정 : 먼저 조사자는 모집단을 잘 대표할 수 있는 응답자들을 선정한 뒤 측정의 대상이 되는 변수와 관련된 질문항목들을 수집해야 한다. 서스톤 척도와 마찬가지로 측정하고자 하는 태도에 대해 **가장 긍정적(호의적)인 것에서부터 가장 부정적(비호의적)인 것에 이르기까지** 관련된 문항들을 수집한다.
㉡ 응답 카테고리의 작성 : 질문문항을 선정한 후 각 문항에 대해 찬성 또는 반대, 호의적 또는 비호의적, 인정 또는 불인정 등의 서열 카테고리를 작성한다.
㉢ 응답 카테고리에 대한 배점 : 각 문항의 응답 카테고리에 대한 배점 또는 평점(Rating Scores)은 대체로 가장 호의적인 것에서 시작하여 가장 비호의적인 것에 이르는 순서로 '5, 4, 3, 2, 1점' 또는 '4, 3, 2, 1, 0점'의 순서로 매긴다. 물론 '1, 2, 3, 4, 5점'을 매김으로써 그 반대도 가능하다.
㉣ 총점순위에 의한 응답자들의 배열 : 각각의 응답자가 전체 문항에 대해 얻은 **점수를 합계한 후** 전체 응답자들을 총점순위에 의해 배열한다.
㉤ 상위응답자들과 하위응답자들 간의 각 문항에 대한 판별력의 계산 : 앞의 배열에서 상위 1/4에 속하는 응답자들과 하위 1/4에 속하는 응답자들을 선발한 후, 이들 두 부류의 응답자들이 각 문항에 대해 응답하는 점수의 차를 계산한다.
㉥ 척도문항의 분석 : 어떤 변수를 측정하기 위해 구성된 문항들의 판별력을 앞의 방법에 의해 모두 계산한 후, 각 문항의 점수가 5에서 1의 범위를 가지므로 그 평균치의 범위가 5에서 1이 되며, 가중된 평균의 차는 최대 '4.0'이 된다. 예를 들어 다음과 같은 문항분석에 있어서 최대평균차이의 절반인 '2.0' 이상인 경우, 판별력이 있는 것으로 판단하여 최종척도에 포함할 수 있다.

심화체크

리커트 척도의 예

질문문항	응답범주				
	매우 부정 (1)	부정 (2)	보통 (3)	긍정 (4)	매우 긍정 (5)
1. 시설 이용에 불편이 없다.					
2. 프로그램은 유익하다.					
3. 사회복지사는 친절하다.					
4. 다양한 정보들을 얻을 수 있다.					
5. 다른 사람에게 추천하겠다.					

심화체크

리커트 척도는 일반적으로 다섯 가지의 카테고리로 하는 것이 대부분이지만, 경우에 따라 세 가지, 네 가지 또는 여섯 가지의 카테고리로도 할 수 있다.

시험에 이렇게 나왔다

[20년 3회]

01 리커트 척도를 작성하는 기본절차와 가장 거리가 먼 것은?

① 척도문항의 선정과 척도의 서열화
② 응답자의 진술문항 선정과 각 문항에 대한 응답자들의 서열화
③ 응답범주에 대한 배점과 응답자들의 총점순위에 따른 배열
④ 상위응답자들과 하위응답자들의 각 문항에 대한 판별력의 계산

A ❷

심화체크

리커트 척도와 서스톤 척도의 차이점
서스톤 척도는 척도치를 피조사자와는 별개의 판정자의 판정에 입각하여 미리 결정하고 이것을 피조사자에게 적용하여, 거기서 얻은 피조사자 의견들의 척도치 평균에 의해 태도점수화 하려는 것인데 반해, 리커트 척도는 특정한 집단에 있어서 태도의 반응에 기초하여 그 집단의 특수성의 한계 내에서 태도를 측정하는 척도를 구성하고자 한다는 점에서 차이가 있다.

판별력 계산에 의한 문항분석의 가상적인 예

문항번호	상위 1/4 응답자들의 각 척도문항에 대한 응답평균	하위 1/4 응답자들의 각 척도문항에 대한 응답평균
1	4.5	1.9
2	3.4	2.2
3	3.6	2.8
4	3.9	1.1
5	4.4	1.0

- Ⓐ 척도의 구성 : 앞의 문항분석에 의해 문항번호 '1, 4, 5'가 판별력이 '2.0' 이상이므로, 해당 문항들에 대해 판별력이 있는 것으로 판단하여 최종적인 척도문항에 포함할 수 있다.
- Ⓑ 내적 일관성의 측정 : 리커트 척도는 특히 내적 일관성을 가져야 한다. 내적 일관성은 동일한 개념을 여러 문장으로 질문하여 이러한 항목들이 유사한 값을 나타내는지 측정하는 방법이다. 내적 일관성을 검증하기 위해서는 문항 간의 상관계수를 구해 검증하는 방법과 문항분석을 이용해 알아보는 방법이 있다. 검증을 통해 신뢰도가 낮은 항목은 삭제할 필요가 있다.

③ 장단점 기출 16년 2회, 21년 1회

㉠ 장 점
- 가장 큰 장점은 매우 경제적이라는 것이다. 서스톤 척도가 동일한 신뢰도를 얻기 위해 50개 정도의 문항이 필요하다면, 리커트 척도는 최종적으로 척도에 포함시킬 항목들의 수가 대개 조사자의 판단에 달려있으나 일반적으로 20~25개 항목으로 충분하다.
- 지표를 구성함에 있어서 매우 단순하다. 즉, 하나의 변수를 측정하기 위한 척도로서 구성된 여러 개의 지표들을 동일한 응답 카테고리를 사용하여 측정하므로 일관성이 있다.
- 일관성이 있어 각각의 문항에 대해 응답자에게 일정한 방향으로 태도나 의견을 질문하므로 신뢰도가 높다.
- 한 항목에 대한 응답의 범위에 따라 측정의 정밀성을 확보할 수 있다.

㉡ 단 점 기출 17년 2회
- 일치성이 결여된다. 동일한 태도를 가진 응답자들이라도 응답범주 내에서 택한 응답항목이 항상 정확히 일치한다고 볼 수 없다.
- 응답자는 모집단 가운데서 모집단을 잘 대표할 수 있는 자들을 무작위로 추출해야 하는데, 경우에 따라서는 이것이 용이하지 않을 수 있다.
- 응답자의 척도문항에 대한 응답유형을 대체로 정규분포로 가상하고 있는데, 이것 또한 항상 지켜질 수는 없는 사항이다.
- 각 문항의 점수를 더한 총점으로는 각 문항에 대한 응답의 강도를 정확히 알 수 없다.
- 척도가 측정하고자 하는 개념을 제대로 측정하고 있는지의 문제가 여전히 남는다.

(4) 거트만 척도(누적척도) 기출 18년 3회

① 의 의 기출 16년 1회, 18년 2회, 20년 4회, 22년 2회

㉠ 합성측정(Composite Measurements)의 유형 중 하나로, '척도도식법(Scalogram Method)'이라고도 한다.

㉡ 태도의 강도에 대한 연속적 증가유형을 측정하고자 하는 척도로서, 초기에는 질문지의 심리적 검사를 위해 고안된 것이었으나, 최근 사회과학의 모든 분야에서 널리 사용되고 있다.

㉢ 서열척도의 일종으로서, 강도가 다양한 어떤 태도유형에 대해 가장 약한 표현에서부터 가장 강한 표현에 이르기까지 서열적 순서를 부여한다.

㉣ 중요한 전제조건으로는 측정의 대상이 되는 척도가 하나의 요소이어야만 한다는 것이다(단일차원성). 만약 이 태도가 일관성이 없는 여러 개의 요소들이나 심지어 서로 상충되는 요소들로 구성되어 있다면, 이 척도는 실패할 수밖에 없다.

㉤ 특정 점수를 형성하는 데 필요한 응답의 결합이 그보다 낮은 점수에 해당하는 모든 질문들에 대한 응답을 포함함으로써 누적적인 특성을 지닌다. 즉, 일정 점수에 이르기 위해서는 낮은 단계에서부터 점차적으로 올라가야 한다.

㉥ 만약 항목들을 난이도에 따라 'a'에서부터 'e'까지 또는 '가장 어려운 것'에서 시작하여 '가장 쉬운 것'까지 순서대로 배열하고 조사대상에게 응답하도록 한다면, 다음과 같은 결과를 기대할 수 있다. 즉, 가장 어려운 문제(항목)인 'a'에서부터 가장 쉬운 문제(항목)인 'e'까지 서열적으로 배열하였으므로, 응답자들이 가장 어려운 항목에 성공(찬성)할 경우 나머지 쉬운 항목들에 대해서 자동적으로 성공(찬성)하는 반면 쉬운 항목에 실패(반대)할 경우 그보다도 어려운 항목들에 대해서는 자동적으로 실패(반대)하게 된다.

5개 항목들에 대한 다양한 척도유형

척도유형	항목(Items)					개별적 점수
	a	b	c	d	e	
5	×	×	×	×	×	5
4	○	×	×	×	×	4
3	○	○	×	×	×	3
2	○	○	○	×	×	2
1	○	○	○	○	×	1
0	○	○	○	○	○	0

* '×'는 반대 또는 실패, '○'는 찬성 또는 성공을 의미한다.

심화체크

각 문항별 응답범주가 상호대칭되는 명백한 서열형태를 이루는 것은 리커트 척도이며, 각 설문문항들 사이에 서열순위를 설정하는 척도는 거트만 척도이다.

심화체크

거트만 척도의 예

청소년의 인터넷게임중독에 관한 조사

질문문항	강 도
1. 지나가는 행인을 무차별적으로 폭행한다.	☆☆☆☆☆
2. 다른 아이들의 돈을 갈취한다.	☆☆☆☆
3. 지각·조퇴·결석을 자주 한다.	☆☆☆☆
4. 거짓말을 빈번히 한다.	☆☆☆
5. 성적이 큰 폭으로 하락한다.	☆☆
6. 수업시간에 집중하지 않는다.	☆

> **시험에 이렇게 나왔다**
>
> [15년 2회]
>
> **Q** 거트만 척도에서 응답자의 응답이 이상적인 패턴에 얼마나 가까운가를 측정하는 것은?
> ① 스캘로그램
> ② 단일차원계수
> ③ 최소오차계수
> ④ 재생계수
>
> **A** ④

> **시험에 이렇게 나왔다**
>
> [16년 1회, 20년 4회]
>
> **Q** 척도를 구성하는 과정에서 질문문항들이 단일차원을 이루는지를 검증할 수 있는 척도는?
> ① 의미분화 척도
> ② 서스톤 척도
> ③ 리커트 척도
> ④ 거트만 척도
>
> **A** ④

② 재생가능성계수(CR) 기출 15년 2회, 16년 3회, 19년 3회, 24년
  ㉠ 거트만 척도에서 재생가능성이란 거트만 척도 구성의 관건이 되는 결정요소로서, 개인의 척도점수를 파악하여 그 개인의 각 문항에 대한 응답을 알아낼 수 있다는 것이다.
  ㉡ 거트만 척도가 난이도에 의해 서열로 매겨져 있고, 어려운 항목에 찬성한 응답자의 경우 쉬운 항목들에 대해 자동적으로 찬성한다는 가정하에 세워진 척도이므로, 각 응답자의 척도 점수를 알 경우 그 응답자의 응답내용을 역으로 유추할 수 있다는 원리에서 비롯된다.
  ㉢ 응답자의 응답이 이상적인 패턴에 얼마나 가까운가를 측정할 수 있다.
  ㉣ 만약 한 척도의 오차가 너무 많거나 일관성이 결여된 경우 유용한 척도가 되지 못한다.
  ㉤ 재생가능성계수가 '1'일 때 완벽한 척도구성 가능성을 획득하며, 보통 계수가 '0.9', 즉 10개의 응답 중 1개의 오차를 갖는 경우 허용오차수준이라고 본다(거트만은 '0.85'를 적절한 허용오차수준으로 제의하였다). 또한 각 항목에 대한 긍정적 반응이 50% 전후일 때가 이상적이다.
  ㉥ 일반적으로 재생가능성계수가 '0.9' 이상인 경우 바람직한 것으로 간주한다.
  ㉦ 거트만 척도의 경우 하나의 척도로서 인정되기 위해서는 재생가능성계수가 허용오차 수준보다 커야 한다.

③ 장단점
  ㉠ 장 점
    • 질문문항들이 측정대상의 속성에 따라 누적적으로 되어 있으므로 다른 문항들에 대한 응답을 미리 예측할 수 있다.
    • 주로 질문이나 투표에 의한 태도적 개념의 측정에 매우 유용하다.
    • 경험적 관측을 토대로 함으로써 이론적으로 우월하다.
    • 척도의 누적적인 형성으로 하나의 변수를 측정하게 됨으로써 단일차원성을 지니게 된다.
    • 척도의 작성과정에 그리 복잡한 수학적 지식이 요구되지 않는다.
  ㉡ 단 점
    • 여러 개의 지표들(또는 항목들)의 결합이 하나의 개념을 구성할 수는 있으나, 이 척도가 어떤 개념의 존재여부에 대한 결정적인 증거를 제공하지는 않는다.
    • 질문문항의 내용을 강도에 따라 누적적으로 일관성 있게 작성한다는 것이 쉽지 않다.
    • 두 개 이상의 변수를 동시에 측정하는 다차원적 척도로서 사용될 수 없다.

(5) 보가더스 사회적 거리척도

① 의 의 기출 15년 2회, 16년 1회, 18년 1회, 20년 4회, 21년 3회
  ㉠ 사회적 거리란 어떠한 집단 간의 친밀 정도를 말하는 것이다.
  ㉡ 서열척도의 일종으로서, 서스톤 척도와 마찬가지로 다수의 판정자들의 판정에 의해 척도가 결정된다.
  ㉢ 소수민족, 사회계급 등에 대한 사회적 거리감의 정도를 측정하기 위해 연속적인 문항들을 동원한다.
  ㉣ 소시오메트리(Sociometry)가 개인을 중심으로 하여 집단 내에 있어서의 개인 간의 친근관계를 측정하는 데 반해, 사회적 거리척도는 주로 집단 간(가족과 가족, 민족과 민족)의 친근 정도를 측정한다. 이것은 개인과 어떠한 집단의 관계도 규명할 수 있으며, 개인(또는 집단)의 어떠한 지역에 대한 애착심, 나아가서는 직장에 대한 애착심 등에도 적용될 수 있다.

② 특 징 기출 19년 2회
  ㉠ 각 척도를 하나의 사회적 거리라는 연속성의 순서에 따라 배열한다.
  ㉡ 각 점 간의 등간격을 가정한다.
  ㉢ 평점의 기준이 없으며, 척도상의 절대영점도 없다.
  ㉣ 척도의 평가를 위해 신뢰도는 재검사법을 사용하며, 타당도는 집단비교법 등을 활용한다.

③ 장단점
  ㉠ 장 점
    • 사회적 거리를 측정하는 척도에 연속체의 개념을 최초로 도입하는 데 큰 공헌을 했다.
    • 사회적 거리척도는 집단 상호 간의 거리를 측정하는 데 매우 유용하다.
    • 적용범위가 광범위하며, 예비조사에 적합한 면이 있다.
  ㉡ 단 점
    • 7개의 서열화된 척도를 연속체상에 배치하여 이론적으로는 응답자가 서열적인 선택을 하도록 만든 것이지만, 응답자들이 본래의 의도와는 다르게 하위항목에서 상위항목까지 혼합적으로 선택하기도 한다.
    • 척도연속체상에서 항목들 간의 동일한 간격을 강조하지만, 사실상 등간격이라고 볼 수 없다. 예를 들어 6번 항목과 7번 항목은 앞의 다섯 가지 항목들과 상당한 거리차가 있다.
    • 척도점들 간의 등간을 가정하지만 등간에 대해 경험적으로 입증할 수 없으며, 척도점들 간의 명백한 구분을 강조하지만 사실상 명백한 구분이 어렵다.
    • 이 척도의 신뢰도는 재검사법에 의해서만 측정이 가능한데, 재검사법은 신뢰도 측정에 있어서 자체적으로 문제가 있다. 따라서 예비조사나 조사 자체의 목적을 위한 경우 등에 제한적으로 사용된다.

심화체크

사회적 거리척도의 예

문 항	영국인	스위스인	일본인
1. 결혼하여 가족으로 받아들임			
2. 개인적 친구로 받아들임			
6. 방문객으로 받아들임			
7. 우리나라에서 추방함			

시험에 이렇게 나왔다

[19년 2회]

❶ 보가더스(Bogardus)의 사회적 거리척도의 특징으로 옳지 않은 것은?

① 적용 범위가 넓고 예비조사에 적합한 면이 있다.
② 집단 상호 간의 거리를 측정하는 데 유용하다.
③ 신뢰성 측정에는 양분법이나 복수양식법이 매우 효과적이다.
④ 집단뿐 아니라 개인 또는 추상적인 가치에 관해서도 적용할 수 있다.

🅐 ❸

심화체크

소시오메트리는 보가더스의 사회적 거리척도와 마찬가지로 사회적 거리를 측정한다. 다만, 사회적 거리척도가 단순히 집단 상호 간의 거리를 측정하는 데 비해, 소시오메트리는 소집단 내의 구성원들 사이에 가지는 호감과 반감을 측정하거나 또는 이러한 감정에 의해 나타나는 집단구조에 관심을 가진다.

시험에 이렇게 나왔다

[16년 3회]

Q 소시오메트리에 관한 설명으로 틀린 것은?
① 사람들의 대인관계에 관한 조사 연구방법이다.
② 네트워크 분석과 관련이 있다.
③ 델파이 조사방법을 준용한다.
④ 주관적 경험을 통한 현상학적 접근으로 집단의 구조를 이해하려 한다.

A ❸

(6) 소시오메트리

① 의 의 [기출] 16년 2회, 21년 2,3회, 23년
  ㉠ 사회성 측정법이라고도 하며, 소집단 내의 구성원들 사이에서 집단 내의 선택, 커뮤니케이션 및 상호작용의 패턴에 관한 자료를 수집하여 집단 자체의 역동적 구조나 상태를 알아보는 방법이다.
  ㉡ 일반적으로는 소시오메트리라고 하면 모레노(Moreno)를 중심으로 하여 발전된 인간관계의 측정에 관한 방법을 말하는 것이 보통이다.
  ㉢ 한정된 집단구성원 간의 관계를 도출함으로써 집단의 성질, 구조, 역동성, 상호관계를 분석하는 일련의 방법이라고 볼 수 있다.
  ㉣ 리더십연구와 집단 내의 갈등, 응집에 관한 연구에서 사용된다.

② 도표화와 해석
  ㉠ 소시오메트릭행렬(Sociometric Matrix) : 응답결과를 행렬로 정리하여 분석하는 방법이다.
  ㉡ 소시오그램(Sociogram) : 집단구성원 간의 영향관계, 의사소통관계, 지배관계 또는 친구관계를 기호를 사용하여 그림으로 표시하는 방법이다.
  ㉢ 소시오메트릭지수(Sociometric Indices) : 구성원 간의 관계를 분석하기 위해 일정한 공식에 따라 계산함으로써 지수를 구해내는 분석방법이다. 지수산출의 공식은 알고자 하는 내용에 따라 선택지위지수, 집단확장지수, 집단응집지수 세 가지가 있다.

③ 장단점
  ㉠ 장 점
    • 자료수집이 자연적·경제적이며, 단순성·신축성을 갖는다.
    • 계량화의 가능성이 높다.
    • 적용범위가 넓다.
  ㉡ 단 점
    • 조사대상에 대한 체계적 이론 검토를 결여한다.
    • 신뢰성과 타당성에 대한 고찰 없이 측정결과를 받아들이는 경향이 있다.
    • 측정기준과 자료의 처리에서 소홀한 경향이 있다.
    • 시간적·공간적 제약이 있으며, 조사대상 인원이 소수일 때만 적용할 수 있다.

(7) 의미분화 척도(어의구별척도)

① 의 의
  [기출] 15년 3회, 16년 1,3회, 17년 2,3회, 18년 1회, 19년 1,2,3회, 20년 1·2,3회, 21년 2회, 23년, 24년, 25년
  ㉠ 어의차이척도, 어의(의미)분별척도라고도 한다. 어떤 대상이 개인에게 주는 주관적인 의미를 측정하는 방법으로서, 하나의 개념을 여러 가지 의미의 차원에서 평가하도록 유도하는 방법이다.
  ㉡ 의미적 공간에 어떤 대상을 위치시킬 수 있다는 이론적 가정에 기초한다.

ⓒ 일직선으로 도표화된 척도의 양극단에 서로 상반되는 형용사를 배열하여 양극단 사이에서 해당 속성에 대한 평가를 한다. 이때 개념이 갖는 본질적인 뜻을 몇 개의 차원에 따라 측정함으로써 태도의 변화를 좀 더 정확하게 파악하도록 한다.

② 자료의 분석방법
  ㉠ 평균치분석방법 : 각 기본개념에 따른 척도점의 평균치를 계산하여 분석하는 방법이다. 이에 따라 개념의 유사성과 상이성을 구별할 수 있게 된다.
  ㉡ 거리집락분석방법 : 각 개념들이 어의공간에서 차지하는 위치 사이의 거리를 측정하여 관계를 분석하는 방법이다.
  ㉢ 요인평점분석방법 : 요인평점을 사용해서 응답자·개념 또는 차원을 평가하는 방법이다.

③ 장단점
  ㉠ 장 점
    • 다양한 연구문제에 적용할 수 있다.
    • 연구목적에 부합하는 타당성 있는 분석을 할 수 있다.
    • 신속성과 경제성이 있다.
    • 가치와 태도의 측정에 적합하다.
    • 조사대상에 대한 프로파일분석에 유용하게 사용한다.
  ㉡ 단 점
    • 어의차가 애매한 경우가 많으므로 평가자 집단 선별에 어려움이 있다.
    • 적절한 개념 또는 판단의 기준을 선정하기 어렵다.
    • 수치부여의 등간격성이 의문스럽다.
    • 동일한 척도라도 시간 및 장소에 따라 다른 측정치가 나올 수 있다.

플러스원

스타펠 척도(Stapel Scale) 기출 16년 2회, 19년 2회
태도의 방향과 그 강도를 측정하기 위해 사용된다. 특정 주제에 관련된 표현들의 세트를 개발하여 양수 값과 음수 값으로 이루어진 값의 범위를 정하고, 긍정적인 태도는 양수, 부정적인 태도는 음수로 응답할 수 있다.

오스굿 척도(Osgood Scale) 기출 21년 3회
어떤 사물, 인간, 사상에 관한 개념의 심리적 의미를 분석하여 의미공간상의 위치로 표현하는 방법에 사용되는 척도로, 양극단에 있는 서로 반대된 의미를 나타내는 형용사를 이용하여 개념에 등급을 매기는 척도이다.

심화체크

의미분화 척도의 예

○○구 지역주민들의 지역자치센터서비스에 대한 만족도

1. 지역자치센터 시설에 대해 어떻게 생각하십니까?

   좋 다 ├─┼─┼─┼─┼─┤ 나쁘다

2. 지역자치센터 직원들의 업무에 대한 태도에 대해 어떻게 생각하십니까?

   능동적 ├─┼─┼─┼─┼─┤ 수동적

3. 지역자치센터 직원들의 평소 표정에 대해 어떻게 생각하십니까?

   밝 다 ├─┼─┼─┼─┼─┤ 어둡다

심화체크

의미분화 척도는 보통 5~7점 척도를 사용한다.

시험에 이렇게 나왔다

[16년 2회, 19년 2회, 22년 1회]

01 다음과 같이 양극단의 상반된 수식어 대신 하나의 수식어만을 평가기준으로 제시하는 척도는?

※ AA백화점은

5	5	5
⋮	⋮	⋮
2	2	2
1	1	1
고급이다	서비스가 부족하다	상품이 다양하다
-1	-1	-1
⋮	⋮	⋮
-4	-4	-4
-5	-5	-5

① 스타펠 척도
② 리커트 척도
③ 거트만 척도
④ 서스톤 척도

A ①

03 척도분석의 방법

(1) 스캘로그램 분석(Scalogram Analysis)
① 거트만 척도에 어느 정도 부합하는가를 검증하는 것으로서, 척도에 포함된 여러 문항들에 대한 응답이 가설과 어느 정도 일치하는가를 분석하는 방법이다.
② 거트만 척도는 문항의 대표성과 순차적 배열을 전제로 응답자로 하여금 일관성 있게 답하도록 함으로써 행태의 경향을 예측하게 되는데, 그것이 과연 일관성 있게 정돈되어 있느냐의 문제가 제기됨에 따라 그 신뢰성을 확인하고자 하는 것이다.

(2) 문항분석(Item Analysis)
① 척도를 구성하는 문항 간의 내적 일관성·상관성을 알아보기 위해 식별능력을 산출하는 것이다.
② 문항 간 내적 일관성 또는 각 문항에 대한 응답과 모집단의 참값들 간의 상관관계가 크면 해당 문항표본은 좋은 표본이며, 척도는 대표성을 가진다.
③ 척도를 구성하는 문항 간의 내적 일관성·상관성을 평가하는 지표로서 크론바하 α 값을 사용한다.
④ α 값이 낮은, 즉 일관성이 낮은 문항을 버리고, α 값이 높은 응답자의 태도를 잘 차별화시키는 문항, 즉 식별능력이 있는 문항만을 선택한다.

(3) 요인분석(Factor Analysis) 기출 18년 1회
① 다수의 상호 연관된 변수·문항들을 보다 제한된 수의 차원이나 공통요인으로 분류하는 통계분석기법이다.
② 요인분석의 기본원리는 항목들 간의 상관관계가 높은 것끼리 하나의 요인으로 묶어내며, 요인들 간에는 상호독립성을 유지하도록 하는 것이다.
③ 하나의 요인으로 묶인 측정항목들은 하나의 개념을 측정하는 것으로 간주할 수 있고, 요인 간에는 서로 상관관계가 없으므로 각 요인들은 서로 상이한 개념이 된다. 여기서 요인 내의 항목들은 수렴적 타당도에 해당되며, 요인 간에는 차별적 타당도가 적용되는 것으로 해석할 수 있다.

4 측정오차의 의미

01 측정오차의 개념

(1) 측정오차의 의의
① 일정한 측정대상 또는 목적물을 계량적으로 측정했을 때 그 본래의 실현상 또는 목적물이 갖는 실태와 조사자가 그에 대해 계량적으로 측정한 결과 간의 불일치 정도 또는 그 차이의 정도를 지칭한다.
② 측정과 관련된 오차는 본질적으로 신뢰도와 타당도의 문제에 해당한다.
③ 질적인 특수성을 갖는 각각의 속성을 인위적으로 측정이라는 양적인 현상으로 전환함으로써 이들 간의 관계에서 간격이 발생한다.
④ 모든 현상, 즉 모든 측정대상은 단지 그 변화의 속도에 차이가 있을 뿐 각각 끊임없이 일정하게 변하므로, 일정한 대상에 대해 아무리 잘 측정했다고 해도 그 측정결과는 그 대상의 일시적인 것에 불과하다.

(2) 측정오차의 주요 근원
기출 15년 3회, 17년 1,2,3회, 18년 1회, 19년 2회, 20년 3회, 21년 1,3회
① 측정자에 의한 오차
② 측정대상에 의한 오차
③ 고정반응(극단적인 값을 피하려고 중도값을 택하려는 경향)
④ 문화적 차이나 인구사회학적 차이의 개입
⑤ 사회가 바람직하다고 생각하는 편향
⑥ 측정도구와 측정대상자의 상호작용
⑦ 측정도구·방법상의 문제
⑧ 측정대상자의 표기상 오차와 분석과정상의 문제
⑨ 인간의 지적 특수성에 의한 오차
⑩ 시간·장소적인 제약에서 오는 오차
⑪ 환경적 요인의 변화

심화체크
사회조사 분야의 경우 변수의 속성을 정확히 측정하고 규명하는 것이 사실상 불가능하다는 점을 염두에 둘 때 측정상의 오차는 불가피하며, 따라서 완전무결한 측정도구란 있을 수 없다.

심화체크
[22년 1회, 25년]
측정의 오차를 신뢰성 및 타당성과 관련지었을 때 신뢰성과 타당성은 존재의 개념이 아닌 정도의 개념이다.
• 존재의 개념 : 있다/없다
• 정도의 개념 : 높다/낮다

02 측정오차의 종류와 분류

(1) 측정오차의 종류

기출 15년 1,2,3회, 16년 1,2,3회, 17년 1,2,3회, 18년 1,2,3회, 19년 1,2회, 20년 1·2,3,4회, 21년 3회, 22년 1,2회, 23년, 24년, 25년

① 체계적 오차(Systematic Error)
  ㉠ 자료수집방법이나 수집과정에서 개입되는 오차로 조사내용이나 목적에 비해 자료수집방법이 잘못 선정되었거나 조사대상자가 응답할 때 본인의 태도나 가치와 관계없이 사회가 바람직하다고 생각하는 편향으로 응답할 경우 발생할 수 있다.
  ㉡ 체계적으로 영향을 미치는 요인으로는 주로 지식, 교육, 신분 등으로, 이들은 경우에 따라 인위적으로 또는 자연적으로 작용하여 측정에 오차를 초래한다.
  ㉢ 측정결과의 자료분포가 어떤 방향으로 기울어지는 것이 특징이다.
  ㉣ 변수 간의 상호관계에서 어떤 한쪽으로 지나치게 높거나 또는 낮게 나타나는 경향이 있다.
  ㉤ 체계적 오차와 타당도는 반비례 관계이다.
  ㉥ 표준화된 측정도구를 사용하면 체계적 오차를 줄일 수 있다.

② 비체계적 오차(Random Error)
  ㉠ 무작위적 오차라고도 하며, 측정과정에서 우연히 또는 일시적인 사정에 의해 나타나는 오차이다.
  ㉡ 측정하는 사람의 피로, 기억, 감정의 변동 등이 측정대상, 측정과정, 측정환경 등에 따라 일관성 없이 영향을 미침으로써 발생하며, 통제하기 어려운 상황에서 주로 발생한다.
  ㉢ 인위적이지 않아 오차의 값이 다양하게 분산되어 있다.
  ㉣ 방향이 일정하지 않아 상호 간의 영향에 의해 상쇄되는 경우도 있다.
  ㉤ 비체계적 오차와 신뢰도는 반비례 관계이다.

(2) 측정오차의 분류

체계적 오차	사회·경제적 특성에 의한 오차	• 선행효과 : 고학력자일수록 응답문항 중 앞쪽에 있는 답을 선택한다. • 후행효과 : 저학력자일수록 응답문항 중 뒤쪽에 있는 답을 선택한다.
	개인적 성향에 의한 오차	• 관용의 오차 : 응답자의 무성의로 무조건 긍정적인 답을 선택한다. • 가혹의 오차 : 응답자의 무성의로 무조건 부정적인 답을 선택한다. • 중앙집중경향의 오차 : 응답자의 무성의로 무조건 중립적인 답을 선택한다. • 대조의 오차 : 자신과 상반되는 것으로 다른 사람을 평가한다. • 후광효과 : 측정대상의 한 가지 속성에 강한 인상을 받아 이를 토대로 전체에 응답하게 되는 효과이다.
비체계적 오차		• 조사자에 의한 오차 : 조사자의 건강상태나 주관적인 감정상태에 의해 측정 결과에 영향을 미친다. • 응답자(조사대상자)에 의한 오차 : 응답자의 피로, 긴장상태에 의해 측정 결과에 영향을 미친다. • 측정상황에 의한 오차 : 측정시간이나 장소, 분위기가 측정결과에 영향을 미친다.

시험에 이렇게 나왔다

[15년 1회, 18년 3회]

Q 측정의 체계적 오류와 관련이 있는 것은?
① 통계적 회귀
② 생태학적 오류
③ 환원주의적 오류
④ 사회적 바람직성 편향

A ④

심화체크

[16년 2,3회, 19년 3회]

측정오차를 줄이는 방법
• 측정도구 내용의 명확화
• 측정항목 수의 증가
• 측정방식에 일관성을 유지
• 조사자에 대한 사전훈련을 실시
• 신뢰할 수 있는 측정도구를 사용
• 일관성 있는 응답을 유도
• 조사대상자를 배려한 환경, 분위기를 조성
• 중요한 질문은 2회 이상 동일하거나 유사한 질문 수행
• 조사대상자가 모르는 내용은 측정하지 않음

5 타당도의 의미

01 타당도의 개념

(1) 타당도의 의의

기출 15년 2회, 16년 3회, 17년 2,3회, 18년 1회, 19년 2,3회, 20년 3,4회, 21년 2회, 22년 2회

① 조사자가 측정하고자 한 것을 얼마나 제대로 측정했는가의 문제이다.
② 타당성이라고도 한다.
③ 어떤 측정수단이 조사자가 의도하지 않은 측면을 측정할 경우 이 수단은 타당하지 못한 것이 된다.
④ 실증적 수단인 조작적 정의나 지표가 측정하고자 하는 개념을 제대로 반영하는 정도를 의미한다.
⑤ 만약 조사자가 조작적 정의나 지표 또는 척도를 사용하여 처음 측정하고자 했던 개념이 의미하는 바를 제대로 측정하였다면, 이들 조작적 정의나 지표 또는 척도의 타당도는 높다. 반면에 처음 측정하고자 했던 개념이 의미하는 바를 제대로 측정하지 못한 경우 이들의 타당도는 낮은 것이 된다.
⑥ 사회과학에서 특히 타당도가 문제시되는 이유는 보통 측정을 간접적으로 할 수밖에 없는 사회과학 고유의 특성 때문이다. 측정을 간접적으로 하는 경우 조사자는 자신이 측정하고자 하는 속성들을 제대로 측정하는가에 대해 완전한 확신을 가질 수 없다.

(2) 조사설계의 타당도

① 내적 타당도
  ㉠ 정의 : 각 변수 사이의 인과관계를 추론하여 그것이 실험에 의한 진정한 변화에 의한 것인지를 판단하는 인과조건의 충족 정도를 말한다.
  ㉡ 타당도를 저해하는 요인
    기출 15년 1,2,3회, 16년 1,2회, 17년 1,3회, 18년 2회, 19년 1,2회, 20년 1·2,4회, 21년 1회, 22년 2회, 23년, 25년
    • 외부사건(역사요인, 우연한 사건) : 연구기간 동안 천재지변이나 예상치 않았던 사건과 같이 특정 사건이 일어나는 경우, 환경이 바뀌고 이에 따라 연구결과가 다르게 나타날 수 있다.
    • 성숙(성장) 또는 시간의 경과 : 시간의 흐름에 따라 연구대상이나 현상에 변화가 발생함으로 인해 결과에 영향을 미친다.
    • 통계적 회귀 : 최초의 측정에서 양극단적인 측정값을 보인 결과가 이후 재측정의 과정에서 평균값으로 회귀한다.
    • 검사요인(주시험효과, 테스트효과) : 측정이 반복되면서 얻어지는 학습효과로 인해 실험대상자의 반응에 영향을 미친다.
    • 선별요인(선택요인) : 연구자가 실험집단과 통제집단을 선발할 때 편견을 가짐으로써 발생한다.

시험에 이렇게 나왔다

[19년 3회]

Q 측정의 타당성에 대한 설명으로 옳지 않은 것은?

① 동일한 대상의 속성을 반복적으로 측정할 때 동일한 측정결과를 가져올 수 있는 정도를 말한다.
② 측정의 타당성을 평가하는 방법으로는 표면타당성, 내용타당성, 개념타당성 등이 있다.
③ 일반적으로 측정의 타당성을 경험적으로 검증하는 일은 측정의 신뢰성을 검증하는 것보다 어렵다.
④ 측정의 타당성을 높이기 위해서는 측정하고자 하는 개념에 대하여 적절한 조작적 정의를 갖는 것이 중요하다.

A ①

- 도구요인 : 측정자의 측정도구가 달라짐으로 인해 결과에 영향을 미친다.
- 상실요인(실험대상의 탈락) : 조사기간 중 특정 실험대상인이 탈락함으로 인해 결과에 영향을 미친다.
- 모방 : 실험집단과 통제집단을 적절히 통제하지 않음으로 인해 두 집단 간에 발생하는 모방심리가 결과에 영향을 미친다.

ⓒ 내적 타당도를 높이는 방법 기출 18년 2회
- 무작위할당(Random Assignment)
  - 어느 하나의 대상이 실험집단이나 통제집단에 할당될 동일한 기회의 조건을 가진 상태로 두 집단 중 하나에 배정하도록 한다는 것이다.
  - 조사대상의 양 집단에서 뽑힐 동일한 확률을 부여함으로써 변수를 통제하는 것이다.
- 짝짓기(Matching)
  - 실험집단과 통제집단을 동일하게 하기 위해 주요 변수들을 미리 알아내어 실험집단과 통제집단에서 그것들의 분포가 똑같이 나타나도록 하는 것이다.
  - 서로 적합하다고 간주되는 모든 특성·요인·조건·변수 등에서 정확하게 서로 똑같은 대상들을 둘씩 골라 하나는 실험집단에, 다른 하나는 통제집단에 배정함으로써 두 집단의 동질성을 확보한다.

② 외적 타당도
ⓐ 정의 : 연구의 결과에 의해 기술된 인과관계가 연구대상 이외의 경우로 확대·일반화될 수 있는 정도를 말한다. 기출 18년 3회
ⓑ 타당도를 저해하는 요인 기출 15년 1회, 17년 3회, 20년 3회, 21년 3회
- 연구표본의 대표성 : 연구대상, 연구환경, 연구절차 등의 대표성 정도와 연관된 것으로써, 연구의 모든 조건들이 모집단의 일반적인 상황과 유사해야 실험 결과를 일반화할 수 있다.
- 실험조사에 대한 반응성(호손효과) : 실험대상자 스스로 실험의 대상이 되고 있음을 인식할 때 나타나는 의식적 반응이 연구의 결과에 영향을 미친다.
- 플라시보 효과(위약효과, Placebo Effect) : 약효가 전혀 없는 거짓약을 진짜 약으로 가장하여 환자에게 복용하도록 했을 때, 환자의 병세가 호전되는 효과를 말한다.
- 검사의 상호작용 효과
- 표본의 편중

ⓒ 외적 타당도를 높이는 방법
- 표본의 대표성을 높인다.
  무작위할당을 통해 표본자료가 모집단의 특성을 충분히 반영하고 있는지를 파악한다.
- 조사반응성(반응효과, 호손효과)을 줄인다.
  피험자에게 실험사실을 알리지 않는 방법, 실험기간을 장기화하여 실험사실에 둔감해지도록 하는 방법, 비처치 통제집단을 추가하는 방법 등을 사용한다.

시험에 이렇게 나왔다

[20년 3회]

Q 연구 진행 과정에서 위약효과가 큰 것으로 의심이 될 때 연구자가 유의해야 할 점은?

① 연구대상자 수를 줄여야 한다.
② 사전조사와 본조사의 간격을 줄여야 한다.
③ 연구결과를 일반화시키지 말아야 한다.
④ 연구대상자에게 피험자임을 인식시켜야 한다.

A ③

시험에 이렇게 나왔다

[20년 3회]

Q 외적 타당도를 저해하는 요소에 관한 설명이 아닌 것은?

① 측정도구나 관찰자에 따라 측정이 달라질 수 있다.
② 측정 자체가 실험대상자들의 행동을 변화시킬 수 있다.
③ 실험대상자 선정에서 오는 편향과 독립변수 간에 상호작용이 있을 수 있다.
④ 연구의 결과가 일반화될 수 있는가의 여부는 표집뿐만 아니라 생태학적 상황에 의해서도 결정될 수 있다.

A ①

02 타당도의 종류

(1) 내용타당도

기출 15년 1,2회, 16년 1,2회, 18년 1,3회, 19년 1,2,3회, 20년 1·2회, 21년 2회, 23년, 24년

① 표면타당도, 액면타당도(Face Validity) 또는 논리적 타당도(Logical Validity)라고도 불린다.
② 측정항목이 연구자가 의도한 내용을 실제로 측정하고 있는가의 문제이다.
③ 측정도구가 측정대상이 가지고 있는 많은 속성 중의 일부를 대표성 있게 포함하는 경우 타당도가 있다고 본다.
④ 논리적 사고에 입각한 논리적인 분석과정으로 판단하는 주관적인 타당도로서, 객관적인 자료에 근거하지 않는다.
⑤ 예를 들어 어느 한 후보의 인지도를 측정하기 위한 두 가지 측정도구로서, 하나는 그 후보를 좋아하느냐를 묻는 문항, 다른 하나는 그 후보에 대해 알고 있느냐를 묻는 문항을 개발했다고 할 때, 어느 정도는 후자가 후보 인지도를 측정하기에 적합하다고 판단할 수 있다.
⑥ 이와 같이 측정도구의 내용타당도는 문항구성 과정이 그 개념을 얼마나 잘 반영하고 있는지, 그리고 해당 문항들이 각 내용영역들의 독특한 의미를 얼마나 잘 나타내주고 있는지를 의미한다.
⑦ 관련 분야 전문가들의 자문이나 패널토의, 워크숍 등을 통하여 타당도에 관한 의견을 수렴한다.
⑧ 내용타당도의 장단점은 다음과 같다.

장점	• 계량화되어 있는 정보를 제공하지 못한다고 해도 전문가들의 판단에 의해 검사의 타당도를 입증받게 되므로, 검사의 목적에 대한 부합성의 여부를 검정할 수 있다. • 질문내용에 기초를 두어 관찰할 수 있고, 추정할 수도 있다. • 적용이 용이하고 시간이 적게 든다.
단점	• 조사자의 주관적인 해석과 판단에 지나치게 의존함으로써 판단에 의한 오류나 착오가 개입할 여지가 많다. • 통계적 검증이 이루어지지 않는다. • 측정하고자 하는 속성과 해당 속성을 반영하는 항목 간의 상응관계(Correspondence)의 정도를 파악할 수 없다.

➕ 플러스원

측정도구 내용의 대표성을 높이기 위한 절차
• 어떠한 개념의 모든 의미를 전부 다 포괄하기 위해 중요하고 명백한 의미들을 열거한다.
• 어떤 의미가 단일차원을 대표하지 못하는 경우 이를 다시 세분하도록 한다.
• 각각의 의미에 대해 적어도 7~10개의 항목을 사용해야 의미를 잘 파악할 수 있을 뿐만 아니라 신뢰도도 높아진다.
• 선택된 항목들이 예상했던 대로 기능을 하지 못한 경우 해당 항목은 제거해야 한다.

심화체크

내용타당도는 측정도구 자체가 측정하고자 하는 속성이나 개념을 얼마나 대표할 수 있는지를 평가한다. 측정도구가 측정대상이 가진 많은 속성 중 일부를 대표성 있게 포함할 경우 그 측정도구는 내용타당도가 높다고 할 수 있다.

시험에 이렇게 나왔다

[20년 1·2회]

Q 측정도구 자체가 측정하고자 하는 속성이나 개념을 얼마나 대표할 수 있는지를 평가하는 것은?

① 실용적 타당도
② 내용타당도
③ 기준관련타당도
④ 구성체타당도

A ②

시험에 이렇게 나왔다

[19년 3회, 22년 1회]

Q 대학수능시험 출제를 위해 대학교수들이 출제를 하고 현직 고등학교 교사들이 검토하여 부적절한 문제를 제외하는 절차를 거친다면 이러한 과정은 무엇을 높이기 위한 것인가?

① 집중타당성
② 내용타당성
③ 동등형 신뢰도
④ 검사-재검사 신뢰도

A ②

시험에 이렇게 나왔다

[1급]

Q 개인의 사회경제적 지위를 측정하기 위해 직업, 소득, 교육 등을 사용하여 각 측정치들의 상관계수를 통해서 타당성을 평가하는 것은?

① 내용(Content)타당성
② 표면(Face)타당성
③ 개념(Construct)타당성
④ 기준관련(Criterion-related)타당성

A ④

(2) 기준타당도

기출 16년 1회, 17년 1회, 18년 3회, 20년 1·2회, 21년 1,3회, 22년 2회

① 기준관련타당도(Criterion-related Validity), 실용적 타당도(Pragmatic Validity) 또는 경험적 타당도(Empirical Validity)라고도 한다.
② 경험적 근거에 의해 타당도를 확인하는 방법으로서, 이미 전문가가 만들어 놓은 신뢰도와 타당도가 검증된 측정도구에 의한 측정결과를 기준으로 한다.
③ 통계적으로 타당도를 평가하는 것으로서, 사용하고 있는 측정도구의 측정값과 기준이 되는 측정도구의 측정값 간의 상관관계에 관심을 두는 것이다.
④ 연구하려는 속성을 측정해줄 것으로 알려진 외적변수(기준)와 측정도구의 측정결과(척도의 점수) 간의 관계를 비교함으로써 타당도를 파악하는 방법이다.
⑤ 내용타당도보다 경험적 검증이 용이하다.
⑥ 동시적 타당도와 예측적 타당도로 구분된다.

  ㉠ 동시적 타당도(Concurrent Validity) 기출 18년 2회
  - '일치적 타당도'라고도 하며, 새로운 검사를 제작했을 때 새로 제작한 검사의 타당도를 위해 기존에 타당도를 보장받고 있는 검사와의 유사성 혹은 연관성에 의해 타당도를 검정하는 방법이다.
  - 계량화를 통해 타당도에 대한 객관적인 정보를 제공할 수 있으며, 타당도의 정도를 나타낼 수 있는 장점이 있다.
  - 기존에 타당도를 입증받고 있는 검사가 없을 경우 타당도를 추정할 수 없으며, 타당도가 입증된 검사가 있을지라도 그 검사와의 관계에 의해 동시적 타당도가 검정되므로 기존에 타당도를 입증받은 검사에 의존할 수밖에 없다.
  - 타당도계수는 응답자 집단의 응답결과에 의해 추정되므로, 응답자 집단이 보다 이질적일 때 타당도계수가 높아지는 경향을 보이는 반면 응답자 집단이 동질적인 경우 타당도계수는 낮아진다.

  ㉡ 예측적 타당도(Predictive Validity) 기출 22년 1회
  - 어떠한 행위가 일어날 것이라고 예측한 것과 실제 대상자 또는 집단이 나타낸 행위 간의 관계를 측정하는 것이다.
  - 검사점수가 미래의 행위를 얼마나 잘 예측하느냐가 관건이다.
  - 예를 들어 비행사 적성검사를 보았을 때 해당 적성검사에서 높은 점수를 받은 비행사가 실제 안전운행 기록상에도 높은 점수를 보이는 경우, 그 검사의 예측적 타당도가 높다고 할 수 있다.
  - 검사도구가 미래의 행위를 예언하므로 채용, 선발, 배치 등의 목적을 위해 사용할 수 있으나, 이러한 검사의 타당도계수를 위해 오랜 시간을 기다려야 한다.

(3) **개념타당도** 기출 15년 1회, 16년 1,3회, 17년 3회, 19년 2회, 21년 2,3회
① 구조적 타당도 또는 구성(구성체)타당도라고도 한다.
② 조작적으로 정의되지 않은 인간의 심리적 특성이나 성질을 심리적 개념으로 분석하여 조작적 정의를 부여한 후, 검사점수가 조작적 정의에서 규명한 심리적 개념들을 제대로 측정하였는가를 검정하는 방법이다.
③ 측정에 의해 얻는 측정값 자체보다는 측정하고자 하는 속성에 초점을 맞춘 타당성이며, 이론과 관련하여 측정도구의 타당도를 검증한다.
④ 응답 자료가 계량적 방법에 의해 검정되므로, 과학적이고 객관적이라 할 수 있다.
⑤ 측정방법에는 다중속성-다중측정 방법, 요인분석, 이론적 구성개념 등이 있다.
⑥ 이해타당도, 수렴타당도, 판별타당도로 구분된다. 기출 16년 1회, 17년 2회, 18년 2회
　㉠ 이해타당도(Nomological Validity)
　　• 특정 개념에 대해 이론적 구성을 토대로 어느 정도 체계적·논리적으로 이해하고 있는가를 나타내는 타당도이다.
　　• 예를 들어 지능은 창조력, 판단력, 해석능력 등으로 다양하게 정의할 수 있으며, 서로 유사한 여러 개념들을 모두 측정할 수 있는 측정도구일수록 이해타당도가 높다고 평가할 수 있다.
　㉡ 수렴타당도(Convergent Validity) 기출 17년 1,2회, 20년 4회
　　• 집중타당도라고도 하며, 동일한 개념을 측정하기 위해 서로 다른 측정방법을 사용하여 측정치들 간에 높은 상관관계가 존재해야 함을 전제로 한다.
　　• 예를 들어 새로 개발한 지능검사를 기존의 지능검사와 비교하여 검사 간의 상관계수가 높게 나타났다면, 새로운 지능검사는 지능이라는 개념을 잘 측정한 것으로 간접적인 결론을 내릴 수 있다. 이 경우 검사의 수렴타당도가 높다고 한다.
　㉢ 판별타당도(Discriminant Validity) 기출 18년 1회, 19년 1회
　　• 서로 다른 개념들을 측정했을 때 얻어진 측정문항들의 결과 간에 상관관계가 낮아야 함을 전제로 한다.
　　• 예를 들어 정치인의 선호도와 정당지지도라는 상이한 개념의 문제들을 측정했을 때 두 개념을 측정한 측정치들 간의 상관계수가 낮게 나왔다면, 판별타당도가 높다고 해석할 수 있다.

＋ 플러스원

개념타당도(구성타당도)의 평가방법
• 측정되고 있는 각 구성 또는 변수 간의 관계를 검토한다.
• 각 구성 또는 변수들에 대해 그것이 각각 처해있는 일련의 명제하에서 논리적인 관계를 파악한다.
• 각 구성은 정반대의 구성과 상호관계를 파악함으로써 그 특수성을 보다 명백하게 한다.
• 개념타당도는 요인분석(Factor Analysis)을 실시하여 검토할 수 있다. 요인분석은 항목들 간의 상관관계가 높은 것끼리 하나의 요인으로 묶으며, 이때 하나의 요인으로 묶이는 변수들은 타당도가 높은 반면 반대의 변수는 상이한 개념으로 제외시킨다. 이러한 요인 내의 항목들은 수렴타당도가 적용되며, 요인 간에는 판별타당도가 적용된다.

시험에 이렇게 나왔다

[15년 1회]
Q 구성체 타당도와 관련된 개념이 아닌 것은?
① 다중속성 - 다중측정 방법
② 요인분석
③ 이론적 구성개념
④ 예측적 타당도

A ❹

시험에 이렇게 나왔다

[19년 1회]
Q 서로 다른 개념을 측정했을 때 얻어진 측정치들 간의 상관관계가 낮게 형성되어야 하는 타당성의 유형은?
① 집중타당성
② 판별타당성
③ 표면타당성
④ 이해타당성

A ❷

6 신뢰도의 의미

01 신뢰도의 개념

(1) 신뢰도의 의의 기출 15년 2회, 16년 1회, 17년 1,2회, 18년 3회, 19년 2,3회, 21년 2회

① 측정도구가 측정하고자 하는 현상을 일관성 있게 측정하는 능력을 말한다. 다시 말해 어떤 측정도구(척도)를 동일한 현상에 반복 적용하여 동일한 결과를 얻게 되는 정도를 그 측정도구의 신뢰도라고 한다.
② 신뢰성이라고도 한다.
③ 어떤 측정도구를 사용해서 동일한 대상을 측정하였을 때 항상 같은 결과가 나온다면 이 측정도구는 신뢰도가 매우 높다고 할 수 있다.
④ 신뢰도가 높은 측정도구는 연구자의 변경이나 측정 시간 및 장소의 차이에도 불구하고 항상 동일한 결과를 가져온다. 반면에 신뢰도가 낮은 측정도구는 매번 측정할 때마다 측정치가 달라진다.
⑤ 신뢰도와 유사한 표현으로서 신빙성, 안정성, 일관성, 예측성 등이 있다.

(2) 신뢰에 대한 개념 정의 기출 15년 3회, 18년 1,2회

① 동일한 대상을 동일한 측정도구를 사용하여 측정할 경우 동일한 결과를 얻을 수 있는 정도로 신뢰도를 정의하는 방법이다. 이러한 신뢰도의 정의에는 안정성, 신빙성, 예측성의 의미가 크게 내포되어 있다. 이 개념 정의 방법은 기초적인 정의로서 가장 많이 사용되는 방법이다.
② 정확성 및 정밀성, 즉 측정도구가 측정하려고 하는 속성을 얼마나 진실에 가깝도록 측정했느냐 하는 것으로 신뢰도를 정의하는 방법이다. 이러한 정확성 및 정밀성을 강조하는 정의는 첫 번째의 안정성을 강조하는 정의를 내포하고 있다.
③ 측정도구에 있어서 측정오차가 어느 정도인가를 파악함으로써 신뢰도를 정의하는 방법이다. 이 방법은 신뢰도의 실제적인 문제점과 이론적인 문제점을 보다 잘 해결해주고 개념 정의를 분명하게 해줄 뿐만 아니라, 다른 개념 정의나 접근방법을 포괄적으로 설명하도록 해준다

심화체크

신뢰도가 높다고 해서 훌륭한 과학적 결과를 보장하는 것은 아니지만, 신뢰도가 없는 훌륭한 과학적 결과는 존재할 수 없다. 다시 말해 신뢰도는 연구조사 결과와 그 해석에 있어서 충분조건은 아니지만 필요조건에 해당한다고 볼 수 있다.

시험에 이렇게 나왔다

[19년 2회]
Q 신뢰성에 대한 설명으로 옳지 않은 것은?
① 측정하고자 하는 개념을 정확히 측정했는지를 의미한다.
② 측정된 결과치의 일관성, 정확성, 예측가능성과 관련된 개념이다.
③ 신뢰성 측정법에는 재검사법, 복수양식법, 반분법 등이 있다.
④ 측정값들 간에 비체계적 오차가 적으면 신뢰성이 높은 측정결과이다.

A ①

02 신뢰도 추정방법

기출 15년 1회, 16년 2회, 19년 1회, 20년 4회, 21년 1회, 23년

(1) 재검사법(Retest Method)

기출 15년 2,3회, 16년 2회, 17년 3회, 18년 1회, 19년 1회

① 가장 기초적인 신뢰도 검증방법으로서, 동일한 대상에 동일한 측정도구를 서로 상이한 시간에 두 번 측정한 다음 그 결과를 비교하는 것이다.

② 재검사에 의한 반복측정을 통해 그 결과에 대한 상관관계를 계산하여 도출된 상관계수로 신뢰도의 정도를 추정한다. 여기서 상관계수가 높다는 것은 신뢰도가 높다는 것을 의미한다.

③ 안정성 계수(Coefficient of Stability)를 사용한다. -1.00에서 $+1.00$의 척도상에서 통계치가 나타나며 안정성 계수가 높으면 이 검사는 신뢰도가 높고, 안정성 계수가 낮으면 신뢰도가 낮다.

④ 재검사법의 장단점은 다음과 같다.

장 점	• 적용이 매우 간편하다. • 측정도구 자체를 직접 비교할 수 있다. • 실제 현상에 적용시키는 데 매우 용이하다.
단 점	• 응답자들이 질문문항을 잘못 이해하거나 또는 이들 사이의 개인차를 극복할 수 없기 때문에 두 번의 검사에서 동일한 결과(점수)가 측정되지 않을 수 있다. • 검사 사이의 기간이 가져올 수 있는 문제로 기간이 너무 짧으면 첫 번째 검사내용을 기억할 수 있으며, 너무 길 경우 측정의 대상이 심경의 변화를 일으켜 측정상의 변화가 나타날 수 있다. • 동일한 측정대상을 두 번씩 측정에 응하게 하는 것은 비용이 많이 들 뿐만 아니라 경우에 따라서는 가능하지 않을 수 있다.

+ 플러스원

재검사법의 문제점 완화책
• 척도의 항목수를 늘린다.
• 첫 번째 검사와 두 번째 검사의 기간은 측정대상에게 실제적인 변화가 발생하지 않을 만큼 짧고, 첫 번째 검사의 내용을 잊을 수 있을 만큼 길도록 설정한다.
• 동일한 측정대상을 두 번씩 측정에 응하도록 해야만 할 경우, 그 숫자를 줄이거나 혹은 무작위 추출법에 의해 측정대상의 동등화를 유지한다.

(2) 복수양식법(Multiple Forms Technique) **기출** 17년 2회, 19년 3회, 20년 3회

① 두 개 이상의 유사한 측정도구를 사용하여 동일한 표본에 적용한 결과를 서로 비교하여 신뢰도를 측정하는 방법으로, '대안법(Alternate-form Method)' 또는 '평행양식법(Parallel-forms Technique)'이라고도 한다.

시험에 이렇게 나왔다

[16년 2회]

Q 신뢰성 측정방법인 검사-재검사법에 관한 설명으로 가장 적합한 것은?

① 홀수문항과 짝수문항의 응답을 비교하는 방식으로 수행하기도 한다.
② 내적 일치도를 측정하는 신뢰성 측정방법이다.
③ 검사-재검사 간격이 너무 짧으면 기억효과 때문에 신뢰성이 낮아진다.
④ 동일한 문항을 반복해서 측정하는 것이다.

A ❹

시험에 이렇게 나왔다

[20년 3회]

Q 측정도구의 신뢰도 검사방법에 관한 설명으로 옳지 않은 것은?

① 검사-재검사법은 측정대상이 동일하다.
② 복수양식법은 측정도구가 동일하다.
③ 반분법은 측정도구의 문항을 양분한다.
④ 크론바하 알파계수는 0에서 1 사이의 값을 가지며, 값이 높을수록 신뢰도가 높다.

A ❷

---

② 재검사법의 변형이라고 할 수 있는 방법으로, 동일한 조작적 정의 또는 지표들에 대한 측정도구(예 일련의 질문문항들)를 두 종류씩 만들어 동일한 측정대상에게 각각 응답하도록 하는 방법이다.

③ 평행을 이루는 두 가지 형태의 측정도구를 사용하여 각각 동일한 표본에 차례로 적용해봄으로써 신뢰도를 측정한다. 이 경우 두 가지 형태의 측정도구는 유사성이 매우 높아야만 신뢰도를 측정할 수 있는 수단으로서 인정받을 수 있다.

④ 복수양식법의 장단점은 다음과 같다.

장점	• 재검사법에서 나타나는 외생변수의 영향 문제를 극복할 수 있다. • 두 개의 동형검사를 동일집단에 동시에 시행하므로 주시험효과의 영향을 받지 않는다. • 신뢰도계수 추정이 비교적 쉽다.
단점	• 동일한 현상을 측정하기 위한 두 개의 동등한 측정도구를 개발하는 것이 쉽지 않다. • 신뢰도가 낮은 것으로 결과가 나타날 경우 그것이 측정도구의 신뢰성 문제인지 동등화에 실패한 것인지 설명할 수 없다. • 측정양식을 차례로 만들어 두 양식 간에 높은 반복성을 보일 경우 똑같은 체계적 오차가 각 양식에 포함될 수 있다. 즉, 두 개의 측정도구의 측정치 간에 상관관계가 높을 경우 주시험효과를 완전히 극복하기 어렵다.

(3) 반분법(Split-half Method) 기출 17년 1회, 21년 1회, 22년 2회

① 복수양식법의 변형으로서 측정도구를 임의로 반으로 나누어 각각 독립된 두 개의 척도로 사용함으로써 신뢰도를 측정하는 방법이다.

② 조사항목의 반을 가지고 조사결과를 획득한 다음 항목의 다른 반쪽을 동일한 대상에 적용하여 얻은 결과와 비교하는 방법이다(두 부분 간의 상관성 측정).

③ 이 방법은 문항분석을 통해 문항의 내용 및 판별도, 문항의 곤란도 등을 고려하여 두 항목의 가장 동등한 것을 선정하여 양쪽으로 동등하게 나누어 가는 방법이다.

④ 측정도구가 경험적으로 단일성을 지녀야 한다. 여기서 단일성이란 측정도구의 항목들이 같은 종류로 구성되거나 아니면 적어도 유사한 항목들로 구성되어야 함을 의미한다.

⑤ 양분된 각 측정도구의 항목수는 그 자체가 각각 완전한 척도를 이룰 수 있도록 충분히 많아야 한다. 반분된 항목수는 적어도 8~10개 정도가 되어야 하며, 전체 항목수는 16~20개의 항목을 가지고 있어야 한다.

⑥ Spearman-Brown 예측공식 기출 18년 3회

반분하는 방법은 항목을 짝수항목과 홀수항목으로 반분하거나 무작위적으로 항목을 반을 추출하여 나머지를 또 하나의 척도를 만드는 식으로 일반적으로 사용되고 있다. 그런데 실제로는 두 부분을 따로 떼어 적용하는 것이 아니라 내용적으로만 반으로 갈라놓고 본래의 측정도구를 그대로 사용한다. 그리하여 두 부분의 측정결과를 비교하여 상관관계를 계산함으로써 신뢰도를 측정하는 것이다. 이렇게 하여 얻어진 상관계수를 옳게 변경하기 위해서 Spearman-Brown 예측공식을 적용한다.

심화체크

반분법은 어떻게 반분하느냐에 따라 상관계수가 달라질 수 있다.

심화체크

[15년 2회, 23년]

Spearman-Brown 예측공식은 질문의 수가 짝수 개인 질문지가 홀수 개인 질문지보다 신뢰도가 높고 또 질문지 전체가 반쪽보다 신뢰도가 높다는 것을 전제로 한다.

⑦ 반분법의 장단점은 다음과 같다.

장 점	• 두 번 검사를 시행하지 않고 신뢰도를 추정할 수 있다. • 재검사법이나 복수양식법에서의 시험간격이나 동형검사 제작 등이 문제되지 않는다. • 반분된 각각의 측정도구들에 대한 동질성 여부를 판단할 수 있도록 하여 측정도구의 내적 일관성을 측정할 수 있다. • 동등하지 않은 문항들을 발견하여 배제할 수 있도록 한다.
단 점	• 반분된 각각의 측정문항들을 동등하게 만들기가 어렵다. • 측정문항이 적은 경우 사용할 수 없다. • 어떤 특정 항목의 신뢰도를 정확히 파악하는 데 한계가 있다.

(4) 관찰자 신뢰도

① 관찰의 안정성을 기초로 한 신뢰도 측정방법으로서, 재검사적 관찰자 신뢰도와 대안적 관찰자 신뢰도로 구분된다.

② **재검사적 관찰자 신뢰도** : 한 사람의 관찰자가 일정한 관찰지침과 절차에 의거하여 동일 측정대상에 대해 시간적 간격에 의한 반복관찰을 시행한 후, 그 결과의 상관관계를 점수로 산정하여 신뢰도를 평가하는 방법이다.

③ **대안적 관찰자 신뢰도** : 두 사람 이상의 관찰자가 일정한 관찰지침과 절차에 의거하여 동시에 독립적인 관찰을 시행한 후, 관찰자 간 관찰의 결과를 점수로 산정하여 신뢰도를 평가하는 방법이다.

④ 관찰자 신뢰도는 주로 탐색적인 목적을 위해 사용된다.

⑤ 관찰자들의 관찰지침에 대한 정확한 이해와 체계적인 절차가 이루어져야 하며, 관찰자들에 대한 지속적인 훈련이 요구된다.

(5) 내적 일관성 분석법 기출 16년 1,3회, 20년 1·2회, 21년 3회

① 단일의 신뢰도계수를 계산할 수 없는 반분법의 문제점을 고려하여, 가능한 한 모든 반분신뢰도를 구한 다음 그 평균값을 신뢰도로 추정하는 방법이다.

② 동일한 개념을 측정하는 항목인 경우 그 측정결과에 일관성이 있어야 한다는 논리에 따라 일관성이 없는 항목, 즉 신뢰성을 저해하는 항목을 찾아서 배제시킨다.

③ 크론바하 알파계수가 대표적이며, 신뢰도 계수를 구할 수 있으므로 현실적으로 가장 많이 사용된다.

+ **플러스원**

크론바하 알파계수(Cronbach's α Coefficient)
기출 16년 2회, 17년 3회, 18년 2회, 20년 1·2회, 21년 2회, 24년
• 척도를 구성하는 항목들 간에 나타난 상관관계 값을 평균처리한 것이다.
• 신뢰도가 낮은 경우 신뢰도를 저해하는 항목을 찾을 수 있다.
• 신뢰도 측정의 계수를 '크론바하 알파값'이라 한다.
• 계수는 '0~1'의 값을 가지며, 알파값은 '0.6' 이상이 되어야 만족할 만한 수준이 되고, '0.8~0.9' 정도를 신뢰도가 높은 것으로 본다.
• 문항 간의 평균 상관계수가 높을수록, 문항의 수가 많을수록 크론바하 알파값은 커진다.

시험에 이렇게 나왔다

[15년 1회]

Q 신뢰도를 측정하는 방법이 아닌 것은?

① 재검사법
② 복수양식법
③ 반분법
④ 내용검사법

A ④

시험에 이렇게 나왔다

[16년 1회, 20년 1·2회]

Q 측정항목이 가질 수 있는 모든 조합의 상관관계의 평균값을 산출해 신뢰도를 측정하는 방법은?

① 재검사법
② 복수양식법
③ 반분법
④ 내적 일관성법

A ④

03 신뢰도 제고방법

기출 15년 1회, 16년 1,2,3회, 17년 1,2,3회, 18년 1,2,3회, 19년 1,3회, 20년 1·2,3,4회, 21년 1회, 22년 1,2회

(1) 항목을 명확히 구성
① 측정도구가 되는 항목은 누구에게나 동일하게 이해되도록 명백하게 구성해야 한다.
② 애매모호한 항목은 서로 다른 해석을 야기하므로 오차분산이 개입할 여지가 발생하며, 그로 인해 측정의 신뢰도를 떨어뜨리는 결과를 초래한다.

(2) 측정상황을 분석하고 일관성 유지
① 측정도구는 항상 표준화되고 잘 통제되어야 한다.
② 최대한 동일한 조건하에서 적용되도록 해야 한다.

(3) 측정항목을 추가적으로 사용 기출 16년 1회, 23년
① 측정도구가 충분히 믿을 만한 것이 못될 경우 동일한 종류와 질을 가진 항목을 추가로 사용하도록 한다.
② 측정항목을 보다 많이 사용한다는 것은 실제 측정치가 진실된 값에 보다 근접할 가능성을 높이는 것이며, 이를 통해 신뢰도를 증가시킬 수 있다.

(4) 대조적인 항목들을 비교·분석
① 측정도구가 되는 각 항목의 성격을 비교하여 서로 대조적인 항목들을 비교·분석하는 방법이다.
② 항목의 성격이 서로 대조적인 것은 그 결과도 서로 대조적으로 나타난다는 논리에서 개발된 것이다. 여기서는 상관계수가 '0'에 가까워지는 것이 신뢰도가 높은 것을 의미한다.

(5) 표준화된 지시와 설명
① 측정도구의 사용이나 응답에 있어서 가능한 한 분명하고 표준화된 설명을 사전에 충분히 함으로써 측정오차를 줄이도록 해야 한다.
② 불분명한 지시나 설명은 오차분산을 크게 하여 측정의 신뢰도를 떨어뜨린다.

(6) 기 타
① 조사대상자가 잘 모르거나 관심이 없는 내용에 대한 측정을 하지 않는 것이 좋다.
② 조사자의 주관을 제외하며, 신뢰성이 인정된 기존 측정도구를 사용한다.

시험에 이렇게 나왔다

[20년 4회]

Q 측정의 신뢰도를 높이기 위한 방법으로 거리가 먼 것은?

① 측정항목의 내용을 명확하게 한다.
② 측정항목의 수를 늘린다.
③ 가능한 범위에서 측정의 시점을 최대한 길게 정하여 측정한다.
④ 응답자를 배려한 환경, 분위기를 조성한다.

A ❸

시험에 이렇게 나왔다

[19년 1회]

Q 측정의 신뢰성을 높이는 방법과 가장 거리가 먼 것은?

① 측정항목의 수를 줄인다.
② 측정항목의 모호성을 제거한다.
③ 조사자의 면접방식과 태도에 일관성을 확보한다.
④ 이전의 조사에서 신뢰성이 있다고 인정된 측정도구를 이용한다.

A ❶

➕ **플러스원**

비신뢰성의 원천
- 측정수단의 비신뢰성 : 지표 또는 측정에 사용되는 도구 또는 수단이 믿을 수 없는 경우
- 현상 또는 대상의 비신뢰성 : 조사연구의 대상이 되는 현상 또는 사람들의 반응·응답을 신뢰할 수 없는 경우
- 관찰자의 비신뢰성 : 사회조사 연구에서 관찰자수의 확장으로 인해 연구자 또는 관찰자 간의 상호 주관적인 신뢰성을 확보하기 어려운 경우

04 타당도와 신뢰도의 비교

(1) 타당도와 신뢰도의 상호관계

기출 15년 1,3회, 16년 3회, 19년 2회, 20년 1·2,3회, 21년 3회, 23년, 24년

① 타당도가 높기 위해서는 신뢰도가 높아야 한다.
② 신뢰도가 높다고 하여 반드시 타당도가 높은 것은 아니다.
③ 타당도가 낮다고 하여 반드시 신뢰도가 낮은 것은 아니다.
④ 타당도가 없어도 신뢰도를 가질 수 있다.
⑤ 타당도가 있으면 반드시 신뢰도가 있다.
⑥ 신뢰도가 없으면 타당도도 없다.
⑦ 타당도는 신뢰도의 충분조건이고, 신뢰도는 타당도의 필요조건이다.
⑧ 타당도와 신뢰도는 비대칭적 관계이다.

(2) 신뢰도와 타당도의 측정

기출 16년 2회, 17년 1,3회, 18년 2,3회, 19년 1,3회, 21년 1,2회

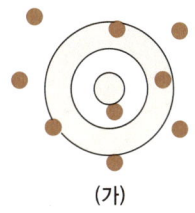  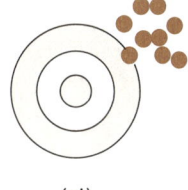

　　　　(가)　　　　　　　　(나)　　　　　　　　(다)

① 그림 (가)는 신뢰도가 낮은 경우에 해당한다. 신뢰도가 낮으므로 타당도를 고려할 수 없으며, 정밀성을 제고하여 신뢰도를 높임으로써 바람직한 척도가 될 수 있다.
② 그림 (나)는 신뢰도와 타당도가 높은 경우에 해당한다. 측정하고자 하는 것을 정확히 측정할 수 있는 바람직한 척도에 해당한다.
③ 그림 (다)는 신뢰도는 높지만 타당도가 낮은 경우에 해당한다. 측정의 정밀성이 높음에도 불구하고, 측정하고자 하는 것을 정확히 측정하지 못하여 타당도가 낮게 나타난다. 이와 같은 척도는 타당도를 높임으로써 훌륭한 척도의 요건을 구비하게 된다.

시험에 이렇게 나왔다

[20년 3회]

Q 신뢰도와 타당도 간의 관계에 관한 설명으로 가장 거리가 먼 것은?

① 신뢰도가 높은 측정은 항상 타당도가 높다.
② 타당도가 높은 측정은 항상 신뢰도가 높다.
③ 신뢰도가 낮은 측정은 항상 타당도가 낮다.
④ 타당도가 낮다고 해서 반드시 신뢰도가 낮은 것은 아니다.

A ❶

시험에 이렇게 나왔다

[18년 2회]

Q 다음 사례의 측정에 대한 설명으로 옳은 것은?

> A초등학교 어린이들의 발달 상태를 조사하기 위해 체중계를 이용하여 몸무게를 측정했는데 항상 2.5kg이 더 무겁게 측정되었다.

① 타당도는 높지만 신뢰도는 낮다.
② 신뢰도는 높지만 타당도는 낮다.
③ 신뢰도도 높고 타당도도 높다.
④ 신뢰도도 낮고 타당도도 낮다.

A ❷

05 타당도와 신뢰도에 영향을 미치는 요인

기출 15년 3회, 18년 3회, 20년 4회

(1) 검사도구 및 그 내용

① 측정의 길이
  ㉠ 측정이 길어서 응답자가 싫증을 느끼게 되면, 이들은 실제 느낀 점을 이야기하기보다 편의 위주로 응답할 가능성이 있다.
  ㉡ 조사자는 응답이 형식적으로 이루어지지 않도록 세심한 주의를 기울여야 한다.

② 개방형 질문과 폐쇄형 질문
  ㉠ 개방형 질문에서는 응답자가 직접 자기표현을 하므로 응답자의 능력, 교육수준 등이 신뢰도와 타당도에 영향을 미친다.
  ㉡ 폐쇄형 질문은 답변이 표준화되어 있으므로 응답이 용이하고 민감한 내용에 있어서도 쉽게 응답을 얻을 수 있는 반면, 응답자가 적절한 답을 가지지 않은 경우 무성의한 응답을 할 수도 있다.

③ 문화적 요인
  ㉠ 관례상 잘 사용하지 않거나 시대착오적인 단어나 구절을 포함하는 측정은 신뢰도를 떨어뜨리며, 그로 인해 타당도를 저해한다.
  ㉡ 측정이 이루어지고 있는 당시의 문화는 태도측정의 신뢰도와 타당도의 확보에 영향을 주는 중요한 요인으로 작용한다.

④ 기계적인 요인
  ㉠ 질문지에 있어서 탈자, 오자, 읽기 어려운 단어, 페이지의 누락 등과 같은 것을 말한다. 이러한 기계적인 요인은 오해를 유발하여 측정의 신뢰도와 타당도를 저해한다.
  ㉡ 대인면접에서도 면접자가 질문지의 내용 이외의 설명을 한다거나 임의로 다른 단어로 대체하는 경우, 해당 면접결과는 신뢰도를 저해한다. 따라서 각 응답자에 대한 측정도구의 적용조건을 동일하게 적용하도록 해야 한다.

시험에 이렇게 나왔다

[19년 2회]

Q 다음 중 성인에 대한 우울증 검사도구를 청소년들에게 그대로 적용할 때 가장 우려되는 측정오차는?

① 고정반응
② 문화적 차이
③ 무작위오류
④ 사회적 바람직성

A ②

(2) 개인적 요인

① 연령·성별 및 성숙도 : 응답자의 연령 및 성별은 인간의 성숙수준과 관계되며, 이것은 조사에 대한 이해에 영향을 미친다.

② 사회·경제적 지위 : 일차적 구성요소로는 직업, 교육수준, 소득, 윤리적 배경 등을 들 수 있다. 이러한 요인은 성과측정 및 태도조사의 차이를 유발하게 되므로, 조사자는 조사하려는 대상의 사회·경제적 수준에 상응하도록 측정도구를 작성할 필요가 있다.

③ 기억력 : 검사를 전·후에 걸쳐 두 번 실시하는 경우, 처음 검사에서의 응답을 기억하는 능력은 두 번째 검사의 응답에 영향을 미친다.

④ 사회적 요청 : 면접질문이나 검사문항에 사회적으로 바람직한 것으로 인정되는 것이 포함될 경우 그것이 응답자의 전반적인 응답형태에 중요한 영향을 미친다. 즉, 응답자들은 자신들의 진실을 밝히기보다 사회적으로 바람직하다고 하는 것을 응답할 가능성이 많다.

(3) 환경적 요인

① 대인면접과 자기기억식 질문지 : 어떤 측정대상에게 똑같은 질문을 해도, 그것이 직접 면접자의 얼굴을 대하는 면접인 경우와 대상자가 직접 문장을 기재하는 경우는 태도상의 상당한 차이가 있다.

② 측정도구를 완성하는 데 필요한 절차상의 명확성 : 조사대상자에 대한 측정에 있어서 필요한 절차들이 명확히 제시되어 있지 않은 경우 조사자는 무의식중에 응답자에게 잘못된 정보를 제공할 가능성이 높다.

(4) 조사자의 해석

① 조사자가 결과를 어떻게 해석하느냐에 따라 신뢰도와 타당도에 미치는 영향에 차이가 있다. 조사자는 자신이 수집한 정보를 자기가 원하는 대로 부호화할 수 있는데, 신뢰도와 타당도를 높이기 위해서는 부호화의 객관성을 최대화해야 한다.

② 조사자의 해석으로 코딩 시 편견이 개입되는 경우 신뢰도와 타당도에 부정적인 영향을 미친다.

시험에 이렇게 나왔다

[20년 4회]

Q 신뢰도와 타당도에 영향을 미치는 요인과 가장 거리가 먼 것은?

① 조사도구
② 조사환경
③ 조사목적
④ 조사대상자

A ③

CHAPTER 04 적중예상문제

01

개념이 사회과학, 기타 조사방법에 있어 기여하는 역할과 가장 거리가 먼 것은?

① 인간의 감각에 의해 감지될 수 있는 현상에 대해서만 이해할 수 있는 방법을 제시해 준다.
② 개념은 언어나 기호로 나타내어 지식의 축적과 확장을 가능하게 해준다.
③ 개념은 연역적 결과를 가져다준다.
④ 조사연구에 있어 주요 개념은 연구의 출발점을 가르쳐 준다.

해설 개념은 경험적인 사실에 대해서 그것을 눈으로 볼 수 없거나, 느낄 수 없는 만족, 사랑 등과 같은 현상에 대하여 인지하고 이해를 촉진하는 역할을 한다. 과학적인 개념을 통해서 개념화 이전에는 결코 지각할 수 없었던 것을 사물에 대한 일정한 질서와 규칙을 갖고서 그 사물에 대해 인식하게 된다.

02

연구에서 설정한 개념을 실제 현상에서 측정이 가능하도록 관찰 가능한 형태로 표현하는 것은?

① 개념적 정의
② 조작적 정의
③ 이론적 정의
④ 구성적 정의

해설 조작적 정의는 개념적 정의 이후의 단계로 측정 과정의 마지막 단계로서 분석의 단위를 카테고리별로 분류하는 과정을 의미한다. 추상적인 개념들을 경험적·실증적으로 측정이 가능하도록 구체화한 것이며, 개념적 정의와 조작적 정의가 반드시 일치하는 것은 아니나 최대한 일치하도록 정의해야 한다.

03

조작적 정의에 관한 설명으로 틀린 것은?

① 실제 측정의 전(前)단계이다.
② 관찰가능성 여부가 중요하다.
③ 특정 개념은 한 가지의 조작적 정의를 갖는다.
④ 추상적인 개념을 구체적인 경험세계와 연결시키는 과정이다.

해설 조작적 정의는 측정을 위해 추상적인 개념을 보다 구체화하는 것이다. 될 수 있는 한 실행 가능하고 관찰 가능한 조작을 좀 더 명확하게 표현한 용어로 구성된 것으로, 한 개념이 여러 조작적 정의를 가질 수 있다. 또한 조작적 정의가 연구마다 다를 경우 연구결과가 달라질 수 있다.

04

조작적 정의에 관한 설명으로 옳은 것은?

① 현실세계에서 검증할 수 없다.
② 개념적 정의에 앞서 사전에 이루어진다.
③ 경험적 지표를 추상적으로 개념화하는 것이다.
④ 개념적 정의를 측정이 가능한 형태로 변환하는 것이다.

해설 조작적 정의란 변수의 측정 과정 중 하나로서 개념들을 경험적·실증적으로 측정이 가능하도록 구체화하는 것이다.

05

조작적 정의(Operational Definition)에 관한 설명으로 옳은 것은?

① 연구자마다 특정 구성개념에 대한 조작적 정의는 동일해야 한다.
② 구성개념에 대한 이론적이고 추상적인 정의를 일컫는다.
③ 구성개념의 조작적 정의가 구체적일수록 후속 연구에서 재현하기가 어렵다.
④ 구성개념에 대한 조작적 정의가 연구마다 다를 경우 연구결과가 달라질 수 있다.

> **해설** 조작적 정의는 측정 과정의 마지막 단계로서 조작화 단계는 분석의 단위를 카테고리별로 분류하는 과정으로서 추상적인 개념들을 경험적·실증적으로 측정이 가능하도록 구체화한 것이다. 따라서 조작적 정의가 연구마다 다를 경우 연구결과가 달라질 수 있다.

06

다음 중 사회조사에서의 측정에 관한 설명으로 옳은 것은?

① 측정이란 사물이나 사건 등의 속성에 수치를 부과하는 것이다.
② 객관적으로 파악될 수 없는 태도변수는 측정이 불가능하다.
③ 반복해서 측정하여도 동일한 결과를 얻을 수 없다는 가정을 전제한다.
④ 측정하고자 하는 개념이 연구자에 따라 정의가 달라질 수 없다.

> **해설** ② 측정은 관찰대상이나 현상은 물론 어떤 추상적인 개념에 대해서도 다양한 변수들을 통해 일정한 분류와 기술을 가능하도록 함으로써, 통계적 분석을 활용할 수 있도록 한다.
> ③ 측정도구가 측정하고자 하는 현상을 일관성 있게 측정하는 능력을 신뢰도라 한다. 신뢰도가 높다고 해서 훌륭한 과학적 결과를 보장하는 것은 아니지만, 신뢰도가 없는 훌륭한 과학적 결과는 존재할 수 없다.
> ④ 측정은 추상적인 개념을 개념적 정의, 조작적 정의를 거쳐 이루어지는 것으로 개념화 과정에서 측정하고자 하는 개념은 연구자에 따라 정의가 달라질 수 있다.

07

다음 중 측정에 관한 설명으로 틀린 것은?

① 측정이란 사물이나 사건의 속성에 수치를 부여하는 작업이다.
② 측정에서는 연구자의 주관적인 판단이 중요한 기능을 한다.
③ 경험의 세계와 추상적인 관념의 세계를 연결하는 기능을 가진다.
④ 측정은 과학적 연구에서 필수적이다.

> **해설** 측정은 관찰대상이나 현상에 대한 객관화·표준화를 통해 과학적인 관찰과 표준화된 측정을 가능하도록 함으로써, 주관적·추상적인 판단에서 야기되는 오류를 극복할 수 있도록 한다.

08

어떤 개념을 측정하기 위해 여러 개의 문항으로 이루어진 척도(Scale)를 사용하는 이유를 모두 고른 것은?

> ㄱ. 하나의 지표로서는 제대로 측정하기 어려운 복합적인 개념들을 측정하는 데 유용하다.
> ㄴ. 측정의 신뢰도를 높여 주기도 한다.
> ㄷ. 여러 개의 지표를 하나의 점수로 나타내주어 자료의 복잡성을 덜어주기도 한다.
> ㄹ. 척도에 의한 양적인 측정치는 통계적인 활용을 쉽게 한다.

① ㄱ, ㄴ
② ㄱ, ㄷ, ㄹ
③ ㄴ, ㄷ, ㄹ
④ ㄱ, ㄴ, ㄷ, ㄹ

> **해설** 척도
> • 일종의 측정도구로서 일정한 규칙에 따라 측정대상에 적용할 수 있도록 만들어진 일련의 체계화된 기호 또는 숫자이다.
> • 척도에 의한 양적인 측정치를 제공하여 통계적인 활용을 쉽게 한다.
> • 여러 개의 지표(또는 문항)를 하나의 점수로 나타냄으로써 자료의 복잡성을 덜어준다.
> • 하나의 문항이나 지표로는 제대로 측정하기 어려운 복합적인 개념들을 측정할 수 있도록 한다.
> • 복수의 지표(문항)로 구성된 척도를 사용하게 되면 단일지표(문항)를 사용하는 것보다 측정의 오류를 줄일 수 있으며, 측정의 신뢰도와 타당도를 높일 수 있다.

09

관찰된 현상의 경험적인 속성에 대해 일정한 규칙에 따라 수치를 부여하는 것은?

① 측정(Measurement)
② 척도(Scale)
③ 지표(Indicator)
④ 변수(Variable)

해설 측정이란 이론을 구성하고 있는 개념이나 변수들을 현실세계에서 관찰이 가능한 자료와 연결시키는 과정이다. 일반적으로 묘사 대상이 되는 사상(事象)에 수치를 부여한다는 의미로 사용된다.

10

사회조사에서의 개념의 재정의(Reconceptualization)가 필요한 이유와 가장 거리가 먼 것은?

① 사회조사에서 사용되는 개념은 일상생활에서 통상적으로 사용되는 상투어와는 그 의미가 다를 수 있기 때문이다.
② 동일한 개념이라도 사회가 변함에 따라 그 원래의 뜻이 변할 수 있기 때문이다.
③ 한 가지 개념이라도 두 가지 또는 그 이상의 다양한 의미를 가지고 있을 가능성이 많으므로, 이들 각기 다른 의미 중에서 어떤 특정의 의미를 조사연구 대상으로 삼을 것인가를 밝혀야 하기 때문이다.
④ 개념과 개념 간의 상관관계가 아닌 인과관계를 밝혀야 하기 때문이다.

해설 개념의 재정의(재개념화, Reconceptualization)가 필요한 이유
- 주된 개념에 대한 정리·분석을 통해 개념을 보다 명백히 재규정하는 것을 말한다. 사회조사에서 사용되는 개념은 일상생활에서 통상적으로 사용되는 상투어와는 그 의미가 다를 수 있기 때문이다.
- 자기 개념에 대한 보편성·일반성의 정도를 이해하도록 하며, 개념의 정밀성·명백성의 확보로 조사의 객관적인 신뢰성을 높여준다.
- 한 가지 개념이라도 두 가지 또는 그 이상의 다양한 의미를 가지고 있을 가능성이 많으므로, 이들 각기 다른 의미 중에서 어떤 특정의 의미를 조사연구 대상으로 삼을 것인가를 밝히기 위해 필요하다.

11

개념의 조작화에 관한 설명과 가장 거리가 먼 것은?

① 개념을 수량화하여 측정 가능하도록 해준다.
② 실증주의 패러다임에서 강조된다.
③ 사회현상을 보편적 언어로 정의하는 과정이다.
④ 추상적 세계와 경험적 세계를 연결하는 역할을 한다.

해설 사회현상을 보편적 언어로 정의하는 과정은 조작화가 아니라 개념화이다.

12

개념의 구성요소가 아닌 것은?

① 일반적 합의
② 정확한 정의
③ 가치중립성
④ 경험적 준거틀

해설 개념이란 일정하게 관찰된 사실들(④)에 대한 추상적 표현을 말하며 관찰된 현상의 특정한 측면을 설명하는 추상적인 관념을 용어 또는 기호로 표현한 것이다. 개념은 일반적으로 합의(①)된 내용을 반영하고 있으므로 정의를 명확히(②) 해야 하며, 개념에 대한 통일된 정의가 존재하지 않을 경우에는 이를 새롭게 정의할 수 있다.

13

다음 중 조작적 정의가 필요한 이유로 가장 적합한 것은?

① 개념을 가시적이고 경험적으로 표현하기 위해
② 이론의 구체성을 줄이기 위해
③ 개념의 의미를 풍부하게 하기 위해
④ 연구결과를 조작하기 위해

해설 조작적 정의란 추상적인 개념들을 경험적·실증적으로 측정이 가능하도록 구체화하는 것이다.

14

개념적 정의와 조작적 정의에 관한 설명으로 틀린 것은?

① 개념적 정의는 추상적 수준의 정의이다.
② 조작적 정의는 인위적이기 때문에 가급적 피해야 한다.
③ 개념적 정의와 조작적 정의가 반드시 일치하는 것은 아니다.
④ 조작적 정의는 측정을 위하여 불가피하다.

해설 조작적 정의는 측정과정의 마지막 단계로서 될 수 있는 한 실행 가능하고 관찰 가능한 조작을 좀 더 명확하게 표현한 용어로 구성된 것이며, 확인이 가능한 정의에 불과하다. 그러므로 조작적 정의를 가급적 피해야 한다는 설명은 옳지 않다.

15

측정에 관한 설명으로 틀린 것은?

① 관념적 세계와 경험적 세계 간의 교량역할을 한다.
② 통계분석에 활용할 수 있는 정보를 제공해 준다.
③ 측정수준에 관계없이 통계기법의 적용은 동일하다.
④ 측정대상이 지니고 있는 속성에 수치나 기호를 부여하는 것이다.

해설 측정은 사상의 통계적 처리를 가능하게 한다. 측정의 수준에 따라 사용할 수 있는 통계기법이 달라진다.

16

청소년의 비행에 관하여 연구할 때 조작적 정의(Operational Definition) 단계에 해당하는 것은?

① 사전(Dictionary)을 참고하여 비행을 명확히 정의한다.
② 청소년의 비행에 대한 기존 연구결과를 정리한다.
③ 비행관련 척도를 탐색 후 선정한다.
④ 비행청소년의 현황을 파악한다.

해설 조작적 정의의 최종 산물은 수량화이며, 척도란 일종의 측정도구로서 일정한 규칙에 따라 측정대상에 적용할 수 있도록 만들어진 일련의 체계화된 기호 또는 숫자를 의미한다. 따라서 비행관련 척도를 탐색 후 선정하는 것은 조작적 정의에 해당한다.

17

개념적 정의에 대한 설명으로 옳은 것은?

① 측정가능성과 직결된 정의이다.
② 조작적 정의를 현실세계의 현상과 연결시켜주는 역할을 수행한다.
③ 거짓과 진실을 밝히기 위해 정의하는 것이다.
④ 어떤 개념을 보다 명확하고 정확하게 표현하기 위하여 다른 개념을 사용하여 정의하는 것이다.

해설 개념적 정의는 개념에 대한 정의를 명확히 하는 단계이다. 하나의 개념을 정의하기 위해 다른 개념을 사용함으로써 그 자체로 추상적·일반적·주관적인 양상을 보인다.

18

개념(Concept)에 대한 설명으로 틀린 것은?

① 개념은 이론의 핵심적 구성요소이다.
② 개념은 특정 대상의 속성을 나타낸다.
③ 개념 자체를 직접 경험적으로 측정할 수 있다.
④ 개념의 역할은 실제 연구에서 연구방향을 제시해 준다.

해설 개념은 연역적 결과를 가져다주기 때문에 경험적으로 측정할 수 없다.

19

조작적 정의(Operational Definition)에 관한 설명과 가장 거리가 먼 것은?

① 측정의 타당성(Validity)과 관련이 있다.
② 적절한 조작적 정의는 정확한 측정의 전제조건이다.
③ 조작적 정의는 무작위로 기계적으로 이루어지기 때문에 논란의 여지가 없다.
④ 측정을 위해 추상적인 개념을 보다 구체화하는 과정이라고 할 수 있다.

해설 조작적 정의는 측정과정의 마지막 단계로서 추상적인 개념들을 경험적·실증적으로 측정이 가능하도록 구체화하는 것이다. 조작적 정의가 제대로 이루어지지 않으면 타당성이 낮아진다.

20

측정에 대한 설명과 가장 거리가 먼 것은?

① 관찰된 현상의 경험적인 속성에 대해 일정한 규칙에 따라 수치를 부여하는 것이다.
② 이론과 경험적 사실을 연결시켜 줌으로써 이론을 경험적으로 검증해 주는 수단이다.
③ 사회과학에서는 대상이 갖는 속성 자체보다는 속성의 지표를 측정하는 경향이 있다.
④ 사회과학에서 태도와 동기 등은 직접 관찰가능하기 때문에 측정하기가 용이하다.

해설 측정은 이론을 구성하고 있는 개념이나 변수들을 현실세계에서 관찰이 가능한 자료와 연결시키는 과정이다. 일반적으로는 묘사 대상이 되는 사상(事象)에 수치를 부여한다는 의미로 사용된다. 측정대상의 속성 또는 차원이 일단 어떤 형태로든지 규정되는 경우 이들을 경험적으로 측정할 수 있어야 하며, 이를 위해서는 일반적으로 그 속성 또는 차원을 적절히 대표할 수 있는 지표를 찾아내야 한다.

21

다음 중 조작적 정의의 의미로 가장 적합한 것은?

① 변수가 항상 동일한 측정치를 낼 것인가를 미리 살펴 보는 것이다.
② 변수가 측정하고자 하는 것을 측정하고 있는지를 밝혀 보는 것이다.
③ 연구 또는 연구가설에 포함된 변수들이 구체적으로 어떻게 측정될 것인가를 서술하는 것이다.
④ 다른 연구에서 사용된 개념을 현재의 연구에서 사용하기 위해 조작하여 다시 정의하는 것이다.

해설 조작적 정의는 측정과정의 마지막 단계로, 추상적인 개념들을 경험적·실증적으로 측정이 가능하도록 구체화함으로써 변수들이 어떻게 측정될 것인가를 서술한다.

22

조작적 정의의 예와 가장 거리가 먼 것은?

① 빈곤 – 물질적인 결핍 상태
② 소득 – 월 ( )만 원
③ 서비스만족도 – 재이용 의사 유무
④ 신앙심 – 종교행사 참여 횟수

해설 조작적 정의는 추상적인 개념들을 경험적·실증적으로 측정이 가능하도록 구체화한 것으로 각 분석의 단위를 변수들의 카테고리로 할당하는 작업 또는 과정이다. 물질적인 결핍 상태는 빈곤의 사전적 정의이다.

23

개념을 경험적 수준으로 구체화하는 과정을 바르게 나열한 것은?

A. 조작적 정의
B. 개념적 정의
C. 변수의 측정

① A → B → C
② B → A → C
③ C → A → B
④ C → B → A

해설 개념의 구체화
개념 → 개념적 정의(개념화) → 조작적 정의(조작화) → 현실세계(변수의 측정)

24

개념적 정의의 예로 적합하지 않은 것은?

① 무게 – 물체의 중량
② 불안 – 주관화된 공포
③ 지능 – 추상적 사고능력 또는 문제해결 능력
④ 결혼만족 – 배우자에게 아침을 차려준 횟수

해설 ①·②·③은 사전적 정의에 해당하지만 ④는 결혼만족을 배우자에게 아침을 차려준 횟수로 표현한 것으로 조작적 정의에 해당한다.

25

개념의 조작화 과정에 관한 설명으로 옳은 것은?

① 조작적 정의는 개념에 대한 사전적 정의이다.
② 조작적 정의, 명목적 정의, 측정의 순서로 이루어진다.
③ 변수를 조작적으로 정의하는 방법은 한정되어 있다.
④ 조작화 과정의 최종산물은 수량화이다.

해설 개념의 조작화는 추상적인 개념들을 경험적·실증적으로 측정이 가능하도록 구체화하는 것이다. 될 수 있는 한 실행 가능하고 관찰 가능한 조작을 좀 더 명확하게 표현한 용어로 구성된 것이며, 확인이 가능한 정의에 불과하다. 조사목적과 관련하여 상당히 실용주의적인 측면을 포함하고 있으며, 조작화 과정의 최종산물은 수량화이다.

26

다음에서 설명하고 있는 것은?

> 추상적 구성개념이나 잠재변수의 값을 측정하기 위하여, 측정할 내용이나 측정방법을 구체적으로 정확하게 표현하고 의미를 부여하는 것으로, 추상적 개념을 관찰 가능한 형태로 표현해 놓은 것이다.

① 조작적 정의(Operational Definition)
② 구성적 정의(Constitutive Definition)
③ 기술적 정의(Descriptive Definition)
④ 가설 설정(Hypothesis Definition)

해설 조작적 정의는 추상적인 개념들을 경험적·실증적으로 측정이 가능하도록 구체화한 것이다.

27

실제관계가 표면적으로 나타난 관계와는 정반대임을 밝혀주는 검정요인은?

① 외적변수(Extraneous Variable)
② 외생변수(Exogenous Variable)
③ 억제변수(Suppressor Variable)
④ 왜곡변수(Distorter Variable)

해설
① 허위변수라고도 하며, 두 개의 변수 간에 상관관계가 없으나 관계가 있는 것처럼 보이게 하는 제3의 변수이다.
② 독립변수와 종속변수 간에 상관관계가 있는 것처럼 보이지만 실제로는 두 변수가 우연히 어떤 변수와 연결됨으로써 마치 인과적 관계가 있는 것처럼 보이도록 하는 모든 변수이다.
③ 두 변수 간에 상관관계가 있으나 그와 같은 관계가 없는 것처럼 보이게 하는 제3의 변수이다.

28

매개변수(Intervening Variable)에 관한 설명으로 옳은 것은?

① 원인변수 혹은 가설변수라고 하는 것으로서 사전에 조작되지 않은 변수를 의미한다.
② 결과변수라고 하며, 독립변수의 원인을 받아 일정하게 변화된 결과를 나타내는 기능을 하는 변수를 의미한다.
③ 결과변수에 영향을 미치면서도 그 이유를 제대로 설명하지 못하는 변수를 의미한다.
④ 개입변수라고도 불리며, 종속변수에 일정한 영향을 주는 변수로 독립변수에 의하여 설명되지 못하는 부분을 설명해 주는 변수를 말한다.

해설 ④ 독립변수와 종속변수 간에 직접적인 관련이 없으나 제3의 변수가 두 변수의 중간에서 매개자 역할을 하여 두 변수 간에 간접적인 관계를 맺도록 하는 변수이다.
① 독립변수는 원인변수 또는 가설변수라고도 불리며, 실험연구에서 독립변수는 연구자에 의해 조작되는 변수를 의미한다.
② 종속변수에 해당하는 설명이다.
③ 외생변수는 실험변수가 아니면서 결과변수에 영향을 주는 일종의 독립변수로서, 최대한으로 그 영향이 제거되거나 상쇄될 수 있도록 해야 한다.

정답 ▶ 25 ④ 26 ① 27 ④ 28 ④

29

질적 변수와 양적 변수에 관한 설명으로 틀린 것은?

① 질적 변수는 속성의 값을 나타내는 수치의 크기가 의미 없는 변수이다.
② 양적 변수는 측정한 속성값을 연산이 가능한 의미 있는 수치로 나타낼 수 있다.
③ 양적 변수는 이산변수와 연속변수로 구분된다.
④ 몸무게가 80kg 이상인 사람을 1로, 이하인 사람을 0으로 표시하는 것은 질적 변수를 양적 변수로 변환시킨 것이다.

해설 질적 변수를 양적 변수로 변환할 수 없으며 몸무게는 질적 변수가 아닌 양적 변수이다.

30

전문직에 종사하는 남성근로자를 대상으로 하는 사회조사에서 변수가 될 수 없는 것은?

① 연 령
② 성 별
③ 직업종류
④ 근무시간

해설 조사대상이 남성으로 한정되어 있기 때문에 성별이 변수가 될 수는 없다.

31

다음은 어떤 변수에 대한 설명인가?

> 어떤 변수가 검정요인으로 통제되면 원래 관계가 없는 것으로 나타났던 두 변수가 유관하게 나타난다.

① 예측변수
② 왜곡변수
③ 억제변수
④ 종속변수

해설 억제변수는 두 개의 변수 간에 상관관계가 있으나 그와 같은 관계가 없는 것처럼 보이게 하는 제3의 변수이다. 따라서 억제변수가 통제되면 관계가 없는 것으로 나타났던 두 변수가 유관하게 나타난다.

32

질적 변수(Qualitative Variable)와 양적 변수(Quantitative Variable)에 관한 설명으로 틀린 것은?

① 성별·종교·직업·학력 등을 나타내는 변수는 질적 변수이다.
② 질적 변수에서 양적 변수로의 변환은 거의 불가능하다.
③ 계량적 변수 혹은 메트릭(Metric)변수라고 불리는 것은 양적 변수이다.
④ 양적 변수는 몸무게나 키와 같은 이산변수(Discrete Variable)와 자동차의 판매대수와 같은 연속변수(Continuous Variable)로 나누어진다.

해설 이산변수는 값과 값 사이가 서로 분리되어 있어 그 사이의 값이 아무런 의미를 가지지 않는다. 연속변수는 값과 값 사이가 서로 연결되어 있어 그 사이의 값이 의미를 가진다. 따라서 몸무게와 키는 연속변수에 해당하며, 자동차의 판매대수는 이산변수에 해당한다.

33

"노인의 사회참여가 높을수록 자아존중감이 향상되고, 자아존중감의 향상으로 생활만족도가 높아진다."에서 자아존중감은 어떤 변수인가?

① 종속변수
② 매개변수
③ 외생변수
④ 통제변수

해설 독립변수와 종속변수 간에 직접적인 관련이 없으나 제3의 변수가 두 변수의 중간에서 매개자 역할을 하여 두 변수 간에 간접적인 관계를 맺도록 하는 변수이다. 자아존중감은 노인의 사회참여와 생활만족도 사이를 매개해 주고 있으므로 매개변수이다.

34

연속변수(Continuous Variable)와 이산변수(Discrete Variable)에 관한 설명으로 틀린 것은?

① 연속변수는 사람·대상물 또는 사건을 그들 속성의 크기나 양에 따라 분류하는 것이다.
② 연속변수는 측정한 값들이 척도상에서 무한대로 미분해도 가능하리만큼 연속성을 띤 것으로 거의 무한개의 값을 가질 수 있다.
③ 이산변수는 정수값으로 구성된다.
④ 등간척도·비율척도는 이산변수와 관련되어 있다.

해설 이산변수는 척도상 명목척도·서열척도로 측정되는 변수로서, 값과 값 사이가 서로 분리되어 있어 그 사이의 값이 아무런 의미를 가지지 않는다. 등간척도·비율척도와 관련이 있는 변수는 연속변수이다.

35

변수의 종류에 관한 설명으로 옳게 짝지어진 것은?

> ㄱ. 매개변수는 독립변수와 종속변수 사이에서 독립변수의 결과인 동시에 종속변수의 원인이 되는 변수이다.
> ㄴ. 억제변수는 두 변수 X, Y의 사실상의 관계를 정반대의 관계로 나타나게 하는 제3의 변수이다.
> ㄷ. 왜곡변수는 두 변수 X, Y가 서로 관계에 있는 데도 관계가 없는 것으로 나타나게 하는 제3의 변수이다.
> ㄹ. 통제변수는 외재적 변수의 일종으로 그 영향을 검토하지 않기로 한 변수이다.

① ㄱ, ㄴ ② ㄴ, ㄷ
③ ㄷ, ㄹ ④ ㄱ, ㄹ

해설 ㄴ. 억제변수는 두 개의 변수 간에 상관관계가 있으나 그와 같은 관계가 없는 것처럼 보이게 하는 제3의 변수이다.
ㄷ. 왜곡변수는 두 개의 변수 간의 관계를 정반대의 관계로 나타나게 하는 변수이다.

36

3가지의 변수가 다음과 같은 순서로 영향을 미칠 때 사회적 통합을 무슨 변수라고 하는가?

> 종교 → 사회적 통합 → 자살률

① 외적변수 ② 매개변수
③ 구성변수 ④ 선행변수

해설 사회적 통합은 종교와 자살률 사이를 매개해 주고 있으므로 매개변수이다.

37

변수에 대한 설명으로 틀린 것은?

① 경험적으로 측정 가능한 연구대상의 속성을 나타낸다.
② 독립변수는 결과변수를, 종속변수는 원인의 변수를 말한다.
③ 변수의 속성은 경험적 현실의 전제, 계량화, 속성의 연속성 등이 있다.
④ 변수의 기능에 따른 분류에 따라 독립변수, 종속변수, 매개변수로 나눈다.

해설 독립변수를 원인변수, 종속변수를 결과변수라고 할 수 있다.

38

연속변수(Continuous Variable)로 구성하기 어려운 것은?

① 인 종 ② 소 득
③ 범죄율 ④ 거주기간

해설 연속변수는 소득, 연령, 산업재해율 등과 같이 변수가 갖는 속성의 양적 정도에 따라 연속체를 기준으로 구별되는 변수이다. 인종은 전체적 성격의 종류에 따라 별개의 카테고리로 구별되는 불연속변수이다.

39

종업원이 친절할수록 패밀리 레스토랑의 매출액이 증가한다는 가설을 검증하고자 할 경우, 레스토랑의 음식 맛 역시 매출에 영향을 미친다면 음식의 맛은 어떤 변수인가?

① 종속변수
② 매개변수
③ 외생변수
④ 조절변수

해설 외생변수는 독립변수와 종속변수 간에 상관관계가 있는 것처럼 보이지만 실제로는 두 변수가 우연히 어떤 변수와 연결됨으로써 마치 인과적 관계가 있는 것처럼 보이도록 하는 모든 변수이다. 종업원이 친절할수록 패밀리 레스토랑의 매출액이 증가한다는 가설에서 종업원의 친절은 독립변수, 레스토랑의 매출은 종속변수이다. 가설을 검증할 때에는 독립변수와 종속변수 간의 관계만 검증해야 하지만 레스토랑의 음식 맛이라는 변수가 개입함으로써 매출에 영향이 생겼으므로 음식의 맛은 외생변수이다.

40

이분변수(Dichotomous Variables)에 대한 설명과 가장 거리가 먼 것은?

① 특정한 속성의 유무에 따라 분류된다.
② 사상(事象)의 극단적 특성을 강조할 때 사용한다.
③ 질적 변수를 다변량분석(Multivariate Analysis)에 포함시키기 위하여 변환할 때 사용한다.
④ 연속변수(Continuous Variable)의 일종이다.

해설 변수의 특성을 두 개의 성질로 나눌 수 있는 경우를 이분변수라 한다. 예를 들면 성별의 남자-여자, 동전의 앞면-뒷면, 선택형 검사의 맞다-틀리다 등이 있다. 또한 경우에 따라서 주사위를 짝수와 홀수로 나누고, 정당을 여당과 야당으로 구분하는 등 인위적으로 이분하기도 한다. 대부분 나뉘는 두 가지 성질은 상반되는 내용으로 구성되므로 연속변수의 일종이라는 설명은 옳지 않다.

41

다음 ( )에 각각 알맞은 것은?

> 독립변수와 종속변수 사이에서 독립변수의 결과인 동시에 종속변수의 원인이 되는 변수를 (A)변수라고 하고, 독립변수가 종속변수에 미치는 영향을 강화해주거나 약화시키는 변수를 (B)변수라고 한다.

① A : 매개, B : 조절
② A : 조절, B : 매개
③ A : 내생, B : 외생
④ A : 외생, B : 내생

해설
- 매개변수 : 독립변수와 종속변수 간에 직접적인 관련이 없으나 제3의 변수가 두 변수의 중간에서 매개자 역할을 하여 두 변수 간에 간접적인 관계를 맺도록 하는 변수이다.
- 조절변수 : 독립변수와 종속변수 사이의 관계에서 영향을 미칠 것으로 여겨지는 제3의 변수로, 독립변수가 종속변수에 미치는 영향을 강화해 주거나 약화해 주는 변수이다.

42

독립변수와 종속변수에 대한 설명으로 옳지 않은 것은? (단, 일반적인 경우라 가정한다)

① 독립변수가 변하면 종속변수에 영향을 미친다.
② 독립변수는 종속변수보다 이론적으로 선행한다.
③ 독립변수를 원인변수, 종속변수를 결과변수라고 할 수 있다.
④ 종속변수는 독립변수보다 시간적으로 선행한다.

해설 독립변수는 실험연구에서 연구자에 의해 조작되는 변수를 의미하며, 종속변수는 독립변수의 원인을 받아 일정하게 가정된 원인의 결과를 나타내는 기능을 하는 변수이다. 따라서 독립변수는 종속변수보다 이론적·시간적으로 선행한다.

43

다음 중 측정수준이 다른 하나는?

① 기 온 ② 신 장
③ 체 중 ④ 소 득

해설 기온은 절대영점이 존재하지 않는 등간수준의 측정이며, 신장, 체중, 소득은 절대영점이 존재하는 비율수준의 측정이다.

44

서열측정의 특징을 모두 짝지은 것은?

> ㄱ. 응답자들을 순서대로 구분할 수 있다.
> ㄴ. 절대영점(Absolute Zero Score)을 지니고 있다.
> ㄷ. 어떤 응답자의 특성이 다른 응답자의 특성보다 몇 배가 높은지 알 수 있다.

① ㄱ ② ㄱ, ㄴ
③ ㄴ, ㄷ ④ ㄱ, ㄴ, ㄷ

해설
- 서열측정 : 측정대상의 분류는 물론 대상의 특수성 또는 속성에 따라 각 측정대상의 등급순위를 결정하는 척도이다.
- 등간측정 : 명목척도와 서열척도의 특성을 포함하여 크기의 정도를 제시하는 척도이다.
- 비율측정 : 등간척도가 지니는 성격에 더하여 절대 '0'의 값(절대영점)을 가짐으로써 비율의 성격을 지니는 척도이다.

45

야구선수 등번호를 표현하는 측정의 수준은?

① 비율수준의 측정 ② 등간수준의 측정
③ 서열수준의 측정 ④ 명목수준의 측정

해설 명목수준의 측정은 대상 자체 또는 그 특징에 대해 명목상의 이름을 부여하는 것이다. 즉, 측정대상을 유사성과 상이성에 따라 구분하고, 구분된 각 집단 또는 카테고리에 숫자나 부호 또는 명칭을 부여하는 것이다. 야구선수 등번호는 명칭이나 부호로서의 의미만 지닐 뿐이므로 명목수준의 측정에 해당한다.

46

측정의 수준과 사용가능한 통계기법이 바르게 짝지어진 것은?

① 명목척도 – 중앙값(Median)
② 서열척도 – 분산(Variance)
③ 등간척도 – 기하평균(Geometric Mean)
④ 비율척도 – 변동계수(Coefficient Variation)

해설 척 도

구 분	통 계
명 목	최빈값
서 열	최빈값, 중앙값
등 간	최빈값, 중앙값, 산술평균
비 율	최빈값, 중앙값, 산술·기하·조화평균, 변동계수 등

47

명목수준의 측정에 관한 설명 중 틀린 것은?

① 한 범주 내의 모든 대상은 서로 동등하다.
② 측정에서 사용하는 숫자는 크기를 나타내거나 계산에 사용된다.
③ 측정대상을 상호배타적인 범주로 분할한다.
④ 운동선수의 등번호를 표현하는 측정의 수준이다.

해설 명목수준의 측정은 측정대상을 유사성과 상이성에 따라 구분하고, 구분된 각 집단 또는 카테고리에 숫자나 부호 또는 명칭을 부여하는 것이다. 측정대상에 부여된 숫자는 조사자가 자료를 수집하고 분석하는 데 편리하도록 하기 위한 명칭이나 부호로서의 의미만을 지닐 뿐 크기를 나타내거나 계산에 사용할 수 없다.

48

다음 설명에 해당되는 척도는?

> 현직 대통령의 인기도를 측정하기 위해 0부터 100까지의 값 가운데 하나를 제시하도록 하였다. 가장 싫은 경우는 0, 가장 만족한 경우는 100으로 정하였다.

① 명목척도 ② 등간척도
③ 서열척도 ④ 비율척도

해설 크기의 정도를 제시할 수 있어 등간척도 혹은 비율척도이지만, 절대영점을 가지지 않기 때문에 등간척도이다.

49

측정수준에 대한 설명으로 틀린 것은?

① 서열척도는 각 범주 간에 크고 작음의 관계를 판단할 수 있다.
② 비율척도에서 0의 값은 자의적으로 부여되었으므로 절대적 의미를 가질 수 없다.
③ 명목척도에서는 각 범주에 부여되는 수치가 계량적 의미를 갖지 못한다.
④ 등간척도에서는 각 대상 간의 거리나 크기를 표준화된 척도로 표시할 수 있다.

해설 척도
- 명목척도 : 측정대상의 특성을 분류하거나 확인할 목적으로 숫자를 부여하는 척도이다.
- 서열척도 : 측정대상의 분류는 물론 대상의 특수성 또는 속성에 따라 각 측정대상의 등급순위를 결정하는 척도이다.
- 등간척도 : 명목척도와 서열척도의 특성을 포함하여 크기의 정도를 제시하는 척도이다.
- 비율척도 : 등간척도가 지니는 성격에 더하여 절대 '0'의 값(절대영점)을 가짐으로써 비율의 성격을 지니는 척도이다.

50

다음 중 측정수준과 예가 잘못 짝지어진 것은?

① 명목측정 : 성별, 인종
② 서열측정 : 후보자 선호, 사회계층
③ 등간측정 : 온도, IQ지수
④ 비율측정 : 소득, 직업

해설 직업은 명목측정에 해당한다. 비율측정의 예로는 체중, 키, 근무년수, 졸업생 수, 소득, GNP, 출산율, 시험 원점수 등이 있다.

51

우리나라 100대 기업의 연간 순수입을 '원(₩)' 단위로 조사하고자 할 때 측정의 수준은?

① 명목측정 ② 서열측정
③ 등간측정 ④ 비율측정

해설 연간 순수입은 절대영점이 존재하는 비율수준의 측정이다.

52

측정의 수준에 관한 설명으로 틀린 것은?

① 비율측정은 절대영점이 존재한다.
② 등간측정은 측정단위 간 등간성이 유지된다.
③ 서열측정과 등간측정은 등수, 서열관계를 알 수 있다.
④ 등간측정은 측정치 간의 유의미한 비율계산이 가능하다.

해설 등간측정은 가감(+, −)과 같은 수학적 조작을 가능하게 하는 양적 자료를 상대로 한다. 승제(×, ÷)는 가능하지 않다.

53

다음 중 가장 다양한 통계기법을 적용할 수 있는 측정수준은?

① 명목측정 ② 서열측정
③ 비율측정 ④ 등간측정

해설 측정의 4가지 수준에서 얻어질 수 있는 정보들의 비교

구 분	절대영점	수 학	통 계
명 목	×	=	최빈값
서 열	×	=, <, >	최빈값, 중앙값
등 간	×	=, <, >, +, −	최빈값, 중앙값, 산술평균
비 율	○	=, <, >, +, −, ×, ÷	최빈값, 중앙값, 산술·기하·조화평균, 변동계수 등

54

다음 중 척도에 대한 설명으로 틀린 것은?

① 복합적인 자료를 분석하기 위한 단순한 측정치로 요약하기 위해서 척도구성을 한다.
② 연구자는 다양한 문항들이 동일한 차원을 다루는 하나의 척도를 구성하는지 보기 위해 척도법을 사용한다.
③ 측정치 또는 측정수준의 오류를 줄이고 그 타당성과 신뢰성을 높이는 하나의 기법이 곧 척도법이다.
④ 개별 문항들을 집약하지 않고 모두 지표로 인정함으로써 보다 효율적으로 주어진 현상을 측정할 수 있다.

해설 척도는 여러 개의 지표(또는 문항)를 집약하여 하나의 점수로 나타냄으로써 자료의 복잡성을 덜어준다. 복수의 지표로 구성된 척도를 사용하게 되면 단일문항(지표)을 사용하는 경우보다 측정의 오류를 줄일 수 있으며, 측정의 신뢰도와 타당도를 높일 수 있다.

55

척도에 관한 설명으로 틀린 것은?

① 척도는 계량화를 위한 도구이다.
② 불연속은 척도의 중요한 속성이다.
③ 척도의 구성 항목은 단일한 차원을 반영해야 한다.
④ 척도를 구성하는 방법은 측정하려는 변수의 구조적 성격에 따라 결정된다.

해설 척도는 일정한 규칙에 입각하여 연속체상에 표시된 숫자나 기호의 배열에 해당한다. 연속성은 척도의 중요한 속성이며, 이것은 실제로 측정대상의 속성과 1대1 대응의 관계를 맺으면서 대상의 속성을 양적 표현으로 전환한다.

56

사회과학에서 척도를 구성하는 이유와 가장 거리가 먼 것은?

① 측정의 신뢰성을 높여준다.
② 변수에 대한 질적인 측정치를 제공한다.
③ 하나의 지표로 측정하기 어려운 복합적인 개념들을 측정한다.
④ 여러 개의 지표를 하나의 점수로 나타내어 자료의 복잡성을 덜어준다.

해설 척도는 계량화를 위한 도구로서 척도에 의한 양적인 측정치를 제공한다.

정답 ▶ 53 ③ 54 ④ 55 ② 56 ②

57

척도구성에서 척도의 일부를 이루는 개별문항들에 대한 기본적인 가정으로 가장 적합한 것은?

① 개별문항은 양적 속성을 가지지만, 그것은 결국 질적 속성으로 변환될 수 있어야 한다.
② 개별문항은 다차원적이어야 하며, 이들이 논리적으로나 경험적으로 연결된 다수의 개념을 반영하여야 한다.
③ 개별문항은 하나의 연속체를 이루어야 하며, 이 연속체는 단 하나의 개념을 반영하여야 한다.
④ 개별문항은 둘 이상의 개념을 별도로 점수화하는 데 적합하여야 하며, 이들 개념은 통계적으로 조작이 불가능한 질적 개념이어야 한다.

해설 ③ 연속성은 척도의 중요한 속성이며, 이것은 실제로 측정대상의 속성과 1대1 대응의 관계를 맺으면서 대상의 속성을 양적 표현으로 전환한다.
① 척도는 대상의 속성을 양적 표현으로 전환한다.
② 하나의 척도는 단일차원성을 전제로 구성한다.
④ 여러 개의 지표(또는 문항)를 하나의 점수로 나타냄으로써 자료의 복잡성을 덜어준다. 또한 척도에 의한 양적인 측정치를 제공하여 통계적인 활용을 쉽게 한다.

58

척도구성방법을 비교척도구성(Comparative Scaling)과 비비교척도구성(Non-comparative Scaling)으로 구분할 때 비교척도구성에 해당하지 않는 것은?

① 쌍대비교법(Paired Comparison)
② 순위법(Rank-order)
③ 연속평정법(Continuous Rating)
④ 고정총합법(Constant Sum)

해설 척도구성방법
• 비교척도구성 : 쌍대비교법, 순위법, 고정총합법, 비율분할법 등
• 비비교척도구성 : 단일평정법, 연속평정법, 항목평정법 등

59

다음 예와 같이 응답자에게 한 속성의 보유 정도를 기준으로 다른 속성의 보유 정도를 판단하도록 하는 척도법은?

> 자동차 선택 시 고려하는 요인 중 자동차 가격의 중요성을 100점이라고 한다면, 다음의 요인은 몇 점에 해당한다고 생각하십니까?
> • 가격 100점
> • 디자인 ( )점
> • 성능 ( )점

① 고정총합척도법(Constant Sum Method)
② 연속평정법(Continuous Rating)
③ 항목평정법(Itemized Eating)
④ 비율분할법(Fractionation Method)

해설 비율분할법은 응답자에게 한 속성의 보유 정도를 기준으로 다른 속성의 보유 정도를 판단하도록 하는 척도법이다. 주로 응답자들이 자극에 대해 명확한 판단을 할 수 있는 경우에 사용한다.

60

조사대상자들의 종교를 불교, 기독교, 가톨릭, 기타의 범주로 나누어 관찰한 경우 측정수준은?

① 명목척도　　② 서열척도
③ 등간척도　　④ 비율척도

해설 명목척도는 측정대상 특성의 존재여부 또는 몇 개의 상호배타적인 범주로의 구분을 위해 수치를 부여하는 일종의 범주형 측정이다. 성격을 전혀 달리하는 범주에 대한 표시일 뿐 양적 의미를 갖지 않는다.

61

명목척도 구성을 위한 측정범주들에 대한 기본 원칙이 아닌 것은?

① 배타성 ② 포괄성
③ 논리적 연관성 ④ 선택성

해설 명목척도의 구성을 위한 측정범주에는 포괄성, 배타성, 연관성 등이 있다.

62

일반적으로 가장 적은 정보를 제공해 주는 측정수준은?

① 서열척도 ② 비율척도
③ 명목척도 ④ 등간척도

해설 각 측정수준이 제공하는 정보의 양
비율척도 > 등간척도 > 서열척도 > 명목척도

63

다음 설명하는 척도의 종류는?

① 서스톤 척도 ② 리커트 척도
③ 의미분화 척도 ④ 거트만 척도

해설 의미분화 척도
어떤 대상이 개인에게 주는 주관적인 의미를 측정하는 방법으로서, 하나의 개념을 여러 가지 의미의 차원에서 평가하도록 유도하는 방법이다. 보통 사용되는 척도는 5~7점 척도로서, 척도의 양극점에는 서로 상반되는 한 쌍의 형용사가 사용된다.

64

다음 질문에서 사용한 척도는?

> OO님께서는 XXX대통령이 지난 1년 동안 대통령으로서의 직무를 얼마나 잘 수행했다고 생각하십니까?
> 1) 아주 잘 수행했다.
> 2) 약간 잘 수행했다.
> 3) 약간 잘못 수행했다.
> 4) 아주 잘못 수행했다.

① 명목척도 ② 서열척도
③ 비율척도 ④ 등간척도

해설 질문에서 사용한 척도는 각 측정대상들의 등급순위를 결정하는 서열척도이다.

65

척도의 종류 중 비율척도에 관한 설명으로 틀린 것은?

① 절대적인 기준을 가지고 속성의 상대적 크기 비교 및 절대적 크기까지 측정할 수 있도록 비율의 개념이 추가된 척도이다.
② 수치상 가감승제와 같은 모든 산술적인 사칙연산이 가능하다.
③ 비율척도로 측정된 값들이 가장 많은 정보를 포함하고 있다고 볼 수 있다.
④ 월드컵 축구 순위 등이 대표적인 예이다.

해설 월드컵 축구 순위는 서열척도에 해당한다.

66

비율척도로서 의미를 가진다고 보기 어려운 것은?

① A 자동차가 시속 100km로 달리고, B 자동차는 시속 150km로 달리고 있다면, B 자동차가 A 자동차보다 1.5배 빠르다.
② A 학생이 받은 용돈이 20만 원이고 B 학생이 받은 용돈이 10만 원이라면, A 학생의 용돈이 B 학생보다 2배 많다.
③ A 주전자의 온도가 섭씨 100℃이고 B 주전자의 온도가 섭씨 50℃라면, A 주전자는 B 주전자보다 2배 더 뜨겁다.
④ A 드라마의 시청률이 20%이고, B 드라마의 시청률이 10%라면, A 드라마의 시청률이 B 드라마보다 2배 높다.

해설 비율척도는 등간척도가 지니는 성격에 더하여 절대 '0'의 값(절대영점)을 가짐으로써 비율의 성격을 지니는 척도이다. 온도는 등간척도에 속하므로 비율척도로서 의미를 가지지 않는다.

67

측정의 수준이 바르게 짝지어진 것은?

> ㄱ. 교육수준 - 중졸 이하, 고졸, 대졸 이상
> ㄴ. 교육연수 - 정규교육을 받은 기간(년)
> ㄷ. 출신 고등학교 지역

① ㄱ : 명목측정, ㄴ : 서열측정, ㄷ : 등간측정
② ㄱ : 등간측정, ㄴ : 서열측정, ㄷ : 비율측정
③ ㄱ : 서열측정, ㄴ : 등간측정, ㄷ : 명목측정
④ ㄱ : 서열측정, ㄴ : 비율측정, ㄷ : 명목측정

해설
ㄱ. 서열측정은 측정대상의 특징 및 속성에 따라 일정한 범주로 분류하여, 이들에 대해 상대적인 순서·서열상의 관계를 나타내는 것이다.
ㄴ. 비율측정은 가장 세련된 측정수준으로서, 절대적인 '0'에 의한 측정이라는 점에서 다른 측정들과 구분된다.
ㄷ. 명목측정은 측정대상을 유사성과 상이성에 따라 구분하고, 구분된 각 집단 또는 카테고리에 숫자나 부호 또는 명칭을 부여하는 것이다.

68

서스톤 척도(Thurstone Scale)에 대한 설명으로 틀린 것은?

① 처음 문장을 분류하는 평가자들의 성격에 따라 분포가 달라질 수 있다.
② 절차가 다른 척도보다 단순하고 문장이나 평가자의 수가 적어도 된다.
③ 척도용으로 선정된 문장들이 평균값은 같으나 분산도가 다를 수 있다.
④ 응답자의 점수가 같더라도 그가 선택하는 문항의 종류와 내용이 다를 수 있다.

해설 서스톤 척도는 평가를 위한 문항의 수가 많고 동원되는 평가자들이 다수이므로 척도 구성에 있어서 많은 시간과 인원이 소요된다는 단점이 있다. 보통 척도의 최초 제작에 대략 300명 가량의 평가자를 동원한다.

69

다음은 어떤 척도의 특징인가?

> • 대체적으로 11점 척도로 구성되어 있다.
> • 개발하기 위하여 시간과 노력이 많이 든다.
> • 최종적으로 구성된 척도는 동일한 간격을 지닐 수 있다.

① 리커트(Likert) 척도
② 서스톤(Thurstone) 척도
③ 보가더스(Bogardus) 척도
④ 오스굿(Osgood) 척도

해설 서스톤 척도는 주로 11점 척도로 구성되며, 어떤 사실에 대해 가장 긍정적인 태도와 가장 부정적인 태도를 나타내는 태도의 양극단을 등간적으로 구분하여 여기에 수치를 부여함으로써 등간척도를 구성한다. 평가자들에 의해 많은 질문문항들 가운데 측정변수와 보다 직접적으로 연관된 문항들이 선정됨으로써 문항의 선정이 비교적 정확하다는 장점이 있지만 평가를 위한 문항의 수가 많고 동원되는 평가자들이 다수이므로 척도 구성에 있어서 많은 시간과 인원이 소요된다는 단점이 있다.

정답 66 ③ 67 ④ 68 ② 69 ②

70

척도를 구성하는 과정에서 질문문항들이 단일차원을 이루는지를 검증할 수 있는 척도는?

① 의미분화 척도(Semantic Differential Scale)
② 서스톤 척도(Thurstone Scale)
③ 리커트 척도(Likert Scale)
④ 거트만 척도(Guttman Scale)

해설 ① 하나의 개념을 여러 가지 의미의 차원에서 평가하도록 유도하는 방법이다.
② 어떤 사실에 대해 가장 긍정적인 태도와 가장 부정적인 태도를 나타내는 태도의 양극단을 등간적으로 구분하여 여기에 수치를 부여함으로써 척도를 구성하는 방법이다.
③ 인간의 태도를 측정하는 태도척도로 척도의 신뢰도와 타당도를 높이기 위해 일련의 수 개 문항들을 하나의 척도로 사용하는 다문항척도이다.

71

서열측정을 위한 방법으로 단순합산법을 사용하는 대표적인 척도는?

① 거트만(Guttman) 척도
② 서스톤(Thurstone) 척도
③ 리커트(Likert) 척도
④ 보가더스(Bogardus) 척도

해설 리커트 척도는 각각의 응답자가 전체 문항에 대해 얻은 점수를 합계한 후 전체 응답자들을 총점순위에 의해 배열한다. 예를 들어 질문문항이 10개이고 응답평균이 5부터 1인 경우 최고 50점에서 최저 10점 사이에서 전체 응답자들을 배열할 수 있다.

72

리커트(Likert) 척도에서 문항들이 단일차원을 이루는지를 확인할 수 있는 방법은?

① 요인분석
② 회귀분석
③ 구조방정식모형
④ 재생계수 계산

해설 리커트 척도에서는 요인분석을 통해 각 문항들이 하나의 요인으로 묶이는가를 확인함으로써 단일차원성을 검증한다.

73

다음 중 실용성과 효율성이 높다고 인정되며, 총화평정기법(Summated Rating Technique)이라고도 불리는 척도는?

① 서스톤 척도(Thurstone Scale)
② 리커트 척도(Likert Scale)
③ 거트만 척도(Guttman Scale)
④ 어의차이척도(Semantic Differential Scale)

해설 ① 등간척도의 일종으로서, 어떤 사실에 대해 가장 긍정적인 태도와 가장 부정적인 태도를 나타내는 태도의 양극단을 등간적으로 구분하여 여기에 수치를 부여함으로써 등간척도를 구성하는 방법이다.
③ 서열척도의 일종으로서, 강도가 다양한 어떤 태도유형에 대해 가장 약한 표현에서부터 가장 강한 표현에 이르기까지 서열적 순서를 부여한다.
④ 일직선으로 도표화된 척도의 양극단에 서로 상반되는 형용사를 배열하여 양극단 사이에서 해당 속성에 대한 평가를 한다.

74

총화평정척도에 대한 설명으로 틀린 것은?

① 리커트 타입의 척도라고도 한다.
② 각 문항이 하나의 척도이며 전체 문항의 총점이 태도의 측정치로 본다.
③ 평가자의 주관이 개입될 가능성이 높다.
④ 예비적 문항으로 응답 카테고리를 결정해 내적 일관성 여부에 따라 최종척도를 구성한다.

해설 척도의 작성과정에서 평가자들에 의해 문항을 분류하는 서스톤 척도가 평가자의 주관이 개입될 가능성이 높다.

정답 70 ④ 71 ③ 72 ① 73 ② 74 ③

75

리커트 척도에 관한 설명과 가장 거리가 먼 것은?

① 평정척도의 하나이다.
② 태도를 나타내는 여러 개의 진술문들로 구성된다.
③ 응답자들에게 태도점수를 부여한다.
④ 개개인을 등급화하는 방법으로서 등급 간의 간격이 거의 동일하도록 조정한다.

해설 리커트 척도는 개개인을 등급화하는 것이 아니라 주로 인간의 태도를 측정하는 태도척도이다.

76

태도척도에서 부정적인 극단에는 1점을, 긍정적인 극단에는 5점을 부여한 후, 전체 문항의 총점 또는 평균을 가지고 태도를 측정하는 척도는?

① 서스톤 척도
② 리커트 척도
③ 거트만 척도
④ 의미분화 척도

해설 리커트 척도는 주로 인간의 태도를 측정하는 태도척도이다. 다섯 가지 응답 카테고리를 두며 전체 문항의 총점 또는 평균을 가지고 태도를 측정한다.

77

거트만 척도(Guttman Scale)에 대한 설명으로 틀린 것은?

① 누적척도(Cumulative Scale)라고도 한다.
② 단일차원의 서로 이질적인 문항으로 구성되며 여러 개의 변수를 측정한다.
③ 재생가능성을 통해 척도의 질을 판단한다.
④ 일단 자료가 수집된 이후에 구성될 수 있다.

해설 거트만 척도의 중요한 전제조건으로는 측정의 대상이 되는 척도가 하나의 요소이어야만 한다는 것이다. 거트만 척도는 척도의 누적적인 형성으로 하나의 변수를 측정하게 됨으로써 단일차원성을 지닌다.

78

거트만 척도에 관한 설명으로 틀린 것은?

① 거트만 척도의 기본구상은 척도구성문항들의 강도가 다르기 때문에 이를 서열화 시킬 수 있다는 것이다.
② 척도를 구성하는 과정에서 문항들의 단일차원성을 경험적으로 검증하도록 설계된 것이다.
③ 강도가 가장 높은 문항에 대한 응답을 바탕으로 다른 문항에 대한 응답을 예측할 수 있다.
④ 거트만 척도를 구성하는 과정에서 응답조사자료가 필요하지 않아 간편한 장점이 있다.

해설 거트만 척도를 구성할 때는 단일차원적 척도를 형성하는 문항집단을 선택하여 내용의 강도에 따라 서열적·누적적으로 배열한다. 그리고 응답자들에게 배부하여 응답을 얻어내어 응답자의 응답이 누적적으로 되어 있는지 확인하며, 척도구성항목에 대한 조정을 통해 척도를 구성한다.

79

소시오메트리에 관한 설명으로 옳은 것은?

① 사회적 거리척도로서 집단 간 거리를 측정하는 척도이다.
② 리더십연구와 집단 내의 갈등, 응집에 관한 연구에서 사용된다.
③ Moreno를 중심으로 발전한 인간과 친환경관계의 측정에 관한 방법이다.
④ 소시오메트리의 분석방법에는 소시오메트릭 행렬, 지니지수, 집단확장지수가 있다.

해설 ① 집단 내에 있어서의 개인 간의 친근관계를 측정한다.
③ 모레노(Moreno)를 중심으로 하여 주로 발전된 인간관계의 측정에 관한 방법을 말한다.
④ 소시오메트리의 분석방법에는 소시오메트릭 행렬, 소시오그램, 소시오메트릭지수(선택지위지수, 집단확장지수, 집단응집지수)가 있다.

80

척도에 관한 설명으로 옳은 것은?

① 리커트 척도는 등간-비율수준의 척도이다.
② 서스톤 척도는 모든 문항에 대해 동일한 척도 값을 부여한다.
③ 소시오메트리(Sociometry)는 집단 간의 심리적 거리를 측정한다.
④ 거트만 척도에서는 일반적으로 재생계수가 0.9 이상이면 적절한 척도로 판단한다.

해설 재생계수가 '1'일 때 완벽한 척도구성 가능성을 획득하며, 보통 계수가 '0.9', 즉 10개의 응답 중 1개의 오차를 갖는 경우 허용오차수준이라고 본다.

81

다음 설명에 해당하는 척도구성기법은?

> 특정 개념을 측정하기 위해 연구자가 수집한 여러 가지의 관련 진술에 대하여 평가자들이 판단을 내리도록 한 후 이를 토대로 각 진술에 점수를 부여한다. 이렇게 얻어진 진술을 실제 측정하고자 하는 척도의 구성항목으로 포함시킨다.

① 서스톤 척도(Thurstone Scale)
② 리커트 척도(Likert Scale)
③ 거트만 척도(Guttman Scale)
④ 의미분화 척도(Semantic Differential Scale)

해설 서스톤 척도는 어떤 사실에 대해 가장 긍정적인 태도와 가장 부정적인 태도를 나타내는 태도의 양극단을 등간적으로 구분하여 여기에 수치를 부여함으로써 등간척도를 구성하는 방법이다. 평가자를 사용하여 척도에 포함될 문항들이 척도상의 어느 위치에 속할 것인지 판단하도록 한 다음, 조사자가 이를 바탕으로 하여 척도에 포함될 적절한 문항들을 선정하여 척도를 구성한다.

82

집단구성원 상호 간에 존재하는 사회적 거리의 강도를 측정하기 위해 개발된 척도는?

① 보가더스 척도
② 소시오메트리
③ 서스톤 척도
④ 리커트 척도

해설 소시오메트리와 보가더스 척도의 차이점
소시오메트리(Sociometry)가 개인을 중심으로 하여 집단 내에 있어서의 개인 간의 친근관계를 측정하는 데 반해, 사회적 거리 척도는 주로 집단 간(가족과 가족, 민족과 민족)의 친근 정도를 측정한다.

83

서스톤(Thurstone) 척도는 척도의 수준으로 볼 때 어느 척도에 해당하는가?

① 등간척도
② 서열척도
③ 명목척도
④ 비율척도

해설 서스톤 척도는 등현등간척도라고도 하며, 어떤 사실에 대해 가장 긍정적인 태도와 가장 부정적인 태도를 나타내는 태도의 양극단을 등간적으로 구분하여 여기에 수치를 부여하는 척도이다.

84

서스톤 척도에 대한 설명으로 틀린 것은?

① 리커트 척도법이나 거트만 척도법에 비해 서스톤 척도법은 상당한 비용과 시간이 걸린다는 단점을 가지고 있다.
② 리커트 척도법이나 거트만 척도법의 경우는 구간수준의 측정이 가능하지만, 서스톤 척도법은 서열수준의 측정만이 가능하다.
③ 평가자의 편견이 개입될 가능성이 있으며, 이 문제를 완화하기 위해서는 가능하면 많은 수의 평가자를 선정하는 것이 좋다.
④ 문항의 선정 과정에서 평가자 간에 이견이 큰 문항은 제외한다.

해설 서스톤 척도법은 등간척도의 일종이기 때문에 구간수준의 측정이 가능하다.

정답 80 ④ 81 ① 82 ② 83 ① 84 ②

85

다음은 어떤 척도에 관한 설명인가?

> 우리나라의 특정 정치지도자에 대한 국민의 생각을 측정하기 위한 방법으로 '정직-부정직, 약하다-강하다, 능동적-수동적' 등과 같은 대칭적 형용사를 제시한 후 응답자들로 하여금 이들 각각의 문항에 대해 1부터 7까지의 연속선상에서 평가하도록 하였다.

① 서스톤 척도
② 거트만 척도
③ 리커트 척도
④ 의미분화 척도

해설 양극단에 상반되는 형용사를 사용하므로 의미분화 척도에 해당한다. 의미분화 척도는 보통 5~7점 척도를 사용한다.

86

다음 설문문항에서 사용한 척도는?

> 2018년 평창동계올림픽 로고에 대한 느낌은?
> (해당 칸에 V표 하시오)
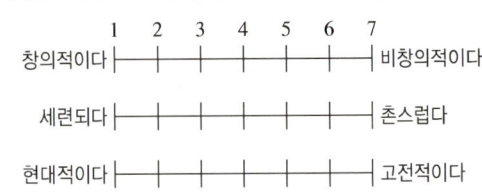

① 리커트 척도(Likert Scale)
② 거트만 척도(Guttman Scale)
③ 서스톤 척도(Thurstone Scale)
④ 의미분화 척도(Semantic Differential Scale)

해설 양극단에 상반되는 형용사를 사용하므로 의미분화 척도에 해당한다. 의미분화 척도는 보통 5~7점 척도를 사용한다.

87

다음은 어떤 척도를 활용한 것인가?

> 학원에 다니는 수강생의 만족도를 측정하기 위한 방법으로 '긍정적-부정적, 능동적-수동적' 등과 같은 대칭적 형용사를 제시하고 응답자들이 각 문항에 대해 1부터 7까지의 연속선상에서 평가하도록 하였다.

① 거트만 척도(Guttman Scale)
② 리커트 척도(Likert Scale)
③ 서스톤 척도(Thurstone Scale)
④ 의미분화 척도(Semantic Differential Scale)

해설 ① 태도의 강도에 대한 연속적 증가유형을 측정하고자 하는 척도이다. 특정 점수를 형성하는 데 필요한 응답의 결합이 그보다 낮은 점수에 해당하는 모든 질문들에 대한 응답을 포함함으로써 누적적인 특성을 지닌다.
② 서열척도의 일종으로 인간의 태도를 측정하는 태도척도이다. 척도의 신뢰도와 타당도를 높이기 위해 일련의 수 개 문항들을 하나의 척도로 사용하는 다문항척도이다. 전체 문항의 총점 또는 평균을 가지고 태도를 측정한다.
③ 등간척도의 일종으로서, 어떤 사실에 대해 가장 긍정적인 태도와 가장 부정적인 태도를 나타내는 태도의 양극단을 등간적으로 구분하여 여기에 수치를 부여함으로써 척도를 구성한다.

88

척도구성방법 중 인종, 사회계급과 같은 여러 가지 형태의 사회집단에 대한 사회적 거리를 측정하기 위한 척도는?

① 서스톤 척도
② 보가더스 척도
③ 거트만 척도
④ 리커트 척도

해설 보가더스 척도는 서열척도의 일종으로서, 소수민족, 사회계급 등에 대한 사회적 거리감의 정도를 측정하기 위해 연속적인 문항들을 동원하는 척도이다.

85 ④ 86 ④ 87 ④ 88 ②

89

A후보와 B후보의 이미지 비교 프로파일을 보여주는 아래의 그림에서 사용된 척도는?

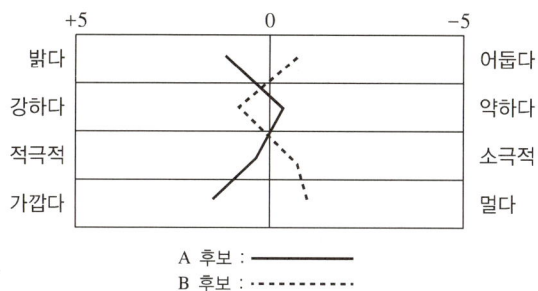

① 서스톤 척도
② 리커트 척도
③ 거트만 척도
④ 의미분화 척도

해설 양극단에 서로 상반되는 형용사를 배열하여 양극단 사이에서 해당 속성에 대한 평가를 했으므로 의미분화 척도를 사용한 것이다.

90

어의차이척도(Semantic Differential Scale)에 관한 설명으로 옳지 않은 것은?

① 측정된 자료는 요인분석 등과 같은 다변량분석의 적용이 가능하다.
② 측정대상들을 직접 비교하는 형태인 비교척도(Comparative Scale)에 해당한다.
③ 마케팅조사에서 기업이나 브랜드, 광고에 대한 이미지, 태도 등의 방향과 정도를 알기 위해 널리 이용된다.
④ 일련의 대립되는 양극의 형용사로 구성된 척도를 이용하여 응답자의 감정 혹은 태도를 측정하는 데 이용된다.

해설 어의차이척도는 어떤 대상이 개인에게 주는 주관적인 의미를 측정하는 방법으로서, 직선으로 도표화된 척도의 양극단에 서로 상반되는 형용사를 배열하여 양극단 사이에서 해당 속성에 대한 평가를 한다. 주로 심리학적 의미를 파악하기 위한 측정도구로 사용하며 요인평점분석법, 평균치분석법, 거리집락분석법 등 다변량분석의 적용이 가능하다. 어의차이척도는 측정대상 간 직접 비교가 필요 없는 응답을 구하는 비비교척도에 해당하며, 평정척도, 스타펠척도 등이 비비교척도에 해당한다.

91

측정오차(Error of Measurement)에 관한 설명으로 옳은 것은?

① 체계적 오차(Systematic Error)의 값은 상호 상쇄되는 경향이 있다.
② 신뢰성은 체계적 오차(Systematic Error)와 관련된 개념이다.
③ 타당성은 비체계적 오차(Random Error)와 관련된 개념이다.
④ 비체계적 오차(Random Error)는 인위적이지 않아 오차의 값이 다양하게 분산되어 있다.

해설 비체계적 오차는 무작위로 발생하기 때문에 인위적이지 않아 오차의 값이 다양하게 분산되며 상호 상쇄되는 경향이 있다. 비체계적 오차는 신뢰성과 관련이 있으며 타당성은 체계적 오차와 관련이 있다.

92

사회조사에서 발생하는 측정오차의 원인과 가장 거리가 먼 것은?

① 조사의 목적
② 측정대상자의 상태 변화
③ 환경적 요인의 변화
④ 측정도구와 측정대상자의 상호작용

해설 측정오차의 주요 근원
- 측정자에 의한 오차
- 측정대상에 의한 오차(②)
- 측정대상들의 편견(고정반응, 사회적 적절성 편견, 문화적 차이 등)
- 사회가 바람직하다고 생각하는 편향
- 측정도구와 측정대상자의 상호작용(④)
- 측정도구·방법상의 문제
- 측정대상자의 표기상 오차와 분석과정상의 문제
- 인간의 지적 특수성에 의한 오차
- 시간·장소적인 제약에서 오는 오차
- 환경적 요인의 변화(③)

정답 89 ④ 90 ② 91 ③ 92 ①

93

성인에 대한 우울증 검사도구를 청소년들에게 그대로 적용할 때 가장 우려되는 측정오차는?

① 고정반응
② 문화적 차이
③ 무작위 오류
④ 사회적 바람직성

해설 ② 우울증은 문화에 따라 다양한 양상으로 나타나며, 성인과 청소년은 서로 다른 문화적 배경을 가지고 있다. 또한, 우울증 검사도구에 포함되어 있는 문항에 대한 인식이 문화에 따라 다르게 해석되어 성인과 동일한 방식으로 응답하지 않을 수 있다.
① 극단적인 값을 피하려고 중도값을 택하려는 경향을 말한다.
③ 비체계적 오류라고도 하며, 일정한 패턴 없이 발생하는 오류를 말한다.
④ 기준에 부합하는 것을 택하려는 경향을 말한다.

94

측정대상들의 편견에 의해서 발생하는 측정오류와 가장 거리가 먼 것은?

① 고정반응
② 사회적 적절성 편견
③ 문화적 차이 편견
④ 무작위적 오류

해설 측정대상들의 편견에 의해서 발생하는 측정오류는 체계적 오류이다. 무작위적 오류는 비체계적 오류를 뜻한다.

95

측정오차의 발생원인과 가장 거리가 먼 것은?

① 통계분석기법
② 측정방법 자체의 문제
③ 측정시점에 따른 측정대상자의 변화
④ 측정시점의 환경요인

해설 측정오차의 주요 근원
- 측정자에 의한 오차
- 측정대상에 의한 오차(③)
- 측정대상들의 편견(고정반응, 사회적 적절성 편견, 문화적 차이 등)
- 사회가 바람직하다고 생각하는 편향
- 측정도구와 측정대상자의 상호작용
- 측정도구·방법상의 문제(②)
- 측정대상자의 표기상 오차와 분석과정상의 문제
- 인간의 지적 특수성에 의한 오차
- 시간·장소적인 제약에서 오는 오차
- 환경적 요인의 변화(④)

96

측정오차(Error of Measurement)에 관한 설명으로 틀린 것은?

① 비체계적 오차는 상호상쇄(Self-compensation)되는 경향도 있다.
② 체계적 오차는 항상 일정한 방향으로 작용하는 편향(Bias)이다.
③ 비체계적 오차는 측정대상, 측정과정, 측정수단 등에 따라 일관성 없이 영향을 미침으로써 발생한다.
④ 측정의 오차를 신뢰성 및 타당성과 관련지었을 때 신뢰성과 타당성은 정도의 개념이 아닌 존재 개념이다.

해설 측정의 오차를 신뢰성 및 타당성과 관련지었을 때 신뢰성과 타당성은 존재의 개념이 아닌 정도의 개념이다.
- 존재의 개념 : 있다/없다
- 정도의 개념 : 높다/낮다

97

측정오류에 관한 설명으로 틀린 것은?

① 체계적 오류는 신뢰도와 관련된다.
② 측정오류는 일관되지 않게 나타날 수 있다.
③ 측정이 이루어지는 환경적 요인의 변화에 따라 측정오류가 발생할 수 있다.
④ 체계적 오류는 자료수집방법이나 수집과정에 개입될 수 있다.

해설 체계적 오류는 타당도와 관계가 있다. 체계적 오류와 타당도는 반비례 관계이다.

98

다음 중 측정과정에서 발생할 수 있는 오류는?

① 비체계적 오류
② 생태학적 오류
③ 환원주의 오류
④ 결정주의 오류

해설 비체계적 오류는 무작위적 오류라고도 하며, 측정과정에서 우연히 또는 일시적인 사정에 의해 나타나는 오류이다.

99

측정의 무작위 오류(Random Error)에 관한 설명으로 옳은 것은?

① 응답자가 자신에 대한 이미지를 좋게 만들기 위해 응답할 때 발생한다.
② 타당도를 낮추는 주요 원인이다.
③ 설문문항이 지나치게 많을 경우 발생하기 쉽다.
④ 연구자가 응답자에게 유도성 질문을 할 때 발생한다.

해설 무작위 오류는 측정과정에서 우연히 또는 일시적인 사정에 의해 나타나는 오차이다. 설문문항이 지나치게 많을 경우 통제하기 어렵기 때문에 무작위 오류가 발생하기 쉽다.

100

측정의 오류에 관한 설명으로 옳은 것은?

① 편향에 의해 체계적 오류가 발생한다.
② 무작위 오류는 측정의 타당도를 저해한다.
③ 표준화된 측정도구를 사용하더라도 체계적 오류를 줄일 수 없다.
④ 측정자, 측정대상자 등에 일관성이 없어 생기는 오류를 체계적 오류라 한다.

해설 ② 무작위 오류와 신뢰도는 반비례 관계이다. 무작위 오류는 측정의 신뢰도를 저해한다.
③ 체계적 오류는 자료수집방법이나 수집과정에서 개입되는 오차로 조사내용이나 목적에 비해 자료수집방법이 잘못 선정되었을 경우 발생한다. 표준화된 측정도구를 사용하면 체계적 오류를 줄일 수 있다.
④ 측정자, 측정대상자 등에 일관성이 없어 생기는 오류를 비체계적 오류(무작위 오류)라 한다.

101

측정오차(Measurement Error)의 종류 중 측정상황, 측정과정, 측정대상 등에서 우연적이며 가변적인 일시적 형편에 의해 측정결과에 대한 영향을 미치는 오차는?

① 계량적 오차
② 작위적 오차
③ 체계적 오차
④ 무작위적 오차

해설 **무작위적 오차(비체계적 오차)**
- 측정과정에서 우연히 또는 일시적인 사정에 의해 나타나는 오차이다.
- 측정대상, 측정과정, 측정환경, 측정자 등에 따라 일관성 없이 영향을 미침으로써 발생한다.
- 통제하기 어려운 상황에서 주로 발생한다.
- 인위적이지 않아 오차의 값이 다양하게 분산되어 있다.
- 방향이 일정하지 않아 상호 간의 영향에 의해 상쇄되는 경우도 있다.
- 신뢰도와 반비례 관계이다.

정답 97 ① 98 ① 99 ③ 100 ① 101 ④

102

다음 ( )에 공통적으로 알맞은 것은?

> ( )은 측정도구 자체가 측정하고자 하는 속성이나 개념을 얼마나 대표할 수 있는지를 평가하는 것으로 측정도구가 측정대상이 가진 많은 속성 중 일부를 대표성 있게 포함한다면 그 측정도구는 ( )이 높다고 할 수 있다.

① 내용타당성(Content Validity)
② 개념타당성(Construct Validity)
③ 집중타당성(Convergent Validity)
④ 이해타당성(Nomological Validity)

해설
② 개념타당성은 측정에 의해 얻는 측정값 자체보다는 측정하고자 하는 속성에 초점을 맞춘 타당성이며, 이론과 관련하여 측정도구의 타당도를 검증한다.
③ 집중타당성은 개념타당성의 한 종류로서 동일한 개념을 서로 상이한 측정도구를 이용해서 측정한 결과값들 간의 상관관계가 높을수록 타당성이 높다고 평가한다.
④ 이해타당성은 개념타당성의 한 종류로서 서로 유사한 여러 개념들을 모두 측정할 수 있는 측정도구일수록 타당성이 높다고 평가한다.

103

다음 괄호에 알맞은 것은?

> 측정의 ( )는 측정도구가 실제로 측정하고자 하는 개념을 정확하게 측정하고 있는가를 반영하는 것이다.

① 타당도   ② 신뢰도
③ 유의도   ④ 독립도

해설 타당도는 조사자가 측정하고자 한 것을 얼마나 제대로 측정했는가의 문제이다. 타당한 측정수단이란 측정하고자 하는 것을 측정할 수 있는 도구이다. 따라서 어떤 측정수단이 조사자가 의도하지 않은 측면을 측정할 경우 그 수단은 타당하지 못한 것이 된다.

104

측정도구의 내용타당도를 평가하는 방법과 가장 거리가 먼 것은?

① 관련 분야 전문가들의 자문을 구한다.
② 측정대상과 관련된 이론들을 판단기준으로 사용한다.
③ 패널토의나 워크숍 등을 통하여 타당도에 관한 의견을 수렴한다.
④ 측정도구를 반복하여 측정하고 그 관계를 알아본다.

해설 내용타당도는 측정항목이 연구자가 의도한 내용을 실제로 측정하고 있는가의 문제이다. 논리적 사고에 입각한 논리적인 분석과정으로 판단하는 주관적인 타당도로서, 전문가들의 판단에 의해 검사의 타당도를 입증받게 되므로, 검사의 목적에 대한 부합성의 여부를 검정할 수 있다. 측정도구를 반복하여 측정하고 관계를 알아보는 것은 신뢰도에 관한 설명이다.

105

측정도구의 타당도에 관한 설명으로 틀린 것은?

① 내용타당도(Content Validity)는 전문가의 판단에 기초한다.
② 구성타당도(Construct Validity)는 예측타당도(Predictive Validity)라 한다.
③ 동시타당도(Concurrent Validity)는 신뢰할 수 있는 다른 측정도구와 비교하는 것이다.
④ 기준관련타당도(Criterion-related Validity)는 내용타당도보다 경험적 검증이 용이하다.

해설 구성타당도란 조작적으로 정의되지 않은 인간의 심리적 특성이나 성질을 심리적 개념으로 분석하여 조작적 정의를 부여한 후, 검사점수가 조작적 정의에서 규명한 심리적 개념들을 제대로 측정하였는가를 검정하는 방법으로 개념타당도라고도 한다. 예측타당도는 기준타당도의 한 종류로서, 어떠한 행위가 일어날 것이라고 예측한 것과 실제 대상자 또는 집단이 나타낸 행위 간의 관계를 측정하는 것이다.

106

타당성에 관한 설명으로 틀린 것은?

① 측정도구가 측정하고자 하는 현상을 일관성 있게 측정하였는가를 말해준다.
② 측정도구가 실제로 측정하고자 하는 개념을 측정하였는가를 말해준다.
③ 타당성은 그 개념이 정확히 측정되었는가를 말해준다.
④ 문항구성이 측정하고자 하는 개념을 얼마나 잘 반영하고 있는가를 말해준다.

해설 측정도구가 측정하고자 하는 현상을 일관성 있게 측정하는가는 신뢰성에 관한 설명이다. 타당성은 조사자가 측정하고자 한 것을 얼마나 제대로 측정했는가를 말해준다.

107

측정의 타당도에 관한 설명으로 틀린 것은?

① 기준타당도는 수렴타당도, 판별타당도로 구분된다.
② 내용타당도는 전문가의 견해를 통해 판단할 수 있다.
③ 구성체타당도는 이론적 틀 내에서 측정도구의 타당성을 경험적으로 검증한다.
④ 동시타당도는 작성한 측정도구를 이미 존재하고 있는 신뢰할만한 측정도구와 비교하여 검증한다.

해설 기준관련타당도를 기준타당도, 경험적 타당도라고도 하며, 동시적 타당도와 예측적 타당도로 나눌 수 있다.

108

측정도구의 타당도를 측정하는 방법이 아닌 것은?

① 재조사법   ② 내용타당도
③ 기준관련타당도   ④ 구성체타당도

해설 재조사법은 동일한 대상에 동일한 측정도구를 서로 상이한 시간에 두 번 측정한 다음 그 결과를 비교하는 것으로 타당도를 측정하는 방법이 아닌 신뢰도를 검증하는 방법이다.

109

토익점수와 실제 영어회화의 관련성을 분석한 결과, 토익점수가 높다고 해서 영어회화를 잘한다는 가설에 대한 통계적 유의성은 없었다고 가정하면 토익점수라는 측정도구에는 어떤 문제가 있는가?

① 신뢰도   ② 타당도
③ 유의도   ④ 내적일관성

해설 토익점수가 높다고 해서 영어회화를 잘할 것이라고 예측하는 것은 예측타당도를 활용하는 것이다. 그런데 이 가설에 대한 통계적 유의성이 없으므로 예측타당도가 낮다고 할 수 있다. 즉, 토익점수라는 측정도구는 타당도가 낮다.

110

구성타당도(Construct Validity)에 대한 설명으로 틀린 것은?

① 이론과 관련하여 측정도구의 타당도를 검증한다.
② 구성타당도를 측정할 수 있는 방법으로 요인분석 등이 있다.
③ 측정도구가 특정 준거와 어느 정도 관련성이 있는지를 나타내는 타당성이다.
④ 측정값 자체보다 측정하고자 하는 속성에 초점을 맞춘 타당성이다.

해설 구성타당도는 구조적 타당도 또는 개념타당도라고도 한다. 측정에 의해 얻는 측정값 자체보다는 측정하고자 하는 속성에 초점을 맞춘 타당성이며, 이론과 관련하여 측정도구의 타당도를 검증한다. 측정방법에는 다중속성-다중측정 방법, 요인분석, 이론적 구성개념 등이 있다.

111

사용하고 있는 측정도구의 측정값과 기준이 되는 측정도구의 측정값과의 상관관계로 측정되는 타당도는?

① 구성체타당도　　② 액면타당도
③ 기준관련타당도　④ 다차원타당도

해설 기준관련타당도는 경험적 근거에 의해 타당도를 확인하는 방법으로서, 이미 전문가가 만들어 놓은 신뢰도와 타당도가 검증된 측정도구에 의한 측정결과를 기준으로 한다. 사용하고 있는 측정도구의 측정값과 기준이 되는 측정도구의 측정값 간의 상관관계로 측정된다.

112

창의성을 측정하기 위해 새롭게 개발된 측정도구의 수렴타당도(Convergent Validity)가 높은 경우는?

① 새로운 창의성 측정도구와 기존의 창의성 측정도구로 측정된 점수들 간의 상관이 높은 경우
② 새로운 창의성 측정도구와 지능검사로 측정된 점수들 간의 상관이 높은 경우
③ 새로운 창의성 측정도구와 예술성 측정도구로 측정된 점수들 간의 상관이 높은 경우
④ 새로운 창의성 측정도구와 신체적 능력 측정도구로 측정된 점수들 간의 상관이 높은 경우

해설 수렴타당도는 집중타당도라고도 하며, 동일한 개념을 측정하기 위해 서로 다른 측정방법을 사용하여 측정으로 얻은 측정치들 간에 높은 상관관계가 존재해야 함을 전제로 한다.

113

기준관련타당도(Criterion-related Validity)와 가장 거리가 먼 것은?

① 동시적 타당도　② 예측적 타당도
③ 경험적 타당도　④ 이론적 타당도

해설 기준관련타당도는 기준타당도, 실용적 타당도 또는 경험적 타당도라고도 한다. 동시적 타당도와 예측적 타당도로 구분된다.

114

개념타당성(Construct Validity)과 관련된 개념이 아닌 것은?

① 다중속성-다중측정 방법
② 요인분석
③ 이론적 구성개념
④ 예측적 타당도

해설 예측적 타당도는 기준타당도에 해당한다.

115

다음 중 개념타당성(Construct Validity)에 관한 설명으로 틀린 것은?

① 특정 개념의 이해와 관련된 타당도이다.
② 타당도의 개념을 가장 잘 나타내는 것이다.
③ 다른 개념과는 상관관계가 판이하게 낮아야 한다는 타당도이다.
④ 특정한 측정도구의 대표성에 관한 개념으로 측정도구가 갖추어야 할 최소한의 타당도이다.

해설 개념타당성은 개념들을 제대로 측정하였는가에 대한 것으로 그 중 판별타당성은 서로 다른 개념들을 측정했을 때 얻어진 측정문항들의 결과 간에 상관관계가 낮아야 함을 전제로 한다. 특정한 측정도구의 대표성은 내용타당성과 관련된 내용이다.

116

내용타당도(Content Validity)에 관한 설명으로 옳은 것은?

① 통계적 검증이 가능하다.
② 측정대상의 모든 속성들을 파악할 수 있다.
③ 조사자의 주관적 해석과 판단에 의해 결정되기 쉽다.
④ 다른 측정결과와 비교하여 관련성 정도를 파악한다.

> **해설** 내용타당도
> - 표면타당도, 액면타당도 또는 논리적 타당도라고도 한다.
> - 측정항목이 연구자가 의도한 내용을 실제로 측정하고 있는지를 나타낸다.
> - 논리적 사고에 입각한 논리적인 분석과정으로 판단하는 주관적인 타당도이다.
> - 객관적인 자료에 근거하지 않는다.

117

다음 사례에 해당하는 타당성은?

> 새로 개발된 주관적인 피로감 측정도구를 사용하여 측정한 결과와 이미 검증되고 통용중인 주관적인 피로감 측정도구의 결과를 비교하여 타당도를 확인하였다.

① 내용타당성(Content Validity)
② 동시타당성(Concurrent Validity)
③ 예측타당성(Predictive Validity)
④ 판별타당성(Discriminant Validity)

> **해설** 동시타당성이란 새로운 검사를 제작했을 때 새로 제작한 검사의 타당도를 위해 기존에 타당성을 보장받고 있는 검사와의 유사성 혹은 연관성에 의해 타당성을 검정하는 방법이다. 기존에 타당성을 입증받고 있는 검사가 없을 경우 타당성을 추정할 수 없으며, 타당성이 입증된 검사가 있을지라도 그 검사와의 관계에 의해 동시타당성이 검정되므로 기존에 타당성을 입증받은 검사에 의존할 수밖에 없다.

118

A기업에서 공개채용시험의 타당성을 평가하려는 계획을 세웠다. 우선 입사시험성적과 그 직원의 채용된 후 근무성적을 비교하여 타당성을 평가한다면 이는 무슨 타당성인가?

① 기준관련타당성(Criterion-related Validity)
② 내용타당성(Content Validity)
③ 구성타당성(Construct Validity)
④ 논리적 타당성(Logical Validity)

> **해설** 사용하고 있는 측정도구의 측정값(채용 후 근무성적)과 기준이 되는 측정도구(입사시험성적)의 측정값 간의 상관관계에 관심을 두는 기준관련타당성에 해당한다.

119

측정도구의 타당도 평가방법에 대한 설명으로 틀린 것은?

① 한 측정치를 기준으로 다른 측정치와의 상관관계를 추정한다.
② 크론바하 알파값을 산출하여 문항 상호 간의 일관성을 측정한다.
③ 내용타당도는 점수 또는 척도가 일반화하려고 하는 개념을 어느 정도 잘 반영해주는가를 의미한다.
④ 개념타당도는 측정하고자 하는 개념이 실제로 적절하게 측정되었는가를 의미한다.

> **해설** 크론바하 알파값은 신뢰도를 평가하는 내적 일관성 분석법에서 신뢰도 계수를 구하기 위해 사용하는 값이다.

정답 116 ③ 117 ② 118 ① 119 ②

120

타당성 중에서 연구자가 설계한 측정도구 자체가 측정하려는 개념이나 속성을 제대로 대표하고 있는지의 여부를 나타내는 것은?

① 구성타당성(Construct Validity)
② 내용타당성(Content Validity)
③ 경험적 타당성(Empirical Validity)
④ 개념적 타당성(Concept Validity)

해설 내용타당성은 표면타당도, 액면타당도 또는 논리적 타당도라고도 불린다. 측정항목이 연구자가 의도한 내용을 실제로 측정하고 있는가의 문제이다.

121

다음 사례에 내재된 연구설계의 타당성 저해요인이 아닌 것은?

> 한 집단에 대하여 자아존중감 검사를 하였다. 그 결과 정상치보다 지나치게 낮은 점수가 나온 사람들이 발견되었고, 이들을 대상으로 자아존중감 향상 프로그램을 실시하였다. 프로그램 종료 후에 다시 같은 검사를 가지고 자아존중감을 측정한 결과 사람들의 점수평균이 이전보다 높아진 것으로 나타났다.

① 검사효과(Testing Effect)
② 도구효과(Instrumentation)
③ 통계적 회귀(Statistical Regression)
④ 성숙효과(Maturation Effect)

해설 도구효과는 측정자의 측정도구가 달라짐으로 인해 결과에 영향을 미치는 것을 의미하는데, 프로그램 종료 후 다시 같은 검사를 실시하였기 때문에 도구효과로 볼 수 없다.

내적 타당도를 저해하는 요인
- 시험효과 : 측정이 반복되면서 얻어지는 학습효과로 인해 실험대상자의 반응에 영향을 미친다.
- 성숙효과 : 시간의 흐름에 따라 연구대상이나 현상에 변화가 발생함으로 인해 결과에 영향을 미친다.
- 통계적 회귀 : 최초의 측정에서 양극단적인 측정값을 보인 결과가 이후 재측정의 과정에서 평균값으로 회귀한다.

122

다음 연구의 진행에 있어 내적 타당성을 위협하는 요인이 아닌 것은?

> 대학생들의 성(性) 윤리의식을 파악하기 위해 실험연구방법을 적용하여 각각 30명의 대학생을 실험집단과 통제집단으로 선정하여 1개월간의 현지실험조사를 실시하려 한다.

① 검사의 상호작용 효과(Interaction Testing Effect)
② 우연적 사건(History)
③ 실험변수의 확산 또는 모방(Diffusion or Imitation of Treatments)
④ 측정수단의 변화(Instrumentation)

해설 검사의 상호작용 효과는 외적 타당성을 위협하는 요인이다. 외적 타당성을 위협하는 요인으로는 플라시보 효과, 실험조사에 대한 반응성 등이 있으며, 내적 타당성을 위협하는 요인으로는 외부사건, 모방, 도구요인, 통계적 회귀, 성숙 등이 있다.

123

어떤 연구 도중에 위약효과(Placebo Effect)가 크게 나타났을 때, 이 연구에서 유의해야 할 점은?

① 연구대상자 수를 줄여야 한다.
② 사전조사와 본조사의 간격을 줄여야 한다.
③ 연구결과를 일반화시키지 말아야 한다.
④ 연구대상자에게 피험자임을 인식시켜야 한다.

해설 위약효과(플라시보 효과)는 약효가 전혀 없는 거짓약을 진짜약으로 가장하여 환자에게 복용하도록 했을 때, 환자의 병세가 호전되는 효과를 말한다. 따라서 위약효과가 나타나면 연구의 결과에 의해 기술된 인과관계를 일반화할 수 없다.

124

다음 사례에 대한 타당도 저해요인에 기초한 비판 중 그 성격이 나머지와 다른 하나는?

> 경찰은 2011년 12월 대전지역에서 일제히 음주운전 단속을 실시하였고, 그 결과 2012년 초의 음주운전은 크게 감소하였다고 주장하였다.

① 가장 음주운전이 많은 시기는 연말이므로, 자연스럽게 예전의 상태로 돌아온 것뿐이다.
② 경찰이 2012년부터 새 음주측정기로 교체하였으므로, 이 감소는 음주측정기의 교체로 인한 것이다.
③ 이 결과는 대전지역에서나 가능한 이야기이지, 다른 지역에서는 감소시키기 어려웠을 것이다.
④ 2012년부터 주류세가 대폭 인상되었으므로, 음주가 줄어든 것이 음주운전 감소의 원인이다.

해설 ③ 연구표본의 대표성 : 대전지역에서 얻어진 연구의 결과를 일반화하였으므로 표본에서 얻어진 연구의 결과에 대해 연구조건을 넘어선 다른 환경이나 집단에까지 적용한 경우이다. → 외적 타당도 저해요인
① 통계적 회귀 : 가장 음주운전이 많은 시기인 연말에는 극단적인 측정값을 가질 수밖에 없는데, 이러한 사례들을 재측정할 때 평균값으로 회귀하여 처음과 같은 극단적 측정값을 나타낼 확률이 줄어드는 현상이다. → 내적 타당도 저해요인
② 도구요인 : 측정수단(음주측정기)이 변화함에 따라 효과가 왜곡되는 현상이다. → 내적 타당도 저해요인
④ 외부사건 : 주류세의 대폭 인상이 음주운전을 감소시킨 것인지, 음주운전 단속이 음주운전을 감소시킨 것인지를 판단하기 어려운 경우이다. → 내적 타당도 저해요인

125

다음 중 조사결과의 일반화와 가장 관련이 깊은 것은?

① 내적 타당성
② 외적 타당성
③ 신뢰성
④ 자료수집방법

해설 외적 타당성은 연구의 결과에 의해 기술된 인과관계가 연구대상 이외의 경우로 확대·일반화될 수 있는 정도를 말한다. 반면, 내적 타당성은 각 변수 사이의 인과관계를 추론하여 그것이 실험에 의한 진정한 변화에 의한 것인지를 판단하는 인과조건의 충족 정도를 말한다.

126

다음 사례에서 가장 문제될 수 있는 타당도 저해요인은?

> 2008년 경제위기로 인해 범죄율이 급격히 증가하였고, 이에 경찰은 2009년 순찰활동을 크게 강화하였다. 2010년 범죄율은 급속히 떨어졌고, 경찰은 순찰활동이 범죄율의 하락에 크게 영향을 미쳤다고 발표하였다.

① 성숙효과(Maturation)
② 통계적 회귀(Statistical Regression)
③ 검사효과(Testing Effect)
④ 도구효과(Instrumentation)

해설 ② 최초의 측정에서 양극단적인 측정값(2008년 범죄율)을 보인 결과가 이후 재측정의 과정(2009년 순찰활동)에서 평균값(2010년 범죄율)으로 회귀하는 것이다.
① 성숙효과 : 시간의 흐름에 따라 연구대상이나 현상에 변화가 발생함으로써 결과에 영향을 미치는 것이다.
③ 검사효과 : 측정이 반복되면서 얻어지는 학습효과로 인해 실험대상자의 반응에 영향을 미치는 것이다.
④ 도구효과 : 측정자의 측정도구가 달라짐으로 인해 결과에 영향을 미치는 것이다.

127

사전검사와 사후검사 간의 시간간격이 길 때 나타나기 쉬운 내적 타당성 저해요인은?

① 검사요인
② 조사대상의 차별적 선정
③ 성숙요인
④ 통계적 회귀

해설 ① 검사요인 : 측정이 반복되면서 얻어지는 학습효과로 인해 실험대상자의 반응에 영향을 미친다.
② 조사대상의 차별적 선정 : 연구자가 실험집단과 통제집단을 선발할 때 편견을 가짐으로써 발생한다.
④ 통계적 회귀 : 최초의 측정에서 양극단적인 측정값을 보인 결과가 이후 재측정의 과정에서 평균값으로 회귀한다.

128

다음에서 설명하는 내적 타당도 저해요인으로 가장 적합한 것은?

> 실업률을 줄이기 위한 고용훈련 프로그램을 시행하던 중에 예기치 못한 금융위기로 인하여, 점차 개선되던 실업률이 현저하게 높아졌다.

① 역사(History)요인
② 선발(Selection)요인
③ 성숙(Maturation)요인
④ 회귀(Regression)요인

해설 역사요인이란 연구기간 동안 천재지변이나 예상치 않았던 사건과 같이 특정 사건이 일어나는 경우, 환경이 바뀌고 이에 따라 연구결과가 다르게 나타날 수 있다는 것이다.

129

측정의 신뢰성을 높이는 방법과 가장 거리가 먼 것은?

① 측정항목의 수를 줄인다.
② 측정항목의 모호성을 제거한다.
③ 조사자의 면접방식과 태도에 일관성을 확보한다.
④ 이전의 조사에서 신뢰성이 있다고 인정된 측정도구를 이용한다.

해설 측정항목을 보다 많이 사용한다는 것은 실제 측정치가 진실된 값에 보다 근접할 가능성을 높이는 것이며, 이를 통해 신뢰도를 증가시키는 것이다.

130

다음 중 신뢰성의 개념과 가장 거리가 먼 것은?

① 안정성
② 일관성
③ 동시성
④ 예측가능성

해설 신뢰도와 유사한 표현으로서 신빙성, 안정성, 일관성, 예측가능성 등이 있다.

131

사회조사분석에서 어떤 태도를 측정하기 위해 단일지표보다 여러 개의 지표를 사용하는 경우가 많다. 그 이유로서 틀린 것은?

① 신뢰도를 높이기 위해
② 타당도를 높이기 위해
③ 내적 일관성을 높이기 위해
④ 측정도구의 안정성을 높이기 위해

해설 동일한 현상에 반복 적용하여 동일한 결과를 얻게 되는 정도를 그 측정의 신뢰도라고 한다. 단일지표보다 여러 개의 지표를 사용하는 것은 신뢰도를 높이기 위한 것이다. 신뢰도와 유사한 표현으로서 신빙성, 안정성, 일관성, 예측성 등이 있으며, 신뢰도의 검증 방법에는 내적 일관성 분석법, 반분법, 재검사법 등이 있다.

132

스피어만-브라운(Spearman-Brown) 공식은 주로 어떤 경우에 사용되는가?

① 동형검사 신뢰도 추정
② Kuder-Richardson 신뢰도 추정
③ 반분신뢰도로 전체 신뢰도 추정
④ 범위의 축소로 인한 예언타당도에 대한 교정

해설 반분법은 측정도구를 임의로 반으로 나누어 각각 독립된 두 개의 척도로 사용함으로써 신뢰도를 측정하는 방법이다. 실제로 두 부분을 따로 떼어 적용하는 것이 아니라 내용적으로만 반으로 갈라놓고 본래의 측정도구를 그대로 사용한다. 측정 후 두 부분의 결과를 비교하여 상관관계를 계산함으로써 신뢰도를 측정하는 것이다. 이렇게 하여 얻어진 상관계수를 시정하기 위해서 Spearman-Brown 예측공식을 적용하게 된다.

133

척도의 신뢰도를 파악하는 방법이 아닌 것은?

① 하나의 척도를 동일인에 대하여 두 번 이상 반복하여 측정한다.
② 한 측정도구의 전체 문항들을 반씩 나누어 두 부분 간의 상관성을 측정한다.
③ 여러 평가자들을 통해 얻은 측정결과들 간의 일치도를 비교한다.
④ 측정점수를 몇 가지 다른 기준과 비교하여 일치되는 정도를 측정한다.

해설 신뢰도가 높은 측정도구는 연구자의 변경이나 측정 시간 및 장소의 차이에도 불구하고 항상 동일한 결과를 가져온다. ①·②·③은 일관성이 있는가에 대해 파악하는 내용이지만 ④는 다른 기준과 일치되는 정도를 측정한 것이므로 신뢰도를 파악하는 방법이 아니다.

134

경제민주화에 대한 신문사설의 입장을 평가하기 위해 다수의 인원이 각 신문사설의 내용을 분류한다고 가정할 때, 같은 입장의 사설을 다르게 분류할 경우 나타날 수 있는 문제는?

① 타당도 ② 신뢰도
③ 유의도 ④ 후광효과

해설 신뢰도는 측정도구가 측정하고자 하는 현상을 일관성 있게 측정하는 능력을 말한다. 따라서 같은 내용을 다르게 분류하는 것은 신뢰도에 문제가 나타날 수 있다.

135

신뢰성 측정방법 중 재검사법(Test-retest Method)에 관한 설명으로 틀린 것은?

① 동일한 측정대상에 대하여 동일한 측정도구를 통해 일정 시간 간격을 두고 반복적으로 측정하여 그 결과값을 비교·분석하는 방법이다.
② 서로 다른 측정도구들을 비교하거나 실제 현상에 적용시키는 데 매우 용이하다.
③ 측정시간의 간격이 크면 클수록 신뢰성은 높아진다.
④ 외생변수의 영향을 파악하기 어렵다.

해설 재검사법은 검사 사이의 기간이 가져올 수 있는 문제가 생긴다. 기간이 너무 짧으면 첫 번째 검사내용을 기억할 수 있으며, 너무 길 경우 측정의 대상이 심경의 변화를 일으켜 측정상의 변화가 나타날 수 있다.

136

동일한 상황에서 동일한 측정도구를 사용하여 동일한 대상을 일정한 간격을 두고 두 번 이상 측정하여 그 결과를 비교하여 신뢰성을 측정하는 방법은?

① 재검사법(Test-retest Method)
② 복수양식법(Parallel-forms Technique)
③ 반분법(Split-half Method)
④ 내적 일관성법(Internal Consistency Method)

> 해설 재검사법은 가장 기초적인 신뢰도 검증방법으로서, 동일한 대상에 동일한 측정도구를 서로 상이한 시간에 두 번 측정한 다음 그 결과를 비교하는 것이다.

137

다음 중 신뢰성을 높일 수 있는 방법으로 틀린 것은?

① 측정항목의 수를 줄인다.
② 측정항목의 모호성을 제거한다.
③ 중요한 질문의 경우 동일하거나 유사한 질문을 2회 이상 한다.
④ 조사대상자가 잘 모르거나 관심이 없는 내용은 측정하지 않는다.

> 해설 측정도구가 충분히 믿을 만한 것이 못될 경우 동일한 종류와 질을 가진 항목을 추가로 사용하도록 한다. 측정항목을 보다 많이 사용한다는 것은 실제 측정치가 진실된 값에 보다 근접할 가능성을 높이는 것이며, 이를 통해 신뢰도를 증가시키는 것이다.

138

척도의 신뢰도 측정방법인 반분법에 관한 설명으로 옳은 것은?

① 첫 번째 조사가 두 번째 조사에 영향을 미칠 수 있다.
② 신뢰도가 낮을 경우 어떤 문항을 제거해야 할지 알 수 있다.
③ 시간이 지남에 따라 실제 값이 변화하는 것을 통제할 수 없다.
④ 어떻게 반분하느냐에 따라 상관계수가 달라질 수 있다.

> 해설 반분법은 조사항목의 반을 가지고 조사결과를 획득한 다음 항목의 다른 반쪽을 동일한 대상에 적용하여 얻은 결과와 비교하는 방법이다(두 부분 간의 상관성 측정). 따라서 어떻게 반분하느냐에 따라 상관계수가 달라질 수 있다.

139

신뢰도 측정방법 중 크론바하 알파(Cronbach's Alpha)에 관한 설명으로 옳은 것은?

① 한 척도에 여러 개의 크론바하 알파값이 있다.
② 문항 수가 적을수록 크론바하 알파값은 커진다.
③ 각 문항들이 서로 상관관계가 없다는 논리에 근거하고 있다.
④ 신뢰도가 낮을 경우 신뢰도를 낮게 하는 문항을 찾아낼 수 있다.

> 해설 크론바하 알파값은 척도를 구성하는 항목들 간에 나타난 상관관계 값을 평균처리한 것이다. 동일한 개념을 측정하는 항목인 경우 그 측정결과에 일관성이 있어야 한다는 논리에 따라 일관성이 없는 항목, 즉 신뢰성을 저해하는 항목을 찾아서 배제시킨다.

136 ① 137 ① 138 ④ 139 ④

140

측정도구의 신뢰도 검사방법에 관한 설명으로 옳지 않은 것은?

① 검사-재검사법(Test-retest Method)은 측정대상이 동일하다.
② 복수양식법(Parallel-forms Method)은 측정도구가 동일하다.
③ 반분법(Split-half Method)은 측정도구의 문항을 양분한다.
④ 크론바하 알파(Cronbach's Alpha) 계수는 0에서 1 사이의 값을 가지며, 값이 높을수록 신뢰도가 높다.

해설 복수양식법은 동일한 측정도구가 아닌 유사한 측정도구를 사용하여 동일한 표본에 적용한 결과를 서로 비교하여 신뢰도를 측정하는 방법이다.

141

100명의 학생들이 오늘 어떤 검사를 받고 한 달 후에 동일한 검사를 다시 받았는데 두 번의 검사에서 각 학생의 점수는 동일했다. 이 경우 검사-재검사 신뢰도는?

① 0.00
② +1.00
③ -1.00
④ 주어진 정보로는 알 수 없다.

해설 검사-재검사 신뢰도란 동일인에게 시간차를 두고 동일한 검사를 실시하여 상관도를 알아보는 것이다. 사용하는 계수는 안정성 계수이며 검사에 대한 안정성을 추정하므로, 검사 점수가 시간의 변화에 따라 얼마나 일관성이 있는지를 나타내며 안정성 계수가 높으면 이 검사는 신뢰도가 높고, 안정성 계수가 낮으면 신뢰도가 낮다. -1.00에서 +1.00의 척도상에서 통계치가 나타나며, 두 번의 검사에서 각 학생의 점수가 동일하였으므로 검사-재검사 신뢰도는 높은 값, 즉 1.00을 가진다.

142

크론바하의 알파(Cronbach's Alpha)계수는 다음 중 어떤 것을 나타내는 값인가?

① 동등형 신뢰도
② 내적 일관성 신뢰도
③ 검사-재검사 신뢰도
④ 평가자 간 신뢰도

해설 신뢰도를 검사하는 방법 중 내적 일관성 분석법은 단일의 신뢰도 계수를 계산할 수 없는 반분법의 문제점을 고려하여, 가능한 한 모든 반분신뢰도를 구한 다음 그 평균값을 신뢰도로 추정하는 방법이다. 크론바하 알파계수가 대표적이며, 신뢰도 계수를 구할 수 있으므로 현실적으로 가장 많이 사용된다.

143

측정의 신뢰도 평가방법에 관한 설명으로 옳은 것은?

① 내적 일관성 분석에서 크론바하 알파값은 낮을수록 신뢰도가 높다.
② 반분법은 측정도구의 동질성이 확보되어야 한다.
③ 재검사법은 성장, 우연한 사건 등 외생변수의 영향을 쉽게 통제할 수 있다.
④ 복수양식법은 동일한 측정도구를 서로 다른 대상의 속성에 대해 측정한다.

해설 ① 크론바하 알파값은 '0~1'의 값을 가지며, 값이 클수록 신뢰도가 높다.
③ 재검사법은 동일한 대상에 동일한 측정도구를 서로 상이한 시간에 두 번 측정한 다음 그 결과를 비교하는 것으로 검사와 검사 사이에 일어나는 성장, 우연한 사건 등 외생변수의 영향을 받는다.
④ 복수양식법은 두 개 이상의 유사한 측정도구를 사용하여 동일한 표본에 적용한 결과를 서로 비교한다.

144

측정의 신뢰도 제고방안에 관한 설명으로 틀린 것은?

① 측정도구를 구성하는 문항의 개념을 명확히 작성한다.
② 문항 간 상관관계가 유사할 경우에 측정항목 수를 줄인다.
③ 자료수집과정에서 측정의 일관성을 보장할 수 있도록 한다.
④ 측정지표에 대하여 사전검사 또는 예비조사를 실시한다.

해설 문항 간 상관관계가 유사할 경우에 측정항목을 보다 많이 사용하면 진실된 측정값을 얻을 수 있다.

145

어떤 측정수단을 같은 연구자가 두 번 이상 사용하거나, 둘 이상의 서로 다른 연구자들이 사용한다고 할 때, 그 측정수단을 가지고 측정한 결과가 안정되고 일관성이 있는가를 확인하려고 한다면 어떤 것을 고려해야 하는가?

① 신뢰성
② 타당성
③ 독립성
④ 적합성

해설 ① 신뢰성 : 상황적 변수에도 불구하고 동일한 측정이 이루어져야 한다.
② 타당성 : 대상을 적절하게 대표할 수 있어야 한다.
③ 독립성 : 측정이 독립적이어야 한다.
④ 적합성 : 연구목적에 적합해야 한다.

146

크론바하 알파(Cronbach's alpha)계수에 관한 설명으로 틀린 것은?

① 척도를 구성하는 항목들 간에 나타난 상관관계 값을 평균처리한 것이다.
② 알파계수는 −1에서 +1의 값을 취한다.
③ 척도를 구성하는 항목 중 신뢰도를 저해하는 항목을 발견해 낼 수 있다.
④ 척도를 구성하는 항목 간의 내적 일관성을 측정한다.

해설 **크론바하 알파계수(Cronbach's α Coefficient)**
- 척도를 구성하는 항목들 간에 나타난 상관관계 값을 평균처리한 것이다.
- 내적 일관성 분석법에 따라 신뢰도를 측정하는 척도이다.
- 신뢰도가 낮은 경우 신뢰도를 저해하는 항목을 찾을 수 있다.
- 신뢰도 측정의 계수를 '크론바하 알파값'이라 한다.
- 계수는 '0~1'의 값을 가지며, 값이 클수록 신뢰도가 높다.
- 문항 간의 평균 상관계수가 높을수록, 문항의 수가 많을수록 크론바하 알파값은 커진다.
- 알파값은 '0.6' 이상이 되어야 만족할 만한 수준이 되며, '0.8~0.9' 정도를 신뢰도가 높은 것으로 본다.

147

측정의 신뢰성(Reliability)과 가장 거리가 먼 개념은?

① 유연성(Flexibility)
② 안정성(Stability)
③ 일관성(Consistency)
④ 예측가능성(Predictability)

해설 신뢰성이란 측정도구가 측정하고자 하는 현상을 일관성 있게 측정하는 능력을 말한다. 유사한 표현으로서 신빙성, 안정성, 일관성, 예측가능성 등이 있다.

148

측정의 신뢰도를 높이는 방법으로 적절하지 않은 것은?

① 측정도구의 모호성을 없앤다.
② 동일한 개념이나 속성을 측정하기 위해 여러 개의 항목보다는 단일항목을 이용한다.
③ 측정자들의 면접방식과 태도의 일관성을 취한다.
④ 조사대상자가 잘 모르거나 전혀 관심이 없는 내용에 대해서는 측정을 삼간다.

해설 신뢰도 측정방법 중 개념 정의 방법은 동일한 대상을 동일한 측정도구를 사용하여 측정할 경우 동일한 결과를 얻을 수 있는 정도로 신뢰도를 정의하는 방법으로, 기초적인 정의로서 가장 많이 사용되는 방법이다. 따라서 동일한 개념이나 속성을 측정하기 위한 항목을 이용하여 신뢰도가 높은 자료를 얻을 수 있다.

149

신뢰도 측정 방법의 하나인 반분법(Split-half Method)에 관한 스피어만-브라운(Spearman-Brown) 공식의 가정으로 맞는 것은?

① 질문지 전체가 반쪽보다 신뢰도가 높다.
② 측정도구가 경험적으로 다차원적이어야 한다.
③ 측정도구를 반으로 나누어 각각 종속적인 두 개의 척도를 사용한다.
④ 질문의 수가 짝수 개인 질문지가 홀수 개인 질문지보다 신뢰도가 낮다.

해설 스피어만-브라운 공식은 질문의 수가 짝수 개인 질문지가 홀수 개인 질문지보다 신뢰도가 높고 또 질문지 전체가 반쪽보다 신뢰도가 높다는 것을 전제로 한다.

150

사회조사에서 신뢰도가 높은 자료를 얻기 위한 방법과 가장 거리가 먼 것은?

① 동일한 개념이나 속성을 측정하기 위한 항목이 없어야 한다.
② 누구나 동일하게 이해하도록 측정도구가 되는 항목을 구성한다.
③ 면접자들의 면접방식과 태도에 일관성을 유지한다.
④ 조사대상자가 잘 모르거나 관심이 없는 내용에 대한 측정을 하지 않는 것이 좋다.

해설 신뢰도를 높이기 위해 동일한 개념이나 속성을 2회 이상 측정하기도 하며, 그 결과 보다 진실된 측정값을 얻을 수 있다.

151

다음 ( ) 안에 들어갈 알맞은 것은?

> 사회조사에서 측정을 할 때 두 가지의 문제를 고려해야 한다. 첫째, 측정하고자 하는 내용을 제대로 측정하고 있는가에 관한 (ㄱ)의 문제이고, 둘째, 반복적으로 측정했을 때 같은 결과를 얻을 수 있는가에 관한 (ㄴ)의 문제이다.

① ㄱ : 타당성, ㄴ : 신뢰성
② ㄱ : 신뢰성, ㄴ : 타당성
③ ㄱ : 신뢰성, ㄴ : 동일성
④ ㄱ : 동일성, ㄴ : 타당성

해설 ㄱ. 타당성 : 대상을 적절하게 대표할 수 있어야 한다.
ㄴ. 신뢰성 : 상황적 변수에도 불구하고 동일한 측정이 이루어져야 한다.

152

측정에서 신뢰도와 타당도에 관한 설명으로 옳은 것은?

① 반복해서 측정하였을 때 동일한 결과가 나오면 신뢰도가 높다.
② 측정하고자 하는 대상의 속성을 정확하게 측정하였을 때 신뢰도가 높다.
③ 반복해서 측정하였을 때 동일한 결과가 나오면 타당도가 높다.
④ 신뢰도가 높은 측정은 반드시 타당도가 높다.

해설 ② 측정하고자 하는 대상의 속성을 정확하게 측정하였을 때 타당도가 높다.
③ 반복해서 측정하였을 때 동일한 결과가 나오면 신뢰도가 높다.
④ 신뢰도가 높다고 하여 반드시 타당도가 높은 것은 아니다.

153

신뢰도와 타당도 간의 관계에 관한 설명으로 가장 거리가 먼 것은?

① 신뢰도가 높은 측정은 항상 타당도가 높다.
② 타당도가 높은 측정은 항상 신뢰도가 높다.
③ 신뢰도가 낮은 측정은 항상 타당도가 낮다.
④ 타당도가 낮다고 해서 반드시 신뢰도가 낮은 것은 아니다.

해설 타당도는 신뢰도의 충분조건이고, 신뢰도는 타당도의 필요조건이다. 따라서 신뢰도가 높더라도 타당도가 낮을 수도 있다.

154

신뢰도와 타당도 간의 관계를 보여주는 다음 그림 중에서 신뢰도는 있으나 타당도가 떨어지는 것은?

① 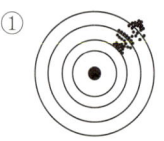   ②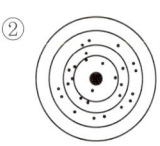

③ 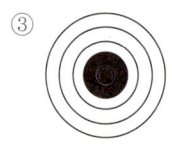   ④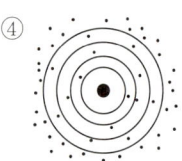

해설 ①번 그림은 표적을 빗나가긴 했지만(측정하고자 하는 것을 측정하지 못함) 탄착이 일정한 부분에 몰려있다(측정했을 때 항상 같은 결과가 나옴). 따라서 신뢰도는 있으나 타당도가 떨어지는 그림이다.

155

어떤 선생님이 학생들의 지능지수(IQ)를 측정하기 위해 정확하기로 소문난 전자저울(체중계)을 사용했을 때, 측정의 신뢰도와 타당도에 관한 설명으로 옳은 것은?

① 신뢰도와 타당도 모두 낮다.
② 신뢰도와 타당도 모두 높다.
③ 신뢰도는 낮지만 타당도는 높다.
④ 신뢰도는 높지만 타당도는 낮다.

해설 측정의 정밀성이 높음에도 불구하고, 지능지수를 측정하는 데 저울을 이용하여 측정하고자 하는 것을 정확히 측정하지 못하는 것이므로 신뢰도는 높지만 타당도는 낮은 경우이다.

156

측정의 신뢰도와 타당도에 관한 설명으로 옳은 것은?

① 동일인이 한 체중계로 여러 번 몸무게를 측정하는 것은 체중계의 타당도와 관련되어 있다.
② 측정도구의 높은 신뢰성이 측정의 타당성을 보증하지 않는다.
③ 측정도구의 타당도를 검사하기 위해 반분법을 활용한다.
④ 기준관련타당도는 측정도구의 대표성에 관한 것이다.

해설 ② 신뢰도가 높다고 하여 반드시 타당도가 높은 것은 아니다.
① 일관성 있게 측정하는 능력은 신뢰도와 관련되어 있다. 어떤 측정도구를 사용해서 동일한 대상을 측정하였을 때 항상 같은 결과가 나온다면 이 측정도구는 신뢰도가 매우 높다고 할 수 있다.
③ 반분법은 신뢰도를 검증하는 방법 중 하나이다.
④ 기준관련타당도는 경험적 근거에 의해 타당도를 확인하는 방법으로서, 이미 전문가가 만들어 놓은 신뢰도와 타당도가 검증된 측정도구에 의한 측정결과를 기준으로 한다. 대표성에 관한 타당도는 내용타당도이다.

157

다음 척도에 관한 설명으로 옳은 것은?

> A 유통업체에서 고객만족도에 관한 척도를 개발했다. 이 척도를 계속적으로 사용해 본 결과 언제나 비슷한 결과를 얻었다. 그러나 고객만족도에 관한 또 다른 기존의 대표적인 척도와의 연관성을 검정한 결과 그 관계는 상당히 낮은 것으로 판명되었다.

① 신뢰성은 있지만 타당성은 없다.
② 타당성은 있지만 신뢰성은 없다.
③ 신뢰성과 타당성이 모두 낮다.
④ 신뢰성과 타당성의 유무를 알 수 없다.

해설 언제나 비슷한 결과를 얻으므로 신뢰성이 있지만, 기존의 대표적인 척도와 관계가 낮기 때문에 기준관련타당성이 낮다고 볼 수 있다.

158

신뢰도와 타당도에 영향을 미치는 요인과 가장 거리가 먼 것은?

① 조사도구 ② 조사환경
③ 조사목적 ④ 조사대상자

해설 신뢰도와 타당도에 영향을 미치는 주요 요인
• 검사도구 및 그 내용(①)
• 개인적 요인(④)
• 환경적 요인(②)
• 조사자의 해석

159

측정도구의 타당도와 신뢰도에 대한 설명으로 맞는 것은?

① 측정값은 참값, 확률오차, 체계오차의 합과 같다.
② 측정오차는 체계오차의 부분도 포함하는데 이는 신뢰도와 관계가 있다.
③ 확률오차 0, 체계오차 ≠ 0인 경우 측정도구는 타당하지만 신뢰할 수 있다.
④ 체계오차 0, 확률오차 ≠ 0인 경우 측정도구는 신뢰할 수 있지만 타당하지 않다.

해설 ② 측정오차는 타당도와 관련성이 크며, 서로 반비례 관계를 가지고 있다.
③ 확률오차가 0이므로 신뢰할 수 있으나 체계오차가 0이 아니므로 타당하지 않다.
④ 체계오차가 0이므로 타당하나 확률오차가 0이 아니므로 신뢰할 수 없다.

정답 156 ② 157 ① 158 ③ 159 ①

CHAPTER 05 자료처리

1 부호화

01 자료값 범위의 설정

(1) 자료처리의 정의 및 단계

① 자료처리의 정의
  ㉠ 수집과정에서 얻은 조사결과를 도표와 자료분석에 적합한 형태로 변환하는 과정을 의미한다.
  ㉡ 일반적인 마케팅 리서치에서의 자료처리 과정에서는 품질관리가 완료된 설문지를 코딩, 펀칭, 클리닝 등의 단계를 거쳐 최종 원시자료를 생성하게 된다.
   • 코딩(Coding) : 개방형 응답내용을 부호화하는 작업
   • 펀칭(Punching) : 설문 응답자료를 텍스트(Text) 또는 엑셀과 같은 스프레드시트를 이용하여 입력하는 작업
   • 클리닝(Cleaning) : 입력된 자료의 정합성 및 오류값을 점검하는 작업
  ㉢ 온라인조사 방식의 경우에는 응답내용이 자동으로 전산화되기 때문에 펀칭작업을 생략한 코딩, 클리닝 작업만을 수행한다.
  ㉣ 자료처리의 방법 [기출] 24년
   • 사전부호화(Edge) 코딩 : 사전에 임의로 설문지에 부호를 사용하여 데이터를 컴퓨터 언어로 변환해 코딩하는 방법이다.
   • 직접(Direct) 코딩 : 사용자가 인터프리터, 어셈블러, 컴파일러 등의 해석의 도움 없이도 직접적 기계 코드로 사용되는 실제 명령 코드나 번지를 이용하여 프로그램을 작성하는 방법이다.
   • 조건적(상황적) 클리닝 : 특정 변수에 대하여 데이터를 가져야만 하는 논리적 조건을 유지하고, 그러한 조건에 위반되는 사례들을 찾아내어 수정하도록 하는 방법이다.
   • 유효코드 클리닝 : 범주형 자료에 대해 응답의 범주를 벗어난 이상한 값 또는 결측값이 있는지를 확인하기 위해 빈도분석 및 최댓값과 최솟값 분석을 실시하는 방법이다.
② **자료처리 단계** : 자료처리 단계는 조사방법 및 설문의 구성 유형에 따라 다소 차이가 있으나 일반적인 자료처리의 구성 단계는 품질관리가 완료된 설문지를 부호화 단계, 자료입력 단계, 정합성 점검 단계, 원시자료 생성 단계로 이루어진다.

심화체크

자료처리의 단계

품질관리가 완료된 설문지
↓
부호화
• 자료값 범위(칼럼) 설정
• 개방형 응답의 부호화
코딩(Coding)
↓
자료입력
설문 응답 자료의 전산화
펀칭(Punching)
↓
정합성 점검
입력된 자료의 논리적 오류 확인 및 수정
클리닝(Cleaning)
↓
원시자료 생성
• 빈도표 작성
• 설문 항목별 자료 특성 분석

심화체크

[25년]

개방코딩
개방코딩은 새로운 코드를 생성하고 적용하는 유연한 코딩 방법으로 귀납적인 과정을 따른다. 자료분석 과정에서 반복적으로 이루어지며 질적 연구에서 주로 사용되는 방법이다.

(2) 자료값의 범위 설정

① 칼럼(Column)
  ㉠ 칼럼은 설문 항목별로 부호화된 자료값이 가질 수 있는 자리수를 의미하며, 이는 부호화 작업과 함께 진행되어야 정확한 자료값의 범위를 지정할 수 있다.
  ㉡ 설문응답의 부호화(Coding) 시 설문 항목별로 자료값의 범위를 설정해야 하는데 이를 칼럼 작업이라고 한다.
  ㉢ 관련 용어
    • 칼럼수 : 일반적으로 문항별 자료값이 가질 수 있는 최대 자리수이다.
    • 칼럼번호 : 문항별로 칼럼수를 순차적으로 부여한 것이다.
    • 칼럼가이드 : 문항별 칼럼번호를 지정한 지침서이다.

② 개방형 질문의 자료값 범위 설정 `기출` 24년, 25년
  ㉠ 부호화의 범위가 응답내용의 범위에 따라 달라질 수 있기 때문에 칼럼은 응답의 부호화 작업과 함께 이루어지면 효율적으로 진행할 수 있다.
  ㉡ 개방형 응답의 부호화 이전에 자리수를 지정해야 할 경우에 개방형 응답이 가질 수 있는 최대응답을 기준으로 지정한다.
  ㉢ 부호화를 먼저 실시하여 자료값이 가질 수 있는 범위를 어느 정도 축소시킨 경우에는 칼럼수를 이보다 작게 설정할 수도 있다.
  ㉣ 개방형 질문의 응답 범위 설정

  > [예] 스마트폰을 통해 SNS(소셜 네트워킹 서비스)를 이용하는 목적은 무엇입니까?
  > (   )

  • 개방형 질문의 표본수가 300명이면, 자료값이 가질 수 있는 최대 범위는 300가지의 응답이 나올 수 있다. 이때 칼럼수는 3(3자리)으로 설정할 수 있다.
  • 개방형 질문의 부호화를 실시하여 자료값이 가질 수 있는 부호의 범위를 축소시킨 경우 해당 부호화의 최대 범위가 한 자리 수이면 1, 두 자리 수이면 2의 칼럼수를 지정할 수 있다.

  > [예] 귀댁의 지난 1년 동안 세금 납부(공제) 전의 월평균 총 가구소득은 얼마입니까?
  > (   )만 원

  • 개방형 질문이 금액과 관련된 질문이므로 응답 중 가장 큰 응답의 범위를 확인하여 칼럼을 설정해야 된다.
  • 만약 가장 큰 금액의 응답이 '1,000만 원'이라면, 해당 응답의 칼럼수는 4, '500만 원'이라면 칼럼수는 3으로 설정할 수 있다.

  ㉤ 질문의 자료값이 가질 수 있는 범위를 설정하는 칼럼작업은 주로 개방형 응답의 부호화 수준을 어디까지 설정하느냐에 따라 그 범위가 달라질 수 있다.

심화체크

개방형 질문 응답의 특징
• 응답자가 자유롭게 자신의 의견을 전개할 수 있다는 측면에서 복잡한 내용의 설문 등에 적합하다는 장점이 있다.
• 응답자들은 질문에 대해 적절한 지식이나 정보를 갖지 못하고 있는 응답자가 많을 때 조사자는 다소 실망스러운 결과를 거두게 될 위험성이 크다.
• 연구자가 설문의 주제에 대해 완결적인 응답범주를 만들지 않더라도 응답자의 자유로운 응답이 가능하므로 탐색형 설문조사에 적합할 수 있다.

> **심화체크**
>
> **폐쇄형 질문응답의 특징**
> - 특정 질문에 대한 선택 가능한 응답의 유형을 연구자가 제시하고 응답자는 그중 가장 자신의 생각과 가까운 내용을 단수 혹은 복수로 선택하는 형태이다.
> - 제시된 항목만이 주요 관심이며 그 이외의 내용은 사소한 것으로 간주된다.
> - 자료의 처리가 용이하기 때문에 설문지의 많은 문항이 이러한 형태로 작성된다.

③ 폐쇄형 질문의 자료값 범위 설정
  ㉠ 주어진 조건 안에서만 반응을 요구하기 때문에 개방형 질문보다 응답내용이 제한된다.
  ㉡ 사전에 자료값의 범위를 미리 부호화하여 설정해 놓았기 때문에 **자료처리가 용이**하며, 개방형 질문에 비해 명확한 범위의 설정이 가능하다.
  ㉢ '기타(   )'와 같이 개방형 질문이 포함되어 있는 경우에는 기타 값이 가질 수 있는 최대 응답을 함께 고려하여 자료값의 범위를 설정해야 한다.
  ㉣ 폐쇄형 질문의 응답 범위 설정 `기출` 25년

  > 예 스마트폰을 통해 SNS(소셜 네트워킹 서비스)를 이용하는 목적은 무엇입니까?
  >
  > ① 친교/교제를 위해서
  > ② 일상생활에 대한 기록을 위해서
  > ③ 취미/여가활동을 위해서
  > ④ 개인적 관심사 공유를 위해서
  > ⑤ 전문 정보나 지식 공유를 위해서
  > ⑥ 기타(   )

  - 부호화의 범위가 1부터 6까지이며, '⑥ 기타' 응답을 한 자리 수로 부호화하였다면 칼럼수는 1로 지정할 수 있다.
  - 만일 '⑥ 기타' 응답을 두 자리 수로 부호화하였다면 칼럼수는 2로 지정할 수 있다.

  > 예 귀댁의 지난 1년 동안 세금 납부(공제) 전의 월평균 총가구 소득은 얼마입니까?
  >
  > ① 100만 원 미만
  > ② 100~200만 원 미만
  > ③ 200~300만 원 미만
  > ④ 300~400만 원 미만
  > ⑤ 400~500만 원 미만
  > ⑥ 500~600만 원 미만
  > ⑦ 600~700만 원 미만
  > ⑧ 700만 원 미만

  - 기타와 같은 개방형 보기가 포함되어 있지 않기 때문에 해당 질문의 자료값이 가질 수 있는 범위는 1부터 8까지이므로 칼럼수는 명확하게 1로 설정할 수 있다.

02 무응답 처리방법

(1) 무응답

① 의 미
  ㉠ 자료를 수집하는 과정에서 일부 문항에 대한 응답이 누락되었다는 것을 말한다.
  ㉡ 응답이 측정되지 않고 빠져있다는 의미로 결측값이라고 부르기도 한다.

② 유 형
  ㉠ 실수로 응답을 누락한 경우
  ㉡ 문항에 응답할 수 있는 적합한 보기가 없거나 응답할 내용이 없어서 응답을 누락한 경우
  ㉢ 응답을 거부하거나 응답내용을 잘 몰라서 응답을 누락한 경우
  ㉣ 무응답 사유를 확인할 수 없는 경우

(2) 무응답 문항 처리방법

① 무응답 사유 확인 : 조사를 진행한 조사원 및 응답자를 재컨택하여 해당 문항에 대한 응답 누락사유를 확인한다.

② 유형별 문항 처리방법
  ㉠ 단순 기입누락으로 확인된 경우 : 응답을 재확인하여 설문 결과에 반영한다.
  ㉡ 확인이 불가능한 경우 : 해당 문항을 '모름/무응답' 처리한다. **'무응답' 처리 시에는 별도의 코드를 부여하여 표기한다.**
    예 한 자리수 보기는 '9.모름/무응답', 두 자리수 보기는 '99.모름/무응답'
  ㉢ 적합한 보기가 없어 선택을 하지 않았다고 확인된 경우 : 해당 문항을 '없음' 처리한다. '없음' 처리 시에는 별도의 코드를 부여하여 표기한다.
    예 한 자리수 보기는 '8.없음', 두 자리 수 보기는 '98.없음'

> **심화체크**
>
> 조사결과에 무응답이 많이 발생할 경우 분석 시 조사설계 당시에 설정한 표본크기보다 그 결과가 작아지게 되어 추정량의 분산을 증가시키는 원인이 된다. 그러므로 무응답이 발생하지 않도록 하여야 한다.

03 응답내용의 부호화

(1) 개방형 응답내용의 부호화

① 개방형 질문항목의 경우에는 응답내용을 몇 개의 유형으로 재분류하여 코드화하는 작업이 필요하다.

② 개방형 질문은 코드를 입력하는 사람이 개방형 질문에 대한 응답을 읽고, 해석하여 숫자 코드로 변환한다.

> **심화체크**
> [25년]
>
> **부호화의 목적**
> - 표준화를 기반으로 하는 자료처리
> - 개별적 자료 분류를 통한 특정 유형 발견
> - 대량 자료 처리를 위한 기본 작업 수행

> **심화체크**
>
> **내용분석의 부호화**
> 내용분석은 본질적으로 부호화 작업이다. 글이나 말에 의한 의사소통은 일정한 개념틀에 따라 부호화되거나 분류된다.

③ 코드를 배정하기 위해서는 코드를 입력하는 사람이 간단하게나마 답이 특정한 항목에 대한 핵심어나 참조자료를 포함하고 있는지를 유념할 필요가 있다.

㉠ 응답의 초기 에디팅
- 응답자나 조사원이 직접 기입한 개방형 질문의 응답이 완벽한지, 명료한지를 확인한다.
- 응답의 초기 에디팅이 데이터의 질을 좌우한다.

㉡ 핵심어 목록 또는 참조자료 확보 : 여러 사람이 코딩할 때는 물론이고, 한 사람이 코딩하는 경우에도 핵심어 목록 또는 참조자료가 확보되어야 한다.

㉢ 코딩요원의 훈련
- 개방형 질문의 코딩은 가능한 답변의 수, 복합성, 응답에서 나올 수 있는 모호함 등의 영향을 많이 받으므로 데이터의 품질을 관리하기 위해서는 코딩요원의 훈련이 중요하다.
- 주어진 핵심어 목록 또는 참조자료를 설명하고, 코딩요원은 각자 응답지를 몇 부 코딩한 후 결과를 비교하고 차이를 줄여가도록 훈련한다.

㉣ 초기 코딩 내용의 점검 : 현장에서 처음 회수된 설문지는 상세히 검토하여 코딩의 질에 대해 주기적으로 검토해야 한다.

(2) 폐쇄형 응답내용의 부호화

① 폐쇄형 질문항목의 경우에는 응답내용의 범위를 사전에 부호화하여 설정하였기 때문에 별도의 부호화 작업이 필요 없다.
② 폐쇄형 질문항목 안에 '기타(   )'와 같이 개방형 응답 보기가 포함되어 있는 경우에는 개방형 응답내용의 부호화 방식을 참고하여 별도의 부호화 작업을 실시해야 한다.
③ 폐쇄형 응답내용의 부호화 시에는 사전에 설정한 부호가 서로 중복된 기호를 사용하고 있는지를 확인해야 한다.
④ 설문지 작성 시 실수로 같은 부호를 중복으로 사용했을 경우에는 일괄적으로 해당 보기의 부호를 변경하여 설문 응답자료 입력 시 주의하여 작업해야 한다.

＋ 플러스원

부호화의 구체적인 내용

표면적(현재적)인 내용	의사소통에 있어서 눈에 보이는 표면적인 내용을 부호화하는 일은 표준화된 설문지를 사용하는 것과 흡사하다. 예 어떤 소설이 얼마나 성애적(Erotic)인가를 결정하기 위해서는 해당 소설 속에 나오는 '사랑'이라는 단어의 수, 혹은 각 페이지에 나오는 '사랑'이라는 단어의 평균 수를 세어보면 된다.
잠재적 내용	의사소통에 있어서 숨어있는 내용을 부호화시킬 수도 있다. 예 소설 전체 또는 단락 및 페이지의 표본을 읽은 다음, 그 소설이 얼마나 성애적인가를 평가할 수 있다.

(3) 부호화 지침서

① 부호의 의의
  ㉠ 부호는 조사상의 질문에 대한 응답을 표시하기 위해서 이용되는 수치이다.
  ㉡ 부호는 조사자료와 컴퓨터 사이를 연결하는 역할을 한다.
  ㉢ 부호화는 수집된 자료를 통계적으로 분석할 수 있도록 일정한 원칙에 따라 각 응답에 숫자를 부여하는 과정이다.
    예 연령이나 생년월일 등 응답이 숫자인 경우에는 부호화할 필요가 없다.
  ㉣ 개방형 질문은 모든 조사가 종료되고 난 후에 설문지를 검토하여 같은 부류의 응답을 정리한 후 부호화 작업을 해야 한다.

② 부호화 지침서의 작성
  ㉠ 조사자료가 방대할 경우에 부호화의 일관성이 유지될 수 있도록 부호화 지침서를 만들 필요가 있다.
  ㉡ 부호화 지침서 작성 시 유의사항
    • 가능한 변수의 실제가치를 부호화하고, 일관된 부호체계를 사용하며, 범주가 포괄적이고 상호배제적이 되도록 한다.
    • 어떤 응답이든 하나의 값으로 부호화될 수 있어야 한다.
    • 응답이 없는 문항들도 그 내용에 따라 구분되게 부호화한다.
    • 개방형 질문에 대한 응답들을 부호화할 때 범주를 너무 많이 나누지 않도록 한다.
    • 부호화 작업을 해나가는 도중에 새로운 응답범주를 추가하는 것은 매우 신중하게 결정해야 한다.
    • 부호화 지침서를 만들 때 많은 사례를 검토하여 완벽히 만들어야 한다.

③ 부호화 지침서에 고려사항
  ㉠ 결측값 : 결측값 처리 시 변수의 값이 가질 수 있는 대안 이외의 값을 부여한다.
    예 대안이 1~5이면 9를, 대안이 01~15이면 99를 부여한다.
  ㉡ 부여하는 값의 크기
    • 응답이 정도 혹은 긍정/부정의 형태인 경우 많은 정도 혹은 보다 긍정적일수록 높은 값을 부여하면 분석결과의 해석이 용이하다.
    • 다항목 경우 다른 항목들의 값의 방향과 반대방향으로 값이 주어진 역척도인 경우 그대로 코딩하고 분석을 위한 명령에서 Recode 명령을 사용하여 값을 변환시켜 주면 된다.

④ 부호화 지침서에 포함될 사항
  ㉠ 각 변수명, 칼럼번호, 칼럼수, 질문번호 및 항목내용, 부호화범위, 기타 등을 포함하여 작성한다.
  ㉡ 빈칸(blank)은 실질적인 부호로 사용하지 않되 무응답이나 미확인 또는 비해당인 경우도 비워두지 말고 '99', '00' 등 어떤 부호든지 부여해야 한다.

2 자료입력 및 검토

01 자료의 입력

(1) 입력방식별 특징 기출 24년, 25년

① 클라이언트/서버(Client/Server) 기반의 PC 입력
  ㉠ 정의 : 클라이언트가 되는 PC에 입력 및 일부 관리프로그램을 설치하여 서버에 입력하는 방식을 말한다.
  ㉡ 장 점
    • 서버에 투자되는 비용이 저렴하다.
    • 설계와 적용이 간단하다.
  ㉢ 단 점
    • 프로그램의 배포, 유지, 보수가 필요하다.
    • 사용자 교육이 필요하다.

② 휴대용 컴퓨터를 이용한 입력
  ㉠ 정의 : 조사현장에서 노트북(PC) 또는 PDA로 입력하는 방식을 말한다.
  ㉡ 장 점
    • 조사현장에서 오류를 바로 수정할 수 있다.
    • 별도의 설문지가 필요 없다.
  ㉢ 단 점
    • 면접조사에만 이용 가능하다.
    • 휴대용 컴퓨터 장비 구입 및 관리비용이 많이 들어간다.

③ ICR(광학문자판독기)
  ㉠ 정의 : 스캐너 등 광학인식장치를 이용하여 자동으로 입력하는 방식을 말한다.
  ㉡ 장 점
    • 자료처리 비용을 절감하고 자료처리 기간을 단축할 수 있다.
    • 설문지 스캔 이미지의 활용으로 조사표 입출고 작업을 최소화할 수 있다.
    • 설문지를 이미지 형태로 영구보존이 가능하다.
  ㉢ 단점 : 숫자와 문자의 인식률이 필체 및 조사표 기입상태에 따라 좌우되므로 사전에 이들 필체에 대한 충분한 학습 및 테스트가 요구된다.

④ OMR(광학마크판독기)
  ㉠ 정의 : 조사내용을 OMR 조사표에 옮겨 적은 후 스캐너를 이용하여 입력하는 방식이다.
  ㉡ 장점 : 자료의 고속처리가 가능하다.
  ㉢ 단점 : 조사 후 OMR 조사표에 옮겨 적는 작업에 따른 고비용 문제가 발생한다.

심화체크

자료입력 방식
• 클라이언트/서버(Client/Server) 기반의 PC 입력
• 휴대용 컴퓨터를 이용한 입력
• ICR(광학문자판독기)
• OMR(광학마크판독기)
• 인터넷 입력

⑤ 인터넷 입력
  ㉠ 정의 : 이메일(E-mail)이나 웹을 통하여 자료를 서버에 직접 입력하는 방식을 말한다.
  ㉡ 장점 : 기술적 지원 없이도 간단하게 입력할 수 있다.
  ㉢ 단점 : 초기비용의 소모는 적지만 데이터 처리를 위한 코딩, 에디팅 등의 비용이 많이 든다.

(2) 개방형 질문 응답의 입력

① **스캐너를 사용한 방법** : 스캐너로 자료를 입력하면 수작업으로 하는 자료입력에 비해 에러를 줄일 수 있다.

② **수작업 방법**
  ㉠ 수작업으로 자료입력 시 오류가 발생할 수 있으니 주의가 필요하다.
  ㉡ 각 변수의 자리수를 명확히 알려주는 표본 응답지를 준비한다.
    - 모든 변수의 자리수를 굵은 펜으로 네모 표시하여 입력요원이 항상 참고할 수 있게 준비한다.
    - 가능하면 응답지의 왼쪽 여백이나 오른쪽 여백에 입력할 값을 미리 적어놓는다.
    - 답만 따로 코딩하는 것은 오류 가능성을 높이는 효과가 있으므로 바람직하지 않다.
  ㉢ 입력할 응답지에 적힌 내용을 확인한다.
    - 조사원이 기입하거나 응답자가 직접 기입한 응답지에서 입력하는 경우, 입력요원에 따라 다르게 읽을 가능성은 없는지 점검과정에서 미리 확인한다.
    - 조금이라도 의심스러운 글자는 확실하게 수정한다.
    - 체계적인 오류 역시 지도원·연구원이 설문지를 끝까지 살펴보고 오류를 체계적으로 수정한다.
  ㉣ 입력요원(Keyer)을 훈련시킨다.
    - 숙련된 입력요원도 입력훈련을 하도록 한다.
    - 수작업에서 흔히 일어나는 오류에 대한 교육을 병행한다.
  ㉤ 자판(Keyboard) 등 입력장비가 낡으면 입력에 오류가 발생할 수 있으므로 장비를 점검해야 한다.
  ㉥ 입력 초기에 점검한다.
    - 자료입력을 시작한 후 1시간 이내에 입력한 자료 중 일부를 다른 입력요원 또는 자료처리 감독관이 독립적으로 입력하여 비교하거나 입력한 값을 설문지와 직접 비교한다.
    - 수작업 방법으로 발생할 수 있는 문제를 초기에 발견해서 수정할 수 있다.
  ㉦ 입력 중기와 말기에 점검한다.
    - 자료입력 과정이 중간쯤 되었을 때와 끝날 무렵에 같은 과정을 반복한다.
    - 어느 정도 익숙해지면 입력요원이 해이해지기 쉬우므로 반드시 중간점검이 필요하다.

심화체크

수작업으로 입력 시 발생 가능한 오류
- 응답과 다른 숫자를 입력할 수 있다.
- 자판을 잘못 눌러 동시에 2개 숫자를 누를 수 있다.
- 키를 너무 오래 누르고 있어 같은 숫자 여러 번 입력할 수 있다.
- 응답지에 제대로 표시되지 않아 변수를 건너뛸 수 있다.
- 자리수를 잘못 알고 입력할 수 있다.

02 입력된 자료의 정합성 판단

(1) 오류

① 범위오류
  ㉠ 각 문항별로 빈도표를 출력하여 해당 질문의 응답범위를 벗어난 숫자(코드)가 있는지 확인한다.
  ㉡ 범위를 벗어난 오류를 발견하면 해당 설문지를 점검하여 응답오류인지 입력오류인지 확인하여 알맞게 수정한다.

② 체계적인 오류(논리오류) [기출] 24년
  ㉠ 특정 응답항목에 대하여 모든 레코드에서 **일관되게 나타나는 오류**를 말한다.
  ㉡ 집계나 추정에서 편향을 발생시키기 때문에 통계결과에 심각한 영향을 준다.
  ㉢ 랜덤오류를 탐색하기 전에 탐색되고 처리되어야 한다.
  ㉣ 체계적인 오류의 예
    - 사전에 정해진 용어 정의나 분류를 충분히 이해하지 못하고 잘못 응답하는 경우
    - 코딩 과정에서 응답을 오역하여 잘못 입력하는 경우
    - 설문지에서 여과질문과 관련한 통과규칙을 잘못 이해하여 응답하는 경우
    - 부호오류(예 음수 변수의 음수 기호를 생략한 경우)
    - 단위측정오류(예 100만 원 단위를 만 원 단위로 보고한 경우)
    - 데이터 입력 과정에서 발생한 시스템에 의한 오류
  ㉤ 체계적 오류의 탐색
    - 체계적 오류를 발견하기 위해서는 예상되는 체계적 오류의 종류가 무엇인지, 내재되어 있는 오류생성 메커니즘이 무엇인지를 파악해야 한다.
      예 단위측정오류와 같은 특별한 체계적 오류 메커니즘을 염두에 두면 범위 점검이나 비율 점검 등을 통하여 체계적 오류를 찾아낼 수 있다.
    - 예상되는 체계적 오류에 대한 사전 이해가 없을 때에는 범위 점검(Range Test), 비율 점검(Ratio Test) 방법을 사용하여 체계적 오류를 탐색한다.
      - 범위 점검 방법은 범주형 변수와 수치형 변수 모두에 적용할 수 있다.
      - 응답값의 범위를 사전에 정한 후 응답이 범위를 벗어나면 데이터 항목을 재점검한다.

(2) 자료처리 시의 오류 대책 [기출] 25년

① 데이터편집
  ㉠ 1차 수집된 자료 내에 포함된 오류를 찾아내고, 합리적인 절차에 의해 오류를 수정하는 과정을 말한다.

심화체크

단위측정오류는 일치성 편집규칙에 의해서는 발견되지 않는다.

㉡ 통계를 작성하기 이전에 원자료의 품질을 높이기 위한 데이터편집 절차를 확립해야 한다.
- 입력편집(Input Editing) : 자료입력단계에서 오류가 포함된 데이터 입력을 방지하는 것이다.
  - 자동으로 입력오류를 체크하는 프로그램을 가동한다.
  - 전통적인 방식으로 설문지를 수작업으로 직접 확인한다.
- 출력편집(Output Editing) : 이미 입력된 데이터를 가지고 논리적 규칙 및 통계적 규칙 등을 사용하여 오류를 찾아내는 작업이다.
  - 효과적인 입력시스템의 구축, 여러 단계에 걸친 편집규칙 마련, 오류로 확인된 데이터 처리방침 등을 사전에 마련해 두어야 한다.
  - 마이크로데이터에 대한 요구가 점점 커져가고 있는 상황을 고려할 때 합리적인 데이터편집을 위한 고려가 보다 강조될 필요가 있다.

② 결측값(무응답)
㉠ 값이 있어야 하는 항목에 값이 없으면 결측이 된다.
㉡ 결측값은 에디팅 과정에서 편집규칙에 의한 일치성 점검에서 발견된다.
㉢ 구조적 결측값 : 여과 질문(Filter question)에 의하여 해당되지 않는 문항에 응답을 선택하지 않아 결측값이 발생하는 경우를 말한다.
㉣ 결측값 표기
- 데이터에서 결측 항목은 공란으로 남겨 놓거나 일반 응답값과 구분되는 값으로 기록한다.
  [예] '9999' 등을 입력하고 '9999'는 결측값임을 기록한다.
- 여과질문에 의한 구조적 결측인지 단순한 항목무응답인지 구분하여 표기한다.
- 양적 변수에서 '0'의 값과 무응답을 구분한다.
  - 양적 변수의 무응답 항목에 '0'의 값을 표기하는 것은 바람직하지 않다.
  - 무응답 '0'의 값을 응답으로 간주하여 추정치 계산을 하는 경우 추정치에 심각한 편향을 가져온다.

+ 플러스원

무응답의 종류
- 단위무응답(Unit Non-response)
  - 설문지에 응답자가 전혀 응답을 하지 않은 경우이다.
  - 발생원인 : 조사대상자를 접촉하지 못했을 경우, 조사대상자가 응답을 거부하였을 경우
- 항목무응답(Item Non-response)
  - 응답자가 몇 개의 항목에는 응답을 하고 나머지 항목에 응답하지 않았을 경우를 말한다.
  - 발생원인 : 응답자가 답을 알지 못할 경우, 응답자가 일부 항목에 응답하고 싶어 하지 않을 경우, 응답자가 응답 도중 단순히 질문을 놓쳤을 경우

> **심화체크**
>
> **결측값의 원인**
> • 응답자가 응답을 하지 않았을 경우
> • 입력 실수로 응답 데이터가 누락되어 파일에 저장되지 않을 경우

　　ⓜ 결측값 영향
　　　• 결측값은 잠재적으로 편향된 결과를 초래하여 데이터 품질을 떨어뜨린다.
　　　• 편향은 응답자와 무응답자가 조사항목에 대하여 각기 다른 특성을 가질 때 발생한다. 이 경우 응답자의 결과는 무응답자를 대표하기 어렵다.
　　ⓗ 결측값을 처리하는 방법 **기출** 23년, 25년
　　　• 단위무응답은 응답자 가중치를 조정하는 가중치 조정법이며, 항목무응답은 대체방법에 의하여 처리한다.
　　　• 통계학적으로 가장 바람직하지 않은 대체법은 평균대체(Mean Imputation)이다.
　　　　- 동일한 평균값을 대체함으로써 데이터의 분포를 왜곡시키고 분산을 과소추정한다.
　　　　- 실제로는 무응답 대체를 했으면서 마치 무응답이 없었던 것처럼 간주해 추정하게 되면 분산의 과소추정이라는 이론적 문제가 생기게 된다.

종류		관련 내용
단위무응답	무응답 가중치조정	전체 표본을 몇 개의 대체 층으로 분류한 뒤 각 층에서 무응답으로 인한 효과를 고려하여 가중치를 조정해 주는 방법
항목무응답	순차적 핫덱	동일한 조사에서 다른 응답자로부터 얻은 자료를 이용해 결측값을 대체하는 방법으로, 자료의 입력순서에 따라 바로 앞의 응답결과로 결측값을 대체하는 방법
	랜덤대체	대체 층 내에서 임의로 한 응답값을 선택하여 결측값에 대체하는 방법
	평균대체	전체 표본을 몇 개의 대체 층으로 분류한 뒤 각 층에서의 응답자 평균값을 그 층에 속한 모든 결측값에 대체하는 방법
	이웃값대체 (최근방대체)	각 대체 층 내에서 결측값에 대응하는 변수값이 가장 가까운 응답자의 자료로 결측값을 대체하는 방법
	회귀대체	응답자료를 토대로 변수 y와 관련된 보조변수 $x_1, x_2, \cdots, x_k$에 대한 회귀모형을 적합시킨 후, 적합된 회귀모형의 예측값을 이용해 결측된 y값을 대체하는 방법
	콜드덱	결측값을 기존에 실시된 표본조사의 유사항목 응답값으로 대체하는 방법

　　　　- 평균대체보다는 이론적인 연구가 잘 뒷받침되고, 분산 추정을 위한 통계프로그램의 지원이 되는 핫덱대체와 이웃값대체 등의 방법을 사용하는 것이 바람직하다.
　　ⓢ 무응답 관련 정보의 관리 : 통계품질을 나타내는 지표로서 무응답과 관련된 유용한 정보들을 관리하는 것이 필요하며, 통계품질의 수준을 높이기 위해서는 무응답 관련 정보들을 적절히 관리해야 한다.

(3) 이상치 확인과 처리

① 이상치의 의의
  ㉠ 이상치는 대다수의 측정자료와는 크게 차이가 나는 소수의 측정치로 잔여 자료 세트와 일치하지 않는 것으로 보이는 관측치나 관측치의 부분집합을 말한다.
    예 키가 2m이면서 몸무게가 45kg인 사람
  ㉡ 이상치의 확인은 의심스러운 레코드를 확인하는 에디팅의 한 형태이다.
  ㉢ 극단 관측값과 영향 관측값 구별이 이루어져야 한다.
    예 응답된 값과 최종 조사 가중치의 결합이 추정에 엄청난 영향을 미쳤다면 그 관측값은 영향력이 있다. 그러나 극단값에 영향력이 있어야 할 필요는 없으며 극단값도 추정에 영향력이 있어야 할 필요는 없다.
  ㉣ 단일변량 이상치와 다변량 이상치 역시 구별이 이루어져야 한다.
    • 단일변량 이상치 : 한 변수에 관해서 관측된 이상치
    • 다변량 이상치 : 둘 이상의 변수에 관해 관측된 이상치

② 이상치 존재
  ㉠ 모든 조사에서 이상치는 대부분의 변수에 대하여 발견된다.
  ㉡ 발생 원인
    • 자료입력 과정에서 오차가 발생할 수 있다.
    • 다른 모델이나 분포로부터 생겨난 것으로 간주될 수 있다.
      예 한 자료의 대부분이 정규분포에서 생성되었다고 판단되는데 이때 이상치는 지수분포에서 생성된 것으로 간주될 수 있다.
    • 자료 자체의 변동성 때문일 수 있다.
      예 회사 크기에 따라 판매의 분포는 소수의 거대한 기업들이 전체 판매량의 대부분을 차지하는 전형적인 비대칭 형태를 띤다.

③ 이상치 식별
  ㉠ 대다수 관측치로부터 멀리 떨어진 관측치를 말한다.
  ㉡ 통계추정에 매우 큰 영향을 미치므로 이상치를 식별하여 문제가 있는 관측치인지 판별하여야 한다. 이상치 판별은 자료중심과의 상대적인 거리로 판단한다.
  ㉢ 진단에서는 조사자료가 이상치인지를 식별하는 기준이 있는지 여부와 이상치 식별 후 처리방법과 처리결과가 기술되어 있는지를 살펴본다.
  ㉣ 이상치 처리가 모수추정 및 분산 추정에 미치는 영향을 분석한 결과가 있는지도 살펴본다.

심화체크

이상치 식별
• 일변량 자료 : 분포의 양 끝에서 극단적으로 멀리 떨어져 있는 값을 이상치로 간주한다.
• 이변량 자료 : 다수가 모여 있는 영역에서 크게 벗어난 값을 이상치로 간주한다.

03 입력된 자료의 오류값 수정

(1) 오류검사 방법

① OFF CODE 검사 : 입력되어야 할 부호 이외의 것이 입력되어 있는 오류를 찾아내는 방법이다.
  예 성별 란에 「1. 남자」, 「2. 여자」라고 할 때 1과 2를 제외하는 경우

② 다른 숫자나 문자 또는 공란이 있을 때 관련 항목 검사 : 서로 연관되는 항목 간의 관계를 검토하여 모순이 발생할 때 오류를 찾아내는 방법이다.
  예 「연령」과 「학력」 항목의 관계를 검토할 경우 10세이면서 대학생으로 조사된 경우

③ 범위 검사 : 각 항목이 적합한 상한과 하한의 범위를 넘어서는 경우에 오류를 찾아내는 방법이다.
  예 「월」과 「일」의 항목에서 「월」 항목에 1과 12 사이에 속하지 않는 숫자가 들어온다거나 「일」의 경우 해당 월에 따라 1~28, 29, 30, 31 이외의 숫자가 나올 경우

④ 합계 검사 : 설문지상의 수치 내용을 계산한 후 합계란의 수치와 동일하지 않을 때 오류를 발견하는 방법이다.

⑤ 검사 숫자에 의한 검사 : 입력하고자 하는 데이터 숫자의 마지막 자리에 검사숫자를 추가하여 데이터가 입력되면 데이터와 검사숫자를 상호 비교하여 입력착오를 찾아내는 방법이다.
  예 주민등록번호, 사업자등록번호, 계좌번호 등의 검증번호를 사용하는 경우

⑥ 순서 검사 : 조사대상의 중복 및 누락을 확인할 때 사용하는 방법으로, 고유의 일련번호를 순서대로 할당한 경우 적용한다.

(2) 오류정정 방법

① 내용 수정
  ㉠ 입력된 내용과 설문지(혹은 스캔 이미지)를 대조하여 입력오류인지를 판단한다.
  ㉡ 단순 입력오류의 경우에는 설문지의 내용대로 수정한다.
  ㉢ 입력오류가 아닌 경우에는 조사된 내용을 전체적으로 살펴본 후 오류사항에 대한 판단이 설 때만 수정한다.

② 전화확인 및 현지방문 질의
  ㉠ 설문지 내용만으로는 판단이 불가능할 경우에는 응답자에게 전화로 확인하여 설문지를 수정한다.
  ㉡ 다수 항목이 잘못 조사되었거나 부실조사인 경우에는 조사원이 다시 조사대상처를 방문하여 재조사한다.

③ 통계적 처리 : 수차례에 걸친 내용검토 과정을 통해서도 정정되지 않는 오류나 오류수정비용이 큰 항목의 경우에는 무응답대체(Imputation) 기법을 사용한다.

④ 집계 대상에서 제외 : 조사결과에 미치는 영향이 큰 항목이 누락된 경우와 과학적인 방법을 사용할 수 없는 경우 해당 설문지를 집계 대상에서 제외한다.

CHAPTER 05 적중예상문제

01

자료처리에 관한 설명으로 틀린 것은?

① 코딩(Coding)은 폐쇄형 응답내용을 부호화하는 작업이다.
② 펀칭(Punching)은 설문 응답자료를 전산화하는 단계에서 이루어진다.
③ 클리닝(Cleaning)은 입력된 자료의 정합성 및 오류값을 점검하는 작업이다.
④ 설문의 응답내용을 코딩, 펀칭, 클리닝 등의 작업을 거쳐 원시자료를 생성한다.

해설 코딩(Coding)은 개방형 응답내용을 부호화하는 작업으로 부호화 단계에서 수행한다.

02

자료의 코딩이 끝난 후, 조사자료의 품질관리(Quality Control)의 한 방편으로 행해지는 작업으로서 가장 중요시되는 것은?

① 자료의 사례별 Sorting
② 자료의 재입력
③ 자료의 Cleaning
④ 자료의 분야별 Sorting

해설 조사자료의 품질관리에서는 오류를 찾아내고 수정하는 작업이 가장 중요시된다. 자료의 Cleaning(클리닝)은 입력된 자료의 정합성 및 오류값을 점검하는 작업으로, 분석 결과의 신뢰도를 결정하므로 조사자료의 품질관리에서 가장 중요시되는 작업이다.

03

자료정선과정(Data Cleaning)에서 오류가 발견되었을 경우, 이를 해결할 방법 중 가장 적절하지 않은 것은?

① 결측값으로 처리한다.
② 전체 사례를 삭제한다.
③ 질문지의 응답을 다시 확인한다.
④ 정해진 추정원칙에 따라 추정치를 삽입한다.

해설 자료정선과정에서 오류가 발견되었을 경우, 데이터 양이 적거나 오류가 심각한 경우에는 전체 사례를 삭제할 수 있으나 데이터의 오류를 해결하기 위해 해당 오류가 포함된 모든 사례를 삭제하는 것은 매우 극단적인 조치이다. 결측값 처리, 질문지 응답 재확인, 추정치 삽입은 적절한 방법이며, 이외에 데이터 변환이나 오류값을 직접 찾아 수정하는 등의 방법도 있다.

04

개방코딩에 대한 설명으로 옳은 것은?

① 개방코딩은 귀납적 과정이다.
② 개방코딩은 한 번만 수행된다.
③ 개방코딩은 기존 이론에 맞춰 코드를 적용하는 과정이다.
④ 개방코딩은 양적 연구에서 주로 사용된다.

해설 개방코딩은 새로운 코드를 생성하고 적용하는 유연한 코딩 방법으로 귀납적인 과정을 따른다. 자료 분석 과정에서 반복적으로 이루어지며 질적 연구에서 주로 사용되는 방법이다.

정답 ▶ 01 ④ 02 ③ 03 ② 04 ①

05

설문지에 혼인 경험을 묻는 문항에 대해서 혼인 경험이 전혀 없다고 응답한 응답자가 이후 문항에서 이혼 경험이 있다고 응답했을 경우 어떤 조치가 필요한 상황인가?

① 유효코드 클리닝
② 상황적 클리닝
③ 사전부호화(Edge) 코딩
④ 직접(Direct) 코딩

해설 ② 상황적(조건적) 클리닝은 특정 변수에 대하여 데이터를 가져야만 하는 논리적 조건을 유지하고, 그러한 조건에 위반되는 사례들을 찾아내어 수정하도록 하는 방법이다.
① 유효코드 클리닝은 범주형 자료에 대해 응답의 범주를 벗어난 이상한 값 또는 결측값이 있는지를 확인하기 위해 빈도분석 및 최댓값과 최솟값 분석을 실시하는 방법이다.
③ 사전부호화(Edge) 코딩은 사전에 임의로 설문지에 부호를 사용하여 데이터를 컴퓨터 언어로 변환해 코딩하는 방법이다.
④ 직접(Direct) 코딩은 사용자가 인터프리터, 어셈블러, 컴파일러 등의 해석의 도움 없이도 직접적 기계 코드로 사용되는 실제 명령 코드나 번지를 이용하여 프로그램을 작성하는 방법이다.

06

자료값 범위 설정에 관한 설명으로 틀린 것은?

① 개방형 질문은 폐쇄형 질문에 비해 명확한 범위의 설정이 가능하다.
② 개방형 질문은 개방형 응답이 가질 수 있는 최대 응답을 기준으로 지정한다.
③ 폐쇄형 질문은 자료값의 범위를 미리 부호화하여 설정하여 자료처리가 용이하다.
④ 폐쇄형 질문은 주어진 조건 안에서만 반응하여 개방형 질문보다 응답내용이 제한된다.

해설 폐쇄형 질문은 자료값의 범위를 미리 부호화하여 설정하여 자료처리가 용이하며 개방형 질문에 비해 명확한 범위의 설정이 가능하다.

07

다음 설문지 질문 문항에서 개방형 질문과 폐쇄형 질문의 칼럼수는? (단, 금액은 1,000만 원까지 허용된다)

> 귀댁의 세금 지출액은 얼마인가요?
> (   )원

> 귀댁의 세금 지출액으로 맞는 것을 고르시오.
> ① 100만 원 미만
> ② 100만 원 이상~200만 원 미만
> ③ 200만 원 이상~300만 원 미만
> ④ 300만 원 이상~400만 원 미만
> ⑤ 400만 원 이상~500만 원 미만
> ⑥ 500만 원 이상~600만 원 미만
> ⑦ 600만 원 이상~700만 원 미만
> ⑧ 700만 원 이상~800만 원 미만
> ⑨ 800만 원 이상~900만 원 미만
> ⑩ 900만 원 이상

① 개방형 질문 : 2, 폐쇄형 질문 : 3
② 개방형 질문 : 3, 폐쇄형 질문 : 2
③ 개방형 질문 : 4, 폐쇄형 질문 : 1
④ 개방형 질문 : 1, 폐쇄형 질문 : 4

해설 설문지 질문 문항이 금액과 관련된 질문이므로 개방형 질문에서는 응답 중 가장 큰 응답의 범위를 확인하여 칼럼을 설정해야 한다. 가장 큰 금액의 응답이 1,000만 원이므로 해당 응답의 칼럼수는 4이다. 폐쇄형 질문에서는 해당 질문의 자료값이 가질 수 있는 범위가 ①부터 ⑩까지이므로 칼럼수는 명확하게 1로 설정할 수 있다.

08

다음의 표는 연령과 브랜드이미지의 관계를 조사한 설문 부호화 지침서(Code Book)의 일부이다. 연령은 만 나이를 파악하기 위해 출생연도를 기재하였고, 브랜드이미지는 5점 척도로 측정하였다. 총 300 표본규모로 측정하였을 때, 잘못 기재된 변수명(응답내용)은?

변수명	칼럼번호	칼럼수	응답번호	응답내용	비고
ID	1-3	3		응답자 ID	표본규모 300명
SQ	4-7	1	SQ	만 나이	무응답 9
Q1	8	1	질문1	브랜드이미지1	무응답 9
Q2	9	1	질문2	브랜드이미지2	무응답 9

① Q1(브랜드이미지1)　② SQ(만 나이)
③ ID(응답자 ID)　④ Q2(브랜드이미지2)

해설 연령은 만 나이를 파악하기 위해 출생연도를 기재하였다고 하였으므로 SQ(만 나이)는 칼럼번호 4-7, 칼럼수 4로 설정되어야 한다.

09

표본이 300명인 자료의 ID값 범위의 설정 방법으로 틀린 것은?

① 서로 중복되는 ID가 부여되지는 않았는지 체크한다.
② ID는 연속되는 번호로 지정한다.
③ 설문지별로 구분하기 위해 ID를 1부터 150, 301부터 450으로 분화할 수 있다.
④ ID의 칼럼수는 (표본 자리 수-1)개로 설정한다.

해설 ④ 표본규모가 300명인 조사의 ID는 1부터 300으로 설정하며, ID에서 나올 수 있는 코드의 최대 자리 수는 3자리가 되기 때문에 ID의 칼럼수는 표본 자리 수와 같은 3자리이다.
① ID는 설문지별로 구분하기 위해 부여하므로 중복되지 않도록 주의하여야 한다.
② 특별한 경우를 제외하고는 연속되는 번호의 ID를 부여하여야 한다.
③ 특별한 경우에는 설문지별로 구분하기 위해 1부터 150, 301부터 450 등과 같이 숫자를 나누어 설정하여도 무방하다.

10

다음 중 결측자료(Missing Data)의 처리방법으로 가장 적절한 것은?

① 유사사례를 추출하여 그 사례에 기재된 내용을 대체해 사용한다.
② 결측된 변수의 평균값을 대체해 사용한다.
③ 난수표에서 번호를 추출하여 그 점수를 대체해 사용한다.
④ 결측자료가 50% 이상이 된다 하더라도 원래 수집된 사례수는 유지해야 하기 때문에 그대로 사용한다.

해설 미수집 부분은 삭제하거나 보완하는 것이 좋으며, 사례나 변수에 대한 사전지식이 충분하지 못한 경우에는 변수의 평균치를 계산하여 누락된 사례의 변수값으로 사용하는 평균치삽입법이 활용된다. 그 외에 전후 시점의 자료의 평균치를 이용하는 보삽법과 작은 오차만을 감수하면서 원래의 값을 추정해가는 평가치추정법이 있다.

11

무응답 처리방법에 관한 설명으로 틀린 것은?

① 응답자와 재컨택하여 해당 문항에 대한 응답누락 사유를 확인한다.
② 실수로 응답을 누락한 경우에는 응답을 재확인하여 설문결과에 반영한다.
③ 응답누락 사유가 확인 불가능한 경우에는 해당 문항을 '모름/무응답' 처리한다. '무응답' 처리 시에는 별도의 코드를 부여하여 표기한다.
④ 응답할 수 있는 적합한 보기가 없어 무응답한 경우에는 해당 문항을 '없음' 처리한다. '없음' 처리 시에는 별도의 코드를 부여하지 않는다.

해설 응답할 수 있는 적합한 보기가 없어 선택하지 않은 경우에는 해당 문항을 '없음' 처리한다. '없음' 처리 시에는 별도의 코드를 부여하여 표기한다.

12

부호화(Coding)에 대한 설명으로 틀린 것은?

① 코딩은 질문지 작성 전에 해야 한다.
② 무응답과 "모르겠다"의 구분을 명확히 해야 한다.
③ 사례 수가 많거나 조사항목이 많을수록 더 유효하다.
④ 숫자로 응답된 자료를 처리할 때는 가장 큰 수치를 고려해서 칸을 배정해야 한다.

해설 부호화는 각 조사항목에 대한 응답을 일정한 부호지침에 따라 문자나 숫자 등의 부호(Code)로 분류하는 것으로, 질문지 작성 후에 이루어진다.

13

부호화(Coding)에 대한 설명으로 틀린 것은?

① 일정한 지침에 따라 분석 가능한 숫자나 기호로 표현해야 한다.
② 코딩은 질문지 작성 전에 해야 한다.
③ 사례 수가 많거나 조사항목이 많을수록 더 유효하다.
④ 부호화의 과정은 분류 카테고리의 결정, 부호의 선정, 응답 부호화로 구분할 수 있다.

해설 부호화는 각 조사항목에 대한 응답을 일정한 부호지침에 따라 문자나 숫자 등의 부호(Code)로 분류하는 것으로, 질문지 작성 후에 이루어진다.

14

심층인터뷰 정성조사 분석과정에서 부호화의 목적에 해당하지 않는 것은?

① 표준화를 기반으로 하는 자료처리
② 개별적 자료 분류를 통한 특정 유형 발견
③ 대량 자료 처리를 위한 기본 작업 수행
④ 확률적 표집에 기반한 가설 검증

해설 심층인터뷰 정성조사 분석과정에서 부호화의 목적은 연구 질문과 관련된 주제를 파악하고, 자료를 체계적으로 정리하며, 인터뷰 내용에서 패턴과 의미를 추출하는 것이다. 확률적 표집과 가설 검증은 양적 연구에서 사용되는 개념으로, 질적 조사인 정성조사에는 적용되지 않는다.

15

다음 중 일반적으로 부호화 지침서에 포함되는 항목과 가장 거리가 먼 것은?

① 변수명 ② 모집단
③ 질문번호 ④ 부호화 범위

해설 **부호화 지침서에 포함될 사항**
각 변수명, 칼럼번호, 칼럼수, 질문번호 및 항목내용, 부호화 범위, 기타 등을 포함하여 작성한다. 빈칸(Blank)은 실질적인 부호로 사용하지 않되 무응답이나 미확인 또는 비해당인 경우에도 비워두지 않고 어떤 부호든지 부여해야 한다.

16

설문결과의 입력 방법으로 옳지 않은 것은?

① OMR
② ICR
③ OFF CODE
④ C/S(client/Server) 기반의 PC 입력

해설 OFF CODE는 설문지에 입력되어야 할 부호 이외의 것이 입력되어 있는 오류를 찾아내는 설문결과의 오류검사 방법이다.

17

ICR 입력 기술에 대한 설명으로 옳지 않은 것은?

① 필체에 따라 다르게 인식되어 약간의 오류가 존재할 수 있다.
② 분석 과정에서 생성된 이미지를 영구적으로 저장한다.
③ 조사내용을 OMR 조사지에 옮겨 적은 후 입력하는 방식이다.
④ 자동 입력 방식을 사용하므로 비용이 절감된다.

> **해설** OMR(광학마크판독기)은 조사내용을 OMR 조사지에 옮겨적은 후 스캐너를 이용하여 입력하는 방식으로, 자료의 고속 처리가 가능하며 고비용이 발생한다.

18

다음 설명에 가장 적합한 자료입력 방식은?

> - 스캐너 등 광학인식장치를 이용하여 자동으로 입력하는 방식이다.
> - 설문지 스캔 이미지의 활용으로 조사표 입출고 작업을 최소화할 수 있다.
> - 숫자와 문자의 인식률이 필체 및 조사표 기입상태에 따라 자료 입력이 좌우된다.

① C/S(Client/Server) 기반의 PC 입력
② 노트북(PC)을 이용한 입력
③ ICR(Intelligent Character Recognition) 입력
④ OMR(Optical Mark Recognition) 입력

> **해설** ICR(광학문자판독기)
> 광학인식장치를 이용하여 자동으로 자료를 입력하는 방식으로 자료처리의 비용 절감과 기간을 단축하며, 스캔 이미지의 활용으로 설문지 입출고 작업을 최소화하며, 설문지를 이미지 형태로 영구보존 가능하다는 장점이 있다. 단, 숫자와 문자의 인식률이 필체 및 설문지 기입상태에 따라 좌우되므로 사전에 이들 필체에 대한 충분한 학습 및 테스트가 필요하다.

19

개방형 질문 응답을 수작업으로 입력하는 방법에 관한 설명으로 틀린 것은?

① 각 변수의 자리수를 명확히 알려주는 표본 응답지를 준비한다.
② 입력 초기에 수작업 방법으로 발생할 수 있는 문제를 점검한다.
③ 답만 따로 코딩하는 것은 입력오류 가능성을 낮추는 효과가 있다.
④ 키를 너무 오래 누르고 있어 같은 숫자를 여러 번 입력하는 오류가 발생할 수 있다.

> **해설** 응답지의 답만 따로 코딩하는 것은 오류 가능성을 높이는 효과가 있으므로 바람직하지 않다.

20

수집된 자료의 정합성 점검에 대한 설명으로 틀린 것은?

① 정합성 점검은 설문 응답 내용에 기입 오류가 있는지, 논리적 모순이 없는지 등을 확인하는 절차이다.
② 수정이 가능한 오류일 경우 응답자에게 해당 오류내용을 재확인하여 수정해야 한다.
③ 조사원이 현장에서 1차적으로 확인하며, 2차적으로 실사 관리자가 내부에서 확인을 실시한다.
④ 정합성 점검은 대부분 실사품질 관리 단계 중 1차 검증(현장 검증) 및 2차 검증(에디팅)에 해당된다.

> **해설** 검증 결과, 수정이 가능한 오류일 경우에 응답자에게 해당 오류내용을 재확인하고 설문결과를 반영하여 수정하는 것은 수집된 자료의 신뢰성 점검에 대한 내용이다. 또한 신뢰성 점검에서는 검증결과에 영향을 줄 수 있는 중대한 오류일 경우 해당 설문을 폐기하고 재조사한다.

21

자료 입력 후 자동화 방법을 이용한 내용 정보 검토에서 체계적 오류로 구분되는 예에 해당하지 않는 것은?

① 수익과 같은 음수를 가질 수 있는 변수에 대하여 음수 기호를 생략하고 표시한 경우
② 사전에 정해진 내용에 대하여 충분히 이해하지 못하고 시종일관 잘못된 답변을 하는 경우
③ 질문의 응답 범위를 벗어난 경우
④ 코딩 과정에서 응답원의 응답을 오역하여 잘못 입력하는 경우

해설 자동화 방법으로 수행하는 에디팅에는 크게 범위오류와 체계적 오류(논리오류) 두 가지이다. 범위오류에서는 각 문항별로 빈도표를 출력하여 해당 질문의 응답범위를 벗어난 숫자(코드)가 있는지 확인한다. 범위를 벗어난 오류를 발견하면 해당 설문지를 점검하여 응답오류인지 입력오류인지 확인하여 알맞게 수정해야 하며, 질문의 응답범위를 벗어난 경우는 범위오류에 해당한다.

22

다음 중 체계적 오류(논리 오류)의 사례로 틀린 것은?

① 100만 원 단위를 만 원 단위로 보고한 경우
② 질문의 응답범위에서 벗어나 입력한 경우
③ 코딩 과정에서 응답을 오역하여 잘못 입력한 경우
④ 여과질문과 관련된 통과규칙을 잘못 이해하여 응답한 경우

해설 질문의 응답범위를 벗어난 숫자(코드)가 있는지 확인하는 것은 범위오류에 해당한다.

23

무응답 처리방법에 관한 설명으로 틀린 것은?

① 통계학적으로 가장 바람직한 결측값을 처리하는 방법은 평균대체이다.
② 단위무응답은 응답자 가중치를 조정하는 가중치 조정법으로 처리한다.
③ 항목무응답은 순차적 회귀대체, 이웃값대체 등 대체방법에 의하여 처리한다.
④ 항목 무응답의 대체 방법으로 설명변수의 조건부 평균으로 결측하는 회귀대체법이 있다.

해설 평균대체법은 동일한 평균값을 대체함으로써 데이터의 분포를 왜곡시키고 분산을 과소 추정하여 통계학적으로 가장 바람직하지 않은 대체법이다.

24

자료의 결측값(결측치)을 처리하는 방법 중 비슷한 성향을 가진 응답자의 값으로 결측하는 방법은?

① 회귀대체법
② 평균대체법
③ 핫덱대체법
④ 이웃값대체법

해설 핫덱대체법
- 현행연구에서 비슷한 성향을 가진 응답자의 값으로 결측값을 대체하는 방법이다.
- 다른 변수가 유사한 응답자의 값을 임의로 추출해 결측치를 대체한다.

정답 21 ③ 22 ② 23 ① 24 ③

03

통계분석과 활용

CHAPTER 01 확률분포
CHAPTER 02 기술통계분석
CHAPTER 03 회귀분석

PART 03 통계분석과 활용

CHAPTER 01 확률분포

시험에 이렇게 나왔다

[15년 2회]

Q 항아리에 파란 공이 5개, 빨간 공이 4개, 노란 공이 3개 들어있다. 이 항아리에서 임의로 1개의 공을 꺼낼 때 빨간 공일 확률은?

① 1/3   ② 1/4
③ 1/5   ④ 1/6

A ②

시험에 이렇게 나왔다

[20년 4회]

Q 취업을 위한 특별교육프로그램을 시행한 결과 통계가 다음과 같이 집계되었다. 특별교육을 이수한 어떤 사람이 취업할 확률은?

구 분	미취업	취 업	합 계
특별교육 이수	200	300	500
교육이수 안 함	280	220	500
합 계	480	520	1,000

① 48%   ② 50%
③ 52%   ④ 60%

A ④

1 확률분포의 의미

01 확 률

(1) 확률의 의의
① 통계적 의사결정은 일반적으로 불확실하고, 불충분한 정보에 그 기초를 두기 때문에 항상 크고 작은 오류를 범하게 된다. 이와 같은 정보와 의사결정의 불확실성을 합리적으로 처리하기 위한 도구가 바로 확률인 것이다.
② 어떤 사건이 일어날지 또는 일어나지 않을지가 확실하지 않은 경우, 이 사건이 일어날 가능성의 정도를 나타내는 척도를 가리켜 그 사건의 확률이라고 한다. 확률은 0과 1을 포함한 그 사이의 실수로 정한다.

(2) 확률의 방법
① 고전적인 방법 **기출** 15년 2회, 18년 1회, 22년 1회
어떤 실험의 가능한 결과가 모두 n가지이고, 각 결과가 나타날 가능성이 모두 동일하고, 서로 중복되지 않는다고 할 때 사상 A에 속하는 결과가 a가지이면 사건 A의 확률은 a/n로 정하는 방법이다.
② 경험적 확률(상대도수에 의한 방법)
충분히 많은 횟수의 반복시행에서 어떤 사상의 확률로 정하는 방법으로 경험적인 결과에 기초를 두어 정하는 확률을 흔히 경험적 확률이라 한다.

(3) 표본공간과 사상 **기출** 18년 3회, 21년 1,3회
① 표본공간
한 실험에서 나타날 수 있는 가능한 모든 결과의 집합 S이다. 즉, 시행에 의하여 일어날 수 있는 가능한 모든 결과로 된 집합을 말한다.
② 사 상
㉠ 표본공간의 부분집합을 말한다.
㉡ 주요 사상의 종류는 다음과 같다.
• 공사상 : 표본공간의 어떤 원소도 갖고 있지 않은 사상이다.
• 여사상 : 사상 A가 일어나지 않을 사상으로 A^c로 나타낸다. 사상 A^c가 일어날 확률은 전체 확률 1에서 사상 A가 일어날 확률을 뺀 것이다.

$$P(A^c) = 1 - P(A), \quad P(A) + P(A^c) = 1$$

- 배반사상 : 사상 A와 B가 서로 동시에 일어날 수 없는 경우 A와 B를 배반사상이라 한다. A와 B가 배반사상이면 다음이 성립한다.

$$A \cap B = \varnothing$$

- 독립사상 : A와 B 두 사상이 서로 영향을 미치지 않는 경우이다. A와 B가 서로 독립이면 다음이 성립한다.

$$P(A \cap B) = P(A)P(B)$$

(4) 조건부 확률(Conditional Probability)

기출 15년 1,3회, 16년 1,3회, 17년 1,3회, 18년 2회, 19년 1회, 20년 3,4회, 21년 2,3회, 22년 2회, 23년, 24년, 25년

한 사건이 일어날 것을 전제로 다른 사건이 일어날 확률에 관한 것으로 일반적으로 $P(A|B) \neq P(B|A)$이다.

① B가 일어난다는 조건하에 A가 일어날 확률

$$P(A|B) = \frac{P(A \cap B)}{P(B)}$$

② A와 B가 상호독립일 경우 조건부 확률

$$P(A|B) = P(A), \quad P(B|A) = P(B)$$

(5) 확률의 성질과 계산

기출 15년 2,3회, 16년 2,3회, 17년 2회, 18년 1,3회, 20년 4회, 21년 3회, 25년

① 확률의 기본성질

㉠ 모든 사상 A에 대하여 $0 \leq P(A) \leq 1$이다.
㉡ $P(S) = 1$이다(S는 표본공간).
㉢ $P(\varnothing) = 0$이다($\varnothing$는 공사상).
㉣ $P(A \cup B) = P(A) + P(B) - P(A \cap B)$
㉤ $A \cap B = \varnothing$이면 $P(A \cup B) = P(A) + P(B)$이다($A$와 B는 배반사건).
㉥ $A_1, A_2, \cdots, A_n$이 서로 배반사건이면 모든 $i, j \in \{1, 2, \cdots, n\}$에 대해 $P(A_i \cap A_j) = 0$이다.
㉦ $A_1, A_2, \cdots, A_n$이 서로 독립이면 모든 $i, j \in \{1, 2, \cdots, n\}$에 대해 $P(A_i \cap A_j) = P(A_i)P(A_j)$이다.

시험에 이렇게 나왔다

[19년 1회]

Q 우리나라 사람들 중 왼손잡이 비율은 남자가 2%, 여자가 1%라 한다. 남학생 비율이 60%인 어느 학교에서 왼손잡이 학생을 선택했을 때 이 학생이 남자일 확률은?

① 0.75 ② 0.012
③ 0.25 ④ 0.05

A ❶

시험에 이렇게 나왔다

[16년 2회]

Q 사건 A가 일어날 확률이 0.5, 사건 B가 일어날 확률이 0.6, A 또는 B가 일어날 확률이 0.8 일 때, 사건 A와 B가 동시에 일어나는 확률은?

① 0.3 ② 0.4
③ 0.5 ④ 0.6

A ❶

시험에 이렇게 나왔다

[15년 2회]

Q 사건 A와 B에 대한 확률의 법칙 중 일반적으로 성립하지 않는 것은?

① $P(A) = P(A \cap B) + P(A \cap B^c)$
② $P(A \cup B) = P(A) + P(B) - P(A)P(B|A)$
③ $P(A \cup A^c) = 1$
④ $P(A \cap B) = P(A)P(B)$

A ❹

② 확률의 계산 기출 16년 1회, 19년 1,2,3회, 25년
  ㉠ 덧셈의 법칙
    사건 A가 n_1가지 방법으로 일어나고, 사건 B가 n_2가지 방법으로 일어날 때 이 두 사건이 결코 동시에 일어나지 않는다면 A 또는 B가 일어나는 경우의 총수는 $n_1 + n_2$이다. 이때 확률은 다음과 같다.
    • 두 사건이 **배반사건이 아닐 경우**
      $$P(A \cup B) = P(A) + P(B) - P(A \cap B)$$
    • 두 사건이 **배반사건일 경우**
      $$P(A \cup B) = P(A) + P(B)$$
  ㉡ 곱셈의 법칙
    사건 A가 n_1가지 방법으로 일어나고, 사건 B가 n_2가지 방법으로 일어날 때 A에 이어 B가 일어나는 경우의 총수는 $n_1 \times n_2$이다. 이때 확률은 다음과 같다.
    $$P(A \cap B) = P(B)P(A|B), \quad P(A \cap B) = P(A)P(B|A)$$

02 순열과 조합

(1) 순 열

n개의 원소로 된 집합으로부터 한 번에 x개의 원소를 선택하여 이들 간에 **순서를 정하여 늘어 놓는 방법**을 순열이라 한다.

$$_nP_x = n(n-1)(n-2)\cdots(n-x+1) = \frac{n!}{(n-x)!} \text{(단, } n \geq x \geq 0\text{)}$$
$$_nP_n = n(n-1)(n-2)\cdots 3 \times 2 \times 1 = n!$$
$$_nP_0 = 1, \quad 0! = 1$$

(2) 조 합 기출 15년 1회, 17년 3회, 18년 1회, 19년 2,3회, 20년 4회, 21년 1회

n개의 원소로 된 집합으로부터 한 번에 x개의 원소를 순서에 관계없이 비복원으로 선택하는 방법을 조합이라 한다.

$$_nC_x = \frac{_nP_x}{x!} = \frac{n(n-1)(n-2)\cdots(n-x+1)}{x!} = \frac{n!}{x!(n-x)!} \text{(단, } n \geq x \geq 0\text{)}$$
$$_nC_x = {_nC_{n-x}}$$
$$_nC_n = {_nC_0} = 1$$
$$_nC_1 = n$$

심화체크

$_nC_x$을 $\binom{n}{x}$로 표현하기도 한다.

시험에 이렇게 나왔다

[19년 3회]

① 항아리 속에 흰 구슬 2개, 붉은 구슬 3개, 검은 구슬 5개가 들어 있다. 이 항아리에서 임의로 구슬 3개를 꺼낼 때 흰 구슬 2개와 검은 구슬 1개가 나올 확률은?

① $\frac{1}{24}$ ② $\frac{9}{40}$
③ $\frac{3}{10}$ ④ $\frac{1}{5}$

🅐 ❶

➕ **플러스원**

5명의 남자와 7명의 여자로 구성된 그룹으로부터 2명의 남자와 3명의 여자로 구성되는 위원회를 조직하고자 한다. 위원회를 구성하는 방법은 몇 가지인가? **기출** 15년 1회, 17년 3회

→ 5명의 남자 중 2명의 남자를 뽑는 경우의 수는 $_nC_r = {_5}C_2 = 10$, 7명의 여자 중 3명의 여자를 뽑는 경우의 수는 $_nC_r = {_7}C_3 = 35$이다. 따라서 $10 \times 35 = 350$가지의 방법이 있다.

(3) **중복조합** **기출** 16년 1회, 18년 2회, 21년 1,2회

서로 다른 m개 중에서 **중복을 허락하여** k개를 선택하는 조합의 수를 구하는 방법을 중복조합이라 한다.

$$_mH_k = {_{m+k-1}}C_k$$

03 확률변수와 확률분포

(1) **확률변수(X)의 개념**

어떤 실험에서 나올 수 있는 모든 결과들로 이루어진 집합을 그 실험의 표본공간이라 한다. 표본공간의 원소, 즉 실험의 결과들이 수치일 경우에 그 값은 원소에 따라 변한다. 값이 원소에 따라 변하면서 확률에 따르므로 확률변수라 한다. 만약 표본공간의 원소가 수치가 아닐 경우 이를 실수로 대응시키는 함수 X를 확률변수라 한다. 다시 말해서 확률변수는 어떤 실험의 단순 사상들에 각각 하나의 숫자를 부여한 것이다. 확률변수는 그것이 가지는 숫자들의 성질에 따라 이산확률변수(불연속확률변수)와 연속확률변수로 분류할 수 있다.

① 이산확률변수

확률변수가 어떤 구간 내의 특정한 값만을 취하는 경우를 말한다.

② 연속확률변수

어떤 구간 내의 임의의 값을 취할 경우를 말한다.

(2) **기댓값과 분산·표준편차**

기출 15년 1,2,3회, 16년 1,2,3회, 17년 2,3회, 18년 1,2,3회, 19년 1,2,3회, 20년 1·2,3회, 21년 1,2,3회, 22년 2회, 24년

① 기댓값

㉠ 평균과 같은 것으로 확률변수가 취할 수 있는 각 값에 해당하는 확률을 곱하여 모두 더하는 것이다.

심화체크

엄밀히 정의하면, 실수의 유한구간 내에 치역의 점이 유한개만 존재하면 X를 이산확률변수라 한다. 반면, 확률변수의 치역이 실수나, 실수의 어떤 구간이 될 때 X를 연속확률변수라 하며, 엄밀한 정의로는 실수의 유한구간 내 불연속점이 유한개뿐인 확률변수는 연속확률변수이다.

심화체크

공정한 주사위 한 개를 던졌을 때 눈 1, 2, 3, 4, 5, 6이 나올 확률은 각 1/6로 동일하다. 따라서 기댓값은
$E(X)$
$= \sum [x \times 1/6]$
$= (1 \times 1/6) + (2 \times 1/6)$
$\quad + (3 \times 1/6) + (4 \times 1/6)$
$\quad + (5 \times 1/6) + (6 \times 1/6)$
이다.

ⓛ n개의 배반사상 $A_1, A_2, A_3, \cdots, A_n$이 일어나면 변량 X가 각각 $x_1, x_2, x_3, \cdots, x_n$이라는 값을 취하고 X가 $x_1, x_2, x_3, \cdots, x_n$의 값을 취할 확률이 각각 $p_1, p_2, p_3, \cdots, p_n$일 때, $x_1p_1 + x_2p_2 + x_3p_3 + \cdots + x_np_n$을 변량 X의 기댓값이라 한다. 여기서 $p_1 + p_2 + p_3 + \cdots + p_n = 1$이다.

$$E(X) = \sum [x \times p(x)]$$

ⓒ 실험을 지속적으로 반복했을 때 **평균적으로 기대할 수 있는 값**으로 확률변수의 중심화 경향치를 나타내는 특성치를 말한다.

ⓓ 기댓값의 성질(단, a, b는 상수이고 X, Y는 확률변수)

$$E(a) = a$$
$$E(aX) = aE(X)$$
$$E(X+b) = E(X) + b$$
$$E(aX+b) = aE(X) + b$$
$$E(X+Y) = E(X) + E(Y)$$
$$E(X-Y) = E(X) - E(Y)$$
$$E(XY) = E(X)E(Y), \ X, Y는 독립$$

② 분산

ⓛ 확률변수의 산포도를 나타내는 특성치가 분산과 표준편차이다.
ⓒ 확률분포의 분산은 확률변수가 취하는 값들이 **기대치로부터 얼마나 흩어져 있는가**를 나타내는 것이다.

$$Var(X) = \sum x^2 p(x) - [E(X)]^2$$
$$Var(X) = E(X^2) - [E(X)]^2$$

➕ 플러스원

공정한 주사위 한 개를 던졌을 때 나타난 숫자를 확률변수 X라고 하면 기댓값은
$E(X) = \sum [x \times 1/6] = (1 \times 1/6) + (2 \times 1/6) + (3 \times 1/6) + (4 \times 1/6) + (5 \times 1/6) + (6 \times 1/6)$
$= \dfrac{21}{6}$,
$Var(X) = \sum x^2 p(x) - [E(X)]^2 = \left(1^2 \times \dfrac{1}{6}\right) + \left(2^2 \times \dfrac{1}{6}\right) + \cdots + \left(6^2 \times \dfrac{1}{6}\right) - \left(\dfrac{21}{6}\right)^2$ 이다.

시험에 이렇게 나왔다

[16년 3회]

Q 확률변수 X의 기댓값이 5이고, 확률변수 Y의 기댓값이 10일 때, 확률변수 $X + 2Y$의 기댓값은?

① 10 ② 15
③ 20 ④ 25

A ④

시험에 이렇게 나왔다

[20년 3회]

Q 이산확률변수 X의 확률분포가 다음과 같을 때, 확률변수 X의 기댓값은?

X	$P(X=x)$
0	0.15
1	0.30
2	0.25
3	0.20
4	( )

① 1.25 ② 1.40
③ 1.65 ④ 1.80

A ④

ⓒ 확률분포의 표준편차

확률분포의 표준편차는 확률변수의 분산에 양의 제곱근을 취한 것을 말한다.

$$\sqrt{Var(X)} = \sqrt{\sum x^2 p(x) - [E(X)]^2} = \sqrt{E(X^2) - [E(X)]^2}$$

ⓓ 분산의 성질(단, a, b는 상수이고 X, Y는 확률변수)

$$Var(a) = 0$$
$$Var(aX) = a^2 Var(X)$$
$$Var(X+b) = Var(X)$$
$$Var(aX+b) = a^2 Var(X)$$
$$Var(X+Y) = Var(X) + Var(Y) + 2Cov(X, Y)$$
$$Var(X-Y) = Var(X) + Var(Y) - 2Cov(X, Y)$$

($Cov(X, Y)$는 X와 Y의 공분산이며 X와 Y가 독립일 경우 0)

(3) 확률분포

① 확률분포의 의의

확률변수의 성격을 나타내는 것으로, 표본공간에 나타나는 모든 값들과 그 값에 대응하는 확률을 동시에 표시한 것을 말한다.

② 이산확률분포 [기출] 20년 3회

확률변수가 이산변수인 경우로 이항분포, 포아송분포, 초기하분포, 기하분포, 다항분포 등이 있다.

③ 연속확률분포

확률변수가 소수점의 값을 포함하는 실수의 값을 가지는 경우로 정규분포, 표준정규분포, t-분포, F-분포, χ^2분포, 지수분포 등이 있다.

심화체크

[15년 1회, 17년 1회, 21년 3회]

연속확률변수 X의
확률밀도함수 $f(x)$의 성질
- $f(x) \geq 0$
- $P(a \leq X \leq b) = \int_a^b f(x) dx$
- $\int_{-\infty}^{\infty} f(x) dx = 1$
- $a \leq b$이면
  $P(X \leq a) \leq P(X \leq b)$

심화체크

[17년 1회, 19년 2회, 21년 3회]

연속인 확률누적분포함수를 미분하면 확률밀도함수가 된다. 확률변수 X의 확률누적분포함수가 $F(x)$일 때, 구간 $[a, b]$에서의 확률변수 X의 평균은 $\int_a^b x F'(x) dx$이다.

2 이산확률분포의 의미

01 이항분포

기출 15년 3회, 16년 2,3회, 17년 2,3회, 18년 1회, 19년 2회, 20년 1·2회, 21년 2,3회, 24년, 25년

(1) 이항확률변수

확률실험에서 나타날 수 있는 기본결과가 두 가지뿐일 경우가 있다. 확률실험을 몇 번 실행하여 어떤 한 가지 결과가 나오는 수를 변수값으로 부여할 때 이 변수를 이항확률변수라 한다.

(2) 이항확률분포

이항확률변수의 분포는 특정한 확률분포를 갖게 되는데 이러한 분포를 이항확률분포라 한다.

① 어떤 시행에서 사건 A가 일어날 확률을 p, 사건 A가 일어나지 않을 확률을 $q(=1-p)$라 하고 이 시행을 독립적으로 n회 되풀이할 때, 그중에서 x회만 A가 일어날 확률은 $_nC_x p^x q^{n-x} \ (x=0, 1, 2, \cdots, n)$이다.

② $_nC_x p^x q^{n-x}$로 되는 확률분포를 이항분포라 하고 $B(n, p)$로 나타낸다. 이항분포의 확률질량함수는 다음과 같다.

$$f(x) = {_nC_x}p^x q^{n-x}, \ x=0, 1, \cdots, n, \ q=1-p$$

(3) 이항분포 $B(n, p)$의 특징

기출 15년 1,2,3회, 16년 1회, 17년 1,2,3회, 18년 1,2,3회, 19년 2,3회, 20년 1·2,3,4회, 21년 1회, 22년 1회, 23년, 24년

① 기댓값 $E(X) = np$
② 분산 $Var(X) = npq = np(1-p)$
③ 이항분포의 표준편차 $\sqrt{Var(X)} = \sqrt{npq} = \sqrt{np(1-p)}$
④ p가 $\frac{1}{2}$에 가까워짐에 따라 그래프는 좌우대칭의 산 모양 곡선이 된다.
⑤ $p \leq 0.1$이고 $n \geq 50$일 때는 포아송분포에 근사된다.

(4) 이항분포의 정규근사치 **기출** 15년 1,2회, 17년 2회

① 이항분포의 시행횟수가 많아지면 이항분포는 정규분포와 모양이 유사해진다. 즉, 시행횟수가 n이고 성공확률이 p인 이항분포는 $np \geq 5$ 또는 $n(1-p) \geq 5$일 경우 평균이 np이고 분산이 $np(1-p)$인 정규분포와 비슷한 모양이 된다. 이러한 관계를 정규분포의 근사관계라 한다.
② 시행횟수 n이 클 때에는 정규분포를 이용하여 이항확률의 근사치를 구할 수가 있다.

심화체크

주사위를 던져서 1의 눈이 나올 확률을 1/6이라 하면, 5회 되풀이하여 던졌을 때, 1의 눈이 2회 나올 확률은 $n=5, x=2, p=1/6, q=5/6$이므로 $_5C_2(1/6)^2(5/6)^{5-2} \fallingdotseq 0.16$이다.

시험에 이렇게 나왔다

[20년 4회]

❶ 자동차 보험의 가입자가 보험금 지급을 청구할 확률은 0.2라 한다. 200명의 가입자 중 보험금 지급을 청구하는 사람의 수를 X라 할 때, X의 평균과 분산은?

① 평균 : 40, 분산 : 16
② 평균 : 40, 분산 : 32
③ 평균 : 16, 분산 : 40
④ 평균 : 16, 분산 : 32

A ❷

(5) 연속성 수정

① 정수값을 취하는 이항분포의 확률을 연속적인 정규분포로 근사하는 경우 발생하는 근사 오차를 보정하기 위해 이항분포의 확률변수 X값을 구간으로 변형하는 방법이다.

② 이항분포의 확률변수 X값에서 ± 0.5하여 조정한다.

02 베르누이 시행

기출 17년 1,3회, 19년 1회, 20년 3회

(1) 베르누이 시행의 특징

① 각 시행의 결과는 상호배타적인 두 사건으로 구분된다. 즉, 성공 또는 실패이다.
② 각 시행에서 성공확률과 실패확률의 합은 1이다.
③ 각 시행은 서로 독립적이다.
④ 베르누이 시행을 n번 독립적으로 반복시행했을 때의 확률변수 X를 성공($X=1$) 또는 실패($X=0$)라 하면 X의 분포는 이항분포를 따르며 확률질량함수 $f(x)$는 다음과 같다.

$$f(x) = p^x(1-p)^{n-x} = p^x q^{n-x}, \ x = 0, 1$$

p : 한 시행에서 성공일 확률
$q(=1-p)$: 한 시행에서 실패할 확률

(2) 기댓값과 분산

확률변수 X가 모수 p를 갖는 베르누이 시행은 $E(X) = p$, $Var(X) = p(1-p)$이다.

03 포아송분포

기출 16년 2,3회, 17년 2회, 18년 1,2회, 19년 3회, 21년 1회

(1) 포아송분포의 개념

일반적으로 단위시간, 단위면적 또는 단위공간 내에서 발생하는 어떤 사건의 횟수를 확률변수 X라 하면, 확률변수 X는 λ를 모수로 갖는 포아송분포를 따른다고 한다. 포아송분포의 확률질량함수는 다음과 같다.

$$f(x) = \frac{e^{-\lambda}\lambda^x}{x!}, \ x = 0, 1, 2, \cdots, \ e = 2.71818\cdots = \lim_{n \to \infty}\left(1 + \frac{1}{n}\right)^n$$

λ : 단위시간, 단위면적 또는 단위공간 내에서 발생하는 사건의 평균값

심화체크

포아송분포에서 평균과 분산은 λ로 같다.

(2) 포아송분포의 성립조건

① **독립성** : 주어진 시간 동안 또는 영역 내에서 일어나는 사건의 횟수는 서로 중복되지 않는 다른 시간 동안 또는 영역 내에서 일어나는 사건의 횟수와 독립이다.

② **비례성** : 짧은 시간 동안 또는 작은 영역 내에서 사건이 한 번 발생할 확률은 시간길이 또는 영역의 면적에 비례한다.

③ **비집락성** : 짧은 시간 동안 또는 작은 영역 내에서 사건이 두 번 이상 발생할 확률은 매우 작기 때문에 무시할 수 있다.

04 기하분포

기출 19년 3회

(1) 기하분포의 개념

① 단 한 번의 성공을 위해 실패를 거듭해야 하는 경우 기하분포를 이용한다.

② 성공확률 p인 베르누이 시행을 처음으로 성공할 때까지 반복시행할 때 그 시행횟수를 x라고 하면 첫 번째 성공을 얻을 확률의 확률질량함수 $f(x)$는 다음과 같다.

$$f(x) = pq^{x-1}, \; x = 1, 2, 3, \cdots, \; q = 1-p$$

(2) 기하분포의 특징

① 기댓값 $E(X) = \dfrac{1}{p}$

② 분산 $Var(X) = \dfrac{q}{p^2}$

05 초기하분포

기출 20년 1·2회, 23년

(1) 초기하분포의 의의

유한 모집단이 두 그룹으로 나누어져 있고 표본을 비복원으로 추출할 때 특정 그룹에서 뽑힌 표본의 수에 대한 확률분포를 초기하분포라 한다.

(2) 초기하분포의 특징

① 비복원으로 추출하기에 각 표본의 추출과정은 독립적이지 않다.

② 같은 조건에서 복원추출은 이항분포를 따르고, 비복원추출은 초기하분포를 따른다.

③ 모집단의 크기가 충분히 크면 이항분포로 근사될 수 있다.

심화체크

[20년 1·2회]

초기하분포
- 유한모집단으로부터의 비복원추출을 전제로 한다.
- 모집단의 크기가 충분히 큰 경우 이항분포로 근사될 수 있다.

3 연속확률분포의 의미

01 정규분포

기출 15년 3회, 16년 1,2회, 17년 1회, 18년 1회, 19년 2회, 20년 1·2,4회, 21년 1,3회, 22년 2회, 23년, 24년, 25년

(1) **정규분포의 의의**

연속확률변수에 관련한 하나의 전형적인 분포의 유형으로 독일의 수학자 가우스가 고안하였다고 해서 가우스 분포라고도 하는데, 정규분포는 연속확률분포의 대표적인 분포이지만 그 외에도 균등분포 등이 있다. 정규분포는 연속확률분포 중 가장 많이 사용되는 분포이며 표본을 통한 통계적 측정 및 가설검정이론의 기본이 되고, 여러 가지 다른 분포에 대해서 근사값을 제공하므로 정규분포의 개념을 명확히 하기 위해서는 정규분포의 확률밀도함수에 대해서 알아야 한다.

(2) **확률변수 X가 평균 μ, 표준편차 σ를 갖는 정규분포를 따를 때의 표기**

$$X \sim N(\mu, \sigma^2)$$

(3) **정규분포의 특징**

① 평균(μ)과 표준편차(σ)에 의해 그 위치와 모양이 결정된다.
② 분산이 클수록 정규분포곡선이 양옆으로 퍼지는 모양이며 꼬리 부분이 두꺼워진다.
③ 정규분포의 평균 μ에 관해서 좌우대칭이고 이 점에서 최댓값을 가진다.
④ 첨도는 3, 왜도는 0이다.
⑤ 산술평균($\overline{X}$)= 중위수(M_e)= 최빈수(M_o)
⑥ 분포의 평균과 표준편차가 어떠한 값을 가지더라도 정규곡선과 x축 사이의 전체면적은 1이다.
⑦ 정규분포곡선은 x축과 맞닿지 않으므로 확률변수가 취할 수 있는 값의 범위는 $-\infty < X < \infty$ 이다.
⑧ 정규분포는 자연현상이나 사회현상의 대부분, 특히 관찰대상의 수가 클수록 그 분포는 정규분포와 유사하다.
⑨ 이항분포의 확률 근사치를 계산하는 데 매우 유용하다.
⑩ 개별치의 확률분포가 정규분포가 아니더라도 표본평균의 분포, 특히 표본의 크기가 클수록 그 분포는 정규분포에 가까워진다.

시험에 이렇게 나왔다

[20년 4회]

Q 정규분포에 관한 설명으로 틀린 것은?

① 정규분포곡선은 자유도에 따라 모양이 달라진다.
② 정규분포는 평균을 기준으로 대칭인 종 모양의 분포를 이룬다.
③ 평균, 중위수, 최빈수가 동일하다.
④ 정규분포에서 분산이 클수록 정규분포곡선은 양옆으로 퍼지는 모습을 한다.

A ①

심화체크

연속확률분포에서 대표적인 분포는 정규분포이며 실질적으로 가장 많이 사용되는 분포이기도 하다. 정규분포에서 평균 μ는 곡선의 중심위치를 결정하고, 표준편차 σ는 그 곡선의 퍼진 정도를 결정한다.

시험에 이렇게 나왔다

[16년 1회]

Q X가 $N(\mu, \sigma^2)$인 분포를 따를 경우 $Y = aX + b$의 분포는?

① 중심극한정리에 의하여 표준정규분포 $N(0, 1)$
② a와 b의 값에 관계없이 $N(\mu, \sigma^2)$
③ $N(a\mu + b, a^2\sigma^2 + b)$
④ $N(a\mu + b, a^2\sigma^2)$

A ④

시험에 이렇게 나왔다

[16년 2회]

Q 정규분포의 특징에 관한 설명으로 틀린 것은?

① 평균을 중심으로 좌우대칭이다.
② 평균과 중앙값은 동일하다.
③ 확률밀도곡선 아래의 면적은 평균과 분산에 따라 달라진다.
④ 확률밀도곡선의 모양은 표준편차가 작아질수록 평균 부근의 확률이 커지고, 표준편차가 커질수록 가로축에 가깝게 평평해진다.

A ③

⑪ 확률밀도함수와 평균 및 표준편차와의 관계는 다음과 같다.

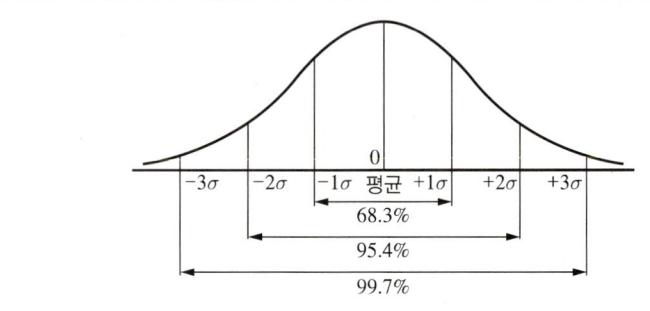

- $P(\mu - 1\sigma \leq X \leq \mu + 1\sigma) = 0.683$
- $P(\mu - 2\sigma \leq X \leq \mu + 2\sigma) = 0.954$
- $P(\mu - 3\sigma \leq X \leq \mu + 3\sigma) = 0.997$

➕ 플러스원

연속성 수정 기출 15년 2회, 17년 1회, 18년 3회, 21년 1회, 24년

정수형 변수 X에 대한 확률이 정규분포로 근사하는 과정에서 적용되는 기법이다.
$$a \leq X \leq b \Rightarrow a - 0.5 \leq X \leq b + 0.5$$

심화체크

표준정규분포의 특징

$P(-1 \leq Z \leq 1) = 0.683$
$P(-2 \leq Z \leq 2) = 0.954$
$P(-3 \leq Z \leq 3) = 0.997$
$P(-a \leq Z \leq a)$
$\quad\quad\quad\quad = 2P(0 \leq Z \leq a)$
$P(-a \leq Z) = P(Z \leq a)$

02 표준정규분포

기출 15년 1,2회, 16년 2,3회, 17년 3회, 18년 1,2,3회, 19년 1,2,3회, 20년 1·2,3,4회, 21년 1,2회, 22년 1,2회, 24년, 25년

(1) 표준정규분포의 의의

정규분포는 평균과 표준편차에 따라 그 모양과 위치가 달라지기 때문에 서로 다른 두 정규분포의 성격을 비교하거나 확률을 계산하기 위해서는 표준화가 필요하다. 즉, 일반 정규분포의 개별값에 상응하는 표준값의 분포가 표준정규분포이다.

(2) 표준화(Standardization)

① 평균이 0이고, 표준편차가 1이 되도록 만들어 주는 작업이다.
② 표준화 공식은 다음과 같다.

$$Z = \frac{X - \mu}{\sigma}, \ Z \sim N(0, 1)$$

X : 확률변수, μ : 평균, σ : 표준편차
$X \sim N(\mu, \sigma^2)$

③ 확률변수 X가 평균 μ와 분산 σ^2을 갖는 정규분포 $N(\mu, \sigma^2)$을 따를 때 값 $P(a \leq X \leq b)$는 다음과 같이 표현할 수 있다.

$$P(a \leq X \leq b) = P\left(\frac{a-\mu}{\sigma} \leq \frac{X-\mu}{\sigma} \leq \frac{b-\mu}{\sigma}\right) = P\left(\frac{a-\mu}{\sigma} \leq Z \leq \frac{b-\mu}{\sigma}\right)$$

＋ 플러스원

표준정규분포표를 이용한 확률의 계산

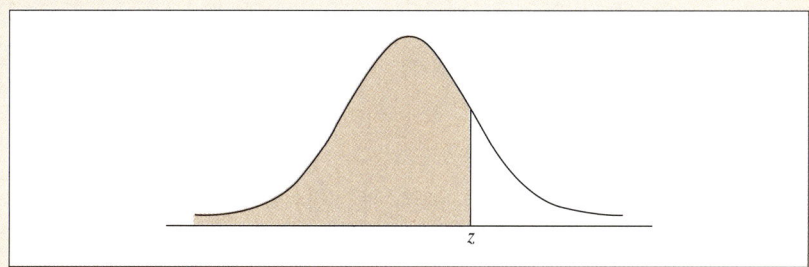

z	0.00	0.01	0.02	0.03	⋯
⋮	⋮	⋮	⋮	⋮	⋮
0.8	0.7881	0.7910	0.7939	0.7967	⋮
0.9	0.8159	0.8186	0.8212	0.8238	⋮
1.0	0.8413	0.8438	0.8461	0.8485	⋮
1.1	0.8643	0.8665	0.8686	0.8708	⋮
1.2	0.8849	0.8869	0.8888	0.8907	⋮
⋮	⋮	⋮	⋮	⋮	⋮

예로 표준정규분포표를 이용한 확률의 계산 방법은 다음과 같다.
$z=1$일 때, 표준정규분포표의 좌측 열이 1.00, 상단이 0.00에 해당하는 숫자를 찾는다.
- $P(Z \leq 1) = 0.8413$
- $P(0 \leq Z \leq 1) = 0.8413 - 0.5 = 0.3413 (\because P(Z \leq 0) = 0.5)$
- $P(Z \geq 1) = 1 - 0.8413 = 0.1587 (\because$ 정규분포곡선의 전체면적$=1)$
- $P(Z \leq -1) = 0.1587 (\because$ 정규분포곡선은 좌우대칭이므로 $P(Z \leq -1) = P(Z \geq 1))$
- $P(-1 \leq Z \leq 1) = 0.6826 (\because 2P(0 \leq Z \leq 1) = 2 \times 0.3413)$

03 t-분포

(1) t-분포의 의의

① 자유도에 따라 그 모양이 변하며, 0을 중심으로 하는 좌우대칭형으로서 자유도가 ∞일 때는 표준정규분포에 접근한다.

② 확률변수 X가 자유도 n인 t-분포를 따를 때 다음과 같이 표현된다.

$$X \sim t_{(n)}$$

(2) t-분포의 특징 기출 15년 2,3회, 16년 2회, 17년 3회, 19년 2회

① 평균은 0이다.

② 평균을 중심으로 좌우대칭이다.

③ 일반적으로 분산은 1보다 크나, 표본수가 커질수록 1에 접근한다.

④ 자유도에 따라 다른 모양을 갖는다. 자유도가 클수록 중심부가 더 솟은 모양이 된다.

⑤ 정규분포보다 꼬리가 두꺼우며 첨도는 3보다 크다. 자유도가 무한대로 접근할수록 정규분포로 접근한다.

⑥ 표본의 크기 n이 작을 때 즉, $n \leq 30$일 경우에 주로 이용하며 모평균, 모평균의 차 또는 회귀계수의 추정이나 검정에 쓰인다.

04 F-분포

기출 17년 2회, 21년 1회

(1) F-분포의 의의

확률변수 X가 자유도 (m, n)인 F-분포를 따를 때 다음과 같이 표현된다.

$$X \sim F_{(m, n)}$$

(2) F-분포의 특징 기출 17년 3회

① 왼쪽으로 비스듬히 기울어져 있지만 그 정도는 자유도가 증가함에 따라 대칭성에 가까워진다.

② 항상 양의 값을 가지며 오른쪽 긴 꼬리 비대칭분포 형태를 이루고 있다.

③ 두 정규모집단에서 확률로 추출한 표본으로부터 구한 두 표본분산과 두 모분산과의 관계를 이용하여 모분산비에 대한 추론을 하는 데 사용한다.

④ 두 개의 분산을 비교, 추론하는 데 사용되는 것으로 두 집단의 분산의 동일성 검정에 사용된다.

⑤ 확률변수 X가 $F_{(m, n)}$을 따를 때 $\dfrac{1}{X}$의 분포는 $F_{(n, m)}$을 따른다.

시험에 이렇게 나왔다

[15년 2회, 19년 2회]

Q 다음 중 첨도가 가장 큰 분포는?

① 표준정규분포
② 평균=0, 표준편차=10인 정규분포
③ 평균=0, 표준편차=0.1인 정규분포
④ 자유도가 1인 t-분포

A ④

시험에 이렇게 나왔다

[17년 2회]

Q 두 집단의 분산의 동일성 검정에 사용되는 검정통계량의 분포는?

① t-분포
② 기하분포
③ χ^2-분포
④ F-분포

A ④

05 카이제곱(χ^2)분포

(1) 카이제곱(χ^2)분포의 의의

① 자유도의 크기에 따라 분포의 모양이 변하고, 자유도가 커지면 대칭에 가까워지며 여러 집단들 사이의 독립성 검정과 적합도 검정을 하는 데 주로 사용된다.

② 확률변수 X가 자유도 n인 카이제곱분포를 따를 때 다음과 같이 표현한다.

$$X \sim \chi^2_{(n)}$$

(2) 카이제곱(χ^2)분포의 특징 기출 15년 1,3회, 18년 2회, 20년 4회, 21년 2회, 23년

① 왼쪽으로 기울어진 연속형의 분포이다.

② 자유도가 커질수록 χ^2-분포는 오른쪽으로 폭넓게 기울어지는 모양을 나타내며 정규분포를 이루게 된다.

③ 표준정규분포를 따르는 확률변수 $Z \sim N(0,1)$의 제곱인 Z^2은 자유도 1인 카이제곱(χ^2)분포를 따르며, $Z_1^2 + Z_2^2 + \cdots + Z_n^2$은 자유도가 n인 카이제곱(χ^2)분포를 따른다.

④ 자유도가 n인 카이제곱분포의 평균은 n이고, 분산은 $2n$이다.

⑤ 모분산 σ^2이 특정한 값을 갖는지 여부를 검정하는 데 사용되는 분포이며, 두 범주형 변수 간의 독립성 검정과 적합도 검정을 하는 데 주로 사용된다.

---

4 표본분포의 의미

01 표본분포의 개념

(1) 표본분포의 의의

연구에서는 모집단으로부터 표본을 추출하여 표본으로부터 계산된 통계량을 이용하여 모집단의 모수를 추정하게 된다. 이렇게 모집단으로부터 채택된 일정한 크기의 표본들을 대상으로 분석한 결과 나타난 통계량들의 분포를 표본분포라 한다.

(2) 표본평균의 분포

기출 15년 1,2,3회, 16년 1,2,3회, 17년 1,2,3회, 18년 1,2,3회, 19년 1,2,3회, 20년 4회, 21년 1,2회, 23년, 25년

① 표본평균의 분포는 모집단이 정규모집단이냐 아니냐에 따라서 그 분포가 다르게 나타난다. 또한, 모집단으로부터 표본을 복원으로 추출하느냐 비복원으로 추출하느냐에 따라 표본평균의 분포에 대한 분산의 형태가 달라진다.

시험에 이렇게 나왔다

[15년 1회]

01 카이제곱분포에 대한 설명으로 틀린 것은?

① 자유도가 k인 카이제곱분포의 평균은 k이고, 분산은 $2k$이다.
② 카이제곱분포의 확률밀도함수는 오른쪽으로 치우쳐 있고, 왼쪽으로 긴 꼬리를 갖는다.
③ V_1, V_2가 서로 독립이며 각각 자유도가 k_1, k_2인 카이제곱분포를 따를 때 $V_1 + V_2$는 자유도가 $k_1 + k_2$인 카이제곱분포를 따른다.
④ $Z_1, \cdots, Z_k$가 서로 독립이며 각각 표준정규분포를 따르는 확률변수일 때 $Z_1^2 + \cdots + Z_k^2$은 자유도가 k인 카이제곱분포를 따른다.

A ❷

심화체크

[16년 2회]

유한모집단(비복원추출)에 의한 표본평균의 분포

정규모집단 $N(\mu, \sigma^2)$에서 크기 n인 표본의 표본평균 $\overline{x}$의 기댓값은 $E(\overline{x}) = \mu$이고, 분산은 $Var(\overline{x}) = \dfrac{N-n}{N-1} \dfrac{\sigma^2}{n}$이다.

시험에 이렇게 나왔다

[15년 2회]

Q 어느 기업의 신입직원 월급여가 평균이 2백만 원, 표준편차는 40만 원인 정규분포를 따른다고 하자. 신입직원들 중 100명의 표본을 추출할 때, 표본평균의 분포는?

① N(2백만, 16)
② N(2백만, 160)
③ N(2백만, 400)
④ N(2백만, 1600)

A ①

시험에 이렇게 나왔다

[20년 3회]

Q 중심극한정리는 어느 분포에 관한 것인가?

① 모집단
② 표 본
③ 모집단의 평균
④ 표본의 평균

A ④

㉠ 모집단의 분포가 $N(\mu, \sigma^2)$일 때 무한모집단(복원추출)에 의한 표본평균의 분포
- 모집단의 분포가 정규분포를 따를 때, **표본평균의 분포도 정규분포를 따른다.**
- 정규모집단 $N(\mu, \sigma^2)$에서 크기 n인 표본의 표본평균 $\overline{X}$는 정규분포 $N\left(\mu, \dfrac{\sigma^2}{n}\right)$을 따른다.
- 표본평균 $\overline{X}$를 표준화시킨 표준화 확률변수 $Z = \dfrac{\overline{X} - \mu}{\sigma/\sqrt{n}}$는 표준정규분포 $N(0, 1)$을 따른다.

㉡ 모집단의 분포가 정규분포가 아닐 때 표본평균의 분포

기출 15년 3회, 17년 3회, 18년 3회, 19년 1회, 24년

모집단의 분포가 정규분포가 아닐 경우 표본평균 $\overline{X}$가 정규분포를 따른다고 할 수 없다. 그러나 **표본의 크기가 충분히 클 때**는 표본평균 $\overline{X}$의 분포는 **정규분포**로 볼 수 있다. 이것은 **중심극한정리(Central Limit Theorem)**에 근거를 두고 있다.

② 표본분포의 평균

㉠ 표본평균들의 표본분포는 선택 가능한 모든 표본들로부터 계산된 평균들의 확률분포를 말한다.
㉡ 표본평균들의 표본분포의 전체 평균은 모집단의 평균과 같다.
㉢ 표본평균들의 표본분포는 정규분포를 이룬다.

(3) 표본비율의 분포

① 모비율 p가 알려져 있는 경우 n개의 표본을 뽑아 구한 표본비율 $\hat{p}$의 분포를 말한다.

② 표본비율 $\hat{p}$은 n이 충분히 크면 정규분포 $N\left(p, \dfrac{p(1-p)}{n}\right)$를 따른다.

③ 표본비율 $\hat{p}$은 $np \geq 5$이고 $n(1-p) \geq 5$이면 중심극한정리에 의해 근사적으로 정규분포 $N\left(p, \dfrac{p(1-p)}{n}\right)$를 따른다.

➕ 플러스원

어느 고등학교 1학년 학생의 신장은 평균이 168cm이고, 표준편차가 6cm인 정규분포를 따른다고 한다. 이 고등학교 1학년 학생 100명을 임의추출할 때, 표본평균이 167cm 이상, 169cm 이하일 확률은? (단, $P(Z \leq 1.67) = 0.9525$)

기출 15년 1회

$$\rightarrow P(167 \leq X \leq 169) = P\left(\dfrac{167 - 168}{6/\sqrt{100}} \leq \dfrac{X - \mu}{\sigma/\sqrt{n}} \leq \dfrac{169 - 168}{6/\sqrt{100}}\right)$$
$$= P(-1.67 \leq Z \leq 1.67)$$

$P(-1.67 \leq Z \leq 1.67)$은 $2 \times (P(Z \leq 1.67) - 0.5)$이므로 $2 \times (0.9525 - 0.5) = 0.9050$이다.

02 중심극한정리

기출 19년 2회, 20년 1·2,3회, 21년 1,2회, 23년

표본의 크기가 $n \geq 30$이면 대(大)표본으로 간주하여 모집단의 분포와 관계없이 표본평균 $\overline{X}$의 분포는 기댓값이 모평균 μ이고, 분산이 $\dfrac{\sigma^2}{n}$인 정규분포에 근사한다.

$$\overline{X} \sim N\left(\mu, \ \frac{\sigma^2}{n}\right), \ n \to \infty < N$$

03 체비세프 부등식(Chebyshev's Inequality)

기출 18년 1,2회, 21년 3회, 22년 1회

(1) 체비세프 부등식의 의의

체비세프 부등식은 확률변수 X에 대해 평균이 $E(X) = \mu$이고, 분산이 $Var(X) = \sigma^2$일 때, 임의의 양수 k에 대해 다음이 성립한다.

$$P(|X - \mu| \leq k\sigma) \geq 1 - \frac{1}{k^2}$$

(2) 체비세프 부등식의 특징

① 표본의 평균으로 모평균이 속해있는 구간을 추정할 때, 구간의 길이를 조정하기 위해 유용하게 쓰인다.
② 확률변수의 값이 평균으로부터 표준편차의 일정 상수배 이상 떨어진 확률의 상한값 또는 하한값을 제시해 준다.

CHAPTER 01 적중예상문제

01

어떤 학생이 통계학 시험에 합격할 확률은 $\frac{2}{3}$ 이고, 경제학 시험에 합격할 확률은 $\frac{2}{5}$ 이다. 또한 두 과목 모두에 합격할 확률이 $\frac{3}{4}$ 이라면 적어도 한 과목에 합격할 확률은?

① $\frac{17}{60}$ ② $\frac{18}{60}$

③ $\frac{19}{60}$ ④ $\frac{20}{60}$

해설 통계학 시험에 합격할 사건을 A, 경제학 시험에 합격할 사건을 B라고 했을 때, 적어도 한 과목에 합격하는 사건은 $P(A \cup B)$이고 두 과목 모두 합격할 확률은 $P(A \cap B)$이다.
$P(A) = \frac{2}{3}$, $P(B) = \frac{2}{5}$, $P(A \cap B) = \frac{3}{4}$
$\therefore P(A \cup B) = P(A) + P(B) - P(A \cap B)$
$= \frac{2}{3} + \frac{2}{5} - \frac{3}{4} = \frac{19}{60}$

02

두 사건 A, B에 대해 $P(A) > 0$, $P(B) > 0$, $P(B^c) > 0$일 때 다음 중 성립하지 않는 것은?

① $A \subset B$이면 $P(A) \leq P(B)$이다.
② $A \cap B = \emptyset$ 이면 A와 B는 서로 배반사건이다.
③ $P(A|B) = P(A)$이면 A와 B는 서로 독립사건이다.
④ $P(A|B) + P(A|B^c) = 1$이다.

해설 $P(A|B) + P(A^c|B) = 1$이다.

03

선다형 시험문제에서 수험생은 정답을 알거나 추측한다. 수험생이 정답을 알고 있을 확률이 0.6이고 시험문제에서 보기의 수는 5개이다. 수험생이 정답을 맞혔을 때 답을 알고 있었을 확률은?

① $\frac{15}{17}$ ② $\frac{16}{17}$

③ $\frac{15}{18}$ ④ $\frac{17}{18}$

해설 수험생이 정답을 알고 있을 사건 A의 확률은 $P(A) = 0.6$이고 정답을 추측할 사건 A^c의 확률은 $P(A^c) = 1 - 0.6 = 0.4$이다.
정답을 맞힐 확률은 (㉠ : 정답을 알아서 문제를 맞히는 확률) + (㉡ : 추측했을 때 맞히는 확률)이다.
정답을 알아서 문제를 맞히는 확률은 정답을 알고 있을 확률과 같으므로 ㉠=0.6이고, 보기의 수가 5개이므로 추측했을 때 맞히는 확률은 ㉡ $= P(A^c) \times \frac{1}{5} = 0.4 \times 0.2 = 0.08$
따라서 정답을 맞출 확률은 ㉠+㉡ $= 0.6 + 0.08 = 0.68$이고 정답을 맞혔을 때 실제 답을 알고 있을 확률은 $\frac{0.6}{0.68} = \frac{15}{17}$ 이다.

04

한 학생이 경영학 과목에서 합격점수를 받을 확률은 $\frac{2}{3}$이고, 경영학과 통계학 두 과목에 모두 합격점수를 받을 확률은 $\frac{1}{2}$이다. 만일 이 학생이 경영학 과목에 합격했음을 알고 있다면, 통계학 과목에서 합격점수를 받았을 확률은?

① 20%   ② 25%
③ 50%   ④ 75%

해설 한 학생이 통계학 과목에서 합격점수를 받을 사건을 A, 경영학 과목에서 합격점수를 받을 사건을 B라 하면
$P(B) = \frac{2}{3}$, $P(A \cap B) = \frac{1}{2}$ 이다.
이 학생이 경영학 과목에 이미 합격하고 통계학 과목에서 합격점수를 받았을 확률은 $\frac{P(A \cap B)}{P(B)}$ 이므로 계산하면 다음과 같다.
$$\frac{P(A \cap B)}{P(B)} = \frac{\frac{1}{2}}{\frac{2}{3}} = \frac{3}{4} = 0.75$$
즉, $0.75 \times 100 = 75\%$ 이다.

05

$P(A) = 0.4$, $P(B) = 0.2$, $P(B|A) = 0.4$일 때 $P(A|B)$는?

① 0.4   ② 0.5
③ 0.6   ④ 0.8

해설 $P(B|A) = \frac{P(B \cap A)}{P(A)}$ 이므로
$P(B|A) = \frac{P(B \cap A)}{0.4} = 0.4$, $P(B \cap A) = 0.16$ 이다.
따라서 $P(A \cap B) = P(B \cap A)$ 이므로
$P(A|B) = \frac{P(A \cap B)}{P(B)} = \frac{0.16}{0.2} = 0.8$ 이다.

06

양의 확률을 갖는 사건 A, B, C의 독립성에 대한 설명으로 틀린 것은?

① A와 B가 독립이면, A와 B^c 또한 독립이다.
② A와 B가 독립이면, A^c와 B^c 또한 독립이다.
③ A와 B가 배반사건이면, A와 B는 독립이 아니다.
④ A와 B가 독립이고 A와 C가 독립이면, A와 $B \cap C$ 또한 독립이다.

해설 ①·② 동전을 던졌을 때 처음 시행에 앞면이 나올 사건을 A, 두 번째 시행에서 앞면이 나올 사건을 B라고 하면 A와 B는 독립이다. 이때 처음 시행에 앞면이 나올 사건(A)과 두 번째 시행에서 뒷면이 나올 사건(B^c)은 독립이며 마찬가지로 처음 시행에 뒷면이 나올 사건(A^c)과 B^c도 독립이다.
③ 동전을 한 번 던졌을 때 앞면이 나오는 사건을 A, 뒷면이 나오는 사건을 B라고 하면 A와 B가 배반사건이지만 A와 B는 독립이 아니다.

07

3개의 공정한 동전을 던질 때 적어도 앞면이 하나 이상 나올 확률은?

① $\frac{7}{8}$ ② $\frac{6}{8}$
③ $\frac{5}{8}$ ④ $\frac{4}{8}$

해설 적어도 앞면이 하나 나올 확률은 전체 확률 1에서 앞면이 하나도 나오지 않을 확률(p)을 뺀 값이다.
앞면이 하나도 나오지 않으려면 세 번의 시행에서 모두 뒷면이 나와야 하며 뒷면이 나올 확률은 $\frac{1}{2}$이고 각 사건은 독립이므로
$p = \frac{1}{2} \times \frac{1}{2} \times \frac{1}{2} = \frac{1}{8}$ 이다.
따라서 적어도 앞면이 하나 나올 확률은 $1 - \frac{1}{8} = \frac{7}{8}$ 이다.

08

어느 지역 주민의 3%가 특정 풍토병에 걸려있다고 한다. 이 병의 검진방법에 의하면 감염자의 95%가 (+)반응을, 나머지 5%가 (−)반응을 나타내며 비감염자의 경우는 10%가 (+)반응을, 90%가 (−)반응을 나타낸다고 한다. 지금 주민 중 한 사람을 검진한 결과 (+)반응을 보였다면 이 사람이 감염자일 확률은?

① 0.105　　　② 0.227
③ 0.885　　　④ 0.950

해설 주민 중 한 사람을 검진한 결과 (+)반응을 보일 확률은 (㉠ : 감염자가 (+)반응을 보일 확률) + (㉡ : 비감염자가 (+)반응을 보일 확률)이다. 전체 주민의 3%가 병에 걸렸고 감염자 중 95%가 (+)반응을 보이므로 ㉠ = 0.03 × 0.95 = 0.0285, 전체 주민의 97%가 병에 걸리지 않았지만 그중 10%는 (+)반응을 보이므로 ㉡ = 0.97 × 0.10 = 0.097이다.
따라서 (+)반응을 보일 확률은
㉠ + ㉡ = 0.0285 + 0.097 = 0.1255이고
(+)반응일 때 실제 감염자일 확률은 $\frac{0.0285}{0.1255} ≒ 0.227$이다.

09

4개의 불량품과 3개의 양호품이 들어있는 상자에서 2개의 제품을 비복원으로 꺼낼 때, 불량품이 적어도 1개일 확률은?

① $\frac{9}{42}$　　　② $\frac{21}{42}$
③ $\frac{1}{7}$　　　④ $\frac{6}{7}$

해설 불량품이 적어도 1개일 확률은 전체 확률 1에서 불량품이 하나도 없을 확률을 뺀 값과 같다. 비복원으로 7개 중 2개를 추출할 때 양호품만 추출할 확률은 $\frac{3}{7} × \frac{2}{6} = \frac{1}{7}$이므로 불량품이 적어도 1개일 확률은 $1 - \frac{1}{7} = \frac{6}{7}$이다.

10

10명의 사람 중 4명이 남자이고, 6명이 여자일 때 이 중 3명을 뽑을 때 적어도 1명이 남자일 확률은?

① $\frac{5}{6}$　　　② $\frac{1}{6}$
③ $\frac{1}{10}$　　　④ $\frac{1}{30}$

해설 적어도 1명이 남자일 확률은 전체 확률 1에서 남자가 한 명도 없을 확률을 뺀 것과 같다. 3명을 뽑을 때 남자가 한 명도 없을 확률은 $\frac{6}{10} × \frac{5}{9} × \frac{4}{8} = \frac{1}{6}$이다.
따라서 적어도 1명이 남자일 확률은 $1 - \frac{1}{6} = \frac{5}{6}$이다.

11

8개의 붉은 구슬과 2개의 푸른 구슬이 들어 있는 주머니가 있다. 10명이 차례로 주머니에서 구슬을 하나씩 꺼내 가질 때, 2번째 사람이 푸른 구슬을 꺼내 가지게 될 확률은?

① $\frac{1}{4}$　　　② $\frac{1}{5}$
③ $\frac{2}{5}$　　　④ $\frac{3}{5}$

해설 두 번째 사람이 푸른 구슬을 꺼내 가지게 될 확률은 (㉠ : 첫 번째 사람이 붉은 구슬을 꺼내고 두 번째 사람이 푸른 구슬을 꺼낼 확률) + (㉡ : 첫 번째 사람이 푸른 구슬을 꺼내고 두 번째 사람도 푸른 구슬을 꺼낼 확률)이다.
㉠ $= \frac{8}{10} × \frac{2}{9} = \frac{16}{90}$, ㉡ $= \frac{2}{10} × \frac{1}{9} = \frac{2}{90}$
∴ ㉠ + ㉡ $= \frac{16}{90} + \frac{2}{90} = \frac{1}{5}$

12

$P(A) = \dfrac{1}{3}$, $P(B|A) = \dfrac{1}{5}$ 일 때 $P(A \cap B)$는?

① $\dfrac{1}{15}$
② $\dfrac{3}{15}$
③ $\dfrac{5}{15}$
④ $\dfrac{8}{15}$

해설 $P(B|A) = \dfrac{P(A \cap B)}{P(A)} = \dfrac{1}{5} = \dfrac{P(A \cap B)}{1/3}$

$\therefore P(A \cap B) = \dfrac{1}{5} \times \dfrac{1}{3} = \dfrac{1}{15}$

13

10개의 전구가 들어 있는 상자가 있다. 그중 2개의 불량품이 포함되어 있다. 이 상자에서 전구 4개를 비복원으로 추출하여 검사할 때, 불량품이 1개 포함될 확률은?

① 0.076
② 0.25
③ 0.53
④ 0.8

해설 10개의 전구 중 임의로 4개를 비복원추출할 경우의 수는 $_{10}C_4$이다. 4개 중 1개는 불량품일 경우의 수는 정상품 8개 중 3개를 비복원추출하고, 불량품 2개 중 1개를 추출할 경우의 수이므로 $_8C_3 \times _2C_1$이다.

따라서 불량품이 1개 포함될 확률은 $\dfrac{_8C_3 \times _2C_1}{_{10}C_4} \fallingdotseq 0.53333$이다.

14

어떤 전기제품의 내부에는 부품 3개가 병렬로 연결되어 있다. 적어도 하나가 정상적으로 작동하면 전기제품은 정상적으로 작동한다. 각 부품이 고장날 사건은 서로 독립이며, 각 부품이 정상적으로 작동할 확률은 모두 0.85로 알려져 있다. 이 전기제품이 정상적으로 작동할 확률은 얼마인가?

① 0.6141
② 0.9966
③ 0.0034
④ 0.3859

해설 부품 하나라도 정상적으로 작동하면 전기제품은 정상적으로 작동하므로 전기제품이 정상적으로 작동할 확률은 전체 확률 1에서 부품 3개가 모두 작동하지 않을 확률을 뺀 것과 같다.
어느 부품이 정상적으로 작동하지 않을 확률은 $1 - 0.85 = 0.15$이고, 부품 3개가 모두 작동하지 않을 확률은 $0.15 \times 0.15 \times 0.15 = 0.003375$이다.
따라서 전기제품이 정상적으로 작동할 확률은 $1 - 0.003375 = 0.996625$이다.

15

공정한 주사위 1개를 굴려 윗면에 나타난 수를 X라 할 때, X의 기댓값은?

① 3
② 3.5
③ 6
④ 2.5

해설 공정한 주사위 한 개를 던졌을 때 눈 1, 2, 3, 4, 5, 6이 나올 확률은 각 1/6으로 동일하다.

X	1	2	3	4	5	6
$P(X)$	$\dfrac{1}{6}$	$\dfrac{1}{6}$	$\dfrac{1}{6}$	$\dfrac{1}{6}$	$\dfrac{1}{6}$	$\dfrac{1}{6}$

$E(X) = (1 \times 1/6) + (2 \times 1/6) + (3 \times 1/6) + (4 \times 1/6) + (5 \times 1/6) + (6 \times 1/6) = 3.5$이다.

정답 12 ① 13 ③ 14 ② 15 ②

16

모집단 {1, 2, 3, 4}로부터 무작위로 2개의 수를 복원으로 추출할 때, 표본평균의 기댓값과 분산은?

① 기댓값 : 2.5, 분산 : 0.884
② 기댓값 : 1.25, 분산 : 0.625
③ 기댓값 : 2.5, 분산 : 0.625
④ 기댓값 : 1.25, 분산 : 0.884

해설 모집단 {1,2,3,4}에 대해서 무작위로 2개의 수를 복원추출하면 나올 수 있는 경우의 수는 {(1,1), (1,2), (1,3), (1,4), (2,1), (2,2), (2,3), (2,4), (3,1), (3,2), (3,3), (3,4), (4,1), (4,2), (4,3), (4,4)}로 16가지가 되며, 이때 표본평균은 {1, 1.5, 2, 2.5, 1.5, 2, 2.5, 3, 2, 2.5, 3, 3.5, 2.5, 3, 3.5, 4}이다. 표본평균이 1이 되는 경우가 한 가지, 1.5가 되는 경우가 두 가지, 2가 되는 경우가 세 가지, 2.5가 되는 경우가 네 가지, 3이 되는 경우가 세 가지, 3.5가 되는 경우가 두 가지, 4가 되는 경우가 한 가지이므로 정리하면 아래의 표와 같다.

$\overline{X}$	1	1.5	2	2.5	3	3.5	4
$P(\overline{X})$	$\frac{1}{16}$	$\frac{2}{16}$	$\frac{3}{16}$	$\frac{4}{16}$	$\frac{3}{16}$	$\frac{2}{16}$	$\frac{1}{16}$

$$E(\overline{X}) = \sum [\overline{X} \times P(\overline{X})]$$
$$= \left(1 \times \frac{1}{16}\right) + \left(1.5 \times \frac{2}{16}\right) + \left(2 \times \frac{3}{16}\right) + \left(2.5 \times \frac{4}{16}\right)$$
$$+ \left(3 \times \frac{3}{16}\right) + \left(3.5 \times \frac{2}{16}\right) + \left(4 \times \frac{1}{16}\right)$$
$$= 2.5$$

$$Var(\overline{X}) = E(\overline{X}^2) - [E(\overline{X})]^2$$
$$= \left(1^2 \times \frac{1}{16}\right) + \left(1.5^2 \times \frac{2}{16}\right) + \left(2^2 \times \frac{3}{16}\right)$$
$$+ \left(2.5^2 \times \frac{4}{16}\right) + \left(3^2 \times \frac{3}{16}\right) + \left(3.5^2 \times \frac{2}{16}\right)$$
$$+ \left(4^2 \times \frac{1}{16}\right) - 2.5^2$$
$$= 0.625$$

∴ 기댓값 : 2.5, 분산 : 0.625

17

흰색 공 2개, 검은색 공 3개가 들어있는 상자에서 2개의 공을 임의로 선택할 때, 확률변수 X를 선택된 2개 중에서 흰색 공의 수라 하자. X의 기댓값은?

① $\frac{3}{5}$ ② $\frac{4}{5}$

③ 1   ④ $\frac{6}{5}$

해설 흰색 공은 2개이므로 X는 0, 1, 2가 될 수 있다.

X	0	1	2
$P(X)$	$\frac{{}_3C_2}{{}_5C_2} = \frac{3}{10}$	$\frac{{}_2C_1 \times {}_3C_1}{{}_5C_2} = \frac{6}{10}$	$\frac{{}_2C_2}{{}_5C_2} = \frac{1}{10}$

따라서 X의 기댓값은
$$\left(0 \times \frac{3}{10}\right) + \left(1 \times \frac{6}{10}\right) + \left(2 \times \frac{1}{10}\right) = \frac{8}{10} = \frac{4}{5} \text{ 이다.}$$

18

확률변수 X의 확률분포가 평균이 μ이고 표준편차가 σ인 정규분포일 때 다음 설명 중 틀린 것은?

① $Y = aX + b(a \neq 0)$일 때
   확률변수 Y는 $N(a\mu + b, a^2\sigma^2)$을 따른다.
② $Y = \dfrac{X - \mu}{\sigma}$는 표준정규분포를 따른다.
③ 평균, 중위수, 최빈수가 모두 μ이다.
④ $Y = aX + b(a \neq 0)$일 때 확률변수 Y의 표준편차는 $a\sigma$이다.

해설 $Y = aX + b(a \neq 0)$일 때 확률변수 Y의 분산은 $a^2\sigma^2$이고 표준편차는 분산의 양의 제곱근이므로 $\sqrt{a^2\sigma^2}$이다. 그런데 σ는 X의 표준편차이므로 양수이나(표준편차는 음이 될 수 없다) a는 양수인지 음수인지 알 수 없다. a가 양수일 경우 Y의 표준편차는 $\sqrt{a^2\sigma^2} = a\sigma > 0$이지만 음수일 경우 $\sqrt{a^2\sigma^2} = a\sigma < 0$이다. 표준편차는 음의 값을 가질 수 없으므로 Y의 표준편차는 $\sqrt{a^2\sigma^2} = |a|\sigma$이다.

19

두 확률변수 X와 Y의 결합확률분포가 다음과 같을 때, $P(X-Y=1)$은?

X \ Y	1	3	5
2	0.25	0.15	0.05
4	0.15	0.30	0.10

① 0.25   ② 0.40
③ 0.55   ④ 0.65

해설 $X=2$, $Y=1$일 때와 $X=4$, $Y=3$일 때 $P(X-Y=1)$을 만족시킨다.
∴ $P(X-Y=1) = 0.25 + 0.30 = 0.55$

20

비가 오는 날은 임의의 한 비행기가 연착할 확률이 $\frac{1}{10}$이고, 비가 안 오는 날은 비행기가 연착할 확률이 $\frac{1}{50}$이다. 내일 비가 올 확률이 $\frac{2}{5}$일 때, 비행기가 연착할 확률은?

① 0.06   ② 0.056
③ 0.052   ④ 0.048

해설 비가 올 사건을 A, 비가 오지 않을 사건을 B라고 하자. 비행기가 연착할 사건을 X라고 하면 비가 오는 날 비행기가 연착할 확률은 $P(A \cap X)$, 비가 안오는 날 비행기가 연착할 확률은 $P(B \cap X)$이다.
문제에서 $P(X|A) = \frac{1}{10}$, $P(X|B) = \frac{1}{50}$이고 A와 B는 서로 배반이므로 합의 공식을 이용하여 비행기가 연착할 확률을 구하면 다음과 같다.
$P(X) = P(A \cap X) + P(B \cap X)$
$= P(A)P(X|A) + P(B)P(X|B)$
$= \frac{2}{5} \times \frac{1}{10} + \frac{3}{5} \times \frac{1}{50}$
$= 0.052$
∴ 0.052

21

서로 독립인 확률변수 X와 Y의 분산이 각각 2와 1일 때, $X+5Y$의 분산은?

① 0   ② 7
③ 17   ④ 27

해설 $Var(X+5Y)$
$= Var(X) + Var(5Y)$
$= 2 + 5^2 Var(Y)$
$= 2 + 5^2 \times 1 = 27$

22

어느 버스 정류장에서 매시 0분, 20분에 각 1회씩 버스가 출발한다. 한 사람이 우연히 이 정거장에 와서 버스가 출발할 때까지 기다릴 시간의 기댓값은?

① 15분 20초   ② 16분 40초
③ 18분 00초   ④ 19분 20초

해설 X가 승객이 버스정류장에 도착하는 시간이라고 했을 때 매시 0분 이후~20분에 도착하면 승객은 20분 버스를 탈 수 있고 이때 승객이 기다리는 시간은 $20-X(0<X\leq20)$이다. 즉, 최대 20분, 최소 0분 기다려야 하므로 평균적으로 $\frac{20-0}{2} = \frac{20}{2} = 10$분(㉠) 기다린다고 할 수 있으며 이때 10분 기다릴 확률은 $\frac{20-0}{60} = \frac{2}{6}$ (㉡)이다.
20~60분에 도착하면 승객은 0분 버스를 탈 수 있고 이때 승객이 기다리는 시간은 $60-X(20<X\leq60)$이다. 즉, 최대 40분, 최소 0분 기다려야 하므로 평균적으로 $\frac{40-0}{2} = \frac{40}{2} = 20$분 (㉢) 기다린다고 할 수 있으며 이때 20분 기다릴 확률은 $\frac{60-20}{60} = \frac{4}{6}$ (㉣)이다.
기다리는 시간을 Y라 하면 Y의 기댓값은 (㉠×㉡) + (㉢×㉣)로 구할 수 있다.
따라서 Y의 기댓값은 $E(Y) = \left(10 \times \frac{2}{6}\right) + \left(20 \times \frac{4}{6}\right) ≒ 16.67$분, 즉 16분 40초 (∵ 0.67×60초 ≒ 40초)이다.

23

다음 설명 중 틀린 것은?

① 변이계수(Coefficient of Variation)는 여러 집단의 분산을 상대적으로 비교할 때 사용하며 $\frac{S}{X}$로 정의된다.

② $Y=-2X+3$일 때 $S_Y=4S_X$이다. 단, S_X, S_Y는 각각 X와 Y의 표준편차이다.

③ 상자그림(Box Plot)은 여러 집단의 분포를 비교하는 데 많이 사용한다.

④ 상관계수가 0이라 하더라도 두 변수의 관련성이 있는 경우도 있다.

해설 $Var(Y)=Var(-2X+3)=(-2)^2Var(X)=4Var(X)$
$S_Y=\sqrt{Var(Y)}=\sqrt{4Var(X)}=2S_X$

24

확률변수 X의 평균은 10, 분산은 5이다. $Y=5+2X$의 평균과 분산은?

① 20, 15　　　② 20, 20
③ 25, 15　　　④ 25, 20

해설 $E(Y)=E(5+2X)=2E(X)+5=2\times10+5=25$
$Var(Y)=Var(5+2X)=2^2Var(X)=4\times5=20$

25

주머니 안에 6개의 공이 들어 있다. 그중 1개에는 1, 2개에는 2, 3개에는 3이라고 쓰여 있다. 주머니에서 공 하나를 무작위로 꺼내 나타난 숫자를 확률변수 X라 하고, 다른 확률변수 $Y=3\times X+5$라 할 때, 다음 중 틀린 것은?

① $E(X)=\frac{7}{3}$　　　② $Var(X)=\frac{5}{9}$

③ $E(Y)=12$　　　④ $Var(Y)=\frac{15}{9}$

해설 공 6개 중 한 개는 1, 두 개는 2, 세 개는 3이 쓰여 있으므로 숫자 1, 2, 3이 나올 확률은 다음과 같다.

숫자	1	2	3
확률	1/6	2/6	3/6

따라서 $E(X)=\left(1\times\frac{1}{6}\right)+\left(2\times\frac{2}{6}\right)+\left(3\times\frac{3}{6}\right)=\frac{14}{6}$,
$E(X^2)=\left(1^2\times\frac{1}{6}\right)+\left(2^2\times\frac{2}{6}\right)+\left(3^2\times\frac{3}{6}\right)=6$이므로
$Var(X)=E(X^2)-E(X)^2=\frac{5}{9}$,
$E(Y)=E(3X+5)=3E(X)+5=12$,
$Var(Y)=Var(3X+5)=3^2Var(X)=5$이다.

26

퀴즈 게임에서 우승한 철수는 주사위를 던져서 그 나온 숫자에 100,000원을 곱한 상금을 받게 되었다. 그런데 그 주사위에는 홀수가 없이 짝수만이 있다. 즉, 2가 2면, 4가 2면, 6이 2면인 것이다. 그 주사위를 던졌을 때 받게 될 상금의 기댓값은 얼마인가?

① 300,000원　　　② 350,000원
③ 400,000원　　　④ 450,000원

해설 2가 2면, 4가 2면, 6이 2면이므로 각 숫자가 나올 확률은 다음과 같다.

숫자	2	4	6
확률	2/6	2/6	2/6

따라서 $E(X)=\left(2\times\frac{2}{6}\right)+\left(4\times\frac{2}{6}\right)+\left(6\times\frac{2}{6}\right)=4$
주사위를 던져서 나온 숫자에 100,000원을 곱한 상금을 받으므로 받게 되는 상금의 기댓값은 $100,000\times4=400,000$원이다.

정답 23 ②　24 ④　25 ④　26 ③

27

자료 $x_1, x_2, \cdots, x_n$의 표준편차가 3일 때, $-3x_1, -3x_2, \cdots, -3x_n$의 표준편차는?

① -3 ② 9
③ 3 ④ -9

해설 X가 각각 $x_1, x_2, \cdots, x_n$의 값을 취하고
표준편차가 3이므로 $\sqrt{Var(X)} = 3$이고 $Var(X) = 9$이다.
$-3x_1, -3x_2, \cdots, -3x_n$은 $-3X$이므로
우선 $-3X$의 분산을 구하면
$Var(-3X) = (-3)^2 Var(X) = 9 \times 9 = 81$이다.
표준편차는 분산의 양의 제곱근이므로 $\sqrt{81} = 9$이다.

28

x의 확률질량함수 $f(x)$가 다음과 같을 때, $(x-1)$의 기댓값은?

x	-1	0	1	2	3
$f(x)$	1/8	1/8	2/8	2/8	2/8

① 0 ② $\dfrac{3}{8}$
③ $\dfrac{5}{8}$ ④ $\dfrac{11}{8}$

해설 $E(x) = \sum x f(x)$
$= \left(-1 \times \dfrac{1}{8}\right) + \left(0 \times \dfrac{1}{8}\right) + \left(1 \times \dfrac{2}{8}\right) + \left(2 \times \dfrac{2}{8}\right) + \left(3 \times \dfrac{2}{8}\right)$
$= \dfrac{11}{8}$

$\therefore E(x-1) = E(x) - 1 = \dfrac{11}{8} - 1 = \dfrac{3}{8}$

29

n개의 자료 $x_1, x_2, \cdots, x_n$의 분산이 10일 때 각 자료에 5를 더한 자료들의 분산은?

① 10 ② 20
③ 40 ④ 50

해설 n개의 자료 $x_1, x_2, \cdots, x_n$을 확률변수 X라고 하면, 각 자료에 5를 더한 자료는 $X+5$이다.
$V(X+5) = V(X)$이므로 각 자료에 5를 더한 자료들의 분산은 10이다.

30

다음 중 의미가 다른 것은?

① $E(X) - E(X^2)$
② $\sum_x x^2 p(x) - \left[\sum_x x p(x)\right]^2$
③ $\int x^2 f(x) dx - \left[\int x f(x) dx\right]^2$
④ $E(X^2) - (E(X))^2$

해설 ②·③·④는 분산을 구하는 방법이다.

31

어떤 변수에 5배를 한 변수의 표준편차는 원래 변수의 표준편차의 얼마인가?

① 1/25배   ② 1/5배
③ 5배   ④ 25배

해설 확률변수 X의 표준편차를 σ라고 하면
X의 분산은 $Var(X) = \sigma^2$이다.
변수에 5배를 했으므로 $Var(5X) = 5^2 Var(X) = 25\sigma^2$이고
표준편차는 분산의 양의 제곱근이므로 $\sqrt{25\sigma^2} = 5\sigma$이다.
따라서 원래 변수의 표준편차의 5배이다.

32

연속확률변수 X의 확률밀도함수를 $f(x)$라 할 때, 다음 설명 중 틀린 것은?

① $f(x) \geq 0$
② $P(a \leq X \leq b) = \int_a^b f(x)dx, \ a < b$
③ $\sum_i f(x_i) = 1$
④ $a \leq b$이면, $P(X \leq a) \leq P(X \leq b)$

해설 $\sum_i f(x_i) = 1$은 이산확률변수 X의 확률질량함수 $f(x)$의 조건이다.

33

이항분포를 따르는 확률변수 X에 관한 설명으로 틀린 것은?

① 확률변수 X는 0 또는 1만을 취한다.
② 반복시행횟수가 n이고, 성공률이 p이면 X의 평균은 np이다.
③ 반복시행횟수가 n이고, 성공률이 p이면 X의 분산은 $np(1-p)$이다.
④ 반복시행횟수가 n이면, X가 취할 수 있는 가능한 값은 0부터 n까지이다.

해설 이항분포는 확률실험에서 나타날 수 있는 기본결과가 두 가지일 뿐 확률변수가 0 또는 1만을 취하는 것은 아니다.

34

확률변수 X가 이항분포 $B\left(36, \frac{1}{6}\right)$을 따를 때, 확률변수 $Y = \sqrt{5}\,X + 2$의 표준편차는?

① $\sqrt{5}$
② $5\sqrt{5}$
③ 5
④ 6

해설 $V(X) = 36 \times \frac{1}{6} \times \left(1 - \frac{1}{6}\right) = 5$
$V(Y) = V(\sqrt{5}\,X + 2) = 5V(X) = 25$
$\therefore \sigma(Y) = \sqrt{V(Y)} = \sqrt{25} = 5$

35

이항분포 $B(n, p)$의 정규근사 조건으로 옳은 것은?

① $n \leq 30$
② $np \leq 5, \ n(1-p) \geq 5$
③ $np \geq 5, \ n(1-p) \geq 5$
④ $np \geq np(1-p)$

해설 이항분포의 시행횟수가 많아지면 이항분포는 정규분포와 모양이 유사해진다. 즉, 시행횟수가 n이고 성공확률이 p인 이항분포는 $np \geq 5$ 또는 $n(1-p) \geq 5$일 경우 평균이 np이고 분산이 $np(1-p)$인 정규분포와 비슷한 모양이 된다.

36

자동차 보험의 가입자가 보험금 지급을 청구할 확률은 0.2 라 한다. 200명의 가입자 중 보험금 지급을 청구하는 사람의 수를 X라 할 때, X의 평균과 분산은?

① 40, 16
② 40, 32
③ 16, 40
④ 16, 32

해설 자동차 보험의 가입자 중 보험금 지급을 청구할 확률이 0.20이고 각 가입자의 보험은 독립이므로
확률변수 X는 이항분포 $B(200, 0.2)$를 따른다.
이항분포의 평균은 $E(X) = 200 \times 0.2 = 40$,
분산은 $Var(X) = 200 \times 0.2 \times (1 - 0.2) = 32$이다.

37

어느 공장에서 생산되는 나사못의 10%가 불량품이라고 한다. 이 공장에서 만든 나사못 중 400개를 임의로 뽑았을 때 불량품 개수 X의 평균과 표준편차는?

① 평균 : 30, 표준편차 : 6
② 평균 : 40, 표준편차 : 36
③ 평균 : 30, 표준편차 : 36
④ 평균 : 40, 표준편차 : 6

해설 공장에서 생산되는 나사못 중 불량일 확률이 0.1이고 나사못의 생산은 각 독립이며 400개를 추출하므로 확률변수 X는 이항분포 $B(400, 0.1)$을 따른다.
이항분포의 평균은 $E(X) = 400 \times 0.1 = 40$,
분산은 $Var(X) = 400 \times 0.1 \times (1-0.1) = 36$이다.
∴ 평균 : 40, 표준편차 : 6

38

특정 질문에 대해 응답자가 답해줄 확률은 0.5이며, 매 질문 시 답변 여부는 상호독립적으로 결정된다. 5명에게 질문하였을 경우, 3명이 답해줄 확률과 가장 가까운 값은?

① 0.50
② 0.31
③ 0.60
④ 0.81

해설 어떤 시행에서 사건 A가 일어날 확률을 p, 사건 A가 일어나지 않을 확률을 $q(=1-p)$라 하고 이 시행을 독립적으로 n회 되풀이할 때, 그중에서 r회만 A가 일어날 확률은 $_nC_r p^r q^{n-r}$이다.
5명의 응답자가 답해줄 사건이 각 독립이라는 것은 어느 응답자의 응답이 다른 응답자의 응답에 영향을 끼치지 않음을 뜻한다.
5명 중 3명이 답해줄 확률은 $_5C_3 (0.5)^3 (1-0.5)^2 = 0.3125$이므로 가장 가까운 값은 0.31이다.

39

공정한 동전을 5회 던질 때, 앞면이 적어도 1회 이상 나타날 확률은?

① $\dfrac{1}{32}$
② $\dfrac{5}{32}$
③ $\dfrac{15}{32}$
④ $\dfrac{31}{32}$

해설 앞면이 적어도 1회 이상 나타날 확률은
1에서 동전을 5회 던질 때 모두 뒷면인 경우를 빼면 되므로
$1 - \left(\dfrac{1}{2}\right)^5 = \dfrac{31}{32}$이다.

40

특정 제품의 단위면적당 결점의 수 또는 단위시간당 사건 발생 수에 대한 확률분포로 적합한 분포는?

① 이항분포
② 포아송분포
③ 초기하분포
④ 지수분포

해설 단위시간, 단위면적 또는 단위공간 내에서 발생하는 어떤 사건의 횟수를 확률변수 X라 하면, 확률변수 X는 포아송분포를 따른다.

41

어느 농구선수의 자유투 성공률이 70%라고 알려져 있다. 이 선수가 자유투를 20회 던진다면 몇 회 정도 성공할 것으로 기대되는가?

① 7
② 8
③ 16
④ 14

해설 자유투 성공률이 70%이고, 자유투를 각각 독립적으로 20회 반복하므로 확률변수 X를 자유투를 성공한 횟수라고 하면 X는 이항분포 $B(20, 0.7)$을 따른다.
따라서 이항분포의 기댓값은 $E(X) = 20 \times 0.7 = 14$이다.

42

어느 회사원이 승용차로 출근하는 길에 신호등이 5개 있다고 한다. 각 신호등에서 빨간 등에 의해 신호 대기할 확률은 0.2이고, 각 신호등에서 신호대기 여부는 서로 독립적이라고 가정한다. 어느 날 이 회사원이 5개의 신호등 중 1개의 신호등에서만 빨간 등에 의해 신호대기에 걸리고 출근할 확률을 구하는 식은?

① $(0.2)^1$
② $1-(0.8)^5$
③ $(0.2)^1(0.8)^4$
④ $5(0.2)^1(0.8)^4$

해설 빨간 등에 의해 대기할 확률은 0.2이고, 각 신호등은 독립이다. 확률변수 X를 빨간 등에 의해 신호대기하는 신호등 개수라 하면 X번만 신호대기에 걸릴 확률은 $_5C_X(0.2)^X(1-0.2)^{5-X}$이다. 따라서 1개의 신호등에서만 빨간 등에 의해 신호대기에 걸릴 확률은 $_5C_1(0.2)^1(1-0.2)^{5-1}=5(0.2)^1(0.8)^4$이다.

43

확률변수 X는 시행횟수가 n이고 성공할 확률이 p인 이항분포를 따를 때, 옳은 것은?

① $E(X)=np(1-p)$
② $V(X)=\dfrac{p(1-p)}{n}$
③ $E\left(\dfrac{X}{n}\right)=p$
④ $E\left(\dfrac{X}{n}\right)=\dfrac{p(1-p)}{n^2}$

해설 이항분포의 확률변수의 기댓값$=E(X)=np$, 분산$=Var(X)=npq=np(1-p)$이다. 또한 상수 a, b에 대하여 $E(aX+b)=aE(X)+b$이므로 $E\left(\dfrac{X}{n}\right)=\dfrac{1}{n}E(X)=\dfrac{1}{n}\times np=p$이다.

44

어느 공장에서는 전자제품의 부품을 생산하는데 생산하는 부품의 약 10%가 불량품이라고 한다. 이 공장에서 생산하는 부품 10개를 임의로 추출하여 검사할 때, 불량품이 2개 이하일 확률을 다음 누적확률분포표를 이용하여 구하면?

〈누적이항확률분포표〉
$P(X \leq c) \text{ and } X \sim B(n, p)$

구분	c		p			
		…	0.80	0.90	0.95	…
	⋮	⋮	⋮	⋮	⋮	⋮
$n=10$	7	…	0.322	0.070	0.012	…
	8	…	0.624	0.264	0.086	…
	9	…	0.893	0.651	0.401	…
	⋮	⋮	⋮	⋮	⋮	⋮

① 0.070
② 0.264
③ 0.736
④ 0.930

해설 불량품이 2개 이하일 확률은 정상품이 8개 이상일 확률과 같다. 또한 정상품이 8개 이상일 확률은 전체 확률 1에서 정상품이 7개 이하일 확률을 뺀 값이다. 생산된 부품이 불량품일 확률이 0.1이므로 정상품일 확률은 0.9이다. 부품의 생산은 각 독립이고 10개를 추출하므로 정상품의 개수 X는 이항분포 $B(10, 0.9)$를 따른다. $P(X \geq 8)=1-P(X \leq 7)$이며 주어진 표에서 $P(X \leq 7)=0.070$이므로 $P(X \geq 8)=1-0.070=0.930$이다. 따라서 불량품이 2개 이하일 확률은 0.930이다.

45

다음 중 이항분포를 따르지 않는 것은?

① 주사위를 10번 던졌을 때 짝수의 눈의 수가 나타난 횟수
② 어떤 기계에서 만든 5개의 제품 중 불량품의 개수
③ 1시간 동안 전화교환대에 걸려오는 전화 횟수
④ 한 농구선수가 던진 3개의 자유투 중에서 성공한 자유투의 수

해설 단위시간, 단위면적 또는 단위공간 내에서 발생하는 어떤 사건의 횟수는 포아송분포를 따른다.

46

사건 A의 발생확률이 1/5인 임의실험을 50회 반복하는 독립시행에서 사건 A가 발생한 횟수의 평균과 분산은?

① 평균 : 10, 분산 : 8
② 평균 : 8,   분산 : 10
③ 평균 : 7,   분산 : 11
④ 평균 : 11, 분산 : 7

해설 사건의 발생 확률을 1/5이고, 독립적으로 50회 반복하므로 확률변수 X를 사건 A가 발생한 횟수라고 할 때
X는 이항분포 $B(50, 1/5)$을 따른다.
이항분포의 기댓값은 $E(X) = 50 \times 1/5 = 10$이고
분산은 $Var(X) = 50 \times 1/5 \times (1 - 1/5) = 8$이다.

47

홈쇼핑 콜센터에서 30분마다 전화를 통해 주문이 성사되는 건수는 $\lambda = 6.7$인 포아송분포를 따른다고 할 때의 설명으로 틀린 것은?

① 확률변수 X는 주문이 성사되는 주문 건수를 말한다.
② X의 확률함수는 $\dfrac{e^{-6.7}(6.7)^x}{x!}$이다.
③ 1시간 동안의 주문건수 평균은 13.4이다.
④ 분산 $\lambda^2 = 6.7^2$이다.

해설 포아송분포에서 분산은 λ와 같다.

48

확률변수 X는 포아송분포를 따른다고 하자. X의 평균이 5라고 할 때 분산은 얼마인가?

① 1
② 3
③ 5
④ 9

해설 포아송분포는 평균과 분산이 같다.

49

확률변수 X는 이항분포 $B(n, p)$를 따른다고 하자. $n=10$, $p=0.5$일 때, 확률변수 X의 평균과 분산은?

① 평균 2.5, 분산 5
② 평균 2.5, 분산 2.5
③ 평균 5, 분산 5
④ 평균 5, 분산 2.5

해설 $X \sim B(n, p)$일 때 $E(X) = np$, $Var(X) = np(1-p)$이다.
$np = 10 \times 0.5 = 5$, $np(1-p) = 10 \times 0.5 \times 0.5 = 2.5$

50

확률변수 X가 이항분포 $B(25, 1/5)$을 따를 때, 확률변수 Y의 표준편차는? (단, $Y = 4X - 3$)

① 4
② 8
③ 12
④ 16

해설 $X \sim B(n, p)$일 때
$Var(X) = np(1-p)$이므로 $Var(X) = 25(1/5)(4/5) = 4$
$Var(Y) = Var(4X - 3) = 4^2 Var(X) = 16 \times 4 = 64$
표준편차는 분산의 양의 제곱근이므로
Y의 표준편차는 $\sqrt{Var(Y)} = \sqrt{64} = 8$이다.

51

사회현안에 대한 찬반 여론조사를 실시한 결과 찬성률이 0.8이었다면 3명을 임의추출했을 때 2명이 찬성할 확률은?

① 0.096
② 0.384
③ 0.533
④ 0.667

해설 찬성률이 0.80이고, 여론조사는 각 독립이다. X를 사회현안에 대해 찬성한 사람의 수라고 하면 3명을 선택할 때 X명만 찬성할 확률은 $_3C_X(0.8)^X(1-0.8)^{3-X}$이다. 따라서 2명만 찬성할 확률은 $_3C_2(0.8)^2(1-0.8)^{3-2} = 0.384$이다.

정답 46 ① 47 ④ 48 ③ 49 ④ 50 ② 51 ②

52

A 도시에 새벽 1시부터 3시 사이 일어나는 범죄건수는 시간당 평균 0.2건이다. 범죄발생건수의 분포가 포아송분포를 따른다면, 오늘 새벽 1시와 2시 사이에 범죄발생이 전혀 없을 확률은?

① 약 62% ② 약 72%
③ 약 82% ④ 약 92%

해설 단위시간, 단위면적 또는 단위공간 내에서 발생하는 어떤 사건의 횟수를 확률변수 X라 하면, 확률변수 X는 λ를 모수로 갖는 포아송분포를 따르며 확률밀도함수는 $f(x) = \dfrac{e^{-\lambda}\lambda^x}{x!}$ 이다.

λ는 단위시간, 단위면적 또는 단위공간 내에서 발생하는 사건의 평균값이다. 시간당 평균 0.2건이므로 $\lambda = 0.2$이고 범죄발생이 전혀 없을 확률을 구하는 것이므로 $x = 0$을 대입한다.

즉, $f(0) = \dfrac{e^{-0.2} \, 0.2^0}{0!} \approx 0.82$, 약 82%이다.

53

어느 대리점에서 제품을 팔기 위하여 고객들을 면담하고 있다. 면담을 실시한 고객이 제품들을 구입할 확률은 0.2이고 고객들 사이의 물품구입 여부는 독립적이다. 3명의 사람을 면담하였을 때, 적어도 한 사람이 제품을 구매할 확률은?

① 0.800 ② 0.512
③ 0.488 ④ 0.160

해설 적어도 한 사람이 구매할 확률은 전체 확률 1에서 한 명도 구매하지 않을 확률을 뺀 것과 같다. 면담 후 구입할 확률이 0.2이고, 물품구입 여부는 각 독립이다. X를 면담 후 제품을 구매하는 사람의 수라고 하면 3명을 선택할 때 X명만 구매했을 확률은 ${}_3C_X (0.2)^X (1-0.2)^{3-X}$ 이다. 따라서 0명만 구매할 확률은 ${}_3C_0 (0.2)^0 (1-0.2)^{3-0} = 0.512$이다. 따라서 적어도 한 사람이 제품을 구매할 확률은 $1 - 0.512 = 0.488$이다.

54

어느 공정에서 생산된 제품 10개 중 평균적으로 2개가 불량품이라고 알려져 있다. 그 공정에서 임의로 제품 7개를 선택하여 검사한다고 할 때, 불량품의 수를 Y라고 하자. Y의 분산은?

① 1.4 ② 1.02
③ 1.12 ④ 0.16

해설 불량품이 생산될 확률은 2/10이고 독립적으로 7개를 선택하므로 확률변수 Y를 불량품의 개수라고 할 때 Y는 이항분포 $B(7, 2/10)$를 따른다.
이항분포의 기댓값은 $E(X) = 7 \times 2/10 = 7/5$이고
분산은 $Var(X) = 7 \times 2/10 \times (1 - 2/10) = 1.12$이다.

55

공정한 동전 10개를 동시에 던질 때, 정확히 한 개만 앞면이 나올 확률은?

① $\dfrac{3}{1024}$ ② $\dfrac{9}{1024}$
③ $\dfrac{10}{1024}$ ④ $\dfrac{15}{1024}$

해설 동전을 던지는 시행에서 동전을 던졌을 때 앞면일 확률이 $\dfrac{1}{2}$이고 동전을 던지는 시행은 각각 독립이다.
10번 던질 때 앞면이 나타난 개수를 X라고 하면
X회만 앞면일 확률은 ${}_{10}C_X \left(\dfrac{1}{2}\right)^X \left(1 - \dfrac{1}{2}\right)^{10-X}$ 이다.
$X = 1$일 때 ${}_{10}C_1 \left(\dfrac{1}{2}\right)^1 \left(1 - \dfrac{1}{2}\right)^{10-1} = 10 \left(\dfrac{1}{2}\right)^{10} = \dfrac{10}{1024}$ 이다.

56

성공률이 p인 베르누이 시행을 4회 반복하는 실험에서 성공이 일어난 횟수 X의 표준편차는?

① $2\sqrt{p(1-p)}$
② $2p(1-p)$
③ $\sqrt{p(1-p)}/2$
④ $p(1-p)/2$

해설 베르누이 시행을 n번 독립적으로 반복시행하였을 때의 확률변수 x를 성공($x=1$) 또는 실패($x=0$)라 하면 x의 분포는 이항분포를 따른다. 4회 반복하므로 이항분포 $B(4,p)$를 따르며 따라서 표준편차는 $\sqrt{4p(1-p)}$이다.

57

다음 중 앞면이 나올 확률이 0.5인 동전을 n번 던질 때 앞면이 나타난 비율 p_n에 대한 설명으로 틀린 것은?

① $p_{100} = p_{1000}$이다.
② np_n의 분포는 이항분포 $B\left(n, \dfrac{1}{2}\right)$를 따른다.
③ p_n의 분산은 $\dfrac{1}{4n}$이다.
④ n이 커짐에 따라 p_n의 확률분포는 근사적으로 정규분포를 따른다.

해설 앞면이 나타나는 횟수를 X라고 하면 $p_n = \dfrac{X}{n}$이다.

① $p_{100} \neq p_{1000}$
② $np_n = n \times \dfrac{X}{n} = X$, 동전을 던지는 시행에서 동전을 던졌을 때 앞면일 확률이 0.5이고 동전을 던지는 시행은 각각 독립이다. n번 던질 때 앞면이 나타난 개수를 X라고 하면 확률변수 X는 이항분포 $B(n, 0.5)$를 따른다.
③ $B(n, 0.5)$이므로 $Var(np_n) = n \times 0.5(1-0.5) = \dfrac{n}{4}$

$$Var(p_n) = Var\left(\dfrac{1}{n} \times np_n\right) = \left(\dfrac{1}{n}\right)^2 Var(np_n)$$
$$= \dfrac{1}{n^2} \times \dfrac{n}{4} = \dfrac{1}{4n}$$

④ 이항분포의 시행횟수가 많아지면 이항분포는 정규분포와 모양이 유사해진다.

58

10m당 평균 1개의 흠집이 나타나는 전선이 있다. 이 전선 10m를 구입하였을 때 발견되는 흠집수의 확률분포는?

① 이항분포 ② 포아송분포
③ 기하분포 ④ 초기하분포

해설 단위시간당 또는 단위면적당 일어나는 사건에 대한 분포는 포아송분포이다.

59

다음 중 이항분포의 특징이 아닌 것은?

① 실험은 n개의 동일한 시행으로 이루어진다.
② 각 시행의 결과는 상호배타적인 두 사건으로 구분된다.
③ 성공할 확률 p는 매 시행마다 일정하다.
④ 각 시행은 서로 독립적이 아니라도 가능하다.

해설 이항분포는 독립적인 시행을 가정한다.

60

어느 백화점에서는 물품을 구입한 고객의 25%가 신용카드로 결제한다고 한다. 금일 40명의 고객이 이 매장에서 물건을 구입하였다면, 몇 명의 고객이 신용카드로 결제하였을 것이라 기대되는가?

① 5명 ② 8명
③ 10명 ④ 20명

해설 신용카드로 결제할 확률이 0.25이고 고객이 물건을 구입하는 시행은 각각 독립이다. 40명의 고객 중 신용카드로 결제하는 고객의 수를 X라고 하면 확률변수 X는 이항분포 $B(40, 0.25)$를 따른다. 따라서 기댓값은 $E(X) = 40 \times 0.25 = 10$명이다.

정답 56 ① 57 ① 58 ② 59 ④ 60 ③

61

성공확률이 0.5인 베르누이 시행을 독립적으로 10회 반복할 때, 성공이 1회 발생할 확률 A 와 성공이 9회 발생할 확률 B 사이의 관계는?

① $A < B$ ② $A = B$
③ $A > B$ ④ $A + B = 1$

해설 베르누이 시행에서 확률질량함수는 $_nC_x p^x (1-p)^{n-x}$ 이다.
$n=10$, $p=0.5$이므로
1회 성공할 확률 A는
$_{10}C_1 \left(\dfrac{1}{2}\right)\left(1-\dfrac{1}{2}\right)^{10-1} = {}_{10}C_1 \left(\dfrac{1}{2}\right)^{10}$,
9회 성공할 확률 B는
$_{10}C_9 \left(\dfrac{1}{2}\right)^9 \left(1-\dfrac{1}{2}\right)^{10-9} = {}_{10}C_9 \left(\dfrac{1}{2}\right)^{10} = {}_{10}C_1 \left(\dfrac{1}{2}\right)^{10}$ 이다.
따라서 $A = B$이다.

62

눈의 수가 3이 나타날 때까지 계속해서 공정한 주사위를 던지는 실험에서 주사위를 던진 횟수를 확률변수 X라고 할 때, X의 기댓값은?

① 3.5   ② 5
③ 5.5   ④ 6

해설 눈의 수가 3이 나올 때까지 주사위를 던졌고 이 실험의 결과는 (눈의 수가 3이다/아니다)로 상호배타적이기에 베르누이 시행을 실시한다. 눈의 수가 3이 나올 때(성공)까지 계속해서 주사위를 던지기에(실패를 거듭) 기하분포를 이용해야 한다.

이때 주사위의 1~6까지 눈이 나올 확률은 각각 $\dfrac{1}{6}$으로,

기하분포의 기댓값은 $\dfrac{1}{p}$이다.

따라서 해당 문제에서 X의 기댓값은 $\dfrac{1}{\frac{1}{6}} = 6$이다.

63

평균이 70이고 표준편차가 5인 정규분포를 따르는 집단에서 추출된 한 개체의 관찰값이 80이었다고 하자. 이 개체의 상대적 위치를 나타내는 표준화 점수는?

① 2   ② -2
③ 2.5   ④ 0.025

해설 표준화 공식은 $Z = \dfrac{X-\mu}{\sigma}$ 이다. 즉, $Z = \dfrac{80-70}{5} = 2$이다.

64

A 교양강좌 수강생 300명의 중간고사 성적을 채점한 결과 평균이 75점, 표준편차가 15점이었다. 중간고사에서 60점 이상 90점 이하의 성적을 받은 학생 수는 대략 몇 명이 되겠는가? (단, 중간고사 성적은 정규분포를 따르며, $Z \sim N(0,1)$일 때 $P(Z \geq 1) = 0.159$ 이다)

① 159명   ② 182명
③ 196명   ④ 205명

해설 $\mu = 75$, $\sigma = 15$이고

표준화 공식 $Z = \dfrac{X-\mu}{\sigma}$ 을 이용하면 다음과 같다.

$P(60 \leq X \leq 90) = P\left(\dfrac{60-75}{15} \leq \dfrac{X-75}{15} \leq \dfrac{90-75}{15}\right)$
$= P(-1 \leq Z \leq 1)$
$P(-1 \leq Z \leq 1) = 2[0.5 - P(Z \geq 1)] = 0.682$
따라서 60점 이상 90점 이하의 성적을 받은 학생 수는 총 수강생 300명×0.682=204.6명, 대략 205명이다.

65

정규분포에 관한 설명으로 옳은 것은?

① 정규분포는 비대칭분포이다.
② 평균(μ)과 표준편차(σ)의 2가지 모수를 갖고 있다.
③ 정규분포곡선의 곡선 아래 면적은 0.5이다.
④ 표준정규확률변수 Z는 -4에서 $+4$까지의 값을 갖는다.

해설 ① 정규분포는 평균 μ에 관해서 좌우대칭이다.
③ 정규분포곡선 아래 전체 면적은 항상 1이다.
④ 정규분포곡선은 x축과 맞닿지 않으므로 확률변수가 취할 수 있는 값의 범위는 $-\infty < X < \infty$이다. 따라서 표준정규확률변수 Z 역시 $-\infty < Z < \infty$의 값을 갖는다.

66

공정한 동전 두 개를 던지는 시행을 1,200회 하여 두 개 모두 뒷면이 나온 횟수를 X라고 할 때, $P(285 \leq X \leq 315)$의 값을 구하면?
(단, $Z \sim N(0,1)$일 때, $P(Z<1) = 0.84$)

① 0.35
② 0.68
③ 0.95
④ 0.99

해설 동전 두 개 모두 뒷면이 나올 확률은
$$P(X) = \frac{1}{2} \times \frac{1}{2} = \frac{1}{4}$$ 이므로 X는 $B\left(1200, \frac{1}{4}\right)$를 따른다.

기댓값은 $np = 1200\left(\frac{1}{4}\right) = 300$,

분산은 $np(1-p) = 1200\left(\frac{1}{4}\right)\left(\frac{3}{4}\right) = 225$,

표준편차는 $\sqrt{225} = 15$이다.
이때 n이 충분히 크므로 이항분포는 정규분포에 근사한다.

표준화 공식 $Z = \frac{X-\mu}{\sigma}$에 의해 다음과 같이 구할 수 있다.

$P(285 \leq X \leq 315)$
$= P\left(\frac{285-300}{15} \leq \frac{X-\mu}{\sigma} \leq \frac{315-300}{15}\right)$
$= P(-1 \leq Z \leq 1)$
$P(-1 \leq Z \leq 1)$
$= 2P(0 \leq Z \leq 1) = 2[P(Z \leq 1) - 0.5] = 0.68$

67

X는 정규분포를 따르는 확률변수이다.
$P(X < -1) = 0.16$, $P(X < -0.5) = 0.31$,
$P(X < 0) = 0.5$일 때, $P(0.5 < X < 1)$의 값은?

① 0.235
② 0.15
③ 0.19
④ 0.335

해설 $P(0.5 < X < 1) = P(X<1) - P(X<0.5)$
$= [1 - P(X>1)] - [1 - P(X>0.5)]$
$= [1 - P(X<-1)] - [1 - P(X<-0.5)]$
$= (1 - 0.16) - (1 - 0.31)$
$= 0.84 - 0.69 = 0.15$

68

K고교에서 3학년 학생 300명 중에서 상위 30명의 학생으로 우수반을 편성하고자 한다. 우수반 선정은 모의 수능점수만을 선발기준으로 하였다. 300명의 모의 수능점수는 평균이 320점이고, 표준편차가 10점인 정규분포에 따른다고 한다. 우수반에 들어가려면 모의 수능점수가 최소 몇 점 이상 되어야 하는가? (단, $P(Z>1.28) = 0.1$)

① 330점 이상
② 333점 이상
③ 335점 이상
④ 339점 이상

해설 300명 중 상위 30명의 학생만 우수반에 들어갈 수 있으므로
그 확률은 $\frac{30}{300} = 0.1$이고 이때 최소 점수를 x라고 하면
$P(X>x) = 0.1$, $\mu = 320$, $\sigma = 10$이므로 표준화 공식에 의해
$P\left(\frac{X-\mu}{\sigma} > \frac{x-320}{10}\right) = P\left(Z > \frac{x-320}{10}\right) = 0.1$이다.

주어진 조건에서 $P(Z>1.28) = 0.1$이므로 $\frac{x-320}{10} = 1.28$
이다. 따라서 $x = 332.8$이므로 최소 333점 이상 되어야 한다.

69

확률변수 X가 정규분포 $N(\mu, \sigma^2)$을 따를 때, 다음 설명 중 틀린 것은?

① X의 확률분포는 좌우대칭인 종모양이다.
② $Z = (X - \mu)/\sigma$라 두면 Z의 분포는 $N(0,1)$이다.
③ X의 평균, 중위수는 일치하므로 X의 분포의 비대칭도는 0이다.
④ X의 관측값이 $\mu - \sigma$와 $\mu + \sigma$ 사이에 나타날 확률은 약 95%이다.

해설 X의 관측값이 $\mu - \sigma$와 $\mu + \sigma$ 사이에 나타날 확률은 약 68%, $\mu - 2\sigma$와 $\mu + 2\sigma$ 사이에 나타날 확률은 약 95%, $\mu - 3\sigma$와 $\mu + 3\sigma$ 사이에 나타날 확률은 약 99%이다.

70

어떤 시험에서 학생들의 점수는 평균이 75점, 표준편차가 15점인 정규분포를 따른다고 한다. 상위 10%의 학생에게 A학점을 준다고 했을 때, 다음 중 A학점을 받을 수 있는 최소 점수는? (단, $P(0 < Z < 1.28) = 0.4$)

① 89
② 93
③ 95
④ 97

해설 $\mu = 75$, $\sigma = 15$이고 A학점을 받을 수 있는 최소 점수를 x라고 하면 다음과 같이 식을 세울 수 있다.
$P(X \geq x) = 0.1$
표준화 공식 $Z = \dfrac{X - \mu}{\sigma}$에 의해
$P\left(\dfrac{X - \mu}{\sigma} \geq \dfrac{x - 75}{15}\right) = P\left(Z \geq \dfrac{x - 75}{15}\right) = 0.1$이다.
주어진 조건을 이용하면
$P(Z \geq 1.28) = 0.5 - P(0 < Z < 1.28) = 0.5 - 0.4 = 0.1$
이므로 $\dfrac{x - 75}{15} = 1.28$, $x = 94.2$이다.
따라서 94.2 이상의 점수를 받아야 한다.

71

어느 제약회사에서 생산하고 있는 진통제는 복용 후 진통효과가 나타날 때까지 걸리는 시간이 평균 30분, 표준편차 8분인 정규분포를 따른다고 한다. 임의로 추출한 100명의 환자에게 진통제를 복용시킬 때, 복용 후 40분에서 44분 사이에 진통효과가 나타나는 환자의 수는? (단, 다음 표준정규분포표를 이용하시오)

z	$P(0 \leq Z \leq z)$
0.75	0.27
1.00	0.34
1.25	0.39
1.50	0.43
1.75	0.46

① 4
② 5
③ 7
④ 10

해설 $\mu = 30$, $\sigma = 8$이고
표준화 공식 $Z = \dfrac{X - \mu}{\sigma}$을 이용하면 다음과 같다.
$P(40 < X < 44) = P\left(\dfrac{40 - 30}{8} < \dfrac{X - \mu}{\sigma} < \dfrac{44 - 30}{8}\right)$
$= P(1.25 < Z < 1.75)$
$P(1.25 < Z < 1.75) = P(0 < Z < 1.75) - P(0 < Z < 1.25)$이므로 $0.46 - 0.39 = 0.07$이다.
따라서 40분에서 44분 사이에 진통효과가 나타나는 환자의 수는 $100 \times 0.07 = 7$명이다.

72

X는 정규분포를 따르는 확률변수이다. $P(X < 10) = 0.5$, $P(X < 9) = 0.16$, $P(X < 8) = 0.025$일 때, X의 기댓값은?

① 8
② 8.5
③ 9.5
④ 10

해설 분포의 평균과 표준편차가 어떠한 값을 가지더라도 정규곡선과 X축 사이의 전체 면적은 1이다. 정규분포곡선은 평균을 중심으로 대칭이고 주어진 조건에서 $P(X < 10) = 0.5$이므로 평균이 10임을 알 수 있다. 따라서 X의 기댓값은 10이다.

73

사회조사분석사 시험 응시생 500명의 통계학 성적의 평균점수는 70점이고, 표준편차는 10점이라고 한다. 통계학 성적이 정규분포를 따른다고 할 때, 성적이 50점에서 90점 사이인 응시자는 약 몇 명인가? (단, $P(Z<2)=0.9772$)

① 498명　　② 477명
③ 378명　　④ 250명

해설　$\mu=70$, $\sigma=10$이고
표준화 공식 $Z=\dfrac{X-\mu}{\sigma}$ 을 이용하면 다음과 같다.

$$P(50<X<90)=P\left(\dfrac{50-70}{10}<\dfrac{X-\mu}{\sigma}<\dfrac{90-70}{10}\right)$$
$$=P(-2<Z<2)$$
$$P(-2<Z<2)=2P(0<Z<2)$$
$$=2\times(0.9772-0.5)$$
$$=0.9544$$

따라서 성적이 50점에서 90점 사이인 응시자는
500명 × 0.9544 = 477.2로 약 477명이다.

74

정규분포의 일반적인 성질이 아닌 것은?

① 정규분포는 평균에 대하여 대칭이다.
② 평균과 표준편차가 같은 두 개의 다른 정규분포가 존재할 수 있다.
③ 정규분포에서 평균, 중위수, 최빈수는 모두 같다.
④ 밀도함수 곡선은 수평에서부터 어느 방향으로든지 수평축에 닿지 않는다.

해설　평균(μ)과 표준편차(σ)에 의해 그 위치와 모양이 결정된다. 정규분포의 평균은 분포의 위치를 나타내며, 표준편차는 분포의 모양을 나타낸다. 따라서 평균과 표준편차가 같은 두 개의 다른 정규분포가 존재할 수 없다.

75

어떤 시험에 응시한 응시자들이 시험 문제를 모두 푸는 데 걸리는 시간은 평균 60분, 표준편차 10분인 정규분포를 따른다고 한다. 이 시험의 시험시간을 50분으로 정한다면 시험에 응시한 1,000명 중 시간 내에 문제를 모두 푸는 학생은 몇 명이 되겠는가? (단, $P(Z<1)=0.8413$)

① 156명　　② 158명
③ 160명　　④ 162명

해설　$\mu=60$, $\sigma=10$이고
표준화 공식 $Z=\dfrac{X-\mu}{\sigma}$ 을 이용하면 다음과 같다.

$$P(X<50)=P\left(\dfrac{X-\mu}{\sigma}<\dfrac{50-60}{10}\right)=P(Z<-1)$$
$$P(Z<-1)=P(Z>1)=1-P(Z<1)$$
$$=1-0.8413=0.1587$$

즉, 50분 이내에 문제를 모두 풀 확률은 0.1587이므로 응시생 1,000명 중 50분 이내에 문제를 모두 푸는 학생은 1000 × 0.1587 = 158.7, 약 158명이다.

76

공정한 주사위를 20번 던지는 실험에서 1의 눈을 관찰한 횟수를 확률변수 X라 하자. 정규근사를 이용하여 $P(X\geq 4)$의 근사값을 구하려 한다. 다음 중 연속성 수정을 고려한 근사식으로 옳은 것은? (단, Z는 표준정규분포를 따르는 확률변수)

① $P(Z\geq 0.1)$　　② $P(Z\geq 0.4)$
③ $P(Z\geq 0.7)$　　④ $P(Z\geq 1)$

해설　주사위의 1이 나올 확률이 $\dfrac{1}{6}$이고 주사위를 던지는 실험은 각각 독립이다. 20번 던졌을 때 1이 나오는 횟수를 X라고 하면 확률변수 X는 이항분포 $B\left(20,\dfrac{1}{6}\right)$을 따른다. 기댓값은 $np≒3.33$, 분산은 $np(1-p)≒2.78$, 표준편차는 $\sqrt{2.78}$이고 정규근사를 이용하여 연속성 수정을 고려하므로 X가 4 이상일 확률이 아니라 $4-0.5$ 이상일 확률을 구한다.

$$P(X\geq 4)\approx P(X\geq 4-0.5)=P\left(Z\geq\dfrac{3.5-3.33}{\sqrt{2.78}}\right)$$
$$=P(Z\geq 0.1)$$

정답　73 ②　74 ②　75 ②　76 ①

77

정규분포에 관한 설명으로 옳은 것은?

① 모든 연속형의 확률변수는 정규분포를 따른다.
② 정규분포를 따르는 변수는 평균이 0이고 분산이 1이다.
③ 이항분포를 따르는 변수는 언제나 정규분포를 통해 확률값을 구할 수 있다.
④ 정규분포를 따르는 변수는 평균, 중위수, 최빈값이 모두 같다.

해설 ① 정규분포는 연속확률분포 중 가장 많이 사용되는 대표적인 분포인 것은 맞지만, 모든 연속성의 확률변수가 정규분포를 따르는 것은 아니다.
② 표준정규분포를 따르는 변수가 평균이 0이고 분산이 1이다.
③ 이항분포의 시행횟수가 많아지면 이항분포는 정규분포와 모양이 유사해진다. 즉, 시행횟수가 n이고 성공확률이 p인 이항분포는 $np \geq 5$ 또는 $n(1-p) \geq 5$일 경우 평균이 np이고 분산이 $np(1-p)$인 정규분포와 비슷한 모양이 된다.

78

어떤 대학 사회학과 학생들의 통계학 성적분포가 근사적으로 $N(70, 10^2)$을 따른다고 한다. 50점 이하인 학생에게 F학점을 준다고 할 때 F학점을 받게 될 학생들의 비율을 구할 수 있는 것은?

① $P(Z \leq -1)$
② $P(Z \leq 1)$
③ $P(Z \leq -2)$
④ $P(Z \leq 2)$

해설 $\mu = 70$, $\sigma = 10$이고
표준화 공식 $Z = \dfrac{X-\mu}{\sigma}$을 이용하면 다음과 같다.
$P(X \leq 50) = P\left(\dfrac{X-\mu}{\sigma} \leq \dfrac{50-70}{10}\right) = P(Z \leq -2)$

79

정규분포에 관한 설명으로 틀린 것은?

① 종모양의 좌우대칭인 분포이다.
② 평균, 중위수, 범위는 모두 같다.
③ 분포곡선 아래의 전체 면적은 항상 1이다.
④ 표준편차의 값이 작을수록 평균 근처의 확률이 커지고, 표준편차의 값이 커짐에 따라 분포곡선은 가로축에 가깝게 평평해진다.

해설 정규분포는 평균, 중위수, 최빈수가 같다.

80

모집단의 확률분포가 정규분포를 따른다고 한다. 이 모집단의 확률분포에 대한 설명으로 틀린 것은?

① 모집단의 확률분포는 모평균에 대해 대칭인 분포이다.
② 모집단의 확률분포는 모평균과 모분산에 의해서 완전히 결정된다.
③ 이 모집단으로부터 표본을 취할 때 표본의 관측값이 모평균으로부터 표준편차의 2배 거리 이내의 범위에서 관측될 확률은 약 95%이다.
④ 분산이 클수록 모집단의 확률분포는 꼬리부분이 얇고 길게 된다.

해설 분산이 클수록 정규분포곡선이 양옆으로 퍼지는 모양이며 꼬리부분이 두꺼워진다.

81

확률변수 X의 분포가 자유도가 각각 a와 b인 $F_{(a,b)}$를 따른다면 확률변수 $Y = \dfrac{1}{X}$의 분포는?

① $F_{(a,b)}$
② $F_{(1/a,\, 1/b)}$
③ $F_{(b,a)}$
④ $F_{(1/b,\, 1/a)}$

해설 확률변수 X가 $F_{(a,b)}$을 따를 때 $\dfrac{1}{X}$의 분포는 $F_{(b,a)}$를 따른다.

82

평균이 μ이고, 표준편차가 σ인 모집단으로부터 크기가 n인 확률표본을 취할 때, 표본평균의 분포에 대한 설명으로 옳은 것은?

① 표본의 크기가 커짐에 따라 점근적으로 평균이 μ이고 표준편차가 $\sigma/\sqrt{n}$인 정규분포를 따른다.
② 표본의 크기가 커짐에 따라 점근적으로 평균이 μ이고 표준편차가 σ/n인 정규분포를 따른다.
③ 모집단의 확률분포와 동일한 분포를 따르되, 평균은 μ이고 표준편차는 $\sigma/\sqrt{n}$이다.
④ 모집단의 확률분포와 동일한 분포를 따르되, 평균은 μ이고 표준편차는 σ/n이다.

해설 모집단의 분포가 정규분포가 아닐 경우 표본평균 $\overline{x}$가 정규분포를 따른다고 할 수 없다. 그러나 표본의 크기가 충분히 클 때는 중심극한정리에 의해 표본평균 $\overline{x}$의 분포는 정규분포로 볼 수 있으며 $N(\mu, \sigma^2)$를 따르는 모집단에서 크기 n인 표본의 표본평균 $\overline{x}$는 정규분포 $N\!\left(\mu, \dfrac{\sigma^2}{n}\right)$을 따른다.

83

어느 포장기계를 이용하여 생산한 제품의 무게는 평균이 240g, 표준편차는 8g인 정규분포를 따른다고 한다. 이 기계에서 생산한 제품 25개의 평균 무게가 242g 이하인 확률은? (단, Z는 표준정규분포를 따르는 확률변수이다)

① $P(Z \geq 1)$
② $P\!\left(Z \leq \dfrac{5}{4}\right)$
③ $P\!\left(Z \leq \dfrac{3}{2}\right)$
④ $P(Z \leq 2)$

해설 모집단의 분포가 정규분포 $N(\mu, \sigma^2)$을 따를 때, 표본평균의 분포는 정규분포 $N\!\left(\mu, \dfrac{\sigma^2}{n}\right)$을 따른다.
주어진 모집단은 정규분포를 따르므로
표본평균은 정규분포 $N\!\left(240, \dfrac{8^2}{25}\right)$를 따르며
표준화 공식에 의해
$$P(\overline{X} \leq 242) = P\!\left(\dfrac{\overline{X}-\mu}{\sigma/\sqrt{n}} \leq \dfrac{242-240}{8/\sqrt{25}}\right) = P\!\left(Z \leq \dfrac{5}{4}\right)$$
이다.

84

정규분포 $N(\mu, 4\sigma^2)$을 따르는 모집단으로부터 크기가 $2n$인 임의표본을 추출한 경우 표본평균의 확률분포는?

① $N(\mu, \sigma^2)$
② $N\!\left(\mu, \dfrac{\sigma^2}{n}\right)$
③ $N\!\left(\mu, \dfrac{2\sigma^2}{n}\right)$
④ $N\!\left(\mu, \dfrac{4\sigma^2}{n}\right)$

해설 모집단의 분포가 정규분포 $N(\mu, \sigma^2)$을 따를 때, 표본평균의 분포도 정규분포를 따르며 이때 평균은 모집단의 평균과 같고 분산은 모집단의 분산을 표본의 수로 나눈 값이다.
따라서 $N\!\left(\mu, \dfrac{4\sigma^2}{2n}\right) = N\!\left(\mu, \dfrac{2\sigma^2}{n}\right)$을 따른다.

정답 81 ③ 82 ① 83 ② 84 ③

85

모평균이 100, 모표준편차가 20인 무한모집단으로부터 크기 100인 임의표본을 취할 때, 표본평균 $\overline{X}$의 평균과 표준편차는?

① 평균 = 100, 표준편차 = 2
② 평균 = 1, 표준편차 = 2
③ 평균 = 100, 표준편차 = 0.2
④ 평균 = 1, 표준편차 = 0.2

해설 모집단의 분포가 정규분포 $N(\mu, \sigma^2)$을 따를 때,
표본평균의 분포는 정규분포 $N\left(\mu, \dfrac{\sigma^2}{n}\right)$을 따른다.
즉, 표본평균은 $N\left(100, \dfrac{20^2}{100}\right) = N(100, 4)$을 따르므로 평균은 100, 표준편차는 $\sqrt{4} = 2$이다.

86

다음 설명 중 틀린 것은?

① 표본평균의 분포는 항상 정규분포를 따른다.
② 모집단의 평균이 μ라고 할 때, 표본평균의 기댓값은 μ이다.
③ 모집단의 표준편차가 σ일 때, 크기가 n인 표본에서 표본평균의 표준편차는 복원추출인 경우 $\sigma/\sqrt{n}$이다.
④ 추정량의 표준편차를 표준오차라 부른다.

해설 모집단의 분포가 정규분포가 아닐 경우 표본평균 $\overline{x}$가 정규분포를 따른다고 할 수 없다. 그러나 표본의 크기가 충분히 클 때는 중심극한정리에 의해 표본평균 $\overline{x}$의 분포는 정규분포로 볼 수 있다.

87

A 회사에서 개발하여 판매하고 있는 신형 PC의 수명은 평균이 5년이고 표준편차가 0.6년인 정규분포를 따른다고 한다. A 회사의 신형 PC 중 9대를 임의로 추출하여 수명을 측정하였다. 평균수명이 4.6년 이하일 확률은?
(단, $P(|Z|>2) = 0.046$, $P(|Z|>1.96) = 0.05$, $P(|Z|>2.58) = 0.01$)

① 0.01
② 0.023
③ 0.02
④ 0.048

해설 모집단의 분포가 정규분포 $N(\mu, \sigma^2)$을 따를 때,
표본평균의 분포는 정규분포 $N\left(\mu, \dfrac{\sigma^2}{n}\right)$을 따른다.
주어진 모집단은 정규분포를 따르므로
표본평균은 정규분포 $N\left(5, \dfrac{0.6^2}{9}\right)$을 따른다.
표준화 공식에 의해 평균수명이 4.6년 이하일 확률을 구하면 다음과 같다.
$$P(\overline{X} \leq 4.6) = P\left(\dfrac{\overline{X}-\mu}{\sigma/\sqrt{n}} \leq \dfrac{4.6-5}{0.6/\sqrt{9}}\right) = P(Z \leq -2)$$
$$\therefore P(Z \leq -2) = \dfrac{1}{2}P(|Z|>2) = \dfrac{1}{2} \times 0.046 = 0.023$$

88

모평균이 μ이고 모분산이 σ^2이며 크기 N인 모집단에서 n개의 표본을 비복원으로 추출할 때, 표본평균 $\overline{X}$의 분산은?

① $\dfrac{N-1}{N-n} \times \sigma^2$
② $\dfrac{N-n}{N-1} \times \sigma^2$
③ $\dfrac{N-1}{N-n} \times \dfrac{\sigma^2}{n}$
④ $\dfrac{N-n}{N-1} \times \dfrac{\sigma^2}{n}$

해설 유한모집단에서 비복원추출에 의한 표본평균 분포의
평균 = $E(\overline{X}) = \mu$이고,
분산 = $Var(\overline{X}) = \dfrac{N-n}{N-1} \times \dfrac{\sigma^2}{n}$이다.

89

정규분포 $N(12, 2^2)$를 따르는 확률변수 X로부터 크기 n개의 표본을 뽑았다. 표본평균이 10과 14 사이에 있을 확률이 0.9975라면 몇 개의 표본을 뽑은 것인가?
(단, $P(|Z|<3)=0.9975$, $P(Z<3)=0.9987$)

① 36
② 25
③ 16
④ 9

해설 모집단의 분포가 정규분포 $N(\mu, \sigma^2)$을 따를 때, 표본평균의 분포는 정규분포 $N\left(\mu, \dfrac{\sigma^2}{n}\right)$을 따른다.

따라서 문제에서 추출한 표본은 정규분포 $N\left(12, \dfrac{2^2}{n}\right)$을 따른다.
표본평균이 10과 14 사이에 있을 확률은 다음과 같다.
$$P(10<\overline{X}<14)=P\left(\dfrac{10-12}{2/\sqrt{n}}<\dfrac{\overline{X}-\mu}{\sigma/\sqrt{n}}<\dfrac{14-12}{2/\sqrt{n}}\right)$$
$$=P(-\sqrt{n}<Z<\sqrt{n})$$
$P(-\sqrt{n}<Z<\sqrt{n})=P(|Z|<\sqrt{n})$이고
이 확률이 0.9975이므로 주어진 조건을 이용하면 $\sqrt{n}=3$이다.
따라서 추출하는 표본의 크기는 $n=9$이다.

90

중심극한정리(Central Limit Theorem)는 어느 분포에 관한 것인가?

① 모집단
② 표 본
③ 모집단의 평균
④ 표본의 평균

해설 모집단의 분포가 정규분포가 아닐 경우 표본평균 $\overline{x}$가 정규분포를 따른다고 할 수 없지만 표본의 크기가 충분히 클 때는 표본평균 $\overline{x}$의 분포는 정규분포로 볼 수 있다는 이론이 중심극한정리이다.

91

표본분포에 관한 설명으로 틀린 것은?

① 단순랜덤복원추출로 뽑은 표본 $X_1, X_2, \cdots, X_n$ 사이에는 아무런 확률적 관계가 없다. 즉, $X_1, X_2, \cdots, X_n$은 서로 독립이다.
② 단순랜덤복원추출로 뽑은 표본을 $X_1, X_2, \cdots, X_n$이라고 할 때 각각의 분포는 모집단의 분포와 같다.
③ 표본의 크기가 충분히 큰 경우 표본의 평균인 $\overline{X} = \sum_{i=1}^{n} X_i / n$의 분포는 정규분포에 근사한다.
④ 모집단의 크기와 상관없이 랜덤표본 $X_1, X_2, \cdots, X_n$의 성질은 단순랜덤복원추출에 의한 표본의 성질과 전혀 관계가 없다.

해설 랜덤표본 $X_1, X_2, \cdots, X_n$의 성질은 모집단의 크기와 성질에 의존한다.

92

평균이 10이고, 분산이 4인 정규분포를 따르는 모집단에서 임의로 크기가 4인 표본을 뽑았다. 이때 표본평균의 기댓값은?

① 1
② 2
③ 4
④ 10

해설 정규분포를 따르는 모집단의 평균이 μ라고 할 때 표본평균의 기댓값은 μ이다. 즉 모집단의 평균이 10이므로 표본평균의 기댓값도 10이다.

93

모평균과 모분산이 각각 μ, σ^2인 무한모집단으로부터 추출한 크기 n의 랜덤표본에 근거한 표본평균 $\overline{X_n}$의 확률분포에 대한 설명에서 틀린 것은?

① 표본평균 $\overline{X_n}$의 기댓값은 표본의 크기 n에 관계없이 항상 모평균 μ와 같으나 표본평균 $\overline{X_n}$의 표준편차는 표본의 크기 n이 커짐에 따라 점점 작아져 0으로 가까이 가게 된다.
② 모집단의 확률분포가 정규분포이면 표본평균 $\overline{X_n}$ 역시 정규분포를 따른다.
③ 모집단의 분포가 무엇이든 관계없이 표본평균 $\overline{X_n}$의 확률분포는 표본의 크기가 커짐에 따라 근사적으로 평균이 μ이고 분산이 σ^2/n인 정규분포를 따른다.
④ 모집단의 확률분포가 좌우비대칭인 분포이면 표본평균 $\overline{X_n}$의 확률분포는 정규분포를 따르지 않는다.

해설 모집단의 분포가 정규분포가 아닐 경우 표본평균 $\overline{x}$가 정규분포를 따른다고 할 수 없다. 그러나 표본의 크기가 충분히 클 때는 중심극한정리에 의해 표본평균 $\overline{x}$의 분포는 정규분포로 볼 수 있다.

94

표준정규분포를 따르는 확률변수의 제곱은 어떤 분포를 따르는가?

① 정규분포
② t - 분포
③ F - 분포
④ 카이제곱분포

해설 표준정규분포를 따르는 확률변수 $Z \sim N(0, 1)$의 제곱인 Z^2은 자유도가 1인 카이제곱(χ^2)분포를 따른다.

95

어느 고등학교 1학년생 280명에 대한 국어성적의 평균이 82점, 표준편차가 8점이었다. 66점부터 98점 사이에 포함된 학생들은 몇 명 이상인가?

① 211명
② 230명
③ 240명
④ 220명

해설 최소한 몇 명 이상인지 묻고 있지 않기 때문에 체비셰프 부등식을 이용한다. 66점부터 98점 사이에 포함된 학생의 수를 X라고 할 때 다음과 같다.

$$P(|X-\mu| \le k\sigma) = P(-k\sigma \le X-\mu \le k\sigma) \ge 1 - \frac{1}{k^2}$$

$\mu = 82$, $\sigma = 8$을 대입하면
$P(-8k \le X - 82 \le 8k)$
$= P(-8k+82 \le X \le 8k+82) \ge 1 - \frac{1}{k^2}$
$-8k+82 = 66$, $8k+82 = 98$이므로 $k = 2$이다.
$P(66 \le X \le 98) \ge 1 - \frac{1}{2^2} = \frac{3}{4}$,

280명$\times \frac{3}{4} =$ 210명이므로 211명 이상이다.

96

모평균이 10이고 모분산이 4인 모집단으로부터 100개의 표본을 추출하였을 때 표본평균을 $\overline{X}$라 하면 $P(\overline{X} < 10.33)$은?
(단, $Z \sim N(0, 1)$일 때, $P(Z > 1.96) = 0.025$,
$P(Z > 1.65) = 0.05$, $P(Z > 8.25) = 0$,
$P(Z > 0.825) = 0.205$이다)

① 0.795
② 0.95
③ 0.975
④ 1

해설 모집단의 분포가 정규분포 $N(\mu, \sigma^2)$을 따를 때,
표본평균의 분포는 정규분포 $N\left(\mu, \frac{\sigma^2}{n}\right)$을 따른다.
주어진 모집단은 정규분포를 따르므로
표본평균은 정규분포 $N\left(10, \frac{4}{100}\right)$를 따르며
표준화 공식에 의해
$P(\overline{X} < 10.33) = P\left(\frac{\overline{X} - \mu}{\sigma/\sqrt{n}} < \frac{10.33 - 10}{2/\sqrt{100}}\right) = P(Z < 1.65)$이
므로 주어진 조건을 이용하면
$P(Z < 1.65) = 1 - P(Z > 1.65) = 1 - 0.05 = 0.95$이다.

97

어느 공장에서 일주일 동안 생산되는 제품의 수 X는 평균이 50, 분산이 15인 확률분포를 따른다. 이 공장의 일주일 동안의 생산량이 45개에서 55개 사이일 확률의 하한을 구하면?

① $\frac{1}{5}$
② $\frac{2}{5}$
③ $\frac{3}{5}$
④ $\frac{4}{5}$

해설 체비세프 부등식은 하한을 제시해 준다.
$\mu = 50$, $\sigma = \sqrt{15}$ 이므로
$P(|X-\mu| \leq k\sigma) = P(|X-50| \leq k\sqrt{15})$
$= P(-k\sqrt{15} \leq X-50 \leq k\sqrt{15}) \geq 1 - \frac{1}{k^2}$

$P(-k\sqrt{15} \leq X-50 \leq k\sqrt{15})$
$= P(-k\sqrt{15}+50 \leq X \leq k\sqrt{15}+50) \geq 1 - \frac{1}{k^2}$

$-k\sqrt{15}+50 = 45$, $k\sqrt{15}+50 = 55$ 이므로 $k = \frac{5}{\sqrt{15}}$ 이다.

$P(45 \leq X \leq 55) \geq 1 - \frac{1}{k^2} = 1 - \frac{1}{\left(\frac{5}{\sqrt{15}}\right)^2} = \frac{2}{5}$

따라서 45개에서 55개 사이일 확률의 하한은 $\frac{2}{5}$ 이다.

98

초기하분포와 이항분포에 대한 설명으로 틀린 것은?

① 초기하분포는 유한모집단으로부터의 복원추출을 전제로 한다.
② 이항분포는 베르누이 시행을 전제로 한다.
③ 초기하분포는 모집단의 크기가 충분히 큰 경우 이항분포로 근사될 수 있다.
④ 이항분포는 적절한 조건하에서 정규분포로 근사될 수 있다.

해설 초기하분포는 비복원추출 또는 모집단의 크기가 작은 경우가 전제된다.

99

대학생 흡연율이 40%라고 한다. 표본으로 조사된 600명의 학생 중 204명이 흡연을 한다고 대답하였다. 표본비율의 분포에서 관측된 표본비율보다 작을 확률은 얼마인가?
(단, $P(Z < 3) = 0.9987$)

① 0.0031
② 0.0023
③ 0.0019
④ 0.0013

해설 표본크기가 600명이므로 표본비율의 표본분포는 근사적으로 정규분포를 이룬다.
표본비율의 평균은 $p = 0.4$ 이고
표준오차는 $\sqrt{\frac{p(1-p)}{n}} = \sqrt{\frac{0.4 \times 0.6}{600}} = 0.02$ 가 된다.

표본으로부터 관측된 표본비율값 $\hat{p} = \frac{204}{600} = 0.34$ 이며

$Z = \frac{\hat{p}-p}{\sqrt{\frac{p(1-p)}{n}}} = -3$ 이다.

따라서 $P(\hat{p} < 0.34) = P(Z < -3) = P(Z > 3) = 1 - P(Z < 3)$
$= 1 - 0.9987 = 0.0013$ 이다.

100

정규모집단 $N(\mu, \sigma^2)$으로부터 추출한 크기 n의 임의표본 $X_1, X_2, \cdots, X_n$에 근거한 표본분포에 대한 설명으로 틀린 것은? (단, $\overline{X}$는 표본평균, s^2은 불편분산이다)

① $\overline{X}$와 s^2은 확률적으로 독립이다.
② $\overline{X}$는 정규분포를 따르며 평균은 μ이고, 분산은 $\frac{\sigma^2}{n}$ 이다.
③ $(n-1)s^2$은 자유도가 $n-1$인 카이제곱분포를 따른다.
④ 스튜던트화된 확률변수 $\frac{\overline{X}-\mu}{s/\sqrt{n}}$는 자유도가 $n-1$인 t-분포를 따른다.

해설 $\frac{(n-1)s^2}{\sigma^2}$은 자유도가 $n-1$인 카이제곱분포를 따른다.

정답 97 ② 98 ① 99 ④ 100 ③

PART 03 통계분석과 활용
CHAPTER 02 기술통계분석

1 추정·가설검정

01 추정의 의의

(1) 통계적 추정
표본의 특성을 나타내는 수치인 통계량을 기초로 하여 모집단의 특성인 모수를 추측하는 통계적 분석방법을 말한다.

(2) 통계적 추정의 종류
① 점추정
모수를 단일치로 추측하는 방법으로, 그 신뢰도를 나타낼 수 없다는 단점이 있다.
② 구간추정
모수를 포함한다고 추측되는 구간을 구하는 방법이다. 구간추정은 모수의 추정치와 신뢰도를 함께 구할 수 있다.

02 바람직한 통계적 추정량의 결정기준

기출 15년 1,3회, 16년 1,2회, 17년 1,3회, 18년 1회, 19년 1,2회, 20년 1·2,4회, 21년 1,2,3회, 24년, 25년

(1) 불편성(Unbiasedness)
추정량의 기대치가 추정할 모수의 실제값과 같을 때, 이 추정량은 불편성을 가졌다고 한다. 모수 θ의 추정량을 $\hat{\theta}$으로 나타내면 $\hat{\theta}$의 기댓값이 θ가 되는 성질이다. 즉, $E(\hat{\theta}) = \theta$이면 $\hat{\theta}$을 불편추정량이라 한다.

(2) 효율성(유효성, Efficiency)
추정량 $\hat{\theta}$이 불편추정량이고, 그 분산이 다른 추정량 $\hat{\theta_i}$에 비해 최소의 분산을 갖는 성질이다. 즉, $Var(\hat{\theta_1}) \geq Var(\hat{\theta_2})$일 때 $\hat{\theta_2}$가 $\hat{\theta_1}$보다 효율성(유효성)이 크다고 한다.

심화체크
불편성이란 편의가 없는 것이다. 즉, $E(\hat{\theta}) \neq \theta$일 때 $\hat{\theta}$를 편의추정량이라고도 한다.

시험에 이렇게 나왔다
[16년 1회]
추정하고자 하는 모수와 추정량의 기댓값과의 차이를 편의라고 한다.

(3) 일치성(Consistency)

표본의 크기(n)가 커짐에 따라 추정량 $\hat{\theta}$이 확률적으로 모수 θ에 가깝게 수렴하는 성질이다. 즉, $\lim_{n \to \infty} P(|\hat{\theta} - \theta| < \epsilon) = 1$이다.

(4) 충분성(Sufficiency)

모수에 대하여 가능한 한 많은 표본정보를 내포하고 있는 추정량의 성질이다.

> **플러스원**
>
> 모평균과 모분산이 각각 μ, σ^2인 모집단으로부터 크기 2인 확률표본 X_1, X_2를 추출하고 이에 근거하여 모평균 μ를 추정하고자 한다. 모평균 μ의 추정량으로 다음의 두 추정량 $\hat{\theta}_1 = \dfrac{X_1 + X_2}{2}$, $\hat{\theta}_2 = \dfrac{2X_1 + X_2}{3}$ 을 고려할 때, 일반적으로 $\hat{\theta}_2$보다 $\hat{\theta}_1$이 선호되는 이유는?
>
> 기출 16년 1회
>
> → $Var(\hat{\theta}_1) = Var\left(\dfrac{X_1 + X_2}{2}\right) = \dfrac{1}{2^2}(Var(X_1) + Var(X_2)) = \dfrac{1}{4} \times 2\sigma^2 = \dfrac{\sigma^2}{2}$
>
> $Var(\hat{\theta}_2) = Var\left(\dfrac{2X_1 + X_2}{3}\right) = \dfrac{2^2}{3^2} Var(X_1) + \dfrac{1}{3^2} Var(X_2) = \dfrac{4}{9} \times \sigma^2 + \dfrac{1}{9}\sigma^2 = \dfrac{5\sigma^2}{9}$
>
> 따라서 $Var(\hat{\theta}_1) < Var(\hat{\theta}_2)$이므로 추정량 $\hat{\theta}_1$이 유효성이 크기 때문에 $\hat{\theta}_2$보다 더 선호된다.

> **시험에 이렇게 나왔다**
>
> [20년 1·2회]
>
> **Q** 추정량이 가져야 할 바람직한 성질이 아닌 것은?
>
> ① 편의성 ② 효율성
> ③ 일치성 ④ 충분성
>
> **A** ①

03 점추정과 표준오차

(1) 점추정의 개념

① 모집단으로부터 추출된 표본을 이용하여 하나의 수치로 모수를 추정하는 것을 말한다.
② 모수를 단일치로 추측하는 방법이다.
③ 신뢰도를 나타낼 수 없다는 단점이 있다.

(2) 표준오차(Standard Error)

기출 16년 3회, 17년 3회, 19년 1,3회, 20년 1·2,4회, 21년 3회, 22년 1,2회

> $\dfrac{\sigma}{\sqrt{n}}$ (n은 표본의 크기, σ는 모집단의 표준편차)
>
> σ를 알 수 없는 경우 σ 대신 표본표준편차인 $S = \sqrt{\sum(X_i - \overline{X})^2 / (n-1)}$ 을 대입

① 통계량의 표준편차를 표준오차라 한다.
② 표준오차는 모집단의 표준편차보다 언제나 작다.
③ 모집단의 표준편차가 클수록 표준오차는 커진다.

④ 표본크기가 클수록 표준오차는 작아진다.
⑤ 일반적으로 어떤 불편추정량이 얼마나 좋은 추정량인가를 나타내는 방법으로 그 추정량의 표준편차를 이용한다(표준편차가 작은 추정량이 더 좋은 추정량).

+ 플러스원

모표준편차가 σ인 모집단에서 크기가 10인 표본으로부터 표본평균을 구하여 모평균을 추정하였다. 표본평균의 표준오차를 반(1/2)으로 줄이려면, 추가로 표본을 얼마나 더 추출해야 하는가? 〔기출〕 17년 3회, 21년 3회

→ 표준오차를 반으로 줄이려면 $\frac{\sigma}{\sqrt{n}}$ 에서 $\frac{\sigma}{\sqrt{10}} \times \frac{1}{2} = \frac{\sigma}{\sqrt{40}}$ 이므로 표본의 크기는 40이 된다.
따라서 추가로 추출해야 하는 표본은 40 − 10 = 30이다.

04 모평균/모분산/모비율의 점추정

(1) 모평균의 점추정 〔기출〕 17년 2회, 22년 1회, 25년

모평균의 점추정량은 표본평균과 같다. 즉, 모집단 평균 μ의 불편추정량은 $\overline{X}$이다.

> 표본평균 $\overline{X}$ ⇒ 모평균 μ

(2) 모분산의 점추정 〔기출〕 19년 3회

모분산의 점추정량은 표본분산과 같다. 즉, 모집단 분산 σ^2의 불편추정량은 S^2이다.

> 표본분산 S^2 ⇒ 모분산 σ^2

(3) 모비율의 점추정 〔기출〕 15년 1회, 18년 3회, 20년 3,4회, 23년

① 모비율이란 모집단 속에서 어떤 특정한 속성을 갖는 것의 비율이다.
② 모비율의 점추정량은 표본비율과 같다. 즉, 모집단 비율 p의 불편추정량은 $\hat{p}$이다.

> 표본비율 $\hat{p} = \frac{X}{n}$ ⇒ 모비율 p

시험에 이렇게 나왔다

[20년 1·2회]
Q 표본평균에 대한 표준오차의 설명으로 틀린 것은?
① 표본평균의 표준편차를 말한다.
② 모집단의 표준편차가 클수록 작아진다.
③ 표본크기가 클수록 작아진다.
④ 항상 0 이상이다.

A ❷

심화체크

표본오차는 모집단과 표본의 차이를 말하는 것이고, 표준오차는 통계량의 분포인 표본분포의 표준편차를 말한다.

심화체크

모집단 표준편차 σ의 불편추정량이 표본표준편차 S인 것은 아니다.

시험에 이렇게 나왔다

[15년 1회, 18년 3회]
Q 버스전용차로를 유지해야 하는 것에 대해 찬성하는 사람의 비율을 조사하기 위하여 서울에 거주하는 성인 1,000명을 임의로 추출하여 조사한 결과 700명이 찬성한다고 응답하였다. 서울에 거주하는 성인 중 버스전용차로제에 찬성하는 사람의 비율의 추정치는?
① 0.4   ② 0.5
③ 0.6   ④ 0.7

A ❹

05 신뢰도와 신뢰구간

(1) 신뢰도(신뢰수준) [기출] 17년 3회, 19년 3회, 21년 3회

신뢰수준 95%라 함은, 동일한 추정방법을 사용하여 신뢰구간을 100회 반복하여 추정한다면, 95회 정도는 동일한 결과가 나오는 것을 의미한다. 추정량의 분포가 정규분포를 따를 때 모수 μ에 대한 $\pm\sigma$, $\pm 2\sigma$, $\pm 3\sigma$의 신뢰수준은 다음과 같다.

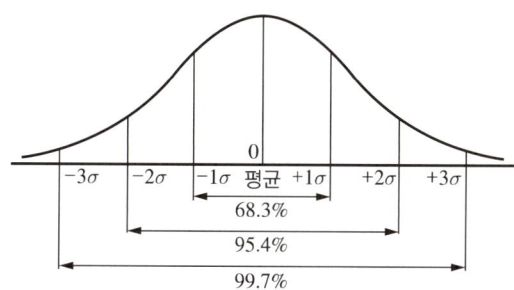

(2) 신뢰구간 [기출] 15년 3회, 16년 3회, 17년 1회, 21년 1회, 22년 1,2회, 25년

일정한 구간을 제시하여 모수가 포함되었을 것이라고 제시한 구간을 신뢰구간이라 하며, 구간추정은 이 신뢰구간을 이용한 추정 방법이다. 즉, 구간추정에서 95% 신뢰구간이란 신뢰구간을 100회 반복하여 측정했을 때 95번은 그 구간 내에 모평균이 포함된다는 의미이다. 포함된 신뢰구간은 표본의 크기의 제곱근에 반비례한다.

(3) 신뢰계수 [기출] 15년 1회

① 오차율(α)은 신뢰구간 내에 모집단 평균이 포함되지 않을 확률이다(신뢰도 $= 1 - \alpha$).

신뢰도($=1-\alpha$)	$Z_{\alpha/2}$
0.90(90%)	1.645
0.95(95%)	1.96
0.99(99%)	2.58

여기서 90%, 95%, 99%를 신뢰수준이라 하고, $Z_{0.05} = 1.645$, $Z_{0.025} = 1.96$, $Z_{0.005} = 2.58$을 신뢰계수라 한다.

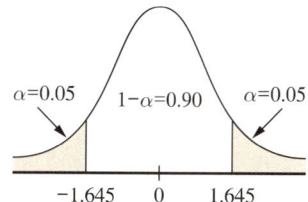

$[P(Z > 1.645) = 0.05, P(|Z| > 1.645) = 0.10]$

시험에 이렇게 나왔다

[15년 3회]

Q 모평균의 신뢰구간에 대한 설명으로 틀린 것은?

① 일반적으로 표본크기 n이 크면 $P\left(-z_{\alpha/2} \leq \dfrac{\overline{X} - \mu}{\sigma/\sqrt{n}} \leq z_{\alpha/2}\right) \fallingdotseq 1 - \alpha$이다.

② 표본의 크기가 클수록 신뢰구간의 폭은 좁아진다.

③ 모평균의 95% 신뢰구간이 (-10, 10)이라는 의미는 모평균이 -10에서 10 사이에 있을 확률이 95%라는 의미이다.

④ 동일한 표본하에서 신뢰수준을 높이면 신뢰구간의 폭은 넓어진다.

A ❸

시험에 이렇게 나왔다

[15년 1회]

Q 모평균에 대한 95% 신뢰구간 "표본평균$\pm Z_{\alpha/2} \times$표준오차"를 계산하기 위한 $Z_{\alpha/2}$의 값은?

① 1.645 ② 1.96
③ 2.33   ④ 2.58

A ❷

② 추정량의 분포가 정규분포를 따를 때 모수 μ에 대한 각각의 신뢰구간은 다음과 같다.

$$\mu\text{의 신뢰구간} = \overline{X} \pm \text{신뢰계수} \times \text{표준오차}$$

㉠ μ의 90% 신뢰구간 $= \overline{X} \pm 1.645 \dfrac{\sigma}{\sqrt{n}}$

㉡ μ의 95% 신뢰구간 $= \overline{X} \pm 1.96 \dfrac{\sigma}{\sqrt{n}}$

㉢ μ의 99% 신뢰구간 $= \overline{X} \pm 2.58 \dfrac{\sigma}{\sqrt{n}}$

06 모평균의 $100(1-\alpha)$% 신뢰구간

(1) 모분산을 알고 있을 경우

기출 15년 2,3회, 18년 1,3회, 19년 2회, 20년 1·2,3회, 25년

모평균 μ의 추정량은 표본평균 $\overline{X}$를 표준화에 의해 환산한 Z통계량을 이용한다.

$$\overline{X} - Z_{\alpha/2} \dfrac{\sigma}{\sqrt{n}} \leq \mu \leq \overline{X} + Z_{\alpha/2} \dfrac{\sigma}{\sqrt{n}}$$

(2) 모분산을 모르는 대표본($n \geq 30$)일 경우

기출 16년 1회, 17년 1,2회, 18년 1회, 19년 1회, 23년, 24년

대표본이지만 모분산 σ^2을 모르고 있는 경우 **모표준편차** σ 대신 **표본표준편차** S를 이용한다.

$$\overline{X} - Z_{\alpha/2} \dfrac{S}{\sqrt{n}} \leq \mu \leq \overline{X} + Z_{\alpha/2} \dfrac{S}{\sqrt{n}}$$

(3) 모분산을 모르는 소표본($n < 30$)일 경우 **기출** 16년 1회, 18년 2,3회, 25년

모집단의 표준편차도 모르고 소표본일 경우에는 정규분포가 되지 않고, 자유도가 $n-1$인 t-분포가 된다.

$$\overline{X} - t_{\alpha/2,\ n-1} \dfrac{S}{\sqrt{n}} \leq \mu \leq \overline{X} + t_{\alpha/2,\ n-1} \dfrac{S}{\sqrt{n}}$$

심화체크

n이 30 이상이면 모집단의 분포에 대한 아무런 가정이 없더라도 중심극한 정리에 의하여 $\overline{X}$는 정규분포가 된다. 또한, 대표본이므로 $\sigma^2 \fallingdotseq S^2$로 되어 σ^2 대신 S^2을 사용하여 μ의 구간추정을 할 수 있다.

시험에 이렇게 나왔다

[17년 1회]

① A대학교 학생 전체에서 100명을 임의추출하여 신장을 조사한 결과 평균이 170cm이고 표준편차가 10cm이었다. A대학교 학생 평균 신장의 95% 신뢰구간은?

① (168.04, 171.96)
② (168.14, 171.86)
③ (168.24, 171.76)
④ (168.34, 171.66)

A ❶

07 모평균 차이의 $100(1-\alpha)\%$ 신뢰구간

(1) 모분산을 알고 있을 경우 기출 19년 3회

두 모집단의 분포가 정규분포를 따르고, 모분산이 알려진 경우 모평균의 차 $\mu_1 - \mu_2$에 대한 신뢰구간은 Z통계량을 이용한다.

$$(\overline{X_1} - \overline{X_2}) - Z_{\alpha/2}\sqrt{\frac{\sigma_1^2}{n_1} + \frac{\sigma_2^2}{n_2}} \leq \mu_1 - \mu_2 \leq (\overline{X_1} - \overline{X_2}) + Z_{\alpha/2}\sqrt{\frac{\sigma_1^2}{n_1} + \frac{\sigma_2^2}{n_2}}$$

(2) 모분산을 모르는 대표본($n \geq 30$)일 경우

대표본이지만 두 모분산을 모르고 있을 경우 모평균의 차 $\mu_1 - \mu_2$에 대한 신뢰구간은 모분산 σ^2 대신 표본분산 S^2를 이용한다.

$$(\overline{X_1} - \overline{X_2}) - Z_{\alpha/2}\sqrt{\frac{S_1^2}{n_1} + \frac{S_2^2}{n_2}} \leq \mu_1 - \mu_2 \leq (\overline{X_1} - \overline{X_2}) + Z_{\alpha/2}\sqrt{\frac{S_1^2}{n_1} + \frac{S_2^2}{n_2}}$$

(3) 모분산을 모르는 소표본($n < 30$)일 경우

소표본에서 두 모분산을 모르지만 같다는 것은 알고 있을 경우 자유도가 $n_1 + n_2 - 2$인 t-분포를 이용한다.

$$(\overline{X_1} - \overline{X_2}) - t_{\alpha/2,\, n_1+n_2-2}\, S_p\sqrt{\frac{1}{n_1} + \frac{1}{n_2}} \leq \mu_1 - \mu_2$$
$$\leq (\overline{X_1} - \overline{X_2}) + t_{\alpha/2,\, n_1+n_2-2}\, S_p\sqrt{\frac{1}{n_1} + \frac{1}{n_2}}$$

심화체크

[16년 2,3회, 20년 1·2회]

합동표본분산(S_p^2)

- $S_p^2 = \dfrac{(n_1-1)S_1^2 + (n_2-1)S_2^2}{(n_1+n_2-2)}$
- $S_1^2 = \dfrac{\sum(X_1 - \overline{X_1})^2}{n_1 - 1}$
- $S_2^2 = \dfrac{\sum(X_2 - \overline{X_2})^2}{n_2 - 1}$
- S_p는 모집단의 표준편차를 대신하는 것이므로

$$\sqrt{\frac{S_1^2}{n_1} + \frac{S_2^2}{n_2}} = S_p\sqrt{\frac{1}{n_1} + \frac{1}{n_2}}$$

로 쓸 수 있다.

08 대응표본인 경우 모평균 차이의 $100(1-\alpha)$% 신뢰구간

(1) 대표본($n \geq 30$)일 경우

모평균의 차 $\mu_1 - \mu_2$에 대한 추정량은 $\overline{D} = \overline{X_1} - \overline{X_2}$이며 대표본인 경우 Z통계량을 이용한다.

$$\overline{D} - Z_{\alpha/2}\frac{S_D}{\sqrt{n}} \leq \mu_1 - \mu_2 \leq \overline{D} + Z_{\alpha/2}\frac{S_D}{\sqrt{n}}$$

(2) 소표본($n < 30$)일 경우

모평균의 차 $\mu_1 - \mu_2$에 대한 추정량은 $\overline{D} = \overline{X_1} - \overline{X_2}$이며 소표본인 경우 자유도가 $n-1$인 t분포를 따른다.

$$\overline{D} - t_{\alpha/2,\, n-1}\frac{S_D}{\sqrt{n}} \leq \mu_1 - \mu_2 \leq \overline{D} + t_{\alpha/2,\, n-1}\frac{S_D}{\sqrt{n}}$$

09 모비율/모비율 차이의 $100(1-\alpha)$% 신뢰구간

(1) 모비율의 신뢰구간 기출 16년 2,3회, 17년 3회, 18년 2회, 21년 1,2회, 23년, 24년

모비율 p의 추정량은 표본비율 $\hat{p}$이며 이항분포의 정규근사를 이용한 Z통계량을 이용한다.

$$\hat{p} - Z_{\alpha/2}\sqrt{\frac{\hat{p}(1-\hat{p})}{n}} \leq p \leq \hat{p} + Z_{\alpha/2}\sqrt{\frac{\hat{p}(1-\hat{p})}{n}}$$

(2) 두 모비율 차이의 신뢰구간 기출 18년 3회, 20년 3회

두 모비율의 차 $p_1 - p_2$에 대한 신뢰구간은 Z통계량을 이용한다.

$$\hat{p_1} - \hat{p_2} - Z_{\alpha/2}\sqrt{\frac{\hat{p_1}(1-\hat{p_1})}{n_1} + \frac{\hat{p_2}(1-\hat{p_2})}{n_2}} \leq p_1 - p_2$$
$$\leq \hat{p_1} - \hat{p_2} + Z_{\alpha/2}\sqrt{\frac{\hat{p_1}(1-\hat{p_1})}{n_1} + \frac{\hat{p_2}(1-\hat{p_2})}{n_2}}$$

심화체크

표본비율에 대한 표준오차는 $\sqrt{\dfrac{\hat{p}(1-\hat{p})}{n}}$ 이다.

시험에 이렇게 나왔다

[17년 3회]

Q 대학생들의 정당 지지도를 조사하기 위해 100명을 뽑은 결과 45명이 지지하는 것으로 나타났다. 지지도에 대한 95% 신뢰구간은? (단, $Z_{0.025} = 1.96$, $Z_{0.05} = 1.645$이다)

① 0.45 ± 0.0823
② 0.45 ± 0.0860
③ 0.45 ± 0.0920
④ 0.45 ± 0.0975

A ④

10 모분산/모분산 비의 $100(1-\alpha)$% 신뢰구간

(1) 모분산의 신뢰구간 `기출` 15년 1회

모분산 σ^2의 추정량은 표본분산 S^2이며 자유도가 $n-1$인 χ^2통계량을 이용한다.

$$\frac{(n-1)S^2}{\chi^2_{\alpha/2,\,n-1}} \leq \sigma^2 \leq \frac{(n-1)S^2}{\chi^2_{1-\alpha/2,\,n-1}}$$

(2) 모분산 비의 신뢰구간

모분산 비 $\dfrac{\sigma_1^{\,2}}{\sigma_2^{\,2}}$의 추정량은 표본분산 비 $\dfrac{S_1^{\,2}}{S_2^{\,2}}$이며 F통계량을 이용한다.

$$\frac{1}{F_{\alpha/2,m-1,n-1}}\frac{S_1^{\,2}}{S_2^{\,2}} \leq \frac{\sigma_1^{\,2}}{\sigma_2^{\,2}} \leq F_{\alpha/2,n-1,m-1}\frac{S_1^{\,2}}{S_2^{\,2}} \quad \text{또는} \quad \frac{1}{F_{1-\alpha/2,m-1,n-1}}\frac{S_1^{\,2}}{S_2^{\,2}}$$

> **시험에 이렇게 나왔다**
>
> [15년 1회]
>
> **Q** 강판을 생산하는 공정에서 25개의 제품을 임의로 추출하여 두께를 측정한 결과 표준편차가 5(mm)이었다. 모분산에 대한 95% 신뢰구간을 구하기 위해 필요한 값이 아닌 것은? (단, 강판의 두께는 정규분포를 따른다)
>
> ① $\chi^2_{(0.025,\,24)}$
> ② $\chi^2_{(0.975,\,24)}$
> ③ $\chi^2_{(0.95,\,24)}$
> ④ 표본분산 25
>
> **A** ❸

11 표본의 크기

(1) 표본의 크기를 구하는 공식

① 모평균 추정 시 표본의 크기 `기출` 16년 2회, 17년 2회, 20년 1·2회, 24년

추정식의 양쪽에서 D(오차한계= 신뢰계수×표준오차) 단위만큼만 벌어지는 구간을 가지려 한다고 가정한다.

$$n \geq \frac{Z_{\alpha/2}^2 \times \sigma^2}{D^2}$$

② 모비율 추정 시 표본의 크기
`기출` 15년 2,3회, 16년 2,3회, 18년 1회, 19년 1,2,3회, 20년 4회, 21년 1,3회

모집단의 추정이라는 원리상 모비율을 모르고 있는 것이 일반적이다. 따라서 모비율에 대해 대체적인 값을 알고 있으면 이를 이용하도록 하고, 이것이 불가능하면 소규모의 예비조사에 의해서 대체적인 값을 추정하도록 하되, 이 값마저 알 수 없다면 $\hat{p} = \dfrac{1}{2}$을 사용하여 표본의 크기를 결정하는 것이 안정성이 크다.

$$n \geq \hat{p}(1-\hat{p})\left(\frac{Z_{\alpha/2}}{D}\right)^2$$

> **시험에 이렇게 나왔다**
>
> [17년 2회]
>
> **Q** σ^2이 알려져 있는 경우, 모평균 μ를 추정하고자 할 때, 표본의 크기를 계산하기 위해 필요한 정보는?
>
> ① 표본평균의 허용오차와 모집단의 표준편차
> ② 표본평균의 허용오차와 표본집단의 평균
> ③ 표본집단의 표준편차와 모집단 평균의 허용오차
> ④ 표본집단의 표준편차와 모집단의 평균
>
> **A** ❶

시험에 이렇게 나왔다

[20년 4회]

Q 어느 도시에 살고 있는 주민 중에서 지난 1년간 해외여행을 경험한 비율을 조사하려고 한다. 이 비율에 대한 추정량의 오차가 0.02 미만일 확률이 최소한 95%가 되기를 원할 때 필요한 최소 표본의 크기 n을 구하는 식은? (단, Z가 표준정규분포를 따르는 확률변수일 때, $P(Z>1.96)=0.025$이다.)

① $n \geq \frac{1}{4}\left(\frac{1.96}{0.02}\right)^2$

② $n \geq \frac{1}{2}\left(\frac{1.96}{0.02}\right)^2$

③ $n \geq \frac{1}{4}\left(\frac{1.96}{0.02}\right)$

④ $n \geq \frac{1}{2}\left(\frac{1.96}{0.02}\right)$

A ①

➕ 플러스원

신용카드회사는 12월 한 달 동안 신용카드를 사용한 카드소지자 비율을 95% 신뢰도로 양측 구간추정하려고 한다. 이때 추정치의 허용오차가 0.02 미만으로 하려면 표본크기는? (단, 모비율에 대한 정보는 전혀 없으며, $P(Z>1.645)=0.05$, $P(Z>1.96)=0.025$, $P(Z>2.325)=0.01$, $P(Z>2.575)=0.005$이다) **기출** 16년 2회

→ 모비율에 대한 정보가 없으므로 $\hat{p}=\frac{1}{2}$이다.

또한 $D=0.02$이고 $\alpha=0.05$이므로 $Z_{\alpha/2}=1.96$이다.

따라서 $n \geq \frac{1}{2}\left(1-\frac{1}{2}\right)\left(\frac{1.96}{0.02}\right)^2 = 2401$

(2) 표본의 크기 결정요인

① 신뢰도

일정한 오차의 범위 내로 신뢰구간을 설정하고자 할 때 신뢰도에 의해서 Z나 t가 결정되기 때문에 신뢰도를 높일수록 표본의 크기는 커야 한다.

② 표준편차

일정한 범위 내로 신뢰구간을 설정하고자 하는 경우 모집단의 분산 또는 표준편차가 클수록 표본의 크기는 커야 한다.

③ 오차의 크기

오차를 적게 하기를 원하면 표본의 크기를 크게 해야 한다.

12 가설과 가설검정

(1) 가설

아직 경험적으로 검정되지 않은 일종의 예비적 이론, 둘 혹은 그 이상의 변인들 간의 관계에 대한 추측적 진술, 연구문제의 해답, 변인관계의 간단·명료·뚜렷함, 실증적으로 검정 가능, 가설 내용의 긍정 또는 부정이 가능하도록 진술되어야 한다.

(2) 가설검정

① 가설검정의 의의

㉠ 대상집단의 특성량에 대하여 어떤 가설을 설정하고, 대상집단인 모집단으로부터 추출한 표본으로 가설을 검토하는 통계적 추론이다.

㉡ 통계적 가설검정은 설정된 가설이 옳다고 할 때 표본에서 통계량을 계산하여 얻은 표본값과 통계량의 분포에서 이론적으로 얻어지는 어떤 특정값을 비교하여 그 가설을 기각할 것인가 또는 채택할 것인가를 판정하는 것이다.

② 가설검정 용어
- ㉠ 통계학에서는 이론과의 차이가 확률적인 오차의 범위를 넘어 오류라고 판단되어 질 때 '가설을 기각(Reject)한다'라고 한다.
- ㉡ 가설을 기각 혹은 채택하는 판단기준이 되는 것을 유의수준(α)이라 한다. 가설이 기각된 경우는 '유의(Significant)하다'라고 한다. 그러나 단순히 '유의하다'라고만 하지 않고 반드시 '유의수준 몇 % 내에서 유의하다'라고 말한다.

(3) 귀무가설과 대립가설 기출 15년 3회, 18년 3회, 21년 2,3회, 23년

① 귀무가설(H_0)

가설검정에서는 모집단의 모수에 대해서 어떤 조건을 가정하여 가설을 설정하는데 이때 이 가설을 귀무가설이라고 하며 H_0로 표기한다. '아무런 차이가 없다' 또는 '전혀 효과가 없다'는 내용을 의미하는 주장이며 주로 기존의 사실을 위주로 보수적으로 세운다.

② 대립가설(H_1)

귀무가설과 반대되는 가설을 대립가설이라 하며, H_1으로 나타낸다. H_0와 H_1은 서로 배타적인 관계에 있고 동시에 성립할 수 없다. '차이가 있다' 또는 '효과가 있다'는 귀무가설의 반대개념이다. 표본에 근거한 강력한 증거에 의해서 입증한다.

13 통계적 가설검정의 요소 및 절차

(1) 가설검정의 요소 기출 24년, 25년

모집단에 대한 통계적 가설검정에 필요한 요소로는 가정, 가설, 검정통계량(검정통계량), 임계치, 유의확률($p-Value$) 등이 있다.

① 가 정
- ㉠ 모든 통계적 검정절차는 그 통계분석 속에 적합한 형태로 변수측정이 되어야 한다.
- ㉡ 대부분의 통계검정의 경우 변수는 연속적 특성을 지녀야 하고 정규분포를 이루어야 한다.
- ㉢ 표본은 반드시 단순무작위추출에 의해 추출되어야 한다.
- ㉣ 통계분석이 유의적이기 위해서는 최소한의 표본의 크기를 확보하여야 한다.

② 가 설
일련의 현상을 설명하기 위하여 어떤 학설을 논리적으로 구성하는 명제이다.

③ 검정통계량
- ㉠ 귀무가설의 채택 또는 기각 여부를 결정하는 데 사용되는 표본통계치이다.
- ㉡ 검정통계량의 관측값이 기각역에 속하면 귀무가설을 기각한다.

심화체크

가설을 기각했을 때 그 가설이 거짓이라는 것을 증명하는 것이 아니라 단지 뽑은 표본이 가설을 받아들일 만한 증거를 갖고 있지 않아서 거짓이라는 결론을 내리는 것이다.

심화체크

[15년 2회]

귀무가설을 설정할 때는 무조건 등호(=)를 포함해야 한다.

시험에 이렇게 나왔다

[15년 3회]

Q 통계적 가설검정에 대한 설명으로 옳지 않은 것은?

① 귀무가설은 표본에 근거한 강력한 증거에 의하여 입증하고자 하는 가설이다.
② 기각역은 귀무가설을 기각하게 되는 검정통계량의 관측값의 영역이다.
③ 유의수준은 제1종 오류를 범할 확률의 최대허용한계이다.
④ 제2종 오류는 대립가설이 참임에도 불구하고 귀무가설을 기각하지 못하는 오류이다.

A ①

심화체크

[16년 3회, 17년 2회, 19년 3회, 21년 1회]
귀무가설의 내용이 신뢰구간에 속하면 귀무가설을 채택할 수 있다.

시험에 이렇게 나왔다

[16년 2회, 22년 2회]

01 어떤 가설검정에서 유의확률(p-값)이 0.044일 때, 검정결과로 옳은 것은?

① 귀무가설을 유의수준 1%와 5%에서 모두 기각할 수 없다.
② 귀무가설을 유의수준 1%와 5%에서 모두 기각할 수 있다.
③ 귀무가설을 유의수준 1%에서 기각할 수 없으나 5%에서는 기각할 수 있다.
④ 귀무가설을 유의수준 1%에서 기각할 수 있으나 5%에서는 기각할 수 없다.

A ③

심화체크

[20년 4회]
표본의 크기와 귀무가설을 기각할 확률은 관련이 없다.

---

④ 임계치 [기출] 15년 2회

주어진 유의수준에서 귀무가설의 채택 또는 기각을 결정하는 데 기준이 되는 값을 말한다.

㉠ 임계치 > 검정통계량 : 귀무가설 채택
㉡ 임계치 < 검정통계량 : 귀무가설 기각

⑤ 유의수준(α) [기출] 16년 3회, 17년 3회, 18년 1회, 19년 1회, 20년 3,4회, 21년 1회

㉠ 통계적 가설검정에서, 귀무가설이 참인데도 불구하고 이를 기각하는 확률로서 위험률이라고도 한다.
㉡ 귀무가설이 옳을 때 모집단에서 추출한 임의표본($x_1, x_2, \cdots, x_n$)의 함수로서 정한 어떤 통계량의 실현값이 미리 결정한 영역(기각역)에 포함될 확률이다.

⑥ 유의확률($p-Value$)

[기출] 16년 1,2회, 17년 1,3회, 18년 1,2회, 19년 2회, 20년 1·2,3회, 21년 1,2,3회, 23년, 24년

귀무가설이 사실이라는 전제하에 검정통계량이 표본에서 계산된 값과 같거나 그 값보다 대립가설 방향으로 더 극단적인 값을 가질 확률이다. 즉, 검정통계량 값에 대해서 귀무가설을 기각시킬 수 있는 최소의 유의수준으로 귀무가설이 사실일 확률이라 생각할 수 있다.

㉠ $\alpha > p-Value$: 귀무가설 기각
㉡ $\alpha < p-Value$: 귀무가설 채택

⑦ 자유도

㉠ 사례수를 말한다.
㉡ 주어진 조건 아래에서 자유롭게 변화할 수 있는 점수나 변인의 수를 뜻한다.
  예 5명 학생에게 자신이 좋아하는 한 명을 선택하라는 조건에서 선택대상은 자신을 제외한 4명이며, 이때 자유도는 4이다.

(2) 가설검정의 절차 [기출] 19년 3회

① 검정하고자 하는 가설을 설정한다.
② 유의수준 α를 결정한다.
③ 유의확률 또는 통계량을 결정한다(유의수준을 충족하는 임계치의 결정 및 검정통계량과 임계치 비교).
④ $p-Value$값이 유의수준보다 작으면(또는 임계치가 검정통계량보다 작으면) 귀무가설을 기각한다.

14 양측검정과 단측검정

(1) 양측검정

① 가설검정에서 귀무가설을 기각할 영역이 양쪽에 위치하고 있는 것을 양측검정이라 한다.

② 양측검정에서는 귀무가설과 대립가설을 다음과 같이 설정한다.

$$H_0 : \theta = \theta_0$$
$$H_1 : \theta \neq \theta_0$$

θ : 모수, θ_0 : 모수의 특정한 값

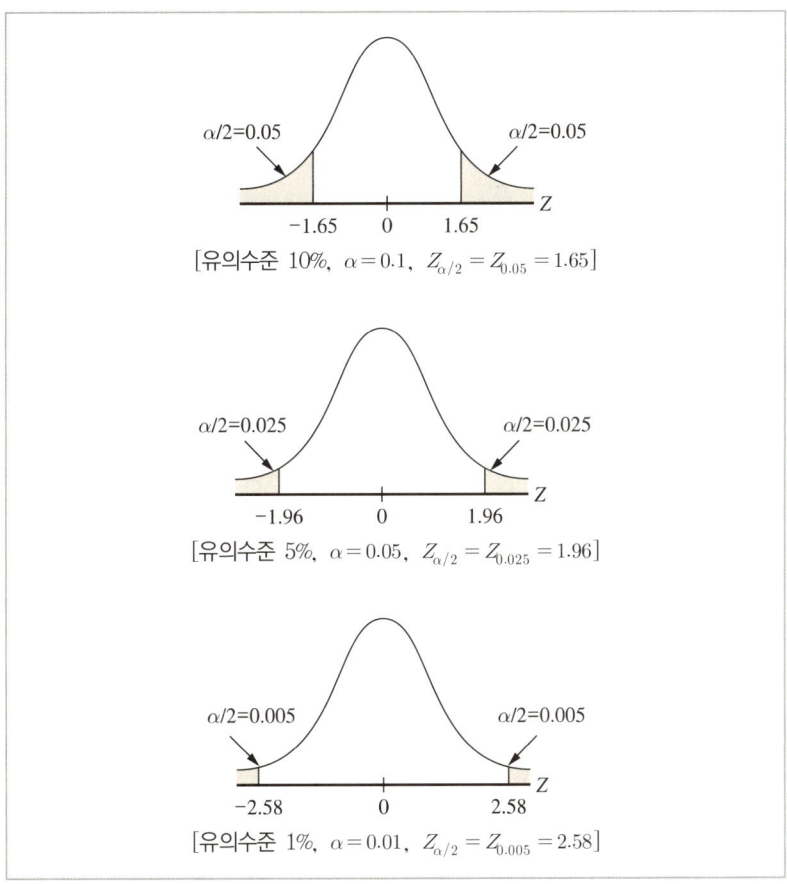

③ 일반적으로 양측검정은 모평균이 어느 가정치와 동일한지 아닌지를 조사할 경우에 사용된다.

> **심화체크**
>
> [21년 1회]
> 양측검정으로 유의하지 않은 자료라도 단측검정을 하면 유의할 수도 있다.

시험에 이렇게 나왔다

[15년 1회]

Q 다음 내용에 대한 가설형태로 옳은 것은?

> 기존의 진통제는 진통효과가 지속되는 시간이 평균 30분이고 표준편차는 5분이라고 한다. 새로운 진통제를 개발하였는데, 개발팀은 이 진통제의 진통효과가 30분 이상이라고 주장한다.

① $H_0 : \mu < 30$ VS $H_1 : \mu = 30$
② $H_0 : \mu = 30$ VS $H_1 : \mu > 30$
③ $H_0 : \mu > 30$ VS $H_1 : \mu = 30$
④ $H_0 : \mu = 30$ VS $H_1 : \mu \neq 30$

A ②

(2) 단측검정 기출 15년 1회, 16년 2,3회, 19년 2회

① 가설검정에서 귀무가설을 기각할 영역이 한쪽에 위치하고 있는 것을 단측검정이라 한다.
② 단측검정에서는 귀무가설과 대립가설을 다음과 같이 설정한다.
　㉠ 우측검정

$$H_0 : \theta = \theta_0$$
$$H_1 : \theta > \theta_0$$

θ : 모수, θ_0 : 모수의 특정한 값

　㉡ 좌측검정

$$H_0 : \theta = \theta_0$$
$$H_1 : \theta < \theta_0$$

θ : 모수, θ_0 : 모수의 특정한 값

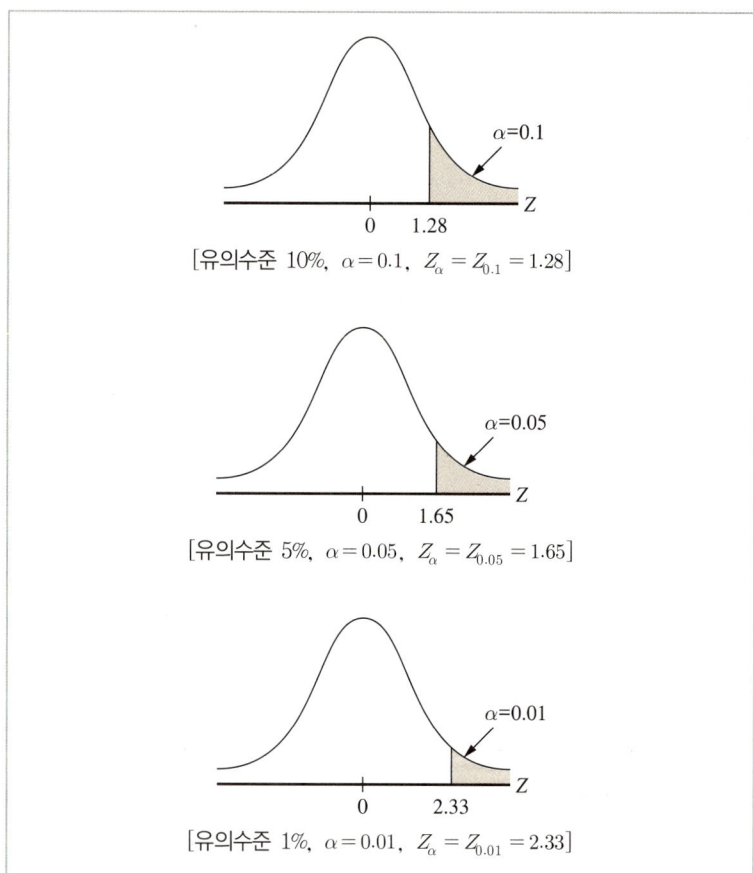

[유의수준 10%, $\alpha = 0.1$, $Z_\alpha = Z_{0.1} = 1.28$]

[유의수준 5%, $\alpha = 0.05$, $Z_\alpha = Z_{0.05} = 1.65$]

[유의수준 1%, $\alpha = 0.01$, $Z_\alpha = Z_{0.01} = 2.33$]

③ 단측검정은 모수의 크기가 이론적·경험적으로 얼마 이상 혹은 얼마 이하로 예상될 경우에 사용한다.

15 가설검정의 오류

(1) 가설검정의 오류
① 표본에서 나온 검정통계량을 이용하여 모수치를 추정하면 거의 오차가 발생하기 마련인데 이 오차를 가설검정의 오류라고 한다.
② 가설검정에 있어서 귀무가설을 채택하든 기각하든 간에 하나를 결정할 때는 두 가지 오류 중 어느 하나를 범할 가능성이 있다.

(2) 제1종 오류와 제2종 오류

기출 15년 1,2회, 16년 1,2,3회, 17년 1,2,3회, 18년 2,3회, 19년 2회, 20년 4회, 21년 1,2회, 22년 1회, 24년, 25년

구 분	실제현상	
	귀무가설 참	귀무가설 거짓
귀무가설 채택	정확한 결론($1-\alpha$)	제2종 오류(β)
귀무가설 기각	제1종 오류(α)	정확한 결론($1-\beta$)

① 제1종 오류
귀무가설이 참임에도 귀무가설을 기각하는 과오를 제1종 오류(과오)라 하며, 제2종 오류보다 더 심각한 오류이다. 오류를 발생시킬 확률은 α이며 이때 유의수준 α는 제1종 오류를 범할 확률의 최대허용한계를 뜻한다.
㉠ 귀무가설이 참임에도 기각하는 확률(유의수준) : α
㉡ 귀무가설이 참일 때 채택하는 옳은 결정의 확률 : $1-\alpha$

② 제2종 오류
귀무가설이 거짓임에도 귀무가설을 채택하는 오류를 제2종 오류라 하고, 과오를 발생시킬 확률을 β라 한다.
㉠ 귀무가설이 거짓임에도 채택하는 확률 : β
㉡ 귀무가설이 거짓일 때 기각하는 옳은 결정의 확률 : $1-\beta$(검정력)

+ 플러스원

검정력 **기출** 15년 1,3회, 18년 3회, 19년 1,2회, 22년 1회, 23년
귀무가설이 거짓일 때 기각하는 옳은 결정의 확률($1-\beta$)을 검정력이라고 한다. 검정력함수란 귀무가설을 기각하는 확률을 모수의 함수로 나타낸 것이다.

시험에 이렇게 나왔다
[19년 2회, 22년 2회]

Q 통계적 가설의 기각 여부를 판정하는 가설검정에 대한 설명으로 옳은 것은?
① 표본으로부터 확실한 근거에 의하여 입증하고자 하는 가설을 귀무가설이라 한다.
② 유의수준은 제2종 오류를 범할 확률의 최대허용한계이다.
③ 대립가설을 채택하게 하는 검정통계량의 영역을 채택역이라 한다.
④ 대립가설이 옳은데도 귀무가설을 채택함으로써 범하게 되는 오류를 제2종 오류라 한다.

A ④

심화체크
[17년 3회]
α를 줄이면 β가 커지고 β를 줄이면 α가 커지므로 동시에 줄일 수는 없다.

시험에 이렇게 나왔다
[15년 1,3회, 18년 3회, 19년 2회]

Q 검정력에 대한 설명으로 옳은 것은?
① 귀무가설이 참임에도 불구하고 이를 기각시킬 확률이다.
② 참인 귀무가설을 채택할 확률이다.
③ 대립가설이 참일 때 귀무가설을 기각시킬 확률이다.
④ 거짓인 귀무가설을 채택할 확률이다.

A ③

16 모평균에 대한 검정통계량

(1) 모분산을 알고 있을 경우 기출 15년 1회, 17년 2,3회, 18년 2회, 20년 4회, 21년 1회

① 모분산 σ^2을 알고 그 모집단에서 추출한 표본의 평균 $\overline{X}$를 알 때, 표본의 평균과 모집단의 평균을 비교 검정하는 경우이다.

② 정규분포를 따르고 모분산을 알고 있으므로 Z분포를 이용하여 검정하며 검정통계량의 계산식은 다음과 같다.

$$Z = \frac{\overline{X} - \mu_0}{\sigma/\sqrt{n}}$$

> **시험에 이렇게 나왔다**
>
> [15년 1회]
>
> ◎ 평균이 μ이고 분산이 $\sigma^2 = 9$인 정규모집단으로부터 추출한 크기 100인 확률표본의 표본평균 $\overline{X}$를 이용하여 가설 $H_0 : \mu = 0$ vs $H_1 : \mu > 0$을 유의수준 0.05에서 검정하는 경우 기각역이 $Z \geq 1.645$ 이다. 이때 검정통계량 Z에 해당하는 것은? [단, $P(Z > 1.645) = 0.05$]
>
> ① $100\overline{X}/9$
> ② $100\overline{X}/3$
> ③ $10\overline{X}/9$
> ④ $10\overline{X}/3$
>
> 🅐 ④

(2) 모분산을 모르는 경우 기출 17년 3회

① 대표본($n \geq 30$)인 경우 기출 15년 3회, 17년 1회, 19년 1회

㉠ 모평균 μ는 알고 있으나 모분산 σ^2을 모르고, 그 모집단에서 추출한 **표본의 평균 및 표본분산 S^2을 알 때** 표본의 평균과 모집단의 평균을 비교·검정하는 경우이다.

㉡ 모평균에 관한 통계적 추론에 있어 실제로 모분산을 모르고 표본의 분산만 아는 경우가 많다.

㉢ 표본의 표준편차(S)를 모집단의 표준편차(σ) 대신 사용하여 검정하며 검정통계량의 계산식은 다음과 같다.

$$Z = \frac{\overline{X} - \mu_0}{S/\sqrt{n}}$$

② 소표본($n < 30$)인 경우 기출 15년 1회, 17년 1회, 18년 2회, 19년 2회, 20년 4회

자유도가 $n-1$인 t-분포를 이용하여 검정하며 검정통계량의 계산식은 다음과 같다.

$$t = \frac{\overline{X} - \mu_0}{S/\sqrt{n}} \sim t_{n-1}$$

> **시험에 이렇게 나왔다**
>
> [20년 4회]
>
> ◎ 정규분포를 따르는 어떤 집단의 모평균이 10인지를 검정하기 위하여 크기가 25인 표본을 추출하여 관측한 결과 표본평균은 9, 표본표준편차는 2.5 이었다. t-검정을 할 경우 검정통계량의 값은?
>
> ① 2   ② 1
> ③ -1   ④ -2
>
> 🅐 ④

➕ 플러스원

어느 기업의 작년도 대졸 신입사원 임금의 평균이 200만 원이라고 한다. 금년도 대졸 신입사원 중 100명을 조사하였더니 평균이 209만 원이고 표준편차가 50만 원이었다. 금년도 대졸 신입사원의 임금이 올랐는지를 유의수준 5%에서 검정한다면, 검정통계량의 값과 검정결과는?
(단, $P(|Z| > 1.64) = 0.10$, $P(|Z| > 1.96) = 0.05$, $P(|Z| > 2.58) = 0.01$ 이다)

기출 15년 3회

→ $H_0 : \mu = 200$, $H_1 : \mu > 200$이다.

대표본이고 모분산을 모르므로 $Z = \dfrac{\overline{X} - \mu_0}{S/\sqrt{n}}$를 이용한다.

$\overline{X} = 209$, $S = 50$, $n = 100$, $\mu_0 = 200$을 대입하면 검정통계량 값은 $Z = \dfrac{209 - 200}{50/\sqrt{100}} = 1.8$이고, 유의수준 5%에서 단측검정이므로 $Z_{0.05} = 1.64 < 1.8$을 만족하여 귀무가설을 기각한다.

따라서 대졸 신입사원의 임금이 작년도에 비하여 올랐다고 할 수 있다.

17 모평균 차이에 대한 검정통계량

(1) 모분산을 알고 있을 경우

두 모집단에서 추출되는 표본의 크기 n_1과 n_2가 충분히 클 때는 두 모집단이 정규분포 인가의 여부에 관계없이 $\overline{X_1} - \overline{X_2}$의 표본분포는 정규분포를 이룬다고 가정한다. 따라서 검정통계량 Z는 다음과 같이 구한다.

$$Z = \dfrac{(\overline{X_1} - \overline{X_2})}{\sqrt{\dfrac{\sigma_1^2}{n_1} + \dfrac{\sigma_2^2}{n_2}}}$$

(2) 모분산을 모르는 경우

① 대표본($n \geq 30$)인 경우 **기출** 18년 1회, 19년 1회, 25년

모분산을 알고 있을 경우의 검정통계량에서 모분산 σ^2 대신 표본분산 S^2를 이용한다.

$$Z = \dfrac{(\overline{X_1} - \overline{X_2})}{\sqrt{\dfrac{S_1^2}{n_1} + \dfrac{S_2^2}{n_2}}}$$

② 소표본($n < 30$)에서 모분산이 동일하다는 것을 알고 있는 경우 또는 모분산이 알려져 있지 않으나 동일한 경우 **기출** 15년 1회, 20년 3회

자유도가 $n_1 + n_2 - 2$인 t-분포를 이용하여 검정하며 검정통계량의 계산식은 다음과 같다.

$$t = \dfrac{(\overline{X_1} - \overline{X_2})}{S_p\sqrt{\dfrac{1}{n_1} + \dfrac{1}{n_2}}} \sim t_{n_1 + n_2 - 2}$$

심화체크

합동표본분산(S_p^2)

$S_p^2 = \dfrac{(n_1 - 1)S_1^2 + (n_2 - 1)S_2^2}{(n_1 + n_2 - 2)}$

$S_1^2 = \dfrac{\sum(X_1 - \overline{X_1})^2}{n_1 - 1}$,

$S_2^2 = \dfrac{\sum(X_2 - \overline{X_2})^2}{n_2 - 1}$

시험에 이렇게 나왔다

[16년 2회, 22년 1회]

Q 대학생이 졸업 후 취업했을 때 초임수준을 조사하였다. 인문사회계열 졸업자 10명과 공학계열 졸업자 20명을 각각 조사한 결과 평균초임은 210만 원과 250만 원이었으며 분산은 각각 300만 원과 370만 원이었다. 두 집단의 평균차이를 추정하기 위한 합동분산은?

① 325.0 ② 324.3
③ 346.7 ④ 347.5

A ④

18 대응표본인 경우 모평균 차이에 대한 검정통계량

기출 16년 1,3회, 17년 2회, 18년 2,3회, 20년 4회

(1) 대응표본의 모평균 차이에 대한 가설검정

대응표본인 경우 두 집단 간의 차이 $D = \mu_1 - \mu_2$에 대한 검정통계량은 자유도가 $n-1$인 t-분포를 이용하여 다음과 같은 공식에 의해서 계산할 수 있다.

$$t = \frac{\overline{D}}{S_D/\sqrt{n}} \sim t_{n-1}$$

(2) 대응표본 t검정과 독립표본 t검정

기출 16년 1,2회, 17년 1회, 18년 2회, 19년 2,3회, 21년 2회, 23년

t검정은 두 집단의 평균차이가 통계적으로 유의한가를 검정하는 분석방법이다. 조사대상의 개체가 같고 반드시 짝을 이루는 경우 대응표본 t검정(쌍체비교)을 실시한다. 독립표본 t검정은 조사대상의 개체가 다르고 반드시 짝을 이룰 필요가 없다.

➕ 플러스원

어느 자동차 회사의 영업담당자는 영업전략의 효과를 검정하고자 한다. 영업사원 10명을 무작위로 추출하여 새로운 영업전략을 실시하기 전과 실시한 후의 영업성과(월 판매량)를 조사하였다. 영업사원의 자동차 판매량의 차이는 정규분포를 따른다고 하자. 유의수준 5%에서 새로운 영업전략이 효과가 있는지 검정한 결과는? (단, 유의수준 5%에 해당하는 자유도 9인 t-분포 값은 -1.833이다) **기출** 18년 2회, 21년 2회

| 실시 이전 | 5 | 8 | 7 | 6 | 9 | 7 | 10 | 10 | 12 | 5 |
| 실시 이후 | 8 | 10 | 7 | 11 | 9 | 12 | 14 | 9 | 10 | 6 |

→ 대응표본인 경우 두 집단 간의 차이 $D=$실시 이후−실시 이전에 대한 검정통계량 $t = \frac{\overline{D}}{S_D/\sqrt{n}}$를 이용한다.

H_0 : 새로운 전략 실시 전후의 판매량에 차이는 없다.
H_1 : 새로운 전략 실시 후에 판매량이 증가하였다.

실시 이전	5	8	7	6	9	7	10	10	12	5
실시 이후	8	10	7	11	9	12	14	9	10	6
D	3	2	0	5	0	5	4	−1	−2	1
D^2	9	4	0	25	0	25	16	1	4	1

$$\overline{D} = \frac{3+2+0+5+0+5+4-1-2+1}{10} = 1.7$$

$$S_D = \sqrt{\frac{(3-1.7)^2 + (2-1.7)^2 + \cdots + (-2-1.7)^2 + (1-1.7)^2}{10-1}} \fallingdotseq 2.497$$

$t = \frac{1.7}{2.497/\sqrt{10}} = 2.153$ 유의수준 5%에서 $-1.833 < |2.153|$이므로 귀무가설을 기각한다.

따라서 새로운 전략 실시 후에 판매량이 증가하였다고 할 수 있다.

시험에 이렇게 나왔다

[16년 1회, 22년 2회]

Q 다음 사례에 알맞은 검정방법은?

> 도시지역의 가족과 시골지역의 가족 간에 가족의 수에 있어서 평균적으로 차이가 있는지를 알아보고자 도시지역과 시골지역 중 각각 몇 개의 지역을 골라 가족의 수를 조사하였다.

① 독립표본 t-검정
② 더빈 왓슨검정
③ χ^2-검정
④ F-검정

A ①

19 모비율/모비율 차이에 대한 검정통계량

(1) 모비율에 대한 가설검정

기출 15년 2회, 18년 1,2,3회, 19년 2,3회, 20년 3회, 21년 3회, 22년 1회

비율의 표본분포는 $np \geq 5$, $n(1-p) \geq 5$일 때 정규분포와 비슷한 모양을 이루게 된다. 따라서 이러한 조건을 충족시키는 경우 표본의 비율 $\hat{p}$에 대한 가설검정은 검정통계량 Z를 이용한다.

$$Z = \frac{\hat{p} - p_0}{\sqrt{p_0(1-p_0)/n}}$$

(2) 모비율 차이에 대한 가설검정 **기출** 16년 2회, 20년 1·2회

모비율의 차 $p_1 - p_2$에 대한 가설검정은 검정통계량 Z를 이용한다.

$$Z = \frac{\hat{p_1} - \hat{p_2}}{\sqrt{\hat{p}(1-\hat{p})\left(\frac{1}{n_1} + \frac{1}{n_2}\right)}}, \quad \hat{p}\text{는 합동표본비율 } \frac{x_1 + x_2}{n_1 + n_2}$$

시험에 이렇게 나왔다
[15년 2회]

Q 모집단으로부터 추출한 크기가 100인 표본으로부터 구한 표본비율이 $\hat{p} = 0.42$이다. 모비율에 대한 가설 $H_0 : p = 0.4$ vs $H_1 : p > 0.4$을 검정하기 위한 검정통계량은?

① $\dfrac{0.4}{\sqrt{0.4(1-0.4)/100}}$

② $\dfrac{0.42 - 0.4}{\sqrt{0.4(1-0.4)/100}}$

③ $\dfrac{0.42 + 0.4}{\sqrt{0.4(1-0.4)/100}}$

④ $\dfrac{0.42}{\sqrt{0.4(1-0.4)/100}}$

A ②

20 모분산에 대한 검정통계량

(1) 모분산에 대한 가설검정 **기출** 16년 1회, 19년 3회, 21년 2회, 23년

모분산 σ^2에 대한 검정통계량은 다음과 같은 공식에 의해서 계산할 수 있다.

$$\chi^2 = \frac{(n-1)S^2}{\sigma_0^2} \sim \chi^2_{n-1}$$

(2) 모분산 $\sigma_1^2 = \sigma_2^2$에 대한 가설검정 **기출** 15년 3회, 17년 1,3회, 19년 3회, 21년 3회

모분산 $\sigma_1^2 = \sigma_2^2$에 대한 검정통계량은 다음과 같은 공식에 의해서 계산할 수 있다.

$$F = \frac{S_1^2/\sigma_1^2}{S_2^2/\sigma_2^2} \quad (H_0 : \sigma_1^2 = \sigma_2^2, \ H_1 : \sigma_1^2 > \sigma_2^2 \text{ 또는 } H_1 : \sigma_1^2 \neq \sigma_2^2)$$

$$F = \frac{S_2^2/\sigma_2^2}{S_1^2/\sigma_1^2} \quad (H_0 : \sigma_1^2 = \sigma_2^2, \ H_1 : \sigma_1^2 < \sigma_2^2)$$

시험에 이렇게 나왔다
[16년 1회]

Q 검정통계량의 분포로 정규분포를 이용하지 않는 검정은?

① 대표본에서 모평균의 검정
② 대표본에서 두 모비율의 차에 관한 검정
③ 모집단이 정규분포인 대표본에서 모분산의 검정
④ 모집단이 정규분포인 소표본에서 모분산을 알 때, 모평균의 검정

A ③

2 기술통계량 산출

01 중심경향값(대푯값)의 이해

(1) 중심경향값의 의의

① 분포의 중심위치를 나타내는 측정치이다. 그러나 중심경향값은 분포의 중앙 또는 도수의 집중점과는 반드시 일치하지는 않는다.

② 중심경향값을 계산하는 방법과 분포의 형태에 따라서는 중심경향값과 분포의 중앙 또는 집중점이 일치하는 경우도 있으나, 일반적으로 중심경향값은 보다 넓은 의미의 분포 중심으로서 변수 전체를 대표하는 값이다.

③ 또한 관찰된 자료들이 어느 곳에 가장 많이 모여 있는가를 나타내는 것이 **집중화 경향**인데 이런 집중화 경향을 나타내는 수치를 분포의 중심경향값이라 하고 이에는 산술평균, 중위수, 최빈수가 있다.

(2) 중심경향값의 구분 기출 18년 2,3회

① 계산적인 중심경향값 : 산술평균, 기하평균, 조화평균, 평방평균 등
② 위치적인 중심경향값 : 중위수, 최빈수, 사분위수, 백분위수 등

02 계산적인 중심경향값(추상적인 중심경향값)

기출 15년 3회, 16년 1회, 17년 2회, 19년 2회

계산적인 중심경향값, 즉 평균은 표본을 가지고 산출하는 것이 아니라 변수 전체를 사용하여 계산해 내는 값으로, 변수 중에서 한 값이라도 변하게 되면 중심경향값에 영향을 준다. 극단적인 변수에 의해 영향을 받기 때문에 추상적인 중심경향값이라고도 한다. 중심경향값에 있어서 그중 평균은 이상치에 영향을 많이 받는다.

(1) 산술평균($\overline{X}$)

기출 15년 1회, 16년 1회, 17년 1,3회, 19년 1,2,3회, 20년 1·2회, 21년 2회

① n개의 수 $x_1, x_2, x_3, \cdots, x_n$이 있을 때, 이들의 합을 개수로 나눈 것을 의미한다. 즉, $(x_1 + x_2 + x_3 + \cdots + x_n)/n$을 말하는데 이를 산술평균($\overline{X}$)이라고 한다.

$$산술평균(\overline{X}) = \frac{1}{n}\sum x_i = \frac{x_1 + x_2 + \cdots + x_n}{n}$$

시험에 이렇게 나왔다

[15년 2회, 18년 2회, 22년 2회]

Q 자료의 위치를 나타내는 척도로 알맞지 않은 것은?

① 중앙값
② 백분위수
③ 표준편차
④ 사분위수

A ③

시험에 이렇게 나왔다

[20년 4회]

Q 자료의 분포에 대한 대푯값으로 평균 대신 중앙값을 사용하는 이유로 가장 적합한 것은?

① 자료의 크기가 큰 경우 평균은 계산이 어렵다.
② 편차의 총합은 항상 0이다.
③ 평균은 음수가 나올 수 있다.
④ 평균은 중앙값보다 극단적인 관측값에 의해 영향을 받는 정도가 심하다.

A ④

심화체크

산술평균 구하기
변량 10, 15, 20, 25, 30의 산술평균은?
→ $\dfrac{10+15+20+25+30}{5} = 20$

② 가중산술평균은 x_1이 f_1개, x_2가 f_2개, $\cdots$, x_n가 f_n개 있을 때, 이들 총합 $f_1x_1 + f_2x_2 + f_3x_3 + \cdots + f_nx_n = \sum f_ix_i$ 를 총개수 $f_1 + f_2 + f_3 + \cdots + f_n = \sum f_i$ 로 나눈 것이다.

$$가중산술평균 = \frac{\sum f_ix_i}{\sum f_i}$$

(2) 기하평균(G) 기출 16년 2회, 21년 3회

① 변화율이나 비율의 평균을 구할 때 이용하는 수치로서 모든 측정치를 곱하여 측정치의 수만큼 제곱근을 구한 것이다.
② 양수인 n개 측정값이 $X = x_1, x_2, x_3, \cdots, x_n$일 때 X의 기하평균은 다음과 같이 정의된다.

$$기하평균(G) = \sqrt[n]{x_1 \times x_2 \times \cdots \times x_n} \text{ (단, } n\text{은 변수의 개수)}$$

③ 극단적인 변수의 값에 의해 영향을 받지만 산술평균보다는 적게 받는다.
④ 인구변동률, 물가변동률, 경제성장률과 같은 비율의 중심경향값 산정에 많이 쓰인다.

(3) 조화평균(H) 기출 17년 3회

① n개의 양수에 대하여 그 역수들을 산술평균한 것의 역수를 말한다.
② 변량 X의 n개 측정값이 $X = x_1, x_2, x_3, \cdots, x_n$일 때 X의 조화평균은 다음과 같이 정의된다.

$$조화평균(H) = \frac{n}{\sum \frac{1}{x_i}} = \frac{1}{\frac{1}{n}\left(\frac{1}{x_1} + \frac{1}{x_2} + \cdots + \frac{1}{x_n}\right)}$$

③ 추상적인 중심경향값으로 극단적인 값의 영향을 받으며, 시간적으로 계속하여 변하는 변량, 속도 등에 사용하는 중심경향값으로 역수를 갖는 변량 외에는 거의 사용하지 않는다.
④ 단위당 평균 산출에 이용한다.

심화체크

기하평균 구하기
변량 2, 4, 8의 기하평균은?
→ $\sqrt[3]{2 \times 4 \times 8} = 4$

심화체크

산술·기하·조화평균의 관계
- 측정값이 서로 다른 경우:
  $\overline{X} > G > H$
- 측정값이 같을 경우: $\overline{X} = G = H$
- 그러므로 3자 간의 관계는
  $\overline{X} \geq G \geq H$가 성립한다.

심화체크

편차란 관측치들의 평균값으로부터 떨어져 있는 거리를 말한다. 편차의 합은 항상 0이다.

03 위치적인 중심경향값(구체적인 중심경향값)

(1) 중위수(중앙값, 중앙치, M_e)

기출 15년 1,2,3회, 16년 1,3회, 17년 3회, 18년 1,2,3회, 19년 1,2회, 20년 4회, 21년 1,2,3회

① 통계집단의 측정값을 크기순으로 배열했을 때 중앙에 위치한 수치를 말한다.
② X의 중위수를 M_e라 하면 n이 홀수일 경우 중위수는 $(n+1)/2$번째의 값이 되고, n이 짝수일 경우 중위수는 $n/2$번째의 값과 $(n/2)+1$번째의 값의 평균값이 된다.
③ 극단적인 값의 영향을 받지 않으며, 중위수에 대한 편차의 절대치의 합은 다른 어떤 수에 대한 편차의 절대치의 합보다 작다.
④ 분포모양이 비대칭인 경우에는 중앙값이 산술평균이나 최빈수보다 자료의 대표성을 높일 수 있다.
⑤ 분포모양이 대칭일 경우에는 중앙값과 산술평균은 일치한다(중앙값과 산술평균이 일치한다고 해서 분포모양이 반드시 대칭인 것은 아니다).
⑥ 수리적으로 다루기가 불편하므로 극단적인 값을 피해야 하는 경우를 제외하고는 거의 사용하지 않는다.
⑦ 정렬된 순서통계량 중에서 배열상 50%에 위치한 값이다.
⑧ 경기변동을 산출할 때 사용한다.
⑨ 관측치의 분포가 극도로 편재되어 있는 경우에 많이 사용한다.
⑩ 제2사분위수와 동일한 측도이다.

(2) 최빈수(최빈값, M_o) **기출** 15년 1,2회, 18년 2,3회, 24년

① 변량 X의 측정값 중에서 출현도수가 가장 많은 값을 말한다. 도수분포표에서는 도수가 가장 많은 계급의 계급값이 최빈수가 된다.
② 통계집단에서 가장 많이 나타나는 변량의 값을 뜻한다. 예를 들면, 어느 학생의 7회에 걸친 성적이 각각 40점, 42점, 45점, 46점, 45점, 45점, 45점이었다면, 7회 중에서 45점이 모두 4회로서 절대 다수이므로 이 학생의 성적 최빈수는 45점이다.
③ 최빈수는 빈도수가 가장 많이 발생한 관찰값이므로 중위수와 마찬가지로 자료 가운데 극단적인 이상점에 영향을 받지 않는다.
④ 최빈수는 가장 쉽게 알아낼 수 있는 중심경향값이고, 같은 관측치를 나타내는 관찰대상의 규모 등을 파악하고자 할 때 자주 이용되는 중심경향값이다.
⑤ 분포모양이 좌우대칭일 때에는 최빈수가 대체로 대표성이 있으며, 최빈수는 전형적인 값이므로 가장 납득하기 쉬운 중심경향값이다.
⑥ 경우에 따라 하나도 없거나 두 개 이상 존재할 수도 있다.
⑦ 명목수준의 측정에서 사용하는 통계기법이다.

심화체크

중위수 구하기
변량 3, 12, 15, 11, 10, 17의 중위수는?
→ 순서대로 배열하면
3, 10, 11, 12, 15, 17로 자료의 개수는 $n=6$이다. n이 짝수이므로 중위수는 $n/2$번째의 값(11)과 $(n/2)+1$번째의 값(12)의 평균값인 $(11+12)/2=11.5$이다.

시험에 이렇게 나왔다

[15년 2회, 18년 3회]

① 어느 대학교에서 학생들을 대상으로 4개의 변수(키, 몸무게, 혈액형, 월평균 용돈)에 대한 관측값을 얻었다. 이들 변수 중 관측값들을 대표하는 측도로 최빈값(Mode)을 사용하는 것이 가장 적합한 것은?

① 키
② 몸무게
③ 혈액형
④ 월평균 용돈

A ③

(3) 사분위수 기출 25년

변량 X의 n개의 측정값을 작은 것부터 크기순으로 배열하였을 때 전체 측정값을 4등분하는 위치에 오는 값을 의미한다.

① 제1사분위수(Q_1 : Quartile1) : 자료를 오름차순으로 정리했을 경우 첫 번째 4등분점
② 제3사분위수(Q_3 : Quartile3) : 자료를 오름차순으로 정리했을 경우 세 번째 4등분점

➕ 플러스윈

줄기와 잎 그림 기출 16년 1회, 19년 2회

줄기와 잎 그림이란 데이터를 줄기와 잎으로 나누어 대략적인 분포를 확인하는 기법이다. 일반적으로 자료의 일의 단위를 잎으로, 십의 자리 이상을 줄기로 구분한다.

25	45	31	54	15	16	19	37	54

1	5 6 9
2	5
3	1 7
4	5
5	4 4

줄기는 열을 맞추어 작은 값부터 차례로 작성하고, 줄기의 오른쪽에 잎의 숫자를 오름차순으로 작성한다.

상자그림(상자와 수염그림) 기출 17년 2회, 19년 1회

주어진 자료를 그대로 이용하여 그래프를 그리는 것이 아니라 자료로부터 얻어낸 통계량인 다섯 수치요약을 이용하여 그린다. 이상값은 *로 표시한다. 상자그림은 집단이 여러 개인 경우에도 한 공간에 표현할 수 있으며 분포의 모양, 중심 위치, 이상치 등 자료의 특성을 파악할 수 있다.

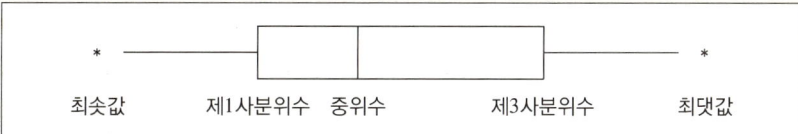

시험에 이렇게 나왔다

[19년 1회]

01 상자그림에 대한 설명으로 틀린 것은?

① 상자그림을 보면 자료의 분포를 개략적으로 파악할 수 있다.
② 두 집단의 분포 모양에 대한 비교가 가능하다.
③ 이상값에 대한 정보를 알 수 있다.
④ 상자그림의 상자 길이와 분산과는 아무런 관련이 없다.

🅰 ❹

04 산술평균($\overline{X}$), 중위수(M_e), 최빈수(M_o)의 관계

기출 16년 2회, 17년 2회, 18년 2회, 19년 1회, 24년

(1) 좌우대칭분포일 경우 : $\overline{X} = M_e = M_o$

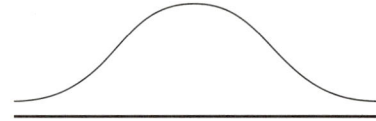

(2) 좌측 비대칭분포일 경우 : $\overline{X} > M_e > M_o$

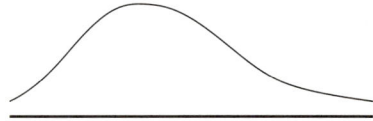

(3) 우측 비대칭분포일 경우 : $\overline{X} < M_e < M_o$

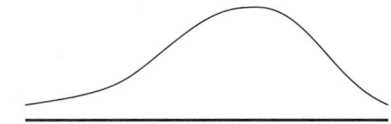

05 산포도의 정도

(1) 산포도의 의의
① 자료의 분산 상황을 나타내는 수치로 변량 x와 그 분포 $F(x)$가 주어졌을 때, 그 분포의 중심적 위치의 측도를 m이라 할 때 $F(x)$의 m 주위에서 흩어져 있는 정도를 나타내는 기술적 지표이다.
② '분산도'라고도 하며, 크기가 고르지 않은 집단의 특징은 평균 외에 자료의 값이 흩어져 있는 정도를 조사하면 더욱 뚜렷해진다. 산포도가 클수록 그 분포의 흩어진 폭이 넓고, 산포도가 작을수록 분포의 흩어진 폭은 좁다.
③ 개개의 관찰값이 중심경향값 주위에 어떻게 분포되어 있는가를 계량하는 척도를 말한다.

(2) 산포도의 종류
기출 15년 2회, 16년 1회, 17년 1,2회, 19년 2,3회, 21년 2,3회, 23년, 24년
① 절대적인 분포의 산포도 : 범위, 사분위수 범위, 평균편차, 사분편차, 분산·표준편차
② 상대적인 분포의 산포도 : 변이계수(변동계수), 사분위편차계수, 평균편차계수

심화체크

[15년 1회, 22년 1회]

중심경향값과 산포도
- 중심경향값 : 자료의 대략적인 중심위치 파악(평균, 중위수, 최빈값 등)
- 산포도 : 흐트러진 정도의 척도(분산, 표준편차, 변동계수, 범위 등)

시험에 이렇게 나왔다

[15년 1회]

01 다음 통계량 중 그 성격이 다른 것은?
① 평 균 ② 분 산
③ 최빈값 ④ 중앙값

A ②

06 절대적인 분포의 산포도

산포도를 측정하기 위하여 가장 널리 쓰이는 통계방법으로 범위, 사분위편차, 평균편차, 표준편차가 있다.

(1) 범위(Range) 기출 15년 1회, 18년 1회

① 자료의 분산을 측정하는 가장 간단한 방법으로 자료의 관측치 가운데 가장 큰 **최댓값과 최솟값의 차이**를 말한다.

$$\text{범위}(R) = \text{자료의 최댓값} - \text{자료의 최솟값}$$

② 가장 간단히 구할 수 있는 산포도이며, 표본의 크기가 일정하며 그다지 크지 않은 표본을 다룰 때 매우 편리하다.

(2) 사분위수 범위(IQR) 기출 16년 2,3회, 17년 1,2회, 25년

제3사분위수(Q_3)와 제1사분위수(Q_1)의 차이를 말한다.

$$\text{사분위수 범위}(IQR) = Q_3 - Q_1$$

(3) 평균편차(Mean Deviation)

① 관측치들의 평균값으로부터 떨어져 있는 거리를 말한다.
② 평균편차란 평균값에 대한 각 변량의 편차의 절댓값을 평균한 값으로 보통은 산술평균에서의 편차의 절댓값의 평균값을 취하고 있다.
③ 변수 $x_1, x_2, \cdots, x_n$이 있을 때 이 변수의 평균편차는 다음과 같다.

$$\text{평균편차}(MD) = \frac{1}{n}\sum|x_i - \overline{X}|$$

(4) 사분편차(Quartile Deviation)

① 제3사분위수(Q_3)에서 제1사분위수(Q_1)를 뺀 값(사분위수 범위)의 $\frac{1}{2}$ 값이다.

$$\text{사분편차} = (Q_3 - Q_1)/2$$

② 극단적인 값의 영향을 받지 않으며, 중심경향값이 중위수일 때 쓰이는 산포도이다.
③ 범위의 극단적인 값의 영향을 받아 불안정함을 개선하기 위하여 고안된 산포도로 주로 변수가 많을 때 사용한다.

심화체크

범위는 극단적인 최댓값 또는 최솟값에 민감하게 영향을 받으므로 매우 불안정하다. 따라서 산포도로 크게 이용되지 않는다.

시험에 이렇게 나왔다

[20년 4회]

Q 산포도에 관한 설명으로 틀린 것은?

① 관측값들이 평균으로부터 멀리 떨어져 나타날수록 분산은 커진다.
② 범위는 변수값으로 측정된 관측값들 중에서 가장 큰 값과 가장 작은 값의 절대적인 차이를 말한다.
③ 분산은 평균편차의 절댓값들의 평균이다.
④ 표준편차는 분산의 제곱근이다.

A ❸

(5) 분산과 표준편차

> **기출** 15년 3회, 16년 3회, 17년 1회, 18년 2회, 19년 3회, 20년 3,4회, 22년 2회

① 분산은 편차의 제곱의 합을 자료의 수로 나눈 값이다.

② 분산과 표준편차의 관계

$$표준편차(\sigma) = \sqrt{분산}$$

③ 모집단의 수를 N, 평균을 μ, 분산을 σ^2 그리고 표본의 수를 n, 평균을 $\overline{X}$, 분산을 S^2라 할 때, 모집단과 표본의 분산은 다음과 같다.

$$\sigma^2 = \frac{\sum(X_i - \mu)^2}{N} = \frac{1}{N}\sum X_i^2 - \mu^2$$

$$S^2 = \frac{\sum(X_i - \overline{X})^2}{n-1} = \frac{\sum X_i^2 - n\overline{X}^2}{n-1}$$

④ 분산이 0이면 모든 변량이 평균값에 집중되고 있음을 의미하며, 분산의 값이 크면 클수록 변량이 평균에서 멀리 떨어져 있다는 것을 의미한다.

07 상대적인 분포의 산포도

(1) 변이계수(변동계수, CV)

> **기출** 15년 1,3회, 16년 1,2,3회, 17년 1,3회, 18년 3회, 19년 1회, 20년 1·2,3회, 21년 1,2,3회, 22년 2회, 24년

① 표준편차를 산술평균으로 나눈 값이다.

$$변이계수 = \frac{S}{\overline{X}}$$

② 평균의 차이가 큰 두 집단의 산포를 비교할 때 이용한다.
③ 단위가 다른 두 집단의 산포를 비교할 때 이용한다.
④ 관찰치의 산포의 정도를 상대적으로 비교할 때 이용한다.
⑤ 변이계수의 값이 큰 분포보다 작은 분포가 상대적으로 평균에 더 밀집되어 있는 분포이다.

(2) 사분위편차계수

사분편차를 중위수로 나눈 몫을 사분위편차계수라 한다.

(3) 평균편차계수

평균편차를 중위수 또는 산술평균으로 나눈 몫을 평균편차계수라 한다.

심화체크

$$\sum(X_i - \overline{X})^2 = \sum X_i^2 - n\overline{X}^2$$

심화체크

[16년 3회, 20년 4회]
분산은 평균편차를 제곱한 것이므로 관측치의 단위가 다르다.

시험에 이렇게 나왔다

[20년 3회]

Q 다음 중 단위가 다른 두 집단의 자료 간 산포를 비교하는 측도로 가장 적절한 것은?

① 분 산 ② 표준편차
③ 변동계수 ④ 표준오차

A ❸

시험에 이렇게 나왔다

[15년 1회, 19년 1회]

Q 남, 여 두 집단의 연간 상여금의 평균과 표준편차는 각각 (200만 원, 30만 원), (130만 원, 20만 원)이다. 두 집단의 산포를 변동(변이)계수를 통해 비교한 것으로 옳은 것은?

① 남자의 상여금 산포가 더 크다.
② 여자의 상여금 산포가 더 크다.
③ 남녀의 상여금 산포가 같다.
④ 비교할 수 없다.

A ❷

08 분포의 모양과 비대칭도

(1) 왜 도

① 왜도의 의의

자료분포의 모양이 어느 쪽으로 얼마만큼 기울어져 있는가, 즉 비대칭 정도를 나타내는 척도이다. 대칭을 이루는 정규분포는 최빈수와 함께 평균과 중위수가 중앙의 한 곳에 위치하는 데 반해 최빈수가 도수곡선의 왼쪽이나 오른쪽에 위치할 경우 평균과 중위수는 최빈수의 위치와는 다른 곳에 위치하게 된다.

② 왜도의 특징

기출 15년 1회, 16년 1회, 17년 1,2회, 18년 2회, 19년 1,2,3회, 20년 3회, 21년 2,3회, 22년 2회, 23년

㉠ 왜도가 0이면 대칭분포를 이룬다(정규분포).

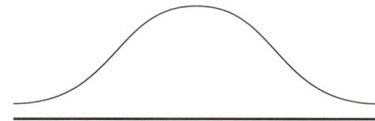

㉡ 왜도가 0보다 크면 왼쪽으로 기울어진 분포이다.

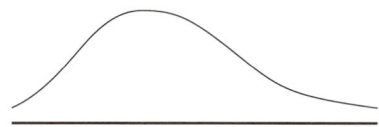

㉢ 왜도가 0보다 작으면 오른쪽으로 기울어진 분포이다.

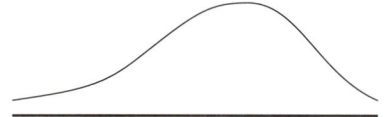

㉣ 왜도의 절댓값이 클수록 비대칭 정도는 커진다.

(2) 피어슨 대칭도(S_k) 기출 16년 1,3회, 17년 1회, 19년 3회, 20년 4회, 23년

$$S_k \simeq \frac{\overline{X} - M_o}{S} \simeq \frac{3(\overline{X} - M_e)}{S}$$

S_k : 비대칭 계수, $\overline{X}$: 산술평균, M_o : 최빈수, M_e : 중위수, S : 표준편차

① S_k가 0이면 대칭분포를 이룬다($M_o = \overline{X}$).

② S_k가 0보다 크면 왼쪽으로 기울어진 분포이다($M_o < \overline{X}$).

③ S_k가 0보다 작으면 오른쪽으로 기울어진 분포이다($M_o > \overline{X}$).

④ $-1 < S_k < 1$

시험에 이렇게 나왔다

[16년 1회, 19년 2회]

Q 비대칭도에 관한 설명으로 틀린 것은?

① 비대칭도의 값이 1이면 좌우대칭형인 분포를 나타낸다.
② 비대칭도의 부호는 관측값 분포의 긴 쪽 꼬리방향을 나타낸다.
③ 비대칭도의 대칭성 혹은 비대칭성을 나타내는 측도이다.
④ 비대칭도의 값이 음수이면 자료의 분포형태가 왼쪽으로 꼬리를 길게 늘어뜨린 모양을 나타낸다.

A ❶

시험에 이렇게 나왔다

[19년 3회, 22년 2회]

Q 피어슨의 대칭도를 대표치들 간의 관계식으로 바르게 나타낸 것은? (단, $\overline{X}$: 산술평균, M_e : 중위수, M_o : 최빈수)

① $\overline{X} - M_o = 3(M_e - \overline{X})$
② $M_o - \overline{X} = 3(M_o - M_e)$
③ $\overline{X} - M_o = 3(\overline{X} - M_e)$
④ $M_o - \overline{X} = 3(M_e - M_o)$

A ❸

(3) 첨도

① 첨도의 의의

분포도가 얼마나 중심에 집중되어 있는가, 즉 분포의 중심이 얼마나 뾰족한가를 측정하는 것이다.

② 첨도의 특징 [기출] 15년 1회, 18년 2회

㉠ '첨도＝3'이면 표준정규분포로 중첨이라고 한다.
㉡ '첨도＞3'이면 표준정규분포보다 정점이 높고 뾰족한 모양으로 급첨이라고 한다.
㉢ '첨도＜3'이면 표준정규분포보다 낮고 무딘 모양으로 완첨이라고 한다.

3 교차분석(카이제곱 검정)

01 교차분석의 이해

(1) 교차분석의 의의 [기출] 15년 3회

범주형인 명목척도와 서열척도의 성격을 가진 두 변수가 가진 각 범주를 교차하여 해당 도수를 표시하는 교차분석표를 작성하여 두 변수 간의 관련성을 분석하는 기법이다.

(2) 교차표의 작성

① 독립변수와 종속변수를 결정한다.
② 독립변수에 대한 각 카테고리의 백분율을 계산한다.
③ 독립변수의 백분율 계산 카테고리와 종속변수의 카테고리 중 하나를 선택하여 비교한다.

(3) 교차분석의 원리

교차분석은 범주형인 두 변수에 대한 교차표를 작성하여 교차표의 각 셀의 관찰도수와 기대도수 간의 차이를 검정하기 위하여 카이제곱(χ^2) 검정통계량을 사용한다. 카이제곱검정은 교차표에 나타난 변수 간의 유의성을 알아보는 방법으로서 모집단에서 두 집단 간의 관련성이 없다는 전제하에 각 카테고리의 기대도수의 값을 구하는 것이다.

(4) 분석 절차

① 집단별로 차이가 있는지에 관하여 귀무가설과 대립가설을 설정한다.
② 교차분석표를 작성한다.
③ 실제도수와 기대도수 간의 차이를 계산하여 χ^2 값을 구한다.
④ χ^2 통계량과 임계치를 상호 비교하여 차이가 있는지에 대한 가설을 검정하여 채택하거나 기각할 수 있다.

시험에 이렇게 나왔다

[15년 1회, 18년 2회, 20년 3회]

Q 왜도가 0이고 첨도가 3인 분포의 형태는?

① 좌우대칭인 분포
② 왼쪽으로 치우친 분포
③ 오른쪽으로 치우친 분포
④ 오른쪽으로 치우치고 뾰족한 모양의 분포

A ①

시험에 이렇게 나왔다

[19년 1회]

Q 두 정당 (A, B)에 대한 선호도가 성별에 따라 다른지 알아보기 위하여 1,000명을 임의추출하였다. 이 경우에 가장 적합한 통계분석법은?

① 분산분석   ② 회귀분석
③ 인자분석   ④ 교차분석

A ④

시험에 이렇게 나왔다

[15년 3회]

Q 두 명목범주형 변수 사이의 연관성을 보고자 할 때 가장 적합한 것은?

① 피어슨 상관계수
② 순위(스피어만) 상관계수
③ 산점도
④ 분할표(교차표)

A ④

02 카이제곱 독립성 검정과 동일성 검정

기출 15년 1회, 16년 1회, 18년 1회, 20년 1·2회, 22년 1회, 24년, 25년

(1) 정 의
① **독립성 검정**
모집단에서 추출한 자료들이 두 가지 변수로 A, B에 의해서 범주화되어 있을 때 이들 두 가지 변수 A, B 사이에 연관성이 있는지를 검정하는 것을 독립성 검정이라고 한다.

② **동일성(동질성) 검정**
모집단을 주어진 변수 A에 따라 R개의 속성으로 범주화한 뒤 R개의 부분 모집단으로부터 추출한 각 표본을 C개의 범주로 주어졌을 때 이들 각 모집단의 분포가 동일한가의 여부를 판단하는 것을 동일성 검정이라고 한다.

(2) 분석 절차
① **가설 설정**
㉠ 독립성 검정

> 귀무가설(H_0) : 두 변수는 서로 연관성이 없다(서로 독립이다).
> 대립가설(H_1) : 두 변수는 서로 연관성이 있다(서로 독립이 아니다).

㉡ 동일성 검정

> 귀무가설(H_0) : 각 범주 $j = 1, 2, \cdots, c$에 대해서 $P_{1j} = P_{2j} = \cdots = P_{rj}$
> 대립가설(H_1) : 귀무가설은 사실이 아니다.

② **기대도수 구하기** **기출** 16년 2회, 17년 2회, 19년 3회, 20년 3회, 21년 1회

$$\widehat{E_{ij}} = \frac{O_{i.} \times O_{.j}}{n}$$

$O_{i.}$: 행의 합, $O_{.j}$: 열의 합, n : 전체 관측도수

③ **검정통계량 구하기**
기출 15년 3회, 16년 1회, 17년 1회, 18년 3회, 19년 2,3회, 20년 4회, 21년 3회, 24년

$$\chi^2 = \sum_{i=1}^{r}\sum_{j=1}^{c} \frac{(O_{ij} - \widehat{E_{ij}})^2}{\widehat{E_{ij}}} \sim \chi^2_{(r-1)(c-1)}$$

O_{ij} : 관찰도수, $\widehat{E_{ij}}$: 기대도수

④ **자유도**
기출 15년 1,2회, 16년 3회, 17년 3회, 18년 1,3회, 20년 1·2,3,4회, 21년 2회, 22년 2회, 23년
r행 c열 분할표에서 카이제곱 통계량의 자유도는 $(r-1) \times (c-1)$이다.

심화체크
카이제곱 독립성·동일성 검정 교차표
- 독립성 검정 : A변수에 대한 속성이 r개, B변수에 대한 속성이 c개라 할 때, $r \times c$ 교차표를 만든다.
- 동일성 검정 : A변수에 대한 집단이 r개, B변수에 대한 속범주가 c개라 할 때, $r \times c$ 교차표를 만든다.

A\B	B_1	B_2	$\cdots$	B_c	합계
A_1	O_{11}	O_{12}	$\cdots$	O_{1c}	$O_{1.}$
A_2	O_{21}	O_{22}	$\cdots$	O_{2c}	$O_{2.}$
$\vdots$	$\vdots$	$\vdots$	$\vdots$	$\vdots$	$\vdots$
A_r	O_{r1}	O_{r2}	$\cdots$	O_{rc}	$O_{r.}$
합계	$O_{.1}$	$O_{.2}$	$\cdots$	$O_{.c}$	n

시험에 이렇게 나왔다
[15년 1회]

Q 2차원 교차표에서 행 변수의 범주 수는 5이고, 열 변수의 범주 수는 4개이다. 두 변수 간의 독립성 검정에 사용되는 검정통계량의 분포는?
① 자유도 9인 카이제곱 분포
② 자유도 12인 카이제곱 분포
③ 자유도 9인 t분포
④ 자유도 12인 t분포

A ❷

심화체크
오즈(Odds, 승산)
$$\frac{일어날 확률(p)}{일어나지 않을 확률(1-p)}$$

오즈비(Odds Ratio, 승산비)
2개의 확률 p, q에 대한 2개의 오즈 비율
- $\dfrac{p/1-p}{q/1-q}$
- 오즈비가 1보다 크면 확률 p가 q보다 일어나기 쉽다는 뜻
- 오즈비가 1보다 작으면 확률 q가 p보다 일어나기 쉽다는 뜻

03 카이제곱 적합성 검정

기출 16년 2회, 17년 2회, 18년 2회, 19년 1,3회, 20년 4회, 21년 2회, 25년

(1) 정 의

모집단의 분포에 대한 가정이 옳은지를 실제 관측된 자료를 바탕으로 검정하는 것을 적합성 검정이라 한다. n개의 표본자료를 k개의 범주로 분류하여 각 범주에 속하는 관측도수(관찰빈도)와 귀무가설하에서 주어진 확률분포에 대해 각 범주에 속하는 기대도수(기대빈도) 간에 잘 적합되는지를 검정하는 것이다.

(2) 분석 절차

① 가설 설정

> 귀무가설(H_0) : 실제분포와 이론적 분포는 일치한다.
> 대립가설(H_1) : 실제분포는 이론적 분포와 일치하지 않는다.

② 기대도수 구하기

> $$E_i = n\pi_i$$
> π_i : 미리 주어진 확률

③ 검정통계량 구하기 기출 15년 1,2회, 18년 2,3회

> $$\chi^2 = \sum_{i=1}^{k} \frac{(O_i - E_i)^2}{E_i} \sim \chi^2_{(k-1)}$$
> O_i : 관찰도수, E_i : 기대도수, $i = 1, 2, \cdots, k$

④ 자유도 기출 15년 2회

카이제곱 적합성 검정에서 통계량의 자유도는 $k-1$이다.

심화체크

카이제곱 적합성 검정 교차표

범주	1	2	…	k	합계
O_i (관찰도수)	O_1	O_2	…	O_k	n
E_i (기대도수)	p_1	p_2	…	p_k	1

시험에 이렇게 나왔다

[20년 4회]

Q 어떤 동전이 공정한가를 검정하고자 20회를 던져본 결과 앞면이 15번 나왔다. 이 검정에서 사용되는 카이제곱 통계량 $\sum_{i=1}^{2} \frac{(O_i - e_i)^2}{e_i}$ 의 값은?

① 2.5   ② 5
③ 10   ④ 12.5

A ②

4 평균차이 분석

01 분산분석의 이해

(1) 분산분석의 개념 기출 16년 3회, 18년 3회, 19년 2회, 20년 4회

① 두 집단의 평균차이가 통계적으로 유의한가를 검정하는 분석방법은 t검정이며, 세 집단 이상의 평균차이가 통계적으로 유의한가를 검정하는 분석방법을 분산분석(Analysis of Variance) 혹은 간단히 ANOVA라고 한다.
② 독립변수는 범주형 척도이고 종속변수는 연속형 척도이어야 한다.
③ 독립변수를 요인(Factor, 인자)이라고도 하며, 요인이 가지는 값을 요인수준(인자수준, 처리)이라고 한다.

(2) 분산분석을 위한 기본 가정 기출 18년 2회, 22년 1회

① 종속변수는 등간척도 또는 비율척도이어야 한다.
② 모집단의 분포는 정규분포를 이루어야 한다.
③ 각 모집단의 분산(표준편차)은 동일해야 한다.
④ 각 집단의 표본은 독립적이어야 한다.

(3) 분산분석의 특징 기출 15년 1,2회, 18년 2회, 20년 3회, 21년 2회

① 세 개 이상 집단 간의 모평균을 비교함이 목적이다.
② 검정통계량은 F-분포를 사용한다.
③ F값은 집단 간 분산을 집단 내 분산으로 나눈 값이다.
④ 모수적 가설검정법이다.
⑤ 집단 간 차이가 커지면 F값이 커진다.
⑥ 각 집단별 자료의 수가 다를 수 있다.

(4) 분산분석의 오차항에 대한 기본 가정

기출 15년 1,3회, 16년 1회, 17년 1,3회, 18년 1회, 19년 1,2회, 20년 1·2회, 21년 2,3회, 22년 2회, 25년

① 독립성
   임의의 오차 ϵ_{ij}와 $\epsilon_{i'j'}$는 서로 독립이다.
② 정규성
   오차 ϵ_{ij}의 분포는 정규분포를 따른다.
③ 등분산성
   오차 ϵ_{ij}의 분산은 σ_ϵ^2으로 어떤 i, j에 대해서도 같다.

시험에 이렇게 나왔다
[19년 2회]

Q 3개 이상의 모집단의 모평균을 비교하는 통계적 방법으로 가장 적합한 것은?
① t-검정 ② 회귀분석
③ 분산분석 ④ 상관분석

A ③

심화체크
[17년 2회]

요인(인자)은 실험계획에서 데이터의 산포에 영향을 미치는 것으로 실험환경이나 실험조건을 나타내는 변수라고 할 수 있다. 요인이 학력이라면 요인수준은 고졸, 전문대, 대졸, 대학원 등이다.

시험에 이렇게 나왔다
[15년 1회]

Q 일원분산분석에 대한 설명 중 틀린 것은?
① 제곱합들의 비를 이용하여 분석하므로 F분포를 이용하여 검정한다.
② 오차제곱합을 이용하므로 χ^2분포를 이용하여 검정할 수도 있다.
③ 세 개 이상 집단 간의 모평균을 비교하고자 할 때 사용한다.
④ 총제곱합은 처리제곱합과 오차제곱합으로 분해된다.

A ②

시험에 이렇게 나왔다
[19년 1회]

Q 일원분산분석모형에서 오차항에 대한 가정에 해당되지 않는 것은?
① 정규성 ② 독립성
③ 일치성 ④ 등분산성

A ③

> **심화체크**
>
> **이원분산분석법**
> 요인이 2개인 경우의 종속변수(반응변수)의 평균차이 분석에 사용한다. 예를 들면, 성별, 교육수준에 따라 임금 차이를 분석하고자 할 때 사용한다.
>
> **다원분산분석법**
> 요인이 3개 이상인 경우의 종속변수(반응변수)의 평균차이 분석에 사용한다. 예를 들면 지역별, 성별, 교육수준에 따라 임금 차이를 분석하고자 할 때 사용한다.

02 일원분산분석

(1) **개 념** 기출 15년 3회, 18년 1,3회, 21년 2,3회, 22년 2회

일원배치 분산분석은 관측치에 영향을 주는 요인이 1개인 경우의 종속변수(반응변수)의 평균차이 분석에 사용한다.

(2) **모 형**

일원배치 분산분석에서 요인수준(처리의 수)이 p개이고, 각 요인수준에서 반복측정된 값이 $n_1, \cdots, n_p$를 경우의 수로 가지는 자료구조는 다음과 같이 나타낼 수 있다.

요인	관측값
수준(처리) 1	$y_{11}\ y_{12}\ \cdots\ y_{1n_1}$
수준(처리) 2	$y_{21}\ y_{22}\ \cdots\ y_{2n_2}$
$\vdots$	$\vdots$
수준(처리) p	$y_{p1}\ y_{p2}\ \cdots\ y_{pn_p}$

(3) **구조식** 기출 16년 2회, 17년 1회, 19년 1회, 20년 4회, 24년

모평균 μ_i는 i번째 요인수준에서의 모평균을 나타낸다. ϵ_{ij}는 y_{ij}를 측정할 때 발생하는 오차를 나타내는 항이다.

$$y_{ij} = \mu + a_i + \epsilon_{ij}$$
$$a_i = \mu_i - \mu, \ \sum a_i = 0, \ i = 1, 2, \cdots, p, \ j = 1, 2, \cdots, n_i$$

(4) **가설 설정** 기출 16년 1회, 17년 3회, 18년 3회, 19년 1,3회, 24년

귀무가설(H_0) : $\mu_1 = \mu_2 = \cdots = \mu_p$
대립가설(H_1) : 모든 μ_i가 같은 것은 아니다($i = 1, 2, \cdots, p$).

> **심화체크**
>
> $\mu_1 = \mu_2 = \cdots = \mu_p$이면
> $a_i = \mu_i - \mu$에서
> $a_1 = a_2 = \cdots = a_p = 0$이다.
> 즉, 귀무가설은
> '$a_1 = a_2 = \cdots = a_p = 0$'라고도 할 수 있으며, 이에 대한 대립가설은 '모든 a_i가 같은 것은 아니다
> ($i = 1, 2, \cdots, p$)'이다.

03 일원분산분석표

(1) **변동의 분해** 기출 16년 2회, 20년 4회, 21년 3회

① p개의 요인수준을 각 r회 반복할 경우, 총변동량을 요인 간에 발생하는 변동과 잔차에 의해서 발생하는 변동으로 분해하면 $y_{ij} - \overline{\overline{y}} = (\overline{y_i} - \overline{\overline{y}}) + (y_{ij} - \overline{y_i})$로 분해할 수 있다.

② 위의 식에서 양변을 제곱하여 모든 i, j에 대하여 정리하면 다음과 같다.

$$\sum_{i=1}^{p}\sum_{j=1}^{r}(y_{ij}-\overline{\overline{y}})^2 = \sum_{i=1}^{p}\sum_{j=1}^{r}(\overline{y_i}-\overline{\overline{y}})^2 + \sum_{i=1}^{p}\sum_{j=1}^{r}(y_{ij}-\overline{y_i})^2$$

㉠ 총제곱합(SST) : $\sum_{i=1}^{p}\sum_{j=1}^{r}(y_{ij}-\overline{\overline{y}})^2$

㉡ 처리(집단 간)제곱합(SSR) : $\sum_{i=1}^{p}\sum_{j=1}^{r}(\overline{y_i}-\overline{\overline{y}})^2 = r\sum_{i=1}^{p}(\overline{y_i}-\overline{\overline{y}})^2$

㉢ 잔차(집단 내)제곱합(SSE) : $\sum_{i=1}^{p}\sum_{j=1}^{r}(y_{ij}-\overline{y_i})^2$

(2) 일원분산분석표

기출 15년 1,2,3회, 16년 2,3회, 17년 1,2,3회, 18년 1,2,3회, 19년 2,3회, 20년 1·2,3,4회, 21년 1,2회, 22년 2회, 23년, 25년

요인	제곱합(SS)	자유도(df)	평균제곱(MS)	F
처리 (집단 간)	$SSR=\sum_{i=1}^{p}\sum_{j=1}^{r}(\overline{y_i}-\overline{\overline{y}})^2$	$p-1$	$MSR=SSR/(p-1)$	MSR/MSE $\sim F_{\alpha, p-1, N-p}$
잔차 (집단 내)	$SSE=\sum_{i=1}^{p}\sum_{j=1}^{r}(y_{ij}-\overline{y_i})^2$	$N-p$	$MSE=SSE/(N-p)$	
총계	$SST=\sum_{i=1}^{p}\sum_{j=1}^{r}(y_{ij}-\overline{\overline{y}})^2$	$N-1$		

*$N=n_1+n_2+\cdots+n_p$, 즉 총 관찰 개수

➕ 플러스원

다음 분산분석표의 ( )에 들어갈 값으로 옳은 것은? **기출** 17년 2회

요인	제곱(평방)합	자유도	평균제곱	F	유의확률
처리	9.214	3	3.071	(ㄴ)	0.010
오차	(ㄱ)	135	0.775		
계	113.827	138			

→ ㄱ : 113.827 − 9.214 = 104.613
　ㄴ : 3.071/0.775 ≒ 3.963

시험에 이렇게 나왔다

[15년 1회]

Q A, B, C 세 공법에 대하여 다음의 자료를 얻었다.

A : 56, 60, 50, 65, 64
B : 48, 61, 48, 52, 46
C : 55, 60, 44, 46, 55

일원분산분석을 통하여 위의 세 가지 공법 사이에 유의한 차이가 있는지 검정하고자 할 때, 처리제곱합의 자유도는?

① 1　　② 2
③ 3　　④ 4

A ❷

시험에 이렇게 나왔다

[17년 2회, 22년 1회]

Q 일원배치 분산분석에서 자유도에 대한 설명으로 틀린 것은?

① 집단 간 변동의 자유도는 (집단의 개수−1)이다.
② 총 변동의 자유도는 (자료의 총 개수−1)이다.
③ 집단 내 변동의 자유도는 총 변동의 자유도에서 집단 간 변동의 자유도를 뺀 값이다.
④ 집단 내 변동의 자유도는 (자료의 총 개수− 집단의 개수−1)이다.

A ❹

CHAPTER 02 적중예상문제

01
표본에 근거한 추정문제에서 추정하고자 하는 모수와 추정량의 기댓값과 차이는?

① 유의수준 ② 신뢰구간
③ 점추정   ④ 편의

해설 모수와 추정량의 차이를 편의라고 한다. 통계에서 추정이란 표본의 특성을 나타내는 수치인 통계량을 기초로 하여 모집단의 특성인 모수를 추측하는 통계적 분석방법을 말한다.

02
어떤 모수에 대한 추정량이 표본의 크기가 커짐에 따라 확률적으로 모수에 수렴하는 성질은?

① 불편성   ② 일치성
③ 충분성   ④ 효율성

해설 일치성이란 표본의 크기(n)가 커짐에 따라 추정량 $\hat{\theta}$이 확률적으로 모수 θ에 가깝게 수렴하는 성질이다.
즉, $\lim_{n\to\infty} P(|\hat{\theta}-\theta|<\epsilon) = 1$이다.

03
모수의 추정에서 사용할 추정량이 가져야 할 바람직한 성질이 아닌 것은?

① 편의성   ② 일치성
③ 유효성   ④ 비편향성

해설 바람직한 통계량은 불편성(비편향성), 효율성(유효성), 일치성, 충분성의 성질을 가져야 한다.

04
크기 n의 표본에 근거한 모수 θ의 추정량을 $\hat{\theta}$이라 할 때 다음 설명으로 틀린 것은?

① $E(\hat{\theta}) = \theta$일 때 $\hat{\theta}$을 불편추정량이라 한다.
② $Var(\hat{\theta}_1) \geq Var(\hat{\theta}_2)$일 때 $\hat{\theta}_1$이 $\hat{\theta}_2$보다 유효하다고 한다.
③ $E(\hat{\theta}) \neq \theta$일 때 $\hat{\theta}$을 편의추정량이라 한다.
④ $\lim_{n\to\infty} P(|\hat{\theta}-\theta|<\epsilon) = 1$일 때 $\hat{\theta}$을 일치추정량이라 한다.

해설 최소분산을 가지는 $\hat{\theta}_2$가 $\hat{\theta}_1$보다 유효하다.

05
추정량이 가져야 할 바람직한 성질이 아닌 것은?

① 편의성(Biasness)
② 효율성(Efficiency)
③ 일치성(Consistency)
④ 충분성(Sufficiency)

해설 바람직한 통계량은 불편성(비편향성), 효율성(유효성), 일치성, 충분성의 성질을 가져야 한다.

06

다음 설명 중 틀린 것은?

① 모수의 추정에 사용되는 통계량을 추정량이라고 하고 추정량의 관측값을 추정치라고 한다.
② 모수에 대한 추정량의 기댓값이 모수와 일치할 때 불편추정량이라 한다.
③ 모표준편차는 표본표준편차의 불편추정량이다.
④ 표본평균은 모평균의 불편추정량이다.

해설 모표준편차의 점추정량은 표본표준편차와 같다. 또한 모분산의 불편추정량은 표본분산이지만 모표준편차의 불편추정량이 표본표준편차인 것은 아니다.

07

정규모집단 $N(\mu, \sigma^2)$에서 추출한 확률표본 $X_1, X_2, \cdots, X_n$의 표본분산 $S^2 = \dfrac{1}{n-1}\sum_{i=1}^{n}(X_i - \overline{X})^2$에 대한 설명으로 옳은 것은?

① S^2은 σ^2의 불편추정량이다.
② S는 σ의 불편추정량이다.
③ S^2은 카이제곱분포를 따른다.
④ S^2의 기댓값은 σ^2/n이다.

해설 모분산의 추정량으로써 편차제곱합 $\sum(X_i - \overline{X})^2$을 n으로 나눈 것보다는 $(n-1)$로 나눈 것을 사용하는 이유는 불편성 기준에서 편향이 더 없어 바람직하기 때문이다. 또한 모분산 σ^2의 불편추정량은 S^2이지만 모표준편차 σ의 불편추정량이 표본표준편차 S인 것은 아니다.

08

평균이 μ이고 분산은 σ^2인 정규모집단에서 모평균 μ를 추정하기 위해서 크기 3인 확률표본 X_1, X_2, X_3를 추출하였다. 두 추정량 $\widehat{\theta_1} = (X_1 + X_2 + X_3)/3$과 $\widehat{\theta_2} = (2X_1 + 5X_2 + 3X_3)/10$에 관한 설명으로 옳은 것은?

① $\widehat{\theta_1}$은 불편추정량이고, $\widehat{\theta_2}$는 편향추정량이다.
② $\widehat{\theta_1}$은 일치추정량이고, $\widehat{\theta_2}$는 유효추정량이다.
③ $\widehat{\theta_1}$은 유효추정량이고, $\widehat{\theta_2}$는 불편추정량이다.
④ $\widehat{\theta_2}$는 유효추정량이고, $\widehat{\theta_1}$은 편향추정량이다.

해설
$E(\widehat{\theta_1}) = E\left(\dfrac{X_1 + X_2 + X_3}{3}\right)$
$= \dfrac{1}{3}[E(X_1) + E(X_2) + E(X_3)]$
$= \dfrac{1}{3} \times 3\mu = \mu$
$E(\widehat{\theta_2}) = E\left(\dfrac{2X_1 + 5X_2 + 3X_3}{10}\right)$
$= \dfrac{1}{10}[2E(X_1) + 5E(X_2) + 3E(X_3)]$
$= \dfrac{2\mu + 5\mu + 3\mu}{10} = \mu$
$\widehat{\theta_1}, \widehat{\theta_2}$는 불편추정량(비편향추정량)이다.
$Var(\widehat{\theta_1}) = Var\left(\dfrac{X_1 + X_2 + X_3}{3}\right)$
$= \dfrac{1}{3^2}[Var(X_1) + Var(X_2) + Var(X_3)]$
$= \dfrac{1}{9} \times 3\sigma^2 = \dfrac{\sigma^2}{3}$
$Var(\widehat{\theta_2}) = Var\left(\dfrac{2X_1 + 5X_2 + 3X_3}{10}\right)$
$= \dfrac{1}{10^2}[2\,Var(X_1) + 5\,Var(X_2) + 3\,Var(X_3)]$
$= \dfrac{2^2\sigma^2 + 5^2\sigma^2 + 3^2\sigma^2}{100} = \dfrac{38\sigma^2}{100}$
$Var(\widehat{\theta_1}) < Var(\widehat{\theta_2})$이므로 $\widehat{\theta_1}$은 유효추정량이다.

09

평균체중이 65kg이고 표준편차가 4kg인 고등학교 1학년 학생들에서 임의로 뽑은 크기 100명 학생들의 평균체중 $\overline{X}$의 표준편차는?

① 0.04kg
② 0.4kg
③ 4kg
④ 65kg

해설 표본평균의 표준편차는 표준오차이다.
$\sigma=4$, $n=100$이므로 표준오차는 $\dfrac{\sigma}{\sqrt{n}}=\dfrac{4}{\sqrt{100}}=0.4$이다.

10

표본평균의 표준오차에 대한 설명으로 틀린 것은?

① 표본평균의 표준편차를 말한다.
② 모집단의 표준편차가 클수록 평균의 표준오차는 작아진다.
③ 표본크기가 클수록 표본평균의 표준오차는 작아진다.
④ 표준오차는 0 이상이다.

해설 표준오차는 표본평균의 표준편차로 $\dfrac{\sigma}{\sqrt{n}}$이다.
따라서 모집단의 표준편차가 클수록 표준오차는 커지고, 표본의 크기가 클수록 표준오차는 작아진다.
항상 $n>0$이고 $\sigma\geq 0$이므로 표준편차는 0 이상이다.

11

동일한 모집단으로부터 표본을 보다 더 많이 조사하여 얻을 수 있는 이익으로 옳은 것은?

① 표준편차가 작아진다.
② 표준오차가 작아진다.
③ 표준편차가 커진다.
④ 표준오차가 커진다.

해설 표준오차 $\dfrac{\sigma}{\sqrt{n}}$는 표본의 크기 n이 커지면 작아진다.

12

어느 지역 고등학교 학생 중 안경을 착용한 학생들의 비율을 추정하기 위해 이 지역 고등학생 성별 구성비에 따라 남학생 600명, 여학생 400명을 각각 무작위로 추출하여 조사하였더니 남학생 중 240명, 여학생 중 60명이 안경을 착용한다는 조사결과를 얻었다. 이 지역 전체 고등학생 중 안경을 착용한 학생들의 비율에 대한 가장 적절한 추정값은?

① 0.4
② 0.3
③ 0.275
④ 0.15

해설 모비율의 점추정량은 표본비율과 같다. 전체 고등학생 중 안경을 착용한 학생들의 비율에 대한 추정은 표본비율을 구하면 된다.
표본비율을 구하면 $\dfrac{240+60}{600+400}=0.3$이다.

13

점추정치(Point Estimate)에 관한 설명으로 틀린 것은?

① 표본의 평균으로부터 모집단의 평균을 추정하는 것도 점추정치이다.
② 점추정치는 표본의 평균을 정밀하게 조사하여 나온 결과이기 때문에 항상 모집단의 평균치와 거의 동일하다.
③ 점추정치의 통계적 속성은 일치성, 충분성, 효율성, 불편성 등 4가지 기준에 따라 분석될 수 있다.
④ 점추정치를 구하기 위한 표본평균이나 표본비율의 분포는 정규분포를 따른다.

해설 어느 정규분포 모집단의 평균치를 추정할 때, 모집단으로부터 크기가 n인 확률표본을 구하고 표본평균 $\overline{X}$를 계산하여 점추정치로 사용한다. 모집단의 평균 μ의 추정치인 $\overline{X}$는 좋은 추정식으로서의 자격을 갖추고는 있으나 추출표본의 변화성 때문에 $\overline{X}$가 μ와 똑같다고 기대하기는 힘들다.

14

모평균 μ에 대한 구간추정에서 95% 신뢰수준(Confidence Level)을 갖는 신뢰구간이 100±5라고 할 때, 신뢰수준 95%의 의미는?

① 구간추정치가 맞을 확률이다.
② 모평균의 추정치가 100±5 내에 있을 확률이다.
③ 모평균과 구간추정치가 95%로 같다.
④ 동일한 추정방법을 사용하여 신뢰구간을 100회 반복하여 추정한다면, 95회 정도는 추정신뢰구간이 모평균을 포함한다.

해설 구간추정에서 95% 신뢰구간이란 신뢰구간을 100회 반복하여 측정했을 때 95번은 그 구간 내에 모평균이 포함된다는 의미이다.

15

크기 n인 표본으로 신뢰수준 95%를 갖도록 모평균을 추정하였더니 신뢰구간의 길이가 10이었다. 동일한 조건하에서 표본의 크기만을 1/4로 줄이면 신뢰구간의 길이는?

① 1/4로 줄어든다.
② 1/2로 줄어든다.
③ 2배로 늘어난다.
④ 4배로 늘어난다.

해설 신뢰구간은 표본의 크기의 제곱근에 반비례한다. 따라서 표본의 크기를 1/4로 줄이면 신뢰구간은 $\frac{1}{\sqrt{1/4}} = 2$배로 늘어난다.

16

크기가 100인 표본에서 구한 모평균에 대한 95% 신뢰구간의 길이가 0.2라고 한다면 표본크기를 400으로 늘렸을 때의 95% 신뢰구간의 길이는 얼마인가?

① 0.05
② 0.1
③ 0.15
④ 구할 수 없다.

해설 신뢰구간은 표본의 크기의 제곱근에 반비례한다. 따라서 표본의 크기를 4배로 늘리면 신뢰구간은 $\frac{1}{\sqrt{4}} = \frac{1}{2}$배로 줄어든다. 따라서 기존 0.2에서 $0.2 \times \frac{1}{2} = 0.1$이 된다.

17

확률변수 X가 평균이 100이고 표준편차가 10인 정규분포를 따른다고 했을 때, X가 80보다 작을 확률은 얼마인가? (단, $P(-0.2 < Z < 0.2) = 0.159$, $P(-2 < Z < 2) = 0.954$이다)

① 0.477
② 0.023
③ 0.421
④ 0.079

해설 $\mu = 100$, $\sigma = 10$이고 표준화 공식 $Z = \frac{X - \mu}{\sigma}$을 이용하면 다음과 같다.

$$P(X < 80) = P\left(\frac{X - \mu}{\sigma} < \frac{80 - 100}{10}\right) = P(Z < -2)$$
$$P(Z < -2) = P(Z > 2) = 0.5 - P(0 < Z < 2)$$
$$= 0.5 - \left[\frac{1}{2}P(-2 < Z < 2)\right]$$
$$= 0.5 - 0.477 = 0.023$$

18

어떤 도시의 특정 정당 지지율을 추정하고자 한다. 지지율에 대한 90% 추정오차한계가 5% 이내가 되도록 하기 위한 최소 표본의 크기는? (단, Z가 표준정규분포를 따르는 확률변수일 때, $P(Z \leq 1.645) = 0.95$, $P(Z \leq 1.96) = 0.975$, $P(Z \leq 0.995) = 2.576$이다)

① 68 ② 271
③ 385 ④ 664

해설 모비율 추정 시 표본의 크기는 $n \geq \hat{p}(1-\hat{p})\left(\dfrac{Z_{\alpha/2}}{D}\right)^2$ 이다.

모비율이 주어지지 않았으므로 $\hat{p} = \dfrac{1}{2}$,

5% 오차한계이므로 $D = 0.05$,

90% 신뢰수준이므로 $\alpha = 0.1$, $Z_{\alpha/2} = Z_{0.05} = 1.645$이다.

대입하면 $n \geq 0.5(1-0.5)\left(\dfrac{1.645}{0.05}\right)^2 \fallingdotseq 270.6$이다.

따라서 최소한 271명의 표본을 추출해야 한다.

19

특수안전모자를 제조하는 회사에서 모자를 착용할 사람들의 머리크기의 평균을 알고 싶어 한다. 사람의 머리둘레는 정규분포를 따른다고 알려져 있으며 이때 표준편차는 약 2.3cm라 한다. 실제 평균 μ를 95% 신뢰수준에서 0.1cm 이하의 오차한계를 추정하려고 할 때 필요한 최소 인원은? (단, $Z \sim N(0, 1)$, $P(Z > 1.96) = 0.025$, $P(Z > 1.645) = 0.05$)

① 2,000명 ② 2,021명
③ 2,033명 ④ 2,035명

해설 모평균 추정 시 표본의 크기는 $n \geq \dfrac{Z_{\alpha/2}^2 \times \sigma^2}{D^2}$ 이다.

$\sigma = 2.3$, 0.1cm 이하의 오차한계이므로 $D = 0.1$,

95% 신뢰수준이므로 $\alpha = 0.05$, $Z_{\alpha/2} = Z_{0.025} = 1.96$이다.

대입하면 $n \geq \dfrac{1.96^2 \times 2.3^2}{0.1^2} \fallingdotseq 2032.206$이다.

따라서 표본의 크기는 최소 2,033명이다.

20

어느 여론조사기관에서 고등학교 학생들의 흡연율을 조사하고자 한다. 95% 신뢰수준에서 흡연율 추정의 오차한계가 2% 이내가 되도록 하려면 표본의 크기는 최소 얼마이어야 하는가? (단, 표준정규분포를 따르는 확률변수 Z에 대해 $P(Z > 1.96) = 0.025$를 만족한다)

① 4,321 ② 5,221
③ 4,201 ④ 2,401

해설 모비율 추정 시 표본의 크기는 $n \geq \hat{p}(1-\hat{p})\left(\dfrac{Z_{\alpha/2}}{D}\right)^2$ 이다.

모비율이 주어지지 않았으므로 $\hat{p} = \dfrac{1}{2}$,

2% 오차한계이므로 $D = 0.02$,

95% 신뢰수준이므로 $\alpha = 0.05$, $Z_{\alpha/2} = Z_{0.025} = 1.96$이다.

$\therefore n \geq 0.5(1-0.5)\left(\dfrac{1.96}{0.02}\right)^2 = 2401$

21

정규모집단의 모평균에 대한 신뢰구간에 관한 설명으로 틀린 것은?

① 신뢰수준이 높을수록 신뢰구간 폭은 넓어진다.
② 표본수가 증가할수록 신뢰구간 폭은 넓어진다.
③ 모분산을 아는 경우는 정규분포를, 모르는 경우는 t-분포를 이용하여 신뢰구간을 구한다.
④ 95% 신뢰구간이라 함은 동일한 추정방법에 의해 반복하여 신뢰구간을 추정할 경우, 전체 반복 횟수의 약 95% 정도는 신뢰구간의 내에 모평균이 포함되어 있음을 의미한다.

해설 'μ의 신뢰구간 = $\overline{X} \pm$ 신뢰계수 $\times$ 표준오차'에서 신뢰도를 높인다는 것은 신뢰계수가 커진다는 것을 의미하므로 신뢰계수를 크게 하면 구간을 넓히는 결과가 된다. 만약 신뢰계수를 고정시키면, 구간의 넓이를 좁힐 수 있는 유일한 방법은 표준오차를 줄이는 것이다. 표준오차는 $\dfrac{\sigma}{\sqrt{n}}$ 이므로 표본수가 증가할수록 표준오차는 작아지고 신뢰구간의 폭은 좁아진다.

22

사업시행에 대한 찬반 여론을 수렴하기 위해 400명의 주민을 대상으로 표본조사를 실시하였다. 그러나 표본수가 너무 적어 신뢰성에 문제가 있다는 지적이 있어 4배인 1,600명의 주민을 재조사하였다. 신뢰수준 95%하에서 추정오차는 얼마나 감소하는가?

① 1.23% ② 1.03%
③ 2.45% ④ 2.06%

해설 모비율 추정 시 표본의 크기를 구하는 공식
$n \geq \hat{p}(1-\hat{p})\left(\dfrac{Z_{\alpha/2}}{D}\right)^2$ 을 이용한다.

오차의 크기 D에 대해 정리하면 $D = \dfrac{Z_{\alpha/2}\sqrt{\hat{p}(1-\hat{p})}}{\sqrt{n}}$ 이다.

모비율이 주어지지 않았으므로 $\hat{p} = \dfrac{1}{2}$,

95% 신뢰수준이므로 $\alpha = 0.05$, $Z_{\alpha/2} = Z_{0.025} = 1.96$이다.

$n = 400$일 때 오차의 크기는
$D = \dfrac{Z_{\alpha/2}\sqrt{\hat{p}(1-\hat{p})}}{\sqrt{n}} = \dfrac{1.96\sqrt{0.5(1-0.5)}}{\sqrt{400}} = 0.049$이고,

$n = 1600$일 때 오차의 크기는
$D = \dfrac{Z_{\alpha/2}\sqrt{\hat{p}(1-\hat{p})}}{\sqrt{n}} = \dfrac{1.96\sqrt{0.5(1-0.5)}}{\sqrt{1600}} = 0.0245$이다.

따라서 추정오차는 $0.049 - 0.0245 = 0.0245$,
$0.0245 \times 100 = 2.45\%$ 감소했다.

23

크기가 100인 확률표본으로부터 얻은 표본평균에 근거하여 구한 모평균에 대한 90% 신뢰구간의 오차의 한계가 3이라고 할 때, 오차의 한계가 1.5가 넘지 않도록 표본설계를 하려면 표본의 크기를 최소한 얼마 이상이 되도록 하여야 하는가?

① 100 ② 200
③ 400 ④ 1,000

해설 오차의 한계는 표본의 크기의 제곱근에 반비례하므로 오차의 한계가 1/2로 줄어들려면 표본의 크기는 4배만큼 커져야 한다.

24

어느 공공기관의 민원서비스 만족도에 대한 여론조사를 하기 위하여 적절한 표본크기를 결정하고자 한다. 95% 신뢰수준에서 모비율에 대한 추정오차의 한계가 ±4% 이내에 있게 하려면 표본크기는 최소 얼마가 되어야 하는가?
(단, 표준화 정규분포에서 $P(Z \geq 1.96) = 0.025$이다)

① 157명 ② 601명
③ 1,201명 ④ 2,401명

해설 모비율 추정 시 표본의 크기는 $n \geq \hat{p}(1-\hat{p})\left(\dfrac{Z_{\alpha/2}}{D}\right)^2$ 이다.

모비율이 주어지지 않았으므로 $\hat{p} = \dfrac{1}{2}$,

4% 오차한계이므로 $D = 0.04$,
95% 신뢰수준이므로 $\alpha = 0.05$, $Z_{\alpha/2} = Z_{0.025} = 1.96$이다.

대입하면 $n \geq 0.5(1-0.5)\left(\dfrac{1.96}{0.04}\right)^2 = 600.25$이다.

따라서 표본의 크기는 최소 601명이다.

25

토산품점에 들리는 외국인 관광객 1인당 평균 구매액을 추정하려 한다. 10명의 고객을 랜덤추출하여 조사한 결과 표본평균이 $4,000이었다. 모집단의 분포를 정규분포라 가정할 때, 모평균에 대한 95% 신뢰구간은? (단, 모표준편차는 $300이라 알려져 있고, $Z_{0.025} = 1.96$, $Z_{0.05} = 1.645$, $Z_{0.1} = 1.282$ 이다)

① (3878, 4122) ② (3844, 4156)
③ (3814, 4186) ④ (3800, 4180)

해설 모분산을 알고 있을 경우 모평균의 $100(1-\alpha)\%$ 신뢰구간을 구하는 공식은 다음과 같다.

$\overline{X} - Z_{\alpha/2}\dfrac{\sigma}{\sqrt{n}} \leq \mu \leq \overline{X} + Z_{\alpha/2}\dfrac{\sigma}{\sqrt{n}}$

95% 신뢰구간이므로 $\alpha = 0.05$, $Z_{\alpha/2} = Z_{0.025} = 1.96$,
$\overline{X} = 4000$, $\sigma = 300$, $n = 10$이다.

대입하면 $4000 - 1.96\dfrac{300}{\sqrt{10}} \leq \mu \leq 4000 + 1.96\dfrac{300}{\sqrt{10}}$ 이다.

∴ (3814, 4186)

26

모평균과 모분산이 각각 μ와 σ^2인 모집단으로부터 추출한 크기 n의 임의표본에 근거한 표본평균과 표본분산을 각각 $\overline{X}$와 S^2이라고 할 때 모평균의 구간추정에 대한 설명으로 옳은 것은? (단, Z_α와 $t_{(n,a)}$는 각각 표준정규분포와 자유도 n인 t-분포의 $100(1-\alpha)\%$ 백분위수를 나타낸다)

① 모집단의 확률분포가 정규분포이며 모분산 σ^2에 대한 정보를 알고 있는 경우, 모평균 μ에 대한 $100(1-\alpha)\%$ 신뢰구간은 $\overline{X} \pm Z_\alpha \dfrac{\sigma}{\sqrt{n}}$이다.

② 모집단의 확률분포가 정규분포이며 모분산 σ^2의 값이 미지인 경우, 모평균 μ에 대한 $100(1-\alpha)\%$ 신뢰구간은 $\overline{X} \pm t_{(n-1,\,\alpha/2)} \dfrac{S}{\sqrt{n}}$이다.

③ 정규모집단이 아니며 표본의 크기 n이 충분히 크고 σ^2에 대한 정보를 알고 있는 경우, 모평균 μ에 대한 $100(1-\alpha)\%$ 근사신뢰구간은 $\overline{X} \pm Z_{\alpha/2} \sqrt{\dfrac{\sigma}{n}}$이다.

④ 정규모집단이 아니며 표본의 크기 n이 충분히 크고 σ^2의 값이 미지인 경우, 모평균 μ에 대한 $100(1-\alpha)\%$ 근사신뢰구간은 $\overline{X} \pm t_{(n,\,\alpha/2)} \dfrac{S}{\sqrt{n}}$이다.

해설
① 모집단의 확률분포가 정규분포이며 모분산 σ^2에 대한 정보를 알고 있는 경우, 모평균 μ에 대한 $100(1-\alpha)\%$ 신뢰구간은 $\overline{X} \pm Z_{\alpha/2} \dfrac{\sigma}{\sqrt{n}}$이다.
③ 정규모집단이 아니지만 표본의 크기가 크면 정규분포를 따른다. σ^2에 대한 정보를 알고 있는 경우, 모평균 μ에 대한 $100(1-\alpha)\%$ 근사신뢰구간은 $\overline{X} \pm Z_{\alpha/2} \dfrac{\sigma}{\sqrt{n}}$이다.
④ 정규모집단이 아니지만 표본의 크기가 크면 정규분포를 따른다. σ^2의 값이 미지인 경우, 모평균 μ에 대한 $100(1-\alpha)\%$ 근사신뢰구간은 $\overline{X} \pm Z_{\alpha/2} \dfrac{S}{\sqrt{n}}$이다.

27

대표본에서 변동계수(Coefficient of Variation) c를 이용하여 모평균 μ에 대한 신뢰구간을 구하고자 한다. 표본평균을 $\overline{y}$, 표본크기를 n이라 할 때, 신뢰구간으로 옳은 것은?

① $\overline{y} \pm 1.96c/\sqrt{n}$
② $\overline{y}(1 \pm 1.96c/\sqrt{n})$
③ $\overline{y} \pm 1.96c$
④ $(\overline{y}/c) \pm 1.96c/\sqrt{n}$

해설 표본의 변동계수는 표본표준편차 S를 평균으로 나눈 값이므로
$c = \dfrac{S}{\overline{y}}$, $S = c\overline{y}$이다.
모분산을 모르는 대표본($n \geq 30$)일 경우
평균의 $100(1-\alpha)\%$ 신뢰구간을 구하는 공식은 다음과 같다.
$$\overline{y} - Z_{\alpha/2}\dfrac{S}{\sqrt{n}} \leq \mu \leq \overline{y} + Z_{\alpha/2}\dfrac{S}{\sqrt{n}}$$
95% 신뢰구간이므로 $\alpha = 0.05$, $Z_{\alpha/2} = Z_{0.025} = 1.96$이고
$S = c\overline{y}$를 대입하면
$$\overline{y} - 1.96\dfrac{c\overline{y}}{\sqrt{n}} \leq \mu \leq \overline{y} + 1.96\dfrac{c\overline{y}}{\sqrt{n}}$$이다.
따라서 $\overline{y} \pm 1.96\dfrac{c\overline{y}}{\sqrt{n}} = \overline{y}\left(1 \pm 1.96\dfrac{c}{\sqrt{n}}\right)$이다.

28

곤충학자가 70마리의 모기에게 A 회사의 살충제를 뿌리고 생존시간을 관찰하여 $\overline{x} = 18.3$, $S = 5.2$를 얻었다. 생존시간의 모평균 μ에 대한 99% 신뢰구간은?
(단, $P(Z > 2.57) = 0.005$, $P(Z > 1.96) = 0.025$, $P(Z > 1.645) = 0.05$이다)

① $8.6 \leq \mu \leq 28.0$
② $16.7 \leq \mu \leq 19.9$
③ $17.1 \leq \mu \leq 19.5$
④ $18.1 \leq \mu \leq 18.5$

해설 모분산을 모르지만 $n = 70$으로 대표본이므로 $\sigma^2 = S^2$을 적용하며, σ^2 대신 S^2을 사용하여 μ의 구간추정을 할 수 있다. 모분산 σ^2을 모르고 있는 경우 μ에 대한 $100(1-\alpha)\%$ 신뢰구간은 다음과 같다.
$$\overline{x} - Z_{\alpha/2}\dfrac{S}{\sqrt{n}} \leq \mu \leq \overline{x} + Z_{\alpha/2}\dfrac{S}{\sqrt{n}}$$
99% 신뢰구간이므로 $Z_{\alpha/2} = Z_{0.01/2} = Z_{0.005} = 2.57$, $\overline{X} = 18.3$, $S = 5.2$, $n = 70$이다.
$$18.3 - 2.57\dfrac{5.2}{\sqrt{70}} \leq \mu \leq 18.3 + 2.57\dfrac{5.2}{\sqrt{70}}$$이다.
. $16.7 \leq \mu \leq 19.9$

29

정규분포를 따르는 모집단으로부터 10개의 표본을 임의추출한 모평균에 대한 95% 신뢰구간은 (74.76, 165.24)이다. 이때 모평균의 추정치와 추정량의 표준오차는?
(단, t가 자유도가 9인 t-분포를 따르는 확률변수일 때, $P(t > 2.262) = 0.025$ 이다)

① 90.48, 20
② 90.48, 40
③ 120, 20
④ 120, 40

해설 모분산을 모르는 소표본($n < 30$)일 경우
$100(1-\alpha)\%$ 신뢰구간은 자유도가 $n-1$인 t-분포를 이용하며 다음과 같다.

$$\overline{X} - t_{\alpha/2,\ n-1}\frac{S}{\sqrt{n}} \leq \mu \leq \overline{X} + t_{\alpha/2,\ n-1}\frac{S}{\sqrt{n}}$$

$n = 10$, 95% 신뢰구간이므로
$\alpha = 0.05$, $t_{n-1,\alpha/2} = t_{9, 0.025} = 2.262$이다.

$\overline{X} - 2.262\frac{S}{\sqrt{10}} \leq \mu \leq \overline{X} + 2.262\frac{S}{\sqrt{10}}$ 에서

$\overline{X} - 2.262\frac{S}{\sqrt{10}} = 74.76$, $\overline{X} + 2.262\frac{S}{\sqrt{10}} = 165.24$이므로

연립하여 풀면 모평균의 추정치 $\overline{X} = 120$,

표준오차는 $\frac{S}{\sqrt{10}} = 20$이다.

30

통계조사 시 한 가구를 조사하는 데 소요되는 시간을 측정하기 위하여 64가구를 임의추출하여 조사한 결과 평균 소요시간이 30분, 표준편차 5분이었다. 한 가구를 조사하는 데 소요되는 평균시간에 대한 95%의 신뢰구간 하한과 상한은 각각 얼마인가? (단, $Z_{0.025} = 1.96$, $Z_{0.05} = 1.645$)

① 28.8, 31.2
② 28.4, 31.6
③ 29.0, 31.0
④ 28.5, 31.5

해설 모분산을 모르는 대표본($n \geq 30$)일 경우
평균의 $100(1-\alpha)\%$ 신뢰구간을 구하는 공식은 다음과 같다.

$$\overline{X} - Z_{\alpha/2}\frac{S}{\sqrt{n}} \leq \mu \leq \overline{X} + Z_{\alpha/2}\frac{S}{\sqrt{n}}$$

95% 신뢰구간이므로 $\alpha = 0.05$, $Z_{\alpha/2} = Z_{0.025} = 1.96$,
$\overline{X} = 30$, $S = 5$, $n = 64$이다.

$\therefore\ 30 - 1.96\frac{5}{\sqrt{64}} \leq \mu \leq 30 + 1.96\frac{5}{\sqrt{64}}$
$= (28.8,\ 31.2)$

31

두 모집단의 모평균의 차에 관한 추론에서, 표본의 크기가 작고 모분산이 알려져 있지 않은 경우가 종종 발생한다. 이때 두 모집단의 분산이 동일하다고 가정하고 모분산에 대한 합동추정량을 구하면?

구 분	표본의 크기(n)	표본분산(S^2)
모집단 1의 자료	9	12.5
모집단 2의 자료	10	13.0

① 11.4
② 12.1
③ 12.8
④ 13.5

해설 모평균 차이의 $100(1-\alpha)\%$ 신뢰구간을 구할 때 두 모분산을 모르지만 같다는 것은 알고 있을 경우 합동표본분산(S_p^2)을 이용한다.

$S_p^2 = \dfrac{(n_1 - 1)S_1^2 + (n_2 - 1)S_2^2}{(n_1 + n_2 - 2)}$ 이고 $n_1 = 9$, $n_2 = 10$,
$S_1^2 = 12.5$, $S_2^2 = 13$이므로 대입하면 다음과 같다.

$S_p^2 = \dfrac{(9-1)12.5 + (10-1)13}{(9+10-2)} = \dfrac{217}{17} = 12.764\cdots \fallingdotseq 12.8$

$\therefore\ 12.8$

32

다음은 경영학과, 컴퓨터정보학과에서 15점 만점인 중간고사 결과이다. 두 학과 평균의 차이에 대한 95% 신뢰구간은? (단, $Z_{0.025} = 1.96$, $Z_{0.05} = 1.645$)

구 분	경영학과	컴퓨터정보학과
표본크기	36	49
표본평균	9.26	9.41
표준편차	0.75	0.86

① $-0.15 \pm 1.96 \sqrt{\dfrac{0.75^2}{36} + \dfrac{0.86^2}{49}}$

② $-0.15 \pm 1.645 \sqrt{\dfrac{0.75^2}{36} + \dfrac{0.86^2}{49}}$

③ $-0.15 \pm 1.96 \sqrt{\dfrac{0.75^2}{35} + \dfrac{0.86^2}{48}}$

④ $-0.15 \pm 1.645 \sqrt{\dfrac{0.75^2}{35} + \dfrac{0.86^2}{48}}$

해설 모분산을 알고 있을 경우 모평균 차이의 $100(1-\alpha)\%$ 신뢰구간을 구하는 공식은 다음과 같다.

$(\overline{X_1} - \overline{X_2}) - Z_{\alpha/2} \sqrt{\dfrac{\sigma_1^2}{n_1} + \dfrac{\sigma_2^2}{n_2}}$
$\leq \mu_1 - \mu_2 \leq (\overline{X_1} - \overline{X_2}) + Z_{\alpha/2} \sqrt{\dfrac{\sigma_1^2}{n_1} + \dfrac{\sigma_2^2}{n_2}}$

95% 신뢰구간이므로 $\alpha = 0.05$, $Z_{\alpha/2} = Z_{0.025} = 1.96$, $\overline{X_1} = 9.26$, $\overline{X_2} = 9.41$, $\sigma_1^2 = 0.75^2$, $\sigma_2^2 = 0.86^2$, $n_1 = 36$, $n_2 = 49$이다.

∴ $(9.26 - 9.41) - 1.96 \sqrt{\dfrac{0.75^2}{36} + \dfrac{0.86^2}{49}}$
$\leq \mu_1 - \mu_2 \leq (9.26 - 9.41) + 1.96 \sqrt{\dfrac{0.75^2}{36} + \dfrac{0.86^2}{49}}$

33

임의의 로트로부터 100개의 표본을 추출하여 측정한 결과 12개의 불량품이 나왔다. 로트의 불량률 p에 대한 95% 신뢰구간은? (단, $P(Z > 1.96) = 0.025$)

① (0.04, 0.20) ② (0.06, 0.18)
③ (0.08, 0.16) ④ (0.10, 0.14)

해설 모비율 p에 대한 $100(1-\alpha)\%$ 신뢰구간을 구하는 공식은 다음과 같다.

$\hat{p} - Z_{\alpha/2} \sqrt{\dfrac{\hat{p}(1-\hat{p})}{n}} \leq p \leq \hat{p} + Z_{\alpha/2} \sqrt{\dfrac{\hat{p}(1-\hat{p})}{n}}$

$\hat{p} = \dfrac{12}{100} = 0.12$, $n = 100$이고,

95% 신뢰구간이므로 $\alpha = 0.05$, $Z_{\alpha/2} = Z_{0.025} = 1.96$이다.

∴ $0.12 - 1.96 \sqrt{\dfrac{0.12(1-0.12)}{100}}$
$\leq p \leq 0.12 + 1.96 \sqrt{\dfrac{0.12(1-0.12)}{100}}$
$= 0.06 \leq p \leq 0.18$

34

343명의 대학생을 랜덤하게 뽑아서 조사한 결과 110명의 학생이 흡연 경험이 있었다. 대학생 중 흡연 경험자 비율에 대한 95% 신뢰구간을 구한 것으로 옳은 것은?
(단, $Z_{0.025} = 1.96$, $Z_{0.05} = 1.645$, $Z_{0.1} = 1.282$)

① $0.256 < p < 0.386$ ② $0.279 < p < 0.362$
③ $0.271 < p < 0.370$ ④ $0.262 < p < 0.379$

해설 모비율 p에 대한 $100(1-\alpha)\%$ 신뢰구간을 구하는 공식은 다음과 같다.

$\hat{p} - Z_{\alpha/2} \sqrt{\dfrac{\hat{p}(1-\hat{p})}{n}} \leq p \leq \hat{p} + Z_{\alpha/2} \sqrt{\dfrac{\hat{p}(1-\hat{p})}{n}}$

$\hat{p} = \dfrac{110}{343}$, $n = 343$이고,

95% 신뢰구간이므로 $\alpha = 0.05$, $Z_{\alpha/2} = Z_{0.025} = 1.96$이다.

∴ $\dfrac{110}{343} - 1.96 \sqrt{\dfrac{\dfrac{110}{343}\left(1 - \dfrac{110}{343}\right)}{343}}$
$\leq p \leq \dfrac{110}{343} + 1.96 \sqrt{\dfrac{\dfrac{110}{343}\left(1 - \dfrac{110}{343}\right)}{343}}$
$\approx 0.271 < p < 0.370$

35

지난 해 C대학 야구팀은 총 77게임을 하였는데 37번의 홈경기에서 26게임을 이긴 반면에 40번의 원정경기에서는 23게임을 이겼다. 홈경기 승률(p_1)과 원정경기 승률(p_2) 간의 차이에 대한 95% 신뢰구간으로 옳은 것은?
(단, 표준화 정규분포에서 $P(Z \geq 1.65) = 0.05$이고 $P(Z \geq 1.96) = 0.025$이다)

① $0.128 \pm 1.65\sqrt{0.0005}$
② $0.128 \pm 1.65\sqrt{0.0117}$
③ $0.128 \pm 1.96\sqrt{0.0005}$
④ $0.128 \pm 1.96\sqrt{0.0117}$

해설 모비율의 차 $p_1 - p_2$에 대한 $100(1-\alpha)\%$ 신뢰구간을 구하는 공식은 다음과 같다.

$$\hat{p_1} - \hat{p_2} - Z_{\alpha/2}\sqrt{\frac{\hat{p_1}(1-\hat{p_1})}{n_1} + \frac{\hat{p_2}(1-\hat{p_2})}{n_2}} \leq p_1 - p_2$$
$$\leq \hat{p_1} - \hat{p_2} + Z_{\alpha/2}\sqrt{\frac{\hat{p_1}(1-\hat{p_1})}{n_1} + \frac{\hat{p_2}(1-\hat{p_2})}{n_2}}$$

$\hat{p_1} = \frac{26}{37}$, $\hat{p_2} = \frac{23}{40}$, $n_1 = 37$, $n_2 = 40$이고,
95% 신뢰구간이므로 $\alpha = 0.05$, $Z_{\alpha/2} = Z_{0.025} = 1.96$이다.
공식에 대입하여 정리하면

$$\frac{26}{37} - \frac{23}{40} \pm 1.96\sqrt{\frac{\frac{26}{37}\left(1-\frac{26}{37}\right)}{37} + \frac{\frac{23}{40}\left(1-\frac{23}{40}\right)}{40}}$$
$= 0.128 \pm 1.96\sqrt{0.0117}$ 이다.

36

노사문제에 대한 여론을 조사하기 위하여 전국의 사업장에서 조합원 1,200명을 임의로 추출하여 찬반을 조사한 결과 960명이 찬성하였다. 찬성률에 대한 표준오차는?

① 0.0811   ② 0.0412
③ 0.0324   ④ 0.0115

해설 표본비율에 대한 표준오차는 $\sqrt{\frac{\hat{p}(1-\hat{p})}{n}}$ 이다.
$\hat{p} = \frac{960}{1200} = 0.8$이므로 $\sqrt{\frac{0.8(1-0.8)}{1200}} \fallingdotseq 0.0115$이다.

37

성인 남자 20명을 랜덤추출하여 소변 중 요산량(mg/dl)을 조사하니 평균 $\overline{X} = 5.31$, 표준편차 $S = 0.7$이었다. 성인 남자의 요산량이 정규분포를 따른다고 할 때, 모분산 σ^2에 대한 95% 신뢰구간은? (단, $V \sim \chi^2_{(19)}$일 때 $P(V \geq 32.85) = 0.025$, $P(V \geq 8.91) = 0.975$)

① $\dfrac{8.91}{19 \times 0.7^2} \leq \sigma^2 \leq \dfrac{32.85}{19 \times 0.7^2}$

② $\dfrac{19 \times 0.7^2}{32.85} \leq \sigma^2 \leq \dfrac{19 \times 0.7^2}{8.91}$

③ $\dfrac{8.91}{20 \times 0.7^2} \leq \sigma^2 \leq \dfrac{32.85}{20 \times 0.7^2}$

④ $\dfrac{20 \times 0.7^2}{32.85} \leq \sigma^2 \leq \dfrac{20 \times 0.7^2}{8.91}$

해설 모분산에 대한 $100(1-\alpha)\%$ 신뢰구간은 자유도가 $n-1$인 χ^2분포를 이용하며 다음과 같다.

$$\frac{(n-1)S^2}{\chi^2_{\alpha/2,\,n-1}} \leq \sigma^2 \leq \frac{(n-1)S^2}{\chi^2_{1-\alpha/2,\,n-1}}$$

$n = 20$, $S = 0.7$, 95% 신뢰구간이므로 $\alpha = 0.05$
$\chi^2_{(\alpha/2,\,n-1)} = \chi^2_{(0.025,\,19)} = 32.85$,
$\chi^2_{(1-\alpha/2,\,n-1)} = \chi^2_{(0.975,\,19)} = 8.91$이다.
$\therefore \dfrac{19 \times 0.7^2}{32.85} \leq \sigma^2 \leq \dfrac{19 \times 0.7^2}{8.91}$

38

분산을 모르는 정규모집단으로부터의 확률표본에 기초하여 모평균에 대한 신뢰구간을 구하고자 한다. 표본크기가 충분히 크지 않을 때 신뢰구간을 구하기 위해 사용되는 분포는?

① t-분포   ② 정규분포
③ 이항분포   ④ F-분포

해설 모집단의 표준편차도 모르고 소표본일 경우에는 정규분포가 되지 않고, 자유도가 $n-1$인 t-분포를 이용한다.

39

모평균(μ)에 대한 검정을 수행할 때, 가설의 형태로 잘못된 것은?

① $H_0 : \mu \geq \mu_0$, $H_1 : \mu < \mu_0$
② $H_0 : \mu = \mu_0$, $H_1 : \mu \neq \mu_0$
③ $H_0 : \mu > \mu_0$, $H_1 : \mu \leq \mu_0$
④ $H_0 : \mu \leq \mu_0$, $H_1 : \mu > \mu_0$

해설 귀무가설을 설정할 때는 무조건 등호(=)를 포함해야 한다.

40

다음 중 유의수준에 대한 설명으로 옳은 것은?

① 검정을 할 때 기준이 되는 것으로 제1종의 오류를 허용하는 확률범위이다.
② 유의수준은 제2종의 오류를 허용하는 확률범위이다.
③ 유의수준이 정해지면 단측검정과 양측검정에서 같은 임계값이 사용된다.
④ 보통 0.05와 0.01이 많이 쓰이며, 0.05에서 채택된 귀무가설이 0.01에서 기각될 수도 있다.

해설 ①·② 귀무가설이 참임에도 귀무가설을 기각하는 과오를 제1종 오류(과오)라 하며, 오류를 발생시킬 확률이 유의수준 α이다. 이때 α는 제1종 오류를 범할 확률의 최대허용한계를 뜻한다.
③ 유의수준 α가 정해지면 단측검정에서는 Z_α, 양측검정에서는 $Z_{\alpha/2}$를 사용한다.
④ 유의수준 < 유의확률이면 귀무가설을 채택한다. 유의수준 0.05에서 귀무가설이 채택되었으므로 유의확률은 0.05보다 크다. 따라서 유의확률은 0.01보다 크므로 유의수준 0.01에서도 귀무가설을 채택한다.

41

유의수준 α에서 단측가설검정을 시행하고자 한다. 다음 중 귀무가설(H_0)을 기각할 수 있는 유의확률 p값의 조건으로 옳은 것은?

① $\alpha > p$값
② $\alpha < p$값
③ $1 - \alpha > p$값
④ $1 - \alpha < p$값

해설 $\alpha > p$이면 귀무가설을 기각, $\alpha < p$이면 귀무가설을 채택한다.

42

금연교육을 받은 흡연자들 중 많아야 30%가 금연을 하는 것으로 알려져 있다. 어느 금연운동단체에서는 새로 구성한 금연교육 프로그램이 기존의 교육보다 훨씬 효과가 높다고 주장한다. 이 주장을 검정하기 위해 임의로 택한 20명의 흡연자에게 새 프로그램으로 교육을 실시하였다. 검정해야 할 가설은 $H_0 : p \leq 0.3$ VS $H_1 : p > 0.3$(p : 새 금연교육을 받은 후 금연율)이다. 20명 중 금연에 성공한 사람이 많을수록 H_1에 대한 강한 증거로 볼 수 있으므로 X를 20명 중 금연한 사람의 수라 하면 기각역은 '$X \geq c$'의 형태이다. 유의수준 5%에서 귀무가설 H_0을 기각하기 위해서는 새 금연교육을 받은 20명 중 최소한 몇 명이 금연에 성공해야 하겠는가?

$P(X \geq c |$ 금연교육 후 금연율 $= p)$

c \ p	0.2	0.3	0.4	0.5
⋮	⋮	⋮	⋮	⋮
5	0.370	0.762	0.949	0.994
6	0.196	0.584	0.874	0.979
7	0.087	0.392	0.750	0.942
8	0.032	0.228	0.584	0.868
⋮	⋮	⋮	⋮	⋮

① 5명
② 6명
③ 7명
④ 8명

해설 귀무가설이 기각되려면 유의확률이 유의수준보다 작아야 한다. 유의수준은 0.05이고 주어진 표에서 0.05보다 작은 경우는 $c = 8$인 경우이다. 따라서 적어도 8명은 금연에 성공해야 한다.

정답 39 ③ 40 ① 41 ① 42 ④

43

유의확률에 관한 설명으로 옳은 것은?

① 검정통계량의 값을 관측하였을 때, 이에 근거하여 귀무가설을 기각할 수 있는 최소의 유의수준을 말한다.
② 검정에 의해 의미 있는 결론에 이르게 될 확률을 의미한다.
③ 제1종 오류를 범할 확률의 최대허용한계를 뜻한다.
④ 대립가설이 참일 때 귀무가설을 기각하게 될 최소의 확률을 뜻한다.

해설 유의확률($p-Value$)이란 귀무가설이 사실이라는 전제하에 검정통계량이 표본에서 계산된 값과 같거나 그 값보다 대립가설 방향으로 더 극단적인 값을 가질 확률이다. 즉, $p-Value$값은 검정통계량 값에 대해서 귀무가설을 기각시킬 수 있는 최소의 유의수준으로 귀무가설이 사실일 확률이라 생각할 수 있다.

44

다음의 내용에 해당하는 가설로 가장 타당한 것은?

> 기존의 진통제는 진통효과가 지속되는 시간이 평균 30분이고 표준편차는 5분이라고 한다. 새로운 진통제를 개발하였는데, 개발팀은 이 진통제의 진통효과가 30분 이상이라고 주장한다.

① $H_0 : \mu = 30$, $H_1 : \mu > 30$
② $H_0 : \mu < 30$, $H_1 : \mu = 30$
③ $H_0 : \mu = 30$, $H_1 : \mu \neq 30$
④ $H_0 : \mu > 30$, $H_1 : \mu = 30$

해설 가설검정에서는 모집단의 모수에 대해서 어떤 조건을 가정하여 가설을 설정하는데 이때 이 가설을 귀무가설이라고 한다. 귀무가설은 '아무런 차이가 없다' 또는 '전혀 효과가 없다'는 내용을 의미하는 주장이다. 따라서 "새로운 진통제의 진통효과가 30분 이상이다"를 검정하기 위한 귀무가설은 "새로운 진통제의 진통효과가 30분이다(= 기존의 진통제의 진통효과가 지속되는 시간과 차이가 없다)"이므로 $H_0 : \mu = 30$이다. 대립가설은 "새로운 진통제의 진통효과가 30분 이상이다"이므로 $H_1 : \mu > 30$이다.

45

성인의 흡연율은 40%로 알려져 있다. 금연의 중요성을 강조하는 공익광고를 실시하면 흡연율이 감소할 것이라는 주장을 확인하기 위한 귀무가설 H_0와 대립가설 H_1은?

① $H_0 : p = 0.4$, $H_1 : p \neq 0.4$
② $H_0 : p < 0.4$, $H_1 : p \geq 0.4$
③ $H_0 : p > 0.4$, $H_1 : p \leq 0.4$
④ $H_0 : p = 0.4$, $H_1 : p < 0.4$

해설 현재 흡연률 40%보다 감소할 것이라는 주장을 하는 단측검정에 대한 가설이므로 $H_0 : p = 0.4$, $H_1 : p < 0.4$이다.

46

다음 중 가설검정에 관한 설명으로 옳지 않은 것은?

① 일반적으로 표본자료에 의해 입증하고자 하는 가설을 대립가설로 세운다.
② 1종 오류와 2종 오류 중 더 심각한 오류는 1종 오류이다.
③ p-값이 유의수준보다 크면 귀무가설을 기각한다.
④ 양측검정으로 유의하지 않은 자료라도 단측검정을 하면 유의할 수도 있다.

해설 p-값이 유의수준보다 작으면 귀무가설을 기각한다.

47

귀무가설 H_0가 참인데 대립가설 H_1이 옳다고 잘못 결론을 내리는 오류는?

① 제1종 오류
② 제2종 오류
③ 알파오류
④ 베타오류

해설 귀무가설이 참임에도 귀무가설을 기각, 대립가설이 옳다고 결론을 내리는 과오를 제1종 오류(과오)라고 한다.

정답 43 ① 44 ① 45 ④ 46 ③ 47 ①

48

모평균 μ에 대한 귀무가설 $H_0 : \mu = 70$ 대 대립가설 $H_1 : \mu = 80$의 검정에서 표본평균 $\overline{X} \geq c$이면 귀무가설을 기각한다. $P(\overline{X} \geq c | \mu = 70) = 0.045$이고 $P(\overline{X} \geq c | \mu = 80) = 0.921$일 때, 다음 설명 중 옳은 것은?

① 유의확률(p-값)은 0.045이다.
② 제1종 오류는 0.079이다.
③ 제2종 오류는 0.045이다.
④ $\mu = 80$일 때의 검정력은 0.921이다.

해설 ③·④ 제2종 오류는 귀무가설이 거짓임에도 귀무가설을 채택하는 오류이다. 대립가설은 $H_1 : \mu = 80$이고 마찬가지로 $P(\overline{X} \geq c | \mu = 80) = 0.921$에서 0.921은 귀무가설을 기각할 확률이다. 검정력이란 귀무가설이 거짓일 때 기각하는 옳은 결정의 확률이므로 검정력은 0.921이다. 즉, 귀무가설이 거짓임에도 채택할 확률인 제2종 오류는 $1 - 0.921 = 0.079$임을 알 수 있다.
① 이 문제에서 유의확률은 알 수 없다.
② 귀무가설이 참임에도 귀무가설을 기각하는 과오를 제1종 오류(과오)라 하며, 오류를 발생시킬 확률은 유의수준 α이다. 귀무가설은 $H_0 : \mu = 70$이고 $\overline{X} \geq c$이면 귀무가설을 기각하므로 $P(\overline{X} \geq c | \mu = 70) = 0.045$에서 0.045가 제1종 오류임을 알 수 있다.

49

가설검정에서 사용하는 용어에 대한 설명으로 틀린 것은?

① 제1종 오류란 귀무가설 H_0가 참임에도 불구하고 H_0를 기각하는 오류를 말한다.
② 제2종 오류란 대립가설 H_1이 참임에도 불구하고 H_0를 기각하지 못하는 오류를 말한다.
③ 제1종 오류를 범할 확률의 최대허용한계를 유의수준이라 한다.
④ 제2종 오류를 범할 확률의 최대허용한계를 유의확률이라 한다.

해설 제1종 오류를 범할 확률의 최대허용한계를 유의수준 α라 하며, 제2종 오류를 범할 확률의 최대허용한계는 β이다.

50

제1종 오류와 제2종 오류를 범할 확률을 각각 α와 β라 할 때 다음 설명 중 옳은 것은?

① $\alpha + \beta = 1$이면 귀무가설을 기각해야 한다.
② $\alpha = \beta$이면 귀무가설을 채택해야 한다.
③ 주어진 표본에서 α와 β를 동시에 줄일 수는 없다.
④ $\alpha \neq \beta$이면 항상 귀무가설을 채택해야 한다.

해설 α를 줄이면 β가 커지고 β를 줄이면 α가 커지므로 동시에 줄일 수는 없다.

51

검정력(Power)에 대한 설명으로 옳은 것은?

① 참인 귀무가설을 채택할 확률이다.
② 거짓인 귀무가설을 채택할 확률이다.
③ 대립가설이 참일 때 귀무가설을 기각시킬 확률이다.
④ 귀무가설이 참임에도 불구하고 이를 기각시킬 확률이다.

해설 귀무가설이 거짓일 때, 즉 대립가설이 참일 때 귀무가설을 기각하는 옳은 결정의 확률을 검정력이라 한다.

52

가설검정의 오류에 대한 설명으로 틀린 것은?

① 제2종 오류는 대립가설(H_1)이 사실일 때 귀무가설(H_0)을 채택하는 오류이다.
② 가설검정의 오류는 유의수준과 관계가 있다.
③ 제1종 오류를 적게 하기 위해서는 유의수준을 크게 할 필요가 있다.
④ 제1종 오류와 제2종 오류를 범할 가능성은 반비례관계에 있다.

해설 제1종의 오류를 범할 확률의 최대허용한계를 유의수준 α라고 한다. 따라서 제1종 오류를 적게 하기 위해서는 유의수준을 작게 해야 한다.

정답 48 ④ 49 ④ 50 ③ 51 ③ 52 ③

53

통계적 가설검정에서 귀무가설이 참일 때 귀무가설을 기각하는 오류를 무엇이라고 하는가?

① 제1종 오류
② 제2종 오류
③ p-값
④ 결정력

해설 ② 귀무가설이 거짓임에도 귀무가설을 채택하는 오류(β)이다.
③ 귀무가설을 기각시킬 수 있는 최소의 유의수준이다.
④ 귀무가설이 거짓일 때 기각하는 옳은 결정의 확률($1-\beta$)이다.

54

어느 회사는 노조와 협의하여 오후의 중간 휴식시간을 20분으로 정하였다. 그런데 총무과장은 대부분의 종업원이 규정된 휴식시간보다 더 많은 시간을 쉬고 있다고 생각하고 있다. 이를 확인하기 위하여 전체 종업원 1,000명 중에서 25명을 조사한 결과 표본으로 추출된 종업원의 평균 휴식시간은 22분이고 표준편차는 3분으로 계산되었다. 유의수준 5%에서 총무과장의 의견에 대한 가설검정 결과로 옳은 것은?
(단, $t_{(0.05, 24)} = 1.711$)

① 검정통계량 $t < 1.711$이므로 귀무가설을 기각한다.
② 검정통계량 $t > 1.711$이므로 귀무가설을 채택한다.
③ 종업원의 실제 휴식시간은 규정시간 20분보다 더 길다고 할 수 있다.
④ 종업원의 실제 휴식시간은 규정시간 20분보다 더 짧다고 할 수 있다.

해설 귀무가설(H_0) : $\mu = 20$, 대립가설(H_1) : $\mu > 20$
모평균에 대한 검정통계량에서 모분산을 모르는 소표본($n<30$)인 경우 검정통계량 $t = \dfrac{\overline{X} - \mu_0}{S/\sqrt{n}}$ 를 이용한다.
$\overline{X} = 22$, $\mu_0 = 20$, $S = 3$, $n = 25$이므로 $t = \dfrac{22-20}{3/\sqrt{25}} \fallingdotseq 3.33$
단측검정이고 유의수준 5%에서 임계치는 $t_{(0.05, 24)} = 1.711$이며 통계량이 임계치보다 크므로 귀무가설을 기각한다.
따라서 실제 휴식시간이 규정된 휴식시간 20분보다 더 길다고 할 수 있다.

55

평균이 μ이고 분산이 16인 정규모집단으로부터 크기가 100인 확률분포의 평균을 $\overline{X}$라 하자. 가설 $H_0 : \mu = 8$ VS $H_1 : \mu = 6.416$의 검정을 위하여 기각역을 $\overline{X} < 7.2$로 할 때, 제1종 오류와 제2종 오류를 범할 확률은?
(단, $P(Z<2) = 0.977$, $P(Z<1.96) = 0.975$, $P(Z<1.645) = 0.95$, $P(Z<1) = 0.842$)

① 제1종 오류를 범할 확률 0.05, 제2종 오류를 범할 확률 0.025
② 제1종 오류를 범할 확률 0.023, 제2종 오류를 범할 확률 0.025
③ 제1종 오류를 범할 확률 0.023, 제2종 오류를 범할 확률 0.05
④ 제1종 오류를 범할 확률 0.05, 제2종 오류를 범할 확률 0.023

해설 모평균에 대한 검정통계량에서 모분산을 알고 있을 경우 검정통계량 $Z = \dfrac{\overline{X} - \mu_0}{\sigma/\sqrt{n}}$ 를 이용한다.
㉠ 제1종 오류
$\mu = 8$, $\sigma^2 = 16$, $n = 100$이므로
$P(\overline{X} < 7.2) = P\left(\dfrac{\overline{X} - \mu_0}{\sigma/\sqrt{n}} < \dfrac{7.2-8}{4/\sqrt{100}}\right)$
$= P(Z < -2) = P(Z > 2)$
$= 1 - P(Z < 2) = 0.023$
㉡ 제2종 오류
$\mu = 6.416$, $\sigma^2 = 16$, $n = 100$이므로
$P(\overline{X} \geq 7.2) = P\left(\dfrac{\overline{X} - \mu_0}{\sigma/\sqrt{n}} \geq \dfrac{7.2-6.416}{4/\sqrt{100}}\right)$
$= P(Z \geq 1.96) = 1 - P(Z < 1.96)$
$= 0.025$

56

표준편차가 10인 모집단에서 임의추출한 25개의 표본을 이용하여 모평균이 70보다 크다는 주장을 검정하고자 한다. 기각역이 $R: \overline{X} \geq c$인 검정의 유의수준이 $\alpha = 0.025$가 되도록 c를 구하면? (단, Z가 표준정규분포를 따르는 확률변수일 때, $P(Z > 1.96) = 0.025$)

① 70.98　　　② 71.96
③ 73.92　　　④ 77.84

해설 귀무가설(H_0) : $\mu \leq 70$, 대립가설(H_1) : $\mu > 70$
모평균에 대한 검정통계량에서 모분산을 알고 있을 경우
검정통계량 $Z = \dfrac{\overline{X} - \mu_0}{\sigma/\sqrt{n}}$를 이용한다.

검정통계량을 구하면 $Z = \dfrac{\overline{X} - 70}{10/\sqrt{25}} = \dfrac{\overline{X} - 70}{2}$이다.

$P(\overline{X} \geq c) = 0.025$가 되도록 하는 c를 구해야 하므로 표준화 공식을 이용하면 다음과 같다.

$P\left(\dfrac{\overline{X} - 70}{2} \geq \dfrac{c - 70}{2}\right) = P\left(Z \geq \dfrac{c - 70}{2}\right) = 0.025$

주어진 조건에서 $P(Z > 1.96) = 0.025$이므로

$\dfrac{c - 70}{2} = 1.96$, $c = 73.92$이다.

57

정규분포를 따르는 어떤 집단의 모평균이 10인지를 검정하기 위하여 크기가 25인 표본을 추출하여 관측한 결과 표본평균은 9, 표본표준편차는 2.5이었다. t-검정을 할 경우 검정통계량의 값은?

① 2　　　② 1
③ -1　　　④ -2

해설 모평균에 대한 검정통계량에서 모분산을 모르는 소표본($n < 30$) 인 경우 검정통계량 $t = \dfrac{\overline{X} - \mu_0}{S/\sqrt{n}}$를 이용한다.

따라서 $t = \dfrac{9 - 10}{2.5/\sqrt{25}} = -2$이다.

58

정규분포를 따르는 모집단의 모평균에 대한 가설 $H_0 : \mu = 50$, $H_1 : \mu < 50$을 검정하고자 한다. 크기 $n = 100$의 임의표본을 취하여 표본평균을 구한 결과 $\overline{X} = 49.02$를 얻었다. 모집단의 표준편차가 5라면 유의확률은 얼마인가? (단, $P(Z \leq -1.96) = 0.025$, $P(Z \leq -1.645) = 0.05$)

① 0.025　　　② 0.05
③ 0.95　　　④ 0.975

해설 모평균에 대한 검정통계량에서 모분산을 알고 있을 경우
검정통계량 $Z = \dfrac{\overline{X} - \mu_0}{\sigma/\sqrt{n}}$를 이용한다.

$Z = \dfrac{49.02 - 50}{5/\sqrt{100}} = -1.96$이고,

단측검정이므로 $P(Z \leq -1.96) = 0.025$이다.
따라서 유의확률은 0.025이다.

59

어느 조사기관에서 대한민국에 거주하는 10세 아동의 평균 키는 112cm이고 표준편차가 6cm인 정규분포를 따르는 것으로 보고하였다. 이 결과를 확인하기 위하여 36명을 무작위로 추출하여 측정한 결과 표본평균이 109cm이었다. 가설 $H_0 : \mu = 112$ vs $H_1 : \mu \neq 112$에 대한 유의수준 5%의 검정 결과로 옳은 것은?
(단, $Z_{0.025} = 1.96$, $Z_{0.05} = 1.645$이다)

① 귀무가설을 기각한다.
② 귀무가설을 기각할 수 없다.
③ 유의확률이 5%이다.
④ 위 사실로는 판단할 수 없다.

해설 모평균에 대한 검정통계량에서 모분산을 알고 있을 경우
검정통계량 $Z = \dfrac{\overline{X} - \mu_0}{\sigma/\sqrt{n}}$를 이용한다.

$Z = \dfrac{109 - 112}{6/\sqrt{36}} = -3$이고,

양측검정이며 유의수준 5%에서 $Z_{\alpha/2} = Z_{0.025} = 1.96$이다.
따라서 통계치가 임계치보다 크므로($1.96 < |-3|$)
귀무가설을 기각할 수 있다.

60

모평균의 추정량 $\overline{X}$의 95% 오차한계를 추정하기 위하여 반드시 필요한 통계량은? (단, 모분산은 모른다고 가정한다)

① 평균 간 차이에 대한 표준오차
② 표본상관계수
③ 표본의 표준편차
④ 사분위범위

해설 모평균에 대한 검정통계량에서 모분산을 알고 있을 경우 검정통계량 $Z = \dfrac{\overline{X} - \mu_0}{\sigma/\sqrt{n}}$를 이용한다. 하지만 모분산을 모르면 표본의 표준편차(표본분산 S^2) S를 이용하여 대표본의 경우 Z검정, 소표본의 경우 t-검정을 이용해 구할 수 있다.

61

정규모집단 $N(\mu, \sigma^2)$로부터 취한 n의 표본 $X_1, X_2, \cdots, X_n$에 근거한 표본평균과 표본분산을 각각 $\overline{X} = \dfrac{1}{n}\sum_{i=1}^{n} X_i$, $S^2 = \dfrac{1}{n-1}\sum_{i=1}^{n}(X_i - \overline{X})^2$이라 할 때, 통계량 $\dfrac{\overline{X} - \mu_0}{S/\sqrt{n}}$의 분포는?

① $t_{(n)}$: 자유도 n인 t-분포
② $t_{(n-1)}$: 자유도 $n-1$인 t-분포
③ $\chi^2_{(n)}$: 자유도 n인 χ^2-분포
④ $\chi^2_{(n-1)}$: 자유도 $n-1$인 χ^2-분포

해설 모평균에 대한 검정통계량에서 모분산을 알고 있을 경우 검정통계량 $Z = \dfrac{\overline{X} - \mu_0}{\sigma/\sqrt{n}}$를 이용한다. 하지만 모분산을 모르면 자유도 $n-1$인 t-분포 $t = \dfrac{\overline{X} - \mu_0}{S/\sqrt{n}}$를 이용하며, 대표본일 경우 중심극한정리에 의해 $Z = \dfrac{\overline{X} - \mu_0}{S/\sqrt{n}}$를 이용한다.

62

우리나라 대학생들의 1주일 동안 독서시간은 평균이 20시간, 표준편차가 3시간인 정규분포를 따른다고 알려져 있다. 이를 확인하기 위해 36명의 학생을 조사하였더니 평균이 19시간으로 나타났다. 이를 이용하여 우리나라 대학생들의 평균 독서시간이 20시간보다 작다고 말할 수 있는지를 검정한다고 할 때 다음 설명 중 옳은 것은?
(단, $P(|Z| < 1.645) = 0.9$, $P(|Z| < 1.96) = 0.95$)

① 검정통계량의 값은 -2이다.
② 가설검정에는 χ^2 분포가 이용된다.
③ 유의수준 0.05에서 검정할 때, 우리나라 대학생들의 평균 독서시간이 20시간보다 작다고 말할 수 없다.
④ 표본분산이 알려져 있지 않아 가설 검정을 수행할 수 없다.

해설 귀무가설(H_0) : $\mu \geq 20$, 대립가설(H_1) : $\mu < 20$
모평균에 대한 검정통계량에서 모분산을 알고 있을 경우 검정통계량 $Z = \dfrac{\overline{X} - \mu_0}{\sigma/\sqrt{n}}$를 이용한다.
$Z = \dfrac{19 - 20}{3/\sqrt{36}} = -2$이고,
단측검정이며 유의수준 $\alpha = 0.05$에서 $Z_\alpha = 1.645$이다.
따라서 통계치가 임계치보다 크므로($1.645 < |-2|$) 귀무가설을 기각할 수 있다. 즉, 우리나라 대학생들의 평균 독서시간이 20시간보다 작다고 말할 수 있다.

63

환자군과 대조군의 혈압을 비교하고자 한다. 각 집단에서 혈압은 정규분포를 따르며, 각 집단의 혈압의 분산은 같다고 한다. 환자군 12명, 대조군 12명을 추출하여 평균을 조사하였다. 두 표본 t-검정을 실시할 때 적합한 자유도는?

① 11
② 12
③ 22
④ 24

해설 모분산이 알려져 있지 않으나 동일한 경우의 모평균 차이에 대한 검정은 자유도가 $n_1 + n_2 - 2$인 t-분포를 이용한다.
따라서 자유도는 $12 + 12 - 2 = 22$이다.

정답 60 ③ 61 ② 62 ① 63 ③

64

다음에 적합한 가설검정법과 검정통계량은?

> 중량이 50g으로 표기된 제품 10개를 랜덤추출하니 평균 $\overline{X} = 49g$, 표준편차 $S = 0.6g$이었다. 제품의 중량이 정규분포를 따를 때, 평균중량 μ에 대한 귀무가설 $H_0 : \mu = 50$ 대 대립가설 $H_1 : \mu < 50$을 검정하고자 한다.

① 정규검정법, $Z = \dfrac{49 - 50}{\sqrt{0.6/10}}$

② 정규검정법, $Z = \dfrac{49 - 50}{0.6/\sqrt{10}}$

③ t-검정법, $T = \dfrac{49 - 50}{\sqrt{0.6/10}}$

④ t-검정법, $T = \dfrac{49 - 50}{0.6/\sqrt{10}}$

해설 모평균에 대한 검정통계량에서 모분산을 모르는 소표본($n < 30$)인 경우 검정통계량 $t = \dfrac{\overline{X} - \mu_0}{S/\sqrt{n}}$ 를 이용한다.

식에 값을 대입하면 $t = \dfrac{49 - 50}{0.6/\sqrt{10}}$ 이다.

65

미국에서는 인종 간의 지적 능력의 근본적 차이를 강조하는 "종모양 곡선(Bell Curve)"이라는 책이 논란을 불러일으킨 적이 있다. 만약 흑인과 백인의 지능지수의 차이를 단순비교할 목적으로 각각 20명씩 표본추출하여 조사할 때 가장 적합한 검정도구는?

① χ^2-검정 ② t-검정
③ F-검정 ④ Z-검정

해설 t-검정은 두 집단의 평균차이가 통계적으로 유의한가를 검정하는 분석방법이다. 조사대상의 개체가 같고 반드시 짝을 이루는 경우 대응표본 t-검정(쌍체비교)을 실시한다. 독립표본 t-검정은 조사대상의 개체가 다르고 반드시 짝을 이룰 필요가 없다. 이 문제는 두 모집단에서 각각 표본을 추출하여 차이를 검정하므로 독립표본 t-검정에 해당한다.

66

분산이 동일한 정규분포를 따르는 두 모집단으로부터 표본을 추출하여 다음 표와 같은 결과를 구하였다. 이들 모집단의 분산의 추정치로 옳은 것은?

구 분	크 기	표본평균	표본분산
표본 1	16	10	4
표본 2	31	12	1

① 1 ② 2
③ 3 ④ 4

해설 모분산이 알려져 있지 않으나 동일한 경우 합동표본분산(S_p^2)을 이용한다.

$S_1^2 = 4$, $S_2^2 = 1$, $n_1 = 16$, $n_2 = 31$이므로 대입하면 다음과 같다.

$$S_p^2 = \dfrac{(n_1 - 1)S_1^2 + (n_2 - 1)S_2^2}{n_1 + n_2 - 2}$$
$$= \dfrac{(16 - 2)4 + (31 - 1)}{16 + 31 - 2} = 2$$

67

두 모집단의 분산이 같지 않다고 가정하여 평균차이를 검정했을 때, 유의수준 5%하에서 통계적으로 평균차이가 유의하였다. 만약 두 모집단의 분산이 같은 경우 가설검정 결과의 변화로 틀린 것은?

① 유의확률이 작아진다.
② 평균차이가 존재한다.
③ 표준오차가 커진다.
④ 검정통계량 값이 커진다.

해설 분산이 동일하지 않은 경우 $Z = \dfrac{(\overline{X_1} - \overline{X_2})}{\sqrt{\dfrac{S_1^2}{n_1} + \dfrac{S_2^2}{n_2}}}$,

분산이 동일한 경우 $t = \dfrac{(\overline{X_1} - \overline{X_2})}{S_p \sqrt{\dfrac{1}{n_1} + \dfrac{1}{n_2}}}$ 를 사용한다.

분모는 표준오차이므로 두 집단의 분산이 동일한 경우에는 표준오차 값은 작아진다. 따라서 검정통계량의 값이 더 커진다.

68

모집단으로부터 크기가 100인 표본을 추출하였다. 이 표본으로부터 표본비율 $\hat{p} = 0.42$를 추정하였다. 모비율에 대한 가설 $H_0 : p = 0.4$ vs $H_1 : p > 0.4$를 검정하기 위한 검정통계량은?

① $\dfrac{0.4}{\sqrt{0.4(1-0.4)/100}}$

② $\dfrac{0.42 - 0.4}{\sqrt{0.4(1-0.4)/100}}$

③ $\dfrac{0.42 + 0.4}{\sqrt{0.4(1-0.4)/100}}$

④ $\dfrac{0.42}{\sqrt{0.4(1-0.4)/100}}$

[해설] 모비율에 대한 가설검정은 검정통계량 $Z = \dfrac{\hat{p} - p_0}{\sqrt{p_0(1-p_0)/n}}$를 이용한다.

$\hat{p} = 0.42$, $p_0 = 0.4$, $n = 100$을 대입하면

$\dfrac{0.42 - 0.4}{\sqrt{0.4(1-0.4)/100}}$ 이다.

69

기존의 취업 교육 프로그램을 이수한 사람의 취업률 p는 0.7이다. 새로운 교육 프로그램이 취업률을 높인다는 주장이 있어 통계적으로 검정하기 위해 새로운 교육 프로그램을 이수한 사람을 임의로 추출하여 취업률을 조사하였다. 이때 적절한 귀무가설(H_0)과 대립가설(H_1)은?

① $H_0 : p > 0.7$, $H_1 : p = 0.7$
② $H_0 : p \neq 0.7$, $H_1 : p = 0.7$
③ $H_0 : p = 0.7$, $H_1 : p > 0.7$
④ $H_0 : p = 0.7$, $H_1 : p \neq 0.7$

[해설] 가설검정에서는 모집단의 모수에 대해서 어떤 조건을 가정하여 가설을 설정하는데 이때 이 가설을 귀무가설이라고 한다. 귀무가설은 '아무런 차이가 없다' 또는 '전혀 효과가 없다'는 내용을 의미하는 주장이다. 따라서 '새로운 교육 프로그램이 취업률을 높인다'를 검정하기 위한 귀무가설은 '새로운 교육 프로그램은 취업률을 높이는 데 효과가 없다(= 기존의 취업 교육 프로그램을 이수한 사람의 취업률과 차이가 없다)'이므로 $H_0 : p = 0.7$이다. 대립가설은 '새로운 교육 프로그램이 취업률을 높인다'이므로 $H_1 : p > 0.7$이다.

70

다음은 두 종류의 타이어 평균수명에 차이가 있는지를 확인하기 위하여 각각 30개의 표본을 추출하여 조사한 결과이다 (두 표본은 독립이고, 대표본임을 가정하고 $Z_{0.025} = 1.96$이다).

타이어	표본크기	평균수명	표준편차
A	30	48,500(km)	3,600(km)
B	30	52,000(km)	4,200(km)

두 타이어의 평균수명에 차이가 있는지를 유의수준 5%에서 검정한 결과는?

① 두 타이어의 평균수명에 통계적으로 유의한 차이가 없다.
② 두 타이어의 평균수명에 통계적으로 유의한 차이가 있다.
③ 두 타이어의 평균수명이 완전히 일치한다.
④ 주어진 정보만으로는 알 수 없다.

[해설] 귀무가설(H_0) : $\mu_X = \mu_Y$, 대립가설(H_1) : $\mu_X \neq \mu_Y$
모분산이 알려져 있지 않고 동일하지도 않은 경우 모평균 차이에 대한 검정은

검정통계량 $Z = \dfrac{(\overline{X_1} - \overline{X_2})}{\sqrt{\dfrac{S_1^2}{n_1} + \dfrac{S_2^2}{n_2}}}$을 이용한다.

$\overline{X_1} = 48500$, $\overline{X_2} = 52000$, $n_1 = 30$, $n_2 = 30$, $S_1 = 3600$, $S_2 = 4200$이므로 대입하면

검정통계량은 $Z = \dfrac{(48500 - 52000)}{\sqrt{\dfrac{3600^2}{30} + \dfrac{4200^2}{30}}} \fallingdotseq -3.47$이고

양측검정이므로 유의수준 5%에서 임계치 $Z_{0.025} = 1.96$이다. 검정통계량이 임계치보다 크므로 귀무가설을 기각한다. 따라서 두 타이어의 평균수명에 통계적으로 유의한 차이가 있다.

71

다음 자료는 새로 개발한 학습방법에 의해 일정기간 교육을 실시하기 전후에 시험을 통해 얻은 자료이다. 학습효과가 있는지에 관한 가설검정에 관한 설명으로 틀린 것은?

(단, $\overline{D} = \frac{1}{5}\sum_{i=1}^{5} D_i = 18$,

$S_D = \sqrt{\frac{1}{4}\sum_{i=1}^{5}(D_i - \overline{D})^2} = 17.889$)

학생	학습 전	학습 후	차이(D)
1	50	90	40
2	40	40	0
3	50	50	0
4	70	100	30
5	30	50	20

① 가설의 형태는 $H_0 : \mu_D = 0$ VS $H_1 : \mu_D > 0$ 이다.
(단, μ_D는 학습 전후 차이의 평균이다.)
② 가설 검정에는 자유도가 4인 t-분포가 이용된다.
③ 검정통계량 값은 2.25이다.
④ 조사한 학생의 수가 늘어날수록 귀무가설을 채택할 가능성이 많아진다.

해설
④ 표본의 크기와 귀무가설 기각/채택 여부는 관련이 없다.
① 귀무가설(H_0) : 학습 전후 성적에 차이가 없다($H_0 : \mu_D = 0$).
대립가설(H_1) : 학습 전후 성적에 차이가 있다($H_1 : \mu_D > 0$).
②·③ 대응표본인 경우 두 집단 간의 차이에 대한 검정통계량은 자유도가 $n-1$인 t-분포 $t = \frac{\overline{D}}{S_D/\sqrt{n}}$ 를 이용한다.

$n=5$이고 문제에서 주어진 $\overline{D}=18$, $S_D=17.889$를 이용하면 가설검정은 자유도 $5-1=4$인 t-분포를 이용하며 검정통계량은 $t = \frac{18}{17.889/\sqrt{5}} ≒ 2.25$이다.

72

5명의 흡연자를 무작위로 선정하여 체중을 측정하고, 금연을 시킨 뒤 4주 후에 다시 체중을 측정하였다. 금연 전후의 체중에 변화가 있는가에 대하여 검정하고자 할 때, 검정통계량의 값은?

번호	금연 전	금연 후
1	70	75
2	80	77
3	65	68
4	55	58
5	70	75

① -0.21
② -0.32
③ -0.48
④ -1.77

해설 대응표본인 경우 두 집단 간의 차이에 대한 검정통계량은 자유도가 $n-1$인 t-분포 $t = \frac{\overline{D}}{S_D/\sqrt{n}}$ 를 이용한다.

번호	금연 전	금연 후	D
1	70	75	$70-75=-5$
2	80	77	$80-77=3$
3	65	68	$65-68=-3$
4	55	58	$55-58=-3$
5	70	75	$70-75=-5$

$\overline{D} = \frac{(70-75)+(80-77)+(65-68)}{5}$
$\quad\quad + \frac{(55-58)+(70-75)}{5} = -2.6$

$S_D = \sqrt{\frac{(-5+2.6)^2+(3+2.6)^2+(-3+2.6)^2}{(5-1)}}$
$\quad\quad + \frac{(-3+2.6)^2+(-5+2.6)^2}{(5-1)} = \sqrt{10.8}$

$\therefore t = \frac{-2.6}{\frac{\sqrt{10.8}}{\sqrt{5}}} ≒ -1.77$

참고 실험 전후 차이인 D값을 구할 때 원칙은 (실험 이후 − 실험 이전) 분석이지만, 실제 D값을 계산할 경우 (실험 이전 − 실험 이후)와 (실험 이후 − 실험 이전)의 값은 부호만 다르게 계산된다. 따라서 (실험 이전 − 실험 이후)로 분석하더라도 검정통계량의 부호만 변경되기에 상황에 맞춰 값을 변경할 수 있다. 해당 문제처럼 실험 전후의 값이 확실하게 주어진 경우는 관계없지만, 주어지지 않은 경우에는 실험 이전과 실험 이후의 값을 임의로 정하고 부호만 변경하여 답을 유추할 수 있다.

73

10명의 스포츠댄스 회원들이 한 달간 댄스 프로그램에 참가하여 프로그램 시작 전 체중과 한 달 후 체중의 차이를 알아보려고 할 때 적합한 검정방법은?

① 대응표본 $t-$검정
② 독립표본 $t-$검정
③ $z-$검정
④ $F-$검정

해설 독립표본 $t-$검정은 두 집단이 각각 $N(\mu_1, \sigma_1^2)$과 $N(\mu_2, \sigma_2^2)$인 정규분포를 따르고 서로 독립이라는 가정하에 두 집단 간 모평균에 차이가 있는지를 검정한다. 하지만 대응표본 $t-$검정은 두 집단이 서로 독립이라는 가정을 필요로 하지 않으며 서로 짝을 이룬 자료일 때 두 집단 간 모평균의 차이가 있는지를 검정한다.

74

A 도시에서는 실업률이 5.5%라고 발표하였다. 관련 민간단체에서는 실업률 5.5%가 너무 낮게 추정된 값이라고 여겨 이를 확인하고자 노동력 인구 중 520명을 임의로 추출하여 조사한 결과 39명이 무직임을 알게 되었다. 이를 확인하기 위한 검정을 수행할 때 검정통계량의 값은?

① -2.58 ② 1.75
③ 1.96 ④ 2.00

해설 모비율에 대한 가설검정은

검정통계량 $Z = \dfrac{\hat{p} - p_0}{\sqrt{p_0(1-p_0)/n}}$ 를 이용한다.

$\hat{p} = \dfrac{39}{520} = 0.075$, $p_0 = 5.5 \times 1/100 = 0.055$, $n = 520$이므로 값을 식에 대입한다.

$\therefore Z = \dfrac{0.075 - 0.055}{\sqrt{0.055(1-0.055)/520}} \fallingdotseq 2.00$

75

어느 정당에서는 새로운 정책에 대한 찬성과 반대를 남녀별로 조사하여 다음의 결과를 얻었다.

구 분	남 자	여 자	합 계
표본수	250	200	450
찬성자 수	110	104	214

남녀별 찬성률에 차이가 있다고 볼 수 있는가에 대하여 검정할 때 검정통계량을 구하는 식은?

① $Z = \dfrac{\dfrac{110}{250} - \dfrac{104}{200}}{\sqrt{\dfrac{214}{450}\left(1 - \dfrac{214}{450}\right)\left(\dfrac{1}{250} - \dfrac{1}{200}\right)}}$

② $Z = \dfrac{\dfrac{110}{250} - \dfrac{104}{200}}{\sqrt{\dfrac{214}{450}\left(1 - \dfrac{214}{450}\right)\left(\dfrac{1}{250} + \dfrac{1}{200}\right)}}$

③ $Z = \dfrac{\dfrac{110}{250} + \dfrac{104}{200}}{\sqrt{\dfrac{214}{450}\left(1 - \dfrac{214}{450}\right)\left(\dfrac{1}{250} - \dfrac{1}{200}\right)}}$

④ $Z = \dfrac{\dfrac{110}{250} + \dfrac{104}{200}}{\sqrt{\dfrac{214}{450}\left(1 - \dfrac{214}{450}\right)\left(\dfrac{1}{250} + \dfrac{1}{200}\right)}}$

해설 모비율 차이에 대한 가설검정은

검정통계량 $Z = \dfrac{\hat{p}_1 - \hat{p}_2}{\sqrt{\hat{p}(1-\hat{p})\left(\dfrac{1}{n_1} + \dfrac{1}{n_2}\right)}}$ 를 이용한다.

$\hat{p} = \dfrac{110 + 104}{250 + 200} = \dfrac{214}{450}$, $n_1 = 250$, $n_2 = 200$,

$\hat{p}_1 = \dfrac{110}{250}$, $\hat{p}_2 = \dfrac{104}{200}$ 이므로 값을 식에 대입한다.

$\therefore Z = \dfrac{\dfrac{110}{250} - \dfrac{104}{200}}{\sqrt{\dfrac{214}{450}\left(1 - \dfrac{214}{450}\right)\left(\dfrac{1}{250} + \dfrac{1}{200}\right)}}$

76

국회의원 선거에 출마한 A 후보의 지지율이 50%를 넘는지 확인하기 위해 유권자 1,000명을 조사하였더니 550명이 A 후보를 지지하였다. 귀무가설 $H_0 : p = 0.5$ 대 대립가설 $H_1 : p > 0.5$의 검정을 위한 검정통계량 Z는?

① $Z = \dfrac{0.55 - 0.5}{\sqrt{0.55 \times 0.45/1000}}$

② $Z = \dfrac{0.55 - 0.5}{\sqrt{0.55 \times 0.45}/1000}$

③ $Z = \dfrac{0.55 - 0.5}{\sqrt{0.5 \times 0.5/1000}}$

④ $Z = \dfrac{0.55 - 0.5}{\sqrt{0.5 \times 0.5}/1000}$

해설 모비율에 대한 가설검정은

검정통계량 $Z = \dfrac{\hat{p} - p_0}{\sqrt{p_0(1-p_0)/n}}$ 를 이용한다.

$\hat{p} = \dfrac{550}{1000} = 0.55$, $n = 1000$이므로 값을 식에 대입한다.

$\therefore Z = \dfrac{0.55 - 0.5}{\sqrt{0.5(1-0.5)/1000}}$

77

정규분포를 따르는 두 모집단에서 표본을 각각 25개씩 추출하여, 두 집단의 평균 차이를 검정하고자 한다. 모분산은 알려져 있지 않다. 이때 적용되는 검정통계량의 분포는?

① 정규분포　　② t-분포
③ F-분포　　④ 카이제곱분포

해설 t-검정은 두 집단의 평균차이가 통계적으로 유의한가를 검정하는 분석방법이다. 조사대상의 개체가 같고 반드시 짝을 이루는 경우 대응표본 t-검정(쌍체비교)을 실시한다. 독립표본 t-검정은 조사대상의 개체가 다르고 반드시 짝을 이룰 필요가 없다. 이 문제는 두 모집단에서 각각 표본을 추출하여 차이를 검정하므로 독립표본 t-검정에 해당한다.

78

이라크 파병에 대한 여론조사를 실시했다. 100명을 무작위로 추출하여 조사한 결과 56명이 파병에 대해 찬성했다. 이 자료로부터 파병을 찬성하는 사람이 전 국민의 과반수가 되는지를 유의수준 5%에서 통계적 가설검정을 실시했다. 다음 중 옳은 것은? ($P(|Z| > 1.64) = 0.10$, $P(|Z| > 1.96) = 0.05$, $P(|Z| > 2.58) = 0.01$)

① 이 자료의 통계적 분석으로 한국인의 찬성률이 과반수라고 결론을 내릴 수 있다.

② 이 자료의 통계적 분석으로 한국인의 찬성률이 과반수라고 결론을 내릴 수 없다.

③ 이 자료의 통계적 분석으로 표본의 수가 부족해서 결론을 얻을 수 없다.

④ 표본 중 과반수가 찬성하여서 찬성률이 과반수라고 결론을 내릴 수 있다.

해설 귀무가설(H_0) : $p = 0.5$, 대립가설(H_1) : $p > 0.5$
모비율에 대한 가설검정은

검정통계량 $Z = \dfrac{\hat{p} - p_0}{\sqrt{p_0(1-p_0)/n}}$ 를 이용한다.

$\hat{p} = \dfrac{56}{100} = 0.56$, $p_0 = 0.5$, $n = 100$이므로 값을 식에 대입하면

$Z = \dfrac{0.56 - 0.5}{\sqrt{0.5(1-0.5)/100}} = 1.2$이고,

단측검정이며 유의수준 5%에서 $Z_\alpha = Z_{0.05} = 1.64$이다.
따라서 검정통계량이 임계치보다 작으므로 귀무가설을 기각할 수 없으므로 한국인의 찬성률이 과반수라고 결론을 내릴 수 없다.

79

새로운 상품을 개발한 회사에서는 이 상품에 대한 선호도를 조사하려고 한다. 400명의 조사대상자 중에서 이 상품을 선호한 사람은 220명이었다. 이때, 다음 가설에 대한 p값과 같은 것은?

> $H_0 : p = 0.5$ VS $H_1 : p > 0.5$
> (단, Z는 표준정규분포를 따르는 확률변수이다)

① $P(Z \geq 1)$
② $P\left(Z \geq \dfrac{5}{4}\right)$
③ $P\left(Z \geq \dfrac{3}{2}\right)$
④ $P(Z \geq 2)$

해설 모비율에 대한 가설검정은

검정통계량 $Z = \dfrac{\hat{p} - p_0}{\sqrt{p_0(1-p_0)/n}}$ 를 이용한다.

$\hat{p} = \dfrac{220}{400} = 0.55$, $p_0 = 0.5$, $n = 400$이므로 값을 식에 대입하면

$Z = \dfrac{0.55 - 0.5}{\sqrt{0.5(1-0.5)/400}} = 2$이다.

따라서 유의확률 p값은 $P(Z \geq 2)$이다.

80

다음 중 대푯값이 아닌 것은?

① 최빈값
② 기하평균
③ 조화평균
④ 분 산

해설 대푯값과 산포도
- 대푯값 : 자료의 대략적인 중심위치 파악(평균, 중위수, 최빈값 등)
- 산포도 : 흩어진 정도의 척도(분산, 표준편차, 변동계수, 범위 등)

81

다음 중 중심위치의 척도와 가장 거리가 먼 것은?

① 중앙값
② 평 균
③ 표준편차
④ 최빈수

해설 표준편차는 산포도에 해당한다.

82

최근 5년간 평균 경제성장률을 구할 때 적합한 중심경향값은?

① 산술평균
② 중위수
③ 조화평균
④ 기하평균

해설 기하평균은 변화율이나 비율의 평균을 구할 때 이용하는 수치로서 모든 측정치를 곱하여 측정치의 수만큼 제곱근을 구한 것으로 인구변동률, 물가변동률, 경제성장률과 같은 비율의 대푯값 산정에 많이 쓰인다.

83

A반 학생은 50명이고 B반 학생은 100명이다. A반과 B반의 평균성적이 각각 80점과 85점이었다. A반과 B반의 전체 평균성적은?

① 80.0
② 82.5
③ 83.3
④ 84.5

해설 A반 평균은 $\dfrac{(a_1 + a_2 + \cdots + a_{50})}{50} = 80$이므로

$(a_1 + a_2 + \cdots + a_{50}) = 80 \times 50 = 4000$이다.

B반 평균은 $\dfrac{(b_1 + b_2 + \cdots + b_{100})}{100} = 85$이므로

$(b_1 + b_2 + \cdots + b_{100}) = 85 \times 100 = 8500$이다.

$\dfrac{(a_1 + a_2 + \cdots + a_{50}) + (b_1 + b_2 + \cdots + b_{100})}{50 + 100}$

$= \dfrac{4000 + 8500}{150} ≒ 83.3$이므로

두 반을 합한 150명의 중간고사 평균은 83.3점이다.

정답 79 ④ 80 ④ 81 ③ 82 ④ 83 ③

84

어느 회사에서는 직원들의 승진심사에서 평가를 항목별 성적의 가중평균을 승진평가 성적으로 적용하기로 하였다. 직원 A의 항목별 성적이 다음과 같을 때, 승진평가 성적(점)은?

구 분	성적(100점 만점)	가중치
근무평점	80	30%
성과평점	70	30%
승진시험	90	40%

① 80
② 81
③ 82
④ 83

해설 가중산술평균을 이용하면 다음과 같다.
$$\frac{\sum f_i x_i}{\sum f_i} = \frac{(0.3 \times 80) + (0.3 \times 70) + (0.4 \times 90)}{0.3 + 0.3 + 0.4} = 81$$

85

다음 중 평균에 관한 설명으로 틀린 것은?

① 중심경향을 측정하기 위한 척도이다.
② 이상치에 크게 영향을 받는 단점이 있다.
③ 이상치가 존재할 경우를 고려하여 절사평균(Trimmed Mean)을 사용하기도 한다.
④ 표본의 몇몇 특성값이 모평균으로부터 한쪽 방향으로 멀리 떨어지는 현상이 발생하는 자료에서도 좋은 추정량이다.

해설 몇몇 특성값이 모평균으로부터 한쪽 방향으로 멀리 떨어지는 이상점이 존재하는 경우 평균이 영향을 받을 수 있으므로 좋은 추정량이 아니다.

86

5점 척도의 만족도 설문조사를 한 결과가 다음과 같을 때, 만족도 평균은? (단, 1점은 매우 불만족, 5점은 매우 만족이다)

5점 척도	1	2	3	4	5
백분율(%)	10.0	15.0	20.0	30.0	25.0

① 2.45
② 2.85
③ 3.45
④ 3.85

해설 가중산술평균을 이용하면 다음과 같다.
$$\frac{\sum f_i x_i}{\sum f_i}$$
$$= \frac{(1 \times 10) + (2 \times 15) + (3 \times 20) + (4 \times 30) + (5 \times 25)}{10 + 15 + 20 + 30 + 25}$$
$$= 3.45$$

87

다음의 자료에 대한 설명으로 틀린 것은?

58 54 54 81 56 81 75 55 41 40 20

① 중앙값은 55이다.
② 표본평균은 중앙값보다 작다.
③ 최빈값은 54와 81이다.
④ 자료의 범위는 61이다.

해설 자료를 크기순으로 나열하면 다음과 같다.

20 40 41 54 54 55 56 58 75 81 81

$n = 11$, 즉 홀수이므로 중앙값은 $\frac{n+1}{2} = \frac{12}{2} = 6$번째 값인 55이고, 최빈값은 출현도수가 가장 많은 54와 81이다. 범위는 자료의 최댓값에서 최솟값을 뺀 값이므로 $81 - 20 = 61$이다.
표본평균은
$$\frac{20 + 40 + 41 + 54 + 54 + 55 + 56 + 58 + 75 + 81 + 81}{11} \fallingdotseq 55.91$$
로 중앙값보다 크다.

88

자료의 산술평균에 대한 설명으로 틀린 것은?

① 이상점의 영향을 받지 않는다
② 편차들의 합은 0이다.
③ 분포가 좌우대칭이면 산술평균과 중앙값은 같다.
④ 자료의 중심위치에 대한 측도이다.

해설 몇몇 특성값이 한쪽 방향으로 멀리 떨어지는 이상점이 존재하는 경우 산술평균은 영향을 받는다.

89

다음 설명 중 틀린 것은?

① 평균은 각 자료에서 유일하게 얻어진다.
② 중앙값은 평균보다 극단값에 의해 영향을 더 많이 받는다.
③ 최빈값은 하나 이상 얻어질 수도 있다.
④ 표준편차의 단위는 원자료의 단위와 일치한다.

해설 중앙값은 극단적인 값의 영향을 받지 않으며, 중앙값에 대한 편차의 절대치의 합은 다른 어떤 수에 대한 편차의 절대치의 합보다 작다.

90

중심경향값에 대한 설명으로 옳은 것은?

① 최빈수는 반드시 하나만 존재한다.
② 중위수는 평균보다 항상 크다.
③ 평균은 중위수보다 이상치에 대해 민감하다.
④ 오른쪽으로 긴 꼬리의 분포에서 평균은 중위수보다 작다.

해설 ① 최빈수는 변량 X의 측정값 중에서 출현도수가 가장 많은 값으로 경우에 따라 하나도 없거나 두 개 이상 존재할 수도 있다.
②·④ 좌측 비대칭분포(오른쪽으로 꼬리가 긴 분포)에서 중위수는 평균보다 작으며 좌우대칭분포일 경우 중위수는 평균값과 같다. 우측 비대칭분포(왼쪽으로 꼬리가 긴 분포)에서만 중위수가 평균보다 크다.

91

다음의 자료로 줄기-잎 그림을 그리고 중앙값을 찾아보려 한다. 빈칸에 들어갈 잎과 중앙값을 순서대로 바르게 나열한 것은?

| 25 | 45 | 54 | 44 | 42 | 34 | 81 | 73 | 66 |
| 78 | 61 | 46 | 86 | 50 | 43 | 53 | 38 | |

2	5
3	4 8
4	2 3 4 5 6
5	
6	1 6
7	3 8
8	1 6

① 0 3, 중앙값 = 46
② 0 3 4, 중앙값 = 50
③ 0 0 3, 중앙값 = 50
④ 3 4 4, 중앙값 = 53

해설

2	5
3	4 8
4	2 3 4 5 6
5	0 3 4
6	1 6
7	3 8
8	1 6

십의 자리가 5인 숫자의 일의 자리를 잎의 자리에 오름차순으로 나열하면 된다. 자료의 개수가 17개이므로 중앙값은 $\frac{n+1}{2}=\frac{18}{2}=9$번째의 값인 50이다.

정답 88 ① 89 ② 90 ③ 91 ②

92

어느 집단의 개인별 신장을 기록한 것이다. 중위수는 얼마인가?

| 164　166　167　167　168　170　170　172　173　175 |

① 167　　　　② 168
③ 169　　　　④ 170

해설 변량의 개수가 짝수개이므로 중위수는
$n/2$번째의 값과 $(n/2)+1$번째의 값의 평균값이다.
$n=10$이므로 $n/2$번째 값은 168, $(n/2)+1$번째 값은 170이다.
따라서 중위수는 $(168+170)/2=169$이다.

93

표본자료가 다음과 같을 때, 중심경향값으로 가장 적합한 것은?

| 10　　20　　30　　40　　100 |

① 최빈수　　　　② 중위수
③ 산술평균　　　④ 가중평균

해설 분포모양이 비대칭이고 극단적인 값(100)이 존재하므로 극단적인 값의 영향을 받지 않는 중위수가 중심경향값으로 가장 적합하다.

94

다음 자료에 대한 설명으로 틀린 것은?

| 1　　3　　5　　10　　1 |

① 분산은 14이다.
② 중위수는 5이다.
③ 범위는 9이다.
④ 평균은 4이다.

해설 자료를 오름차순으로 다시 배열하면 1 1 3 5 10이다. 자료의 개수가 5개로 홀수이므로 중위수는 $(n+1)/2=3$번째 값인 3이다.

95

상자그림에 대한 설명으로 틀린 것은?

① 상자그림을 보면 자료의 분포를 개략적으로 파악할 수 있다.
② 두 집단의 분포 모양에 대한 비교가 가능하다.
③ 이상값에 대한 정보를 알 수 있다.
④ 상자그림의 상자 길이와 분산과는 아무런 관련이 없다.

해설 **상자그림(상자와 수염그림)**
주어진 자료를 그대로 이용하여 그래프를 그리는 것이 아니라 자료로부터 얻어낸 통계량인 다섯 수치요약을 이용하여 그린다. 이상값은 ✻로 표시한다. 상자그림은 집단이 여러 개인 경우에도 한 공간에 표현할 수 있으며 분포의 모양, 중심위치, 이상치 등 자료의 특성을 파악할 수 있다. 이때, 분산이 커지면 사분위수 값이 커지므로 상자의 길이가 길어진다.

최솟값　제1사분위수　중위수　제3사분위수　최댓값

96

5개의 자료값 10, 20, 30, 40, 50의 특성으로 옳은 것은?

① 평균 30, 중앙값 30
② 평균 35, 중앙값 40
③ 평균 30, 최빈값 50
④ 평균 25, 최빈값 10

[해설] 자료의 개수가 5개로 홀수이므로 중위수는 $(n+1)/2 = 3$번째 값인 30이다. 최빈값은 없으며 평균은 $(10+20+30+40+50)/5 = 30$이다.

97

자료의 분포에 대한 중심경향값으로 평균(Mean) 대신 중앙값(Median)을 사용하는 이유로 가장 적합한 것은?

① 자료의 크기가 큰 경우 평균은 계산이 어렵다.
② 편차의 총합은 항상 0이다.
③ 평균은 음수가 나올 수 있다.
④ 평균은 중앙값보다 극단적인 관측값에 의해 영향을 받는 정도가 심하다.

[해설] 중앙값은 극단적인 값의 영향을 받지 않으며, 중앙값에 대한 편차의 절대치의 합은 다른 어떤 수에 대한 편차의 절대치의 합보다 작다. 중심경향값에 있어서 평균은 이상치에 영향을 많이 받는다는 단점이 있다.

98

도수분포가 비대칭이고 극단치들이 있을 때, 보다 적절한 중심성향척도는?

① 산술평균   ② 중위수
③ 최빈수   ④ 조화평균

[해설] 중위수는 극단적인 값의 영향을 받지 않으므로 극단치들이 있을 때 적절한 중심경향값이다.

99

서울지역 고등학생 500명의 키를 측정한 자료에서 중앙값과 평균값이 같을 경우, 이에 대한 설명으로 가장 적합한 것은?

① 자료의 분포형태는 좌우대칭이다.
② 자료는 표준정규분포에 따른다.
③ 자료에는 극대 이상값이 많지 않다.
④ 자료의 대푯값은 중앙값이 더 바람직하다.

[해설] 평균은 관측치의 절대 크기의 중앙이므로 모든 관측치를 더한 값을 관측치 수로 나눈 값이다. 자료의 측정치 중 다른 측정치에 비해 아주 크거나 아주 작은 측정치(극단치)가 존재하는 경우 크기의 중심인 평균은 극단치가 존재하는 쪽으로 치우치게 된다. 자료에 극단치가 존재하지 않으면 중앙값과 평균값이 거의 일치한다.

100

두 집단의 자료 간 산포를 비교하는 측도로 적절하지 않은 것은?

① 분산   ② 표준편차
③ 변동계수   ④ 표준오차

[해설] 표준오차는 통계량의 표준편차로 두 집단의 자료 간 산포를 비교하는 측도가 아니다. 산포도에는 절대적인 분포의 산포도(범위, 사분위수 범위, 평균편차, 사분편차, 분산·표준편차 등)와 상대적인 분포의 산포도(변이계수(변동계수), 사분위편차계수, 평균편차계수 등)가 있다.

101

어느 중학교 1학년 학생들의 신장을 조사한 결과 평균은 136.5cm, 중앙값은 130.0cm, 표준편차는 2.0cm였다. 학생들의 신장의 분포에 대한 설명으로 옳은 것은?

① 오른쪽으로 긴 꼬리를 갖는 비대칭분포이다.
② 왼쪽으로 긴 꼬리를 갖는 비대칭분포이다.
③ 정규분포이다.
④ 이들 자료로는 알 수 없다.

[해설] 평균이 중앙값보다 크므로 오른쪽으로 긴 꼬리를 갖는 비대칭분포(좌측 비대칭분포)이다.

정답 ▶ 96 ① 97 ④ 98 ② 99 ③ 100 ④ 101 ①

102

다음 중 첨도가 가장 큰 분포는?

① 표준정규분포
② 자유도가 1인 t-분포
③ 평균 = 0, 표준편차 = 0.1인 정규분포
④ 평균 = 0, 표준편차 = 5인 정규분포

해설 정규분포의 첨도는 3이고, t-분포는 정규분포보다 꼬리가 두꺼우며 첨도는 3보다 크다. 그러나 $n-1$이 무한대로 접근할수록 t-분포는 정규분포로 접근한다.

103

오른쪽으로 꼬리가 길게 늘어진 형태의 분포에 대해 옳은 설명으로만 짝지어진 것은?

> ㄱ. 왜도는 양의 값을 가진다.
> ㄴ. 왜도는 음의 값을 가진다.
> ㄷ. 자료의 평균은 중앙값보다 큰 값을 가진다.
> ㄹ. 자료의 평균은 중앙값보다 작은 값을 가진다.

① ㄱ, ㄷ
② ㄱ, ㄹ
③ ㄴ, ㄷ
④ ㄴ, ㄹ

해설 분포의 형태
- 오른쪽으로 꼬리가 길게 늘어진 분포일 경우(좌측 비대칭분포) '산술평균>중앙값>최빈값'의 관계를 가지며 왜도는 0보다 크다.
- 왼쪽으로 꼬리가 길게 늘어진 분포일 경우(우측 비대칭분포) '산술평균<중앙값<최빈값'의 관계를 가지며 왜도는 0보다 작다.

104

자료의 산포(Dispersion)의 정도를 나타내는 측도가 아닌 것은?

① 범위(Range)
② 왜도(Skewness)
③ 변동계수(Coefficient of Variation)
④ 사분편차계수(Quartile Deviation)

해설 왜도는 자료분포의 모양이 어느 쪽으로 얼마만큼 기울어져 있는가, 즉 비대칭 정도를 나타내는 척도이다.

105

다음 중 자료의 산포도를 나타내는 측도는?

① 중앙값
② 사분위수
③ 백분위
④ 사분위 범위

해설 산포도의 종류
- 절대적인 분포의 산포도 : 범위, 사분위수 범위, 평균편차, 사분편차, 분산·표준편차 등
- 상대적인 분포의 산포도 : 변이계수(변동계수), 사분위편차계수, 평균편차계수 등

106

다음 설명 중 옳지 않은 것은?

① 편차의 합은 항상 0이다.
② 중위수는 극단값에 영향을 받지 않는다.
③ 사분위수 범위는 중심위치에 대한 측도이다.
④ 최빈수는 두 개 이상 있을 수 있다.

해설 중심위치에 대한 측도는 중심경향값을 뜻한다. 사분위수 범위는 제3사분위수(Q_3)와 제1사분위수(Q_1)의 차이로 절대적인 분포의 산포도의 한 종류이다.

정답 102 ② 103 ① 104 ② 105 ④ 106 ③

107

20개로 이루어진 자료를 순서대로 나열하면 다음과 같다.

| 29 | 32 | 33 | 34 | 37 | 39 | 39 | 39 | 40 | 40 |
| 42 | 43 | 44 | 44 | 45 | 45 | 46 | 47 | 49 | 55 |

이 자료의 중위수와 사분위 범위(Interquartile Range)의 값을 순서대로 나열한 것은?

① 40, 7
② 40, 8
③ 41, 7
④ 41, 8

해설 총 자료의 개수는 20개로 짝수이므로 중위수는 $\frac{20}{2}=10$번째의 값과 $\frac{20}{2}+1=11$번째의 값의 평균인 $\frac{40+42}{2}=41$이다.

사분위 범위는 제3사분위수에서 제1사분위수를 뺀 값이며 제1사분위수는 첫 번째 값부터 중위수보다 작은 값에 대해 다시 중간의 값을 구하면 된다. 이 자료는 10개이므로 $\frac{10}{2}=5$번째의 값과 $\frac{10}{2}+1=6$번째 값의 평균인 $\frac{37+39}{2}=38$이다. 마찬가지로 제3사분위수는 중간값보다 큰 값부터 가장 큰 값까지에 대해 중간의 값에 해당하며 이 자료 역시 10개이므로 $\frac{10}{2}=5$번째의 값과 $\frac{10}{2}+1=6$번째 값의 평균인 $\frac{45+45}{2}=45$이다. 따라서 사분위 범위는 $45-38=7$이다.

108

측도의 단위가 관측치의 단위와 다른 것은?

① 평균
② 중앙값
③ 표준편차
④ 분산

해설 분산은 평균편차를 제곱한 것이므로 관측치의 단위가 다르다.

109

표본으로 추출된 15명의 성인을 대상으로 지난해 감기로 앓았던 일수를 조사하여 다음의 데이터를 얻었다. 평균, 중앙값, 최빈값, 범위를 계산한 값 중 틀린 것은?

| 5 | 7 | 0 | 3 | 15 | 6 | 5 | 9 |
| 3 | 8 | 10 | 5 | 2 | 0 | 12 | |

① 평균 = 6
② 중앙값 = 5
③ 최빈값 = 5
④ 범위 = 14

해설 범위는 자료의 분산을 측정하는 가장 간단한 방법이며, 자료의 관측치 가운데 최댓값과 최솟값의 차이이므로 $15-0=15$이다.

110

평균이 50이고, 표준편차가 10인 어떤 자료에 값이 모두 동일하게 10인 6개의 자료를 더 추가하였다. 표준편차의 변화는?

① 당초의 표준편차보다 더 커진다.
② 당초의 표준편차보다 더 작아진다.
③ 변하지 않는다.
④ 판단할 수 없다.

해설 표준편차는 분산의 양의 제곱근으로 그 값이 크면 클수록 자료가 평균에서 멀리 떨어진 것을 의미한다. 평균이 50인 자료에 평균이 10인 6개의 자료를 추가하면 편차는 당초의 표준편차보다 더 커진다.

111

분산에 관한 설명으로 틀린 것은?

① 편차제곱의 평균이다.
② 자료가 평균에 밀집할수록 분산의 값은 더욱 작아진다.
③ 분산은 양수 또는 음수를 취한다.
④ 자료가 모두 동일한 값이면 분산은 0이다.

해설 편차의 제곱의 합을 자료의 수로 나눈 값이다. 제곱한 값이므로 음수가 될 수 없다.

112

분산과 표준편차에 관한 설명으로 틀린 것은?

① 분산이 크다는 것은 각 측정치가 평균으로부터 멀리 떨어져 있다는 것을 의미한다.
② 어떤 집단으로부터 수집한 각 수치의 평균편차의 합은 0이다.
③ 분산은 관찰값에서 관찰값들의 평균값을 뺀 값의 제곱의 합계를 관찰 개수로 나눈 값이다.
④ 표준편차는 분산의 값을 제곱한 것과 같다.

해설 표준편차는 분산의 값을 제곱한 것이 아니라, 분산의 양의 제곱근 값이다.

113

초등학교 학생과 대학생의 용돈의 평균과 표준편차가 다음과 같을 때 변동계수를 비교한 결과로 옳은 것은?

구 분	용돈평균	표준편차
초등학생	130,000	2,000
대학생	200,000	3,000

① 초등학생의 용돈이 대학생 용돈보다 상대적으로 더 평균에 밀집되어 있다.
② 대학생 용돈이 초등학생 용돈보다 상대적으로 더 평균에 밀집되어 있다.
③ 초등학생 용돈과 대학생 용돈의 변동계수는 같다.
④ 평균이 다르므로 비교할 수 없다.

해설 초등학생의 변동계수 $= \dfrac{2{,}000}{130{,}000} \fallingdotseq 0.01538$,

대학생의 변동계수 $= \dfrac{3{,}000}{200{,}000} = 0.015$

대학생의 변동계수가 초등학생의 변동계수보다 작으므로 대학생 용돈이 초등학생 용돈보다 상대적으로 평균에 더 밀집되어 있다.

114

표본크기가 3인 자료 x_1, x_2, x_3의 평균 $\bar{x}=10$, 분산 $S^2=100$이다. 관측값 10이 추가되었을 때, 4개 자료의 분산 S^2은? (단, 표본분산 S^2은 불편분산이다)

① $\dfrac{110}{3}$
② 50
③ 55
④ $\dfrac{200}{3}$

해설 x_1, x_2, x_3의 평균 $\bar{x}=10$이므로 $\dfrac{x_1+x_2+x_3}{3}=10$,

$x_1+x_2+x_3=30$이고 관측값 10을 추가했을 때

네 자료의 평균은 $\bar{X}=\dfrac{x_1+x_2+x_3+10}{4}=\dfrac{30+10}{4}=10$이다.

x_1, x_2, x_3의 분산은 $S^2=100$이므로
표본분산 공식에 의해

$$S^2 = \dfrac{\sum_{i=1}^{3} x_i^2 - n\bar{x}^2}{n-1}$$

$$= \dfrac{\sum_{i=1}^{3} x_i^2 - 3 \times 10^2}{3-1} = \dfrac{\sum_{i=1}^{3} x_i^2 - 300}{2} = 100$$이다.

이때, $\sum_{i=1}^{3} x_i^2 = 100 \times 2 + 300 = 500$이고
관측값 10이 추가되었으므로
자료의 분산은

$$S^2 = \dfrac{\sum_{i=1}^{4} x_i^2 - 4\bar{x}^2}{4-1}$$

$$= \dfrac{\sum_{i=1}^{4} x_i^2 - 4 \times 10^2}{4-1} = \dfrac{\left(\sum_{i=1}^{3} x_i^2 + 10^2\right) - 4 \times 10^2}{4-1}$$

$$= \dfrac{500+100-400}{3} = \dfrac{200}{3}$$이다.

115

다음 중 단위가 다른 두 집단의 자료 간 산포를 비교하는 측도로 가장 적절한 것은?

① 분 산　　　　　② 표준편차
③ 변동계수　　　　④ 표준오차

해설 변동계수는 표준편차를 산술평균으로 나눈 값으로서 단위가 다른 두 집단의 산포를 비교할 때 이용한다.
몸무게의 단위는 kg, 키의 단위는 cm로 측정하였으므로, 단위가 다른 두 자료의 산포를 비교할 때는 변이(변동)계수가 적절하다.

116

변동계수(또는 변이계수)에 대한 설명으로 틀린 것은?

① 평균의 차이가 큰 두 집단의 산포를 비교할 때 이용한다.
② 평균을 표준편차로 나눈 값이다.
③ 단위가 다른 두 집단자료의 산포를 비교할 때 이용한다.
④ 관찰치의 산포의 정도를 상대적으로 비교할 때 이용한다.

해설 변동계수는 표준편차를 평균으로 나눈 값이다.

117

어떤 PC방을 이용하는 고객 중 무작위로 추출된 100명의 고객들을 대상으로 나이를 조사하여 다음 결과를 얻었다. 변동계수(Coefficient of Variation)는?

> 평균 = 24, 중앙값 = 22, 범위 = 20, 분산 = 36

① 36%　　　　　② 25%
③ 10%　　　　　④ 1.5%

해설 변동계수는 표준편차를 평균으로 나눈 값이므로
$\frac{\sqrt{36}}{24} = \frac{6}{24} = \frac{1}{4}$ 이다.
백분율로 나타내면 $\frac{1}{4} \times 100 = 25\%$ 이다.

118

어느 고등학교에서 임의로 50명의 학생을 추출하여 몸무게(kg)와 키(cm)를 측정하였다. 이들의 몸무게와 키의 산포의 정도를 비교하기에 가장 적합한 통계량은?

① 평 균
② 상관계수
③ 변이(변동)계수
④ 분 산

해설 단위가 다른 두 집단자료의 산포를 비교할 때는 변이계수가 적합하다.

119

남자 직원과 여자 직원의 임금을 조사하여 다음과 같은 결과를 얻었다. 변동(변이)계수에 근거한 남녀 직원 임금의 산포에 관한 설명으로 옳은 것은?

성 별	임금평균(단위 : 천 원)	표준편차(단위 : 천 원)
남자	2,000	40
여자	1,500	30

① 남자 직원 임금의 산포가 더 크다.
② 여자 직원 임금의 산포가 더 크다.
③ 남자 직원과 여자 직원의 임금의 산포가 같다.
④ 이 정보로는 산포를 설명할 수 없다.

해설 여자 직원의 변동계수는 $\frac{30}{1,500} = 0.02$,
남자 직원의 변동계수는 $\frac{40}{2,000} = 0.02$ 이다.
따라서 남자 직원과 여자 직원의 임금의 산포는 같다.

120

A 고등학교의 시험 결과가 아래 표와 같다. 자료에 대한 설명으로 가장 적합한 것은?

구 분	평 균	표준편차
1반	73.5	8.3
2반	73.5	20.4

① 1반과 2반의 성적은 평균값이 같으므로 같다.
② 1반은 2반에 비해 성적차이가 크지 않다.
③ 2반은 1반에 비해 성적이 좋다.
④ 2반의 표준편차가 더 크므로 최고점의 학생은 항상 2반에 있다.

해설   1반의 변동계수는 $\frac{8.3}{73.5} ≒ 0.113$,
2반의 변동계수는 $\frac{20.4}{73.5} ≒ 0.278$이다.
따라서 1반은 2반에 비해 성적차이가 크지 않다.

121

다음은 가전제품 서비스센터에서 어느 특정한 날 하루 동안 신청받은 애프터서비스 건수이다. 자료에 대한 설명으로 틀린 것은?

| 9 | 10 | 4 | 16 | 6 | 13 | 12 |

① 평균과 중앙값은 10으로 동일하다.
② 범위는 12이다.
③ 왜도는 0이다.
④ 편차들의 총합은 0이다.

해설   자료를 오름차순으로 정리하면 4 6 9 10 12 13 16으로 대칭이 아니다. 따라서 왜도는 0이 아님을 알 수 있다.

122

두 변량 중 X를 독립변수, Y를 종속변수로 하여 X와 Y의 관계를 분석하고자 한다. X가 범주형 변수이고 Y가 연속형 변수일 때 가장 적합한 분석방법은?

① 회귀분석   ② 교차분석
③ 분산분석   ④ 상관분석

해설   분석방법

구 분	독립변수	종속변수
t-검정	질적(범주형)	양적(연속형)
교차분석	질적(범주형)	질적(범주형)
분산분석	질적(범주형)	양적(연속형)
상관분석	양적(연속형)	양적(연속형)
회귀분석	양적(연속형)	양적(연속형)

123

다음 (   )에 들어갈 분석방법으로 옳은 것은?

독립변수(X) 종속변수(Y)	범주형 변수	연속형 변수
범주형 변수	(ㄱ)	×
연속형 변수	(ㄴ)	(ㄷ)

① ㄱ : 교차분석, ㄴ : 분산분석, ㄷ : 회귀분석
② ㄱ : 교차분석, ㄴ : 회귀분석, ㄷ : 분산분석
③ ㄱ : 분산분석, ㄴ : 분산분석, ㄷ : 회귀분석
④ ㄱ : 회귀분석, ㄴ : 회귀분석, ㄷ : 분산분석

해설   분석방법

구 분	독립변수	종속변수
t-검정	질적(범주형)	양적(연속형)
교차분석	질적(범주형)	질적(범주형)
분산분석	질적(범주형)	양적(연속형)
상관분석	양적(연속형)	양적(연속형)
회귀분석	양적(연속형)	양적(연속형)

124

새로운 복지정책에 대한 찬반여부가 성별에 따라 차이가 있는지를 알아보기 위해 남녀 100명씩을 랜덤하게 추출하여 조사한 결과이다.

구 분	찬 성	반 대
남 자	40	60
여 자	60	40

가설 "H_0 : 새로운 복지정책에 대한 찬반여부는 남녀 성별에 따라 차이가 없다."의 검정에 대한 설명으로 틀린 것은?

① 가설검정에 이용되는 카이제곱 통계량의 자유도는 1이다.
② 가설검정에 이용되는 카이제곱 통계량의 값은 8이다.
③ 유의수준 0.05에서 기각역의 임계값이 3.84이면 카이제곱 검정의 유의확률(p값)은 0.05보다 크다.
④ 남자와 여자의 찬성율 비에 대한 오즈비(Odds Ratio)는
$$\frac{P(찬성|남자)/P(반대|남자)}{P(찬성|여자)/P(반대|여자)} = \frac{(0.4/0.6)}{(0.6/0.4)}$$
$= 0.4444$로 구해진다.

> 해설 ③ 검정통계량은 8이고 유의수준 0.05에서 임계값 3.84보다 크므로 귀무가설을 기각한다. 또한 p값이 유의수준보다 작을 때 귀무가설이 기각되어야 하므로 p값은 0.05보다 작아야 한다.
> ① 독립변수와 종속변수가 질적 변수인 카이제곱 검정을 이용한다. 2×2행렬이므로 자유도는 1×1 = 1이다.
> ② 관찰도수와 기대도수를 이용해 검정통계량을 구하면 다음과 같다.
>
> | 구 분 | 찬 성 | 반 대 | 합 계 |
> |---|---|---|---|
> | 남 자 | 40 | 60 | 100 |
> | 여 자 | 60 | 40 | 100 |
> | 합 계 | 100 | 100 | 200 |
>
> | 구 분 | 찬 성 | 반 대 |
> |---|---|---|
> | 남 자 | $\frac{100\times 100}{200}=50$ | $\frac{100\times 100}{200}=50$ |
> | 여 자 | $\frac{100\times 100}{200}=50$ | $\frac{100\times 100}{200}=50$ |
>
> $$\chi^2 = \sum_{i=1}^{r}\sum_{j=1}^{c}\frac{(O_{ij}-\widehat{E}_{ij})^2}{\widehat{E}_{ij}}$$
> $$=\frac{(40-50)^2}{50}+\frac{(60-50)^2}{50}+\frac{(60-50)^2}{50}+\frac{(40-50)^2}{50}$$
> $=8$
> ④ 남자와 여자의 찬성율 비에 대한 오즈비(Odds Ratio)는
> $$\frac{P(찬성|남자)/P(반대|남자)}{P(찬성|여자)/P(반대|여자)}=\frac{(0.4/0.6)}{(0.6/0.4)}=\frac{4}{9}\fallingdotseq 0.4$$이다.

125

교차표를 만들어 두 변수 간의 독립성 여부를 유의수준 0.05에서 검정하고자 한다. 검정 결과 유의확률이 0.55로 나왔을 때, 해석이 옳은 것은?

① 두 변수 간에는 상호 연관 관계가 있다.
② 두 변수는 서로 아무런 관계가 없다.
③ 이것만으로 상호 어떤 관계가 있는지 말할 수 없다.
④ 한 변수의 범주에 따라 다른 변수의 변화 패턴이 다르다.

> 해설 교차표로 독립성 여부를 검정하므로 카이제곱 독립성 검정에 해당한다. 카이제곱 독립성 검정에서 귀무가설은 '두 변수는 서로 연관성이 없다.'이며, 유의확률이 유의수준보다 커 귀무가설을 기각할 수 없으므로 두 변수는 서로 아무런 관계가 없다.

126

행변수가 M개의 범주를 갖고 열변수가 N개의 범주를 갖는 분할표에서 행변수와 열변수가 서로 독립인지를 검정하고자 한다. (i, j)셀의 관측도수를 O_{ij} 귀무가설하에서의 기대도수의 추정치를 $\widehat{E}_{ij}$라 하고, 이때 사용되는 검정통계량은 $\sum_{i=1}^{M}\sum_{j=1}^{N}\frac{(O_{ij}-\widehat{E}_{ij})^2}{\widehat{E}_{ij}}$이다. 여기서 $\widehat{E}_{ij}$는?

(단, 전체 데이터 수는 n이고 i번째 행의 합은 n_{i+}, j번째 열의 합은 n_{+j}이다)

① $\widehat{E}_{ij} = n_{i+} + n_{+j}$
② $\widehat{E}_{ij} = \frac{n_{i+}n_{+j}}{n}$
③ $\widehat{E}_{ij} = \frac{n_{i+}}{n}$
④ $\widehat{E}_{ij} = \frac{n_{+j}}{n}$

> 해설 카이제곱 독립성 검정에서 기대도수는 $\widehat{E}_{ij} = \frac{n_{i+}n_{+j}}{n}$이다.

정답 124 ③ 125 ② 126 ②

127

어느 지방선거에서 각 후보자들의 지지도를 알아보기 위하여 120명을 표본으로 추출하여 다음과 같은 결과를 얻었다. 세 후보 간의 지지도가 같은지 검정하기 위한 검정통계량의 값은?

후보자	지지자 수
갑	40
을	30
병	50

① 2　　② 4
③ 5　　④ 8

해설 갑, 을, 병 3명에 대해 120명의 지지도에 차이가 없다는 것을 검정해야 하므로 기대도수는 $E_i = n\pi_i = 120(1/3) = 40$으로 나타난다.

후보자	갑	을	병
관찰도수	40	30	50
기대도수	40	40	40

$$\therefore \chi^2 = \sum_{i=1}^{k} \frac{(O_i - E_i)^2}{E_i}$$
$$= \frac{(40-40)^2}{40} + \frac{(30-40)^2}{40} + \frac{(50-40)^2}{40}$$
$$= 5$$

128

3개 이상의 모집단의 모평균을 비교하는 통계적 방법으로 가장 적합한 것은?

① t-검정　　② 회귀분석
③ 분산분석　　④ 상관분석

해설 분산분석이란 3개 이상의 여러 집단의 평균차이를 동시에 비교하기 위한 검정방법이다.

129

다음은 서로 다른 3가지 포장방법(A, B, C)의 선호도가 같은지를 90명을 대상으로 조사한 결과이다. 선호도가 동일한지를 검정하는 카이제곱 검정통계량의 값은?

포장형태	A	B	C
응답자 수	23	36	31

① 2.87　　② 2.97
③ 3.07　　④ 4.07

해설 서로 다른 3가지 방법에 대해 90명의 선호도에 차이가 없다는 것을 검정해야 하므로 기대도수는 $E_i = n\pi_i = 90(1/3) = 30$으로 나타난다.

포장형태	A	B	C
관찰도수	23	36	31
기대도수	30	30	30

$$\therefore \chi^2 = \sum_{i=1}^{k} \frac{(O_i - E_i)^2}{E_i}$$
$$= \frac{(23-30)^2}{30} + \frac{(36-30)^2}{30} + \frac{(31-30)^2}{30}$$
$$\fallingdotseq 2.87$$

130

어느 질병에 대한 세 가지 치료약의 효과를 비교하기 위한 일원분산분석 모형 $X_{ij} = \mu + \alpha_i + \epsilon_{ij}$에서 오차항 ϵ_{ij}에 대한 가정으로 적절하지 않은 것은?

① 정규분포를 따른다.
② 서로 독립이다.
③ 분산은 i에 관계없이 일정하다.
④ 시계열 모형을 따른다.

해설 분산분석의 오차항에 대한 기본 가정
- 독립성 : 임의의 오차 ϵ_{ij}와 $\epsilon_{i'j'}$는 서로 독립이다.
- 정규성 : 오차 ϵ_{ij}의 분포는 정규분포를 따른다.
- 등분산성 : 오차 ϵ_{ij}의 분산은 σ_ϵ^2으로 어떤 i, j에 대해서도 같다.

131

어떤 주사위가 공정한지를 검정하기 위해 실제로 60회를 굴려 아래와 같은 결과를 얻었다.

눈의 수	1	2	3	4	5	6
도 수	13	19	11	8	5	4

유의수준 5%에서의 검정결과로 옳은 것은?
(단, $\chi^2_{(5,\,0.05)} = 11.07$)

① 주사위는 공정하다고 볼 수 있다.
② 주사위는 공정하다고 볼 수 없다.
③ 60번의 시행으로는 통계적 결론의 도출이 어렵다.
④ 단지 눈의 수가 2인 면이 이상하다고 볼 수 있다.

해설 귀무가설(H_0) : 주사위는 공정하다.
대립가설(H_1) : 주사위는 공정하지 않다.
주사위를 60회 굴려 주사위가 공정하다는 것을 검정해야 하므로 기대도수는 $E_i = n\pi_i = 60(1/6) = 10$으로 나타난다.

눈의 수	1	2	3	4	5	6
관찰도수	13	19	11	8	5	4
기대도수	10	10	10	10	10	10

$$\chi^2 = \sum_{i=1}^{k} \frac{(O_i - E_i)^2}{E_i}$$
$$= \frac{(13-10)^2}{10} + \frac{(19-10)^2}{10} + \cdots + \frac{(4-10)^2}{10}$$
$$= 15.6$$

카이제곱 적합성 검정에서 통계량의 자유도는 $6-1 = 5$이고 유의수준 5%에서 $\alpha = 0.05$이므로 임계치는 $\chi^2_{(5,\,0.05)} = 11.07$이다. 검정통계량이 임계치보다 크므로 귀무가설을 기각한다.
따라서 주사위는 공정하다고 볼 수 없다.

132

다음은 대학 입학시험의 지역별 합격자 수를 성별에 따라 정리한 자료이다. 지역별 합격자 수가 성별에 따라 차이가 있는지를 검정하기 위해 교차분석을 하고자 한다. 카이제곱(χ^2) 검정을 한다면 자유도는 얼마인가?

구 분	A지역	B지역	C지역	D지역	합 계
남	40	30	50	50	170
여	60	40	70	30	200
합 계	100	70	120	80	370

① 1 ② 2
③ 3 ④ 4

해설 r행 c열 분할표에서 카이제곱 통계량의 자유도는 $(r-1) \times (c-1)$이다. 4×2행렬이므로 자유도는 $3 \times 1 = 3$이다.

133

작년도 자료에 의하면 어느 대학교의 도서관에서 도서를 대출한 학부 학생들의 학년별 구성비는 1학년 12%, 2학년 20%, 3학년 33%, 4학년 35%였다. 올해 이 도서관에서 도서를 대출한 학부 학생들의 학년별 구성비가 작년도와 차이가 있는가를 분석하기 위해 학부생 도서 대출자 400명을 랜덤하게 추출하여 학생들의 학년별 도수를 조사하였다. 이 자료를 갖고 통계적인 분석을 하는 경우 사용하게 되는 검정통계량은?

① 자유도가 4인 카이제곱 검정통계량
② 자유도가 (3, 396)인 F-검정통계량
③ 자유도가 (1, 398)인 F-검정통계량
④ 자유도가 3인 카이제곱 검정통계량

해설 모집단의 분포에 대한 가정이 옳은지를 실제 관측된 자료를 바탕으로 검정하는 카이제곱 적합성 검정을 실시해야 한다. 카이제곱 적합성 검정에서 자유도는 (범주의 개수)-1이므로 $4-1 = 3$이다.

정답 131 ② 132 ③ 133 ④

134

유권자 전체를 대상으로 사형제도 폐지에 대한 여론조사를 한 결과 다음의 결과를 얻었다.

찬 성	의견 없음	반 대
35%	25%	40%

인천지역의 경찰관들 중 100명을 임의로 추출하여 의견을 조사한 결과가 다음과 같았다.

찬 성	의견 없음	반 대
23	29	48

귀무가설 「H_0 : 사형제도 폐지에 대한 인천지역 경찰관들의 의견은 유권자 전체의 의견과 다르지 않다.」를 검정하고자 한다. 검정결과로 옳은 것은?
(단, $\chi^2_{(2, 0.05)} = 5.99$, $\chi^2_{(2, 0.025)} = 7.38$)

① 유의수준 5%에서 귀무가설을 채택한다.
② 유의수준 5%에서 귀무가설을 기각한다.
③ 유의수준 1%에서 귀무가설을 기각한다.
④ 유의확률을 알 수 없어 판단할 수 없다.

해설 대립가설은 '사형제도 폐지에 대한 인천지역 경찰관들의 의견은 유권자 전체의 의견과 다르다'이며 χ^2 적합성 검정이다.
인천지역 경찰관들의 의견은 유권자 전체의 의견과 다르지 않음을 검정하는 것이므로 기대도수는 유권자 전체의 의견이다.

의 견	찬 성	의견 없음	반 대
관찰도수	23	29	48
기대도수	35%	25%	40%

$$\chi^2 = \sum_{i=1}^{k} \frac{(O_i - E_i)^2}{E_i}$$
$$= \frac{(23-35)^2}{35} + \frac{(29-25)^2}{25} + \frac{(48-40)^2}{40}$$
$$\fallingdotseq 6.35$$

χ^2 적합성 검정이고 유의수준 5%에서 임계치 $\chi^2_{(2, 0.05)} = 5.99$ 보다 검정통계량이 크므로 귀무가설을 기각한다.

135

6면 주사위의 각 눈이 나타날 확률이 동일한지를 알아보기 위하여 주사위를 60번 던진 결과가 다음과 같다. 다음 설명 중 틀린 것은?

눈	1	2	3	4	5	6
관측도수	10	12	10	8	10	10

① 카이제곱 동질성 검정을 이용한다.
② 카이제곱 검정통계량 값은 0.8이다.
③ 귀무가설은 "각 눈이 나올 확률은 1/6이다."이다.
④ 귀무가설하에서 각 눈이 나올 기대도수는 10이다.

해설

눈	1	2	3	4	5	6
관측도수	10	12	10	8	10	10
기대도수	60/6	60/6	60/6	60/6	60/6	60/6

60회 실행이고 확률이 동일한지를 검정하는 것이므로 기대도수는 각 60/6=10이다. 카이제곱 적합성 검정을 이용하며, 귀무가설은 "실제분포와 이론적 분포는 일치한다(각 눈이 나올 확률은 1/6이다)."이며 대립가설은 "실제분포는 이론적 분포와 일치하지 않는다."이다. 검정통계량을 구하면 $\chi^2 = \sum_{i=1}^{k} \frac{(O_i - E_i)^2}{E_i}$

$$= \frac{(10-10)^2}{10} + \frac{(12-10)^2}{10} + \cdots + \frac{(10-10)^2}{10} = 0.8$$이다.

136

일원분산분석에 관한 설명으로 틀린 것은?

① 3개의 모평균을 비교하는 검정에서 일원분산분석을 사용할 수 있다.
② 서로 다른 집단 간에 독립을 가정한다.
③ 분산분석의 검정법은 t-검정이다.
④ 각 집단별 자료의 수가 다를 수 있다.

해설 검정통계량은 F-분포를 사용한다.

137

분산분석의 기본 가정이 아닌 것은?

① 각 모집단에서 반응변수는 정규분포를 따른다.
② 각 모집단에서 독립변수는 F분포를 따른다.
③ 반응변수의 분산은 모든 모집단에서 동일하다.
④ 관측값들은 독립적이어야 한다.

해설 분산분석을 위한 기본 가정
- 종속변수는 등간척도 또는 비율척도이어야 한다.
- 모집단의 분포는 정규분포를 이루어야 한다.
- 각 모집단의 분산(표준편차)은 동일해야 한다.
- 각 집단의 표본은 독립적이어야 한다.

138

3개의 처리(Treatment)를 각각 5번씩 반복하여 실험하였고, 이에 대해 분산분석을 실시하고자 할 때의 설명으로 틀린 것은?

① 분산분석표에서 오차의 자유도는 12이다.
② 분산분석의 영가설(H_0)은 3개의 처리 간 분산이 모두 동일하다고 설정한다.
③ 유의수준 0.05 이하에서 계산된 F-비 값은 $F(0.05, 2, 12)$ 분포값과 비교하여, 영가설의 기각여부를 결정한다.
④ 처리평균제곱은 처리제곱합을 처리자유도로 나눈 것을 말한다.

해설 분산분석에서 귀무가설(H_0)은 '$\mu_1 = \mu_2 = \mu_3$', 대립가설(H_1)은 '모든 μ_i가 같은 것은 아니다($i=1, 2, 3$)'이다. 즉, 분산분석의 영가설(귀무가설)은 3개의 처리 간 평균은 모두 동일하다고 설정한다.

139

다음 ( )에 알맞은 것은?

> ( )이란 특성값의 산포를 총제곱합으로 나타내고, 이 총제곱합을 실험과 관련된 요인마다 제곱합으로 분해하여 오차에 비해 특히 큰 영향을 주는 요인이 무엇인지를 찾아내는 분석방법이다.

① 추 정
② 상관분석
③ 회귀분석
④ 분산분석

해설 ① 표본의 특성을 나타내는 수치인 통계량을 기초로 하여 모집단의 특성인 모수를 추측하는 분석방법을 말한다.
② 하나의 변수가 다른 변수와 어느 정도의 선형 관련성을 갖고 변화하는지를 알아보기 위하여 사용된다.
③ 독립변수가 종속변수에 미치는 영향력을 분석하거나, 독립변수에 따라 종속변수의 변화를 예측하기 위해서 사용하는 통계기법이다.

140

일원배치 분산분석법을 적용하기에 부적합한 경우는?

① 어느 화학회사에서 3개 제조업체에서 생산된 기계로 원료를 혼합하는 데 소요되는 평균시간이 동일한지를 검정하기 위하여 소요시간(분) 자료를 수집하였다.
② 소기업 경영연구에 실린 한 논문은 자영업자의 스트레스가 비자영업자보다 높다고 결론을 내렸다. 부동산중개업자, 건축가, 증권거래인들을 각각 15명씩 무작위로 추출하여 5점 척도로 된 15개 항목으로 직무스트레스를 조사하였다.
③ 어느 회사에 다니는 회사원은 입사 시 학점이 높은 사람일수록 급여를 많이 받는다고 알려져 있다. 30명을 무작위로 추출하여 평균학점과 월급여를 조사하였다.
④ A구, B구, C구 등 3개 지역이 서울시에서 아파트 가격이 가장 높은 것으로 나타났다. 가구마다 15개씩 아파트 매매가격을 조사하였다.

해설 일원배치 분산분석법은 3개 이상의 집단 간의 평균차이를 하나의 요인을 기준으로 알아보는 분석방법이다. 입사 시 평균학점과 월급여의 관계는 상관분석이나 회귀분석을 이용하여야 한다.

141

일원배치 모형을 $x_{ij} = \mu + a_i + \epsilon_{ij}$ ($i = 1, 2, \cdots, k$; $j = 1, 2, \cdots, n$)로 나타낼 때, 분산분석표를 이용하여 검정하려는 귀무가설 H_0는? (단, i는 처리, j는 반복을 나타내는 첨자이며, 오차항 $\epsilon_{ij} \sim N(0, \sigma^2)$이고 서로 독립적이고 $\overline{x} = \sum_{j=1}^{n} x_{ij}/n$ 이다)

① $H_0 : \overline{x_1} = \overline{x_2} = \cdots = \overline{x_k}$
② $H_0 : a_1 = a_2 = \cdots = a_k = 0$
③ $H_0 :$ 적어도 한 a_i는 0이 아니다.
④ $H_0 :$ 오차항 ϵ_{ij}들은 서로 독립이다.

해설 일원배치 분산분석에서 귀무가설은 $H_0 : \mu_1 = \mu_2 = \cdots = \mu_k$이다. 즉, 일원배치 모형 $x_{ij} = \mu + a_i + \epsilon_{ij}$, $a_i = \mu_i - \mu$에서 $\mu_1 = \mu_2 = \cdots = \mu_k$이면 $a_i = 0 (i = 1, 2, \cdots, k)$이므로 $H_0 : a_1 = a_2 = \cdots = a_k = 0$이다.

142

다음 일원배치 분산분석 모형에 대한 설명으로 틀린 것은?

$Y_{ij} = \mu + \tau_i + \epsilon_{ij}$, $j = 1, 2, \cdots, k$, $i = 1, 2, \cdots, n_j$

① ϵ_{ij}는 서로 독립이고, 평균은 0, 분산은 σ^2인 정규분포를 따른다고 가정한다.
② τ_j는 각각의 집단평균(μ_j)과 전체평균(μ)과의 차이를 나타낸다.
③ $\sum_{j=1}^{k} \tau_j > 0$을 만족한다.
④ 귀무가설은 $H_0 : \mu_1 = \mu_2 = \cdots = \mu_k$이다.

해설 일원배치 분산분석 모형에서 $\tau_i = \mu_i - \mu$, $\sum \tau_i = 0$이다.

143

분산분석에 대한 옳은 설명만 짝지어진 것은?

ㄱ. 집단 간 분산을 비교하는 분석이다.
ㄴ. 집단 간 평균을 비교하는 분석이다.
ㄷ. 검정통계량은 집단 내 제곱합과 집단 간 제곱합으로 구한다.
ㄹ. 검정통계량은 총제곱합과 집단 간 제곱합으로 구한다.

① ㄱ, ㄷ
② ㄱ, ㄹ
③ ㄴ, ㄷ
④ ㄴ, ㄹ

해설 분산분석은 두 집단 이상의 평균차이가 통계적으로 유의한가를 검정하는 분석방법이며, 검정통계량은 집단 간 평균제곱을 집단 내 평균제곱으로 나눈 값이다.

144

다음 중 분산분석표에 나타나지 않는 것은?

① 제곱합
② 자유도
③ F-값
④ 표준편차

해설

요인	제곱합	자유도	평균제곱	F
처리 (집단 간)	SSR	$p-1$	MSR	MSR/MSE
잔차 (집단 내)	SSE	$N-p$	MSE	
총계	SST	$N-1$		

145

처리별 반복수가 다른 일원배치법 실험에 의하여 얻어진 분산분석표가 다음과 같다.

요인	제곱합	자유도	평균제곱	F	유의확률
처리	16.2	2	ㄷ	ㅁ	ㅂ
잔차	ㄱ	ㄴ	ㄹ		
계	36.4	14			

이때 ㄹ과 ㅁ의 값을 순서대로 열거하면?

① 32.2, 0.57
② 32.2, 50.4
③ 1.68, 8.1
④ 1.68, 4.82

해설

요인	제곱합	자유도	평균제곱	F
처리	16.2	2	16.2/2 =8.1	8.1/1.683 ≒4.82
잔차	36.4−16.2 =20.2	14−2 =12	20.2/12 ≒1.683	
총합	36.4	14		

146

A, B, C 세 가지 공법에 의해 생산된 철선의 인장강도에 차이가 있는지를 알아보기 위해 공법 A에서 5회, 공법 B에서 6회, 공법 C에서 7회, 총 18회를 랜덤하게 실험하여 인장강도를 측정하였다. 측정한 자료를 정리한 결과 총제곱합 $SST=100$이고, 잔차제곱합 $SSE=65$이었다. 처리제곱합 SSA와 처리제곱합의 자유도 ν_A를 바르게 나열한 것은?

① $SSA=35$, $\nu_A=2$
② $SSA=16$, $\nu_A=17$
③ $SSA=35$, $\nu_A=3$
④ $SSA=165$, $\nu_A=18$

해설 처리제곱합(SSA)은 총제곱합(SST)−잔차제곱합(SSE)
$=100-65=35$이고, 처리의 자유도는 요인수준−1이다. 세 가지 공법에 의한 차이를 검정하는 것이므로, 처리제곱합의 자유도 ν_A는 $p-1=3-1=2$이다.

147

어느 회사는 4개의 철강공급업체로부터 철판을 공급받는다. 각 공급업체들이 납품하는 철판의 품질을 평가하기 위해 인장강도(kg/psi)를 각 3회씩 측정하여 다음의 중간결과를 얻었다.

$$\sum_{j=1}^{4}(\overline{X_j}-\overline{\overline{X}})^2=15.5,\ \sum_{j=1}^{4}\sum_{i=1}^{3}(X_{ij}-\overline{X_j})^2=19$$

4개의 공급업체들이 납품하는 철강의 품질에 차이가 없다는 가설을 검정하기 위한 F-비는?

(단, $\overline{X_j}=\dfrac{1}{3}\sum_{i=1}^{3}X_{ij}$, $\overline{\overline{X}}=\dfrac{1}{4}\dfrac{1}{3}\sum_{j=1}^{4}\sum_{i=1}^{3}X_{ij}$)

① 0.816
② 2.175
③ 4.895
④ 6.526

해설 $\sum_{j=1}^{4}\sum_{i=1}^{3}(X_{ij}-\overline{X_j})^2=19$는 잔차의 제곱합이고,
4개의 업체이므로 요인수준(처리수) $p=4$,
3회씩 측정하므로 총 관찰개수는 $4\times3=12$이다.
이를 토대로 분산분석표를 완성하면 다음과 같다.

요인	제곱합	자유도	평균제곱합	F
처리	15.5	4−1 =3	15.5/3 ≒5.17	5.17/2.375 ≒2.175
잔차	19	12−4 =8	19/8 =2.375	
총합	34.5	12−1 =11		

148

다음 표는 완전 확률화 계획법의 분산분석표에서 자유도의 값을 나타내고 있다. 반복수가 일정하다고 한다면 처리수와 반복수는 얼마인가?

변 인	자유도
처 리	( )
오 차	42
전 체	47

① 처리수 5, 반복수 7
② 처리수 5, 반복수 8
③ 처리수 6, 반복수 7
④ 처리수 6, 반복수 8

해설

변 인	자유도
처 리	$p-1$
오 차	$N-p$
전 체	$N-1$

처리자유도 = 47 − 42 = 5이며, 처리수(요인수준 p) − 1과 같으므로 처리수는 5 + 1 = 6개다. 전체자유도는 총 관찰개수(N) − 1이므로 총 관찰개수(N)는 47 + 1 = 48이다. 총 관찰개수는 각 처리에서 관측값의 수(반복한 수)를 모두 더한 것이므로, 반복수가 같다면 총 관찰개수는 처리수(p) × 반복수(r)이다. 따라서 반복수(r)는 48 = 6 × r, r = 8이다.

149

성별 평균소득에 관한 설문조사자료를 정리한 결과, 집단 내 평균제곱(Mean Squares Within Groups)은 50, 집단 간 평균제곱(Mean Square Between Groups)은 25로 나타났다. 이 경우에 F값은?

① 0.5
② 2
③ 25
④ 75

해설 F = 집단 간 평균제곱/집단 내 평균제곱 = 25/50 = 0.5

150

일원배치 분산분석에서 다음과 같은 결과를 얻었을 때, 처리효과의 유의성 검정을 위한 검정통계량의 값은?

> 처리의 수 = 3,
> 각 처리에서 관측값의 수 = 10,
> 총제곱합 = 650, 잔차제곱합 = 540

① 1.83
② 1.90
③ 2.75
④ 2.85

해설 주어진 조건을 토대로 분산분석표를 완성하면 다음과 같다.

요 인	제곱합	자유도	평균제곱합	F
처 리	650−540 =110	3−1=2	110/2=55	55/20 =2.75
잔 차	540	3×10−3 =27	540/27=20	
총 합	650	3×10−1 =29		

151

일원배치법에서 k개의 각 처리에 대한 반복수가 r로 모두 동일한 경우, 처리의 자유도와 잔차의 자유도가 옳은 것은?

① $k, r-1$
② $k-1, r-1$
③ $k, rk-1$
④ $k-1, kr-k$

해설 일원배치법에서 처리의 자유도는 처리수 − 1이므로 $k-1$이다. 잔차의 자유도는 총 관찰개수 − 처리수이며, 총 관찰개수는 각 처리에서 반복수를 모두 더한 것이다. k개의 처리에서 동일하게 r회 반복하므로 총 관찰개수는 kr이다. 따라서 잔차의 자유도는 $kr-k$이다.

152

다음은 특정한 4개의 처리수준에서 각각 6번의 반복을 통해 측정된 반응값을 이용하여 계산한 값들이다. 이를 이용하여 계산된 평균오차제곱합(MSE)은?

> 총제곱합(SST) = 1200
> 총자유도 = 23
> 처리제곱합(SSR) = 640

① 28.0 ② 5.29
③ 31.1 ④ 213.3

해설 주어진 조건을 토대로 분산분석표를 완성하면 다음과 같다.

요 인	제곱합	자유도	평균제곱합	F
처 리	640	$4-1=3$	$640/3 ≒ 213.33$	$213.33/28 ≒ 7.62$
잔 차	$1200-640=560$	$4\times 6-4=20$	$560/20=28$	
총 합	1200	23		

153

일원배치 분산분석에서 인자의 수준이 3이고 각 수준마다 반복실험을 5회씩 한 경우 잔차(오차)의 자유도는?

① 9   ② 10
③ 11 ④ 12

해설 p개의 요인수준(인자수준)을 각 r회 반복하는 경우 잔차의 자유도는 총 관찰개수에서 인자의 수준(요인수준, 처리수)을 뺀 값이다. 총 관찰개수는 각 인자의 수준에서 반복수를 모두 더한 것이다. 3개의 인자의 수준에서 각 5회씩 반복했으므로 총 관찰개수는 $3\times 5=15$이다. 따라서 잔차의 자유도는 $15-3=12$이다.

154

서로 다른 4가지 교수방법 A, B, C, D의 학습효과를 알아보기 위하여 같은 수준에 있는 학생 중에서 99명을 임의추출하여 A교수방법에 19명, B교수방법에 31명, C교수방법에 27명, D교수방법에 22명을 할당하였다. 일정 기간 수업 후 성취도를 100점 만점으로 측정, 정리하여 다음의 평방합(제곱합)을 얻었다. 교수방법 A, B, C, D의 학습효과 사이에 차이가 있는가를 검정하기 위한 F-통계량 값은?

그룹 간 평방합	63.21
그룹 내 평방합	350.55

① 0.175 ② 0.180
③ 5.71   ④ 8.11

해설

요 인	제곱합	자유도	평균제곱합	F
처리 (그룹 간)	SSR	$p-1$	MSR	MSR/MSE
잔차 (그룹 내)	SSE	$N-p$	MSE	
총 계	SST	$N-1$		

4개의 교수방법이므로 요인수준(p)은 4, 총 99명의 학생을 추출했으므로 총 관찰개수(N)는 99이다.

$F = \dfrac{SSR/(p-1)}{SSE/(N-p)}$ 이므로 대입하여 계산하면

$\dfrac{63.21/(4-1)}{350.55/(99-4)} = \dfrac{21.07}{3.69} ≒ 5.71$ 이다.

155

분산분석에서의 총변동은 처리 내에서의 변동과 처리 간의 변동으로 구분된다. 그렇다면 각 처리 내에서의 변동의 합을 나타내는 것은?

① 총제곱합   ② 처리제곱합
③ 급간제곱합   ④ 잔차제곱합

해설 잔차는 표본집단의 회귀식을 통해 얻은 예측값과 실제 관측값의 차이로 모두 합하면 0이 되기 때문에 제곱하여 변동의 합을 나타낸다.

정답 152 ① 153 ④ 154 ③ 155 ④

CHAPTER 03 회귀분석

1 상관분석

01 상관분석의 이해

(1) 상관분석의 의의

상관분석은 하나의 변수가 다른 변수와 얼마나 관련성을 갖고 변화하는지를 알아보기 위하여 사용된다.

(2) 상관분석의 기본 가정

① 상관분석은 변수들 간의 선형성을 충족시켜야 한다. 즉, 두 변수 간에 정(+)의 상관이거나 부(-)의 상관의 형태로 나타난다.
② 등분산성이 가정을 충족시켜야 한다.
③ 이상치 유무를 파악하여 제거해야 한다.
④ 변수는 등간 또는 비율척도로 구성되어야 한다. 서열척도는 순위 상관을 사용한다.

02 공분산과 상관계수

(1) 공분산 기출 18년 3회

두 변수 사이의 상관성을 나타내주는 지표는 기본적으로 두 변수 간의 공분산이다. 두 변수 X와 Y를 상정할 때, 공분산이란 X의 증감에 따른 Y의 증감에 대한 척도로서 $(X-\mu_X)(Y-\mu_Y)$의 기댓값을 의미하며, $Cov(X, Y)$로 표시한다(여기서 $\mu_X = E(X)$, $\mu_Y = E(Y)$이다).

① $Cov(X, Y) = \sigma_{XY} = E[(X-\mu_X)(Y-\mu_Y)]$
② $Cov(X, Y) = E(XY) - E(X)E(Y)$
③ $Cov(X, Y) = Cov(Y, X)$
④ $Cov(aX+b, cY+d) = acCov(X, Y)$ (단, a, b, c, d는 상수)
⑤ $Cov(X, Y) > 0 \to X, Y$ 같은 방향
⑥ $Cov(X, Y) < 0 \to X, Y$ 반대 방향

심화체크

[15년 2회, 16년 1회, 17년 1회, 19년 1,3회, 21년 1회, 22년 2회]

산점도(Scatter Plot)

산점도는 좌표평면상에 이차원 자료 (x, y)를 타점하여 나타낸 통계 그래프이다. 상관분석 또는 회귀분석을 할 때 산점도를 그려서 변수들 간의 상호 연관성(선형·비선형 여부, 이상점 존재 여부, 자료의 군집 형태, 회귀직선의 타당성, 오차항의 등분산성·독립성 등)을 대략적으로 파악해볼 수 있다.

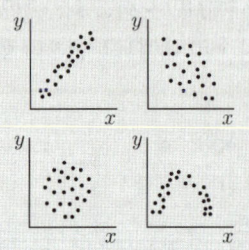

(2) 상관계수

① 상관계수의 의의 [기출] 16년 3회

상관계수는 피어슨 상관계수를 간단히 지칭한 것이다. 이는 대상변수들의 측정에 사용된 척도가 등간·비율척도일 때 하나의 변수와 다른 변수와의 선형관련성을 분석하는 데 이용된다.

② 상관계수 공식

[기출] 15년 1회, 16년 2,3회, 17년 2,3회, 18년 3회, 20년 1·2,3,4회, 23년, 24년, 25년

㉠ 두 변수 X, Y의 종류나 특정 단위에 관계없는 측도를 구하기 위해 공분산을 X, Y의 표준편차로 나누어 표준화하여 구한다.

$$Corr(X, Y) = \frac{Cov(X, Y)}{\sigma_X \sigma_Y}$$

$$= \frac{\sum(X_i - \mu_X)(Y_i - \mu_Y)}{\sqrt{\sum(X_i - \mu_X)^2}\sqrt{\sum(Y_i - \mu_Y)^2}}$$

$-1 \leq Corr \leq 1$

> **심화체크**
>
> $\sum(X_i - \overline{X})(Y_i - \overline{Y})$
> $\quad = \sum X_i Y_i - n\overline{X}\,\overline{Y}$
> $\sum(X_i - \overline{X})^2 = \sum X_i^2 - n\overline{X}^2$

㉡ 두 변수에 대한 n개 표본이 주어졌을 때, 이들 표본에 대한 상관계수를 표본상관계수 r로 나타낸다.

$$r = \frac{Cov(X, Y)}{S_X S_Y} = \frac{S_{XY}}{S_X S_Y}$$

$$= \frac{\sum(X_i - \overline{X})(Y_i - \overline{Y})}{\sqrt{\sum(X_i - \overline{X})^2}\sqrt{\sum(Y_i - \overline{Y})^2}}$$

$$= \frac{\sum X_i Y_i - n\overline{X}\,\overline{Y}}{\sqrt{\sum X_i^2 - n\overline{X}^2}\sqrt{\sum Y_i^2 - n\overline{Y}^2}}$$

$-1 \leq r \leq 1$, S_X : X의 표준편차, S_Y : Y의 표준편차

> **심화체크**
>
> S_{XX} : X의 분산, S_{YY} : Y의 분산
> $S_X = \sqrt{S_{XX}} = \sqrt{\sum(X_i - \overline{X})^2}$,
> $S_Y = \sqrt{S_{YY}} = \sqrt{\sum(Y_i - \overline{Y})^2}$

➕ 플러스원

두 변수 간의 상관계수 값은? [기출] 16년 3회, 25년

x	2	4	6	8	10
y	5	4	3	2	1

→ $\overline{x} = \frac{30}{5} = 6$, $\overline{y} = \frac{15}{5} = 3$

$x_i - \overline{x}$	-4	-2	0	2	4
$y_i - \overline{y}$	2	1	0	-1	-2

시험에 이렇게 나왔다

[17년 1회, 21년 2회, 23년]

Q 상관계수에 대한 설명으로 틀린 것은?

① 범위는 -1에서 1이다.
② 1차 직선의 함수관계가 어느 정도 강한가를 나타내는 측도이다.
③ 상관계수가 0이라는 것은 두 변수 사이에 어떠한 관계도 없다는 것을 의미한다.
④ 상관계수가 -1이라는 것은 기울기가 음수인 직선 위에 모든 자료가 있다는 것을 의미한다.

A ③

$$S_{xy} = \sum(x_i - \bar{x})(y_i - \bar{y}) = -20$$
$$S_{xx} = \sum(x_i - \bar{x})^2 = 40$$
$$S_{yy} = \sum(y_i - \bar{y})^2 = 10$$
$$r = \frac{S_{xy}}{S_x S_y} = \frac{S_{xy}}{\sqrt{S_{xx} S_{yy}}} = \frac{-20}{\sqrt{40 \times 10}}$$
$$\therefore -1$$

③ 상관계수의 특징

기출 15년 1,2,3회, 17년 1,2,3회, 18년 1,2회, 19년 1,2회, 20년 1·2,3,4회, 21년 1,3회, 22년 1,2회, 23년

㉠ -1에서 1 사이의 값을 갖는다.
㉡ 상관계수가 음의 값을 가지면 부(Negative)의 상관관계가, 양의 값을 가지면 정(Positive)의 상관관계가 있음을 의미한다. 또한 r값이 0에 가까울수록 선형 상관관계가 약한 것을 의미하고 ±1에 가까울수록 강한 상관관계가 있음을 의미한다.
㉢ 상관계수가 0이면 변수 간에 선형연관성이 없는 것이지 곡선의 연관성은 있을 수 있다.
㉣ 두 확률변수가 서로 독립이면 상관계수는 0이다.
㉤ $Corr(X, Y) = Corr(aX+b, cY+d)$ (단, $ac > 0$)
㉥ $Corr(X, Y) = -Corr(aX+b, cY+d)$ (단, $ac < 0$)
㉦ 임의의 상수 a, b에 대하여 $Y = a + bX$와 같이 X와 선형관계가 있다면, $b > 0$일 때 상관계수는 1이고 $b < 0$일 때 상관계수는 -1이다.

시험에 이렇게 나왔다

[20년 4회]

Q 두 확률변수 X와 Y 상관계수는 0.92이다. $U = \frac{1}{2}X + 5$, $V = \frac{3}{2}Y + 1$이라고 할 때, 두 확률변수 U와 V의 상관계수는?

① 0.69 ② -0.69
③ 0.92 ④ -0.92

A ③

(3) 상관계수의 유의성 검정

① 가설 설정

귀무가설(H_0) : 두 변수 간에 상관관계가 없다.
대립가설(H_1) : 두 변수 간에 상관관계가 있다.

② 검정통계량 **기출** 15년 3회, 17년 2회, 21년 2,3회, 23년, 24년

$$t = r\frac{\sqrt{n-2}}{\sqrt{1-r^2}} \sim t_{(n-2)}$$

2 회귀분석의 개념

01 회귀분석의 이해

(1) **회귀분석의 개념** 기출 16년 3회, 17년 1회, 20년 3회

독립변수가 종속변수에 미치는 영향력을 분석하거나, 독립변수에 따라 종속변수의 변화를 예측하기 위해서 사용하는 통계기법이다. 독립변수는 종속변수에 영향을 주는 변수로 설명변수(원인변수)라고도 하며, 종속변수는 독립변수에 영향을 받는 변수로 반응변수(결과변수)라고도 한다.

① 단순회귀분석
  독립변수가 1개일 때, 독립변수와 종속변수 간의 선형관계를 분석한다.
② 다중회귀분석
  독립변수가 2개 이상일 때, 독립변수와 종속변수 간의 선형관계를 분석한다.

(2) **회귀분석의 사용** 기출 19년 3회

① 회귀분석은 변수들 중 하나를 종속변수로 나머지를 독립변수로 하여 변수들 간에 상관관계가 존재할 때, 독립변수가 한 단위 변화함에 따라 종속변수가 어떻게 변화하는지를 분석하는 기법이다.
  ㉠ 자료의 척도는 일반적으로 등간척도, 또는 비율척도이어야 한다.
  ㉡ 독립변수가 범주형 척도이면, 이를 가변수로 만들어서 이용한다.
  ㉢ 종속변수가 이변량 변수이면 로지스틱 회귀분석을 한다.
② 회귀분석에서는 t-검정과 F-검정을 모두 사용한다. 회귀모형의 유의성 검정에서 검정통계량은 F-검정을 사용하고 회귀계수의 유의성 검정에서 검정통계량은 t-검정을 사용한다.

심화체크

회귀분석 목적
- 종속변수와 독립변수들 사이에 존재하는 함수관계를 추정한다.
- 독립변수들이 종속변수에 미치는 효과를 검정한다.
- 추정된 회귀함수를 이용하여 종속변수의 미래의 값을 예측하는 데 있다.

02 회귀모형

(1) 단순회귀모형

① 의 의 기출 20년 4회, 24년

1개의 독립변수와 종속변수가 직선적인 경향을 보일 때, 미지의 직선 관계를 일차함수 $y = \alpha + \beta x$로 나타낼 수 있고, 산포의 정도를 σ^2으로 나타내면 독립변수의 값 $x_1, x_2, \cdots, x_n$에 대응하는 종속변수의 값 $y_1, y_2, \cdots, y_n$은 다음과 같은 확률변수 y_i의 관측값으로 생각할 수 있는데, 이러한 모형을 단순(선형)회귀모형이라 한다.

$$y_i = \alpha + \beta x_i + \epsilon_i, \ \epsilon_i \sim N(0, \sigma^2)$$
$$i = 1, 2, \cdots, n$$

i는 전체 n개의 관측자료 중에 i번째 자료이며, ϵ_i는 평균이 0, 분산이 σ^2인 오차를 나타내는 확률변수로서 관측자료 y_i가 모집단 회귀선으로부터 ϵ_i만큼 떨어져 있음을 의미한다.

② 오차항의 기본 가정 기출 15년 1회, 16년 3회, 17년 1회, 19년 3회, 21년 2회, 22년 1회

㉠ 정규성 : 오차항 ϵ_i은 정규분포를 따른다.
㉡ 등분산성 : 오차항 ϵ_i의 분산은 모든 i에 대하여 같다.
㉢ 독립성 : 임의의 오차항 ϵ_i와 $\epsilon_{i'}$는 독립이다.

➕ 플러스원

오차항의 독립성 검토 기출 19년 1회
더빈-왓슨 통계량을 이용한다. 더빈-왓슨 통계량이 2에 가까우면 오차항은 독립성을 만족하며, 0에 가까우면 양의 상관관계가 존재하고 4에 가까우면 음의 상관관계가 존재한다.

(2) 다중회귀모형

① 의 의 기출 15년 3회

종속변수의 변화를 설명하는 데 독립변수의 수가 2개 이상 사용되는 회귀모형을 (다)중회귀모형이라 한다.

② 구조식

$$y_i = \beta_0 + \beta_1 x_{1i} + \beta_2 x_{2i} + \cdots + \beta_k x_{ki} + \epsilon_i, \ \epsilon_i \sim iid \ N(0, \sigma^2)$$
$$k : 독립변수의 개수, \ i = 1, 2, \cdots, n$$

심화체크

[19년 1회]
회귀분석에서 잔차와 오차는 같다고 본다.

심화체크

[16년 1회]
잔차의 산점도
잔차의 산점도(산포도)를 작성하여 회귀직선의 선형성, 타당성, 오차항의 등분산성, 독립성, 정규성 등을 살펴 볼 수 있다.

03 회귀선

(1) 회귀선의 개념 [기출] 24년

표본으로 모형식을 추정하여 구한 회귀 직선으로, 다음과 같이 표현한다.

$$\hat{y_i} = a + bx_i$$

비표준화(회귀)계수 : a(추정된 회귀선의 절편, 상수), b(기울기)
a, b, $\hat{y_i}$: α, β, y_i의 추정값

① 종류

실제회귀선 (모델)	모집단의 특성을 통해 얻은 회귀선이다.
적합회귀선 (모델)	표본의 특성을 통해 얻은 회귀선으로, 회귀선이 얼마나 정확한지에 대해 분산분석을 통해 적합도 검정을 해주어야 한다.

② 잔차($e_i = y_i - \hat{y_i}$)의 성질 [기출] 18년 1,2회, 19년 2회, 20년 3회, 23년

㉠ $\Sigma e_i = 0$ ㉡ $\Sigma x_i e_i = 0$
㉢ $\Sigma \hat{y_i} e_i = 0$ ㉣ $\Sigma y_i = \Sigma \hat{y_i}$

(2) 최소제곱법

[기출] 15년 1,3회, 16년 1,2,3회, 17년 1,2,3회, 18년 1,2,3회, 19년 1,2,3회, 20년 1·2,4회, 21년 1,2,3회, 25년

① 의의 : 회귀계수의 추정방법 중에서 잔차($e_i = y_i - \hat{y_i}$)의 제곱합을 최소로 하는 방법을 최소제곱법이라 한다.

② 회귀계수 구하기 [기출] 23년, 24년

㉠ β의 추정값

$$b = \frac{S_{xy}}{S_{xx}} = \frac{\Sigma(x_i - \bar{x})(y_i - \bar{y})}{\Sigma(x_i - \bar{x})^2} = \frac{\Sigma x_i y_i - n\bar{x}\bar{y}}{\Sigma x_i^2 - n\bar{x}^2} = r\frac{S_y}{S_x} = r\frac{\sqrt{\Sigma(y_i - \bar{y})^2}}{\sqrt{\Sigma(x_i - \bar{x})^2}}$$

$b > 0$이면, $r > 0$이어서 양의 상관관계를 갖는다.
$b < 0$이면, $r < 0$이어서 음의 상관관계를 갖는다.
$b = 0$이면, $r = 0$이어서 상관관계를 갖지 않는다.

㉡ α의 추정값

$$a = \bar{y} - b\bar{x} = \frac{1}{n}\Sigma y_i - b\frac{1}{n}\Sigma x_i$$

시험에 이렇게 나왔다

[20년 1·2회]

Q 회귀분석에 관한 설명으로 틀린 것은?

① 회귀분석은 자료를 통하여 독립변수와 종속변수 간의 함수관계를 통계적으로 규명하는 분석방법이다.
② 회귀분석은 종속변수의 값 변화에 영향을 미치는 중요한 독립변수들이 무엇인지 알 수 있다.
③ 단순회귀선형모형의 오차(ϵ_i)에 대한 가정에서 $\epsilon_i \sim N(0, \sigma^2)$이며, 오차는 서로 독립이다.
④ 최소제곱법은 회귀모형의 절편과 기울기를 구하는 방법으로 잔차의 합을 최소화시킨다.

A ④

심화체크

절편이 없는 회귀모형의 경우 최소제곱법에 의한 β의 추정값은 $b = \frac{\Sigma x_i y_i}{\Sigma x_i^2}$이다.

시험에 이렇게 나왔다

[15년 3회]

01 크기가 10인 (x, y) 자료로부터 단순선형회귀분석을 수행한 결과 $\hat{y} = a - 0.478x$, $\bar{x} = 3.8$, $\bar{y} = 2.2$ 를 얻었다. a의 값은?

① 1.580　　② 2.038
③ 4.016　　④ 4.861

A ③

➕ 플러스원

단순회귀분석을 적용하여 자료를 분석하기 위해서 10쌍의 독립변수와 종속변수의 값들을 측정하여 정리한 결과 다음과 같은 값을 얻었다.

$$\sum_{i=1}^{10} x_i = 39, \ \sum_{i=1}^{10} x_i^2 = 193, \ \sum_{i=1}^{10} y_i = 35.1, \ \sum_{i=1}^{10} y_i^2 = 130.05, \ \sum_{i=1}^{10} x_i y_i = 152.7$$

회귀모형 $y_i = \alpha + \beta x_i + \epsilon_i$의 β의 최소제곱추정량을 구하면?　　**기출** 16년 3회

→ $\bar{x} = \dfrac{\sum_{i=1}^{10} x_i}{10} = \dfrac{39}{10} = 3.9$, $\bar{y} = \dfrac{\sum_{i=1}^{10} y_i}{10} = \dfrac{35.1}{10} = 3.51$

$S_{xx} = \sum_{i=1}^{10} x_i^2 - 10\bar{x}^2 = 193 - 10 \times 3.9^2 = 40.9$

$S_{xy} = \sum_{i=1}^{10} x_i y_i - 10\bar{x}\bar{y} = 152.7 - 10 \times 3.9 \times 3.51 = 15.81$

∴ $\beta = \dfrac{S_{xy}}{S_{xx}} = \dfrac{15.81}{40.9} \fallingdotseq 0.387$

(3) 총변동의 분해　**기출** 17년 3회

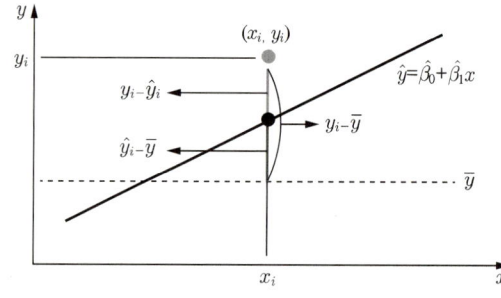

① 회귀선 y의 한 관측값 y_i가 가지는 편차 $y_i - \bar{y}$를 분석하면, 아래 식과 같이 이 편차를 두 가지의 다른 종류의 편차 합으로 나타낼 수 있다.

② 위의 식에서 양변을 제곱한 후에 i에 대하여 합하면 다음 식이 성립된다.

$$\sum_{i=1}^{n}(y_i - \bar{y})^2 = \sum_{i=1}^{n}(\hat{y_i} - \bar{y})^2 + \sum_{i=1}^{n}(y_i - \hat{y_i})^2$$

㉠ 총변동(SST) : $\sum_{i=1}^{n}(y_i - \bar{y})^2$

㉡ 회귀변동(SSR) : $\sum_{i=1}^{n}(\hat{y_i} - \bar{y})^2$

㉢ 오차변동(SSE) : $\sum_{i=1}^{n}(y_i - \hat{y_i})^2$

심화체크

[18년 3회, 21년 2회, 25년]

오차항의 분산 $Var(\epsilon_i) = \sigma^2$의 불편추정량은

$MSE = SSE/(n-2)$

$= \sum_{i=1}^{n}(y_i - \hat{y_i})^2 /(n-2)$

이고 추정값의 표준오차는

$\sqrt{\sum_{i=1}^{n}(y_i - \hat{y_i})^2/(n-2)}$ 이다.

3 단순회귀분석

01 단순회귀모형의 적합도 검정

(1) 적합도 검정을 위한 단순회귀모형의 분산분석표

기출 15년 2회, 16년 2회, 21년 1회, 23년, 25년

요인	제곱합(SS)	자유도(df)	평균제곱(MS)	F
회귀	$SSR = \sum_{i=1}^{n}(\hat{y_i}-\bar{y})^2$	1	$MSR = SSR/1$	MSR/MSE $\sim F_{(\alpha,\,1,\,n-2)}$
잔차	$SSE = \sum_{i=1}^{n}(y_i-\hat{y_i})^2$	$n-2$	$MSE = SSE/(n-2)$	
전체	$SST = \sum_{i=1}^{n}(y_i-\bar{y})^2$	$1+(n-2)=n-1$		

(2) 결정계수

기출 15년 1,2,3회, 16년 1회, 17년 2,3회, 18년 1,2회, 19년 1,2,3회, 20년 1·2,3,4회, 21년 1,2회, 22년 2회, 23년, 24년, 25년

① 결정계수(R^2)는 총변동 SST 중에서 SSR이 차지하는 비중이다.

$$R^2 = \frac{SSR}{SST} = 1 - \frac{SSE}{SST}$$

② 단순선형회귀에서는 상관계수(r)의 제곱이 결정계수(R^2)가 된다.

$$R^2 = r^2 = \left(\frac{S_{XY}}{S_X S_Y}\right)^2$$

(3) 결정계수의 특성

기출 15년 3회, 16년 2,3회, 18년 1,3회, 19년 1회, 20년 3,4회, 21년 2,3회

① $0 \leq R^2 \leq 1$
② 결정계수는 설명력을 의미하는 수치이다.
③ 모든 측정값이 한 직선상에 놓이면 R^2의 값은 1이다.
④ R^2은 독립변수의 수가 늘어날수록 증가하는 경향이 있다.
⑤ 단순회귀분석에서 결정계수는 상관계수의 제곱이지만 다중회귀분석에서는 상관계수의 제곱과 동일하지 않다.
⑥ x와 y 사이에 회귀관계가 전혀 존재하지 않아 추정회귀직선의 기울기 b가 0인 경우에는 결정계수 R^2은 0이 된다.

심화체크

[15년 2회, 18년 1회]
결정계수는 회귀식의 설명력이라 할 수 있으며 총변동 중에서 회귀식에 의해서 설명되는 변동에 대한 것을 알기 위한 값이다. 즉, 독립변수가 종속변수를 얼마나 잘 설명하고 있는지를 의미한다.

시험에 이렇게 나왔다

[16년 2회]

Q 회귀분석에서 결정계수 R^2에 대한 설명으로 틀린 것은? (단, SST는 총제곱합, SSR은 회귀제곱합, SSE는 잔차제곱합을 의미한다)

① $R^2 = \frac{SSR}{SST}$
② $-1 \leq R^2 \leq 1$
③ SSE가 작아지면 R^2은 커진다.
④ R^2은 독립변수의 수가 늘어날수록 증가하는 경향이 있다.

A ②

02 단순회귀모형/단순회귀계수의 유의성 검정

(1) 단순회귀모형의 유의성 검정

① 가설 설정

> 귀무가설(H_0) : 회귀모형은 유의하지 않다($\beta = 0$).
> 대립가설(H_1) : 회귀모형은 유의하다($\beta \neq 0$).

② 검정통계량

$$F = \frac{MSR}{MSE} \sim F_{(\alpha,\, 1,\, n-2)}$$

(2) 단순회귀계수의 유의성 검정 기출 16년 3회, 17년 2회, 18년 2회

① 가설 설정

> 귀무가설(H_0) : 회귀계수 β는 유의하지 않다($\beta = 0$).
> 대립가설(H_1) : 회귀계수 β는 유의하다($\beta \neq 0$).

② 검정통계량 기출 15년 1회, 16년 2회, 17년 1회, 19년 1회, 20년 1·2,4회

$$t = \frac{b - \beta}{\sqrt{Var(b)}} = \frac{b - \beta}{\sqrt{MSE/S_{xx}}} \sim t_{(n-2)}$$

시험에 이렇게 나왔다

[16년 1회]

Q 다음의 검정 중 검정통계량의 분포가 다른 것은?

① 범주형 자료의 독립성 검정
② 범주형 자료의 동일성 검정
③ 회귀모형에 대한 유의성 검정
④ 단일 모집단에서의 모분산에 대한 검정

A ③

심화체크

[16년 3회, 21년 1회]
단순회귀계수의 유의성 검정통계량(t)의 제곱은 단순회귀모형의 유의성 검정통계량(F)과 동일하다.

4 다중회귀분석

01 다중회귀분석의 이해

기출 15년 1회, 18년 2회, 21년 2,3회, 22년 2회, 25년

(1) 의 의 기출 15년 3회

종속변수와 두 개 이상의 독립변수들 사이의 관계를 밝히고자 할 때 사용하는 통계적 기법이 다중회귀분석이다. 그러나 단순회귀분석과 다중회귀분석은 관련된 독립변수의 개수만 다를 뿐이고 분석방법은 별다른 차이가 없다.

(2) 추 정 기출 16년 1회, 16년 3회, 18년 1회, 20년 1·2회, 21년 1회

중회귀모형을 행렬로 표시하면 $Y = Xb + \epsilon$로 나타난다. 여기서 회귀계수벡터 β의 추정량은 $b = (\beta_0, \beta_1, \cdots, \beta_k)'$로 정의된다. 이때 b의 추정치는 $\hat{b} = (X'X)^{-1}X'y$이고 분산-공분산 행렬은 $Var(b) = (X'X)^{-1}\sigma^2$이다(단, X'는 X의 전치행렬이다).

02 다중회귀분석의 적합도 검정

(1) 다중회귀분석의 분산분석표

기출 16년 1,3회, 17년 1회, 18년 3회, 19년 2,3회, 20년 4회, 21년 1,2회, 23년, 24년

요 인	제곱합(SS)	자유도(df)	평균제곱(MS)	F
회 귀	$SSR = \sum_{i=1}^{n}(\hat{y_i} - \bar{y})^2$	k	$MSR = SSR/k$	MSR/MSE $\sim F_{(\alpha, k, n-k-1)}$
잔 차	$SSE = \sum_{i=1}^{n}(y_i - \hat{y_i})^2$	$n-k-1$	$MSE = SSE/(n-k-1)$	
전 체	$SST = \sum_{i=1}^{n}(y_i - \bar{y})^2$	$k + (n-k-1)$ $= n-1$		

① 총변동(SST) : $\sum_{i=1}^{n}(y_i - \bar{y})^2$

② 회귀변동(SSR) : $\sum_{i=1}^{n}(\hat{y_i} - \bar{y})^2$

③ 오차변동(SSE) : $\sum_{i=1}^{n}(y_i - \hat{y_i})^2$

시험에 이렇게 나왔다

[20년 1·2회]

Q 독립변수가 k개인 중회귀모형 $y = X\beta + \epsilon$에서 회귀계수벡터 β의 추정량 b의 분산-공분산 행렬 $Var(b)$은? (단, $Var(\epsilon) = \sigma^2 I$)

① $Var(b) = (X'X)^{-1}\sigma^2$
② $Var(b) = X'X\sigma^2$
③ $Var(b) = k(X'X)^{-1}\sigma^2$
④ $Var(b) = k(X'X)\sigma^2$

A ❶

심화체크

[15년 1회, 18년 3회]

오차항의 분산의 불편추정량은
$MSE = SSE/(n-k-1)$
$= \sum_{i=1}^{n}(y_i - \hat{y_i})^2/(n-k-1)$
이고 추정값의 표준오차는
$\sqrt{\sum_{i=1}^{n}(y_i - \hat{y_i})^2/(n-k-1)}$
이다.

시험에 이렇게 나왔다

[15년 1회]

Q 독립변수가 3개인 중회귀분석 결과가 다음과 같다. 오차분산의 추정값은?

- $\sum_{i=1}^{n}(y_i - \hat{y_i})^2 = 1100$
- $\sum_{i=1}^{n}(y_i - \bar{y})^2 = 100$
- $n = 100$

① 11.20 ② 11.32
③ 11.46 ④ 11.58

A ❸

(2) 수정결정계수

① 의 의
- ㉠ 종속변수의 변동을 별로 설명해 주지 못하는(유의하지 않은) 독립변수가 모형에 추가된다고 하더라도 결정계수 값이 커질 수 있는 문제를 보정하기 위해 표본의 크기와 독립변수의 수를 고려하여 계산한 것이 수정결정계수이다.
- ㉡ 음수값이 나올 수도 있으나 결정계수와의 차이가 10% 이내면서 그 값이 클수록 설명력이 높은 적합한 중회귀모형이 된다.

② 보정과정
- ㉠ 결정계수를 자유도로 정규화한 R^2을 사용해서 k가 커지면 오히려 R^2이 작아지는 효과를 주어 보정한다(독립변수의 수 증가 통제).

$$R_{adj}^2 = 1 - \frac{SSE/(n-k-1)}{SST/(n-1)} = 1 - \frac{n-1}{n-k-1}(1-R^2) \leq R^2$$

n : 표본수, k : 독립변수의 개수

- ㉡ 수정결정계수가 최대가 되는 독립변수의 조합을 선택한다.

(3) 기본가정의 검정 기출 22년 2회

① 다중공선성
- ㉠ 독립변수 간의 선형종속관계가 있어서 한 독립변수가 다른 독립변수들의 선형결합으로 표현되는 것으로, 어떤 독립변수에서 종속변수에 어느 정도의 영향을 미치는지 정확하게 판단할 수 없어서 회귀분석의 신뢰도가 떨어지게 된다.
- ㉡ 분산팽창지수(Variance Inflation Factor ; VIF)는 1에서 무한대의 값을 갖는데 값이 10 이상이면 다중공선성을 의심해야 하며 이러한 때에는 다중공선성을 가장 크게 하는 독립변수를 제거하는 등의 조치를 한 후, 다시 회귀계수에 대해 가설검정을 해야 한다.

② 자기상관
- ㉠ 주로 시계열자료에서 현재의 상태가 과거와 미래의 상태에 밀접한 연관을 지니는 경우가 많은데 이럴 때 서로 다른 시차의 오차항이 서로 상관되는 것을 말한다.
- ㉡ 오차항 간의 자기상관성에 대한 가정이 충족되지 않을 경우 변수 간 의존관계가 발생하여 회귀모형의 기본 가정인 '오차항들은 서로 독립이다'라는 가정을 위배하며 각 회귀계수의 값에 영향을 주게 된다.
- ㉢ Durbin-Watson의 d는 0~4의 값을 가지며 통계량이 2에 가까우면 오차항은 독립성을 만족하며 자기상관을 무시할 수 있다고 본다.

③ 표준화잔차
- ㉠ 반응변수의 척도에 따른 영향을 받지 않도록 잔차를 오차항의 표준편차 추정량으로 나누어 표준화한 것으로, 내적 스튜던트화 잔차라고도 한다.

ⓒ 오차의 정규성 가정에 따라 표준화잔차는 약 95%가 −2와 +2 사이에 위치하여 절대치가 2 이상인 값은 이상치로 간주하여 이 관측치는 제외하고 모형을 적합하도록 한다.

④ 산점도
　㉠ 표준화잔차와 표준화 예측값의 관계를 나타내는 것으로써, 등분산가정(이분산성의 문제)을 검증하는 방법으로도 쓰인다.
　㉡ 표준화잔차와 표준화 예측값 간에는 상관관계가 발견되지 않아야 등분산성의 가정이 만족되었다고 할 수 있다.

03 다중회귀모형/다중회귀계수의 유의성 검정

(1) (다)중회귀모형의 유의성 검정 [기출] 17년 2회, 18년 3회

① 가설 설정

> 귀무가설(H_0) : 회귀모형은 유의하지 않다($\beta_1 = \beta_2 = \cdots = \beta_k = 0$).
> 대립가설(H_1) : 회귀모형은 유의하다[적어도 하나의 $\beta_i \neq 0$이다($i = 1, 2, \cdots, k$)].

② 검정통계량

$$F = \frac{MSR}{MSE} \sim F_{(\alpha,\, k,\, n-k-1)}$$

③ 변수선택방법 [기출] 16년 2회
　㉠ 전진선택법 : 설명력이 가장 큰 독립변수부터 차례로 추가하는 방법이다.
　㉡ 후진소거법 : 독립변수를 모두 포함한 뒤 중요하지 않은 변수부터 차례로 소거하는 방법이다.
　㉢ 단계적 방법 : 독립변수의 추가와 소거를 같이 하면서 최적의 독립변수를 선택하는 방법이다.

(2) 다중회귀계수의 유의성 검정 [기출] 17년 2회, 20년 1·2,3회, 25년

① 가설 설정

> 귀무가설(H_0) : 회귀계수는 유의하지 않다($\beta_i = 0,\ i = 1, 2, \cdots, k$).
> 대립가설(H_1) : 회귀계수는 유의하다($\beta_i \neq 0,\ i = 1, 2, \cdots, k$).

② 검정통계량

$$t = \frac{b_i - \beta_i}{\sqrt{MSE/S_{xx}}} = \frac{b_i - \beta_i}{S_{bi}} \sim t_{(n-k-1)}$$

시험에 이렇게 나왔다

[20년 3회]

Q 다중선형회귀분석에 대한 설명으로 틀린 것은?

① 결정계수는 회귀직선에 의해 종속변수가 설명되어지는 정도를 나타낸다.
② 추정된 회귀식에서 절편은 독립변수들이 모두 0일 때 종속변수의 값을 나타낸다.
③ 회귀계수는 해당 독립변수가 1단위 증가하고 다른 독립변수는 변하지 않을 때, 종속변수의 증가량을 뜻한다.
④ 각 회귀계수의 유의성을 판단할 때는 정규분포를 이용한다.

A ④

04 더미변수를 이용한 회귀분석

기출 15년 2회, 18년 2회, 19년 1,2회, 22년 2회, 23년

(1) 의의

회귀모형을 위해 모형을 설정하는 경우 관심의 대상이 되는 종속변수가 양적인 독립변수(설명변수)들 이외에 학력, 인종, 지역, 종교 등 질적인 독립변수에 의해서도 영향을 받을 수 있다. 이러한 질적 효과를 고려할 수 있는 독립변수가 더미변수(가변수)이다. 더미변수를 이용한 회귀분석은 범주형 척도의 자료를 독립변수의 더미변수로 변환하여 회귀분석하는 것을 의미한다.

(2) 더미변수 선택

k개 그룹의 질적 차이를 구분하는 경우, $k-1$개의 더미변수를 사용한다. 예를 들어 남자와 여자를 가변수로 만들 경우 1개의 가변수가 만들어진다.

➕ 플러스원

다음 회귀방정식을 통해 30세의 경상도출신으로 대학을 졸업한 남자의 연소득을 추정하면?

기출 15년 2회

소득=0.5+1.2성+0.7서울+0.4경기+0.5경상도+1.1대학+0.7고등+0.02연령

소득 : 연 평균소득, 단위 : 천만
성 : 더미변수(여자 : 0, 남자 : 1)
서울 : 더미변수(서울 : 1, 그 외 : 0) 경기, 경상도 변수도 동일함
대학 : 더미변수(대졸 : 1, 그 외 : 0), 고등 변수도 동일함
연령단위 : 살

→ 소득=0.5+1.2×1+0.5×1+1.1×1+0.02×30=3.9
  즉, 3,900만 원으로 추정된다.

CHAPTER 03 적중예상문제

01

두 확률변수의 상관계수에 대한 설명으로 틀린 것은?

① 상관계수란 두 변수의 공분산을 두 변수의 표준편차의 곱으로 나눈 값으로 정의되는 측도이다.
② 상관계수는 두 변수 사이에 함수관계가 어느 정도 강한가를 나타내는 측도이다.
③ 두 확률변수가 서로 독립이면 상관계수는 0이다.
④ 두 변수 사이에 일차함수의 관계가 존재하면, 상관계수는 1 또는 -1이다.

해설 상관계수는 변수와 다른 변수와의 선형 관련성을 나타내는 측도이다.

02

상관계수에 관한 설명으로 옳은 것은?

① 두 변수 간에 차이가 있는가를 나타내는 측도이다.
② 두 변수 간의 분산 차이를 나타내는 측도이다.
③ 두 변수 간의 곡선관계를 나타내는 측도이다.
④ 두 변수 간의 선형관계의 정도를 나타내는 측도이다.

해설 상관계수는 선형관계를 나타낸다. 음의 값을 가지면 부(Negative)의 상관관계가, 양의 값을 가지면 정(Positive)의 상관관계가 있음을 의미한다. 또한 0에 가까울수록 상관관계가 약한 것을 의미하고 ±1에 가까울수록 강한 상관관계가 있음을 의미한다. 또한 상관계수가 0이면 변수 간에 선형연관성이 없는 것이지 곡선의 연관성도 없다고는 할 수 없다.

03

두 변수 (X, Y)의 n개의 자료 (x_1, y_1), (x_2, y_2), $\cdots$, (x_n, y_n)에 대하여 다음과 같이 정의된 표본상관계수 r에 대한 설명 중에서 틀린 것은?

$$r = \frac{\sum_{i=1}^{n}(x_i - \overline{x})(y_i - \overline{y})}{\sqrt{\sum_{i=1}^{n}(x_i - \overline{x})^2} \sqrt{\sum_{i=1}^{n}(y_i - \overline{y})^2}}$$

① 상관계수는 항상 -1 이상, 1 이하의 값을 갖는다.
② X와 Y 사이의 상관계수의 값과 $(X+2)$와 $2Y$ 사이의 상관계수의 값은 같다.
③ X와 Y 사이의 상관계수의 값과 $-3X$와 $2Y$ 사이의 상관계수의 값은 같다.
④ 서로 연관성이 있는 경우에도 X와 Y 사이의 상관계수의 값은 0이 될 수도 있다.

해설 $ac<0$인 경우 $Corr(X, Y) = -Corr(aX+b, cY+d)$이다.

04

$Y = a + bX(b>0)$인 관계가 성립할 때 두 확률변수 X와 Y 간의 상관계수 $\rho_{X,Y}$는?

① $\rho_{X,Y} = 1.0$
② $\rho_{X,Y} = 0.8$
③ $\rho_{X,Y} = 0.6$
④ $\rho_{X,Y} = 0.4$

해설 임의의 상수 a, b에 대하여 Y를 $Y = a + bX$와 같이 X의 선형변환으로 표현할 수 있다면, $b>0$일 때 상관계수는 1이고, $b<0$일 때 상관계수는 -1이 된다.

정답 > 01 ② 02 ④ 03 ③ 04 ①

05

다음 결과를 이용하여 X와 Y의 표본상관계수 r을 계산하면?

$$n = 10 \quad \sum x_i = 100$$
$$\sum x_i^2 = 1140 \quad \sum y_i = 200$$
$$\sum y_i^2 = 4140 \quad \sum x_i y_i = 2070$$

① 0.35 ② 0.40
③ 0.45 ④ 0.50

해설
$$r = \frac{\sum(x_i - \bar{x})(y_i - \bar{y})}{\sqrt{\sum(x_i - \bar{x})^2}\sqrt{\sum(y_i - \bar{y})^2}}$$
$$= \frac{\sum x_i y_i - n\bar{x}\bar{y}}{\sqrt{\sum x_i^2 - n\bar{x}^2}\sqrt{\sum y_i^2 - n\bar{y}^2}}$$
$$= \frac{2070 - 10\bar{x}\bar{y}}{\sqrt{1140 - 10\bar{x}^2}\sqrt{4140 - 10\bar{y}^2}}$$

$\bar{x} = \frac{\sum x_i}{n} = 10$, $\bar{y} = \frac{\sum y_i}{n} = 20$이므로 대입하면

$$r = \frac{2070 - 10 \times 10 \times 20}{\sqrt{1140 - 10(10)^2}\sqrt{4140 - 10(20)^2}} = 0.5 \text{이다.}$$

06

두 변수 X와 Y의 상관계수 r_{XY}에 대한 설명으로 틀린 것은?

① r_{XY}는 두 변수 X와 Y의 산포의 정도를 나타낸다.
② $-1 \leq r_{XY} \leq +1$
③ $r_{XY} = 0$이면 두 변수는 선형이 아니거나 무상관이다.
④ $r_{XY} = -1$이면 두 변수는 완전한 음의 상관관계에 있다.

해설 상관계수는 하나의 변수와 다른 변수와의 선형 관련성을 분석하는 데 이용한다.

07

다음은 대응되는 두 변량 X와 Y를 관측하여 얻은 자료 $(x_1, y_1), \cdots, (x_n, y_n)$으로 그린 산점도이다. X와 Y의 표본상관계수의 절댓값이 가장 작은 것은?

①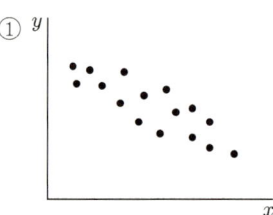

②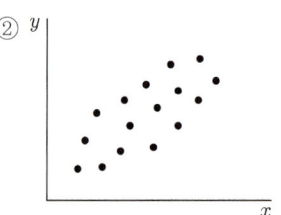

③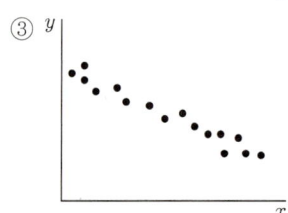

④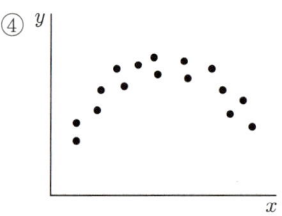

해설 상관계수는 선형관계를 나타낸다. 음의 값을 가지면 부(Negative)의 상관관계가, 양의 값을 가지면 정(Positive)의 상관관계가 있음을 의미한다. 또한 0에 가까울수록 상관관계가 약한 것을 의미하고 ±1에 가까울수록 강한 상관관계가 있음을 의미한다. 또한 상관계수가 0이면 변수 간에 선형연관성이 없는 것이지 곡선의 연관성은 있을 수 있다. 이 문제에서는 곡선의 연관성을 가진 ④번 그래프가 상관계수 값 0으로 절댓값이 가장 작다.

08

확률변수 X의 분산이 16, 확률변수 Y의 분산이 25, 두 확률변수의 공분산이 −10일 때, X와 Y의 상관계수는?

① −1
② −0.5
③ 0.5
④ 1

해설 $r = \dfrac{S_{XY}}{S_X S_Y} = \dfrac{-10}{\sqrt{16}\sqrt{25}} = -0.5$

09

$Corr(X, Y)$가 X와 Y의 상관계수일 때, 성립하지 않는 내용을 모두 짝지은 것은?

> ㄱ. X와 Y가 서로 독립이면 $Corr(X, Y) = 0$이다.
> ㄴ. $Corr(10X, Y) = 10\, Corr(X, Y)$
> ㄷ. 두 변수 X와 Y 간의 상관계수가 1에 가까울수록 직선관계가 강하고, −1에 가까울수록 직선관계가 약하다.

① ㄱ, ㄴ
② ㄱ, ㄷ
③ ㄴ, ㄷ
④ ㄱ, ㄴ, ㄷ

해설 ㄴ. $Corr(X, Y) = Corr(aX+b, cY+d)$ (단, $ac > 0$)
ㄷ. 상관계수가 음의 값을 가지면 부(Negative)의 상관관계, 양의 값을 가지면 정(Positive)의 상관관계가 있음을 의미한다. 또한 r 값이 0에 가까울수록 상관관계가 약한 것을 의미하고 ±1에 가까울수록 강한 상관관계가 있음을 의미한다.

10

이산형 확률변수 (X, Y)의 결합확률분포표가 다음과 같이 주어진 경우, X와 Y의 상관계수에 대한 설명으로 옳은 것은?

Y\X	1	2	3	4	5
1	0.15	0.10	0.00	0.00	0.00
2	0.00	0.15	0.05	0.00	0.00
3	0.00	0.05	0.10	0.10	0.00
4	0.00	0.00	0.00	0.15	0.05
5	0.00	0.00	0.00	0.00	0.10

① 상관계수는 양의 값을 갖는다.
② 상관계수는 음의 값을 갖는다.
③ 상관계수는 0이다.
④ 상관계수를 구할 수 없다.

해설
$E(X) = 1 \times 0.15 + 2 \times (0.1 + 0.15 + 0.05) + 3 \times (0.05 + 0.1)$
$\qquad + 4 \times (0.1 + 0.15) + 5 \times (0.05 + 0.1)$
$\qquad = 2.95$
$E(Y) = 1 \times (0.15 + 0.1) + 2 \times (0.15 + 0.05)$
$\qquad + 3 \times (0.05 + 0.1 + 0.1) + 4 \times (0.15 + 0.05)$
$\qquad + 5 \times 0.1$
$\qquad = 2.7$
$E(XY) = (1 \times 1 \times 0.15) + (2 \times 1 \times 0.1) + (2 \times 2 \times 0.15)$
$\qquad + (2 \times 3 \times 0.05) + (3 \times 2 \times 0.05) + (3 \times 3 \times 0.1)$
$\qquad + (4 \times 3 \times 0.1) + (4 \times 4 \times 0.15) + (5 \times 4 \times 0.05)$
$\qquad + (5 \times 5 \times 0.1)$
$\qquad = 9.55$
$E(X^2) = 1^2 \times 0.15 + 2^2 \times (0.1 + 0.15 + 0.05)$
$\qquad + 3^2 \times (0.05 + 0.1) + 4^2 \times (0.1 + 0.15)$
$\qquad + 5^2 \times (0.05 + 0.1)$
$\qquad = 10.45$
$E(Y^2) = 1^2 \times (0.15 + 0.1) + 2^2 \times (0.15 + 0.05)$
$\qquad + 3^2 \times (0.05 + 0.1 + 0.1) + 4^2 \times (0.15 + 0.05)$
$\qquad + 5^2 \times 0.1$
$\qquad = 9$
$Var(X) = E(X^2) - E(X)^2 = 10.45 - (2.95)^2 = 1.7475$
$Var(Y) = E(Y^2) - E(Y)^2 = 9 - (2.7)^2 = 1.71$
$Cov(X, Y) = E(XY) - E(X)E(Y)$
$\qquad = 9.55 - 2.95 \times 2.7 = 1.585$
$Corr(X, Y) = \dfrac{Cov(X, Y)}{\sigma_X \sigma_Y} = \dfrac{1.585}{\sqrt{1.7475}\sqrt{1.71}} \fallingdotseq 0.92$

따라서 상관계수는 양의 값을 갖는다.

11

키와 몸무게의 상관계수가 0.6으로 계산되었다. 키에 2를 곱하고, 몸무게는 3을 곱하고 1을 더한 후 계산된 새로운 변수들 간의 상관계수는?

① 0.28
② 0.36
③ 0.52
④ 0.60

해설 $Corr(X, Y) = Corr(aX+b, cY+d)$ (단, $ac>0$)
X : 키, Y : 몸무게
$X \rightarrow 2X+0$, $Y \rightarrow 3Y+1$ 에서 $2 \times 3 = 6 > 0$이므로
$Corr(2X+0, 3Y+1) = Corr(X, Y) = 0.6$이다.

12

두 변수값 $X_1, X_2, \cdots, X_n$과 $Y_1, Y_2, \cdots, Y_n$을 각각 표준화한 변수값이 $x_1, x_2, \cdots, x_n$과 $y_1, y_2, \cdots, y_n$이다. 표준화된 변수 x와 y의 상관계수는?

① 0
② 1
③ $\frac{1}{n}\sum_{i=1}^{n} x_i y_i$
④ $\frac{1}{n}\sum_{i=1}^{n}(x_i - \bar{x})(y_i - \bar{y})$

해설 표준화되었으므로 평균은 0이고, 표준편차는 1이므로 $\bar{x}=0$, $\bar{y}=0$이다.

분산은 1이므로 $\frac{\sum(x_i-\bar{x})^2}{n} = \frac{S_{xx}}{n} = 1$, $S_{xx}=n$이고 $S_x = \sqrt{S_{xx}} = \sqrt{n}$ 이다. 같은 방법으로 $S_y = \sqrt{n}$ 이다.

$\therefore r = \frac{S_{xy}}{S_x S_y} = \frac{\sum_{i=1}^{n} x_i y_i - n\bar{x}\bar{y}}{S_x S_y} = \frac{\sum_{i=1}^{n} x_i y_i}{\sqrt{n}\sqrt{n}} = \frac{1}{n}\sum_{i=1}^{n} x_i y_i$

13

상관계수(r)에 대한 설명으로 가장 거리가 먼 것은?

① 상관계수는 −1에서 1 사이의 값을 갖는다.
② 상관계수의 값은 변수의 단위가 달라지면 영향을 받는다.
③ 상관계수의 부호는 회귀계수의 기울기(b)의 부호와 항상 같다.
④ −1의 상관계수는 기울기가 음수인 직선 위에 모든 자료가 있다는 것을 의미한다.

해설 상관계수는 변수 간의 연관성을 나타내는 값이므로 변수의 단위와 관련이 없다.

14

회귀분석에서의 결정계수에 관한 설명으로 틀린 것은?

① 결정계수 r^2의 범위는 $0 \leq r^2 \leq 1$이다.
② 종속변수의 총변동 중 회귀직선에 기인한 변동의 비율을 나타낸다.
③ 결정계수는 잔차제곱합(SSE)을 총제곱합(SST)으로 나눈 값이다.
④ 단순회귀분석의 경우 종속변수와 독립변수의 상관계수를 제곱한 값이 결정계수이다.

해설 결정계수는 회귀제곱합(SST)을 총제곱합(SST)으로 나눈 값이다.

$$R^2 = \frac{SSR}{SST} = 1 - \frac{SSE}{SST}$$

15
자료에 대한 산점도를 통해 파악할 수 없는 것은?

① 선형 또는 비선형 관계의 여부
② 이상점의 존재 여부
③ 자료의 군집 형태
④ 정규성 여부

해설 상관분석 또는 회귀분석을 할 때 산점도를 그려서 변수들 간의 상호 연관성(선형·비선형의 여부, 이상점 존재 여부, 자료의 군집 형태 등)을 대략적으로 파악해볼 수 있다.

16
단순회귀모형의 가정하에서 최소제곱법에 의해 회귀직선을 추정한 경우, 잔차들의 산포도를 그려봄으로써 검토할 수 없는 것은?

① 회귀직선의 타당성
② 오차항의 등분산성
③ 오차항의 독립성
④ 추정회귀계수의 불편성

해설 산점도는 좌표평면상에 이차원 자료 (x, y)를 타점하여 나타낸 통계 그래프로써, 산포를 알 수 있다. ①·②·③은 산점도를 통해 확인할 수 있는 내용이지만 추정회귀계수의 불편성은 산점도를 통해 알 수 없다.

17
두 변수 X와 Y 사이의 관계를 알아보기 위하여 평면상에 이차원 자료 (X, Y)를 타점하여 나타낸 그래프는?

① 산점도
② 줄기-잎 그림
③ 상자그림
④ 히스토그램

해설 산점도는 좌표평면상에 이차원 자료 (X, Y)를 타점하여 나타낸 통계 그래프이다.

18
회귀분석에 대한 설명 중 옳은 것은?

① 회귀분석에서 분산분석표는 사용되지 않는다.
② 독립변수는 양적인 관찰 값만 허용된다.
③ 회귀분석은 독립변수 간에는 상관관계가 0인 경우만 분석 가능하다.
④ 회귀분석에서 t-검정과 F-검정이 모두 사용된다.

해설 회귀모형의 유의성 검정에서는 F-검정통계량을 사용하고 회귀계수의 유의성 검정에서는 t-검정통계량을 사용한다.

19
어떤 승용차의 가격이 출고 연도가 지남에 따라 얼마나 떨어지는가를 알아보기 위하여 이 승용차에 대한 중고판매가격에 대한 조사를 하였다. 사용년수와 중고차 가격과의 관계를 보기 위한 적합한 분석방법은?

① 단순회귀분석
② 중회귀분석
③ 분산분석
④ 다변량분석

해설 회귀분석은 독립변수에 따라 종속변수의 변화를 예측하기 위해서 사용하는 통계기법이다. 이 문제는 독립변수가 1개일 때, 독립변수와 종속변수 간의 선형관계를 분석하는 단순회귀분석에 해당한다.

20
단순회귀모형에서 오차항에 대한 기본 가정이 아닌 것은?

① 선형성(Linearity)
② 정규성(Normality)
③ 독립성(Independence)
④ 등분산성(Homoscedasticity)

해설 오차항의 기본 가정
- 정규성 : 오차항 e_i는 정규분포를 따른다.
- 등분산성 : 오차항 e_i의 분산은 모든 i에 대하여 같다.
- 독립성 : 임의의 오차항 e_i와 $e_{i'}$은 독립이다.

정답 ▶ 15 ④ 16 ④ 17 ① 18 ④ 19 ① 20 ①

21

단순회귀모형에 대한 추정회귀직선이 $\hat{y} = a + bx$일 때, b의 값은?

구 분	평균	표준편차	상관계수
x	40	4	0.75
y	30	3	

① 0.07 ② 0.56
③ 1.00 ④ 1.53

해설 $b = r \dfrac{S_y}{S_x} = 0.75 \times \dfrac{3}{4} ≒ 0.56$

22

다음과 같은 자료가 주어져 있다. 최소제곱법에 의한 회귀직선은?

x	y
3	12
4	22
5	32
3	22
5	32

① $y = \dfrac{30}{4}x - 6$ ② $y = \dfrac{30}{4}x + 6$
③ $y = \dfrac{30}{2}x - 6$ ④ $y = \dfrac{30}{2}x + 6$

해설 최소제곱법으로 추정한 회귀직선 $y = bx + a$에서 b와 a는 다음과 같이 구할 수 있다.

x	3	4	5	3	5
y	12	22	32	22	32
xy	36	88	160	66	160

$\bar{x} = 4,\ \bar{y} = 24,\ \sum x_i^2 = 84,\ \sum x_i y_i = 510$

$b = \dfrac{\sum x_i y_i - n\bar{x}\bar{y}}{\sum x_i^2 - n\bar{x}^2} = \dfrac{510 - 5 \times 4 \times 24}{84 - 5 \times 4^2} = \dfrac{30}{4}$

$a = \bar{y} - b\bar{x} = 24 - \dfrac{30}{4} \times 4 = -6$

$\therefore y = bx + a = \dfrac{30}{4}x - 6$

23

단순회귀분석에서 회귀직선의 기울기와 독립변수와 종속변수의 상관계수와의 관계에 대한 설명으로 옳은 것은?

① 회귀직선의 기울기가 양수이면 상관계수도 양수이다.
② 회귀직선의 기울기가 양수이면 상관계수는 음수이다.
③ 회귀직선의 기울기가 음수이면 상관계수는 양수이다.
④ 회귀직선의 기울기가 양수이면 공분산이 음수이다.

해설 회귀직선 $\hat{y_i} = a + bx_i$에서 $b = r\dfrac{S_y}{S_x}$이고 S_y, S_x는 양수이므로 회귀직선의 기울기 b는 상관계수 r의 부호와 같다.

24

단순회귀모형 「$y_i = \alpha + \beta x_i + \epsilon_i,\ \epsilon_i \sim N(0, \sigma^2)$이고 서로 독립$(i = 1, 2, \cdots, n)$」에서 가설 $H_0 : \beta = 0$, $H_1 : \beta \neq 0$에 대한 검정통계량은?

① $\dfrac{\sum_{i=1}^{n}(\hat{y_i} - \bar{y})^2}{\sum_{i=1}^{n}(y_i - \bar{y})^2/(n-1)}$

② $\dfrac{\sum_{i=1}^{n}(y_i - \bar{y})^2/(n-2)}{\sum_{i=1}^{n}(y_i - \bar{y})^2/(n-1)}$

③ $\dfrac{\sum_{i=1}^{n}(\hat{y_i} - \bar{y})^2}{\sum_{i=1}^{n}(y_i - \hat{y_i})^2/(n-2)}$

④ $\dfrac{\sum_{i=1}^{n}(y_i - \bar{y})^2/(n-1)}{\sum_{i=1}^{n}(y_i - \hat{y_i})^2/(n-2)}$

해설 $F = \dfrac{MSR}{MSE} = \dfrac{SSR/1}{SSE/(n-2)}$

25

다음의 가상의 자료를 이용하여 단순선형회귀모형을 추정하면?

$$n = 10 \qquad \sum_{i=1}^{n} x_i = 90$$
$$\sum_{i=1}^{n} y_i = 50 \qquad \sum_{i=1}^{n} (x_i - \overline{x})^2 = 160$$
$$\sum_{i=1}^{n} (y_i - \overline{y})^2 = 120 \qquad \sum_{i=1}^{n} (x_i - \overline{x})(y_i - \overline{y}) = 80$$

① $\hat{y} = 0.5x - 0.5$
② $\hat{y} = 1.5x - 8.5$
③ $\hat{y} = 0.5x + 0.5$
④ $\hat{y} = 1.5x + 8.5$

해설 최소제곱법을 이용하여 계산한다.
추정된 회귀직선 $\hat{y_i} = bx + a$에서 b와 a는 다음과 같다.
$$b = \frac{S_{xy}}{S_{xx}} = \frac{\sum(x_i - \overline{x})(y_i - \overline{y})}{\sum(x_i - \overline{x})^2} = \frac{80}{160} = 0.5$$
$$a = \frac{1}{n}\sum y_i - b\frac{1}{n}\sum x_i = \frac{1}{10} \times 50 - 0.5 \times \frac{1}{10} \times 90 = 0.5$$
$$\therefore \hat{y} = bx + a = 0.5x + 0.5$$

26

단순회귀모형 $Y_i = \beta_0 + \beta_1 X_i + \epsilon_i (i = 1, 2, \cdots, n)$의 가정하에 최소제곱법에 의해 회귀직선을 추정하는 경우 잔차 $e_i = Y_i - \widehat{Y_i}$의 성질로 틀린 것은?

① $\sum e_i = 0$
② $\sum e_i = \sum X_i e_i$
③ $\sum e_i^2 = \sum \widehat{X_i} e_i$
④ $\sum X_i e_i = \sum \widehat{Y_i} e_i$

해설 잔차의 성질
- 잔차의 합은 0이다(①).
- 잔차의 X_i에 의한 가중합은 0이다($\sum X_i e_i = 0 = \sum e_i$)(②).
- 잔차의 $\widehat{Y_i}$의 가중합은 0이다($\sum \widehat{Y_i} e_i = 0 = \sum X_i e_i$)(④).

27

단순회귀모형 $Y_i = \alpha + \beta x_i + \epsilon_i$, $i = 1, 2, \cdots, n$의 가정하에 자료를 분석하기로 하였다. 각각의 독립변수 x_i에서 반응변수 Y_i를 관측하여 정리한 결과가 다음과 같을 때, 회귀계수 α, β의 최소제곱추정값을 순서대로 나열한 것은?

$$\overline{x} = \frac{1}{n}\sum_{i=1}^{n} x_i = 50 \qquad \sum_{i=1}^{n}(x_i - \overline{x})^2 = 2000$$
$$\overline{y} = \frac{1}{n}\sum_{i=1}^{n} y_i = 100 \qquad \sum_{i=1}^{n}(y_i - \overline{y})^2 = 3000$$
$$\sum_{i=1}^{n}(x_i - \overline{x})(y_i - \overline{y}) = -3500$$

① 187.5, -1.75
② 190.5, -2.75
③ 200.5, -1.75
④ 187.5, -2.75

해설 단순회귀모형 $Y_i = \alpha + \beta x_i + \epsilon_i$에서
추정된 회귀직선 $\widehat{Y_i} = a + bx_i$에서 b와 a는 다음과 같다
(단, a, b, $\widehat{Y_i}$는 α, β, Y_i의 추정값이다).
$$b = \frac{S_{xy}}{S_{xx}} = \frac{\sum_{i=1}^{n}(x_i - \overline{x})(y_i - \overline{y})}{\sum_{i=1}^{n}(x_i - \overline{x})^2} = \frac{-3500}{2000} = -1.75$$
$$a = \overline{y} - b\overline{x} = 100 - (-1.75) \times 50 = 187.5$$

28

다음의 자료에 대해 절편이 없는 단순회귀모형 $Y_i = \beta x_i + \epsilon_i$를 가정할 때, 최소제곱법에 의한 β의 추정값을 구하면?

x	1	2	3
y	1	2	2.5

① 0.75 ② 0.82
③ 0.89 ④ 0.96

해설 절편이 없는 회귀모형의 경우

최소제곱법에 의한 β의 추정값은 $\dfrac{\sum x_i y_i}{\sum x_i^2}$이다.

$\therefore \dfrac{\sum x_i y_i}{\sum x_i^2} = \dfrac{(1\times1)+(2\times2)+(3\times2.5)}{1^2+2^2+3^2} \fallingdotseq 0.89$

29

변수 x와 y에 대한 n개의 자료 $(x_1, y_1), \cdots, (x_n, y_n)$에 대하여 단순선형회귀모형 $y_i = \beta_0 + \beta_1 x_i + \epsilon_i$을 적합시키는 경우, 잔차 $e_i = y_i - \hat{y}_i (i=1, \cdots, n)$에 대한 성질이 아닌 것은?

① $\sum_{i=1}^{n} e_i = 0$ ② $\sum_{i=1}^{n} x_i e_i = 0$
③ $\sum_{i=1}^{n} y_i e_i = 0$ ④ $\sum_{i=1}^{n} \hat{y}_i e_i = 0$

해설 잔차(e_i)의 성질
- 잔차의 합은 0이다($\sum e_i = 0$).
- 잔차들의 x_i에 의한 가중합은 0이다($\sum x_i e_i = 0$).
- 잔차들의 $\hat{y}_i$에 의한 가중합은 0이다($\sum \hat{y}_i e_i = 0$).

30

Y의 X에 대한 회귀직선식이 $\hat{Y} = 3 + X$라 한다. Y의 표준편차가 5, X의 표준편차가 3일 때, Y와 X의 상관계수는?

① 0.6 ② 1
③ 0.8 ④ 0.5

해설 단순선형회귀에서 회귀직선 $\hat{Y} = a + bX$, $b = r\dfrac{S_Y}{S_X}$이다.

$b = 1 = r\dfrac{5}{3}$이므로 $r = \dfrac{3}{5} = 0.6$이다.

31

x를 독립변수로 y를 종속변수로 하여 선형회귀분석을 하고자 한다. 다음의 요약 자료를 이용하여 추정회귀직선의 기울기와 절편을 구하면?

$$\bar{x} = 4 \quad \sum_{i=1}^{5}(x_i - \bar{x})^2 = 10$$
$$\bar{y} = 7 \quad \sum_{i=1}^{5}(x_i - \bar{x})(y_i - \bar{y}) = 13$$

① 기울기 = 0.77, 절편 = 1.80
② 기울기 = 0.77, 절편 = 3.92
③ 기울기 = 1.30, 절편 = 1.80
④ 기울기 = 1.30, 절편 = 3.92

해설 최소제곱법을 이용한다.

기울기$(b) = \dfrac{\sum_{i=1}^{5}(x_i-\bar{x})(y_i-\bar{y})}{\sum_{i=1}^{5}(x_i-\bar{x})^2} = \dfrac{13}{10} = 1.30$

절편$(a) = \bar{y} - b\bar{x} = 7 - 1.3 \times 4 = 1.80$

32

두 변수 X와 Y에 대한 자료가 다음과 같이 주어졌을 때 단순회귀모형으로 추정한 회귀직선으로 옳은 것은?

X(설명변수)	0	1	2	3	4
Y(반응변수)	2	1	4	5	8

① $\hat{Y} = 0.8 + 1.6X$
② $\hat{Y} = 0.8 - 1.6\overline{X}$
③ $\hat{Y} = -0.8 + 1.6X$
④ $\hat{Y} = -0.8 - 1.6X$

해설 최소제곱법으로 추정한 회귀직선 $\hat{Y} = a + bX$에서 b와 a는 다음과 같이 구할 수 있다.

X	0	1	2	3	4
Y	2	1	4	5	8
XY	0	1	8	15	32

$\overline{X} = 2$, $\overline{Y} = 4$, $\sum X_i^2 = 30$, $\sum X_i Y_i = 56$

$b = \dfrac{\sum X_i Y_i - n\overline{X}\overline{Y}}{\sum X_i^2 - n\overline{X}^2} = \dfrac{56 - 5 \times 2 \times 4}{30 - 5 \times 2^2} = \dfrac{16}{10} = 1.6$

$a = \overline{y} - b\overline{x} = 4 - 1.6 \times 2 = 0.8$

$\therefore \hat{Y} = a + bX = 0.8 + 1.6X$

33

단순회귀분석의 모형에서 오차항의 기본 가정에 대한 설명으로 틀린 것은?

① 오차항은 정규분포를 따른다.
② 오차항은 서로 독립이다.
③ 오차항의 기댓값은 0이다.
④ 오차항의 분산이 다르다.

해설 단순회귀분석에서 오차항은 독립성, 정규성, 등분산성의 성질을 만족해야 한다.

34

다음 그림은 모회귀선과 표본회귀선을 나타낸 것이다. 잔차에 해당하는 부분은?

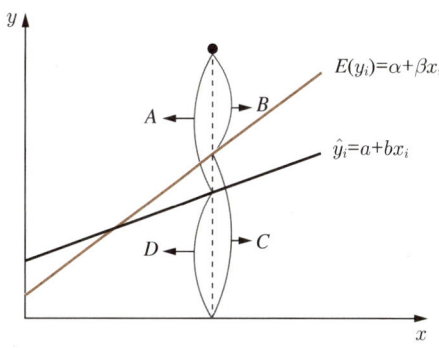

① A
② B
③ C
④ D

해설 잔차 $e_i = y_i - \hat{y_i}$는 A가 된다.

35

단순선형회귀모형 $y = \alpha + \beta x + \epsilon$을 적용하여 주어진 자료들로부터 회귀직선을 추정하고 다음과 같은 분산분석표를 얻었다.

요인	제곱합	자유도	평균제곱	F	유의확률
회귀	18.18	1	18.18	629.06	0.0001
잔차	0.289	10	0.0289		
전체	18.469	11			

이때 추정에 사용된 자료수와 결정계수는?

① 11, 18.18/0.289
② 11, 18.18/18.469
③ 12, 18.18/0.289
④ 12, 18.18/18.469

해설 전체자유도는 (전체 관측자료수) − 1 이므로 추정에 사용된 자료수는 11 + 1 = 12이다.
결정계수 $R^2 = SSR/SST = 18.18/18.469$이다.

36

회귀분석에서 결정계수(R^2)에 관한 설명으로 옳은 것은?

① 결정계수로부터 상관계수를 알 수 있다.
② 종속변수가 독립변수를 몇 %나 설명할 수 있는지를 나타낸다.
③ 추정된 회귀식이 유의한지를 판단하는 유일한 기준치이다.
④ 독립변수가 종속변수를 몇 %나 설명할 수 있는지를 나타낸다.

해설 결정계수는 회귀식의 설명력이라 할 수 있으며 총변동 중에서 회귀식에 의해서 설명되어지는 변동에 대한 것을 알기 위한 값이다. 즉, 독립변수가 종속변수를 얼마나 잘 설명하고 있는지를 의미한다.

37

설명변수(X)와 반응변수(Y) 사이에 단순회귀모형을 가정할 때, 결정계수는?

X	0	1	2	3	4	5
Y	4	3	2	0	-3	-6

① 0.205
② 0.555
③ 0.745
④ 0.946

해설 $R^2 = r^2 = \left(\dfrac{S_{XY}}{S_X S_Y}\right)^2$, $\overline{X}=2.5$, $\overline{Y}=0$

X_i	0	1	2	3	4	5
Y_i	4	3	2	0	-3	-6
$X_i - \overline{X}$	-2.5	-1.5	-0.5	0.5	1.5	2.5
$Y_i - \overline{Y}$	4	3	2	0	-3	-6
$(X_i-\overline{X})(Y_i-\overline{Y})$	-10	-4.5	-1	0	-4.5	-15
$(X_i-\overline{X})^2$	6.25	2.25	0.25	0.25	2.25	6.25
$(Y_i-\overline{Y})^2$	16	9	4	0	9	36

$S_{XX} = \sum(X_i - \overline{X})^2 = 17.5$, $S_{YY} = \sum(Y_i - \overline{Y})^2 = 74$
$S_X = \sqrt{17.5}$, $S_Y = \sqrt{74}$
$S_{XY} = \sum(X_i - \overline{X})(Y_i - \overline{Y}) = -35$
$\therefore R^2 = \left(\dfrac{S_{XY}}{S_X S_Y}\right)^2 = \left(\dfrac{-35}{\sqrt{17.5}\sqrt{74}}\right)^2 \fallingdotseq 0.9459$

38

중회귀모형에서 결정계수에 대한 설명으로 옳은 것은?

① 결정계수는 -1과 1 사이의 값을 갖는다.
② 상관계수의 제곱은 결정계수와 동일하다.
③ 설명변수를 통한 반응변수에 대한 설명력을 나타낸다.
④ 변수가 추가될 때 결정계수는 감소한다.

해설 ① 결정계수는 0과 1 사이의 값을 갖는다.
② 단순회귀모형에서 상관계수의 제곱은 결정계수와 동일하다.
④ 변수가 추가될 때 결정계수는 증가한다.

39

추정된 회귀선이 주어진 자료에 얼마나 잘 적합되는지를 알아보는 데 사용하는 결정계수를 나타낸 식이 아닌 것은? (단, Y_i는 주어진 자료의 값이고, $\widehat{Y_i}$은 추정값이며, $\overline{Y}$는 자료의 평균이다)

① 회귀제곱합/총제곱합
② $\sum(\widehat{Y_i} - \overline{Y})^2 / \sum(Y_i - \overline{Y})^2$
③ 1-잔차제곱합/회귀제곱합
④ $1 - \sum(Y_i - \widehat{Y_i})^2 / \sum(Y_i - \overline{Y})^2$

해설 $R^2 = \dfrac{SSR}{SST} = 1 - \dfrac{SSE}{SST}$

$SSR(회귀제곱합) = \sum_{i=1}^{n}(\widehat{Y_i} - \overline{Y})^2$
$SSE(잔차제곱합) = \sum_{i=1}^{n}(Y_i - \widehat{Y_i})^2$
$SST(총제곱합) = \sum_{i=1}^{n}(Y_i - \overline{Y})^2$

40

선형회귀분석에서의 모형에 대한 가정으로 틀린 것은?

① 독립변수 X와 종속변수 Y 사이에는 선형적 관계를 가정한다.
② 오차항은 평균이 0인 정규분포를 가정한다.
③ 오차항의 분산은 σ^2으로 일정하다.
④ 결정계수 $R^2 = 1$이다.

해설 결정계수는 0 이상 1 이하의 값을 가진다.

41

회귀분석을 실시한 결과 다음의 분산분석표를 얻었다. 결정계수는 얼마인가?

요 인	제곱합	자유도	평균제곱	F
회 귀	3,060	3	1,020	51.0
잔 차	1,940	97	20	
전 체	5,000	100		

① 60.0%
② 60.7%
③ 61.2%
④ 62.1%

해설 $R^2 = \dfrac{SSR}{SST} = \dfrac{3060}{5000} = 0.612$

42

단순회귀모형 $Y_i = \alpha + \beta X_i + \epsilon_i,\ i = 1, 2, \cdots, n$에 대한 설명으로 틀린 것은?

① 결정계수는 X와 Y의 상관계수와는 관계없는 값이다.
② $\beta = 0$인 가설을 검정하기 위하여 자유도가 $n-2$인 t-분포를 사용할 수 있다.
③ 오차 ϵ_i의 분산의 추정량은 평균제곱오차이며 보통 MSE로 나타낸다.
④ 잔차의 그래프를 통해 회귀모형의 가정에 대한 타당성을 검토할 수 있다.

해설 단순회귀모형에서 상관계수는 결정계수의 제곱근이다.

43

매출액과 광고액은 직선의 관계에 있으며, 이때 상관계수는 0.90이다. 만일 매출액을 종속변수 그리고 광고액을 독립변수로 선형회귀분석을 실시할 경우, 추정된 회귀선의 설명력에 해당하는 값은?

① 0.99
② 0.91
③ 0.89
④ 0.81

해설 단순회귀분석에서 상관계수의 제곱은 결정계수이며, 결정계수는 설명력을 의미하는 수치이다. 따라서 $0.9^2 = 0.81$이다.

44

회귀식에서 결정계수 R^2에 관한 설명으로 틀린 것은?

① 단순회귀모형에서는 종속변수와 독립변수의 상관계수의 제곱과 같다.
② R^2은 독립변수의 수가 늘어날수록 증가하는 경향이 있다.
③ 모든 측정값이 한 직선상에 놓이면 R^2의 값은 0이다.
④ R^2값은 0에서 1까지 값을 가진다.

해설 모든 측정값이 추정회귀직선상에 있는 경우(한 직선상에 놓이면) 결정계수는 1이다.

45

단순회귀모형 $y_i = \beta_0 + \beta_1 x_i + \epsilon_i$, $i = 1, \cdots, n$에서 최소제곱법에 의한 추정회귀직선 $\hat{y} = b_0 + b_1 x$의 적합도를 나타내는 결정계수 r^2에 대한 설명으로 틀린 것은?

① 결정계수 r^2은 총변동 $SST = \sum_{i=1}^{n}(y_i - \overline{y})^2$ 중 추정회귀직선에 의해 설명되는 변동 $SSR = \sum_{i=1}^{n}(\hat{y_i} - \overline{y})^2$의 비율, 즉 SSR/SST로 정의된다.
② x와 y 사이에 회귀관계가 전혀 존재하지 않아 추정회귀직선의 기울기 b_1이 0인 경우에는 결정계수 r^2은 0이 된다.
③ 단순회귀의 경우 결정계수 r^2은 x와 y의 상관계수 r_{xy}와는 직접적인 관계가 없다.
④ x와 y의 상관계수 r_{xy}는 추정회귀계수 b_1이 음수이면 결정계수의 음의 제곱근 $-\sqrt{r^2}$과 같다.

해설 단순회귀의 경우 상관계수(r)의 제곱이 결정계수가 된다.

46

단순회귀모형에서 잔차에 의한 제곱합(SSE)이 4,339이고, 회귀에 의한 제곱합(SSR)이 11,963일 때, 결정계수는?

① 2.76 ② 0.27
③ 0.36 ④ 0.73

해설 $R^2 = \dfrac{SSR}{SST}$, $SST = SSE + SSR = 16302$

$\therefore R^2 = \dfrac{11963}{16302} \fallingdotseq 0.73$

47

단순회귀분석을 수행한 결과 다음의 결과를 얻었다.

> $\hat{y} = 5.766 + 0.722x$
> $\overline{x} = 118/5 = 23.6$
> 총제곱합(SST) = 192.8
> 잔차제곱합(SSE) = 21.312

결정계수 R^2값과 기울기에 대한 가설 $H_0 : \beta_1 = 0$에 대한 유의수준 5%의 검정결과로 옳은 것은? (단, $\alpha = 0.05$, $t_{(0.025, 3)} = 3.182$, $\sum_{i=1}^{5}(x_i - \overline{x})^2 = 329.2$)

① $R^2 = 0.889$, 기울기를 0이라 할 수 없다.
② $R^2 = 0.551$, 기울기를 0이라 할 수 없다.
③ $R^2 = 0.889$, 기울기를 0이라 할 수 있다.
④ $R^2 = 0.551$, 기울기를 0이라 할 수 있다.

해설 먼저 결정계수를 계산하면 다음과 같다.

$$R^2 = 1 - \dfrac{SSE}{SST} = 1 - \dfrac{21.312}{192.8} \fallingdotseq 0.889$$

단순회귀계수의 유의성 검정에서 검정통계량은

$t = \dfrac{b - \beta_1}{\sqrt{MSE/S_{xx}}} \sim t_{(n-2)}$ 이다.

$t = \dfrac{b - \beta_1}{\sqrt{\dfrac{SSE/(n-2)}{S_{xx}}}} = \dfrac{0.722 - 0}{\sqrt{\dfrac{21.312/(5-2)}{\sum_{i=1}^{5}(x_i - \overline{x})^2}}}$

$= \dfrac{0.722}{\sqrt{\dfrac{21.312/(5-2)}{329.2}}}$

$\fallingdotseq 4.91$

유의수준 5%에서 임계치 $t_{(0.025, 3)} = 3.182$보다 검정통계량이 크므로 귀무가설을 기각한다. 따라서 기울기를 0이라 할 수 없다.

48

단순회귀모형 $y_i = \beta_0 + \beta_1 x_i + \epsilon_i$, $\epsilon_i \sim N(0, \sigma^2)$이고 서로 독립, $i = 1, 2, \cdots, n$하에서 모회귀직선 $E(y) = \beta_0 + \beta_1 x$를 최소제곱법에 의해 추정한 추정회귀직선을 $\hat{y} = b_0 + b_1 x$라 할 때, 다음 설명 중 옳지 않은 것은?
(단, $S_{xx} = \sum_{i=1}^{n}(x_i - \overline{x})^2$이며 $MSE = \sum_{i=1}^{n}(y_i - \hat{y_i})^2/(n-2)$)

① 추정량 b_1은 평균이 β_1이고 분산이 σ^2/S_{xx}인 정규분포를 따른다.
② 추정량 b_0은 회귀직선의 절편 β_0의 불편추정량이다.
③ MSE는 오차항 ϵ_i의 분산 σ^2에 대한 불편추정량이다.
④ $\dfrac{b-\beta_1}{\sqrt{MSE/S_{xx}}}$는 자유도가 각각 1, $n-2$인 F-분포 $F_{(1,n-2)}$를 따른다.

해설 $t = \dfrac{b-\beta}{\sqrt{MSE/S_{xx}}} \sim t_{(n-2)}$

49

단순회귀모형 $y_i = \beta_0 + \beta_1 x_i + \epsilon_i$에 대한 분산분석표가 다음과 같다.

요인	제곱합	자유도	평균제곱	F
회귀	24.0	1	24.0	4.0
오차	60.0	10	6.0	
전체				

설명변수와 반응변수가 양의 상관관계를 가질 때, $H_0 : \beta_1 = 0$ 대 $H_1 : \beta_1 \neq 0$을 검정하기 위한 t-검정통계량의 값은?

① -2 ② -1
③ 1 ④ 2

해설 단순회귀계수의 유의성 검정통계량(t)의 제곱은 단순회귀모형의 유의성 검정통계량(F)과 동일하다.
따라서 $t^2 = 4$, $t = \pm\sqrt{4}$이고 설명변수와 반응변수가 양의 상관관계를 가지므로 $t = 2$이다.

50

아파트의 평수 및 가족수가 난방비에 미치는 영향을 알아보기 위해 중회귀분석을 실시하여 다음의 결과를 얻었다. 분석 결과에 대한 설명으로 틀린 것은? (단, Y는 아파트 난방비(천 원)이다)

모형	비표준화계수		표준화계수	t	p-값
	B	표준오차	Beta		
상수	39.69	32.74		1.21	0.265
평수 (X_1)	3.37	0.94	0.85	3.59	0.009
가족수 (X_2)	0.53	0.25	0.42	1.72	0.090

① 추정된 회귀식은 $\hat{Y} = 39.69 + 3.37X_1 + 0.53X_2$이다.
② 유의수준 5%에서 종속변수 난방비에 유의한 영향을 주는 독립변수는 평수이다.
③ 가족수가 주어지며, 난방비는 아파트가 1평 커질 때 평균 3.37(천 원) 증가한다.
④ 아파트 평수가 30평이고 가족이 5명인 가구의 난방비는 122.44(천 원)으로 예측된다.

해설 ④ 아파트 평수가 30평이고 가족이 5명이면 난방비 $Y = 39.69 + 3.37 \times 30 + 0.53 \times 5$, 즉 143.44(천 원)이다.
① 중회귀분석 모형은 $Y_i = \beta_0 + \beta_1 X_{1i} + \beta_2 X_{2i} + \cdots + \beta_k X_{ki} + \epsilon_i$로 주어진 표에서 추정된 회귀식은 $Y = 39.69 + 3.37X_1 + 0.53X_2$이다.
② 유의수준 5%, 즉 $\alpha = 0.05$가 p-값보다 크면 귀무가설을 기각(유의한 영향이 있음)하는 것이므로 평수가 난방비(Y)에 영향을 준다고 볼 수 있다.
③ 가족수(X_2)가 고정일 때 난방비(Y)는 변수 X_1에 의해서만 영향을 받는다. 즉, 아파트 평수(X_1)가 1평 커질 때 3.37(천 원)만큼 증가한다.

51

다중선형회귀분석에 대한 설명으로 틀린 것은?

① 결정계수는 회귀직선에 의해 종속변수가 설명되어지는 정도를 나타낸다.
② 추정된 회귀식에서 절편은 독립변수들이 모두 0일 때 종속변수의 값을 나타낸다.
③ 회귀계수는 해당 독립변수가 1단위 증가하고 다른 독립변수는 변하지 않을 때, 종속변수의 증가량을 뜻한다.
④ 각 회귀계수의 유의성을 판단할 때는 정규분포를 이용한다.

해설 다중회귀분석은 종속변수와 두 개 이상의 독립변수들 사이의 관계를 밝히고자 할 때 사용하는 통계적 기법이다. 다중회귀모형의 유의성 검정은 F분포, 다중회귀계수의 유의성 검정은 t – 검정을 이용한다.

52

다음은 독립변수가 k개인 경우의 중회귀모형이다.

$$Y = Xb + \epsilon$$

최소제곱법에 의한 회귀계수 벡터 β의 추정식 b는?
(단, $y = \begin{bmatrix} y_1 \\ \vdots \\ y_n \end{bmatrix}$, $X = \begin{bmatrix} 1 & x_{11} & \cdots & x_{1k} \\ 1 & x_{21} & \cdots & x_{2k} \\ & & \vdots & \\ 1 & x_{n1} & \cdots & x_{nk} \end{bmatrix}$, $\beta = \begin{bmatrix} \beta_1 \\ \vdots \\ \beta_k \end{bmatrix}$,

$\epsilon = \begin{bmatrix} \epsilon_1 \\ \vdots \\ \epsilon_n \end{bmatrix}$ 이며, X'은 X의 변환행렬)

① $b = X^{-1}y$
② $b = X'y$
③ $b = (X'X)^{-1}X'y$
④ $b = (X'X)^{-1}y$

해설 중회귀모형 $Y = Xb + \epsilon$에서 b의 추정치는 $b = (X'X)^{-1}X'y$이고 분산-공분산 행렬은 $Var(b) = (X'X)^{-1}\sigma^2$이다.

53

표본의 수가 n이고, 독립변수의 수가 k인 중선형회귀모형의 분산분석표에서 잔차제곱합 SSE의 자유도는?

① k
② $k+1$
③ $n-k-1$
④ $n-1$

해설

요 인	제곱합	자유도	평균제곱합	F
회 귀	SSR	k	MSR	MSR/MSE
잔 차	SSE	$n-k-1$	MSE	
전 체	SST	$n-1$		

54

다음 중회귀모형에서 오차분산 σ^2의 추정량은?
(단, e_i는 잔차를 나타낸다)

$$Y_i = \beta_0 + \beta_1 X_{1i} + \beta_2 X_{2i} + \epsilon_i,\ i = 1, 2, \cdots, n$$

① $\dfrac{1}{n-1}\sum e_i^2$

② $\dfrac{1}{n-2}\sum(Y_i - \widehat{\beta_0} - \widehat{\beta_1}X_{1i} - \widehat{\beta_2}X_{2i})^2$

③ $\dfrac{1}{n-3}\sum e_i^2$

④ $\dfrac{1}{n-4}\sum(Y_i - \widehat{\beta_0} - \widehat{\beta_1}X_{1i} - \widehat{\beta_2}X_{2i})^2$

해설 오차분산의 불편추정량은 $MSE = SSE/(n-k-1)$
$= \sum_{i=1}^{n}(y_i - \widehat{y_i})^2/(n-k-1)$이다($k$는 독립변수의 개수).
$e_i = y_i - \widehat{y_i}$이고 문제의 중회귀모형에서 독립변수 k는 2개이므로 오차분산의 추정량은 $\dfrac{1}{n-3}\sum e_i^2$이다.

55

독립변수가 k개인 중회귀모형 $Y = X\beta + \epsilon$에서 회귀계수벡터 β의 추정량 b의 분산–공분산행렬 $Var(b)$은?
(단, $Var(\epsilon) = \sigma^2 I$)

① $Var(b) = (X'X)^{-1}\sigma^2$
② $Var(b) = (X'X)\sigma^2$
③ $Var(b) = k(X'X)^{-1}\sigma^2$
④ $Var(b) = k(X'X)\sigma^2$

해설 중회귀모형 $Y = X\beta + \epsilon$에서 β의 추정치는 $b = (X'X)^{-1}X'y$ 이고 분산–공분산 행렬은 $Var(b) = (X'X)^{-1}\sigma^2$이다

56

독립변수가 2개인 중회귀모형 $y_j = \beta_0 + \beta_1 x_{1j} + \beta_2 x_{2j} + \epsilon_j$, $j = 1, \cdots, n$의 유의성 검정에 대한 설명으로 틀린 것은?

① $H_0 : \beta_1 = \beta_2 = 0$
② H_1 : 회귀계수 β_1, β_2 중 적어도 하나는 0이 아니다.
③ $\dfrac{MSE}{MSR} > F(k, n-k-1, \alpha)$이면 H_0를 기각한다.
④ 유의확률 p가 유의수준 α보다 작으면 H_0을 기각한다.

해설 $\dfrac{MSR}{MSE} > F(k, n-k-1, \alpha)$이면 귀무가설을 기각한다.

57

다음은 중회귀식 $\widehat{Y} = 39.689 + 3.372X_1 + 0.532X_2$의 회귀계수표이다. 빈칸에 알맞은 값은?

⟨Coefficients⟩

Model	Unstandardized Coefficients		Standardized Coefficients	t	Sig
	B	표준오차	B		
(Constants)	39.689	32.74		(가)	0.265
평수(X_1)	3.372	0.94	0.85	(나)	0.009
가족수(X_2)	0.532	6.9	0.02	(다)	0.941

① (가) = 1.21, (나) = 3.59, (다) = 0.08
② (가) = 2.65, (나) = 0.09, (다) = 9.41
③ (가) = 10.21, (나) = 36, (다) = 0.8
④ (가) = 39.69, (나) = 3.96, (다) = 26.5

해설 중회귀계수의 유의성 검정에서 귀무가설은 '회귀계수는 유의하지 않다($\beta_i = 0$, $i = 1, 2, \cdots, k$).'이고 대립가설은 '회귀계수는 유의하다($\beta_i \neq 0, i = 1, 2, \cdots, k$).'이다.

검정통계량은 $t = \dfrac{b_i - \beta_i}{\sqrt{MSE/S_{xx}}} \sim t_{n-k-1}$이고

$\sqrt{MSE/S_{xx}}$는 표준오차이므로 표에 주어진 값을 대입하여 검정통계량을 구할 수 있다.

$\therefore$ (가) $= \dfrac{39.69 - 0}{32.74} \fallingdotseq 1.21$

(나) $= \dfrac{3.37 - 0}{0.94} \fallingdotseq 3.59$

(다) $= \dfrac{0.53 - 0}{6.9} \fallingdotseq 0.08$

58

교육 수준에 따른 생활만족도의 차이를 다양한 배경변수를 통제한 상태에서 비교하기 위해서 다중회귀분석을 실시하고자 한다. 교육 수준을 5개의 범주(무학, 초졸, 중졸, 고졸, 대졸 이상)로 측정하였다. 이때, 대졸 이상을 기준으로 할 때 교육 수준별 차이를 나타내는 가변수(Dummy Variable)를 몇 개 만들어야 하는가?

① 1개 ② 2개
③ 3개 ④ 4개

해설 k개 그룹의 질적 차이를 구분하는 경우, $k-1$개의 가변수를 사용한다. 교육수준을 5개의 범주로 측정하였으므로 가변수는 4개 만들어야 한다.

59

봉급생활자의 근속년수, 학력, 성별이 연봉에 미치는 관계를 알아보고자 연봉을 반응변수로 하여 다중회귀분석을 실시하기로 하였다. 연봉과 근속년수는 양적 변수이며, 학력(고졸 이하, 대졸, 대학원 이상)과 성별(남, 여)은 질적 변수일 때, 중회귀모형에 포함되어야 하는 가변수(Dummy Variable)의 수는?

① 1 ② 2
③ 3 ④ 4

해설 회귀모형을 위해 모형을 설정하는 경우 관심의 대상이 되는 종속변수가 양적인 독립변수(설명변수)들 이외에 학력, 인종, 지역, 종교 등 질적인 독립변수에 의해서도 영향을 받을 수 있다. 이러한 질적 효과를 고려할 수 있는 독립변수로 가변수(더미변수)가 있으며, k개 그룹의 질적 차이를 구분하는 경우, $k-1$개의 가변수를 사용한다.
문제에서 설명변수에 해당하는 근속연수와 학력, 성별 중, 근속연수는 양적 변수이지만 학력(중졸/고졸/대졸)과 성별(남/여)은 질적 변수이므로 각 더미변수 $3-1=2$, $2-1=1$개를 설정한다. 따라서 가변수는 총 3개이다.

60

표본수 54, 독립변수 3개, 결정계수 0.6인 회귀모형이 있다고 가정할 때 수정결정계수는?

① 0.383 ② 0.424
③ 0.576 ④ 0.624

해설
$$R_{adj}^2 = 1 - \frac{54-1}{54-3-1}(1-0.6)$$
$$= 1 - \frac{53}{50} \times 0.4 = 1 - 0.424 = 0.576$$

61

2개의 독립변수를 사용하여 선형회귀분석을 한 결과 다음의 분산분석표를 얻었다. 총 관측 수가 11이었다면 회귀제곱합의 값은?

요인	자유도	제곱합	평균제곱	F
회귀	2	****	400	16
오차	8	200	25	
전체	10	****		

① 400 ② 800
③ 1200 ④ 1600

해설 평균제곱합은 회귀제곱합을 자유도로 나눈 값이다. 따라서 회귀제곱합은 $400 \times 2 = 800$이다.

문제은행 기출유형 모의고사

제1회 문제은행 기출유형 모의고사
제2회 문제은행 기출유형 모의고사
제3회 문제은행 기출유형 모의고사

제1회 문제은행 기출유형 모의고사

01 [21-2]

모집단에 대한 대표성과 표본오차의 수준을 동일하게 하고 싶을 때, 표본추출방법 중 표본의 크기가 상대적으로 커야 하는 방법부터 작아도 되는 방법의 순서로 옳은 것은?

① 층화표집 > 군집표집 > 단순무작위표집
② 층화표집 > 단순무작위표집 > 군집표집
③ 단순무작위표집 > 군집표집 > 층화표집
④ 군집표집 > 단순무작위표집 > 층화표집

해설 표본의 크기가 같다면 표본오차의 크기는 '층화표본추출 < 단순무작위표본추출 < 집락(군집)표본추출'이다.

02 [18-2] [21-3]

질적 방법으로 수집된 자료에 관한 설명으로 틀린 것은?

① 정보의 심층적 의미를 파악할 수 있다.
② 유용한 정보의 유실을 줄일 수 있다.
③ 현장중심의 사고를 할 수 있다.
④ 자료의 표준화를 도모하기 쉽다.

해설 질적 연구는 주관적·해석적 사회과학의 연구방법으로서, 현상학적 사회학, 상징적 상호작용론, 민속방법론 등을 배경으로 한다. 수집되는 자료는 일상생활 속 행위자들의 말, 글, 몸짓, 관찰 가능한 행동, 흔적, 상호작용의 상황과 환경적 요인이다. 따라서 신뢰도에 있어서 문제가 있을 수 있고, 연구결과를 일반화할 수 없으며, 주관적인 연구방법이기 때문에 자료의 표준화를 도모하기 어렵다.

03 [21-3]

다음 중 가설로서 가장 적합한 형태의 진술은?

① 철수는 지금 서울에 있다.
② 철수는 지금 서울에 있으면서 부산에 있다.
③ 철수는 지금 서울에 있으면서 동시에 서울에 있지 않다.
④ 철수는 지금 서울에 있거나 그렇지 않으면 서울에 있지 않다.

해설 가설은 명료성, 가치중립성, 한정성, 검증가능성을 갖춰야 하므로 ①의 내용이 가장 적합한 형태의 진술이다.

04 [18-2] [22-1]

사회과학적 연구의 일반적인 연구목적과 가장 거리가 먼 것은?

① 사건이나 현상을 설명(Explanation)하는 것이다.
② 사건이나 상황을 기술 또는 서술(Description)하는 것이다.
③ 사건이나 상황을 예측(Prediction)하는 것이다.
④ 새로운 이론(Theory)이나 가설(Hypothesis)을 만드는 것이다.

해설 일반적으로 사회과학적 연구는 현상을 탐색, 기술, 설명하는 것을 목적으로 한다. 탐색은 보통 연구문제에 대한 사전지식이 부족할 때 개념을 보다 분명히 하기 위함을 목적으로 한다. 기술은 현상을 정확하게 기술하는 것이 주목적이고, 설명은 어떤 사실과의 관계를 파악하여 인과관계를 규명하거나 미래를 예측하는 것을 목적으로 한다.

정답 01 ④ 02 ④ 03 ① 04 ④

05

연구가설(Research Hypothesis)에 대한 설명으로 틀린 것은?

① 모든 연구에는 명백히 연구가설을 설정해야 한다.
② 연구가설은 일반적으로 독립변수와 종속변수로 구성된다.
③ 연구가설은 예상된 해답으로 경험적으로 검증되지 않은 이론이라 할 수 있다.
④ 가치중립적이어야 한다.

해설 연구가설은 연구문제에 대한 잠정적 대답으로, 검증 가능하도록 진술한 가설로서 흔히 '실험적 가설' 혹은 '과학적 가설'이라고도 한다. 귀납적 연구는 가설 설정 없이 관찰과 자료의 수집을 통해 개별적인 사실들로부터 일반적인 원리를 이끌어낸다. 따라서 모든 연구가 연구가설을 설정해야 하는 것은 아니다.

06

경험적으로 검증할 수 있는 가설의 예로 옳은 것은?

① 불평등은 모든 사회에서 나타날 것이다.
② 다양성이 존중되는 사회가 그렇지 않은 사회보다 더 바람직하다.
③ 모든 행위는 비용과 보상에 의해 결정된다.
④ 여성의 노동참여율이 높을수록 출산율은 낮을 것이다.

해설 가설은 2개 이상의 변수로 구성되어야 하며, 그것들 간의 관계를 나타내고 있어야 한다. '여성의 노동참여율이 높을수록 출산율은 낮을 것이다.'라는 가설은 여성의 노동참여율과 출산율이란 2개의 변수로 구성되어 있으며, 이 2개의 변수 간에 관계를 나타내고 있으므로 검증 가능하다.

07

표본추출오차와 비표본추출오차에 관한 설명으로 틀린 것은?

① 표본추출오차의 크기는 표본크기의 제곱근에 반비례한다.
② 비표본추출오차는 표본조사의 전수조사에서 모두 발생할 수 있다.
③ 표본추출오차의 크기는 표본의 크기가 증가함에 따라 감소한다.
④ 전수조사의 경우 비표본추출오차는 없으나 표본추출오차는 상당히 클 수 있다.

해설 오차의 유형
- 표본추출오차 : 표본추출 과정에서 발생하는 오차이다. 따라서 전수조사에서는 표본추출오차가 없다.
- 비표본추출오차 : 표본추출 이외의 과정에서 발생하는 오차를 말하는 것으로서, 일반적으로 측정상의 오차를 의미하며, 표본조사와 전수조사에서 모두 발생할 수 있다.

08

질적 연구에 관한 설명으로 틀린 것은?

① 소규모 분석에 유리하고 자료분석 시간이 많이 소요된다.
② 주관적 동기의 이해와 의미해석을 하는 현상학적·해석학적 입장이다.
③ 수집된 자료는 타당성이 있고 실질적이나 신뢰성이 낮고 일반화는 곤란하다.
④ 연구참여자와 연구자 간에 상호작용을 통해 연구가 진행되므로 가치지향적이지 않고 편견이 개입되지 않는다.

해설 질적 연구는 주관적·해석적 사회과학의 연구방법으로 편견이 개입될 가능성이 높으며, 발견지향적, 과정지향적, 탐색적, 확장주의적, 서술적, 귀납적이다.

09 21-2

탐색적 연구(Exploratory Research)의 연구목적을 반영하고 있는 것만을 고른 것은?

> ㄱ. 보다 정교한 문제와 기회의 파악
> ㄴ. 연도별 광고비지출에 따른 매출액의 변화 조사
> ㄷ. 연구주제와 관련된 변수에 대한 통찰력 제고
> ㄹ. 특정 시점에서 집단 간 차이의 조사

① ㄱ, ㄷ
② ㄴ, ㄷ
③ ㄴ, ㄹ
④ ㄷ, ㄹ

해설 ㄴ. 변화 파악은 인과관계를 규명하는 설명적 조사에 해당한다.
ㄹ. 집단 간 차이의 조사는 어떠한 사건이나 현상의 크기, 비율, 수준 등에 대한 단순 통계적인 자료를 수집하여 문제에 대한 답을 구하는 기술적 조사에 해당한다.

10 18-2 20-4

층화표집과 집락표집에 관한 설명으로 옳은 것은?

① 층화표집은 모든 부분집단에서 표본을 선정한다.
② 집락표집은 모집단을 하나의 집단으로만 분류한다.
③ 집락표집은 부분집단 내에 동질적인 요소로 이루어진다고 전제한다.
④ 층화표집은 부분집단 간에 동질적인 요소로 이루어진다고 전제한다.

해설 ① 층화표집은 모집단을 보다 동질적인 몇 개의 층으로 나눈 후 이러한 각 층으로부터 단순무작위표본추출을 하는 방법으로, 모든 부분집단에서 표본을 선정하는 것은 아니다.
② 집락표집은 모집단 목록에서 구성요소에 대해 여러 가지 이질적인 구성요소를 포함하는 여러 개의 집락 또는 집단으로 구분한 후, 집락을 표집단위로 하여 무작위로 몇 개의 집락을 표본으로 추출한 다음, 표본으로 추출된 집락에 대해 그 구성요소를 전수조사하는 방법이다.
③·④ 층화표집은 집단 내 동질적, 집단 간 이질적, 집락표집은 집락 내 이질적, 집락 간 동질적인 특성을 보인다.

11 18-3 20-4 22-2

표집틀(Sampling Frame)을 평가하는 주요 요소와 가장 거리가 먼 것은?

① 포괄성
② 안정성
③ 추출확률
④ 효율성

해설 표집틀 구성의 평가요소
- 포괄성 : 연구하고자 하는 전체 모집단 중 얼마나 많은 부분을 포함하고 있는가
- 추출확률 : 모집단에서 개별 요소가 추출될 수 있는 확률이 동일한가
- 효율성 : 조사자가 원하는 대상만을 표집틀 속에 포함하는가

12 21-2

어떤 연구자가 한 도시의 성인 500명을 무작위로 추출하여 인터넷 이용이 흡연에 미치는 영향을 조사한 결과, 인터넷 이용량이 많은 사람일수록 흡연량도 유의미하게 많은 것으로 나타났다. 이를 토대로 인터넷 이용이 흡연을 야기시킨다는 인과적인 설명을 하는 경우 가장 문제가 되는 인과성의 요건은?

① 경험적 상관
② 허위적 상관
③ 통계적 상관
④ 시간적 순서

해설 인터넷 이용이 흡연을 야기시킨다는 것은 원인과 결과로 설명할 수 없다. 따라서 문제에서 나타난 연구결과는 순수하게 두 변수만의 관계로 볼 수 없으므로 허위적 상관이다.

13 20-1·2

우편조사 시 취지문이나 질문지 표지에 반드시 포함되지 않아도 되는 사항은?

① 조사기관
② 조사목적
③ 자료분석방법
④ 비밀유지보장

해설 질문지 표지는 응답자에게 조사의 당위성을 설명하고, 이들에게 협조를 구함으로써 응답률을 제고시키는 역할을 한다. 따라서 조사자나 조사기관에 대한 신분을 밝히고, 조사의 목적, 조사의 중요성에 대해 설명하고, 응답내용과 응답자의 신분에 대해 엄격한 비밀보장이 이루어짐을 확신시켜야 한다.

14 `18-3` `21-2`

가설의 특성에 관한 설명으로 틀린 것은?

① 가설은 검증될 수 있어야 한다.
② 가설검증은 연구자가 제기한 문제의 해결과 관련이 있어야 한다.
③ 가설이 기각되었다면 반대되는 가설이 참임을 의미하는 것이다.
④ 가설은 변수로 구성되며, 그들 간의 관계를 나타내고 있어야 한다.

해설 가설은 두 개 이상의 구성개념 또는 변수 간의 관계를 검정 가능한 형태로 서술한 문장으로써 과학적 조사에 의하여 검정이 가능한 사실이다. 어느 가설이 기각되었다고 해서 반대되는 가설이 검증된 것이라고 할 수 없다.

15 `18-1` `21-2`

가설의 적정성을 평가하기 위한 기준과 가장 거리가 먼 것은?

① 매개변수가 있어야 한다.
② 동의어가 반복적이지 않아야 한다.
③ 경험적으로 검증될 수 있어야 한다.
④ 동일 분야의 다른 이론과 연관이 있어야 한다.

해설 가설은 일반적으로 독립변수와 종속변수의 관계의 형태로 표명된다.

16 `21-2`

탐색적 연구방법이 아닌 것은?

① 패널연구
② 문헌연구
③ 사례연구
④ 전문가의견연구

해설 탐색적 연구는 조사설계를 확정하기 이전 연구문제의 발견, 변수 규명, 가설도출 등을 위해 예비적으로 실시하는 것이다. 문헌조사, 경험자조사, 사례조사 등이 해당된다. 패널연구는 종단조사이므로 기술적 연구방법에 해당한다. 기술적 연구방법에는 횡단조사, 종단조사가 대표적이다.

17 `20-4`

심층면접 시 중요하게 고려해야 할 사항으로 틀린 것은?

① 피면접자와 친밀한 관계(Rapport)를 형성해야 한다.
② 비밀보장, 안전성 등 피면접자가 편안한 분위기를 느낄 수 있도록 해야 한다.
③ 피면접자의 대답을 주의 깊게 경청하여야 하며 이전의 응답과 연결시켜 생각하는 습관을 가져야 한다.
④ 피면접자가 대답을 하는 도중에 응답내용에 대한 평가적인 코멘트를 자주 해 주는 것이 좋다.

해설 심층면접은 1명의 응답자와 1대1 면접을 통해 응답자의 심리를 조사하는 방법이다. 면접자의 면접능력에 크게 의존하는 조사방법으로 숙련된 면접능력과 분석능력이 요구된다. 따라서 도중에 응답에 대해 평가적인 코멘트를 한다면 면접자의 의도가 응답에 영향을 줄 수 있으므로 삼가야 한다.

18 `21-2`

편의표본추출(Convenience Sampling)에 관한 설명과 가장 거리가 먼 것은?

① 모집단에 대한 정보가 전혀 없는 경우에 사용된다.
② 표본의 크기를 확대하여 모집단의 대표성 문제를 해결할 수 있다.
③ 편의표집으로 수집된 자료라 할지라도 유용한 정보를 제공할 수 있다.
④ 편의표집에 의해 얻어진 표본에 대해서는 표준오차 추정치를 부여할 수 없다.

해설 표본을 많이 추출한다고 해서 대표성 문제를 해결할 수 있는 것이 아니다.

편의표본추출법
- 모집단에 대한 정보가 없고 구성요소 간의 차이가 별로 없다고 판단될 때, 표본선정의 편리성에 기준을 두고 임의로 표본을 선정하는 방법이다.
- 결과의 일반화나 오차 등에 대해 관심이 없으며, 단지 시간, 편의성, 경제성을 염두에 둔다.

정답 ▶ 14 ③ 15 ① 16 ① 17 ④ 18 ②

19 [22-2]

기술적 조사의 특성과 거리가 가장 먼 것은?

① 연구의 반복이 어렵다.
② 설명적 조사의 기초자료를 제공한다.
③ 패널조사(Panel Study)도 여기에 속한다.
④ 표준화된 문항을 사용하여 측정의 일관성을 유지할 수 있다.

해설 반복적 연구가 불가능하여 신뢰도가 낮은 것은 사례조사의 특성이다.

20 [21-2]

일반적인 연구수행 절차로 가장 적합한 것은?

① 문제설정 → 문헌고찰 → 가설설정 → 연구설계 → 자료수집 → 분석 및 논의
② 문제설정 → 가설설정 → 문헌고찰 → 연구설계 → 자료수집 → 분석 및 논의
③ 문제설정 → 문헌고찰 → 자료수집 → 가설설정 → 연구설계 → 분석 및 논의
④ 문제설정 → 가설설정 → 자료수집 → 문헌고찰 → 연구설계 → 분석 및 논의

해설 일반적인 과학적 연구 과정
문제의 정립 → 가설의 구성(설정) → 연구의 설계 → 자료의 수집 → 자료의 분석, 해석 및 이용 → 보고서 작성

참고 문제의 정립을 보다 명확하게 하기 위해 관련된 문헌을 조사하고, 해당 분야의 전문가들과 토의해 의견을 참조하거나 예비조사를 실시할 수도 있다.

21 [21-2]

다음 중 확률표본추출법은?

① 누적표본추출법
② 편의표본추출법
③ 판단표본추출법
④ 단순무작위표본추출법

해설 표집방법
- 확률표본추출 : 단순무작위표본추출, 계통적(체계적) 표본추출, 층화표본추출, 집락(군집)표본추출, 연속표본추출 등
- 비확률표본추출 : 할당표본추출, 유의(판단)표본추출, 임의(편의)표본추출, 배합표본추출, 누적표본추출 등

22 [21-3]

비확률표본추출방법에 관한 설명으로 틀린 것은?

① 표집오류를 확인하기 어렵다.
② 조사결과를 일반화하기 어렵다.
③ 표본의 대표성을 확보하기 어렵다.
④ 확률표본추출방법에 비해 시간과 비용이 많이 소요된다.

해설 비확률표본추출방법은 확률표본추출방법에 비해 시간과 비용을 절감할 수 있다는 장점이 있으나 표집오류 추정이 불가능하고, 대표성 확보가 어려워 일반화가 힘들다는 단점이 있다.

23

기술적 조사의 연구문제로 적합하지 않은 것은?

① 대도시 인구의 연령별 분포는 어떠한가?
② 어느 도시의 도로확충이 가장 시급한가?
③ 아동복지법 개정에 찬성하는 사람의 비율은 얼마인가?
④ 가족 내 영유아 수와 의료비 지출은 어떤 관계를 가지는가?

해설 기술적 조사연구는 어떤 현상에 대한 탐구와 명백화, 즉 현상을 정확하게 기술하는 것을 주목적으로 한다. 따라서 어떠한 사건이나 현상의 크기, 비율, 수준 등에 대한 단순 통계적인 자료를 수집하여 문제에 대한 답을 구한다. "가족 내 영유아 수와 의료지출은 어떤 관계를 가지는가"는 어떤 사실과의 관계를 파악하는 설명적 조사연구에 해당한다.

24

통계청에서 실시하는 인구센서스에 해당하는 조사방법은?

① 사례조사
② 패널조사
③ 횡단조사
④ 코호트(Cohort)조사

해설 인구센서스는 인구 상황을 총체적으로 파악하기 위하여 일정 시점을 기준으로 행한 전국적인 인구 조사로 특정 시점에 집단의 특성이나 집단 간의 차이를 측정하는 횡단조사에 해당한다. 인구센서스를 절대적으로 종단연구인지 횡단연구인지 확실히 구분하기는 어렵다. 문제에서 요구하는 조건에 따라 횡단적인지 종단적인지 그 성격이 결정된다. 해당 문제의 경우 '통계청에서 실시한' 인구센서스라는 조건에서 그 성격이 횡단적임을 알 수 있다.

25

양적–질적 연구방법의 비교에서 질적 연구방법에 대한 옳은 설명을 모두 고른 것은?

ㄱ. 심층규명(Probing)을 한다.
ㄴ. 연구자의 주관성을 활용한다.
ㄷ. 연구도구로 연구자의 자질이 중요하다.
ㄹ. 선(先)이론 후(後)조사의 방법을 활용한다.

① ㄱ, ㄴ, ㄷ
② ㄱ, ㄷ, ㄹ
③ ㄴ, ㄹ
④ ㄱ, ㄴ, ㄷ, ㄹ

해설 선(先)이론 후(後)조사의 방법은 연역법이다. 질적 연구방법은 심층규명과 연구자의 주관성을 활용하며 연구도구로서 연구자의 자질이 중요하다.

26

질문지 작성의 일반적인 과정을 바르게 나열한 것은?

ㄱ. 필요한 정보의 결정
ㄴ. 자료수집방법 결정
ㄷ. 개별항목 결정
ㄹ. 질문형태 결정
ㅁ. 질문의 순서 결정
ㅂ. 초안 완성
ㅅ. 사전조사(Pretest)
ㅇ. 질문지 완성

① ㄱ → ㄴ → ㄷ → ㄹ → ㅁ → ㅂ → ㅅ → ㅇ
② ㄱ → ㅁ → ㄴ → ㄹ → ㄷ → ㅂ → ㅅ → ㅇ
③ ㄱ → ㄹ → ㄷ → ㄴ → ㅁ → ㅂ → ㅅ → ㅇ
④ ㄱ → ㄴ → ㄹ → ㄷ → ㅁ → ㅂ → ㅅ → ㅇ

해설 **질문지 작성 절차**
필요한 정보의 결정(ㄱ) → 자료수집방법 결정(ㄴ) → 개별항목의 내용 결정 → 질문형태 결정(ㄹ) → 개별항목 결정(ㄷ) → 질문순서 결정(ㅁ) → 질문지 초안 완성(ㅂ) → 질문지의 사전조사(ㅅ) → 질문지 완성(ㅇ)

정답 23 ④ 24 ③ 25 ① 26 ④

27

특정 변수를 중심으로 모집단을 일정한 범주로 나눈 다음 집단별로 필요한 대상을 사전에 정해진 비율로 추출하는 표집방법은?

① 할당표집　　② 군집표집
③ 판단표집　　④ 편의표집

해설
② 군집표집 : 모집단 목록에서 구성요소에 대해 여러 가지 이질적인 구성요소를 포함하는 여러 개의 집락 또는 집단으로 구분한 후, 집락을 표집단위로 하여 무작위로 몇 개의 집락을 표본으로 추출한 다음, 표본으로 추출된 집락에 대해 그 구성요소를 전수조사하는 방법이다.
③ 판단표집 : 조사자가 그 조사의 성격상 요구하고 있는 사항을 충족시킬 수 있도록 적절한 판단과 전략을 세워, 그에 따라 모집단을 대표하는 사례를 표본추출하는 방법이다.
④ 편의표집 : 정해진 크기의 표본을 선정할 때까지 조사자가 모집단의 일정단위 또는 사례를 표집하며, 일정한 표집의 크기가 결정되면 그 표집을 중지하는 방법이다.

28

경험적 연구방법에 관한 설명으로 틀린 것은?

① 참여관찰의 결과는 일반화의 가능성이 높다.
② 내용분석은 질적인 내용을 양적 자료로 전환하는 방법이다.
③ 조사연구는 대규모의 모집단 특성을 기술하는 데 유용하다.
④ 실험은 외생변수들의 영향을 배제할 수 있다는 장점을 가지고 있다.

해설 참여관찰은 질적 연구이기 때문에 일반화가 어렵다.

29

표집과 관련된 용어에 대한 설명으로 틀린 것은?

① 모수(Parameter)는 표본에서 어떤 변수가 가지고 있는 특성을 요약한 통계치이다.
② 표집률(Sampling Ratio)은 모집단에서 개별요소가 선택될 비율이다.
③ 표집간격(Sampling Interval)은 모집단으로부터 표본을 추출할 때 추출되는 요소와 요소 간의 간격을 의미한다.
④ 관찰단위(Observation Unit)는 직접적인 조사대상을 의미한다.

해설 모수는 변수의 값을 모집단의 구성요소들에서 추출하여 요약·묘사한 값을 말한다.

30

사례연구의 단계를 순서대로 나열한 것은?

> ㄱ. 사실의 설명
> ㄴ. 사실 또는 자료수집
> ㄷ. 연구문제 선정
> ㄹ. 사실 또는 자료의 요약
> ㅁ. 보고를 위한 기술

① ㄱ → ㄷ → ㄴ → ㄹ → ㅁ
② ㄷ → ㄱ → ㄹ → ㄴ → ㅁ
③ ㄷ → ㄴ → ㄱ → ㅁ → ㄹ
④ ㄷ → ㄴ → ㄹ → ㄱ → ㅁ

해설 사례연구의 일반적인 단계는 '연구문제 선정 → 사실 또는 자료수집 → 사실 또는 자료의 요약 → 사실의 설명 → 보고를 위한 기술'이다.

31

전화조사의 장점과 가장 거리가 먼 것은?

① 신속한 조사가 가능하다.
② 면접자에 대한 감독이 용이하다.
③ 표본의 대표성을 확보하기 쉽다.
④ 광범위한 지역에 대한 조사가 용이하다.

해설 전화조사방법에 있어서 가장 커다란 취약점은 표본추출 시 명백히 나타나는 모집단의 불완전성이다. 전화번호부의 부정확성 및 미등재 전화번호의 존재가 문제시되어 모집단이 불완전하며, 응답자가 선정된 표본인지를 확인하기 어려워 표본의 대표성을 확보하기 어렵다.

32

자기기입식 조사방법이 아닌 것은?

① 전화조사　　② 집단조사
③ 우편조사　　④ 온라인조사

해설 자기기입식 설문조사는 가정이나 직장에 질문지를 전달하고, 응답자로 하여금 직접 기입하게 한 다음 나중에 질문지를 회수하는 방법이다. 전화조사는 전화상으로 답변한 내용을 조사자가 기록한다.

33

온라인조사의 장점이 아닌 것은?

① 멀티미디어의 장점을 활용할 수 있다.
② 짧은 기간에 많은 응답자들을 조사할 수 있다.
③ 조사대상에 대한 높은 대표성을 확보할 수 있다.
④ 오프라인조사에 비해 비교적 저렴한 비용으로 실시할 수 있다.

해설 컴퓨터와 인터넷을 사용할 수 있는 사람만을 대상으로 하므로 표본의 대표성을 확보하기 어렵고, 특정 연령층이나 성별에 따른 편중된 응답이 도출될 위험성이 있다.

34

다음 중 질문지법의 단점이 아닌 것은?

① 측정의 신뢰도에 있어서 약점이 있다.
② 조사대상자의 삶에 대한 전체적인 맥락을 다루지 못한다.
③ 최소한으로 적합한 질문들을 만듦으로써 가장 적절한 선택지를 빠뜨릴 수 있다.
④ 인위성의 문제에 있어서 특정 설문에 편견이 심한 응답을 하더라도 반드시 응답자의 편견이 강하다고 할 수 없다.

해설 질문지법은 질문지가 표준화된 언어로 구성되어 모든 응답자에게 동일하게 적용되며, 응답자의 익명성이 보장된다. 또한, 복수의 지표로 구성된 척도를 사용하기에 측정의 오류를 줄일 수 있으며, 측정의 신뢰도를 높일 수 있다.

35

질문지를 설계할 때 폐쇄형 응답식으로 할 때의 장점은?

① 심층적인 정보를 얻기가 용이하다.
② 수집된 자료의 수량적 분석이 용이하다.
③ 응답자로부터 포괄적인 응답을 얻을 수 있다.
④ 연구를 시작할 때 기초정보 수집에 적절하다.

해설 폐쇄형 응답식은 처리 및 채점, 코딩이 간편하여 수집된 자료의 수량적 분석이 용이하다.

36

직접 관찰과 간접 관찰을 분류하는 기준으로 맞는 것은?

① 상황이 인공적인지 여부
② 의사결정 문제의 확정 여부
③ 관찰시기와 행동발생의 일치 여부
④ 응답자가 관찰사실을 아는지 여부

해설 관찰시기가 행동발생과 일치하는가 여부에 따라 직접/간접 관찰로 나누어진다.

정답 31 ③　32 ①　33 ③　34 ①　35 ②　36 ③

37

어느 제조업 공장에 근무하는 현장사원들과 관리자 간에 유지되고 있는 사회적 관계의 특성을 규명하기 위해 참여관찰인 현장조사를 실시할 경우의 장점이 아닌 것은?

① 조사과정의 유연성
② 가설도출이 가능한 인과적 연구
③ 조사결과의 높은 일반화 가능성
④ 현장상황에 따라 조사내용 변경 가능

해설 참여관찰법은 조사대상의 변화양상을 포착할 수 없으므로 결과를 일반화하는 것에 제약이 있다는 단점이 있다.

38

집중면접(Focused Interview)에 관한 설명으로 가장 적합한 것은?

① 사전에 준비한 구조화된 질문지를 이용하여 면접한다.
② 면접자의 통제하에 제한된 주제에 대해 토론한다.
③ 개인의 의견보다는 주로 집단적 경험을 이야기한다.
④ 특정한 가설을 개발하기 위해 효율적으로 이용할 수 있다.

해설 집중면접(Focused Interview)
응답자들에게 그대로 질문을 하는 것보다는 응답자들이 자신들에게 영향을 미치는 요소 및 자극이 어떤 것이며, 그것들이 어떠한 결과를 가져오게 되는가를 스스로 밝히도록 응답자를 도와주는 방법이다. 응답자들의 본래 상황을 충분히 이해하고 그에 따라 일정한 가설을 만든 후 응답자들의 경험에 입각하여 그 가설에 대한 유의성을 검증하도록 한다.

39

조사원(Enumerator)의 역할과 응답자와의 관계에서 지켜야 할 자세로 옳지 않은 것은?

① 표준적인 진행절차에 따라 대상자를 선정하고 준비된 설문내용에 대한 응답을 기록한다.
② 조사원은 응답자에게 참여를 유도하고 응답을 이끌어 내야 한다.
③ 단정한 복장과 전문가다운 모습을 유지해야 한다.
④ 응답자가 응답하는 데 어려움이 없도록 편안한 분위기를 조성해야 한다.

해설 조사원은 응답자에게 참여를 강요하지 않고 스스로 결정하도록 해야 한다.

40

내용분석에 관한 설명으로 틀린 것은?

① 조사대상에 영향을 미친다.
② 시간과 비용 측면에서 경제성이 있다.
③ 일정 기간 진행되는 과정에 대한 분석이 용이하다.
④ 연구 진행 중에 연구계획의 부분적인 수정이 가능하다.

해설 비관여적이므로 연구자가 연구대상에 영향을 미치지 않고 조사 자체에 대한 반응이 없다.

41

사람, 사건, 상태, 또는 대상에게 미리 정해놓은 일정한 규칙에 따라서 숫자를 부여하는 것은 무엇인가?

① 측 정
② 척 도
③ 개 념
④ 가 설

해설
② 일종의 측정도구로서 일정한 규칙에 따라 측정대상에 적용할 수 있도록 만들어진 일련의 체계화된 기호 또는 숫자를 의미한다.
③ 이론의 핵심적 구성요소이며 언어나 기호로 나타내어 지식의 축적과 확장을 가능하게 해주는 요소를 의미한다.
④ 두 개 이상의 구성개념 또는 변수 간의 관계를 검정 가능한 형태로 서술한 문장으로써 과학적 조사에 의하여 검정이 가능한 사실이다.

42

측정에 대한 설명으로 틀린 것은?

① 질적 속성을 양적 속성으로 전환하는 작업이다.
② 경험의 세계와 개념적·추상적 세계를 연결하는 수단이다.
③ 조사대상의 속성을 추상적 개념으로 전환시키는 과정이다.
④ 이론을 구성하는 개념들을 현실세계에서 관찰이 가능한 자료와 연결해 주는 과정이다.

해설 측정은 추상적인 개념을 구체적인 수치나 값으로 표현하는 과정이므로 조사대상의 속성을 추상적 개념으로 전환시키는 과정과 반대되는 개념이다.

43

실험연구의 내적 타당도를 저해하는 원인 가운데 실험기간 중 독립변수의 변화가 아닌 피실험자의 심리적·인구통계적 특성의 변화가 종속변수에 영향을 미치는 경우에 해당하는 것은?

① 우발적 사건 ② 성숙효과
③ 표본의 편중 ④ 통계적 회귀

해설 ① 연구기간 동안 천재지변이나 예상치 않았던 사건과 같이 특정 사건이 일어나는 경우, 환경이 바뀌고 이에 따라 연구결과가 다르게 나타나는 것이다.
③ 외적 타당도를 위협하는 요인에 해당한다. 외적 타당도란 연구의 결과에 의해 기술된 인과관계가 연구대상 이외의 경우로 확대·일반화될 수 있는 정도를 말하는 것이다. 표본이 모집단의 일반적인 상황과 유사해야 실험 결과를 일반화할 수 있는데 표본이 편중되면 외적 타당도가 저해될 수 있다.
④ 최초의 측정에서 양극단적인 측정값을 보인 결과가 이후 재측정의 과정에서 평균값으로 회귀하는 것이다.

44

인과적 관계의 검정요인에 속하지 않는 것은?

① 외적변수 ② 매개변수
③ 선행변수 ④ 잠재변수

해설 검정요인의 종류에는 외적변수, 매개변수, 선행변수, 구성변수, 억제변수, 왜곡변수가 있다.

45

조작적 정의에 관한 설명으로 틀린 것은?

① 개념을 측정 가능한 용어로 구체화한 것이다.
② 연구모형에 제시된 구성개념을 관찰 가능한 형태로 표현한 것이다.
③ 조사에 사용되는 구성개념의 특징을 일반화시켜 추상적으로 표현한 것이다.
④ 사회적응의 조작적 정의 중 하나는 사회적응의 수준을 측정하기 위해 개발된 척도가 될 수 있다.

해설 조작적 정의는 측정을 위해 추상적인 개념을 보다 구체화하는 것이다. 될 수 있는 한 실행 가능하고 관찰 가능한 조작을 좀 더 명확하게 표현한 용어로 구성된 것으로, 한 개념이 여러 조작적 정의를 가질 수 있다. 구성개념의 특징을 일반화시켜 추상적으로 표현한 것은 개념적 정의에 관한 설명이다.

46

측정방법에 따라 측정을 구분할 때, 밀도(Density)와 같이 어떤 사물이나 사건의 속성을 측정하기 위해 관련된 다른 사물이나 사건의 속성을 측정하는 것은?

① 추론측정 ② 임의측정
③ 본질측정 ④ A급 측정

해설 ② 어떤 속성과 측정값 간에 관계가 있다고 가정을 하고 측정하는 것이다.
③·④ 속성의 본질적인 법칙에 따라 숫자를 부여하여 측정하는 것으로 본질측정을 A급 측정이라고도 한다.

정답 42 ③ 43 ② 44 ④ 45 ③ 46 ①

47 21-3

지수나 척도와 같이 합성 측정(Composite Measures)을 이용하는 이유로 가장 타당한 것은?

① 측정오차를 줄일 수 있기 때문이다.
② 타당도 계수를 높일 수 있기 때문이다.
③ 외적 타당도를 높일 수 있기 때문이다.
④ 하나의 개념이 갖는 다양한 의미에 대하여 포괄적인 측정을 할 수 있기 때문이다.

해설 복잡한 개념은 하나의 지표만을 사용해서 측정하는 것이 충분하지 못할 수가 있다. 따라서 하나의 지표를 사용하여 개념을 측정하기 보다는 두 개 이상의 지표를 사용하는 것이 권장된다. 이와 같이 두 개 이상의 지표에 의해 개념을 측정하는 것을 합성 측정이라고 한다.

48 21-1

사회조사에서 척도에 대한 설명으로 틀린 것은?

① 불연속성은 척도의 중요한 속성이다.
② 척도는 변수에 대한 양적인 측정치를 제공한다.
③ 척도는 여러 개의 지표를 하나의 점수로 나타낸다.
④ 척도를 통하여 하나의 지표로서 제대로 측정하기 어려운 복합적인 개념을 측정할 수 있다.

해설 연속성은 척도의 중요한 속성이다.

49 20-1·2

중앙값, 순위상관관계, 비모수통계검증 등의 통계방법에 주로 활용되는 척도유형은?

① 명목측정   ② 서열측정
③ 등간측정   ④ 비율측정

해설 서열측정을 통해 분석될 수 있는 통계기법은 비모수통계가 대부분이며, 대표적으로 교차분석(카이제곱분석)을 포함하고, 순위상관관계분석, 연속성검증 등이 있다. 산출할 수 있는 통계치로는 중앙값(Median)이 있다.

50 20-4

측정수준의 특성상 지역별로 측정된 실업률의 사칙연산 가능범위는?

① 사칙연산이 불가능
② 덧셈과 뺄셈만 가능
③ 곱셈과 나눗셈만 가능
④ 사칙연산이 모두 가능

해설 지역별로 측정된 실업률은 절대영점이 존재하는 비율척도로, 사칙연산이 모두 가능하다.

51 22-1

리커트(Likert) 척도와 같은 의미로 사용되는 것은?

① 누적척도   ② 단일차원척도
③ 비율척도   ④ 총화평정척도

해설 리커트 척도는 실용성과 효율성이 높다고 인정되며 총화평정기법(Summated Rating Technique)이라고도 불린다.

52 21-1

리커트(Likert) 척도의 장점이 아닌 것은?

① 적은 문항으로도 높은 타당도를 얻을 수 있어서 매우 경제적이다.
② 한 항목에 대한 응답의 범위에 따라 측정의 정밀성을 확보할 수 있다.
③ 응답 카테고리가 명백하게 서열화되어 응답자에게 혼란을 주지 않는다.
④ 항목의 우호성 또는 비우호성을 평가하기 위해 평가자를 활용하므로 객관적이다.

해설 항목의 우호성 또는 비우호성을 평가하는 것은 서스톤 척도에 대한 설명이다.

정답 47 ④ 48 ① 49 ② 50 ④ 51 ④ 52 ④

53

오스굿(Charles Osgood)에 의하여 개발되기 시작한 의미분화 척도(意味分化尺度 ; Semantic Differential Scale)의 작성 시 고려해야 하는 사항이 아닌 것은?

① 응답자의 평가
② 평가도구의 작성
③ 매개변수의 도입
④ 차원과 대극점(對極點)의 용어 선정

해설 의미분화 척도는 응답자가 하나의 개념을 여러 가지 의미의 차원에서 평가하도록 유도하는 방법으로, 일직선으로 도표화된 척도의 양극단에 서로 상반되는 형용사를 배열한다. 이때 개념이 갖는 본질적인 뜻을 몇 개의 차원에 따라 측정하여 태도의 변화를 좀 더 명확하게 파악하도록 한다. 따라서 매개변수의 도입은 고려하지 않는다.

54

비체계적 오류를 줄이는 방법과 가장 거리가 먼 것은?

① 측정항목의 모호성을 제거한다.
② 측정항목 수를 가능한 한 늘린다.
③ 조사대상자가 관심 없는 항목도 측정한다.
④ 중요한 질문은 2회 이상 동일한 질문이나 유사한 질문을 한다.

해설 비체계적 오류는 신뢰도와 관련된 것으로서, 비체계적 오류를 줄이려면 신뢰도를 높여야 한다. 신뢰도를 높이려면 조사대상자가 관심 없는 항목의 측정은 하지 않는 것이 좋다.

55

측정을 위해 개발한 도구가 측정하고자 하는 대상의 정확한 속성값을 얼마나 포괄적으로 포함하고 있는가를 나타내는 타당도는?

① 내용타당도(Content Validity)
② 예측타당도(Predictive Validity)
③ 집중타당도(Convergent Validity)
④ 기준관련타당도(Criterion-related Validity)

해설
② 어떤 행위가 일어날 것이라고 예측한 것과 실제 대상자 또는 집단이 나타낸 행위 간의 관계를 측정하여 평가하는 방법이다.
③ 같은 개념을 측정하는 경우에는 상이한 측정 방법을 사용하더라도 그 측정값 간에 높은 상관관계가 형성되는지 평가하는 방법이다.
④ 경험적 근거에 의해 타당도를 확인하는 방법으로서, 신뢰도와 타당도가 이미 검증된 측정도구에 의한 측정결과를 기준으로 평가한다.

56

다음에서 설명하고 있는 타당도의 원리는?

> 타당도를 평가하는 데 있어, 동일한 속성에 대한 두 측정은 서로 다른 방법을 사용하더라도 각각 높은 상관관계를 가져야 한다.

① 수렴원리
② 차별원리
③ 독단주의
④ 요인분석

해설 수렴타당도는 동일한 개념을 측정하기 위해 서로 다른 측정 방법을 사용하여 측정으로 얻은 측정치들 간에 높은 상관관계가 존재해야 함을 전제로 한다. 따라서 다음에서 설명하고 있는 타당도의 원리는 수렴원리이다.

정답 53 ③ 54 ③ 55 ① 56 ①

57 20-1·2

통계적인 유의성을 평가하는 것으로, 속성을 측정해 줄 것으로 알려진 기준과 측정도구의 측정결과인 점수 간의 관계를 비교하는 타당도는?

① 표면타당도(Face Validity)
② 기준관련타당도(Criterion-related Validity)
③ 구성체타당도(Construct Validity)
④ 내용타당도(Content Validity)

해설 ①·④ 내용타당도를 표면타당도, 액면타당도 또는 논리적 타당도라고도 하며, 측정항목이 연구자가 의도한 내용대로 실제로 측정하고 있는지를 나타낸다.
③ 개념타당도를 구조적 타당도 또는 구성체(구성)타당도라고도 하며, 측정에 의해 얻는 측정값 자체보다는 측정하고자 하는 속성에 초점을 맞춘 타당성이다. 이론과 관련하여 측정도구의 타당도를 검증한다.

58 23

수집된 자료의 편집과정에서 주의해야 할 사항과 가장 거리가 먼 것은?

① 자료의 편집과정은 전체자료에 대하여 일관성을 유지하면서 수행되어야 한다.
② 코드북의 내용에는 문자로 입력된 변수들은 포함되어서는 안 된다.
③ 개방형 응답항목은 코딩 과정에서 다양한 응답이 분류될 수 있도록 사전에 처리해야 한다.
④ 완결되지 않은 응답은 응답자와 다시 접촉하여 완결하거나 그렇지 않으면 결측자료(Missing Data)로 처리한다.

해설 자료의 코딩과정에서 가능한 한 분석 가능한 숫자로 표현해야 하지만 문자로 입력될 수도 있다.

59 21-1

신뢰도 측정방법 중 설문지 혹은 시험지의 문항들을 두 부분으로 나누어서 각 부분에서 얻은 측정값들을 두 번의 조사에서 얻어진 것처럼 간주하여 그 사이의 상관계수를 구하여 검사하는 방법은?

① 반분법
② 재검사법
③ 동형방법
④ 상관분석법

해설 반분법은 복수양식법의 변형으로서 측정도구를 임의로 반으로 나누어 각각 독립된 두 개의 척도로 사용함으로써 신뢰도를 측정하는 방법이다.

60 21-1

과녁의 가운데를 조준하고 쏜 화살 5개 모두 제일 가장자리의 동일한 위치에 집중되었을 때 신뢰도와 타당도의 개념에 관한 설명으로 맞는 것은?

① 신뢰도와 타당도가 모두 높다.
② 신뢰도와 타당도가 모두 낮다.
③ 신뢰도는 높지만 타당도는 낮다.
④ 타당도는 높지만 신뢰도는 낮다.

해설 동일한 위치에 집중되어서 신뢰도는 높지만 가장자리에 위치했기 때문에 타당도는 낮다.

61

다음 통계량 중 그 성격이 다른 것은?

① 분 산
② 최빈값
③ 평 균
④ 중앙값

해설 대푯값과 산포도
- 대푯값 : 자료의 대략적인 중심위치 파악(평균, 중앙값, 최빈값 등)
- 산포도 : 흐트러진 정도의 척도(분산, 표준편차, 변동계수, 범위 등)

62

통계학 과목의 기말고사 성적은 평균(Mean)이 40점, 중위값(Median)이 38점이었다. 점수가 너무 낮아서 담당 교수는 12점의 기본점수를 더해 주었다. 새로 산정한 점수의 중위값은?

① 40점
② 42점
③ 50점
④ 52점

해설 중위값은 통계집단의 측정값을 크기순으로 배열했을 때 중앙에 위치한 수치이므로 모든 값에 12점의 점수를 똑같이 더했다면 중위값은 기존의 중위값에서 12를 더한 값이 된다. 따라서 $38+12=50$이다.

63

다음 자료에 대한 설명으로 틀린 것은?

| 1 3 5 10 1 |

① 최빈값은 1이다.
② 평균은 4이다.
③ 중위수는 5이다.
④ 범위는 9이다.

해설 자료를 오름차순으로 다시 배열하면 1 1 3 5 10이다. 자료의 개수 5개로 홀수이므로 중위수는 $\frac{(n+1)}{2}=3$번째 값인 3이다.

64

오른쪽으로 꼬리가 긴 분포를 갖는 것은?

① 평균=40, 중위수=45, 최빈수=50
② 평균=40, 중위수=50, 최빈수=55
③ 평균=50, 중위수=45, 최빈수=40
④ 평균=50, 중위수=50, 최빈수=50

해설 분포의 형태
- 오른쪽으로 꼬리가 길게 늘어진 분포일 경우(좌측 비대칭분포) '산술평균>중앙값>최빈값'의 관계를 가지며 왜도는 0보다 크다.
- 왼쪽으로 꼬리가 길게 늘어진 분포일 경우(우측 비대칭분포) '산술평균<중앙값<최빈값'의 관계를 가지며 왜도는 0보다 작다.

정답 61 ① 62 ③ 63 ③ 64 ③

65 [21-3]

지수의 필통에는 형광펜 4자루와 볼펜 3자루가 들어있고, 동환이의 필통에는 볼펜 4자루와 형광펜 3자루가 들어있다. 임의로 선택된 한 필통에서 펜을 한 자루 꺼낼 때 그 펜이 형광펜일 확률은?

① $\frac{1}{5}$ ② $\frac{1}{4}$

③ $\frac{1}{3}$ ④ $\frac{1}{2}$

해설 지수의 필통을 선택할 확률은 $\frac{1}{2}$이고 이때 형광펜이 나올 확률은 $\frac{4}{7}$이다.

동환이의 필통을 선택할 확률은 $\frac{1}{2}$이고 이때 형광펜이 나올 확률은 $\frac{3}{7}$이다.

따라서 임의로 선택한 한 필통에서 형광펜을 뽑을 확률은 $\left(\frac{1}{2} \times \frac{4}{7}\right) + \left(\frac{1}{2} \times \frac{3}{7}\right) = \frac{4}{14} + \frac{3}{14} = \frac{7}{14} = \frac{1}{2}$이다.

66 [21-3]

어느 투자자의 연도별 수익률이 $x_1, x_2, \cdots, x_n$일 때, 연평균 수익률을 구하는 방법으로 가장 적절한 것은?

① 기하평균   ② 산술평균
③ 절사평균   ④ 조화평균

해설 기하평균은 변화율이나 비율의 평균을 구할 때 이용하는 수치로서 모든 측정치를 곱하여 측정치의 수만큼 제곱근을 구한 것이다. 변동률, 물가변동률, 경제성장률과 같은 비율의 대푯값 산정에 주로 쓰인다.

67 [22-2]

어떤 사람이 즉석 당첨복권을 5일 연속하여 구입한다고 하자. 어느 날 당첨될 확률은 $\frac{1}{5}$이고, 어느 날 구입한 복권의 당첨 여부가 그다음 날 구입한 복권의 당첨 여부에 영향을 미치지 않는다면, 2장이 당첨되고 3장이 당첨되지 않은 복권을 구매할 확률은?

① $10 \times \left(\frac{1}{5}\right)^2 \times \left(\frac{4}{5}\right)^3$ ② $2 \times \left(\frac{1}{5}\right)^2 \times \left(\frac{4}{5}\right)^3$

③ $5 \times \left(\frac{1}{5}\right)^2 \times \left(\frac{4}{5}\right)^3$ ④ $3 \times \left(\frac{1}{5}\right)^2 \times \left(\frac{4}{5}\right)^3$

해설 복권이 당첨될 확률이 $\frac{1}{5}$이고 복권 당첨 여부는 각각 독립이다.

5장을 구매했을 때 당첨복권의 개수를 X라고 하면
X개 당첨일 확률은 ${}_5C_X \left(\frac{1}{5}\right)^X \left(1-\frac{1}{5}\right)^{5-X}$이다.

당첨복권이 2장일 확률은
$X=2$, ${}_5C_2 \left(\frac{1}{5}\right)^2 \left(1-\frac{1}{5}\right)^{5-2} = 10\left(\frac{1}{5}\right)^2 \left(\frac{4}{5}\right)^3$이다.

68 [22-2]

어느 대학에서 2014학년도 1학기에 개설된 통계학 강좌에 A반 20명, B반 30명이 수강하고 있다. 중간고사에서 A반, B반의 평균은 각각 70점, 80점이었다. 이번 학기에 통계학을 수강하고 있는 학생 50명의 중간고사 평균은?

① 70점   ② 74점
③ 75점   ④ 76점

해설 A반 평균은 $\frac{(a_1+a_2+\cdots+a_{20})}{20}=70$이므로,
$(a_1+a_2+\cdots+a_{20})=70 \times 20=1400$

B반 평균은 $\frac{(b_1+b_2+\cdots+b_{30})}{30}=80$이므로,
$(b_1+b_2+\cdots+b_{30})=80 \times 30=2400$

$\frac{(a_1+a_2+\cdots+a_{20})+(b_1+b_2+\cdots+b_{30})}{20+30}$

$=\frac{1400+2400}{50}=76$

두 반을 합한 50명의 중간고사 평균은 76점이다.

정답: 65 ④ 66 ① 67 ① 68 ④

69

표본으로 추출된 6명의 학생이 지원했던 여름방학 아르바이트의 수가 다음과 같이 정리되었다.

> 10 3 3 6 4 7

피어슨의 비대칭계수(p)에 근거한 자료의 분포에 관한 설명으로 옳은 것은?

① 비대칭계수의 값이 0에 근사하여 좌우대칭형 분포를 나타낸다.
② 비대칭계수의 값이 양의 값을 나타내어 왼쪽으로 꼬리를 늘어뜨린 비대칭분포를 나타낸다.
③ 비대칭계수의 값이 음의 값을 나타내어 왼쪽으로 꼬리를 늘어뜨린 비대칭분포를 나타낸다.
④ 비대칭계수의 값이 양의 값을 나타내어 오른쪽으로 꼬리를 늘어뜨린 비대칭분포를 나타낸다.

해설 자료를 오름차순으로 정리하면 3 3 4 6 7 10이다.
$\overline{X} = \dfrac{10+3+3+6+4+7}{6} = 5.5$, $M_o = 3$,
$M_e = \dfrac{6+4}{2} = 5$, $\overline{X} - M_o = 5.5 - 3 = 2.5$이고
S는 항상 양수이므로 $S_k \simeq \dfrac{\overline{X} - M_o}{S} \simeq \dfrac{3(\overline{X} - M_e)}{S} > 0$이다.
따라서 비대칭계수의 값이 양의 값을 나타내므로 주어진 자료는 오른쪽으로 꼬리를 늘어뜨린 비대칭분포(왼쪽으로 기울어진 분포)를 나타낸다.

70

다음 중 표준편차가 가장 큰 자료는?

① 3 4 5 6 7
② 3 3 5 7 7
③ 3 5 5 5 7
④ 5 6 7 8 9

해설 ② 평균 $= (3+3+5+7+7)/5 = 5$
표준편차
$= \sqrt{[(3-5)^2 + (3-5)^2 + (5-5)^2 + (7-5)^2 + (7-5)^2]/5}$
$= \sqrt{16/5}$
① 평균 $= (3+4+5+6+7)/5 = 5$
표준편차
$= \sqrt{[(3-5)^2 + (4-5)^2 + (5-5)^2 + (6-5)^2 + (7-5)^2]/5}$
$= \sqrt{10/5}$
③ 평균 $= (3+5+5+5+7)/5 = 5$
표준편차
$= \sqrt{[(3-5)^2 + (5-5)^2 + (5-5)^2 + (5-5)^2 + (7-5)^2]/5}$
$= \sqrt{8/5}$
④ 평균 $= (5+6+7+8+9)/5 = 7$
표준편차
$= \sqrt{[(5-7)^2 + (6-7)^2 + (7-7)^2 + (8-7)^2 + (9-7)^2]/5}$
$= \sqrt{10/5}$

정답 69 ④ 70 ②

71

반복수가 동일한 일원배치법의 모형 $Y_{ij} = \mu + \alpha_i + \epsilon_{ij}$, $i = 1, 2, \cdots, k$, $j = 1, 2, \cdots, n$에서 오차항 ϵ_{ij}에 대한 가정이 아닌 것은?

① 오차항 ϵ_{ij}는 서로 독립이다.
② 오차항 ϵ_{ij}의 분산은 동일하다.
③ 오차항 ϵ_{ij}는 정규분포를 따른다.
④ 오차항 ϵ_{ij}는 자기상관을 갖는다.

해설 분산분석에서 오차항의 기본 가정으로는 정규성, 독립성, 등분산성이 있다.

72

산포의 척도가 아닌 것은?

① 분산
② 표준편차
③ 중위수(Median)
④ 사분위수 범위

해설 3가지 주요 산포 측정 방법은 분산, 표준편차, 사분위수 범위이다.

73

가설검정과 관련한 용어에 대한 설명으로 틀린 것은?

① 유의수준이란 제1종 오류를 범할 확률의 최대허용한계를 말한다.
② 검정력 함수란 귀무가설을 채택할 확률을 모수의 함수로 나타낸 것이다.
③ 제2종 오류란 대립가설(H_1)이 참임에도 불구하고 귀무가설(H_0)을 기각하지 못하는 오류이다.
④ 유의확률이란 검정통계량의 관측값에 의해 귀무가설을 기각할 수 있는 최소의 유의수준을 뜻한다.

해설 검정력 함수는 귀무가설(H_0)을 기각하는 확률을 모수의 함수로 나타낸 것이다.

74

서울지역 300개 고등학교에서 각각 100명씩 추출하여 평균 키를 측정하였다. 측정된 자료의 중앙값, 평균값, 최빈값에 대한 표현으로 적합한 것은? (단, a는 중앙값, b는 평균값, c는 최빈값이다)

① $a > b > c$
② $a = b > c$
③ $a < b < c$
④ $a = b = c$

해설 대표본일 경우 중앙값=평균값=최빈값이다.

75

컴퓨터 제조회사에서 보증기간을 정하려고 한다. 컴퓨터 수명은 평균 3년, 표준편차 9개월인 정규분포를 따른다고 한다. 보증기간 이전에 고장이 나면 무상수리를 해주어야 한다. 이 회사는 출하제품 가운데 5% 이내에서만 무상수리가 되기를 원한다. 보증기간을 몇 개월로 정하면 되겠는가? (단, $P(Z > 1.645) = 0.05$)

① 17
② 19
③ 21
④ 23

해설 $\mu = 36$, $\sigma = 9$이고 표준화 공식 $Z = \dfrac{X - \mu}{\sigma}$을 이용한다.
출하제품 가운데 5% 이내에서만 무상수리가 되기를 원하므로 주어진 조건을 이용하면 다음과 같다.
$P(Z < -1.645) = 0.05$,
$P\left(\dfrac{X - 36}{9} < -1.645\right) = P(X < 21.195)$
따라서 21개월로 정하면 된다.

76

어느 농구선수의 자유투 성공률이 80%라고 알려져 있다. 이 선수가 자유투를 25회 던진다면 몇 회 정도 성공할 것으로 기대되는가?

① 10 ② 15
③ 16 ④ 20

해설 자유투 성공률이 80%이고,
자유투를 각각 독립적으로 25회 반복하므로
확률변수 X를 자유투를 성공한 횟수라고 할 때
X는 이항분포 $B(25, 0.8)$를 따른다.
따라서 이항분포의 기댓값은 $E(X) = 25 \times 0.8 = 20$이다.

77

귀무가설이 참임에도 불구하고 귀무가설을 기각하는 판정을 내릴 확률은?

① 유의확률
② 주변확률
③ 제1종 오류를 범할 확률
④ 제2종 오류를 범할 확률

해설 귀무가설이 참임에도 귀무가설을 기각하는 과오를 제1종 오류 (과오)라 하며, 제2종 오류보다 더 심각한 오류이다.

78

표본평균과 표준오차에 관한 설명으로 틀린 것은?
(단, 모집단의 분산은 σ^2, 표본의 크기는 n이다)

① 표준오차의 크기는 $\sqrt{n}$에 비례한다.
② n이 커질 때 표본평균의 분포는 정규분포에 가까워진다.
③ 표준오차는 모집단의 분산 및 표본의 크기에 영향을 받는다.
④ 표준오차는 모평균을 추정할 때, 표본평균의 오차에 대하여 설명한다.

해설 표준오차의 크기는 $\sqrt{n}$에 반비례한다.

79

다음은 어느 한 야구선수가 임의의 한 시합에서 치는 안타수의 확률분포이다. 이 야구선수가 내일 시합에서 2개 이상의 안타를 칠 확률은?

안타수(x)	0	1	2	3	4	5
$P(X=x)$	0.30	0.15	0.25	0.20	0.08	0.02

① 0.2 ② 0.25
③ 0.45 ④ 0.55

해설 $P(X \geq 2)$
$= P(X=2) + P(X=3) + P(X=4) + P(X=5)$
$= 0.25 + 0.20 + 0.08 + 0.02 = 0.55$

정답 76 ④ 77 ③ 78 ① 79 ④

80

확률변수 X가 정규분포 $N(\mu, \sigma^2)$을 따를 때, $u = \dfrac{X-\mu}{\sigma}$는 어떤 분포를 따르는가?

① $u \sim N(0, 1)$
② $u \sim N(1, 1)$
③ $u \sim N(\mu, 1)$
④ $u \sim N(\mu, \sigma^2)$

해설 표준정규분포를 따르는 확률변수는 $u \sim N(0, 1)$이다.

81

모표준편차가 10인 정규모집단에서 $n=25$인 표본을 추출하여 $\overline{x}=40$을 얻었다. 90% 신뢰구간으로 맞는 것은? (단, $P(Z>1.645)=0.05$ 이다)

① (34.89, 46.65)
② (34.54, 45.78)
③ (35.67, 44.12)
④ (36.71, 43.29)

해설 모표준편차를 알고 있을 경우 모평균의 $100(1-\alpha)\%$ 신뢰구간을 구하는 공식은 다음과 같다.

$$\overline{X} - Z_{\alpha/2} \dfrac{\sigma}{\sqrt{n}} \leq \mu \leq \overline{X} + Z_{\alpha/2} \dfrac{\sigma}{\sqrt{n}}$$

90% 신뢰구간이므로 $\alpha=0.1$, $Z_{\alpha/2} = Z_{0.05} = 1.645$, $\overline{x}=40$, $n=25$, $\sigma=10$이다.

$$40 - 1.645 \dfrac{10}{\sqrt{25}} \leq \mu \leq 40 + 1.645 \dfrac{10}{\sqrt{25}}$$

$\therefore 36.71 \leq \mu \leq 43.29$

82

일원배치 분산분석에서 자유도에 대한 설명으로 틀린 것은?

① 총제곱합의 자유도는 (자료의 총 개수 − 1)이다.
② 집단 간 제곱합의 자유도는 (집단의 개수 − 1)이다.
③ 집단 내 제곱합의 자유도는 (자료의 총 개수 − 집단의 개수 − 1)이다.
④ 집단 내 제곱합의 자유도는 총제곱합의 자유도에서 집단 간 제곱합의 자유도를 뺀 값이다.

해설 집단 내 제곱합의 자유도는
(총변동의 자유도 − 집단 간 변동의 자유도)
$= (n-1) - (k-1) = n-k$ 이다.

83

가설검정 시 대립가설(H_1)이 사실인 상황에서 귀무가설(H_0)을 기각할 확률을 무엇이라 하는가?

① 검정력
② 신뢰수준
③ 유의수준
④ 제2종 오류를 범할 확률

해설
② 신뢰수준 : 신뢰할 수 있는 구간의 의미이다. 예를 들어, 신뢰수준 95%는 똑같은 연구를 똑같은 방법으로 100번 반복해서 신뢰구간을 구하는 경우, 그중 적어도 95번은 그 구간 안에 모평균이 포함될 것임을 의미하며, 모평균의 위치를 맞추지 못하는 실수는 5% 이상 되지 않는다는 의미이다.
③ 유의수준 : 통계적 가설검정에서 귀무가설이 참인데도 불구하고 이를 기각하는 확률로서 위험률이라고도 한다. 유의수준은 제1종 오류를 범할 확률의 최대허용한계이다.
④ 제2종 오류를 범할 확률 : 귀무가설이 거짓임에도 귀무가설을 채택하는 오류를 제2종 오류라 하고, 과오를 발생시킬 확률을 β라 한다($1-\beta$는 검정력이다).

84 [22-1]

기계 A에서 제품의 40%를, 기계 B에서 제품의 60%를 생산한다. 기계 A에서 생산된 제품의 부적합품률은 1%이고, 기계 B에서 생산된 제품의 부적합품률은 2%라면, 전체 부적합품률은?

① 1.5% ② 1.6%
③ 1.7% ④ 1.8%

해설 기계 A에서 생산된 제품의 부적합품률 1%의 40%는 0.4%이며, 기계 B에서 생산된 제품의 부적합품률 2%의 60%는 1.2%이다. 전체 부적합품률은 0.4%+1.2%로 1.6%이다.

85 [22-1]

행변수가 M개의 범주를 갖고 열변수가 N개의 범주를 갖는 분할표에서 행변수와 열변수가 서로 독립인지를 검정하고자 한다. (i, j)셀의 관측도수를 O_{ij}, 귀무가설하에서의 기대도수의 추정치를 $\widehat{E}_{ij}$라 하고, 이때 사용되는 검정통계량은 $\sum_{i=1}^{M}\sum_{j=1}^{N}\frac{(O_{ij}-\widehat{E}_{ij})^2}{\widehat{E}_{ij}}$ 이다. 여기서 $\widehat{E}_{ij}$는?
(단, 전체 데이터 수는 n이고, i번째 행의 합은 $T_{i\cdot}$, j번째 열의 합은 $T_{\cdot j}$이다)

① $\widehat{E}_{ij}=\dfrac{T_{i\cdot}}{n}$
② $\widehat{E}_{ij}=T_{i\cdot}\times T_{\cdot j}$
③ $\widehat{E}_{ij}=\dfrac{T_{\cdot j}}{n}$
④ $\widehat{E}_{ij}=\dfrac{T_{i\cdot}\times T_{\cdot j}}{n}$

해설 카이제곱 독립성 검정에서 기대도수는 $\widehat{E}_{ij}=\dfrac{T_{i\cdot}\times T_{\cdot j}}{n}$ 이다.

86 [20-3]

가정 난방의 선호도와 방법에 대한 분할표가 다음과 같다. 난방과 선호도가 독립이라는 가정하에서 '가스난방'이 '아주 좋다'에 응답한 셀의 기대도수를 구하면?

난방방법 선호도	기름	가스	기타
아주 좋다	20	30	20
적당하다	15	40	35
좋지 않다	50	20	10

① 26.25 ② 28.25
③ 31.25 ④ 32.45

해설 카이제곱 독립성 검정에서 기대도수는 $\widehat{E}_{ij}=\dfrac{O_{i\cdot}\times O_{\cdot j}}{n}$ 이다
($O_{i\cdot}$: 행의 합, $O_{\cdot j}$: 열의 합, n: 전체 관측도수).
표를 참고하여 '가스난방'이 '아주 좋다'에 응답한 셀의 기대도수는
$\dfrac{(20+30+20)\times(30+40+20)}{20+30+20+15+40+35+50+20+10}=\dfrac{70\times 90}{240}$
$=26.25$ 이다.

87 [19-2] [22-1]

비대칭도(Skewness)에 관한 설명으로 틀린 것은?

① 비대칭도의 값이 1이면 좌우대칭형인 분포를 나타낸다.
② 비대칭도는 대칭성 혹은 비대칭성을 나타내는 측도이다.
③ 비대칭도의 부호는 관측값 분포의 긴 쪽 꼬리 방향을 나타낸다.
④ 비대칭도의 값이 음수이면 자료의 분포형태가 왼쪽으로 꼬리를 길게 늘어뜨린 모양을 나타낸다.

해설 왜도의 특징
- 0이면 대칭분포를 이룬다(정규분포).
- 0보다 크면 왼쪽으로 기울어진 분포이다.
- 0보다 작으면 오른쪽으로 기울어진 분포이다.
- 절댓값이 클수록 비대칭 정도는 커진다.

정답 ▶ 84 ② 85 ④ 86 ① 87 ①

88

어떤 화학 반응에서 생성되는 반응량(Y)이 첨가제의 양(X)에 따라 어떻게 변화하는지를 실험하여 다음과 같은 자료를 얻었다. 변화의 관계를 직선으로 가정하고 최소제곱법에 의하여 회귀직선을 추정할 때 추정된 회귀직선의 절편과 기울기는?

X	1	3	4	5	7
Y	2	4	3	6	9

① 절편 : 0.2, 기울기 : 1.15
② 절편 : 1.15, 기울기 : 0.2
③ 절편 : 0.4, 기울기 : 1.25
④ 절편 : 1.25, 기울기 : 0.4

해설 단순회귀분석의 식은 $\hat{Y} = b_0 + b_1 X_1$ 이다.

$b_1 = \dfrac{S_{xy}}{S_{xx}}$, $b_0 = \overline{Y} - b_1 \overline{X}$

S_{xx} : (x값 − 평균값)^{2}의 합,
S_{xy} : (x값 − 평균값) × (y값 − 평균값)의 합

구 분	값					합계	평균
X_i	1	3	4	5	7	20	$4 = \overline{X}$
X 편차	$1-4$ $=-3$	$3-4$ $=-1$	$4-4$ $=0$	$5-4$ $=1$	$7-4$ $=3$	0	
X 편차 제곱	$(-3)^2$ $=9$	$(-1)^2$ $=1$	$(0)^2$ $=0$	$1^2=1$	$3^2=9$	$20 = S_{xx}$	
Y_i	2	4	3	6	9	24	$4.8 = \overline{Y}$
Y 편차	$2-4.8$ $=-2.8$	$4-4.8$ $=-0.8$	$3-4.8$ $=-1.8$	$6-4.8$ $=1.2$	$9-4.8$ $=4.2$	0	
XY 편차곱	$-3 \times$ -2.8 $=8.4$	$-1 \times$ -0.8 $=0.8$	$0 \times$ -1.8 $=0$	1×1.2 $=1.2$	3×4.2 $=12.6$	$23 = S_{xy}$	

$b_1 = \dfrac{S_{xy}}{S_{xx}} = \dfrac{23}{20} = 1.15$,

$b_0 = \overline{Y} - b_1 \overline{X} = 4.8 - (1.15 \times 4) = 4.8 - 4.6 = 0.2$이다.

89

단순회귀모형에 대한 설명으로 틀린 것은?

① 독립변수는 정규분포를 따른다.
② 독립변수는 오차 없이 측정 가능해야 한다.
③ 종속변수의 측정오차들은 서로 독립적이다.
④ 종속변수는 측정오차를 수반하는 확률변수이다.

해설 독립변수는 정규분포를 따르지 않는다. 단순회귀모형의 오차항이 정규성, 등분산성, 독립성을 갖는다.

90

어느 자동차 정비업소에서 최근 1년 동안의 기록을 근거로 하루 동안에 찾아오는 손님의 수에 대한 확률분포를 다음과 같이 얻었다. 이 확률분포에 근거할 때, 하루에 몇 명 정도의 손님이 이 정비업소를 찾아올 것으로 기대되는가?

손님수	0	1	2	3	4	5
확률	0.05	0.2	0.3	0.25	0.15	0.05

① 2.0
② 2.4
③ 2.5
④ 3.0

해설 $(0 \times 0.05) + (1 \times 0.2) + (2 \times 0.3) + (3 \times 0.25) + (4 \times 0.15) + (5 \times 0.05) = 2.4$

91

모집단의 평균을 추정하기 위해 1,000개의 표본을 취하여 정리한 결과 표본평균은 100, 표준편차는 5로 계산되었다. 모평균에 대한 점추정치는?

① 5
② 10
③ 25
④ 100

해설 모평균에 대한 점추정치는 표본평균이다.

92 [22-1]

두 변수 x, y의 상관계수가 0.5일 때, $(2x+3, -3y-4)$와 $(-3x+4, -2y-2)$의 상관계수는?

① 0.5, 0.5
② 0.5, −0.5
③ −0.5, 0.5
④ −0.5, −0.5

해설 $ac>0$인 경우 $Corr(x,y) = Corr(ax+b, cy+d)$,
$ac<0$인 경우 $Corr(x,y) = -Corr(ax+b, cy+d)$이다.

93 [22-1]

대학생이 졸업 후 취업했을 때 초임수준을 조사하였다. 인문사회계열 졸업자 10명과 공학계열 졸업자 20명을 조사한 결과 각각 평균초임은 210만 원과 250만 원이었으며 분산은 각각 300만 원과 370만 원이었다. 두 집단의 모분산이 같을 때, 모분산의 추정량인 합동분산(Pooled Variance)은? (단, 단위는 만 원이다)

① 325.0
② 324.3
③ 346.7
④ 347.5

해설 $S_p^2 = \dfrac{(n_1-1)S_1^2 + (n_2-1)S_2^2}{n_1+n_2-2}$

$= \dfrac{(10-1)\times 300 + (20-1)\times 370}{10+20-2} = 347.5$

94 [22-2]

다음 분산분석표의 (㉠), (㉡)에 들어갈 값으로 맞는 것은?

요인	제곱합	자유도	평균제곱	F-값
처리	42.0	2		(㉡)
잔차	(㉠)	25		
계	129.5	27		

① ㉠ : 87.5, ㉡ : 6.0
② ㉠ : 87.5, ㉡ : 8.5
③ ㉠ : 92.5, ㉡ : 6.0
④ ㉠ : 92.5, ㉡ : 8.5

해설 ㉠은 잔차제곱합$(SSE) = \sum_{i=1}^{p}\sum_{j=1}^{r}(y_{ij}-\overline{y_i})^2$ 이므로
총제곱합−처리제곱합 = 129.5 − 42.0 = 87.5이다.
㉡은 $F = \dfrac{MSR}{MSE}$로 구할 수 있다.
$MSR = \dfrac{42}{2} = 21$, $MSE = \dfrac{87.5}{25} = 3.5$이므로
$\dfrac{MSR}{MSE} = \dfrac{21}{3.5} = 6$이다.

95 [22-2]

다음의 단순회귀분석에서의 분산분석결과로 결정계수를 구하면?

구분	자유도	제곱합
회귀	1	1575.76
잔차	8	349.14
계	9	1924.90

① 0.15
② 0.18
③ 0.82
④ 0.94

해설 $R^2 = \dfrac{SSR}{SST} = \dfrac{1575.76}{1924.90} ≒ 0.82$

정답 ▶ 92 ③ 93 ④ 94 ① 95 ③

96

4×5 분할표 자료에 대한 독립성 검정에서 카이제곱 통계량의 자유도는?

① 9
② 12
③ 19
④ 20

해설 r행 c열 분할표에서 카이제곱 통계량의 자유도는 $(r-1)\times(c-1)$이다. 따라서 $(4-1)\times(5-1)=12$이다.

97

회귀분석에서 추정량의 성질이 아닌 것은?

① 유효성
② 선형성
③ 불편성
④ 등분산성

해설 회귀분석의 기본 가정
- 정규성 : 오차항은 정규분포를 따르고 평균은 0이며, 분산은 일정하다.
- 등분산성 : 오차항의 분산은 독립변수 x에 관계없이 일정하다.
- 선형성 : 독립변수와 종속변수의 관계는 선형이다.
- 불편성 : 추정량의 기댓치가 추정할 모수의 실젯값과 같을 때, 이 추정량은 불편성을 가졌다고 한다.
- 독립성 : 서로 다른 x값의 오차는 독립적이다.
- 독립변수 x는 고정된 값을 가지며, 확률변수가 아니다.

98

다중회귀분석에 관한 설명으로 틀린 것은?

① 표준화잔차의 절댓값이 2 이상인 값은 이상값이다.
② 더빈-왓슨(Durbin-Watson) 통계량이 0에 가까우면 독립이다.
③ 표준화잔차와 예측값의 산점도를 통해 등분산성을 검토해야 한다.
④ 분산팽창계수(VIF)가 10 이상이면 다중공선성을 의심해야 한다.

해설 ② 더빈-왓슨 통계량은 자기상관을 검증하는 통계량이다. 자기상관이란 서로 다른 시차의 오차항이 서로 상관되는 것을 말하며, 회귀모형에서 자기상관이 발생하게 되면 회귀모형의 기본 가정인 '오차항들은 서로 독립이다'를 위배하게 된다. $DW \approx 2(1-\hat{p})$으로 일반적으로 2에 가까울수록 자기상관이 존재하지 않는 것으로 판정하며 0에 가까우면 상관계수의 추정치는 1에 가까워지므로 독립이 아니다.
①・③ 다중회귀분석은 두 개 이상의 독립변수가 종속변수에 미치는 영향을 분석하는 것이다. 두 개 이상의 독립변수들의 함수로 주어지므로 잔차분석에서 이상치를 파악할 수 있고, 표준화 잔차의 절대치가 2 이상인 값은 이상치로 간주하며, 잔차 대 예측치의 산점도를 통해 등분산성을 검토해야 한다.
④ 다중공선성이란 독립변수들 사이에 상관관계가 있는 현상을 말하는 것으로, 즉 어떤 독립변수가 다른 독립변수들과 선형결합의 관계를 갖는 경우를 말하며 다중공선성이 존재하면 회귀계수의 해석이 불가능하다. 다중공선성의 척도는 분산팽창계수로, 분산팽창계수는 독립변수 사이에서 발생하는 다중공선성으로 인한 분산의 증가를 의미하고 일반적으로 k개의 분산팽창계수 중 가장 큰 값이 10 이상이면 다중공선성을 의심해야 한다.

99

확률변수 X와 Y의 결합확률밀도함수가 다음과 같을 때, X와 Y의 상관계수는?

X \ Y	-1	0	1
0	0	0.2	0
1	0.4	0	0.4

① -1 ② 0
③ 0.5 ④ 1

해설
$E(X) = (1 \times 0.4) + (1 \times 0.4) = 0.8$
$E(Y) = (-1 \times 0.4) + (1 \times 0.4) = 0$
$E(XY) = (1 \times -1 \times 0.4) + (1 \times 1 \times 0.4) = 0$
$E(X^2) = (1^2 \times 0.4) + (1^2 \times 0.4) = 0.8$
$E(Y^2) = (-1^2 \times 0.4) + (1^2 \times 0.4) = 0.8$
$Var(X) = E(X^2) - E(X)^2 = 0.8 - (0.8)^2 = 0.16$
$Var(Y) = E(Y^2) - E(Y)^2 = 0.8 - (0)^2 = 0.8$
$Cov(X, Y) = E(XY) - E(X)E(Y) = 0$
$\therefore Corr(X, Y) = \dfrac{Cov(X, Y)}{\sigma_X \sigma_Y} = \dfrac{0}{\sqrt{0.16}\sqrt{0.8}} = 0$

100

$X_1, X_2, \cdots, X_n$이 정규분포 $N(\mu, \sigma^2)$에서 얻은 확률표본일 때의 설명으로 맞는 것은?

① $\dfrac{\overline{X} - \mu}{\sigma/\sqrt{n}}$ 는 $N(0, 1)$에 따른다.

② $\dfrac{\overline{X} - \mu}{\sigma/\sqrt{n}}$ 는 $N(\mu, 1)$에 따른다.

③ $\dfrac{\overline{X} - \mu}{\sigma/\sqrt{n}}$ 는 $N(1, \sigma^2)$에 따른다.

④ $\dfrac{\overline{X} - \mu}{\sigma/\sqrt{n}}$ 는 $N(0, \sigma^2)$에 따른다.

해설 표준정규분포 $N(0, 1)$에 따른다.

제2회 문제은행 기출유형 모의고사

01 20-3
표본크기를 결정할 때 고려하는 사항과 가장 거리가 먼 것은?

① 모집단의 동질성
② 모집단의 크기
③ 척도의 유형
④ 신뢰도

해설 표본의 크기는 모집단으로부터 표본추출단위의 수를 몇 개로 하는 것이 적절한가에 대한 문제와 연관된 것으로 표본크기의 결정 요인으로는 가용한 자원(시간 및 비용), 이론과 조사설계, 모집단의 규모 및 변이성, 표본추출형태, 조사설계 및 방법의 형태, 통계분석 기법, 카테고리의 다양성, 위험성, 신뢰도 등이 있다.

02 21-1
설문조사의 질문항목 배치에 대한 설명으로 틀린 것은?

① 민감한 질문이나 주관식 질문은 앞에 배치한다.
② 서로 연결되는 질문은 논리적 순서대로 배치한다.
③ 비슷한 형태로 질문을 계속하면 정형화된 불성실 응답이 발생할 수 있다.
④ 문항이 담고 있는 내용의 범위가 넓은 것에서부터 점차 좁아지도록 배열하는 것이 좋다.

해설 민감한 질문이나 개방형 질문은 가급적 질문지의 후반부에 배열한다(교육수준, 소득 등).

03 21-1
심층면접법(In-Depth Interview)에 대한 설명으로 틀린 것은?

① 대체로 대규모 조사연구에 적합하다.
② 같은 표본 규모의 전화조사에 비해 대체로 비용이 많이 든다.
③ 면접자는 응답자와 친숙한 분위기를 형성하도록 해야 한다.
④ 면접자 개인별 차이에서 오는 영향이나 오류를 통제하기 어렵다.

해설 심층면접법은 1명의 응답자와 1대1 면접을 통해 응답자의 심리를 조사하는 방법이다.

04 20-1·2
다음 중 확률표집방법이 아닌 것은?

① 층화표집
② 판단표집
③ 군집표집
④ 체계적 표집

해설
- 확률표본추출 : 단순무작위표집, 계통적(체계적) 표집, 층화표집, 집락(군집)표집, 연속표집 등
- 비확률표본추출 : 할당표집, 유의(판단)표집, 임의(편의)표집, 배합표집, 누적표집 등

정답 01 ③ 02 ① 03 ① 04 ②

05 21-1

다음 중 종단적 연구가 아닌 것은?

① 패널연구(Panel Study)
② 코호트연구(Cohort Study)
③ 시계열연구(Time Series Study)
④ 단면연구(Cross-sectional Study)

해설 종단적 연구는 하나의 연구대상을 일정 기간 동안 관찰하여 그 대상의 변화를 파악하는 데 초점을 둔 기술적 조사방법으로 단면연구는 횡단적 연구에 해당한다.

06 21-2 23

기술적 조사(Descriptive Research)와 설명적 조사(Explanatory Research)에 관한 설명으로 틀린 것은?

① 설명적 조사는 두 변수 간의 시간적 선행성과는 무관하게 진행되는 경우가 많다.
② 설명적 조사연구를 수행하기 위해서는 변수의 수가 둘 또는 그 이상이 되는 경우가 많다.
③ 기술적 조사는 물가조사와 국세조사 등 어떤 현상에 대한 탐구와 명백화가 주목적이다.
④ 기술적 조사는 관련 상황의 특성파악, 변수 간의 상관관계 파악 및 상황변화에 대한 각 변수 간의 반응을 예측할 수 있다.

해설 설명적 조사는 어떤 사실간의 관계를 파악하여 인과관계를 규명하거나 미래를 예측하는 조사로, 인과관계의 성립조건으로는 시간적 선행성, 동시변화성의 원칙, 비허위적 관계가 있다.

목적에 따른 조사 방법
• 기술적 조사 : 어떤 현상에 대한 탐구와 명백화, 즉 현상을 정확하게 기술하는 것을 주목적으로 한다.
• 설명적 조사 : 어떤 사실과의 관계를 파악하여 인과관계를 규명하거나 미래를 예측한다.

07 21-1

실험설계 방법 중 유사실험설계에 해당하지 않는 것은?

① 동류집단설계
② 비동일 통제집단설계
③ 단일집단 반복실험설계
④ 통제집단 사후측정설계

해설 유사실험설계에는 비동일 통제집단설계, 단순시계열설계, 복수시계열설계, 회귀불연속설계 등이 있다. 통제집단 사후측정설계는 순수실험설계에 해당한다.

08 21-2

다음 중 가설로 적합하지 않은 것은?

① 부모 간의 불화가 소년범죄를 유발한다.
② 기업 경영은 근본적으로 인간이 결정한다.
③ 지연(地緣) 때문에 행정의 발전이 저해된다.
④ 도시 거주자들이 농어촌에 거주하는 사람들보다 더 야당 성향을 띤다.

해설 가설은 하나의 사실과 다른 사실과의 관계를 잠정적으로 나타내는 것으로 이를 검증함으로써 특정 현상에 대한 설명을 가능케 해주어 연구자가 제기한 문제의 해답을 내린다. '기업 경영은 근본적으로 인간이 결정한다.'는 내용은 두 사실 간의 관계를 나타내는 것이 아닌 하나의 진술로, 옳고 그름을 판단할 수 있는 명제이다.

정답 ▶ 05 ④ 06 ① 07 ④ 08 ②

09 [21-1]

귀납법에 관한 설명으로 틀린 것은?

① 귀납적 논리의 마지막 단계에서는 가설과 관찰결과를 비교하게 된다.
② 특수한 사실을 전제로 하여 일반적 진리 또는 원리로서의 결론을 내리는 방법이다.
③ 관찰된 사실 중에서 공통적인 유형을 객관적으로 증명하기 위하여 통계적 분석이 요구된다.
④ 경험적 세계에서 관찰된 많은 사실들이 공통적인 유형으로 전개되는 것을 발견하고 이들의 유형을 객관적인 수준에서 증명하는 것이다.

해설 연역적 논리의 마지막 단계에서는 가설과 관찰결과를 비교하게 된다. 귀납법은 확률에 근거한 설명으로 과학은 관찰과 경험으로부터 시작한다고 보는 견해에서 비롯된다. 즉, 관찰과 자료의 수집을 통해 개별적인 사실들로부터 일반적인 원리를 끌어내 보편성과 일반성을 가지는 하나의 결론을 내린다.

10 [21-3]

표집오차(Sampling Error)에 관한 설명으로 틀린 것은?

① 단순무작위표본추출법에서 표집오차는 분산의 크기가 클수록 커진다.
② 단순무작위표본추출법에서 표집오차는 표본의 크기가 클수록 커진다.
③ 전체 표본의 크기가 같다고 했을 때, 단순무작위표본추출법에서보다 층화표본추출법에서 표집오차가 작게 나타난다.
④ 전체 표본의 크기가 같다고 했을 때, 단순무작위표본추출법에서보다 집락표본추출법에서 표집오차가 크게 나타난다.

해설 표본의 크기가 같다면 표본오차의 크기는 '층화표본추출<단순무작위표본추출<집락표본추출'이다. 일반적으로 표집오차는 표본의 크기가 클수록 작아진다.

11 [20-1·2] [23]

다음에서 설명하는 실험설계 방법은?

> 사전사후측정에서 나타나는 사전측정의 영향을 제거하기 위해 사전측정을 한 집단과 그렇지 않은 집단을 나누어 동일한 처치를 가하여 모든 외생변수의 통제가 가능한 실험설계 방법

① 요인설계
② 솔로몬 4집단설계
③ 통제집단 사후측정설계
④ 통제집단 사전사후측정설계

해설
① 요인설계 : 실험집단에 둘 이상의 프로그램을 실시하여 독립변수가 복수인 경우 적용하는 방법이다. 실험집단과 통제집단을 설정한 후 개별 독립변수와 종속변수, 복수의 독립변수와 종속변수의 인과관계를 검증한다.
③ 통제집단 사후측정설계 : 통제집단 사전사후측정설계의 단점을 보완하기 위해 실험대상자를 무작위로 할당한 후 사전검사 없이 실험집단에 대해서는 조작을 가하고 통제집단에 대해서는 아무런 조작을 가하지 않은 채 그 결과를 서로 비교하는 방법이다.
④ 통제집단 사전사후측정설계 : 무작위할당으로 실험집단과 통제집단을 구분한 후 실험집단에 대해서는 독립변수 조작을 가하고, 통제집단에 대해서는 아무런 조작을 가하지 않은 채 두 집단 간의 차이를 전후로 비교하는 방법이다. 개입 전 종속변수의 측정을 위해 사전검사를 실시한다.

12

다음은 조사연구과정의 일부이다. 이를 순서대로 나열한 것은?

> ㄱ. '난민의 수용은 사회분열을 유발할 것이다'로 가설 설정
> ㄴ. 할당표집으로 대상자를 선정하여 자료수집
> ㄷ. 난민의 수용으로 관심주제 선정
> ㄹ. 구조화된 설문지 작성

① ㄱ → ㄴ → ㄷ → ㄹ
② ㄱ → ㄷ → ㄹ → ㄴ
③ ㄷ → ㄱ → ㄹ → ㄴ
④ ㄷ → ㄹ → ㄱ → ㄴ

해설 일반적인 과학적 조사의 절차는 '문제의 정립(ㄷ) → 가설의 설정(ㄱ) → 연구의 설계(ㄹ) → 자료의 수집(ㄴ) → 자료의 분석, 해석 및 이용 → 보고서 작성'이다.

13

서베이조사의 일반적인 특성에 관한 설명으로 틀린 것은?

① 모집단으로부터 추출된 표본을 대상으로 조사하는 방법이다.
② 센서스(Census)는 대표적인 서베이 방법 중 하나이다.
③ 인과관계 분석보다는 예측과 기술을 주목적으로 한다.
④ 대인조사, 전화조사, 우편조사, 온라인조사 등이 있다.

해설 서베이조사는 모집단을 대상으로 추출된 표본에 대해 설문지와 같은 표준화된 조사도구를 활용하여 직접 질문함으로써 필요한 자료를 수집하는 방법이다. 그에 반해 센서스는 인구나 주택 등의 현황을 모집단 전체에 대해 조사하는 방법이다.

14

다음 중 이론에 대한 함축적 의미가 아닌 것은?

① 과학적인 지식을 증진시키는 가장 효과적인 수단을 말한다.
② 명확하게 정의된 구성개념이 상호 관련된 상태에서 형성된 일련의 명제를 말한다.
③ 구성개념을 실제로 나타내는 구체적인 변수들 간의 관계에 대한 체계적 견해를 제시한다.
④ 개념들 간의 연관성에 대한 현상을 설명한다.

해설 이론은 현상에 대한 설명과 예측을 목적으로 변수 간의 관계를 밝힘으로써 그 현상에 대한 체계적인 견해를 제공하는 일련의 상호연결된 개념 및 정의 또는 명제이다. 또한, 경험적으로 검증이 가능하고 어느 정도의 법칙적인 일반성을 포함하는, 체계적으로 연관성을 가진 일련의 진술이다.

15

표적집단면접법(Focus Group Interview)에 관한 설명으로 가장 적합한 것은?

① 전문적인 지식을 가진 집단으로 하여금 특정한 주제에 대하여 자유롭게 토론하도록 한 다음, 이 과정에서 필요한 정보를 추출하는 방법이다.
② 응답자가 조사의 목적을 모르는 상태에서 다양한 심리적 의사소통법을 이용하여 자료를 수집하는 방법이다.
③ 조사자가 한 단어를 제시하고 응답자가 그 단어로부터 연상되는 단어들을 순서대로 나열하도록 하여 조사하는 방법이다.
④ 응답자에게 이해하기 난해한 그림을 제시한 다음, 그 그림이 무엇을 묘사하는지 물어 응답자의 심리 상태를 파악하는 방법이다.

해설 표적집단면접은 초점집단면접이라고도 하며, 면접진행자가 동질의 소수의 집단을 대상으로 특정 주제에 대해 자유롭게 토론을 하여 필요한 정보를 얻는 방법이다.

16 [22-1]

자료수집을 위한 사전검사에서 검토할 사항이 아닌 것은?

① 응답에 일관성이 있는지의 여부를 검토한다.
② 보다 나은 결과를 얻기 위하여 대규모 표본조사를 실시한다.
③ 응답 거부나 "모른다"라는 항목에 표시한 경우가 많은지 여부를 검토한다.
④ 한쪽으로 치우치는 응답이 나오거나 질문순서의 변화에 따른 반응의 변화를 검토한다.

해설 사전검사에서는 소규모 표본검사를 실시하여 잘못된 문항을 수정하거나 삭제·추가한다.

17 [20-4]

가설의 구비요건 중 올바르게 서술된 것은?

① 검증이 용이하도록 표현되어야 한다.
② 동일 연구 분야의 다른 가설이나 이론과 무관해야 한다.
③ 이론적 근거가 없더라도 탐색적 목적을 위해 가설을 구성할 수 있다.
④ 내용과 방향이 모호하더라도 이는 검증절차를 통해 보완될 수 있다.

해설
② 가설의 평가기준 중 가설 자체의 개연성에 위배되는 내용이다.
③ 가설의 평가기준 중 경험적 검증가능성에 위배되는 내용이다.
④ 가설의 평가기준 중 입증의 명백성에 위배되는 내용이다.

18 [20-4]

질적 연구에 관한 설명과 가장 거리가 먼 것은?

① 조사자와 조사대상자의 주관적인 인지나 해석 등을 모두 정당한 자료로 간주한다.
② 조사결과를 폭넓은 상황에 일반화하기에 유리하다.
③ 연구절차가 양적 조사에 비해 유연하고 직관적이다.
④ 일반적으로 상호작용의 과정에 보다 많은 관심을 둔다.

해설 조사결과를 일반화하기에 유리한 연구는 양적 연구이다.

19 [20-4]

다음 중 연구주제의 선정요령으로 거리가 먼 것은?

① 연구자가 흥미를 느끼는 주제를 선정한다.
② 철저한 평가를 한 뒤에 선택 여부를 결정한다.
③ 경험이 있거나 사전지식이 있는 주제를 선정한다.
④ 새로운 학문적 기여를 위하여 가급적 연구를 뒷받침해 줄 이론적 배경이 없는 주제를 선정한다.

해설 연구주제는 연구를 뒷받침해 줄 이론적 배경이 충분한 것으로 선정해야 한다.

설정된 연구문제의 적정성 판단 기준
• 설정은 두 개 이상의 변수들 간의 관계를 서술해야 하며, 실증적 연구를 통해 해결될 수 있도록 작성되어야 한다.
• 가능한 한 명백하고 확실한 것이어야 한다.
• 관찰 가능한 현상과 밀접히 연결되어야 한다.

20 [18-2] [20-4]

다음 사례의 분석단위로 가장 적합한 것은?

> K교수는 인구센서스의 가구조사 자료를 이용하여 가족 구성원 간 종교의 동질성을 분석해 보기로 하였다.

① 가구원　　② 가 구
③ 종 교　　④ 국 가

해설 분석단위란 자료수집 시 표본의 크기를 결정하는 데 사용되는 기본 단위이다. 인구센서스의 가구조사 자료를 이용하는 것이므로 이 사례에서 분석단위는 가구이다.

16 ② 17 ① 18 ② 19 ④ 20 ②

21 [20-4]

인간의 행위를 이해하는 데 필요한 개념 또는 변수의 종류를 지나치게 한정시키려는 경향은?

① 거시주의 ② 미시주의
③ 환원주의 ④ 조작주의

해설 환원주의적 오류란 넓은 범위의 인간의 사회적 행위를 이해하는 데 필요한 변수 또는 개념의 종류를 지나치게 한정시킴으로써 발생하는 오류를 뜻한다.

22 [21-1] [23]

질문지 작성방법에 관한 설명으로 가장 적합한 것은?

① 질문지는 한 번 실시되면 돌이킬 수 없으므로 가능한 한 많은 양의 정보가 실릴 수 있도록 작성한다.
② 필요한 정보의 종류, 측정방법, 분석할 내용, 분석의 기법까지 모두 미리 고려된 상황에서 질문지를 작성한다.
③ 질문지 작성에는 일정한 원리와 이론이 적용되는 것이므로 이에 대한 내용을 숙지한 후 상당한 시간과 노력을 들여 신중하게 작성한다.
④ 동일한 양의 정보를 담고 있어도 설문지의 분량은 가급적 적어야 하기 때문에, 필요한 정보의 획득을 위한 질문문항 외에 다른 요소들은 설문지에 포함시키지 않아야 한다.

해설 ①·④ 지나치게 많은 질문은 응답자의 피로를 유발하여 피상적인 응답이 도출되는 반면, 지나치게 적은 질문은 연구결과의 타당성을 저해한다.
③ 질문 작성을 위한 준거가 충분히 구비되지 못한 경우 직접관찰 또는 면접을 통한 예비조사를 하는 것이 필요하다. 모든 질문지 작성에 적용되는 일정한 원리와 이론은 존재하지 않는다.

23 [20-4]

연구방법으로서의 연역적 접근법과 귀납적 접근법에 관한 설명으로 틀린 것은?

① 연역적 접근법을 취하려면 기존 이론에 대한 분석이 필요하다.
② 귀납적 접근법은 현실세계에 대한 관찰을 통해 경험적 일반화를 추구한다.
③ 사회조사에서 연역적 접근법과 귀납적 접근법은 상호보완적으로 사용된다.
④ 연역적 접근법은 탐색적 연구에, 귀납적 접근법은 가설검증에 주로 사용된다.

해설 연역적 접근법은 가설검증에, 귀납적 접근법은 탐색적 연구에 주로 사용된다.

24 [21-3]

회수된 질문지를 실제 분석에 사용할 것인지 판단할 필요가 있다. 다음의 질문지 중에서 분석에 포함시켜도 되는 질문지는?

① 질문지의 일부가 분실된 질문지
② 조사일정을 지나서 조사된 질문지
③ 조사지역을 벗어나서 조사된 질문지
④ 소수 항목에 대해 응답을 하지 않은 질문지

해설 표본의 대표성을 확보하기 위해 조사일정을 지나거나 조사지역을 벗어나 조사된 질문지, 다수 항목에 응답을 하지 않은 질문지는 분석에서 제외한다. 질문지의 일부가 분실된 질문지의 경우에도 대표성에 문제가 생길 수 있다.

정답 21 ③ 22 ② 23 ④ 24 ④

25

다음에 해당하는 외생변수의 통제방법은?

> 하나의 실험집단에 두 개 이상의 실험변수가 가해질 때 사용하는 방법이다. 예를 들어 두 가지 정책대안의 제시 순서나 조사지역에 따라 선호도에 차이가 발생한다고 판단된다면, 제시 순서를 달리하거나 지역을 바꿔 재실험하는 경우가 해당한다.

① 제 거   ② 상 쇄
③ 균형화 ④ 무작위화

해설 상쇄란 외생변수가 작용하는 강도가 동일하지 않은 상황일 때 서로 다른 실험을 실시함으로써 외생변수의 영향을 제거하는 것이다.

26

다음 중 탐색적 연구를 하기 위한 방법으로 가장 적합한 것은?

① 횡단연구   ② 유사실험설계
③ 시계열연구 ④ 사례연구

해설 탐색적 연구는 조사설계를 확정하기 이전 연구문제의 발견, 변수 규명, 가설도출 등을 위해 예비적으로 실시하는 것으로써 문헌조사, 경험자조사, 사례조사 등이 해당된다.

27

설문지 작성의 일반적인 과정으로 가장 적합한 것은?

① 필요한 정보의 결정 → 개별항목의 내용결정 → 질문형태의 결정 → 질문순서의 결정 → 설문지의 완성
② 필요한 정보의 결정 → 질문형태의 결정 → 개별항목의 내용결정 → 질문순서의 결정 → 설문지의 완성
③ 개별항목의 내용결정 → 필요한 정보의 결정 → 질문형태의 결정 → 질문순서의 결정 → 설문지의 완성
④ 개별항목의 내용결정 → 질문형태의 결정 → 질문순서의 결정 → 필요한 정보의 결정 → 설문지의 완성

해설 질문지 작성 절차
필요한 정보의 결정 → 자료수집방법의 결정 → 개별항목의 내용결정 → 질문형태의 결정 → 개별항목의 결정 → 질문순서의 결정 → 질문지의 초안 완성 → 질문지의 사전조사 → 질문지의 완성

28

순수실험설계(True Experimental Design)의 특징이 아닌 것은?

① 독립변수의 조작
② 외생변수의 통제
③ 비동일 통제집단의 설정
④ 실험집단과 통제집단에 대한 무작위할당

해설 순수실험설계는 실험집단과 통제집단에 대한 무작위할당, 독립변수의 조작, 외생변수의 통제 등 실험적 조건을 갖춘 설계유형이다. 비동일 통제집단설계는 유사실험설계에 해당한다.

29

어느 커피매장에서 그 커피매장에 오는 고객들을 대상으로 제품 선호도 설문조사를 실시하여 신상품을 개발한 경우, 설문조사 표본을 구성하는 과정에 해당하는 표집방법은?

① 군집표집
② 판단표집
③ 편의표집
④ 할당표집

해설 ③ 편의표집 : 정해진 크기의 표본을 선정할 때까지 조사자가 모집단의 일정단위 또는 사례를 표집하며, 일정한 표집의 크기가 결정되면 그 표집을 중지하는 방법이다. 문제의 사례는 편의표집에 해당한다. 모집단에 대한 정보가 없고 구성요소 간의 차이가 별로 없다고 판단될 때, 표본선정의 편리성에 기준을 두고 임의로 표본을 선정한다. 따라서 연구자가 쉽게 이용가능한 대상을 표본으로 선택할 수 있다.
① 군집표집 : 모집단 목록에서 구성요소에 대해 여러 가지 이질적인 구성요소를 포함하는 여러 개의 집락 또는 집단으로 구분한 후, 집락을 표집단위로 하여 무작위로 몇 개의 집락을 표본으로 추출한 다음, 표본으로 추출된 집락에 대해 그 구성요소를 전수조사하는 방법이다.
② 판단표집 : 조사자가 그 조사의 성격상 요구하고 있는 사항을 충족시킬 수 있도록 적절한 판단과 전략을 세워, 그에 따라 모집단을 대표하는 사례를 표본추출하는 방법이다.
④ 할당표집 : 모집단을 일정한 카테고리로 나눈 다음, 이들 카테고리에서 정해진 요소수를 작위적으로 추출하는 방법이다.

30

연구문제가 학문적으로 의미 있는 것이라고 할 때, 학문적 기준과 가장 거리가 먼 것은?

① 독창성을 가져야 한다.
② 이론적인 의의를 지녀야 한다.
③ 경험적 검증가능성이 있어야 한다.
④ 광범위하고 질문형식으로 쓴 상태여야 한다.

해설 연구문제는 가능한 한 구체적이고 명백해야 하며, 질문형식으로 쓰여야 한다는 것은 학문적 기준이 아닌 연구문제를 구체화하는 과정에서 필요한 내용이다.

31

의사소통을 통한 자료수집방법에서 비체계적-비공개적 의사소통방법에 해당하는 것은?

① 우편조사
② 표적집단면접법
③ 대인면접법
④ 역할행동법

해설 우편조사와 면접법은 체계적이고 공개적인 의사소통방법이다.

32

다음에 열거한 속성을 모두 충족하는 자료수집방법은?

- 비용이 저렴하다.
- 조사기간이 짧다.
- 그림·음성·동영상 등을 이용할 수 있어 응답자의 이해도를 높일 수 있다.
- 모집단이 편향되어 있다.

① 면접조사
② 우편조사
③ 전화조사
④ 온라인조사

해설 온라인조사는 컴퓨터와 인터넷을 사용할 수 있는 사람만을 대상으로 하므로 표본의 대표성을 확보하기 어렵고, 특정 연령층이나 성별에 따른 편중된 응답이 도출될 위험성이 있다. 하지만 시간 및 공간상의 제약이 다른 방법에 비해 상대적으로 적기 때문에 조사가 신속히 이루어지며, 조사비용이 적게 들고 조사대상자가 많은 경우에도 추가비용이 들지 않는다. 또한 멀티미디어 자료의 활용 등 다양한 형태의 조사가 가능하다.

정답 29 ③ 30 ④ 31 ④ 32 ④

33 20-1·2

설문조사에 관한 설명으로 옳지 않은 것은?

① 일반적으로 자기기입식 설문조사는 면접설문조사보다 비용이 적게 들고 시간이 덜 걸린다.
② 자기기입식 설문조사는 익명성이 보장되기 때문에 면접설문조사보다 민감한 쟁점을 다루는 데 유리하다.
③ 자기기입식 설문조사는 면접설문조사보다 복잡한 쟁점을 다루는 데 더 효과적이다.
④ 면접설문조사에서는 면접원이 질문에 대한 대답 외에도 중요한 관찰을 할 수 있다.

해설 자기기입식 설문조사는 가정이나 직장에 질문지를 전달하고 응답자로 하여금 직접 기입하게 한 다음 나중에 질문지를 회수하는 방법이다. 따라서 면접원이 직접 면접대상자와 대면하여 실시하는 면접설문조사가 복잡한 쟁점을 다루는 데 더 효과적이라 할 수 있다.

34 22-2 23

집단조사(Group Questionnaire Survey)의 특징과 거리가 가장 먼 것은?

① 집단조사는 집단이 속한 조직을 연구하는 데에만 사용할 수 있다.
② 집단으로 조사되므로 주변 사람이 응답자에 영향을 미칠 가능성이 높다.
③ 일반적으로 집단조사를 승인한 조직체나 단체에 유리한 쪽으로 응답할 가능성이 높다.
④ 집단이 속한 조직으로부터 적절한 협조가 있으면, 비용과 시간을 절약할 수 있는 조사기법이다.

해설 집단조사는 조사대상자들을 한 장소에 모아놓은 후 조사한다는 의미로, 집단이 속한 조직에만 한정한다는 의미는 아니다.

35 22-1

면접 중에 피면접자가 너무 짧은 응답만을 하였다. 이 상황에서 면접자가 이용할 수 있는 프로빙(Probing)의 기법이 아닌 것은?

① 간단한 찬성적 응답을 한다.
② 물끄러미 상대방을 응시한다.
③ 응답자의 대답을 되풀이한다.
④ 다른 대답은 어떻겠냐고 예를 들어 물어본다.

해설 프로빙은 면접 과정에서 응답자의 대답이 불충분하거나 정확하지 못할 때 행하는 탐색질문을 뜻하는 것으로서, 충분하고 정확한 대답을 캐내는 과정이다. 응답을 원하는 태도나 표정을 한쪽으로 유도해서는 안 되며 필요 이상의 지나친 질문은 삼가야 한다.

36 21-1

관찰대상자가 관찰사실을 아는지에 대한 여부를 기준으로 관찰기법을 분류한 것은?

① 직접/간접 관찰
② 자연적/인위적 관찰
③ 공개적/비공개적 관찰
④ 체계적/비체계적 관찰

해설 관찰법의 분류
- 관찰이 일어나는 상황이 인공적인지 여부에 따라 자연적/인위적 관찰로 나누어진다.
- 관찰시기가 행동발생과 일치하는가 여부에 따라 직접/간접 관찰로 나누어진다.
- 피관찰자가 관찰사실을 알고 있는가 여부에 따라 공개적/비공개적 관찰로 나누어진다.
- 관찰주체 또는 도구가 무엇인가에 따라 인간의 직접적/기계를 이용한 관찰로 나누어진다.

37

비표준화 면접에 비해, 표준화 면접의 장점이 아닌 것은?

① 새로운 사실, 아이디어의 발견 가능성이 높다.
② 면접결과의 계량화가 용이하다.
③ 반복적 연구가 가능하다.
④ 신뢰도가 높다.

해설 면접의 신축성·유연성이 높은 비표준화 면접이 새로운 아이디어를 발견할 가능성이 높다.

38

조사원 교육의 필요성에 대한 설명으로 틀린 것은?

① 응답자의 응답거부를 가볍게 받아들여서는 안 된다는 것을 인지시킨다.
② 현장조사에 대한 이해력 증대 및 커뮤니케이션 능력을 향상시킨다.
③ 조사원으로서의 정체성 확립과 동기부여를 향상시킨다.
④ 조사과정에서 발생하는 문제는 조사원 스스로가 해결하도록 유도한다.

해설 조사과정은 조사원의 자질에 큰 영향을 받으므로 전문지식과 숙련성을 갖춰야 하며 응답자의 협력을 얻는 기술을 익혀야 한다. 따라서 조사원에 대한 사전교육은 조사원에 의한 편향을 줄일 수 있는 방법이며, 면접 시 발생할 수 있는 예외적인 상황에 대해 교육과정에서 언급해줌으로써 조사원이 이상 상황 발생 시 대처할 수 있도록 하는 것이 바람직하다.

39

2차 자료 분석의 특징과 가장 거리가 먼 것은?

① 자료의 결측값을 추적할 수 있다.
② 자료를 직접 수집하지 않아도 된다.
③ 기존 데이터를 수정·편집해 분석할 수 있다.
④ 비교적 적은 비용으로 대규모사례 분석이 가능하다.

해설 2차 자료는 연구목적을 위해 사용될 수 있는 기존의 모든 자료로 이미 만들어진 방대한 자료이다. 1차 자료의 수집에는 비용, 인력, 시간이 많이 소요되므로 연구를 시작하게 되면 우선 필요한 2차 자료를 수집한다. 직접 수집하지 않아도 되며 기존 데이터를 수정하고 편집하여 분석할 수 있으나, 자료의 결측값은 추적하기 어렵다.

40

내용분석에 관한 설명으로 틀린 것은?

① 비개입적 연구이다.
② 표본추출은 하지 않는다.
③ 코딩을 위해서는 개념화 및 조작화가 이루어져야 한다.
④ 서적을 내용분석할 때 분석단위는 페이지, 단락, 줄 등이 가능하다.

해설 내용분석법은 서적, 신문, 문서 등의 기록된 정보의 내용을 조사하기 위해 고안된 체계적인 절차로 인간의 모든 형태의 의사소통 기록물을 활용할 수 있다. 양적 분석방법뿐만 아니라 질적 분석방법도 사용하며, 질적인 정보를 양적인 정보로 바꾼다. 자료가 방대한 경우 내용분석법에서도 모집단 내에서 표본을 추출하여 분석할 수 있다.

41

측정(Measurement)에 대한 설명과 가장 거리가 먼 것은?

① 변수에 대한 조작적 정의에 입각해 이루어진다.
② 하나의 변수에 대한 관찰값은 동시에 두 가지 속성을 지닐 수 없다.
③ 이론과 현실을 연결시켜주는 매개체이다.
④ 경험적으로 관찰 가능한 것을 추상적 개념으로 바꾸어 놓는 과정이다.

해설 측정은 추상적·이론적 세계를 경험적 세계와 연결시키는 수단이다. 즉, 추상적 개념을 현실세계에서 관찰 가능한 것으로 바꾸어 놓는 과정이다.

42

두 변수(X, Y)가 있을 때, 한 변수(X)가 다른 변수(Y)에 시간적으로나 이론적으로 선행하면서 그 변수(X)의 변화가 다른 변수(Y)의 변화에 영향을 미칠 수 있다. 이때 두 변수(X, Y)를 무엇이라고 하는가?

① 독립변수와 종속변수
② 독립변수와 선행변수
③ 종속변수와 매개변수
④ 선행변수와 매개변수

해설 영향을 미치는 변수는 독립변수이며 영향을 받는 변수는 종속변수이다.

43

교육수준은 소득수준에 영향을 미치지 않지만, 연령을 통제하면 두 변수 사이의 상관관계가 매우 유의미하게 나타난다. 이때 연령과 같은 검정요인을 무엇이라 부르는가?

① 억제변수(Suppressor Variable)
② 왜곡변수(Distorter Variable)
③ 구성변수(Component Variable)
④ 외재적 변수(Extraneous Variable)

해설
① 두 개의 변수 간에 상관관계가 있으나 그와 같은 관계가 없는 것처럼 보이게 하는 제3의 변수이다. 연령을 통제했더니 교육수준과 소득수준 사이의 상관관계가 유의미하게 나타났으므로 연령이 두 변수 간의 관계가 없는 것처럼 보이게 했다는 것을 알 수 있다. 즉, 연령은 억제변수이다.
② 두 변수 간의 관계를 어떤 식으로든 왜곡시키는 제3의 변수로, 두 개의 변수 간의 관계를 정반대의 관계로 나타나게 한다.
③ 포괄적 개념을 구성하는 하위변수로 제3의 변수이다.
④ 두 개의 변수 간에 상관관계가 없으나 관계가 있는 것처럼 보이게 하는 제3의 변수이다.

44

개념적 정의의 특성으로 틀린 것은?

① 순환적인 정의를 해야 한다.
② 적극적 혹은 긍정적인 표현을 써야 한다.
③ 정의하려는 대상이 무엇이든 그것만의 특유한 요소나 성질을 적시해야 한다.
④ 뜻이 분명해서 누구나 알아들을 수 있는 의미를 공유하는 용어를 써야 한다.

해설 순환적 정의란 어떤 개념을 다른 동일한 내용의 말로 바꾸어 언뜻 보기에는 정의가 된 듯 보이지만 사실은 아무런 정의가 되어 있지 않은 정의이다. 순환적 정의는 지양해야 한다.

45

이론적 개념을 측정 가능한 수준의 변수로 전환시키는 작업 과정은?

① 서열화
② 수량화
③ 척도화
④ 조작화

해설 조작화란 측정 과정의 마지막 단계로서, 조작화 단계는 분석의 단위를 카테고리별로 분류하는 과정을 의미한다.

46

조작적 정의에 대한 설명으로 맞는 것은?

① 논리적으로 정의한 것
② 가치중립적으로 정의한 것
③ 측정 가능한 형태로 정의한 것
④ 복잡한 것을 단순하게 정의한 것

해설 조작적 정의는 측정과정의 마지막 단계로서 추상적인 개념들을 경험적·실증적으로 측정이 가능하도록 구체화하는 것이다.

47

어떤 사회현상을 측정했을 때의 설명으로 틀린 것은?

① 그 측정이 신뢰성도 타당성도 모두 없을 수 있다.
② 그 측정이 신뢰성과 타당성을 모두 다 가질 수 있다.
③ 그 측정이 타당성은 있으나 신뢰성은 없을 수 있다.
④ 그 측정이 신뢰성은 있으나 타당성은 없을 수 있다.

해설 타당도는 신뢰도의 충분조건이고, 신뢰도는 타당도의 필요조건이다. 따라서 타당도가 있으면 반드시 신뢰도가 있다. 또한 타당도가 신뢰도에 비해 확보하기 어렵기 때문에 신뢰도가 있다고 해서 타당도가 있는 것은 아니다.

48

척도와 지수에 관한 설명으로 옳지 않은 것은?

① 지수는 개별적인 속성들에 할당된 점수들을 합산하여 구한다.
② 척도는 속성들 간에 존재하고 있는 강도(Intensity) 구조를 이용한다.
③ 지수는 척도보다 더 많은 정보를 제공해 준다.
④ 척도와 지수 모두 변수에 대한 서열측정이다.

해설 지수는 양적 측정치를 제공해야 하는 반면 척도의 표시는 반드시 숫자일 필요는 없다. 따라서 척도점수는 지수점수보다 더 많은 정보를 전달한다.

정답 45 ④ 46 ③ 47 ③ 48 ③

49 `18-1` `21-2`

어떤 제품의 선호도를 조사하기 위하여 "아주 좋아한다, 좋아한다, 싫어한다, 아주 싫어한다"와 같은 선택지를 사용하였다. 이는 어떤 척도로 측정된 것인가?

① 서열척도 ② 명목척도
③ 등간척도 ④ 비율척도

해설 서열척도는 측정대상의 분류는 물론 대상의 특수성 또는 속성에 따라 각 측정대상들의 등급순위를 결정하는 척도이다. 단지 상대적 등급순위만을 결정할 뿐 각 등급 간의 차이는 문제로 삼지 않는다.

50 `21-1`

서열척도를 이용한 측정방법은?

① 등급법 ② 고정총합척도법
③ 순위법 ④ 어의차이척도법

해설 순위법은 비교척도구성에 해당하며 일정한 순서를 정해 비교하는 척도이므로 서열척도를 이용하는 방법이다.

51 `22-2`

등간척도에 관한 설명으로 틀린 것은?

① 등간척도는 +, - 양쪽 다 표시된다.
② 섭씨온도계 및 카드번호에서 사용된다.
③ 평균, 표준편차 등의 통계기법을 적용할 수 있다.
④ 측정대상의 순위를 표시하면서도 간격이 일정하다는 성질을 가지고 있다.

해설 온도계의 눈금을 나타내는 수치의 측정수준은 등간척도이나, 카드번호, 주민등록번호, 도서 분류번호, 자동차번호 등과 같은 수치는 명목척도이다.

52 `22-2`

낙태 수술의 허용 여부에 대한 국민들의 의견을 조사하기 위하여 다음과 같은 일련의 질문으로 조사할 때 가장 관련이 있는 척도는?

> 낙태 수술이 다음의 각각의 경우에 허용되어야 한다고 생각하십니까?
> 1. 산모의 생명이 위험한 경우
> 2. 강간이나 근친상간에 의해 임신한 경우
> 3. 태아의 건강 상태가 좋지 않은 경우
> 4. 산모가 미혼모로서 아이를 키울 능력이 없을 경우
> 5. 부모는 아들을 원하는데 태아가 딸로 밝혀진 경우

① 리커트 척도 ② 거트만 척도
③ 서스톤 척도 ④ 의미분화 척도

해설 거트만 척도는 태도의 강도에 대한 연속적 증가유형을 측정하고자 하는 척도이다. 초기에는 질문지의 심리적 검사를 위해 고안된 것이었으나, 최근 사회과학의 모든 분야에서 널리 사용되고 있다.

53 21-3

리커트(Likert) 척도법에 대한 설명으로 적절하지 않은 것은?

① 각 문항에 대한 가중치를 다르게 부여할 수 없다는 단점이 있다.
② 척도점수에 대한 신뢰성을 검토하기 위해 반분법을 이용할 수 있다.
③ 사용하기 쉽고, 직관적인 이해가 가능하기 때문에 사회조사에서 널리 사용된다.
④ 척도가 단일차원을 측정하고 있는가를 검토하기 위하여 인자분석(Factor Analysis)을 사용하기도 한다.

해설 리커트 척도법은 서열척도의 일종으로 인간의 태도를 측정하는 태도척도이다. 척도의 신뢰도와 타당도를 높이기 위해 일련의 수개 문항들을 하나의 척도로 사용하는 다문항척도이며 전체 문항의 총점 또는 평균을 가지고 태도를 측정한다. 특히 동일한 개념을 여러 문장으로 질문하여 이러한 항목들이 유사한 값을 나타내는지 측정하는 내적 일관성을 가져야 한다. 이를 통해 신뢰도가 낮은 항목은 삭제하여 신뢰성을 높일 수 있기에, 각 문항에 대한 가중치를 다르게 부여할 수 없어 단점이라는 ①은 적절하지 않다.

54 22-2

연구주제와 관련된 가능한 많은 진술들을 수집하여 평가자들로 하여금 판단토록 한 다음 그 결과를 바탕으로 문항을 선정하는 척도는?

① 거트만 척도 ② 서스톤 척도
③ 리커트 척도 ④ 총화평정척도

해설 서스톤 척도는 평가자들로 하여금 각 질문 문항에 대한 우호성의 정도를 비교적 객관적으로 결정하도록 한다. 각 진술(질문 문항)에 대해 평가자들이 척도상의 위치를 판단한 것을 근거로 하여 척도 가치를 결정하고 척도 문항을 선정하여 최종척도를 구성한다.

55 22-1 23

어느 검사의 신뢰도가 1로 나왔다면 측정의 표준오차는?

① 0이다.
② 1이다.
③ 표준편차의 제곱근과 같다.
④ 검사점수의 표준편차와 같다.

해설 신뢰도가 1이라는 것은 표준오차가 없다는 것과 같은 의미이다.

56 21-1

다음에서 설명하는 실험설계의 타당성을 저해하는 외생변수는?

> 실험기간 중에 실험집단의 육체적·심리적 특성이 자연적으로 변화해 종속변수에 영향을 미칠 수 있다.

① 시험효과 ② 표본의 편중
③ 성숙효과 ④ 우연적 사건

해설
① 측정이 반복되면서 얻어지는 학습효과로 인해 실험대상자의 반응에 영향을 미치는 것이다.
② 선택의 편중이라고도 하며, 실험집단이 모집단을 대표하지 못하는 경우 또는 실험집단의 특성이 서로 다른 경우 발생한다.
④ 연구기간 동안 천재지변이나 예상치 않았던 사건과 같이 특정 사건이 일어나는 경우, 환경이 바뀌고 이에 따라 연구결과가 다르게 나타날 수 있다.

정답 ▶ 53 ① 54 ② 55 ① 56 ③

57 21-2

내용타당도(Content Validity)의 의미로 맞는 것은?

① 측정하고자 하는 현상을 일관되게 측정하는 능력
② 측정목적에 기초하여 측정항목들의 적합성을 결정
③ 두 명 이상의 관찰자들이 관찰 후 얼마나 일관성이 있는지를 확인
④ 같은 측정도구를 사용하여 측정을 두 번 하여 그 상관관계를 확인

해설 **내용타당도**
- 표면타당도, 액면타당도 또는 논리적 타당도라고도 한다.
- 측정항목이 연구자가 의도한 내용대로 실제로 측정하고 있는지를 나타낸다(②).
- 논리적 사고에 입각한 논리적인 분석과정으로 판단하는 주관적인 타당도이다.
- 객관적인 자료에 근거하지 않는다.

58 19-1

신뢰성을 측정하는 방법과 가장 거리가 먼 것은?

① 반분법
② 공통분산검사
③ 내적 일관성법
④ 복수양식검사

해설 ② 신뢰도는 안정성, 일관성, 믿음성, 의존가능성, 정확성으로 대체할 수 있으며 타당도의 기본적인 전제조건으로 재검사법, 반분법, 복수양식법, 내적 일관성법 등을 이용해서 측정할 수 있다. 공통분산검사는 신뢰성을 측정하는 방법으로 옳지 않다.
① 반분법은 조사항목의 반을 가지고 조사결과를 획득한 후, 항목의 다른 반쪽을 동일한 대상에 적용하여 얻은 결과와 비교하는 방법이다.
③ 내적 일관성법은 동일한 개념을 측정하는 항목인 경우 그 측정결과에 일관성이 있어야 한다는 논리에 따라 일관성이 없는 항목, 즉 신뢰성을 저해하는 항목을 찾아서 배제시키는 방법이다.
④ 복수양식검사는 두 개 이상의 유사한 측정도구를 사용하여 동일한 표본에 적용한 결과를 서로 비교하여 신뢰도를 측정하는 방법이다.

59 20-4

측정의 신뢰도와 타당도에 관한 설명으로 옳지 않은 것은?

① 반분법은 신뢰도 측정방법이다.
② 내적 타당도는 측정의 정확성이다.
③ 신뢰도가 높지만 타당도는 낮을 수 있다.
④ 측정오류는 신뢰도 및 타당도와 관련이 있다.

해설 측정의 정확성은 신뢰도와 관련이 있다.

60 23

자료의 결측값(결측치)을 처리하는 방법 중 설명변수의 조건부 평균으로 결측하는 방법은?

① 회귀대체법
② 다중대체법
③ 핫덱대체법
④ 평균대체법

해설 **회귀대체법**
결측된 변수의 관측된 값을 종속변수로 하고, 나머지 변수를 설명변수로 하여 추정한 회귀식을 활용하여 결측된 변수의 결측치를 추정하여 대체하는 방법이다. 평균대체법과 달리 설명변수의 조건부 평균으로 결측을 대체하기 때문에 더욱 발전된 방법으로 생각되지만, 이 경우에도 단일대체가 가지는 한계를 그대로 가진다.

정답 57 ② 58 ② 59 ② 60 ①

61

통계적 가설의 기각 여부를 판정하는 가설검정에 대한 설명으로 맞는 것은?

① 표본으로부터 확실한 근거에 의하여 입증하고자 하는 가설을 귀무가설이라 한다.
② 유의수준은 제2종 오류를 범할 확률의 최대허용한계이다.
③ 대립가설을 채택하게 하는 검정통계량의 영역을 채택역이라 한다.
④ 대립가설이 옳은데도 귀무가설을 채택함으로써 범하게 되는 오류를 제2종 오류라 한다.

해설
① 대립가설에 대한 설명이다.
② 귀무가설이 참임에도 기각하는 오류, 즉 제1종 오류를 범할 확률의 최대허용한계이다.
③ 귀무가설을 채택하게 되는 검정통계량의 영역을 채택역이라 한다.

62

상관계수에 대한 설명으로 틀린 것은?

① 두 변수의 직선 관계를 나타내는 척도이다.
② 상관계수는 -1에서 1 사이의 값을 갖는다.
③ 상관계수가 0에 가깝다는 의미는 두 변수 간의 연관성이 없다는 의미이다.
④ 상관계수 값이 1이나 -1에 가깝다는 의미는 두 변수 간의 강한 연관성을 가지고 있다는 의미이기도 하다.

해설 상관계수가 0이면 변수 간에 선형연관성이 없는 것이지 곡선의 연관성은 있을 수 있다.

63

어떤 산업제약의 제품 중 10%는 유통과정에서 변질되어 부적합품이 발생한다고 한다. 이를 확인하기 위하여 해당 제품 100개를 추출하여 실험하였다. 이때 10개 이상이 부적합품일 확률은?

① 0.1 ② 0.3
③ 0.5 ④ 0.7

해설 어떤 시행에서 사건 A가 일어날 확률을 p, 사건 A가 일어나지 않을 확률을 $q(=1-p)$라 하고 이 시행을 독립적으로 n회 되풀이할 때, 그중에서 x회만 A가 일어날 확률은 $_nC_x p^x q^{n-x}$이다. 이 확률분포를 이항분포라 하고 $B(n,p)$로 나타낸다.
$X \sim B(100, 0.1)$, 기댓값은 $np=10$, 분산은 $npq=9$이므로 $X \sim Z(10, 9)$일 때 10개 이상이 부적합품일 확률은
$P(X \geq 10) = P\left(Z \geq \dfrac{10-10}{9}\right) = P(Z \geq 0)$이다.
∴ 0.5

64

일원분산분석모형에서 오차항에 대한 가정에 해당되지 않는 것은?

① 일치성 ② 정규성
③ 독립성 ④ 등분산성

해설 분산분석의 오차항에 대한 기본 가정
• 정규성 : 오차 ϵ_{ij}의 분포는 정규분포를 따른다.
• 독립성 : 임의의 오차 ϵ_{ij}와 $\epsilon_{i'j'}$는 서로 독립이다.
• 등분산성 : 오차 ϵ_{ij}의 분산은 σ_ϵ^2으로 어떤 i, j에 대해서도 같다.

정답 61 ④ 62 ③ 63 ③ 64 ①

65 22-2

어떤 가설검정에서 유의확률(p-값)이 0.044일 때, 검정결과로 맞는 것은?

① 귀무가설을 유의수준 1%와 5%에서 모두 기각할 수 없다.
② 귀무가설을 유의수준 1%와 5%에서 모두 기각할 수 있다.
③ 귀무가설을 유의수준 1%에서 기각할 수 있으나 5%에서는 기각할 수 없다.
④ 귀무가설을 유의수준 1%에서 기각할 수 없으나 5%에서는 기각할 수 있다.

해설 유의확률(p-값)이 0.044로 유의수준 0.1, 0.05보다 작으므로 귀무가설을 기각할 수 있으나, 유의수준 0.01 범위에서는 귀무가설을 기각할 수 없다.

66 22-2

단순회귀모형 $Y = \beta_0 + \beta_1 x + \epsilon, \epsilon \sim N(0, \sigma^2)$을 이용한 적합된 회귀식 $\hat{y} = 30 + 0.44x$에 대한 설명으로 맞는 것은?

① 종속변수가 0일 때, 독립변수 값은 0.44이다.
② 독립변수가 0일 때, 종속변수 값은 0.44이다.
③ 종속변수가 한 단위 증가할 때, 독립변수의 값은 평균 0.44 증가한다.
④ 독립변수가 한 단위 증가할 때, 종속변수의 값은 평균 0.44 증가한다.

해설 회귀식 $\hat{y_i} = a + bx_i$에서 a는 $x_i = 0$에서의 $\hat{y_i}$값이며, b는 x_i가 한 단위 증가할 때 $\hat{y_i}$의 증가량을 나타낸다.
따라서 독립변수(x)가 한 단위 증가할 때, 종속변수(y)의 값은 평균 0.44 증가한다.

67 22-2

다음은 정규분포의 정규곡선을 설명한 것으로 맞는 것은 모두 몇 개인가?

- 정규곡선은 중앙값을 중심으로 좌우대칭을 이룬다.
- 정규곡선의 형태와 위치는 평균과 표준편차에 의해 결정된다.
- 정규곡선 밑의 면적은 1이다.
- 정규곡선이 그려지는 확률변수의 범위는 $-\infty$에서 $+\infty$까지이다.

① 1개　　② 2개
③ 3개　　④ 4개

해설 정규분포의 특징
- 정규분포의 기댓값 μ를 중심으로 좌우대칭이고 이 점에서 최댓값을 갖는다.
- 왜도는 0이고, 첨도는 3이다.
- 평균, 중위수, 최빈값이 모두 같은 값을 가진다.
- 정규곡선과 X축 사이의 전체면적은 1이다.
- 정규곡선은 X축과 맞닿지 않으므로 확률변수가 취할 수 있는 값의 범위는 $-\infty \leq x \leq \infty$이다.

68 19-2 22-2

국회의원 후보 A에 대한 청년층 지지율 p_1과 노년층 지지율 p_2의 차이 $p_1 - p_2$는 6.6%로 알려져 있다. 청년층과 노년층 각각 500명씩 랜덤추출하여 조사하였더니, 위 지지율 차이는 3.3%로 나타났다. 지지율 차이가 줄어들었다고 할 수 있는지를 검정하기 위한 귀무가설 H_0와 대립가설 H_1은?

① $H_0 : p_1 - p_2 = 0.033$, $H_1 : p_1 - p_2 > 0.033$
② $H_0 : p_1 - p_2 > 0.033$, $H_1 : p_1 - p_2 \leq 0.033$
③ $H_0 : p_1 - p_2 < 0.066$, $H_1 : p_1 - p_2 \geq 0.066$
④ $H_0 : p_1 - p_2 = 0.066$, $H_1 : p_1 - p_2 < 0.066$

해설 기존의 지지율 차이 6.6%보다 작아졌다는 단측검정에 대한 가설이므로 $H_0 : p_1 - p_2 = 0.066$, $H_1 : p_1 - p_2 < 0.066$이다.

정답　65 ④　66 ④　67 ④　68 ④

69 [22-2]

어느 조사에서 응답자가 조사에 응답할 확률이 0.4라고 알려져 있다. 1,000명을 조사할 때, 응답자 수의 기댓값과 분산은?

① 기댓값=400, 분산=120
② 기댓값=400, 분산=240
③ 기댓값=600, 분산=120
④ 기댓값=600, 분산=240

해설 응답자가 조사에 응답할 확률은 0.4이고, 1,000명을 각 조사하는 시행은 서로 독립이므로 확률변수 X는 이항분포 $B(1000, 0.4)$를 따른다. 이항분포의 기댓값은 $E(X) = 1000 \times 0.4 = 400$이고 분산은 $Var(X) = 1000 \times 0.4 \times (1-0.4) = 240$이다.

70 [22-2]

크기가 5인 확률표본에 대해 다음과 같은 자료를 얻었다면, 표본변동계수(Coefficient of Variation)는?

$$\sum_{j=1}^{5} x_j = 10, \quad \sum_{j=1}^{5} x_j^2 = 30$$

① 0.5
② 0.79
③ 1.0
④ 1.26

해설 변이계수는 표준편차를 평균으로 나눈 값이므로 표본변이계수는 표본의 표준편차를 표본의 평균으로 나누면 된다.

표본의 평균은 $\dfrac{\sum_{j=1}^{5} x_j}{n} = \dfrac{10}{5} = 2$이고

표본의 분산은 $\dfrac{\sum_{j=1}^{5} x_j^2 - n\bar{x}^2}{n-1} = \dfrac{30 - 5 \times 2^2}{5-1} = 2.5$로 표준편차는 $\sqrt{2.5}$이다.

따라서 표본변이계수는 $\dfrac{\sqrt{2.5}}{2} \fallingdotseq 0.79$이다.

71 [21-2]

중소기업들 간 30대 직원의 연봉에 차이가 있는지 알아보기 위해 몇 개의 기업을 조사한 결과 다음과 같은 분산분석표를 얻었다. 총 몇 개 기업이 비교 대상이 되었으며, 총 몇 명이 조사되었나?

요인	제곱합	자유도	평균제곱	F_0
그룹 간	777.39	2	388.69	5.36
그룹 내	1522.58	21	72.50	
합 계	2299.97	23		

① 2개 회사, 21명
② 2개 회사, 22명
③ 3개 회사, 23명
④ 3개 회사, 24명

해설 요인은 중소기업이며 요인수준은 중소기업의 수이다. 그룹 간 자유도는 요인수준 -1이므로 요인수준은 3, 즉 3개 회사가 비교대상이다. 그룹 내 자유도(21)는 총 관찰 개수 N에서 요인수준(3)을 뺀 값이므로 $N = 21 + 3 = 24$, 즉 총 24명이 조사되었다.

72 [22-2]

자료 $x_1, x_2, \cdots, x_n$을 $z_i = ax_i + b$, $i = 1, 2, \cdots, n$ (a, b는 상수)으로 변환할 때, 평균과 분산에 있어서 변환한 자료와 원자료 사이에 성립하는 관계식은?

(단, 원자료의 평균과 분산은 각각 $\bar{x}$, s_x^2이고, 변환한 자료의 평균과 분산은 각각 $\bar{z}$, s_z^2이다)

① $\bar{z} = a\bar{x}$, $s_z^2 = a^2 s_x^2$
② $\bar{z} = a\bar{x} + b$, $s_z^2 = a^2 s_x^2$
③ $\bar{z} = a\bar{x} + b$, $s_z^2 = a s_x^2 + b$
④ $\bar{z} = a\bar{x} + b$, $s_z^2 = a^2 s_x + b$

해설
- 기댓값의 성질 $E(aX+b) = aE(X) + b$에 의해
  $E(z_i) = E(ax_i + b) = aE(x_i) + b$이고,
  $E(z_i) = \bar{z}$, $E(x_i) = \bar{x}$이므로 $\bar{z} = a\bar{x} + b$이다.
- 분산의 성질 $Var(aX+B) = a^2 Var(X)$에 의해
  $Var(z_i) = Var(ax_i + b) = a^2 Var(x_i)$이고,
  $Var(z_i) = s_z^2$, $Var(x_i) = s_x^2$이므로 $s_z^2 = a^2 s_x^2$이다.

정답 69 ② 70 ② 71 ④ 72 ②

73

A분포와 B분포의 특성에 관한 설명으로 틀린 것은?

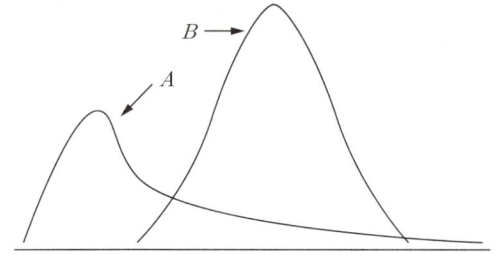

① A의 분산은 B의 분산보다 크다.
② A의 왜도는 양(+)의 값을 가진다.
③ B의 왜도는 음(−)의 값을 가진다.
④ A의 최빈값은 B의 최빈값보다 작다.

해설 B는 좌우대칭이므로 왜도는 0이다.

74

골동품 시장에서 거래되는 그림의 20%가 위조품이라고 가정한다. 오래된 그림의 진위를 감정하는 감정사들이 진품 그림을 진품으로 평가할 확률은 85%이고, 위조 그림을 진품으로 감정할 확률은 15%이다. 한 고객이 감정사가 진품이라고 감정한 그림을 샀을 때, 구입한 그림이 진품일 확률은?

① 0.85
② 0.90
③ 0.95
④ 0.96

해설 곱사건의 확률로 계산해보면 진품이면서 감정사가 진품이라고 감정한 경우의 확률은 0.8×0.85이며, 위조품이면서 감정사가 진품이라고 감정한 경우의 확률은 0.2×0.15이다.
구입한 그림이 진품일 확률은
$$\frac{(0.8 \times 0.85)}{(0.8 \times 0.85) + (0.2 \times 0.15)} = 0.957 \cdots$$이므로
유효숫자 두 자리가 되도록 반올림하여 답은 0.96이다.

75

분산분석표가 다음과 같을 때 ( ) 안에 들어갈 값은?

요인	제곱합	자유도	평균제곱합	검정통계량
작업시간대	360	3	120	(B)
오 차	232	12	(A)	
총 합	592	15		

① $A = 19.3$, $B = 1.55$
② $A = 19.3$, $B = 6.21$
③ $A = 30$, $B = 0.25$
④ $A = 30$, $B = 4$

해설 A=오차의 평균제곱합=오차제곱합/오차의 자유도
= 232/12 ≒ 19.3
B=검정통계량=처리의 평균제곱합/오차의 평균제곱합
= 120/19.3 ≒ 6.21

76

모평균이 10, 모분산이 9인 정규모집단으로부터 추출한 크기 36인 표본의 표본평균은 어떤 분포를 따르는가?

① $N\left(10, \frac{1}{2}\right)$
② $N\left(10, \frac{1}{4}\right)$
③ $N\left(10, \frac{1}{9}\right)$
④ $N\left(10, \frac{3}{2}\right)$

해설 모집단의 분포가 정규분포 $N(\mu, \sigma^2)$을 따를 때, 표본평균의 분포는 정규분포 $N\left(\mu, \frac{\sigma^2}{n}\right)$을 따른다.
따라서 문제에서 추출한 표본은
정규분포 $N\left(10, \frac{3^2}{36}\right) = N\left(10, \frac{1}{4}\right)$을 따른다.

77 21-3

여론조사 기관에서 특정 프로그램의 시청률을 조사하기 위하여 100명의 시청자를 임의로 추출하여 시청여부를 물었더니 이 중 10명이 시청하였다. 이때 이 프로그램의 시청률에 대한 95% 신뢰구간은? (단, 표준정규분포를 따르는 확률변수 Z는 $P(Z > 1.96) = 0.025$를 만족한다)

① (0.0312, 0.1688)
② (0.0412, 0.1588)
③ (0.0512, 0.1488)
④ (0.0612, 0.1388)

해설 모비율 p에 대한 $100(1-\alpha)\%$ 신뢰구간을 구하는 공식은 다음과 같다.

$$\hat{p} - Z_{\alpha/2}\sqrt{\frac{\hat{p}(1-\hat{p})}{n}} \leq p \leq \hat{p} + Z_{\alpha/2}\sqrt{\frac{\hat{p}(1-\hat{p})}{n}}$$

95% 신뢰구간이므로 $\alpha = 0.05$, $Z_{\alpha/2} = Z_{0.025} = 1.96$, $\hat{p} = \frac{10}{100}$, $n = 100$이다.

$$\frac{10}{100} - 1.96\sqrt{\frac{\frac{10}{100}\left(1 - \frac{10}{100}\right)}{100}} \leq p$$

$$\leq \frac{10}{100} + 1.96\sqrt{\frac{\frac{10}{100}\left(1 - \frac{10}{100}\right)}{100}}$$

$$= 0.1 - 1.96\sqrt{\frac{0.1 \times 0.9}{100}} \leq p \leq 0.1 + 1.96\sqrt{\frac{0.1 \times 0.9}{100}}$$

$$= 0.0412 \leq p \leq 0.1588$$

∴ 이 프로그램의 시청률에 대한 95%의 신뢰구간은 (0.0412, 0.1588)이다.

78 21-3

앞면과 뒷면이 나올 확률이 동일한 동전을 10번 독립적으로 던질 때 앞면이 나오는 횟수를 X라고 하면 X의 기댓값과 분산은?

① $E(X) = 2.5$, $Var(X) = 5$
② $E(X) = 5$, $Var(X) = \sqrt{5}$
③ $E(X) = 5$, $Var(X) = \sqrt{2.5}$
④ $E(X) = 5$, $Var(X) = 2.5$

해설 공정한 동전을 던질 때 앞면이 나올 확률은 $\frac{1}{2}$이고 동전을 던지는 각 시행은 독립이며 이 시행을 10번 반복하므로 확률변수 X는 이항분포 $B\left(10, \frac{1}{2}\right)$를 따른다.

이항분포의 평균 $= E(X) = 10 \times \frac{1}{2} = 5$,

분산 $= Var(X) = 10 \times \frac{1}{2} \times \left(1 - \frac{1}{2}\right) = 2.5$이다.

79 21-3

어떤 제품의 수명은 특정 부품의 수명과 밀접한 관계가 있다고 한다. 제품수명(Y)의 평균과 표준편차는 각각 13과 4이고, 부품수명(X)의 평균과 표준편차는 각각 12와 3이다. X와 Y의 상관계수가 0.6일 때, 추정회귀직선 $\hat{Y} = \hat{\alpha} + \hat{\beta}X$에서 기울기 $\hat{\beta}$의 값은?

① 0.6
② 0.7
③ 0.8
④ 0.9

해설 단순선형회귀에서 회귀직선 $\hat{Y} = \hat{\alpha} + \hat{\beta}X$, $\hat{\beta} = r\frac{S_Y}{S_X}$이다.

따라서 기울기는 $\hat{\beta} = 0.6 \times \frac{4}{3} = 0.8$이다.

80

사건의 독립성에 관한 설명으로 틀린 것은?

① 두 사건 A와 B가 독립이면, A와 B^c 또한 독립이다.
② 두 사건 A와 B가 독립이면, A^c와 B^c 또한 독립이다.
③ 세 사건 A, B, C가 상호독립이면, A와 $B \cap C$ 또한 독립이다.
④ A와 B, A와 C, B와 C가 각각 독립이면, 세 사건 A, B, C가 상호독립이다.

해설 ①·② 동전을 던졌을 때 처음 시행에 앞면이 나오는 사건을 A, 두 번째 시행에서 앞면이 나오는 사건을 B라고 하면 A와 B는 독립이다. 이때 처음 시행에 앞면이 나올 사건 A와 두 번째 시행에서 뒷면이 나올 사건 B^c은 독립이며 마찬가지로 처음 시행에 뒷면이 나올 사건 A^c과 B^c도 독립이다.
③ 동전을 던졌을 때 처음 시행에 앞면이 나오는 사건을 A, 두 번째 시행에서 앞면이 나오는 사건을 B, 세 번째 사건에서 앞면이 나오는 사건을 C라고 하면 세 사건 A, B, C는 상호독립이다. 이때, A와 $B \cap C$ 역시 독립이다.

81

모표준편차가 σ인 모집단에서 크기가 10인 표본으로부터 표본평균을 구하여 모평균을 추정하였다. 표본평균의 표준오차를 반(1/2)으로 줄이려면, 추가로 표본을 얼마나 더 추출해야 하는가?

① 20 ② 30
③ 40 ④ 50

해설 표준오차를 반으로 줄이려면
$\dfrac{\sigma}{\sqrt{n}}$에서 $\dfrac{\sigma}{\sqrt{10}} \times \dfrac{1}{2} = \dfrac{\sigma}{\sqrt{40}}$ 이므로
표본의 크기는 40이 된다.
따라서 추가로 추출해야 하는 표본은 40−10=30이다.

82

가설검정 시 유의확률(p값)과 유의수준(α)의 관계에 대한 설명으로 맞는 것은?

① 유의확률 < 유의수준일 때 귀무가설을 기각한다.
② 유의확률 ≥ 유의수준일 때만 귀무가설을 기각한다.
③ 유의확률 ≠ 유의수준일 때 귀무가설을 기각한다.
④ 유의확률과 유의수준 중 어느 것이 큰가하는 문제와 가설검정과는 아무런 관계가 없다.

해설 유의확률(p값) < 유의수준(α)이면 귀무가설을 기각하고, 유의수준(α) < 유의확률(p값)이면 귀무가설을 채택한다.

83

어떤 연속확률변수 X의 평균이 0이고, 분산이 4이다. 체비셰프(Chebyshev) 부등식을 이용하여 $P(-4 \leq X \leq 4)$의 범위를 구하면?

① $P(-4 \leq X \leq 4) \leq 0.5$
② $P(-4 \leq X \leq 4) \geq 0.75$
③ $P(-4 \leq X \leq 4) \geq 0.95$
④ $P(-4 \leq X \leq 4) \leq 0.99$

해설 체비셰프 부등식은
$P(|X-\mu| \leq k\sigma) = P(-k\sigma \leq X-\mu \leq k\sigma) \geq 1 - \dfrac{1}{k^2}$ 이다.
문제에서 $\mu = 0$, $\sigma = \sqrt{4} = 2$이므로 대입을 하면
$P(-2k \leq X-0 \leq 2k) = P(-4 \leq X \leq 4)$ 이다.
$k=2$로 $1 - \dfrac{1}{k^2} = 1 - \dfrac{1}{2^2} = \dfrac{3}{4}$ 이다.
∴ $P(-4 \leq X \leq 4) \geq 0.75$

84 21-3

두 변량 X와 Y의 관계를 분석하고자 한다. X와 Y가 모두 연속형 변수일 때 가장 적합한 분석은?

① 회귀분석
② 분산분석
③ 교차분석
④ 베이즈 분석

해설 분석방법

구 분	독립변수	종속변수
t-검정	질적(범주형)	양적(연속형)
교차분석	질적(범주형)	질적(범주형)
분산분석	질적(범주형)	양적(연속형)
상관분석	양적(연속형)	양적(연속형)
회귀분석	양적(연속형)	양적(연속형)

85 21-3

단순회귀분석에서 결정계수 r^2에 대한 설명 중 틀린 것은?

① 추정회귀직선의 기울기가 0이면, $r^2 = 0$이다.
② 결정계수가 취할 수 있는 범위는 $0 \le r^2 \le 1$이다.
③ 모든 관찰점들이 추정회귀직선상에 위치하면 $r^2 = 1$이다.
④ 결정계수는 설명변수와 반응변수 사이의 상관계수와는 관계가 없다.

해설 결정계수의 특성
- $0 \le r^2 \le 1$
- 결정계수는 설명력을 의미하는 수치이다.
- 모든 측정값이 한 직선상에 놓이면, $r^2 = 1$이다.
- r^2은 독립변수의 수가 늘어날수록 증가한다.
- 단순회귀분석에서 결정계수는 상관계수의 제곱이지만 다중회귀분석에서는 상관계수의 제곱과 동일하지 않다.
- x와 y 사이에 회귀관계가 전혀 존재하지 않아 추정회귀직선의 기울기 b_1이 0인 경우에는 결정계수 r^2의 값은 0이다.

86 21-3

독립변수가 5개인 100개의 자료를 이용하여 절편이 있는 선형회귀모형을 추정할 때 잔차의 자유도는?

① 4
② 5
③ 94
④ 95

해설 독립변수의 수가 2개 이상이므로 다중회귀분석이다.

요인	제곱합	자유도	평균제곱	F
회귀	SSR	k	MSR	MSR/MSE
잔차	SSE	$n-k-1$	MSE	
전체	SST	$n-1$		

k는 독립변수의 수로 5, n는 전체 관측자료의 수로 100이다. 따라서 잔차의 자유도는 $100-5-1=94$이다.

87 19-3 22-2

피어슨의 대칭도를 대표치들 간의 관계식으로 바르게 나타낸 것은? (단, $\overline{X}$: 산술평균, M_e : 중위수, M_o : 최빈수)

① $\overline{X} - M_o = 3(M_e - \overline{X})$
② $M_o - \overline{X} = 3(M_o - M_e)$
③ $\overline{X} - M_o = 3(\overline{X} - M_e)$
④ $M_o - \overline{X} = 3(M_e - M_o)$

해설 피어슨 대칭도(S_k)
- $\overline{X} - M_o = 3(\overline{X} - M_e)$
- 0이면 대칭분포를 이룬다($M_o = \overline{X}$).
- 0보다 크면 왼쪽으로 기울어진 분포이다($M_o < \overline{X}$).
- 0보다 작으면 오른쪽으로 기울어진 분포이다($M_o > \overline{X}$).
- $-1 < S_k < 1$

정답 84 ① 85 ④ 86 ③ 87 ③

88 21-3

어떤 회사에서 생산되는 제품이 부적합품일 확률은 서로 독립적으로 0.01이라 한다. 이 회사는 한 상자에 10개씩 포장해서 판매를 하는데 만일 한 상자에 부적합품이 2개 이상이면 돈을 환불해 준다. 판매된 한 상자가 반품될 확률은 약 얼마인가?

① 0.1% ② 0.4%
③ 9.1% ④ 9.6%

해설 이항분포 확률을 활용한다. 상자가 반품되지 않는 경우는 한 상자에 부적합품이 없거나 1개가 있는 경우이다. 전체 사건에서 상자가 반품되지 않는 사건을 제외하면 상자가 반품될 사건을 구할 수 있다.
$1 - (_{10}C_0 \times (0.01)^0 (0.99)^{10} + {}_{10}C_1 \times (0.01)^1 (0.99)^9)$
$\fallingdotseq 0.004$
따라서 판매될 상자가 반품될 확률은 0.4%이다.

89 18-1 23

표본평균의 확률분포에 관한 설명으로 틀린 것은?

① 모집단의 확률분포가 정규분포이면 표본평균의 확률분포도 정규분포이다.
② 표본평균의 확률분포는 모집단의 확률분포에 관계없이 정규분포이다.
③ 모집단의 표준편차가 σ이면 표본의 크기가 n인 표본평균의 표준오차는 $\sigma/\sqrt{n}$이다.
④ 표본평균의 평균은 모집단의 평균과 동일하다.

해설 표본평균의 분포는 모집단이 정규모집단이냐 아니냐에 따라서 그 분포가 다르게 나타난다. 또한, 모집단으로부터 표본을 복원으로 추출하느냐 비복원으로 추출하느냐에 따라 표본평균의 분포에 대한 분산의 형태가 달라진다.

90 21-3

연속형 확률변수 X의 확률밀도함수가 다음과 같을 때 상수 k값과 $P(|x|>1)$을 순서대로 구하면?

$$f(x) = \begin{cases} -\dfrac{1}{4}|x|+k, & |x| \leq 2 \text{인 경우} \\ 0, & \text{그 외} \end{cases}$$

① $\dfrac{1}{4}, \dfrac{1}{4}$ ② $\dfrac{1}{2}, \dfrac{1}{4}$
③ $\dfrac{1}{2}, \dfrac{1}{2}$ ④ $\dfrac{1}{4}, \dfrac{1}{2}$

해설 해당 문제는 확률밀도함수의 전반적인 이해와 개념을 포함해 고등수학의 미적분 개념이 추가로 요구되기에, 해당 개념이 익숙지 않은 학습자의 경우 문제 풀이 전개 과정이 길고 그 과정을 이해하는 데 시간과 문제 풀이 연습이 필요하다는 점을 참고하여 학습하기를 바란다. 문제의 풀이는 다음과 같다.

연속형 확률변수 X의 확률밀도함수의 합은 항상 1이다.
$0 \leq x \leq 2$일 때, $\int_0^2 \left(-\dfrac{1}{4}x + k\right)dx = \left[-\dfrac{1}{8}x^2 + kx\right]_0^2$
$= \left(-\dfrac{1}{2} + 2k\right) - (0 + 0k) = -\dfrac{1}{2} + 2k$

$-2 \leq x \leq 0$일 때, $\int_{-2}^0 \left(\dfrac{1}{4}x + k\right)dx = \left[\dfrac{1}{8}x^2 + kx\right]_{-2}^0$
$= (0 + 0k) - \left(\dfrac{1}{2} - 2k\right) = -\dfrac{1}{2} + 2k$

$\left(-\dfrac{1}{2} + 2k\right) - \dfrac{1}{2} + 2k = 1$로 식을 전개하면 $k = \dfrac{1}{2}$이다.

문제에서 요구하는 $P(|x|>1) = 1 - P(-1 \leq x \leq 1)$이므로
$0 \leq x \leq 1$일 때, $f(x)$를 적분하면
$\int_0^1 \left(-\dfrac{1}{4}x + \dfrac{1}{2}\right)dx = \left[-\dfrac{1}{8}x^2 + \dfrac{1}{2}x\right]_0^1$
$= -\dfrac{1}{8} + \dfrac{1}{2} - 0 = \dfrac{3}{8}$이다.

$-1 \leq x \leq 0$일 때, $f(x)$를 적분하면
$\int_{-1}^0 \left(\dfrac{1}{4}x + \dfrac{1}{2}\right)dx = \left[\dfrac{1}{8}x^2 + \dfrac{1}{2}x\right]_{-1}^0 = 0 - \left(\dfrac{1}{8} - \dfrac{1}{2}\right)$
$= \dfrac{3}{8}$이다.

위 두 식을 합한 $P(-1 \leq x \leq 1) = \dfrac{6}{8} = \dfrac{3}{4}$이다.

$\therefore P(|x|>1) = 1 - P(-1 \leq x \leq 1) = 1 - \dfrac{3}{4} = \dfrac{1}{4}$

91

다음 표는 성별과 혼인상태에 따른 교차표이다. 이 표에 대한 설명으로 틀린 것은?

구 분		혼인상태			
		미 혼	기 혼	기 타	계
성 별	남 성	13	45	1	59
	여 성	85	43	6	134
	합 계	98	88	7	193

① 남성 가운데 미혼자의 비율은 22%이다.
② 기혼자 가운데 여성의 비율은 48.9%이다.
③ 전체에서 여성이 차지하는 비율은 69.4%이다.
④ 전체에서 여성 기혼자가 차지하는 비율은 42.3%이다.

해설 ④ $\dfrac{\text{여성 기혼자}}{\text{전체}} = \dfrac{43}{193} ≒ 22.3\%$

① $\dfrac{\text{남성 미혼자}}{\text{남성}} = \dfrac{13}{59} ≒ 22\%$

② $\dfrac{\text{여성 기혼자}}{\text{기혼자}} = \dfrac{43}{88} ≒ 48.9\%$

③ $\dfrac{\text{여성}}{\text{전체}} = \dfrac{134}{193} ≒ 69.4\%$

92

모집단의 모수 θ에 대한 추정량(Estimator)으로서 지녀야 할 성질 중 일치추정량에 대한 설명으로 가장 적합한 것은?

① 추정량의 평균이 θ가 되는 추정량을 의미한다.
② 여러 가지 추정량 중 분산이 가장 작은 추정량을 의미한다.
③ 모집단으로부터 추출한 표본의 정보를 모두 사용한 추정량을 의미한다.
④ 표본의 크기가 커질수록 추정량이 모수에 가까워지는 성질을 의미한다.

해설 일치추정량이란 표본의 크기(n)가 커짐에 따라 추정량 $\hat{\theta}$이 확률적으로 모수 θ에 가깝게 수렴하는 성질이다.
즉, $\lim_{n \to \infty} P(|\hat{\theta} - \theta| < \epsilon) = 1$이다.

93

일원배치 분산분석에 대한 설명으로 틀린 것은?

① 집단 간 평균을 비교하는 분석이다.
② 요인이 2개인 경우에 적용할 수 있다.
③ 유의확률이 유의수준보다 크면 귀무가설을 기각할 수 없다.
④ 검정통계량은 집단 내 제곱합과 집단 간 제곱합으로 구한다.

해설 일원배치 분산분석은 요인이 1개인 경우의 종속변수(반응변수)의 평균차이 분석에 사용한다.

94

어떤 화학약품을 생산하는 공정에서 온도에 따라 수율(%)에 차이가 있는가를 알아보고자 4개의 온도수준에 다음과 같이 완전임의배열법을 적용하여 실험하여 분산분석표를 작성하였다. ㉠~㉣에 해당하는 값은?

온 도	90℃	100℃	110℃	120℃
반복수	3개	4개	3개	3개

요 인	제곱합	자유도	평균제곱	F값
인 자	㉠	3	1.14	㉣
잔 차	1.66	㉡	㉢	
계	5.08	12		

① ㉠ : 3.42, ㉡ : 9, ㉢ : 0.18, ㉣ : 6.33
② ㉠ : 3.42, ㉡ : 10, ㉢ : 0.17, ㉣ : 6.71
③ ㉠ : 3.42, ㉡ : 9, ㉢ : 0.18, ㉣ : 1.04
④ ㉠ : 6.74, ㉡ : 10, ㉢ : 0.17, ㉣ : 6.71

해설 ㉠ : $5.08 - 1.66 = 3.42$
㉡ : $12 - 3 = 9$
㉢ : $\dfrac{1.66}{9} ≒ 0.18$
㉣ : $\dfrac{1.14}{0.18} ≒ 6.33$

95 20-3

어떤 기업체의 인문사회계열 출신 종업원 평균급여는 140만 원, 표준편차는 42만 원이고, 공학계열 출신 종업원 평균급여는 160만 원, 표준편차는 44만 원일 때의 설명으로 틀린 것은?

① 공학계열 종업원의 평균급여 수준이 인문사회계열 종업원의 평균급여 수준보다 높다.
② 인문사회계열 종업원 중 공학계열 종업원보다 급여가 더 높은 사람도 있을 수 있다.
③ 공학계열 종업원들 급여에 대한 중앙값이 인문사회 계열 종업원들 급여에 대한 중앙값보다 크다고 할 수는 없다.
④ 인문사회계열 종업원들의 급여가 공학계열 종업원들의 급여에 비해 상대적 산포도를 나타내는 변동계수가 더 작다.

해설 변동계수는 표준편차를 산술평균으로 나눈 값이다.

인문사회계열 출신 종업원 급여의 변동계수 = $\dfrac{42}{140} = 0.3$

공학계열 출신 종업원 급여의 변동계수 = $\dfrac{44}{160} = 0.275$

따라서 인문사회계열 종업원들의 급여가 공학계열 종업원들의 급여에 비해 변동계수가 더 크다.

96 21-3

상관계수의 범위에 관한 설명으로 맞는 것은?

① 상관계수의 범위는 0에서 1이다.
② 상관계수의 범위는 1에서 2이다.
③ 상관계수의 범위는 -1에서 0이다.
④ 상관계수의 범위는 -1에서 1이다.

해설 상관계수는 -1에서 1 사이의 값을 갖는다.

97 21-3

정규분포에 대한 설명으로 틀린 것은?

① 평균과 중위수가 동일하다.
② 평균을 중심으로 좌우대칭형의 분포를 이룬다.
③ 확률밀도함수는 평균과 표준편차에 의해 결정된다.
④ 평균을 중심으로 1σ(표준편차) 구간 내에 포함될 확률은 95%이다.

해설 ① 정규분포는 평균, 중위수, 최빈수가 같다.
② 정규분포는 평균 μ에 관해서 좌우대칭이다.
③ 확률변수 X가 평균 μ, 표준편차 σ를 갖는 정규분포를 따를 때, $X \sim N(\mu, \sigma^2)$으로 표현한다.

98 21-3

두 개의 정규모집단으로부터 추출한 독립인 확률표본에 기초하여 모분산에 대한 가설 $H_0 : \sigma_1^2 = \sigma_2^2$ vs $H_1 : \sigma_1^2 > \sigma_2^2$을 검정하고자 한다. 검정방법으로 맞는 것은?

① F-검정
② t-검정
③ χ^2-검정
④ z-검정

해설 모분산 $\sigma_1^2 = \sigma_2^2$에 대한 가설검정에서

대립가설이 $H_1 : \sigma_1^2 > \sigma_2^2$ 또는 $H_1 : \sigma_1^2 \neq \sigma_2^2$이면

검정통계량은 $F = \dfrac{S_1^2/\sigma_1^2}{S_2^2/\sigma_2^2}$이다.

대립가설이 $H_1 : \sigma_1^2 < \sigma_2^2$이면 검정통계량은 $F = \dfrac{S_2^2/\sigma_2^2}{S_1^2/\sigma_1^2}$이다.

99

대기오염에 따른 신체발육정도가 서로 다른지를 알아보기 위해 대기오염상태가 서로 다른 4개 도시에서 각각 10명씩 어린이들의 키를 조사하였다. 분산분석의 결과가 다음과 같을 때, 다음 중 틀린 것은?

〈분산분석표〉

요 인	제곱합(SS)	자유도(df)	평균제곱합(MS)	F
처리(B)	2100	a	b	f
오차(W)	c	d	e	
총합(T)	4900	g		

① $b = 700$
② $c = 2800$
③ $g = 39$
④ $f = 8.0$

해설

요 인	제곱합 (SS)	자유도 (df)	평균제곱합 (MS)	F
처리(B)	2100	$a=3$	$b=700$	$f=9$
오차(W)	$c=2800$	$d=36$	$e=77.78$	
총합(T)	4900	$g=39$		

4개의 도시이므로 요인수준은 4, 각 도시에서 10명씩 조사하므로 관찰개수는 4×10이다.
$c = 4900 - 2100 = 2800$
$a =$ 처리의 자유도 $=$ 요인수준 $- 1 = 4 - 1 = 3$
$d =$ 오차의 자유도 $=$ 관찰 개수 $-$ 요인수준
$\quad = 10 \times 4 - 4 = 36$
$g = a + d = 3 + 36 = 39$
$b =$ 처리의 평균제곱합 $=$ 처리제곱합/처리의 자유도
$\quad = 2100/3 = 700$
$e =$ 오차의 평균제곱합 $=$ 오차제곱합/오차의 자유도
$\quad = 2800/36 ≒ 77.78$
$f =$ 처리의 평균제곱합/오차의 평균제곱합
$\quad = 700/77.78 ≒ 9$

100

어느 화장품 회사에서 새로 개발한 상품에 대한 선호도를 조사하려고 한다. 400명의 조사대상자 중 새 상품을 선호한 사람은 220명이었다. 이때 다음 가설에 대한 유의확률은? (단, $Z \sim N(0, 1)$이다)

$$H_0: p = 0.5, \quad H_1: p > 0.5$$

① $P(Z \geq 1)$
② $P\left(Z \geq \dfrac{5}{4}\right)$
③ $P(Z \geq 2)$
④ $P\left(Z \geq \dfrac{3}{2}\right)$

해설 모비율에 대한 가설검정은

검정통계량 $Z = \dfrac{\hat{p} - p_0}{\sqrt{p_0(1-p_0)/n}}$ 을 이용한다.

$\hat{p} = \dfrac{220}{400} = 0.55$, $p_0 = 0.5$, $n = 400$이므로

$Z = \dfrac{0.55 - 0.5}{\sqrt{0.5(1-0.5)/400}} = 2$이다.

따라서 유의확률 $p-$값은 $P(Z \geq 2)$이다.

01 [20-3]

양적 연구와 질적 연구에 관한 설명으로 옳지 않은 것은?

① 양적 연구는 연구자와 연구대상이 독립적이라는 인식론에 기초한다.
② 질적 연구는 현실 인식의 주관성을 강조한다.
③ 질적 연구는 연역적 과정에 기초한 설명과 예측을 목적으로 한다.
④ 양적 연구는 가치중립성과 편견의 배제를 강조한다.

해설 양적 연구는 연역적 과정에 기초한 설명과 예측을 목적으로 한다.

02 [20-3]

설문지 작성에서 질문의 순서를 결정할 때 고려할 사항이 아닌 것은?

① 시작하는 질문은 쉽고 흥미를 유발할 수 있어야 한다.
② 인적사항이나 사생활에 대한 질문은 가급적 처음에 묻는다.
③ 일반적인 내용을 먼저 묻고, 다음에 구체적인 것을 묻도록 한다.
④ 연상 작용을 일으키는 문항들은 간격을 멀리 떨어뜨려 놓는다.

해설 민감한 질문이나 개방형 질문은 가급적 질문지의 후반부에 배열한다(교육수준, 소득 등).

03 [20-4] [23]

설문조사에서 사전조사(Pilot Test)에 관한 설명으로 옳은 것은?

① 기초적인 자료가 확보되지 않은 상태에서 이루어지는 조사이다.
② 응답자들이 조사내용을 분명히 이해할 수 있는지의 여부를 확인하기 위해 실시되는 조사이다.
③ 검증해야 할 가설을 찾아내기 위해 실시하는 조사이다.
④ 사전조사에 참여한 응답자들이 실제 연구에 참여해도 된다.

해설 본조사에 들어가기에 앞서 질문지 초안이 작성된 후 마지막 단계에서 질문지의 문제점을 찾아내기 위해 실시되는 조사이다.

04 [20-3]

단일집단 사후측정설계에 관한 설명으로 옳은 것은?

① 외적 타당도가 높다.
② 실험적 처치를 필요로 하지 않는다.
③ 인과관계를 규명하는 데 취약한 설계이다.
④ 외생변수를 쉽게 통제할 수 있다.

해설 단일사례 또는 단일집단에 실험조치를 한 후 그 결과를 관찰하는 실험설계이다. 사전조사를 진행하지 않아 인과관계를 규명하기 어렵고 외적 타당도가 낮으며 외생변수를 쉽게 통제할 수 없다.

정답 01 ③ 02 ② 03 ② 04 ③

05 [20-3]

정당 공천에 앞서 당선 가능성이 높은 후보를 알아보고자 할 때 가장 적합한 조사방법은?

① 단일사례 관찰조사
② 델파이조사
③ 표본집단설문조사
④ 초점집단면접조사

해설 표본집단설문조사는 서베이조사를 풀어쓴 단어로, 서베이조사는 모집단을 대상으로 추출된 표본집단에 대해 설문지와 같은 표준화된 조사도구를 사용하여 직접 질문함으로써 필요한 자료를 수집하는 방법이다.

06 [18-1] [20-3]

사회과학 연구방법을 연구목적에 따라 구분할 때, 탐색적 연구의 목적에 해당하는 것을 모두 고른 것은?

ㄱ. 개념을 보다 분명하게 하기 위해
ㄴ. 다음 연구의 우선순위를 정하기 위해
ㄷ. 많은 아이디어를 생성하고 임시적 가설 개발을 위해
ㄹ. 사건의 범주를 구성하고 유형을 분류하기 위해
ㅁ. 이론의 정확성을 판단하기 위해

① ㄱ, ㄴ, ㄷ
② ㄱ, ㄷ, ㄹ
③ ㄴ, ㄹ, ㅁ
④ ㄴ, ㄷ, ㄹ, ㅁ

해설 사건의 카테고리를 만들고 유형을 분류하거나 이론의 정확성을 판단하는 것은 어떤 사건이나 현상을 정확하게 기술하기 위해 실시하는 기술적 조사의 목적에 해당한다.

탐색적 연구의 목적
- 보통 연구문제에 대한 사전지식이 부족할 때 개념을 보다 분명히 하기 위해 실시한다.
- 정확한 조사연구 및 가설 설계를 위한 명제 정립을 목적으로 한다.
- 조사설계를 확정하기 이전 타당도를 검증하기 위해 실시한다.
- 연구의 우선순위를 정하고 문제의 중요 부분에 대한 실태를 파악하기 위해 실시한다.

07 [21-3] [23]

가설에 관한 설명으로 틀린 것은?

① '모든 사람은 죽는다.'는 좋은 가설의 예라고 할 수 있다.
② 가설은 방향성을 가질 수도 있고 그렇지 않을 수도 있다.
③ 가설은 서로 다른 두 개념이나 변수의 관계를 표시한다.
④ 가설은 아직까지 진실 여부가 확인되지 않은 사실에 대한 진술문이라고 할 수 있다.

해설 가설은 두 개 이상의 구성개념 또는 변수 간의 관계를 검정 가능한 형태로 서술한 문장으로서 과학적 조사에 의하여 검정이 가능한 사실이다. 하나의 사실과 다른 사실과의 관계를 잠정적으로 나타내는 것으로 이를 검증함으로써 특정 현상에 대한 설명을 가능케 해주어 연구자가 제기한 문제의 해답을 내린다. 즉, 원인과 결과의 형태로 독립변수와 종속변수의 관계로 표명된다. 따라서 '모든 사람이 죽는다.'는 내용은 두 사실 간의 관계를 나타내는 것이 아닌 하나의 진술로, 옳고 그름을 판단할 수 있는 명제이다.

08 [20-3]

전문가의 견해를 물어 종합적인 상황을 파악하거나 미래의 불확실한 상황을 예측할 때 주로 이용되는 조사기법은?

① 이차적 연구(Secondary Research)
② 코호트(Cohort) 설계
③ 추세(Trend) 설계
④ 델파이(Delphi) 기법

해설 ① 이미 만들어진 방대한 자료인 2차 자료를 통하여 진행되는 연구를 의미한다.
② 일정 기간 동안 어떤 한정된 부분 모집단의 변화를 연구하는 것으로서, 특정 경험을 같이 하는 사람들이 가지는 특성들에 대해 두 번 이상의 다른 시기에 걸쳐서 비교·연구하는 방법이다.
③ 동일한 전체 모집단 내의 변화를 여러 시기에 걸쳐 표본을 추출하여 계속적으로 연구하는 것이다.

정답 05 ③ 06 ① 07 ① 08 ④

09 21-1

계통표집(Systematic Sampling)에 관한 설명으로 가장 거리가 먼 것은?

① 각 층위별 정보를 얻을 수 있다.
② 단순무작위표집의 대응으로 사용될 수 있다.
③ 표집틀에 주기성이 없는 경우 모집단을 잘 반영할 수 있다.
④ 최초의 표본집단을 무작위로 선정한 다음에 K번째마다 표본을 추출하는 것을 의미한다.

해설 층위별 정보를 얻을 수 있는 것은 층화표집에 대한 설명이다.

10 19-2 20-3 21-3

실험설계에 대한 설명으로 틀린 것은?

① 실험의 검증력을 극대화시키고자 하는 시도이다.
② 연구가설의 진위여부를 확인하는 구조화된 절차이다.
③ 실험의 내적 타당도를 확보하기 위한 노력이다.
④ 조작적 상황을 최대한 배제하고 자연적 상황을 유지해야 하는 표준화된 절차이다.

해설 실험적 조사설계는 인과관계에 대한 가설을 검증하기 위해 변수를 조작·통제하여, 그 조작의 효과를 관찰하기 위한 방법을 말한다.

11 20-3

다음 중 질문지 작성 시 요구되는 원칙이 아닌 것은?

① 규범성
② 간결성
③ 명확성
④ 가치중립성

해설 질문에 사용되는 용어는 간결성·구체성·신축성·명확성·중립성의 요건을 갖추고 각 카테고리 간 용어의 양이 어느 정도 균형을 이루어야 한다.

12 21-1 23

설문지 회수율을 높이는 방안과 가장 거리가 먼 것은?

① 폐쇄형 질문의 수를 가능한 한 줄인다.
② 독촉편지를 보내거나 독촉전화를 한다.
③ 개인 신상에 민감한 질문들을 가능한 한 줄인다.
④ 겉표지에 설문내용의 중요성을 부각시켜 응답자가 인식하게 한다.

해설 설문지 회수율을 높이는 방법
- 조사에 대한 사전예고를 한다.
- 반송용 봉투를 동봉하여 조사대상자의 편의를 도모한다.
- 인사장을 동봉하여 조사의 협력을 구하고 조사표의 기입 요령을 알기 쉽게 전달한다.
- 물질적 보상 등을 통해 질문 응답에 대한 동기부여를 한다.
- 독촉편지를 보내는 등의 후속조치를 취한다(②).
- 겉표지에 설문내용의 중요성을 부각시키고 설문하는 단체에 대해 언급하여 신뢰감을 준다(④).
- 개인 신상에 민감한 질문들은 가능한 하지 않도록 한다(③).
- 질문지를 가급적 간단명료화한다.

13 20-3

다음 중 외생변수의 통제가 가장 용이한 실험설계는?

① 비동일 통제집단 사전사후측정설계
② 단일집단 사전사후측정설계
③ 집단비교설계
④ 통제집단 사전사후측정설계

해설 ④ 순수실험설계로 실험집단과 통제집단에 대한 무작위할당, 독립변수의 조작, 외생변수의 통제 등 실험적 조건을 갖춘 설계유형이다.
① 유사실험설계에 해당한다.
②·③ 원시실험설계에 해당한다.

14 [20-3]

소득수준과 출산력의 관계를 알아볼 때, 개별 사례를 바탕으로 어떤 일반적 유형을 찾아내는 방법은?

① 연역적 방법 ② 귀납적 방법
③ 참여관찰법 ④ 질문지법

해설 ① 법칙과 이론으로부터 어떤 현상에 대한 설명과 예측을 도출하는 방법이다.
③ 관찰자가 관찰대상 집단 내부로 침투하여 구성원의 하나가 되어 그들과 함께 생활하거나 활동하면서 관찰하는 것이다.
④ 질문지를 활용해 조사하는 방법이다.

15 [22-1]

표본추출과정에서 표본크기의 결정에 영향을 미치지 않는 것은?

① 신뢰구간의 크기
② 비용 및 시간의 제약
③ 조사대상지역의 지리적 여건
④ 유의수준으로 대변되는 정확도

해설 표본크기의 결정에 영향을 미치는 요소들에는 가용할 자원(비용 및 시간), 이론과 조사설계, 모집단의 변이성, 조사목적, 카테고리의 다양성 등이 있다.

16 [23]

표본의 크기가 같다고 가정했을 때 표본오차가 가장 적은 표본추출방법은?

① 층화표본추출
② 집락표본추출
③ 단순무작위표본추출
④ 할당표본추출

해설 할당표본추출은 비확률표본추출방법으로 표본오차를 추정하기 어렵고, 확률표본추출방법에서는 '집락표본추출 → 단순무작위표본추출 → 층화표본추출'순으로 표본오차가 적다.

17 [20-3]

두 변수 X, Y 중 X의 변화가 Y의 변화를 생산해 낼 경우 X와 Y의 관계로 옳은 것은?

① 상관관계 ② 인과관계
③ 선후관계 ④ 회귀관계

해설 X의 변화가 Y의 변화를 생산해 내므로 X는 원인변수, Y는 결과변수이다. 두 변수는 상호연관성을 가지고 있는 인과관계에 있다.

18 [20-1·2]

설문조사로 얻고자 하는 정보의 종류가 결정된 이후의 질문지 작성과정을 바르게 나열한 것은?

> ㄱ. 자료수집방법의 결정
> ㄴ. 질문내용의 결정
> ㄷ. 질문형태의 결정
> ㄹ. 질문순서의 결정

① ㄱ → ㄴ → ㄷ → ㄹ
② ㄴ → ㄷ → ㄹ → ㄱ
③ ㄴ → ㄹ → ㄷ → ㄱ
④ ㄷ → ㄱ → ㄴ → ㄹ

해설 질문지 작성 절차
필요한 정보의 결정 → 자료수집방법의 결정(ㄱ) → 개별항목내용(질문내용)의 결정(ㄴ) → 질문형태의 결정(ㄷ) → 개별항목의 결정 → 질문순서의 결정(ㄹ) → 질문지의 초안 완성 → 질문지의 사전조사 → 질문지의 완성

정답 14 ② 15 ③ 16 ① 17 ② 18 ①

19

확률표본추출(Probability Sampling)에서 가장 중요하게 고려할 사항은?

① 가능한 한 표본 수를 최대로 증가시킨다.
② 표집오차를 완전히 제거하여야 한다.
③ 모든 표집단위는 동등한 표집확률이 보장되어야 한다.
④ 최종표본 수의 규모는 모집단의 크기에 비례해서 결정한다.

해설 확률표본추출방법
- 무작위적인 방법을 통해 표본을 추출하는 방법이다.
- 모집단의 각 표집단위가 모두 추출의 기회를 가진다.
- 각 표집단위가 추출될 확률을 정확히 알고 있는 가운데 표집하는 방법이다.
- 확률표본추출과정의 핵심이다.
- 무작위선택은 선택할 때마다 독립적으로 모집단의 각 요소가 표본으로 선택될 기회(확률)가 동등하도록 보장한다.

20

표집오차에 대한 설명으로 옳지 않은 것은?

① 표집오차는 통계량과 모집단의 모수 간 오차이다.
② 표집오차는 표본추출과정에서 발생하는 오차이다.
③ 표본의 크기가 크면 표집오차는 감소한다.
④ 비확률표집오차를 줄이면 표집오차도 줄어든다.

해설 비표본추출오차와 표본추출오차는 상호독립적이다.

21

논리적 연관성 도출방법 중 연역적 방법과 귀납적 방법에 관한 설명으로 틀린 것은?

① 귀납적 방법은 구체적인 사실로부터 일반원리를 도출해 낸다.
② 연역적 방법은 일정한 이론적 전제를 수립해 놓고 그에 따라 구체적인 사실을 수집하여 검증함으로써 다시 이론적 결론을 유도한다.
③ 연역적 방법은 이론적 전제인 공리로부터 논리적 분석을 통하여 가설을 정립하여 이를 경험의 세계에 투사하여 검증하는 방법이다.
④ 귀납적 방법이나 연역적 방법을 조화시키면 상호배타적이기 쉽다.

해설 연역적 방법과 귀납적 방법은 서로 대비되는 장단점으로 인해 상호보완적인 관계를 형성한다.

22

표본의 크기에 관한 설명으로 틀린 것은?

① 허용오차가 클수록 표본의 크기가 커야 한다.
② 조사하고자 하는 변수의 분산값이 클수록 표본의 크기는 커야 한다.
③ 추정치에 대한 높은 신뢰수준이 요구될수록 표본의 크기는 커야 한다.
④ 비확률표본추출의 경우 표본의 크기는 예산과 시간을 고려하여 조사자가 결정할 수 있다.

해설 표본의 크기는 허용오차의 제곱에 반비례한다. 즉, 허용오차가 작을수록 표본의 크기가 크다.

23 18-2 23

다음 중 불법체류자처럼 일반적으로 쉽게 접근하기 힘든 집단을 대상으로 설문조사를 할 때 가장 적합한 표본추출방법은?

① 눈덩이표본추출(Snowball Sampling)
② 편의표본추출(Convenience Sampling)
③ 판단표본추출(Judgement Sampling)
④ 할당표본추출(Quota Sampling)

> **해설** 눈덩이표본추출은 쉽게 접근하기 힘들고, 연결망을 가진 사람들의 특성을 파악할 때 적절한 방법이다. 주로 약물중독, 성매매, 도박 등과 같이 일탈적 대상을 연구하거나 노숙인, 불법체류자 등 모집단의 구성원을 찾기 어려운 경우에 사용한다.

24 20-1·2

연구유형에 관한 설명으로 틀린 것은?

① 순수연구 : 이론을 구성하거나 경험적 자료를 토대로 이론을 검증한다.
② 평가연구 : 응용연구의 특수형태로 진행 중인 프로그램이 의도한 효과를 가져왔는가를 평가한다.
③ 탐색적 연구 : 선행연구가 빈약하여 조사연구를 통해 연구해야 할 속성을 개념화한다.
④ 기술적 연구 : 축적된 자료를 토대로 특정된 사실관계를 파악하여 미래를 예측한다.

> **해설** 기술적 연구는 어떤 현상에 대한 탐구와 명백화, 즉 현상을 정확하게 기술하는 것을 주목적으로 한다. 어떤 사실과의 관계를 파악하여 미래를 예측하는 것은 설명적 연구에 해당한다.

25 20-1·2

면접원을 활용하는 조사 중 상이한 특성의 면접원에 의해 발생하는 편향(Bias)이 가장 클 것으로 추정되는 조사는?

① 전화인터뷰조사
② 심층인터뷰조사
③ 구조화된 질문지를 사용하는 인터뷰조사
④ 집단면접조사

> **해설** 편향이란 연구결과에 영향을 줄 수 있는 편견을 의미한다. 심층인터뷰조사는 1명의 응답자와 1대1 면접을 통해 응답자의 심리를 조사하는 방법으로서, 면접원이 지침서에 따라 인터뷰를 진행하면서 편의에 따라 질문의 순서와 내용을 다소 조정할 수 있어 심도 있는 질문이 가능하다. 따라서 면접원의 면접 능력에 크게 의존하는 조사방법으로 면접원에 의해 발생하는 편향이 크다.

26 20-3

다음 표본추출방법 중 표집오차의 추정이 확률적으로 가능한 것은?

① 할당표집
② 판단표집
③ 편의표집
④ 단순무작위표집

> **해설** ④ 단순무작위표집이 해당하는 확률표집방법은 표집오차의 추정이 가능하다.
> ①·②·③ 표집오차의 추정이 불가능한 비확률표집방법에 해당한다.

정답 ▶ 23 ① 24 ④ 25 ② 26 ④

27

다음 중 사례조사의 장점이 아닌 것은?

① 사회현상의 가치적 측면의 파악이 가능하다.
② 개별적 상황의 특수성을 명확히 파악하는 것이 가능하다.
③ 반복적 연구가 가능하여 비교하는 것이 가능하다.
④ 탐색적 연구방법으로 사용이 가능하다.

해설 사례조사는 변수에 대한 관찰이 이루어지지 않으므로 비교가 불가능하고, 반복적 연구가 어려워 자료의 신뢰성을 확보하기 어렵다는 단점이 있다.

28

표면적으로 인과관계인 것처럼 보이던 두 변수 X와 Y가 검정요인 Z를 도입한 후 두 변수 사이의 관계가 사라졌다. X와 Y의 관계는?

① 상관관계(Correlation)
② 공변관계(Covariation)
③ 종속관계(Dependent Relation)
④ 허위적 관계(Spurious Relation)

해설 독립변수와 종속변수 사이의 인과관계는 제3의 변수가 통제되지 않으면 허위적일 수 있다.

인과관계의 일반적인 성립조건
- 시간적 선후관계 : 원인이 되는 사건이나 현상이 시간적으로 결과보다 먼저 발생해야 한다.
- 동시변화성의 원칙(공변관계) : 원인이 되는 현상이 변화하면, 결과적인 현상도 항상 같이 변화해야 한다.
- 비허위적 관계 : 외부의 영향력을 배제한 상태에서 순수하게 두 변수만의 관계를 볼 수 있어야 한다.

29

FGI 정성조사에서 진행자가 가져야 할 요건으로 틀린 것은?

① 주제에 빗나가는 대화내용도 주의 깊게 관찰한다.
② 가이드라인에 있는 모든 질문에 응답하도록 유도한다.
③ 모호한 답변 시 자연스럽게 다른 질문으로 넘긴다.
④ 의견조율 및 시간분배를 잘 대처하여 진행한다.

해설 모호한 답변 시 자세한 설명을 요구하고 다른 각도로 질문하여 응답을 유도한다.

30

초점집단(Focus Group)조사와 델파이조사에 관한 설명으로 옳은 것은?

① 초점집단조사에서는 익명 집단의 상호작용을 통해 도출된 자료를 분석한다.
② 초점집단조사는 내용타당도를 높이는 목적으로 사용될 수 있다.
③ 델파이조사는 비구조화 방식으로 정보의 흐름을 제어한다.
④ 델파이조사는 대면(Face to Face) 집단의 상호작용을 통해 도출된 자료를 분석한다.

해설 ① 델파이조사에 대한 설명이다.
③ 델파이조사는 전문가·관리자들로부터 우편으로 의견이나 정보를 수집하여 그 결과를 분석한 후 그것을 다시 응답자들에게 보내어 의견을 묻는 식으로 만족스러운 결과를 얻을 때까지 계속하는 방법이며, 조사내용이 정해진 구조화 방식이다.
④ 초점집단조사에 대한 설명이다.

31

자료수집방법에 관한 설명으로 틀린 것은?

① 비반응성 자료수집 : 연구대상의 반응성 오류를 피할 수 있다.
② 대인면접설문 : 방문 조사원에 의해 보충적인 자료가 수집될 수 있다.
③ 우편설문 : 원래 표본으로 추출된 응답자가 응답하지 않을 수 있다.
④ 실험자료수집 : 개입을 제공하기 전에는 종속변수의 측정이 사실상 불가능하다.

해설 개입 전에 종속변수에 대한 사전검사를 실시하고, 개입 후에 사후검사를 실시하여 두 값의 비교를 통해 종속변수의 변화 정도를 확인한다.

32

시간과 비용이 많이 들며, 조사원과 응답자의 상호 이해 부족으로 오류가 개입될 가능성이 높고, 질문과정에서 조사원이 응답자의 응답에 영향을 미칠 수 있는 자료수집방법은?

① 대인면접법
② 전화면접법
③ 우편조사법
④ 인터넷조사법

해설 대인면접법은 면접자와 응답자가 직접 대면하여 조사하는 방식이므로 면접자의 주관이 개입될 가능성이 매우 높다.

33

2차 자료에 대한 설명으로 맞는 것은?

① 1차 자료에 비해 비용과 시간을 절약할 수 있다.
② 현재 연구 중인 조사목적에 따른 정확도, 신뢰도, 타당도를 평가할 수 있다.
③ 1차 자료에 비해 조사목적에 적합한 정보를 의사결정이 필요한 시기에 적절히 이용하기 쉽다.
④ 조사자가 현재 수행 중인 연구의 목적을 달성하기 위해 적절한 조사설계를 통하여 직접 수집한 자료이다.

해설 ②·④ 2차 자료는 이미 만들어진 방대한 자료를 말한다. 목적에 맞게 수집한 자료가 아니라 이미 만들어진 자료를 활용하기 때문에 신뢰도와 타당도가 높지 않다.
③ 2차 자료는 정보의 양이 부족하거나 연구의 분석단위나 조작적 정의가 다른 경우 사용이 곤란하기 때문에 필요한 시기에 적절히 이용하기 힘들다.

34

개방형 질문에 대한 설명으로 틀린 것은?

① 강제성이 없으며, 다양한 응답을 얻을 수 있다.
② 특정 견해에 대한 탐색적 질문방법으로 적합하다.
③ 표현상의 차이는 있으나 응답에 대한 동일한 해석이 가능하므로 응답의 일관성을 유지할 수 있다.
④ 자유응답형 질문으로 응답자가 할 수 있는 응답의 형태에 제약을 가하지 않고 자유롭게 표현하는 방식이다.

해설 개방형 질문은 응답의 해석에 편견이 개입될 소지가 크며, 같은 자료라도 분석자에 따라 다른 결과가 나타날 수 있다.

정답 31 ④ 32 ① 33 ① 34 ③

35

정확한 응답을 유도하거나 응답이 지엽적으로 흐르는 것을 막기 위해 추가질문을 행하는 것은?

① 캐어묻기(Probing)
② 맞장구쳐주기(Reinforcement)
③ 라포(Rapport)
④ 단계적 이행(Transition)

해설 프로빙(Probing) 기술
- 면접과정에서 응답자의 대답이 불충분하거나 정확하지 못할 때 행하는 탐색질문을 뜻하는 것으로서 충분하고 정확한 대답을 캐내는 과정이다.
- 일종의 폐쇄식 질문에 답을 하고 이에 관련된 의문을 탐색하는 보조방법이다.
- 답변의 정확도를 판단하는 방법으로 활용되기도 한다.
- 정확한 답을 얻기 위해 방향을 지시하는 기법이다.
- 응답을 원하는 태도나 표정을 한쪽으로 유도를 해선 안 되며 필요 이상의 지나친 질문은 삼가야 한다.
- 대표적인 기술로는 '무언의 캐묻기', '드러내놓고 권장하기', '더 자세한 해명 요구', '명료화하기', '반복' 등이 있다.

36

참여관찰(Participant Observation)에 대한 설명으로 틀린 것은?

① 연구자는 상황에 대한 통제를 할 수 없다.
② 양적 자료이기 때문에 대규모 모집단에 대한 기술이 쉽다.
③ 연구자가 관심을 가지고 있는 변수들 간의 관계를 현실 상황에서 체계적으로 관찰하는 연구조사방법이다.
④ 독립변수를 조작하는 현장실험과는 다르며, 자연 상태에서 연구대상을 관찰해 그들의 관계를 규명하는 것이다.

해설 참여관찰이란 관찰자가 관찰대상 집단 내부로 침투하여 구성원의 하나가 되어 그들과 함께 생활하거나 활동하면서 관찰하는 것으로 대상 각각에 대한 심층적인 정보를 얻을 수 있는 질적 자료이므로 표준화 또는 부호화가 어렵다.

37

면접조사 시 질문의 일반적인 원칙과 가장 거리가 먼 것은?

① 문항은 하나도 빠짐없이 물어야 한다.
② 질문지에 있는 말 그대로 질문해야 한다.
③ 조사대상자가 대답을 잘 하지 못할 경우 필요한 대답을 유도할 수 있다.
④ 조사대상자가 가능한 한 비공식적인 분위기에서 편안한 자세로 대답할 수 있어야 한다.

해설 면접의 일반적인 원칙
- 일정한 대답이 나오도록 유도하거나 이를 암시해서는 안 된다.
- 응답자의 응답에 주의를 기울이며, 응답에 성급한 찬성이나 반대의 태도를 보여서는 안 된다.
- 표준화 질문인 경우 조사표의 내용 및 그 순서에 따라 면접을 해야 한다.
- 응답자에게 응답에 필요한 일정한 시간을 주는 것이 좋으며, 응답자들이 질문을 제대로 이해하지 못하는 경우 부연설명을 해주는 것이 좋다.
- 응답자의 응답이 필요 이상으로 길어지거나 다른 방향으로 이탈하는 경우, 면접의 분위기를 해치지 않는 범위에서 적절히 조절하는 것이 필요하다.
- 문항은 하나도 빠짐없이 물어야 한다.
- '모른다'는 대답이 나올 경우 진실로 모르는 것인지 혹은 다른 이유가 있는 것인지 주의 깊게 파악하여 대처해야 한다.

38

조사원 교육 및 관리에 대한 설명으로 틀린 것은?

① 조사원 교육은 연구자나 실사감독관이 한다.
② 교육은 별도의 자료나 매뉴얼을 작성하여 실시한다.
③ 조사원이 조사목적, 설문내용 및 조사진행과정 등을 숙지하도록 한다.
④ 조사과정에서 발생하는 문제는 조사원 스스로가 해결하도록 유도한다.

해설 조사과정은 조사원의 자질에 큰 영향을 받으므로 전문지식과 숙련성을 갖춰야 하며 응답자의 협력을 얻는 기술을 익혀야 한다. 따라서 조사원에 대한 사전교육은 조사원에 의한 편향을 줄일 수 있는 방법이며, 면접 시 발생할 수 있는 예외적인 상황에 대해 교육과정에서 언급해 줌으로써 조사원이 이상 상황 발생 시 대처할 수 있도록 하는 것이 바람직하다.

39

사회조사에서 내용분석을 실시하기에 적합한 경우를 모두 고른 것은?

> ㄱ. 자료 원천에 대한 접근이 어렵고, 자료가 문헌인 경우
> ㄴ. 실증적 자료에 대한 보완적 연구가 필요할 경우, 무엇을 자료로 삼을 것인가 검토하는 경우
> ㄷ. 연구대상자의 언어, 문체 등을 분석할 경우
> ㄹ. 분석자료가 방대할 때 실제 분석자료를 일일이 수집하기 어려운 경우
> ㅁ. 정책, 매스미디어 내용의 경향이나 변천 등이 필요한 경우

① ㄱ, ㄷ, ㄹ
② ㄱ, ㄴ, ㅁ
③ ㄴ, ㄷ, ㄹ, ㅁ
④ ㄱ, ㄴ, ㄷ, ㄹ, ㅁ

해설 내용분석법은 여러 가지 문서화된 매체들을 중심으로 연구대상에 필요한 자료들을 수집하는 방법으로 ㄱ~ㅁ 모두 내용분석을 실시하기에 적합한 경우이다.

40

특정한 규칙에 따라 현상에 숫자를 부여하는 과정은?

① 검사
② 통계
③ 척도
④ 측정

해설 측정은 묘사대상이 되는 사상(事象)에 수치를 부여한다는 의미로 '일정한 규칙에 따라 사물 또는 사건에 대해 숫자를 부여하는 것'이라고 할 수 있다.

41

변수에 관한 설명으로 가장 거리가 먼 것은?

① 변수는 연구대상의 경험적 속성을 나타내는 개념이다.
② 인과적 조사연구에서 독립변수란 종속변수의 원인으로 추정되는 변수이다.
③ 외재적 변수는 독립변수와 종속변수와의 관계에 개입하면서 그 관계에 영향을 미칠 수 있는 제3의 변수이다.
④ 잠재변수와 측정변수는 변수를 측정하는 척도의 유형에 따른 것이다.

해설 잠재변수는 지능, 태도, 직무만족도 등 구성개념이 직접적으로 관찰되거나 측정이 되지 않는 변수이다. 따라서 측정변수(관찰변수)에 의해서 간접적으로 통계 측정을 수행한다.

42

크론바하 알파(Cronbach's alpha)에 관한 설명으로 틀린 것은?

① 표준화된 알파라고도 한다.
② 값의 범위는 -1에서 +1까지이다.
③ 문항 간 평균상관관계가 증가할수록 값이 커진다.
④ 문항의 수가 증가할수록 값이 커진다.

해설 크론바하 알파는 '0~1'의 값을 가진다.

43

다음 중 범주형 변수(Categorical Variable)인 것은?

① 자녀 수
② 지능지수(IQ)
③ 원화로 나타낸 연간소득
④ 3단계(상, 중, 하)로 나눈 계층적 지위

해설 명목척도와 서열척도는 범주형 변수에 속하고, 등간척도와 비율척도는 연속형 변수에 속한다. ①·③은 비율척도이며, ②는 등간척도, ④는 서열척도이다.

정답 39 ④ 40 ④ 41 ④ 42 ② 43 ④

44

다음의 가설을 검증하기 위해 국가별 통계자료를 수집한다고 할 때, '출생률'은 어떤 변수인가?

> 1인당 국민소득(GNP)이 올라가면 출생률 즉, 인구 1,000명당 신생아의 수는 감소한다.

① 매개변수　　② 독립변수
③ 외적변수　　④ 종속변수

해설 1인당 국민소득이 출생률에 영향을 주므로 1인당 국민소득은 독립변수, 출생률은 종속변수에 해당한다.

45

이타심을 '모금기관에 매년 기부하는 금액'으로 정의하였다면 이러한 정의는?

① 개념적 정의
② 실제적 정의
③ 사전적 정의
④ 조작적 정의

해설 조작적 정의는 추상적인 개념들을 경험적·실증적으로 측정이 가능하도록 구체화한 것이다. 이타심을 사전적 의미가 아니라 '모금기관에 매년 기부하는 금액'으로 정의한 것은 조작적 정의에 해당한다.

46

측정의 개념에 대한 옳은 설명을 모두 고른 것은?

> ㄱ. 추상적·이론적 세계와 경험적 세계를 연결시키는 수단이라고 할 수 있다.
> ㄴ. 개념 또는 변수를 현실세계에서 관찰 가능한 자료와 연결시키는 과정이다.
> ㄷ. 질적 속성을 양적 속성으로 전환하는 작업이다.
> ㄹ. 측정대상이 지니고 있는 속성에 수치를 부여하는 것이다.

① ㄱ, ㄴ, ㄷ　　② ㄱ, ㄴ, ㄹ
③ ㄷ, ㄹ　　④ ㄱ, ㄴ, ㄷ, ㄹ

해설 측정은 추상적·이론적 세계를 경험적 세계와 연결시키는 수단이다. 즉, 이론을 구성하고 있는 개념이나 변수들을 현실세계에서 관찰이 가능한 자료와 연결시키는 과정이다. 일반적으로는 묘사대상이 되는 사상에 수치를 부여한다는 의미로 사용하며 질적 속성을 양적 속성으로 전환하여 통계적 분석을 활용할 수 있도록 한다. 즉, ㄱ~ㄹ 모두 측정의 개념에 대한 옳은 설명이다.

47

등간척도를 이용한 측정방법을 모두 고른 것은?

> ㄱ. 등급법(Rating Method)
> ㄴ. 순위법(Ranking Method)
> ㄷ. 어의차이척도법(Semantic Differential Scale)
> ㄹ. 스타펠 척도(Stapel Scale)

① ㄱ, ㄴ　　② ㄴ, ㄹ
③ ㄱ, ㄷ, ㄹ　　④ ㄴ, ㄷ, ㄹ

해설 순위법은 서열척도를 이용한 측정방법이다.

48 `21-1`

다음 중 비율척도가 아닌 것은?

① 온 도
② 투표율
③ 소득 금액
④ 몸무게

해설 온도는 절대영점을 갖지 않으므로 등간척도이다.

49 `18-2` `22-2`

"상경계열에 다니는 대학생이 이공계열에 다니는 대학생보다 물가 변동에 대한 관심이 더 높을 것이다."라는 가설에서 '상경계열학생 여부'라는 변수를 척도로 나타낼 때 이 척도의 성격은?

① 순위척도
② 서열척도
③ 비율척도
④ 명목척도

해설 명목척도는 척도의 유형 중 가장 기본이 되는 것으로서, 단지 숫자나 기호로 대신 지칭해주는 것에 불과하다.

50 `22-2`

서열척도에 관한 설명으로 맞는 것은?

① 절대영이 존재한다.
② 표준측정단위가 존재한다.
③ 원칙적으로 사칙연산이 가능하다.
④ 분류범주가 상호배타성을 갖고 있다.

해설 ① 비율척도는 절대영점을 가진다.
② 등간척도는 그 간격에서의 동일함을 의미하는 척도로 표준측정단위가 존재한다.
③ 등간척도는 가감(+, −)의 산술이 가능하지만 비율척도는 사칙연산이 가능하다.

51 `21-2`

일상적인 삶에서 야기되는 스트레스를 측정하기 위하여 여러 개의 문항들을 바탕으로 하나의 척도를 만들려고 한다. 이 문항들은 모두 등간척도로 구성되었으며, 전문가들로 하여금 각 문항들의 등급을 지워서 11개의 문항을 선택하여 점수의 범위를 나타내게 하였다. 이 절차를 거쳐서 만들어진 척도는?

① 거트만 척도
② 리커트 척도
③ 서스톤 척도
④ 보가더스의 사회적 거리척도

해설 서스톤 척도
- 주로 11점 척도로 구성된다.
- 어떤 사실에 대해 가장 긍정적인 태도와 가장 부정적인 태도를 나타내는 태도의 양극단을 등간적으로 구분하여 여기에 수치를 부여함으로써 등간척도를 구성한다.
- 평가자들에 의해 많은 질문 문항 중에서 측정 변수와 직접적으로 연관된 문항들이 선정되기에 문항의 선정이 비교적 정확하다.
- 평가를 위한 문항의 수가 많고 동원되는 평가자들이 다수이므로 척도 구성에 있어서 많은 시간과 인원이 소요된다.

52 `20-1·2` `21-3`

측정 시 발생하는 오차에 대한 설명으로 틀린 것은?

① 신뢰도는 체계적 오차(Systematic Error)와 관련된 개념이다.
② 비체계적 오차(Random Error)는 오차의 값이 다양하게 분산되며, 상호 상쇄되는 경향도 있다.
③ 체계적 오차는 오차가 일정하거나 또는 치우쳐 있다.
④ 비체계적 오차는 측정대상, 측정과정, 측정수단, 측정자 등에 일시적으로 영향을 미쳐 발생하는 오차이다.

해설 신뢰도는 비체계적 오차와 관련된 개념으로 반비례 관계이다. 반면, 타당도는 체계적 오차와 관련된 개념으로 반비례 관계이다.

정답 48 ① 49 ④ 50 ④ 51 ③ 52 ①

53

측정오차가 체계적인 패턴을 띠게 된다면, 측정도구에 어떠한 문제가 있을 것으로 예상할 수 있는가?

① 신뢰도
② 타당도
③ 검증도
④ 일반화

해설 측정도구의 체계적인 변이가 일어날 때 체계적인 오차라고 하며, 그것은 곧 측정도구의 타당도에 직접적으로 영향을 미친다.

54

연구자가 관찰하려고 하는 것을 어느 정도 제대로 관찰하였는가는 어떤 개념과 관계를 갖는가?

① 신뢰성
② 유의성
③ 인과성
④ 타당성

해설 타당성은 연구자가 측정하고자 한 것을 얼마나 제대로 측정했는가의 문제이다. 또한, 실증적 수단인 조작적 정의나 지표가 측정하고자 하는 개념을 제대로 반영하는 정도를 말한다.

55

대학수학능력시험의 타당도를 평가하기 위해 대학수학능력시험 점수와 대학 진학 후 학업성적과의 상관관계를 조사하는 방법은?

① 내용타당도
② 논리적 타당도
③ 내적 타당도
④ 기준관련타당도

해설 예측타당도는 어떠한 행위가 일어날 것이라고 예측한 것과 실제 대상자 또는 집단이 나타낸 행위 간의 관계를 측정하는 것으로, 검사점수가 미래의 행위를 얼마나 잘 예측하느냐를 관건으로 한다. 현재의 대학수학능력시험 점수와 미래의 대학 진학 후 학업성적 간의 상관관계를 파악하는 것이므로 예측타당도로 조사해야 하며, 예측타당도는 기준관련타당도(기준타당도)의 한 유형이다.

56

개념타당성(Construct Validity)에 해당하지 않는 것은?

① 내용타당성(Content Validity)
② 집중타당성(Convergent Validity)
③ 이해타당성(Nomological Validity)
④ 판별타당성(Discriminant Validity)

해설 개념타당성은 이해타당성, 집중(수렴)타당성, 판별타당성으로 구분된다.

57

대학수능시험 출제를 위해 대학교수들이 출제를 하고 현직 고등학교 교사들이 검토하여 부적절한 문제를 제외하는 절차를 거친다면 이러한 과정은 무엇을 높이기 위한 것인가?

① 집중타당성
② 내용타당성
③ 동등형 신뢰도
④ 검사-재검사 신뢰도

해설 측정도구(수능문제)가 측정하고자 하는 것을 제대로 측정할 수 있는지에 대한 문제이므로 타당성에 관한 내용이다. 내용타당성이란 측정항목이 연구자가 의도한 내용을 실제로 측정하고 있는가를 나타내는 것이며 논리적 사고에 입각한 논리적인 분석과정으로 판단하는 주관적인 타당도이다. 집중타당성이란 동일한 개념을 측정하기 위해 서로 다른 측정방법을 사용하여 측정으로 얻은 측정치들 간에 높은 상관관계가 존재해야 함을 전제로 하는 것이다. 대학교수가 출제한 문제를 고등학교 교사들이 논리적으로 판단하는 것이므로 이는 내용타당성을 높이기 위한 것이다.

정답 53 ② 54 ④ 55 ④ 56 ① 57 ②

58

신뢰도 측정방법의 유형으로 틀린 것은?

① 복수양식법
② 재검사법
③ 내적 일관성법
④ 다속성·다측정 방법

해설 신뢰도의 측정방법으로는 재검사법, 복수양식법, 반분법, 관찰자 신뢰도, 내적 일관성 분석법이 있다.

59

어느 교사가 50문항으로 구성된 독해력을 측정하기 위한 질문지를 만들었다. 자료수집 후 확인해 본 결과 10개의 문항은 독해력이 아닌 어휘력을 측정하는 것으로 나타났다. 따라서 이 10개의 문항을 제외하고 40문항으로 질문지를 재구성하였다. 이 교사는 어떤 결과를 기대할 수 있겠는가?

① 신뢰도와 타당도 모두를 증가시킬 것이다.
② 신뢰도와 타당도 모두를 저하시킬 것이다.
③ 신뢰도를 저하시키고 타당도를 증가시킬 것이다.
④ 신뢰도를 증가시키고 타당도를 저하시킬 것이다.

해설 10개의 문항이 제외되었기에 신뢰도는 저하될 것이다. 다만 교사가 측정하고자 했던 독해력과 관련된 문항으로만 질문지가 재구성되었기에 타당도는 증가될 것이다.

60

부호화(Coding)에 대한 설명으로 틀린 것은?

① 일정한 지침에 따라 분석 가능한 숫자나 기호로 표현해야 한다.
② 코딩은 질문지 작성 전에 해야 한다.
③ 사례 수가 많거나 조사항목이 많을수록 더 유효하다.
④ 부호화의 과정은 분류 카테고리의 결정, 부호의 선정, 응답 부호화로 구분할 수 있다.

해설 부호화는 각 조사항목에 대한 응답을 일정한 부호지침에 따라 문자나 숫자 등의 부호(Code)로 분류하는 것으로, 질문지 작성 후에 이루어진다.

61

이상치(Outlier)를 탐지하는 기능이 있고 최솟값, 제1사분위수, 중앙값, 제3사분위수, 최댓값의 정보를 이용하여 자료를 도표로 나타내는 방법은?

① 도수다각형
② 리그레쏘그램
③ 히스토그램
④ 상자−수염그림

해설 상자−수염그림(상자그림)
주어진 자료를 그대로 이용하여 그래프를 그리는 것이 아니라 자료로부터 얻어낸 통계량인 다섯 수치요약(최솟값, 제1사분위수, 중앙값, 제3분위수, 최댓값)을 이용하여 그린다. 이상치는 *로 표시한다. 상자그림은 집단이 여러 개인 경우에도 한 공간에 표현할 수 있으며 분포의 모양, 중심 위치, 이상치 등 자료의 특성을 파악할 수 있다.

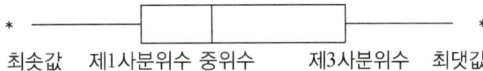

62

다음 6개 자료의 통계량에 대한 설명으로 틀린 것은?

| 2 2 2 3 4 5 |

① 평균은 3이다.
② 최빈값은 2이다.
③ 중앙값은 2.5이다.
④ 왜도는 0보다 작다.

해설 ④ 최빈수가 평균보다 작으므로 왜도는 0보다 크다.
① 평균 $= \dfrac{2+2+2+3+4+5}{6} = 3$이다.
② 2가 3개로 출현도수가 가장 많으므로 최빈값은 2이다.
③ $n = 6$으로 짝수이므로 중앙값은 $\dfrac{n}{2}$번째와 $\dfrac{n}{2}+1$번째 측정값의 산술평균이다. 따라서 중앙값은 $\dfrac{2+3}{2} = 2.5$이다.

63

표본의 크기가 $n = 10$에서 $n = 160$으로 증가한다면, 평균의 표준오차는 $n = 10$에서 얻은 경우와 비교할 경우 값의 변화는?

① $\dfrac{1}{4}$ 배
② $\dfrac{1}{2}$ 배
③ 2 배
④ 4 배

해설 표본의 크기가 $n = 10$일 때, 표준오차는 $\dfrac{\sigma}{\sqrt{10}}$ 이다. 표본의 크기가 160으로 증가하였으므로 평균의 표준오차는 $\dfrac{\sigma}{\sqrt{160}}$ 이다. $\dfrac{\sigma}{\sqrt{160}} = \dfrac{\sigma}{4\sqrt{10}}$ 이므로 표준오차의 값은 $\dfrac{1}{4}$ 배 변화하였다.

64

단순선형회귀모형 $y = \beta_0 + \beta_1 + e$ 에서 오차항 e의 분포가 평균이 0이고, 분산이 σ^2인 정규분포를 따른다고 가정하였다. 22개의 자료들로부터 회귀식을 추정하고 나서 잔차제곱합(SSE)을 구하였더니 그 값이 2,000이었다. 이때 분산 σ^2의 불편추정량은?

① 100
② 150
③ 200
④ 250

해설 단순회귀모형에서 오차항의 분산 σ^2의 불편추정량은
$$MSE = \dfrac{SSE}{n-2} = \dfrac{\sum\limits_{i=1}^{n}(y_i - \hat{y_i})^2}{(n-2)}$$ 이다.
즉, 대입하면 불편추정량은 $\dfrac{2000}{20} = 100$이다.

65

점추정치(Point Estimate)에 관한 설명 중 틀린 것은?

① 좋은 추정량의 성질 중 하나는 추정량의 기댓값이 모수값이 되는 것인데 이를 불편성(Unbiasedness)이라 한다.
② 표본의 크기가 커질수록, 표본으로부터 구한 추정치가 모수와 다를 확률이 0에 가깝다는 것을 일치성(Consistency)이 있다고 한다.
③ 표본에 의한 추정치 중에서 중위수는 평균보다 중앙에 위치하기 때문에 더욱 효율성(Efficiency)이 있는 추정치가 될 수 있다.
④ 좋은 추정량의 성질 중 하나는 추정량의 값이 주어질 때 조건부 분포가 모수에 의존하지 않는다는 것이며 이를 충분성(Sufficiency)이라 한다.

해설 효율성(유효성)이란 추정량 $\hat{\theta}$이 불편추정량이고, 그 분산이 다른 추정량 $\hat{\theta_i}$에 비해 최소의 분산을 갖는 성질이다.
즉, $Var(\hat{\theta_1}) \geq Var(\hat{\theta_2})$일 때 $\hat{\theta_2}$가 $\hat{\theta_1}$보다 효율성(유효성)이 크다고 한다.

66

LCD 패널을 생산하는 공장에서 출하 제품의 질적 관리를 위하여 패널 100개를 임의추출하여 실제 몇 개의 결점이 있는가를 세어본 결과 평균은 5.88개, 표준편차는 2.03개였다. 모평균 추정량 표준오차의 추정치는?

① 0.203
② 0.103
③ 0.230
④ 0.320

해설 통계량의 표준편차를 통계량의 표준오차라 하며 $\overline{X}$의 표준편차인 $\frac{\sigma}{\overline{X}} = \frac{\sigma}{\sqrt{n}}$가 표준오차가 된다. 모표준편차는 알려져 있지 않기 때문에 표본표준편차 s를 이용한다.
$s = 2.03$, $n = 100$이므로 표준오차는
$\frac{\sigma}{\sqrt{n}} = \frac{s}{\sqrt{n}} = \frac{2.03}{\sqrt{100}} = 0.203$이다.

67

일원배치법에 대한 설명으로 맞는 것은?

① 인자의 처리별 반복수는 동일하여야 한다.
② 일원배치법에 의해 여러 그룹의 분산의 차이를 해석할 수 있다.
③ 한 종류의 인자가 특성값에 미치는 영향을 조사하고자 할 때 사용하는 분석법이다.
④ 3명의 기술자가 3가지의 재료를 이용해서 어떤 제품을 만들고자 할 때 가장 좋은 제품을 만들 수 있는 조건을 찾으려면 일원배치법이 적절한 방법이다.

해설
③ 일원배치법은 3개 이상의 집단 간의 평균차이를 하나의 인자를 기준으로 알아보는 분석방법이다.
① 인자의 처리별 반복수는 동일하지 않아도 된다.
② 일원배치법에 의해 여러 그룹의 분산의 차이를 해석할 때에는 각 그룹이 서로 독립이라는 가정이 충족되어야 한다.
④ 3명의 기술자가 3가지의 재료를 이용하므로 인자가 하나가 아니다. 따라서 일원배치법이 아닌 다원배치법으로 분석하여야 한다.

68

구분되지 않는 n개의 공을 서로 다른 r개의 항아리에 넣는 방법의 수는? (단, $r \leq n$이고, 모든 항아리에는 최소한 1개 이상의 공이 들어가야 한다)

① $\binom{n-1}{r-1}$
② r^n
③ $\binom{n-1}{r}$
④ $\binom{n}{r}$

해설 r개의 항아리에는 적어도 하나의 공이 들어가야 한다. 따라서 r개의 공은 각 항아리에 배치하고(경우의 수 1가지) 나머지 $n-r$개의 공을 r개의 항아리에 넣어주는 조합의 수를 구한다.
$n-r$개의 공은 r개의 항아리 중에서 중복하여 넣어도 상관없으므로 중복조합한다.
$_rH_{n-r} = {}_{r+n-r-1}C_{n-r} = {}_{n-1}C_{n-r} = {}_{n-1}C_{n-1-(n-r)}$
$= {}_{n-1}C_{r-1} = \binom{n-1}{r-1}$

69

표준정규분포에서 오른쪽 꼬리부분의 면적이 α가 되는 지점을 z_α라 하고, 자유도가 ν인 $t-$분포에서 오른쪽 꼬리부분의 면적이 α가 되는 점을 $t_\alpha(\nu)$라 한다. Z는 표준정규분포, T는 자유도가 ν인 $t-$분포를 따른다고 할 때, 다음 설명 중 틀린 것은?

(단, $P(Z>z_\alpha)=\alpha$, $P(T>t_\alpha\nu)=\alpha$ 이다)

① $t_{0.05}(5)$값과 $-t_{0.05}(5)$값은 같다.
② $t_{0.05}(5)$값은 $t_{0.05}(10)$값보다 작다.
③ ν에 관계없이 $Z_{0.05}<t_{0.05}(\nu)$이다.
④ ν가 매우 커지면, $t_\alpha(v)$값은 Z_α값과 거의 같다.

해설 $t-$분포는 자유도 n에 따라 그 모양이 변하며, 0을 중심으로 하는 좌우대칭으로 자유도가 ∞일 때 표준정규분포에 접근한다. 자유도가 클수록 중심부가 더 솟은 모양으로 $t_{0.05}(5)$값은 $t_{0.05}(10)$값보다 크다.

70

평균이 8이고 분산이 0.6인 정규모집단으로부터 10개의 표본을 임의로 추출하는 경우, 표본평균의 평균과 분산은?

① (0.8, 0.6)
② (0.8, 0.06)
③ (8, 0.06)
④ (8, 0.19)

해설 정규모집단 $N(\mu,\sigma^2)$에서 크기 n인 표본의 표본평균 $\overline{X}$는 정규분포 $N\left(\mu,\dfrac{\sigma^2}{n}\right)$을 따른다.
따라서 $\mu=8$, $\sigma^2=0.6$, $n=10$이므로 $\overline{X}\sim N(8, 0.06)$이다.

71

다음의 단순회귀분석에서의 분산분석 결과로 결정계수를 구하면?

구 분	자유도	제곱합
회귀	1	1575.76
잔차	8	349.14
계	9	1924.90

① 0.15
② 0.18
③ 0.82
④ 0.94

해설 $R^2=\dfrac{SSR}{SST}=\dfrac{1575.76}{1924.90}≒0.82$

72

다음은 일원분산분석에 대한 결과표이다. (㉠)과 (㉡)에 알맞은 값은?

요 인	제곱합	자유도	평균제곱	F값
처 리	130.0	3	(㉠)	8.404
잔 차	330.0	64	(㉡)	
계	460.0	67		

① ㉠ : 41.07, ㉡ : 4.67
② ㉠ : 43.33, ㉡ : 5.16
③ ㉠ : 45.64, ㉡ : 6.49
④ ㉠ : 47.81, ㉡ : 7.62

해설 처리의 평균제곱합은 처리제곱합/처리의 자유도로,
$\dfrac{130}{3}≒43.33$이다.
잔차의 평균제곱합은 잔차제곱합/잔차의 자유도로,
$\dfrac{330}{64}≒5.16$이다.

73 21-2

4지 택일형 문제가 10개 있다. 각 문제에 임의로 답을 적을 때 정답을 맞힌 개수 X의 분포는?

① 이항분포 ② t-분포
③ 정규분포 ④ F-분포

해설 4지 택일형 문제에서 임의로 답을 적을 때 답을 맞힐 확률은 $\frac{1}{4}$이고 문제의 답을 써넣는 시행은 서로 독립이며 총 10문제가 있으므로 확률변수 X는 이항분포 $B\left(10, \frac{1}{4}\right)$을 따른다.

74 21-2

다음 중회귀모형에서 오차분산 σ^2의 자유도는?

$$Y_i = \beta_0 + \beta_1 X_{1i} + \beta_2 X_{2i} + e_i, \ i = 1, 2, \cdots, n$$

① $n-1$ ② $n-2$
③ $n-3$ ④ $n-4$

해설 오차항 분산의 자유도는 $n-k-1$이다.
독립변수의 개수 k는 2이므로 오차분산의 자유도는 $n-3$이다.

75 18-2 21-2

일정 기간 공사장 지대에서 방목한 가축 소변의 불소 농도에 변화가 있는가를 조사하고자 한다. 랜덤하게 추출한 10마리의 가축 소변의 불소 농도를 방목 초기에 조사하고 일정 기간 방목한 후 다시 소변의 불소 농도를 조사하였다. 방목 전후의 불소 농도에 차이가 있는가에 대한 분석방법으로 적합한 것은?

① $F-test$
② 쌍체비교(대응비교)
③ 단일 모평균에 대한 검정
④ 독립표본에 의한 두 모평균의 비교

해설 t-검정은 두 집단의 평균차이가 통계적으로 유의한가를 검정하는 분석방법이다. 조사대상의 개체가 같고 반드시 짝을 이루는 경우 대응표본 t-검정(쌍체비교)을 실시한다.

76 21-2

어느 지역에서 A 후보의 지지도를 알아보기 위하여 무작위로 추출한 100명 중 50명이 A 후보를 지지한다고 응답하였다. A 후보 지지율에 대한 95% 신뢰구간은?
(단, $P(|Z| > 1.64) = 0.10$, $P(|Z| > 1.96) = 0.05$, $P(|Z| > 2.58) = 0.01$)

① $0.39 \leq p \leq 0.61$
② $0.40 \leq p \leq 0.60$
③ $0.42 \leq p \leq 0.58$
④ $0.45 \leq p \leq 0.55$

해설 모비율의 p에 대한 $100(1-\alpha)\%$ 신뢰구간을 구하는 공식은 다음과 같다.

$$\hat{p} - Z_{\alpha/2}\sqrt{\frac{\hat{p}(1-\hat{p})}{n}} \leq p \leq \hat{p} + Z_{\alpha/2}\sqrt{\frac{\hat{p}(1-\hat{p})}{n}}$$

95%의 신뢰구간이므로 $\alpha = 0.05$, $Z_{\alpha/2} = Z_{0.025} = 1.96$,
$\hat{p} = \frac{50}{100} = 0.5$, $n = 100$이다.

$$0.5 - 1.96\sqrt{\frac{0.5(1-0.5)}{100}} \leq p \leq 0.5 + 1.96\sqrt{\frac{0.5(1-0.5)}{100}}$$

∴ $0.402 \leq p \leq 0.598$

77 21-2

통계적 가설검정에 대한 설명으로 틀린 것은?

① 유의수준은 제1종 오류를 범할 확률의 최대허용한계를 말한다.
② 기각역은 귀무가설을 기각하게 되는 검정통계량의 관측값의 영역이다.
③ 귀무가설은 표본에 근거한 강력한 증거에 의하여 입증하고자 하는 가설이다.
④ 제2종 오류는 대립가설이 참임에도 불구하고, 귀무가설을 기각하지 못하는 오류이다.

해설 표본에 근거한 강력한 증거에 의하여 입증하고자 하는 가설은 대립가설이다.

정답 73 ① 74 ③ 75 ② 76 ② 77 ③

78

두 변수 가족 수와 생활비 간의 상관계수가 0.6이라면, 생활비 변동의 몇 %가 가족 수로 설명되어진다고 할 수 있는가?

① 0.36%
② 0.6%
③ 36%
④ 60%

해설 단순회귀분석에서 상관계수(r)의 제곱이 결정계수(R^2)가 되며, 설명력을 의미하는 수치이다.
따라서 결정계수는 $(0.6)^2 = 0.36$으로 백분율로 나타내면 $0.36 \times 100 = 36$, 즉 36%이다.

79

단일 모집단의 모분산의 검정에 사용되는 분포는?

① 정규분포
② F-분포
③ 이항분포
④ χ^2분포

해설 모분산 σ^2에 대한 검정통계량은 $\chi^2 = \dfrac{(n-1)S^2}{\sigma_0^2}$이다.

80

상관계수에 대한 설명으로 틀린 것은?

① 범위는 -1에서 1이다.
② 1차 직선의 함수관계가 어느 정도 강한가를 나타내는 척도이다.
③ 상관계수가 0이라는 것은 두 변수 사이에 어떠한 관계도 없다는 것을 의미한다.
④ -1의 상관계수는 기울기가 음수인 직선 위에 모든 자료가 있다는 것을 의미한다.

해설 상관계수가 0이면 변수 간에 선형연관성이 없는 것이지 곡선의 연관성은 있을 수 있다.

81

어느 학생은 버스 또는 지하철을 이용하여 등교하는데, 버스를 이용하는 경우가 40%, 지하철을 이용하는 경우가 60%이다. 버스로 등교하면 교통체증으로 인하여 지각하는 경우가 10%이고 지하철로 등교하면 지각하는 경우가 4%라고 한다. 이 학생이 어느 날 지각하였을 때 버스로 등교하였을 확률은?

① 4%
② 40%
③ 62.5%
④ 64.5%

해설 어떤 학생이 버스를 이용하여 등교할 사건을 A, 지하철을 이용하여 등교할 사건을 B라고 하자. 지각할 사건을 X라고 하면 버스를 이용하여 지각할 확률은 $P(A \cap X)$, 지하철을 이용하여 지각할 확률은 $P(B \cap X)$이다.
각 확률을 계산하면 다음과 같다.
$P(A \cap X) = 0.4 \times 0.1 = 0.04$,
$P(B \cap X) = 0.6 \times 0.04 = 0.024$
따라서 어떤 학생이 어느 날 지각하였을 때 버스로 등교하였을 확률은 다음과 같다.
$P(A|X) = \dfrac{P(A \cap X)}{P(X)} = \dfrac{0.04}{0.04 + 0.024} = 0.625$
즉, $0.625 \times 100 = 62.5$%이다.

82

귀무가설 H_0가 참인데 대립가설 H_1이 옳다고 잘못 결론을 내리는 오류는?

① 제1종 오류
② 제2종 오류
③ 제3종 오류
④ β

해설 귀무가설이 참임에도 불구하고 귀무가설을 기각하는 오류를 제1종 오류라고 한다.

구 분	실제현상	
	귀무가설 참	귀무가설 거짓
귀무가설 채택	정확한 결론($1-\alpha$)	제2종 오류(β)
귀무가설 기각	제1종 오류(α)	정확한 결론($1-\beta$)

78 ③ 79 ④ 80 ③ 81 ③ 82 ①

83

분산분석에 대한 설명으로 옳은 것은?

① 분산분석이란 각 처리집단의 분산이 서로 같은지를 검정하기 위한 방법이다.
② 비교하려는 처리집단이 k개 있으면 처리에 의한 자유도는 $k-2$가 된다.
③ 두 개의 요인이 있을 때 각 요인의 주효과를 알아보기 위해서는 요인 간 교호작용이 있어야 한다.
④ 일원배치 분산분석에서 일원배치의 의미는 반응변수에 영향을 주는 요인이 하나인 것을 의미한다.

해설 ④ 일원배치 분산분석은 요인이 1개인 경우의 종속변수(반응변수)의 평균차이 분석에 사용한다.
① 분산분석은 두 집단 이상의 평균 차이가 통계적으로 유의한가를 검정하는 분석방법이다.
② 비교하려는 처리집단이 k개 있으면 처리에 의한 자유도는 $k-1$이 된다.
③ 두 개의 요인이 있을 때 각 요인의 주효과를 알아보기 위해서는 요인 간 교호작용이 없어야 한다.

84

다음은 3개의 자료 A, B, C에 대한 산점도이다. 이 자료에 대한 상관계수가 -0.93, 0.20, 0.70 중 하나일 때, 산점도와 해당하는 상관계수의 값을 올바르게 짝지은 것은?

① 자료 A : -0.93, 자료 B : 0.20, 자료 C : 0.70
② 자료 A : -0.93, 자료 B : 0.70, 자료 C : 0.20
③ 자료 A : 0.20, 자료 B : -0.93, 자료 C : 0.70
④ 자료 A : 0.20, 자료 B : 0.70, 자료 C : -0.93

해설 자료 A는 반비례 관계이므로 상관계수가 음수이다. 따라서 -0.93이다. 자료 B가 자료 C에 비해 높은 상관관계를 보이므로 자료 B가 0.70, 자료 C가 0.20이다.

85

표본자료로부터 추정한 모평균 μ에 대한 95% 신뢰구간이 $(-0.042, 0.522)$일 때, 유의수준 0.05에서 귀무가설 $H_0 : \mu = 0$ vs 대립가설 $H_0 : \mu \neq 0$의 검증결과는 어떻게 해석할 수 있는가?

① 신뢰구간이 0을 포함하기 때문에 귀무가설을 기각할 수 없다.
② 신뢰구간의 상한이 0.522로 0보다 상당히 크기 때문에 귀무가설을 기각해야 한다.
③ 신뢰구간과 가설검증은 무관하기 때문에 신뢰구간을 기초로 검증에 대한 어떠한 결론을 내릴 수 없다.
④ 신뢰구간을 계산할 때 표준정규분포의 임계값을 사용했는지 또는 t-분포의 임계값을 사용했는지에 따라 해석이 다르다.

해설 ①·③ 귀무가설의 내용이 신뢰구간에 속하면 귀무가설을 채택할 수 있다. 귀무가설이 $H_0 : \mu = 0$이고 신뢰구간 안에 0이 포함되므로 귀무가설을 채택한다.
② 신뢰구간의 상한이 큰 것과 귀무가설의 기각/채택 여부는 관련이 없다.
④ 표준정규분포의 임계값을 사용할지 t분포의 임계값을 사용할지에 대해서는 표본의 종류에 따라 다르지만 결과의 해석에는 차이가 없다.

86

추정에 대한 설명으로 맞는 것은?

① 검정력은 작을수록 바람직하다.
② 신뢰구간은 넓을수록 바람직하다.
③ 표본의 수는 통계적 추론에 영향을 미치지 않는 표본조사 시의 문제이다.
④ 모든 다른 조건이 동일하다면 표본의 수가 클수록 신뢰구간의 길이는 짧아진다.

해설 ① 모든 다른 조건이 동일하다면 검정력이 클수록 제2종 오류를 범할 확률이 작아지므로, 검정력은 클수록 바람직하다.
② 모든 다른 조건이 동일하다면 신뢰구간이 짧을수록 정밀한 추정이 가능하므로 신뢰구간이 짧을수록 바람직하다.
③ 표본의 수는 표본조사뿐만 아니라 통계적 추론에도 영향을 미친다.

정답 83 ④ 84 ② 85 ① 86 ④

87

어느 지역의 유권자 중 940명을 임의로 추출하여 가장 선호하는 정당을 조사한 결과를 연령대별로 정리하여 다음의 이차원 분할표를 얻었고, 분할표 분석결과는 다음과 같다. 유의수준 0.05에서 연령대와 선호하는 정당과의 관련성을 검정하기 위한 검정결과에 대한 해석으로 맞는 것은?

[연령별 정당의 선호도 분할표]

정당 연령	A정당	B정당	C정당	계
30 미만	158	53	62	273
30~49	172	128	83	383
50 이상	95	162	27	284
계	425	343	172	940

[카이제곱 검정]

구 분	값	자유도	점근유의확률 (양쪽검정)
Pearson 카이제곱	91.3412	4	0.000
우도비	93.347	4	0.000
선형대 선형결합	3.056	1	0.080
유효 케이스	940		

① 카이제곱 통계량이 유의수준보다 크므로 귀무가설을 기각한다.
② 우도비 통계량이 유의수준보다 크므로 귀무가설을 기각할 수 없다.
③ 우도비 통계량에 대한 유의확률이 유의수준보다 작으므로 귀무가설을 기각할 수 없다.
④ 카이제곱 통계량에 대한 유의확률이 유의수준보다 작으므로 귀무가설을 기각한다.

해설 ① · ② 검정통계량과 유의수준의 비교로는 귀무가설의 기각 여부를 판단할 수 없다.
③ 유의확률이 유의수준보다 작으면 귀무가설을 기각한다.

88

다음 표는 빨강, 파랑, 노랑 3가지 색상에 대한 선호도가 성별에 따라 차이가 있는지를 알아보기 위해 초등학교 남학생 200명과 여학생 200명을 임의로 추출하여 선호도를 조사한 분할표이다. 성별에 따라 선호하는 색상에 차이가 없다면, 파랑을 선호하는 여학생 수에 대한 기대도수의 추정값은?

구 분	빨 강	파 랑	노 랑	표본크기
남학생	60	90	50	200
여학생	90	70	40	200
합 계	150	160	90	400

① 70
② 75
③ 80
④ 85

해설 카이제곱 독립성 검정에서 기대도수는 $\frac{O_{i\cdot} \times O_{\cdot j}}{n}$ 이다.
따라서 $\frac{200 \times 160}{400} = 80$ 이다.

89

다음 분산분석표의 $A \sim C$에 들어갈 값은?

요인	제곱합	자유도	평균제곱	F값	유의확률
인자	199.34	1	199.34	C	0.099
잔차	315.54	6	B		
계	514.88	A			

① A : 7, B : 52.59, C : 2.58
② A : 7, B : 52.59, C : 3.79
③ A : 7, B : 1893.24, C : 2.58
④ A : 7, B : 1893.24, C : 9.50

해설 $A : 1+6=7$
$B : \frac{315.54}{6} = 52.59$
$C : \frac{199.34}{52.59} ≒ 3.79$

90

어느 여행사에서 앞으로 1년 이내에 어학연수를 원하는 대학생들의 비율을 조사하기를 원한다. 95% 신뢰수준에서 참비율과의 오차가 3% 이내가 되도록 하기 위하여 최소한 몇 명의 대학생을 조사해야 하는가? (단, $Z_{0.05} = 1.645$, $X_{0.025} = 1.96$이고, 표본비율 p는 0.5로 추측한다)

① 250
② 435
③ 752
④ 1,068

해설 모비율 추정 시 표본의 크기는 $n \geq \hat{p}(1-\hat{p})\left(\dfrac{Z_{\alpha/2}}{D}\right)^2$이다.

표본비율 p를 0.5로 추측한다 했으므로 $\hat{p} = 0.5$, $\alpha = 0.05$,
$D = 0.03$이므로 $n \geq 0.5 \times 0.5 \times \left(\dfrac{1.96}{0.03}\right)^2 ≒ 1067.1$이다.

따라서 최소한 1,068명의 대학생을 조사해야 한다.

91

다음은 어느 손해보험회사에서 운전자의 연령과 교통법규 위반횟수 사이의 관계를 알아보기 위하여 무작위로 추출한 18세 이상, 60세 이하인 500명의 운전자 중에서 지난 1년 동안 교통법규위반 횟수를 조사한 자료이다. 두 변수 사이의 독립성 검정을 하려고 할 때, 검정통계량의 자유도는?

위반횟수	연령			합계
	18~25	26~50	51~60	
없음	60	110	120	290
1회	60	50	40	150
2회 이상	30	20	10	60
합계	150	180	170	500

① 1
② 3
③ 4
④ 9

해설 카이제곱 통계량의 자유도는 $(r-1) \times (c-1)$이다. 따라서 $(3-1) \times (3-1) = 4$이다.

92

어떤 처리 전후의 효과를 분석하기 위한 대응비교에서 자료의 구조가 다음과 같다.

쌍	처리 전	처리 후	차이
1	X_1	Y_1	$D_1 = X_1 - Y_1$
2	X_2	Y_2	$D_2 = X_2 - Y_2$
⋮	⋮	⋮	⋮
n	X_n	Y_n	$D_n = X_n - Y_n$

일반적인 몇 가지 조건을 가정할 때 처리 이전과 이후의 평균에 차이가 없다는 귀무가설을 검정하기 위한 검정통계량 $T = \dfrac{\overline{D}}{S_D/\sqrt{n}}$ 은 t-분포를 따른다. 이때 자유도는?

(단, $\overline{D} = \dfrac{1}{n}\sum_{i=1}^{n} D_i$, $S_D^2 = \dfrac{\sum_{i=1}^{n}(D_i - \overline{D})^2}{n-1}$ 이다)

① $n-1$
② n
③ $2(n-1)$
④ $2n$

해설 대응표본인 경우 두 집단 간의 차이에 대한 검정통계량은 자유도가 $n-1$인 t-분포를 이용한다. 따라서 자유도는 $n-1$이다.

93

어느 질병에 대한 3가지 치료약의 효과를 비교하기 위한 일원분산분석 모형 $X_{ij} = \mu + \alpha_i + \varepsilon_{ij}$에서 오차항 ε_{ij}에 대한 가정으로 틀린 것은?

① ε_{ij}의 기댓값은 0이 아니다.
② ε_{ij}의 분포는 정규분포를 따른다.
③ ε_{ij}의 분산은 어떤 i, j에 대해서도 일정하다.
④ 임의의 ε_{ij}와 $\varepsilon_{i'j'}$ ($i \neq i'$ 또는 $j \neq j'$)는 서로 독립이다.

해설 **오차항의 기본 가정**
- 정규성 : 오차항 ε_i는 정규분포를 따른다.
- 등분산성 : 오차항 ε_i의 분산은 모든 i에 대하여 같다.
- 독립성 : 임의의 오차항 ε_i와 $\varepsilon_{i'}$는 독립이다.

94 [18-3] [21-1]

다음은 왼손으로 글자를 쓰는 사람 8명에 대하여 왼손의 악력 X와 오른손의 악력 Y를 측정하여 정리한 결과이다. 왼손으로 글자를 쓰는 사람들의 왼손 악력이 오른손 악력보다 강하다고 할 수 있는가에 대해 유의수준 5%에서 검정하고자 한다. 검정통계량 T의 값과 기각역을 구하면?

구 분	관측값	평 균	표준편차
X	90, ⋯, 110	107.25	18.13
Y	87, ⋯, 100	103.75	18.26
$D=X-Y$	3, ⋯, 10	3.5	4.93

$P[T \leq t_{(n,\alpha)}], \ T \sim t_{(n)}$

df		α		
	⋯	0.05	0.025	⋯
⋮	⋮	⋮	⋮	⋮
6	⋯	1.943	2.447	⋯
7	⋯	1.895	2.365	⋯
8	⋯	1.860	2.306	⋯
⋮	⋮	⋮	⋮	⋮

① $T=0.71, \ T \geq 1.860$
② $T=2.01, \ T \geq 1.895$
③ $T=0.71, \ |T| \geq 2.365$
④ $T=2.01, \ |T| \geq 2.365$

해설 귀무가설(H_0) : 왼손으로 글자를 쓰는 사람의 왼손 악력과 오른손 악력은 차이가 없다($H_0 : \mu_D = 0$)
대립가설(H_1) : 왼손으로 글자를 쓰는 사람의 왼손 악력이 오른손 악력보다 강하다($H_1 : \mu_D > 0$)
대응표본인 경우 두 집단 간의 차이에 대한 검정통계량은 자유도가 $n-1$인 t-분포 $T = \dfrac{\overline{D}}{S_D/\sqrt{n}}$를 이용한다.
주어진 표에서 $\overline{D} = 3.5$, $S_D = 4.93$, $n=8$이다.
$T = \dfrac{3.5}{4.93/\sqrt{8}} \fallingdotseq 2.01$이며 대응표본 t검정에서 자유도(df)는 $n-1 = 8-1 = 7$이므로 단측검정에서 유의수준 5%의 기각역은 $T \geq 1.895$이다.

95 [21-1]

제1종 오류를 범할 확률의 허용한계를 뜻하는 통계적 용어는?

① 기각역
② 유의수준
③ 검정통계량
④ 대립가설

해설 ① 기각역은 모집단에서 추출한 임의표본의 함수로서 정한 어떤 통계량의 실현값이 미리 결정한 영역이다.
③ 검정통계량은 귀무가설의 채택 또는 기각 여부를 결정하는 데 사용되는 표본통계치이다.
④ 대립가설은 귀무가설과 반대되는 가설이다.

96 [21-1]

확률변수 X의 분포의 자유도가 각각 a와 b인 $F(a, b)$를 따른다면 확률변수 $Y = \dfrac{1}{X}$의 분포는?

① $F(a, b)$
② $F(b, a)$
③ $F\left(\dfrac{1}{a}, \dfrac{1}{b}\right)$
④ $F\left(\dfrac{1}{b}, \dfrac{1}{a}\right)$

해설 F분포는 표준정규분포를 따르는 표본데이터 $(X_1, X_2, \cdots, X_n)$, $(Y_1, Y_2, \cdots, Y_m)$에서 2개의 카이제곱분포 통계량을 $S_X = X_1 + X_2 + \cdots + X_n$, $S_Y = Y_1 + Y_2 + \cdots + Y_m$이라 할 때 $F = \dfrac{S_X/n}{S_Y/m}$을 따르는 분포를 의미한다.

따라서 X가 $F(a, b)$를 따른다면 $\dfrac{1}{X}$은 통계량이 역수가 되어 $F(b, a)$를 따른다.

05

최신기출복원문제

2024년 기출복원문제 및 해설
2025년 기출복원문제 및 해설

2024년 기출복원문제 및 해설

01

사회과학적 연구의 일반적인 연구목적과 가장 거리가 먼 것은?

① 사건이나 현상을 설명(Explanation)하는 것이다.
② 사건이나 상황을 기술 또는 서술(Description)하는 것이다.
③ 사건이나 상황을 예측(Prediction)하는 것이다.
④ 새로운 이론(Theory)이나 가설(Hypothesis)을 만드는 것이다.

해설 일반적으로 사회과학적 연구는 현상을 탐색, 기술, 설명하는 것을 목적으로 한다. 탐색은 보통 연구문제에 대한 사전지식이 부족하거나 개념을 보다 분명히 하기 위함을 목적으로 한다. 기술은 현상을 정확하게 기술하는 것이 주목적이며, 설명은 어떤 사실과의 관계를 파악하여 인과관계를 규명하거나 미래를 예측하는 것을 목적으로 한다.

02

기술조사에 적합한 조사주제를 모두 고른 것은?

> ㄱ. 신문의 구독률 조사
> ㄴ. 신문 구독자의 연령대 조사
> ㄷ. 신문 구독률과 구독자의 소득이나 직업 사이의 관련성 조사

① ㄱ, ㄴ
② ㄴ, ㄷ
③ ㄱ, ㄷ
④ ㄱ, ㄴ, ㄷ

해설 기술조사는 어떤 현상에 대한 탐구와 명백화, 즉 현상을 정확하게 기술하는 것을 주목적으로 한다. 어떠한 사건이나 현상의 크기, 비율, 수준 등에 대한 단순 통계적인 자료를 수집하여 문제에 대한 답을 구한다. 특히 발생빈도와 비율을 파악(ㄱ)할 때 실시하며, 관련 상황의 특성파악(ㄴ), 변수 간에 상관관계 파악 및 상황변화에 대한 각 변수 간의 반응을 예측(ㄷ)한다. 즉, ㄱ, ㄴ, ㄷ 모두 기술조사에 적합한 조사주제이다.

03

다음 중 어느 대학생 개인의 특성에 기초하여 소속 대학교 학생집단의 전체 특성으로 규정하려는 분석상의 오류는?

① 환원주의 오류
② 생태학적 오류
③ 개인주의적 오류
④ 외적 타당성 오류

해설 개인주의적 오류는 분석단위를 개인에 두고 얻어진 연구의 결과를 집단에 적용함으로써 발생하는 오류이다.

04

연역법과 귀납법에 관한 설명으로 옳은 것은?

① 연역법은 선(先)조사 후(後)이론의 방법을 택한다.
② 연역법과 귀납법은 상호보완적으로 사용할 수 없다.
③ 연역법과 귀납법의 선택은 조사의 용이성에 달려 있다.
④ 기존 이론의 확인을 위해서는 연역법을 주로 사용한다.

해설 ① 연역법은 선(先)이론 후(後)조사의 방법이다.
② 연역법과 귀납법은 서로 대비되는 장단점으로 인해 상호보완적인 관계를 형성한다.
③ 연역법과 귀납법의 선택은 조사연구의 목적에 달려있다.

정답 01 ④ 02 ④ 03 ③ 04 ④

05

변수들 간의 인과성 검증에 대한 설명으로 옳은 것은?

① 인과성은 두 변수의 공변성 여부에 따라 확정된다.
② "가난한 사람들은 무계획한 소비를 한다."라는 설명은 시간적 우선성 원칙에 부합한다.
③ 독립변수와 종속변수 사이의 인과관계는 제3의 변수가 통제되지 않으면 허위적일 수 있다.
④ 실험설계는 인과성 규명을 목적으로 하지 않는다.

해설
① 인과성은 공변성뿐만 아니라 시간적 선후관계와 비허위적 관계를 만족해야 한다.
② 시간적 우선성이란 원인이 되는 사건이나 현상이 시간적으로 결과보다 먼저 발생해야 한다는 것이다. 가난한 사람들이 무계획한 소비를 하는 것이 아니라, 무계획한 소비를 하면 가난해지게 되는 것이므로 시간적 우선성에 부합하지 않는다.
④ 실험설계는 독립변수가 종속변수에 영향을 미치는 인과관계에 대한 가설을 검증하기 위한 조사방법이다.

06

어떤 연구자가 한 도시의 성인 500명을 무작위로 추출하여 인터넷 이용이 흡연에 미치는 영향을 조사한 결과, 인터넷 이용량이 많은 사람일수록 흡연량도 유의미하게 많은 것으로 나타났다. 이를 토대로 인터넷 이용이 흡연을 야기시킨다는 인과적인 설명을 하는 경우 가장 문제가 되는 인과성의 요건은?

① 경험적 상관
② 허위적 상관
③ 통계적 상관
④ 시간적 순서

해설 인터넷 이용이 흡연을 야기시킨다는 것은 원인과 결과로 설명할 수 없다. 따라서 문제에서 나타난 연구결과는 순수하게 두 변수만의 관계로 볼 수 없으므로 허위적 상관이다.

07

경험적 연구를 위한 작업가설의 요건으로 틀린 것은?

① 명료해야 한다.
② 연구자의 주관이 분명해야 한다.
③ 특정화되어 있어야 한다.
④ 검정 가능한 것이어야 한다.

해설 가설 설정 시 기본조건
- 연구문제를 해결할 수 있어야 한다.
- 실증적인 확인을 위해 구체적이어야 하며 현상과 관련성을 가져야 한다.
- 변수로 구성되며, 그들 간의 관계를 나타내고 있어야 한다.
- 관련 변수의 선정과 변수들의 상태를 나타내는 문장을 조건문 형태의 복문으로 나타내야 한다.
- 표현은 간단명료해야 한다(①).
- 경험적·이론적으로 검증할 수 있어야 한다(④).
- 검증결과는 가능한 한 광범위하게 적용될 수 있어야 한다.
- 계량적인 형태를 취하거나 계량화할 수 있어야 한다.
- 동일 분야의 다른 가설과 연관성이 있어야 한다.
- 특정적이어야 한다(③).

08

서베이조사의 일반적인 특성에 관한 설명으로 틀린 것은?

① 모집단으로부터 추출된 표본을 대상으로 조사하는 방법이다.
② 센서스(Census)는 대표적인 서베이 방법 중 하나이다.
③ 인과관계 분석보다는 예측과 기술을 주목적으로 한다.
④ 대인조사, 전화조사, 우편조사, 온라인 조사 등이 있다.

해설 서베이조사는 모집단을 대상으로 추출된 표본에 대해 설문지와 같은 표준화된 조사도구를 사용하여 직접 질문함으로써 필요한 자료를 수집하는 방법이다. 그에 반해 센서스는 인구나 주택 등의 현황을 모집단 전체에 대해 조사하는 방법이다.

09

모든 요소의 총체로서 조사자가 표본을 통해 발견한 사실들을 토대로 하여 일반화하고자 하는 궁극적인 대상을 지칭하는 것은?

① 표본추출단위(Sampling Unit)
② 표본추출분포(Sampling Distribution)
③ 표본추출프레임(Sampling Frame)
④ 모집단(Population)

> 해설
> ① 표본추출의 각 단계에 있어서 표본으로 선정되는 요소 또는 요소의 집합을 말한다.
> ② 동일한 크기의 표본을 반복해서 추출했을 때 각 표본의 통계량의 확률분포이다.
> ③ 표본추출 시 필요한 모집단의 구성요소와 표본추출 단계별로 표본추출단위가 수록된 목록을 말한다.

10

일반적인 표본추출과정을 바르게 나열한 것은?

> ㄱ. 모집단의 확정   ㄴ. 표본프레임의 결정
> ㄷ. 표본추출의 실행 ㄹ. 표본크기의 결정
> ㅁ. 표본추출방법의 결정

① ㄱ → ㄴ → ㅁ → ㄹ → ㄷ
② ㄱ → ㄹ → ㅁ → ㄴ → ㄷ
③ ㄹ → ㄱ → ㄴ → ㅁ → ㄷ
④ ㄱ → ㄴ → ㄹ → ㅁ → ㄷ

> 해설 **일반적인 표본추출과정**
> - 모집단의 확정 : 연구결과의 일반화를 위한 대상을 확정하는 것으로서, 모집단은 조사대상이 되는 집단을 의미한다.
> - 표본프레임의 결정 : 모집단이 확정된 경우 표본을 추출하게 될 표집틀을 선정해야 한다. 모집단의 구성요소를 모두 포함하는 반면 각각의 요소가 이중으로 포함되지 않는 것이 좋다.
> - 표본추출방법의 결정 : 표집틀이 선정되면 모집단의 대표성을 확보할 수 있는 표집방법을 결정한다. 표집방법에는 크게 확률표본추출방법과 비확률표본추출방법이 있다.
> - 표본크기의 결정 : 모집단의 성격, 시간 및 비용, 조사원의 능력 등은 물론 표본오차를 나타내는 정확도와 신뢰도를 고려하여 표본의 크기를 결정한다.
> - 표본추출의 실행 : 결정된 표집방법을 통해 본격적으로 표본을 추출한다. 추출방식에 따라 난수표 등을 이용할 수 있으며, 결과의 일반화 가능성을 항상 염두에 두어야 한다.

11

표집구간 내에서 첫 번째 번호만 무작위로 뽑고 다음부터는 매 K번째 요소를 표본으로 선정하는 표집방법은?

① 계통표집
② 층화표집
③ 집락표집
④ 단순무작위표집

> 해설
> ② 모집단을 보다 동질적인 몇 개의 층으로 나눈 후, 이러한 각 층으로부터 단순무작위표본추출을 하는 방법이다.
> ③ 모집단 목록에서 구성요소에 대해 여러 가지 이질적인 구성요소를 포함하는 여러 개의 집락 또는 집단으로 구분한 후, 집락을 표집단위로 하여 무작위로 몇 개의 집락을 표본으로 추출한 다음, 표본으로 추출된 집락에 대해 그 구성요소를 전수조사하는 방법이다.
> ④ 의식적인 조작없이 표본을 추출하는 방법이다.

12

할당표본추출법(Quota Sampling)에 관한 설명으로 틀린 것은?

① 모집단이 갖는 특성의 비율에 맞추어 표본을 추출하는 방법이다.
② 선거와 관련된 조사나 일반적인 여론조사에서 많이 활용되고 있다.
③ 명확한 표본프레임이 없어도 사용할 수 있다.
④ 표본추출과정에서 조사자의 편견이 개재될 수 있는 여지가 없다.

> 해설 할당표집은 모집단을 일정한 카테고리로 나누어 해당 카테고리에서 표본을 작위적으로 추출하는 방법으로, 모집단의 사전지식을 기초로 모집단의 특성을 나타내는 하위 집단별로 표본수를 할당한 다음 표본을 추출한다. 이때 조사원이 자신의 주관에 따라 표본을 추출한다.

13

표본추출오차와 비표본추출오차에 관한 설명으로 틀린 것은?

① 표본추출오차의 크기는 표본크기의 제곱근에 반비례한다.
② 비표본추출오차는 표본조사와 전수조사에서 모두 발생할 수 있다.
③ 표본추출오차의 크기는 표본의 크기가 증가함에 따라 감소한다.
④ 전수조사의 경우 비표본추출오차는 없으나 표본추출오차는 상당히 클 수 있다.

해설 오차의 유형
- 표본추출오차 : 표본추출과정에서 발생하는 오차이다. 따라서 전수조사에서는 표본추출오차가 없다.
- 비표본추출오차 : 표본추출 이외의 과정에서 발생하는 오차를 말하는 것으로서, 일반적으로 측정상의 오차를 의미하며, 표본조사와 전수조사에서 모두 발생할 수 있다.

14

실험설계를 사전실험설계, 순수실험설계, 유사실험설계, 사후실험설계로 구분할 때 유사실험설계에 해당하는 것은?

① 단일집단 사후측정설계
② 집단비교설계
③ 솔로몬 4집단설계
④ 비동일 통제집단설계

해설 유사실험설계는 실험설계의 기본요소에 해당하는 무작위할당, 독립변수의 조작, 통제집단, 사전·사후검사 중 한두 가지가 결여된 설계유형으로 비동일 통제집단설계, 단순시계열설계, 복수시계열설계, 회귀불연속설계 등이 있다.

15

단일사례연구에 관한 설명으로 틀린 것은?

① 외적 타당도가 높다.
② 개입효과에 대한 즉각적인 피드백이 가능하다.
③ 조사연구 과정과 실천 과정이 통합될 수 있다.
④ 개인과 집단뿐만 아니라 조직이나 지역사회도 연구대상이 될 수 있다.

해설 단일사례연구는 전실험설계에 해당하는 것으로 전실험설계는 무작위할당에 의해 연구대상을 나누지 않고, 비교집단 간의 동질성이 없으며, 독립변수의 조작에 따른 변화의 관찰이 제한된 경우에 실시하는 설계유형이다. 인과적 추론이 어려운 설계로서, 내적·외적 타당도를 거의 통제하지 못한다.

16

다음의 조사유형으로 옳은 것은?

> 베이비부머(Baby-boomers)의 정치성향의 변화를 파악하기 위하여 이들이 성년이 된 후 10년마다 500명씩 새로운 표집을 대상으로 조사하여 그 결과를 비교하여 보았다.

① 횡단(Cross-sectional)조사
② 추세(Trend)조사
③ 코호트(Cohort)조사
④ 패널(Panel)조사

해설 횡단조사는 일정 시점을 기준으로 모든 관련 변수에 대한 자료를 수집해 연구하는 것이다. 추세조사는 일정한 기간 동안 동일한 전체 모집단 내의 변화를 연구하는 것이며, 패널조사는 특정 응답자 집단을 정해 놓고 그들로부터 상당히 긴 시간 동안 지속적으로 연구자가 필요로 하는 정보를 획득하는 방법이다. 지문에서는 10년마다 500명씩 새롭게 표집을 하여 조사하였다. 이는 일정 기간 동안 어떤 한정된 부분 모집단의 변화를 연구하는 것으로서, 특정 경험을 같이 하는 사람들이 가지는 특성들에 대해 두 번 이상의 다른 시기에 걸쳐서 비교·연구하는 코호트 조사에 해당한다.

정답 ▶ 13 ④ 14 ④ 15 ① 16 ③

17

다음에서 설명하고 있는 조사방법은?

> 대학 졸업생을 대상으로 체계적 표집을 통해 응답집단을 구성한 후 매년 이들을 대상으로 졸업 후의 진로와 경제활동 및 노동시장 이동상황을 조사하였다.

① 집단면접조사
② 파일럿조사
③ 델파이조사
④ 패널조사

해설
④ 패널조사 : '패널(Panel)'이라 불리는 특정 응답자 집단을 정해 놓고 그들로부터 상당히 긴 시간 동안 지속적으로 연구자가 필요로 하는 정보를 획득하는 조사방법이다.
① 집단면접조사 : 추출된 조사대상자들을 한 자리에 모아놓은 후 조사를 실시한다.
② 파일럿조사 : 연구하려고 하는 문제의 핵심적인 요소들을 분명히 알지 못할 때 질문지 작성의 전 단계에서 실시하는 비지시적 방식의 조사로 탐색적 조사에 속한다.
③ 델파이조사 : 전문가·관리자들로부터 우편으로 의견이나 정보를 수집하여 그 결과를 분석한 후 그것을 다시 응답자들에게 보내어 의견을 묻는 식으로 만족스러운 결과를 얻을 때까지 계속하는 방법이며, 조사 내용이 정해진 구조화 방식이다.

18

다음은 어떤 형태의 조사에 해당하는가?

> A학교에서는 자퇴율을 조사하기 위해 16세 학생들에게 자퇴 관련 질문을 하고, 그 학생들이 18세가 되었을 때 다시 자퇴 관련 질문을 하여 시간이 지남에 따라 어떻게 변화하는지를 비교하였다.

① 사례조사
② 패널조사
③ 추세조사
④ 코호트조사

해설
④ 코호트조사는 일정 기간 동안 어떤 한정된 부분 모집단의 변화를 연구하는 것으로서, 특정 경험을 같이 하는 사람들이 가지는 특성들에 대해 두 번 이상의 다른 시기에 걸쳐서 비교·연구하는 방법이다.
① 사례조사는 특정 사례를 조사하여 문제를 종합적으로 파악하고, 그에 대한 실증적인 분석을 실행하는 조사로, 소수 조사대상이 시간의 경과에 따라 어떠한 특징적 변화 양상을 보이는지 면밀히 연구하는 방법이다.
② 패널조사는 '패널(Panel)'이라 불리는 특정 응답자 집단을 정해 놓고 그들로부터 상당히 긴 시간 동안 지속적으로 연구자가 필요로 하는 정보를 획득하는 방법이다.
③ 추세조사는 일정한 기간 동안 동일한 전체 모집단 내의 변화를 여러 시기에 걸쳐 표본을 추출하여 계속적으로 연구하는 것이다.

19

질적 연구에 관한 설명과 가장 거리가 먼 것은?

① 조사자와 조사대상자의 주관적인 인지나 해석 등을 모두 정당한 자료로 간주한다.
② 조사결과를 폭넓은 상황에 일반화하기에 유리하다.
③ 연구절차가 양적 조사에 비해 유연하고 직관적이다.
④ 일반적으로 상호작용의 과정에 보다 많은 관심을 둔다.

해설 조사결과를 일반화하기에 유리한 연구는 양적 연구이다.

20

질문지 초안 작성 후 사전검사(Pre-test)에서 고려해야 할 사항과 가장 거리가 먼 것은?

① 응답 자체의 거부 여부
② 응답에 일관성이 있는지 여부
③ 한쪽에 치우치는 응답이 나오는가의 여부
④ 사전조사와 본조사의 응답자 규모가 동일한지의 여부

해설 사전검사는 모집단과 대체로 유사하다고 판단되는 소규모 표본을 대상으로 실시한다.

21

질문지를 작성할 때 고려하여야 할 사항과 가장 거리가 먼 것은?

① 관련 있는 질문의 경우 한 문항으로 묶어서 문항 수를 줄인다.
② 특정한 대답을 암시하거나 유도해서는 안 된다.
③ 모호한 질문을 피한다.
④ 응답자의 수준에 맞는 언어를 사용한다.

해설 하나의 질문 문항 속에 두 개 이상의 질문이 내포되지 않도록 한다.

22

다음 중 질문지의 구성요소로 볼 수 없는 것은?

① 식별자료
② 지시사항
③ 필요정보 수집을 위한 문항
④ 응답에 대한 강제적 참여 조항

해설 질문지 작성 전 문제의 명백한 규정은 물론, 관계 문헌 및 자료조사, 연구문제에 대한 기본전제 및 가설 설정, 실태조사를 위한 표본 결정을 완료하고, 연구의 범위와 차원을 결정함으로써 질문지에 포함될 질문의 내용, 질문의 수 등을 구성해야 한다.

23

설문지 수집 후 검토하는 과정에서 제외시켜야 할 설문지들이 있다. 다음 중 분석에서 제외되어야 할 설문지가 아닌 것은?

① 설문지의 많은 부분에 대한 응답이 없는 경우
② 설문지의 페이지가 뒤죽박죽으로 섞여 있는 경우
③ 설문지의 대부분에 한 번호만을 응답한 경우
④ 설문지의 일부가 분실된 경우

해설 설문 응답자가 부적격 조사대상자로 확인된 경우, 응답 내용의 일관성·신뢰성이 현저히 훼손된 경우, 그밖에 조사 결과에 영향을 줄 수 있는 중대한 오류가 발생했을 경우에는 설문지를 폐기하고 분석에서 제외하여야 한다. 설문지의 페이지가 뒤죽박죽 섞여있는 경우는 이에 해당되지 않는다.

24

검증되었다고 판단된 영어 질문지를 조사에 활용하려고 한다. 1차로 영어로 작성된 질문지를 한국어로 번역한 후 다음 절차는?

① 한국어로 번역한 질문지의 작성 고려사항을 검토한다.
② 한국어로 번역한 질문지를 전문가가 검토한다.
③ 한국어로 번역한 질문지의 문맥과 질문의미를 파악한다.
④ 한국어로 번역한 질문지를 원래의 언어인 영어로 재번역한다.

해설 적절한 번역 절차는 개발자에게 연락하여 번역에 대한 동의를 구한 뒤 번역할 언어로 순번역한 다음, 해당 언어로 역번역하는 과정을 거쳐야 한다. 이런 과정을 거쳐 번역한 내용이 원본과 일치하는지 확인할 수 있다. 이후 전문가에게 내용타당도를 검증받고 문항의 오류를 확인하는 연구를 진행하여 오류 문항을 수정한다. 마지막으로 신뢰도와 타당도를 검증하고 원본과 유사한지 비교하여 최종 번역본을 완성하면 우수한 번역본으로 사용이 가능하다.

25

다음 ( ) 안에 알맞은 것은?

> ( )는 집단구성원 간의 활발한 토의와 상호작용을 강조하며 그 과정에서 어떤 논의가 드러나고 진전되는지 파악하는 것이 중요한 자료가 된다. 조사자가 제공한 주제에 근거하여 참가자 간 의사표현 활동이 수행되고 연구자는 대부분의 과정에서 질문자라기보다는 조정자 또는 관찰자에 가깝다.
> ( )는 일반적으로 자료수집시간을 단축시키고 현장에서 수행하기 용이하나, 참여자 수가 제한적인 것으로 인한 일반화의 제한성 또는 집단소집의 어려움 등이 단점으로 지적되기도 한다.

① 델파이조사
② 초점집단조사
③ 사례연구조사
④ 집단실험설계

해설
① 전문가·관리자들로부터 우편으로 의견이나 정보를 수집하여 그 결과를 분석한 후 그것을 다시 응답자들에게 보내어 의견을 묻는 식으로 만족스러운 결과를 얻을 때까지 계속하는 방법이다.
③ 특정 사례를 조사하여 문제를 종합적으로 파악하고, 그에 대한 실증적인 분석을 실행하는 조사이다.
④ 실험은 인과관계를 추리하기 위해 실험집단과 통제집단으로 나누고 실험집단에 자극을 가하여 나타난 결과를 통제집단과 비교하는 방식이다.

26

FGI 정성조사에서의 모더레이터(Moderator)의 역할에 대한 설명으로 적절하지 않은 것은?

① 조사대상자가 가이드라인(진행지침)에 있는 모든 질문에 응답하도록 독려한다.
② 다양한 응답자의 이견을 조율하고, 조화로운 합의를 이루며, 보고서 작성에 책임을 진다.
③ 조사대상자의 응답이 완전하지 않거나 불명확할 때 반박하거나 캐묻지 않고 자연스럽게 다른 질문으로 넘긴다.
④ 조사대상자들이 편안한 느낌이 들게 하여 토의를 부드럽고 활발하게 이끈다.

해설 FGI 정성조사의 진행자는 응답자의 응답이 완전하지 않거나 불명확할 때 다시 한번 질문하는데, 이때 응답자들의 체면을 손상하지 않는 범위 안에서 정확한 답을 얻어야 한다.

27

FGI 정성조사 가이드라인 설계 시 고려되어야 하는 내용으로 옳은 것은?

① 윤리지침
② 연구조사목적 및 배경
③ 보조도구
④ 부호화 지침

해설 FGI 가이드라인 설계 시 고려사항
- 조사목적 및 배경
- 조사의 주제(테마)
- 조사대상자의 속성과 그룹의 수
- 조사문제의 가설 설정, 조사의 핵심요점 나열

28

다음은 질적 자료의 해석에서 무엇에 관한 설명인가?

> 이것을 하는 동안 자료는 분산된 부분으로 쪼개지고, 면밀히 검토되며, 유사점들과 상이점들이 비교된다.

① 선택적 코딩(Selective Coding)
② 축 코딩(Axial Coding)
③ 결측값 코딩(Missing Value Coding)
④ 개방형 코딩(Open-ended Coding)

해설
④ 개방형 코딩은 데이터를 세분화하고 개별적인 의미 단위로 식별하는 과정으로, 데이터를 조각내어 꼼꼼히 검사한 후, 유사성과 차이점을 찾아 비교하는 작업이다.
① 선택적 코딩은 주요 주제와 패턴을 특정화하고 이를 바탕으로 이론을 발전시키는 과정으로, 중심 범주를 발견하여 완성된 이론을 형성하는 작업이다.
② 축 코딩은 이미 식별된 카테고리들 사이의 관계를 파악하고 연결시키는 과정으로 데이터의 구조화 및 이해를 돕는 단계이다.
③ 결측값 코딩은 누락된 응답에 대하여 임의의 숫자를 부여하여 사용자 결측값으로 정의하여 코딩하는 과정이다.

29

심층인터뷰 정성조사로 거리가 가장 먼 조사유형은?

① 표준화 면접(Standardized Interview)
② 자연적 면접(Naturalistic Interview)
③ 자전적 면접(Autobiographical Interview)
④ 비구조화 면접(Unstructured Interview)

해설 심층인터뷰(In-Depth Interview)는 면접자가 질문에 대한 전체적인 틀을 가지고 있지만 구체적인 질문 내용이나 순서는 사전에 정한 바가 없는 면접자와 응답자 간의 상호작용적인 대화이다. 주로 비구조화 면접을 가리키며, 반구조화(Semi-structured) 면접이 포함되기도 한다. 자연적(Naturalistic) 면접, 집중(Intensive)면접, 자전적(Autobiographical) 면접, 서사(Narrative) 면접도 심층인터뷰에 속한다.

30

심층면접 대상자 면접 시 고려사항이 아닌 것은?

① 피면접자와의 심층면접이 끝나면 정확한 해석을 위해 녹음된 내용을 정리하여 타이핑한다.
② 피면접자와 친밀한 관계(Rapport)를 형성한다.
③ 피면접자의 대답을 주의 깊게 경청하여야 하며 이전의 응답과 연결시켜 생각하는 습관을 가져야 한다.
④ 응답내용의 신뢰성 및 타당성을 확보하기 위하여 피면접자의 승인 없이도 면접내용을 녹음할 수 있다.

해설 비디오 촬영이나 녹음 전에는 사전에 조사대상자에게 미리 양해를 구하거나 대상자 모집 시 사전에 공지하도록 한다.

31

다음과 같은 특성을 가진 자료수집방법은?

- 응답률이 비교적 높다.
- 질문의 내용에 대한 면접자와 응답자의 상호작용이 가능하여 보다 신뢰성 있는 대답을 얻을 수 있다.
- 면접자가 응답자와 그 주변 상황을 관찰할 수 있는 이점이 있다.

① 면접조사 ② 전화조사
③ 우편조사 ④ 집단조사

해설
① 면접조사 : 면접자가 연구문제에 대한 적절한 해답을 구하기 위해 마련한 질문에 대해, 응답자와 직접 대면한 상태에서 질문하는 상호 간의 직접적인 역할상황이다. 면접자가 자료를 직접 기입하므로 응답률이 매우 높으며, 주변 상황이나 비언어적 행위를 직접 관찰할 수 있다.
② 전화조사 : 추출된 응답자에게 전화를 걸어 질문문항들을 읽어준 후, 응답자가 전화상으로 답변한 것을 조사자가 기록함으로써 자료를 수집하는 방법이다.
③ 우편조사 : 질문지를 추출된 조사대상자에게 우송하여 응답자로 하여금 스스로 응답하게 한 다음, 응답자가 질문지를 다시 조사자에게 우송하도록 하여 자료를 수집하는 방법으로 가장 큰 단점은 낮은 회수율이다.
④ 집단조사 : 응답자를 개인적으로 접촉할 수 없는 경우 집단적·집합적으로 조사하는 방법이다.

32

다음에 열거한 속성을 모두 충족하는 자료수집방법은?

- 비용이 저렴하다.
- 조사기간이 짧다.
- 그림·음성·동영상 등을 이용할 수 있어 응답자의 이해도를 높일 수 있다.
- 모집단이 편향되어 있다.

① 면접조사 ② 우편조사
③ 전화조사 ④ 온라인조사

정답 29 ① 30 ④ 31 ① 32 ④

해설 온라인조사는 컴퓨터와 인터넷을 사용할 수 있는 사람만을 대상으로 하므로 표본의 대표성을 확보하기 어렵고, 특정 연령층이나 성별에 따른 편중된 응답이 도출될 위험성이 있다. 하지만 시간 및 공간상의 제약이 다른 방법에 비해 상대적으로 적기 때문에 조사가 신속히 이루어지며, 조사비용이 적게 들고 조사대상자가 많은 경우에도 추가비용이 들지 않는다. 또한 멀티미디어 자료의 활용 등 다양한 형태의 조사가 가능하다.

33

다음 중 내용분석의 중요특징과 거리가 먼 것은?

① 내용분석은 메시지를 그 분석 대상으로 한다.
② 내용분석은 문헌 연구의 일종이다.
③ 내용분석은 양적 분석방법만 사용한다.
④ 내용분석은 메시지의 현재적 내용뿐만 아니라 잠재적 내용도 그 분석 대상으로 하고 있다.

해설 내용분석은 양적 분석방법뿐만 아니라 질적 분석방법도 사용하며, 질적인 자료를 양적인 자료로 바꾼다.

34

문헌고찰에 관한 설명으로 틀린 것은?

① 문헌고찰은 연구의 과정에서 매우 중요한 위치를 차지한다.
② 문헌고찰은 가능한 한 연구 초기에 해야 한다.
③ 문헌고찰을 통해 해당 연구주제에 대한 과거 관련 연구들의 결과를 학습할 수 있다.
④ 문헌고찰을 통해 기존 연구문제와 관련된 새로운 아이디어를 얻기는 어렵다.

해설 문헌고찰을 통한 분석방법 또한 과학적 방법이므로 새로운 아이디어를 얻고 가설을 설정하고 이를 논리적으로 설명할 수 있다.

35

다음은 어떤 유형의 질문이라고 하는가?

> 귀하는 지방선거에서 투표한 적이 있습니까?
> 1) 예 → 1~2번으로 이동하세요.
> 2) 아니오 → 3번으로 이동하세요.

① 복수응답 유발성 질문
② 유도성 질문
③ 수반형 질문
④ 행렬식 질문

해설
③ 수반형 질문은 질문의 항목에 부수적인 질문이 따라 붙는 형태이며, 각 응답값에 따라 불필요한 질문에 대한 응답을 배제하도록 한다.
① 복수응답 유발성 질문은 하나의 질문으로 두 가지 이상의 내용을 질문하는 형태로, 측정도구 개발 시 가급적 삼가는 것이 바람직하다.
② 유도성 질문이란 질문에 미리 도덕적인 가치판단을 깔아놓음으로써 은연중에 답을 원하는 방향으로 유도하는 질문이다.
④ 행렬식 질문은 일련의 동일한 응답범주를 가지는 질문항목을 묶어서 하나의 질문세트를 만든 것으로 평정식 질문의 응용형태이다.

36

비참여관찰과 가장 거리가 먼 것은?

① 위장관찰
② 완전참여자 관찰
③ 완전관찰자 관찰
④ CCTV를 이용한 관찰

해설 비참여관찰은 관찰자가 제3자로서 대상자의 생활에 관여하지 않고 관찰하는 것이다. 완전참여자 관찰은 연구자가 신분과 관찰내용을 알리지 않은 상태에서 원래의 상황을 방해하지 않고 자연스러운 상태를 관찰하는 방법으로 참여관찰에 속한다.

37

다음 중 참여관찰에서 윤리적인 문제를 겪을 가능성이 가장 높은 관찰자 유형은?

① 완전참여자(Complete Participant)
② 완전관찰자(Complete Observer)
③ 참여자로서의 관찰자(Observer as Participant)
④ 관찰자로서의 참여자(Participant as Observer)

해설 완전참여자 유형은 연구자의 신분을 공개하지 않고 연구대상자들의 활동에 참여한다. 참여관찰의 유형 중 가장 객관성을 유지하기 어려우며 윤리적 및 과학적 문제가 발생할 수 있다.

38

면접조사에서 응답내용의 신빙성을 저해하는 최근정보효과(Recency Effect)를 정확하게 설명하고 있는 것은?

① 무학이나 저학력 응답자들은 아무리 최근에 입수한 주요한 정보와 직결된 내용일지라도 어려운 질문 내용은 잘 이해할 수 없어 조사의 실효성을 감소시킨다.
② 질문지(Questionnaire)를 사용하는 사회조사에서보다는 조사표(Interview Schedule)를 사용하는 면접조사에서 자주 발생한다.
③ 무학이나 저학력 응답자들은 면접 직전에 면접자로부터 접하게 된 면접자의 생각이나 조언을 거의 무비판적으로 따라서 응답하는 경향이 짙다.
④ 무학이나 저학력 응답자들은 제일 먼저 들었던 응답내용을 그 다음에 들은 응답내용에 비해 훨씬 정확하게 기억하게 된다.

해설 최근정보효과는 최근에 듣거나 제공받은 정보에 더 큰 비중을 두는 효과로, 질문지를 사용하는 조사방법보다는 면접조사에서 자주 발생한다.

39

프로빙(Probing)에 대한 설명으로 틀린 것은?

① 정확한 답을 얻기 위해 방향을 지시하는 기법이다.
② 답변의 정확도를 판단하는 방법으로 활용되기도 한다.
③ 개방형 질문에 대한 답을 비교하는 절차로서 활용된다.
④ 일종의 폐쇄식 질문에 답을 하고 이에 관련된 의문을 탐색하는 보조방법이다.

해설 프로빙(Probing) 기술
- 면접과정에서 응답자의 대답이 불충분하거나 정확하지 못할 때 행하는 탐색질문을 뜻하는 것으로서 충분하고 정확한 대답을 캐내는 과정이다.
- 일종의 폐쇄식 질문에 답을 하고 이에 관련된 의문을 탐색하는 보조방법이다.
- 답변의 정확도를 판단하는 방법으로 활용되기도 한다.
- 정확한 답을 얻기 위해 방향을 지시하는 기법이다.
- 응답을 원하는 태도나 표정을 한쪽으로 유도를 해선 안 되며 필요 이상의 지나친 질문은 삼가야 한다.
- 대표적인 기술로는 '무언의 캐묻기', '드러내놓고 권장하기', '더 자세한 해명 요구', '명료화하기', '반복' 등이 있다.

40

조사원이 교육 훈련에 참가하고 조사 지역 내 명부 작성 직무를 수행하는 단계는?

① 조사 전 단계
② 조사대상자 접촉 단계
③ 조사 수행 단계
④ 조사 후 단계

해설 조사원은 조사 전 단계에서 교육 훈련에 참가하며 조사지역 내에서 명부를 작성하고, 조사대상 가구에서 응답표본을 선정하는 작업에 도움을 준다.

정답 37 ① 38 ② 39 ③ 40 ①

41

면접조사에서 조사원 관리 방법으로 옳은 것은?

① 교육 자료의 지시사항을 충분히 숙지하지 못한 조사원은 바로 해고하고 미리 확보해 놓은 다른 조사원을 투입한다.
② 조사원의 이름, 성별, 연령, 휴대전화번호, 자택전화번호, 이메일, 주소, 통장번호 등을 받아둔다.
③ 조사원은 하루 일과를 기록하여 일주일 단위로 현장의 현황을 보고해야 한다.
④ 조사기간 동안 조사원은 개인 용무가 있어 연락이 불가능하더라도 큰 문제는 없다.

해설 ① 단지 지시사항을 충분히 숙지하지 못했기 때문에 발생한 문제가 아닌 고의적인 속임수를 쓰는 등 말썽이 있는 조사원은 바로 해고하고 예비로 확보해 놓은 다른 조사원을 투입하는 것이 좋다.
③ 조사원은 하루 일과를 마치면 보고하는 체계를 유지한다.
④ 조사기간 동안 조사원은 언제 어디서나 연락이 가능해야 한다. 도중에 생기는 다양한 긴급 상황을 대비하여 개인 휴대전화는 물론 자택전화, 가까운 지인 등의 연락처도 알고 있는 것이 좋다.

42

조사대상자를 보호하기 위한 방법으로 틀린 것은?

① 조사대상자가 허용하는 경우에도 대상자의 익명성을 보장해 주어야 한다.
② 조사대상자가 자유의사로 조사를 거절하거나 도중에 중단할 수 있는 권리를 존중해야 한다.
③ 조사대상자에게 응답을 강요하지 않고, 그들을 기만하는 행위를 하지 않으며, 그들을 모욕하여 수치심을 유발하는 수단과 방법을 사용하지 않아야 한다.
④ 조사자는 연구를 가장해서 판매나 정치적 선거운동과 같은 다른 행위를 하거나 자신들의 연구를 거짓으로 기술해서는 안 된다.

해설 조사자는 조사대상자의 사생활을 존중하고 익명성을 보장해 주어야 한다. 단, 조사대상자가 허용하는 경우 대상자의 이름을 사용하거나 밝힐 수 있다.

43

조사원의 전문가다운 모습으로 틀린 것은?

① 신분을 밝히는 조사원 명찰을 항상 착용하며, 명찰을 착용한 상태로 개인적인 업무를 보지 않는다.
② 조사표의 질문을 모두 숙지하여 부드럽게 조사를 진행한다.
③ CAPI, PDA 등 전자 보조기기를 능숙하게 다룬다.
④ 조사를 마치고 인사한 후 빠진 항목이 없는지 처음부터 차분하게 검토한다.

해설 조사원은 조사를 마치고 인사하기 전 빠진 항목이 없는지 처음부터 차분하게 검토해야 하며, 빠진 항목이 있을지라도 질문에 대한 충분한 설명으로 응답자가 응답하는 데 어려움이 없도록 배려해야 한다.

44

개념(Concepts)의 정의와 가장 거리가 먼 것은?

① 일정한 관계사실에 대한 추상적인 표현
② 특정한 여러 현상들을 일반화함으로써 나타내는 추상적인 용어
③ 현상을 예측 설명하고자 하는 명제, 이론의 전개에서 그 바탕을 이루는 역할
④ 사실과 사실 간의 관계에 논리의 연관성을 부여하는 것

해설 연구에서 연구문제를 정확하게 서술하려면 그 문제에 포함된 개념과 변수들에 대한 구체적인 정의들이 이루어져야 한다. 개념은 일정하게 관찰된 현상을 대표할 수 있는 추상적 용어로 표현한 것을 말하며, 현상을 설정, 예측하기 위한 명제나 이론의 전개에 있어서 그 밑바탕을 이루는 역할을 한다. ④는 이론의 정의에 해당한다. 이론은 현상에 대한 설명과 예측을 목적으로 변수 간의 관계를 밝힘으로써 그 현상에 대한 체계적인 견해를 제공하는 일련의 상호 연결된 개념 및 정의 또는 명제이다.

45

두 변수 간의 관계를 보다 정확하고 명료하게 이해할 수 있도록 밝혀주는 역할을 하는 검정변수가 아닌 것은?

① 매개변수(Intervening Variable)
② 구성변수(Component Variable)
③ 예측변수(Predictor Variable)
④ 선행변수(Antecedent Variable)

해설 연구자는 검정요인(검정변수, 제3의 변수)을 통해 변수 간의 관계인 인과성을 과학적으로 규명하고 확인한다. 검정변수에는 매개변수, 선행변수, 억압변수, 허위변수, 왜곡변수, 조절변수, 구성변수 등이 있다.

46

측정(Measurement)에 대한 설명과 가장 거리가 먼 것은?

① 변수에 대한 조작적 정의에 입각해 이루어진다.
② 하나의 변수에 대한 관찰값은 동시에 두 가지 속성을 지닐 수 없다.
③ 이론과 현실을 연결시켜주는 매개체이다.
④ 경험적으로 관찰 가능한 것을 추상적 개념으로 바꾸어 놓는 과정이다.

해설 측정은 추상적·이론적 세계를 경험적 세계와 연결시키는 수단이다. 즉, 추상적 개념을 현실세계에서 관찰 가능한 것으로 바꾸어 놓는 과정이다.

47

속성이 전혀 존재하지 않는 상태인 영점(0)이 존재하는 척도는?

① 서열척도
② 명목척도
③ 비율척도
④ 등간척도

해설 절대영점이 존재하는 것은 비율척도이다.

측정의 4가지 수준에서 얻어질 수 있는 정보들의 비교

구분	절대영점	수학	통계
명목	×	=	최빈값
서열	×	=, <, >	최빈값, 중앙값
등간	×	=, <, >, +, −	최빈값, 중앙값, 산술평균
비율	○	=, <, >, +, −, ×, ÷	최빈값, 중앙값, 산술·기하·조화평균, 변동계수 등

48

각 문항이 척도상의 어디에 위치할 것인가를 평가자들로 하여금 판단케 한 다음 조사자가 이를 바탕으로 하여 적절한 문항들을 선정하여 척도를 구성하는 방법은?

① 서스톤 척도(Thurstone Scale)
② 리커트 척도(Likert Scale)
③ 거트만 척도(Guttman Scale)
④ 의미분화 척도(Semantic Differential Scale)

해설 서스톤 척도는 평가자들로 하여금 각 질문문항에 대한 우호성의 정도를 비교적 객관적으로 결정하도록 한다. 각 진술(질문문항)에 대해 평가자들이 척도상의 위치를 판단한 것을 근거로 하여, 척도가치를 결정하고 척도문항을 선정하여 최종척도를 구성한다.

49

거트만 척도에서 응답자의 응답이 이상적인 패턴에 얼마나 가까운가를 측정하는 것은?

① 단일차원계수
② 스캘로그램
③ 재생가능계수
④ 최소오차계수

해설 거트만 척도에서 재생가능성이란 누적척도 구성의 관건이 되는 결정요소로서, 개인의 척도점수를 파악하여 그 개인의 각 문항에 대한 응답을 알아낼 수 있다는 것이다. 누적척도가 난이도에 의해 서열로 매겨져 있고, 어려운 항목에 찬성한 응답자의 경우 쉬운 항목들에 대해 자동적으로 찬성한다는 가정하에 세워진 척도이므로, 각 응답자의 척도점수를 알 경우 그 응답자의 응답 내용을 역으로 유추할 수 있다는 원리에서 비롯된다. 응답자의 응답이 이상적인 패턴에 얼마나 가까운가를 측정할 수 있다.

50

오스굿(Charles Osgood)에 의하여 개발되기 시작한 의미분화 척도(意味分化尺度 ; Semantic Differential Scale)의 작성 시 고려해야 하는 사항이 아닌 것은?

① 응답자의 평가
② 평가도구의 작성
③ 매개변수의 도입
④ 차원과 대극점(對極點)의 용어 선정

해설 의미분화 척도는 응답자가 하나의 개념을 여러 가지 의미의 차원에서 평가하도록 유도하는 방법으로, 일직선으로 도표화된 척도의 양극단에 서로 상반되는 형용사를 배열한다. 이때 개념이 갖는 본질적인 뜻을 몇 개의 차원에 따라 측정하여 태도의 변화를 좀 더 명확하게 파악하도록 한다. 따라서 매개변수의 도입은 고려하지 않는다.

51

측정오차(Error of Measurement)에 관한 설명으로 옳은 것은?

① 체계적 오차(Systematic Error)의 값은 상호 상쇄되는 경향이 있다.
② 신뢰성은 체계적 오차(Systematic Error)와 관련된 개념이다.
③ 타당성은 비체계적 오차(Random Error)와 관련된 개념이다.
④ 비체계적 오차(Random Error)는 인위적이지 않아 오차의 값이 다양하게 분산되어 있다.

해설 비체계적 오차는 무작위로 발생하기 때문에 인위적이지 않아 오차의 값이 다양하게 분산되며 상호 상쇄되는 경향이 있다. 비체계적 오차는 신뢰성과 관련이 있으며 타당성은 체계적 오차와 관련이 있다.

52

어떤 회사의 기획실 직원이 그 회사 사원들의 직업 만족도를 측정하기 위해서 몇 가지의 설문 문항들을 작성하였다. 이 설문 문항을 그의 동료 직원들에게 보여준 후 그가 측정하려고 하는 바를 빠짐없이 모두 다 포함시켰는지를 확인한다면, 다음 중 가장 적절한 설명은?

① 신뢰도를 확보하는 일이다.
② 내용타당도를 확보하는 일이다.
③ 기준관련타당도를 확보하는 일이다.
④ 내적신뢰도를 확보하는 일이다.

해설 내용타당도는 측정항목이 연구자가 의도한 내용을 실제로 측정하고 있는가를 나타낸다. 또한, 척도가 일반화하려고 하는 개념을 얼마나 잘 반영해 주는가를 나타내며, 전문가들의 의견을 수렴하고 측정목적에 기초하여 측정항목들의 적합성을 결정한다. 따라서 기획실 직원이 그의 동료 직원들에게 보여주어 의견을 수렴하고, 연구자가 의도한 내용대로 측정하려고 하는 바를 빠짐없이 모두 포함시켰는지 확인하는 것은 내용타당도를 확보하는 일이다.

53

다음 사례의 측정에 대한 설명으로 옳은 것은?

> A초등학교 어린이들의 발달 상태를 조사하기 위해 체중계를 이용하여 몸무게를 측정했는데 항상 2.5kg이 더 무겁게 측정되었다.

① 타당도는 높지만 신뢰도는 낮다.
② 신뢰도는 높지만 타당도는 낮다.
③ 신뢰도도 높고 타당도도 높다.
④ 신뢰도도 낮고 타당도도 낮다.

해설 측정의 타당도는 측정도구가 실제로 측정하고자 하는 개념을 측정하고 있는가에 대한 것이며, 신뢰도는 측정하고자 하는 대상을 얼마나 정확하게 측정하고 있는가의 정도를 말한다. 따라서 실제와 다르게 체중이 일정하게 나타난다면 신뢰도는 높고 타당도는 낮다고 할 수 있다.

54

크론바하의 알파값(Cronbach α)에 대한 설명으로 틀린 것은?

① 문장의 수가 적을수록 크론바하의 알파값은 커진다.
② 크론바하의 알파값이 클수록 신뢰도가 높다고 인정된다.
③ 표준화된 크론바하의 알파값은 0에서 1에 이르는 값으로 존재한다.
④ 문항 간의 평균 상관계수가 높을수록 크론바하의 알파값도 커진다.

해설 크론바하의 알파값이 클수록 신뢰도가 높으며, 문항의 수가 많을수록 크론바하 알파값이 커진다.

55

설문지에 혼인 경험을 묻는 문항에 대해서 혼인 경험이 전혀 없다고 응답한 응답자가 이후 문항에서 이혼 경험이 있다고 응답했을 경우 어떤 조치가 필요한 상황인가?

① 유효코드 클리닝
② 상황적 클리닝
③ 사전부호화(Edge) 코딩
④ 직접(Direct) 코딩

해설
② 상황적(조건적) 클리닝은 특정 변수에 대하여 데이터를 가져야만 하는 논리적 조건을 유지하고, 그러한 조건에 위반되는 사례들을 찾아내어 수정하도록 하는 방법이다.
① 유효코드 클리닝은 범주형 자료에 대해 응답의 범주를 벗어난 이상한 값 또는 결측값이 있는지를 확인하기 위해 빈도분석 및 최댓값과 최솟값 분석을 실시하는 방법이다.
③ 사전부호화(Edge) 코딩은 사전에 임의로 설문지에 부호를 사용하여 데이터를 컴퓨터 언어로 변환해 코딩하는 방법이다.
④ 직접(Direct) 코딩은 사용자가 인터프리터, 어셈블러, 컴파일러 등의 해석의 도움 없이도 직접적 기계 코드로 사용되는 실제 명령 코드나 번지를 이용하여 프로그램을 작성하는 방법이다.

56

다음의 표는 연령과 브랜드이미지의 관계를 조사한 설문 부호화 지침서(Code Book)의 일부이다. 연령은 만 나이를 파악하기 위해 출생연도를 기재하였고, 브랜드이미지는 5점 척도로 측정하였다. 총 300 표본규모로 측정하였을 때, 잘못 기재된 변수명(응답내용)은?

변수명	칼럼번호	칼럼수	응답번호	응답내용	비고
ID	1-3	3		응답자 ID	표본규모 300명
SQ	4-7	1	SQ	만 나이	무응답 9
Q1	8	1	질문1	브랜드이미지1	무응답 9
Q2	9	1	질문2	브랜드이미지2	무응답 9

① Q1(브랜드이미지1)
② SQ(만 나이)
③ ID(응답자 ID)
④ Q2(브랜드이미지2)

해설 연령은 만 나이를 파악하기 위해 출생연도를 기재하였다고 하였으므로 SQ(만 나이)는 칼럼번호 4-7, 칼럼수 4로 설정되어야 한다.

정답 53 ② 54 ① 55 ② 56 ②

57

표본이 300명인 자료의 ID값 범위의 설정 방법으로 틀린 것은?

① 서로 중복되는 ID가 부여되지는 않았는지 체크한다.
② ID는 연속되는 번호로 지정한다.
③ 설문지별로 구분하기 위해 ID를 1부터 150, 301부터 450으로 분화할 수 있다.
④ ID의 칼럼수는 (표본 자리 수 − 1)개로 설정한다.

해설
④ 표본규모가 300명인 조사의 ID는 1부터 300으로 설정하며, ID에서 나올 수 있는 코드의 최대 자리 수는 3자리가 되기 때문에 ID의 칼럼수는 표본 자리 수와 같은 3자리이다.
① ID는 설문지별로 구분하기 위해 부여하므로 중복되지 않도록 주의하여야 한다.
② 특별한 경우를 제외하고는 연속되는 번호의 ID를 부여하여야 한다.
③ 특별한 경우에는 설문지별로 구분하기 위해 1부터 150, 301부터 450 등과 같이 숫자를 나누어 설정하여도 무방하다.

58

자료 입력 후 자동화 방법을 이용한 내용 정보 검토에서 체계적 오류로 구분되는 예에 해당하지 않는 것은?

① 수익과 같은 음수를 가질 수 있는 변수에 대하여 음수 기호를 생략하고 표시한 경우
② 사전에 정해진 내용에 대하여 충분히 이해하지 못하고 시종일관 잘못된 답변을 하는 경우
③ 질문의 응답 범위를 벗어난 경우
④ 코딩 과정에서 응답원의 응답을 오역하여 잘못 입력하는 경우

해설
자동화 방법으로 수행하는 에디팅에는 크게 범위 오류와 체계적 오류(논리 오류) 두 가지가 있다. 범위 오류에서는 각 문항별로 빈도표를 출력하여 해당 질문의 응답 범위를 벗어난 숫자(코드)가 있는지 확인한다. 범위를 벗어난 오류를 발견하면 해당 설문지를 점검하여 응답 오류인지 입력 오류인지 확인하여 알맞게 수정해야하며, 질문의 응답 범위를 벗어난 경우는 범위 오류에 해당한다.

59

ICR 입력 기술에 대한 설명으로 옳지 않은 것은?

① 필체에 따라 다르게 인식되어 약간의 오류가 존재할 수 있다.
② 분석 과정에서 생성된 이미지를 영구적으로 저장한다.
③ 조사내용을 OMR 조사지에 옮겨 적은 후 입력하는 방식이다.
④ 자동 입력 방식을 사용하므로 비용이 절감된다.

해설 OMR(광학마크판독기)은 조사내용을 OMR 조사지에 옮겨 적은 후 스캐너를 이용하여 입력하는 방식으로, 자료의 고속처리가 가능하며 고비용이 발생한다.

60

수집된 자료의 정합성 점검에 대한 설명으로 틀린 것은?

① 정합성 점검은 설문 응답내용에 기입 오류가 있는지, 논리적 모순이 없는지 등을 확인하는 절차이다.
② 수정이 가능한 오류일 경우 응답자에게 해당 오류내용을 재확인하여 수정해야 한다.
③ 조사원이 현장에서 1차적으로 확인하며, 2차적으로 실사 관리자가 내부에서 확인을 실시한다.
④ 정합성 점검은 대부분 실사품질 관리 단계 중 1차 검증(현장 검증) 및 2차 검증(에디팅)에 해당된다.

해설 검증 결과, 수정이 가능한 오류일 경우에 응답자에게 해당 오류 내용을 재확인하고 설문결과를 반영하여 수정하는 것은 수집된 자료의 신뢰성 점검에 대한 내용이다. 또한 신뢰성 점검에서는 검증결과에 영향을 줄 수 있는 중대한 오류일 경우 해당 설문을 폐기하고 재조사한다.

61

어떤 비행기가 추락되었고 추락된 지역은 3개의 가능지역이 있다고 하자. 비행기가 각 지역에 추락할 확률은 동일한 것으로 간주한다. 이때 $1-\alpha_i (i=1, 2, 3)$를 비행기가 사실상 i 지역에 있을 때 i 지역에서 발견할 확률이라고 하면, 지역 1에서 찾지 못했다는 조건에서 비행기가 1번째 지역에 있었을 확률은?

① $\dfrac{1}{\alpha_1+2}$ ② $\dfrac{\alpha_1}{\alpha_1+2}$

③ $\dfrac{2}{\alpha_1+2}$ ④ $\dfrac{1}{6}$

해설 베이즈 정리(Bayes' Theorem)

(비행기가 사실상 i 지역에 있을 때, i 지역에서 발견할 확률)
$= 1-\alpha_i$

(비행기가 사실상 i 지역에 있을 때, i 지역에서 발견하지 못할 확률) $= 1-(1-\alpha_i) = \alpha_i$

비행기가 i 지역에 있을 사건을 $A_i (i=1, 2, 3)$, 지역 1에서 비행기를 찾지 못할 사건을 B라 하면 구하고자 하는 조건부 확률은 다음과 같다.

$P(A_1|B)$

$= \dfrac{P(B \cap A_1)}{P(B)}$

$= \dfrac{P(B|A_1)P(A_1)}{P(B|A_1)P(A_1)+P(B|A_2)P(A_2)+P(B|A_3)P(A_3)}$

여기서 $P(A_1)=P(A_2)=P(A_3)=\dfrac{1}{3}$, $P(B|A_1)=\alpha_1$이고, 비행기가 사실상 지역 2나 지역 3에 있을 때 지역 1에서 비행기를 발견하지 못하는 것은 당연하므로 그 확률은 1이다. 즉, $P(B|A_2)=P(B|A_3)=1$

그러므로
$P(A_1|B)$
$= \dfrac{P(B|A_1)P(A_1)}{P(B|A_1)P(A_1)+P(B|A_2)P(A_2)+P(B|A_3)P(A_3)}$
$= \dfrac{(\alpha_1)\left(\dfrac{1}{3}\right)}{(\alpha_1)\left(\dfrac{1}{3}\right)+(1)\left(\dfrac{1}{3}\right)+(1)\left(\dfrac{1}{3}\right)} = \dfrac{\alpha_1}{\alpha_1+2}$

62

확률변수 X의 확률분포가 다음과 같을 때 분산 $Var(X)$의 값은?

x	$P(X=x)$
0	3/10
1	6/10
2	1/10

① 0.36 ② 0.6
③ 1   ④ 0.49

해설 $V(X) = E(X^2) - [E(X)]^2$
$E(X) = \sum[x \times P(x)]$, $E(X^2) = \sum[x^2 \times P(x)]$ 이므로
$E(X) = (0 \times 3/10) + (1 \times 6/10) + (2 \times 1/10) = 0.8$
$E(X^2) = (0^2 \times 3/10) + (1^2 \times 6/10) + (2^2 \times 1/10) = 1$
$V(X) = E(X^2) - [E(X)]^2 = 1 - 0.8^2$
∴ $1 - 0.64 = 0.36$

63

5%의 부적합품이 만들어지는 공장에서 하루 만들어지는 제품 중에서 임의로 100개의 제품을 골랐다. 부적합품 개수의 기댓값과 분산은 얼마인가?

① 기댓값 : 5, 분산 : 4.75
② 기댓값 : 10, 분산 : 4.65
③ 기댓값 : 5, 분산 : 4.65
④ 기댓값 : 10, 분산 : 4.75

해설 어떤 시행에서 사건 A가 일어날 확률을 p, 사건 A가 일어나지 않을 확률을 $q(=1-p)$라 하고 이 시행을 독립적으로 n회 되풀이할 때, 그중에서 r회만 A가 일어날 확률은 $_nC_r p^r q^{n-r}$이다. 이 확률분포를 이항분포라 하고 $B(n, p)$로 나타낸다.
$X \sim B(100, 0.05)$일 때,
이항분포에서 기댓값 $E(X)$는 $np = 100 \times 0.05 = 5$이고, 분산 $Var(X)$는 $npq = np(1-p) = 100 \times 0.05 \times 0.95 = 4.75$이다.

정답 61 ② 62 ① 63 ①

64

다음 자료는 A병원과 B병원에서 각각 6명의 환자를 상대로 하여 환자가 병원에 도착하여 진료서비스를 받기까지의 대기시간(단위 : 분)을 조사한 것이다.

| A병원 | 5 | 9 | 17 | 19 | 20 | 32 |
| B병원 | 10 | 15 | 17 | 17 | 23 | 20 |

두 병원의 진료서비스 대기시간에 대한 비교로 옳은 것은?

① A병원 평균 = B병원 평균
  A병원 분산 > B병원 분산
② A병원 평균 = B병원 평균
  A병원 분산 < B병원 분산
③ A병원 평균 > B병원 평균
  A병원 분산 < B병원 분산
④ A병원 평균 < B병원 평균
  A병원 분산 > B병원 분산

해설

A	5	9	17	19	20	32
B	10	15	17	17	23	20
A^2	25	81	289	361	400	1024
B^2	100	225	289	289	529	400

A병원 평균 $= (5+9+17+19+20+32)/6 = 17$
B병원 평균 $= (10+15+17+17+23+20)/6 = 17$
A병원 분산 $= E(X^2) - [E(X)]^2$
$= (25+81+289+361+400+1024)/6 - 17^2$
$≒ 74.33$
B병원 분산 $= E(X^2) - [E(X)]^2$
$= (100+225+289+289+529+400)/6 - 17^2$
$≒ 16.33$

65

성공의 확률이 p인 베르누이 시행을 n회 반복하여 시행했을 때, 이항분포에 대한 설명으로 틀린 것은?

① n회 베르누이 시행 중 성공의 횟수는 이항분포를 따른다.
② 평균은 np이고, 분산은 $npq(q=1-p)$이다.
③ 베르누이 시행을 n번 반복시행했을 때, 각 시행은 배반이다.
④ n번의 베르누이 시행에서 성공의 확률 p는 모두 같다.

해설 베르누이 시행을 n번 반복시행했을 때, 각 시행은 독립이다.

66

어떤 공장에서 생산된 전자제품 중 5개의 표본에서 1개 이상의 부적합품이 발견되면, 그날의 생산된 전 제품을 불합격으로 처리하고 그렇지 않으면 합격으로 처리한다. 이 공장의 생산공정의 모부적합품률이 0.1일 때, 어느 날 생산된 전제품이 불합격 처리될 확률은? (단, $9^5 = 59049$이다)

① 0.10745
② 0.28672
③ 0.40951
④ 0.42114

해설 생산된 전 제품이 불합격 처리될 확률은 전체 확률 1에서 부적합품이 한 개도 발견되지 않을 확률과 같다. 부적합품이 생산될 확률은 0.1이고, 각 제품 생산은 독립이다.
확률변수 X를 부적합품의 개수라고 하면 5개의 표본 중 X개만 불합격일 확률은 $_5C_X(0.1)^X(1-0.1)^{5-X}$이고, $X=0$일 때 $_5C_0(0.1)^0(1-0.1)^{5-0} = 0.59049$이다.
따라서 생산된 전 제품이 불합격 처리될 확률은 $1 - 0.59049 = 0.40951$이다.

67

평균이 μ이고 표준편차가 $\sigma(>0)$인 정규분포 $N(\mu, \sigma^2)$에 대한 설명으로 틀린 것은?

① 정규분포 $N(\mu, \sigma^2)$은 평균 μ에 대하여 좌우대칭인 종 모양의 분포이다.
② 평균 μ의 변화는 단지 분포의 중심위치만 이동시킬 뿐 분포의 형태에는 변화를 주지 않는다.
③ 표준편차 σ의 변화는 σ값이 커질수록 μ 근처의 확률은 커지고 꼬리부분의 확률은 작아지는 모양으로 분포의 형태에 영향을 미친다.
④ 확률변수 X가 정규분포 $N(\mu, \sigma^2)$을 따르면, 표준화된 확률변수 $Z=(X-\mu)/\sigma$는 $N(0, 1)$을 따른다.

해설 σ가 커진다는 것은 분산이 커지는 것을 의미하므로 평균 근처의 확률은 작아지고 꼬리부분의 확률은 커지는 모양으로 분포의 형태가 변한다.

68

어떤 자격시험의 성적은 평균 70, 표준편차 10인 정규분포를 따른다고 한다. 상위 5%까지를 1등급으로 분류한다면, 1등급이 되기 위해서는 최소한 몇 점을 받아야 하는가? (단, $P(Z \leq 1.645)=0.95$, $Z \sim N(0,1)$이다)

① 86.45
② 89.60
③ 90.60
④ 95.0

해설 최소 점수를 x라고 하면 다음과 같이 식을 세울 수 있다.
$P(X>x)=0.05$일 때, $\mu=70$, $\sigma=10$이므로 표준화 공식에 의해 $P\left(\dfrac{X-\mu}{\sigma}>\dfrac{x-70}{10}\right)=P\left(Z>\dfrac{x-70}{10}\right)=0.05$,
주어진 조건에서 $P(Z \leq 1.645)=0.95$이므로
$P(Z>1.645)=0.05$이다.
따라서 $\dfrac{x-70}{10}=1.645$이므로 $x=86.45$
즉, 최소 86.45점 이상 되어야 한다.

69

두 확률변수 X, Y는 서로 독립이며 표준정규분포를 따른다. 이때 $U=X+Y$, $V=X-Y$로 정의하면 두 확률변수 U, V는 각각 어떤 분포를 따르는가?

① U, V 두 변수 모두 $N(0, 2)$를 따른다.
② $U \sim N(0, 2)$를 $V \sim N(0, 1)$를 따른다.
③ $U \sim N(0, 1)$를 $V \sim N(0, 2)$를 따른다.
④ U, V 두 변수 모두 $N(0, 1)$를 따른다.

해설 두 확률변수 X, Y는 표준정규분포를 따르므로
$X \sim N(0, 1)$, $Y \sim N(0, 1)$이다.
$E(X \pm Y)=E(X) \pm E(Y)$이므로
$E(U)=E(X+Y)=E(X)+E(Y)=0+0=0$,
$E(V)=E(X-Y)=E(X)-E(Y)=0-0=0$이다.
$V(X \pm Y)=V(X)+V(Y) \pm 2Cov(X, Y)$인데
X와 Y는 독립이므로 $Cov(X, Y)=0$이다. 따라서
$V(U)=V(X+Y)=V(X)+V(Y)=1+1=2$,
$V(V)=V(X-Y)=V(X)+V(Y)=1+1=2$이다.
즉, U, V 두 변수 모두 $N(0, 2)$를 따른다.

70

다음 중 표본평균($\overline{X}=\dfrac{1}{n}\sum_{i=1}^{n}x_i$)의 분포에 관한 설명으로 틀린 것은?

① 표본평균의 분포 평균은 모집단의 평균과 동일하다.
② 표본의 크기가 어느 정도 크면 표본평균의 분포는 근사적 정규분포를 따른다.
③ 표본평균의 분포는 모집단의 분포와 동일하다.
④ 표본평균의 분포 분산은 표본의 크기에 따라 달라진다.

해설 표본평균의 분포는 모집단이 정규모집단이냐 아니냐에 따라서 그 분포가 다르게 나타난다. 모집단의 분포가 정규분포를 따를 때, 표본평균의 분포도 정규분포를 따르지만 모집단이 정규분포가 아닐 경우 표본평균이 정규분포를 따른다고 할 수 없다. 그러나 표본의 크기가 충분히 클 때는 표본평균의 분포는 정규분포로 볼 수 있다. 이것은 중심극한정리에 근거를 두고 있다.

정답 67 ③ 68 ① 69 ① 70 ③

71

국내 어느 항공회사에서는 A 노선의 항공편을 예약한 사람 중 20%가 예정시간에 공항에 도착하지 못하여 탑승하지 못하거나 사전에 예약을 취소 또는 변경한다는 사실을 알고, 잔여석 발생으로 인한 손실을 줄이기 위해 300석의 좌석이 마련되어 있는 이 노선의 특정항공편에 360건의 예약을 접수받았다. 이 항공편을 예약하고 예정 시간에 공항에 나온 사람들 모두가 탑승하여 좌석에 앉을 수 있을 확률을 아래 확률분포표를 이용하여 구한 값은? (단, 연속성 수정을 이용하고, 소수의 계산은 소수점 이하 셋째 자리에서 반올림한다)

〈표준정규분포표〉
$P[Z \leq z]$, $Z \sim N(0, 1)$

z	···	0.05	0.06	0.07	0.08
⋮		⋮	⋮	⋮	⋮
1.4	···	0.9279	0.9292	0.9306	0.9319
1.5	···	0.9406	0.9418	0.9429	0.9441
1.6	···	0.9515	0.9525	0.9535	0.9545
⋮		⋮	⋮	⋮	⋮

① 0.9515   ② 0.9406
③ 0.9418   ④ 0.9429

해설 예약을 한 사람 중 공항에 도착하여 탑승할 확률은 $1 - 0.2 = 0.8$ 이고 승객이 탑승하는 시행은 각 독립이다.
360건의 예약을 접수받았고 탑승하는 사람의 수를 X 라고 하면 확률변수 X 는 이항분포 $B(360, 0.8)$ 을 따른다.
기댓값 $360 \times 0.8 = 288$, 분산은 $360 \times 0.8 \times (1-0.8) = 57.6$ 이고 정규근사를 이용할 수 있다.
또한, 연속성 수정을 고려하므로 X 가 300 이하일 확률이 아니라 $300 + 0.5$ 이하일 확률을 구한다.
$P(X \leq 300) \approx P(X \leq 300 + 0.5)$
$= P\left(Z \leq \dfrac{(300+0.5)-(360 \times 0.8)}{\sqrt{360 \times 0.8 \times (1-0.8)}} \fallingdotseq 1.65\right)$
주어진 표에서 $P(Z \leq 1.65) = 0.9515$ 이다.

72

$N(\mu, \sigma^2)$ 인 모집단에서 표본을 임의추출할 때 표본평균이 모평균으로부터 0.5σ 이상 떨어져 있을 확률이 0.3174 이다. 표본의 크기를 4배로 할 때, 표본평균이 모평균으로부터 0.5σ 이상 떨어져 있을 확률은?
(단, Z 가 표준정규분포를 따르는 확률변수일 때, 확률 $P(Z > z)$ 은 다음과 같다)

z	$P(Z > z)$
0.5	0.3085
1.0	0.1587
1.5	0.0668
2.0	0.0228

① 0.0456   ② 0.1336
③ 0.6170   ④ 0.6348

해설 $N(\mu, \sigma^2)$ 인 모집단에서 표본크기 n 만큼을 임의추출했을 때 표본평균이 모평균으로부터 0.5σ 이상 떨어져 있을 확률이 0.3174 이므로
$P(\overline{X} > \mu + 0.5\sigma) + P(\overline{X} < \mu - 0.5\sigma)$
$= 2 \times P(\overline{X} > \mu + 0.5\sigma) = 0.3174$
이다.
$2 \times P(\overline{X} > \mu + 0.5\sigma) = 2 \times P\left(\dfrac{\overline{X}-\mu}{\sigma/\sqrt{n}} > \dfrac{\mu+0.5\sigma-\mu}{\sigma/\sqrt{n}}\right)$
$= 2 \times P\left(Z > \dfrac{\sqrt{n}}{2}\right) = 0.3174$

이므로
$P\left(Z > \dfrac{\sqrt{n}}{2}\right) = \dfrac{1}{2} \times 0.3174 = 0.1587$, $\dfrac{\sqrt{n}}{2} = 1$, $n = 4$ 이다.
표본의 크기를 4배로 하면 표본의 크기는 16이고, 이때 표본평균이 모평균으로부터 0.5σ 이상 떨어져 있을 확률은
$2 \times P\left(Z > \dfrac{\mu+0.5\sigma-\mu}{\sigma/\sqrt{16}} = \dfrac{0.5\sigma}{\sigma/\sqrt{16}} = \dfrac{0.5\sigma}{\sigma/4} = 2\right)$
$= 2 \times 0.0228 = 0.0456$ 이다.

73

어느 기업의 신입직원 월급여가 평균이 2백만 원, 표준편차는 40만 원인 정규분포를 따른다고 하자. 신입직원들 중 100명의 표본을 추출할 때, 표본평균의 분포는?

① N(2백만, 16)
② N(2백만, 160)
③ N(2백만, 400)
④ N(2백만, 1600)

해설 100명의 표본을 추출하므로 N(2백만, $40^2/100$), 즉 N(2백만, 16)이다.

74

정규모집단으로부터 뽑은 확률표본 X_1, X_2, X_3가 주어졌을 때, 모집단의 평균에 대한 추정량으로 다음을 고려할 때 옳은 설명은? (단, X_1, X_2, X_3의 관측값은 2, 3, 4이다)

$$A = \frac{(X_1 + X_2 + X_3)}{3}$$
$$B = \frac{(X_1 + 2X_2 + X_3)}{4}$$
$$C = \frac{(2X_1 + X_2 + 2X_3)}{4}$$

① A, B, C 중에 유일한 불편추정량은 A이다.
② A, B, C 중에 분산이 가장 작은 추정량은 A이다.
③ B는 편향(Bias)이 존재하는 추정량이다.
④ 불편성과 최소분산성의 관점에서 가장 선호되는 추정량은 B이다.

해설 추정량의 기댓값이 추정할 모수의 실제값과 같을 때, 그 추정량은 불편추정량이다.

$$E(A) = E\left(\frac{(X_1 + X_2 + X_3)}{3}\right) = \frac{1}{3}E(X_1 + X_2 + X_3)$$
$$= \frac{1}{3}(\mu + \mu + \mu) = \mu$$
$$E(B) = E\left(\frac{(X_1 + 2X_2 + X_3)}{4}\right) = \frac{1}{4}E(X_1 + 2X_2 + X_3)$$
$$= \frac{1}{4}(\mu + 2\mu + \mu) = \mu$$
$$E(C) = E\left(\frac{(2X_1 + X_2 + 2X_3)}{4}\right) = \frac{1}{4}E(2X_1 + X_2 + 2X_3)$$
$$= \frac{1}{4}(2\mu + 1\mu + 2\mu) = \frac{5}{4}\mu$$

A와 B가 불편추정량이며(①) 또한 불편추정량은 편향이 없는 것을 뜻하므로 B는 편향이 존재하는 추정량이 아니다(③). 또한 유효추정량은 분산도가 더욱 작은 추정량이다.

$$V(A) = V\left(\frac{(X_1 + X_2 + X_3)}{3}\right) = \left(\frac{1}{3}\right)^2 V(X_1 + X_2 + X_3)$$
$$= \frac{1}{9}(\sigma^2 + \sigma^2 + \sigma^2) = \frac{\sigma^2}{3}$$
$$V(B) = V\left(\frac{(X_1 + 2X_2 + X_3)}{4}\right) = \left(\frac{1}{4}\right)^2 V(X_1 + 2X_2 + X_3)$$
$$= \frac{1}{16}(\sigma^2 + 4\sigma^2 + \sigma^2) = \frac{6\sigma^2}{16}$$
$$V(C) = V\left(\frac{(2X_1 + X_2 + 2X_3)}{4}\right) = \left(\frac{1}{4}\right)^2 V(2X_1 + X_2 + 2X_3)$$
$$= \frac{1}{16}(4\sigma^2 + \sigma^2 + 4\sigma^2) = \frac{9\sigma^2}{16}$$

따라서 A가 분산이 가장 작은 추정량을 가지므로 불편성과 최소분산성의 관점에서 가장 선호되는 추정량이다(②・④).

75

형광등을 대량 생산하고 있는 공장이 있다. 제품의 평균수명시간을 추정하기 위하여 100개의 형광등을 임의로 추출하여 조사한 결과, 표본으로 추출한 형광등 수명의 평균은 500시간, 그리고 표준편차는 40시간이었다. 모집단의 평균수명에 대한 95% 신뢰구간을 추정하면?

(단, $Z_{0.025} = 1.96$, $Z_{0.005} = 2.58$)

① (492.16, 510.32)   ② (492.16, 507.84)
③ (489.68, 507.84)   ④ (489.68, 510.32)

해설 모분산을 모르는 대표본($n \geq 30$)일 경우 평균의 $100(1-\alpha)\%$ 신뢰구간을 구하는 공식은 다음과 같다.

$$\overline{X} - Z_{\alpha/2}\frac{S}{\sqrt{n}} \leq \mu \leq \overline{X} + Z_{\alpha/2}\frac{S}{\sqrt{n}}$$

95% 신뢰구간이므로 $\alpha = 0.05$이다.
$Z_{\alpha/2} = Z_{0.025} = 1.96$, $\overline{X} = 500$, $S = 40$, $n = 100$

$$500 - 1.96\frac{40}{\sqrt{100}} \leq \mu \leq 500 + 1.96\frac{40}{\sqrt{100}}$$

$$\therefore 492.16 \leq \mu \leq 507.84$$

76

어느 지역의 청년취업률을 알아보기 위해 조사한 500명 중 400명이 취업을 한 것으로 나타났다. 이 지역의 청년취업률에 대한 95%의 신뢰구간은? (단, Z가 표준정규분포를 따르는 확률변수일 때, $P(Z>1.96)=0.025$ 이다)

① $0.8 \pm 1.96 \times \dfrac{0.8}{\sqrt{500}}$

② $0.8 \pm 1.96 \times \dfrac{0.16}{\sqrt{500}}$

③ $0.8 \pm 1.96 \times \sqrt{\dfrac{0.8}{500}}$

④ $0.8 \pm 1.96 \times \sqrt{\dfrac{0.16}{500}}$

해설 모비율의 신뢰구간은 $\hat{p} \pm Z_{\alpha/2} \sqrt{\dfrac{\hat{p}(1-\hat{p})}{n}}$ 이다.
$\hat{p}=0.8$, $\alpha=0.025$, $n=500$이므로
대입하면 $0.8 \pm 1.96 \times \sqrt{\dfrac{0.16}{500}}$ 이다.

77

다음 중 가설검정에 관한 설명으로 옳은 것은?

① 제2종의 오류를 유의수준이라고 한다.
② 유의수준이 커질수록 기각역은 넓어진다.
③ 제1종 오류의 확률을 크게 하면 제2종 오류의 확률도 커진다.
④ p값은 귀무가설 또는 대립가설을 입증하는 정도와 상관없는 개념이다.

해설 ① 제1종 오류의 확률을 유의수준이라고 한다.
③ 제1종 오류의 확률과 제2종 오류의 확률은 반비례 관계이다.
④ p값이 유의수준 α보다 작을 경우 귀무가설을 기각하고, 클 경우 귀무가설을 채택한다.

78

다음은 보험가입자 30명에 대한 보험가입액을 조사한 자료이다. (단위 : 천만 원)

15.0	10.0	8.0	12.0	10.0
2.5	9.0	7.5	5.5	25.0
10.5	3.5	9.7	12.5	30.0
11.0	8.8	4.5	7.8	6.7
7.0	33.0	15.0	20.0	4.0
5.0	15.0	30.0	5.0	10.0

보험 가입액의 모평균이 1억 원이라고 볼 수 있는가를 검정하고자 한다. 이에 대한 t-검정통계량이 1.201이고, 유의확률이 0.239이었다. 유의수준 5%에서 올바르게 검정한 결과는?

① 유의확률 > 유의수준이므로 모평균이 1억 원이라는 가설을 기각하지 못한다.
② 유의확률 > 유의수준이므로 모평균이 1억 원이라는 가설을 기각한다.
③ 검정통계량 1.201 > 유의수준이므로 모평균이 1억 원이라는 가설을 기각하지 못한다.
④ 검정통계량 1.201 < 유의수준이므로 모평균이 1억 원이라는 가설을 기각한다.

해설 귀무가설(H_0) : $\mu=$1억 원, 대립가설(H_1) : $\mu \neq$1억 원
유의수준 $\alpha <$ 유의확률 $p-Value$이면 귀무가설을 기각하지 못한다. 유의수준이 0.05이고 유의확률이 0.239이므로 유의확률이 유의수준보다 크다. 따라서 모평균이 1억 원이라는 가설을 기각하지 못한다.

79

A 약국의 드링크제 판매량에 대한 표준편차(σ)는 10으로 정규분포를 이루는 것으로 알려져 있다. 이 약국의 드링크제 판매량에 대한 95% 신뢰구간을 오차한계 0.5보다 작게 하기 위해서는 표본의 크기를 최소한 얼마로 하여야 하는가? (단, 95% 신뢰구간의 $Z_{0.025} = 1.96$)

① 77
② 768
③ 784
④ 1537

해설 모평균 추정 시 표본의 크기는 $n \geq \dfrac{Z_{\alpha/2}^2 \times \sigma^2}{D^2}$ 이다.

$\sigma = 10$, 0.5보다 작은 오차한계이므로 $D = 0.5$, 95% 신뢰수준이므로 $\alpha = 0.05$, $Z_{\alpha/2} = Z_{0.025} = 1.96$이다.

$n \geq \dfrac{1.96^2 \times 10^2}{0.5^2} = 1536.64$

따라서 표본의 최소 크기는 1537이다.

80

A 신문사에서 성인 1,000명을 대상으로 현직 대통령에 대한 지지도를 조사한 결과 60%의 지지율을 얻었다. 95%의 신뢰수준에서 이번 조사의 오차한계는 얼마인가? (단, 95% 신뢰수준의 Z값은 ±1.96으로 한다)

① ±2.8%
② ±2.9%
③ ±3.0%
④ ±3.1%

해설 오차한계를 구하면 다음과 같다.

$D = z \times \dfrac{\sigma}{\sqrt{n}}$

$= \pm 1.96 \times \dfrac{0.6}{\sqrt{1000}}$

$\approx \pm 0.03$

81

동물학자인 K박사는 개들이 어두운 곳에서 냄새를 더 잘 맡을 것이라는 생각을 하였고, 이를 입증하기 위해 다음과 같은 실험을 하였다. 같은 품종의 비슷한 나이의 개 20마리를 임의로 10마리씩 두 그룹으로 나눈 뒤 한 그룹은 밝은 곳에서, 다른 그룹은 어두운 곳에서 숨겨진 음식을 찾도록 하고, 그때 걸린 시간을 초 단위로 측정하였다. 음식을 찾는데 걸리는 시간은 정규분포를 따르고 두 그룹의 분산은 모르지만 같다고 가정한다. $\mu_X = $ 밝은 곳에서 걸리는 평균 시간, $\mu_Y = $ 어두운 곳에서 걸리는 평균 시간이라 하자. K박사의 생각이 옳은지를 유의수준 1%로 검정할 때, 다음 중 필요하지 않은 것은? (단, $t_{(0.01, 18)} = 2.552$)

① 공통분산(S_p^2)
② $t_{(0.01, 18)}$
③ $H_0 : \mu_X = \mu_Y$ vs $H_1 : \mu_X > \mu_Y$
④ 제2종 오류

해설 ④ 제2종 오류는 귀무가설이 거짓임에도 귀무가설을 채택하는 오류로 이 검정에서 필요하지 않다.

① 평균차이에 대한 검정에서 모분산을 모르지만 같다는 것을 알고 있을 경우 자유도가 $n_1 + n_2 - 2$인 t-분포를 이용하며 검정통계량은 $t = \dfrac{(\overline{X_1} - \overline{X_2})}{S_p \sqrt{\dfrac{1}{n_1} + \dfrac{1}{n_2}}}$ 이다.

② $n_1 = 10$, $n_2 = 10$이므로 $n_1 + n_2 - 2 = 18$이고 유의수준 1%에서 $\alpha = 0.01$이므로 통계치가 임계치 $t_{(0.01, 18)}$보다 크면 기각이다.

③ 어두운 곳에서 냄새를 더 잘 맡을 것이라는 것을 입증하는 것이므로 대립가설은 $H_1 : \mu_X > \mu_Y$이고 귀무가설은 차이가 없을 것이라는 $H_0 : \mu_X = \mu_Y$이다.

82

어떤 철물점에서 10가지 길이의 못을 팔고 있다. 단, 못길이 (단위 : cm)는 각각 2.5, 3.0, 3.5, 4.0, 4.5, 5.0, 5.5, 6.0, 6.5, 7.0이다. 만약, 현재 남아 있는 못 가운데 10%는 4.0cm인 못이고, 15%는 5.0cm인 못이며, 53%는 5.5cm 인 못이라면 못 길이의 최빈수는?

① 4.5cm
② 5.0cm
③ 5.5cm
④ 6.0cm

해설 전체 못의 53%가 5.5cm인 못이므로 길이가 5.5cm인 못이 가장 많다. 따라서 최빈수는 5.5cm이다.

83

남, 여 두 집단의 연간 상여금의 평균과 표준편차가 각각 (200만 원, 30만 원), (130만 원, 20만 원)이었다. 변동(변이)계수를 이용해 두 집단의 산포를 비교한 것으로 옳은 것은?

① 남자의 상여금 산포가 더 크다.
② 여자의 상여금 산포가 더 크다.
③ 남녀의 상여금 산포가 같다.
④ 비교할 수 없다.

해설 변동(변이)계수는 평균의 차이가 큰 집단의 산포를 비교할 때 이용할 수 있다. 변이계수는 표준편차를 산술평균으로 나눈 값이다.
남자집단의 변동계수 : $30/200 = 0.15$
여자집단의 변동계수 : $20/130 ≒ 0.154$
따라서 여자의 상여금 산포가 더 크다.

84

산포의 측도가 아닌 것은?

① 표준편차
② 분 산
③ 제3사분위수
④ 사분위수 범위

해설 산포도란 자료의 분산 상황을 나타내는 수치이다. 산포도를 측정하기 위하여 널리 쓰이는 통계방법으로 범위, 사분위편차, 평균편차, 표준편차 등이 있다. 제3사분위수는 대푯값이다.

85

자료들의 분포형태와 대푯값에 관한 설명으로 옳은 것은?

① 오른쪽 꼬리가 긴 분포에서는 중앙값이 평균보다 크다.
② 왼쪽 꼬리가 긴 분포에서는 최빈값<평균<중앙값 순이다.
③ 중앙값은 분포와 무관하게 최빈값보다 작다.
④ 비대칭의 정도가 강한 경우에는 대푯값으로 평균보다 중앙값을 사용하는 것이 더 바람직하다고 할 수 있다.

해설 ① 오른쪽 꼬리가 긴 분포, 즉 좌측 비대칭분포에서는 $\overline{X} > M_e > M_o$ 이다. 따라서 중앙값이 평균보다 작다.
② 왼쪽 꼬리가 긴 분포, 즉 우측 비대칭분포에서는 $\overline{X} < M_e < M_o$ 이다. 따라서 평균<중앙값<최빈값이다.
③ 좌우대칭에서 중앙값은 최빈값과 동일하며 좌측 비대칭분포에서는 중앙값이 최빈값보다 크다.

86

k개 처리에서 n회씩 실험을 반복하는 일원배치모형 $x_{ij} = \mu + a_i + \epsilon_{ij}$에 관한 설명으로 틀린 것은?
(단, $i = 1, 2, \cdots, k$이고 $j = 1, 2, \cdots, n$이며 $\epsilon_{ij} \sim N(0, \sigma^2)$이다)

① 오차항 ϵ_{ij}들의 분산은 같다.
② 총 실험횟수는 $k \times n$이다.
③ 총 평균 μ와 i번째 처리효과 a_i는 서로 독립이다.
④ x_{ij}는 i번째 처리의 j번째 관측값이다.

해설 일원배치모형에서 $a_i = \mu_i - \mu$이다. 따라서 총 평균 μ와 i번째 처리효과 a_i는 서로 독립이 아니다.

87

I개 그룹의 평균을 비교하고자 한다. 다음 일원분산분석 모형에 대한 가설 $H_0 : \alpha_1 = \alpha_2 = \cdots = \alpha_I = 0$을 유의수준 0.05에서 F-검정한 결과 p-값이 0.07이었을 때의 추론 결과로 옳은 것은?

$$X_{ij} = \mu + \alpha_i + \epsilon_{ij}, \; i = 1, 2, \cdots, I, \; j = 1, 2, \cdots, J$$

① I개 그룹의 평균은 모두 같다.
② I개 그룹의 평균은 모두 다르다.
③ I개 그룹의 평균 중 적어도 하나는 다르다.
④ I개 그룹의 평균은 증가하는 관계가 성립한다.

해설 일원분산분석에서 귀무가설과 대립가설은 다음과 같다.
귀무가설(H_0) : $\mu_1 = \mu_2 = \cdots = \mu_I$
대립가설(H_1) : 모든 μ_i가 같은 것은 아니다($i = 1, 2, \cdots, I$).
유의수준 0.05에서 p-값이 유의수준보다 크므로 귀무가설을 기각할 수 없다. 따라서 I개 그룹의 평균은 모두 같다.

88

행변수가 M개의 범주를 갖고 열변수가 N개의 범주를 갖는 분할표에서 행변수와 열변수가 서로 독립인지를 검정하고자 한다. (i, j)셀의 관측도수를 O_{ij}, 귀무가설하에서의 기대도수의 추정치를 $\widehat{E}_{ij}$라 할 때, 이 검정을 위한 검정통계량은?

① $\sum_{i=1}^{M} \sum_{j=1}^{N} \dfrac{(O_{ij} - \widehat{E}_{ij})^2}{O_{ij}}$

② $\sum_{i=1}^{M} \sum_{j=1}^{N} \dfrac{(O_{ij} - \widehat{E}_{ij})^2}{\widehat{E}_{ij}}$

③ $\sum_{i=1}^{M} \sum_{j=1}^{N} \dfrac{(O_{ij} - \widehat{E}_{ij})}{\widehat{E}_{ij}}$

④ $\sum_{i=1}^{M} \sum_{j=1}^{N} \left(\dfrac{(O_{ij} - \widehat{E}_{ij})}{\sqrt{n \widehat{E}_{ij} O_{ij}}} \right)$

해설 모집단에서 추출한 자료들이 두 가지 변수로 A, B에 의해서 범주화되어 있을 때 이들 두 가지 변수 A, B 사이에 연관성이 있는지를 검정하는 것을 카이제곱 독립성 검정이라 한다.
O_{ij}를 관측도수, $\widehat{E}_{ij}$를 기대도수라 할 때, 검정통계량은
$\chi^2 = \sum_{i=1}^{M} \sum_{j=1}^{N} \dfrac{(O_{ij} - \widehat{E}_{ij})^2}{\widehat{E}_{ij}}$이다.

89

화장터 건립의 후보지로 거론되는 세 지역의 여론을 비교하기 위해 각 지역에서 500명, 450명, 400명을 임의추출하여 건립에 대한 찬성여부를 조사하고 분할표를 작성하여 계산한 결과 검정통계량의 값이 7.55이었다. 유의수준 5%에서 임계값과 검정결과가 알맞게 짝지어진 것은? (단, $\chi^2_{0.025}(2) = 7.38$, $\chi^2_{0.05}(2) = 5.99$, $\chi^2_{0.025}(3) = 9.35$, $\chi^2_{0.05}(3) = 7.81$ 이다)

① 7.38, 지역에 따라 건립에 대한 찬성률에 차이가 있다.
② 5.99, 지역에 따라 건립에 대한 찬성률에 차이가 있다.
③ 9.35, 지역에 따라 건립에 대한 찬성률에 차이가 없다.
④ 7.81, 지역에 따라 건립에 대한 찬성률에 차이가 없다.

해설 교차분석은 범주형인 두 변수에 대한 교차표를 작성, 교차표의 각 셀의 관찰도수와 기대도수 간의 차이를 검정하기 위하여 카이제곱(χ^2) 검정통계량을 사용한다.
귀무가설(H_0) : 두 변수는 서로 연관성이 없다(지역에 따라 건립에 대한 찬성률에 차이가 없다).
대립가설(H_1) : 두 변수는 서로 연관성이 있다(지역에 따라 건립에 대한 찬성률에 차이가 있다).
r행 c열 분할표에서 카이제곱 통계량의 자유도 공식은 $(r-1) \times (c-1)$이고 주어진 문제는 세 지역에서 찬성/반대를 조사하는 것이므로 자유도는 $(3-1) \times (2-1) = 2$이다.
유의수준 5%에서 $\alpha = 0.05$이므로 임계값은 $\chi^2_{0.05}(2) = 5.99$이고 검정통계량이 7.55로 더 크므로 귀무가설을 기각한다. 따라서 지역에 따라 건립에 대한 찬성률에 차이가 있다.

90

다음은 성별과 안경 착용 여부를 조사하여 요약한 자료이다. 두 변수의 독립성을 검정하기 위한 카이제곱 통계량의 값은?

구 분	안경 착용	안경 미착용
남 자	10	30
여 자	30	10

① 40
② 30
③ 20
④ 10

해설 관찰도수는 다음과 같다.

구 분	안경 착용	안경 미착용	합 계
남 자	10	30	40
여 자	30	10	40
합 계	40	40	80

기대도수는 다음과 같다.

구 분	안경 착용	안경 미착용
남 자	$\frac{40 \times 40}{80} = 20$	$\frac{40 \times 40}{80} = 20$
여 자	$\frac{40 \times 40}{80} = 20$	$\frac{40 \times 40}{80} = 20$

검정통계량은 $\chi^2 = \sum_{i=1}^{r} \sum_{j=1}^{c} \frac{(O_{ij} - \widehat{E}_{ij})^2}{\widehat{E}_{ij}}$ 이므로

$$\frac{(10-20)^2}{20} + \frac{(30-20)^2}{20} + \frac{(30-20)^2}{20} + \frac{(10-20)^2}{20} = 20$$

이다.

91

단순회귀모형 $Y_i = \beta_0 + \beta_1 x_i + \epsilon_i$, $\epsilon_i \sim N(0, \sigma^2)$에 관한 설명으로 틀린 것은?

① ϵ_i들은 서로 독립인 확률변수이다.
② Y는 독립변수이고 x는 종속변수이다.
③ β_0, β_1, σ^2은 회귀모형에 대한 모수이다.
④ 독립변수가 종속변수의 기댓값과 직선 관계인 모형이다.

해설 x_i의 값에 대해 Y_i의 값이 변하므로 Y는 종속변수이고 x는 독립변수이다.

92

단순회귀분석에서 회귀직선의 추정식이 $\hat{y} = 0.5 - 2x$와 같이 주어졌을 때 다음 설명 중 틀린 것은?

① 반응변수는 $\hat{y}$이고 설명변수는 x이다.
② 반응변수와 설명변수의 상관계수는 0.5이다.
③ 설명변수가 0일 때 반응변수가 기본적으로 갖는 값은 0.5이다.
④ 설명변수가 한 단위 증가할 때 반응변수는 평균적으로 2단위 감소한다.

해설 ② 상관계수를 구하는 공식은
$$r = \frac{\sum(X_i - \overline{X})(Y_i - \overline{Y})}{\sqrt{\sum(X_i - \overline{X})^2}\sqrt{\sum(Y_i - \overline{Y})^2}} = \frac{S_{XY}}{S_X S_Y}$$이다.
주어진 조건만으로는 구할 수 없으므로 상관계수 값은 알 수 없다.
① $\hat{y}$는 반응변수(종속변수), x는 설명변수(독립변수)이다.
③ $\hat{y} = 0.5 - 2x$에서 $x = 0$을 대입하면 반응변수 $\hat{y}$는 0.5이다.
④ $\hat{y} = 0.5 - 2x$에서 기울기가 -2이므로 설명변수 x가 한 단위 증가할 때(1만큼 변할 때) 반응변수 $\hat{y}$는 2만큼 감소한다.

93

n개의 관측치 (x_i, y_i)에 대하여 단순회귀모형 $y_i = \beta_0 + \beta_1 x_i + \epsilon_i$을 이용하여 분석하려 한다. 회귀계수의 추정치 $\hat{\beta_1}$의 값은?

$$\sum_{i=1}^{n}(x_i - \overline{x})^2 = 20 \qquad \sum_{i=1}^{n}(y_i - \overline{y})^2 = 30$$
$$\sum_{i=1}^{n}(x_i - \overline{x})(y_i - \overline{y}) = -10$$

① $-\dfrac{1}{3}$
② $-\dfrac{1}{2}$
③ $\dfrac{2}{3}$
④ $\dfrac{3}{2}$

해설 회귀직선 $y_i = \beta_0 + \beta_1 x_i + \epsilon_i$에서
$$\beta_1 = \frac{\sum(x_i - \overline{x})(y_i - \overline{y})}{\sum(x_i - \overline{x})^2} = \frac{-10}{20} = -\frac{1}{2}$$이다.

94

X와 Y의 평균과 분산은 각각 $E(X) = 4$, $V(X) = 8$, $E(Y) = 10$, $V(Y) = 32$이고, $E(XY) = 28$이다. $2X + 1$과 $-3Y + 5$의 상관계수는?

① 0.75
② -0.75
③ 0.67
④ -0.67

해설 $ac < 0$인 경우 $Corr(X, Y) = -Corr(aX+b, cY+d)$이다.
따라서 $Corr(2X+1, -3Y+5) = -Corr(X, Y)$이다.
$$Corr(X, Y) = \frac{Cov(X, Y)}{\sigma_X \sigma_Y} = \frac{E(XY) - E(X)E(Y)}{\sigma_X \sigma_Y}$$
$$= \frac{28 - 4 \times 10}{\sqrt{8}\sqrt{32}} = -0.75$$
$Corr(2X+1, -3Y+5) = 0.75$

95

크기가 10인 표본으로부터 얻은 회귀방정식은 $y = 2 + 0.3x$이고, x의 표본평균이 2이고, 표본분산은 4, y의 표본평균은 2.6이고 표본분산은 9이다. 이 요약치로부터 x와 y의 상관계수는?

① 0.1
② 0.2
③ 0.3
④ 0.4

해설 $r = \dfrac{S_{xy}}{S_x S_y}$ 를 이용한다.

회귀방정식 $y = a + bx$에서 $b = \dfrac{S_{xy}}{S_{xx}}$이므로 $\dfrac{S_{xy}}{S_{xx}} = 0.3$이고

표본분산 $S_{xx} = 4$이므로 $S_{xy} = 0.3 \times 4 = 1.2$이다.

$S_{xx} = 4$, $S_{yy} = 9$에서 $S_x = \sqrt{4} = 2$, $S_y = \sqrt{9} = 3$이므로

$r = \dfrac{S_{xy}}{S_x S_y} = \dfrac{1.2}{2 \times 3} = 0.2$이다.

96

두 변수 X, Y의 상관계수에 대한 유의성 검정 $(H_0 : \rho_{XY} = 0)$을 t-검정으로 할 때 검정통계량은? (단, r_{XY}는 표본상관계수이다)

① $r_{XY} \sqrt{\dfrac{n-2}{1-r_{XY}^2}}$
② $r_{XY} \sqrt{\dfrac{n+2}{1-r_{XY}^2}}$
③ $r_{XY} \sqrt{\dfrac{n-2}{1+r_{XY}^2}}$
④ $r_{XY} \sqrt{\dfrac{n+2}{1+r_{XY}^2}}$

해설 상관계수의 유의성 검정에서 검정통계량의 공식은 $t = r \dfrac{\sqrt{n-2}}{\sqrt{1-r^2}} \sim t_{(n-2)}$이다.

97

검정통계량의 분포가 나머지 셋과 다른 것은?

① 모분산이 미지인 정규모집단 모평균에 대한 검정
② 독립인 두 정규모집단의 모분산의 비에 대한 검정
③ 모분산이 미지이고 동일한 두 정규모집단의 모평균의 차에 대한 검정
④ 단순회귀모형 $y = \beta_0 + \beta_1 x + \varepsilon$에서 모회귀직선 $E(y) = \beta_0 + \beta_1 x$의 기울기 β_1에 관한 검정

해설 ①·③·④는 t-분포, ②는 정규분포를 따르는 검정통계량을 이용해 검정한다.

98

관측값 12개를 갖고 수행한 단순회귀분석에서 회귀직선의 유의성 검정을 위해 작성된 분산분석표가 다음과 같다. ㉠~㉢에 해당하는 값은?

요 인	제곱합	자유도	평균제곱	F-통계량
회 귀	66	1	66	㉢
오 차	220	㉠	㉡	

① ㉠ : 10, ㉡ : 22, ㉢ : 3
② ㉠ : 10, ㉡ : 220, ㉢ : 3.67
③ ㉠ : 11, ㉡ : 22, ㉢ : 3.3
④ ㉠ : 11, ㉡ : 220, ㉢ : 0.3

해설 ㉠ : $n - k - 1 = 12 - 1 - 1 = 10$
㉡ : $220/10 = 22$
㉢ : $66/22 = 3$

99

통계학 강의를 수강한 학생들을 대상으로 결석시간 x와 학기말성적 y의 관계를 회귀모형 『$y_i = \beta_0 + \beta_1 x_i + \epsilon_i$, $\epsilon_i \sim N(0, \sigma^2)$이고 서로 독립』의 가정하에 분석하기로 하고 수강생 10명을 임의로 추출하여 얻은 자료를 정리하여 다음의 결과를 얻었다.

> 추정회귀직선 : $\hat{y} = 85.93 - 10.62x$
> $\sum_{i=1}^{10}(y_i - \bar{y})^2 = 2514.50$, $\sum_{i=1}^{10}(y_i - \hat{y})^2 = 246.72$

결석시간 x와 학기말성적 y 간의 상관계수를 구하면?

① 0.95
② -0.95
③ 0.90
④ -0.90

해설 단순선형회귀에서는 상관계수(r)의 제곱이 결정계수(R^2)가 된다.
$R^2 = 1 - \dfrac{SSE}{SST}$이고 $\sum_{i=1}^{10}(y_i - \bar{y})^2 = SST$,
$\sum_{i=1}^{10}(y_i - \hat{y})^2 = SSE$이므로 $R^2 = 1 - \dfrac{246.72}{2514.50} \fallingdotseq 0.9019$
따라서 상관계수 $r = \pm\sqrt{0.9019} \fallingdotseq \pm 0.95$이다.
$b = r\dfrac{S_y}{S_x}$에서 S_y와 S_x는 항상 양수이므로 상관계수와 회귀직선의 기울기 b의 부호는 같다.
주어진 회귀직선 $\hat{y} = 85.93 - 10.62x$에서 $b = -10.62$이므로 상관계수는 음수이다.
∴ -0.95

100

중회귀모형 $y_i = \beta_0 + \beta_1 x_{1i} + \beta_2 x_{2i} + \epsilon_i$에 대한 분산분석표가 다음과 같다.

요 인	제곱합	자유도	평균제곱	F	유의확률
회 귀	66.12	2	33.06	33.69	0.000258
잔 차	6.87	7	0.98		

위의 분산분석표를 이용하여 유의수준 0.05에서 모형에 대한 유의성 검정을 할 때, 추론 결과로 가장 적합한 것은?

① 두 설명변수 x_1과 x_2 모두 반응변수에 영향을 주지 않는다.
② 두 설명변수 x_1과 x_2 모두 반응변수에 영향을 준다.
③ 두 설명변수 x_1과 x_2 중 적어도 하나는 반응변수에 영향을 준다.
④ 두 설명변수 x_1과 x_2 중 하나만 반응변수에 영향을 준다.

해설 귀무가설(H_0) : 회귀모형은 유의하지 않다.
($\beta_1 = \beta_2 = \cdots = \beta_k = 0$).
대립가설(H_1) : 회귀모형은 유의하다(적어도 하나의 $\beta_i \neq 0$이다($i = 1, 2, \cdots, k$)).
유의확률 0.000258이 유의수준 0.05보다 작으므로 귀무가설을 기각한다.
따라서 β_1, β_2 중 적어도 하나는 0이 아니므로 두 설명변수 x_1과 x_2 중 적어도 하나는 반응변수에 영향을 준다.

2025년 기출복원문제 및 해설

01

좋은 연구주제의 문법이 아닌 것은?

① 매우 구체적이어야 한다.
② 합리적인 의문이 제기될 수 없어야 한다.
③ "그런데 그것이 왜 중요하지?"라는 질문에 쉽게 통과될 수 있어야 한다.
④ 관찰 가능한 증거를 바탕으로 답할 수 있는 것이어야 한다.

해설 ① 좋은 연구주제는 명백하고 확실하며 구체적·한정적이어야 한다. 너무 광범위하거나 추상적인 개념을 다루기보다는, 특정 대상, 변수, 관계 등을 정확하고 체계적으로 묘사해야 한다.
③ 좋은 연구주제는 어떤 사실과의 관계를 파악하여 인과관계를 규명하거나 미래를 예측하며, '왜(Why)'라는 물음에 대한 대답을 제공한다.
④ 좋은 연구주제는 관찰 가능한 현상과 밀접히 연결되어야 한다. 이미 알려진 가설로부터 미지의 사건이나 현상을 연역하여 예측하거나 원인 또는 선행조건을 조작해 바람직한 방향으로 이끌어 갈 수도 있다.

02

조사문제를 해결하기 위한 연구절차를 바르게 나열한 것은?

> ㄱ. 자료수집
> ㄴ. 연구설계의 기획
> ㄷ. 문제의 인식과 정의
> ㄹ. 보고서 작성
> ㅁ. 결과 분석 및 해석

① ㄴ → ㄷ → ㄱ → ㅁ → ㄹ
② ㄴ → ㄱ → ㄷ → ㄹ → ㅁ
③ ㄷ → ㄴ → ㄱ → ㅁ → ㄹ
④ ㄷ → ㄱ → ㄴ → ㄹ → ㅁ

해설 일반적인 과정
문제의 정립(ㄷ) → 가설의 구성(설정) → 연구설계(ㄴ) → 자료의 수집(ㄱ) → 자료의 분석, 해석 및 이용(ㅁ) → 보고서 작성(ㄹ)

03

분석단위의 혼란에서 오는 오류 중 개인의 특성에 관한 자료로부터 집단의 특성을 도출할 경우 발생하기 쉬운 오류는?

① 생태학적 오류
② 비표본오차
③ 개인주의적 오류
④ 체계적 오류

해설 분석단위의 오류는 생태학적 오류와 환원주의적 오류의 개인주의적 오류가 대표적이다. 개인주의적 오류는 개인의 결과를 집단에 확대하는 오류이며, 생태학적 오류는 집단의 결과를 개인에게 적용하는 오류이다.

정답 01 ② 02 ③ 03 ③

04

좋은 가설의 평가 기준에 대한 설명으로 가장 거리가 먼 것은?

① 경험적으로 검증할 수 있어야 한다.
② 표현이 간단명료하고, 논리적으로 간결하여야 한다.
③ 계량화할 수 있어야 한다.
④ 동의반복적(Tautological)이어야 한다.

해설 가설은 표현이 간단명료하고 특정적이어야 하며 동의어가 반복적이지 않아야 한다.

05

다음 중 사례조사에 관한 설명으로 옳은 것은?

① 본조사를 실행하기 앞서 먼저 시행한다.
② 조사의 범위를 한 지역 또는 한 번의 현상에 국한시켜 연구하고자 하는 현상의 대표성을 유지시킨 채 결과를 도출하는 방법이다.
③ 일정 지역 또는 작은 샘플을 추출하여 대표성을 유지시킨 채 사전에 진행하는 것이다.
④ 조사의 타당도, 신뢰도를 측정해 보는 방법이다.

해설 사례조사는 특정 사례를 조사하여 문제를 종합적으로 파악하고, 그에 대한 실증적인 분석을 실행하는 조사로, 소수 조사대상이 시간의 경과에 따라 어떠한 특징적 변화 양상을 보이는지 면밀히 연구하는 종단적 연구방법에 해당한다. 조사대상의 특징적 변화와 영향요인들 간의 인과관계를 파악하는 데 유효하며, 소수의 사례를 심층적으로 다룸으로써 연구대상에 대한 종합적인 분석이 가능하다.

06

표본추출과 관련된 용어 설명으로 틀린 것은?

① 관찰단위 : 직접적인 조사대상
② 모집단 : 연구하고자 하는 이론상의 전체집단
③ 표집률 : 모집단에서 개별요소가 선택될 비율
④ 통계량(Statistic) : 모집단에서 어떤 변수가 가지고 있는 특성을 요약한 통계치

해설 표본추출의 주요개념에는 요소, 모집단, 표본추출단위, 표집틀(표본프레임), 표집간격, 표집률, 표본오차(표집오차), 통계량(통계치), 모수, 변수, 계층, 편의, 표본분포가 있다. 통계량은 표본에서 얻은 변수의 값을 요약하고 묘사한 것이다.

07

일반적으로 표본오류에 영향을 주는 요인으로만 짝지어지지 않은 것은?

① 조사비용, 조사목적, 모집단의 특성
② 모집단의 특성, 표본의 크기, 조사비용
③ 표집방법, 모집단의 특성, 조사비용
④ 표집방법, 모집단의 특성, 표본의 크기

해설 **표본오류에 영향을 주는 요인**
- 표본의 크기 : 표본크기가 클수록 모집단을 더 잘 대표하므로 표본오류가 줄어든다.
- 모집단의 특성 : 모집단이 이질적일수록, 즉 구성원들의 특성이 다양할수록 표본오류가 커질 수 있다.
- 표집방법 : 확률적 표집방법은 표본오류를 통제하기 용이하지만, 비확률적 표집방법을 사용할 경우 표본오류가 커질 수 있다.
- 조사비용 : 조사비용 문제로 표본의 크기를 충분히 확보하지 못하면 표본오류가 커질 수 있다.
- 조사설계 및 질문지 작성 : 조사설계나 질문지 작성 과정에서 발생하는 오류는 비표본추출오차를 발생시킬 수 있으며, 이는 결과적으로 표본오류에도 영향을 미칠 수 있다.
- 조사자의 편견 : 조사자의 주관적인 판단이나 편견은 표본추출이나 자료분석 과정에서 오차를 만들 수 있다.

정답 04 ④ 05 ② 06 ④ 07 ①

08

다음 중 불포함 오류에 관한 설명으로 옳은 것은?

① 표본조사를 할 때 표본체계가 완전하게 되지 않아서 발생하는 오류이다.
② 표본추출과정에서 선정된 표본 중 일부가 연결되지 않거나 응답을 거부했을 때 생기는 오류이다.
③ 면접이나 관찰과정에서 응답자나 조사자 자체의 특성에서 생기는 오류와 양자 간의 상호관계에서 생기는 오류이다.
④ 정확한 응답이나 행동을 한 결과를 조사자가 잘못 기록하거나 기록된 설문지나 면접지가 분석을 위하여 처리되는 과정에서 틀려지는 오류이다.

해설 불포함 오류는 표본조사 시 표본체계가 완전하지 않아 발생하는 오류로 표본추출방법이 모호하거나 실제 사용하기 어려운 경우이다. 이러한 오류는 직접 발견하기 어려워 통제가 어렵고, 발생하였다 하더라도 확증을 얻기 어렵기 때문에 오류를 줄이려면 타 조사결과와 비교 또는 전문가 경험에 의존해야 한다.

09

다음 중 1,500명의 표본을 대상으로 국민들의 소비성향 조사를 하려할 때 최소의 비용으로 표집오차를 가장 효과적으로 감소시킬 수 있는 방법은?

① 표본수를 10배로 증가시킨다.
② 모집단의 동질성 확보를 위한 연구를 한다.
③ 조사요원을 증원하고 이들에 대한 훈련을 철저히 한다.
④ 전 국민을 대상으로 철저한 단순무작위표집을 실행한다.

해설 표본이 클수록, 이질적인 모집단보다는 동질적인 모집단의 경우 표본추출오차가 줄어든다. 최소한의 비용으로 표집오차를 감소시키기 위해서는 표본을 늘리거나 조사요원을 교육하는 것보다는 모집단의 동질성을 확보하는 것이 더 효과적이다.

10

다음 중 모집단을 정확하게 규정하기 위해 고려해야 하는 요소와 가장 거리가 먼 것은?

① 경제성
② 표본단위
③ 조사지역
④ 조사기간

해설 표본추출에 있어서 모집단을 정의할 때는 표본단위, 조사의 내용, 조사의 범위, 시간 등에 대해 명확하고도 한정적으로 규정해야 한다. 예를 들어 '우리나라 사람들 전체'는 그 범위가 불확실하고 무한대인 반면, '2016년 현재 대한민국에 거주하는 사람들 전체'는 한정성을 가지므로 모집단이 된다.

11

단순무작위표집법 대신에 집락표집법을 사용하는 가장 중요한 이유는?

① 표본표집을 좀 더 용이하게 하기 위해
② 비표본오차를 줄이기 위해
③ 표본오차를 줄이기 위해
④ 사전조사비용을 줄이기 위해

해설 단순무작위표집법은 모집단에 대한 정확한 정의와 완전한 목록의 구비를 전제조건으로 한다. 반대로 집락표집법은 전체 모집단의 목록표를 작성하지 않아도 되며, 모집단 속의 개별적 표본이 아닌 집락을 먼저 추출한 후 규모가 작아진 집락으로부터 개별적 표본을 추출하게 되므로 시간과 비용이 훨씬 적게 든다. 따라서 표본표집을 좀 더 용이하게 하기 위해 단순무작위표집법 대신 집락표집법을 사용한다.

12

전화조사에서 전화번호부를 사용한 체계적 표본추출방법과 관련이 없는 내용은?

① 유동인구가 많아 전화번호부에 등재되어 있지 않은 전화번호가 많은 경우 조사결과의 실효성이 감소한다.
② 이 같은 표본추출방법을 임의숫자 다이얼방법(Random-digit Dialing)이라고도 부른다.
③ 조사에 소요되는 시간과 경비를 절약할 수 있다.
④ 전화번호부에 등재되어 있는 전화번호 중에서 5번째, 10번째 또는 15번째 전화번호를 표집한다.

해설) 체계적 표본추출방법은 모집단 목록에서 구성요소에 대해 일정한 순서에 따라 매 K번째 요소를 추출하는 방법으로, 첫 번째 요소를 무작위로 선정하여 최초의 표본으로 삼은 후 일정한 표집간격에 의해 표본을 추출한다. 임의숫자 다이얼방법은 컴퓨터 프로그램을 이용해 난수표를 사용하는 단순무작위표본추출방법에 기초한 것으로, 체계적 표본추출방법에 비해 시간과 경비가 더 소요된다.

13

양적-질적 연구방법의 비교에서 질적 연구방법에 대한 옳은 설명을 모두 고른 것은?

> ㄱ. 심층규명(Probing)을 한다.
> ㄴ. 연구자의 주관성을 활용한다.
> ㄷ. 연구도구로 연구자의 자질이 중요하다.
> ㄹ. 선(先)이론 후(後)조사의 방법을 활용한다.

① ㄱ, ㄴ, ㄷ
② ㄱ, ㄷ, ㄹ
③ ㄴ, ㄹ
④ ㄱ, ㄴ, ㄷ, ㄹ

해설) 선(先)이론 후(後)조사의 방법은 연역법이다. 질적 연구방법은 심층규명과 연구자의 주관성을 활용하며 연구도구로서 연구자의 자질이 중요하다.

14

패널(Panel)조사의 특징과 가장 거리가 먼 것은?

① 패널조사는 측정기간 동안 패널이 이탈될 수 있는 단점이 있다.
② 패널조사는 조사대상자로부터 추가적인 자료를 얻기가 비교적 쉽다.
③ 패널조사는 조사대상자의 태도 및 행동변화에 대한 분석이 가능하다.
④ 패널조사는 최초 패널을 다소 잘못 구성하더라도 장기간에 걸쳐 수정이 가능하다는 장점이 있다.

해설) **패널조사**
'패널(Panel)'이라 불리는 특정 응답자 집단을 정해 놓고 그들로부터 상당히 긴 시간 동안 지속적으로 연구자가 필요로 하는 정보를 획득하는 방법이다.

패널조사의 단점
- 패널의 대표성 확보의 어려움
- 패널관리의 어려움
- 정보의 유연성이 적음
- 부정확한 자료의 제공

15

동시경험집단을 연구하는 것으로 일정한 기간 동안에 어떤 한정된 부분의 모집단을 연구하는 것은?

① 추세연구(Trend Study)
② 코호트연구(Cohort Study)
③ 패널연구(Panel Study)
④ 사례연구(Case Study)

해설) ① 추세연구 : 동일한 전체 모집단 내의 변화를 여러 시기에 걸쳐 표본을 추출하여 계속적으로 연구하는 것이다.
③ 패널연구 : '패널(Panel)'이라 불리는 특정 응답자 집단을 정해 놓고 그들로부터 상당히 긴 시간 동안 지속적으로 연구자가 필요로 하는 정보를 획득하는 것이다.
④ 사례연구 : 특정 사례를 조사하여 문제를 종합적으로 파악하고, 그에 대한 실증적인 분석을 실행하는 방법이다.

정답》 12 ② 13 ① 14 ④ 15 ②

16

질문지법에서 개인 신상을 묻는 이유로 옳은 것은?

① 응답자의 의견을 묻기 위해
② 질문지의 회수율을 높이기 위해
③ 개별적인 독립변수로 사용하기 위해
④ 질문지의 문항 수를 늘리기 위해

> **해설** 질문지법의 인구통계학적 질문은 자료 분류를 위해 설문지 끝에 배열하거나 조사목적 또는 관련된 분석에 독립변수로 사용하기 위해 질문한다.

17

질문지 문항 작성 원칙에 부합하는 질문을 모두 고른 것은?

> ㄱ. 정장과 캐주얼 의상을 파는 상점들은 경쟁이 치열합니까?
> ㄴ. 무상의료제도를 시행한다면, 그 비용은 시민들이 추가적으로 부담하여야 한다고 생각하십니까, 아니면 다른 분야의 예산을 줄여 충당해야 한다고 생각하십니까?
> ㄷ. 귀하는 작년 여름에 해운대 해수욕장에 가 보신 적이 있으십니까?
> ㄹ. 귀하는 귀하의 직장에서 받는 임금수준에 대하여 만족하십니까?

① ㄱ, ㄴ
② ㄴ, ㄷ
③ ㄷ, ㄹ
④ ㄱ, ㄹ

> **해설**
> ㄱ. 질문에 사용되는 용어는 명확해야 한다. 어떤 경쟁이 치열한지, 정장과 캐주얼 의상을 모두 판매하는 상점 간의 경쟁인지, 정장을 판매하는 상점과 캐주얼을 판매하는 상점 간의 경쟁인지 불분명하다.
> ㄴ. 무상의료제도를 시행한다는 가정을 두고 있으며, 그에 대한 답변을 둘 중 하나로 제한시켰으므로 좋은 질문지가 아니다.

18

질문지의 표지에 포함되지 않아도 되는 사항은?

① 연구목적
② 연구방법
③ 연구자 또는 연구기관
④ 자료내용의 비밀보호에 관한 내용

> **해설** 질문지 표지는 응답자에게 조사의 당위성을 설명하고, 이들에게 협조를 구함으로써 응답률을 제고시키는 역할을 한다. 따라서 조사자나 조사기관에 대한 신분을 밝히고, 조사의 목적, 조사의 중요성에 대해 설명하고, 응답내용과 응답자의 신분에 대해 엄격한 비밀보장이 이루어짐을 확신시켜야 한다.

19

질문지 작성 시 고려해야 할 내용으로 옳지 않은 것은?

① 다항선택식 질문의 경우 응답자가 하나 또는 둘 이상의 문항을 선택하게 한다.
② 많은 정보가 필요한 경우 이중질문을 할 수 있도록 한다.
③ 질문의 수를 고려한다.
④ 질문들의 분포를 고려한다.

> **해설** 이중질문을 할 경우 응답자의 응답에 혼선이 생길 수 있으므로 하나의 질문은 하나의 내용으로 구성하도록 한다.

20

실험설계에서 측정이 반복되면서 얻어지는 학습효과로 인해 실험대상자의 반응에 영향을 미치게 되는 것은?

① 성숙효과
② 시험효과
③ 조사도구효과
④ 선별효과

> **해설** 시험효과란 내적 타당도를 저해하는 요인으로, 실험대상에 대해 동일한 측정을 반복할 경우 프로그램 참여자들이 시험에 친숙해짐으로 인해 결과에 영향을 미치는 것을 말한다.

정답 16 ③ 17 ③ 18 ② 19 ② 20 ②

21

FGI 정성조사의 장점은?

① 사전에 작성된 구조화된 질문지를 활용한다.
② 표준화를 통해 응답자 간 응답의 차이를 최소화할 수 있다.
③ 응답의 객관성을 확보하는 데 유리하다.
④ 즉각적인 추가질문이 가능하고 참석자 반응에 따라 질문을 보완하거나 수정할 수 있다.

해설 FGI 정성조사는 전문적인 진행자가 동질적인 소수 응답자와 특정 주제에 관해 자유롭게 토론을 진행하여 필요한 정보를 얻는 질적 조사방법이다. 조사 진행 중 새로운 문제가 발생하거나 검토해야 할 사항이 생기면 추가질문을 실시할 수 있으며, 복잡한 문제를 총체적으로 파악하고 분석해 나갈 수 있다. 그러나 특정 집단의 결과이므로 다양한 의견이 있을 수 있으며, 대표성이 부족하여 일반화 및 객관화가 어렵다는 단점이 있다.

22

FGI 정성조사 자료분석의 단계에 해당하지 않는 것은?

① 자료해설　　② 구조화
③ 분류화　　　④ 부호화

해설 부호화는 품질관리가 완료된 설문지 자료를 처리하는 FGI 정성조사 자료처리의 단계에 해당한다.

23

FGI 조사 기법으로 올바르지 않은 것은?

① 설레발치는 참여자를 제지한다.
② 모든 안건에 대하여 자세하고 완벽하게 다룬다.
③ 한두 사람이 의견을 주도하지 못하도록 한다.
④ 피면접자들을 통제한다.

해설 FGI 조사를 실시하기 이전에 작성한 가이드라인이 너무 길다면, 토의 내용의 우선순위를 정하여 조사를 진행해야 한다. 또한, 가이드라인 작성 시 분명한 조사목적과 3~4가지의 핵심적인 이슈를 가지고 작성하여, 실제 조사 진행 시 해당 질문에 대해 광범위한 질문에서 자세한 질문으로 진행한다.

24

초점집단(Focus Group)의 구성원을 정할 때 사용되는 표본추출방법은?

① 단순무작위표본추출
② 체계적 표본추출
③ 의도적 표본추출
④ 군집(집락)표본추출

해설 초점집단조사의 구성원을 정할 때는 비확률표본추출방법을 사용한다. 단순무작위표본추출, 체계적 표본추출, 군집(집락)표본추출은 확률표본추출방법에 해당한다.

25

지하철에서의 대학생의 성추행피해에 대한 연구를 위해 심층면접을 이용하기로 하였다. 가장 먼저 할 질문으로 예상되는 것은?

① 지하철에서 성추행 피해를 당하는 것이 얼마나 두렵습니까?
② 통학할 때 이용하는 교통수단은 무엇입니까?
③ 지하철에서 성추행 피해를 당한 적이 있습니까?
④ 주로 몇 시 경에 지하철을 이용하시나요?

해설 심층면접의 시작에는 개방형 질문을 사용해야 한다. 응답자가 편안한 분위기에서 자기 생각과 경험을 자유롭게 말할 수 있는 질문으로 면접을 시작해야 하므로, 피해 경험에 대한 구체적인 상황을 떠올릴 수 있도록 유도하는 질문을 해야 한다.

정답 21 ④　22 ④　23 ②　24 ③　25 ③

26

대통령후보에 대한 사전조사에서 응답자들이 대통령후보로 흑인이나 여성을 꺼리는 경향이 있다는 결과가 나왔다. 실제조사에서 응답자들의 솔직한 응답을 얻기 위한 수정방법은 무엇인가?

① 조사방법을 웹 서베이에서 1대1 대면면접으로 변경한다.
② 해당 문항을 질문지의 앞쪽에 배치한다.
③ 폐쇄형 질문에서 개방형 질문으로 변경한다.
④ 조사방법을 1대1 대면면접에서 자기기입식 대면면접으로 변경한다.

해설 자기기입식 대면면접은 응답 시 다른 사람의 개입이나 방해가 없는 상황에서 응답할 수 있기 때문에 개인의 민감한 문제를 다루는 데 유리하다는 장점이 있다.

27

다음에 해당하는 심층인터뷰 질문기법은?

> 질병이나 아픈 것에 대한 표현들을 알고 싶습니다. 당신이 생각하고 있는 모든 질병을 말씀해 주시겠습니까?

① 분류학적 질문
② 자유연상 질문
③ 탐구 질문
④ 네트워크 질문

해설 자유연상 질문은 특정한 한 가지 주제에 대하여 가지고 있는 생각과 경험을 많이 제시할 수 있게 하는 개방형 질문 방법으로, 응답자가 알고 있는 것을 말할 수 있도록 자유연상의 방법을 통하여 면담할 수 있다.

28

직장 내 괴롭힘에 대하여 심층면접을 진행하고자 한다. 다음 중 심층면접의 면접자로 옳지 않은 것은?

① 기간제근로자
② 건설현장 근로자
③ 대학생
④ 단시간근로자

해설 심층면접은 1명의 응답자와 1대1 면접을 통해 어떤 주제에 대한 심리적 특성이나 경험을 자유롭고 심도 있게 질문하는 방법이다. 대학생은 직장 내 괴롭힘과 관련 없는 면접자이므로 면접대상자로 옳지 않다.

29

심층인터뷰 정성조사를 진행하기 위한 장소에 접근하기 위해 허가를 받아야 하는 사람은?

① 게이트키퍼
② 면접자
③ 응답자
④ 허가자

해설 심층인터뷰 실시 전에 선정된 응답자에게 조사 장소 접근을 위해 개인 신분을 증명할 수 있는 것을 참석 시 준비하도록 요청하며, 전문가 대상 방문 인터뷰의 경우에는 기존에 이미 인적정보가 확인된 경우에 불편함을 초래하지 않도록 이러한 과정을 생략하도록 한다. 또한, 심층인터뷰 현장에서 인터뷰 대상자를 상대로 신분증과 대조하여 신분을 확인하며 개인정보 수집·이용 동의서와 보안각서를 작성하도록 한다.

30

심층인터뷰의 특징으로 가장 거리가 먼 것은?

① 직접 관찰하기 어려운 응답자의 감정과 태도를 알 수 있다.
② 응답자와 면접자 간 상호작용이 활발히 이루어져야 한다.
③ 면접자가 조사의 목적을 충분히 알고 있어야 한다.
④ 응답자의 사회현상에 대한 객관적인 해석을 듣는 작업이다.

해설 심층인터뷰는 어떤 주제에 대해 응답자의 생각, 느낌 등을 자유롭게 이야기하게 하여 응답자의 욕구, 태도 등을 파악하는 면접조사이다.

31

우편조사의 응답률에 영향을 미치는 요인과 가장 거리가 먼 것은?

① 응답집단의 동질성
② 응답자의 지역적 범위
③ 질문지의 양식 및 우송방법
④ 연구주관기관 및 지원단체의 성격

해설 우편조사는 광범위한 지역에 적합한 조사방법이기 때문에 응답자의 지역적 범위에 영향을 받지 않는 장점을 가지고 있다.

32

시청각 요소를 활용할 수 있으나 비용이 많이 드는 조사는?

① 인터넷조사
② 면접조사
③ 전화조사
④ 우편조사

해설 면접조사는 시청각 자료를 활용하여 그룹 내 상호작용을 관찰하고 분석할 수 있으나, 응답자에 대한 보상 및 조사진행자 섭외, 시청각 자료 촬영 및 편집 등에 많은 비용이 소요된다.

33

콜인조사(Call In Poll)에 대한 설명으로 옳지 않은 것은?

① 프로그램의 시청자 혹은 청취자를 대상으로 즉각적인 의견을 전화를 통해 얻을 수 있다.
② 표본의 소규모 선정이 불가피하다.
③ 진행자의 진행능력에 따라 응답이 변화할 수 있다.
④ 현장면접에서와 같이 심층적 면접을 진행할 수 있다.

해설 콜인조사는 적은 비용으로 단시간에 응답을 조사할 수 있어 비용과 신속성 측면에서 매우 경제적인 방법이다. 그러나 소요시간이 짧고 분량이 제한되기 때문에 많거나 복잡한 조사내용에 관한 자료를 수집하기 어려우며, 전화상으로 질문을 주고받는 도중 응답자가 끝까지 참지 못하고 전화를 끊을 수 있어 심층적 면접은 불가능하다.

34

어느 제조업 공장에 근무하는 현장사원들과 관리자 간에 유지되고 있는 사회적 관계의 특성을 규명하기 위해 참여관찰인 현장조사를 실시할 경우의 장점이 아닌 것은?

① 조사과정의 유연성
② 가설도출이 가능한 인과적 연구
③ 조사결과의 높은 일반화 가능성
④ 현장상황에 따라 조사내용 변경 가능

해설 참여관찰법은 조사대상의 변화양상을 포착할 수 없으므로 결과를 일반화하는 것에 제약이 있다는 단점이 있다.

35

비표준화 면접에 비해, 표준화 면접의 장점이 아닌 것은?

① 새로운 사실, 아이디어의 발견 가능성이 높다.
② 면접결과의 계량화가 용이하다.
③ 반복적 연구가 가능하다.
④ 신뢰도가 높다.

해설 면접의 신축성·유연성이 높은 비표준화 면접이 새로운 아이디어를 발견할 가능성이 높다.

36

설문 응답의 오류가 아닌 것은?

① 응답이 불분명한 경우
② 응답이 불성실한 경우
③ 누락된 응답이 없는 경우
④ 응답 방법을 준수하지 않은 경우

해설 설문 응답자가 부적격 조사대상이거나 응답내용이 불분명, 불성실하여 일관성·신뢰성이 현저히 훼손된 경우, 응답방법을 준수하지 않고 멋대로 진행하여 논리성이 훼손된 경우는 설문 응답의 오류에 해당한다. 누락된 응답이 없는 경우는 오히려 설문 결과 분석에 필요한 데이터를 확보하였으므로 오류가 아닙니다.

정답 31 ② 32 ② 33 ④ 34 ③ 35 ① 36 ③

37

다음은 어떤 질문방식에 해당하는가?

> 직장인의 근무지 선택 기준을 순위별(1~5)로 나열하시오.
> 근무환경 (　)
> 연봉수준 (　)
> 직무적합성 (　)
> 직무만족도 (　)
> 출·퇴근거리 (　)

① 선다형 질문
② 평정식 질문
③ 양자택일형 질문
④ 서열식 질문

해설 서열식 질문은 응답자에게 여러 항목을 제시하고 중요도, 선호도 등으로 순서를 선택하도록 하는 질문 방식이다. 항목이 많아지면 순위를 매기기 어려울 수 있으며, 일반적으로 항목이 제시되어 있으므로 선택에 제한이 있다.

38

다음 중 설문지 사전검사(Pre-test)의 주된 목적은?

① 응답자의 분포를 확인한다.
② 질문들이 갖고 있는 문제들을 파악한다.
③ 본조사의 결과와 비교할 수 있는 자료를 얻는다.
④ 조사원들을 훈련한다.

해설 사전검사는 본조사에 들어가기에 앞서 질문지 초안이 작성된 후 마지막 단계에서 질문지의 문제점을 찾아내기 위한 작업으로, 본조사에서 실시하는 것과 똑같은 절차와 방법으로 질문지가 잘 구성되어 있는지를 시험해 보는 것이다.

39

면접을 통한 관찰에서 면접자의 유의사항에 대한 설명으로 틀린 것은?

① 질문항목의 순서를 바꾸어서는 안 된다.
② 면접을 하는 도중 장소를 옮기거나 휴식을 취해 응답자가 피로하지 않게 해야 한다.
③ 면접하는 과정에서 문제점이 나타나면 면접이 끝난 후 지도원과 상담해야 한다.
④ 개인면접의 경우는 면접대상자 한 사람이 다른 사람의 방해를 받지 않도록 혼자 있는 상태에서 면접을 실시해야 한다.

해설 표준화 면접은 정해진 면접조사표에 의해 진행되므로 면접자가 임의로 질문항목, 배열 등을 변경할 수 없으나 비표준화, 반표준화 면접에서는 면접상황에 따라 자유롭게 질문 순서의 변경이 가능하다. 따라서 면접방법에 따라 질문 순서의 변경이 가능할 수 있다.

40

조사방법별 조사원 선발에 대한 설명으로 옳은 것은?

① 우편조사의 경우 오랜 시간 응답자를 찾아 다녀야 하므로 체력이 좋은 사람을 선발한다.
② 면접조사의 경우 유사조사 경력이 3년 이상 된 사람을 선발한다.
③ 전화조사의 경우 용모가 단정해야 하며 너무 튀거나 거부감을 주는 요소가 없는 사람을 선발한다.
④ 인터넷조사의 경우 시간이 자유롭고 필요에 따라 출장을 다닐 수 있는 사람을 선발한다.

해설
② 면접조사의 경우 면접자에 의한 응답자의 편의가 발생할 수 있으므로 유사조사 경력이 3년 이상 된 사람을 선발하여야 한다.
① 면접조사원은 긴 시간 동안 응답자를 찾아다닐 수 있을 정도로 건강해야 한다.
③ 면접조사원은 응답자와 직접 마주하므로 두발, 의복, 표정, 냄새 등 너무 튀거나 거부감을 주는 요소가 없어야 한다.
④ 면접조사원은 조사 인근거주자를 우선적으로 고려하며 시간을 자유롭게 활용할 수 있고, 필요에 따라 출장을 다닐 수 있어야 한다.

정답 37 ④ 38 ③ 39 ① 40 ②

41

다음 중 면접원의 준수사항과 거리가 먼 것은?

① 단정한 용모와 행동을 취한다.
② 질문을 문자 그대로 전달한다.
③ 응답내용을 정확하게 기록한다.
④ 응답이 불충분하더라도 부가질문은 자제한다.

해설 면접원은 조사 수행 단계에서 대상자가 조사에 성실히 응하도록 동기를 부여하며, 응답이 애매하거나 불명확한 경우 추가적인 질문으로 자세히 응답할 수 있도록 캐물어야 한다.

42

설문항목의 구조화를 위해 설문지 검토를 받아야 할 대상으로 거리가 가장 먼 것은?

① 실사 진행자
② 전산 처리자
③ 담당 연구자
④ 편집 담당자

해설 ② 전산 처리자는 데이터 수집 및 처리 과정에서의 오류를 예방하는 데 필요한 피드백을 제공할 수 있으며, 설문항목의 구조화가 데이터 분석의 효율성과 결과의 정확성에 미치는 영향을 고려하여 설문지 검토에 참여해야 한다.
③ 담당 연구자는 연구의 전반적인 목적, 내용, 설문지 구성 등에 대한 책임을 지며 설문지 검토 과정에서 중요한 역할을 한다.
④ 편집 담당자는 설문 문항의 구성, 순서, 디자인 등을 검토하여 설문지를 보다 직관적이고 사용하기 쉽게 만들며, 설문 응답 과정에서 혼란을 줄이고 효율성을 높이는 역할을 한다.

43

2차 자료(Secondary Data) 사용에 관한 설명으로 틀린 것은?

① 자료수집에 걸리는 시간과 노력을 줄일 수 있다.
② 2차 자료는 가설의 검증을 위해서는 사용할 수 없다.
③ 다른 방법에 의해 수집된 자료를 보충하고 타당성을 검토하기 위해 사용한다.
④ 연구자가 원하는 개념을 마음대로 측정할 수 없으므로 척도의 타당도가 문제될 수 있다.

해설 2차 자료는 신뢰도와 타당도가 낮다는 단점이 있지만 가설의 검증을 위해 사용할 수 있다.

44

측정에 대한 설명으로 틀린 것은?

① 질적 속성을 양적 속성으로 전환하는 작업이다.
② 경험의 세계와 개념적·추상적 세계를 연결하는 수단이다.
③ 조사대상의 속성을 추상적 개념으로 전환시키는 과정이다.
④ 이론을 구성하는 개념들을 현실세계에서 관찰이 가능한 자료와 연결해 주는 과정이다.

해설 측정은 추상적인 개념을 구체적인 수치나 값으로 표현하는 과정이므로 조사대상의 속성을 추상적 개념으로 전환시키는 과정과 반대되는 개념이다.

정답 41 ④ 42 ① 43 ② 44 ③

45

다음 설명에 해당하는 기계를 통한 관찰도구는?

> 어떠한 자극을 보여주고 피관찰자의 눈동자 크기를 측정하는 것으로, 동공의 크기 변화를 통해 응답자의 반응을 측정한다.

① 오디미터(Audimeter)
② 사이코갈바노미터(Psychogalvanometer)
③ 퓨필로미터(Pupilometer)
④ 모션 픽처 카메라(Motion Picture Camera)

해설
① 오디미터(Audimeter) : TV 시청률을 조사하기 위한 자동장치로 TV 시청 시간과 채널을 조사한다.
② 사이코갈바노미터(Psychogalvanometer) : 응답자의 생체 변화를 측정하는 정신 전류계로서, 심리적 변동에 의한 피부 전기의 변화 등을 측정한다.
④ 모션 픽처 카메라(Motion Picture Camera) : 영화 제작자들이 원하는 장면의 모양과 느낌을 포착하기 위해 카메라 설정을 조정할 수 있는 카메라를 뜻한다.

46

개념을 경험적 수준으로 구체화하는 과정을 바르게 나열한 것은?

> A. 조작적 정의
> B. 개념적 정의
> C. 변수의 측정

① A → B → C
② B → A → C
③ C → A → B
④ C → B → A

해설 개념의 구체화
개념 → 개념적 정의 → 조작적 정의 → 변수의 측정

47

현직 대통령의 인기도를 측정하기 위해 0부터 100까지의 값 가운데 하나를 제시하도록 하였다. 0은 가장 싫은 경우, 100은 가장 만족한 경우로 정하였다. 이것은 다음 중 어느 척도에 해당하는가?

① 명목척도
② 등간척도
③ 서열척도
④ 비율척도

해설 크기의 정도를 제시할 수 있어 등간척도 혹은 비율척도이지만, 절대영점을 가지지 않기 때문에 등간척도이다.

48

의미분화 척도(Semantic Differential Scale)에 관한 설명과 가장 거리가 먼 것은?

① 어떠한 개념에 함축되어 있는 의미를 평가하기 위한 방법으로 고안되었다.
② 하나의 개념을 주고 응답자들로 하여금 여러 가지 의미의 차원에서 그 개념을 평가하도록 한다.
③ 일반적인 형태는 척도의 양극단에 서로 상반되는 형용사를 배치하여 그 문항들을 응답자에게 제시한다.
④ 자료의 분석과정에서 다변량분석과 같은 통계적 처리 과정에 적용하는 것이 용이하지 않다.

해설 의미분화 척도는 자료의 분석과정에서 다변량분석, 특히 요인분석을 통해 자료를 분석하는 데 널리 사용된다. 예를 들어 요인평점을 사용해서 응답자・개념 또는 차원을 평가하는 방법인 요인평점분석방법이 있다.

49

명목척도(Nominal Scale)에 관한 설명으로 옳지 않은 것은?

① 측정의 각 응답범주들이 상호배타적이어야 한다.
② 측정대상의 특성을 분류하거나 확인할 목적으로 숫자를 부여하는 것이다.
③ 하나의 측정대상이 두 개의 값을 가질 수는 없다.
④ 절대영점이 존재한다.

해설 절대영점이 존재하는 것은 비율척도이다.

50

직장인들을 대상으로 설문조사를 실시할 때, 다음 각 문항에 사용되는 측정수준(ㄱ~ㅁ)을 순서대로 옳게 나열한 것은? (단, 직무만족과 이직의도 문항은 리커트 척도로 제시하였다)

> 직위 - (ㄱ)
> 근무부서 - (ㄴ)
> 근무연수 - (ㄷ)
> 근무만족 - (ㄹ)
> 이직의도 - (ㅁ)

① 명목 - 서열 - 서열 - 등간 - 비율
② 명목 - 명목 - 비율 - 비율 - 서열
③ 서열 - 명목 - 비율 - 서열 - 서열
④ 서열 - 등간 - 등간 - 비율 - 비율

해설 명목수준의 측정은 가장 낮은 수준의 측정으로서 대상 자체 또는 그 특징에 대해 명목상의 이름을 부여하는 것이므로 근무부서가 이에 해당한다. 서열수준의 측정은 측정대상의 특징 및 속성에 따라 일정한 범주로 분류하여 상대적인 순서·서열상의 관계를 나타내는 것으로, 직위가 이에 해당한다. 리커트 척도는 각 문항별 응답범주가 상호대칭되는 명백한 서열척도의 일종이므로 근무만족과 이직의도도 서열수준의 측정에 해당한다. 근무연수는 서열을 정하고 가감 및 승제와 같은 수학적 조작이 가능하며 절대 0의 값을 가질 수 있으므로 비율수준의 측정에 해당한다.

51

측정오차(Error of Measurement)에 관한 설명으로 틀린 것은?

① 체계적 오차는 항상 일정한 방향으로 작용하는 편향(Bias)이다.
② 비체계적 오차는 상호 상쇄(Self-compensation)되는 경향도 있다.
③ 비체계적 오차는 측정대상, 측정과정, 측정수단 등에 따라 일관성 없이 영향을 미침으로써 발생한다.
④ 측정의 오차를 신뢰성 및 타당성과 관련지었을 때 신뢰성과 타당성은 정도의 개념이 아닌 존재 개념이다.

해설 측정의 오차를 신뢰성 및 타당성과 관련지었을 때 신뢰성과 타당성은 존재의 개념이 아닌 정도의 개념이다.
- 존재의 개념 : 있다/없다
- 정도의 개념 : 높다/낮다

52

비체계적 오류를 줄이는 방법에 관한 설명으로 틀린 것은?

① 측정항목 수를 가능한 한 늘린다.
② 조사대상자가 관심 없는 항목도 측정한다.
③ 2회 이상 동일한 질문이나 유사한 질문을 한다.
④ 조사대상자가 모르는 내용은 측정하지 않는다.

해설 비체계적 오류는 신뢰도와 관련된 것으로서, 비체계적 오류를 줄이려면 신뢰도를 높여야 한다. 신뢰도를 높이려면 조사대상자가 관심 없는 항목의 측정은 하지 않는 것이 좋다.

53

개방코딩에 대한 설명으로 옳은 것은?

① 개방코딩은 귀납적 과정이다.
② 개방코딩은 한 번만 수행된다.
③ 개방코딩은 기존 이론에 맞춰 코드를 적용하는 과정이다.
④ 개방코딩은 양적 연구에서 주로 사용된다.

해설 개방코딩은 새로운 코드를 생성하고 적용하는 유연한 코딩 방법으로 귀납적인 과정을 따른다. 자료분석 과정에서 반복적으로 이루어지며 질적 연구에서 주로 사용되는 방법이다.

54

다음 중 결측자료(Missing Data)의 처리방법으로 가장 적절한 것은?

① 유사사례를 추출하여 그 사례에 기재된 내용을 대체해 사용한다.
② 결측된 변수의 평균값을 대체해 사용한다.
③ 난수표에서 번호를 추출하여 그 점수를 대체해 사용한다.
④ 결측자료가 50% 이상이 된다 하더라도 원래 수집된 사례수는 유지해야 하기 때문에 그대로 사용한다.

해설 미수집 부분은 삭제하거나 보완하는 것이 좋으며, 사례나 변수에 대한 사전지식이 충분하지 못한 경우에는 변수의 평균치를 계산하여 누락된 사례의 변수값으로 사용하는 평균치삽입법이 활용된다. 그 외에 전후 시점의 자료의 평균치를 이용하는 보삽법과 작은 오차만을 감수하면서 원래의 값을 추정해가는 평가치 추정법이 있다.

55

성별에 따른 직무만족도를 조사하기 위하여 다음 내용을 조사하였다. 틀린 설명은?

> ㄱ. 성별
> ㄴ. 현재 급여에 따른 만족도
> ㄷ. 상사의 관리에 따른 만족도
> ㄹ. 업무 전반의 만족도

① ㄴ은 5점 척도로 조사하였다.
② ㄹ은 ㄴ과 ㄷ의 평균으로 조사하였다.
③ ㄱ은 1은 남자, 2는 여자로 지정하였다.
④ ㄷ은 5점 척도로 조사하였다.

해설 성별에 따른 직무 만족도를 조사하기 위해서는 현재 급여에 따른 만족도, 상사의 관리에 따른 만족도, 업무 전반의 만족도를 모두 조사하여 파악해야 한다. 따라서 업무 전반의 만족도는 ㄴ과 ㄷ의 평균으로 조사하는 것이 아니라 개별 척도를 사용하여 조사해야 한다.

56

자료의 코딩이 끝난 후, 조사자료의 품질관리(Quality Control)의 한 방편으로 행해지는 작업으로서 가장 중요시되는 것은?

① 자료의 사례별 Sorting
② 자료의 재입력
③ 자료의 Cleaning
④ 자료의 분야별 Sorting

해설 조사자료의 품질관리에서는 오류를 찾아내고 수정하는 작업이 가장 중요시된다. 자료의 Cleaning(클리닝)은 입력된 자료의 정합성 및 오류값을 점검하는 작업으로, 분석 결과의 신뢰도를 결정하므로 조사자료의 품질관리에서 가장 중요시되는 작업이다.

정답 53 ① 54 ② 55 ② 56 ③

57

설문 결과의 입력 방법으로 옳지 않은 것은?

① OMR
② ICR
③ OFF CODE
④ C/S(Client/Server) 기반의 PC 입력

해설 OFF CODE는 설문지에 입력되어야 할 부호 이외의 것이 입력되어 있는 오류를 찾아내는 설문 결과의 오류검사 방법이다.

58

자료정선과정(Data Cleaning)에서 오류가 발견되었을 경우, 이를 해결할 방법 중 가장 적절하지 않은 것은?

① 결측값으로 처리한다.
② 전체 사례를 삭제한다.
③ 질문지의 응답을 다시 확인한다.
④ 정해진 추정원칙에 따라 추정치를 삽입한다.

해설 자료정선과정에서 오류가 발견되었을 경우, 데이터 양이 적거나 오류가 심각한 경우에는 전체 사례를 삭제할 수 있으나 데이터의 오류를 해결하기 위해 해당 오류가 포함된 모든 사례를 삭제하는 것은 매우 극단적인 조치이다. 결측값 처리, 질문지 응답 재확인, 추정치 삽입은 적절한 방법이며, 이외에 데이터 변환이나 오류값을 직접 찾아 수정하는 등의 방법도 있다.

59

심층인터뷰 정성조사 분석과정에서 부호화의 목적에 해당하지 않는 것은?

① 표준화를 기반으로 하는 자료처리
② 개별적 자료 분류를 통한 특정 유형 발견
③ 대량 자료 처리를 위한 기본 작업 수행
④ 확률적 표집에 기반한 가설 검증

해설 심층인터뷰 정성조사 분석과정에서 부호화의 목적은 연구 질문과 관련된 주제를 파악하고, 자료를 체계적으로 정리하며, 인터뷰 내용에서 패턴과 의미를 추출하는 것이다. 확률적 표집과 가설 검증은 양적 연구에서 사용되는 개념으로, 질적 조사인 정성조사에는 적용되지 않는다.

60

다음 설문지 질문 문항에서 개방형 질문과 폐쇄형 질문의 칼럼수는? (단, 금액은 1,000만 원까지 허용된다)

귀댁의 세금 지출액은 얼마인가요?
(   )원

귀댁의 세금 지출액으로 맞는 것을 고르시오.
① 100만 원 미만
② 100만 원 이상~200만 원 미만
③ 200만 원 이상~300만 원 미만
④ 300만 원 이상~400만 원 미만
⑤ 400만 원 이상~500만 원 미만
⑥ 500만 원 이상~600만 원 미만
⑦ 600만 원 이상~700만 원 미만
⑧ 700만 원 이상~800만 원 미만
⑨ 800만 원 이상~900만 원 미만
⑩ 900만 원 이상

① 개방형 질문 : 2, 폐쇄형 질문 : 3
② 개방형 질문 : 3, 폐쇄형 질문 : 2
③ 개방형 질문 : 4, 폐쇄형 질문 : 1
④ 개방형 질문 : 1, 폐쇄형 질문 : 4

해설 설문지 질문 문항이 금액과 관련된 질문이므로 개방형 질문에서는 응답 중 가장 큰 응답의 범위를 확인하여 칼럼을 설정해야 한다, 가장 큰 금액의 응답이 1,000만 원이므로 해당 응답의 칼럼수는 4이다. 폐쇄형 질문에서는 해당 질문의 자료값이 가질 수 있는 범위가 ①부터 ⑩까지이므로 칼럼수는 명확하게 1로 설정할 수 있다.

61

한국 남성의 10%는 폐암에 걸린다고 한다. 그런데, 폐암에 걸린 남성들 중 80%가 흡연자인 반면, 폐암에 걸리지 않은 남성들 중에는 40%만이 흡연자라 한다. A라는 어떤 흡연 남성이 폐암에 걸릴 확률은 대략 얼마일까?

① 약 15%
② 약 18%
③ 약 21%
④ 약 25%

해설 폐암에 걸린 한국 남성이 흡연자일 확률은 $0.1 \times 0.8 = 0.08$ 이다.
폐암에 걸리지 않은 한국 남성이 흡연자일 확률은 $0.9 \times 0.4 = 0.36$ 이다.
따라서 흡연을 하는 남성이 폐암에 걸릴 확률은
$\frac{0.08}{0.08+0.36} = \frac{2}{11} \fallingdotseq 0.1818\cdots$ 이므로 약 18%이다.

62

부적합품률이 0.05인 제품을 20개씩 한 박스에 넣어서 포장하였다. 10개의 박스를 구입했을 때, 기대되는 부적합품의 총 개수는?

① 1개
② 5개
③ 10개
④ 15개

해설 1박스 20개×부적합품률 0.05=부적합품 개수 1개이므로,
10박스 200개×부적합품률 0.05=부적합품 개수 10개이다.

63

어느 대학교에 재학생 전체의 45%가 남학생이며, 남학생 중에는 70%, 여학생 중에는 40%가 흡연을 하고 있다고 한다. 이 대학교의 재학생 중 임의로 한 명을 선택하여 조사한 결과 흡연자임을 알았다. 이 학생이 여학생일 확률은?

① 0.5887
② 0.4112
③ 0.5350
④ 0.4560

해설 M : 남학생인 사건, F : 여학생인 사건, S : 흡연자인 사건
$P(M) = 0.45$, $P(F) = 1 - P(M) = 0.55$
$P(S|M) = 0.7$, $P(S|F) = 0.4$
$$P(F|S) = \frac{P(F \cap S)}{P(S)} = \frac{P(F \cap S)}{P(M \cap S) + P(F \cap S)}$$
$$= \frac{P(F)P(S|F)}{P(M)P(S|M) + P(F)P(S|F)}$$
$$= \frac{0.55 \times 0.4}{0.45 \times 0.7 + 0.55 \times 0.4}$$
$$= \frac{0.22}{0.535} \fallingdotseq 0.4112$$

64

$P(A) = P(B) = \frac{1}{2}$, $P(A|B) = \frac{2}{3}$ 일 때 $P(A \cup B)$를 구하면?

① $\frac{1}{3}$
② $\frac{1}{2}$
③ $\frac{2}{3}$
④ 1

해설 $P(A|B) = \frac{P(A \cap B)}{P(B)}$
$P(A \cap B) = P(A|B)P(B) = \frac{2}{3} \times \frac{1}{2} = \frac{1}{3}$
$\therefore P(A \cup B) = P(A) + P(B) - P(A \cap B)$
$= \frac{1}{2} + \frac{1}{2} - \frac{1}{3} = \frac{2}{3}$

65

구간 $[0, 1]$에서 연속인 확률변수 X의 누적분포함수가 $F(x) = x$일 때, X의 평균은?

① $\dfrac{1}{3}$ ② $\dfrac{1}{2}$

③ 1 ④ 2

해설 연속인 확률누적분포함수를 미분하면 확률밀도함수가 된다. 확률변수 X의 확률누적분포함수가 $F(x) = x$이므로 $F'(x) = x$이다.

구간 $[a, b]$에서의 확률변수 X의 평균은 $\int_a^b xf(x)dx$이다.

$$\therefore \int_0^1 x\,dx = \left[\dfrac{1}{2}x^2\right]_0^1 = \dfrac{1}{2}$$

다항식의 적분 원리

$$\int x^n dx = \dfrac{1}{n+1}x^{n+1} + C$$

이때 C는 적분상수로, 구간이 정해진 적분 계산에서는 그 결괏값에 영향을 미치지 않는다.

66

A, B, C 세 개의 박스에 흰 공과 빨간 공이 들어있다. 임의의 박스에서 공을 뽑았을 때, 흰 공이 나왔다. A 박스에서 나올 확률을 P_A, B박스에서 나올 확률을 P_B, C박스에서 나올 확률은 P_C이다. 이 중 가장 큰 값은?

구 분	흰 공	빨간 공
A박스	5	5
B박스	3	2
C박스	7	4

① P_A
② P_B
③ P_C
④ 주어진 정보로는 알 수 없다.

해설 A박스에서 흰 공이 나올 확률은 $\dfrac{5}{10}$, B박스에서 흰 공이 나올 확률은 $\dfrac{3}{5}$, C박스에서 흰 공이 나올 확률은 $\dfrac{7}{11}$이다.

$\dfrac{7}{11} > \dfrac{3}{5} > \dfrac{5}{10}$ 이므로 가장 큰 값은 P_C이다.

67

확률변수 X는 평균이 3, 분산이 4인 정규분포를 따른다. $Y = 3 + 5X$의 평균과 표준편차는?

① $E(Y) = 9$, $V(Y) = 10$
② $E(Y) = 9$, $V(Y) = 15$
③ $E(Y) = 18$, $V(Y) = 10$
④ $E(Y) = 18$, $V(Y) = 15$

해설
$E(3 + 5X) = 3 + 5E(X) = 3 + 5 \times 3 = 18$
$V(3 + 5X) = 25V(X) = 25 \times 4 = 100$
$\sigma(3 + 5X) = \sqrt{100} = 10$
$\therefore E(Y) = 18$, $V(Y) = 10$

68

A 대학 학생들의 주당 TV 시청 시간을 알아보고자 임의로 9명을 추출하여 조사한 결과는 다음과 같다. TV 시청 시간은 모평균이 μ인 정규분포를 따른다고 가정하자. μ에 대한 추정량으로 표본평균 $\overline{X}$를 사용했을 때, 추정치는?

| 9 | 10 | 13 | 13 | 14 | 15 | 17 | 21 | 22 |

① 14.3
② 14.5
③ 14.7
④ 14.9

해설 모평균의 점추정량은 표본평균과 같다.

$$\overline{X} = \dfrac{9+10+13+13+14+15+17+21+22}{9} \fallingdotseq 14.89$$

69

어느 버스 정류장에서 매시 0분, 20분에 각 1회씩 운영되는 버스가 있다. 어떤 사람이 우연히 버스정류장에 도착하여 버스를 탈 때까지 대기하는 시간의 평균은?

① 16분 40초 ② 19분 20초
③ 15분 20초 ④ 18분 00초

해설 X가 승객이 버스정류장에 도착하는 시간이라고 했을 때 매시 0분 이후부터 20분까지 도착하면 승객은 20분 버스를 탈 수 있고 이때 승객이 기다리는 시간은 $20 - X(0 < X \leq 20)$이다. 즉, 최대 20분, 최소 0분 기다려야 하므로 평균적으로
$$\frac{20-0}{2} = \frac{20}{2} = 10분(㉠)$$ 기다린다고 할 수 있으며

이때 10분 기다릴 확률은 $\frac{20-0}{60} = \frac{2}{6}$(㉡)이다.

20분에서 60분 사이에 도착하면 승객은 0분 버스를 탈 수 있고 이때 승객이 기다리는 시간은 $60 - X(20 < X \leq 60)$이다. 즉, 최대 40분, 최소 0분 기다려야 하므로 평균적으로
$$\frac{40-0}{2} = \frac{40}{2} = 20분(㉢)$$ 기다린다고 할 수 있으며

이때 20분 기다릴 확률은 $\frac{60-20}{60} = \frac{4}{6}$(㉣)이다.

기다리는 시간을 Y라 하면 Y의 기댓값은 (㉠×㉡)+(㉢×㉣)로 구할 수 있다.
따라서 Y의 기댓값은
$$E(Y) = \left(10 \times \frac{2}{6}\right) + \left(20 \times \frac{4}{6}\right) ≒ 16.67분,$$ 즉 16분 40초
($\because 0.67 \times 60초 ≒ 40초$)이다.

70

어느 회사에 출퇴근하는 직원들 500명을 대상으로 이용하는 교통수단을 지하철, 자가용, 버스, 택시, 지하철과 택시, 지하철과 버스, 기타의 분야로 나누어 조사하였다. 이 자료를 정리하기에 적합하지 않은 것은?

① 도수분포표 ② 막대그래프
③ 원형그래프 ④ 히스토그램

해설 히스토그램은 연속형 변수 데이터를 몇 개의 계급으로 분류하여 각 계급에 속하는 빈도수, 백분율 등을 작성하기에 적절한 그래프이다.

71

사분위수 범위를 바르게 나타낸 것은?

① 제2사분위수 − 제1사분위수
② 제3사분위수 − 제2사분위수
③ 제3사분위수 − 제1사분위수
④ 제4사분위수 − 제1사분위수

해설 사분위수 범위는 제3사분위수에서 제1사분위수를 뺀 값으로 계산한다.

72

다음 확률분포 중 확률변수의 성질상 다른 분포와 구별되는 것은?

① 정규분포 ② 이항분포
③ 포아송분포 ④ 다항분포

해설 이산확률분포는 확률변수가 이산변수인 경우로 이항분포, 포아송분포, 초기하분포, 기하분포, 다항분포 등이 있고 연속확률분포는 확률변수가 소수점의 값을 포함하는 실수의 값을 가지는 경우로 정규분포, 표준정규분포, t−분포, F−분포, χ^2분포, 지수분포 등이 있다.

73

정규분포에 관한 설명으로 틀린 것은?

① 정규분포곡선은 자유도에 따라 모양이 달라진다.
② 정규분포는 평균을 기준으로 대칭인 종 모양의 분포를 이룬다.
③ 평균, 중위수, 최빈수가 동일하다.
④ 정규분포에서 분산이 클수록 정규분포곡선은 양옆으로 퍼지는 모습을 한다.

해설 정규분포는 평균과 분산에 의해 모양이 결정되며 평균, 중위수, 최빈수가 동일하여 이 값을 기준으로 좌우대칭인 종모양의 분포를 이룬다. 또한 분산이 커지면 표준편차 값도 커지며, 표준편차 값이 클수록 꼬리 부분이 두껍고 양옆으로 퍼지는 모습을 한다.

74

확률변수 X와 Y는 서로 독립이며, $X \sim N(1, 1^2)$이고, $Y \sim N(2, 2^2)$이다. $P(X+Y \geq 5)$을 표준정규분포의 누적분포함수 $\Phi(x)$를 이용하여 나타내면?

① $\Phi\left(-\dfrac{2}{3}\right)$

② $\Phi\left(-\dfrac{2}{\sqrt{5}}\right)$

③ $\Phi\left(\dfrac{2}{3}\right)$

④ $\Phi\left(\dfrac{3}{\sqrt{5}}\right)$

해설
$X \sim N(1, 1^2)$이므로 $E(X) = 1$, $V(X) = 1^2$
$Y \sim N(2, 2^2)$이므로 $E(Y) = 2$, $V(Y) = 2^2$
$X + Y = K$라고 하면
$E(K) = E(X+Y) = E(X) + E(Y) = 1 + 2 = 3$
$V(K)$
$= V(X+Y) = V(X) + 2Cov(X+Y) + V(Y)$
$= 1^2 + 0 + 2^2$ (∵ X, Y는 독립이므로 $Cov(X, Y) = 0$)
$= 5$
따라서 $K \sim N(3, 5)$이다.
$P(X+Y \geq 5) = P(K \geq 5)$이고, 표준화하면
$P(K \geq 5) = P\left(\dfrac{K-3}{\sqrt{5}} \geq \dfrac{5-3}{\sqrt{5}}\right) = P\left(Z \geq \dfrac{2}{\sqrt{5}}\right)$이다.
누적분포함수 $\Phi(x) = P(Z \leq x)$이고,
위에서 구한 $P\left(Z \geq \dfrac{2}{\sqrt{5}}\right) = P\left(Z \leq -\dfrac{2}{\sqrt{5}}\right)$이므로
$P(X+Y \geq 5)$을 표준정규분포의 누적분포함수 $\Phi(x)$로 나타내면 $\Phi\left(-\dfrac{2}{\sqrt{5}}\right)$이다.

75

어떤 학교 신입생 500명의 키는 평균이 170cm이고 표준편차는 10cm인 정규분포를 따른다. 랜덤하게 임의추출한 25명의 키 평균이 175cm 이하일 확률은? (단, Z는 표본정규분포를 따른다)

① $P(Z \leq 0.5)$ ② $P(Z \leq 1.5)$

③ $P(Z \leq 2.5)$ ④ $P(Z \leq 3.5)$

해설
모집단의 분포가 $N(\mu, \sigma^2)$을 따를 때, 표본평균의 분포는 $N\left(\mu, \dfrac{\sigma^2}{n}\right)$을 따른다.
주어진 모집단은 정규분포를 따르므로 표본평균은 $N\left(170, \dfrac{10}{\sqrt{25}}\right)$을 따르며 표준화 공식에 의해
$P\left(Z \leq \dfrac{175-170}{10/\sqrt{25}}\right) = P(Z \leq 2.5)$이다.

76

한국, 미국, 일본의 대졸 신입사원의 월급은 평균 210만 원, 3,500달러, 25만 엔이고 표준편차는 각각 50만 원, 350달러, 2만 7천 엔인 정규분포를 따른다고 한다. 위 3개국에서 임의로 한 명씩 뽑힌 대졸 신입사원 A, B, C의 월급이 각 250만 원, 3,750달러, 27만 엔이라 할 때, 자국 내에서 상대적으로 월급을 많이 받는 사람 순서대로 나열한 것은?

① $A > B > C$ ② $A > C > B$

③ $B > C > A$ ④ $B > A > C$

해설 표준화 점수를 이용하여 비교한다.

$Z = \dfrac{X - \mu}{\sigma}$

$A : \dfrac{(250 - 210)}{50} = 0.8$

$B : \dfrac{(3750 - 3500)}{350} = 0.71$

$C : \dfrac{(270000 - 250000)}{27000} = 0.74$

정답 74 ② 75 ③ 76 ②

77

모집단 비율 $\pi = 0.03$, 표본의 크기 $n = 1,000$일 때, 모집단 확률 p의 표본분포는?

① 포아송분포
② 일양분포
③ 정규분포
④ 삼각형분포

해설 표본의 크기가 $n \geq 30$이면 대표본으로 간주되어 중심극한정리에 의해 모집단 확률 p의 표본분포는 정규분포에 근사한다.

78

총선을 앞두고 한 지역구의 유권자 400명을 대상으로 조사한 결과 A후보의 지지율은 30.5%, B후보의 지지율은 34.8%로 나왔다. 자료에 따르면 이번 조사는 95% 신뢰수준에서 오차한계가 ±5%라고 하였다. 이때 결과의 해석으로 옳은 것은?

① 실제 선거에서는 A후보가 앞설 수도 있다.
② A후보는 지지율이 낮으므로 포기하는 편이 낫다.
③ B후보가 지지율이 높으므로 당선 가능성이 높다.
④ 500명을 대상으로 조사한다면 오차한계는 ±5%보다 크게 된다.

해설 A후보 지지율과 B후보 지지율 차이는 4.3%이고 오차한계는 ±5%라고 했으므로, A후보의 지지율이 25.5%~35.5% 범위에 있을 수 있고, B후보의 지지율이 29.8%~39.8% 범위에 있을 수 있다. 따라서 실제 선거에서는 A후보가 앞설 수도 있다.

79

A 아파트에 설치된 승강기는 적재중량 한계가 1,120kg, 승차정원은 성인 16명이라고 되어있다. 우리나라 성인의 몸무게는 평균 69kg, 표준편차가 4kg인 정규분포를 따른다고 하자. 이때 무작위로 승강기에 탄 성인 16명의 몸무게가 적재중량 한계를 초과할 확률은 얼마인가?
(단, $P(Z > 0.5) = 0.309$, $P(Z > 1.0) = 0.159$, $P(Z > 2.0) = 0.023$, $P(Z > 4.0) = 0.000$이다)

① 0.309
② 0.159
③ 0.023
④ 0.000

해설 무작위로 승강기에 탄 성인 16명은 평균이 69, 표준편차가 $\frac{4}{\sqrt{16}} = 1$인 정규분포를 따른다.
승강기의 적재중량 한계는 1,120이고 16명의 성인은 각 70kg을 초과하지 않아야 하므로 Z값을 계산하면 $\frac{70-69}{1} = 1$이다.
따라서 무작위로 승강기에 탄 성인 16명의 몸무게가 적재중량 한계를 초과할 확률은 $P(Z > 1.0) = 0.159$이다.

80

표본분산의 식에서 편차제곱합을 $n - 1$로 나누어 사용하는 이유는 좋은 추정량이 만족해야 할 바람직한 성질 중 무엇 때문인가?

① 불편성(Unbiasedness)
② 효율성(Efficiency)
③ 일치성(Consistency)
④ 충분성(Sufficieney)

해설 표본분산을 표본의 크기 n으로 나누면, 계산된 표본분산이 실제 모집단의 분산보다 작게 추정되는 경향이 있다. 따라서 추정량의 기대치가 추정할 모수의 실제값과 같아지는 성질인 불편성을 만족하기 위해 표본분산을 $n - 1$로 나누면, 표본을 무한히 많이 추출했을 때 평균적으로 모분산과 일치하는 값을 얻을 수 있어 모집단의 분산을 더 정확히 추정할 수 있다.

정답 77 ③ 78 ① 79 ② 80 ①

81

어느 공장에서 가루비누를 생산하여 용기에 담아 판매하고 있다. 용기의 무게는 표준편차가 1온스인 정규분포를 따르는 것으로 알려져 있다. 25개의 용기를 무작위로 추출하여 무게를 측정한 결과 평균은 49.64온스였다. 25개 용기의 무게에 대한 평균의 표준편차는?

① 0.04
② 0.1
③ 0.2
④ 25

해설 모집단의 분포가 정규분포 $N(\mu, 1^2)$을 따를 때, 표본평균의 분포는 정규분포 $N\left(\mu, \dfrac{1^2}{n}\right)$을 따른다.

따라서 표본평균의 분산은 $\dfrac{1^2}{25}$이고 표준편차는 $\sqrt{\dfrac{1}{25}} = \dfrac{1}{5}$이다.

82

모평균의 신뢰구간에 대한 설명으로 틀린 것은?

① 일반적으로 표본크기 n이 크면
$$P\left\{-z_{\alpha/2} \le \dfrac{\overline{X}-\mu}{\sigma/\sqrt{n}} \le z_{\alpha/2}\right\} \approx 1-a$$ 이다.

② 표본의 크기가 클수록 신뢰구간의 폭은 좁아진다.

③ 모평균의 95% 신뢰구간이 $(-10, 10)$이라는 의미는 모평균이 -10에서 10 사이에 있을 확률이 95%라는 의미이다.

④ 동일한 표본하에서 신뢰수준을 높이면 신뢰구간의 폭은 넓어진다.

해설 일정한 구간에 모수가 포함되었을 것이라 제시한 구간을 신뢰구간이라 하며, 95% 신뢰구간이란 신뢰구간을 100회 반복하여 측정했을 때 95번은 그 구간 내에 모평균이 포함된다는 의미이다. 즉, 모평균의 95% 신뢰구간이 $(-10, 10)$이라는 것은 표본평균이 -10에서 10 사이에 있을 확률이 95%라는 의미이다.

83

$N = 300$명의 모집단에서 남자는 $N_1 = 212$, 여자는 $N_2 = 88$이다. $n = 60$인 표본을 추출하여 비례배분 층화임의표집을 사용하고자 한다. 표집방법에 따른 남자 표본크기 n_1과 여자 표본크기 n_2의 값이 알맞게 짝지어진 것은?

① $n_1 = 30$, $n_2 = 30$
② $n_1 = 40$, $n_2 = 20$
③ $n_1 = 45$, $n_2 = 15$
④ $n_1 = 42$, $n_2 = 18$

해설 비례배분 층화임의표집은 각 층의 표본크기가 해당 층의 모집단 크기에 비례하도록 표본을 추출하는 방법이다.
$N = 300$의 모집단에서 $n = 60$인 표본을 추출하므로 비율을 계산하면 $\dfrac{60}{300} = \dfrac{1}{5}$이다.
계산한 비율에 맞게 표본크기를 계산하면
$n_1 = 212 \times \dfrac{1}{5} = 42.4 ≒ 42$, $n_2 = 88 \times \dfrac{1}{5} = 17.6 ≒ 18$이다.

84

모분산 $\sigma^2 = 16$인 정규모집단에서 표본의 크기가 25인 확률표본을 추출한 결과 표본평균 10을 얻었다. 모평균에 대한 90% 신뢰구간을 구하면?
(단, 표준정규분포를 따르는 확률변수 Z에 대해 $P(Z < 1.28) = 0.90$, $P(Z < 1.645) = 0.95$, $P(Z < 1.96) = 0.975$이다)

① $(8.43, 11.57)$
② $(8.68, 11.32)$
③ $(8.98, 11.02)$
④ $(9.18, 10.82)$

해설 모분산을 알고 있을 경우 모평균의 $100(1-\alpha)$% 신뢰구간을 구하는 공식은 다음과 같다.
$$\overline{X} - Z_{\alpha/2}\dfrac{\sigma}{\sqrt{n}} \le \mu \le \overline{X} + Z_{\alpha/2}\dfrac{\sigma}{\sqrt{n}}$$

90% 신뢰구간이므로 $\alpha = 0.1$, $Z_{\alpha/2} = Z_{0.05} = 1.645$, $\overline{X} = 10$, $\sigma^2 = 16$이므로 $\sigma = 4$, $n = 25$이다.
$10 - 1.645\dfrac{4}{\sqrt{25}} \le \mu \le 10 + 1.645\dfrac{4}{\sqrt{25}}$
∴ $8.684 \le \mu \le 11.316$

85

시계에 넣는 배터리 16개의 수명을 측정한 결과 평균이 2년이고 표준편차가 1년이었다. 이 배터리 수명의 95%의 신뢰구간을 구하면? (단, $t_{(15,\,0.025)} = 2.13$)

① $(1.47,\ 2.53)$
② $(1.73,\ 2.27)$
③ $(1.87,\ 2.13)$
④ $(1.97,\ 2.03)$

해설 모분산을 모르는 소표본($n < 30$)일 경우 $100(1-\alpha)\%$ 신뢰구간은 자유도가 $n-1$인 t분포를 이용하며 다음과 같다.

$$\overline{X} - t_{\alpha/2}\frac{S}{\sqrt{n}} \leq \mu \leq \overline{X} + t_{\alpha/2}\frac{S}{\sqrt{n}}$$

$n = 16$, 95% 신뢰구간이므로 $\alpha = 0.05$,
$t_{n-1,\,\alpha/2} = t_{15,\,0.025} = 2.13$, $\overline{X} = 2$, $S = 1$이다.

$$2 - 2.13 \times \frac{1}{\sqrt{16}} \leq \mu \leq 2 + 2.13 \times \frac{1}{\sqrt{16}}$$

∴ $1.4675 \leq \mu \leq 2.5325$

86

모평균에 대한 신뢰구간의 길이를 $\frac{1}{4}$로 줄이고자 한다. 표본의 크기를 몇 배로 해야 하는가?

① $\frac{1}{4}$배
② $\frac{1}{2}$배
③ 2배
④ 16배

해설 모평균 μ의 신뢰구간의 길이는 $2Z_{\alpha/2}\dfrac{\sigma}{\sqrt{n}}$이다.

이 길이를 $\dfrac{1}{4}$로 줄이면, $\dfrac{1}{2}Z_{\alpha/2}\dfrac{\sigma}{\sqrt{n}} = 2Z_{\alpha/2}\dfrac{\sigma}{\sqrt{16n}}$이다.

따라서 표본의 크기를 16배 늘려야 한다.

87

"남녀 간 월급여의 차이가 있다"라는 주장을 검정하기 위하여 사회조사를 실시하였다. 조사 결과 남자집단의 월평균급여를 μ_1, 여자집단의 월평균급여를 μ_2라고 한다면, 귀무가설은?

① $\mu_1 > \mu_2$
② $\mu_1 = \mu_2$
③ $\mu_1 < \mu_2$
④ $\mu_1 \neq \mu_2$

해설 가설검정에서는 모집단의 모수에 대해서 어떤 조건을 가정하여 가설을 설정하는데 이때 이 가설을 귀무가설이라고 한다. 귀무가설은 "아무런 차이가 없다" 또는 "전혀 효과가 없다"는 내용을 의미하는 주장이다. 따라서 "남녀 간 월급여의 차이가 있다"를 검정하기 위한 귀무가설은 "남녀 간 월급여의 차이가 없다"이므로 $\mu_1 = \mu_2$이다.

88

가설검정에 대한 설명으로 틀린 것은?

① 제1종 오류란 귀무가설이 사실임에도 불구하고 귀무가설을 기각하는 오류이다.
② 제2종 오류란 대립가설이 사실임에도 불구하고 귀무가설을 기각하지 못하는 오류이다.
③ 가설검정에서 유의수준이란 제1종 오류를 범할 확률의 최대허용한계이다.
④ 유의수준을 감소시키면 제2종 오류를 범할 확률 역시 감소한다.

해설 유의수준을 감소시키면 제1종 오류의 확률이 감소한다.

89

어느 회사에서는 남녀사원이 퇴직할 때까지의 평균근무연수에 차이가 있는지를 알아보기 위하여 표본을 무작위로 추출하여 다음과 같은 자료를 얻었다.

구 분	남자사원	여자사원
표본크기	50	35
평균근무연수	21.8	18.5
표준편차	5.6	2.4

남자사원의 평균근무연수가 여자사원에 비해 2년보다 더 길다고 할 수 있는가에 대해 유의수준 5%로 검정한 결과는?

① 귀무가설을 기각한다. 따라서 남자사원의 평균근무연수는 여자사원보다 더 길다.
② 귀무가설을 채택한다. 따라서 남자사원의 평균근무연수는 여자사원보다 더 길지 않다.
③ 귀무가설을 기각한다. 따라서 남자사원의 평균근무연수는 여자사원에 비해 2년보다 더 길다.
④ 귀무가설을 채택한다. 따라서 남자사원의 평균근무연수는 여자사원에 비해 2년보다 더 길지 않다.

해설 남자사원의 평균근무연수가 여자사원에 비해 2년보다 더 길다고 할 수 있는가에 대한 검정이므로
$H_0 : \mu_1 - \mu_2 \leq 2$, $H_1 : \mu_1 - \mu_2 > 2$ 이다.
모분산이 알려져 있지 않고 동일하지 않은 경우 두 모평균 차이의 검정이므로

$$Z = \frac{(\overline{x_1} - \overline{x_2}) - (\mu_1 - \mu_2)}{\sqrt{\frac{s_1^2}{n_1} + \frac{s_2^2}{n_2}}} = \frac{(21.8 - 18.5) - 2}{\sqrt{\frac{5.6^2}{50} + \frac{2.4^2}{35}}} \fallingdotseq 1.46$$

이다.
유의수준 5%에서 유의확률은 $Z_{0.05} = 1.96$으로 검정통계량 값이 유의확률보다 더 작으므로 귀무가설을 기각할 수 없다. 따라서 귀무가설을 채택하며 남자사원의 평균근무연수는 여자사원에 비해 2년보다 더 길지 않다.

90

다음 x와 y의 상관계수는?

x	2	4	6	8	10
y	5	4	3	2	1

① -1
② -0.5
③ 0.5
④ 1

해설
$E(X) = \frac{2+4+6+8+10}{5} = 6$

$E(Y) = \frac{5+4+3+2+1}{5} = 3$

$E(XY) = \frac{10+16+18+16+10}{5} = 14$

$COV(X, Y) = E(XY) - E(X)E(Y) = 14 - 18 = -4$

$\sigma_x = \sqrt{\frac{16+4+0+4+16}{5}} = \sqrt{8} = 2\sqrt{2}$

$\sigma_y = \sqrt{\frac{4+1+0+1+4}{5}} = \sqrt{2}$

$\sigma_x \sigma_y = 2\sqrt{2} \times \sqrt{2} = 4$

$\therefore \rho = \frac{COV(X, Y)}{\sigma_x \sigma_y} = \frac{-4}{4} = -1$

91

분산분석을 수행하는 데 필요한 가정이 아닌 것은?

① 독립성
② 불편성
③ 정규성
④ 등분산성

해설 독립성, 정규성, 등분산성은 분산분석에서 오차항의 기본 가정에 해당한다.

92

다음 분산분석표에 관한 설명으로 틀린 것은?

요인	자유도	제곱합	평균제곱	F값	유의확률
Month	7	127049	18150	1.52	0.164
잔차	135	1608204	11913		
계	142	1735253			

① 총 관측자료 수는 142개이다.
② 요인은 Month로서 수준 수는 8개이다.
③ 오차항의 분산 추정값은 11913이다.
④ 유의수준 0.05에서 인자의 효과가 인정되지 않는다.

해설 일원분산분석에서 총 합계의 자유도(142)는 총 관측자료 수에서 1을 뺀 값이므로 총 관측자료 수는 142+1= 143이다.

93

주사위를 120번 던져서 얻은 결과가 다음과 같다.

눈의 값	1	2	3	4	5	6
관측도수	18	23	16	21	18	24

주사위가 공정하다는 가정하에서 1×6 분할표에 대한 χ^2 통계량의 값은?

① 0
② 0.125
③ 2.0
④ 2.5

해설 주사위가 공정하다는 가정하에서 기대도수는
$E_i = 120 \div 6 = 20$이다.
따라서 검정통계량 공식에 기대치와 눈의 값에 대한 각각의 관찰도수를 대입하면 다음과 같다.

$$\frac{(18-20)^2}{20} + \frac{(23-20)^2}{20} + \frac{(16-20)^2}{20} + \frac{(21-20)^2}{20}$$
$$+ \frac{(18-20)^2}{20} + \frac{(24-20)^2}{20}$$
$$= \frac{50}{20} = 2.5$$

94

결혼시기가 계절(봄, 여름, 가을, 겨울)별로 동일한 비율인지를 검정하려고 신혼부부 200쌍을 조사하였다. 가장 적합한 가설검정 방법은?

① 카이제곱 적합도 검정
② 카이제곱 독립성 검정
③ 카이제곱 동질성 검정
④ 피어슨 상관계수 검정

해설 카이제곱 적합도 검정은 한 모집단 안에 하나의 범주형 변수를 가진 경우에 사용하며, 표본자료가 가정한 분포와 일치하는지를 결정하는 방법이다.

95

단순선형회귀모형 $Y_i = \alpha + \beta x_i + e_i (i=1, 2, \cdots, n)$ 에서 최소제곱추정량 $\hat{\alpha}, \hat{\beta}$을 이용한 최소제곱회귀추정량 $y = \hat{\alpha} + \hat{\beta} x$의 잔차 $\hat{e}_i = y_i - \hat{y}_i$로부터 서로 독립이고 등분산인 오차들의 분산 $Var(e_i) = \sigma^2 (i=1, 2, \cdots, n)$의 불편추정량을 구하면?

① $\widehat{\sigma^2} = \dfrac{\sum_{i=1}^{n}(y_i - \hat{y}_i)^2}{n-3}$

② $\widehat{\sigma^2} = \dfrac{\sum_{i=1}^{n}(y_i - \hat{y}_i)^2}{n-2}$

③ $\widehat{\sigma^2} = \dfrac{\sum_{i=1}^{n}(y_i - \hat{y}_i)^2}{n-1}$

④ $\widehat{\sigma^2} = \dfrac{\sum_{i=1}^{n}(y_i - \hat{y}_i)^2}{n}$

해설 단순회귀모형에서 오차항의 분산 $Var(\epsilon_i) = \sigma^2$의 불편추정량은
$MSE = \dfrac{SSE}{n-2} = \dfrac{\sum_{i=1}^{n}(y_i - \hat{y}_i)^2}{n-2}$ 이다.

정답 92 ① 93 ④ 94 ① 95 ②

96

10대 청소년 480명을 대상으로 인터넷 사용 시 가장 많이 이용하는 서비스가 무엇인지를 조사하여 다음의 결과를 얻었다. 서비스 이용 빈도 간에 서로 차이가 없다는 귀무가설을 검정하기 위한 카이제곱 통계량의 값과 자유도는?

서비스	빈 도
이메일	175
뉴스 등 정보검색	92
게 임	213
합 계	480

① 카이제곱 통계량 = 136.1235, 자유도 = 2
② 카이제곱 통계량 = 136.1235, 자유도 = 3
③ 카이제곱 통계량 = 47.8625, 자유도 = 2
④ 카이제곱 통계량 = 47.8625, 자유도 = 3

해설 합계가 480이므로 기대도수는 $\frac{480}{3} = 160$이다. 관측도수와 기대도수를 이용해 검정통계량을 구하면 다음과 같다.

서비스	이메일	뉴스 등 정보검색	게 임
관측도수	175	92	213
기대도수	160	160	160

$$\chi^2 = \sum \frac{(175-160)^2 + (92-160)^2 + (213-160)^2}{160}$$
$$= 47.8625$$

여기서 인터넷 서비스는 3가지로 주어져 있으므로 자유도는 $3-1=2$가 된다.

97

변수 x와 y의 관찰값이 다음과 같을 때 최소제곱법으로 추정한 회귀식으로 옳은 것은?

```
x :  6   7   4   2   1
y :  8  10   4   2   1
```

① $\hat{y} = 1 - 1.5x$
② $\hat{y} = 1 + 2x$
③ $\hat{y} = -1 + 1.5x$
④ $\hat{y} = -4 + x$

해설 최소제곱법으로 추정한 회귀직선 $\hat{y} = a + bx$에서 b와 a는 다음과 같이 구할 수 있다.

x	6	7	4	2	1
y	8	10	4	2	1
xy	48	70	16	4	1

$\bar{x} = 4$, $\bar{y} = 5$, $\sum x_i^2 = 106$, $\sum x_i y_i = 139$

$$b = \frac{\sum x_i y_i - n\bar{x}\bar{y}}{\sum x_i^2 - n\bar{x}^2} = \frac{139 - 5 \times 4 \times 5}{106 - 5 \times 4^2} = \frac{39}{26} = 1.5$$

$a = \bar{y} - b\bar{x} = 5 - 1.5 \times 4 = -1$

$\therefore \hat{y} = a + bx = -1 + 1.5x$

98

다중회귀분석(Multiple Linear Regression)에 대한 설명으로 틀린 것은?

① 결정계수는 회귀직선에 의해 종속변수가 설명되어지는 정도를 나타낸다.
② 중회귀방정식에서 절편은 독립변수들이 모두 0일 때 종속변수의 값을 나타낸다.
③ 회귀계수는 해당 독립변수가 1단위 변할 때 종속변수의 증가량을 뜻한다.
④ 각 회귀계수의 유의성을 판단할 때는 정규분포를 이용한다.

해설 각 회귀계수의 유의성 판단은 t분포를 이용한다.

99

중회귀분석에서 회귀제곱합(SSR)이 150이고, 오차제곱합(SSE)이 50인 경우, 결정계수는?

① 0.25
② 0.3
③ 0.75
④ 1.1

해설 $R^2 = \dfrac{SSR}{SST} = \dfrac{SSR}{(SSE+SSR)} = \dfrac{150}{(150+50)} = 0.75$

100

k개의 독립변수 $x_i(i=1, 2, \cdots, k)$와 종속변수 y에 대한 중회귀모형 $y = \alpha + \beta_1 x_1 + \cdots + \beta_k x_k + \varepsilon$을 고려하여, n개의 자료에 대해 중회귀분석을 실시하고자 한다. 총편차 $y_i - \bar{y}$를 분해하여 얻을 수 있는 3개의 제곱합 $\sum_{i=1}^{n}(y_i - \bar{y})^2$, $\sum_{i=1}^{n}(y_i - \hat{y_i})^2$, $\sum_{i=1}^{n}(\hat{y_i} - \bar{y})^2$의 자유도를 각각 구하여 순서대로 나열한 것은?

① n, $n-k$, k
② n, $n-k-1$, $k-1$
③ $n-1$, $n-k-1$, k
④ $n-1$, $n-k-1$, $k-1$

해설 각각 $\sum_{i=1}^{n}(y_i - \bar{y})^2$은 총제곱합($SST$), $\sum_{i=1}^{n}(y_i - \hat{y_i})^2$은 오차제곱합($SSE$), $\sum_{i=1}^{n}(\hat{y_i} - \bar{y})^2$은 회귀제곱합($SSR$)이다.
각각의 자유도는 $n-1$, $n-k-1$, k이다.

빨리보는 간단한 키워드

빨·간·키

PART 01 조사방법과 설계
PART 02 조사관리와 자료처리
PART 03 통계분석과 활용

빨리보는 간단한 키워드

PART 01 | 조사방법과 설계

탐색적 연구

- 조사설계를 확정하기 이전 연구문제의 발견, 변수규명, 가설도출 등을 위해 예비적으로 실시하는 것이다.
- 문헌연구, 경험자연구, 사례연구 등이 해당된다.

기술적 연구

어떤 현상에 대한 탐구와 명백화, 즉 현상을 정확하게 기술하는 것을 주목적으로 한다.

설명적 연구

어떤 사실과의 관계를 파악하여 인과관계를 규명하거나 미래를 예측하는 조사이다.

조사 연구의 과정

문제의 정립 → 가설의 구성(설정) → 연구의 설계 → 자료의 수집 → 자료의 분석·해석 및 이용 → 보고서 작성

가설의 의의

- 두 개 이상의 구성개념 또는 변수 간의 관계를 검정 가능한 형태로 서술한 문장으로써 과학적 조사에 의하여 검정이 가능한 사실이다.
- 하나의 사실과 다른 사실과의 관계를 잠정적으로 나타내는 것으로 이를 검증함으로써 특정 현상에 대한 설명을 가능케 해주어 연구자가 제기한 문제의 해답을 내린다.
- 일반적으로 독립변수와 종속변수의 관계의 형태로 표명된다.
- 잠정적인 설명으로, 연구자에 의해 하나의 가설이 제시될 당시만 해도 그 가설의 진위에 대해 확신할 수 없는 것이 보통이다.

가설 설정 시 기본조건, 평가기준

- 연구문제를 해결할 수 있어야 한다.
- 실증적인 확인을 위해 구체적이며, 현상과 관련성을 가져야 한다.
- 변수로 구성되어 그들 간의 관계와 상태를 조건문 형태의 복문으로 나타내야 한다.
- 특정적이어야 한다.
- 경험적·이론적으로 검증하는 실증조사를 통해 옳고 그름을 판단할 수 있어야 한다.
- 누구나 쉽게 이용할 수 있도록 간단명료하게 표현되어야 한다.
- 같은 말이 반복적이지 않아야 한다.
- 계량적인 형태를 취하거나 계량화할 수 있어 통계적 분석이 가능해야 한다.
- 동일 분야의 다른 이론(가설)과 연관이 있으며 검증 결과를 광범위하게 이용할 수 있어야 한다.

연구가설, 귀무가설, 대립가설

- 연구가설
  연구문제에 대한 잠정적 대답으로 일반적으로 독립변수와 종속변수로 구성되는 가설이다.
- 귀무가설(영가설)
  연구가설과 논리적으로 반대의 입장을 취하는 가설이다.
- 대립가설
  영가설에 대립되는 가설로서, 영가설이 거짓일 때 채택하기 위해 설정하는 가설이다.

연역법

- 이미 참으로 인정된 보편적 원리를 가지고 현상에 연역시켜 설명하는 방법이다.
- 법칙과 이론으로부터 어떤 현상에 대한 설명과 예측을 도출하는 방법으로 이해할 수 있다.
- 이론적 체계의 일부분에 대한 경험적 검증을 통해 다른 부분을 실제 연구 없이 논리적으로 검증함으로써 경제적·효율적이다.
- 최초의 이론을 형성하는 것이 어렵다는 단점을 지닌다.
- '가설 설정 → 조작화 → 관찰·경험 → 검증'의 과정을 거친다.

귀납법

- 확률에 근거한 설명으로 과학은 관찰과 경험으로부터 시작한다고 본다.
- 관찰과 자료의 수집을 통해 개별적인 사실들로부터 일반적인 원리를 이끌어내 보편성과 일반성을 가지는 하나의 결론을 내린다.
- 사회과학의 이론적 작업에서 어느 정도의 자료만을 가지고도 상당수준의 일반화나 법칙을 도출할 수 있으므로 경제적·효율적이다.
- 아무런 이론적 배경 없이 현상의 속성을 측정하기 위한 변수들을 의미 있게 선택하는 데 있어서 한계를 가진다.
- '주제 선정 → 관찰 → 유형의 발견 → 임시결론(이론)'의 과정을 거친다.

분석단위의 분류

- 개인
  사회과학조사의 가장 일반적인 분석단위로 개개인의 특성을 수집하여 집단과 사회와의 상호작용을 기술할 때 주로 이용된다.
- 집단
  사회집단을 연구할 경우의 분석단위로서 가족, 학급, 학과 등이 해당한다.
- 조직·제도
  제도 자체의 특성 또는 이들 조직을 구성하는 개인이 분석단위가 되며, 기업, 학교 등이 해당한다.
- 사회적 가공물/생성물
  음악, 노래, 서적 등의 문화적 요소와 함께 결혼, 직업생활, 정치활동 등의 사회적 상호작용 등이 해당한다.
- 지역사회·지방정부·국가
  행정학 및 정책연구 등에서 지역사회, 지방정부, 국가 등도 분석단위가 된다.

분석단위에 관한 오류

- 생태학적 오류
  분석단위를 집단에 두고 얻은 연구의 결과를 개인에게 동일하게 적용함으로써 발생하는 오류이다.
- 개인주의적 오류
  분석단위를 개인에 두고 얻은 연구의 결과를 집단에 동일하게 적용함으로써 발생하는 오류이다.
- 환원주의적 오류
  넓은 범위의 인간의 사회적 행위를 이해하는 데 필요한 변수 또는 개념의 종류를 지나치게 한정시킴으로써 발생하는 오류이다.

인과관계의 확인

- 시간적 선후관계
  원인이 되는 사건이나 현상이 시간적으로 결과보다 먼저 발생해야 한다.
- 동시변화성(공변성)의 원칙
  원인이 되는 현상이 변화하면, 결과적인 현상도 항상 같이 변화해야 한다.
- 비허위적 관계
  외부의 영향력을 배제한 상태에서 순수하게 두 변수만의 관계를 볼 수 있어야 한다.

표본추출의 의의와 특징

- 표본을 추출할 때는 모집단을 분명하게 정의하는 것이 중요하며, 모집단과 변수의 특성이 유사한 분포를 갖도록 추출되어야 한다.
- 핵심쟁점은 표본의 특성이 전체 대상의 특성을 대표할 수 있는지의 여부, 즉 표본의 대표성이다.
- 일부 표본을 대상으로 자료를 수집하는 경우에도, 수집된 자료의 처리결과는 모집단을 대상으로 일반화할 수 있어야 한다.
- 일반적으로 표본이 모집단을 잘 대표하기 위해서는 가능한 한 확률표본추출을 하는 것이 바람직하다.
- 표본추출과정에서 표본추출오차는 무조건 발생한다.
- 모집단 전체를 연구할 경우 예상되는 막대한 시간과 비용의 소모를 절감할 수 있다.

표본추출의 주요개념

- 요소(Element)
  정보수집의 기본이 되며, 분석의 기본이 되는 단위(Unit)를 말한다.
- 모집단(Population)
  조사대상이 되는 집단을 의미한다. 모든 요소의 총체로서 조사자가 표본을 통해 발견한 사실들을 토대로 하여 일반화하는 궁극적인 대상이다.
- 표본추출단위(Sampling Unit)
  표본추출의 각 단계에 있어서 표본으로 선정되는 요소 또는 요소의 집합을 말한다.
- 표집틀(표본프레임, Sampling Frame)
  표본추출 시 필요한 모집단의 구성요소와 표본추출 단계별로 표본추출단위가 수록된 목록을 말하며 표집틀과 모집단이 일치할 때 가장 이상적이다. 모집단과 표본프레임이 일치하지 않아 발생하는 오차를 표집틀 오차라고 한다.
- 표집간격(Sampling Interval)
  모집단으로부터 표본을 추출할 때 추출되는 표본 사이의 간격을 의미한다. 모집단의 전체 항목 수를 표본의 크기로 나누어 구할 수 있다.
- 표집률(Sampling Ratio)
  모집단에서 개별 요소가 선택될 비율로 표본의 크기를 모집단의 크기로 나누어서 구한다.
- 표본오차(표집오차, Sampling Error)
  표집에 의한 모수치의 측정값이 모수치와 다른 정도를 의미한다.
- 통계량(통계치, Statistics)
  표본에서 얻은 변수의 값을 요약하고 묘사한 것이다.
- 모수(Parameter)
  모집단의 어떤 특성을 지칭하는 개념을 변수로 환원하여 측정한다고 할 때, 그 변수의 값을 모집단의 구성요소들에서 추출하여 요약·묘사한 값을 말한다.
- 편의(Bias)
  본래 실제의 상태와 다르게 나타나는 평균적 차이를 의미한다.
- 표본분포(Sampling Distribution)
  동일한 크기의 표본을 반복해서 추출했을 때 각 표본의 통계량의 확률분포이다.

표본추출과정

모집단의 확정 → 표집틀의 선정/결정 → 표본추출방법 결정 → 표본크기 결정 → 표본추출 실행

확률표본추출과 비확률표본추출의 예

- 확률표본추출 : 단순무작위표본추출, 계통적(체계적) 표본추출, 층화표본추출, 집락(군집)표본추출, 연속표본추출 등
- 비확률표본추출 : 할당표본추출, 유의(판단)표본추출, 임의(편의)표본추출, 배합표본추출, 누적표본추출 등

확률표본추출방법과 비확률표본추출방법의 비교

확률표본추출방법	비확률표본추출방법
연구대상이 표본으로 추출될 확률이 알려져 있음	연구대상이 표본으로 추출될 확률이 알려져 있지 않음
표집틀 존재	표집틀 부족
무작위적 표본추출, 대표성 있음	인위적 표본추출, 대표성 확보 어려움
모수추정에 편의(Bias) 없음	모수추정에 편의(Bias) 있음
표본분석 결과의 일반화 가능	표본분석 결과의 일반화 제약
표본오차의 추정 가능	표본오차의 추정 불가능
시간과 비용이 비확률표본추출방법보다 많이 듦	시간과 비용이 적게 듦

단순무작위표본추출

- 가장 기본적인 확률표본추출방법으로서, 모집단을 구성하는 각 요인 또는 구성원에 대해 동등한 선택의 기회를 부여하는 과정으로 이루어진다.
- 의식적인 조작이 전혀 없이 표본을 추출함으로써 어떤 요소의 추출이 계속되는 다른 요소의 추출 기회에 영향을 미치지 않는다.
- 모집단에 대한 정확한 정의와 완전한 목록의 구비를 전제조건으로 한다.
- 무작위로 규정된 표본의 수만큼 표본추출단위를 선정한다.
- 모집단에 대한 사전지식을 요로 하지 않는다.
- 확률표본추출방법 중 가장 적용하기 용이하며, 다른 확률표본추출방법과 결합하여 사용할 수도 있다.
- 동일한 크기의 표본일 경우, 층화표본추출보다 표본오차가 크다.
- 표집틀의 작성이 어렵다.

계통적 표본추출(체계적 표본추출)

- 모집단 목록에서 구성요소에 대해 일정한 순서에 따라 매 K번째 요소를 추출하는 방법이다.
- 모집단의 총수에 대해 요구되는 표본수를 나눔으로써 표집간격(Sampling Interval ; K)을 구하고, 첫 번째 요소를 무작위로 선정하여 최초의 표본으로 삼은 후 일정한 표집간격에 의해 표본을 추출한다.
- 목록표상의 각 요소의 배열은 일정한 체계 없이 무작위로 이루어져야 한다.
- 보통 모집단 전체에 걸쳐 보다 공평하게 표본이 추출되므로, 모집단을 보다 잘 대표할 가능성이 있다.
- 모집단의 배열이 일정한 주기성과 특정 경향성을 보일 경우 편견이 개입되어 대표성에 문제가 발생한다.

층화표본추출

- 모집단을 보다 동질적인 몇 개의 층(Strata)으로 나눈 후, 이러한 각 층으로부터 단순무작위표본추출을 하는 방법이다.
- 집단 내 동질적, 집단 간 이질적인 특성을 보인다.
- 전체 모집단에서 표본을 선정하기보다 이미 알고 있는 지식을 이용하여 모집단을 동질적인 부분집합으로 나누고, 이들 각각으로부터 적정한 수의 요소를 무작위로 선정하게 된다.
- 모집단을 형성하고 있는 모든 구성분자를 골고루 포함시킬 수 있다.
- 층화가 잘 이루어지면 단순무작위표본추출보다 적은 표본으로 대표성을 확보할 수 있다.
- 층화가 잘 이루어지면 단순무작위표본추출 또는 계통적 표본추출보다 불필요한 자료의 분산을 축소하므로 시간, 노력, 경비를 절약할 수 있다.
- 모집단의 각 층별에 대한 정확한 정보를 필요로 한다.
- 층화 시 근거가 되는 명부가 필요하다. 층화목록이 없는 경우 그것을 만들어내는 데 많은 시간과 비용이 요구된다.
- 층화표본추출의 종류에는 비례층화표본추출, 비비례층화표본추출(가중표본추출), 최적분할 비비례층화표본추출이 있다.

집락표본추출(군집표본추출)

- 모집단 목록에서 구성요소에 대해 여러 가지 이질적인 구성요소를 포함하는 여러 개의 집락 또는 집단으로 구분한 후, 집락을 표집단위로 하여 무작위로 몇 개의 집락을 표본으로 추출한 다음, 표본으로 추출된 집락에 대해 그 구성요소를 전수조사하는 방법이다.
- 각 집락이 모집단의 축소판일 경우 추정 효율이 높다.
- 집락 내 이질적, 집락 간 동질적인 특성을 보이며, 내부적으로 이질적인 집락을 추출하는 것이 유리하다.
- 최종적인 표본추출단위는 집단이다.
- 전체 모집단의 목록표를 작성하지 않아도 된다. 즉, 최종집락으로부터 개인들을 추출하므로 최종집락의 목록만 있으면 된다.
- 표본의 크기가 같다면 표본오차의 크기는 '층화표본추출 < 단순무작위표본추출 < 집락표본추출'이다.

할당표본추출

- 모집단을 일정한 카테고리로 나눈 다음, 이들 카테고리에서 정해진 요소를 작위적으로 추출하는 방법이다.
- 추출된 표본이 연구자의 모집단에 대한 사전지식을 기초로 하여 모집단의 특성을 나타내는 하위 집단별로 표본수를 할당한 다음 표본을 작위적으로 추출한다.
- 각 범주에 할당된 응답자의 비율이 정확해야 하고, 모집단의 구성 비율은 최신의 것이어야 한다.
- 모집단을 구성하고 있는 각 계층을 골고루 적절히 대표하도록 함으로써 모집단의 대표성이 비교적 높다.
- 조사원의 임의적 판단에 따라 표본을 선택하며, 이때 조사원은 할당표에 따라 구성비율을 유지한다.
- 모집단의 분류에 있어서 조사자의 편견이 개입될 수 있는 가능성이 높다.
- 선거와 관련된 조사나 일반적인 여론조사에서 많이 활용되고 있다.
- 할당범주 구하기 예시

    Q. 전국 단위 여론조사를 하기 위해 16개 시도와 20대 때부터 60대 이상까지의 5개 연령층, 그리고 연령층에 따른 성별로 할당표집을 할 때 표본추출을 위한 할당범주는 몇 개인가?

    A. 16(시도) × 5(연령층) × 2(성별) = 160

유의표본추출(판단표본추출)

- 조사자가 그 조사의 성격상 요구하고 있는 사항을 충족시킬 수 있도록 적절한 판단과 전략을 세워, 그에 따라 모집단을 대표하는 모든 사례를 표본추출하는 방법이다.
- 연구자의 주관적 판단의 기준에 의거하므로 주관적 판단의 타당도 여부가 표집의 질을 결정한다.
- 본조사보다는 예비조사, 시험조사, 탐색적 조사 등에 주로 사용된다.
- 표본추출에 있어서 비용이 적게 들고 편리하다.
- 모집단에 대한 일정한 지식이 있는 경우 표본추출의 정확도가 높다.

임의표본추출(편의표본추출)

- 정해진 크기의 표본을 선정할 때까지 조사자가 모집단의 일정 단위 또는 사례를 표집하며, 일정한 표집의 크기가 결정되면 그 표집을 중지하는 방법이다.
- 모집단에 대한 정보가 없고 구성요소 간의 차이가 별로 없다고 판단될 때, 표본선정의 편리성에 기준을 두고 임의로 표본을 선정하는 방법이다.
- 결과의 일반화나 오차 등에 대해 관심이 없으며, 단지 시간·편의성·경제성을 염두에 둔다.

누적표본추출(눈덩이표본추출)

- 처음에 소수의 인원을 표본으로 추출하여 그들을 조사한 다음, 그 소수인원을 조사원으로 활용하여 그 조사원의 주위 사람들을 조사하는 방식이다. 즉, 첫 단계에서 연구자가 임의로 선정한 제한된 표본에 해당하는 사람으로부터 추천을 받아 다른 표본을 선정하는 과정을 되풀이하여 마치 눈덩이를 굴리듯이 표본을 누적한다.
- 일반화의 가능성이 낮고 계량화가 곤란하므로 질적 조사에 적합하다.
- 응답자의 신분이 비교적 노출되지 않은 상태로 조사가 가능하므로, 응답자의 사생활을 보호할 수 있다.
- 최초의 표본을 추출하는 것이 쉽지 않으며 표본의 대표성을 확보하기 어렵다.

표본의 크기

- 모집단으로부터 표본추출단위의 수를 몇 개로 하는 것이 적절한가에 대한 문제와 연관된다.
- 표본의 크기가 커질수록 모수와 통계치의 유사성이 커진다. 하지만 표본의 크기가 커지면 대표성이 높아지는 대신 비용과 시간이 많이 든다. 따라서 표본이 크다고 무조건 좋은 것은 아니다.
- 표본의 크기와 오차의 제곱근은 반비례 관계이다.

표본크기의 결정에 영향을 미치는 요소

모집단의 변이성, 가용한 자원, 조사자의 능력, 카테고리의 다양성, 표본추출형태, 조사목적·방법, 신뢰도, 정밀도, 이론과 조사설계, 집단별 통계치의 필요성, 위험성 등

표본추출오차

- 표본추출과정에서 발생하는 오차를 말하며, 추출된 표본을 대상으로 한 조사결과와 모집단을 직접적으로 연구했을 경우에 얻을 수 있는 가정적인 결과와의 차이에 해당한다.
- 표본의 크기가 증가하면 표본의 대표성이 커지므로 표본추출오차는 감소한다.
- 모든 조사대상이 표본으로 추출될 동등한 기회를 가질 경우, 이질적인 모집단보다는 동질적인 모집단의 경우 표본추출오차가 줄어든다.

비표본추출오차

- 자료수집과정에서 발생하는 오차를 말하는 것으로서, 일반적으로 측정상의 오차를 의미한다.
- 표본조사와 전수조사에서 모두 발생할 수 있다.
- 응답을 거부하는 경우의 무응답 오류, 조사자 표본선정 오류, 조사원의 미숙한 진행이나 데이터 오류, 분석, 자료의 입력 및 처리 과정에서의 오류, 응답자의 실수나 무성의한 답변 및 거짓말 등이 주요 원인이다.

실험설계의 구성요소

- 외생변수의 통제
  독립변수와 종속변수 이외의 종속변수에 영향을 미칠 수 있는 변수의 영향을 제거한다.
- 무작위할당
  내적 타당도를 확보하기 위해 기본적으로 실험집단과 통제집단의 동질성이 요구된다. 따라서 가설을 타당하게 검증하기 위해 무작위할당을 통해 실험의 타당도를 저해하는 요인을 예방 또는 제거한다.
- 독립변수의 조작
  인과성과 시간적 선행성을 입증하기 위해 독립변수의 조작이 필요하다.

순수실험설계(진실험설계)

- 실험집단과 통제집단에 대한 무작위할당, 독립변수의 조작, 외생변수의 통제 등 실험적 조건을 갖춘 설계유형이다.
- 내적 타당도를 저해하는 요인들을 최대한 통제한 설계유형이다.
- 종 류
  - 통제집단 사전사후검사설계(통제집단 전후비교설계) : 무작위할당으로 실험집단과 통제집단을 구분한 후 실험집단에 대해서는 독립변수 조작을 가하고, 통제집단에 대해서는 아무런 조작을 가하지 않은 채 두 집단 간의 차이를 전후로 비교하는 방법이다. 개입 전 종속변수의 측정을 위해 사전검사를 실시한다.
  - 통제집단 사후검사설계(통제집단 후비교설계) : 실험대상자를 무작위로 할당한 후 사전검사 없이 실험집단에 대해서는 조작을 가하고 통제집단에 대해서는 아무런 조작을 가하지 않은 채 그 결과를 서로 비교하는 방법이다.
  - 솔로몬 4집단설계 : 연구대상을 4개의 집단으로 무작위할당한 것으로, 통제집단 전후비교설계와 통제집단 후비교설계를 혼합해 놓은 방법이다.

유사실험설계(준실험설계)

- 실험설계의 기본요소에 해당하는 무작위할당, 독립변수의 조작, 통제집단, 사전·사후검사 중 한두 가지가 결여된 설계유형이다.
- 순수실험설계에 비해 내적 타당도가 낮지만, 현실적으로 실험설계에 있어서 인위적인 통제가 어렵다는 점을 감안할 때 실제 연구에서 더 많이 적용된다.
- 종 류
  - 비동일 통제집단(비교집단)설계 : 통제집단 사전사후검사설계와 유사하지만 무작위할당에 의해 실험집단과 통제집단이 선택되지 않는다는 점이 다르다.
  - 복수시계열설계 : 비슷한 특성을 지닌 두 집단을 선택하여 실험집단에 대해서는 실험조치 이전과 이후에 대해 여러 번 관찰하는 반면 통제집단에 대해서는 실험조치를 하지 않은 채 실험집단의 측정시기에 따라 변화 상태를 지속적으로 비교한다.

전실험설계(원시실험설계)

- 무작위할당에 의해 연구대상을 나누지 않고, 비교집단 간의 동질성이 없으며, 독립변수의 조작에 따른 변화의 관찰이 제한된 경우에 실시하는 설계유형이다.
- 종 류
  - 1회 사례연구(단일사례연구) : 단일사례 또는 단일집단에 실험집단과 통제집단을 구분하지 않고 실험조치를 한 후 종속변수의 특성에 대한 검토를 토대로 결과를 평가하는 방법으로, 개입의 효과를 관찰하는 것이 주요 목적이다.
  - 단일집단 사전사후검사설계(단일집단 전후비교설계) : 실험집단에 대해 사전검사를 한 다음 독립변수를 도입하며, 이후 사후검사를 하여 인과관계를 추정하는 방법이다.
  - 정태적 집단비교설계(고정집단 비교설계) : 실험집단과 통제집단을 임의적으로 선정한 후 실험집단에는 실험조치를 가하는 반면 통제집단에는 이를 가하지 않은 상태로 그 결과를 비교하는 방법이다.

횡단적 연구

특정 시점에서 다른 특성을 가지고 있는 집단들 사이의 차이를 측정하는 기술적 조사방법이다. 대부분의 사회과학의 조사연구가 여기에 해당한다.

종단적 연구

- 하나의 연구대상을 일정 기간 동안 관찰하여 그 대상의 변화를 파악하는 데 초점을 둔 기술적 조사방법이다.
- 추세조사 : 동일한 전체 모집단 내의 변화를 여러 시기에 걸쳐 표본을 추출하여 계속적으로 연구하는 것이다.
- 코호트조사(동년배연구) : 일정 기간 동안 어떤 한정된 부분 모집단의 변화를 연구하는 것으로서, 특정 경험을 같이 하는 사람들이 가지는 특성들에 대해 두 번 이상의 다른 시기에 걸쳐서 비교·연구하는 방법이다.
- 패널조사 : 특정 응답자 집단을 정해 놓고 그들로부터 상당히 긴 시간 동안 지속적으로 연구자가 필요로 하는 정보를 획득하는 방법이다.

질적 연구와 양적 연구

질적 연구	양적 연구
• 행위자의 준거의 틀에 입각하여 인간의 행태를 이해하려는 현상학적 입장을 취한다. • 자연주의적·비통제적 관찰을 이용한다. • 주관적·해석적이다. • 탐색적·확장주의적·서술적·귀납적이다. • 발견지향적·과정지향적이다. • 타당성 있고 실질적이며, 풍부한 깊이가 있는 자료의 특징을 가진다. • 일반화할 수 없다(단일사례연구). • 총체론적이다. • 동태적 현상을 가정한다. • 소규모 분석에 유리하다.	• 사회현상의 사실이나 원인들을 탐구하는 논리실증주의적 입장을 취한다. • 강제된 측정과 통제된 측정을 이용한다. • 객관적이다. • 확증적·축소주의적·추론적·연역적이다. • 확인지향적·결과지향적이다. • 신뢰성 있고 반복 가능한 자료의 특징을 가진다. • 일반화할 수 있다(복수사례연구). • 특정적이다. • 안정적 현상을 가정한다. • 대규모 분석에 유리하다.

질문의 응답항목

- 분류되는 사례나 단위가 망라적이어서 하나도 남김없이 각 응답항목에 귀속되도록 해야 한다.
- 분류되는 응답항목은 상호배타적이어서 각 사례는 한 번만 분류되어야 한다.
- 가능하면 같은 종류의 다른 조사결과를 비교할 수 있도록 동일한 단위를 사용해야 한다.
- 간결성을 띠어야 한다.

질문지 작성 절차

필요한 정보 결정 → 자료수집방법 결정 → 개별항목내용 결정 → 질문형태 결정 → 개별항목 (표현)결정 → 질문순서 결정 → 질문지 초안 완성 → 질문지 사전조사 → 질문지 완성

질문문항들의 배열 및 순서상 유의사항

- 민감한 질문이나 개방형 질문은 가급적 질문지의 후반부에 배열한다(교육수준, 소득 등).
- 지속적인 기억이 필요한 질문들을 질문지의 전반부에 배열한다.
- 시작하는 질문은 쉽게 응답할 수 있고 흥미를 유발할 수 있는 문항으로 배열한다.
- 질문문항들을 논리적 순서에 따라 배열한다.
- 응답의 신뢰도를 묻는 질문문항들은 분리해야 한다.
- 동일한 척도항목들은 모아서 배열한다.
- 질문문항들을 길이와 유형에 따라 변화 있게 배열한다.
- 여과질문을 적절하게 배열하여 사용한다.
- 처음에는 가장 일반적이고 포괄적인 질문을 놓고, 그다음에는 더욱 특수한 질문을 놓으며, 나중에는 가장 세부적이고 특수한 질문을 놓는다.
- 앞의 질문이 다음 질문에 연상작용을 일으키는(이전효과) 질문은 서로 떨어뜨려 놓는다.
- 응답자의 인적사항에 대한 질문은 가능한 한 나중에 한다.

질문의 용어와 내용에 관한 유의사항

- 질문에 사용되는 용어는 간결성·구체성·신축성·명확성·중립성의 요건을 갖추고 각 카테고리 간 용어의 양이 어느 정도 균형이 이루어져야 한다.
- 애매모호한 용어의 사용에 유의한다.
- 어렵고 불필요한 전문용어의 사용을 삼가도록 한다.
- 유사응답세트를 변화 있게 구성한다.
- 유도질문의 사용에 유의한다.
- 위협적 질문의 사용에 유의한다.
- 이중질문을 지양한다.
- 규범적 응답 억제에 유의한다.
- 지방이나 계층 등에 따라 의미가 다른 용어는 삼간다.
- 연구자의 주관이 개입되어 특정 응답을 유도 혹은 암시하는 질문은 하지 않는다.

사전조사의 목적

- 본조사에 들어가기에 앞서 질문지 초안이 작성된 후 마지막 단계에서 질문지의 문제점을 찾아내기 위한 작업으로, 본조사에서 실시하는 것과 똑같은 절차와 방법으로 질문지가 잘 구성되어 있는지를 시험하는 것이다.
- 응답의 내용이 일관성 있는가를 검토한다.
- 응답이 어느 한쪽으로 치우치게 나타나지는 않는지 살펴본다.
- '기타'에 대한 응답이 많은 경우 그 원인을 파악하며, 응답지의 예를 적절하게 조정한다.
- 질문의 순서가 바뀌었을 때 응답에 실질적인 변화가 일어나는 경우 질문의 구성이 잘못된 것이므로 재검토해야 한다.

질문지 표지편지 및 안내문 작성 시 유의사항

- 조사자나 연구의 후원기관에 대한 신분을 밝혀야 한다.
- 조사의 목적 및 중요성에 관해 설명해야 한다.
- 응답자가 질문문항들에 대해 왜 응답해야 하는지 설명하고 본인이 추출되지 않은 수많은 사람들의 견해를 대표한다는 점을 인식시킨다.
- 응답내용과 응답자의 신분에 대해 엄격한 비밀보장이 이루어짐을 확신시켜야 한다.

FGI(초점집단면접, 표적집단면접)

- 소비자 심리에 대한 지식과 면접경험을 갖춘 전문적인 진행자가 대략 8명 전후의 성, 연령, 직업 등에서 유사한 특성을 보이는 동질적인 소수 응답자와 특정 주제에 관해 자유롭게 토론을 진행하여 필요한 정보를 얻는 질적 조사방법이다.
- 참가자들의 동기, 태도, 가치관과 욕구 등에 대해 심층적으로 탐색하고 이해하여 내용타당도를 높이는 것이 목적이므로, 참가자들은 응답을 강요당하지 않기 때문에 솔직한 자신의 의견을 표명할 수 있다.
- 특정 집단의 결과이므로 일반화가 어렵고 자유로운 형식으로 여러 명이 토론하다 보니 개인 면접보다 통제하기 어렵다.

FGI의 장단점

- 장 점
  - 인터뷰 대상자의 자연스러운 대화 과정에서 FGI 정성조사의 목적과 관련된 유용하고 심층적인 정보수집이 가능하다.
  - 설문조사에서 예상하지 못한 새로운 의견이나 아이디어 도출에 유용하다.
  - 즉각적인 추가질문이 가능하고 참석자 반응에 따라 질문을 보완하거나 수정할 수 있다.
  - 복잡한 문제를 총체적으로 파악하고 분석해 나갈 수 있다.
  - 참석 대상자를 통해 현재 시점에서의 집단에서 실제 사용하는 단어나 표현방법 등을 수집할 수 있다.
  - 일반적으로 비용이 적게 든다고 볼 수 있으나 규모의 경우에 따라 유동적이다.
  - 신속성 : FGI는 보통 참여자를 섭외하고 조사를 하는 데 일주일이나 열흘 이내면 가능하며, 집단심층면접 도중 또는 끝나자마자 바로 자료를 활용해 문제에 관한 신속한 해답을 구할 수도 있다.
  - 시너지 효과 : 특정 공통점이 있는 구성원의 그룹으로 구성하였기 때문에 인터뷰 대상자가 동질성을 느끼고 좀 더 편안하게 의견을 표명할 수 있게 되고, 다른 사람의 의견 발표에 자극을 받아 자신 또한 적극적으로 참여할 수 있는 분위기가 자연스럽게 조성될 수 있다.
- 단 점
  - 조사대상자가 설문지법에 비해서 소수이므로, 대표성이 부족하여 일반화하기 어렵다.
  - 조사의 결과를 일반적으로 통계화하기가 쉽지 않다.
  - 조사과정이 온전히 조사진행자(모더레이터)의 능력에 좌우될 수 있기 때문에 그 결과물에 관해 불완전하며, 수집된 자료는 주관적으로 분석되고 해석될 수 있다.
  - 표적집단면접의 경우 집단 전체를 대상으로 하므로 개인의 특성에 맞는 질문을 하거나 각 개인의 반응에 관해 집중해서 적절한 대응과 추가질문을 하기는 어렵다.
  - 대상자 선정이나 집단소집에 어려움이 있다.

FGD(표적집단 심층좌담)

- FGI와 유사하나 면접자들의 의견을 활발히 모을 수 있도록 참석자 간 토의를 중심으로 하고 상호작용을 통한 태도의 변화를 파악한다.
- 지금까지 시장에 존재하지 않은 새롭고 혁신적인 제품이나 서비스의 콘셉트를 개발할 경우 등 새로운 아이디어를 발굴하는 방법으로 활용된다.

조사진행자(모더레이터, Moderator)

- 개 념
  중재자 혹은 토론 프로그램의 사회자를 일컫는 말이며, FGI나 심층인터뷰를 진행하는 역할을 한다.
- 요 건
  - 질문을 이해하기 쉽도록 명확하게 하며, 참여자를 정확하게 이해하여 내면 깊숙이 있는 생각을 끌어낼 수 있는 질문을 제기하고, 대화 내용이 특정 부분에서 장기간 머물지 않고 계속 진행될 수 있도록 순발력 있게 유도하는 능력이 요구된다.
  - 답변에 관해 적절히 반응하며 추가 질문을 할 수 있어야 한다.
  - 깨끗한 복장을 착용하고 응답자가 이질감을 느끼지 않도록 해야 하며, 명랑하게 대한다.
  - 질문지를 숙지하여 단어와 문장을 실수 없이 더듬지 않도록 한다.
- 업 무
  - 조사목적에 맞게 질문지를 개발한다.
  - 인터뷰 진행 시 여러 인터뷰 대상자의 발언을 통합하여 토론을 조정해 나갈 수 있도록 메모하며 이견을 조율하고 통제한다.
  - 결과물의 내용을 분석한다.
  - 클라이언트에게 소비자의 심층적 생각을 알려주기 위한 보고서를 작성한다.
- 수행 태도
  - 좌담을 경청하고 주의 깊게 관찰하는 태도를 가진다.
  - 인터뷰 대상자의 적극적인 참여를 독려한다.
  - 시나리오를 준수하고 유연하게 대처하는 자세를 유지한다.

FGI 자료분석

- FGI 조사결과를 구체적으로 정리한다.
  - 인터뷰가 끝난 직후에 중요한 내용을 해당 팀 혹은 그룹별로 메모하여 정리한다.
  - 인터뷰 대상자별로 녹음·사진 파일을 정리한다.
  - 종이질문지 혹은 설문지 답변내용을 엑셀에 있는 그대로 입력한다.
  - 구글 폼, 웹 설문 등으로 응답받은 결과를 엑셀로 변화하여 정리하고 분석한다.
- 목적에 부합하는 정보를 분류하고 결과분석을 자세히 실시한다.
  - 분석 시에는 결과 내용에 관해 범주화 기준을 설정하고 문제의 수준에 따라 분류하여 구조화된 문제를 도출한다.
  - 조사결과를 조사자가 주관적 판단이나 입장 또는 형편에 맞추어 임의로 해석하지 않도록 하며 집단 심층면접의 결과를 양적으로 일반화하지 않도록 유의해야 한다.
  - 소수의 극단적인 의견이라도 무시하지 않고 존중하는 자세를 갖고 인터뷰의 결과를 분석한다.
- 결과 자료를 자세한 정보 단위로 정리하고 처리한다.
  - 설문응답지, 녹음파일 혹은 동영상 녹화록을 반복하여 청취·시청을 통해서 그 결과를 분석한다.

조사의 가이드라인 설계 시 고려사항

- 조사의 목적 및 배경이 고려되어야 한다.
- 조사의 주제(테마)가 고려되어야 한다.
- 조사대상자의 속성과 그룹의 수가 고려되어야 한다.
- 조사문제의 가설 설정, 조사의 핵심요점이 나열되어야 한다.

심층인터뷰 정성조사의 개념

- 1명의 응답자와 1대1 면접을 통해 응답자의 심리를 조사하는 방법이다.
- 조사대상자가 전문가(의사나 교수 등의 전문직, 특정 분야의 R&D 전문가 등)인 경우 여러 명을 한 장소로 모이게 하는 게 어렵기 때문에 조사원들이 전문가를 1명씩 직접 찾아가 조사를 진행하는 심층면접조사가 이루어진다.
- 주제에 대해 응답자의 생각, 느낌 등을 자유롭게 이야기하게 하여 응답자의 욕구, 태도 등을 파악하는 면접조사이다.
- 질문의 순서와 내용은 조사자가 조정할 수 있어 좀 더 자유롭고 심도 있는 질문을 할 수 있다.
- 조사자가 필요하다고 생각되면 반복 질문을 통해 타당도 높은 자료를 수집할 수 있다.

심층인터뷰의 장단점

- 장 점
  - 조사대상자의 심층적인 자료 수집 및 본조사를 보완하는 보충 자료의 수집이 쉽다.
  - 조사내용에 융통성과 유연성이 있을 수 있다.
  - 개별 심층면접은 1대1 면접을 통해 이루어지므로 응답자 1명에 집중할 수 있고, 응답에 관해 구체적 답변을 요구하거나 추가로 다양한 질문을 요청할 수 있다.
  - 표적집단면접은 다른 참가자의 영향을 완전히 배제하기 어렵지만 심층면접은 집단적 영향을 배제함으로써 개인차원의 고유한 의견을 청취할 수 있다.
- 단 점
  - 조사자의 편견이 개입되어 자료의 객관성이 문제될 수 있다.
  - 면접 자체가 표준화되어 있지 않고, 면접 지침이 있다하더라도 개개인의 특성에 맞추어 서로 다른 질문을 받게 되므로 설문지법 등에 비해 상대적으로 자료를 분석하고 해석하기가 곤란하다.
  - 고도의 전문성을 가진 면접진행자가 필요하다.
  - 집단의 상호작용에 의한 새로운 의견이나 아이디어 발상이 불가능하다.
  - 응답내용이 방대하고 통일성이 없어 조사결과의 분석과 보고서 작성도 매우 힘들다.

심층인터뷰 조사자가 견지해야 할 기본적인 수행 태도

- 심층인터뷰에 적합한 대상의 인터뷰 동의를 얻고자 하는 태도를 견지한다.
- 심층인터뷰에 적절한 환경을 구축하려는 태도를 견지한다.
- 심층인터뷰 대상자의 적극적 참여를 유도하는 자세를 견지한다.
- 심층인터뷰 대상에 관한 연구윤리를 준수하려는 자세를 견지한다.

PART 02 | 조사관리와 자료처리

1차 자료와 2차 자료

- 1차 자료
  연구자가 현재 수행 중인 조사연구의 목적을 달성하기 위해 직접 수집하는 자료를 말한다. 조사목적에 적합한 정확도, 타당도, 신뢰도 등을 평가할 수 있으며, 수집된 자료를 의사결정에 필요한 시기에 적절히 이용할 수 있다.
- 2차 자료
  연구목적을 위해 사용될 수 있는 기존의 모든 자료를 의미한다. 1차 자료의 수집에 따른 시간·노력·비용을 절감할 수 있으나 연구의 분석단위나 조작적 정의가 다른 경우 사용이 곤란하며 신뢰도와 타당도가 낮다.

투사법

직접 조사하기 힘들거나 질문에 타당한 응답이 나올 가능성이 적을 때, 어떤 자극상태를 만들어 그에 대한 응답자의 반응을 우회적으로 얻어 의도나 의향을 파악하는 방법이다. 피험자의 정직한 반응을 유도할 수 있고 정확한 성격의 진단이 가능하다.

개방형 질문

- 응답자들이 질문에 대해 자유롭게 응답하도록 되어 있는 것으로서, '자유응답 질문'이라고도 한다.
- 조사자가 표본에 대한 정보를 가지고 있지 않을 때, 또는 예비조사나 탐색적 조사 등 문제의 핵심을 알고자 할 때 사용된다.
- 대규모의 조사보다는 규모가 작은, 즉 조사단위의 수가 적은 조사에 더 적합하다.
- 응답범주의 수적 제한을 받지 않으며, 새로운 사실을 발견할 수 있는 가능성이 크므로 탐색적으로 사용할 수 있다.
- 응답을 분류하거나 코딩하는 데 어려움이 있으며, 통계적 분석이 용이하지 않다.
- 응답의 해석에 편견이 개입될 소지가 많으며, 같은 자료라도 분석자에 따라 다른 결과가 나타날 수 있다.
- 폐쇄형 질문보다 시간이 많이 소요되며, 응답률이 상대적으로 낮다.
- 응답자들이 답변이 즉각적으로 생각나지 않는 경우 불성실하게 응답하거나 응답 자체를 하지 않을 수 있다.

폐쇄형 질문

- 일정한 수의 선택지로 응답의 내용이 한정되어 있어서, 응답자가 어느 하나를 선택하도록 하는 질문을 말한다.
- 표적표본이 질문의 주제에 대해 알고 있는 경우, 또는 조사대상이 된 표본집단이 어떠한 응답을 할 것인지 예상할 수 있는 경우 유용하게 사용된다.
- 응답의 처리 및 채점, 코딩이 간편하며, 응답자들이 민감한 질문에도 비교적 용이하게 응답할 수 있다.
- 응답자의 의견을 충분히 반영할 수 없다.
- 응답자 자신의 생각과 다른 어느 하나를 선택하도록 함으로써 편의가 발생할 수 있다.
- 응답항목의 배열에 따라 응답이 달라지며, 주요 항목이 누락되는 경우 치명적 오류가 발생할 수 있다.

참여관찰

- 관찰자가 관찰대상 집단 내부로 침투하여 구성원의 하나가 되어 그들과 함께 생활하거나 활동하면서 관찰하는 것이다.
- 피관찰자와 깊이 있는 접촉을 유지할 수 있으며, 대상 집단이 숨기고자 하는 행위에 대해서도 자연스럽게 관찰할 수 있다.
- 동조현상으로 인해 객관성을 잃거나 관찰자의 주관적인 가치가 개입됨으로써 관찰 결과를 변질시킬 수 있다.
- 수집한 자료의 표준화가 어렵다.
- 자연스러운 상태에서 현상을 파악할 수 있기 때문에 미묘한 어감차이, 시간상의 변화 등 심층의 차원을 이해할 수 있다.
- 대규모 모집단에 대한 기술이 어렵다.

참여자와 관찰자

- 완전참여자
  연구자의 신분을 공개하지 않고 연구대상자들의 활동에 참여한다. 참여관찰의 유형 중 가장 객관성을 유지하기 어려우며 윤리적 및 과학적 문제가 발생할 수 있다.
- 완전관찰자
  연구자의 신분을 공개하지 않으며, 연구대상자들의 활동에는 전혀 참여하지 않고 관찰만 하는 방법이다.
- 참여자적 관찰자
  연구자의 신분을 밝히고 연구대상자들의 활동공간에 들어가 심층적으로 관찰하는 방법이다. 참여보다 관찰이 주를 이룬다.
- 관찰자적 참여자
  연구자의 신분을 밝히고 연구대상자들의 활동공간에 자연스럽게 참여한다. 관찰보다 참여가 주를 이룬다.

관찰법의 분류

- 관찰이 일어나는 상황이 인공적인지 여부에 따라 '자연적/인위적 관찰'로 나누어진다.
- 관찰시기가 행동발생과 일치하는지 여부에 따라 '직접/간접 관찰'로 나누어진다.
- 피관찰자가 관찰사실을 알고 있는지 여부에 따라 '공개적/비공개적 관찰'로 나누어진다.
- 관찰주체 또는 도구가 무엇인지에 따라 '인간의 직접적/기계를 이용한 관찰'로 나누어진다.
  - 오디미터(Audimeter) : TV 시청률을 조사하기 위한 자동장치로 TV 시청 시간과 채널을 조사한다.
  - 사이코갈바노미터(Psychogalvanometer) : 응답자의 생체변화를 측정하는 정신 전류계로서, 심리적 변동에 의한 피부 전기의 변화 등을 측정한다.
  - 퓨필로미터(Pupilometer) : 어떠한 자극을 보여주고 피관찰자의 눈동자 크기를 측정하는 것으로, 동공의 크기 변화를 통해 응답자의 반응을 측정한다.
  - 모션 픽처 카메라(Motion Picture Camera) : 영화 제작자들이 원하는 장면의 모양과 느낌을 포착하기 위해 카메라 설정을 조정할 수 있는 카메라를 뜻한다.
- 관찰조건이 표준화되어있는지 여부에 따라 '통제(체계적)/비통제(비체계적)관찰'로 나누어진다.

면접의 종류

- 표준화 면접(구조화된 면접)
  - 면접자가 면접조사표를 만들어서 상황에 구애됨이 없이 모든 응답자에게 동일한 질문 순서와 동일한 질문 내용에 따라 수행하는 방법이다.
  - 비표준화된 면접에 비해 응답결과에 있어서 상대적으로 신뢰도가 높지만 타당도는 낮다.
  - 반복적인 면접이 가능하며, 면접결과의 계량화가 용이하다.
  - 면접의 신축성·유연성이 낮으며, 깊이 있는 측정을 도모할 수 없다.
  - 면접원의 자율성이 낮다.
- 비표준화 면접(비구조화된 면접)
  - 면접자가 면접조사표의 질문내용, 형식, 순서를 미리 정하지 않은 채 면접상황에 따라 자유롭게 응답자와 상호작용을 통해 자료를 수집하는 방법이다.
  - 표준화된 면접에 비해 응답결과에 있어서 상대적으로 타당도가 높지만 신뢰도는 낮다.
  - 면접의 신축성·유연성이 높으며, 심층적인 질문이 가능하다.
  - 반복적인 면접이 불가능하며, 면접결과에 대한 비교가 어렵다.
  - 부호화가 어렵다. 즉, 면접결과자료의 수량화 및 통계처리가 어렵다.
- 델파이조사
  - 전문가·관리자들로부터 우편으로 의견이나 정보를 수집하여 그 결과를 분석한 후 그것을 다시 응답자들에게 보내어 의견을 묻는 식으로 만족스러운 결과를 얻을 때까지 계속하는 방법이다.
  - 익명 집단의 상호작용을 통해 도출된 자료를 분석한다.

면접조사법의 장단점

- 장 점
  - 다양한 조사내용을 비교적 장기간에 걸쳐서 상세하게 조사할 수 있다.
  - 면접자가 자료를 직접 기입하므로 응답률이 매우 높다.
  - 질문의 내용을 응답자가 잘 이해하지 못하는 경우 면접자가 설명할 수 있으며, 응답자의 내용이 분명하지 않은 경우에도 면접자가 응답의 내용을 점검할 수 있어 응답의 오류를 줄일 수 있다.
  - 비언어적 행위를 직접 관찰할 수 있다.
  - 개별적으로 진행하는 면접환경을 표준화할 수 있다.
  - 면접 시 복잡한 질문지를 사용할 수 있다.
- 단 점
  - 비용과 시간이 많이 소요된다.
  - 면접자와 응답자 사이에 친숙한 분위기가 형성되지 않거나 상호 이해가 부족한 경우, 조사 외적인 요인들로부터 오류가 개입될 가능성이 있다.
  - 응답자의 익명성이 결여되어 민감한 사안의 조사 시 정확한 결과를 도출하기 힘들다.
  - 면접자에 의한 편의(Bias)가 발생할 수 있다.

프로빙(Probing) 기술

- 면접과정에서 응답자의 대답이 불충분하거나 정확하지 못할 때 행하는 탐색질문을 뜻하는 것으로서, 충분하고 정확한 대답을 캐내는 과정이다.
- 일종의 폐쇄식 질문에 답을 하고 이에 관련된 의문을 탐색하는 보조방법이다.
- 정확한 답을 얻기 위해 방향을 지시하는 기법이다.
- '무언의 캐묻기', '드러내놓고 권장하기', '더 자세한 해명 요구', '명료화하기', '반복' 등이 있다.

전화조사법의 장단점

- 장 점
  - 적은 비용으로 단시간에 조사할 수 있어 비용과 신속성 측면에서 매우 경제적이다.
  - 직접 면접이 어려운 사람의 경우에 유리하며, 응답률이 높다.
- 단 점
  - 대인면접에 비해 소요시간이 짧으며, 분량이 제한되므로 많은 조사내용에 관한 자료를 수집하기 어렵다.
  - 모집단이 불완전하며, 응답자가 선정된 표본인지를 확인하기 어렵다.
  - 응답자의 주변상황이나 표정, 태도를 확인할 수 없으며, 보조도구를 사용하기가 곤란하다.
  - 응답자가 특정한 주제에 대해 응답을 회피하기도 하며, 무성의하게 대답하기도 한다.
  - 전화상으로 질문을 주고받는 도중 응답자가 끝까지 참지 못하고 전화를 끊는 경우가 있다.
  - 표본의 대표성에 문제가 발생할 수 있다.

우편조사의 응답률을 높이는 방법(응답률에 영향을 미치는 요소)

- 연구목적과 응답의 중요성을 인식시킨다.
- 이타적 동기에 호소하는 등의 유인책을 사용한다.
- 질문지를 보낸 다음 엽서, 전화, 면접 등을 통한 지속적인 노력을 전개한다.
- 응답내용에 대해 응답자의 이름을 밝히지 않거나 비밀로 한다고 언급한다.
- 표지편지에 연구의 목적 및 응답의 필요성, 응답 내용에 대한 비밀보장 등의 메시지를 표현한다.
- 반송주소가 기재되고 반송우표가 부착된 반송봉투를 첨부한다.
- 상품권 등의 인센티브를 제공하거나 독촉장을 보낸다.
- 응답률이 높은 특정 집단을 인식함으로써 모집단과 표본추출방법에 대해 보다 세심하게 검토한다.
- 연구주관기관과 지원단체의 성격을 밝힌다.
- 응답집단의 동질성을 높인다.

우편조사법의 장단점

- 장 점
  - 최소의 경비와 노력으로 광범위한 지역과 대상을 표본으로 삼을 수 있다.
  - 쉽게 접근할 수 없는 다양한 대상을 포함시킬 수 있다.
  - 응답자의 익명성이 보장되고 사려 깊은 응답이 가능하다.
  - 조사자의 특성에 따른 영향이 적다.
- 단 점
  - 최대의 문제점은 낮은 회수율이다.
  - 응답내용이 모호한 경우 응답자에 대한 해명의 기회가 없다.
  - 오기나 불기 등이 발생할 수 있다.
  - 융통성이 부족하며, 직접적인 답변 외의 비언어적인 정보를 수집하기 어렵다.
  - 무자격자의 응답에 대해 통제가 어렵다.
  - 주위환경과 응답시기에 대해 통제가 어렵다.

집단조사법의 장단점

- 장 점
  - 조사목적에 부합하는 응답자들이 집합되어 있는 경우 조사를 쉽고 빠르게 진행할 수 있다.
  - 조사조건을 표본화하여 응답조건이 동등해진다.
  - 응답자들과 동시에 직접 대화할 기회가 있으므로 누락을 줄이고, 질문에 대한 오류를 줄일 수 있다.
- 단 점
  - 응답자의 개인별 차이를 무시함으로써 조사 자체의 타당도가 낮아지기 쉽다.
  - 집단상황이 응답을 왜곡시킬 가능성이 있다(동조효과).

온라인조사법의 장단점

- 장 점
  - 시간 및 공간상의 제약이 다른 방법에 비해 상대적으로 적어 응답자의 범위가 넓다.
  - 조사비용이 적게 들며, 조사대상자가 많은 경우에도 추가비용이 들지 않는다.
  - 멀티미디어 자료를 활용하는 등 다양한 형태의 구조화된 설문지 작성이 용이하다.
- 단 점
  - 컴퓨터와 인터넷을 사용할 수 있는 사람만을 대상으로 하므로 표본의 대표성 문제가 제기될 수 있다.
  - 응답자에 대한 통제가 쉽지 않으며, 응답률과 회수율이 낮게 나타날 수 있다.
  - 본인 확인이 불가능한 경우 중복 조사될 수 있다.
  - 온라인 표본의 모집단을 규정하기 힘들다.

조사원 선발기준

- 우수한 업무수행과 보안사항 및 지침을 잘 준수하는 사람이어야 한다.
- 조사업무에 대한 협력의 열의가 있고, 중요성을 인식하고, 바르게 업무를 수행하려는 사람이어야 한다.
- 조사방법 등 조사절차를 바르게 실행할 수 있는 사람이어야 한다.
- 시간적으로 여유가 있고, 신뢰감과 자신감, 친근감을 얻을 수 있는 사람이어야 한다.

조사원 관리

- 조사기획자는 매일 일과 후 현장 상황을 보고 받아 그날의 진행상황을 파악하고, 대규모 조사인 경우는 조사관리자를 통해 전반적인 조사 진행상황을 파악한다.
  - 하루 일과 후 보고체계를 유지한다.
  - 조사진행률을 파악하고 출퇴근을 관리한다.
  - 문제점 및 애로사항을 수집하고 처리한다.
  - 조사원의 서약을 받는다.
- 조사기간 동안 조사원과 언제 어디서나 연락이 가능해야 한다. 개인전화는 물론 만일의 사태를 대비하여 자택전화나 가까운 지인 등의 연락처도 알고 있는 것이 좋다.
- 조사원의 이름, 성별, 연령, 휴대전화번호, 자택전화번호, 이메일, 자택번지, 통장번호 등을 받아두도록 한다.

조사원의 자세 교육

- 전문가다운(Professional) 모습
  - 단정한 복장과 조사에 필요한 도구를 잘 정돈한다.
  - 신분을 밝히는 조사원 명찰을 항상 착용한다.
  - 조사원 명찰을 착용한 상태로 개인적인 업무를 보지 않는다.
  - 조사 자체에 관한 설명, 통계법에 대한 안내 등 응답자가 궁금해할 만한 정보를 막힘없이 전달한다.
  - 조사표의 질문을 모두 숙지하여 부드럽게 조사를 진행한다.
  - 질문할 때 각 질문에 대한 충분한 설명으로 응답자가 응답하는 데 어려움이 없도록 배려한다.
  - 응답자가 보는 곳에서 응답을 기입할 때 깨끗한 글씨로 기입하고 필요에 따라 메모 등을 기록한다.
  - CAPI, PDA 등 전자 보조기기를 능숙하게 다룬다.
  - 응답자의 말에 충분히 귀를 기울이고 그것을 조사에 반영하기 위해 최선을 다한다.
  - 조사를 마치고 인사하기 전에 빠진 항목이 없는지 처음부터 차분하게 검토한다.
- 전문가다운 모습의 효과
  - 조사의 신뢰도에 대한 믿음을 주어 응답자로부터 더 충실한 응답을 받을 수 있다.
  - 명찰을 착용하여 신분을 드러냄으로써 신변의 안전에 도움이 된다.
  - 표본 대상을 찾아가거나 이웃에게 대상자에 대한 정보를 물어볼 때 협조를 구하기가 수월하다.

조사원 관리 및 점검

- 지침서와 교육내용을 제대로 지키고 있는지 확인한다.
  - 조사를 시작하여 조사원이 현장에 나가본 후, 모든 조사원들을 불러들여 함께 조사과정을 짚어보며 점검하는 것이 반드시 필요하다.
  - 점검은 현장에서 조사하는 모습부터 수거해 온 설문지 결과까지 하나도 빠짐없이 살펴봐야 한다.
  - 예기치 못한 문제가 있거나, 설문지의 문제나 기타 기술적인 문제는 없는지 짚고 넘어가야 하며, 충분한 대비를 하지 못한 조사원들이 있다면 그 문제들을 꼼꼼하게 살펴서 해결해야 한다.
  - 지시사항에 고의적인 속임수를 쓰는 등 말썽이 있는 조사원은 문제가 발견되는 즉시 해고하고 예비로 확보해 놓은 조사원을 투입하는 것이 좋다.
- 조사 초기에 집중적으로 점검한다.
  점검은 조사기간 전반에 걸쳐 계속해야 하는 작업이지만, 특히 조사기간 초기에 집중적으로 해야만 각종 오류가 발생할 가능성이 낮아진다.
- 누락 항목이나 글씨를 알아볼 수 없는 항목은 확인한다.
  - 설문지가 들어오는 즉시 설문지 점검에 들어가 조사원이 누락한 항목이나 글씨를 알아볼 수 없는 항목이 없는지 확인한다.
  - 확인된 실수들은 당일 혹은 다음날 바로 보충하도록 한다.
- 조사원별로 응답패턴이 발생하는지 확인한다.
- 점검과정에서 지적된 사항들을 보충한다.
  조사지도원이나 관리자, 점검원 등이 점검과정을 통해 지적된 사항들을 조사원이 보충하는 작업은 응답자와 접촉한 후 재질문을 통해 보충하거나 결측 처리를 하도록 한다.
- 현장에서 느끼는 조사원의 고충을 수합하여 재교육한다.

실사품질 관리 단계

- 1차 검증(현장 검증) : 설문결과를 육안으로 확인하여 응답의 누락이 없는지, 조사원에게 할당된 설문 대상자의 쿼터(Quota)가 맞는지 등을 확인한다.
- 2차 검증(에디팅) : 응답 충실성, 부적합 응답 여부, 논리적 오류체크 등을 확인한다.
- 3차 검증(전화 검증) : 응답자의 진위 확인 및 적격 대상자 확인, 주요문항의 진위 여부 확인, 오류내용에 대한 재확인 등을 위해 전화 검증을 실시한다.

실사품질 관리 방법

- 정합성 점검
  - 설문 응답내용의 논리적 오류를 점검한다.
  - 대부분 1차 검증(현장 검증) 및 2차 검증(에디팅)에 해당한다.
- 신뢰성 점검
  - 실사가 적합한 방법으로 진행되었는지 점검한다.
  - 대부분 3차 검증(전화 검증)에 해당한다.

지수(Index)

- 두 개 이상의 항목이나 지표들이 모여 만들어진 합성 측정 도구를 말한다.
- 복합측정치로 여러 문항으로 구성된다.
- 지표(Indicator)보다 변수의 속성을 파악하기 쉽다.
- 변수에 대한 양적 측정치를 제공함으로써 정확성을 높여준다.
- 측정대상의 속성을 객관화하여 그 본질을 보다 명백하게 파악하고 개별 속성들에 할당된 점수를 합산하여 구성한다.
- 단순지표로 측정하기 어려운 복합적인 개념을 측정할 수 있다.
- 경험적 현실세계와 추상적 개념세계를 조화시키고 일치시킨다.

변수의 종류

- 독립변수(원인적 변수, 가설적 변수)
  실험연구에서 독립변수는 연구자에 의해 조작되는 변수를 의미하며, 사회조사연구에서는 연구자의 능동적 개입이 아닌 논리적 선행조건의 개념으로 파악된다.
- 종속변수(결과적 변수)
  실험연구에서 종속변수는 독립변수의 변이 또는 변화에 따라 자연히 변하는 것으로서 결과적인 예측변수라고 할 수 있다.
- 외생변수
  독립변수와 종속변수 간에 상관관계가 있는 것처럼 보이지만 실제로는 두 변수가 우연히 어떤 변수와 연결됨으로써 마치 인과적 관계가 있는 것처럼 보이도록 하는 모든 변수이다.
- 매개변수(개입변수)
  독립변수와 종속변수 간에 직접적인 관련이 없으나 제3의 변수가 두 변수의 중간에서 매개자 역할을 하여 두 변수 간에 간접적인 관계를 맺도록 하는 변수이다.
- 선행변수
  인과관계에서 독립변수에 앞서면서 독립변수에 유효한 영향력을 행사하는 제3의 변수이다.
- 억압변수(억제변수)
  두 변수 간에 상관관계가 있으나 그와 같은 관계가 없는 것처럼 보이게 하는 제3의 변수이다.
- 허위변수(외적변수, 외재적 변수)
  두 변수 간에 상관관계가 없으나 관계가 있는 것처럼 보이게 하는 제3의 변수이다.
- 왜곡변수
  두 변수 간의 관계를 어떤 식으로든 왜곡시키는 제3의 변수로, 두 변수 간의 관계를 정반대의 관계로 나타나게 한다.
- 조절변수
  독립변수와 종속변수 사이의 관계에서 영향을 미칠 것으로 여겨지는 제3의 변수로, 독립변수가 종속변수에 미치는 영향을 강화해 주거나 약화해 주는 변수이다.
- 통제변수
  독립변수와 종속변수 간의 관계를 명확히 파악하기 위해 그 관계에 영향을 미칠 수 있는 제3의 변수를 통제하는 변수이다. 외재적 변수의 일종으로 그 영향을 검토하지 않기로 한 변수이다.

개념화(개념적 정의, 사전적 정의)

- 연구대상이 되는 사람 또는 사물의 행태 및 속성과 다양한 사회적 현상들을 개념적으로 정의하는 것이다.
- 개념의 의미가 분명해지지 않을 경우 개념에 대한 관찰이 가능하지 않으므로, 개념을 명확하게 하는 것이 측정과정의 첫 단계 작업이다.
- 하나의 개념을 정의하기 위해 다른 개념을 사용함으로써 그 자체로 추상적·일반적·주관적인 양상을 보인다.
- 기존의 정의를 사용할 수도 있다.
- 개념적 정의와 조작적 정의가 반드시 일치하는 것은 아니다.

조작화(조작적 정의)

- 조작화 단계는 측정과정의 마지막 단계로서 분석의 단위를 카테고리별로 분류하는 과정을 의미한다.
- 추상적인 개념들을 경험적·실증적으로 측정 가능하도록 구체화하는 것이다.
- 될 수 있는 한 실행 가능하고 관찰 가능한 조작을 좀 더 명확하게 표현한 용어로 구성된 것이며, 확인이 가능한 정의에 불과하다.
- 한 개념이 여러 조작적 정의를 가질 수 있다.
- 조작적 정의의 최종 산물은 수량화이다.
- 현실세계와 개념적 정의를 연결하는 다리의 역할을 하며, 개념적 정의에 최대한으로 일치하도록 정의해야 한다.
- 적절한 조작적 정의는 정확한 측정의 전제조건이다.
- 동일한 개념을 측정하기 위한 조작적 정의 사이에는 측정의 일관성을 유지해야 한다.
- 조작적 정의가 연구마다 다를 경우 연구결과가 달라질 수 있다.
- 측정을 위한 조작적 정의는 변수의 측정방법을 제시해야 한다.
- 실험적·조작적 정의는 실험변수의 조작방법을 규정해야 한다.

측정의 의의와 특징

- 추상적·이론적 세계를 경험적 세계와 연결시키는 수단이다. 즉, 이론을 구성하고 있는 개념이나 변수들을 현실세계에서 관찰 가능한 자료와 연결시키는 과정이다.
- 일반적으로는 묘사대상이 되는 사상(事象)에 수치를 부여한다는 의미로 사용된다. 따라서 측정은 '일정한 규칙에 따라 사물 또는 사건에 대해 숫자를 부여하는 것'이라고 할 수 있다.
- 가장 표준화되고 간편한 묘사방법이다.
- 사상의 통계적 처리를 가능하게 한다.
- 조사문제에 해답을 제공하고 가설에 대해 경험적인 검증이 이루어지도록 한다.
- 관찰대상이나 현상에 대한 객관화·표준화를 통해 과학적인 관찰과 표준화된 측정을 가능하도록 함으로써, 주관적·추상적인 판단에서 야기되는 오류를 극복할 수 있도록 한다.

측정의 수준

구 분	절대영점	수 학	통 계
명 목	×	=	최빈값
서 열	×	=, <, >	최빈값, 중앙값
등 간	×	=, <, >, +, −	최빈값, 중앙값, 산술평균
비 율	○	=, <, >, +, −, ×, ÷	최빈값, 중앙값, 산술·기하·조화평균, 변동계수 등

- 명목수준 측정
  대상 자체 또는 그 특징에 대해 명목상의 이름을 부여하는 것이다.
  [예] 성별, 인종, 직업분류, 지역, 야구선수의 등번호, 주민등록번호 등
- 서열수준 측정
  측정대상의 특징 및 속성에 따라 일정한 범주로 분류하여, 이들에 대해 상대적인 순서·서열상의 관계를 나타내는 것이다.
  [예] 후보자 선호, 사회계층, 교육수준, 석차(등수) 등
- 등간수준 측정
  측정대상을 특징 및 속성에 따라 서열화하는 것은 물론 서열 간의 간격이 일정하도록 연속선상에 수치를 부여하는 것이다.
  [예] 온도, IQ지수 등
- 비율수준 측정
  측정대상의 특징 및 속성에 절대적인 0을 가지고 있다. 명목수준의 측정에서처럼 사물이나 현상을 분류하고, 서열수준의 측정에서처럼 서열을 정할 수 있을 뿐만 아니라, 등간수준의 측정에서처럼 이들 분류된 부분(카테고리) 간의 간격(거리)까지 측정할 수 있다.
  [예] 체중, 키, 근무연수, 졸업생 수, 소득, GNP, 출산율, 시험 원점수 등

척도의 의의

- 일종의 측정도구로서 일정한 규칙에 따라 측정대상에 적용할 수 있도록 만들어진 일련의 체계화된 기호 또는 숫자를 의미한다.
- 연속성은 척도의 중요한 속성이며, 이것은 실제로 측정대상의 속성과 1대1 대응의 관계를 맺으면서 대상의 속성을 양적 표현으로 전환한다.
- 척도의 일부를 이루는 개별문항은 하나의 연속체를 이루어야 하며, 이 연속체는 단 하나의 개념을 반영하여야 한다는 것을 전제로 한다.
- 계량화를 위한 도구이다.
- 척도점수는 지수점수보다 더 많은 정보를 전달한다.

척도의 필요성

- 하나의 문항이나 지표로는 제대로 측정하기 어려운 복합적인 개념들을 측정할 수 있도록 한다.
- 여러 개의 지표(또는 문항)를 하나의 점수로 나타냄으로써 자료의 복잡성을 덜어준다.
- 하나의 척도는 단일차원성을 전제로 구성하는데, 복수의 측정지표를 사용하여 단일차원성 여부를 분석할 수 있다.
- 복수의 지표로 구성된 척도를 사용하게 되면 단일문항(지표)을 사용하는 경우보다 측정의 오류를 줄일 수 있으며, 측정의 신뢰도와 타당도를 높일 수 있다.
- 척도에 의한 양적인 측정치를 제공하여 통계적인 활용을 쉽게 한다.

척도의 종류

- 명목척도
  측정대상 특성의 존재 여부 또는 몇 개의 상호배타적인 범주로의 구분을 위해 수치를 부여하는 일종의 범주형 측정이다. 성격을 전혀 달리하는 범주에 대한 표시일 뿐 양적 의미를 갖지 않으므로, 각 범주는 양적으로 크거나 작다든가, 많거나 적다든가 하는 정도와 밀도 등을 구별하지 못하며, 등가인지(A=B) 아닌지(A≠B)를 단지 숫자나 기호로 대신 지칭해 주는 것에 불과하다.
- 서열척도
  측정대상의 분류는 물론 대상의 특수성 또는 속성에 따라 각 측정대상들의 등급순위를 결정하는 척도이다.
- 등간척도
  측정대상의 특수한 속성에 따라 대상의 '크다/작다'의 구분뿐만 아니라 그 간격에 있어서의 동일함을 의미하는 동일성의 척도이다.
- 비율척도
  등간척도가 지니는 성격에 더하여 절대 '0'의 값(절대영점)을 가짐으로써 비율의 성격을 지니는 척도이다. 가장 높은 수준의 측정척도로서, 명목·서열·등간척도의 특수성을 포함하는 동시에 절대영점을 가지며, 가장 많은 정보를 포함한다.

서스톤 척도

- 등간척도의 일종으로서, 어떤 사실에 대해 가장 긍정적인 태도와 가장 부정적인 태도를 나타내는 태도의 양극단을 등간적으로 구분하여 여기에 수치를 부여함으로써 척도를 구성하는 방법이다.
- 가능한 한 많은 진술들을 수집하여 평가자(Judges)로 하여금 척도에 포함될 문항들이 척도상의 어느 위치에 속할 것인지를 판단하도록 한 다음, 각 문항에 대한 전문 평가자들의 의견 일치도가 높은 항목들을 조사자가 골라 척도를 구성한다.
- 평가자들에게 앞에서 정리된 문항들 하나하나를 자신들이 느끼는 대로 11개의 카테고리 가운데 적절한 위치에 서열적으로 배치하도록 요청한다.

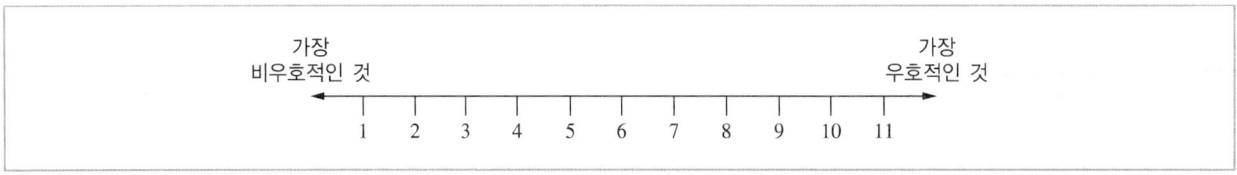

리커트 척도(총화평정척도)

- 인간의 태도를 측정하는 태도척도이다.
- 서열척도의 일종으로서, 척도의 신뢰도와 타당도를 높이기 위해 일련의 수 개 문항들을 하나의 척도로 사용하는 다문항척도이다.
- 한 묶음의 태도문항들로 구성되어 있으며, 이들 문항은 거의 동일한 태도가치를 갖는다고 인정된다. 이들 각 문항에 대해 응답자는 찬성 또는 반대로 나타나는 데 있어서 선택적인 정도의 차를 표시하게 된다.
- 요인분석을 통해 각 문항들이 하나의 요인으로 묶이는가를 확인함으로써 단일차원성을 검증할 수 있다.
- 각 문항별 응답점수의 총합이 측정하고자 하는 개념을 대표한다는 가정에 근거한다.
- 전체 문항의 총점 또는 평균을 가지고 태도를 측정한다.
- 가장 큰 장점은 매우 경제적이라는 것이다. 서스톤 척도가 동일한 신뢰도를 얻기 위해 50개 정도의 문항이 필요하다면, 리커트 척도는 최종적으로 척도에 포함시킬 항목들의 수가 대개 조사자의 판단에 달려있으나 일반적으로 20~25개 항목으로 충분하다.
- 각 문항의 점수를 더한 총점으로는 각 문항에 대한 응답의 강도를 정확히 알 수 없다.
- 척도가 측정하고자 하는 개념을 제대로 측정하고 있는지의 문제가 여전히 남는다.

거트만 척도

- 태도의 강도에 대한 연속적 증가유형을 측정하고자 하는 척도로서, 초기에는 질문지의 심리적 검사를 위해 고안된 것이었으나, 최근 사회과학의 모든 분야에서 널리 사용되고 있다.
- 서열척도의 일종으로서, 강도가 다양한 어떤 태도유형에 대해 가장 약한 표현으로부터 가장 강한 표현에 이르기까지 서열적 순서를 부여한다.
- 중요한 전제조건으로는 측정의 대상이 되는 척도가 하나의 요소이어야만 한다는 것이다(단일차원성).
- 특정 점수를 형성하는 데 필요한 응답의 결합이 그보다 낮은 점수에 해당하는 모든 질문들에 대한 응답을 포함함으로써 누적적인 특성을 지닌다.
- 거트만 척도의 유용성을 검증하기 위해 재생가능성계수(CR)를 구한다. 일반적으로 재생가능성계수가 '0.9' 이상인 경우 바람직한 것으로 간주한다.

보가더스 사회적 거리척도

- 사회적 거리란 어떠한 집단 간의 친밀정도를 말하는 것이다.
- 서열척도의 일종으로서, 서스톤 척도와 마찬가지로 다수의 판정자들의 판정에 의해 척도가 결정된다.
- 소수민족, 사회계급 등에 대한 사회적 거리감의 정도를 측정하기 위해 연속적인 문항들을 동원한다.
- 소시오메트리(Sociometry)가 개인을 중심으로 하여 집단 내에 있어서의 개인 간의 친근관계를 측정하는 데 반해, 사회적 거리척도는 주로 집단 간(가족과 가족, 민족과 민족)의 친근 정도를 측정한다.

소시오메트리

- 사회성 측정법이라고도 하며, 소집단 내의 구성원들 사이에서 집단 내의 선택, 커뮤니케이션 및 상호작용의 패턴에 관한 자료를 수집하여 집단 자체의 역동적 구조나 상태를 알아보는 방법이다.
- 일반적으로는 소시오메트리라고 하면 모레노(Moreno)를 중심으로 하여 발전된 인간관계의 측정에 관한 방법을 말하는 것이 보통이다.
- 한정된 집단구성원 간의 관계를 도출함으로써 집단의 성질, 구조, 역동성, 상호관계를 분석하는 일련의 방법이라고 볼 수 있다.
- 보가더스의 사회적 거리척도와 마찬가지로 사회적 거리를 측정한다. 다만, 사회적 거리척도가 단순히 집단 상호 간의 거리를 측정하는 데 비해, 소시오메트리는 소집단 내의 구성원들 사이에 가지는 호감과 반감을 측정하거나 또는 이러한 감정에 의해 나타나는 집단구조에 관심을 가진다.

의미분화 척도(어의차이척도, 어의(의미)분별척도)

- 오스굿(Osgood)에 의하여 개발되기 시작하였다.
- 어떤 대상이 개인에게 주는 주관적인 의미를 측정하는 방법으로서, 하나의 개념을 여러 가지 의미의 차원에서 평가하도록 유도하는 방법이다.
- 일직선으로 도표화된 척도의 양극단에 서로 상반되는 형용사를 배열하여 양극단 사이에서 해당 속성에 대한 평가를 한다. 이때 개념이 갖는 본질적인 뜻을 몇 개의 차원에 따라 측정함으로써 태도의 변화를 좀 더 정확하게 파악하도록 한다.
- 보통 사용되는 척도는 5~7점 척도이다.

스타펠 척도(Stapel Scale)

태도의 방향과 그 강도를 측정하기 위해 사용된다. 특정 주제에 관련된 표현들의 세트를 개발하여 양수 값과 음수 값으로 이루어진 값의 범위를 정하고, 긍정적인 태도는 양수, 부정적인 태도는 음수로 응답할 수 있다.

측정오차의 주요 근원

- 측정자에 의한 오차
- 측정대상에 의한 오차
- 고정반응(극단적인 값을 피하려고 중도값을 택하려는 경향)
- 문화적 차이나 인구 사회학적 차이의 개입
- 사회가 바람직하다고 생각하는 편향
- 측정도구와 측정대상자의 상호작용
- 측정도구·방법상의 문제
- 측정대상자의 표기상 오차와 분석과정상의 문제
- 인간의 지적 특수성에 의한 오차
- 시간·장소적인 제약에서 오는 오차
- 환경적 요인의 변화

체계적 오차(Systematic Error)

- 자료수집방법이나 수집과정에서 개입되는 오차이다. 조사내용이나 목적에 비해 자료수집방법이 잘못 선정되었거나 조사대상자가 응답할 때 본인의 태도나 가치와 관계없이 사회가 바람직하다고 생각하는 편향(Bias, 편견)으로 응답할 경우 발생할 수 있다.
- 측정결과의 자료분포가 어떤 방향으로 기울어지는 것이 특징이다.
- 체계적 오차와 타당도는 반비례 관계이다.
- 표준화된 측정도구를 사용하면 체계적 오차를 줄일 수 있다.

비체계적 오차(Random Error)

- 무작위적 오차라고도 하며, 측정과정에서 우연히 또는 일시적인 사정에 의해 나타나는 오차이다.
- 측정하는 사람의 피로, 기억, 감정의 변동 등이 측정대상, 측정과정, 측정환경 등에 따라 일관성 없이 영향을 미침으로써 발생한다.
- 통제하기 어려운 상황에서 주로 발생한다.
- 인위적이지 않아 오차의 값이 다양하게 분산되어 있다.
- 방향이 일정하지 않아 상호간의 영향에 의해 상쇄되는 경우도 있다.
- 비체계적 오차와 신뢰도는 반비례 관계이다.

타당성의 의의

- 조사자가 측정하고자 한 것을 얼마나 제대로 측정했는가의 문제이다.
- 실증적 수단인 조작적 정의나 지표가 측정하고자 하는 개념을 제대로 반영하는 정도를 의미한다.

내적 타당성

- 각 변수 사이의 인과관계를 추론하여 그것이 실험에 의한 진정한 변화에 의한 것인지를 판단하는 인과조건의 충족 정도를 말한다.
- 타당도를 저해하는 요인
    - 외부사건(역사요인, 우연한 사건) : 연구기간 동안 천재지변이나 예상치 않았던 사건과 같이 특정 사건이 일어나는 경우, 환경이 바뀌고 이에 따라 연구결과가 다르게 나타날 수 있다.
    - 성숙 또는 시간의 경과 : 시간의 흐름에 따라 연구대상이나 현상에 변화가 발생함으로 인해 결과에 영향을 미친다.
    - 통계적 회귀 : 최초의 측정에서 양극단적인 측정값을 보인 결과가 이후 재측정을 하는 과정에서 평균값으로 회귀한다.
    - 검사요인(주시험효과, 테스트효과) : 측정이 반복되면서 얻어지는 학습효과로 인해 결과에 영향을 미친다.
    - 선별요인(선택요인) : 연구자가 실험집단과 통제집단을 선발할 때 편견을 가짐으로써 발생한다.
    - 도구요인 : 측정자의 측정도구가 달라짐으로 인해 결과에 영향을 미친다.
    - 상실요인(실험대상의 탈락) : 조사 기간 중 특정 실험대상인이 탈락함으로 인해 결과에 영향을 미친다.
    - 모방 : 실험집단과 통제집단을 적절히 통제하지 않음으로 인해 두 집단 간에 발생하는 모방 심리가 결과에 영향을 미친다.

외적 타당성

- 연구의 결과에 의해 기술된 인과관계가 연구대상 이외의 경우로 확대·일반화될 수 있는 정도를 말한다.
- 타당성을 저해하는 요인
  - 연구표본의 대표성 : 연구대상, 연구환경, 연구절차 등의 대표성 정도와 연관된 것으로서, 연구의 제반 조건들이 모집단의 일반적인 상황과 유사해야 실험결과를 일반화할 수 있다.
  - 실험조사에 대한 반응성(호손효과) : 실험대상자 스스로 실험의 대상이 되고 있음을 인식할 때 나타나는 의식적 반응이 연구의 결과에 영향을 미친다.
  - 플라시보 효과(위약효과) : 약효가 전혀 없는 거짓 약을 진짜 약으로 가장하여 환자에게 복용하도록 했을 때, 환자의 병세가 호전되는 효과를 말한다.
  - 검사의 상호작용 효과, 표본의 편중

내용타당성(표면타당성, 액면타당성, 논리적 타당성)

- 측정항목이 연구자가 의도한 내용을 실제로 측정하고 있는가의 문제이다.
- 측정도구가 측정대상이 가지고 있는 많은 속성 중의 일부를 대표성 있게 포함하는 경우 타당성이 있다고 본다.
- 논리적 사고에 입각한 논리적인 분석과정으로 판단하는 주관적인 타당성으로서, 객관적인 자료에 근거하지 않는다.
- 문항구성 과정이 그 개념을 얼마나 잘 반영하고 있는지, 그리고 해당 문항들이 각 내용영역들의 독특한 의미를 얼마나 잘 나타내주고 있는지를 의미한다.
- 관련 분야 전문가들의 자문이나 패널토의, 워크숍 등을 통하여 타당성에 관한 의견을 수렴한다.
- 계량화된 정보를 제공하지 못한다고 해도 전문가들의 판단에 의해 검사의 타당성을 입증받게 되므로, 검사의 목적에 대한 부합성의 여부를 검정할 수 있다.
- 조사자의 주관적인 해석과 판단에 지나치게 의존함으로써 판단에 의한 오류나 착오가 개입할 여지가 많다.
- 통계적 검증이 이루어지지 않는다.

기준타당성(기준관련타당성, 실용적 타당성, 경험적 타당성)

- 경험적 근거에 의해 타당성을 확인하는 방법으로서, 이미 전문가가 만들어 놓은 신뢰성과 타당성이 검증된 측정도구에 의한 측정결과를 기준으로 한다.
- 통계적으로 타당성을 평가하는 것으로서, 사용하고 있는 측정도구의 측정값과 기준이 되는 측정도구의 측정값 간의 상관관계에 관심을 두는 것이다.
- 내용타당성보다 경험적 검증이 용이하다.
- 동시적 타당성과 예측적 타당성으로 구분된다.
  - 동시적 타당성 : 일치적 타당성이라고도 하며, 새로운 검사를 제작했을 때 새로 제작한 검사의 타당성을 위해 기존에 타당성을 보장받고 있는 검사와의 유사성 혹은 연관성에 의해 타당성을 검정하는 방법이다.
  - 예측적 타당성 : 어떠한 행위가 일어날 것이라고 예측한 것과 실제 대상자 또는 집단이 나타낸 행위 간의 관계를 측정하는 것이다.

개념타당성(구조적 타당성, 구성타당성, 구성체타당성)

- 조작적으로 정의되지 않은 인간의 심리적 특성이나 성질을 심리적 개념으로 분석하여 조작적 정의를 부여한 후, 검사점수가 조작적 정의에서 규명한 심리적 개념들을 제대로 측정하였는가를 검정하는 방법이다.
- 측정에 의해 얻는 측정값 자체보다는 측정하고자 하는 속성에 초점을 맞춘 타당성이며, 이론과 관련하여 측정도구의 타당성을 검증한다.
- 응답자료가 계량적 방법에 의해 검정되므로, 과학적이고 객관적이라 할 수 있다.
- 측정방법에는 다중속성-다중측정 방법, 요인분석, 이론적 구성개념 등이 있다.
- 이해타당성, 수렴타당성, 판별타당성으로 구분된다.
  - 이해타당성 : 특정 개념에 대해 이론적 구성을 토대로 어느 정도 체계적·논리적으로 이해하고 있는가를 나타내는 타당성이다.
  - 수렴타당성 : 집중타당성이라고도 하며, 동일한 개념을 측정하기 위해 서로 다른 측정방법을 사용하여 측정으로 얻은 측정치들 간에 높은 상관관계가 존재해야 함을 전제로 한다.
  - 판별타당성 : 서로 다른 개념들을 측정했을 때 얻어진 측정문항들의 결과 간에 상관관계가 낮아야 함을 전제로 한다.

신뢰성의 의의

- 측정도구가 측정하고자 하는 현상을 일관성 있게 측정하는 능력을 말한다. 다시 말해 어떤 측정도구(척도)를 동일한 현상에 반복 적용하여 동일한 결과를 얻게 되는 정도를 그 측정도구의 신뢰성이라고 한다.
- 어떤 측정도구를 사용해서 동일한 대상을 측정하였을 때 항상 같은 결과가 나온다면 이 측정도구는 신뢰성이 매우 높다고 할 수 있다.
- 신뢰성과 유사한 표현으로서 신빙성, 안정성, 일관성, 예측성 등이 있다.

재검사법(Retest Method)

- 가장 기초적인 신뢰성 검증방법으로서, 동일한 대상에 동일한 측정도구를 서로 상이한 시간에 두 번 측정한 다음 그 결과를 비교하는 것이다.
- 재검사에 의한 반복측정을 통해 그 결과에 대한 상관관계를 계산하여 도출된 상관계수로 신뢰성의 정도를 추정한다. 여기서 상관계수가 높을 경우 신뢰성이 높다는 것을 의미한다.
- 안정성 계수(Coefficient of Stability)를 사용한다. −1.00에서 +1.00의 척도상에서 통계치가 나타나며 안정성 계수가 높으면 이 검사는 신뢰성이 높고, 안정성 계수가 낮으면 신뢰성이 낮다.
- 측정도구 자체를 직접 비교할 수 있다는 장점이 있다.
- 검사 사이의 기간이 가져올 수 있는 문제로 기간이 너무 짧으면 첫 번째 검사내용을 기억할 수 있으며, 너무 길 경우 측정의 대상이 심경의 변화를 일으켜 측정상의 변화가 나타날 수 있다.

복수양식법(Multiple Forms Technique)

- 두 개 이상의 유사한 측정도구를 사용하여 동일한 표본에 적용한 결과를 서로 비교하여 신뢰성을 측정하는 방법으로, 대안법 또는 평행양식법이라고도 한다.
- 재검사법의 변형이라고 할 수 있는 방법으로, 동일한 조작적 정의 또는 지표들에 대한 측정도구(예 일련의 질문문항들)를 두 종류씩 만들어 동일한 측정대상에게 각각 응답하도록 하는 방법이다.
- 평행을 이루는 두 가지 형태의 측정도구를 사용하여 각각 동일한 표본에 차례로 적용해봄으로써 신뢰성을 측정한다. 이 경우 두 가지 형태의 측정도구는 유사성이 매우 높아야만 신뢰성을 측정할 수 있는 수단으로서 인정받을 수 있다.
- 재검사법에서 나타나는 외생변수의 영향 문제를 극복할 수 있다.
- 두 개의 동형검사를 동일집단에 동시에 시행하므로 주시험효과의 영향을 받지 않는다.
- 동일한 현상을 측정하기 위한 두 개의 동등한 측정도구를 개발하는 것이 쉽지 않다는 단점이 있다.
- 신뢰성이 낮은 것으로 결과가 나타날 경우 그것이 측정도구의 신뢰성 문제인지 동등화에 실패한 것인지 설명할 수 없다.

반분법(Split-half Method)

- 복수양식법의 변형으로서 측정도구를 임의로 반으로 나누어 각각 독립된 두 개의 척도로 사용함으로써 신뢰성을 측정하는 방법이다.
- 조사항목의 반을 가지고 조사결과를 획득한 다음 나머지 반쪽을 동일한 대상에 적용하여 얻은 결과와 비교하는 방법이다(두 부분 간의 상관성 측정).
- 측정도구가 경험적으로 단일성을 지녀야 한다.
- 두 번 검사를 시행하지 않고 신뢰성을 추정할 수 있다.
- 재검사법이나 복수양식법에서의 시험간격이나 동형검사 제작 등이 문제되지 않는다.
- 반분된 각각의 측정문항들을 동등하게 만들기가 어렵다.

내적 일관성 분석법(Internal Consistency Method)

- 단일의 신뢰성 계수를 계산할 수 없는 반분법의 문제점을 고려하여, 가능한 한 모든 반분신뢰성을 구한 다음 그 평균값을 신뢰성으로 추정하는 방법이다.
- 동일한 개념을 측정하는 항목인 경우 그 측정결과에 일관성이 있어야 한다는 논리에 따라 일관성이 없는 항목, 즉 신뢰성을 저해하는 항목을 찾아서 배제시킨다.
- 크론바하 알파계수가 대표적이며, 신뢰성 계수를 구할 수 있으므로 현실적으로 가장 많이 사용된다. '0~1'의 값을 가지며, 값이 클수록 신뢰성이 높다. 알파값은 '0.6' 이상이 되어야 만족할 만한 수준이 되며, '0.8~0.9' 정도를 신뢰성이 높은 것으로 본다.

신뢰성의 제고방법

- 항목을 명확히 구성한다.
- 측정상황을 분석하고 일관성을 유지한다.
- 측정항목을 추가적으로 사용한다.
- 대조적인 항목들을 비교·분석한다.
- 표준화된 지시와 설명을 한다.
- 조사대상자가 잘 모르거나 관심이 없는 내용에 대해서는 측정을 하지 않는 것이 좋다.
- 조사자의 주관을 제외한다.
- 신뢰성이 인정된 기존 측정도구를 사용한다.

타당성과 신뢰성의 상호관계

- 타당성이 높기 위해서는 신뢰성이 높아야 한다.
- 신뢰성이 높다고 하여 반드시 타당성이 높은 것은 아니다.
- 타당성이 낮다고 하여 반드시 신뢰성이 낮은 것은 아니다.
- 타당성이 없어도 신뢰성을 가질 수 있다.
- 타당성이 있으면 반드시 신뢰성이 있다.
- 신뢰성이 없으면 타당성도 없다.
- 타당성은 신뢰성의 충분조건이고, 신뢰성은 타당성의 필요조건이다.
- 타당성과 신뢰성은 비대칭적 관계이다.

타당성과 신뢰성의 측정

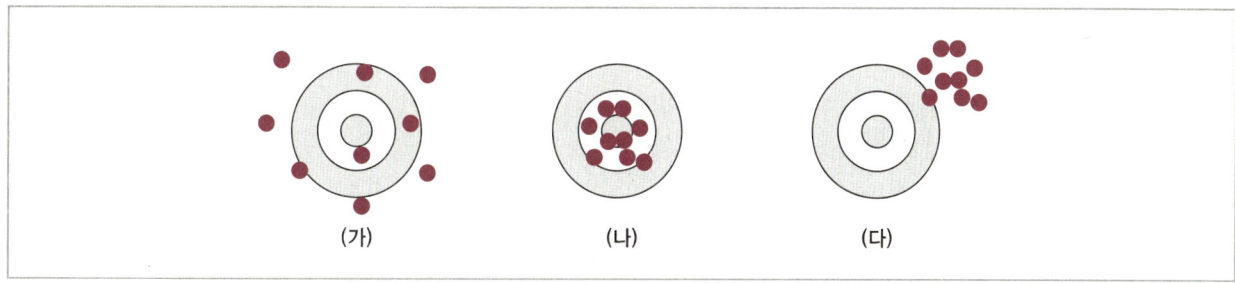

- 그림 (가)는 신뢰성이 낮은 경우에 해당한다. 신뢰성이 낮으므로 타당성을 고려할 수 없으며, 정밀성을 제고하여 신뢰성을 높임으로써 바람직한 척도가 될 수 있다.
- 그림 (나)는 신뢰성과 타당성이 높은 경우에 해당한다. 측정하고자 하는 것을 정확히 측정할 수 있는 바람직한 척도에 해당한다.
- 그림 (다)는 신뢰성은 높지만 타당성이 낮은 경우에 해당한다. 측정의 정밀성이 높음에도 불구하고, 측정하고자 하는 것을 정확히 측정하지 못하여 타당성이 낮게 나타난다.

자료처리의 정의

- 수집과정에서 얻은 조사결과를 도표와 자료분석에 적합한 형태로 변환하는 과정을 의미한다.
- 일반적인 마케팅 리서치에서의 자료처리 과정에서는 품질관리가 완료된 설문지를 코딩, 펀칭, 클리닝 등의 단계를 거쳐 최종 원시자료를 생성하게 된다.
  - 코딩(Coding) : 개방형 응답내용을 부호화하는 작업
  - 펀칭(Punching) : 설문 응답자료를 텍스트 또는 엑셀과 같은 스프레드시트를 이용하여 입력하는 작업
  - 클리닝(Cleaning) : 입력된 자료의 정합성 및 오류값을 점검하는 작업

자료값의 범위 설정

- 용어
  - 칼럼수 : 일반적으로 문항별 자료값이 가질 수 있는 최대 자리수이다.
  - 칼럼번호 : 문항별로 칼럼수를 순차적으로 부여한 것이다.
  - 칼럼가이드 : 문항별 칼럼번호를 지정한 지침서이다.
- 개방형 질문의 자료값 범위 설정
  - 부호화의 범위가 응답내용의 범위에 따라 달라질 수 있기 때문에 칼럼은 응답의 부호화 작업과 함께 이루어지면 효율적으로 진행할 수 있다.
  - 개방형 응답의 부호화 이전에 자리수를 지정해야 할 경우에 개방형 응답이 가질 수 있는 최대응답을 기준으로 지정한다.
  - 부호화를 먼저 실시하여 자료값이 가질 수 있는 범위를 어느 정도 축소시킨 경우에는 칼럼수를 이보다 작게 설정할 수도 있다.
- 폐쇄형 질문의 자료값 범위 설정
  - 주어진 조건 안에서만 반응을 요구하기 때문에 개방형 질문보다 응답내용이 제한된다.
  - 사전에 자료값의 범위를 미리 부호화하여 설정해 놓았기 때문에 자료처리가 용이하며, 개방형 질문에 비해 명확한 범위의 설정이 가능하다.
  - '기타( )'와 같이 개방형 질문이 포함되어 있는 경우에는 기타 값이 가질 수 있는 최대 응답을 함께 고려하여 자료값의 범위를 설정해야 한다.

부호화 지침서 작성 시 유의사항

- 가능한 변수의 실제 가치를 부호화하고, 일관된 부호체계를 사용하며, 범주가 포괄적이고 상호배제적이 되도록 한다.
- 응답이 없는 문항들도 그 내용에 따라 구분되게 부호화해준다.
- 각 변수명, 칼럼번호, 칼럼수, 질문번호 및 항목내용, 부호화범위, 기타 등을 포함하여 작성한다.
- 빈칸(Blank)은 실질적인 부호로 사용하지 않되 무응답이나 미확인 또는 비해당인 경우도 비워두지 말고 '99', '00' 등 어떤 부호든지 부여해야 한다.

자료의 입력

- C/S(Client/Server)기반의 PC 입력
  - 클라이언트가 되는 PC에 입력 및 일부 관리프로그램을 설치하여 서버에 입력하는 방식이다.
  - 서버에 투자되는 비용이 저렴하고 설계와 적용이 간단하다.
  - 프로그램의 배포, 유지, 보수가 필요하며 사용자 교육이 필요하다.
- 휴대용 컴퓨터를 이용한 입력
  - 조사현장에서 노트북PC 또는 PDA로 입력하는 방식이다.
  - 조사현장에서 오류를 바로 수정할 수 있으며 별도의 설문지가 필요 없다.
  - 면접조사에만 이용 가능하고 휴대용 컴퓨터 장비 구입 및 관리비용이 많이 들어간다.
- ICR(Intelligent Character Recognition)
  - 광학문자판독기로, 스캐너 등 광학인식장치를 이용하여 자동으로 입력하는 방식이다.
  - 자료처리 비용이 절감되고 자료처리 기간을 단축할 수 있다.
  - 설문지를 이미지 형태로 영구보존이 가능하다.
  - 숫자와 문자의 인식률이 필체 및 조사표 기입상태에 따라 좌우되므로 사전에 이들 필체에 대한 충분한 학습 및 테스트가 요구된다.
- OMR(Optical Mark Recognition)
  - 광학마크판독기로, 조사내용을 OMR 설문지에 옮겨 적은 후 스캐너를 이용하여 입력하는 방식이다.
  - 자료의 고속처리가 가능하다.
  - 조사 후 OMR 조사표에 옮겨 적는 작업에 따른 고비용 문제가 발생한다.
- 인터넷 입력
  - 이메일이나 웹을 통하여 자료를 서버에 직접 입력하는 방식이다.
  - 기술적 지원이 없이도 간단하게 입력을 할 수 있다.
  - 초기비용의 소모는 적지만 데이터 처리를 위한 코딩, 에디팅 등의 비용이 많이 든다.

입력된 자료의 정합성 판단

- 범위 오류
  - 각 문항별로 빈도표를 출력하여 해당 질문의 응답범위를 벗어난 숫자(코드)가 있는지 확인한다.
  - 범위를 벗어난 오류를 발견하면 해당 설문지를 점검하여 응답오류인지 입력오류인지 확인하여 알맞게 수정한다.
- 체계적인 오류(논리오류)
  - 특정 응답항목에 대하여 모든 레코드에서 일관되게 나타나는 오류를 말한다.
  - 집계나 추정에서 편향을 발생시키기 때문에 통계결과에 심각한 영향을 준다.
  - 랜덤오류를 탐색하기 전에 탐색되고 처리되어야 한다.
- 체계적인 오류의 예
  - 사전에 정해진 용어 정의나 분류를 충분히 이해하지 못하고 잘못 응답하는 경우
  - 코딩 과정에서 응답을 오역하여 잘못 입력하는 경우
  - 설문지에서 여과질문과 관련한 통과규칙을 잘못 이해하여 응답하는 경우
  - 부호오류(예 음수 변수의 음수 기호를 생략한 경우)
  - 단위측정오류(예 100만 원 단위를 만 원 단위로 보고한 경우)
  - 데이터 입력 과정에서 발생한 시스템에 의한 오류

입력된 자료의 오류값 수정

- OFF CODE 검사

    입력되어야 할 부호 이외의 것이 입력되어 있는 오류를 찾아내는 방법이다.

    [예] 성별 란에 「1. 남자」, 「2. 여자」라고 할 때 1과 2를 제외하는 경우

- 다른 숫자나 문자 또는 공란이 있을 때 관련 항목 검사

    서로 연관되는 항목 간의 관계를 검토하여 모순이 발생할 때 오류를 찾아내는 방법이다.

    [예] 「연령」과 「학력」 항목의 관계를 검토할 경우 10세이면서 대학생으로 조사된 경우

- 범위 검사

    각 항목이 적합한 상한과 하한의 범위를 넘어서는 경우에 오류를 찾아내는 방법이다.

    [예] 「월」과 「일」의 항목에서 「월」 항목에 1과 12 사이에 속하지 않는 숫자가 들어온다거나 「일」의 경우 해당 월에 따라 1~28, 29, 30, 31 이외의 숫자가 나올 경우

- 합계 검사

    설문지상의 수치 내용을 계산한 후 합계란의 수치와 동일하지 않을 때 오류를 발견하는 방법이다.

- 검사 숫자에 의한 검사

    입력하고자 하는 데이터 숫자의 마지막 자리에 검사숫자를 추가하여 데이터가 입력되면 데이터와 검사숫자를 상호 비교하여 입력착오를 찾아내는 방법이다.

    [예] 주민등록번호, 사업자등록번호, 계좌번호 등의 검증번호를 사용하는 경우

- 순서 검사

    조사대상의 중복 및 누락을 확인할 때 사용하는 방법으로, 고유의 일련번호를 순서대로 할당한 경우 적용한다.

PART 03 | 통계분석과 활용

사 상

- 표본공간의 부분집합을 말한다.
- 여사상

  사상 A가 일어나지 않을 사상으로 A^c로 나타낸다. 사상 A^c가 일어날 확률은 전체 확률 1에서 사상 A가 일어날 확률을 뺀 것이다.

$$P(A^c) = 1 - P(A), \ P(A) + P(A^c) = 1$$

- 배반사상

  사상 A와 B가 서로 동시에 일어날 수 없는 경우 A와 B를 배반사상이라 한다. A와 B가 배반사상이면 다음이 성립한다.

$$A \cap B = \varnothing$$

- 독립사상

  A와 B 두 사상이 서로 영향을 미치지 않는 경우이다. A와 B가 서로 독립이면 다음이 성립한다.

$$P(A \cap B) = P(A)P(B)$$

조건부 확률

- 한 사건이 일어날 것을 전제로 다른 사건이 일어날 확률에 관한 것으로 일반적으로 $P(A|B) \neq P(B|A)$이다.
- B가 일어날 조건하에서 A가 일어날 확률 $P(A|B) = \dfrac{P(A \cap B)}{P(B)}$
- A가 일어날 조건하에서 B가 일어날 확률 $P(B|A) = \dfrac{P(A \cap B)}{P(A)}$
- A와 B가 상호독립일 경우 조건부 확률 $P(A|B) = P(A), \ P(B|A) = P(B)$

순열

n개의 원소로 된 집합으로부터 한 번에 x개의 원소를 선택하여 이들 간에 순서를 정하여 늘어 놓는 방법을 순열이라 한다.

$$_nP_x = n(n-1)(n-2)\cdots(n-x+1) = \frac{n!}{(n-x)!} \quad (\text{단, } n \geq x \geq 0)$$
$$_nP_n = n(n-1)(n-2)\cdots 3\times 2\times 1 = n!$$
$$_nP_0 = 1,\ 0! = 1$$

조합

n개의 원소로 된 집합으로부터 한 번에 x개의 원소를 순서에 관계없이 비복원으로 선택하는 방법을 조합이라 한다.

$$_nC_x = \frac{_nP_x}{x!} = \frac{n(n-1)(n-2)\cdots(n-x+1)}{x!} = \frac{n!}{x!(n-x)!} \quad (\text{단, } n \geq x \geq 0)$$
$$_nC_r = \binom{n}{r}$$
$$_nC_x = {_nC_{n-x}}$$
$$_nC_n = {_nC_0} = 1$$
$$_nC_1 = n$$

중복조합

서로 다른 m개 중에서 중복을 허락하여 k개를 선택하는 조합의 수를 의미한다.

$$_mH_k = {_{m+k-1}C_k}$$

확률변수의 기댓값

- n개의 배반사상 A_1, A_2, A_3, $\cdots$, A_n이 일어나면 변량 X가 각각 x_1, x_2, x_3, $\cdots$, x_n이라는 값을 취하고 또 X가 x_1, x_2, x_3, $\cdots$, x_n의 값을 취할 확률이 각각 p_1, p_2, p_3, $\cdots$, p_n일 때, $x_1 p_1 + x_2 p_2 + x_3 p_3 + \cdots + x_n p_n$을 변량 X의 기댓값이라 한다. 여기서 $p_1 + p_2 + p_3 + \cdots + p_n = 1$이다.

$$E(X) = \sum [x \times p(x)]$$

- 기댓값의 성질(단, a, b는 상수이고 X, Y는 확률변수)

$$E(a) = a$$
$$E(aX) = aE(X)$$
$$E(X+b) = E(X) + b$$
$$E(aX+b) = aE(X) + b$$
$$E(X+Y) = E(X) + E(Y)$$
$$E(X-Y) = E(X) - E(Y)$$
$$E(XY) = E(X)E(Y), \ X, \ Y는 독립$$

확률변수의 분산 · 표준편차

- 확률변수의 분산은 확률변수가 취하는 값들이 기대치로부터 얼마나 흩어져 있는가를 나타내는 것이다.

$$Var(X) = \sum x^2 p(x) - [E(X)]^2$$
$$Var(X) = E(X^2) - [E(X)]^2$$

- 확률변수의 표준편차는 확률변수의 분산에 양의 제곱근을 취한 것을 말한다.

$$\sqrt{Var(X)} = \sqrt{\sum x^2 p(x) - [E(X)]^2} = \sqrt{E(X^2) - [E(X)]^2}$$

- 분산의 성질(단, a, b는 상수이고 X, Y는 확률변수)

$$Var(a) = 0$$
$$Var(aX) = a^2 Var(X)$$
$$Var(X+b) = Var(X)$$
$$Var(aX+b) = a^2 Var(X)$$
$$Var(X+Y) = Var(X) + Var(Y) + 2Cov(X, Y)$$
$$Var(X-Y) = Var(X) + Var(Y) - 2Cov(X, Y)$$

* $Cov(X, Y)$는 X와 Y의 공분산이며 X와 Y가 독립일 경우 0

이항분포 $B(n, p)$

- 어떤 시행에서 사건 A가 일어날 확률을 p, 사건 A가 일어나지 않을 확률을 $q(=1-p)$라 하고 이 시행을 독립적으로 n회 되풀이할 때, 그중에서 x회만 A가 일어날 확률은 $_nC_x p^x q^{n-x} (x = 0, 1, 2, \cdots, n)$이다.
- $_nC_x p^x q^{n-x}$로 되는 확률분포를 이항분포라 하고 $B(n, p)$로 나타낸다. 이항분포의 확률질량함수는 다음과 같다.

$$f(x) = {_nC_x} p^x q^{n-x}$$

$x = 0, 1, \cdots, n$
$q = 1 - p$

- 이항분포의 시행횟수가 많아지면 이항분포는 정규분포와 모양이 유사해진다. 즉, 시행횟수가 n이고 성공확률이 p인 이항분포는 $np \geq 5$ 또는 $n(1-p) \geq 5$일 경우 평균이 np이고 분산이 $np(1-p)$인 정규분포와 비슷한 모양이 된다.
- 기댓값 $E(X) = np$
- 분산 $Var(X) = npq = np(1-p)$

베르누이 시행

- 베르누이 시행을 n번 독립적으로 반복시행했을 때 확률변수 X를 성공($X=1$) 또는 실패($X=0$)라 하면 X의 분포는 이항분포를 따르며 확률질량함수 $f(x)$는 다음과 같다.

$f(x) = p^x (1-p)^{n-x} = p^x q^{n-x}$
$x = 0, 1$
p : 한 시행에서 성공일 확률
$q(=1-p)$: 한 시행에서 실패할 확률

- 각 시행의 결과는 상호 배타적인 두 사건으로 구분된다. 즉, 성공 또는 실패이다.
- 각 시행에서 성공확률과 실패확률의 합은 1이고, 각 시행은 서로 독립적이다.

포아송분포

- 일반적으로 단위시간, 단위면적 또는 단위공간 내에서 발생하는 어떤 사건의 횟수를 확률변수 X라 하면, 확률변수 X는 λ를 모수로 갖는 포아송분포를 따른다고 한다. 포아송분포의 확률질량함수는 다음과 같다.

$$f(x) = \frac{e^{-\lambda} \lambda^x}{x!}$$

$x = 0, 1, 2, \cdots$
$e = 2.71818\cdots = \lim_{n \to \infty} \left(1 + \frac{1}{n}\right)^n$

* λ : 단위시간, 단위면적 또는 단위공간 내에서 발생하는 사건의 평균값

- 포아송분포에서 분산은 λ와 같다.

정규분포

- 확률변수 X가 평균 μ, 표준편차 σ를 갖는 정규분포를 따를 때 다음과 같이 표현한다.

$$X \sim N(\mu, \sigma^2)$$

- 평균(μ)과 표준편차(σ)에 의해 그 위치와 모양이 결정된다. 정규분포의 평균은 분포의 위치를 나타내며, 표준편차는 분포의 모양을 나타낸다.
- 분산이 클수록 정규분포곡선이 양옆으로 퍼지는 모양이며 꼬리 부분이 두꺼워진다.
- 정규분포의 확률밀도함수는 평균을 중심으로 대칭적 종모양의 형태를 가진다.
- 정규분포의 평균 μ에 관해서 좌우대칭이고 이 점에서 최댓값을 가진다.
- 첨도는 3, 왜도는 0이다.
- 산술평균($\overline{X}$)=중위수(M_e)=최빈수(M_o)
- 분포의 평균과 표준편차가 어떠한 값을 가지더라도 정규곡선과 x축 사이의 전체면적은 1이다.
- 정규분포곡선은 x축과 맞닿지 않으므로 확률변수가 취할 수 있는 값의 범위는 $-\infty < X < \infty$이다.
- 확률밀도함수와 평균 및 표준편차와의 관계

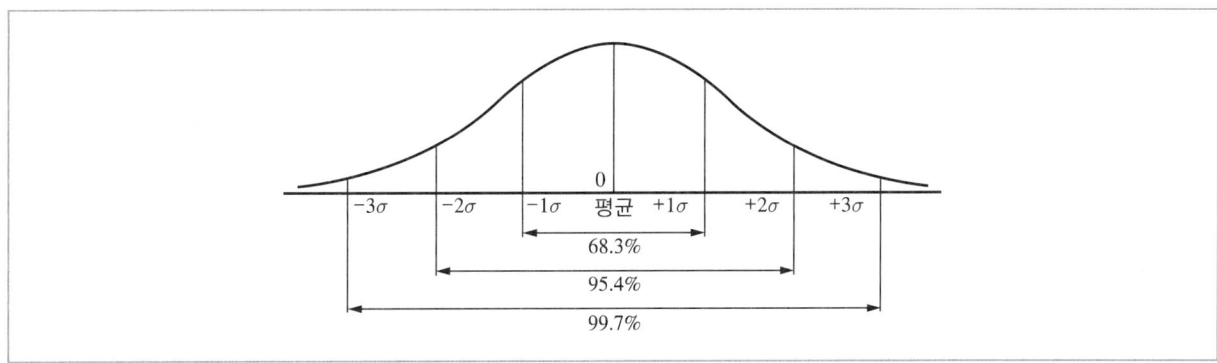

표준정규분포

- 평균이 0이고, 표준편차가 1이 되도록 만들어 주는 작업이다.
- 표준화 공식은 다음과 같다.

$$Z = \frac{X-\mu}{\sigma}, \ Z \sim N(0, 1)$$

$X \sim N(\mu, \sigma^2)$, X : 확률변수, μ : 평균, σ : 표준편차

- 확률변수 X가 평균 μ와 분산 σ^2을 갖는 정규분포 $N(\mu, \sigma^2)$을 따를 때 값 $P(a \leq X \leq b)$는 다음과 같이 표현할 수 있다.

$$P(a \leq X \leq b) = P\left(\frac{a-\mu}{\sigma} \leq \frac{X-\mu}{\sigma} \leq \frac{b-\mu}{\sigma}\right) = P\left(\frac{a-\mu}{\sigma} \leq Z \leq \frac{b-\mu}{\sigma}\right)$$

t-분포

- 자유도에 따라 그 모양이 변하며, 0을 중심으로 하는 좌우대칭형으로서 자유도가 ∞일 때는 표준정규분포에 접근한다.
- 평균은 0이다.
- 평균을 중심으로 좌우대칭이다.
- 일반적으로 분산은 1보다 크나, 표본수가 커질수록 1에 접근한다.
- 자유도에 따라 다른 모양을 갖는다. 자유도가 클수록 중심부가 더 솟은 모양이 된다.
- 정규분포보다 꼬리가 두꺼우며 첨도는 3보다 크다.
- 표본의 크기 n이 작을 때 즉, $n \leq 30$일 경우에 주로 이용하며 모평균, 모평균의 차 또는 회귀계수의 추정이나 검정에 쓰인다.

F-분포

- 왼쪽으로 비스듬히 기울어져 있지만 그 정도는 자유도가 증가함에 따라 대칭성에 가까워진다.
- 항상 양의 값을 가지며 오른쪽 긴 꼬리 비대칭분포 형태를 이루고 있다.
- 두 정규모집단에서 확률로 추출한 표본으로부터 구한 두 표본분산과 두 모분산과의 관계를 이용하여 모분산비에 대한 추론을 하는 데 사용한다.
- 두 개의 분산을 비교, 추론하는 데 사용되는 것으로 두 집단의 분산의 동일성 검정에 사용된다.
- 확률변수 X가 $F_{(m,n)}$을 따를 때 $\frac{1}{X}$의 분포는 $F_{(n,m)}$을 따른다.

카이제곱(χ^2)분포

- 자유도의 크기에 따라 분포의 모양이 변하고, 자유도가 커지면 대칭에 가까워지며 여러 집단들 사이의 독립성 검정과 적합도 검정을 하는 데 주로 사용된다.
- 왼쪽으로 기울어진 연속형의 분포이다.
- 표준정규분포를 따르는 확률변수 Z의 제곱인 Z^2은 자유도가 1인 카이제곱(χ^2)분포를 따르며, $Z_1^2 + Z_2^2 + \cdots + Z_n^2$는 자유도가 n인 카이제곱(χ^2)분포를 따른다.
- 자유도가 n인 카이제곱분포의 평균은 n이고, 분산은 $2n$이다.
- 모분산 σ^2이 특정한 값을 갖는지 여부를 검정하는 데 사용되는 분포이며, 두 범주형 변수 간의 독립성 검정과 적합도 검정을 하는 데 주로 사용된다.
- 두 범주형 변수뿐만 아니라 여러 집단들 사이의 독립성 검정과 적합도 검정을 하는 데에도 사용된다.

표본평균의 분포

- 모집단이 정규모집단이냐 아니냐에 따라서 그 분포가 다르게 나타난다.
- 정규모집단 $N(\mu, \sigma^2)$에서 크기 n인 표본의 표본평균 $\overline{X}$는 정규분포 $N\left(\mu, \dfrac{\sigma^2}{n}\right)$을 따른다.
- 표본평균 $\overline{X}$를 표준화시킨 표준화 확률변수 $Z = \dfrac{\overline{X} - \mu}{\sigma/\sqrt{n}}$는 표준정규분포 $N(0, 1)$을 따른다.
- 모집단의 분포가 정규분포가 아닐 경우 표본평균 $\overline{X}$가 정규분포를 따른다고 할 수 없다. 그러나 표본의 크기가 충분히 클 때 표본평균 $\overline{X}$의 분포는 정규분포로 볼 수 있다. 이것은 중심극한정리에 근거를 두고 있다.

표본비율의 분포

- 모비율 p가 알려져 있는 경우 n개의 표본을 뽑아 구한 표본비율 $\hat{p}$의 분포를 말한다.
- 표본비율 $\hat{p}$은 n이 충분히 크면 정규분포 $\hat{p} \sim N\left(p, \dfrac{p(1-p)}{n}\right)$을 따른다.
- 표본비율 $\hat{p}$은 $np \geq 5$이고 $n(1-p) \geq 5$이면 중심극한정리에 의해 근사적으로 정규분포 $\hat{p} \sim N\left(p, \dfrac{p(1-p)}{n}\right)$을 따른다.

중심극한정리

표본의 크기가 $n \geq 30$이면 대(大)표본으로 간주하여 모집단의 분포와 관계없이 표본평균 $\overline{X}$의 분포는 기댓값이 모평균 μ이고, 분산이 $\dfrac{\sigma^2}{n}$인 정규분포에 근사한다.

$$\overline{X} \sim N\left(\mu, \dfrac{\sigma^2}{n}\right), n \to \infty < N$$

체비셰프 부등식

- 표본의 평균으로 모평균이 속해있는 구간을 추정할 때, 구간의 길이를 조정하기 위해 유용하게 쓰인다.
- 확률변수의 값이 평균으로부터 표준편차의 일정 상수배 이상 떨어진 확률의 상한값 또는 하한값을 제시해 준다.

$$P(|X - \mu| \leq k\sigma) \geq 1 - \dfrac{1}{k^2}$$

바람직한 통계적 추정량의 결정기준

- 불편성(Unbiasedness, 비편향성)

  모수 θ의 추정량을 $\hat{\theta}$으로 나타내면 $\hat{\theta}$의 기댓값이 θ가 되는 성질이다.

  즉, $E(\hat{\theta}) = \theta$이면 $\hat{\theta}$을 불편추정량이라 한다.

- 효율성(Efficiency, 유효성)

  추정량 $\hat{\theta}$이 불편추정량이고, 그 분산이 다른 추정량 $\hat{\theta}_i$에 비해 최소의 분산을 갖는 성질이다.

  즉, $Var(\hat{\theta}_1) \geq Var(\hat{\theta}_2)$일 때 $\hat{\theta}_2$가 $\hat{\theta}_1$보다 효율성(유효성)이 크다고 한다.

- 일치성(Consistency)

  표본의 크기가 커짐에 따라 추정량 $\hat{\theta}$이 확률적으로 모수 θ에 가깝게 수렴하는 성질이다.

  즉, $\lim_{n\to\infty} P(|\hat{\theta}-\theta|<\epsilon)=1$ 이다.

- 충분성(Sufficiency)

  모수에 대하여 가능한 많은 표본정보를 내포하고 있는 추정량의 성질이다.

표준오차

$$\frac{\sigma}{\sqrt{n}} \;(n\text{은 표본의 크기}, \sigma\text{는 모집단의 표준편차})$$

* σ를 알 수 없는 경우 σ 대신 표본표준편차인 $S=\sqrt{\sum(X_i-\overline{X})^2/(n-1)}$ 을 대입

- 통계량의 표준편차를 표준오차라 한다.
- 표준오차는 모집단의 표준편차보다 언제나 작다.
- 모집단의 표준편차가 클수록 표준오차는 커진다.
- 표본크기가 클수록 표준오차는 작아진다.
- 일반적으로 어떤 불편추정량이 얼마나 좋은 추정량인가를 나타내는 방법으로 그 추정량의 표준편차를 이용한다(표준편차가 작은 추정량이 더 좋은 추정량).

모평균/모분산/모비율의 점추정

- 모평균의 점추정량은 표본평균과 같다. 즉, 모집단 평균 μ의 불편추정량은 $\overline{X}$이다.
- 모분산의 점추정량은 표본분산과 같다. 즉, 모집단 분산 σ^2의 불편추정량은 S^2이다.
- 모비율의 점추정량은 표본비율과 같다. 즉, 모집단 비율 p의 불편추정량은 $\hat{p}$이다.

신뢰도(신뢰수준)

신뢰수준 95%는 동일한 추정방법을 사용하여 신뢰구간을 100회 반복하여 추정한다면, 95회 정도는 동일한 결과가 나오는 것을 의미한다.

신뢰구간

일정한 구간을 제시하여 모수가 포함되었을 것이라고 제시한 구간을 신뢰구간이라 하며, 구간추정은 이 신뢰구간을 이용한 추정 방법이다. 즉, 구간추정에서 95% 신뢰구간이란 신뢰구간을 100회 반복하여 측정했을 때 95번은 그 구간 내에 모평균이 포함된다는 의미이다.

오차율과 신뢰계수

- 오차율(α)
  신뢰구간 내에 모집단 평균이 포함되지 않을 확률이다(신뢰도=$1-\alpha$).

신뢰도($1-\alpha$)	0.90(90%)	0.95(95%)	0.99(99%)
$Z_{\alpha/2}$	1.645	1.96	2.58

- 여기서 90%, 95%, 99%를 신뢰수준이라 하고, $Z_{0.05}=1.645$, $Z_{0.025}=1.96$, $Z_{0.005}=2.58$를 신뢰계수라 한다.

표본의 크기

- 모평균 추정 시
  $$n \geq \frac{Z_{\alpha/2}^2 \times \sigma^2}{D^2},\ D(\text{오차한계}=\text{신뢰계수}\times\text{표준오차})$$
- 모비율 추정 시
  $$n \geq \hat{p}(1-\hat{p})\left(\frac{Z_{\alpha/2}}{D}\right)^2,\ \text{모비율을 모를 경우 } \hat{p}=\frac{1}{2} \text{을 대입}$$

모평균의 $100(1-\alpha)$% 신뢰구간

모분산을 알고 있을 경우	$\overline{X}-Z_{\alpha/2}\frac{\sigma}{\sqrt{n}} \leq \mu \leq \overline{X}+Z_{\alpha/2}\frac{\sigma}{\sqrt{n}}$
모분산을 모르는 대표본($n \geq 30$)일 경우	$\overline{X}-Z_{\alpha/2}\frac{S}{\sqrt{n}} \leq \mu \leq \overline{X}+Z_{\alpha/2}\frac{S}{\sqrt{n}}$
모분산을 모르는 소표본($n<30$)일 경우	$\overline{X}-t_{\alpha/2,n-1}\frac{S}{\sqrt{n}} \leq \mu \leq \overline{X}+t_{\alpha/2,n-1}\frac{S}{\sqrt{n}}$ * 자유도가 $n-1$인 t-분포 이용

모평균 차이의 $100(1-\alpha)\%$ 신뢰구간

모분산을 알고 있을 경우	$(\overline{X_1}-\overline{X_2})-Z_{\alpha/2}\sqrt{\dfrac{\sigma_1^{\,2}}{n_1}+\dfrac{\sigma_2^{\,2}}{n_2}} \leq \mu_1-\mu_2 \leq (\overline{X_1}-\overline{X_2})+Z_{\alpha/2}\sqrt{\dfrac{\sigma_1^{\,2}}{n_1}+\dfrac{\sigma_2^{\,2}}{n_2}}$
모분산을 모르는 대표본($n \geq 30$)일 경우	$(\overline{X_1}-\overline{X_2})-Z_{\alpha/2}\sqrt{\dfrac{S_1^{\,2}}{n_1}+\dfrac{S_2^{\,2}}{n_2}} \leq \mu_1-\mu_2 \leq (\overline{X_1}-\overline{X_2})+Z_{\alpha/2}\sqrt{\dfrac{S_1^{\,2}}{n_1}+\dfrac{S_2^{\,2}}{n_2}}$
모분산을 모르는 소표본($n < 30$)일 경우	$(\overline{X_1}-\overline{X_2})-t_{\alpha/2,\,n_1+n_2-2}S_p\sqrt{\dfrac{1}{n_1}+\dfrac{1}{n_2}} \leq \mu_1-\mu_2 \leq (\overline{X_1}-\overline{X_2})+t_{\alpha/2,\,n_1+n_2-2}S_p\sqrt{\dfrac{1}{n_1}+\dfrac{1}{n_2}}$ * 자유도가 n_1+n_2-2인 t-분포 이용

합동표본분산($S_p^{\,2}$)

$$S_p^{\,2}=\dfrac{(n_1-1)S_1^{\,2}+(n_2-1)S_2^{\,2}}{(n_1+n_2-2)},\ S_1^{\,2}=\dfrac{\sum(X_1-\overline{X_1})^2}{n_1-1},\ S_2^{\,2}=\dfrac{\sum(X_2-\overline{X_2})^2}{n_2-1}$$

대응표본인 경우 모평균 차이의 $100(1-\alpha)\%$ 신뢰구간

대표본($n \geq 30$)일 경우	$\overline{D}-Z_{\alpha/2}\dfrac{S_D}{\sqrt{n}} \leq \mu_1-\mu_2 \leq \overline{D}+Z_{\alpha/2}\dfrac{S_D}{\sqrt{n}}$
소표본($n < 30$)일 경우	$\overline{D}-t_{\alpha/2,\,n-1}\dfrac{S_D}{\sqrt{n}} \leq \mu_1-\mu_2 \leq \overline{D}+t_{\alpha/2,\,n-1}\dfrac{S_D}{\sqrt{n}}$ * 자유도가 $n-1$인 t-분포 이용

모비율/모비율 차이의 $100(1-\alpha)\%$ 신뢰구간

모비율	$\hat{p}-Z_{\alpha/2}\sqrt{\dfrac{\hat{p}(1-\hat{p})}{n}} \leq p \leq \hat{p}+Z_{\alpha/2}\sqrt{\dfrac{\hat{p}(1-\hat{p})}{n}}$
모비율 차이	$\hat{p_1}-\hat{p_2}-Z_{\alpha/2}\sqrt{\dfrac{\hat{p_1}(1-\hat{p_1})}{n_1}+\dfrac{\hat{p_2}(1-\hat{p_2})}{n_2}} \leq p_1-p_2 \leq \hat{p_1}-\hat{p_2}+Z_{\alpha/2}\sqrt{\dfrac{\hat{p_1}(1-\hat{p_1})}{n_1}+\dfrac{\hat{p_2}(1-\hat{p_2})}{n_2}}$

모분산/모분산 비의 $100(1-\alpha)\%$ 신뢰구간

모분산	$\dfrac{(n-1)S^2}{\chi^2_{\alpha/2,\,n-1}} \leq \sigma^2 \leq \dfrac{(n-1)S^2}{\chi^2_{1-\alpha/2,\,n-1}}$
모분산 비	$\dfrac{1}{F_{\alpha/2,\,m-1,\,n-1}}\dfrac{S_1^{\,2}}{S_2^{\,2}} \leq \dfrac{\sigma_1^{\,2}}{\sigma_2^{\,2}} \leq F_{\alpha/2,\,n-1,\,m-1}\dfrac{S_1^{\,2}}{S_2^{\,2}}$ 또는 $\dfrac{1}{F_{1-\alpha/2,\,m-1,\,n-1}}\dfrac{S_1^{\,2}}{S_2^{\,2}}$

귀무가설(H_0)

가설검정에서는 모집단의 모수에 대해서 어떤 조건을 가정하여 가설을 설정하는데 이때 이 가설을 귀무가설이라고 하며 H_0로 표기한다. '아무런 차이가 없다' 또는 '전혀 효과가 없다'는 내용을 의미하는 주장이며 주로 기존의 사실을 위주로 보수적으로 세운다.

대립가설(H_1)

귀무가설과 반대되는 가설을 대립가설이라 하며, H_1으로 나타낸다. H_0와 H_1은 서로 배타적인 관계에 있고 동시에 성립할 수 없다. 대립가설은 '차이가 있다' 또는 '효과가 있다'는 내용을 의미하는 주장이며 표본에 근거한 강력한 증거에 의해서 입증한다.

검정통계량과 임계치

- 검정통계량
  - 귀무가설의 채택 또는 기각 여부를 결정하는 데 사용되는 표본통계치이다
  - 검정통계량의 관측값이 기각역에 속하면 귀무가설을 기각한다.
- 임계치
  - 주어진 유의수준에서 귀무가설의 채택 또는 기각을 결정하는 데 기준이 되는 값을 말한다.
  - 임계치 > 검정통계량 : 귀무가설 채택
  - 임계치 < 검정통계량 : 귀무가설 기각

유의수준과 유의확률

- 유의수준(α)
  - 통계적 가설검정에서, 귀무가설이 참인데도 불구하고 이를 기각하는 확률로서 위험률이라고도 한다.
  - 귀무가설이 옳을 때 모집단에서 추출한 표본통계량이 미리 결정한 영역(기각역)에 포함될 확률이다.
- 유의확률($p-Value$)
  - 귀무가설이 사실이라는 전제하에 검정통계량이 표본에서 계산된 값과 같거나 그 값보다 대립가설 방향으로 더 극단적인 값을 가질 확률이다. 즉, 검정통계량 값에 대해서 귀무가설을 기각시킬 수 있는 최소의 유의수준으로, 귀무가설이 사실일 확률이라 생각할 수 있다.
  - $\alpha > p-Value$: 귀무가설 기각
  - $\alpha < p-Value$: 귀무가설 채택

양측검정

가설검정에서 귀무가설을 기각할 영역이 양쪽에 위치하고 있는 것을 양측검정이라 한다.

$$H_0 : \theta = \theta_0$$
$$H_1 : \theta \neq \theta_0$$

* θ : 모수, θ_0 : 모수의 특정한 값

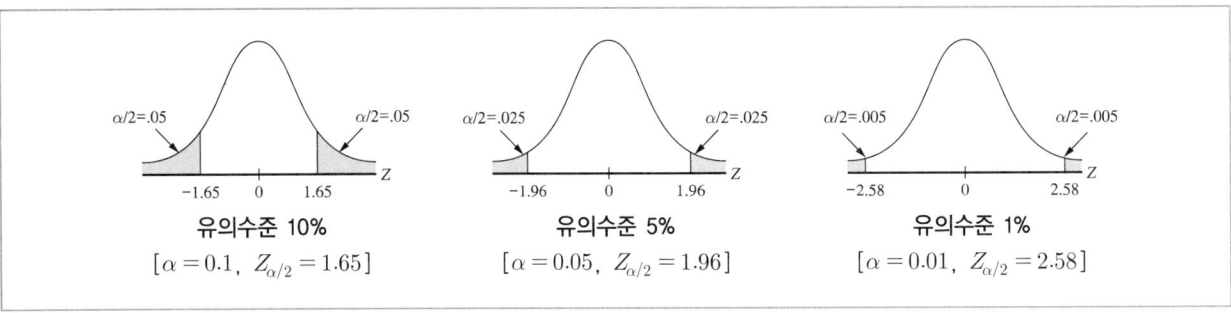

유의수준 10%	유의수준 5%	유의수준 1%
$[\alpha = 0.1,\ Z_{\alpha/2} = 1.65]$	$[\alpha = 0.05,\ Z_{\alpha/2} = 1.96]$	$[\alpha = 0.01,\ Z_{\alpha/2} = 2.58]$

단측검정

- 가설검정에서 귀무가설을 기각할 영역이 한쪽에 위치하고 있는 것을 단측검정이라 한다.
- 우측검정

$$H_0 : \theta = \theta_0$$
$$H_1 : \theta > \theta_0$$

* θ : 모수, θ_0 : 모수의 특정한 값

- 좌측검정

$$H_0 : \theta = \theta_0$$
$$H_1 : \theta < \theta_0$$

* θ : 모수, θ_0 : 모수의 특정한 값

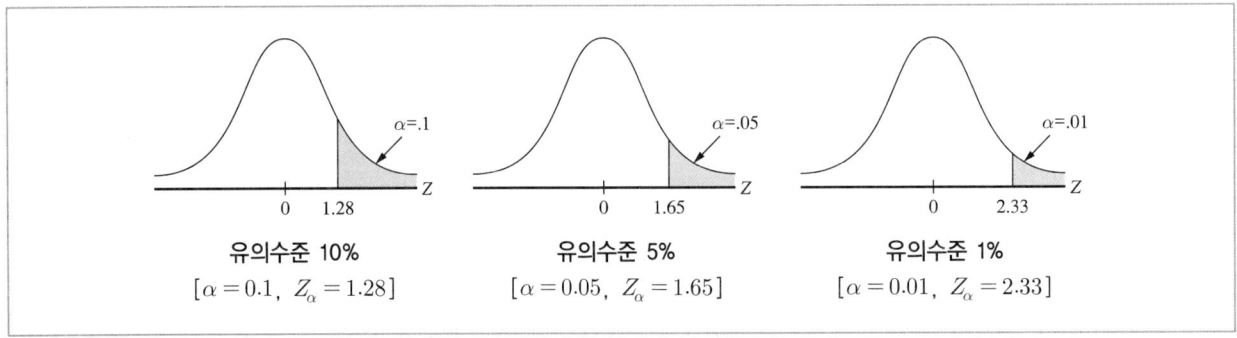

유의수준 10%	유의수준 5%	유의수준 1%
$[\alpha = 0.1,\ Z_\alpha = 1.28]$	$[\alpha = 0.05,\ Z_\alpha = 1.65]$	$[\alpha = 0.01,\ Z_\alpha = 2.33]$

제1종 오류와 제2종 오류

구 분	실제현상	
	귀무가설 참	귀무가설 거짓
귀무가설 채택	정확한 결론($1-\alpha$)	제2종 오류(β)
귀무가설 기각	제1종 오류(α)	정확한 결론($1-\beta$)

- 제1종 오류 : 귀무가설이 참임에도 귀무가설을 기각하는 과오를 제1종 오류(과오)라 하며, 제2종 오류보다 더 심각한 오류이다. 오류를 발생시킬 확률은 α(유의수준)이며 이때 α는 제1종 오류를 범할 확률의 최대허용한계를 뜻한다.
- 제2종 오류 : 귀무가설이 거짓임에도 귀무가설을 채택하는 오류를 제2종 오류라 하고, 과오를 발생시킬 확률을 β라 한다. 귀무가설이 거짓일 때 기각하는 옳은 결정의 확률($1-\beta$)은 검정력이라고 한다.

모평균에 대한 검정통계량

모분산을 알고 있을 경우	$Z = \dfrac{\overline{X} - \mu_0}{\sigma/\sqrt{n}}$
모분산을 모르는 대표본($n \geq 30$)일 경우	$Z = \dfrac{\overline{X} - \mu_0}{S/\sqrt{n}}$
모분산을 모르는 소표본($n < 30$)일 경우	$t = \dfrac{\overline{X} - \mu_0}{S/\sqrt{n}} \sim t_{n-1}$ * 자유도가 $n-1$인 t-분포 이용

모평균 차이에 대한 검정통계량

모분산을 알고 있을 경우	$Z = \dfrac{(\overline{X_1} - \overline{X_2})}{\sqrt{\dfrac{\sigma_1^2}{n_1} + \dfrac{\sigma_2^2}{n_2}}}$
모분산이 알려져 있지 않으나 동일한 경우	$t = \dfrac{(\overline{X_1} - \overline{X_2})}{S_p\sqrt{\dfrac{1}{n_1} + \dfrac{1}{n_2}}}$, S_p는 합동표본표준편차 $\sqrt{\dfrac{(n_1-1)S_1^2 + (n_2-1)S_2^2}{n_1 + n_2 - 2}}$ * 자유도가 $n_1 + n_2 - 2$인 t-분포 이용
모분산이 알려져 있지 않고 동일하지도 않은 경우	$Z = \dfrac{(\overline{X_1} - \overline{X_2})}{\sqrt{\dfrac{S_1^2}{n_1} + \dfrac{S_2^2}{n_2}}}$
대응표본인 경우	$t = \dfrac{\overline{D}}{S_D/\sqrt{n}}$ * 자유도가 $n-1$인 t-분포 이용

모비율/모비율 차이에 대한 검정통계량

모비율	$Z = \dfrac{\hat{p} - p_0}{\sqrt{p_0(1-p_0)/n}}$
모비율 차이	$Z = \dfrac{\hat{p_1} - \hat{p_2}}{\sqrt{\hat{p}(1-\hat{p})\left(\dfrac{1}{n_1} + \dfrac{1}{n_2}\right)}}$, $\hat{p}$는 합동표본비율 $\dfrac{x_1 + x_2}{n_1 + n_2}$

모분산 $\sigma_1^2 = \sigma_2^2$에 대한 가설검정

$H_0 : \sigma_1^2 = \sigma_2^2$ $H_1 : \sigma_1^2 > \sigma_2^2$ 또는 $H_1 : \sigma_1^2 \neq \sigma_2^2$	$F = \dfrac{S_1^2/\sigma_1^2}{S_2^2/\sigma_2^2}$
$H_0 : \sigma_1^2 = \sigma_2^2$ $H_1 : \sigma_1^2 < \sigma_2^2$	$F = \dfrac{S_2^2/\sigma_2^2}{S_1^2/\sigma_1^2}$

대푯값

- 분포의 중심위치를 나타내는 측정치이다. 그러나 대푯값은 분포의 중앙 또는 도수의 집중점과는 반드시 일치하지는 않는다.
- 대푯값을 계산하는 방법과 분포의 형태에 따라서는 대푯값과 분포의 중앙 또는 집중점이 일치하는 경우도 있으나, 일반적으로 대푯값은 보다 넓은 의미의 분포 중심으로서 변수 전체를 대표하는 값이다.
- 관찰된 자료들이 어느 곳에 가장 많이 모여 있는가를 나타내는 것이 집중화 경향인데, 이런 집중화 경향을 나타내는 수치를 분포의 대푯값이라 한다.
- 대푯값의 종류는 다음과 같다.
  - 계산적인 대푯값 : 산술평균, 기하평균, 조화평균
  - 위치적인 대푯값 : 중위수, 최빈수, 사분위수

산술평균($\overline{X}$)

n개의 수가 있을 때, 이들의 합을 개수로 나눈 것이다. 즉, 계산상 가장 간단한 방법으로 변수의 총합을 그 항의 개수로 나눈 값을 말한다.

$$\frac{1}{n}\sum x_i = \frac{(x_1 + x_2 + \cdots + x_n)}{n}$$

중위수(중앙값, 중앙치, M_e)

- 통계집단의 측정값을 크기순으로 배열했을 때 중앙에 위치한 수치를 말한다.
- X의 중위수를 M_e라 하면 n이 홀수일 경우 중위수는 $(n+1)/2$번째의 값이 되고, n이 짝수일 경우 중위수는 $n/2$번째의 값과 $(n/2)+1$번째의 값의 평균값이 된다.
- 극단적인 값의 영향을 받지 않으며, 중위수에 대한 편차의 절댓값의 합은 다른 어떤 수에 대한 편차의 절댓값의 합보다 작다.

최빈수(최빈값, M_o)

- 변량 X의 측정값 중에서 출현도수가 가장 많은 값을 말한다. 도수분포표에서는 도수가 가장 많은 계급의 계급값이 최빈수가 된다.
- 최빈수는 빈도수가 가장 많이 발생한 관찰값이므로 중위수와 마찬가지로 극단적인 이상점에 영향을 받지 않는다.
- 분포모양이 좌우대칭일 때에는 최빈수가 대체로 대표성이 있으며, 최빈수는 전형적인 값이므로 가장 납득하기 쉬운 대푯값이다.
- 경우에 따라 하나도 없거나 두 개 이상 존재할 수도 있다.
- 명목수준의 측정에서 사용하는 통계기법이다.

산술평균($\overline{X}$), 중위수(M_e), 최빈수(M_o)의 관계

좌우대칭 분포일 경우($\overline{X}=M_e=M_o$)	좌측 비대칭 분포일 경우($\overline{X}>M_e>M_o$)	우측 비대칭 분포일 경우($\overline{X}<M_e<M_o$)

산포도

- 자료의 분산 상황을 나타내는 수치로 변량 x와 그 분포 $F(x)$가 주어졌을 때, 그 분포의 중심적 위치의 측도인 m 주위에서 흩어져 있는 정도를 나타내는 기술적 지표이다.
- 분산도라고도 하며, 크기가 고르지 않은 집단의 특징은 평균 외에 자료의 값이 흩어져 있는 정도를 조사하면 더욱 뚜렷해진다. 산포도가 클수록 그 분포의 흩어진 폭이 넓고, 산포도가 작을수록 분포의 흩어진 폭이 좁다.
- 산포도의 종류는 다음과 같다.
  - 절대적인 분포의 산포도 : 범위, 사분위수 범위, 평균편차, 사분편차, 표준편차
  - 상대적인 분포의 산포도 : 변이계수, 사분위편차계수, 평균편차계수

분산과 표준편차

- 분산은 편차의 제곱의 합을 자료의 수로 나눈 값이다.
- 모집단의 수를 N, 모집단의 평균을 μ, 모집단의 분산을 σ^2 그리고 표본의 수를 n, 표본의 평균을 $\overline{X}$, 표본의 분산을 S^2라 할 때, 모집단과 표본의 분산은 다음과 같다.

$$\sigma^2 = \frac{\sum(X_i - \mu)^2}{N} = \frac{1}{N}\sum X_i^2 - \mu^2$$

$$S^2 = \frac{\sum(X_i - \overline{X})^2}{n-1} = \frac{\sum X_i^2 - n\overline{X}^2}{n-1}$$

- 표준편차는 분산의 양의 제곱근이다.

$$\text{표준편차}(\sigma) = \sqrt{\text{분산}}$$

변이계수(변동계수, CV)

- 표준편차를 산술평균으로 나눈 값이다.
- 평균의 차이가 큰 두 집단의 산포를 비교할 때 이용한다.
- 단위가 다른 두 집단의 산포를 비교할 때 이용한다.
- 관찰치의 산포의 정도를 상대적으로 비교할 때 이용한다.
- 변이계수의 값이 큰 분포보다 작은 분포가 상대적으로 평균에 더 밀집되어 있는 분포이다.

왜 도

- 자료분포의 모양이 어느 쪽으로 얼마만큼 기울어져 있는가, 즉 비대칭 정도를 나타내는 척도이다.
- 왜도가 0이면 대칭분포를 이룬다(정규분포).
- 왜도가 0보다 크면 왼쪽으로 기울어진 분포이다.
- 왜도가 0보다 작으면 오른쪽으로 기울어진 분포이다.
- 왜도의 절댓값이 클수록 비대칭 정도는 커진다.

피어슨 대칭도(S_k)

$$S_k \simeq \frac{\overline{X} - M_o}{S} \simeq \frac{3(\overline{X} - M_e)}{S}$$

* S_k : 왜도, $\overline{X}$: 산술평균, M_o : 최빈수, M_e : 중위수

- S_k가 0이면 대칭분포를 이룬다($M_o = \overline{X}$).
- S_k가 0보다 크면 왼쪽으로 기울어진 분포이다($M_o < \overline{X}$).
- S_k가 0보다 작으면 오른쪽으로 기울어진 분포이다($M_o > \overline{X}$).
- $-1 < S_k < 1$

첨도

- 분포도가 얼마나 중심에 집중되어 있는가, 즉 분포의 중심이 얼마나 뾰족한가를 측정하는 것이다.
- '첨도= 3'이면 표준정규분포로 중첨이라고 한다.
- '첨도 > 3'이면 표준정규분포보다 정점이 높고 뾰족한 모양으로 급첨이라고 한다.
- '첨도 < 3'이면 표준정규분포보다 정점이 낮고, 무딘 모양으로 완첨이라고 한다.

통계분석에 사용하는 검정통계량

구 분	독립변수	종속변수
t-검정	질적(범주형)	양적(연속형)
교차분석	질적(범주형)	질적(범주형)
분산분석	질적(범주형)	양적(연속형)
상관분석	양적(연속형)	양적(연속형)
회귀분석	양적(연속형)	양적(연속형)

분산분석의 의의와 특징

- 세 집단 이상의 평균차이가 통계적으로 유의한가를 검정하는 분석방법이다.
- 세 개 이상 집단 간의 모평균을 비교함이 목적이다.
- 검정통계량은 F-분포를 사용한다.
- F값은 집단 간 분산을 집단 내 분산으로 나눈 값이다.
- 모수적 가설검정법이다.
- 집단 간 차이가 커지면 F값이 커진다.
- 각 집단별 자료의 수가 다를 수 있다.

분산분석의 기본 가정

- 종속변수는 등간척도 또는 비율척도이어야 한다.
- 모집단의 분포는 정규분포를 이루어야 한다.
- 각 모집단의 분산(표준편차)은 동일해야 한다.
- 각 집단의 표본은 독립적이어야 한다.

분산분석의 오차항에 대한 기본 가정

- 독립성
  임의의 오차 ϵ_{ij}와 $\epsilon_{i'j'}$는 서로 독립이다.
- 정규성
  오차 ϵ_{ij}의 분포는 정규분포를 따른다.
- 등분산성
  오차 ϵ_{ij}의 분산은 σ_ϵ^2으로 어떤 i, j에 대해서도 같다.

일원배치 분산분석

- 개념
  요인이 1개인 경우의 종속변수(반응변수)의 평균차이 분석에 사용한다.
- 구조식
  모평균 μ_i는 i번째 요인수준에서의 모평균을 나타낸다. ϵ_{ij}는 y_{ij}를 측정할 때 발생하는 오차를 나타내는 항이다.

$$y_{ij} = \mu + a_i + \epsilon_{ij}$$
$$* \; a_i = \mu_i - \mu, \; \sum a_i = 0, \; i=1,2,\cdots,p, \; j=1,2,\cdots,n_i$$

- 가설 설정

  귀무가설(H_0) : $\mu_1 = \mu_2 = \cdots = \mu_p (a_1 = a_2 = \cdots = a_p = 0)$
  대립가설(H_1) : 모든 μ_i가 같은 것은 아니다($i = 1, 2, \cdots, p$).

일원배치 분산분석표

요인	제곱(평방)합	자유도	평균제곱	F
처리(집단 간)	$SSR = \sum_{i=1}^{p} \sum_{j=1}^{r} (\overline{y_i} - \overline{\overline{y}})^2$	$p-1$	$MSR = SSR/(p-1)$	$MSR/MSE \sim F_{\alpha, p-1, N-p}$
잔차(집단 내)	$SSE = \sum_{i=1}^{p} \sum_{j=1}^{r} (y_{ij} - \overline{y_i})^2$	$N-p$	$MSE = SSE/(N-p)$	
총 계	$SST = \sum_{i=1}^{p} \sum_{j=1}^{r} (y_{ij} - \overline{\overline{y}})^2$	$N-1$		

* $N = n_1 + n_2 + \cdots + n_p$, 총 관찰 개수

카이제곱 독립성 · 동일성 검정

- 기대도수

$$\widehat{E}_{ij} = \frac{O_{i.} \times O_{.j}}{n}$$

* $O_{i.}$: 행의 합, $O_{.j}$: 열의 합, n : 전체 관측도수

- 검정통계량

$$\chi^2 = \sum_{i=1}^{r} \sum_{j=1}^{c} \frac{(O_{ij} - \widehat{E}_{ij})^2}{\widehat{E}_{ij}} \sim \chi^2_{(r-1)(c-1)}$$

* O_{ij} : 관찰도수, $\widehat{E}_{ij}$: 기대도수

- 자유도

r행 c열 분할표에서 카이제곱 통계량의 자유도는 $(r-1) \times (c-1)$이다.

카이제곱 적합성 검정

- 기대도수

$$E_i = n\pi_i$$

* π_i : 미리 주어진 확률

- 검정통계량

$$\chi^2 = \sum_{i=1}^{k} \frac{(O_i - E_i)^2}{E_i} \sim \chi^2_{(k-1)}$$

* O_i : 관찰도수, E_i : 기대도수, $i = 1, 2, \cdots, k$

- 자유도
카이제곱 적합성 검정에서 통계량의 자유도는 $k-1$ 이다.

상관분석

- 개 념
상관분석은 하나의 변수가 다른 변수와 어느 정도 적합 관련성을 갖고 변화하는지를 알아보기 위하여 사용된다.
- 상관분석의 기본 가정
  - 변수들 간의 선형성을 충족시켜야 한다. 즉, 두 변수 간에 정(+)의 상관이거나 부(-)의 상관 형태로 나타난다.
  - 등분산성의 가정을 충족시켜야 한다.
  - 이상치 유무를 파악하여 제거해야 한다.
  - 변수는 등간 또는 비율척도로 구성되어야 한다. 서열척도는 순위 상관을 사용한다.

공분산

- 두 변수 사이의 상관성을 나타내주는 지표이다.
- 공분산이란 X의 증감에 따른 Y의 증감에 대한 척도로서 $(X-\mu_X)(Y-\mu_Y) = (X-E(X))(Y-E(Y))$ 의 기댓값이다.
- $Cov(X, Y) = \sigma_{XY} = E[(X-\mu_X)(Y-\mu_Y)]$
- $Cov(X, Y) = E(XY) - E(X)E(Y)$
- $Cov(X, Y) = Cov(Y, X)$
- $Cov(aX+b, cY+d) = ac\,Cov(X, Y)$ (단, a, b, c, d는 상수)

상관계수

- 대상변수들의 측정에 사용된 척도가 등간·비율척도일 때 하나의 변수와 다른 변수와의 선형관련성을 분석하는 데 이용된다.
- 두 변수 X, Y의 종류나 특정 단위에 관계없는 측도를 구하기 위해 공분산을 X, Y의 표준편차로 나누어 표준화하여 구한다.

$$-1 \leq Corr(X, Y) = \frac{Cov(X, Y)}{\sigma_X \sigma_Y} = \frac{\sum (X_i - \mu_X)(Y_i - \mu_Y)}{\sqrt{\sum (X_i - \mu_X)^2} \sqrt{\sum (Y_i - \mu_Y)^2}} \leq 1$$

- 두 변수에 대한 n개 표본이 주어졌을 때, 이들 표본에 대한 상관계수를 표본상관계수 r로 나타낸다.

$$r = \frac{Cov(X, Y)}{S_X S_Y} = \frac{S_{XY}}{S_X S_Y}$$
$$= \frac{\sum (X_i - \overline{X})(Y_i - \overline{Y})}{\sqrt{\sum (X_i - \overline{X})^2} \sqrt{\sum (Y_i - \overline{Y})^2}} = \frac{\sum X_i Y_i - n \overline{X}\overline{Y}}{\sqrt{\sum X_i^2 - n \overline{X}^2} \sqrt{\sum Y_i^2 - n \overline{Y}^2}}$$

* $-1 \leq r \leq 1$, S_X : X의 표준편차, S_Y : Y의 표준편차

상관계수의 특징

- −1에서 1 사이의 값을 갖는다.
- 상관계수가 음의 값을 가지면 부(Negative)의 상관관계, 양의 값을 가지면 정(Positive)의 상관관계가 있음을 의미한다. 또한 r값이 0에 가까울수록 선형 상관관계가 약한 것을 의미하고 ±1에 가까울수록 강한 상관관계가 있음을 의미한다.
- 상관계수가 0이면 변수 간에 선형연관성이 없는 것이지 곡선의 연관성은 있을 수 있다.
- 두 확률변수가 서로 독립이면 상관계수는 0이다.
- $Corr(X, Y) = Corr(aX+b, cY+d)$ (단, $ac > 0$)
- $Corr(X, Y) = -Corr(aX+b, cY+d)$ (단, $ac < 0$)
- 임의의 상수 a, b에 대하여 $Y = a + bX$와 같이 X와 선형관계가 있다면, $b > 0$일 때 상관계수는 1이고 $b < 0$일 때 상관계수는 −1이다.

산점도

산점도는 좌표평면상에 이차원 자료 (x, y)를 타점하여 나타낸 통계 그래프이다. 상관분석 또는 회귀분석을 할 때 산점도를 그려서 변수들 간의 상호 연관성(선형·비선형의 여부, 이상점 존재 여부, 자료의 군집 형태, 회귀직선의 타당성, 오차분산의 등분산성·독립성 등)을 대략 파악해 볼 수 있다.

회귀분석

- 독립변수가 종속변수에 미치는 영향을 분석하거나, 독립변수에 따라 종속변수의 변화를 예측하기 위해서 사용하는 통계기법이다.
- 종 류
  - 단순회귀분석 : 독립변수가 1개일 때, 독립변수와 종속변수 간의 선형관계를 분석한다.
  - 다중회귀분석 : 독립변수가 2개 이상일 때, 독립변수와 종속변수 간의 선형관계를 분석한다.

단순회귀모형

- 구조식

$$y_i = \alpha + \beta x_i + \epsilon_i$$

* $i = 1, 2, \cdots, n$, $E(\epsilon_i) = 0$, $Var(\epsilon_i) = \sigma^2$

- 오차항의 기본 가정
  - 정규성 : 오차항 ϵ_i은 정규분포를 따른다.
  - 등분산성 : 오차항 ϵ_i의 분산은 모든 i에 대하여 같다.
  - 독립성 : 임의의 오차항 ϵ_i와 $\epsilon_{i'}$는 독립이다.
- 최소제곱법

  회귀계수의 추정방법 중에서 잔차($e_i = y_i - \hat{y_i}$)의 제곱합을 최소로 하는 방법을 최소제곱법이라 한다.

$$b = \frac{S_{xy}}{S_{xx}} = \frac{\sum(x_i - \overline{x})(y_i - \overline{y})}{\sum(x_i - \overline{x})^2} = \frac{\sum x_i y_i - n\overline{x}\overline{y}}{\sum x_i^2 - n\overline{x}^2}, \quad a = \overline{y} - b\overline{x} = \frac{1}{n}\sum y_i - b\frac{1}{n}\sum x_i$$

  - 추정된 회귀직선은 $\hat{y_i} = a + bx_i$ 이다(a, b는 회귀계수).
  - a는 추정된 회귀선의 절편이라 하고, b는 기울기라 한다. a, b, $\hat{y_i}$는 α, β, y_i의 추정값이다.
  - a는 $x_i = 0$에서 $\hat{y_i}$값이며, b는 x_i가 한 단위 증가할 때에 $\hat{y_i}$의 증가량을 나타낸다.
  - $b = r\dfrac{S_y}{S_x} = r\dfrac{\sqrt{\sum(y_i - \overline{y})^2}}{\sqrt{\sum(x_i - \overline{x})^2}} = \dfrac{\sum(x_i - \overline{x})(y_i - \overline{y})}{\sum(x_i - \overline{x})^2}$
  - $b > 0$이면, $r > 0$이어서 양의 상관관계를 갖는다.
  - $b < 0$이면, $r < 0$이어서 음의 상관관계를 갖는다.
  - $b = 0$이면, $r = 0$이어서 상관관계를 갖지 않는다.

단순회귀모형 분산분석표

요인	제곱합(SS)	자유도(df)	평균제곱(MS)	F
회귀	$SSR = \sum_{i=1}^{n}(\hat{y_i}-\bar{y})^2$	1	$MSR = SSR/1$	$MSR/MSE \sim F_{(\alpha, 1, n-2)}$
잔차	$SSE = \sum_{i=1}^{n}(y_i-\hat{y_i})^2$	$n-2$	$MSE = SSE/(n-2)$	
전체	$SST = \sum_{i=1}^{n}(y_i-\bar{y})^2$	$1+(n-2)=n-1$		

잔차($e_i = y_i - \hat{y_i}$)의 성질

- $\sum e_i = 0$
- $\sum x_i e_i = 0$
- $\sum \hat{y_i} e_i = 0$
- $\sum y_i = \sum \hat{y_i}$

결정계수

- 결정계수(R^2)는 총변동 SST 중에서 SSR이 차지하는 비중이다.

$$R^2 = \frac{SSR}{SST} = 1 - \frac{SSE}{SST}$$

- 단순선형회귀에서는 상관계수(r)의 제곱이 결정계수(R^2)가 된다.

$$R^2 = r^2 = \left(\frac{S_{XY}}{S_X S_Y}\right)^2$$

- $0 \leq R^2 \leq 1$
- 결정계수는 설명력을 의미하는 수치이다.
- 모든 측정값이 한 직선상에 놓이면 R^2의 값은 1이다.
- R^2은 독립변수의 수가 늘어날수록 증가하는 경향이 있다.
- 단순회귀분석에서 결정계수는 상관계수의 제곱이지만 다중회귀분석에서는 상관계수의 제곱과 동일하지 않다.
- x와 y 사이에 회귀관계가 전혀 존재하지 않아 추정회귀직선의 기울기 b가 0인 경우에는 결정계수 R^2은 0이 된다.

단순회귀계수의 유의성 검정

- 가설 설정

  귀무가설(H_0) : 회귀계수 β는 유의하지 않다($\beta = 0$).
  대립가설(H_1) : 회귀계수 β는 유의하다($\beta \neq 0$).

- 검정통계량

$$t = \frac{b-\beta}{\sqrt{Var(b)}} = \frac{b-\beta}{\sqrt{MSE/S_{xx}}} \sim t_{(n-2)}$$

중회귀분석

- 구조식

$$y_i = \beta_0 + \beta_1 x_{1i} + \beta_2 x_{2i} + \cdots + \beta_k x_{ki} + \epsilon_i$$

  * k : 독립변수의 개수, $i = 1, 2, \cdots, n$

- 추 정

  위의 중회귀모형을 행렬로 표시하면 $Y = Xb + \epsilon$로 나타난다. 여기서 회귀계수 벡터 β의 추정량은 $b = (\beta_0, \beta_1, \cdots, \beta_k)'$로 정의된다. 이때 b의 추정치는 $\hat{b} = (X'X)^{-1}X'y$이고 분산-공분산 행렬은 $Var(b) = (X'X)^{-1}\sigma^2$이다(단, X'는 X의 전치행렬이다).

중회귀분석의 분산분석표

요인	제곱합(SS)	자유도(df)	평균제곱(MS)	F
회귀	$SSR = \sum_{i=1}^{n}(\hat{y_i} - \bar{y})^2$	k	$MSR = SSR/k$	$MSR/MSE \sim F_{(\alpha, k, n-k-1)}$
잔차	$SSE = \sum_{i=1}^{n}(y_i - \hat{y_i})^2$	$n-k-1$	$MSE = SSE/(n-k-1)$	
전체	$SST = \sum_{i=1}^{n}(y_i - \bar{y})^2$	$k + (n-k-1) = n-1$		

부 록

01 표준정규분포표
02 t-분포표
03 카이제곱(χ^2)분포표
04 F-분포표($\alpha=0.01$)
05 F-분포표($\alpha=0.05$)

01. 표준정규분포표($P(Z \leq z) = \phi(z)$, $Z \sim N(0,1)$)

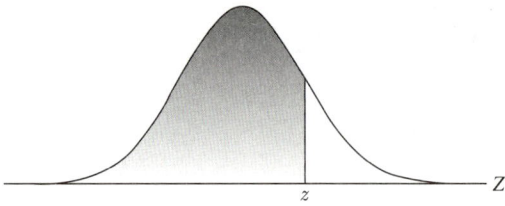

z	0.00	0.01	0.02	0.03	0.04	0.05	0.06	0.07	0.08	0.09
0.0	0.5000	0.5040	0.5080	0.5120	0.5160	0.5199	0.5239	0.5279	0.5319	0.5359
0.1	0.5398	0.5438	0.5478	0.5517	0.5557	0.5596	0.5636	0.5675	0.5714	0.5753
0.2	0.5793	0.5832	0.5871	0.5910	0.5948	0.5987	0.6026	0.6064	0.6103	0.6141
0.3	0.6179	0.6217	0.6255	0.6293	0.6331	0.6368	0.6406	0.6443	0.6480	0.6517
0.4	0.6554	0.6591	0.6628	0.6664	0.6700	0.6736	0.6772	0.6808	0.6844	0.6879
0.5	0.6915	0.6950	0.6985	0.7019	0.7054	0.7088	0.7123	0.7157	0.7190	0.7224
0.6	0.7257	0.7291	0.7324	0.7357	0.7389	0.7422	0.7454	0.7486	0.7517	0.7549
0.7	0.7580	0.7611	0.7642	0.7673	0.7704	0.7734	0.7764	0.7794	0.7823	0.7852
0.8	0.7881	0.7910	0.7939	0.7967	0.7995	0.8023	0.8051	0.8078	0.8106	0.8133
0.9	0.8159	0.8186	0.8212	0.8238	0.8264	0.8289	0.8315	0.8340	0.8365	0.8389
1.0	0.8413	0.8438	0.8461	0.8485	0.8508	0.8531	0.8554	0.8577	0.8599	0.8621
1.1	0.8643	0.8665	0.8686	0.8708	0.8729	0.8749	0.8770	0.8790	0.8810	0.8830
1.2	0.8849	0.8869	0.8888	0.8907	0.8925	0.8944	0.8962	0.8980	0.8997	0.9015
1.3	0.9032	0.9049	0.9066	0.9082	0.9099	0.9115	0.9131	0.9147	0.9162	0.9177
1.4	0.9192	0.9207	0.9222	0.9236	0.9251	0.9265	0.9279	0.9292	0.9306	0.9319
1.5	0.9332	0.9345	0.9357	0.9370	0.9382	0.9394	0.9406	0.9418	0.9429	0.9441
1.6	0.9452	0.9463	0.9474	0.9484	0.9495	0.9505	0.9515	0.9525	0.9535	0.9545
1.7	0.9554	0.9564	0.9573	0.9582	0.9591	0.9599	0.9608	0.9616	0.9625	0.9633
1.8	0.9641	0.9649	0.9656	0.9664	0.9671	0.9678	0.9686	0.9693	0.9699	0.9706
1.9	0.9713	0.9719	0.9726	0.9732	0.9738	0.9744	0.9750	0.9756	0.9761	0.9767
2.0	0.9772	0.9778	0.9783	0.9788	0.9793	0.9798	0.9803	0.9808	0.9812	0.9817
2.1	0.9821	0.9826	0.9830	0.9834	0.9838	0.9842	0.9846	0.9850	0.9854	0.9857
2.2	0.9861	0.9864	0.9868	0.9871	0.9875	0.9878	0.9881	0.9884	0.9887	0.9890
2.3	0.9893	0.9896	0.9898	0.9901	0.9904	0.9906	0.9909	0.9911	0.9913	0.9916
2.4	0.9918	0.9920	0.9922	0.9925	0.9927	0.9929	0.9931	0.9932	0.9934	0.9936
2.5	0.9938	0.9940	0.9941	0.9943	0.9945	0.9946	0.9948	0.9949	0.9951	0.9952
2.6	0.9953	0.9955	0.9956	0.9957	0.9959	0.9960	0.9961	0.9962	0.9963	0.9964
2.7	0.9965	0.9966	0.9967	0.9968	0.9969	0.9970	0.9971	0.9972	0.9973	0.9974
2.8	0.9974	0.9975	0.9976	0.9977	0.9977	0.9978	0.9979	0.9979	0.9980	0.9981
2.9	0.9981	0.9982	0.9982	0.9983	0.9984	0.9984	0.9985	0.9985	0.9986	0.9986
3.0	0.9987	0.9987	0.9987	0.9988	0.9988	0.9989	0.9989	0.9989	0.9990	0.9990

02. t-분포표 ($P(T \geq t_{\alpha, n}) = \alpha$)

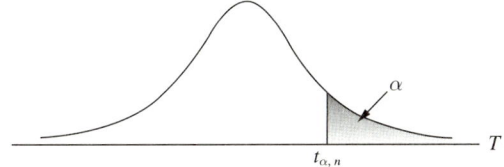

자유도 (n)	α					
	0.10	0.05	0.025	0.01	0.005	0.001
1	3.078	6.314	12.706	31.821	63.657	318.309
2	1.886	2.920	4.303	6.965	9.925	22.327
3	1.638	2.353	3.182	4.541	5.841	10.215
4	1.533	2.132	2.776	3.747	4.604	7.173
5	1.476	2.015	2.571	3.365	4.032	5.893
6	1.440	1.943	2.447	3.143	3.707	5.208
7	1.415	1.895	2.365	2.998	3.499	4.785
8	1.397	1.860	2.306	2.896	3.355	4.501
9	1.383	1.833	2.262	2.821	3.250	4.297
10	1.372	1.812	2.228	2.764	3.169	4.144
11	1.363	1.796	2.201	2.718	3.106	4.025
12	1.356	1.782	2.179	2.681	3.055	3.930
13	1.350	1.771	2.160	2.650	3.012	3.852
14	1.345	1.761	2.145	2.624	2.977	3.787
15	1.341	1.753	2.131	2.602	2.947	3.733
16	1.337	1.746	2.120	2.583	2.921	3.686
17	1.333	1.740	2.110	2.567	2.898	3.646
18	1.330	1.734	2.101	2.552	2.878	3.610
19	1.328	1.729	2.093	2.539	2.861	3.579
20	1.325	1.725	2.086	2.528	2.845	3.552
21	1.323	1.721	2.080	2.518	2.831	3.527
22	1.321	1.717	2.074	2.508	2.819	3.505
23	1.319	1.714	2.069	2.500	2.807	3.485
24	1.318	1.711	2.064	2.492	2.797	3.467
25	1.316	1.708	2.060	2.485	2.787	3.450
26	1.315	1.706	2.056	2.479	2.779	3.435
27	1.314	1.703	2.052	2.473	2.771	3.421
28	1.313	1.701	2.048	2.467	2.763	3.408
29	1.311	1.699	2.045	2.462	2.756	3.396
30	1.310	1.697	2.042	2.457	2.750	3.385
31	1.309	1.696	2.040	2.453	2.744	3.375
32	1.309	1.694	2.037	2.449	2.738	3.365
33	1.308	1.692	2.035	2.445	2.733	3.356
34	1.307	1.691	2.032	2.441	2.728	3.348
35	1.306	1.690	2.030	2.438	2.724	3.340
36	1.306	1.688	2.028	2.434	2.719	3.333
37	1.305	1.687	2.026	2.431	2.715	3.326
38	1.304	1.686	2.024	2.429	2.712	3.319
39	1.304	1.685	2.023	2.426	2.708	3.313
40	1.303	1.684	2.021	2.423	2.704	3.307
∞	1.282	1.645	1.960	2.326	2.576	3.090

03. 카이제곱(χ^2)분포표($P(\chi^2 \geq \chi^2_{\alpha,n}) = \alpha$)

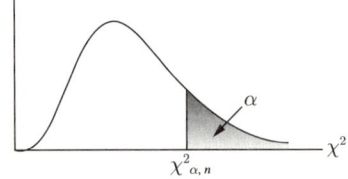

자유도 (n)	α									
	0.995	0.99	0.975	0.95	0.9	0.1	0.05	0.025	0.01	0.005
1	0.000	0.000	0.001	0.004	0.016	2.706	3.841	5.024	6.635	7.879
2	0.010	0.020	0.051	0.103	0.211	4.605	5.991	7.378	9.210	10.597
3	0.072	0.115	0.216	0.352	0.584	6.251	7.815	9.348	11.345	12.838
4	0.207	0.297	0.484	0.711	1.064	7.779	9.488	11.143	13.277	14.860
5	0.412	0.554	0.831	1.145	1.610	9.236	11.070	12.833	15.086	16.750
6	0.676	0.872	1.237	1.635	2.204	10.645	12.592	14.449	16.812	18.548
7	0.989	1.239	1.690	2.167	2.833	12.017	14.067	16.013	18.475	20.278
8	1.344	1.646	2.180	2.733	3.490	13.362	15.507	17.535	20.090	21.955
9	1.735	2.088	2.700	3.325	4.168	14.684	16.919	19.023	21.666	23.589
10	2.156	2.558	3.247	3.940	4.865	15.987	18.307	20.483	23.209	25.188
11	2.603	3.053	3.816	4.575	5.578	17.275	19.675	21.920	24.725	26.757
12	3.074	3.571	4.404	5.226	6.304	18.549	21.026	23.337	26.217	28.300
13	3.565	4.107	5.009	5.892	7.042	19.812	22.362	24.736	27.688	29.819
14	4.075	4.660	5.629	6.571	7.790	21.064	23.685	26.119	29.141	31.319
15	4.601	5.229	6.262	7.261	8.547	22.307	24.996	27.488	30.578	32.801
16	5.142	5.812	6.908	7.962	9.312	23.542	26.296	28.845	32.000	34.267
17	5.697	6.408	7.564	8.672	10.085	24.769	27.587	30.191	33.409	35.718
18	6.265	7.015	8.231	9.390	10.865	25.989	28.869	31.526	34.805	37.156
19	6.844	7.633	8.907	10.117	11.651	27.204	30.144	32.852	36.191	38.582
20	7.434	8.260	9.591	10.851	12.443	28.412	31.410	34.170	37.566	39.997
21	8.034	8.897	10.283	11.591	13.240	29.615	32.671	35.479	38.932	41.401
22	8.643	9.542	10.982	12.338	14.041	30.813	33.924	36.781	40.289	42.796
23	9.260	10.196	11.689	13.091	14.848	32.007	35.172	38.076	41.638	44.181
24	9.886	10.856	12.401	13.848	15.659	33.196	36.415	39.364	42.980	45.559
25	10.520	11.524	13.120	14.611	16.473	34.382	37.652	40.646	44.314	46.928
26	11.160	12.198	13.844	15.379	17.292	35.563	38.885	41.923	45.642	48.290
27	11.808	12.879	14.573	16.151	18.114	36.741	40.113	43.195	46.963	49.645
28	12.461	13.565	15.308	16.928	18.939	37.916	41.337	44.461	48.278	50.993
29	13.121	14.256	16.047	17.708	19.768	39.087	42.557	45.722	49.588	52.336
30	13.787	14.953	16.791	18.493	20.599	40.256	43.773	46.979	50.892	53.672
40	20.707	22.164	24.433	26.509	29.051	51.805	55.758	59.342	63.691	66.766
50	27.991	29.707	32.357	34.764	37.689	63.167	67.505	71.420	76.154	79.490
60	35.534	37.485	40.482	43.188	46.459	74.397	79.082	83.298	88.379	91.952
70	43.275	45.442	48.758	51.739	55.329	85.527	90.531	95.023	100.42	104.21
80	51.172	53.540	57.153	60.391	64.278	96.578	101.87	106.62	112.32	116.32
90	59.196	61.754	65.647	69.126	73.291	107.56	113.14	118.13	124.11	128.29
100	67.328	70.065	74.222	77.929	82.358	118.49	124.34	129.56	135.80	140.16

04. F-분포표($\alpha = 0.01$)

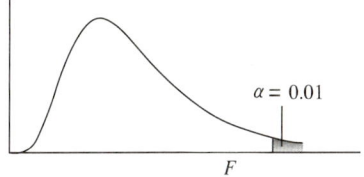

분모 자유도	분자 자유도																		
	1	2	3	4	5	6	7	8	9	10	12	15	20	24	30	40	60	120	∞
1	4052	4999	5403	5624	5763	5858	5928	5981	6022	6055	6106	6157	6208	6234	6260	6286	6313	6339	6365
2	98.50	99.00	99.17	99.25	99.30	99.33	99.36	99.37	99.39	99.40	99.42	99.43	99.45	99.46	99.47	99.47	99.48	99.49	99.50
3	34.12	30.82	29.46	28.71	28.24	27.91	27.67	27.49	27.35	27.23	27.05	26.87	26.69	26.60	26.50	26.41	26.32	26.22	26.13
4	21.20	18.00	16.69	15.98	15.52	15.21	14.98	14.80	14.66	14.55	14.37	14.20	14.02	13.93	13.84	13.75	13.65	13.56	13.46
5	16.26	13.27	12.06	11.39	10.97	10.67	10.46	10.29	10.16	10.05	9.89	9.72	9.55	9.47	9.38	9.29	9.20	9.11	9.02
6	13.75	10.92	9.78	9.15	8.75	8.47	8.26	8.10	7.98	7.87	7.72	7.56	7.40	7.31	7.23	7.14	7.06	6.97	6.88
7	12.25	9.55	8.45	7.85	7.46	7.19	6.99	6.84	6.72	6.62	6.47	6.31	6.16	6.07	5.99	5.91	5.82	5.74	5.65
8	11.26	8.65	7.59	7.01	6.63	6.37	6.18	6.03	5.91	5.81	5.67	5.52	5.36	5.28	5.20	5.12	5.03	4.95	4.86
9	10.56	8.02	6.99	6.42	6.06	5.80	5.61	5.47	5.35	5.26	5.11	4.96	4.81	4.73	4.65	4.57	4.48	4.40	4.31
10	10.04	7.56	6.55	5.99	5.64	5.39	5.20	5.06	4.94	4.85	4.71	4.56	4.41	4.33	4.25	4.17	4.08	4.00	3.91
11	9.65	7.21	6.22	5.67	5.32	5.07	4.89	4.74	4.63	4.54	4.40	4.25	4.10	4.02	3.94	3.86	3.78	3.69	3.60
12	9.33	6.93	5.95	5.41	5.06	4.82	4.64	4.50	4.39	4.30	4.16	4.01	3.86	3.78	3.70	3.62	3.54	3.45	3.36
13	9.07	6.70	5.74	5.21	4.86	4.62	4.44	4.30	4.19	4.10	3.96	3.82	3.66	3.59	3.51	3.43	3.34	3.25	3.17
14	8.86	6.51	5.56	5.04	4.69	4.46	4.28	4.14	4.03	3.94	3.80	3.66	3.51	3.43	3.35	3.27	3.18	3.09	3.00
15	8.68	6.36	5.42	4.89	4.56	4.32	4.14	4.00	3.89	3.80	3.67	3.52	3.37	3.29	3.21	3.13	3.05	2.96	2.87
16	8.53	6.23	5.29	4.77	4.44	4.20	4.03	3.89	3.78	3.69	3.55	3.41	3.26	3.18	3.10	3.02	2.93	2.84	2.75
17	8.40	6.11	5.18	4.67	4.34	4.10	3.93	3.79	3.68	3.59	3.46	3.31	3.16	3.08	3.00	2.92	2.83	2.75	2.65
18	8.29	6.01	5.09	4.58	4.25	4.01	3.84	3.71	3.60	3.51	3.37	3.23	3.08	3.00	2.92	2.84	2.75	2.66	2.57
19	8.18	5.93	5.01	4.50	4.17	3.94	3.77	3.63	3.52	3.43	3.30	3.15	3.00	2.92	2.84	2.76	2.67	2.58	2.49
20	8.10	5.85	4.94	4.43	4.10	3.87	3.70	3.56	3.46	3.37	3.23	3.09	2.94	2.86	2.78	2.69	2.61	2.52	2.42
21	8.02	5.78	4.87	4.37	4.04	3.81	3.64	3.51	3.40	3.31	3.17	3.03	2.88	2.80	2.72	2.64	2.55	2.46	2.36
22	7.95	5.72	4.82	4.31	3.99	3.76	3.59	3.45	3.35	3.26	3.12	2.98	2.83	2.75	2.67	2.58	2.50	2.40	2.31
23	7.88	5.66	4.76	4.26	3.94	3.71	3.54	3.41	3.30	3.21	3.07	2.93	2.78	2.70	2.62	2.54	2.45	2.35	2.26
24	7.82	5.61	4.72	4.22	3.90	3.67	3.50	3.36	3.26	3.17	3.03	2.89	2.74	2.66	2.58	2.49	2.40	2.31	2.21
25	7.77	5.57	4.68	4.18	3.85	3.63	3.46	3.32	3.22	3.13	2.99	2.85	2.70	2.62	2.54	2.45	2.36	2.27	2.17
30	7.56	5.39	4.51	4.02	3.70	3.47	3.30	3.17	3.07	2.98	2.84	2.70	2.55	2.47	2.39	2.30	2.21	2.11	2.01
40	7.31	5.18	4.31	3.83	3.51	3.29	3.12	2.99	2.89	2.80	2.66	2.52	2.37	2.29	2.20	2.11	2.02	1.92	1.80
60	7.08	4.98	4.13	3.65	3.34	3.12	2.95	2.82	2.72	2.63	2.50	2.35	2.20	2.12	2.03	1.94	1.84	1.73	1.60
120	6.85	4.79	3.95	3.48	3.17	2.96	2.79	2.66	2.56	2.47	2.34	2.19	2.03	1.95	1.86	1.76	1.66	1.53	1.38
∞	6.63	4.61	3.78	3.32	3.02	2.80	2.64	2.51	2.41	2.32	2.18	2.04	1.88	1.79	1.70	1.59	1.47	1.32	1.00

05. F-분포표($\alpha = 0.05$)

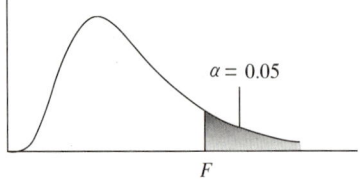

분모 자유도	분자 자유도																		
	1	2	3	4	5	6	7	8	9	10	12	15	20	24	30	40	60	120	∞
1	161.5	199.5	215.7	224.6	230.2	234.0	236.8	238.9	240.5	241.9	243.9	246.0	248.0	249.1	250.1	251.1	252.2	253.3	254.3
2	18.51	19.00	19.16	19.25	19.30	19.33	19.35	19.37	19.38	19.40	19.41	19.43	19.45	19.45	19.46	19.47	19.48	19.49	19.50
3	10.13	9.55	9.28	9.12	9.01	8.94	8.89	8.85	8.81	8.79	8.74	8.70	8.66	8.64	8.62	8.59	8.57	8.55	8.53
4	7.71	6.94	6.59	6.39	6.26	6.16	6.09	6.04	6.00	5.96	5.91	5.86	5.80	5.77	5.75	5.72	5.69	5.66	5.63
5	6.61	5.79	5.41	5.19	5.05	4.95	4.88	4.82	4.77	4.74	4.68	4.62	4.56	4.53	4.50	4.46	4.43	4.40	4.37
6	5.99	5.14	4.76	4.53	4.39	4.28	4.21	4.15	4.10	4.06	4.00	3.94	3.87	3.84	3.81	3.77	3.74	3.70	3.67
7	5.59	4.74	4.35	4.12	3.97	3.87	3.79	3.73	3.68	3.64	3.57	3.51	3.44	3.41	3.38	3.34	3.30	3.27	3.23
8	5.32	4.46	4.07	3.84	3.69	3.58	3.50	3.44	3.39	3.35	3.28	3.22	3.15	3.12	3.08	3.04	3.01	2.97	2.93
9	5.12	4.26	3.86	3.63	3.48	3.37	3.29	3.23	3.18	3.14	3.07	3.01	2.94	2.90	2.86	2.83	2.79	2.75	2.71
10	4.96	4.10	3.71	3.48	3.33	3.22	3.14	3.07	3.02	2.98	2.91	2.85	2.77	2.74	2.70	2.66	2.62	2.58	2.54
11	4.84	3.98	3.59	3.36	3.20	3.09	3.01	2.95	2.90	2.85	2.79	2.72	2.65	2.61	2.57	2.53	2.49	2.45	2.40
12	4.75	3.89	3.49	3.26	3.11	3.00	2.91	2.85	2.80	2.75	2.69	2.62	2.54	2.51	2.47	2.43	2.38	2.34	2.30
13	4.67	3.81	3.41	3.18	3.03	2.92	2.83	2.77	2.71	2.67	2.60	2.53	2.46	2.42	2.38	2.34	2.30	2.25	2.21
14	4.60	3.74	3.34	3.11	2.96	2.85	2.76	2.70	2.65	2.60	2.53	2.46	2.39	2.35	2.31	2.27	2.22	2.18	2.13
15	4.54	3.68	3.29	3.06	2.90	2.79	2.71	2.64	2.59	2.54	2.48	2.40	2.33	2.29	2.25	2.20	2.16	2.11	2.07
16	4.49	3.63	3.24	3.01	2.85	2.74	2.66	2.59	2.54	2.49	2.42	2.35	2.28	2.24	2.19	2.15	2.11	2.06	2.01
17	4.45	3.59	3.20	2.96	2.81	2.70	2.61	2.55	2.49	2.45	2.38	2.31	2.23	2.19	2.15	2.10	2.06	2.01	1.96
18	4.41	3.55	3.16	2.93	2.77	2.66	2.58	2.51	2.46	2.41	2.34	2.27	2.19	2.15	2.11	2.06	2.02	1.97	1.92
19	4.38	3.52	3.13	2.90	2.74	2.63	2.54	2.48	2.42	2.38	2.31	2.23	2.16	2.11	2.07	2.03	1.98	1.93	1.88
20	4.35	3.49	3.10	2.87	2.71	2.60	2.51	2.45	2.39	2.35	2.28	2.20	2.12	2.08	2.04	1.99	1.95	1.90	1.84
21	4.32	3.47	3.07	2.84	2.68	2.57	2.49	2.42	2.37	2.32	2.25	2.18	2.10	2.05	2.01	1.96	1.92	1.87	1.81
22	4.30	3.44	3.05	2.82	2.66	2.55	2.46	2.40	2.34	2.30	2.23	2.15	2.07	2.03	1.98	1.94	1.89	1.84	1.78
23	4.28	3.42	3.03	2.80	2.64	2.53	2.44	2.37	2.32	2.27	2.20	2.13	2.05	2.01	1.96	1.91	1.86	1.81	1.76
24	4.26	3.40	3.01	2.78	2.62	2.51	2.42	2.36	2.30	2.25	2.18	2.11	2.03	1.98	1.94	1.89	1.84	1.79	1.73
25	4.24	3.39	2.99	2.76	2.60	2.49	2.40	2.34	2.28	2.24	2.16	2.09	2.01	1.96	1.92	1.87	1.82	1.77	1.71
30	4.17	3.32	2.92	2.69	2.53	2.42	2.33	2.27	2.21	2.16	2.09	2.01	1.93	1.89	1.84	1.79	1.74	1.68	1.62
40	4.08	3.23	2.84	2.61	2.45	2.34	2.25	2.18	2.12	2.08	2.00	1.92	1.84	1.79	1.74	1.69	1.64	1.58	1.51
60	4.00	3.15	2.76	2.53	2.37	2.25	2.17	2.10	2.04	1.99	1.92	1.84	1.75	1.70	1.65	1.59	1.53	1.47	1.39
120	3.92	3.07	2.68	2.45	2.29	2.18	2.09	2.02	1.96	1.91	1.83	1.75	1.66	1.61	1.55	1.50	1.43	1.35	1.25
∞	3.84	3.00	2.60	2.37	2.21	2.10	2.01	1.94	1.88	1.83	1.75	1.67	1.57	1.52	1.46	1.39	1.32	1.22	1.00

참고문헌

- 김은정, 사회조사분석사, 서울 : 삼성북스, 2009.
- 자격시험연구소 편, 사회조사분석사, 서울 : 서원각, 2009.
- 양병화, 다변량데이터분석법의 이해, 서울 : 커뮤니케이션북스, 2006.
- 김영종, 사회복지조사방법론, 서울 : 학지사, 2007.
- 김광웅, 방법론강의, 서울 : 박영사, 1996.
- 최창현, 홍종선, 박옥희 공저, 조사방법과 통계자료분석, 서울 : 박영사, 1996.
- 박용치, 현대조사방법론, 서울 : 경세원, 1997.
- 이관우, 조사분석방법론, 서울 : 형설출판사, 1998.
- 이홍탁, 사회조사방법론, 서울 : 법문사, 1995.
- 김경동, 이온죽 공저, 사회조사연구방법, 서울 : 박영사, 1997.
- 김병진, 현대조사방법론, 서울 : 삼영사, 1993.
- 홍두승, 사회조사분석, 서울 : 다산출판사, 1992.
- 김 렬, 사회과학조사방법론, 서울 : 박영사, 1999.
- 이해영, 사회과학연구방법론, 서울 : 학현사, 1999.
- 정대연, 사회과학방법론사전, 서울 : 백의출판사, 1997.
- 안영섭, 사회과학방법론 총설, 서울 : 법문사, 1996.
- 한영춘, 사회과학연구방법론, 서울 : 법문사, 1994.
- 정창수, 사회과학방법론, 서울 : 대영문화사, 1996.
- 이원욱, 조사방법론, 서울 : 형설출판사, 1999.
- 류지성, 사회과학방법론, 서울 : 금왕출판사, 1999.
- Bailey, Kenneth D., Methods of Social Research, 2nd ed, New YorK : The Free Press, 1982.
- Bradburn, Norman M., Sudman, Seymour, Blair, Ed, and Stocking, Carol, "Questing Threat and Response Bias", Public Opinion Quarterly, 42.(Summer 1978)
- Likert, R., A Technique for Measurement of Attitudes, Arch. Psychology, 140. 1932.
- Thurstone, L.L., and Chare, E.J., The Measurement of Attitude. Chicago : University of Chicago, 1929.
- Bridgman, Percy W., The Logic of Modern Physics, New York : Macmillan, 1961.
- Gibbs, Jack P., Sociological Theory Construction, Hinschale, Ill. : Bryden Press, 1972.
- Goode, William J. and Paul K. Hatt, Methods in Social Research, New York : McGraw-Hill, 1952.

- Phillips, Bernard S., Social Research : Strategy and Tactics, 2nd ed., New York : Macmillan, 1971.
- Selltiz, Claire, Marie Johoda, Morton Deutsch and Stuart W. Cook, Research Methods in Social Relations, Rev. ed., New York : Henry Holt, 1959.
- Merton, Robert K., Social Theory and Social Structure. Rev. ed., New York : Free Press, 1957.
- Nachmias, David and Chana Nachmias, Research Methods in the Social Sciences, London, St. Martin's Press Inc., 1976.
- Lundberg, G.A., Social Research, New York : Longmans, 1946.
- Campbell, Danald, "Reforms as experiments," Byner and Stribley(ed.), Social Research : Principles and Procedures, The Open University Press, 1979.
- Cronbach, Lee J. Rajaratnam, Nageswars, and Gleser, Goldine C., " Theory of Generalizability : A Liberalization of Reliability Theory," British Journal of Statical Psychology 16, 1963.
- Simon, Julian L., Basic Research Methods in Social Science, New York : Random House Inc. 1969.
- Black, James A. and Dean J. Champion, Methods Issues in Social Research, New York : John Wiley & Sons Inc, 1976.
- Gorden, Raymond L., Interviewing : Strategy, Techniques and Tactics, Homewood, Ill. : Dorsey Press, 1969.
- Paul Lazarsfeld, Ann Pasaneala, and Morris Rosenberg (eds.), Continuities in the Language of Social Research, 1972, Updated version of the classic text of readings on index construction.
- Berelson, Bernard, Content Analysis in Communication Research, Glencoe, Ill. : Free Press, 1952.
- Lasswell, Harold D., "Detection : Propaganda Detection and the Courts," In Harold D. Laswell et al., The Language of Politics : Studies in Quantitative Semantics, Cambridge, Mass : MIT Press, 1965.
- Galtung, Johan, Theory and Methods of Social Research, New York : Columbia University Press, 1969.
- Babbie, Earl R., The Practice of Social Research, Belmont, Calif. : Wadsworth, 1975.
- Kerlinger, Fred N., Foundations of Behavioral Research(2nd ed.), New York : Holt, Rinehart and Winston, Inc., 1973.

2026 시대에듀 사회조사분석사 2급 1차 필기 한권으로 끝내기

개정22판1쇄 발행	2026년 01월 15일 (인쇄 2025년 09월 09일)
초 판 발 행	2003년 12월 06일 (인쇄 2003년 12월 06일)
발 행 인	박영일
책 임 편 집	이해욱
편 저	사회조사분석사 수험연구소
편 집 진 행	노윤재 · 호은지
표지디자인	김지수
편집디자인	김기화 · 고현준
발 행 처	(주)시대고시기획
출 판 등 록	제10-1521호
주 소	서울시 마포구 큰우물로 75 [도화동 538 성지 B/D] 9F
전 화	1600-3600
팩 스	02-701-8823
홈 페 이 지	www.sdedu.co.kr
I S B N	979-11-383-9704-9 (13330)
정 가	33,000원

※ 이 책은 저작권법의 보호를 받는 저작물이므로 동영상 제작 및 무단전재와 배포를 금합니다.
※ 잘못된 책은 구입하신 서점에서 바꾸어 드립니다.

최신 강의 & 교재 제공
입문자도 단숨에 합격하는 합격 프리미엄 패키지

2026 사회조사분석사 2급
합격완성반

고병갑 교수
서경대학교 공공인적자원부 교수
충남 공무원 공개경쟁시험 출제위원
한국경영교육원 전임교수

박경은 교수
고려대, 성균관대, 동국대 교수
한국수학교육학회 이사

김경진 교수
SPSS 프로그램 전문 강사
다수의 통계분석 프로젝트 참여

| 조사방법과 설계
조사관리와 자료처리 | 통계분석과
활용 | 실기 |

필기 이론과 실기 필답형 및 SPSS 프로그램까지 담아낸 명품 강의!

수많은 단기 합격생들이 증명하는 효율성과 합리성, 경쟁력을 모두 갖춘 선택!

동영상 강의 바로가기

교보문고·YES24·11번가·영풍문고 수험서 분야 **부동의 베스트셀러**

사회조사분석사
합격을 꿈꾸는 수험생에게!

1단계

2단계

2급 1차 필기 한권으로 끝내기

시험의 중요개념과 핵심이론을
파악하고 많은 문제를 풀어보며
기초를 잡고 싶은 수험생

시험에 출제되는 핵심이론 및
적중예상문제와 모의고사 그리고
최신기출복원문제까지 한 권에 담았습니다.

Win-Q 사회조사분석사 2급 필기 단기합격
유선배 사회조사분석사 2급 필기 과외노트

두꺼운 종합본, 기본서가 부담스러운 수험생,
단기간에 합격이 필요한 수험생

다년간 기출을 완전 해부해 중요한 이론만 선정했으며,
핵심이론과 해당 이론에 따른 기출문제를 수록함으로써
단기간에 핵심만 빠르게 학습할 수 있습니다.

※ 도서의 이미지는 변경될 수 있습니다.